労働基準法解釈総覧

【改訂17版】

厚生労働省労働基準局編

労働調査会

はしがき

いわゆる労働三法の一つとして昭和二二年に制定された労働基準法も、施行後すでに七〇年以上の年月を経過したが、同法は、この間わが国の労働関係の近代化と労働条件の向上に重要な役割を果たしてきた。

ところで、現実の労働関係は複雑多岐にわたるので、労働基準法の具体的運用に当たって理解が難しい場合が少なくない。このような場合、具体的な照会に対する回答を中心とした行政解釈が、問題解決の指針として大きな役割を果たしていることは周知のとおりである。

本書は、このような行政解釈を、関係実務家の方々の便に供するよう労働基準法の条文ごとに整理編集したものである。

ところで、昭和六二年に労働時間法制を中心に労働基準法の抜本的改正が行われるとともに、平成五年における週四〇時間労働制の原則、年次有給休暇の付与期間の短期化、休日労働の割増率の引き上げ等を内容とする労働基準法の改正等に伴って、いくつかの行政解釈が出されたところである。また、猶予措置の終了により、平成九年四月一日からの週法定労働時間が全業種・全規模にわたって四〇時間とされたことに伴い、変形労働時間制の弾力化、裁量労働の対象業務の拡大、年次有給休暇の比例付与日数の変更等に関し必要な省令等の改正が行われ、さらに平成一〇年には労働契約等法制を含めた労働基準法及び関係政省令の大幅な改正が行われたところである。その後、平成一五年七月に有期労働契約の上限の見直し、解雇に係る規定の整備、裁量労働制の見直しを柱とした改正が行われ、平成二〇年一二月には法定割増賃金率の引上げ、年次有給休暇の時間単位付与等を内容とする改正が行われた。

平成三〇年七月には「働き方改革を推進するための関係法律の整備に関する法律」（いわゆる「働き方改革関連法」）が成立して、時間外労働の上限規制や年次有給休暇の時季指定義務の導入、特定高度専門業務・成果型労働制（高度プロフェッショナル制度）の創設などが行われたが、その後も令和四年には資金移動業者への賃金支払い（賃金のデジタル払い）や自動車運転者の労働時間等の改善のための基準（改善基準告示）が改正され、令和五年には労働条件明示のルールが変更された。改訂一七版では、旧版発刊時から令和六年四月一日現在までの法令改正や解釈例規などについて反映している。

本書が、従来にもまして関係者のお役に立つならば幸いである。

令和六年一〇月

凡　例

〔本書の特色〕　労働基準法とその関係法令との関係を明らかにし、同時に、具体的な問題の解決処理をはかるため、その条文と関係法令及び告示並びにそれらに関する行政解釈を整理配列したものであり、ぼう大な法令集や解釈例規集などを各別にひもとく従来の不便と煩雑さを一掃することを主眼として編集したもので、専門の諸家はもとより、関係各官庁の担当官、労使双方の実務担当者の座右の書としておくるものである。

〔本書の内容〕　労働基準法及び関係政省令、労働基準法施行以来、令和六年四月一日までの現行解釈例規を収録した。

〔本書の構成〕　労働基準法の各条文ごとに、その条文に関連する政令、施行規則及びその他の関係省令を配し、その後に□印の告示、▼印の参照条文、□印の解釈例規を掲げた。また、二以上の条文に係る解釈例規については、それぞれの場所に再掲した。

〔参照条文〕　参照条文については、条文は一、二、三……を用い、項は②、③（2、3）……号は㈠、㈡……で示した。例示すれば次のとおりである。

本書五八頁の労働基準法第四条関係（男女同一賃金の原則）の参照条文として、

▼参照条文　〔法の下の平等―憲一四〕、〔差別待遇の禁止―均等五・六、職安三、労組五2㈣、国公二七、地公一三〕、〔賃金―一一〕、〔妊産婦等―六四の二～六八〕、〔罰則―一一九〕、〔船員への適用―船員六〕

とあるのは、

①法の下の平等については、憲法第十四条を
②差別待遇の禁止については、雇用の分野における男女の均等な機会及び待遇の確保等に関する法律第五条、第六条、職業安定法第三条、労働組合法第五条第二項第四号、国家公務員法第二十七条、地方公務員法第十三条を
③賃金については、労働基準法第十一条を
④妊産婦等については、労働基準法第六十四条の二から第六十八条までを
⑤罰則については、労働基準法第百十九条を
⑥船員への適用については、船員法第六条を

それぞれ参照すべきことを示したものである。

〔法令略語〕　法令の略語は、あいうえお順に整理し五五頁以下に掲げた。

〔解釈例規〕　解釈例規は、項目別に整理し、つとめて詳細に掲げ、それぞれの解釈例規の末尾に通達の出された年月日及び発番号を付した。

例規末尾のカッコ内には、発基、発婦、基発、基収、基監発、収監、婦発○○号などとあるが、

これは、厚生労働省（平成一三年一月五日以前は労働省）における通達の発局（課）と整理番号を示すものである。

整理番号が二以上付されているものは、別々に出された二以上の解釈例規が統合されたもの、あるいは、先に掲げられた番号の解釈例規が後に掲げられた番号の解釈例規によって変更されたものである。なお、解釈例規は昭和三三年、昭和六三年及び平成一一年に全面的に見直され、昭和三三・二・一三基発九〇号、昭和六三・三・一四基発一五〇号として発出されており、さらに平成六・五・三一基発三三〇号及び平成一一・三・三一基発一六九号により、その追加が行われている。

発　基＝通常次官通達の名称でよばれるもので、労働基準局関係の通達
発　婦＝通常次官通達の名称でよばれるもので、婦人局関係の通達
基　発＝労働基準局長名で発する通達
基　収＝労働基準局長が疑義に答えて発する通達
基監発＝労働基準局監督課長名で発する通達
収　監＝労働基準局監督課長が疑義に答えて発する通達
安　発＝安全衛生局長名で発した通達
婦　発＝婦人局長名で発した通達
婦　収＝婦人局長が疑義に答えて発した通達
女　発＝女性局長名で発した通達
女　収＝女性局長が疑義に答えて発した通達
雇児発＝雇用均等・児童家庭局長名で発した通達

〔索引〕　本書の巻末には解釈例規の検索の利便をはかり、発翰日付順の解釈例規索引を付した。

〔目次〕　目次中法律の条文の下の見出しで、法自体に条文見出しのないもの（かっこ書きで表記）については、編者が便宜付したものである。

〔安全衛生及び災害補償〕　第五章安全及び衛生については、労働安全衛生法をはじめその他の安全衛生関係諸規則及び解釈例規が多数あり本書に収載し得ないので、それらを三分冊に収録した「安衛法便覧　令和六年度版」（労働調査会編）にゆずり、法各条文及び参照条文の収録のみにとどめた。

また第八章災害補償についても、法各条文及び参照条文の収録のみにとどめた。

法令名略語

あ

安衛　労働安全衛生法

い

医師　医師法

か

学校　学校教育法
家労　家内労働法

き

寄　事業附属寄宿舎規程
機関令　労働基準監督機関令
行組　国家行政組織法
行労　行政執行法人の労働関係に関する法律
均等　雇用の分野における男女の均等な機会及び待遇の確保等に関する法律

く

クレーン規　クレーン等安全規則

け

刑　刑法
刑訴　刑事訴訟法
憲　日本国憲法
建寄　建設業附属寄宿舎規程
健保　健康保険法

こ

厚年保　厚生年金保険法
厚労設　厚生労働省設置法
戸　戸籍法
高気圧規　高気圧作業安全衛生規則
国公　国家公務員法
公選　公職選挙法
鉱保　鉱山保安法
雇保　雇用保険法

さ

最賃　最低賃金法

し

時則　医療法第百二十八条の規定により読み替えて適用する労働基準法第百四十一条第二項の厚生労働省令で定める時間等を定める省令
職安　職業安定法
女則　女性労働基準規則
児童　児童福祉法
四アルキル鉛規　四アルキル鉛中毒予防規則
じん肺　じん肺法

せ

所税　所得税法

そ

船員　船員法
船員則　船員法施行規則
則　労働基準法施行規則
測定　作業環境測定法
組織令　厚生労働省組織令

た

短時　短時間労働者の雇用管理の改善等に関する法律（左記平成三〇年改正前の名称）
短時有期　短時間労働者及び有期雇用労働者の雇用管理の改善等に関する法律（平三〇・七・六法律第七一号による改正後の名称）

ち

地公　地方公務員法
地公企　地方公営企業法
地労　地方公営企業等の労働関係に関する法律
地自　地方自治法
徴収　労働保険の保険料の徴収等に関する法律

略語	法令名
賃確	賃金の支払の確保等に関する法律
賃確令	賃金の支払の確保等に関する法律施行令
賃確則	賃金の支払の確保等に関する法律施行規則
つ	
通貨	通貨の単位及び貨幣の発行等に関する法律
て	
電離規	電離放射線障害防止規則
に	
日銀	日本銀行法
ね	
年休の経過措置令	労働基準法の一部を改正する法律の施行に伴う年次有給休暇に関する経過措置に関する政令
年則	年少者労働基準規則
は	
破	破産法
派遣	労働者派遣事業の適正な運営の確保及び派遣労働者の保護等に関する法律
働き方改革関連法	働き方改革を推進するための関係法律の整備に関する法律
ほ	
ボイラ規	ボイラー及び圧力容器安全規則
防団	労働災害防止団体法
み	
民	民法
民執	民事執行法
民訴	民事訴訟法
ゆ	
有機溶剤規	有機溶剤中毒予防規則
よ	
預令	労働基準法第十八条第四項の規定に基づき使用者が労働者の預金を受け入れる場合の利率を定める省令
り	
臨金	臨時金利調整法
ろ	
労契	労働契約法
労組	労働組合法
労安規	労働安全衛生規則
労災	労働者災害補償保険法
労保審	労働保険審査官及び労働保険審査会法
わ	
割増賃金令	労働基準法第三十七条第一項の時間外及び休日の割増賃金に係る率の最低限度を定める政令

労働基準法解釈総覧・総目次

第一章　総　則

解釈例規

解釈例規

第四章　労働時間、休憩、休日及び年次有給休暇

解釈例規

解釈例規

第七章　技能者の養成

第九十条　作成の手続

解釈例規

第九十一条　制裁規定の制限

解釈例規

解釈例規

附則

労働基準法

公布　昭和二二年四月七日　法律第四九号
施行　昭和二二年九月一日（政令第一七〇号）
同　二二年一〇月三一日（政令第二二七号）
改正　昭和二二年八月三一日　法律第九七号
同　二四年五月一六日　法律第七〇号
同　二四年五月三一日　法律第一六六号
同　二五年一二月二〇日　法律第二九〇号
同　二七年七月三一日　法律第二八七号
同　二九年六月一〇日　法律第一七一号
同　三一年六月四日　法律第一二六号
同　三三年五月二日　法律第一三三号
同　三四年四月一五日　法律第一三七号
同　三七年九月一五日　法律第一六一号
同　四〇年六月一一日　法律第一三〇号
同　四二年八月一日　法律第一〇八号
同　四三年六月一五日　法律第九九号
同　四四年七月一八日　法律第六四号
同　四七年六月八日　法律第五七号
同　五一年五月二七日　法律第三四号
同　五八年一二月二日　法律第七八号
同　五九年一二月二五日　法律第八七号
同　六〇年六月一日　法律第四五号
同　六〇年六月八日　法律第五六号
同　六〇年七月五日　法律第八九号
同　六二年九月二六日　法律第九九号
平成三年五月一五日　法律第七六号
同　四年七月二日　法律第九〇号
同　五年七月一日　法律第七九号
同　七年六月九日　法律第一〇七号
同　九年六月一八日　法律第九二号
同　一〇年九月三〇日　法律第一一二号
同　一一年七月一六日　法律第八七号
同　一一年七月一六日　法律第一〇二号
同　一一年七月一六日　法律第一〇四号
同　一一年一二月八日　法律第一五一号
同　一一年一二月二二日　法律第一六〇号
同　一三年四月二五日　法律第三五号
同　一三年七月一一日　法律第一一二号
同　一三年一一月一六日　法律第一一八号
同　一四年七月三一日　法律第九八号
同　一四年七月三一日　法律第一〇〇号
同　一四年八月二日　法律第一〇二号
同　一五年七月四日　法律第一〇四号
同　一六年六月二日　法律第七六号
同　一六年一二月一日　法律第一四七号
同　一七年一〇月二一日　法律第一〇二号
同　一八年六月二一日　法律第八二号
同　一九年一二月五日　法律第一二八号
同　二〇年一二月一二日　法律第八九号
同　二四年六月二七日　法律第四二号
同　二七年五月二九日　法律第三一号
同　二九年六月二日　法律第四五号
同　三〇年七月六日　法律第七一号
令和二年三月三一日　法律第一三号
同　四年六月一七日　法律第六八号

第一章　総　則

（労働条件の原則）

第一条　労働条件は、労働者が人たるに値する生活を営むための必要を充たすべきものでなければならない。

② この法律で定める労働条件の基準は最低のものであるから、労働関係の当事者は、この基準を理由として労働条件を低下させてはならないことはもとより、その向上を図るように努めなければならない。

▼参照条文　〔勤労条件の基準―憲二七〕、〔人たるに値する生活―憲二五〕、〔労働条件の決定―二〕、〔労働条件の明示―一五、労契四〕、〔労基法又は就業規則の基準以下の労働条件―一三・九三、労契一二・一三〕、〔労働者―九、労組三、労契二1〕、〔労働関係当事者―九・一〇〕、〔船員への適用―船員六〕

解釈例規

❶趣　旨

【趣旨】　本条は、労働者に人格として価値ある生活を営む必要を充すべき労働条件を保障することを宣明したものであつて、本法各条の解釈にあたり基本観念として常に考慮されなければならない。

（昭二二・九・一三　発基一七号）

❷人たるに値する生活

【人たるに値する生活】　労働者が人たるに値する生活を営むためには、その標準家族の生活をも含めて考えること。

（昭二二・九・一三　発基一七号）

【標準家族】

問　労働者が人たるに値する生活を営むためには、その標準家族の生活をも含めて考えるとあるが、その「標準家族」とは扶養家族の何々を指称するか。

答　法第一条は、労働条件に関する基本原則を明らかにしたものであつて、標準家族の範囲はその時その社会の一般通念によつて理解さるべきものである。

（昭二二・一一・二七　基発四〇一号）

❸労働条件の低下

【労働条件の低下】　第二項については、労働条件の低下がこの法律の基準を理由としているか否かに重点を置いて判断するものであり、社会経済情勢の変動等他に決定的な理由がある場合には本条に抵触するものでないこと。

（昭二二・九・一三　発基一七号、昭六三・三・一四　基発一五〇号）

【有給休暇の日数】

問　法第一条第二項「この基準を理由として労働条件を低下させてはならない」という規定は、この法律中の他の規定によつて一事業場の大部分の者の労働条件が低下する場合に適用されるか。例えば、或る会社において法施行前まで勤務年数及び出勤率の如何に拘らず一律に十九日の年次有給休暇を与えていた場合、法第三十九条の規定によつて年次有給休暇を与えると、継続勤務年数十四年未満の者は、従来の制度より有給休暇が少なくなるわけであるが、これは法にいう低下とはならないか。

答　質疑の場合は、従来一律に十九日の年次有給休暇を与えておりながら本法の施行に伴い法第三十九条に定める最低のものに改め、大部分の労働者の年次有給休暇の日数を減ずるものであり、他に特別の事情のない限り、本法の定める基準を理由とする労働条件の低下に該当するものと考えられる。

（昭二三・七・一〇　基収二四八三号）

【女性保護基準の改正と労働条件の改定】

女性の保護基準の改正を契機とした労働条件の改定については、法律の範囲内で労使の自主的な話合いにゆだねられていることはいうまでもないことであり、また、労使が今回の法改正の趣旨に沿つてそれを行うことは労働基準法第一条第二項との関係で特に問題はないものであること。

（昭六一・三・二〇　基発一五一号、婦発六九号、平九・九・二五　基発六四八号）

（労働条件の決定）

第二条　労働条件は、労働者と使用者が、対等の立場において決定すべきものである。

② 労働者及び使用者は、労働協約、就業規則及び労働契約を遵守し、誠実に各々その義務を履行しなければならない。

▼参照条文　〔労働者の団体交渉権―憲二八〕、〔対等の立場―労組二〕、〔労働契約の原則―労契三〕〔労働者―九、労契二1〕、〔使用者―一〇、労契二2〕、〔労働協約―労組一四～一八〕、〔就業規則―八九～九三、労契九～一三〕、〔労働契約―一三～二三、船員三一～五一、労契〕、〔船員への適用―船員六、労契二〇〕

解釈例規

【第二条と監督機関】　労働基準法第二条は労働条件の決定及び之に伴う両当事者の義務に関する一般的原則を宣言する規定であるにとどまり、監督機関は右の一般的原則を具体的に適用すべき責務を負う機関ではないので、労働協約、就業規則又は労働契約の履行に関する争いについては、それが労働基準法各本条の規定に抵触するものでない限り、監督権行使に類する積極的な措置をなすべきものではなく、当事者間の交渉により、又はあつせん、調停、仲裁等の紛争処理機関、民事裁判所等において処理されるべきものであること。

（昭二三・七・一三　基発一〇一六号、昭六三・三・一四　基発一五〇号）

（均等待遇）

第三条　使用者は、労働者の国籍、信条又は社会的身分を理由として、賃金、労働時間その他の労働条件について、差別的取扱をしてはならない。

▼参照条文　〔法の下の平等―憲一四〕、〔男女同一賃金―四〕、〔労働条件―一〕、〔賃金―一一〕、〔船員への適用―船員六〕、〔罰則―一一九〕、〔類似規定―国公二七、地公一三、職安三、労組五2㈣〕

解釈例規

【信条又は社会的身分】　信条とは、特定の宗教的もしくは政治的信念をいい、社会的身分とは、生来の身分をいうこと。

（昭二二・九・一三　発基一七号）

【その他の労働条件の意義】　「その他の労働条件」には解雇、災害補償、安全衛生、寄宿舎等に関する条件も含む趣旨である。

（昭二三・六・一六　基収一三六五号、昭六三・三・一四　基発一五〇号）

（男女同一賃金の原則）

第四条　使用者は、労働者が女性であることを理由として、賃金について、男性と差別的取扱いをしてはならない。

▼**参照条文**　〔法の下の平等―憲一四〕、〔差別待遇の禁止―均等五・六、職安三、労組五2㈣、国公二七、地公一三〕、〔賃金―一一〕、〔妊産婦等―六四の二～六八〕、〔罰則―一一九〕、〔船員への適用―船員六〕

解釈例規

【趣旨】　本条の趣旨は、わが国における従来の国民経済の封建的構造のため、男性労働者に比較して一般に低位であつた女性労働者の社会的、経済的地位の向上を賃金に関する差別待遇の廃止という面から、実現しようとするものであること。

（昭二二・九・一三　発基一七号、平九・九・二五　基発六四八号）

【女性であることを理由】　「女性であることを理由として」とは、労働者が女性であることのみを理由として、あるいは社会通念として又は当該事業場において女性労働者が一般的又は平均的に能率が悪いこと、勤続年数が短いこと、主たる生計の維持者ではないこと等を理由とすることの意であり、これらを理由として、女性労働者に対し賃金に差別をつけることは違法であること。

（昭二二・九・一三　発基一七号、平九・九・二五　基発六四八号）

【差別待遇を定める就業規則】

問　就業規則に労働者が女性であることを理由として、賃金について男性と差別的取扱いをする趣旨の規定があつて、現実に男女差別待遇の事実がない場合においても、法第四条に違反するものであると思料するが如何。

答　就業規則に法第四条違反の規定があるが現実に行われておらず、賃金の男女差別待遇の事実がなければ、その規定は無効ではあるが、法第四条違反とはならない。

（昭二三・一二・二五　基収四二八一号、平九・九・二五　基発六四八号）

【差別的取扱い】　職務、能率、技能、年齢、勤続年数等によつて、賃金に個人的差異のあることは、本条に規定する差別的取扱いではないが、例えばこれらが同一である場合において、男性はすべて月給制、女性はすべて日給制とし、男性たる月給者がその労働日数の如何にかかわらず月に対する賃金が一定額であるに対し、女性たる日給者がその労働日数の多寡によつてその月に対する賃金が前記の男性の一定額と異なる場合は法第四条違反であること。

なお、差別的取扱いをするとは、不利に取扱う場合のみならず有利に取扱う場合も含むものであること。

（昭二二・九・一三　発基一七号、昭二五・一一・二二　婦発三一一号、昭六三・三・一四　基発一五〇号、平九・九・二五　基発六四八号）

【家族手当等】　家族手当、住宅手当等について、一方の性の労働者にはその配偶者の所得が一定額を超える場合でも手当を支給するのに、もう一方の性の労働者にはその配偶者の所得が一定額以下でないと手当を支給しないとの取扱いをすることは、本条に違反すること。

例えば、男性労働者について、その配偶者（妻）の所得額の如何に関わらず家族手当を支給しているのに、女性労働者については、その配偶者（夫）の所得が一定額以上（所得税法上、配偶者控除の対象となる額を超える等）ある場合には家族手当を支給しないとすることは、本条に違反する。

（平二四・一二・二〇　基発一二二〇第四号、雇児発一二二〇第三号）

【男女間で異なる昇格基準】　男女間で異なる昇格基準を定めていることにより男女間で賃金格差が生じている場合は、本条に違反すること。

例えば、昇格に必要な在級・在職年数などについて男女間で異なる基準を定め、これにより賃金格差が生じている場合には、本条に違反する。

（平二四・一二・二〇　基発一二二〇第四号、雇児発一二二〇第三号）

（強制労働の禁止）

第五条　使用者は、暴行、脅迫、監禁その他精神又は身体の自由を不当に拘束する手段によつて、労働者の意思に反して労働を強制してはならない。

▼参照条文　〔奴隷的拘束及び苦役からの自由―憲一八〕、〔暴行―刑二〇八〕、〔脅迫―刑二二二・二二三〕、〔監禁―刑二二〇〕、〔罰則―一一七〕、〔船員への適用―船員六〕

解釈例規

【趣旨】　わが国の労働関係には、今尚暴行脅迫等の手段によつて労働を強制するという封建的悪習が残存しているが、従来かかる強制労働に対する直接の処罰規定がなく、僅かに同時に刑法犯を構成する場合に限つて処罰し得るに過ぎず、しかも刑法による処罰は事実上殆ど行われなかつた。憲法第十八条は、国民の基本的人権として「何人もいかなる奴隷的拘束も受けない。又犯罪による処罰の場合を除いては、その意に反する苦役に服せられない」ことを保障している。労働基準法第五条は、この趣旨を労働関係について具体化し労働者の自由の侵害、基本的人権の蹂躙を厳罰を以て禁止し、以て今尚労働関係に残存する封建的悪習を払拭し、労働者の自由意志に基づく労働を保障せんとすることを目的とするものである。

既に一九三〇年第十四回国際労働会議で採決された「強制労働の禁止に関する条約案」においても「処罰の脅威の下に強要せられ且つ自ら任意に申出でたるに非ざる労務」たる強制労働を禁止することが確認せられていたのであるが、今回本条の制定により始めてこれが完全に実施せられることになつたものであり、その意義は極めて大きい。

（昭二三・三・二　基発三八一号）

【精神又は身体の自由を不当に拘束する手段】　「精神又は身体の自由を拘束する手段」とは精神の作用又は身体の行動を何らかの形で妨げられる状態を生じさせる方法をいう。「不当」とは本条の目的に照らし、かつ個々の場合において、具体的にその諸条件をも考慮し、社会通念上是認し難い程度の手段の意である。したがつて必ずしも「不法」なもののみに限られず、たとえ合法的であつても、「不当」なものとなることがある。賃金との相殺を伴わない前借金が周囲の具体的事情により労働者に明示のあるいは黙示の威圧を及ぼす場合の如きはその例である。かかる手段はそれ自体としては、労働者が主観的にその精神又は身体の自由を失うと否とにかかわらず、客観的に見て通常人がその自由を失う程度で足りるが、本条の場合この手段を用いることによつて使用者が労働者の意志に反して、労働することを強制し得る程度であることが必要である。

㈠　「暴行」とは、刑法第二百八条に規定する暴行であり、労働者の身体に対し不法な自然力を行使することをいい、殴る、蹴る、水を掛ける等は総て暴行であり、通常傷害を伴いやすいが、必ずしもその必要はなく、また、身体に疼痛を与えることも要しない。

㈡　「脅迫」とは、刑法第二百二十二条に規定する脅迫であり、労働者に恐怖心を生じさせる目的で本人又は本人の親族の生命、身体、自由、名誉又は財産に対して、脅迫者自ら又は第三者の手によつて害を加えるべきことを通告することをいうが、必ずしも積極的言動によつて示す必要なく、暗示する程度でも足りる。

㈢　「監禁」とは、刑法第二百二十条に規定する監禁であり、一定の区画された場所から脱出できない状態に置くことによつて、労働者の身体の自由を拘束することをいい、必ずしも物質的障害を以て手段とする必要はない。暴行、脅迫、欺罔などにより労働者を一定の場所に伴い来り、その身体を抑留し、後難を畏れて逃走できないようにすることはその例である。

㈣　「暴行」、「脅迫」、「監禁」以外の手段で「精神又は身体の自由を不当に拘束する手段」としては、長期労働契約、労働契約不履行に関する賠償額予定契約、前借金契約、強制貯金の如きものがあり、労働契約に基づく場合でも、労務の提供を要求するに当たり、「精神又は身体の自由を不当に拘束する手段」を用いて労働を強制した場合には、本条違反となることはいうまでもなく、要はその手段の正当であるか不当であるかによつて本条違反が決定されることになる。

なお、就業規則に社会通念上認められる懲戒罰を規定する如きはこれに該当しないこと。

（昭三・九・三　発基一七号、昭三・三・二　基発三八一号、昭六三・三・一四　基発一五〇号）

【意思に反する労働の強制】「労働者の意思に反して労働を強制」するとは、不当なる手段を用いることによつて、使用者が労働者の意識ある意思を抑圧し、その自由な発現を妨げ以て労働すべく強要することをいう。従つて必ずしも労働者が現実に「労働」することを必要としない。例えば労働契約を締結するに当り「精神又は身体の自由を不当に拘束する手段」が用いられ、それが意識ある意思を抑圧し労働することを強要したものであれば、本条に該当する。

これに反し、詐欺の手段が用いられても、それは、通常労働者は無意識の状態にあつて意思を抑圧されるものではないから、必ずしもそれ自体としては本条に該当しない。

（昭三・三・二　基発三八一号）

（中間搾取の排除）

第六条　何人も、法律に基いて許される場合の外、業として他人の就業に介入して利益を得てはならない。

▼参照条文　〔法律―職安三〇・三二の三・三六・三九・四〇・四四・四五〕、〔賃金全額払―二四〕、〔罰則―一一八〕、〔船員への適用―船員六〕

解釈例規

【趣旨】　本条は、新憲法の個人の人格の尊重、基本的人権の確立の趣旨に則り我国の労働関係に残存する封建的弊習たる親分子分の従属関係や労働者の人格を無視した賃金の頭ハネ等の絶滅を期するものである。労働関係の開始存続は、共に労働者又は労働組合と使用者との直接関係に於て、之を決定するのを理想とする。然し労務需給の状況により之が開始を悉く直接関係に期待することは不可能であるから、国は職業安定法及び船員職業安定法を設けて、之が便宜の供与と弊害の取締りに当るのであるが、労働関係の存続について第三者が介在することは、弊害のみが多くてこれを必要とする事由は全くない。本条は、職業安定法及び船員職業安定法の規定する範囲よりも広く労働関係の開始についてのみならず、其の存続についても、第三者の介入することにより生ずる弊害を排除することを目的とするものである。

（昭二三・三・二　基発三八一号）

【三者の関係】　本条の違反行為が成立するためには、「業として他人の就業に介入して利益を得る」第三者と「就業に介入」される労働関係の当事者、即ち使用者と被使用者の三者関係の存在が必要である。被使用者の中でも一の被使用者が、他の被使用者と使用者との労働関係に介在する場合には、本条違反を構成する。

（昭二三・三・二　基発三八一号）

【何人もの範囲】　違反行為の主体は「他人の就業に介入して利益を得る」第三者であつて、「何人も」とは本条の適用を受ける事業主に限定されず、個人、団体又は公人たると私人たるとを問わない。従つて、公務員であつても、違反行為の主体となる。

（昭二三・三・二　基発三八一号）

【業として利益を得るの意義】　「業として利益を得る」とは、営利を目的として、同種の行為を反覆継続することをいう。従つて一回の行為であつても、反覆継続して利益を得る意思があれば充分である。主業として為されると副業として為されるとを問わない。

「利益」とは、手数料、報償金、金銭以外の財物等如何なる名称たるとを問わず、又有形無形なるとを問わない。使用者より利益を得る場合のみに限らず、労働者又は第三者より利益を得る場合をも含む。

（昭二三・三・二　基発三八一号）

【被害者の数】

問　被害労働者が一名である場合は「業として」の法第六条違反の構成要件を充足するものではないとの見解もあるが、継続反覆して中間搾取をなし被害法益が数個となるから業として行われたものと解して差支えないか。

答　たとえ被害労働者が一人であつても、その労働関係継続中に被疑者が十数回にわたり反覆継続的に利益を得ていることは法第六条にいう業として利益を得たこととなる。

（昭二五・六・一　基収一四七七号）

【就業】　「就業」とは、労働者が、労働関係に入り又はその労働関係にある状態をいう。

（昭二三・三・二　基発三八一号、昭六三・三・一四　基発一五〇号、平一一・三・三一　基発一六八号）

【介入】「他人の就業に介入」するとは、労働関係の当事者、即ち使用者と労働者の中間に、第三者が介在して、その労働関係の開始存続について、媒介又は周旋をなす等その労働関係について、何等かの因果関係を有する関与をなしていることである。職業紹介、労働者の募集、労働者供給事業等の如く労働関係の開始に介在する場合たると、又は保有手当を受ける納屋頭等の如く労働関係の存続に介在する場合たるとを問わない。

（昭二三・三・二　基発三八一号、昭六三・三・一四　基発一五〇号、平一一・三・三一　基発一六八号）

【労働者派遣】

イ　労働基準法第六条は「業として他人の就業に介入して利益を得る」ことを禁止しているが、この場合の「他人の就業に介入」するとは、「労働関係の当事者、即ち使用者と労働者の中間に、第三者が介在して、その労働関係の開始存続において、媒介又は周旋をなす等その労働関係について、何等かの因果関係を有する関与をなしていることである」（昭和二十三年三月二日付け基発第三八一号）。

労働者派遣については、派遣元と労働者との間の労働契約関係及び派遣先と労働者との間の指揮命令関係を合わせたものが全体として当該労働者の労働関係となるものであり、したがって派遣元による労働者の派遣は、労働関係の外にある第三者が他人の労働関係に介入するものではなく、労働基準法第六条の中間搾取に該当しない。

ロ　労働者供給については、供給先と労働者との間に実質的な労働関係があるので、供給元による労働者の供給は、供給先と労働者との労働関係の外にある第三者である供給元が「他人の労働関係に介入する」こととなる。なお、供給元と労働者との間に労働契約関係がある場合については、労働者派遣と同様、供給元は「他人の労働関係に介入」するものではない。

（昭六一・六・六　基発三三三号、昭六三・三・一四　基発一五〇号、平一一・三・三一　基発一六八号）

【法律に基いて許される場合】「法律に基いて許される場合」とは、次に掲げる場合をいう。

一　職業安定法関係

1　法第三十二条第一項ただし書の規定により有料職業紹介事業を行う者が、同条第六項の規定により労働大臣が定める手数料を受ける場合。

2　法第三十七条の規定により労働者の募集に従事する者が、雇用者から労働大臣の許可を受けた報償金を受ける場合。

二　船員職業安定法関係

法第四十五条第一項の規定により船員の募集を行う者が、同条第二項の規定による運輸大臣〈現行・国土交通大臣〉の許可を受けた報酬を受ける場合。

三　右の各場合において、当該手数料、報償金又は報酬以外に利益を受けるときは、法第六条に違反する。

（昭二三・三・二　基発三八一号、昭二三・二・一三　基発九〇号）

【法人の従業者の中間搾取】

問　労働基準法第六条は、他人の就業関係に介入して現実に利益を得る行為を禁止し、その違反行為に対しては、法第百十八条の規定により罰則を適用することとしており、利益を幇助した者に対する明文の罰則規定がない。

したがって法人が他人の就業に介入して利益を得た場合、可罰対象となるものはあくまで、利益を得た法人自体に限定され、法人の従業者が違反行為を計画し、且つ実行した場合においてもその者が現実に利益を得ていない場合は犯罪行為の主体とすることは適当でないように思料されるが如何。

答　設問の場合については、法人の従業者たる行為者について法第六条違反が成立する。

法第六条において禁止する行為については、他人の就業に介入して得る利益の帰属主体は、必ずしも、当該行為者には限らないからである。

（昭二四・二・一六　三基収八七〇号）

（公民権行使の保障）

第七条　使用者は、労働者が労働時間中に、選挙権その他公民としての権利を行使し、又は公の職務を執行するために必要な時間を請求した場合においては、拒んではならない。但し、権利の行使又は公の職務の執行に妨げがない限り、請求された時刻を変更することができる。

▼参照条文　〔選挙権―憲一五、公選九、地自一一・一八〕、〔罰則―一一九〕、〔船員への適用―船員六〕

解釈例規

【公民権行使の範囲】　本条の「公民」とは、国家又は公共団体の公務に参加する資格ある国民をいい、「公民としての権利」とは、公民に認められる国家又は公共団体の公務に参加する権利をいう。

例えば、「公民としての権利」には、①法令に根拠を有する公職の選挙権及び被選挙権②憲法の定める最高裁判所裁判官の国民審査（憲法第七九条）③特別法の住民投票（同第九五条）④憲法改正の国民投票（同第九六条）⑤地方自治法による住民の直接請求⑥選挙権及び住民としての直接請求権の行使等の要件となる選挙人名簿の登録の申出（公職選挙法第二一条）等がある。

また、訴権の行使は、一般には、公民としての権利の行使ではないが、行政事件訴訟法第五条に規定する民衆訴訟並びに公職選挙法第二五条に規定する選挙人名簿に関する訴訟及び同法第二〇三条、第二〇四条、第二〇七条、第二〇八条、第二一一条に規定する選挙又は当選に関する訴訟は公民権の行使に該当する。

（昭六三・三・一四　基発一五〇号）

【公の職務】　本条にいう「公の職務」とは、法令に根拠を有するものに限られるが、法令に基づく公の職務のすべてをいうものではなく、本条にいう「公民としての権利」の行使を実効あるものにするための公民としての義務の観点より行う公の職務が該当するものである。そのため、①国又は地方公共団体の公務に民意を反映してその適正を図る職務、例えば、衆議院議員その他の議員、労働委員会の委員、陪審員、検察審査員、労働審判員、裁判員、法令に基づいて設置される審議会の委員等の職務②国又は地方公共団体の公務の公正妥当な執行を図る職務、例えば、民事訴訟法第一九〇条による証人・労働委員会の証人等の職務③地方公共団体の公務の適正な執行を監視するための職務、例えば、公職選挙法第三八条第一項の投票立会人等の職務等をいうものである。

なお、法令に基づく公の職務であっても、本条にいう「公民としての権利」の行使を実効あるものにするための公民としての義務の観点より行うものではない場合には、本条にいう「公の職務」には当たらないものである。

（昭六三・三・一四　基発一五〇号、平一七・九・三〇　基発〇九三〇〇〇六号、令二・二・一四　基発〇二一四第二号）

【公民権行使の時間の給与】

問　本条には、公民権行使の場合、給与の点において有給、無給の別が明らかでないが、地理的、時間的関係にて一日休んで行使するの要ある場合、給料を支払うべきものであるかどうか。

答　本条の規定は、給与に関しては、何等触れていないから、有給たると無給たるとは、当事者の自由に委ねられた問題である。

（昭二二・一一・二七　基発三九九号）

【時間外に公民権を行使すべき命令】

問　使用者が特定の選挙における選挙権の行使を原則的に就業時間外に実施すべき旨を指令するのは、法第七条に違反し、第百十九条罰則の適用あるものと思料するが如何。

答　公民権の行使を労働時間外に実施すべき旨定めたことにより、労働者が就業時間中に選挙権の行使を請求することを拒否すれば違法である。

（昭二三・一〇・三〇　基発一五七五号）

第八条　削除

（定義）

第九条　この法律で「労働者」とは、職業の種類を問わず、事業又は事務所（以下「事業」という。）に使用される者で、賃金を支払われる者をいう。

▼**参照条文**　〔勤労者―憲二八〕、〔労働者―安衛二(二)、労契二1〕、〔賃金―一一〕、〔家内労働者―家労二2〕、〔適用除外―一一六、国公附一六・改正附（昭二三・法二二二号）三、地公五八、地公企三九、行労三七、地労一七・附5〕、〔船員への適用―船員六〕

労働基準法研究会報告「労働基準法の『労働者』の判断基準について」〔昭和六十年十二月〕（抄）

第1　労働基準法の「労働者」の判断

一　労働基準法第九条は、その適用対象である「労働者」を「……使用される者で、賃金を支払われる者をいう」と規定している。これによれば、「労働者」であるか否か、すなわち「労働者性」の有無は「使用される＝指揮監督下の労働」という労務提供の形態及び「賃金支払」という報酬の労務に対する対償性、すなわち報酬が提供された労務に対するものであるかどうかということによって判断されることとなる。この二つの基準を総称して、「使用従属性」と呼ぶこととする。

二　しかしながら、現実には、指揮監督の程度及び態様の多様性、報酬の性格の不明確さ等から、具体的事例では、「指揮監督下の労働」であるか、「賃金支払」が行われているかということが明確性を欠き、これらの基準によって「労働者性」の判断をすることが困難な場合がある。

　このような限界的事例については、「使用従属性」の有無、すなわち「指揮監督下の労働」であるか、「報酬が賃金として支払われている」かどうかを判断するに当たり、「専属度」、「収入額」等の諸要素をも考慮して、総合判断することによって「労働者性」の有無を判断せざるを得ないものと考える。

三　なお、「労働者性」の有無を法律、制度等の目的、趣旨と相関させて、ケース・バイ・ケースで「労働者」であるか否かを判断する方法も考え得るが、少なくとも、労働基準関係法制については、使用従属の関係にある労働者の保護を共通の目的とするものであり、また、全国画一的な監督行政を運営していく上で、「労働者」となったり、ならなかったりすることは適当でなく、共通の判断によるべきものであろう。

第2　「労働者性」の判断基準

　以上のように「労働者性」の判断に当たっては、雇用契約、請負契約といった形式的な契約形式のいかんにかかわらず、実質的な使用従属性を、労務提供の形態や報酬の労務対償性及びこれらに関連する諸要素をも勘案して総合的に判断する必要がある場合があるので、その具体的判断基準を明確にしなければならない。

　この点については、現在の複雑な労働関係の実態のなかでは、普遍的な判断基準を明示することは、必ずしも容易ではないが、多数の学説、裁判例等が種々具体的判断基準を示しており、次のように考えるべきであろう。

一　「使用従属性」に関する判断基準

(1)　「指揮監督下の労働」に関する判断基準

　労働が他人の指揮監督下において行われているかどうか、すなわち他人に従属して労務を提供しているかどうかに関する判断基準としては、種々の分類があり得るが、次のように整理することができよう。

イ　仕事の依頼、業務従事の指示等に対する諾否の自由の有無

　「使用者」の具体的な仕事の依頼、業務従事の指示等に対して諾否の自

由を有していれば、他人に従属して労務を提供するとは言えず、対等な当事者間の関係となり、指揮監督関係を否定する重要な要素となる。

これに対して、具体的な仕事の依頼、業務従事の指示等に対して拒否する自由を有しない場合は、一応、指揮監督関係を推認させる重要な要素となる。なお、当事者間の契約によっては、一定の包括的な仕事の依頼を受諾した以上、当該包括的な仕事の一部である個々具体的な仕事の依頼については拒否する自由が当然制限される場合があり、また、専属下請のように事実上、仕事の依頼を拒否することができないという場合もあり、このような場合には、直ちに指揮監督関係を肯定することはできず、その事実関係だけでなく、契約内容等も勘案する必要がある。

ロ　業務遂行上の指揮監督の有無

(イ)　業務の内容及び遂行方法に対する指揮命令の有無

業務の内容及び遂行方法について「使用者」の具体的な指揮命令を受けていることは、指揮監督関係の基本的かつ重要な要素である。しかしながら、この点も指揮命令の程度が問題であり、通常注文者が行う程度の指示等に止まる場合には、指揮監督を受けているとは言えない。なお、管弦楽団員、バンドマンの場合のように、業務の性質上放送局等「使用者」の具体的な指揮命令になじまない業務については、それらの者が放送事業等当該事業の遂行上不可欠なものとして事業組織に組み入れられている点をもって、「使用者」の一般的な指揮監督を受けていると判断する裁判例があり、参考にすべきであろう。

(ロ)　その他

そのほか、「使用者」の命令、依頼等により通常予定されている業務以外の業務に従事することがある場合には、「使用者」の一般的な指揮監督を受けているとの判断を補強する重要な要素となろう。

ハ　拘束性の有無

勤務場所及び勤務時間が指定され、管理されていることは、一般的には、指揮監督関係の基本的な要素である。しかしながら、業務の性質上（例えば、演奏）、安全を確保する必要上（例えば、建設）等から必然的に勤務場所及び勤務時間が指定される場合があり、当該指定が業務の性質等によるものか、業務の遂行を指揮命令する必要によるものかを見極める必要がある。

ニ　代替性の有無—指揮監督関係の判断を補強する要素—

本人に代わって他の者が労務を提供することが認められているか否か、また、本人が自らの判断によって補助者を使うことが認められているか否か等労務提供に代替性が認められているか否かは、指揮監督関係そのものに関する基本的な判断基準ではないが、労務提供の代替性が認められている場合には、指揮監督関係を否定する要素のひとつとなる。

(2)　報酬の労務対償性に関する判断基準

労働基準法第一一条は、「賃金とは、賃金、給料、手当、賞与その他名称の如何を問わず、労働の対償として使用者が労働者に支払うすべてのものをいう。」と規定している。すなわち、使用者が労働者に対して支払うものであって、労働の対償であれば、名称の如何を問わず「賃金」である。この場合の「労働の対償」とは、結局において「労働者が使用者の指揮監督の下で行う労働に対して支払うもの」と言うべきものであるから、報酬が「賃金」であるか否かによって逆に「使用従属性」を判断することはできない。

　しかしながら、報酬が時間給を基礎として計算される等労働の結果による較差が少ない、欠勤した場合には応分の報酬が控除され、いわゆる残業をした場合には通常の報酬とは別の手当が支給される等報酬の性格が使用者の指揮監督の下に一定時間労務を提供していることに対する対価と判断される場合には、「使用従属性」を補強することとなる。

二　「労働者性」の判断を補強する要素

　前述のとおり、「労働者性」が問題となる限界的事例については、「使用従属性」の判断が困難な場合があり、その場合には、以下の要素をも勘案して、総合判断する必要がある。

(1)　事業者性の有無

　労働者は機械、器具、原材料等の生産手段を有しないのが通例であるが、最近におけるいわゆる傭車運転手のように、相当高価なトラック等を所有して労務を提供する例がある。このような事例については、前記一の基準のみをもって「労働者性」を判断することが適当でなく、その者の「事業者性」の有無を併せて、総合判断することが適当な場合もある。

イ　機械、器具の負担関係

　本人が所有する機械、器具が安価な場合には問題はないが、著しく高価な場合には自らの計算と危険負担に基づいて事業経営を行う「事業者」としての性格が強く、「労働者性」を弱める要素となるものと考えられる。

ロ　報酬の額

　報酬の額が当該企業において同様の業務に従事している正規従業員に比して著しく高額である場合には、上記イと関連するが、一般的には、当該報酬は、労務提供に対する賃金ではなく、自らの計算と危険負担に基づいて事業経営を行う「事業者」に対する代金の支払と認められ、その結果、「労働者性」を弱める要素となるものと考えられる。

ハ　その他

　以上のほか、裁判例においては、業務遂行上の損害に対する責任を負う、独自の商号使用が認められている等の点を「事業者」としての性格を補強する要素としているものがある。

(2)　専属性の程度

　特定の企業に対する専属性の有無は、直接に「使用従属性」の有無を左右するものではなく、特に専属性がないことをもって労働者性を弱めることとはならないが、「労働者性」の有無に関する判断を補強する要素のひとつと考えられる。

イ　他社の業務に従事することが制度上制約され、また、時間的余裕がなく事実上困難である場合には、専属性の程度が高く、いわゆる経済的に当該企業に従属していると考えられ、「労働者性」を補強する要素のひとつと考えて差し支えないであろう。なお、専属下請のような場合については、上記一(1)イと同様留意する必要がある。

ロ　報酬に固定給部分がある、業務の配分等により事実上固定給となっている、その額も生計を維持しうる程度のものである等報酬に生活保障的な要素が強いと認められる場合には、上記イと同様、「労働者性」を補強するものと考えて差し支えないであろう。

(3)　その他

　以上のほか、裁判例においては、①採用、委託等の際の選考過程が正規従業員の採用の場合とほとんど同様であること、②報酬について給与所得としての源泉徴収を行っていること、③労働保険の適用対象としていること、④

服務規律を適用していること、⑤退職金制度、福利厚生を適用していること等「使用者」がその者を自らの労働者と認識していると推認される点を、「労働者性」を肯定する判断の補強事由とするものがある。

第3　具体的事案〈略〉

労働基準法研究会労働契約等法制部会労働者性検討専門部会報告「建設業手間請け従事者及び芸能関係者に関する労働基準法の『労働者』の判断基準について」〔平成八年三月〕（抄）

第一　検討の趣旨

労働基準法第九条は、その適用対象である「労働者」を「使用される者で、賃金を支払われる者をいう。」と規定しているが、具体的な事案についてこの「労働者」に該当するかどうかの判断は必ずしも容易ではない。

この点に関しては、昭和六十年に労働基準法研究会報告「労働基準法の『労働者』の判断基準について」が出されているが、なお、労働者に該当するか否かが問題となる事例が多くみられることから、平成五年の労働基準法研究会報告では、当面、この判断基準により運用し、行政としても、より具体的な運用基準を作成するなど、引き続き判断基準の明確化に努めることが適当であるとされている。

このような状況を踏まえ、労働省から当専門部会に対し、特に労働者性の判断について問題となることが多い建設業手間請け従事者及び芸能関係者について、昭和六十年の判断基準をより具体化した判断基準のあり方についての検討が依頼され、当専門部会として検討を重ねた結果、以下のような結論に達した。

第二　建設業手間請け従事者について

I　はじめに

1　「手間請け」とは

「手間請け」という言葉は、多様な意味で用いられているが、本報告においては、工事の種類、坪単価、工事面積等により総労働量及び総報酬の予定額が決められ、労務提供者に対して、労務提供の対価として、労務提供の実績に応じた割合で報酬を支払うという、建設業における労務提供方式を「手間請け」と定義する。

この他に「手間請け」と呼ばれるものとして、①手間賃（日当）による日給月給制の労働者の場合、②手間（労務提供）のみを請け負い、自らは労務提供を行わずに労働力を供給する事業を行っている者の場合等があるが、①については一般に労働者と、②については一般に事業者であると解することができ、これらについては労働者性の問題が生じるところではないので、本報告では対象とはしていない。

なお、建設業において「手間請け」の形態が見られる工事には様々な種類のものがあると考えられるが、以下では主に建築工事を念頭に置いて記述している。

2　「手間請け」の形態

以上のような「手間請け」というものについても、工事の種類、労務提供の形態等により、いくつかの形態が存在する。特に、住宅建築等の小規模建築工事の場合とビル建築等の大規模建築工事の場合では、その形態が大きく異なっている。なお、建設業の場合、親方、子方、配下、世話役等の用語が、工事の形態により異なった意味に使われる場合があるので、単にその呼び名だけではなく実際の役割に留意する必要がある。

(1)　小規模建築工事の場合

建築工事を請け負った工務居、専門工事業者等と大工等の建築作業従事者間での契約・労務提供の形態である。建築作業従事者は、単独の場合とグループの場合があり、後者の場合には、グループの世話役がいる場合がある。

契約は、一つ一つの工事ごとに、就労場所、工期、作業内容、坪単価、報酬の支払方法等を内容として、通常は口頭で行われる。

報酬については、まず、仕事の難易度により一坪仕上げるのに何人分（人工）の労働力が必要かが判断され、これを基に、坪単価が決定されて坪単価×総坪数で総報酬額が決められる。この総報酬額を、工事の進捗状況に従って按分し、月ごとに、あるいは、請求に応じて随時支払う場合や、工事終了後一括して支払う場合などがある。

なお、この他に特殊なものとして、棟上げ等の場合に他の大工等に応援を求め、逆の立場の場合にその「手間」返す「手間貸し」（手間返し）という形態もある。

(2)　大規模建築工事の場合

おおむね、次の三種類の形態が考えられる。ただし、この分類はあくまでも代表的な例を示したものであり、現実には必ずしもどれかに当てはまるものではないことから、労働者性の判断に当たっては、実際の形態に留意する必要がある。

イ　世話役請取り

世話役が一次業者等と請負契約を結び、世話役が更にその下の作業員との間で就業に関する契約を結ぶ形態である。世話役とその下の作業員の間では、一日当たりいくらというような内容の契約が結ばれる場合が多い。

ロ　グループ請取り

仕事があって手が足りないとか量が多いといった場合に、同じようなレベルにある仲間がグループで一次業者等から請け負う形態である。グループ内では、グループの世話役とグループの構成員の間で、㎡当たりいくらという取決めを結んでいる場合や、グループ内が全く対等の関係にあり、一次業者等との関係は、グループ構成員の話合いにより処理される場合など、様々な形態を含んでいる。

ハ　一人親方

単独で作業を請け負う形態である。

契約は、㎡当たりいくら、トン当たりいくらという出来高払の単価契約で、口頭契約の場合が多い。

3　使用者、事業主・事業者

(1)　総論

建設業の場合には、下請契約等が重層的になされていることが多く、また、実際の指示や命令も重層的になされる。そのため、このような重層的な関係の下で作業に従事する者について労働者性を判断するためには、誰と誰の間に使用従属関係があるかを明確にする必要がある。

なお、労働基準法等関係法令においては、その義務主体が、労働基準法においては「使用者」、労働安全衛生法においては「事業者」、労働者災害補償保険法においては「事業主」となっている。このうち「事業主」は事業の責任主体であり、「使用者」は事業主のために行為するすべての者であることから、この二者については対象となる範囲が異なっている。

労働者性の判断基準において、「労働者性を弱める要素」としている「事業者性」は、上の意味での「事業者」又は「事業主」であるか否か、あるいは、これらにどの程度近いものであるかという点である。

他方、労働基準法においては、事業主以外の者であっても、実際に指揮命令等を行っている者はすべてその限りで「使用者」であることになることから、労働基準法において「使用者」であるとされ、その責任を負うべき場合でも、直ちにその者の労働者性が否定されるものではない。

(2) 各論

手間請け従事者の労働者性が認められる場合には、原則的には、手間請け従事者又はそのグループと直接契約を締結した工務店、専門工事業者、一次業者等が使用者になるものと考えられるが、グループで仕事を請けている場合には、グループの世話役等が使用者になる場合も考えられる。したがって、グループによる手間請けの場合においては、グループの世話役と構成員の間及び工務店、専門工事業者、一次業者等とグループの構成員の間の使用従属関係の有無等を検討し、グループの世話役が、労働者のグループの単なる代表者であるのか、グループの構成員を使用する者であるのかを、その実態に即して判断する必要がある。

Ⅱ 判断基準

1 使用従属性に関する判断基準

(1) 指揮監督下の労働

イ 仕事の依頼、業務に従事すべき旨の指示等に対する諾否の自由の有無

具体的な仕事の依頼、業務に従事すべき旨の指示等に対して諾否の自由があることは、指揮監督関係の存在を否定する重要な要素となる。

他方、このような諾否の自由がないことは、一応、指揮監督関係を肯定する要素の一つとなる。ただし、断ると次から仕事が来なくなることなどの事情により事実上仕事の依頼に対する諾否の自由がない場合や、例えば電気工事が終わらないと壁の工事ができないなど作業が他の職種との有機的連続性をもって行われるため、業務従事の指示を拒否することが業務の性質上そもそもできない場合には、諾否の自由の制約は直ちに指揮監督関係を肯定する要素とはならず、契約内容や諾否の自由が制限される程度等を勘案する必要がある。

ロ 業務遂行上の指揮監督の有無

(イ) 業務の内容及び遂行方法に対する指揮命令の有無

設計図、仕様書、指示書等の交付によって作業の指示がなされている場合であっても、当該指示が通常注文者が行う程度の指示等に止まる場合には、指揮監督関係の存在を肯定する要素とはならない。他方、当該指示書等により作業の具体的内容・方法等が指示されており、業務の遂行が「使用者」の具体的な指揮命令を受けて行われていると認められる場合には、指揮監督関係の存在を肯定する重要な要素となる。

工程についての他の職種との調整を元請け、工務店、専門工事業者、一次業者の責任者等が行っていることは、業務の性格上当然であるので、このことは業務遂行上の指揮監督関係の存否に関係するものではない。

(ロ) その他

「使用者」の命令、依頼等により通常予定されている業務以外の業務に従事することがある場合には、使用者の一般的な指揮監督を受けているとの判断を補強する重要な要素となる。

ハ 拘束性の有無

勤務場所が建築現場、刻みの作業場等に指定されていることは、業務の性格上当然であるので、このことは直ちに指揮監督関係を肯定する要素とはならない。

　勤務時間が指定され、管理されていることは、一般的には指揮監督関係を肯定する要素となる。ただし、他職種との工程の調整の必要がある場合や、近隣に対する騒音等の配慮の必要がある場合には、勤務時間の指定がなされたというだけでは指揮監督関係を肯定する要素とはならない。

　一方、労務提供の量及び配分を自ら決定でき、契約に定められた量の労務を提供すれば、契約において予定された工期の終了前でも契約が履行されたこととなり、他の仕事に従事できる場合には、指揮監督関係を弱める要素となる。

二　代替性の有無

　本人に代わって他の者が労務を提供することが認められている場合や、本人が自らの判断によって補助者を使うことが認められている場合等労務提供の代替性が認められている場合には、指揮監督関係を否定する要素の一つとなる。他方、代替性が認められていない場合には、指揮監督関係の存在を補強する要素の一つとなる。

　ただし、労働契約の内容によっては、本人の判断で必要な数の補助者を使用する権限が与えられている場合もある。このため、単なる補助者の使用の有無という外形的な判断のみではなく、自分の判断で人を採用できるかどうかなど補助者使用に関する本人の権限の程度や、作業の一部を手伝わせるだけかあるいは作業の全部を任せるのかなど本人と補助者との作業の分担状況等を勘案する必要がある。

(2)　報酬の労務対償性に関する判断基準

　報酬が、時間給、日給、月給等時間を単位として計算される場合には、使用従属性を補強する重要な要素となる。

　報酬が、一㎡を単位とするなど出来高で計算する場合や、報酬の支払に当たって手間請け従事者から請求書を提出させる場合であっても、単にこのことのみでは使用従属性を否定する要素とはならない。

2　労働者性の判断を補強する要素

(1)　事業者性の有無

イ　機械、器具等の負担関係

　据置式の工具など高価な器具を所有しており、当該手間請け業務にこれを使用している場合には、事業者としての性格が強く、労働者性を弱める要素となる。

　他方、高価な器具を所有している場合であっても、手間請け業務にはこれを使用せず、工務店、専門工事業者、一次業者等の器具を使用している場合には、労働者性を弱める要素とはならない。

　電動の手持ち工具程度の器具を所有していることや、釘材等の軽微な材料費を負担していることは、労働者性を弱める要素とはならない。

ロ　報酬の額

　報酬の額が当該工務店、専門工事業者、一次業者等の同種の業務に従事する正規従業員に比して著しく高額な場合には、労働者性を弱める要素となる。

　しかし、月額等でみた報酬の額が高額である場合であっても、それが長時間労働している結果であり、単位時間当たりの報酬の額を見ると同種の業務に従事する正規従業員に比して著しく高額とはいえない場合もあり、この場合には労働者性を弱める要素とはならない。

ハ　その他

当該手間請け従事者が、①材料の刻みミスによる損失、組立時の失敗などによる損害、②建物等目的物の不可抗力による滅失、毀損等に伴う損害、③施工の遅延による損害について責任を負う場合には、事業者性を補強する要素となる。また、手間請け従事者が業務を行うについて第三者に損害を与えた場合に、当該手間請け従事者が専ら責任を負うべきときも、事業者性を補強する要素となる。

さらに、当該手間請け従事者が独自の商号を使用している場合にも、事業者性を補強する要素となる。

(2)　専属性の程度

特定の企業に対する専属性の有無は、直接に使用従属性の有無を左右するものではなく、特に専属性がないことをもって労働者性を弱めることとはならないが、労働者性の有無に関する判断を補強する要素の一つと考えられる。

具体的には、特定の企業の仕事のみを長期にわたって継続して請けている場合には、労働者性を補強する要素の一つとなる。

(3)　その他

イ　報酬について給与所得としての源泉徴収を行っていることは、労働者性を補強する要素の一つとなる。

ロ　発注書、仕様書等の交付により契約を行っていることは、一般的には事業者性を推認する要素となる。ただし、税務上有利であったり、会計上の処理の必要性等からこのような書面の交付を行っている場合もあり、発注書、仕様書等の交付という事実だけから判断するのではなく、これらの書面の内容が事業者性を推認するに足りるものであるか否かを検討する必要がある。

ハ　ある者が手間請けの他に事業主としての請負業務を他の日に行っていることは、手間請けを行っている日の労働者性の判断に何ら影響を及ぼすものではないため、手間請けを行っている日の労働者性の判断は、これとは独立に行うべきものである。

ニ　いわゆる「手間貸し」（手間返し）の場合においては、手間の貸し借りを行っている者の間では、労働基準法上の労働者性の問題は生じないものと考えられる。

〈後略〉

解釈例規

❶運用の方針

【運用の基本方針】

(一)　個々の事業に対して労働基準法を適用するに際しては、当該事業の名称又は経営主体等にかかわることなく、相関連して一体をなす労働の態様によつて事業としての適用を定めること。

(二)　事業とは、工場、鉱山、事務所、店舗等の如く一定の場所において相関連する組織のもとに業として継続的に行われる作業の一体をいうのであつて、必ずしもいわゆる経営上一体をなす支店、工場等を総合した全事業を指称するものではないこと。

(三)1　従つて一の事業であるか否かは主として場所的観念によつて決定すべきもので、同一場所にあるものは原則として分割することなく一個の事業とし、場所的に分散しているものは原則として別個の事業とすること。

2　しかし、同一場所にあつても、著しく労働の態様を異にする部門が存する場合に、その部門が主たる部門との関連において従事労働者、労務管理等が明確に区別され、かつ、主たる部門と切り離して適用を定めることによって労働基準法がより適切に運用できる場合には、その部門を一の独立の事業とすること。例えば工場内の診療所、食堂等の如きはこれに該当すること。なお、個々の労働者の業務による分割は認めないこと。

3　また、場所的に分散しているものであつても、出張所、支所等で、規模が著しく小さく、組織的関連ないし事務能力等を勘案して一の事業という程度の独立性がないものについては、直近上位の機構と一括して一の事業として取り扱うこと。例えば、新聞社の通信部の如きはこれに該当すること。

（昭二二・九・一三　発基一七号、昭二三・三・三一　基発五一一号、昭三三・二・一三　基発九〇号、昭六三・三・一四　基発一五〇号、平一一・三・三一　基発一六八号）

【「フリーランスとして安心して働ける環境を整備するためのガイドライン」の策定について】

成長戦略実行計画（令和二年七月十七日閣議決定）において、フリーランスとして安心して働ける環境を整備するため、事業者とフリーランスとの取引について、私的独占の禁止及び公正取引の確保に関する法律（昭和二十二年法律第五十四号）、下請代金支払遅延等防止法（昭和三十一年法律第百二十号）、労働関係法令の適用関係を明らかにするとともに、これらの法令に基づく問題行為を明確化するため、実効性があり、一覧性のあるガイドラインを策定することとされたところである。

これを受けて、令和三年三月二十六日付けで、内閣官房、公正取引委員会、中小企業庁、厚生労働省の連名により、別添「フリーランスとして安心して働ける環境を整備するためのガイドライン」が策定されたため、了知するとともに、必要に応じて、事業者等に対し周知されたい。また、フリーランスとして働く者から、労働関係法令に関する相談等があった場合には、同ガイドライン等も活用の上、関係部署で連携して引き続き適切に対応されたい。

また、同ガイドラインに係る内容のうち、発注者等との契約等のトラブルなど労働関係法令以外に関する相談については、関係省庁と連携して整備した相談窓口（フリーランス・トラブル一一〇番）等を紹介するなど、丁寧な対応をお願いする。

（令三・三・二六　基発〇三二六第三号　雇均発〇三二六第三号）

〈編注〉本ガイドラインについては、以下の厚生労働省ＨＰに掲載されている。
〈https://www.mhlw.go.jp/stf/seisakunitsuite/bunya/koyou_roudou/koyoukintou/zaitaku/index_00002.html〉

【許認可等の手続】

㈠　許可及び認定の申請、届出、報告その他の事務は、一の独立の事業を単位として処理すべきものであるが、一の事業の作業場が二以上の労働基準監督署の管轄区域にまたがつて存在する場合は、それぞれの管轄区域にある作業場のみに関する事項については、それぞれの所轄労働基準監督署に対して提出させそれぞれの作業場に共通の事項については、各所轄労働基準監督署に対して共通のものを提出させること。この場合には共通のものを提出した他の労働基準監督署名を附記すること。而して関係労働基準監督署間の取扱を異にするため調整を要する事例を生じた場合には所轄都道府県労働基準局長が、関係都道府県労働基準局間に同様の事例が存する場合には労働省労働基準局長が調整すること。なお、労働者名簿及び賃金台帳は、個々の作業場ごとに備え付ける必要はないこと。

㈡　演劇事業等の如く、事業の本拠たる事業場が一定場所に存する外随時に移動性の事業場を設定する事業又は常時事業場を移動する事業において行う許可及び認定の申請、届出、報告等労働基準法に基づく諸手続は、各事業場の所轄労働基準監督署長に対し行うのが原則であるが、事業施行期間の短期その他の事由によりこの原則によることが適当でない場合には、前記諸手続の必要を生じた最初の事業場を管轄する労働基準監督署長に対し必要な手続を行えばその他の事業場の所轄労働基準監督署長に対してはその手続を行う必要はないこと。この場合、許可書、協定書等の関係書類を常に事業場に備え付けて置くとともに所轄労働基準監督署長に関係書類の写を提出すること。但し、適用事業報告については、事業施行期間が十四日以内の場合の外は、これを提出する必要があること。而して労働者名簿及び賃金台帳については、事業の本拠たる事業場を有する事業において継続的に使用される者の分については、その事業場に、移動性の事業場にのみ使用される者の分については、移動性の事業場に備え付けること。

(三)　同一企業が複数の事業場を有する場合であつて、同一の労働基準監督署管内に二以上の事業場があるときは、各事業場に係る労働基準法に基づく報告又は届出については、当該企業内の組織上、各事業場の長より上位の使用者が、とりまとめて当該労働基準監督署に報告又は届出を行うことは差し支えないこと。その場合においては、各事業場ごとに、報告又は届出の内容を明らかにし、また、各事業場に係る内容が同一であればその旨を明らかにした上で、報告又は届出を行うこと。

（昭二二・九・一三　発基一七号、昭二三・三・三一　基発五一一号、昭三三・二・一三　基発九〇号、平七・一二・二六　基発七四〇号）

【生命保険会社の支部、営業所】　生命保険会社の支部又は営業所については、原則としてこれらを一の事業とすること。ただし、規模が著しく小さく組織的関連、事務能力の点を勘案して独立性のない支部又は営業所については、支社と一括して一の事業として取扱うこと。

（昭六三・三・一四　基発一五〇号、平一一・三・三一　基発一六八号）

【建設現場】　建設現場については、現場事務所があつて、当該現場において労務管理が一体として行われている場合を除き、直近上位の機構に一括して適用すること。

（昭六三・九・一六　基発六〇一号の二、平一一・三・三一　基発一六八号）

【新聞社の地方通信機関】　新聞社の地方通信機関については、次のような取扱いをすること。

(一)　新聞社の地方通信機関（総局、支局、通信局、通信部、通信所等その名称の如何を問わず新聞記者が常駐する機関を指す。）に勤務する者は、本社の直接指揮統轄の下において、地方における新聞記事を取材送稿するにすぎず、且つそれ等の機関の長は人事給与に関する権限もなく事務も取り扱わず、したがつてそれ等の機関は事業としての組織的関連ないし事務能力の点より一の事業という程度の独立性をもたないものである場合には、これを本社（地域ごとに本社を有するものは、その各々の本社その他これに準ずるものを含む。）と一括して一の事業として取り扱うこと。ただし、単に新聞記者が常駐するのみでなく、人事給与を取り扱う機関を備え一の事業としての独立性を有するものについてはこの限りでない。

(二)　右の取扱いにより本社と地方通信機関を一括して一の事業として取り扱う場合の本社以外の作業場（地方通信機関）にかかる許可及び認定の申請、届出又は報告については、本社より各都道府県労働基準局長に対し、当該都道府県労働基準局管轄区域内の作業場に関するものを一括して提出することができること。なお、労働者名簿及び賃金台帳は本社において備えつけることになるが、監督のため必要あるときは、関係都道府県労働基準局から本社に対しその写を提出せしめることを妨げないことはいうまでもないこと。

（昭三三・五・二〇　基発七九九号）

【一定期間で作業所が移動する場合】

問　○○通信工業株式会社はガス封入法による通信ケーブルの保守を業とし業種、期間、作業所の範囲、業務、組織等については左記の如き特殊性を有する業態であるので業種、事業所及びこれに附帯する事務手続等の適用について何分の御指示賜りたい。

記

一、業種　ガス封入法による通信ケーブルの保守その他通信ケーブルに窒素ガスを封入その圧力差によつて不良個所を発見修理し通信線路の完全なる保守を期するものである。

一、作業の指揮　工務部長、工事課長、監督者、各班長、作業員

一、命令連絡先　現場監督者及び各作業班は絶えず作業所内を移動するので上司よりの状況把握は困難で下部組織者より積極的に状況を報告せしめその都度命令指示を与え必要事項を連絡する。

一、作業所　鉄道沿線を主とし作業人員に比し長距離の作業現場で平均一ヶ班、監督者一名、作業員二ないし三名が本社より出張し必要に応じ現場にて一ないし二名の臨時作業員を採用して作業を遂行する。

一、作業期間　最長約三ヵ月、平均一ヵ月半であるが、天候、他社工事の進行状況等により全く完了の予定立たず、また特殊な技術を要するため随時無償で援助のため出張することもしばしばある。

一、事務機関　現地には何等事務機関なく監督者及び賃金支払を委任された工員が現場雇用者に対する賃金台帳を携行しているのみである。

答　○○通信工業株式会社に対する労働基準法の適用については、その業態の特殊性にかんがみ次の取扱いによるものとする。

一、東京都○○区の本社において全国作業現場を一括して一の適用事業として取り扱い、各作業現場における作業は出張作業とみなすこと。

二、会社は各作業現場について、その作業開始前にその作業現場及び本社所在地の所轄労働基準監督署長にそれぞれ㈠注文者㈡受注者㈢作業現場㈣施工工事の作業範囲及びその内容㈤施工期間㈥作業に当たる人員数㈦本社に属しない現地で雇用された労働者の雇用条件について文書にて連絡すること。

三、各作業現場においては少なくともその現場で労働する労働者の労働者名簿及び賃金台帳又はその写を携行して備え付けるべきこと。

（昭二七・一二・一七　基収五一九〇号）

【派遣労働者に係る適用事業の区分】　派遣中の労働者に関しては、労働者派遣法第四十四条第二項により、派遣先の使用者が義務を負うことになる規定のうち、労働基準法第四十条、第四十一条第一号、第六十一条第四項等事業の種類によつて適用される基準が異なる規定については、派遣先の事業に適用される基準を適用するものであること。

（昭六一・六・六　基発三三三号）

❷適用事業又は事務所の範囲

【海外派遣労働者に対する法の適用】

問　海外において日本の建設業者により土木建築工事が施工される場合に、派遣されて作業に従事する労働者に対して労働基準法は適用されるか。

答　(イ)　日本国内の土木建築事業が国外で作業を行う場合で当該作業場が一の独立した事業と認められない場合には、現地における作業も含めて当該事業に労働基準法は適用される。

(ロ)　労働基準法違反行為が国外で行われた場合には、刑法総則の定めるところにより罰則は適用されない。ただし日本国内にある使用者に責任がある場合にはこの使用者は処罰される。

(ハ)　前記(ロ)に述べた如く使用者が国外にお

いて労働基準法違反行為をしても罰則の適用はないが、その場合でも労働者は使用者の民事上の責任を追及することを妨げない。

（昭二五・八・二四　基発七七六号）

【宗教団体】　法の適用に当たつては、憲法及び宗教法人法に定める宗教尊重の精神に基づき、宗教関係事業の特殊性を十分考慮すること。

宗教法人又は団体であつても、労働基準法上にいわゆる労働者を使用していない場合に、法の適用がないことは言うまでもなく、具体的に問題になる場合を挙げれば次のとおりであること。

(イ)　宗教上の儀式、布教等に従事する者、教師、僧職者等で修行中の者、信者であつて何等の給与を受けず奉仕する者等は労働基準法上の労働者でないこと。

(ロ)　一般の企業の労働者と同様に、労働契約に基づき、労務を提供し、賃金を受ける者は、労働基準法上の労働者であること。

(ハ)　宗教上の奉仕あるいは修行であるという信念に基づいて一般の労働者と同様の勤務に服し報酬を受けている者については、具体的な勤務条件、特に、報酬の額、支給方法等を一般企業のそれと比較し、個々の事例について実情に即して判断すること。

（昭二七・二・五　基発四九号）

❸各形態における労働関係

イ　請負

【新聞配達人】

問　多くの新聞販売店は配達部数に応じ、配達人に報酬を与えているのであつて、この販売店と配達人との関係は単なる請負関係であつて、労働関係はなく従つて労働者でないと見るを適当と考えるが如何。

答　配達部数に応じて報酬を与えているのは、単に賃金の支払形態が請負制となつているだけであつて、一般に販売店と配達人との間には、使用従属関係が存在し、配達人も本法の労働者である場合が通例である。

（昭二二・一一・二七　基発四〇〇号）

【新聞配達に従事する児童】

問　都市及び一般町制地における新聞読者密集地域にはないが、郊外地区並びに地方の農山村地域においては事業主（新聞販売所店主）は使用人としての専業従業員（配達人）にある一定数の新聞の配達を区域別に持たせているが専業従業員は自ら一部分の配達をなし、さらに残部を自己の責任において児童等を雇いて配達させる。したがつて店主と専業従業員との間には労働契約があるが、店主と児童等との間にはかかる関係は全然ない。児童はあくまで専業従業員の補助機関であり、一種の手伝的存在でしかあり得ない。右の場合専業従業員と配達児童との関係如何。

答　設例の場合は事業主（店主）と児童との間に労働関係が存するのであつて、専業従業員は事業主のために児童を指揮命令しているものである。

（昭二三・二・二四　基発三五六号）

【大工】

問　次の場合労働基準法の適用は如何になるか。

㈠　農家が家屋修理の為大工を雇う場合
㈡　工場が建物修理の為大工を雇う場合
㈢　官吏が家屋修理の為大工を雇う場合

右の場合次の二つの回答が考えられるが、何れが正しいか。

(1)　農業も工業もいずれも事業である。大工はいずれの場合においても使用されて賃金を支払われるから労働者である。従つて㈠㈡何れの場合においても本法の適用がある。

官吏の場合は何等事業を営んでいないから適用はない。

(2)　㈠㈡の場合、家屋修理のため、大工を使うことは事業本来の目的の為使用するのではないから本法は適用されない。

答　農家又は工場がその事業経営上必要な建物その他の施設を大工に修理させる場合は、一般に請負契約によることが多いが、請負契約によらず雇用契約によりその事業主と大工との間に使用従属関係が認められる場合は、法第九条の労働者であるから、基準法の適用を受ける。なお、基準法の適用は該事業固有の業務に従事する労働者であるか附随的業務に従事する労働者であるかによつて差異はない。

　設問(三)については見解の通り。

（昭二三・一二・二五　基収四二八一号、昭六三・三・一四　基発一五〇号、平一一・三・三一　基発一六八号）

【バイシクルメッセンジャー及びバイクライダーの労働者性について】　標記について、東京労働局長から別紙1のとおり照会がなされ、別紙2のとおり回答したので了知するとともに、貴局管内の同種事業に従事するバイシクルメッセンジャー及びバイクライダーについても、これと実態を同じくするものについては、これに準じて取り扱われたい。

別紙1

バイシクルメッセンジャー及びバイクライダーの労働者性について（りん伺）

　当局管内においては、特定信書便事業又は貨物軽自動車運送事業（以下「特定信書便事業等」という。別添参照。）を行う事業場において、自転車又は自動二輪車を使用し、信書の送達又は貨物の輸送を行っているが、当該事業場には自転車を使用して業務を行ういわゆるバイシクルメッセンジャー又は自動二輪車を使用して業務を行ういわゆるバイクライダー（以下「バイシクルメッセンジャー等」という。）が多数従事しているところである。

　これらバイシクルメッセンジャー等は、特定信書便事業等の事業を行う者（以下「バイク便事業者」という。）と「運送請負契約」と称する契約を締結し、業務に従事しているものであるが、当局において、これらバイシクルメッセンジャー等の就労の実態をあるバイク便事業者について調査した結果、下記1のとおりであることが判明したところである。

　ついては、これらバイシクルメッセンジャー等の労働者性について、下記2のとおり解してよろしいか、お伺いする。

記

1　当局の調査結果

(1)　契約関係

　バイシクルメッセンジャー等は、バイク便事業者と「運送請負契約」と称する契約を締結し、契約上、業務請負として配送業務に従事している。

(2)　使用従属性に関する事実関係

ア　仕事の依頼、業務従事の指示等に対する諾否の自由

　仕事の依頼、業務従事の指示等に対する諾否の自由は、契約上認められているが、実態をみると、仕事の依頼、業務従事の指示等を拒否している例はみられない。

イ　指揮命令等

(i)　配送業務については、伝票の作成方法、運送方法、携帯電話の使用方法及び顧客の接遇等に関して手引が定められており、バイシクルメッセンジャー等は、営業所長の面接を受けて採用された後、この配送に関する手引に基づき行われる座学研修と営業所長に帯同した実地研修を数日間受講している。なお、研修期間中は一定額（日額）の報酬が支払われている。

(ii)　採用後は、各営業所に配属され、日常、営業所長の指示の下、配送業務に従事している。

(iii)　日々の配送業務においては、出勤時、営業所長から交通安全、接遇マナー等についての諸注意を受けた後、各バイシクルメッセンジャー等は、各自の待機場所へ移動し、配送指示があるまで待機する。その後、配車センターからの配送指示に従い荷を配送し、次の配送指示があるまで、配送を終えた場所で待機し、以後、業務終了

時まで配送・待機を繰り返す。

(iv)　日々の配送指示は、顧客から配送依頼のあった一件の配送品ごとに引取先、引取時刻、届出先及び配送時の注意事項等が指示されている。

(v)　配送経路は、契約上、「最も合理的な順路で走行すること」とされており、研修時には、最短距離で到着するよう指示されている。

(vi)　バイシクルメッセンジャー等は、携帯電話の保持が義務付けられており、最初の配送指示があるまでの待機場所への到着時、配送指示メール受信後の移動開始時、荷の引取時、配送終了時（配送後の待機開始時）、休憩開始時及び休憩終了時において、携帯メールで配車センターに報告することが求められている。

(vii)　バイシクルメッセンジャー等は、営業所長の指示があった場合には、内勤スタッフの業務を手伝うことがある。

以上のように、業務の遂行方法等に関する詳細な指示を受け、常時バイク便事業者から管理されているものであり、業務遂行上の指揮監督が行われているものと認められる。

ウ　拘束性

(i)　各営業所では、配送体制を確保するため、営業所長が配送量を勘案し、日々の配送業務に必要な配送員数を定めるとともに、各人の具体的な出勤日・勤務時間についても、本人の希望、配送量等を勘案し、各人ごとに定めている。

(ii)　各バイシクルメッセンジャー等は、出勤日には始業時刻までの営業所への出所と業務終了後の営業所への帰所が義務付けられており、欠勤等がある場合は、営業所長への連絡が求められている。

(iii)　バイシクルメッセンジャー等の日々の出勤時刻等の出勤状況は、出勤簿により管理されている。

(iv)　配送業務については、一件当たりの配送処理時間が定められている。また、上記イのとおり、荷の配送後においては当該配送を終えた場所での待機が指示されているほか、休憩時間についても携帯メールで報告することが求められている。

以上のように、時間的・場所的な拘束性があるものと認められる。

エ　代替性

契約上、業務の再委託は禁止されているほか、実際にもバイシクルメッセンジャー等は、所定の研修を受けて承認された者に限定されていることから、配送業務を他の配送員に委託するなど労務提供の代替性は認められない。

オ　報酬の労務対償性

(i)　報酬は、完全歩合制を採用しており、月末締切の翌十五日支払（口座振込）となっている。

(ii)　歩合給は、月ごとの配送料金合計額の五十％を基本歩合率とした上で計算されるが、平日にすべて出勤した場合、皆勤加算として基本歩合率に一定の歩合率が加算される一方、あらかじめ定められた出勤日に出勤しない場合には欠勤減算として、あらかじめ定められた出勤時刻に営業所に出所しない場合には遅刻減算として、それぞれ基本歩合率から一定の歩合率が減算される。

以上のように、出勤日・勤務時間に応じて加減算された報酬が定められており、報酬の労務対償性が認められる。

(3)　事業者性に関する事実関係

ア　機械・器具等の負担関係

業務用無線（必要な場合に限る。）、

配送員用バックは会社負担であるが、自転車や自動二輪車のほか、携帯電話は自己負担であり、この維持に要する燃料代・修理代・税金・車検代等についても、自己負担となっている。

イ　報酬の額

バイシクルメッセンジャー等の報酬の額は、日額に換算すると一万円から一万五千円程度となっている。

ウ　商号の使用

独自の商号の使用は認められておらず、バイク便事業者の企業名が表示されている配送員用バックや荷箱の使用が義務付けられている。

エ　専属性

他社の業務に従事することは契約上制約されていないが、出勤日・勤務時間があらかじめ指定され、その間は拘束されていることから、兼業を行うことは困難な状況にある。

2　当局の判断

上記1のとおり、当該事業場に対する調査の結果、バイシクルメッセンジャー等については、自転車等の装備品が自己負担であることなど事業者性を肯定する要素も一部認められるものの、使用従属関係を肯定する事実として、①業務の内容及び遂行方法に係る指揮監督が行われていること（指揮監督があること）、②勤務日及び勤務時間があらかじめ指定され、出勤簿で管理されていること（拘束性があること）、③他の者への配送業務の委託は認められていないこと（代替性がないこと）、④報酬の基本歩合率が欠勤等により加減されること（報酬の労務対償性があること）等が認められ、さらに、労働者性の判断を補強する事実として、⑤独自の商号の使用は認められず、事実上兼業を行うことは困難な状況にあること等が認められ、総合的に判断すると労働基準法第九条の労働者に該当するものと認められる。

別添

1　特定信書便事業（「民間事業者による信書の送達に関する法律」（平成十四年法律第九十九号））

(1)　「特定信書便事業」とは、信書便の役務を他人の需要に応ずるために提供する事業であって、その提供する信書便の役務が特定信書便役務のみであるものをいう（同法第二条第八項）。

また、「特定信書便役務」とは、信書便の役務であって、次の各号のいずれかに該当するものをいう（同法第二条第七項）。

①　長さ、幅及び厚さの合計が九十cmを超え、又は重量が四kgを超える信書便物を送達するもの

②　信書便物が差し出された時から、三時間以内に当該信書便物を送達するもの

③　その料金の額が千円を超える信書便物を送達するもの

(2)　同事業を始めるには、総務大臣の許可を受けなければならないこととされており（同法第二十九条）、平成十九年八月九日現在、二二八社が許可されている。

2　貨物軽自動車運送事業（「貨物自動車運送事業法」（平成元年法律第八十三号））

(1)　「貨物軽自動車運送事業」とは、他人の需要に応じ、有償で、自動車（三輪以上の軽自動車及び二輪の自動車に限る。）を使用して貨物を運送する事業をいう（同法第二条第四項）。

(2)　貨物軽自動車運送事業を経営しようとする者は、国土交通省令で定めるところにより、営業所の名称及び位置、事業用自動車の概要その他の事項を国土交通大臣に届け出なければならないこととされており（同法第三十六条）、平成十八年三月三十一日現在での届出数は全国で一五四、二一六事業場となっている。

別紙2
疑義照会に対する回答について
貴局において調査した結果から総合的に判断すると、使用従属関係が認められるため、貴見のとおり解する。
（平一九・九・二七　基発〇九二七〇〇四号）

ロ　委任

【生命保険の外務員】

問　生命保険会社の保険契約の募集勧誘に従事する者は、従来からその所属保険会社との間に使用関係の実体のない者が大部分であつたが、労働基準法の施行に伴い、その性格を明確にすることが必要となつた。よつて今回、生命保険契約の募集勧誘に従事する者を左記のように募集職員と保険外務員との二種に分つことにしたいが如何。

(一)　生命保険契約の募集勧誘に従事する者で保険会社に使用せられる者はこれを募集職員とし、使用人以外のものはこれを保険外務員とする。

(二)　保険外務員

1　所属会社との契約は委任による。

2　保険外務員はその成績に応じて受任事務の処理経費及び報酬を受けることができる。

3　保険外務員の名称は会社により嘱託、賛助員又は外務嘱託等の名称を用いてもよいが、職員と紛らわしい名称は用いない。

4　所属会社は保険外務員の労働の時間及び場所等を制限することはできない。但し委任契約によつて募集地域を委任することは差支えない。

(三)　募集職員

1　所属会社との契約は雇用契約による。

2　労働基準法第二十七条に規定する保障給は、一人月額千円程度とする。

3　就業規則を設ける。

4　平均賃金中には募集手数料を含むも旅費はこれを含まない。
右の旅費は、取扱新契約一千円につき九円以下とする。

答　設例の場合は労働基準法の適用は募集職員にのみ限られることになるが、なおたとえ保険外務員と称する者であつても実質上労働関係が存するとみなされるときは、法の適用があるから念のため申し添える。
（昭二三・一・九　基発一三号）

【消防団員】

問　消防団員は、その任免、給与、服務その他の事項については、市町村条例で定められるが、本団員の特質として、多くのものは、日常自己の業務に従事して火災等の場合のみ出勤し、消防等の業務に従事するものであり、その報酬も左記のごとく様々である。これに対する労働基準法の適用につき疑問があるので御回示願いたい。

記

市町村長又は市町村長の委任をうけた機関が、団員の任免権を持つている場合で、かつ、非常勤務者の場合

(一)　出勤（動）の都度、手当（例えば一回百円）を受けるもの

(二)　年手当（例えば月割支給等でなく年手当五百円、又は絆纏一着等の現物のみ）を受けるもの

(三)　何等の支給をも受けないもの

答　非常勤の消防団員であつて火災、堤防の決壊等限られた場合のみ出勤するものについては、労働基準法は適用されない。
なお、これ等労働基準法適用なき者が、公務によつて傷害等を受けた場合には、消防組織法（昭和二十二年法律第二百二十六号）第十五条の七の規定により市町村から補償を受けることになつている。
（昭二四・一・一〇　基収三〇六号、昭三三・二・一三　基発九〇号）

ハ　共同経営等

【共同経営の事業】

問　共同経営の事業において出資しながら、賃金を受け働いている者は労働者として本法の適用を受けるか。

答　共同経営事業の出資者であつても当該

組合又は法人との間に使用従属関係があり賃金を受けて働いている場合には、法第九条の労働者である。

（昭二三・三・二四　基発四九八号）

【競輪選手】

問　市営競輪及び県営競輪へ出場した出走選手が競走中転倒して選手二十二名が何れも全治一ヵ月程度の負傷により見舞金規定により治療を受け、これがため法第八章の災害補償の問題が発生したが右出走選手は法第九条の労働者と解されるか。

答　自転車競走に参加しようとする者は、一定の手数料を添えて競走参加を申込み自転車競走施行者はその資格健康状態を検査の上所定の方式によつて出場を許すものであつて、自転車競走施行者は参加者に競走の場を提供するものである。又参加者に支給される日当及び宿泊料は実費弁償として支給されるものであり、賞金は競走参加の目的物であるから、共に労働の対償として支給されるものではなく、従つて自転車競走参加者は法第九条の労働者ではない。

（昭二五・四・二四　基収四〇八〇号）

【いわゆる芸能タレント】

問　当局管内には劇団あるいはいわゆる芸能プロダクション等が多く、それら事業場から労働基準法第五十六条に基づく児童の使用許可申請がなされることが少なくないところである。

当局においては、これら申請に係る子役あるいはタレントについては、一般にその所属する劇団あるいは事務所との間に労働契約関係があるものと考えるが、なかには、その人気の程度、就業の実態、収入の形態等からみて、労働契約関係ありとみるには疑問なしとしない事例が散見されるところである。

そこで、これらの事例については、下記のとおり取り扱つてよろしいか、お伺いする。

記

次のいずれにも該当する場合には、労働基準法第九条の労働者ではない。

一　当人の提供する歌唱、演技等が基本的に他人によつて代替できず、芸術性、人気等当人の個性が重要な要素となっていること。

二　当人に対する報酬は、稼働時間に応じて定められるものではないこと。

三　リハーサル、出演時間等スケジュールの関係から時間が制約されることはあつても、プロダクション等との関係では時間的に拘束されることはないこと。

四　契約形態が雇用契約ではないこと。

答　貴見のとおり。

（昭六三・七・三〇　基収三五五号）

【あんま師、はり灸師】

問　当局管内において、特定のあんま、はり灸治療院に所属している、あんま師、はり灸師の労働組合が昨年十月結成されましたが、先般当局に対し、治療院経営者（いわゆる席主）と所属あんま師、はり灸師との間に労働関係ありやとの質疑がなされたので、当局においては、全国的な関連のあることも考慮し、慎重に実態を調査したところ、次のとおり疑義を生じましたので何分の御教示をいただきたく稟伺します。

記

1　当局管内におけるあんま業の概要

(1)　業界の規模

(イ)　○○市内において、あんま、はり灸にたずさわつている者約八百名と推定される。

(ロ)　以上のうち独立営業者は約四百名、一定の席主に属している者約四百名と推定される。

(ハ)　あんま師、はり灸師をかかえているもの約四十件、うち三十名以上かかえているもの四件である。

(2)　あんま師の男女別等内訳について

あんま師の年齢層、経験年数、男女別、障害者、晴眼者別、通勤住込別等の人数は不明であるが、大要次の如き傾向がみられる。

(イ)　目下のところ晴眼、障害者の比は

概ね半々であるが、
(ロ)　需要者の好みもあつて、若い晴眼者の女性がふえつつある。
(ハ)　無資格者が約十％程度いるものと推定される。
(3)　就業時刻等について
(イ)　通勤者は午前十一時ないし、午後五時に出勤し、翌午前一時前後まで勤務する者が多い。
(ロ)　住込者は午前十時ないし十二時頃より待機し、午前一時前後まで勤務する者が多い。
(ハ)　あんま師は「あん摩マッサージ指圧師、はり師、きゅう師等に関する法律」に基づき、文部省又は厚生省の認可を得た学校等で最低二年の修業を要するが、席主のもとに住込み通学中の者もあり、これ等は就学時間以外に見習と称して施療に当たつている。
(ニ)　休日は月二日ないし四日あるものが多いが、日を特定することはない。
(ホ)　就労は客の指名による場合と、指名のないときは順番制による場合とがある。
(4)　料金等について
(イ)　あんま師の就労は出仕事と内仕事に分けられるが前者は一時間二百五十円、後者は一時間二百円である。あんまと同時にはり灸を施した場合は更に加算される。
(ロ)　料金はあんま師が直接客からもらう場合が多いが、まれにひいきの旅館等から一ヵ月毎に治療院へ一括支払われることもある。
また、内仕事の場合は客がチケットを受付で買い治療に当たつたあんま師が受け取り席主に差し出して一定の歩合をもらう。
(ハ)　あんま師の収入は〇〇市内中心部、周辺部により或は規模の大小、席主の性格等により異なるが、概ね通勤者の場合は料金の五十―七十％が取分になり、五十―三十％が名義料、営業費のもとに席主の取分となる。
また、住込者にあつては光熱費を席主、席主の家族分も含め頭割りで支払い、炊事代は住込者が共同で料理するもの、あるいは食事代、名義料を含め稼ぎ高の七十％を席主に支払うもの等がある。
(ニ)　市内中心部で午前十一時―翌午前三時頃まで就労して一ヵ月最高手取り四万五千円程度と推定される。
2　疑　義
概要以上のとおりであるが、あんま師の実態については前述のとおり地域、規模等によつて、例えば休日や外出を自由に取り扱つているものもある等かなりの差異が認められるので、あんま、はり灸治療院において、あんま師、はり灸師をかかえ営業している者は、たとえ共同経営等と称しても、次の各号のすべてに該当する場合を除き席主とあんま師、はり灸師との間に実質的な使用従属関係があるものと認めてよいか。
(1)　席主の取分は治療院の看板料等と称しているが、名義の如何を問わず、あんま師の稼ぎ高の一部を稼ぎ高に応じて席主に支払つていないこと。
(2)　食費額があんま師の稼ぎ高に関係なく一定していること。
(3)　部屋代、光熱費等があんま師の稼ぎ高に関係なく一定しており、席主やその家族が負担すべきものまで負担していないこと。
(4)　料金は全額を直接あんま師が客より受け取ること。
(5)　あんま師の外出、外泊、欠勤は、事前又は事後に席主に届出若しくは承認を要することなく自由であること。
(6)　出勤、退勤の時刻が拘束されず、完全に自由であり、遅刻、早退の場合席主に届出や承認を要しないこと。
(7)　客より施療依頼に対して、指名による場合を除き、席主が所属あんま師のうちから特定の者を選択する余地がないこと。

(8) あんま師の就労に当たつては、席主に示された場所に制限されることなく、自由に就労出来ること。

答 あんま、はり灸治療院において、あんま師、はり師、灸師等を院内に待機させ、それらの者に営業をさせている場合は、たとえ共同経営等と称していても、次の各号のすべてに該当する場合を除き、院主とあんま師等との間に実質的な使用従属関係があるものと認められる。

(1) 看板料等の名目で、あんま師等の稼高の一部を稼高に応じて院主に支払つていないこと。

(2) 食費の額があんま師等の稼高に関係なく一定していること。

(3) 部屋代、光熱費等があんま師等の稼高に関係なく、一定していること。

(4) あんま、はり灸の施療料金は、客又はその代理人から施療をしたあんま師等が直接全額受け取ること。

(5) あんま師等の外出、外泊の自由は、院主によつて制限されていないこと。

(6) あんま師等の営業の自由、休業の自由は、院主によつて制限されていないこと。

(7) 施療の実施については、順番制等によることとし、院主が所属あんま師等のうちから特定の者を自由に選択、指示することがないこと。

(8) 施療に当たつては、院主に示された場所に制限されることなく、自由であること。

（昭三六・四・一九　基収八〇〇号）

❹施設等に収容される者

【受刑者】

問 土木請負業者が刑務所より受刑者の労務供給を受け、下記により公共事業である河川工事を営む場合受刑者に対しても本法の適用があるか。

記

一 報酬は請負業者より直接刑務所に納入するものであること。

二 看守は受刑者の逃亡を監視するのみであること。

三 労働関係に関しては請負業者が監視するものであること。

答 受刑者は法第九条の労働者に該当しないから、質疑の場合にも本法の適用はない。

（昭二三・三・二四　基発四九八号）

【家庭裁判所から補導を委託された非行少年】

問 当局管内の下記事業場において、少年法により補導委託中に就業した非行少年の災害が発生しましたが、労働基準法第九条の労働者として取扱つてよいか、いささか疑義がありますので御教示いただきたく稟伺いたします。

記

事業場名　○○市○○町○○番地
　H産業有限会社（労災保険成立記号番号○○○）

被災者名　T（昭和二十年七月二十五日生）

裁判所名　T家庭裁判所

補導委託先　○○市○○町　O葡萄園
　園長　O

事件の概要及び当局の意見

一 事件の端緒

昭和三十九年十月一日○○市○○町○○番地H産業有限会社（代表者K）において午前十時頃、果物箱詰め等に使用する木毛を作るため、木毛機の作業をしていたT（満十九才）が材料となる木を取換えようとした際、左手をすべらして木毛機の刃に接触し、左中指を第一指関節部から切断、同母指および示指に挫滅創を負い、○○市内N病院に入院加療後十一月十日退院したが、同人の木毛工場における就業の特殊性から、同人が労働基準法第九条にいう労働者であるか否かという疑義が生じたものである。

二 Tの就業事情

(1) Tは Y乳業店に住込み、牛乳配達の仕事に従事していたが、昭和三十八年四月から同三十九年五月までの間に無免許運転、速度違反等の道路交通法違反四回を重ねた結果、本年五月二十二日の違反により運転停止七十日の処分を受けた上、T家庭裁判所に送致されて審判を受け、非行少年として少年法第二十五条によりT家裁調査官の試験観察に付せられ、同条第二項第三号にもとづいて、九月二日

補導委託先　〇〇市〇〇町　O葡萄園
園長O

方に委託されたものである。

(2)　H産業の木毛工場において、Tの災害が発生した当時、O葡萄園においては、T少年外十八名（いずれも十八才又は十九才）をT家裁から補導を委託されており、調査官又は事務官が少年を同園に委託する際の付添いの来所、および月一回定期の試験観察のための来所のもとに管理していたが、うち七名の少年は同園内の作業に従事し、T少年等の十一名は園外の工場、商店、食堂等の一般事業場において就業していた。当時、同園より通勤者は二名、園外における住込者は十名であつた。

T家裁からは同園に対して、少年一人一日につき二百六十五円の割で委託費が給付されている。少年たちの罪状、性質等によつて園内生活および園内作業に限られる者については、あらかじめ委託の際に付添いの調査官が特に指示している。

集団生活上の規律と統制に服するように、園長夫婦が指導監督はしているが、生活場所、作業場所ともに拘禁的ではない。その他の少年については、T家裁では、園外の適宜の事業場に通勤あるいは住込みで勤務することを認めている。

委託費は委託先における諸事務費と少年たちの食費等を含んでいるが、園外の事業場に住込む場合であつても、園内作業場および通勤者と同様に委託先（O葡萄園）に支給され、委託費取扱上問題とはしていないようである。

(3)　園外勤務の場合には、主として園長と面識ある事業場の事業主との間に、あらかじめ求人又は求職について話があり、少年受託の際に園長から就業したい職種等の希望についてもきき、園長が頼まれている事業場を紹介するという手続きで通勤又は住込みにより就業した者が多い。

T少年の場合は、前職が牛乳配達の仕事であつたので、同種の職場を希望したが適当な事業場が見当らず、さきに園長が依頼を受けていた木毛工場の仕事をする気になり、九月十一日、同様委託されていたE少年と二人で同工場に行き就業したという。

(4)　九月十一日T少年等がH産業有限会社の木毛工場（一般労働者数　男六女二）に就業した際には、事業主Hから、労働時間については他の労働者と同様に午前八時から五時までであり、休憩は、十二時より四十分間と午後三時から二十分間であること。休日は毎日曜日であること。また少年たちには昼食を事業場から給与すること、および木毛製造作業の仕方について指示を与えられている（当工場には木毛機が四台設備されている。）。その際、賃金額については事業場側から少年たちに明示していないが、その他の労働条件および作業の仕方については、昼食が出ることを除き、他の一般労働者と変わりなかつた。

なお、E少年は当日から工場内外の雑役の仕事に従事した。

三　報酬の支払いについて

(1)　少年補導委託先であるO葡萄園では、T家裁調査官から少年たちには金を所持させないよう指示されているので、委託先から通勤先には、賃金支払日には直接少年に手交しないよう連絡している。

通勤先には、支払日に受託者（O）自身赴いて賃金を受領し、H産業の場合には、連記式賃金台帳に受託者自身の領収印を押印し受取つている。

(2)　少年たちが通勤で稼働した賃金については、O葡萄園において保管し、少年たちが衣料品等の購入を希望する場合には、これを購入してやり、住込者の場合には事業主から連絡を受け、必要な限りこれを承認し、購入してもらうようにしている。

通勤者住込者ともに同園から出所する際には、これら購入品の金額を除いた賃金保管額全部を本人たちに支払われることになつている。

(3)　T少年の場合、H産業事業主又は受託者Oから賃金額については明示されなかつたが、Oの妻や木毛工場における他の労働者たちの話を総合して、昼食付き一日四百円であることがわかつたという。

また、本人は入院後、Oから九月分賃金として六千円を手交されている。

同工場における賃金水準は次のとおりである。

女性（雑　役）四百二十円

男性（経験者）七百五十～八百円

（いずれも食事は付かず）

四　勤務の終了について

少年の補導のための試験観察期間は、三ヵ月ないし九ヵ月間で、少年たちが家裁に帰り、最終の審判（第三審判）を受けるまで、委託期間は最長九ヵ月、最短一ヵ月程度となつている。

少年たちの罪状および第二審判後の経過により、委託期間の大体の目安は推定されるとしても、調査官が来て家裁に連れてもどる日がきまるのは、具体的には受託者も本人たちにもわからない場合が多い。

したがつて、全体として短期の約束で就業するが退職は突然として行なわれることが多い。

また、商店又は飲食店等に勤務した少年が、客や他の雇人に乱暴を行なつた場合等は、解雇に関する労働基準法の規定によることなく受託者に帰されることが多いという。

この点で、就業の開始の際は、ある制限された範囲において自由な面があるが、勤務の終了の場合は、大体において他人決定的とみられる。

五　委託先（O葡萄園）における作業について

家裁から補導を委託された少年のうち、外部事業場に勤務させないように指示された者、外部に適当な職場が見当らない者および外部に勤務することを欲しない者は、O葡萄園において、ぶどう、なし等果樹の植栽、手入又は、取入作業等を園長の指揮監督のもとに行なわなければならない。

その共同生活と作業のうち、勤労精神の育成、家庭的ふん囲気による差別意識の排除、円滑な社会復帰の準備のため補導と観察が行なわれるが、その作業は家庭裁判所が承認している一種の無償労働である。

当O葡萄園に対しては、内外勤務の差別なく、家裁から委託費が給付されているが、全部同園の食事費、事務費等に充当されることになつており、労働の対償と認められるものは、少年たちに支払われていない上、家裁もこの点については何等関与するところがない。

なお、同園では常時一般労働者を使用していない。

六　当局の意見

(1)　委託先（O葡萄園）における作業者について

O葡萄園における保護少年たちに対する管理指導は、その労働の上にだけでなく、全生活に及んでおり、園内における作業は、国の機関である家庭裁判所の承認のもとに、補導の過程の一環として実施された一種の無償労働と考えられ、その当事者は労働基準法上の労働関係になるものとは解されない。

(2) 委託先から外部の事業場に勤務した者について

職種に関する少年たちの希望を考慮しているが、受託者は、一種の労務供給的なあつせんを行なつて就業を開始させている。少年たちが労働基準法上の労働者に該当するか否かということについては次の点が問題となる。

イ　事業又は事務所に使用される者であるかどうか。

本件に関しては、少年たちは、いずれも同条に該当する事業場に勤務していることが認められる。また、他の一般労働者とほぼ同じ労働条件で、同じ職場において、使用者の管理監督のもとに、普通の労働に従事している点は、一般労働者と区別されるところはないと考えられる。

ロ　使用者から直接賃金を支払われる者であるか。

本件の場合、賃金（報酬）としては、労働の対価たるものが、授受されているが、使用者が労働者に直接支払つているとはいうことができない。

金銭を所持することが逃亡等の有力な手段となり勝ちであることにかんがみ、家裁調査官の指示に従い、受託者あるいは事業主の手もとに積立てておくものであるが、これは貯蓄金管理の違反に該当することは勿論、中間搾取等の原因にもなりかねない。

しかし、事業場における労働者と使用者との労働関係の存立を妨げる条件であるとは思われないので、他の法律によつて特に定められていない限り、賃金支払の仕方をできるだけ合理的に改善して、労働基準法上要求されている条件に近づけてゆくべきと考えられる。

家裁調査官による観察中および補導を委託された保護少年は、もともと、囚人又は労役場の収容者のように特別の国家権力による強制的な労働に従事するものでなく、また、保護処分の結果、少年院に収容された矯生教育中の少年とも異なりこれにまだ至らない保護の段階にある。

したがつて、一般事業場において一般労働者とほぼ同じ条件で労働する少年は、労働基準法上の労働者であると解することが妥当と認められるだけでなく、労働基準法に規定する最低労働条件によつて保護を与えることが必要であると思料せられる。

答　照会のあつた件について、左記のとおり回答する。

なお、本件については、最高裁判所事務総局家庭局第三課とも打ち合せ済みであるので念のため申し添える。

記

一　少年が、少年法第二十五条第二項第三号の規定により補導を委託された施設、団体又は個人（以下「受託者」という。）の施設内において作業に就く場合において、当該作業がもつぱら生活指導又は職業補導の一環として行なわれている場合には、一般に労働基準法の適用はないものと解される。

二　少年が、受託者の施設外の一般民間事業場において就労する場合には、労働基準法第九条の要件を満たす限り労働基準法上の労働者であると解される。

（昭四〇・五・二〇　基収四四五号、昭六三・三・一四　基発一五〇号、平一一・三・三一　基発一六八号）

【障害者自立支援法に基づく就労継続支援により作業を行う障害者に対する労働基準法の適用等について】　障害者自立支援法（平成十七年法律第百二十三号）（以下「法」という。）については、平成十八年四月一日に施行されたところであるが、同法に規定された各種障害福祉サービスのうち、通常の事業所に雇用されることが困難な障害者に対して就労の機会を提供するとともにに、生産活動その他の活動の機会の提供を通じて、その知識及び能力の向上のために必要な訓練等の便宜を供与する「就労継続支援」に関する規定については、同年十月一日から施行されたところである。

法の目的は障害者の自立という点にあり、就労可能な者についてはできる限りその就労を促進するという観点から障害福祉サービスの提供等の施策が進められることとなるが、その一環として提供される「就労継続支援」による就労の提供は、一般事業場における就労とは異なった形態を採ることとなることから、これに対する労働基準法の適用等について疑義が生じる場面も考えられる。

このため、この「就労継続支援」を行う事業場（以下「就労継続支援事業場」という。）におけるこれら障害者に対する労働基準法の適用についての判断等は、下記によることとするので、その適切な実施について、遺憾なきを期されたい。

記

1　就労継続支援事業場の類型について

ア　就労継続支援事業場は、都道府県から指定を受けた社会福祉法人又は専ら社会福祉事業を行う者であり、次の二類型であること。

①　原則として障害者と雇用契約を締結し、就労継続支援を行う就労継続支援A型事業場（以下「A型事業場」という。）

②　障害者と雇用契約を締結せずに、就労継続支援を行う就労継続支援B型事業場（以下「B型事業場」という。）

イ　就労継続支援事業場によっては、A型事業場及びB型事業場双方の指定を受ける場合もあること。

2　就労継続支援事業場において作業を行う障害者の労働基準法第九条の適用について

ア　就労継続支援事業場で就労する障害者は、

①　A型事業場と雇用契約を締結して就労の機会の提供を受ける者

②　A型事業場と雇用契約を締結せずに就労の機会の提供を受ける者

③　B型事業場と雇用契約を締結せずに就労の機会の提供を受ける者

の三種類に区分（以下、これらの区分を「サービス種別」という。）されており、これらのどの区分に該当するかは、障害の程度、本人の意向等を勘案し、市町村が決定するものであること。

イ　「サービス種別」が①である障害者については、基本的には労働基準法第九条の「労働者」に該当するものであること。

なお、②及び③である障害者については、事業場への出欠、作業時間、作業量等の自由があり指揮監督を受けることなく就労するものとされていることから、基本的には労働基準法第九条の「労働者」に該当しないものであること。

（平一八・一〇・二　基発一〇〇二〇〇四号、平一九・五・一七　基発〇五一七〇〇二号、平二四・三・三〇　基発〇三三〇第三〇号）

【授産施設、小規模作業所等において作業に従事する障害者に対する労働基準法第九条の適用について】　標記については、障害者自立支援法に基づく就労継続支援事業を実施している施設以外にも、いわゆる授産施設、小規模作業所等の形態により、障害者が物品の生産等の作業に従事している施設（以下「小規模作業所等」という。）が見受けられるが、これら小規模作業所等において作業に従事する障害者が、労働基準法第九条の労働者に当たるか否かについて、疑義が生じていることから、今後、その判断に当たっては、下記によることとしたので、了知の上、その運用に遺憾なきを期されたい。

記

1　基本的な考え方

労働基準法第九条において、「労働者」

とは「事業又は事務所に使用される者で、賃金を支払われる者」と定義されており、この労働者性の判断は、使用従属性があるか否かを労務提供の形態や報酬の労務対償性及びこれらに関連する諸要素を勘案して総合的に判断するものである。

　小規模作業所等における作業に従事している障害者の多くは、当該作業に従事することを通じて社会復帰又は社会参加を目的とした訓練等（以下「訓練等」という。）を行うことが期待されている場合が多く、障害者の労働習慣の確立、職場規律や社会規律の遵守、就労意欲の向上等を主たる目的として具体的な作業指示が行われているところである。このため、このような作業については訓練等を目的としているとしても、使用従属関係下において行われているか否かを判断することが困難な場合が多い。

　このため、小規模作業所等において作業に従事する障害者の労働者性の判断に当たっては、以下により取り扱うこと。

　なお、当該小規模作業所等における事業収入が一般的な事業場に比較して著しく低い場合には、事業性を有しないと判断される場合があることに留意すること。

2　訓練等の計画が策定されている場合

　①小規模作業所等において行われる作業が訓練等を目的とするものである旨が定款等の定めにおいて明らかであり、②当該目的に沿った訓練等の計画（下記3の(1)から(4)の要素が含まれていないものに限る。）が策定され、③小規模作業所等において作業に従事する障害者又はその保護者との間の契約等において、これら訓練等に従事することの合意が明らかであって、④作業実態が訓練等の計画に沿ったものである場合には、当該作業に従事する障害者は、労働基準法第九条の労働者ではないものとして取り扱うこと。

3　訓練等の計画が策定されていない場合

　訓練等の計画が策定されていない小規模作業所等において作業に従事する障害者については、次の(1)から(4)のいずれかに該当するか否かを、個別の事案ごとに作業実態を総合的に判断し、使用従属関係下にあると認められる場合には、労働基準法第九条の労働者であるものとして取り扱うこと。

(1)　所定の作業時間内であっても受注量の増加等に応じて、能率を上げるため作業が強制されていること

(2)　作業時間の延長や、作業日以外の日における作業指示があること

(3)　欠勤、遅刻・早退に対する工賃の減額制裁があること

(4)　作業量の割当、作業時間の指定、作業の遂行に関する指導命令違反に対する工賃の減額や作業品割当の停止等の制裁があること

4　その他

　授産施設において作業を行う障害者の労働基準法第九条の適用については、昭和二六年一〇月二五日付け基収第三八二一号「授産事業に対する労働基準法の適用除外について」（以下「二六年通達」という。）に従い判断しているところであるが、昭和二六年当時と異なり、福祉の場における障害者の就労実態が大きく変化し、二六年通達を適用する意義が失われていることから、二六年通達は、本通達をもって廃止することとし、今後は、本通達に基づき判断すること。

（平一九・五・一七　基発〇五一七〇〇二号）

【生活困窮者自立支援法に基づく就労準備支援事業及び就労訓練事業において就労する者に対する労働基準法の適用について】

　生活困窮者自立支援法（平成二五年法律第一〇五号）が平成二七年四月一日から施行され、同法に基づく生活困窮者就労準備支援事業（以下「就労準備支援事業」という。）及び生活困窮者就労訓練事業（以下「就労訓練事業」という。）が全国的に実施される。また、生活保護受給者に関しては、生活保護法（昭和二五年法律第一四四号）に基づく事業として、就労準備支援事業と

同様の事業である被保護者就労準備支援事業が実施される。

就労準備支援事業（被保護者就労準備支援事業を含む。以下同じ。）及び就労訓練事業においては、事業の対象となる者が事業場において就労することが予定されているところ、これらの事業における就労が、一般事業場における就労とは異なった形態を取ることとなることから、これに対する労働基準法の適用等について疑義が生じる場面も考えられる。

このため、就労準備支援事業及び就労訓練事業を利用する生活困窮者等（以下「対象者」という。）に対する労働基準法の適用についての判断等は、下記によることとするので、その適切な実施について、遺憾なきを期されたい。

記

1　就労準備支援事業について

(1)　就労準備支援事業は、福祉事務所設置自治体を事業主体として（民間事業者に委託をすることが可能。）、雇用による就業が著しく困難な生活困窮者に対し、一定期間にわたり、就労に必要な知識及び能力の向上のために必要な訓練を行う事業である。就労準備支援事業においては、①適切な生活習慣の形成を促す日常生活自立に関する支援、②社会的能力の形成を促す社会生活自立に関する支援、③一般就労に向けた技法や知識の修得等を促す就労自立に関する支援が行われることとされている。

(2)　就労準備支援事業においては、模擬面接の実施や履歴書作成指導などのほか、同事業の委託を受けた民間事業者が運営する飲食店等での作業補助や、各地域における協力事業所での軽作業への従事を通じた就労体験が行われる場合がある。この場合、就労体験は、雇用契約を伴わないものとされているが、工賃、報奨金等の形で一定額の金銭を支払うことも可能とされている。

(3)　就労準備支援事業の利用開始に当たっては、個々の対象者について、その者が抱える課題や支援の目標、具体的な支援内容を記載した就労準備支援プログラムを作成することとされており、その中で、以下の事項についても留意事項として明記することとされている。

①　所定の作業日、作業時間に、作業に従事するか否かは、対象者の自由であること。また、所定の作業量について、所定の量を行うか否かについても、対象者の自由であること。

②　作業時間の延長や、作業日以外の日における作業指示が行われないこと。

③　所定の作業時間内における受注量の増加等に応じた、能率を上げるための作業の強制が行われないこと。

④　欠席・遅刻・早退に対する手当の減額制裁がないこと（実作業時間に応じた手当を支給する場合において は、作業しなかった時間分以上の減額をすることがないこと）。

⑤　作業量の割当、作業時間の指定、作業の遂行に関する指揮命令違反に対する手当等の減額等の制裁がないこと。

(4)　就労準備支援事業における就労体験の開始時には、対象者と就労準備支援事業の実施者との間で、対象者本人の自発的意思に基づき、就労体験の内容や条件等を示した文書による確認書を取り交わすこととされ、書面上、非雇用である旨（雇用関係ではなく、作業日、作業時間、作業量等の自由があり、労働の対償としての賃金の支払のない就労体験に従事すること、就労支援プログラムの内容に基づく就労体験に従事することを含む。）の理解と合意があることを明確にすることとされている。

2　就労訓練事業について

(1)　就労訓練事業は、都道府県知事等の認定を受けた事業者が、雇用による就業を継続して行うことが困難な生活困窮者に対し、就労の機会を提供するとともに、就労に必要な知識及び能力の向上のために必要な訓練その他の便宜を供与する事業である。就労訓練事業における就労形態としては、雇用契約を締結せず、訓練として就労を体験する段階（以下「非雇用型」という。）と、雇用契約を締結した上で、支援付きの就労を行う段階（以下「雇用型」という。）の二つが想定されている。

就労訓練事業を雇用型として開始するか、非雇用型として開始するかについては、対象者の意向や対象者が行う業務の内容、同事業を行う者（以下「就労訓練事業所」という。）の受入に当たっての意向等を勘案して、生活困窮者自立支援法に基づく自立相談支援事業を行う者が判断し、自治体による支援決定を経て確定する。

(2)　就労訓練事業所は、就労訓練事業を利用する個々の対象者について、同事業における就労の実施内容、目標等を記載した就労支援プログラムを作成するとともに、対象者との面談等を経て定期的にプログラムの見直し・更新を行うこととされている。

就労支援プログラムには、就労訓練事業における就労を通じた短期的目標や、それに沿った就労支援の方針等を記載することとされているが、非雇用型の対象者については、以下の事項についても留意事項として明記することとされている。

①　所定の作業日、作業時間に、作業に従事するか否かは、対象者の自由であること。また、所定の作業量について、所定の量を行うか否かについても、対象者の自由であること。

②　作業時間の延長や、作業日以外の日における作業指示が行われないこと。

③　所定の作業時間内における受注量の増加等に応じた、能率を上げるための作業の強制が行われないこと。

④　欠席・遅刻・早退に対する手当の減額制裁がないこと（実作業時間に応じた手当を支給する場合においては、作業しなかった時間分以上の減額をすることがないこと）。

⑤　作業量の割当、作業時間の指定、作業の遂行に関する指揮命令違反に対する手当等の減額等の制裁がないこと。

(3)　非雇用型の場合であっても、就労開始時に、対象者と就労訓練事業所との間で、対象者本人の自発的意思に基づき、就労内容や条件等を示した文書による確認書を取り交わすこととされ、書面上、非雇用である旨（雇用関係ではなく、労働の対償としての賃金の支払がない訓練に従事すること、就労支援プログラムの内容に基づく訓練に従事することを含む。）の理解と合意があることを明確にすることとされている。

(4)　非雇用型として就労を開始した場合でも、その後の能力の上達度合いや事業所及び対象者の合意に応じて、雇用契約を締結する場合もある（雇用型）。対象者に対する労働基準法第九条の適用について

3

(1)　就労準備支援事業において就労体験を行う対象者については、①就労準備支援プログラムに記載された就労体験の内容が、その就労内容等においても上記1(3)の①から⑤に沿ったものとなっており、②雇用関係を前提としない就労体験であることについて、就労準備支援事業の実施者と対象者との間の合意が、文書による確認書や就労準備支援プログラムの内容等から明らかであって、③就労体験の実態としても就労準備支援プログラムに沿ったものである場合、当該就労体験を行う対象者は、原則として労働基準法第九条の

労働者ではないものとして取り扱うこと。

(2)　就労訓練事業において、雇用型で就労する対象者については、原則として労働基準法第九条の「労働者」に該当するものであること。

(3)　就労訓練事業において、非雇用型で就労する対象者については、①就労支援プログラムに記載された訓練内容が、その就労内容等においても上記2(2)の①から⑤に沿ったものとなっており、②非雇用型の就労であることについて、就労訓練事業所と対象者との間の合意が、文書による確認書や就労支援プログラムの内容等から明らかであって、③就労実態としても就労支援プログラムに沿ったものである場合には、当該就労を行う対象者は、原則として労働基準法第九条の労働者ではないものとして取り扱うこと。

（平二七・三・二六　基発〇三二六第七号）

【院外作業に従事する入院患者】

問　標題のことについて、下記一のごとき事案が発生したので調査したところ、その実態は下記二のとおりであり、関係者の意見は下記三のとおりでありますが、被災者が労働者であるか否かについては、下記四のとおり疑義を生じ、かつ、類似の形態で、いわゆる作業療法を実施している病院も多く、全国的なケースとも思料されるので、何分の御指示を賜りたく稟伺いたします。

記

一　事件発生の端緒及び問題点

(1)　管内〇〇町所在、医療法人A病院（精神神経科、院長M）の入院患者B（二十三才）は、作業療法として同町所在㈱C製作所（製材木工、社長T）に出向作業中、昭和四十一年二月十九日、自動プレーナーの刃部に触れ、左前腕、左手部に受傷（左前腕挫創、左手複雑骨折）、同町H病院において治療、同年三月三十一日治ゆした（十級準用障害残存）。

(2)　㈱C製作所社長Tは、多少疑問はもつていたが、原則的には被災者と会社の間に雇用関係はないものと考え処理していたものであるが、その後被災者家族等の発言もあり、疑問を深め所轄労働基準監督署労災係に相談の上、労働者であるか否かの判定を求める意味をも含めて、障害補償給付請求の手続をとつたものである。

二　調査結果（昭和四十二年五月八日）

(1)　当該病院における入院患者は約百六十名であるが、その内百二十～百三十名の患者について作業療法として、病院内で午前中軽作業（ビニール籠あみ、ビニール袋詰等）に従事させているが、その中でも特に病状の軽い患者について下記のとおり（調査日現在）院外の事業場に依頼し軽作業につかせている。

イ　C製作所（製材木工）　三名
ロ　D工場（〇〇〇下請）　二名
ハ　E金属（鉄工）　二名

(2)　通勤は徒歩で午前八時病院を出発、午後四時三十分帰院している。

(3)　作業内容の決定については、病院側としては、開放病棟看護主任をそれぞれの事業場に出向かせ、事業場側と話し合いの上決定させているが、単純作業、雑役等軽作業を主としている。その結果、作業予定患者にこれを説明し、本人が承知したものについて出向かせているものである。

(4)　病院側としては、月二～三回、事業場を前記看護主任が巡視し、患者の就労状況を観察したり、事業場側より状況を聴取したりしているが、その他の間については事業場に管理監督をまかせている実情である。

(5)　報酬について

イ　事業場側としては、病院側から依頼をうけて就労させているのであるが、単純雑役作業とはいえ、企業として多少なりともプラスとなつているので謝礼として日給計算で毎月一回病院側に支払つている。

ロ　金額については、患者はノータッチであり、病院側としても謝礼としてもらうものであるので、全く「志」だけということで話し合いされており、現在はC製作所では一人一日百五十円、その他の事業場では二百円支払いがなされている。

ハ　謝礼金については、病院側はこれを病院の会計には計上せず、前記病院内における作業に対する謝礼金とあわせて一括し、前記看護主任に別会計として管理せしめている。

ニ　謝礼金の使途としては、一週間に二回程度の踊り、書道、歌謡曲等の練習及び年一～二回の旅行並びに娯楽設備等のレクリエーション活動費用にあてられているほか、院内作業者のオヤツ代、院外作業者のオヤツ代りとして一人一日百円宛支給している。

(6)　備考

イ　今回のケースでは、C製作所社長Tは、雇用関係はないものと考えていたが、会社で就業中の事故であるので責任を感じ、災害発生時、見舞金として一万円被災者の父親に渡している。

ロ　本件に関し、書面契約その他規定等は認められない。

三　関係者の意見

関係機関について意見を聴取した結果は、次のとおりである。

(1)　岐阜県保険課

ナイトホスピタル制は、治療指針においても作業療法の一環として認められているが、指導員又は、看護人がおおむね常時付添つていないものについては、原則的には作業療法とは認めがたい。

(2)　岐阜医科大学附属病院

精神科患者の治療に際しては、ナイトホスピタル制を含めた作業療法を併用することが、最も効果的であることは学界の常識となつており、療法として行なわせる作業である限り、一般事業場で就労しても労働者とは考えていない。この場合、指導員等が常時患者に付添うことが望ましいが、採算的な面及び指導員等の絶対数の不足等よりみて、現状としては極めて困難であるが、この場合でも帰院後の治療と合せ相当の効果が認められている。

(3)　岐阜県精神衛生センター

近年、患者数が逐年増加の傾向にあり、収容施設の増設では、これに追いつかない状況にあり、生産的作業に従事せしめる作業療法としては、一般事業場に依頼して実施せざるを得ない実状にある。

四　当局の見解

本件類似の就労が、健康保険法第四十三条の四第一項並びに第四十三条の六第一項及びこれに基づく命令の規定に基づく作業療法として実施されている限りにおいては、就労の場所、利用する施設、作業内容等が病院から依頼をうけた事業場によつて提供されたものであつても、一般的には患者と当該事業主との間に使用従属関係は存しないものと解される。

しかしながら、本件のごとく作業療法の一環として実施されているものであつても、当該患者の就労についての指導看護が事業主にゆだねられ、事業主は当該事業場に雇用する一般労働者とさしたる区別なく、当該患者を使用している場合は、患者と当該事業主との間には使用従属関係が認められると解されるが、当該患者の就労に対して支払われている本件の謝礼金は、前記のとおり実費弁償的性格のものであり、賃金と解することは適当でない。

したがつて、本件について、当該受傷患者を労働基準法第九条の労働者と解するについて疑義がある。

答　下記により判断されたい。

記

一　事業主が病院から委託をうけて病院のために治療目的で入院患者を作業に従事させる場合は、原則として労働基準法第九条の労働者（以下単に「労働者」という。）には該当しないが、労働者であるか否かについては形式的に判断することなく、実態に応じ、使用従属関係の有無を判断し、作業療法として適正なものであると否とを問わず、使用従属関係が認められる場合にあつて、それに基づく労働に対し対価が支払われているときには、労働者に該当すること。

二　次に掲げる事項のいずれかに該当する場合には、通常は事業主と患者との間に使用従属関係が認められること。

(1)　治療目的、治療方法等当該作業が医療上の作業療法であることが、病院から患者及び事業主に明示されておらず、事業主は、患者を当該事業場の他の労働者と区別することなく労働させているとき。

(2)　当該作業が治療目的を有するものであることが明示されている場合であつても、患者が従事する作業の種類、作業の方法及び作業の場所等作業の内容並びに就業時間、休憩、休日その他就業に関する事項の決定が、病院と事業主との間に治療目的に沿つて具体的に行なわれておらず、これらの決定がすべて事業主にゆだねられており、事業主が患者の労働力を自由に使用しうるとき。

(3)　(2)に掲げる作業の内容及び就業に関する事項の決定が、病院と事業主との間で具体的に行なわれている場合であつても、事業主が当該決定事項を順守せず、患者の従事する作業の種類、作業の方法、作業の場所等を変更し、又は決定された就業時間をこえて労働させるなど実態が(2)と同様であるとき。

三　次に掲げる事項のいずれかに該当する場合には、使用従属関係が認められるときが多いので、他の事項とあわせ総合的に判断すること。

(1)　事業主が、通常は上記二の(2)に掲げる事項を順守して患者に作業をさせている場合であつても、業務繁忙期等には、病院の承諾を得ることなく他の労働者と同様所定の就業時間を延長し、又は休日に労働させているとき。

(2)　昭和三十六年十月二十七日付け保発第七三号厚生省保険局長通達「精神科の治療指針」によれば、作業指導員（病院の職員で一定の資格を有する者）は、常に患者とともに作業すべきことが定められている（同通達XIの二の(一)の(6)）が、これら作業指導員による事業場内における患者に対する指導及び観察等が行なわれていないか又はその回数が少なく、そのため事実上患者に対する指揮監督が一切事業主にゆだねられていると認められるとき。

(3)　患者が、遅刻、早退、欠勤等就業に関する定めに反した場合、事業主から直接何らかの制裁をうけ、事実上事業主に対し出勤義務を負つていると認められるとき。

(4)　患者が、事業主に対し、作業上の瑕疵について責任を負い、又は一定の作業量の確保について義務を負つているとき。

(5)　労働の対価と認められる金品が支給されているとき。たとえば、謝礼と称していても、それが労働の提供のあつた時間、日若しくは月又は出来高等に対して支払われるときはこれに該当すること。（昭四三・八・一五　四三基収三六五〇号）

5 法人等の役員

【法人、団体又は組合の執行機関】

問　法人、団体又は組合等の場合において、その代表者又は執行機関である者がその法人、団体又は組合等より労働の対償として法第十一条の規定による賃金を受ける者であるときは、法人、団体又は組合等の機関という立場においては他の労働者に対し使用者の地位に立つ者であるが、賃金の支払を受ける立場においては法第九条の規定により労働者とも解せられるがどうか。

答　労働基準法にいう労働者とは、事業又は事務所に使用される者で賃金を支払われる者であるから、法人、団体、組合等の代表者又は執行機関たる者の如く、事業主体との関係において使用従属の関係に立たない者は労働者ではない。

（昭二三・一・九　基発一四号、昭六三・三・一四　基発一五〇号、平一一・三・三一　基発一六八号）

【職員を兼ねる重役】

問　法人の重役は工場長、部長等の職にあつて給料を受ける場合も労働者と見ないか。

答　法人の所謂重役で業務執行権又は代表権を持たない者が、工場長、部長の職にあつて賃金を受ける場合は、その限りにおいて法第九条に規定する労働者である。

（昭二三・三・一七　基発四六一号）

❻学生

【商船大学等の実習生】　標記のことについては、昭和二十三年一月十五日付け基発第四九号に基づき取り扱つてきたところであるが、最近の実態調査等によると、商船大学及び商船高等専門学校が機関関係の学科、課程の学生に対し民間の事業場に委託して行う工場実習は、一般に左記のような実態にあるものと認められるので、今後、この工場実習を受ける実習生については、当該事業場との関係において原則として労働者ではないものとして取り扱われたい。

なお、一般の大学の工学部等の学生又は工業高等専門学校の学生で工場実習を受けるものについては、実習の目的、内容、方法等が様々であると考えられるので、個々の実態に即して判断すべきであるが、これらの実習生であつても、下記と概ね同様の実態にある場合においては、原則として労働者ではないものとして取り扱つて差し支えない。

記

1　実習の目的及び内容

(1)　商船大学及び商船高等専門学校（以下「大学等」という。）が機関関係の学科、課程の学生に対し民間の事業場に委託して行う工場実習（以下「実習」という。）は、大学等の教育課程の一環として、これらの学生に船舶職員法（昭和二十六年法律第百四十九号）に定める甲種二等機関士（現行、三級海技士（機関））等の海技従事者国家試験の受験資格として必要な乗船履歴（その一部は工場における実習をもつて代えることができる。）を取得させるために行われるものであること。

(2)　実習の実施に当たつては、大学等から委託先事業場に対し所定の教育実習委託費が支払われていること。

(3)　大学等は、工場実習規程等により実習期間、実習科目、実習の実施体制、実習の履修状況の把握、成績の報告、表彰、制裁等について定めており、実習は、原則として、これに従つて行われること。ただし、各実習科目についての具体的な実習方法等は、通常、委託先事業場に任せられていること。

2　実習の方法及び管理

(1)　実習は、委託先事業場の従業員で大学等から実習の指導を委嘱されたもの（以下「指導技師」という。）の指導の下に行われていること。

(2)　実習は、通常、現場実習を中心として行われており、その現場実習は、通常、一般労働者とは明確に区別された場所で行われ、あるいは見学により行われているが、生産ラインの中で行われている場合であつても軽度の補助的作業に従事する程度にとどまり、実習生が直接生産活動に従事することはないこと。

(3)　実習生の欠勤、遅刻、早退の状況及び実習の履修状況は、通常、まず指導技師によつて把握・管理されているが、工場実習規程等に定める所定の手続を経て、最終的には大学等において把握・管理されていること。

(4) 実習生の実習規律については、通常、委託先事業場の諸規則が準用されているが、それらに違反した場合にも、通常、委託先事業場としての制裁は課されないこと。

3 実習手当等

実習生には、通常、委託先事業場から一定額の手当が支給されているが、その手当は、実習を労働的なものとしてとらえて支払われているものではなく、その額も一日三百円ないし五百円程度で、一般労働者の賃金（あるいは最低賃金）と比べて著しく低いことから、一般に実費補助的ないし恩恵的な給付であると考えられること。

なお、実習生には、委託先事業場から手当のほか交通費等が支給され、あるいは委託先事業場が寮費等を負担している場合もあるが、これらの給付あるいは負担も、一般に同様の性格のものと考えられること。（昭五七・二・一九　基発一二一号）

【看護婦見習】

問 個人開業の医院で、家事使用人として雇用し看護婦の業務を手伝わせる場合があるが、これは本法の適用はないものと考えてよいか。

また二、三名を雇用して看護婦見習の業務に従事させ、かたわら家事その他の業務に従事させる者は、本法の適用があると解されるが如何。

答 設問前段の如き場合は、見解の通り。

後段については看護婦見習が本来の業務であり、通常これに従事する場合は本法の適用がある。（昭二四・四・一三　基収八八六号）

【看護婦養成所の生徒】 保健婦助産婦看護婦法（昭和二十三年法律第二百三号）（現行・保健師助産師看護師法）に基づく看護婦養成所の生徒は、生来看護婦となるべき素養を取得するために教育を受けているものであり、その教習課程中の実習も教育の目的でのみなされるべきものであるから、その生徒は原則として労働者とみなすべきではない。なお、従来の慣習により生徒を一般看護婦と同様に勤務させている場合があり、たとえ形式的にいわゆる生徒と称して実習に従事していても、その実態においては、法第九条にいう労働者とみなされる場合があるが、次のいずれにも該当する場合を除き、当該事業経営者と生徒との間には実質的な使用従属関係が存在するものと認められ法を適用すべきものであるから、その労働の実態を調査し法の適用について十分留意されたい。

本件は養成中の男性たる看護人についても同様に取り扱われたい。

(一) 実習時間外はもとより、実習中といえども、教習及び教習の場所に関係のない作業、事務、その他雑用に使用されないこと。

(二) 生徒の管理については、責任者が定められ、生徒の実習と一般看護婦の労働が明確に区別されていること。

（昭二四・六・二四　基発六四八号、昭二五・一一・一婦発二九一号、平九・九・二五　基発六四八号）

【インターンシップにおける学生の労働者性】 一般に、インターンシップにおいての実習が、見学や体験的なものであり使用者から業務に係る指揮命令を受けていると解されないなど使用従属関係が認められない場合には、労働基準法第九条に規定される労働者に該当しないものであるが、直接生産活動に従事するなど当該作業による利益・効果が当該事業場に帰属し、かつ、事業場と学生との間に使用従属関係が認められる場合には、当該学生は労働者に該当するものと考えられ、また、この判断は、個々の実態に即して行う必要がある。

なお、この判断に当たっては、昭和五十七年二月十九日付け基発第一二一号「商船大学及び商船高等専門学校の実習生の労働者性について」も参照されたい。

（平九・九・一八　基発六三六号）

❼その他

【組合専従職員の労働関係】

問　会社からは給料を受けず、その所属する組合より給料を受ける組合専従職員の労働関係は会社との間にはなくて組合との間にあり、労働組合員の専従職員を有する労働組合は、法別表第一に掲げる事業のいずれにも該当しない事務所に該当し、法の適用を受けると思われるが如何。

答　(一)　組合専従職員と使用者との基本的な法律関係は、労働協約その他により労使の自由に定めるところによるが、使用者が専従職員に対し在籍のまま労働提供の義務を免除し、組合事務に専従することを認める場合には、労働基準法上当該会社との労働関係は存続するものと解される。

(二)　専従職員が労働組合の労働者に該当する場合又は労働組合が他に労働者を使用する場合は、労働組合の事務所は法別表第一に掲げる事業に該当せず、かつ、官公署の事業に該当しない事務所と認められる。なお、専従職員が組合の労働者であるか否かについては昭和二十三年一月九日付基発第一四号を参照されたい。

（昭二四・六・一三　基収一〇七三号、昭三三・二・一三　基発九〇号、昭六三・三・一四　基発一五〇号、平一一・三・三一　基発一六八号）

【放送協会に専属の管弦楽団、合唱団、劇団、効果団】

問　日本放送協会においては管弦楽団、合唱団、劇団、効果団の各個人と契約書によつて出演契約を結んでいるが、この契約は左記の理由によつて雇用契約ではなく、労働基準法は適用されないと解し、一般職員とは別個の取扱いをし、職員に対する服務規程も適用していないが差支えないか。

記

(一)　契約の内容　契約の名称は専属出演契約となつているが、出演者は一定量（月百五十数時間から百数時間まで各団各人によつて異なる）までの出演を約諾し、協会はこれに対し定額の報酬金（一定量までの累積された出演料として）を支払うものに過ぎず、出演契約者は協会の発注を忌避しない限り協会以外の者といかなる出演契約をすることも自由である。

(二)　発注の条件　協会側は出演契約者を出演させるときは、その都度必ず従業二十四時間前（実際上は普通四日前まで）に発注することとなつており、その以後の発注には強制力がない。

(三)　出演上の条件

(1)　出演者の義務　出演者は、協会が指示する業務の演出者が何人であつてもその指揮に従わなければならないが、これは協会の指揮に従うというのではなくその業務の芸術上の効果発揚のための要件である。

(2)　出演時間　出演（練習を含む）する時間は、午前九時から午後十時までの間であるが不定であり、また各人により異なるが、一日最低一時間半、最高七、八時間（実質休憩一時間位含む）。

(3)　拘束時間　一応拘束時間とみなされるのは、発注のあつた日の出演時間とその練習、準備を含めた発注時間内であり、その他の日及び時間は全く拘束しない。

答　設問の場合、出演契約の相手方である出演者は、一定の拘束条件のもとに労働を提供する義務を負い、またその労働の対償として報酬を受けており、契約の名称如何にかかわらず協会との間に使用従属関係が存在すると解され、したがつて法第九条による労働者として取り扱わなければならない。ただし、出演について裁量を一任されている者についてはこの限りではない。したがつて、本法にいう労働者に該当するものについては、時間外手当等の額が違法にならないよう注意されたい。

（昭二四・七・七　基収一二四五号）

【地労委委員】

問　地方労働委員会の委員は知事が任免し知事が手当を支給し法令により公務に従事

する職員であるので労働者であると考えるが、他面知事はこの職務の執行については指揮命令権なく又労働委員会は委員を以て構成されている合議制の機関であり、従つて知事対委員及び委員会対委員の間には使用従属の関係がなく法第九条の「使用されるもの」とは実質上いい難い点もあるが如何に解すべきか。

答 労働委員会の委員は法第九条の労働者とは認められない。

（昭二五・八・二八　基収二四一四号）

【調教師、厩務員間の労働関係】

問 日本中央競馬会の所属する調教師（競走馬の調教、飼養管理にあたる者）と厩務員（競走馬の飼養管理の補助にあたる者）との間に、雇用関係があるか否かについては、競馬法に何等規定もなく、法律上この雇用関係については種々疑義があるものと思料されるので、参考資料御検討の上何分の回答をお願いする。

（参考）調教師と厩務員の関係について
それぞれの機構と給与の関係について
日本中央競馬会の主催する競馬サークルには、競馬を主催するものと、競馬を実施するものとがあり、調教師及び厩務員は競馬を実施するものに属する。
実施するものには
馬主（競走馬の所有者）＝調教師（競走馬の飼養管理調教にあたる者）＝騎手（競走馬に騎乗し競走に出場する者）＝厩務員（飼養管理を補助する者）があつて、相互に関連性がある。

競馬法の定めるところによつて馬主、調教師、騎手、厩務員は一定の手続と試験を経て承認又は免許せられる。

馬主は（日本中央競馬会施行規程第一二条「馬主の代理人」）調教師を競馬に関する自己の代理人とし一切の事項を委任する。

このことにより馬主は調教師との間に馬を預託するため実費計算に基づく一ヵ月分の預託料の支払契約がなされる。調教師は預託馬の調教を行うため、馬の飼養管理を補助させるため厩務員を置く。（日本中央競馬会施行規程第四十二条）厩務員を雇用する場合は馬主に相談し、馬主の了解を受けることが先決で、時には馬主と厩務員が直接雇用契約をする場合もある。

等々いずれの場合にも馬主の意思にもとづくものが多い。

この間の給与関係については、馬主から支払われる預託料実費を調教師が受領しそれぞれの者に支払われるのである。また、競走に出場した馬には主催者である競馬会より勝馬の賞金又は入着賞及び着外賞が馬主に支払われ、この支払われた賞金の中より進上金（歩合金）として、調教師に対し百分の十、（騎手に対し百分の五）、厩務員に対し百分の五とそれぞれが支払われる。賞金の進上金（歩合金）についても馬主から調教師も厩務員も率は異なるが同様に支払われる立場にある。

また着外馬には（五着以下の馬に対し）一回出走毎に一万円（サラ系）または七千円（アラ系）が着外賞として支払われる。そのうち五百円が厩務員に支払われる。調教師には支払われない。その他一競走毎に主催者の日本中央競馬会より調教師には調教師賞（騎手には騎手賞、騎乗料）、厩務員には厩務員賞がそれぞれの技術に対する奨励金として支払われる制度となつている。

なお調教師（騎手）、厩務員の福祉については日本中央競馬会基金により、その外郭団体たる競馬共助会が規定により、医療の給付又は家族給付、勤続給付を行つているので健康保険に加入はしていない。

以上調教師と厩務員との関係又は給与関係、共済関係について参考として申上げる。

答 調教師と厩務員の間には、特殊の例外的な場合を除き、次の理由により、一般に労働関係が存し、調教師は労働基準法上の使用者と認められる。

一　調教師は、馬主と締結した競走馬の預託契約に基づき、馬の調教及び飼養管理を行い、一定の報酬を受けていること。

すなわち、調教師は平均二十頭程度の競走馬をそれぞれの馬主から受託し、馬主の具体的指揮監督を受けることなく、自己の技術、能力の範囲内で自由に調教及び飼養管理を行い、その費用及び報酬として一定の預託料を受け、また、調教の成果として調教師賞及び進上金等の収入を得ているものであること。

二　厩務員は、調教師の指揮監督のもとに馬の飼養管理に従事する労働者であること。すなわち、

(一)　作業指揮関係

(1)　午前午後二回の運動、飼料の与え方、馬の手入、寝藁乾燥、草刈り、及び厩舎清掃等の厩務員の作業は、調教師の指揮監督に従つていること。

(2)　遅刻、出欠については、調教師の監視を受け、私用のため作業ができないときは、調教師の承認を得ていること。

(3)　持馬の異状を発見したときは、常に調教師に連絡し、指示された措置をとつていること。

(4)　勤務成績不良その他厩務員の責に帰すべき行為があつた場合は、懲戒されることがあること。

(二)　雇入、解雇関係

(1)　厩務員の雇入については、調教師が個人的に知つている者を自己の名において直接雇い入れていること。また、日本中央競馬会施行規程第四十二条により調教師が厩務員を置こうとするときは、競馬場長又はトレーニングセンターの上長の承認を受けなければならないが、これは競馬場その他の競馬関係施設の管理権に基づく規制であるに過ぎないこと。

(2)　馬主が所有馬を売却した場合または、他の調教師に預託替した場合も調教師が解雇の意思表示をしない限り、厩務員の使用関係はそのまま継続していること。

(3)　勤務成績が不良な厩務員に対しては、調教師が独断で解雇しており、馬主その他の者の関与を受けていないこと。

(三)　賃金その他の労働条件の決定関係

(1)　厩務員の労働時間、始業、終業の時刻は調教師が決定していること。

(2)　厩務員の賃金は、預託契約において定められ、事実上これに拘束されているが、これは預託料の算出根拠として調教師、馬主間で決定したものであり、労働契約上の賃金は、これと別個に決定し得るものであつて、現実にもそのような場合がみられること。

三　厩務員と日本中央競馬会、競馬共助会若しくは馬主との間には労働関係の存在が認められないこと。すなわち、

(1)　馬主の持馬が競走に出場した場合は、進上金又は着外賞として一定の金銭が馬主から調教師を通じて厩務員に支払われているが、この外に厩務員に対して直接にも間接にも指揮監督を行つていると認むべき事情がないので馬主、厩務員間の労働関係の存在を肯定することはできないこと。

(2)　日本中央競馬会より優秀な厩務員に対し厩務員賞として一定の金銭が支払われる場合があるが、これは、競馬主催の立場からする厩務員の技術奨励制度であつて、労働関係に基づく対価とは認められないこと。

(3)　厩務員に対しては、災害補償費的性質の金銭が競馬共助会より給付されているが、競馬共助会は、任意加入の共済組織であり、また、厩務員に対して直接にも間接にも指揮監督を行つていないので厩務員との間に労働関係を認めることはできないこと。

(4)　競馬共助会の資金の大部分は、日本中央競馬会で負担しており、実質的には日本中央競馬会が前記災害補償費的性質の金銭を厩務員に支給していると認められるふしもあるが、日本中央競馬会は直接にも間接にも厩務員を指揮監督していると認めるべき事情がないので、厩務員との間に労働関係を認め

ることはできない。

（昭三二・一〇・一八　基収六八一九号）

【市町村の固定資産評価員】

問　市町村の固定資産評価員の性格は、その選任は地方税法（昭和二十五年法律第二百二十六号）第四百四条により市町村長が当該市町村議会の同意を得て行うものであり、地方公務員法第三条第三項第一号の特別職に該当するものであるが、市町村長の指揮を受けて市町村の事務の一部を補助する立場にあり市町村長に対し使用従属の関係を有するものと認められるので、労働基準法上の労働者とも解されるが、いささか疑義があるので、何分の御指示を願いたい。

答　固定資産評価員は、地方税法第四百四条によれば市町村長の指揮を受けて固定資産を適正に評価しかつ、市町村長が行う価格の決定を補助するものであつて、地方公務員法第三条第三項第一号の特別職に該当し、給料又は報酬の支給を受ける職員であるから市町村長と使用従属関係にある労働基準法第九条の労働者と解される。

追つて、本件は自治庁〈現行・総務省〉と打合せ済みのものであるから念のため。

（昭二八・七・六　基収二六八三号）

【鳥獣保護員】

問　福島県鳥獣保護員は、次のような勤務態様の下で、業務を行つている。これについては、労働基準法第九条の労働者であると思料されるが如何。

記

(1)　林業事務所に配置され、担当地域は一ないし四市町村である。

(2)　県の指示により、林業事務所長が年間又は月間の業務計画及び各月の重点実施事項を定め、毎月一回鳥獣保護員を林業事務所に集合させて、それを鳥獣保護員に指示している。

(3)　勤務日数が指定されている（猟期中は週二回、休猟期には月二回）が、期日、時間は指定されていない。ただし、鳥獣保護員手帳の所要欄に業務に従事した日、時間等を記録する。

(4)　勤務時間は、毎月鳥獣保護員が提出する巡視状況報告書及び前記鳥獣保護員手帳の記録の検印により把握している。

(5)　緊急連絡の義務がある。

答　照会のあつた件について、左記のとおり回答する。

なお、本件については、自治省〈現行・総務省〉行政局（公務員課）とも打合せ済みであるので、念のため申し添える。

記

御照会のあつた鳥獣保護員は、福島県鳥獣保護員規程（昭和三十八年十一月二十二日福島県訓令第三十二号）によれば、林業事務所長の指揮監督を受けて鳥獣保護及び狩猟に関する業務に従事する者であつて、地方公務員法第三条第三項第三号の特別職に該当し、その業務に従事したことに対して委嘱通知書に示された報酬を支払われるのであるから労働基準法第九条の労働者であると解される。

（昭四〇・一〇・一三　基収五九三号）

【委託契約による学校用務員等】

問　当局管内における公立の小中学校及び高等学校においては、教職員による宿日直を原則として廃止しつつあり、これに伴う措置として、一部の学校においては、その学校の用務員または部外者個人と、いわゆる委託契約なるものを締結し、教職員に代つて宿日直の業務を行なわせ、または行なわせようとしているところであるが、これらの業務に従事する者に対する労働基準法上の取扱いについては、下記のとおり疑義があり、これについてはそれぞれ当局の見解のとおり処理してよろしいか、お伺いします。

記

第一　いわゆる委託契約により宿日直業務に従事する者の労働の態様

別紙のとおり

第二　労働基準法上の問題点及びその取扱いについて

一　本件宿日直勤務に従事する者が労働者であるか否かについて

⑴　学校用務員の場合

これらの者は、所定の勤務時間を用務員として勤務した後、従来から教職員が実施してきた宿日直の勤務（用務員自身もこれに事実上従事する場合もあつたと思われるが、特に手当等は支給されていなかつた。）に就くものであるが、書面により新たに宿日直業務に従事する旨の委託契約を結んだからといつて、直ちに所定時間外におけるこれらの勤務の部分については労働者としての勤務ではなくなると解することは、別紙一の労働の実態及び同一使用者のもとにおける勤務であることからみて、困難であり、昼間の使用従属労働の関係がそのまま継続しているものと解すべきであり、この場合の新たな委託契約は、労働継続の合意の実質を有するものと解される。

⑵　用務員以外の場合

次のような労働の実態を総合的に判断すれば労働者と解される。

イ　定時に出勤し、学校長等から特に注意すべき事項等の指示をうけ、その指示に従つて労働すること。

たとえば、当日予定される来客の応接、電話または通信の収受、試験時期における試験問題または同採点簿等の保管等に関し、特に注意すべきことの指示及び命令等、学校行事等のあと始末にあたつての注意、当日居残つている生徒等についての管理、教室、講堂等の夜間における使用及びその管理、現金等の徴収日における学校管理上の注意等についての指示及び命令等。

ロ　従事すべき宿日直勤務の内容は、特別な知識、専門的な技術または経験等を必要とせず、単に肉体的な労働力を提供するものであり、その労働力の提供の内容は事実上学校長によつて定められ、随時その指示に従つて勤務に従事していると認められること。

ハ　労働すべき時間及び場所について拘束されていること。

たとえば、勤務時間中学校を留守にする場合は学校長等に連絡しなければならないこと。

遅刻・早退等についてもあらかじめ連絡しなければならないこと等。

ニ　本契約の実態は、事実上優越的な地位にある学校長によつて決定された業務内容及び労働条件に従つて契約するものであると認められること。

ホ　欠勤した場合について、それに応じた報酬の控除が行なわれる等、当該労働に対する報酬は労働の対価として定められていること。

ヘ　勤務の内容について学校長に対して報告義務が課せられていること。

たとえば受付文書、連絡事項、巡視中の異常の有無、特別な申し送り事項等。

ト　当該宿日直勤務をさらに他人に委託できる旨の契約をしている場合もあるが、その場合であつても「心身の故障、忌引、その他やむを得ない理由により業務を遂行することができないとき」という条件があること及びその実態に徴すると事実上他人をして自由に代務せしめえないこと。

二　本件の勤務に従事する者が労働者であるとした場合、校内に居住する用務員がこの勤務に従事するときは、労働基準法施行規則（以下「施行規則」という。）第二十三条の許可が必要か否かについてへき地にある小学校の分校のように宿日直者の総員数が一人だけでその附属住宅に居住している場合（昭和二三・四・五基発第五三九号）、管理人が寄宿舎等に常時居住している場合で事実上宿直を行なう場合（昭和二三・四・二六基発第六五一号、昭和三三・二・一三基発第九〇号）については、宿日直として取り扱う必要がない旨通達されている。しかしながら、これらの場合は、いわゆる住込みである者が、たまたま在宅時において緊急用務を取り扱う場合等について許容したものであり、本件の場合は、多数の職員が従来交替で勤務に従事してきたものであつて、業務そのものについては実質的な変更はなく、当該業務の始業及び終業時刻を定めるとともに、従事業務の内容を明確にし、明文をもつてその遂行を義務づけ、かつ、その不履行による損害について損害賠償責任を課しているいること等の点から考えると前記のような場合と同一に取り扱うことはできない。

したがつて、本件のごとき労働は、施行規則第二十三条の許可をうけない限り宿日直勤務として労働時間等の規定の適用を除外されないと解されるので、従来の許可基準に該当するものがあれば許可することとするが、現在のところその実態からみて許可しうるものはないこと。

三　監視断続的労働として許可するにあたつて拘束時間等に関し附款を附することについて

本件の勤務に従事する者が、労働者に該当するとした場合には、監視断続的労働に従事する者として労働基準法第四十一条第三号（施行規則第三十四条）の規定による適用除外の許可申請がなされる見込みであるが、これについては、一般的基準である昭和二十二年九月十三日付け発基第一七号通達等によるほか、本件勤務が連日の勤務である関係上さらに次の基準を加え許可することとし、昭和四十三年八月十五日付け基発第五一九号通達に従いこの趣旨の附款を附することとしたい。

(1)　一日の拘束時間は十二時間以内とすること。ただし、当該勤務の途中に睡眠時間をおく場合には、当該睡眠時間を含む拘束時間が十六時間をこえない限り、これに相当する時間の拘束時間の延長を認めるものとする。

(2)　睡眠時間を除いた一日の拘束時間を十二時間以内とし、実労働時間はその折半以下とすること。

(3)　法第三十九条の規定による有給休暇のほか、一ヵ月二日以上の休日を与えること。そのため、休日及び休暇の代替要員を制度的に確保すること。

四　その他これらの基準によつて取り扱うこととした場合について、県教育委員会等の意向を聴取したところ、実施が可能であり、また、これに伴う雇用契約及び賃金の支払いに関する条例上等の取扱いについても問題がないとのことであるので申し添える。

（別紙）

委託契約により宿日直業務に従事する者の労働の態様

一　用務員に委託する場合

おおむね八時三十分から十七時までは通常の用務員として校内の清掃、来客の受付、事務の補助、生徒に対する便宜の供与、その他雑役の業務に従事し、十七時から翌日八時三十分までは、別添の「学校の管理業務委託契約書」による宿日直の業務（内容は図(1)及び(2)参照）に従事している。

二　部外者個人に委託する場合おおむね、図(1)及び(2)のごとき勤務に従事している。

宿直に相当する業務の実態図

(1) 一七時――火のしまつ　巡視　戸締り――一九時――手待ち――二二時――巡視――二三時――睡眠――六時――火起し　巡視　戸開き――八時三〇分

(2) 一七時――戸締り　巡視　清掃　あとしまつ――二一時三〇分――睡眠――六時――火起し　巡視　戸開き――八時三〇分

（別添）

学校の管理業務委託契約書

教職員の正規の勤務時間以外の時間における学校の管理のため、その業務の委託について○○学校長氏名（以下「甲」という）と○○市○○町○○番地、氏名（以下「乙」という）との間に次のとおり契約を締結する。

第一条　（委託業務）甲は、次の業務を乙に委託し、乙はこれを受託する。

一　緊急を要する場合の連絡

二　学校の施設、設備および書類の保全のための看視

三　学校内の巡視

2　乙が前項の業務を遂行する期日および時間は別紙のとおりとする。

3　乙が第一項の業務を遂行するに必要な物件の受領、業務の引継等の事項は、甲が別に定めるものとする。

第二条　（委託料）甲は、乙に対し一回の業務につき委託料金○○円を支払うものとする。

但し、土曜日の昼間については一回の業務につき委託料金○○円支払うものとする。

2　委託料の支払時期は、原則として当該業務を遂行した月の翌月に支払うものとする。

第三条　（期間）この契約期間は、昭和○年○月○日から昭和○年○月○日までとする。

第四条　（損害賠償）甲は、乙がその業務を遂行するについて故意又は重大な過失によつて学校の施設、設備および書類等を亡失し又は損傷したときはこれによつて生じた損害を賠償させることができるものとする。

第五条　（解除）乙がこの契約に違反したときは、甲は契約を解除することができるものとする。

第六条　（その他）この契約の条項に疑義が生じ、または契約の履行について紛争を生じたときは、そのつど甲、乙協議して定めるものとする。この契約締結の証として本証二通を作成し、当事者双方において記名捺印のうえ、各一通を保有する。

昭和　年　月　日

甲　○○県立○○高等学校長　氏　名㊞

乙　○○市○○町○○番地　氏　名㊞

答　貴見のとおり取り扱われたい

（昭四四・四・七　基収三四三号）

第十条　この法律で使用者とは、事業主又は事業の経営担当者その他その事業の労働者に関する事項について、事業主のために行為をするすべての者をいう。

▼参照条文　〔数次の請負の場合―八七〕、〔使用者―労契二2〕、〔事業者―安衛二㈢〕、〔委託者―家労二3〕、〔船員への適用―船員六〕

解釈例規

【使用者の意義】　「使用者」とは本法各条の義務についての履行の責任者をいい、その認定は部長、課長等の形式にとらわれることなく各事業において、本法各条の義務について実質的に一定の権限を与えられているか否かによるが、かかる権限が与えられておらず、単に上司の命令の伝達者にすぎぬ場合は使用者とみなされないこと。（昭二二・九・一三　発基一七号）

【下請負人】　下請負人がその雇用する労働者の労働力を自ら直接利用するとともに、当該業務を自己の業務として相手方（注文主）から独立して処理するものである限り、注文主と請負関係にあると認められるから、自然人である下請負人が、たとえ作業に従事することがあつても、法第九条の労働者ではなく、第十条にいう事業主である。（昭二三・一・九　基発一四号、昭六三・三・一四　基発一五〇号）

【出向の場合】　出向とは、出向元と何らかの労働関係を保ちながら、出向先との間において新たな労働契約関係に基づき相当期間継続的に勤務する形態であり、出向元との関係から在籍型出向と移籍型出向とに分類される。

㈠　在籍型出向

在籍型出向は、出向先と出向労働者との間に出向元から委ねられた指揮命令関係ではなく、労働契約関係及びこれに基づく指揮命令関係がある形態である。

出向先と出向労働者との間に労働契約関係が存するか否かは、出向・派遣という名称によることなく出向先と労働者との間の労働関係の実態により、出向先が出向労働者に対する指揮命令権を有していることに加え、出向先が賃金の全部又は一部の支払いをすること、出向先の就業規則の適用があること、出向先が独自に出向労働者の労働条件を変更することがあること、出向先において社会・労働保険へ加入していること等総合的に勘案して判断すること。

在籍型出向の出向労働者については、出向元及び出向先の双方とそれぞれ労働契約関係があるので、出向元及び出向先に対しては、それぞれ労働契約関係が存する限度で労働基準法等の適用がある。すなわち、出向元、出向先及び出向労働者三者間の取決めによつて定められた権限と責任に応じて出向元の使用者又は出向先の使用者が出向労働者について労働基準法等における使用者としての責任を負うものである。この点については、昭和五十九年十月十八日付け労働基準法研究会報告「派遣、出向等複雑な労働関係に対する労働基準法等の適用について」中「3いわゆる出向型に対する労働基準法等の適用関係」を参照のこと。

㈡　移籍型出向

移籍型出向は、出向先との間にのみ労働契約関係がある形態であり、出向元と出向労働者との労働契約関係は終了している。移籍型出向の出向労働者については、出向先とのみ労働契約関係があるので、出向先についてのみ労働基準法等の適用がある。（昭六一・六・六　基発三三三号）

【高分子原料開発研究組合】

問　当局管内に下記のとおり、高分子原料開発研究組合が設立されたが、この組合が労働基準法及び労働者災害補償保険法の適用に関し、次のとおり疑義を生じましたので何分の御教示を賜りたく禀伺致します。

1　研究事業に従事する者は、組合より賃金等の報酬を受けないので、組合との関係上、本法にいう労働者と認め難く、よつて労働基準法の適用はないものと解してよいか。

2　研究事業に従事する者と、その者の所属する会社との間には労働関係が存在し、組合の研究業務を直接指揮監督する運転部長、運営委員長を各会社の使用者のために行為する者と看做して労働基準法別表第一第十二号の研究の事業として適用のあるものと解してよいか。

3　労働者災害補償保険法上、使用者は各々の会社を使用者として労働者は出張中の者として取り扱つてよいか、又は組合を一つの単位の事業と解してよいか。

記

1　事業の概要

(1)　当該組合は、二十二社が資金と自己会社の技師（以下「運転部員」という。）を出向させてK市に施設してアセチレン、エチレン等高分子原料の開発に必要な試験研究及びこれに関連する工業化の研究を共同事業として実施するものである。

(2)　この事業に必要な経費は国の補助金と各組合員（会社）が平等に負担する分担金によりなつている。経費の支出は施設費、研究費、事務局の給料負担金である。

(3)　設備は、ボイラー、圧力容器、ポンプ、冷凍機、化学実験装置及び諸計器類であり、所有関係は組合員の共有財産である。

2　事業の組織、運営方法

(1)　組織は次のとおり常置機関としては運営委員長の指揮下（運営委員長は事実上は非常勤であるので、日常の指揮監督は運転部長が行なうが、形式上責任態勢にある。）に運転部と事務局とがあり、非常置機関として財務委員会と技術委員会よりなる。

(2)　理事会は二十二社の代表者により構成されるが、代表者のため参集困難の事情にあり、理事会の代行機関として運営委員会が業務を処理する。運営委員長は理事会で決定指名されたものである。

運転部は運転部員によつて運営され、運転部員の指揮監督は部員の互選による運転部長が行うが、運転部長は運営委員長の指揮の下にある。

設備の運転は運転部員が行うが、ボイラー、ポンプの維持はT㈱より出向する作業員によつて行われる。

運転部員、事務局員等の身分、待遇、

3　労働条件

(1)　運転部員は各社より出向形式にて常態的に研究事業に従事し待遇、労働条件は本項(3)記載の事実を除いて、その会社の労働協約、就業規則によつて決定され労働の記録は組合で管理し、その記録を組合より各社に送付し、賃金計算をしその会社より直接運転部員に支払う。

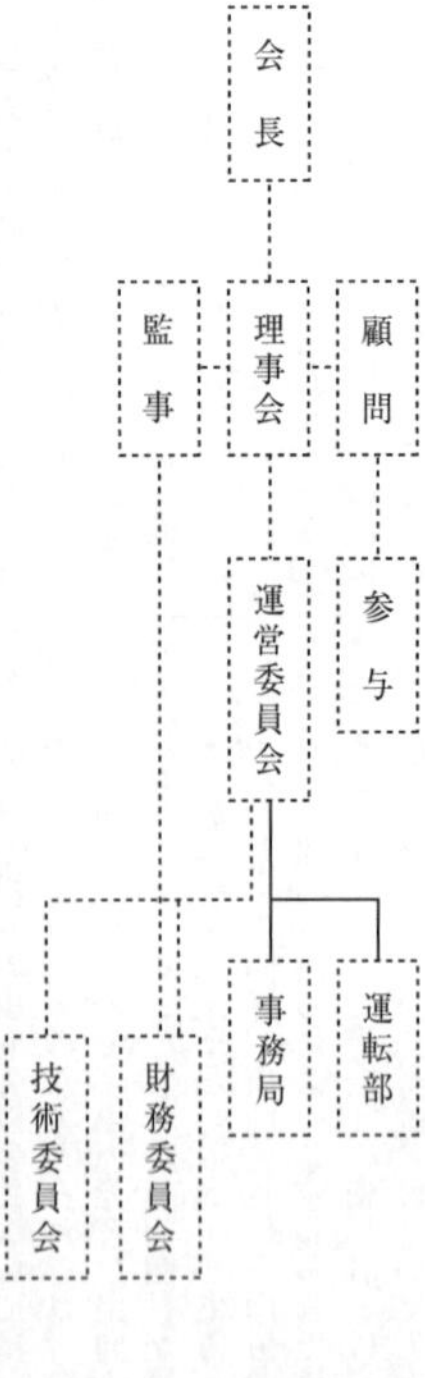

各会社より出向した運転部員について不適当と認められた者については組合より会社あて代りの部員の出向を要請するが指名は行わない。

組合として運転部員の採用、解雇は行わない。

(2) 事務局員、ボイラー、ポンプの維持員については、運転部員と同様管理は組合で行うが記録はT㈱に送付し、T㈱の就業規則に基づき、賃金はT㈱より支払われるが、事務局員の給料相当額は組合経費よりT㈱に還元決済される。

事務局員に関する社会保険はT㈱にて一切処理され、組合は全然関係しない。

(3) 組合内における始業、終業、休憩、休日等の労働条件は運転部長の監督の下に処理される（就業規則作成の予定である）。

年次有給休暇に関する諸条件は各所属会社の規定による。但し取得についての手続のみ運転部長の承認を要する。

答

1　労働基準法関係

(1) 運転部員、作業員及び事務局員（以下「労働者」という。）は、作業の具体的遂行、始業、終業、休憩その他の事項について高分子原料開発研究組合（以下「組合」という。）の指揮命令をうけており、その限度で、労働者と組合との間に労働関係が存在するが、反面、解雇の権限は出向元の会社に留保されており、また、賃金は出向元の会社から支払われているから、その限度で、出向元の会社との間にも労働関係が存在する。この場合において労働基準法（以下「法」という。）は、当該使用者について、労働関係の存在する限度で適用があるということになるが、具体的な関係条項の適用については、別紙によられたい。

(2) 組合は、法別表第一第十二号に該当する。

2　労働者災害補償保険法関係

労働者は組合に係る保険関係により取り扱うこととし、組合から保険加入の申込があつた場合は承諾されたい。この場合において、保険料及び平均賃金の算定については、出向元の会社が当該労働者に支払つた賃金により行なうことになるが、その取扱いに当つては、昭和三十五年十一月二日付基発第九三二号通達の趣旨により円滑を期せられたい。

別　紙

1　法第二十四条関係

労働者の賃金は、出向元の会社において支払われているが、勤務場所と賃金支払場所が異なることは、本条に規定する一定期日払の原則の履行を困難にする場合も考えられるので、組合、会社間の距離、交通に要する時間等よりみてこの原則の違反を生ずることのないよう、実情に即して指導されたい。

なお、本条の協約及び協定は、賃金支払者たる出向元の会社との間に締結されれば足りる。

2　法第三十二条、第三十三条、第三十四条、第三十五条、第三十六条第一項及び第三十九条関係

組合は、労働時間、休憩、休日及び年次有給休暇に関するこれらの規定の履行義務を有する。

なお、法第三十六条第一項の規定に基づく協定は、組合との間に締結されなければならない。

3　第五章関係

組合は、安全及び衛生に関する本章の規定の履行義務を有する。

4　第八章関係

組合は、本章の規定に基づく災害補償義務を有する。

5　第九章関係

就業規則に関する本章の諸規定の義務の履行は、組合又は出向元の会社が、それぞれが権限を有する事項の限度において、当該事項について行われなければならない。

6　第百七条及び第百八条関係

　これらの規定に基づく労働者名簿及び賃金台帳の調製等の義務は、組合及び出向元の会社のそれぞれにある。

（昭三五・一一・一八　基収四九〇一号の二、平一一・三・三一　基発一六八号）

【事務代理の懈怠と罰則の適用について】

　法令の規定により事業主等に申請等が義務づけられている場合において、事務代理の委任を受けた社会保険労務士がその懈怠により当該申請等を行わなかつた場合には、当該社会保険労務士は、労働基準法第十条にいう「使用者」及び各法令の両罰規定にいう「代理人、使用人その他の従業者」に該当するものであるので、当該社会保険労務士を当該申請等の義務違反の行為者として各法令の罰則規定及び両罰規定に基づきその責任を問い得るものであること。

　また、この場合、事業主等に対しては、事業主等が社会保険労務士に必要な情報を与える等申請等をし得る条件を整備していれば、通常は、必要な注意義務を尽くしているものとして免責されるものと考えられるが、そのように必要な注意義務を尽くしたものと認められない場合には、当該両罰規定に基づき事業主等の責任をも問い得るものであること。

（昭六二・三・二六　基発一六九号）

【在日米軍に対する労働基準法の適用】　日米安全保障条約に基づき日本国内に駐留する合衆国軍隊（以下「在日米軍」という。）に属する者に対する裁判権並びに在日米軍の使用する施設及び区域内での捜査方法については、日米地位協定及び刑事特別法によつて次のような特例が設けられている。

1　在日米軍及び地位協定第十五条に定める諸機関（P・X、食堂、社交クラブ等）（以下「合衆国側」という。）が労働者を使用する場合に労働基準法が適用されることは、地位協定第十二条第五項において明文の規定が設けられているので、家事使用人以外は、労働者が日本人であると否とに関係なく、労働基準法は全面的に適用されること。

2　在日米軍関係労働者は、基本労務契約、船員契約及び諸機関労務協約に基づき日本政府が雇い入れて合衆国側に提供する労働者（間接雇用労務者）及び合衆国側が直接雇い入れる労働者（直接雇用労務者）の二つの範疇に分けられ、前者については、雇用主である日本国及びその機関が労働基準法遵守について責任を負う外、現実に労働者を使用する合衆国側も、使用者として行為する範囲（主として労働時間、休日、休憩、安全、衛生等）においては責任を負い、後者については、雇用主である合衆国側が全面的に責任を負うものであること。

3　労働関係法令に基づく臨検、検査、尋問等（以下「検査」という。）は、間接雇用労務者が勤務する施設及び区域については、次のような制限を受けること（基本労務契約第十七条及び諸機関労務協約第十条作業場の検査）。

(1)　検査予定日に先立ち、適当な期間をおいて検査項目及び検査の根拠法規を明記した文書により検査の要求をすること。

(2)　検査は、合衆国側の諸規則及び保安計画を適宜に考慮し、合衆国側の業務運営の状況及び計画に支障をきたさない時期において行うこと。

(3)　検査を行うに当たつては、合衆国側の代理者を伴い、検査の終了に当たつては、その所見事項を、その合衆国側の代理者に要約して述べること。

(4)　検査官が上司に提出したすべての報告書の写を合衆国側に提供すること。

4　在日米軍がその権限に基づいて警備している合衆国軍隊の使用する施設又は区域内における強制捜査については、地位協定に伴う刑事特別法によつて次のような制約が設けられていること。

(1)　右の施設又は区域内における逮捕等の人身を拘束する処分、差押、捜索又は検証は、在日米軍の権限ある者の同意を得て行うか又は合衆国軍隊の権限ある者に嘱託して行わなければならないこと。

(2) 前記施設又は区域外においては、強制捜査についての制約はないこと。

5 在日米軍の構成員、軍属又はこれらの家族の犯した労働基準法違反の罪の裁判権は日本国にあるが、地位協定第十七条の規定によつて、このうち合衆国の法令によつて処罰できるものについては、合衆国にも裁判権があり、裁判権が競合する場合で在日米軍の構成員又は軍属の公務執行中の作為又は不作為によるものについては、第一次の裁判権が合衆国に属し、その他は日本国に第一次の裁判権が属すること。

（昭三三・二・二五　基発五〇〇号、昭二四・六・一八　基発一九二六号、昭二五・一一・七　基発九九五号、昭二六・二・一　基発七六号、昭二六・四・二三　基発三〇二号、昭二六・六・二九　基発四八二号、昭三三・二・一三　基発九〇号）

【施設区域内における特需契約事業場への調査立入に関する件】　標記については、かねてより日米間において交渉中のところ、このほど下記のとおり了解に達した。したがつて、施設区域内における特需契約事業場に対する労働基準監督官の権限は、今後はこれにより行使されることとなつたので、その円滑な実施につき、遺憾のないようされたい。

なお、左記覚書第一項の「保安規則」とは、在日米軍がその保安上の危険を排除するために制定する諸規則の総称であり、現行基本労務契約第十七条及び諸機関労務協約第十条作業場の検査にいう「諸規則及び保安計画」と同義である。

在日米軍の施設区域内における特需契約事業場への調査立入手続に関する合意

（昭和三十五年三月十六日付日米合同委員会に対する覚書）

1 調査立入は、在日米軍の保安規則の制限の範囲内で行なわれること。

2 調査立入は、施設又は区域のうち特需契約業者の職員が使用されている特定部分に限定され、また、いかなる場合においても、合衆国の公の船舶に及んではならないこと。

3 日本側の調査官は、施設又は区域の指揮官に対し、書面で、前もつて適当な時期に、調査立入の目的並びに調査立入の根拠となる基準及び法律を通知すること。

ただし、指揮官は、日本側の調査官から要求のあつたときは、調査立入に先立ち当該調査立入計画を特需契約業者に知らせてはならないこと。

4 調査立入は、施設及び区域の指揮官及び調査官双方にとり都合のよいときに行なわれること。

5 調査官は、指揮官又はその代理を伴う場合のほか、在日米軍の設備について調査立入を行なわないこと。

6 調査立入が終了したときは、調査官は、指揮官又はその代理に、調査立入の結果について、口頭でその要約を伝えること。

7 調査立入は、特需契約に基づく作業の遂行を遅延させ、又は阻害しないような方法で行なわなければならないこと。

さらに、調査立入の結果、日本政府が日本の法律に従つて特需契約業者に対しなんらかの措置を講じようとするときは、米側が所要の役務を遂行するについて他の適当な特需契約者を得るため、又はその他の調整を行なうための合理的猶予期間中は、特需契約業者に対し当該契約を遂行する能力に重大な支障又は妨害を及ぼすような措置は講じないこと。

ただし、調査立入により、特需契約業者に使用されている者を含む他の者の身体の安全が危険にさらされていることが判明したときは、日本政府は、合衆国政府に対し、日本法違反により危険であると認められるような特需契約業者の作業のその部分を一部停止させ、又は是正させるための必要な措置を要求することができること。

8 調査立入の結果、在日米軍の管理して

いる事項について問題を生じた場合は、調査官によつてなされた勧告に対し、在日米軍によりしかるべき考慮が払われること。

（昭三三・七・一九　基発五九九号）

【日本万国博覧会場工事、展示館等】

問　産業と文化の進歩をはかり、かつ、進歩の状態を広く知らせるため、あらゆる産物、技術等を広く集めて大衆の観覧に供する催しとして、日本万国博覧会が昭和四十五年三月十五日から同年九月十三日まで大阪府吹田市において開催されますが、当該博覧会会場内の建設工事、展示館等に対する労働基準法（以下「法」という。）の適用について、下記のとおりいささか疑義がありますので、御教示をお願いします。

記

一　建設工事、展示館等において外国政府又は外国商社等が直接雇用する自国（外国）の労働者（政府職員を含む）については、法の適用があると考えられるがいかがか。

二　その場合、展示館の事業は次により原則として法別表第一に掲げる事業のいずれにも該当しない事業として取り扱つてさしつかえないか。

(1)　展示館の事業の実態

イ　事業の内容

博覧会の目的である「展示のための催し」（show）として次のようなことが行なわれる。

(イ)　文化、科学、技術等の展示

(ロ)　産物、製品等の販売又は配布（必ずしも行なうとは限らない。）

(ハ)　食堂の経営（経営は、特定業者に委託して行なわれる場合が多い。）

ロ　展示の内容

本博覧会のテーマ「人類の進歩と調和」を実現するため、次のような展示方法が行なわれる。

(イ)　展示館自体の構造、外観等に展示の趣旨を示すもの。

(ロ)　映像、画像等によりテーマを展示するもの。

(ハ)　機械、装置等により科学、技術の進歩を示すもの。

(ニ)　産物、製品等の展示により自国（自国の企業を含む。）のイメージアップをはかるもの。

(ホ)　歴史等を示すもの。

ハ　展示館内に勤務すると思われる労働者は、次のとおりである。

(イ)　管理者及び補助者

(ロ)　通訳

(ハ)　案内人

(ニ)　オペレーター

(ホ)　警備員（委託して行なうものと思われる。）

(ヘ)　掃除人（　〃　）

(ト)　販売人（　〃　）

(チ)　食堂関係従業員（　〃　）

(2)　法別表第一に掲げる事業のいずれにも該当しない事業と解する理由

展示館は文化等の展示を主たる目的としており、

イ　商取引を直接の目的としたものでなく

ロ　教育を目的としたものでなく

ハ　娯楽を目的としたものでなく

ニ　広告の事業とも考えられない（たとえば日本標準産業分類では、商品展示所は広告業ではなく、他に分類されないその他のサービス業とされている。）。

したがつて、本事業の実態からみて法別表第一第八号又は第九号若しくは第十四号の事業として取り扱うべきではなく、別表第一に掲げる事業のいずれにも該当しない事業と解すべきが妥当である。

なお、現在いわゆるショールーム（販売は行なわない。）については、当局において別表第一に掲げる事業のいずれにも該当しない事業として取り扱つているところである。

答　一　(1)　わが国で行なわれる事業について

は、事業主又は労働者が外国人（外国法人及び外国政府を含む。）であると否とを問わず、法令又は条約に特別の定めがある場合を除き、法の適用があること。ただし、外国政府及び国際法によっていわゆる外交特権を有する外交官等については、原則として、わが国の裁判権は及ばないこと（外交関係に関するウイーン条約（昭和三十九年批准、条約第十四号）第三十一条第一項参照）。

(2)　本件の日本万国博覧会における外国政府等による建設工事、展示館等が日本における一の事業であるか否かについては実態に応じて判断すべきであるが、事業とは、一定の場所において相関連する組織のもとに業として継続的に行なわれる活動の一体をいい、外国政府等が建設工事、展示館等の一定の場所において、労働者を一定の組織のもとに指揮監督して継続的に作業に従事させている限り、原則として日本における一の事業と解されること。

二　展示館の事業については、貴見のとおり取り扱つてさしつかえないこと。

（昭四三・一〇・九　基収四一九四号、昭六三・三・一四　基発一五〇号、平一一・三・三一　基発一六八号）

第十一条　この法律で賃金とは、賃金、給料、手当、賞与その他名称の如何を問わず、労働の対償として使用者が労働者に支払うすべてのものをいう。

▼参照条文　〔賃金—一二・二四〜二八、憲二七〕、〔船員の給料—船員六・五三〜五九〕、〔労働者—九、労契二1〕、〔使用者—一〇、労契二2〕

解釈例規

❶賃金の意義

【賃金の意義】

(一)　労働者に支給される物又は利益にして、次の各号の一に該当するものは、賃金とみなすこと。

(1)　所定貨幣賃金の代りに支給するもの、即ち、その支給により貨幣賃金の減額を伴うもの

(2)　労働契約において、予め貨幣賃金の外にその支給が約束されているもの

(二)　右に掲げるものであつても、次の各号の一に該当するものは、賃金とみなさないこと。

(1)　代金を徴収するもの。但しその代金が甚だしく低額なものはこの限りではない。

(2)　労働者の厚生福利施設とみなされるもの

(三)　労働協約、就業規則、労働契約等によつて予め支給条件が明確である場合の退職手当は法第十一条の賃金であり、法第二十四条第二項の「臨時の賃金等」に当たる。

(四)　結婚祝金、死亡弔慰金、災害見舞金等の恩恵的給付は原則として賃金とみなさないこと。但し、結婚手当等であつて労働協約、就業規則、労働契約等によつて予め支給条件の明確なものはこの限りでないこと。

（昭二二・九・一三　発基一七号）

【実物給与】

(一)　実物給与に関する法第二十四条の趣旨は、実物給与制度の沿革に鑑み、かつ稍もすれば基本給を不当に低位に据え置く原因となるおそれがあるので、原則として実物給与を禁止したものである。従つてあらゆる種類の実物給与を禁止せんとするものではなく、労働協約に別段の定めをなさしめることによつて、労働者に不利益となるような実物給与から労働者を保護せんとするものであること。

(二)　労働者に対して、労働協約によらずして物又は利益が供与された場合におい

て、それを賃金とみるか否かについては、実物給与に関する法の趣旨及び実情を考慮し、慎重に判定すること。

㈢　臨時に支給される物、その他の利益は原則として賃金とみなさないこと。なお祝祭日、会社の創立記念日又は、労働者の個人的吉凶禍福に対して支給されるものは賃金ではない。然し次の場合における実物給与については、賃金として取り扱うこと。(イ)支給されるものが労働者の自家消費を目的とせず、明らかに転売による金銭の取得を目的とするもの。(ロ)労働協約によつていないが、前例若しくは慣習として、その支給が期待されている貨幣賃金の代りに支給されるもの。

㈣　福利厚生施設の範囲は、なるべくこれを広く解釈すること。

㈤　施行規則第二条第三項による評価額の判定基準は左によること。実物給与のために使用者が支出した実際費用を超え又はその三分の一を下つてはならない。但し公定小売価格その他これに準ずる統制額の定あるものについては、実際費用の如何にかかわらずその額を超えてはならない。

㈥　労働者より代金を徴収するものは、原則として賃金ではないが、その徴収金額が実際費用の三分の一以下であるときは、徴収金額と実際費用の三分の一との差額部分については、これを賃金とみなすこと。

（昭二二・一二・九　基発四五二号）

【ストック・オプション】　改正商法によるストック・オプション制度では、権利付与を受けた労働者が権利行使を行うか否か、また、権利行使するとした場合において、その時期や株式売却時期をいつにするかを労働者が決定するものとしていることから、この制度から得られる利益は、それが発生する時期及び額ともに労働者の判断に委ねられているため、労働の対償ではなく、労働基準法第十一条の賃金には当たらないものである。

したがつて、改正商法によるストック・オプションの付与、行使等に当たり、それを就業規則等に予め定められた賃金の一部として取り扱うことは、労働基準法第二十四条に違反するものである。

なお、改正商法によるストック・オプション制度から得られる利益は、労働基準法第十一条に規定する賃金ではないが、労働者に付与されるストック・オプションは労働条件の一部であり、また、労働者に対して当該制度を創設した場合、労働基準法第八十九条第十号の適用を受けるものである。

（平九・六・一　基発四一二号）

【栄養食品又は保健薬品の支給】

問　別紙労働協約による現物補給は労働者の保健上の優遇措置であつていわゆる加給的な意図は含まれていないとみられ、従つて福利厚生施設と解されるが如何。

別　紙

協定書（抜萃）

一、会社は鑿岩作業に従事する鉱員に対し、実稼働一日当五十円の範囲内において栄養食品又は保健薬品を現物補給する。

二、実施方法

個人通帳により一カ月を十日間位に区切り各人稼働日数に応じ、品目（生鮮魚肉、乾魚食品、果物、バター、食用油、肝油等ビタミン剤その他栄養価値あるものより選定）数量を決定する。

品目の選定その他具体的運営方法については毎月一回会社組合間に協議会を開催する。

答　設問の現物補給は労働協約に基づき、特定作業に従事する労働者に対してその稼働日数に応じ、一定額の範囲内で支給するものであるから、賃金であつて、労働者の福利厚生のために支給するものとは認められない。

（昭二七・五・九　基収一五八九号）

【通勤定期乗車券】

問　○○通運株式会社○○支社では労使間の協定書により通勤費として六カ月毎に定期券を購入し、それを支給しているが、こ

図1　ストック・オプション制度の概要

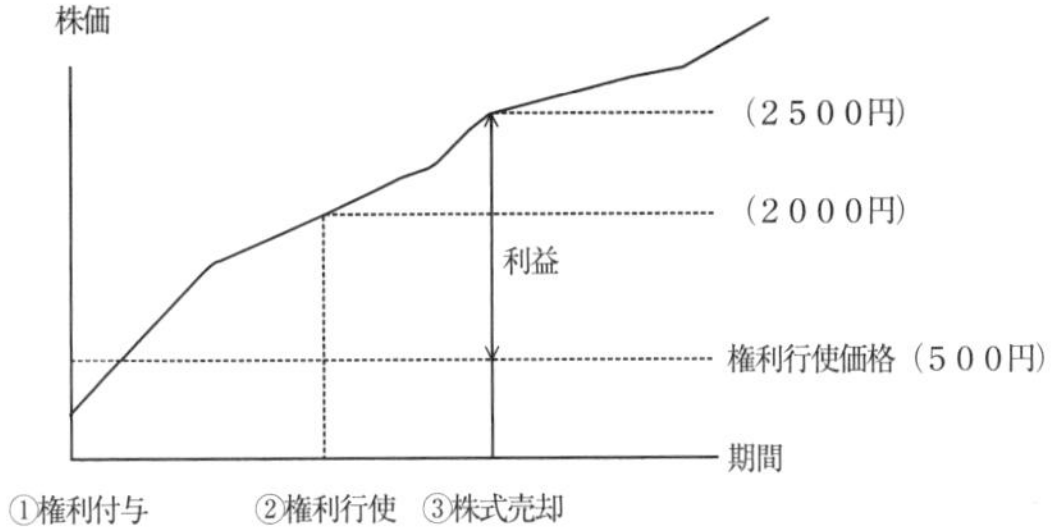

①　１株の時価が４００円のときに、一定期間内に５００円で株式を購入できる権利を使用人等へ付与
②　当該使用人等が１株５００円で購入
③　１株２５００円で株式を売却　２５００円－５００円＝２０００円の利益発生

図2　改正商法によるストック・オプション制度の概要

(1)　自己株式方式

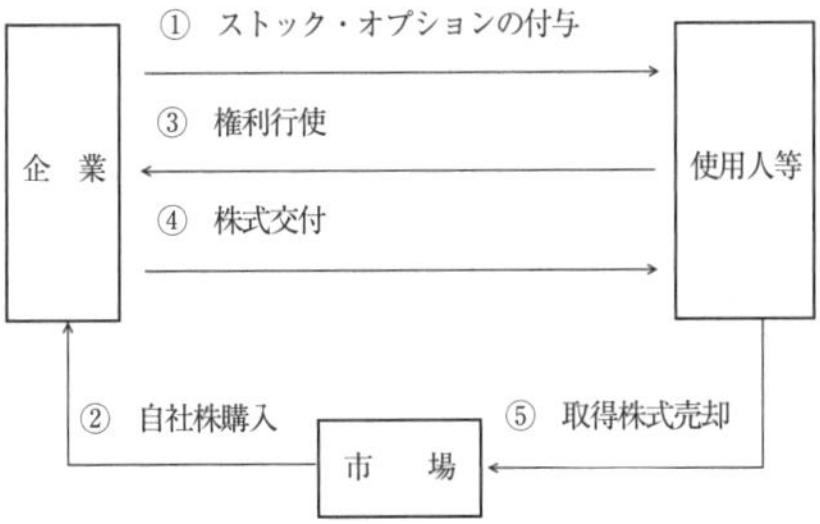

(2)　新株引受権方式

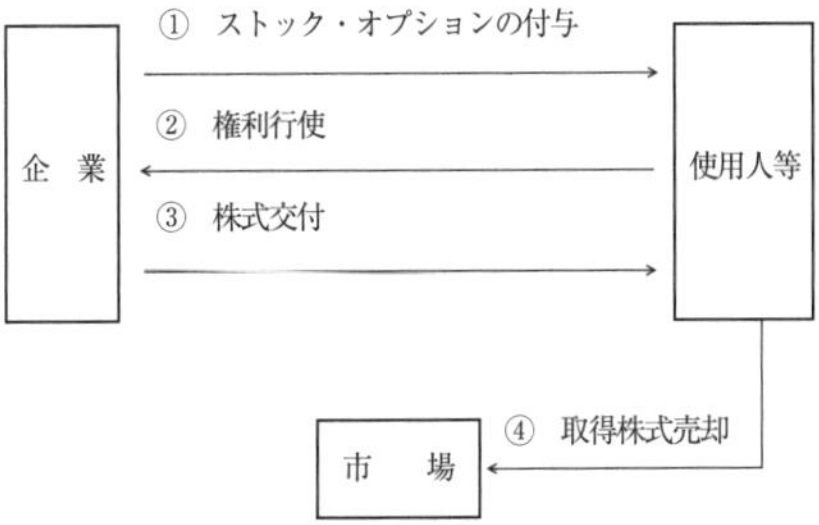

のような通勤定期券の支給は法第十一条の賃金と解すべきか。

答　設問の定期乗車券は法第十一条の賃金であり、従つて、これを賃金台帳に記入し又六カ月定期乗車券であつても、これは各月分の賃金の前払として認められるから平均賃金算定の基礎に加えなければならない。

（昭二五・一・一八　基収一三〇号、昭三三・二・一三　基発九〇号）

【テレワークを活用した在宅勤務における交通費の労働基準法における取扱いについて】

昨今、テレワークを活用した在宅勤務（以下「在宅勤務」という。）を実施する事業場において、通勤手当を廃止し、出社の都度交通費を支払う例が見られるところであるが、当該交通費が労働基準法（昭和二十二年法律第四十九号）第十一条の賃金（以下「賃金」という。）に該当するかについての基本的な考え方は下記のとおりであるので、了知されたい。

なお本事務連絡は、賃金についての従来の取扱いを変更するものではないことを申し添える。

記

当該労働日における労働契約上の労務の提供地が自宅とされており、業務として必要な場合に限り、労働契約上、同日の労務提供地とされていない会社事務所等に一時的に出社した際に、その移動にかかる実費を企業が負担する場合、当該費用は原則として実費弁償と認められ、賃金ではない。

他方、当該労働日における労働契約上の労務の提供地が会社事務所等とされている場合においては、自宅から会社事務所等に出社するために要した費用を企業が負担する場合、当該費用は、原則として通勤手当として賃金と認められる。

なお、上記の判断に当たっては、当該労働日における労務の提供地の定めや、支払われた金銭の額、労働契約や就業規則等の規定の内容等、実態を踏まえて個別に判断する必要があることに留意されたい。

（令二・一〇・三　事務連絡）

【スト妥結の一時金】

問　スト妥結の際締結された新賃金協定により一人平均五千円の一時金の支給をみたが、一時金を賃金として取扱うべきかどうか。

答　設問の一時金は臨時の賃金である。

（昭二八・三・二〇　基発一三七号）

【チップ】

問　チップは賃金に該当するか。

答　チップは、旅館従業員等が客から受け取るものであつて賃金ではない。

なお、無償あるいは極めて低廉な価格で食事の給与を受け、又は当該旅館等に宿泊を許されている場合には、かかる実物給与及び利益は賃金とみなすべきである。

（昭二三・二・三　基発一六四号）

【法定の額を超える休業補償費】

問　就業規則に基づいて休業補償の名目をもつて、業務上の負傷により休業している労働者に平均賃金の百分の六十を超える支給を行つている事業場における法第七十六条の規定を上廻る部分については、左記一、又は二によりこれを休業補償とみるか、又は賃金と解すべきか。

記

一、休業補償は法で平均賃金の百分の六十と限定されているが、これは法第一条の規定により最低の基準と考えるべきで、事業場で休業補償として平均賃金の百分の六十を上廻る制度を設けている場合は、その全額を休業補償と見るべきである。

二、休業補償は休業手当と法的根拠を異にしているから平均賃金の百分の六十以上と規定せず敢えて百分の六十と限定しているので、百分の六十を上廻る部分は予め支給条件の明確な恩恵的給付として賃金と見るべきである。

答　貴見一のとおり。

（昭二五・一二・二七　基収四三三号）

【私有自動車を社用に提供する場合の維持費】

問　私有自動車を社用に提供する者に対し、その維持費を別紙規程により支給する場合これを賃金と解すべきか否かについて左記の通り考えられるが如何。

一、私有自動車維持費として支給される定額金額（規程第三条第一項によるもの）は実費弁償と解される。

二、自己の通勤に併用する者に対して加算支給される通勤定期乗車券代金月額の二分の一相当額（規程第三条第二項）は賃金と解される。

三、社用提供者に対して自動車重量税及び自動車税の一部を支給することとしているが、これは自動車の使用貸借契約における必要経費の負担とみられ、賃金ではない。

四、社用に用いた走行距離に応じて支給されるガソリン代は実費弁償であり賃金ではない。

私有自動車維持費支給規程（抄）

第一条　当社の職員であつて日常業務に自動車を使用する必要のある者が私有自動車を社用に提供使用する場合はこの規程の定めるところにより私有自動車維持費（以下維持費という）を支給する。

前項の認否は、支店長（本店は所属部長）がこれを決定する。

第二条　会社は外勤を主とする者又は自動車の使用を便とする者に対して私有自動車のまま提供使用を慫慂することができる。

第三条　維持費は左の区分によつて、毎月末、当月分を支給する。但し欠勤三十日以上に亘るときはこれを支給しない。

(1)　第一条の規程に該当するもの　月額三千円

(2)　第二条の規程に該当するもの　月額五千円

自己の通勤に併用する者には通勤定期乗車券代金月額の二分の一相当額を前項金額に加算支給する。

第四条　社用に用いた場合のガソリン代については、走行距離に応じ支給する。

答　一、二、三、四ともに貴見のとおり。

（昭二八・二・一〇　基収六二二号、昭六三・三・一四　基発一五〇号）

【役職員交際費】

問　役付職員は職掌柄外部との接触が多く従つていろいろと失費がかさむが、飲食代、交通費、あるいは進物代等些細な金額は請求し難いこともあり、また処理上煩雑でもあるので、一定期間統計をとり、これを基準にして部長級千五百円、課長級千二百円というように一定額の役職員交際費を毎月支給することとしている。

右の失費補足として支給する役職員交際費は賃金と解されるか。

答　設問の役職員交際費は賃金ではない。

（昭二六・一二・二七　基収六一二六号）

❷福利厚生施設との関係

【食事の供与】　食事の供与（労働者が使用者の定める施設に住み込み一日に二食以上支給を受けるような特殊の場合のものを除く）は、その支給のための代金を徴収すると否とを問わず、次の各号の条件を満たす限り、原則として、これを賃金として取扱わず福利厚生として取扱うこと。

一　食事の供与のために賃金の減額を伴わないこと。

二　食事の供与が就業規則、労働協約等に定められ、明確な労働条件の内容となつている場合でないこと。

三　食事の供与による利益の客観的評価額が、社会通念上、僅少なものと認められるものであること。

（昭三〇・一〇・一〇　基発六四四号）

【昼食料補助等】

問　左記は法第十一条の賃金でないと考えられるが如何。

記

一　昼食料補助
　業務の性質上都内（市内）及び隣接地出張が頻繁で、以前は事業所所在の市域隣接地並びに特定地に出張して正午を過ぎたときに旅費規定に基づき日当の四割を昼食料として支給していたが取扱上煩雑なので、組合と協議の上出勤一日につき五十円の昼食料補助として支給することとした。
　賃金でないと考えられるが如何。
二　居残弁当料、早出弁当料
　次の時刻に仕事をさせた場合、特地七十円、甲地六十円、乙地五十円を居残弁当料、早出弁当料として支給しているが賃金か。これも業務の性質上定時間勤務後予測しない仕事が出てくることが多く、また早出を要する場合があり、実際食事を必要とするので各地実情調査の上大体このために要する部分の経費を補足しているもの。(イ)午後七時を過ぎた場合、(ロ)午前六時を過ぎた場合、(ハ)午前七時までの出勤の場合
答　設問の昼食料補助、居残弁当料及び早出弁当料は法第十一条の賃金である。
（昭二六・一二・二七　基収六一二六号）

【所得税等の事業主負担】
一　労働者が法令により負担すべき所得税等（健康保険料、厚生年金保険料、雇用保険料等を含む。）を事業主が労働者に代つて負担する場合は、これらの労働者が法律上当然生ずる義務を免れるのであるから、この事業主が労働者に代つて負担する部分は賃金とみなされる。
二　これに対し、労働者が自己を被保険者として生命保険会社等と任意に保険契約を締結したときに企業が保険料の補助を行う場合、その保険料補助金は、労働者の福利厚生のために使用者が負担するものであるから、賃金とは認められない。
（昭六三・三・一四　基発一五〇号）

【育児休業期間中の賃金等】　育児休業法上育児休業期間中の賃金支払いは義務付けられておらず、労使の任意の話し合いに委ねられていること。
　また、社会保険料の被保険者負担分については、育児休業期間中についても労働者が負担すべきものとされているが、事業主が被保険者負担分を肩代わりする場合には、当該負担分は法第十一条の賃金として取り扱われること（昭和六十三年三月十四日付け基発第一五〇号）。したがつて、育児休業が終了した後一定年限労働しなければ当該賃金額分を労働者に支払わせるとの取扱いは、法第十六条に抵触するものと解されること。
（平三・一二・二〇　基発七一二号）

❸企業設備等との関係

【制服等】
問　交通従業員の制服、工員の作業衣等業務上必要な被服は作業備品とみて賃金より除外してよいか。
答　見解の通り。
（昭二三・二・二〇　基発二九七号）

【作業用品代】
問　別紙坑内作業用品代支給規程中、作業用品代は職員、従業員全部に一律に適用されるもので、実入坑一工当り六円を支給することになつているが、これは損失のあつた場合に支給されるものでなく、損失の有無に拘らず、実入坑一工当りについて与えられている作業労働の対償であり、いわば、職務作業手当、即ち賃金の一つと解せられるが如何。
別　添
坑内作業用品代支給規程（抄）
第一条　作業用品は全て本人負担とすることを建前とするが、坑内作業用品については特に購入代金引当として実入坑一工に付き六円（ただし、運転夫、火薬係は半額とする。）を支給する。
第四条　臨時入坑者に就いては現物を貸与又は支給する。
答　設問の作業用品は作業遂行に必要な道

具であつて通常使用者が支給しているものであるから、その作業の用品代は損料又は実費弁償と認められ、賃金ではない。

（昭二七・五・一〇　基収二六二号）

【乗務日当】

問　当局管内N航空会社では航空機乗務員に対し、左記の旅費規程及び乗務員乗務日当支給細則に基づき、乗務日当を支給しているが、この乗務日当は、旅費日当に準ずるものとして取り扱われており、税法上も非課税とされているので、労働基準法において賃金とは認められないと思料するが如何。

会社の意見としては、経営している路線内容からみて一回の運航につき最低四飛行時間、待機時間を含めると常に五時間ないし六時間を必要とし、札幌線のごときは十時間以上を要する実情にあり、かかる長時間にわたる連続乗務を行なうときは、乗務に伴う肉体的疲労は勿論のこと航空気象に対する的確な判断、対地上無線局との常時連絡、機体装備品等に対する点検等、頭脳的疲労も極めて著しいものがあり、定期航空の安全を期するためには、これらの疲労の防止並びに回復を絶対条件とするので、そのために多大の経費を要すること自ら明らかなところであり、これは日当として支給すべき性質のものであるとしている。

なお、同社では、乗務日当のほかに、乗務員乗務手当支給細則に基づき乗務手当を支給しているが、これは賃金として取り扱われている。

記

旅費規程

第九条　定期及び定期に準ずる不定期に勤務する航空機乗務員については別に定める乗務手当、乗務日当を支給する外……

（以下略）

乗務員乗務日当支給細則

第一条　乗務員が乗務のため、その所属地を離れて国内各地に赴く場合に支給する乗務日当に関する事項はすべてこの規程に定めるところによる。

第二条　この規程において乗務員とは、定期飛行に従事する機長、副操縦士、整備士、整備員、スチュワーデスをいう。

第三条　乗務日当は、飛行の種類の如何を問わず、その飛行する定期便飛行路線の区間に応じて、別表1によりこれを支給する。

「別表1」乗務日当（非課税）

区間＼職種	機長	副操縦士	スチュワーデス	整備士
東京—名古屋	四五〇円	三〇〇円	二五〇円	二五〇円
名古屋—大阪	二〇〇	二五〇	八〇	一〇〇
岩国—小倉	二〇〇	二五〇	一〇〇	一〇〇

運航部長が、特に地区間を迂回飛行したと認定した場合はそれに該当する区間の日当を支給する。

（第四条から第七条まで省略）

乗務員乗務手当支給細則

第一条　乗務員に支給する乗務手当に関する事項はすべてこの規程の定めるところによる。

第二条　乗務員（操縦士）が定期飛行に乗務をなす場合はその月の固定乗務手当を支給する。

第三条　乗務員が次に定める飛行に乗務を命じられた場合は、その乗務時間に応じて乗務手当を支給する。

一　宣伝、貸切、遊覧等の飛行（但し、定期便飛行路線上の飛行を除く）

二　耐空試験、無線設備、器具、機体等試験飛行

三　新路線の開拓飛行

四　新路線のルートチェック

五　救助、捜索等、緊急必要と見られる飛行
六　教官として乗務した訓練飛行
七　整備士が操縦士訓練飛行のため機上操作の指導または補助を行うため搭乗する飛行
八　その他運航部長が特に必要と認めた特別の飛行

（第四条及び第五条省略）

第六条　固定乗務手当は次による。

級別＼職名	機長	副操縦士
一	三〇、〇〇〇	一六、〇〇〇
二	二九、〇〇〇	一五、〇〇〇
一四	一七、〇〇〇	
一五	一六、〇〇〇	

第七条　第三条に定める飛行に乗務を命ぜられた場合の乗務手当は次による。

職名	乗務手当（一時間）コンベア機	その他の機種
機長	五五〇円	四〇〇円
副操縦士	三五〇円	三〇〇円
整備士（特別任務により乗務を命ぜられた者）	三〇〇円	二五〇円
スチュワーデス	一五〇円	一五〇円
空中作業員	一五〇円	一五〇円

（第八条から第十一条まで省略）

答　設問の乗務日当は、航空機乗務員が、通常の業務として、航空機に一定区間乗務する場合に支給されるものであり、会社提出の資料によれば、その支給目的は主として航空機に乗務することによって生ずる疲労の防止及び回復を図ることにある。従って、その性格は一種の特殊作業手当とみるべきものであり、労働基準法第十一条に規定する賃金と認められる。

（昭三六・五・一六　三五基収七〇〇六号）

【チェンソーの損料】　賃金額は損料と区別して定められなければならないものであり、チェンソー自己所有労働者についても、労働契約関係にある限り、賃金と損料とは区別して定められるべきものである。

なお、損料を含むものを定める場合には労働契約でなく請負契約とみられる場合が多いことに留意されたい。

（昭五五・三・一〇　基発六八三号）

第十二条　この法律で平均賃金とは、これを算定すべき事由の発生した日以前三箇月間にその労働者に対し支払われた賃金の総額を、その期間の総日数で除した金額をいう。ただし、その金額は、次の各号の一によつて計算した金額を下つてはならない。

一　賃金が、労働した日若しくは時間によつて算定され、又は出来高払制その他の請負制によつて定められた場合においては、賃金の総額をその期間中に労働した日数で除した金額の百分の六十

二　賃金の一部が、月、週その他一定の期間によつて定められた場合においては、その部分の総額をその期間の総日数で除した金額と前号の金額の合算額

②　前項の期間は、賃金締切日がある場合においては、直前の賃

金締切日から起算する。

③　前二項に規定する期間中に、次の各号のいずれかに該当する期間がある場合においては、その日数及びその期間中の賃金は、前二項の期間及び賃金の総額から控除する。

一　業務上負傷し、又は疾病にかかり療養のために休業した期間

二　産前産後の女性が第六十五条の規定によつて休業した期間

三　使用者の責めに帰すべき事由によつて休業した期間

四　育児休業、介護休業等育児又は家族介護を行う労働者の福祉に関する法律（平成三年法律第七十六号）第二条第一号に規定する育児休業又は同条第二号に規定する介護休業（同法第六十一条第三項（同条第六項において準用する場合を含む。）に規定する介護をするための休業を含む。第三十九条第十項において同じ。）をした期間

五　試みの使用期間

④　第一項の賃金の総額には、臨時に支払われた賃金及び三箇月を超える期間ごとに支払われる賃金並びに通貨以外のもので支払われた賃金で一定の範囲に属しないものは算入しない。

⑤　賃金が通貨以外のもので支払われる場合、第一項の賃金の総額に算入すべきものの範囲及び評価に関し必要な事項は、厚生労働省令で定める。

⑥　雇入後三箇月に満たない者については、第一項の期間は、雇入後の期間とする。

⑦　日日雇い入れられる者については、その従事する事業又は職業について、厚生労働大臣の定める金額を平均賃金とする。

⑧　第一項乃至第六項によつて算定し得ない場合の平均賃金は、厚生労働大臣の定めるところによる。

（賃金の総額に算入すべきもの）

則第二条　労働基準法（昭和二十二年法律第四十九号。以下「法」という。）第十二条第五項の規定により、賃金の総額に算入すべきものは、法第二十四条第一項ただし書の規定による法令又は労働協約の別段の定めに基づいて支払われる通貨以外のものとする。

②　前項の通貨以外のものの評価額は、法令に別段の定がある場合の外、労働協約に定めなければならない。

③　前項の規定により労働協約に定められた評価額が不適当と認められる場合又は前項の評価額が法令若しくは労働協約に定められていない場合においては、都道府県労働局長は、第一項の通貨以外のものの評価額を定めることができる。

（平均賃金）

則第三条　試の使用期間中に平均賃金を算定すべき事由が発生した場合においては、法第十二条第三項の規定にかかわらず、その期間中の日数及びその期間中の

賃金は、同条第一項及び第二項の期間並びに賃金の総額に算入する。

則第四条　法第十二条第三項第一号から第四号までの期間が平均賃金を算定すべき事由の発生した日以前三箇月以上にわたる場合又は雇入れの日に平均賃金を算定すべき事由の発生した場合の平均賃金は、都道府県労働局長の定めるところによる。

□告　示

○労働省告示第五号（昭二四・四・一一）
改正　労働省告示第二号（平一三・一・二三）
改正　労働省告示第一二〇号（平一二・一二・二五）

労働基準法第十二条第八項の規定に基づき同条等の規定によつて算定し得ない場合の平均賃金を定める告示

労働基準法（昭和二十二年法律第四十九号）第十二条第八項の規定に基づき、同条第一項乃至第六項の規定（昭和二十二年厚生省令第二十三号労働基準法施行規則第三条及び第四条の規定を含む。）によつて算定し得ない場合の平均賃金を次のように定める。

第一条　使用者の責めに帰すべからざる事由によつて休業した期間が平均賃金を算定すべき事由の発生した日以前三箇月以上にわたる場合の平均賃金は、都道府県労働局長の定めるところによる。

第二条　都道府県労働局長が労働基準法第十二条第一項から第六項までの規定によつて算定し得ないと認めた場合の平均賃金は、厚生労働省労働基準局長の定めるところによる。

○労働省告示第五二号（昭三八・一〇・一一）
改正　労働省告示第二号（平一三・一・二三）

労働基準法第十二条第七項の規定に基づき日日雇い入れられる者の平均賃金を定める告示

労働基準法（昭和二十二年法律第四十九号）第十二条第七項の規定に基づき、日日雇い入れられる者の平均賃金を次のように定め、昭和三十八年十一月一日から適用する。

昭和二十二年労働省告示第一号（日日雇い入れられる者の平均賃金を定める告示）及び昭和三十七年労働省告示第二十三号（土木建築事業、陸上運送事業及び港湾運送事業に係る特定の職業に従事する日日雇い入れられる者の平均賃金額を定める告示）は、昭和三十八年十月三十一日限り廃止する。

日日雇い入れられる者（以下「日雇労働者」という。）の平均賃金は、次の金額とする。

一　平均賃金を算定すべき理由の発生した日以前一箇月間に当該日雇労働者が当該事業場において使用された期間がある場合には、その期間中に当該日雇労働者に対して支払われた賃金の総額をその期間中に当該日雇労働者が当該事業場において労働した日数で除した金額の百分の七十三

二　前号の規定により算定し得ない場合には、平均賃金を算定すべき理由の発生した日以前一箇月間に当該事業場において同一業務に従事した日雇労働者に対して支払われた賃金の総額をその期間中にこれらの日雇労働者が当該事業場において労働した総日数で除した金額の百分の七十三

三　前二号の規定により算定し得ない場合又は当該日雇労働者若しくは当該使用者が前二号の規定により算定することを不適当と認め申請した場合には、都道府県労働局長が定める金額

四　一定の事業又は職業について、都道府県労働局長がそれらに従事する日雇労働者の平均賃金を定めた場合には、前三号の規定にかかわらず、その金額

▼参照条文　〔平均賃金を算定すべき場合—二〇・二六・三九9・七六・七七・七九〜八二・九一、則四八、じん肺三三〕、〔産前産後休業—六五〕、〔通貨以外で支払われる場合—則二〕、〔算定し得ない場合—則三・四、昭二四・告五号〕、〔日日雇い入れられる者の場合—昭三八・告五二号〕、〔三箇月を超える期間ごとに支払わ

れる賃金―則四）

解釈例規

❶算定期間

イ　算定事由発生日

【算定すべき事由の発生した日】

問　災害補償額算出の基礎である平均賃金の算定日は、法第十二条の規定による「これを算定すべき事由の発生した日」即ち「現実に補償すべき事由の発生した日」と解して差支えないか、特に打切補償の場合について教示願いたい。

記

㈠　「現実に補償をなすべき事由の発生した日」即ち死傷又は疾病確認の日でなく、療養開始後三年を経過して治らない場合、その事実を補償を打切る事由の発生と解してよいか。（事故発生は昭和二十二年九月）（事故発生当時の平均賃金は五十円四十四銭、打切補償をなすべき三年後の平均賃金は二百六十四円〇〇銭となり、賃金水準変動のため前者と後者では相当の差異があるので被災者保護のため重大な問題である）

㈡　㈠の解釈が不当の場合は昭和二十二年九月十三日発基第一七号通牒による第十二条関係㈣を準用し、平均賃金を算出してよいか。

答　㈠　災害補償を行う場合の平均賃金は労働基準法施行規則第四十八条の規定に明示されているとおり「死傷の原因たる事故発生の日又は診断によつて疾病の発生が確定した日」をもつて平均賃金を算定すべき事由の発生した日とするのであるから、同一人の同一事故についての平均賃金を個々の補償事由によつて左右すべきものではない。従つて見解の如く「現実に補償をなすべき事由の発生した日」と解することは誤りである。

㈡　事故発生後長期休業中にたとえ賃金水準の変動があつてもその平均賃金は改訂すべきではないから、昭和二十二年九月十三日発基第一七号通牒法第十二条関係の㈣に準じて取扱うことは出来ない。おつて右通牒法第十二条第三項第一号乃至第三号の期間が平均賃金を算定すべき事由の発生した日以前の三箇月以上に亘る場合であつてしかもその期間中に賃金水準の変動が行われた場合における平均賃金の算定方法を示したものであり、一旦算定した平均賃金をその後における賃金水準の変動により改訂する趣旨のものでないから念のため申添える。

（昭二五・一〇・一九　基収二九〇八号）

【解雇日の繰り上げと算定事由発生日】

問　駐留軍従業員を解雇するにあたつて、三十日前の解雇予告を行つたが、その後解雇予告の期間中に駐留軍施設運営上やむをえざる事由によつて、解雇日を繰り上げる必要が生じたため、個々の従業員の自由な判断によつて具体的に同意を得てこれを行つたが、この場合、労働基準法第二十条の解雇予告短縮の日数に対し同条第二項の平均賃金算定にあたり、同法第十二条第一項にいう算定すべき事由の発生した日は次の1または2のいずれであるか疑義があるので御回示願いたい。

記

1　当初の三十日前の解雇予告日

当初の予告日には、現実に平均賃金を算定すべき事由の発生はなかつたが、解雇日の変更について従業員の同意が得られる限り、当初の予告はその内容が変更され、繰り上げられた解雇日に対する予告として、そのまま有効なものと思料される。したがつて、当初の予告日に平均賃金算定の事由が発生したものと解する。

2　従業員に解雇日の繰り上げを通告した日

当初の予告に際して平均賃金算定の必要がなかつたことは明らかであり、解雇日繰り上げの通告によつて初めて平均賃金算定の必要が生ずるものであるから、実質的にこの通告日が平均賃金を算定するべき事由の発生した日と解する。

答　労働基準法第二十条の規定により、解雇の予告にかえて支払われる平均賃金を算定する場合における算定すべき事由の発生した日は、労働者に解雇の通告をした日であり、設問のように解雇の予告をした後において、当該労働者の同意を得て解雇日を変更した場合においても、同様である。

（昭三九・六・一二　三六基収二三一六号）

【法第九十一条の規定における平均賃金算定起算日】

問　減給の制裁に関し平均賃金を算定すべき事由の発生した日について㈠制裁事由発生の日（行為時）㈡制裁決定の日㈢現実に減給する日（支払時）の三つの場合が考えられるので、いずれによるべきか回答願いたい。

答　法第九十一条の規定における平均賃金については、減給の制裁の意思表示が相手方に到達した日をもつて、これを算出すべき事由の発生した日とする。

（昭三〇・七・一九　二九基収五八七五号）

【所定労働時間が二暦日にわたる勤務を行う労働者に係る平均賃金の算定】　労働基準法（以下「法」という。）第十二条において、所定労働時間が二暦日にわたる勤務を行う

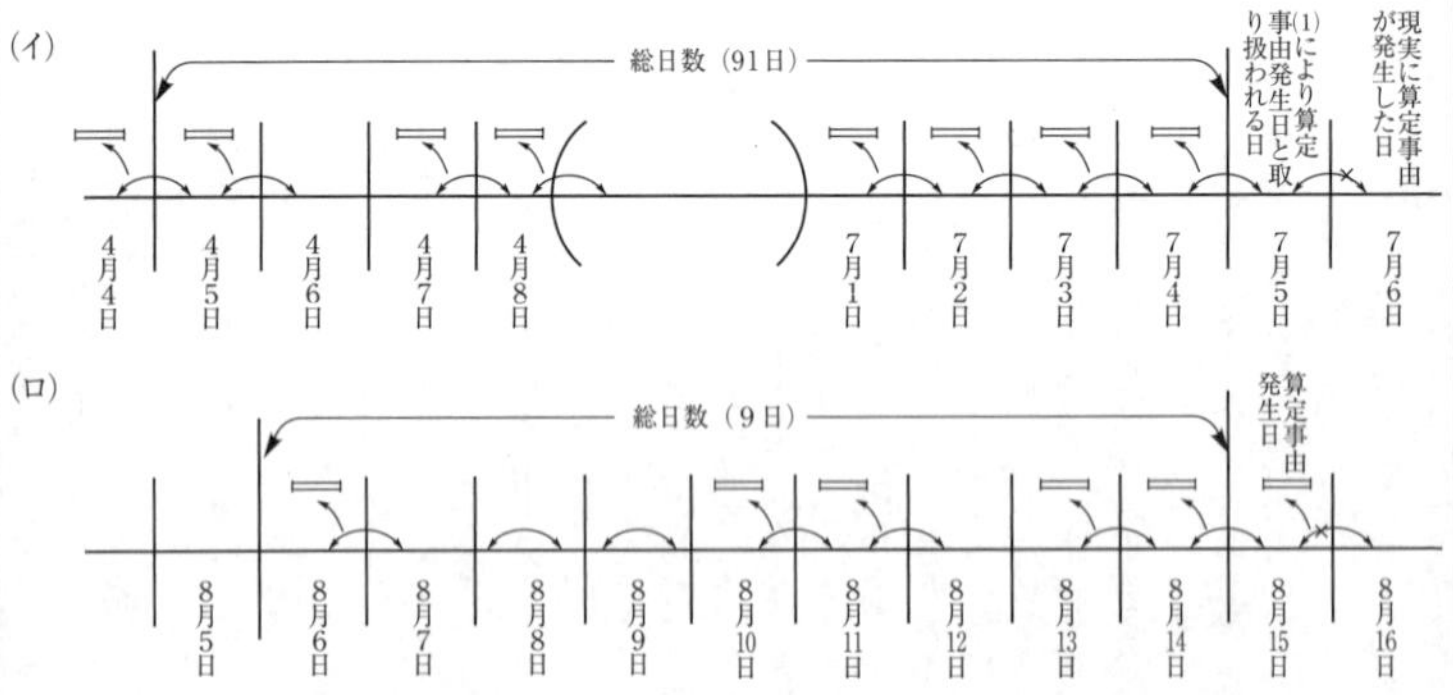

（注）①　⌒　現実に労働した時間を示す。②　＝　(2)によつて労働したものとして取り扱われる時間を示す。

労働者については、次のとおり取り扱うこと。

ただし、一昼夜交替勤務のごとく一勤務が明らかに二日の労働と解することが適当な場合には、原則どおり、当該一勤務を二日の労働として計算すること（昭和二十三年七月三日付け基収第二一七六号はこの場合の一事例である。）。

(1)　第一項の「算出すべき事由の発生した日」については、当該勤務の二暦日目に算定事由が発生した場合においては、当該勤務の始業時刻の属する日に事由が発生したものとして取り扱うこと。

なお、この場合でも、同項における「総日数」の計算において、「算定すべき事由の発生した日」は含まれないから念のため。

(2)　第一項ただし書第一号の「労働した日数」の計算においては、当該勤務を始業時刻の属する日における一日の労働として取り扱うこと。

なお、(1)及び(2)に述べたことを具体的に例示して説明すれば、次のとおりである。

イ　(イ)図は、所定労働時間が常に二暦日にわたる勤務を行なう労働者について（平均賃金の算定期間は原則どおり三カ月間であり、かつ、賃金締切日のない場合とする。）、算定事由が当該勤務

の二暦日目に発生した場合であるが、この場合の「算定すべき事由の発生した日」は、(1)により七月五日となり、「労働した日数」は（　）内の期間における労働した日数に七日を加えたものとなる。

ロ　(ロ)図は、一部の所定労働日において所定労働時間が二暦日にわたる労働者について（平均賃金の算定期間は九日あるものとする。）、算定事由が当該勤務の始業時刻の属する日に発生した場合であるが、この場合の「算定すべき事由の発生した日」は原則どおり八月十五日となり、「労働した日数」は七日となる。（昭四五・五・一四　基発三七四号）

【賃金ベース変更の場合の平均賃金】

問　昭和二十三年十二月二十七日日本石炭鉱業連盟と、全日本石炭産業労働組合、日本炭鉱労働組合連合会、炭鉱労働組合協議会との間に賃金協定が成立し基準賃金一人当り平均額（坑外夫二百十六円、坑内夫三百六十三円）と一応のベースが決定した。しかし、実際に新協定による賃金を支払うには、各炭鉱の個々において労使相互間にて更に協定を行い、職種別賃金の決定並びにそれに伴う能率給の決定等細部にわたる協定ができて始めて新協定による賃金支払がなされるのである。当局管内においては、細部協定が成立し新協定による賃金を支払つている炭鉱は、五十三炭鉱の中十一炭鉱のみで、他の大部分の炭鉱は未だ細部協定が成立しておらず十二月二十七日以前の賃金によつて支払つているが、中には十二月二十七日以前の賃金の八割を支払つたり、新協定による見込賃金の六割を支払つたり甚しいものになると、一、二月分の賃金が全然支払われていないところもある。以上の様に各炭鉱毎にまちまちで細部協定が成立するまでは内払して成立後に精算するという実状である。かかる場合、左記の点について疑義がある。

記

(一)　十二月二十七日の中央における賃金協定成立をもつて債務確定とみなすか、或るいは各炭鉱における細部協定成立をもつて債務確定とみなすか。

(二)　中央における賃金協定成立をもつて債務確定とすれば、細部協定成立までは労働者個人に対する新協定による賃金が決定せず、従つて新協定による平均賃金の算出は、細部協定成立まではできないことになるがその間は如何にするか。

(三)　細部協定成立をもつて債務確定とすれば平均賃金算出方法は次のいずれによるべきか。

(1)　現実に支給された内払金によつて算出する。（この場合は、甚しく実状にそわない場合が生ずる）

(2)　現実に支給された金額によらず十二月二十七日以前の賃金計算方法により算出した賃金によつて算出する。

答　(一)　見解前段の通り、中央協定の成立によつて決定した賃金を法第十二条における「労働者に対し支払われた賃金」とみなす。従つて、中央協定の実施期日（但し、協定の効力が遡及する場合は協定成立の日）以後において平均賃金を算出すべき事由の発生した場合は、その協定による賃金に基いて平均賃金を算定する。

(二)　前号の場合において細部協定未成立のときは、一応現実に支払済となつた賃金により仮払補償額を算出し、細部協定成立後この協定に基いて精算額を算出するものとする。（昭二四・五・六　基発五二三号）

【転勤後業務上疾病の再発した場合の平均賃金】

問　ある労働者がA事業場に勤務中、業務上の疾病に罹り、療養後一応治癒し同事業場を退職した。数カ月後B事業場に勤務中前回の疾病再発し、労働に従事することが不可能となつた。この場合休業補償を行う為、平均賃金算定の必要を生ずるが、これが算定にはA事業場において使用者より支払われた賃金によるか、或はB事業場において支払われた賃金によるか。

なお、A事業場退職後何れへも就職せず、失業保険を受けている場合、何によつて算定するか。

答　設問の場合その疾病がA事業場における業務上の疾病の再発と認定される限り、平均賃金の算定はA事業場において支払われた賃金によつてA事業主が補償すべきものである。但し再発の場合は、前の疾病との因果関係を特に慎重に調査して真に再発と認むべきかどうかを決しなければならない。

（昭二五・五・一三　基収八四三号）

【賃金水準の変動】

問　法第十二条第一項の期間、即ち平均賃金を算定すべき事由の発生した日以前三カ月間の期間中に賃金水準の変動が行われた場合は、九月十三日附発基第一七号通牒法第十二条関係を準用し、平均賃金を算定すべき事由の発生した日に当該事業場において同一業務に従事した労働者の一人平均の賃金額によりこれを推算するのか。

答　昭和二十二年九月十三日附発基第一七号通牒の法第十二条関係は、施行規則第四条の規定により都道府県労働基準局長が、平均賃金の額を定める場合の基準を示したものであるから、一般の場合には同通牒を準用してはならない。従つて、貴見は不可である。

（昭二三・一一・五　基発二三四号）

ロ　賃金締切日がある場合の起算日

【賃金締切日】

問　賃金毎に賃金締切日が異なる場合、例えば団体業績給を除いた他の賃金は毎月十五日及び月末の二回が賃金締切日で、団体業績給のみは毎月月末一回のみの場合、平均賃金算定の事由がある月の二十日に発生したとき、何れを直前の賃金締切日とするか。

答　設問の場合、直前の賃金締切日は、それぞれ各賃金ごとの賃金締切日である。

（昭二六・一二・二七　基収五九二六号）

【手当等が遅れる場合の平均賃金算定の基礎】

問　某社においては、基本給以外の諸手当は毎月月末を以て締切日とし翌月十三日を支払日としている。この場合、例えば六月分の諸手当は七月十三日支払であるが六月末日を以て解雇した場合、法第十二条の平均賃金に算入する手当は六月十三日支払に係る五月分より遡つて三カ月分とすべきか、七月十三日支払に係る六月分より遡つて三カ月分とすべきか。

答　見解前段のとおり。

（昭二四・七・一三　基収二〇四四号）

【賃金締切日の変更と平均賃金の算定】

問　平均賃金算定に当りその期間中に賃金締切日の変更があつた為下図の如くその期間のとり方に二種の方法が考えられるが、いずれによるべきか。（旧締切日は毎月十日、改正後の締切日は、毎月二十五日）

答　設問の場合の平均賃金は、三カ月の暦日数に最も近い七十七日を期間として算定されたい。

締切日改正

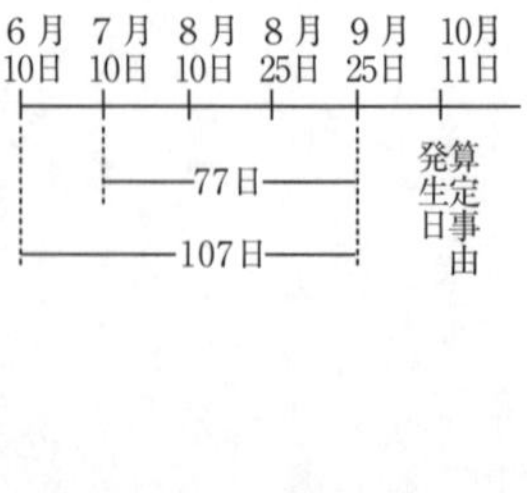

（昭二五・一二・二八　基収三八〇二号）

【平均賃金算定の際の賃金締切日】

問　法第十二条にいう平均賃金について、次のように解してよいか。㈠某社の俸給の支給は、毎月八日にその月分の俸給の半額以内を、二十三日にその残額を支給することになつているが、この場合本条第二項の賃金締切日とは前月の月の末日を指す。㈡従つて法第十二条第一項本文の三カ月とは、この算定すべき事由の発生した日の属する月の前月末日以前三カ月と解する。

答　(一)、(二)とも見解の通り。

（昭二四・七・七　基収二三五〇号）

ハ　控除期間

【教習中の期間】

問　教習中の車掌の平均賃金算定方法について、〇〇市交通局においては、別表〈編注　後掲〉の如き賃金が支給されているが、これによれば教習中の手当は教習後のものに比し、著しく低額なるものと思慮されるので、教習中の期間は法第十二条第三項第四号に定める「試の使用期間」として除外すべきものと考えられるが如何。

答　教習中の車掌の受ける手当が教習後に比較して低額であるのみならず、試験により不適格となれば、車掌の本務につき得ないものであるから、見解の通り教習中の期間を法第十二条の「試の使用期間」として差し支えない。

（昭二三・一一・二五　基収二五七七号）

【一部休業と平均賃金の算定】

問　平均賃金を算定すべき事由が生じた場合その算定期間中に一部休業即ち数時間労働した後使用者の責に帰すべき休業をした日があつた場合平均賃金の算定に当つてはこの日を労働日として取扱うべきか否かによつて算定方法が異なるが次の何れによるべきものか。

（別表）

年齢	（税込）教習中の手当日額	（税込）教習後一ヵ月の手取（自動車）	同上（電車）	摘要
十六歳	五〇円（一五〇〇・〇〇）	―	三五二八・一八	教習中の手当は政府案の年齢給を取入れた処の賃金ベース（スライドする）
十七歳	五五円（一六五〇・〇〇）	二二〇八・八〇	三七五八・四六	二七〇〇円以上（三〇五円）
十八歳	六〇円（一八〇〇・〇〇）	三六〇四・五六	三五四七・一九	二七〇〇円以下（二九七円）
十九歳	六五円（一九五〇・〇〇）	三七〇五・六〇	三六二五・六四	
二十歳	七〇円（二一〇〇・〇〇）	三七七一・五一	三六九八・二一	

（備考）教習期間　約三十五日間（内休日五日を含む）
所定時間　午前八時より午後四時・休憩一時間　学課及び実習に折半されている。
教習目的　電車及び自動車の車掌養成

(一)　労働日であると解する場合　イ、その日を労働日として算入しその日に支払われた賃金を算入し休業手当に該当する部分を除く。ロ、その日を労働日として算入しその日に支払われる賃金及び休業手当の合算額を算入する。

(二)　その日に支払われた賃金が平均賃金の百分の六十即ち休業手当額を基準としこれを超える場合は労働日とし、下る場合は休業日として計算する。

(三)　休業日であると解する場合、その日の労働に対して支払われた賃金が平均賃金の百分の六十を超えると否とに拘らず一部休業があつた場合はその日を休業日とみなしその日及びその日の賃金を全額控除する。（この方法が適当と認められる）

答　貴見(三)のとおり。

（昭二五・八・二八　基収二三九七号）

【昭和二十二年九月十三日発基第一七号・法

第十二条関係四の第二項平均賃金の基準】

昭和二十二年九月十三日付発基第一七号、法第十二条関係四の第二項により平均賃金を算定する場合（昭和二十四年四月十一日基発第四二一号㈡の⑴により準用する場合を含む）にはつぎの基準により取扱われたい。

㈠　「賃金水準の変動が行われた場合」とは原則として平均賃金算定事由発生日（賃金締切日がある場合においては直前の賃金締切日。以下同じ。）以前三カ月間における当該事業場（例えば工員職員別にする等適当な範囲を定めることができる）の実際支払賃金の総額を労働者の延人員数で除した額と発基第一七号法第十二条関係四の第二項により平均賃金を算定すべき事由の発生したとみなされる日（賃金締切日がある場合においては直前の賃金締切日。以下同じ。）以前三カ月間におけるそれと比較してその差が概ね十％以上ある場合をいうこと。

㈡　「一人平均の賃金額によりこれを推算する」とは、平均賃金算定事由発生日以前三カ月間に同一業務に従事した労働者に対して、当該三カ月間に支払われた賃金の総額（臨時に支払われた賃金三カ月を超える期間ごとに支払われる賃金および法令もしくは労働協約の別段の定によらずに支払われた通貨以外のものを除く。）をその労働者数と当該三カ月の暦日数との積で除して得た額をいうこと。

なお、右によつて算定した金額が平均賃金として妥当を欠く場合には、右によつて算定した金額と平均賃金を算定すべき事由の発生したとみなされる日以前三カ月間に同一業務に従事した労働者について右に準じて算定した金額との比率を求め平均賃金を算定すべき事由の発生したとみなされる日を起算日とする当該労働者の平均賃金の額に当該比率を乗じて得た金額をもつてその平均賃金とすることができること。

㈢　「同一業務に従事した労働者」とは原則として、職務上の最小単位の業務に属する労働者でその業務に従事した者をいうこと。

（昭二六・三・二六　基発一八四号、昭三三・二・一三　基発九〇号）

【算定期間中に使用者の責めに帰すべき事由によって休業した期間がある場合の平均賃金の算定】

問　労働基準法第十二条第三項第三号において、平均賃金の算定期間中に使用者の責めに帰すべき事由によって休業した期間がある場合は、その日数及びその期間中の賃金は、平均賃金算定の基礎となる期間及び賃金の総額から控除することとされているが、休業の開始日から終了日までの間に、労働協約、就業規則又は労働契約により休日と定められている日が含まれている場合、当該休日の日数は、休業した期間の日数に含むものと解してよろしいか。

答　貴見のとおり。

なお、休業の開始日及び終了日は、当該休業に係る労使協定や就業規則の規定に基づく使用者の指示等により、個別の状況に応じて客観的に判断されるものであること。

（平二三・七・一五　基発〇七一五第七号）

二　施行規則第四条の運用

【施行規則第四条の基準】　施行規則第四条に規定する場合における平均賃金決定基準は次によること。施行規則第四条前段の場合は、法第十二条第三項第一号乃至第三号の期間の最初の日を以て、平均賃金を算定すべき事由の発生した日とみなすこと。前項各号の期間中に当該事業場において、賃金水準の変動が行われた場合には、平均賃金を算定すべき事由の発生した日に当該事業場において同一業務に従事した労働者の一人平均の賃金額により、これを推算すること。雇入の日に平均賃金を算定すべき事由が発生した場合には、当該労働者に対し一定額の賃金が予め定められている場合には、その額により推算し、しからざる場合にはその日に、当該事業場において、同一の業務に従事した労働者の一人平均の賃金額により推算すること。

（昭二三・九・一三　発基一七号）

【施行規則第四条の取り扱い】

問　施行規則第四条の定めは告示によるべきか。

答　施行規則第四条は必要の生じた場合に、都道府県労働基準局長が個々に決定する趣旨である。（昭二三・三・一七　基発四六一号）

ホ　雇い入れ後三カ月未満の場合

【新設会社へ転籍後三カ月に満たない場合の平均賃金の算定】

問　N石油株式会社は昨年十月製油部門の拡充強化を図るため、N石油精製株式会社を設立した。これに伴い本社在勤者の一部並びにY及びS製油所在勤者は、形式的にN石油㈱を退職（退職金を支給せず）し、N石油精製㈱へ引き継がれることになつたが今後も両社の緊密なる連繋強化を図るため、随時人事の交流を図る方針であり、これがため会社機構においても勤労部門の上級者は両社を兼務すると共に、労働協約及び就業規則にも規定してある通り労働条件及び給与は両社全く同一であり、例えば勤続年数を通算する等労働関係は実質的には同一会社におけると何等変りなく取扱うようになつている。

この場合、N石油からN石油精製に又はN石油精製からN石油に転籍された後、三カ月に満たない間に平均賃金を算定する事由が発生した場合は、労働基準法第十二条第六項の規定による雇入後の期間とせず、旧会社における期間を加えた三カ月間を通算の上平均賃金を算定する方法が合理的であり又転籍させる場合に、労働基準法第二十条の解雇の予告をしなくても差支えないと考えるが如何。

答　設問の如き場合には夫々の会社間のおける人事交流に伴う転籍につき労働基準法第二十条の解雇予告をすることなく、又転籍後三カ月に満たない間に平均賃金を算定する事由が発生した場合は、平均賃金の算定には労働基準法第十二条第六項の規定による雇入後の期間とせず、旧会社における期間を通算した三カ月間につき平均賃金を算定することとして取扱つて差支えない。

（昭二七・四・二　基収一九四六号）

【定年退職後継続して再雇用された者の再雇用後三カ月に満たない場合の平均賃金の算定】

問　当局管内で下記1のごとき事案が発生し、この場合の平均賃金の算定について、下記2のような二つの方法が考えられるが、当局としては(2)によることが妥当と考えられるがいかん。

記

1　株式会社〇〇組東京倉庫所属労働者A（大正三年四月二十八日生五十五才）は、昭和二十三年六月二十一日以来機械工として勤務中のところ、昭和四十四年四月二十七日定年退職し退職金の支給を受けた。当該事業場では、満五十五才になる日を定年の時期と定めて対象者には約三カ月前に予告している。本件労働者は定年退職後も四月二十八日より臨時工務員として継続して再雇用され従前の業務に従事していたが、昭和四十四年五月十五日業務上負傷し、平均賃金算定事由が発生した。

なお、定年退職前後の労働条件等は別紙（略）のとおりである。

2　この場合平均賃金の算定方法としては、次のような方法が考えられる。

(1)　定年退職させるとき、法第二十条の解雇予告を行なつていること、形式的には定年退職前の契約と後の契約とは全然別個の契約であること等からみて、定年退職後の再雇用日を法第十二条第六項の雇入れの日とみて平均賃金を算定する。

(2)　当該労働者の勤務の実態に即し、実質的に判断することとし、形式的には定年の前後によつて別個の契約が存在しているが、本事案のように定年退職後も引続いて嘱託とし同一業務に再雇用される場合には、実質的には一つの継続した労働関係であると考えられるので、労働基準法第十二条第一項から第五項までの規定により算定事由発生日以前三カ月間を算定期間として平均賃金を算定する。

答　設問の場合の平均賃金は貴見第二案によつて算定されたい。

（昭四五・一・三　基収四四六四号）

【三カ月未満の者】

問　雇入後三カ月に満たない者の平均賃金の算定にあたり賃金締切日があるときはこの場合においても、なおその直前の賃金締切日から起算するか。

答　見解の通り。

（昭二三・四・二二　基収一〇六五号）

【雇入後三カ月に満たない者の平均賃金の算定】

問　雇入後三カ月に満たない者の平均賃金の算定については、労働基準法第十二条第六項の規定があり、この場合においても同条第二項の適用が排除されるものでないと解されているが（昭和二三・四・二二基収第一〇六五号）総てこのように一律に取扱うときは極めて妥当をかく場合があるのでその際は当然昭和二十四年労働省告示第五号第二条により個々のケースにつき本省に稟伺し、その決定を待つものと思料されるが、その煩を避けるため左記の通り取扱つてよいか。

記

雇入後三カ月に満たない者について平均賃金を算定すべき事由の発生した場合は法第十二条第二項は適用しないこととする。

但し直前の賃金締切日から遡つて起算してもなお、完全に一賃金締切期間（一カ月を下らない期間）が存している場合はこの限りでない。

答　雇入後三カ月に満たない者について平均賃金を算定する場合は法第十二条第一項乃至第六項による。但し直前の賃金締切日より計算すると未だ一賃金算定期間（一カ月を下らない期間）に満たなくなる場合には、昭和二十四年労働省告示第五号第二条に基き事由の発生の日から計算を行なうこととする。

（昭二七・四・二二　基収一三七一号）

【平均賃金の算定】

問　当管内に左記事例が発生しこれが平均賃金算定について疑義があるのでお伺いする。

記

(イ)　事由の発生した事業場
T県K郡O町
M建設工業株式会社　S作業事務所
（水力発電建設工事）

(ロ)　被害労働者　雑役夫　A　二十八才

(ハ)　災害発生日（平均賃金事由発生日）
昭和二十九年三月三日

(ニ)　該労働者の稼働状態及び賃金状態
雇入年月日　昭和二十九年二月二十四日
賃金の支払　毎月月末を以つて締切り翌月十日に支払う。

出勤月日	日給
二月二十四日	二百三十円
二月二十五日	〃
二月二十六日	〃
二月二十七日	〃
二月二十八日	〃
三月　一日	〃
三月　二日	〃

(ホ)　雇用状態について

1　該労働者は同僚の紹介により現場責任者に申出て稼働していたもので、その時稼働時間の明示を受けず黙示的に就労していたものである。該事業場は通勤労働者と寮居住者及び通勤労働者の内特殊な技術を持つている者とに区別し、前者を日雇労働者、後者を常用労働者として慣習的に取扱つているものである。

該労働者は前者に該当するもので雇用契約書はなく、後者に該当するものには、雇用契約書が作成されている。

2　通勤労働者は出勤すれば現場責任者に届出て当日の仕事の指示を受け就労しているもので、翌日の出勤、欠勤については何ら責任者から指示を受けていない。

(ヘ)　賃金関係について

1　通勤労働者の賃金は一般職種別賃金の最高、最低の範囲内で同一職場においては同一賃金を以つて決定されている。

2　雇用契約書により雇用される労働者（該事業場では常用労働者）には稼働奨励金として一日四十円が加給されているが、通勤者（該事業場では日雇労働者）には支給されていない。

3　休日は特に定められず、その月に属する日曜の回数をその月の暦日数から差引き一応その月の稼働日を仮定し上廻つた稼働日に対し、両者共一様に休日手当として二割五分の割増賃金は支給されている。

　右の場合該労働者の平均賃金算定については、常用労働者と解し法第十二条第六項によるべきか、日雇労働者と解し法第十二条第七項によるべきか。

答　設問については法第十二条第七項による。

（昭二九・九・一五　基収四〇二五号）

【新規学卒採用内定者の自宅待機と平均賃金の算定】　新規学卒者のいわゆる採用内定については、遅くも、企業が採用内定通知を発し、学生から入社誓約書又はこれに類するものを受領した時点において、過去の慣行上、定期採用の新規学卒者の入社時期が一定の時期に固定していない場合等の例外的場合を除いて、一般には、当該企業の例年の入社時期（四月一日である場合が多いであろう。）を就労の始期とし、一定の事由による解約権を留保した労働契約が成立したとみられる場合が多いこと。したがつて、そのような場合において、企業の都合によつて就労の始期を繰り下げる、いわゆる自宅待機の措置をとるときは、その繰り下げられた期間について、労働基準法第二十六条に定める休業手当を支給すべきものと解される。

　この場合における平均賃金は、自宅待機の開始日が労働基準法施行規則第四条の「雇い入れの日」に該当するものと解されるので、同条の規定に基づき都道府県労働基準局長が定めること。この際、あらかじめ賃金額が明確に定められている者については当該賃金額により、その他の者については自宅待機が採用内定者の一部に対して実施された場合には自宅待機とならなかつた者の賃金額、自宅待機が採用内定者の全員に対して実施された場合には労働契約の成立時に参考的に示された賃金の額等により推算すること（昭和二十二年九月十三日付け発基第一七号参照）。

（昭五〇・三・二四　労働省労働基準局監督課長、賃金福祉部企画課長連名内翰）

❷算定の基礎となる賃金

イ　算定基礎賃金の範囲

【施行規則第二条による評価の基準】　施行規則第二条第三項の通貨以外のものの「評価額が法令若しくは労働協約に定められていない場合」における都道府県労働基準局長の評価額の決定の基準は「労働協約に定められた評価額が不適当と認められる場合」の評価額の決定の基準によること。

（昭二九・六・二九　基発三五五号）

【賃金の総額】

問　法第十二条第一項第一号の「賃金の総額」は「その賃金の総額」又は「その部分の総額」の意味に解すべきではないか。又は同条第一項本文の「賃金の総額」と同意味に解すべきものか。もし、後者の解釈に従えば次のような不合理な結果になる。即ち、

(一)　月ぎめ、週ぎめ等の賃金も「賃金の総額」より除外されないので、それ等の部分については第一項第一号及び第二号で常に重複して計算される。

(二)　第一項本文にいう過去三カ月間に有給休暇を請求した労働者については、その期間及びその期間中の平均賃金が第三項の規定により控除されないので、その平均賃金は当然第一項第一号の「賃金の総額」にも算入されるが、この場合その平均賃金は第一項第一号にいう日数もしくは時間によつて算定されたものでなく、出来高払いその他の請負給でもなく（通常は月ぎめのものが加算されていて、日給、時給又は請負給を上廻つている筈である）又はそれ等の文章との関連も殆んどない。

なお、その平均賃金を第一項第一号の「賃金の総額」に含めて労働した日数で除すればその結果は益々不合理となり、かりに有給休暇を請求した日数を労働した日数とみなし、労働した日数に加算して除すればその不合理は幾分緩和されるが（この場合でも前記イの問題はまだ残るが）、有給休暇を請求した日数を労働した日数に加算する根拠が薄弱である。もし前者の解釈に従えばこれらの問題はすべて解消する。

答　法第十二条第一項第一号の「賃金の総額」については見解前段の通り。又年次有給休暇の日数及びこれに対して支払われる平均賃金は、それぞれ労働した日によつて算定される賃金に準ずるものとして法第十二条の平均賃金の計算に算入する。

（昭二二・一二・二六　基発五七三号）

【年次有給休暇の賃金】

問　法第十二条の平均賃金を算定すべき事由の発生した日以前三カ月間に法第三十九条による年次有給休暇を含む場合において、この期間及びこれに対し支払われる平均賃金を法第十二条第一項の「総日数」及び「賃金の総額」に算入するときは、平均賃金を含む賃金につき、更に平均賃金を算定する結果となるが、この取扱は如何にすべきか。

答　年次有給休暇の日数及びこれに対し支払われる賃金は、法第十二条の平均賃金の計算においては、これを算入しなければならない。

（昭二二・一一・五　基発二三二号）

【通勤手当】

問　平均賃金又はその百分の六十を支給されるのは概ね通勤を必要としない場合であるから、平均賃金算定の場合通勤手当は賃金の総額より除くことが正当ではないか。

答　通勤手当を平均賃金算定の基礎から除外することは違法である。

（昭二二・一二・二六　基発五七三号）

【休電日の休業手当】

問　電力事情の逼迫による休電日の休業は、事業主の責に帰すべき事由と認むべきではないがこの場合支給する休業手当は平均賃金の計算に算入することとなり現在四日に一日の電力供給があるに過ぎない実情より妥当でないと思われるが、法第十二条第八項より何等か措置するか。

答　休電日の休業手当は、平均賃金計算に算入する。

（昭二三・三・一七　基発四六二号）

【積立金】

問　共同請負の運材者が、就業後五日目に災害のため死亡した。この間、千五十七円六十九銭の賃金支払を受けたのであるが、石当り四十円三十銭の請負賃金中より、トロッコ修理費と、お互が合宿所にて共同で飲食する場合の費用として（毎日の食事とは別に）石当り十五円三十銭宛を積立てるよう約束していた。この場合の平均賃金は何れを基礎として算定すべきであるか。

答　積立金は、平均賃金算定の基礎に入れて計算すべきである。

（昭二三・一一・九　基収三七〇四号）

【二重雇用関係にある者の平均賃金】

問　労働基準法第十二条第八項に基く平均賃金決定申請について当局管下H株式会社K工場において労働者が業務上死亡し平均賃金を算定すべきところ、当該労働者はK市役所にも雇用され、賃金を支払われているため法第十二条第一項乃至第六項の方法により算定し得ないので、左記の資料添付の上平均賃金決定方について申請致します。

記

一　適当と認められる平均賃金額及びその計算方法

(1)　平均賃金額　八〇二円九〇銭

(2)　計算方法

当該労働者がH株式会社K工場に雇い入れられ（昭和二十七年十一月十六日）、直前の賃金締切日（昭和二十八年一月十五日）迄に支払われた賃金総額五千円を右の期間の総日数（六十一日）で除した金額八十一円九十六銭とK市役所に於いて直前の賃金締切日（一月三十一日）以前三カ月間に支払われた賃金総額を右の期間の総日数九十二日で除した金額七百二十円九十四銭の合算額を平均賃金とする。

二　平均賃金を算定すべき事由の発生した経緯

本年二月十四日午後五時三十分頃H株式会社K工場揚水場ポンプ室を清掃のため床上の水を取り除こうとして作業中、足をすべらして運転中のポンプに巻きこまれ、右下肢複雑骨折並びに前胸部打撲のため、同月十八日午前十時三十分死亡した。

三　事由発生時の労働態様

当該労働者はK市役所水道部に勤務する職員であるが自己公宅附近にあるH株式会社K工場において揚水場見廻人を求めていたので、その職務内容が類似し、本務の時間外にして充分間に合うことにより同工場に昭和二十七年十一月十六日から就業した。

従つて同工場に於ける労働は朝夕二回市役所勤務時間外にポンプの運転開始及び停止の作業に従事し、作業時間は一日三十分程度である。

四　過去三カ月間に於いて労働した日数

H株式会社K工場

十一月十六日～十二月十五日　二十六日
十二月十六日～　一月十五日　二十七日
一月十六日～　二月十三日　二十七日

K市役所水道部

十一月一日～十一月三十日　三十日
十二月一日～十二月三十一日　三十日
一月一日～　一月三十一日　三十日

五　当該労働者に対し支払われた賃金

1　H株式会社K工場

月　給　制　各月　二千五百円
賃金締切日　毎月　十五日

賃金締切日	金額
二七・一一・一六～二七・一二・一五	二、五〇〇・〇〇
二七・一二・一六～二八・一・一五	二、五〇〇・〇〇
計	五、〇〇〇・〇〇

2　K市役所水道部

月　給　制　基本給一万五千二百円
賃金締切日　毎月　末日

賃金締切期日	基本賃金	扶養手当	諸手当	計
二七・一一・一～二七・一一・三〇	一五、二〇〇	一、六〇〇	五、三〇九	二二、一〇九
二七・一二・一～二七・一二・三一	一五、二〇〇	一、六〇〇	五、三〇九	二二、一〇九
二八・一・一～二八・一・三一	一五、二〇〇	一、六〇〇	五、三〇九	二二、一〇九
計	四五、六〇〇	四、八〇〇	一五、九二七	六六、三二七

3　実物給与　なし

六　当該労働者の利用又は享受し得るその他の施設又は利益

K市役所から公宅を貸与されている。この公宅は同市役所の全従業員の約二割に貸与され、他の八割に対しては、何等の均衡給をも支給していないので、福利厚生施設とみられる。

答　設問の場合の平均賃金は、H株式会社K工場における雇入れ後の期間並びにその間の賃金総額を基礎とし、法第十二条第一項の規定によつて算定されたい。従つて本件労働者の平均賃金は八十一円九十六銭であるから念のため。

（昭二八・一〇・二　基収三〇四八号）

【通勤定期乗車券】

問　○○通運株式会社○○支社では労使間の協定書により通勤費として六カ月毎に定期券を購入し、それを支給しているが、このような通勤定期券の支給は法第十一条の賃金と解すべきか。

答　設問の定期乗車券は法第十一条の賃金であり、従つて、これを賃金台帳に記入し又六カ月定期乗車券であつても、これは各月分の賃金の前払として認められるから平均賃金算定の基礎に加えなければならない。

（昭二五・一・一八　基収一三〇号、昭三三・二・一三　基発九〇号）

【事由発生後に遡つてベースアップされた場合の基礎賃金】

問一　賃金が八月に追加支給され、その追加額を協約によつて過去四、五、六、七月の四カ月間の賃金として支払われた場合であつても、保険給付決定後においては追加給付しなくてもよいか。

二　右により追加給付しないときは組合において現在賃金要求中であり遡つて適用する協定見込みある場合は請求者は新賃金決定受給後において補償費を請求することになるが差支えなきや。

答一　災害補償においては、死傷の原因たる事故発生の日又は診断によつて疾病の発生が確定した日を基準として労働者が蒙つた損失を補償するものであり且つその額はあくまで事由発生時において労働者が現実に受け又は受けることが確定した賃金の範囲内で補償を行うべきであるから本件の場合差額追給は行わない。

二　前項の趣旨により現在賃金増額要求中であり、しかも協定が成立する見込がある場合と雖も、補償費の算出基礎となるべき平均賃金の計算は事由発生時において確定している賃金について行うものであるから請求が新賃金決定後においてなされると否とは何等問題とするところではない。

（昭二三・八・一一　基収二九三四号）

【新旧賃金の差額の取り扱い】

問　労働組合が賃金増額の要求をなし使用者との協定により新賃金を決定し、かつその新賃金を遡つて適用する協定をなした場合、新旧賃金の差額の取扱については左の例によつて差支えないか。

㈠　労働組合が本年四月に賃金の増額を要求し使用者は増額の必要を認め具体的交渉に入り、八月に増額賃金の協定が成立し要求を提出した月に遡つて支給することを約定した場合、四、五、六、七各月の賃金支払日に支給した旧賃金との差額を八月において一括支払した場合においても、その追加額は当然各月毎に分割し賃金台帳に夫々計上して平均賃金計算の基礎とするを適当と考えるが如何。

㈡　労働組合が本年八月に賃金増額の要求をなし、その要求が認められた場合その条件として、本年四月に遡つて新賃金を支払うこととしたとき、四、五、六、七月分の加給は臨時に支払われた賃金とみて差支えないと思うが如何。

答㈠　本事案の如く八月の追加額が協約によつて過去四、五、六、七月の四カ月間の賃金として支払われた場合には、平均賃金の計算においては、追加額は各月に支払われたものとして行うべきである。賃金台帳の記載に当つては、過去四カ月分の賃金なることを明記して、八月分の台帳の賃金の種類による該当欄に記入すること。

㈡　前号と同様、各月の追加額の賃金が八月において確定したものとみなすべきであるから、八月の追加額は臨時に支払われた賃金ではない。

（昭二二・一一・五　基発二三三号）

【銭位未満の端数】

問　一日平均賃金算定に当り、銭未満の端数を生じたる時はこれを切捨て、各種補償等においては右に所定日数を乗じてその総額を算出してよいか。

答　見解の通り。

（昭二二・一一・五　基発二三三号）

【月給者の有給休暇の平均賃金】

問　年次有給休暇の手当として、平均賃金を支給されることになつている月給者が有給休暇を請求した場合、その平均賃金は法第十二条により算定したものを支給すべきか。又は月給のみで充分であるか。

答　月給により算出した通常の労働日の賃金が平均賃金を上廻る限り、その月給を支給すれば足りる。

（昭二二・一二・二六　基発五七三号、昭二三・二・一三　基発九〇号）

【年俸制適用労働者に係る割増賃金及び平均賃金の算定について】

問　今般、年間賃金額を予め定めるいわゆる年俸制の適用を受ける労働者に係る割増賃金及び平均賃金の算定についての疑義が生じたところであり、当該各事案に対し、別添のとおり解してよろしいか、御教示いただきたくお伺いします。

なお、対象労働者は、労働基準法第四十一条第二号に該当する監督若しくは管理の地位にある者又は機密の事務を取り扱う者に該当しない者です。

別添

1　支給額が予め確定している賞与について

(1)　事案

次に掲げる就業規則により賃金を支払っている。

支給額が予め確定している賞与を割増賃金の算定の基礎となる賃金から除外しているが、この取扱い如何。また、平均賃金の算定について如何。

（年俸制）

第○条　給与は年俸により定める。

（給与の支払方法）

第○条　決定された年俸の十七分の一を、月例給与として支給する。

2　決定された年俸の十七分の五を二分して、六月と十二月に賞与として支給する。

（給与の区分）

第○条　社員の給与の区分は次のとおりとする。

(1)　基本給（年俸の十七分の一）

(2)　通勤手当

(3)　割増賃金

(4)　賞与（年俸の十七分の二・五×年二回）

（割増賃金）

第○条　業務の都合により所定の就業時間外又は休日に勤務した場合に、時間外手当、休日出勤手当を次のとおり支給する。

(1)　基礎額

一時間当たりの基礎額は、次の方法により算定する。

基本給÷一五〇時間／月（円未満切り上げ）

(2)　通常時間外手当

始業時間前の勤務並びに始業時間より実働八時間以降の勤務に対し、一時間当たり基礎額の二割五分増を支給する。

(3)　深夜・早朝時間外勤務手当

（以下略）

（賞与）

第○条　賞与は年二回、六月（支給対象期間：前年十一月一日より当年四月末日まで）及び十二月（支給対象期間：当年五月一日より当年十月末日まで）に支給する。

2　賞与は支給対象期間の在籍者に支給する。

3　賞与は支給対象期間内に入社又は退職した社員に対しては、対象期間の出勤日数に応じ按分して支給する。

(2)　当局見解

①　割増賃金の算定について（労働基準法第三十七条）

割増賃金の基礎となる賃金に算入しない賃金の一つである「賞与」とは支給額が予め確定されていないものをいい、支給額が確定しているものは「賞与」とみなされない（昭二十二・九・十三発基一七号）として いるので、年俸制で毎月払い部分と賞与部分を合計して予め年俸額が確定している場合の賞与部分は上記「賞与」に該当しない。したがって、賞与部分を含めて当該確定した年俸額を算定の基礎として割増賃金を支払う必要がある。

よって、事案の場合、決定された年俸額の十二分の一を月における所定労働時間数（月によって異なる場合には、一年間における一カ月平均所定労働時間数）で除した金額を基礎額とした割増賃金の支払いを要し、就業規則で定めた計算方法による支払額では不足するときは、労働基準法第三十七条違反として取り扱うこととする。

②　平均賃金の算定について（労働基準法第十二条）

予め年俸額が確定している年俸制における平均賃金の算定については、上記①と同様に解し、事案の場合、賞与部分を含めた年俸額の十二分の一を一カ月の賃金として平均賃金を算定するものであると解する。

2　（略）

答　平成十二年二月二十二日付け東基発第一一一号により照会のあった標記の件について、下記のとおり回答する。

記

1　事案1について、割増賃金及び平均賃金の算定とも、貴局見解のとおり。

なお、事案1で賞与として支払われている賃金は、労働基準法施行規則第二十一条第四号の「臨時に支払われた賃金」及び同条第五号の「一箇月を超える期間ごとに支払われる賃金」のいずれにも該当しないものであるから、割増賃金の算定基礎から除外できないものであることを申し添える。

2　（略）

（平一二・三・八　基収七八号）

ロ　算定基礎から除外される賃金

【臨時に支払われた賃金】　臨時に支払われた賃金とは、臨時的、突発的事由にもとづいて支払われたもの及び結婚手当等支給条件は予め確定されているが、支給事由の発生が不確定であり、且つ非常に稀に発生するものをいうこと。名称の如何にかかわらず、右に該当しないものは、臨時に支払われた賃金とはみなさないこと。

（昭二二・九・一三　発基一七号）

【私傷病手当】

問　○○○○株式会社就業規則第六十条に規定されている負傷疾病のため引続いて欠勤した際に支給する通称私傷病手当といわれている賃金は平均賃金算定の際、その額及び日数を算入すべきであると思うが聊か疑義があるので御教示願いたい。

附　記

○○○○株式会社就業規則第六十条

社員が負傷又は疾病のため引続いて欠勤した場合は左の区別により日割計算で給料及び手当を支給する。但し半固定給者及び出来高給者の場合には平均賃金の七割に左の区別による日数を乗じた額を支給する。

勤続年数	日数
一年未満	六十日
三年未満	九十日
五年未満	百二十日
一〇年未満	百五十日
一五年未満	二百十日
一五年以上	二百七十日

前項の規定は五日以内の欠勤には適用しない。

答　設問の私傷病手当は、臨時の賃金であるから平均賃金の算定には含まれない。

（昭二六・一二・二七　基収三八五七号）

【病気欠勤した月給日給者の平均賃金の算定方法と加療見舞金の取り扱い】

問　平均賃金算定に関し病気欠勤者に対する手当及び所謂月給日給者の取扱に関し左

記の通り疑義があるので何分の御指示を賜りたい。

記

一、加療見舞金の取扱

(1)　加療見舞金は直接労働の対価として支払われた賃金ではないので一見恩恵的給付であつて法第十一条にいう賃金と見るべきでないとも思われるがこの事業所の如く、就業規則にもとづいて設けられた規程により使用者は支払の義務を負い又労働者は支給を受ける権利を持つものである限り法第十一条にいう賃金であると解するが如何。

(2)　賃金と見ればこの加療見舞金が法第十二条第四項の「臨時に支払われた賃金」であるか否かについて疑義が生ずるところであるが、臨時に支払われた賃金に関する解釈例規（昭和二十二・九・十三発基第一七号）によると臨時的突発的事由にもとづいて支払われるものであり且つ支給事由の発生も不確実であるとの解釈であるが、ここに臨時的突発的事由とは通常の疾病はこれを含めず従つて平均賃金算定の場合賃金総額の中に含めて差支えないと解するが如何。

(3)　平均賃金算出に当りこの加療見舞金が法第十二条第一項本文にいう賃金総額に含まれることは前記の解釈により当然導出されるが同項但書一号乃至二号による計算の場合はこの賃金は「労働した日又は時間によつて定められ」あるいは「月、週その他一定の期間によつて定められた」ものでもないので賃金総額の中には含まれず、且つ現実に労働をしない日に支払われた賃金であるから労働日数に算入せずに計算することが考えられるが、本来法第十二条の賃金の総額はその計算方法によつてその絶対量が変動すべきでなく計算期間内に支払われた賃金は総てこれを包含すべきものと思われるので但書一号による計算の場合も加療見舞金は賃金総額の中に包含されると解するが如何。

又加療見舞金の支払を受けた日数（病気欠勤日数）も現実に労務の提供がなくとも賃金の一部の支給を受けているのであるから「労働した日数」に包含されると解するが如何。

二、所謂「月給日給」制の取扱

この事業所の賃金は入社後一年を経過した者は総て月給制を採用しているがその内容は賃金、手当は月額で定められているが欠勤の場合は夫々の月額の1／30を差引かれる所謂月給日給制をとつている。又欠勤の前後にまたがる休日も欠勤の取扱を受けることになつており、平均賃金の算定に当り、この者の賃金は労働した日又は時間により算定されるものではないが欠勤することにより前述の通り差引かれるのであるから法第十二条第一項但書一号により救済することは差支えないと解するが如何。

就業規則（抜萃）

第八十六条　社員が業務外の負傷又は疾病により休業した場合は別に定める病気見舞金規程によつて扶助を行う。

社員病気見舞金規程（抜萃）

第一章　総　則

（就業規則との関係）

第一条　この規程は社員就業規則第八十六条にもとづいて病気見舞金に関する事項を規定する。

（対象）

第二条　病気欠勤（以下欠勤という）病気休職（以下休職という）、又は出産休暇中の社員に対しては、この規程の定めるところにより病気見舞金を支給する。

（種類）

第三条　前条の病気見舞金とは、左の各号をいう。

一、加療見舞金
二、特別加療金
三、特別病床見舞金
四、出産見舞金

第二章　加療見舞金

（支給の条件及び金額）

第四条　月給者が所定の手続を経て欠勤又は休職をした場合は、一日につき第六条に定める金額の手取額を加療見舞金として支給する。但し健康保険組合より傷病手当金の支給がある場合の加療見舞金は前項の金額より傷病手当金を差引いた金額とする。

　前項において病院又は診療所に収容され被扶養者のない場合は三十五％を加療見舞金として支給する。

　第一項但書において傷病手当金が第一項の加療見舞金を超える場合は加療見舞金を支給しない。

（算出の基礎及び方法）

第六条　第四条第一項にいう加療見舞金は左の算式により算出する。

基本給相当額＋臨時手当相当額＋家族手当相当額＋調整金相当額＋勤務地手当相当額（日額1／30）＋臨時加給金相当額

　各手当相当額の計算は社員賃金規程を準用する。但し、賃金計算期間（毎月一日より末日迄）において賃金が支払われる場合の家族手当相当額は支給しない。

　第一項の基本給相当額は左の通りとする。（略）

答　設問の加療見舞金は、臨時に支払われる賃金と認められるから平均賃金に算入すべきでない。

　欠勤日の賃金を控除する為、月給について日割計算を行うことは賃金自体の計算に関することであつて、それがため当該日給を日によつて定められた賃金とみなすことはできない。従つて欠勤日数が多い場合に月給者の平均賃金が低額になつても、法律上は法第十二条第一項第一号を適用すべきではなく、その額が著しく低く不合理と認められる場合の救済については同条第八項によるべきである。

　なお、欠勤期間に対する賃金の控除額は、施行規則第十九条に定める方法によつて計算した金額を超えることを得ないから念の為。

（昭三七・五・一〇　基収六〇五四号）

【寒冷地手当、石炭手当及び薪炭手当】

問　国家公務員に対する寒冷地手当、石炭手当及び薪炭手当の支給に関する法律（昭和二十四年法律第二百号）及び同法第三条の規定に基く国家公務員に対する寒冷地手当、石炭手当及び薪炭手当支給規程（昭和二十五年総理府令第三十一号）により在日米国軍間接雇用労務者に対しても寒冷地手当、石炭手当及び薪炭手当が支給されることになつているのであるが、当該手当の支給を受ける労務者に対し、労働基準法第十二条の規定により平均賃金を算定する場合において当該手当の取扱方法は如何。

答　設問の寒冷地手当、石炭手当及び薪炭手当は、臨時に支払われる賃金であるから、平均賃金算定の基礎には算入しない。

（昭二五・一二・一九　基収三七二〇号）

【褒賞金】

問　褒賞金を平均賃金算定の基礎に算入するべきか否かについて

(1)　賃金規則により支給条件は確定し、且つ支給事由の発生は通常の業務に基く通常の事例であるから臨時の賃金として基礎から除外されるべきではない。但し十月に支払われた特別褒賞金は賃金規則の規定とは別個に一回のみ特別に支払われた（賞与的）ものであるから臨時の賃金とみなす。

(2)　三月を超える期間毎に支払われた賃金であるかどうかについて（工事対象毎の褒賞金はその計算期間も区々であるが、支払は一個又は数個の褒賞金が支払日の属する月に纏めて支払われるのが通例である）

(一)　三月を超える期間毎に支払われた賃金とは三月を超える期間毎に支払われる定期的賃金のみの意であつて前述の如き不定期的（個別的には三カ月を超えるものと然らざるものとがある）褒賞金は含まず従つて平均賃金算定の基礎から除外すべきでないと解す。

(二)　三月を超える期間毎に支払われる賃

金とは支払のあつた月の間隔と解する場合

(イ)　数個の事由による数個の褒賞金をその月における単一の褒賞金と解すれば本件の場合は凡ての褒賞金は算定の基礎とすべきこととなる。

(ロ)　個々の事由に基く個々の褒賞金を個々独立に扱うべきものと解すれば各々の褒賞金の間には「三カ月を超える期間毎に……」の観念を原則として生じない。

(三)　三月を超える期間毎に支払われる賃金とは賃金計算期間（締切期間）の間隔と解する場合（計算期間は起工↓進水、進水↓引渡の例により、出勤日数の調査期間は単なる計算上の便宜と解す）

(イ)　数個の事由による数個の褒賞金をその月における単一の褒賞金と解すれば夫々の計算期間は長短区々であり計算期間そのものの測定ができない。従つて三月を超えるかどうかの測定ができない。

(ロ)　個々の事由に基く個々の褒賞金を個々独立に扱うべきものと解すれば個々の褒賞金の計算期間は判然としているが、起算日が一定しないので「事由の発生した日以前三カ月間」の枠の内外の関係が判然としない。

(四)　以上の諸点より三カ月を超える期間毎に支払われる賃金であるかどうかを区別し適用することは困難且適当でないので

(イ)　凡ての褒賞金を基礎から除外する。

制度自体が基準法の規定に即応していない賃金であり臨時の賃金に準ずるものである。

(ロ)　凡ての褒賞金を基礎に算入する。

日々の通常の労働に対する報償であり本来平均賃金の基礎に算入すべきものであるが賃金規則の規定が明確を欠いているに過ぎない。

二　当局の見解

1　(1)の通り。

2　三月を超える期間毎に支払われる賃金とは支払のあつた月の間隔と計算期間の間隔とは原則的に一致すべきものであるが、本件の如く特殊な場合の褒賞金は単一なものとして取扱い支払のあつた月の間隔と解すべきである。

3　当該事業場に対し褒賞金の計算期間をできる限り定期的かつ短期的にするよう勧告する。

答　設問の褒賞金は一人の労働者についてみた場合に、殆んど毎月出ているが、平均賃金の算定に当つては個々の褒賞金についてこの支給期間の長短によつて算入すべきか否かを決定すべきであり、この計算期間が三カ月を超える期間に亘つている場合については、平均賃金の算定に当つてはこの基礎に含めなくても差支えない。

（昭二六・一一・一　基収一六九号）

【冬営手当】

問　○○銀行では別紙就業規則の通り冬営手当を支給しているが、平均賃金及び割増賃金算定基礎算入について次のとおり疑義があるので回報願いたい。

記

一　平均賃金の算定について

本手当の支給条件等は就業規則、労働協約に予め規定され、かつ支給事由が毎年恒常的に発生するものであるから、臨時的のものとも考えられず、又法第二十四条第二項（施行規則第八条）の何れにも該当しないから臨時に支払われた賃金とは認められず、かつ又月割清算の建前上三カ月を超える期間毎に支払われる賃金とも認め難いから法第十二条の「平均賃金」に算入すべきものと解する。

なお、本手当が当初において一括支払われた場合でもこれは毎月支払わるべきものを便宜前渡したものと解してよいか、又冬営手当を算入するとすれば季節によつて「平均賃金」が変動するから妥当でないようにも一応考えられるが、しかしこれを除外する法的解釈もできないから前述の通り算入すべきものと思考する。

二　割増賃金の基礎算入について

前項の如く解するとすれば当然割増賃金の基礎にも算入すべきものと解釈して差支えないか。但しこの場合は家族手当の性質を帯びた賃金を考慮した残額を対象としてよいか。

就業規則（抄）

第十八条　冬営手当は寒冷積雪地で特定地域に勤務するものに十月から三月までの期間に対し支給する（別表第七）。但し行内に寄宿する者には支給しない。

第十九条　冬営手当は毎年北海道は九月、内地は十月に一括支給するが転任その他の事由により受給資格の得失を生じたるとき又は受給額に変更を生じたときはその未経過期間分を月割によつて返納又は追給する。

答一　設問の冬営手当は、支給期間の当初に一括支給しても、その期間の各月分の前渡と認められるから、各月分として平均賃金算定の基礎に算入する。

二　法第三十七条の割増賃金算定に当つてはその支給期間中に当該手当の各月分をその基礎となる賃金に含めて計算する。

なお、本手当の如く世帯の有無等によつて支給されているものは、家族手当とはみなされないから念の為。

別表第七　冬営手当年額表

地区	地域	世帯主	準世帯主	其他
い地区	札幌 小樽 函館 江別 各都市所在店	二五、六五〇	一三、八五〇	七、七〇〇
ろ〃	旭川 帯広 北見 深川 各都市所在店	二八、一五〇	一四、一〇〇	八、四五〇
は〃	釧路市所在店	三〇、六五〇	一五、三五〇	九、二〇〇
に〃	富山 福井 石川 各県所在店	二、五〇〇	一、二五〇	七五〇
ほ〃	新潟 長野 高山 各都市所在店	五、〇〇〇	二、五〇〇	一、五〇〇

（昭二五・四・二五　基収三九二号）

❸常用労働者についての特例的な計算方法

【昭和二十四年労働省告示第五号の運用】

昭和二十四年四月十一日付労働省告示第五号の運用について、左記によられたい。

記

(1)　第一条に規定する場合における平均賃金決定基準は昭和二十二年九月十三日附発基第一七号法第十二条関係の「施行規則第四条の基準」を準用すること。

(2)　第二条に該当し、平均賃金を算定する必要が生じた場合には、都道府県労働基準局長が適当と認める金額に理由書を添え労働省労働基準局長宛申請すること。

前項の理由書は、少なくとも次の事項を明らかにするものでなければならないこと。

(イ)　適当と認められる平均賃金額及びその計算方法

(ロ)　平均賃金を算定すべき事由の発生した経緯

(ハ)　事業の名称、内容、所在地及び労働者数

(ニ)　当該労働者の氏名、生年月日、就職年月日、職歴及び各職歴における勤続年数、事由発生時の労働態様、過去三カ月において労働した日数

(ホ)　当該労働者に対し支払われている実

物給与については、その支給条件、種類毎にその名称、数量、公定価格（又はこれに準ずる統制額）及び当該地方における市場価格の平均、最高、最低額（但し価格の著しい変動があつた場合は、過去三カ月の毎月ごとに明らかにすること）並びに賃金が通貨で支払われたことがある場合には、その期間、支給条件及びその金額

(ヘ)　当該労働者の利用又は享受しうるその他の施設又は利益

(ト)　当該地方（同一事業内を含む）において、同種労働者に対して異なる形態で賃金が支払われている場合には、その種類ごとに平均額

(チ)　当該労働者の平均賃金算定に関係ある一般協定がある場合には必要な協定事項

(リ)　当該職業について、一般職種別賃金が定められている場合にはその額

(ヌ)　その他の参考となる事項

(3)　第二条の「算定し得ないと認める場合」とは労働協約によらないで、通貨以外のものが賃金の一部として支払われ、且つ過去三カ月間に支払われた貨幣賃金の総額をその期間の総日数で除して得た金額が、過去三カ月間に支払われた実物給与の総評価額との合計額をその期間の所定労働日数で除して得た金額の百分の六十を著しく下る場合等をいうこと。

右の評価額は公定小売価格又はこれに準ずる統制額がある場合はその額、公定小売価格又はこれに準ずる統制額がないが市場価格のある場合はその平均額とすること。

但し、公定小売価格又はこれに準ずる統制額及び市場価格がない場合には、労働省労働基準局長へ稟伺すること。

この場合には当該貨幣賃金を(2)の事項の外に附記すること。

（昭二四・四・一一　基発四二一号）

【昭和二十四年労働省告示第五号第二条に基づく平均賃金の決定①】　都道府県労働基準局長が法第十二条第一項乃至第六項によつて算定し得ないと認めた場合の平均賃金については、同条第八項の規定に基き昭和二十四年労働省告示第五号が設けられ、労働省労働基準局長が個々の事案について決定を行つてきたのであるが、同告示施行以来四年余の間の経験と実績から見て、平均賃金決定の迅速化を図るため、今回、右告示第二条の規定に基き、左記の場合（但し昭和二十六年三月二十九日附基発第二〇三号の適用を受ける請負給制によつて雇用される漁業労働者、昭和二十七年六月四日附基発第四四二号の適用を受ける請負給制によつて雇用される林業労働者及び潜水夫の場合を除く。）は、都道府県労働基準局長が別紙の算定方法によつて算定した金額を、その平均賃金とする。

昭和二十七年五月二十三日附基発第四一二号（昭和二十四年労働省告示第五号第二条に基く平均賃金決定申請のための試算方法について。但し別冊参考を除く。）はこれを廃止する。

追つて、左記以外の場合については従前の例によるが、別紙算定方法の中準用し得るものがある場合には、それによる計算等を附記して申請されたく念のため申し添える。

記

一、賃金の一部又は全部が労働協約によらずに通貨以外のもので支払われ、且つ過去一定期間に支払われた貨幣賃金の総額をその期間の総日数で除して得た額が、同期間に支払われた実物給与（通貨による賃金の代りに支給される物その他の利益をいう。）の総評価額（公定小売価格、これに準ずる統制価格、又は市場価格の平均額による。）との合算額をその期間の所定労働日数で除して得た金額の百分の六十を著しく下る場合。

二、右一以外の場合であつて、賃金額について明確な定がなされていないか、又はなされていても雇入後の期間が短いため実際に受けるべき賃金額が明らかでない

場合、もしくは賃金台帳等、支払賃金額についての記録がないか、又はあつても記載が不完全であるため過去一定期間に受けた賃金の総額が明らかでない場合。

（別紙）　平均賃金算定方法

通達記の一又は二に該当する場合の平均賃金の計算額は、次に定める算定方法によつて算定した金額とする。

一、通達記の一に該当する場合の平均賃金の計算額は、左の㈠によつて算出した実物給与（通貨による賃金の代りに支給される物その他の利益をいう。以下同じ。）の暦日一日当り評価額、又はその評価額と左の㈡によつて算出した通貨による賃金の暦日一日当り金額との合算額とする。

㈠　実物給与の一日当り評価額

(1)　食事については、次の各号（適用することが不可能又は著しく不適当と認められるものを除く。）の計算によつて得た金額の中最も実情に即すると認められる金額をもつて暦日一日当りの評価額とすること。

(イ)　過去三カ月間（雇入後の期間が三カ月に満たない者については雇入後の期間とする。但し過去三カ月間に盆、暮、正月等、生計費を著しく増大せしめる要因のある月が含まれ、その月を算入することが不適当と認められる場合には、その月を除外し、代りに当該期間に最も近い月であつて、右の如き要因のない月を加えることができる。）について使用者宅に信頼すべき家計簿がある場合にはその家計簿によつて当該労働者一人分の同期間における食料費の総額を求め、その金額を同期間の総日数で除す。但しこの場合には原則として消費単位（総理府統計局、左表参照）を用いて次式の計算を行うこととし、また炊事に要する労力費、光熱費等の間接的な費用を算入しないこと。

$$\text{過去三カ月間における労働者一人分の食料費総額} = \left(\text{過去三カ月間における家計簿上の食料費総額}\right) \times \frac{\text{当該労働者の消費単位}}{\text{その家計に属する者の消費単位の合計}}$$

消費単位表

満年齢	男性	女性
〇―　一歳	〇・三	〇・三
二―　四〃	〇・四	〇・四
五―　七〃	〇・五	〇・五
八―一〇〃	〇・七	〇・七
一一―一四〃	〇・八	〇・八
一五―二〇〃	〇・九	〇・九
二一歳以上	一・〇	〇・九

(ロ)　過去三カ月間（期間のとり方については(イ)に同じ。）に当該労働者一人のために要した食料の品種、品質、数量等を使用者もしくは実際に炊事に従事した者等について調査し、労働者一人当り推定所要量につき公定小売価格もしくはこれに準ずる統制価格、又は市場価格の平均額によつて算出した実際費用の総額を同期間の総日数で除す。但し当該労働者の受けた食料品の一部又は全部（但し米を除く。）が、例えば家庭菜園における野菜の如く、使用者宅の自家製品（当該事業場で生産された製品については(3)の(ロ)参照）である場合は、その部分については、当該地方における生産者の平均売渡価格（売渡価格について統制価格である場合はその価格を限度とすること。）によつて評価すること。

(ハ)　当該事業所において同種同程度の食事の給与を受けている他の労働者について右(イ)又は(ロ)の計算を行い、その一人平均額より推算する。

(ニ)　当該事業所所在地の地区、もしくはその地区と生活水準又は物価事情を同じくすると認められる他の地区の同種、同規模の事業所（事業所が多数ある場合には、適宜選定した五以下の事業所に限定することができる。）において当該労働者と同一の業務に従事し、同種同程度の食事の給与を受けている労働者（各事業所ごとに年齢近似の同性労働者一名を適宜選定すること。）について、右(イ)又は(ロ)の計算を行い、その一人平均額を求める。

(ホ)　当該事業所所在地の地区、又はその地区と生活水準又は物価事情を同じくすると認められる他の地区における過去一定期間（当該期間中に盆、暮、正月等生計費を著しく増大せしめる要因のある月が含まれ、その月を算入することが不適当と認められる場合には、その月を除外し、代りに当該期間に最も近い月であつて、右の如き要因のない月を加えることができる。）の家計調査（総理府統計局昭和二十七年十一月指定統計第五六号。但し、他の官公庁においてこれに代るべき消費者価格調査等を行つており、当該調査結果を用いることが適当であると認められる場合には、当該調査結果を用いることができる。以下同じ。）の食料費総額より、

①　当該調査結果の平均世帯人員数（例えば四・三人）に最近似の整数人員（四人）世帯の食料費総額を算出し（この場合単純比例によつて差支えない。）

②　その総額を世帯人員数別平均消費単位（総理府統計局、下表参照）で除した商に、

③　当該労働者の消費単位（前掲参照）を乗じて当該労働者一人分の食料費総額を算出し、

④　その金額を同期間の総日数で除す。

これを算式で例示すれば次のとおりである。

過去一定期間の家計調査食料費総額　＝F
家計調査の平均世帯人員数＝4.7人
五人世帯の平均消費単位　＝4.06
当該労働者の年齢及び性別＝18歳男子
同上消費単位　＝0.9
とすれば

当該労働者の過去一定期間における食料費総額 f は、

$$\underbrace{F\times\frac{5}{4.7}}_{①の計算}\times\underbrace{\frac{1}{4.06}}_{②の計算}\underbrace{\times 0.9}_{③の計算}=f$$

求める食事の実物給与の一日当りの評価額は、④により

$$f\times\frac{1}{過去一定期間の総日数}$$ である。

世帯人員別消費単位表

世帯人員	平均消費単位
二人	一・八九
三人	二・五九
四人	三・二四
五人	四・〇六
六人	四・八一
七人	五・六九

(ヘ)　家計調査が行われている市町村のうちいずれか一についてホに掲げる地区との生活水準又は物価の地区差が明確である場合には、その市町村の家計調査を行い、地区差を勘案してニの計算を行う。

(ト)　食事の給与に代えて通貨を支給せしめるとすれば使用者が支払つたであろうと認められる食事一日当りの金額を当該使用者等について調査し、その金額と過去三カ月間における実際食事日数との積を同期間の総日数で除す。

(2)　住込の利益については次の計算によつて得た金額をもつてその暦日一日当りの評価額とすること。但し、労働者に対して専用若しくは他の労働者と共用の居室が与えられておらず、使用者の家族と共に起居している場合においては、原則として住居の利益はこれを算入しないこととし、また当該労働者

がその居室で使用する光熱等の利益は、その評価額が具体的に個々に算定し得る場合を除く外、原則として算入しないこと。

(イ)　当該労働者について専用の居室が提供されている場合には、その居室又はその近隣において賃貸されている同種同程度の居室の一カ月間の賃貸価格を三十で除す。

(ロ)　二人以上の労働者に対して一室がその共用に供されている場合には、右(イ)によつて得る金額を更にその労働者数をもつて除す。

(ハ)　右(イ)又は(ロ)により難い場合には、当該使用者等の評価額並びに生活保護法により居室所在地について定められている住宅扶助基準月額等を参酌の上、調査官がその居室の一人一月当りの利益を評価し、その金額を三十で除す。

(3)　労働者に支給される食事及び居室以外の物又は利益について、それ等を平均賃金算定の基礎に含めるべきか否かの判定並びにその評価に関しては左によるの外、なお実物給与に関する法令及び従来の通達の趣旨並びに実情を考慮し、右(1)及び(2)に準じて慎重に取扱うこと。

(イ)　衣料品、その他の物又は利益については、それが当該地方の慣習上一般に労働の対償として支給されるものであつて、その品質数量等が予定し得るものであるときはこれを平均賃金算定の基礎に算入すべき賃金とみなし、原則として、使用者がその物を購入し、若しくは利益を提供するに要した実際費用（公定小売価格もしくはこれに準ずる統制価格又は市場価格の平均額による。衣料品その他の物を、購入後長期間を経過した後に実際に支給する場合の如く、購入に要した実際費用と、支給時の評価額とに差がある場合には、その支給時の評価額）をもつてその評価額とする。

(ロ)　当該事業所で生産された製品が事業所の慣行として支給されている場合には、それが通貨による所定賃金の代りに支給され、そのために通貨賃金が減額されるものである場合に限り賃金とみなし、当該地方における生産者の平均売渡価格（但し米については消費者価格）をもつてその評価額とする。

(ハ)　右の(イ)及び(ロ)に掲げる物又は利益が、随時又は盆、暮、正月等年間の特定時期に支給される場合であつてその評価額を平均賃金の基礎に算入することが適当であると認められる場合には、原則として、平均賃金を算定すべき事由の発生した日以前一カ月間（季節的に雇用される労働者については当該季節の期間）に支給された物又は利益の総評価額（雇入後の期間が当該期間に満たない者については、実際に受けた物又は利益の評価額と、その者が当該期間の初日に雇い入れられていたならば支給を受けたであろうと認められる物又は利益の推定評価額との合算額）を当該期間の総日数で除した金額をその暦日一日当り評価額とする。

(ニ)　通貨による賃金の暦日一日当り金額　通貨によつて支給される賃金については、次の各号の計算によつて得た金額を暦日一日当りの金額とすること。但し通貨による賃金の部分が、通達記の二に該当する場合には、その部分については記の二の場合について定める計算方法によつて算出した金額とすること。

臨時に支払われる賃金、及び三カ月を超える期間毎に支払われる賃金は、原則として平均賃金の算定基礎から除外すべきであるが、毎月支払われるべき賃金の一部が、例えば年間の特定時期に数カ月分を一括して支払われる定になつていて、それらを除外すれば平均賃金が著しく低額となる場合には、右にかかわらずそれらの賃金を算入すること。

なお、使用者から支給されることが既に恒常的な慣習となつていて、労働者にそれに対する期待権を生じているような金銭については、たとえその支給が労働契約等に明らかに定められていない場合であつても、賃金として取扱つて差支えない。

i　月もしくは月より短い一定の期間によつて定められている賃金については、法第十二条第一項乃至第六項に定める方法によつて計算する。

ii　月より長い期間によつて定められる賃金及び年間の特定時期に支給される賃金については、平均賃金を算定すべき事由の発生した日以前一カ年間（季節的に雇用される労働者については当該季節の期間）に支給されたその種の賃金の総額（雇入後の期間が当該期間に満たない者については、実際に受けたこの種の賃金の総額と、その者が当該期間の初日に雇い入れられていたならば支給を受けたであろうと認められるこの種の賃金の推定額）との合算額を同期間の総日数で除す。

iii　右i及びiiの賃金が併給される場合に、過去三カ月間に支給されたiの賃金の総額を同期間の総所定労働日数で除した商と、iiの賃金総額をiiに定める期間における総所定労働日数で除した商との和の百分の六十が、iの計算によつて得た金額より高くなる場合には、i及びiiにかかわらず右の百分の六十の金額をもつて通貨による賃金の暦日一日当りの金額とする。

二、通達記の二に該当する場合の平均賃金（通達記の一に該当する場合のうち、一の㈡本文但書により通貨による賃金の部分について本項を準用する場合には、当該部分の賃金の暦日一日当り金額。以下同じ。）の計算額は、左の各号の一によつて算出した金額とする。

㈠　賃金額について明確な定がなされていないか、又はなされていても雇入後の期間が短いため実際に受けるべき賃金額が明らかでない場合の平均賃金の計算額は、次の各号の一（⑴以下⑹までの計算方法は適当なものまで順次繰り下げて適用すること。）によつて算定すること。

⑴　平均賃金を算定すべき事由の発生した日又はその日の属する賃金算定期間もしくはなるべく最近の賃金算定期間において当該事業所で同一業務に従事した労働者の一人平均の賃金額により推算する。（推算の方法については、昭和二十六年三月二十六日附基発第一八四号通達二及び三項参照）

⑵　平均賃金を算定すべき事由の発生した日に当該事業所所在地区又はその地区と生産水準又は物価事情を同じくすると認められる他の地区における同種、同規模の事業所（事業所が多数ある場合は、適宜選定した五以下の事業所に限定することができる。）において、当該労働者と同一の業務に従事した労働者一人平均の賃金額により推算する。（推算の方法については前掲通達参照）

⑶　当該労働者が各数カ月間に当該事業所（以下本項で甲という。）所在の地区又はその地区と生活水準又は物価事情を同じくすると認められる他の地区における同種、同規模の事業所（以下本項で乙という。）で同一の業務に従事した事実があり、乙で受けた賃金が明確であり、また当該地方の賃金水準、一般慣習等を参酌して相当であると認められる場合には、その賃金額により推算する。

⑷　賃金が労働者二人以上よりなる組に対して一括して支払われる場合であつて、個々の労働者に対する配分方法について予め定がなされていない場合においては、各労働者の経験年数、能力、生産高、実働日数、年齢等を勘案し、当該労働者一人分の賃金額を推定し、その金額より推算する。

(5)　当該労働者が受けるべき賃金額について使用者が推定した金額が、当該地方の一般の賃金水準又は生活水準もしくは物価事情等を参酌して妥当と認められる場合には、その金額により推算する。

(6)　当該労働者が従事した職業について、昭和二十七年労働省告示第三十号による平均賃金又は昭和二十二年労働省告示第八号による一般職種別賃金の定がある場合にはその金額（一般職種別賃金については原則として標準基本日額）により推算する（推算に当つては百分の七十三の係数その他過去一定期間における総日数と実労働日数との比率を用いる等なるべく甲の実情に即した方法をとること。）。

(二)　賃金台帳等、支払賃金額についての記録がないか、又はあつても記載が不完全であるため、過去三カ月間に受けた賃金の総額が明らかでない場合の平均賃金の計算額は、次の各号の一に掲げる金額が、当該地方の賃金水準又は生活水準もしくは物価事情等を参酌して妥当と認められる場合にはその金額により推算した金額とし、次の各号により難い場合には前記(一)の各号に準じて推算した金額とする。

(1)　当該労働者が過去一定期間に受けた賃金額について、本人もしくはその家族等が記録しているか、又は使用者との間において確認している場合にはその金額。

(2)　当該労働者に対し過去一定期間に支払つた賃金額について、使用者に明確な記憶がある場合にはその金額。

(3)　賃金が労働者二人以上よりなる組に対して一括して支払われた場合であつて、当該労働者に対する配分額が明らかでない場合には、過去労働者の経験年数、勤続年数、能力、生産高、実働日数、年齢等を勘案し、当該労働者について推定した配分賃金額。

(4)　当該事業所を管轄する税務署の、給与所得に対する源泉徴収所得税調査簿並びに所轄都道府県失業保険徴収課又は職業安定課の失業保険徴収補助簿及び各局労災補償課の労災保険概算保険料報告書等によつて調査官が調査した当該労働者の賃金額。

(5)　賃金の一部又は全部が出来高払制その他の請負給制で支払われる場合であつて、当該事業所の親事業又は製品の納入先もしくは取引先等の記録により、当該事業所の過去一定期間における製品の品種並びに生産高等が確認され、且つ個々の労働者の能率、実働日数、生産高等が明らかであるため、総生産高に応じて支払われた当該部分の賃金額が当該労働者について明らかに算出される場合には、その部分の賃金額についてはその金額。

（昭二九・一・一五　基発一号）

【昭和二十四年労働省告示第五号第二条に基づく平均賃金の決定②】　下記事案における平均賃金については、従来、労働基準法（以下「法」という。）第十二条第八項の規定に基づく昭和二十四年労働省告示第五号第二条により労働省労働基準局長が個々の事案ごとに決定を行なつてきたところであるが、これらの事案についての個別決定例が多いので、平均賃金決定の迅速化及び事務の合理化を図るため、同告示同条の規定に基づき、今後、都道府県労働基準局長が下記に定める算定方法により算定した金額をその平均賃金とすることとしたので了知されたい。

記

1　平均賃金の算定期間が二週間未満の労働者（法第十二条第三項の控除期間及び同条第八項に基づく通達により控除される期間を除いた期間が二週間未満の労働者を含む。以下同じ。）で次の(1)又は(2)に掲げるものの平均賃金は、それぞれ次に定める算定方法によつて算定した金額とすること。

(1)　平均賃金の算定期間中のすべての日に稼働している者（(2)に該当する者を除く。）

当該算定期間中に当該労働者に対して支払われた賃金の総額をその期間の総暦日数で除した金額に七分の六を乗じて算定した金額

(2)　平均賃金の基礎となるべき賃金が短時間就労、長時間残業その他通常の労働と著しく異なる労働に対する賃金であるため、これを基礎に算定した額を平均賃金とすると著しく不適当なものとなる者

過去に当該事業場において当該労働者と同種の業務に従事した労働者（以下「同種労働者」という。）の労働時間数（同種労働者がいない場合には、当該労働者にあらかじめ予定され、又は推定される労働時間数）等を勘案して、通常の労働に対する賃金額に修正して算定した金額

2　賃金の全部又は一部が月によつて定められ、かつ、その期間中の欠勤日数に応じて減額されない場合において、平均賃金の算定期間が一賃金算定期間に満たないときは、前記一に該当する場合であつても、次の(1)又は(2)により算定した金額をその平均賃金とすること。

(1)　賃金の全部が月によつて定められている場合には、その賃金を三十で除した金額

(2)　賃金の一部が月によつて定められている場合には、その賃金を三十で除した金額とその他の賃金について法第十二条により算定した金額を合算した金額

3　じん肺法第四条第二項に規定する健康管理の区分が管理四に該当するに至つた労働者に対する災害補償に係る平均賃金については、その平均賃金の算定期間中に明らかにじん肺に関連するとみられる休業期間（以下「休業期間」という。）がある場合には、その休業期間中の日数及びその賃金を、平均賃金の算定期間及び賃金の総額から控除すること。ただし、休業期間中に平均賃金の算定事由が発生した場合には、その休業を開始した日を平均賃金を算定すべき事由の発生した日とみなすこと。

（昭四五・五・一四　基発三七五号）

【三カ月未満の者に対して、一賃金締切期間に満たない期間の就労に対して月によつて定められた賃金が減額されずに支払われる場合の平均賃金の算定】

問　左記の如き事案の場合、平均賃金の算定はいかにすべきか。

記

(1)　事案の概要（略）

(2)　賃金支払の状況

被災労働者に対しては、月によつて定められた賃金として、本給（基本給、職能給）、調整加給、住宅手当、本社・支店勤務手当が支払われており、月によつて定められた賃金以外の賃金としては、深夜手当が、深夜労働時間数に応じて支払われている。

被災労働者は、賃金締切期間の中途で採用されたものであり、雇入れ日（五十六年四月一日）以降、最近の賃金締切日である四月十五日まで、十五日間の就労実績しかないが、月によつて定められた賃金については、減額（日割計算）されることなく、その全額が支払われている。

答　設問のごとく、雇入れ後三カ月に満たない者について平均賃金の算定事由が発生した場合であつて、平均賃金算定期間中に、一賃金締切期間に満たない期間（賃金締切期間の中途で雇入れられ又は退職したために、就労期間が一賃金締切期間に満たない期間をいう。以下同じ）の就労に対して、月によつて定められた賃金が減額されることなく支払われている期間があるときは、昭和二十四年労働省告示第五号第二条の規定に基づき、次の(1)又は(2)により、平均賃金を算定すること。

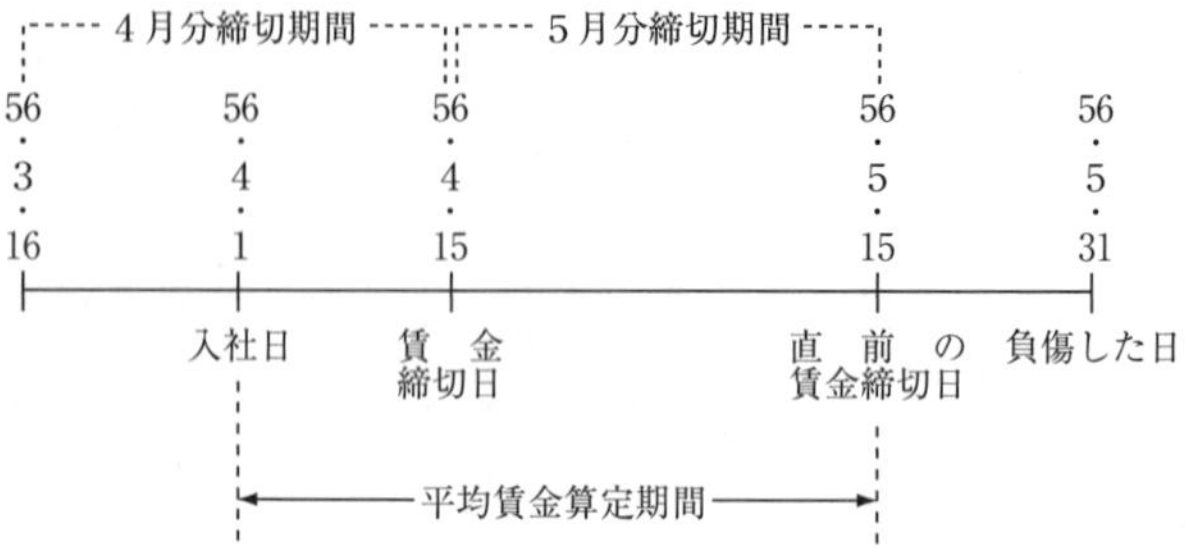

(1)　月によつて定められた賃金については、平均賃金算定期間中に支払われた賃金の総額を、その期間の暦日数で除すことなく、一賃金締切期間に満たない期間の日数を三十日とみなし、当該三十日と平均賃金算定期間におけるその余の日数との合計の日数で除すこと。

(2)　月によつて定められた賃金以外の賃金があるときは、当該賃金について、法第十二条第一項から第六項により算定した金額と(1)により算定した金額との合算額をもつて平均賃金とすること。

（昭五七・五・一四　基収九三号）

【私病直後の事故の場合における平均賃金の算定】

問　当局管内○○炭砿株式会社○○砿に発生した別紙事例について平均賃金算定上左の方法が考えられるが何れを採るべきか。

記

一、平均賃金算定の不合理な場合として昭和二十五年十二月二十八日附基収第四一九七号通牒の事例により出勤以降の賃金及び日数（昭和二十六年十月十六日より同二十四日までの賃金及び日数）によつて算定する方法（この場合平均賃金は五百二十六円五十五銭となる）

二、平均賃金を算定すべき事由の発生した日は昭和二十六年十月二十五日であるから法第十二条第二項により直前の賃金締切日即ち九月三十日を起算点として以前三カ月間（私病により休業した九月、八月、七月）に当該労働者に対して支払われた家族手当四千八百円のみを基礎として算定する方法（この場合平均賃金は五十二円十七銭となる）

三、私病により休業を始めた日即ち昭和二十六年五月三十一日以前三カ月間に当該労働者に支払われた賃金と日数により算定する方法（この方法をとることは本事例の場合不適当と思われる）

（別紙）

一、事業所名　○○炭砿株式会社○○砿

一、所在地　○○県○○郡○○町○○

一、平均賃金の算定を必要とする労働者の職氏名及び生年月日

支柱工手　A　明治四十二年二月二十一日生

一、平均賃金算定事由発生年月日

昭和二十六年十月二十五日

一、平均賃金を算定すべき事由

昭和二十六年十月二十五日午前十一時二十五分当該事業場○○坑巻上本線二十米に於て実車五函を捲き上げた処実車に轢かれて受傷し病院に療養する。翌二十六日午前零時五十分遂に死亡し災害補償費算定の必要が生じた。

一、賃金支給条件　請負給制

賃金締切日　毎月末

一、事故発生前の出勤状況

自昭和二十六年五月十三日

至昭和二十六年五月二十七日……有給休

暇

自昭和二十六年五月二十八日
至昭和二十六年五月三十日……出勤
自昭和二十六年五月三十一日
至昭和二十六年十月十五日……私病（ロイマチス性左膝関節炎）のため休業
自昭和二十六年十月十六日
至昭和二十六年十月二十五日……出勤
（但し十月二十一日は公休）

一、事故発生前の賃金支給状況十月分（十月十六日より十月二十四日まで）

基本賃金　三千九十八円
生産能率手当　四百四十一円
家族手当　千二百円
計　四千七百三十九円

九月分
八月分
七月分
家族手当のみ　各千六百円
六月分
五月分（労働日数二十七日）
一万七千百九十九円二十銭
四月分（労働日数二十六日）
一万五千六百九十三円三十七銭
三月分（労働日数十九日）
一万二千二百二十二円十六銭

（注）砿員給与規程（抜萃）

一、生産能率手当
1、当月の個人能率が基準能率に達した場合在籍一人当り平均月額五百円を支給する。
2、当月の個人能率が基準能率に対し上昇下降一％毎に在籍一人当り平均月額三十円を増減する。
3、生産能率手当の総額は最高八百円を限度とする。
4、七、八、九月に限り基準能率の九十五％を百％とする。

二、家族手当
扶養家族一人につき四百円を支給する。
会社の規定する扶養家族中の十八歳未満及び六十歳以上の者、主婦並びに主婦代理者と認められる者に支給し左の条件を必要とする。
出勤方数十五以上のもの、但し公私症患者は出勤方数に算入する。

答　設問の場合は昭和二十四年告示第五号第二条によるが、その算定方法としては貴見一の通り。（昭二六・一二・二七　基収五九四二号）

【請負給制によつて使用される漁業及び林業労働者の平均賃金】　請負給制（定額給制のものでも相当額の歩合給が併給されているものを含む。以下同じ。）によつて使用される漁業及び林業労働者の平均賃金については、その賃金の特殊性及び労働基準法（以下「法」という。）の施行の実情にかんがみ、昭和二十四年労働省告示第五号第二条の規定に基づき、従来、昭和三十一年六月七日付け基発第三六九号通達により、都道府県労働基準局長の承認した平均賃金に関する協定があるときは、その協定による金額とすることとして、協定制度を推進してきたところであるが、最近における賃金水準の変動の実情等にかんがみ、自今下記のとおり定めることとしたから、その運用の遺憾なきを期されたい。

なお、平均賃金を法第十二条第一項から第六項までの規定により、算定することをできるだけすみやかに可能容易ならしめるためにも、法の要請する賃金その他の労働条件の明確化、賃金台帳の整備、記入の適性化等についての監督指導には、格段と努力されたい。

昭和三十一年六月七日付け基発第三六九号通達及び昭和三十一年七月三十一日付け基収第二七三七号通達は、廃止する。

記

1　請負給制によつて使用される漁業及び林業労働者の平均賃金は、原則として、法第十二条第一項から第六項までの規定に定める方式により、平均賃金を算定すべき事由の発生した日以前一箇年間について算定する。
2　前号の規定により算定しえない場合

（著しく不適当な場合を含む。以下同じ。）には、都道府県労働基準局長が当該事業場において当該労働者と同種の業務に従事した労働者（平均賃金算定資料の明らかなものに限る。）について、前号の規定に準じて算定した金額の一人あたり平均額をもつて、その平均賃金とする。

3　前二号の規定により算定しえない場合（算定することが著しく困難なため災害補償の遅延等により当該労働者に不利益となるような場合を含む。以下同じ。）であつて、当該労働者の平均賃金に関し、次の要件をみたし、都道府県労働基準局長が承認した協定があるときは、当分の間、その協定による金額をもつて、その平均賃金とする。また、この協定の締結については、できるかぎり協同組合等使用者団体ごとに一括して締結するよう指導するものとする。

(1)　協定の当事者

協定は、使用者とその事業場における労働者の過半数を代表する者との間で締結されたものであること。

(2)　協定の様式

協定は、書面に作成し、両当事者が記名押印したものであること。協同組合等使用者団体ごとに一括して協定を締結する場合には、協定に参加する使用者及びその事業場における労働者の過半数を代表する者が記名押印したもの又は記名押印した書面による委任に基づき双方の代表者が記名押印したものであること。

(3)　協定の金額

協定は、各職種ごとの平均賃金とする金額が明記され、かつ、その金額がそれぞれ次の基準以上であること。

(イ)　漁業にあつては、都道府県労働基準局長が別紙「漁業労働者賃金調査要綱」によつて行なう過去一箇年間（一定の季節を限つて使用される労働者については、前年におけるその期間。以下同じ。）についての調査の結果における当該都道府県の漁業労働者の職種別及び都道府県労働基準局長が定める区分別、一実労働日あたり平均賃金額に当該区分別平均稼働率（その率が百分の六十に満たないときは、百分の六十とする。）を乗じて得た金額。

(ロ)　林業にあつては、労働大臣官房労働統計調査部の行なう「林業労働者職種別賃金調査」の前年の調査の結果における当該都道府県の出来高払の林業労働者の通勤・山泊地区別、職種別一日平均現金給与額に、当該職種の平均稼働率（その率が百分の六十とする。）を乗じて得た金額。

(4)　協定の有効期間

協定は、有効期間が一年以内であること。

(5)　協定の更新又は再締結

更新又は再締結された協定については、その協定の金額は、漁業にあつては過去一箇年間についての調査、林業にあつては前年の調査の結果に基づく承認基準の金額以上のものであることとし、調査を行わないまま従前の金額による更新を承認し、又はそれ以前の調査の結果に基づき協定を承認することとは絶対にしないこと。

4　第一号、第二号、第三号のいずれの規定によつても算定しえない場合（漁業労働者については、当該都道府県において当該労働者の属する区分及び職種に係る平均賃金協定の承認基準の金額が明らかにされているときに限る。）は、当分の間、都道府県労働基準局長が、前号(3)の基準の算定方法に準じて算定した金額をもつて、その平均賃金とする。

漁業労働者賃金調査要綱

1　調査対象

漁船に乗り組む労働者（船員法の適用を受ける者を除く。）の賃金等の実態を調査する。

2　調査漁船

漁船（船員法第一条第二項第三号に掲げるものに限る。以下同じ。）のうちから無作為抽出した漁船（以下「調査漁船」という。）について調査する。

調査漁船の抽出は、漁船について主な漁獲物別、漁法別、地域別等平均賃金協定の承認基準の金額を算出するにあたって都道府県労働基準局長が区分することを適当と認める区分ごとに、おおむね十隻程度抽出するものとする。この場合において、同一事業場に属する漁船は一隻に限るものとする。

3　調査期間

原則として、毎年一月一日から十二月三十一日まで（一定の季節を限って行なう漁業にあってはその漁期。）について、翌年一月一日から二月末日までに調査し、結果を算定する。

4　調査要領

調査は、別添(1)「漁業労働者賃金調査票」を用い、別添(2)「漁業労働者賃金調査票記入要領」により調査記入することによって行なう。

5　調査結果

調査結果は、2の区分別に、次の事項について、それぞれ示す要領により集計、算出する。

(1)　調査漁船数

(2)　使用期間暦日の総計

各調査漁船の使用期間暦日数の合計日数（調査票における(a)欄の数値）を合計する。

(3)　実労働日数の総計

各調査漁船の実労働日数の合計日数（調査票における(b)欄の数値）を合計する。

(4)　実延歩建人員の総計

各調査漁船の実延歩建人員の合計人員数（調査票における(c)欄の数値）を合計する。

(5)　賃金総額の総計

各調査漁船の賃金総額の合計額（調査票における(d)欄の数値）を合計する。

(6)　一歩建人員一実労働日あたり平均賃金額

(5)の賃金総額の総計を(4)の実延歩建人員の総計で除して算出する。

(7)　平均稼働率

(3)の実労働日数の総計を(2)の使用期間暦日数の総計で除して算出する。

(8)　職種別平均歩建数

各調査漁船の職種別歩建数の職種別合計数をそれぞれ当該職種のある調査漁船の数で除して算出する。

(9)　職種別一実労働日あたり平均賃金額

(6)の一歩建人員一実労働日あたりの平均賃金額に(8)の職種別平均歩建数を乗じて算出する。

別添(1)及び(2)略

（昭三九・四・二〇　基発五一九号、昭五七・四・一基発二一八号）

【業務上疾病にかかった林業労働者の離職時の賃金額が不明である場合の平均賃金の算定】　業務上疾病の診断確定日において既に当該業務上疾病の発生のおそれのある作業に従事した事業場を離職しており、かつ、当該離職した日（賃金の締切日がある場合は、直前の締切日）以前三カ月間に支払われた賃金の総額が不明である労働者の災害補償に係る平均賃金の算定については、昭和五十一年二月十四日付け基発第一九三号（以下「一九三号通達」という。）により通達したところであるが、林業労働者の災害補償に係る平均賃金が一九三号通達の記の一又は二に示す方法によって算定し得ない場合の取扱いについては、自今、下記一及び二によることとしたので、これが事務処理に万全を期されたい。

記

一　当該林業労働者の職種が林業労働者職種別賃金調査報告（以下「林業職賃」という。）の調査対象職種に該当する場合は、最新の林業職員における職種・地域及び通勤・山泊地区（当該労働者の就労形態（通勤又は山泊の別をいう。以下同じ。）が通勤である場合は当該労働者が通勤地区で就労していたものと、当該労働者の就労形態が山泊である場合は当該労働者が山泊地区で就労していたものと、それぞれみなす。）別一日平均きまつて支給する現金給与額に就労形態及び賃金形態（定額又は出来高の別をいう。以下同じ。）に応じた平均稼働率（その率が百分の六十に満たないときは、百分の六十とする。）を乗じ、かつ、賃金形態別の賃金格差及び年齢階級別の賃金格差を考慮して得た金額を基礎とし、これに労働省毎月勤労統計調査報告における当該林業職賃の調査対象年月に該当する四半期の一カ月平均定期給与月額と当該林業労働者に係る平均賃金の算定事由発生日（診断によつて業務上疾病の発生が確定した日をいう。）が属する月の前々月の定期給与月額との変動率を考慮して推算すること。

二　当該林業労働者の職種が最新の林業職賃の調査対象職種（以下「調査対象職種」という。）に該当しない場合は、当該地方における当該林業労働者の職種の賃金水準と当該地方における調査対象職種の賃金水準とを比較して、当該林業労働者の賃金水準に最も近いと認められる当該地方における調査対象職種を当該林業労働者の職種とみなし、また、当該林業労働者の職種の賃金水準に最も近いと認められる当該地方における適当な調査対象職種がない場合は、林業職種の職種計(2)を当該林業労働者の職種に該当するものとみなして、上記の一に準じて推算すること。

（昭五三・二・二　基発五七号）

【業務上疾病にかかつた労働者の離職時の賃金額が不明な場合の平均賃金の算定】　労働者が業務上疾病の診断確定日に、既にその疾病の発生のおそれのある作業に従事した事業場を離職しており、その疾病の発生のおそれのある作業に従事した最後の事業場を離職している場合の平均賃金の算定については、昭和五十年九月二十三日付け基発第五五六号により指示したところであるが、その離職した日（賃金の締切日がある場合は直前の賃金締切日をいう。以下同じ。）以前三カ月間に支払われた賃金の総額が不明な場合は、自今、算定事由発生日（診断によつて疾病発生が確定した日をいう。ただし、下記一又は二の事業場に賃金締切日がある場合においては、診断によつて疾病発生が確定した日の直前の賃金締切日とする。以下同じ。）を起算日とし、下記により推算した金額を基礎として平均賃金を算定されたい。なお、記の一以下五までの推算方法は、適当なものまで順次繰り下げて適用し、記の三以下五までの推算方法により推算した金額を基礎として平均賃金を算定する場合には、これらの推算方法により推算した金額を三十・四で除して算定されたい。

記

一　平均賃金算定事由発生日に当該事業場で業務に従事した同種労働者の一人平均の賃金額より推算すること。

二　平均賃金算定事由発生日に当該事業場所在の地域又はその地域と生活水準若しくは物価事情を同じくすると認められる他の地域における同種、同規模の事業場（事業場が多数ある場合は、適宜選定し、五以下の事業場に限定することができる。）において業務に従事した同種労働者一人平均の賃金額により推算すること。

三　当該労働者の職種が屋外労働者職種別賃金調査（以下「屋外職賃」という。）の建設業、港湾運送関係事業、陸上運送関係事業における調査対象職種に該当する場合には、建設業にあつては、最新の当該調査結果（全国計）における職種、企業規模及び年齢階級別きまつて支給する現金給与額（一人一日平均現金給与額に一人一月平均労働日数を乗じて算出する。）に、当該事業場所在の都道府県別の賃金格差を考慮して得た金額、港湾運送関係事業及び陸上運送関係事業にあつては、最新の当該調査結果（全国計）における職種及び企業規模別きまつて支給する現金給与額（一人一日平均現金給与額に一人一月平均労働日数を乗じて算出する。）に、当該事業場所在の都道府県別（港湾運送関係事業においては港湾別）及び年齢階級別の賃金格差を考慮して得た金額を基礎とし、これに労働省毎月勤労統計調査（以下「毎勤調査」という。）における当該屋外職賃の調査対象年月が属する四半期と算定事由発生日が属する月の前々月間の賃金水準の変動を考慮して推算すること。

四　当該労働者の職種が賃金構造基本統計調査（以下「賃金構造調査」という。）の調査対象職種に該当する場合においては、最新の当該調査結果（全国計）における職種、企業規模及び年齢階級別きまつて支給する現金給与額に当該事業場所在の都道府県別賃金格差を考慮して得た金額を基礎とし、これに毎勤調査における当該賃金構造調査の調査対象年月が属する四半期と算定事由発生日が属する月の前々月間の賃金水準の変動を考慮して推算すること。

五　賃金構造調査（全国計）における産業、企業規模、年齢階級及び生産と事務・管理・技術別きまつて支給する現金給与額に当該事業場所在の都道府県別賃金格差を考慮して得た金額を基礎とし、これに毎勤調査における当該賃金構造調査の調査対象年月が属する四半期と算定事由発生日が属する月の前々月間の賃金水準の変動を考慮して推算すること。

（昭五一・二・一四　基発一九三号、昭五三・二・二　基発五七号）

【平均賃金の算定に係る労働者の賃金額の十分な調査の実施について】　労働者の賃金額が不明である場合について、昭和二十九年一月十五日付け基発第一号（以下「一号通達」という。）及び昭和五十一年二月十四日付け基発第一九三号（以下「一九三号通達」という。）等において平均賃金の推算方法が示されているが、平均賃金の算定に当たっては、労働者の賃金額について十分に調査をすることとされている。したがって、一号通達又は一九三号通達等による推算を行う前に賃金台帳等の使用者による支払賃金額の記録を調査することはもとより、使用者による記録がない場合には、その他の、賃金額が客観的に確認できる資料の有無についても調査することが求められる。

業務上疾病にかかった労働者については、離職時の標準報酬月額等が明らかである場合の取扱いを、平成二十二年四月十二日付け基監発〇四一二第一号において確認的に示しているところであるが、標準報酬月額や賃金日額等に関する同通達の取扱いは、業務上疾病の場合に限らず、平均賃金の算定に当たって、広く当てはまるものである。

ついては、賃金台帳等使用者による支払賃金額の記録がない場合における平均賃金の算定に当たっては、下記の事項に、より一層留意し、事務処理に遺憾なきを期されたい。

記

1　平均賃金の算定に当たっては、一号通達又は一九三号通達等に基づく推算を行う前に、当該労働者の賃金額が客観的に確認できる資料の有無について十分に調査すること。

2　雇用保険被保険者離職票等使用者が支払賃金額について記録した資料の存在が確認された場合には、それらの資料に記載された賃金額を基に平均賃金を算定すること。

3　平均賃金の算定の対象となる労働者等（以下「算定対象労働者等」という。）が、厚生年金保険又は健康保険の標準報酬月額や雇用保険の賃金日額等労働者の賃金額を基に公的機関等が算定した金額を示す資料を、賃金額を証明する資料として、任意に、提出している場合には、それらの資料に記載された金額を基礎として平均賃金を算定して差し支えないこと。

また、算定対象労働者等に対し、本取

扱いを教示し、算定対象労働者等がそれらの資料の提出を希望する場合には、資料の入手方法を教示すること。

4　上記2、3の資料による算定を行う前には、当該資料から確認できる金額に、臨時に支払われた賃金若しくは三か月を超える期間ごとに支払われる賃金又は通貨以外のもので支払われた賃金であって平均賃金の算定の基礎とされないものが含まれていないか確認する等、平均賃金の算定の基礎とすることの適否を十分に検討すること。

5　上記2、3の資料から確認できる金額について、平均賃金算定の基礎とすることの適否について疑義が生じた場合は、当課法規係あて照会すること。

（平二五・二・二二　基監発〇二二二第二号、令五・三・二二　基監発〇三二二第二号）

【掘削・発破工の平均賃金の算定】　業務上疾病にかかった労働者の離職時の賃金額が不明な場合の平均賃金の算定については、昭和五一年基発第一九三号（以下「一九三号通達」という。編注　前項参照）により指示しているところである。今般、一九三号通達に基づく掘削・発破工の平均賃金の算定については、下記のとおり示すこととするので、遺漏なきよう取り扱われたい。

記

1　一九三号通達記の四においては、平均賃金の算定の対象となる労働者の職種が賃金構造基本統計調査（以下「賃金構造調査」という。）の調査対象職種に該当する場合は、算定事由発生日に最新の賃金構造調査の職種、企業規模及び年齢階級別きまって支給する現金給与額の数値を用いることとされている。

掘削・発破工については、賃金構造調査の対象職種であるものの、賃金構造調査において同職種の集計が始まった平成一七年から現在に至るまで賃金構造基本統計調査報告（以下「報告書」という。）の該当巻該当表（職種毎に企業規模別及び年齢階級別にきまって支給する現金給与額の集計を行った表のことをいう。平成二二年の報告書の場合は第三巻第五表）に掲載されていない。

この場合、以下により掘削・発破工の職種、企業規模別及び年齢階級別きまって支給する現金給与額の数値を把握し、記の四により推算されたい。

(1)　平成一七年から平成二〇年までの掘削・発破工の職種、企業規模及び年齢階級別きまって支給する現金給与額の数値については、本省統計情報部に照会することで該当表を入手の上、把握する。

(2)　平成二一年以降の数値については、賃金構造調査のウェブサイト（※1）上の該当表を参照することで把握する。

（※1）http://www.e-stat.go.jp/SG1/estat/NewList.do?tid=000001011429

平成二三年は、一般労働者>職種>表番号2「職種・性、年齢階級別きまって支給する現金給与額、所定内給与額及び年間賞与その他特別給与額」を参照されたい。

2　記の四に基づく掘削・発破工の平均賃金の推算に当たっては、併せて以下の事項にも留意されたい。

(1)　記の四に基づいて労働者の平均賃金を推算するに先立ち、記の一及び記の二による推算の余地がないかを十分に調査、検討すること。このとき、特に記の二については、電話調査、郵送調査及び事業場への訪問調査等により、対象労働者の捕捉に努めること。

(2)　屋外労働者職種別賃金調査は平成一六年を以て終了していることから、平成一七年の賃金構造調査の公表以降に算定事由が発生した事案については、記の三ではなく記の四に基づいて推算するよう徹底すること。

3・4　略

別添様式1・2　略

（平二四・三・三〇　基監発〇三三〇第二号）

【けい肺症発生日の取扱い】　けい肺症発生日の取扱いについては、けい肺症発生のおそれがある事業場において当該有害作業に従事した労働者がそのおそれがない場所に転じた後医師によつてけい肺措置要綱要領三に該当するものと確認された場合、従来その有害作業場を離れた日に疾病が発生したものとみなして取り扱つてきたのであるが、自今次のとおりその取扱を定めることとしたから通ちようする。

　労働者が診断確定日に既にけい肺発生のおそれがある作業場を離れていても、その事業場に引続き在職している場合は、診断確定の日に疾病が発生したものとして取り扱い、その日を平均賃金算定の起算日とする。

（昭二七・八・一九　基発六〇四号）

【じん肺にかかつた労働者の平均賃金の算定】　じん肺法第四条第二項の健康管理の区分が管理四に該当するに至つた労働者に対する災害補償等にかかる平均賃金については、昭和二十四年労働省告示第五号第二条の規定に基づき、昭和二十七年八月十九日付け基発第六〇四号により算定した金額が、当該労働者がじん肺にかかつたため作業の転換をした日を算定理由の発生日として算定した金額に満たない場合には、都道府県労働基準局長が作業の転換の日を算定理由の発生日として算定した金額をその平均賃金とする。

（昭三九・一一・二五　基発一三〇五号）

【業務上疾病にかかつた労働者の平均賃金の算定】　労働者が業務上疾病の診断確定日に、既にその疾病の発生のおそれのある作業に従事した事業場を離職している場合の災害補償に係る平均賃金の算定については、従来、昭和二十七年八月十九日付け基発第六〇四号及び昭和四十五年五月十四日付け基発第三七四号により取り扱つてきたところであるが、自今その取扱いを下記のとおり改め、これらの通達の該当部分を廃止するので、これが事務処理に万全を期されたい。

　なお、粉じん職場を離職後発病したじん肺患者に対する休業補償及び年金の額の改定の取扱いに係る昭和四十三年十二月二十三日付け基収第四四八二号記の設問(3)の部分及び昭和四十五年三月三日付け基発第一四〇号通達は廃止する。ただし、現にこれらにより取り扱われているものについては、この限りではない。

記

1　労働者がその疾病の発生のおそれのある作業に従事した最後の事業場を離職した日（賃金の締切日がある場合は直前の賃金締切日をいう。以下同じ。）以前三カ月間に支払われた賃金により算定した金額を基礎とし、算定事由発生日（診断によつて疾病発生が確定した日をいう。以下同じ。）までの賃金水準の上昇を考慮して当該労働者の平均賃金を算定する。

2　前記1において、算定事由発生日までの賃金水準の上昇を考慮するときの算定方法は、離職した日以前三カ月間に支払われた賃金により算定した金額に次の各号の率を乗ずるものとする。

(1)　常時百人以上の労働者を使用する事業場の場合

(イ)　離職の日以前三カ月間に同一事業場の同種労働者に対して所定労働時間労働した場合に支払われた通常の賃金（以下「所定内賃金」という。）の一カ月一人当たり平均額と算定事由発生日（当該事業場に賃金の締切日がある場合は診断によつて疾病発生が確定した日の直前の賃金締切日とする。(ロ)において同じ。）以前三カ月間の一カ月一人当たり平均額との変動率

(ロ)　同種労働者がいない場合は、離職の日以前三カ月間における当該事業場の全労働者に対して支払われた所定内賃金の一カ月一人当たり平均額と算定事由発生日以前三カ月間の一カ月一人当たり平均額との変動率

(ハ)　事業場が既に廃止されている場合

は、労働省毎月勤労統計調査（以下「毎勤調査」という。）による産業ごとの離職の日が属する四半期の一カ月平均定期給与月額（別表参照）（別表略）と算定事由発生日が属する月の前々月の定期給与月額との変動率

なお、当該事業場の属する産業が毎勤調査に掲げる産業分類にない場合は、調査産業計によること。

(2) 常時百人未満の労働者を使用する事業場の場合

毎勤調査による産業ごとの離職の日が属する四半期の一カ月平均定期給与月額（別表参照）（別表略）と算定事由発生日が属する月の前々月の定期給与月額との変動率

なお、当該事業場の属する産業が毎勤調査に掲げる産業分類にない場合は、調査産業計によること。

（昭五〇・九・二三　基発五五六号、昭五三・二・二　基発五七号）

【業務上疾病にかかった労働者の離職時の標準報酬月額等が明らかである場合の平均賃金の算定】　労働者が業務上疾病の診断確定日に、既にその疾病の発生のおそれのある作業に従事した事業場を離職しており、賃金台帳等使用者による支払賃金額の記録が確認できない事案において、標準報酬月額や賃金日額等が明らかである場合について、昭和五十年九月二十三日付け基発第五五六号「離職後診断によって疾病の発生が確定した労働者に係る平均賃金の算定について」の取扱いは、下記のとおりであるので、了知されたい。

また、労働者等が、下記に該当する資料を複数提出しており、いずれの資料を基に算定を行うべきか疑義が生じた場合は、当課法規係あて照会されたい。

記

1　標準報酬月額について

平均賃金の算定の対象となる労働者等（以下「算定対象労働者等」という。）が、賃金額を証明する資料として、任意に、厚生年金保険又は健康保険の標準報酬月額が明らかになる資料を提出しており、当該資料から、労働者が業務上疾病の発生のおそれのある作業に従事した最後の事業場を離職した日（賃金の締切日がある場合は直前の賃金締切日をいう。）以前三か月間（以下「離職した日以前三か月間」という。）の標準報酬月額が明らかである場合は、当該標準報酬月額を基礎として、平均賃金を算定して差し支えないこと。

なお、関係資料から労働者の標準報酬月額等が明らかな場合であっても、当該資料から、労働者の支払賃金額もまた明らかとなる場合には、支払賃金額を基礎として平均賃金を算定すべきであることに留意すること。

2　賃金日額等について

(1) 算定対象労働者等が、賃金額を証明する資料として、任意に、労働者が業務上疾病の発生のおそれのある作業に従事した最後の事業場を離職した際（以下「離職時」という。）の雇用保険受給資格者証を提出しており、当該資料から賃金日額が明らかである場合は、当該賃金日額を基礎として、平均賃金を算定して差し支えないこと。

(2) 算定対象労働者等が、賃金額を証明する資料として、任意に、離職時の雇用保険受給資格者証を提出しており、当該資料から、基本手当日額のみが明らかである場合は、当該基本手当日額の算定時の基本手当日額表における、当該基本手当日額が該当する等級に属する賃金日額の中間値（当該等級に属する賃金日額が一定額未満又は一定額以上とされている場合には当該一定額）を基礎として、平均賃金を算定して差し支えないこと。

(3) 算定対象労働者等が、賃金額を証明する資料として、任意に、離職時の失業保険受給資格者証を提出しており、

当該資料から、失業保険金日額が明らかである場合には、⑵に準じた方法で、平均賃金を算定して差し支えないこと。

⑷　なお、雇用保険被保険者離職票又は失業保険被保険者離職票は、使用者が自ら支払賃金額について記録した資料であるため、これらの資料から、離職した日以前三か月間の全部又は一部の賃金額が明らかである場合には、当該賃金額を基礎として、平均賃金を算定すること。

3　賞与等について

1の場合において確認された標準報酬月額に、通貨以外のもので支払われた賃金であって平均賃金の算定の基礎とされないものが含まれている場合又は、2の場合において確認された賃金日額若しくは賃金額（以下「賃金日額等」という。）に、臨時に支払われた賃金、三か月を超える期間ごとに支払われる賃金若しくは通貨以外のもので支払われた賃金であって平均賃金の算定の基礎とされないものが含まれている場合には、1及び2にかかわらず、当該標準報酬月額又は賃金日額等を平均賃金の算定の基礎とすべきでないこと。

ただし、臨時に支払われた賃金若しくは三か月を超える期間ごとに支払われる賃金の額又は通貨以外のもので支払われた賃金であって平均賃金の算定の基礎とされないものの評価額が明らかである場合には、これらの額を当該標準報酬月額又は賃金日額等から差し引いた額を基礎として、平均賃金を算定して差し支えないこと。

なお、標準報酬月額及び賃金日額に反映される賃金の範囲については、別紙〈略〉を参照のこと。

4　賃金台帳等の一部が存在している場合について

離職した日以前三か月間の一部についてのみ賃金台帳等使用者による支払賃金額の記録が存在している場合で、同時に、算定対象労働者等が賃金額を証明する資料として、上記に該当する資料を任意に提出したことにより、当該労働者の標準報酬月額又は賃金日額が明らかである場合には、賃金額が賃金台帳等によっては確認できない期間について、当該標準報酬月額又は賃金日額を基礎として賃金額を算定した上で、平均賃金を算定して差し支えないこと。

5　算定対象労働者等への教示について

賃金台帳等使用者による支払賃金額の記録がない事案においては、算定対象労働者等に対して上記取扱いを教示し、算定対象労働者等が上記に該当する資料の提出を希望する場合には、資料の入手方法（資料の請求先となる行政機関など）について教示すること。

（平三〇・四・二　基監発〇四〇二第一号、平三一・三・二二　基監発〇三二二第一号、令五・二・二二　基監発〇二二二第一号）

【雇い入れ後の期間の短い者】

問　雇入後の期間が著しく短い場合、例えば雇入後二日目又は三日目に事故発生の場合、雇入の日に事故発生した場合（その算定額が後者に対して均衡を失する場合が考えられるから）と同じく推定すべきか、もし然りとすればその日数の限界如何。

答　設例の如き場合においては施行規則第四条ではなく法第十二条第六項の規定による。

（昭二三・四・二二　基収一〇六五号）

【いわゆる月給日給制の場合の平均賃金の算定】

問　月額で賃金額が定められ、欠勤一日についてその三十分の一乃至は二十五分の一等の如く日割によつて賃金額を減額する所謂月給日給制で支払われる賃金については、法第十二条第一項但書の規定による平均賃金の最低保障額の計算に当つては、月によつて定められた賃金とみなすこととされている。

従つて月給日給制で賃金の一部乃至は全部が支払われている労働者の平均賃金の算

定に当つて、算定の基礎となる過去三カ月間におけるその労働者の欠勤日数が多い場合には、算出額が著しく低額となり平均賃金として不適当なものとなるおそれがあるが、この場合の救済については、同条第八項によるべきであるとされている。

（昭和二十七年五月十日　基収第六〇五四号）

　欠勤日数に応じて月給額を減額する月給日給制は、月給制といえども出勤日数に応じて支払われる日給制に比して、実質的にはさしたる差異が認められないから、自今左記の如く、月給日給制で支払われる賃金についても法第十二条第一項但書の規定を適用する場合には月によつて支払われる賃金とみなすことなく、月額を一カ月の所定労働日数を以つて除した商が、日給として出勤日数に応じて支払われるものと擬制して平均賃金を算定したいと考えるが宜しいか。

記

過去３カ月間の総日数（暦日数）　D
過去３カ月間の実労働日数　d
１カ月平均所定労働日数　f
過去３カ月間の月給の総額　P
月給日給制で支払われる賃金額
　１カ月満稼働の場合に支払われる賃金額　Q
　過去３カ月間に実際に支払われた賃金額　R
過去３カ月間に時給、日給、出来高給で支払われた賃金額　S

Ⅰ　$\text{平均賃金}=\dfrac{P+R+S}{D}$　（法第12条前段）

Ⅱ　$\text{平均賃金}=\left(\dfrac{S+\frac{Q}{f}\times d}{d}\times\dfrac{60}{100}+\dfrac{P}{D}\right)$　（法第12条但書）

答　賃金の一部もしくは全部が、月、週その他一定の期間によつて定められ、且つ、その一定の期間中の欠勤日数若しくは欠勤時間数に応じて減額された場合の平均賃金（算定期間が四週間に満たないものを除く。）が左の各号の一によつてそれぞれ計算した金額の合計額に満たない場合にはこれを昭和二十四年労働省告示第五号第二条に該当するものとし、自今、かかる場合については、同条の規定に基き都道府県労働基準局長が左の各号の一によつてそれぞれ計算した金額の合計を以つてその平均賃金とする。

一　賃金の一部が、労働した日もしくは時間によつて算定され、又は出来高払制によつて定められた場合においては、その部分の総額をその期間中に労働した日数で除した金額の百分の六十

二　賃金の一部もしくは全部が、月、週その他一定の期間によつて定められ、且つ、その一定の期間中の欠勤日数もしくは欠勤時間数に応じて減額された場合においては、欠勤しなかつた場合に受けるべき賃金の総額をその期間中の所定労働日数で除した金額の百分の六十

三　賃金の一部が月、週その他一定の期間によつて定められ、且つ、その一定期間中の欠勤日数もしくは欠勤時間数に応じて減額されなかつた場合においては、その部分の総額をその期間の総日数で除した金額

（昭三〇・五・二四　基収一六一九号）

【平均賃金の算定期間】

問　平均賃金を算定すべき事由の発生した日以前三カ月間内に日給より月給に修正された月が含まれた場合（その賃金締切日がそれぞれ異なる場合）の期間の取り方について左記の通り疑義があるので回示願いたい。

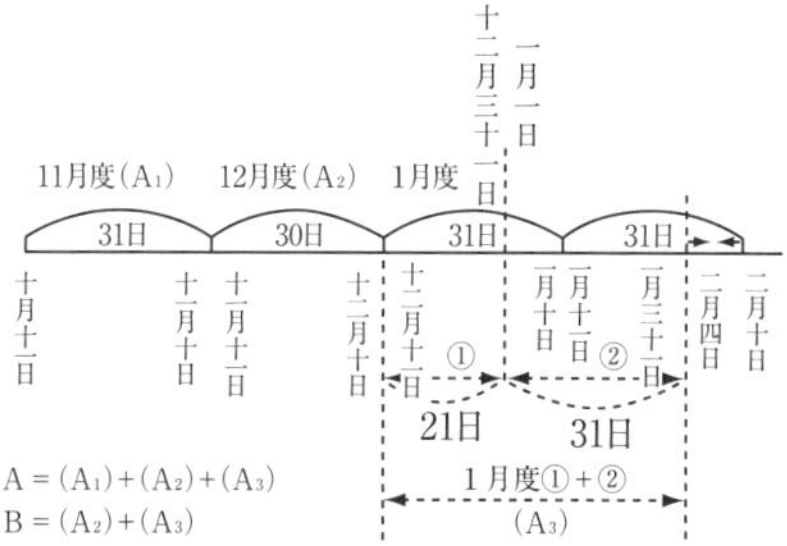

記

管下某事業場においては入社後満四年に達した日給者は毎年一月一日及び七月一日の両度に月給に引直すように就業規則で規定し、日給より月給になつた者は月給になつた月一カ月分とその前月の十一日以降月末迄の日給とを含めて一カ月分として支給される。なお該事業場の賃金締切日は日給者は毎月十日、月給者は毎月月末である。

例　一月一日に日給より月給になつた者が二月四日に平均賃金を算定すべき事由が発生した場合、次の通りA、B及び直前の賃金締切日である一月三十一日より起算し、正三カ月所謂十一月一日の間をとるCの三方法が考えられるが、Bは法定の三カ月に満たず、又Cは十一月の賃金締切期間の中途より日割計算をする等その算出に相当手数を要するので当局としては貴局より何分の指示があれば改めてその方法により算出されることとし、取り敢えずAの算定方法によるように指導している。

A　月給者の賃金締切日は月末であるから二月四日以前三カ月間の賃金締切日を基準にすれば一月、十二月、十一月（自十月十一日、至十一月十日）となる。

	期間		賃金
11月度	自10月11日 至11月10日	31日	¥6,412.38
12月度	自11月11日 至12月10日	30日	¥6,174.78
1月度	自12月11日 至12月31日	21日	¥11,213.93
	自1月1日 至1月31日	31日	

¥23,801.09÷113＝¥210.62（平均賃金）

B　三カ月に近い期間をとれば次の通りとなる。

	期間		賃金
12月度	自11月11日 至12月10日	30日	¥6,174.78
1月度	自12月11日 至12月31日	21日	¥11,213.93
	自1月1日 至1月31日	31日	

¥17,388.71÷82＝¥212.05（平均賃金）

答　設問の場合法第十二条第八項に基く昭和二十四年告示第五号第二条によるが、その算定の方法は左に掲げる額を下らない限り同法第一項本文が規定する方法に従つて差支えない。

t_1（日給期間）
t_1'（日給期間中の実労働日数）
t_2（月給期間）
w_1（日給総額）
w_2（月給総額）
とすれば

但しt_1とt_2は異なる時期の期間である。
求める額は

$$\frac{\left(\frac{w_1}{t_1'}\times\frac{60}{100}\times t_1\right)+\left(\frac{w_2}{t_2}\times t_2\right)}{t_1+t_2}$$

となる。

二　期間については見解Bの通りに取り扱われたい。（昭二五・七・二四　基収五六三号）

【三カ月間の私病欠勤の場合の平均賃金の算定】

問　別紙の事例について左記の通り算定の方法が考えられるがいずれを取るべきか。

記

㈠　法第十二条第一項によれば五月十六日より遡り三カ月を取つて計算することとなるが同条第二項により直前の賃金締切日より計算するとすれば、四月二十日となり、その日より遡つた三カ月は私病休業中で計算が出来ないから告示第五号第一条の「平均賃金を算定すべき事由の発生した日」を直前の賃金締切日即ち四月二十日と解し、昭和二十四年四月十一日附基発第四二一号通牒により発基第一七号法第十二条関係四を準用すべきか。

（注）法第十二条第二項にいう「直前の賃金締切日から起算する」とは直前の賃金締切日に算定すべき事由が発生したものと見做してその日より起算するという法意と解すれば告示第五号の「平均賃金を算定すべき事由の発生した日」を直前の賃金締切日即ち四月二十日と解しても不合理でない。

㈡　告示第五号第一条の「平均賃金を算定すべき事由の発生した日」の意義を平均賃金算定の基礎となる賃金の全くない休業より出勤した第一日を指し、本例の如く出勤してより数日を経過したものは指さないと解すれば法第十二条第一項によつて計算すべきか。

（注）この場合法第十二条第二項の直前の賃金締切日が問題となるが直前の賃金締切日即ち四月二十日より遡つて三カ月の賃金は事実上無いのである。かかる場合に於ても尚第二項が第一項を拘束するかということについては疑義があると思う。拘束しないと解すれば法第十二条第一項によつて計算することとなる。又この算定方法が実情に即している。なんとなればこの場合仮りに算定すべき事由が五月二十一日に発生したとすれば当然直前の賃金締切日五月二十日より遡つて三カ月の賃金をもととして計算され五月十七日に発生した場合と大差ないこととなるが、前述の方法によつて五月十七日に発生した場合を計算すると大差を生ずることとなり実情に即せず平均賃金の意義からいつても疑義を生ずる様に思う。

㈢　告示第五号第二条に依るべきか。

（注）基発第四二一号通牒告示第五号関係(3)によれば算定し得ない場合とは実物給与を含む場合のみと解されるが、実物給与を含む場合のみならず本例の如きも「算定し得ない場合」として労働省労働基準局長に伺うべきか。

別紙一　事由発生工場名　○○紡績㈱○○工場

二　発生に伴う被害者　資材輸送工○○○○　明治三十五年十月二十三日生

三　右人入社月日　昭和十九年六月二十六日

四　右人災害発生月日その他　(イ)昭和二十五年五月十七日午後五時五十分(ロ)業務上に基づく右背部打撲擦過傷

五　労働条件　(イ)賃金締切日　毎月二十日(ロ)雇用条件　常用労務者(ハ)支給条件　日給

六　事故発生前の給与支払状況　（入社）昭十九・六・二十六、昭二十四・十・二十一―昭二十五・四・二十……私病の神経衰弱症のため休業（賃金が支給されない期間）、昭二十五・四・二十一―昭二十五・四・二十三……本人都合で欠勤（賃金が支給されない期間）、出勤二十日（賃金が支払われた期間）、事故発生昭二十五・五・十七、賃金締切日二十日、出勤二十日間の賃金支払額……賃金総額四千八百四十円四十銭

本給	二、七六四・〇〇	一日一三八円二〇銭
勤続給	一四四・〇〇	一日につき七円二〇銭
家族給	一、五六〇・〇〇	二人家族（日割計算）
地域給	二六八・〇八	勤続給、本給、家族給の六％
時間外勤務手当	一〇四・三二	
小計	四、八四〇・四〇	

七　平均賃金算定の不可なる理由　前述表示の通り被害者は昭和二十四年十月二十一日から昭和二十五年四月二十日まで私病の神経衰弱症の為休業し、更に四月二十一日から同二十三日まで本人都合の為欠勤しており、賃金締切日が毎月二十日のため、法第十二条第二項「直前の賃金締切日から起算」も不可である。

答　設問の場合は、昭和二十四年告示第五号第二条によるが、その算定方法としては出勤以降の賃金及び日数について法第十二条第一項の方法を用いられたい。

（昭二五・一二・二八　基収四一九七号）

【休業後出勤直後の平均賃金の算定】

問　当局管内○○炭砿より別紙事例につい て平均賃金算定方法の照会があり、左記の通り算定方法が考えられるがいずれを採るべきか。

記

法第十二条第二項によつて直前の賃金締切日より計算するとせば十二月三十一日となりその日から遡つた三カ月中十二月一日より十二月三十一日まで年次有給休暇を行使しておるので同賃金をもつて平均賃金を算定することができる。

然しながらこの場合平均賃金額をもつて更に平均賃金を算定する結果となり不合理であると考えられるが如何。

（注）「年次有給休暇の日数及びこれに対し支払われる賃金は法第十二条の平均賃金の計算においてはこれを算入しなければならない」という昭和二十二・十一・五基発第二三一号通牒は過去三カ月間の賃金中年次有給休暇を含む場合を指し本事例の如く過去三カ月間中実稼働なく年次有給休暇の賃金のみうけておる場合とは又異なるものであると解される。

一、平均賃金算定の不合理な場合として告示第五号第二条によつて出勤以降の賃金及び日数によつて算定する（昭和二十五・十二・二十八基収第四一九七号通牒による）。即ち同人は従来採炭作業に従事し採炭夫として賃金をうけておるが業務上負傷し治癒後職場転換し坑外雑夫（夜警）として勤務中負傷し平均賃金を算定すべき事由発生したものであるから前記一の賃金は採炭夫であるところから新職種の夜警の賃金を基礎として算定することが妥当とも考えられる。

（別　紙）

一、事業所名　　　　○○炭砿

一、所在地　　○○郡○○町

一、平均賃金の算定を必要とする労働者の職氏名

○○坑外雑夫（夜警）Ａ

一、平均賃金を算定すべき事由の発生年月日

昭和二十六年一月三十一日

一、平均賃金を算定すべき事由

昭和十六年一月三十一日○時五十分夜警勤務にて巡視中誤つて溝に落ち左足踵部を打撲負傷す。

一、賃金支給条件　日給制　　賃金締切日毎月末

一、事故発生前の出勤状況

自昭二十四・一・二十七……

至昭二十五・十一・二十五　　業務上負傷のため休業

自昭二十五・十一・二十六……

至昭二十五・十一・三十　　療養を打切られたが作業不能の為休業す。

自昭二十五・十二・一……

至昭二十五・十二・三十一　　有給休暇

自昭二十六・一……

至昭二十六・一・二十六　　欠　勤

自昭二十六・一・二十七……

至昭二十六・一・三十　出　勤

職種変更　坑外雑夫（夜警）として勤務す。

昭和二十六・一・三十一　負　傷

一、事故発生前の給与支給状況

自昭和二十五・十二・一……

至昭二十五・十二・三十一

有給休暇二十六日分この手当として家族手当二千円、有給休暇手当二万三千百七十六円三十二銭受領

自昭和二十六・一・二十七……
至昭二十六・一・三十

夜警として四日間賃金八百九十三円四十四銭受領

答　設問の場合は昭和二十四年告示第五号第二条によるが、この算定方法としては坑外雑夫としての出勤以降の賃金及び日数について法第十二条第一項の方法を用いられたい。（昭二六・二・二　基収三六四二号）

【休業直後の事故による平均賃金の算定】

問　当局管下○○砿業所において別紙の如き事例が発生し、平均賃金決定申請があつたが、これが算定方法について、左記一、二、三の算式が考えられるが、昭和二十五年十二月二十八日基収第四一九七号通牒に基き、もつとも現実の労働に適応した平均賃金を得るとすれば、左記算定の一の方法が、本事例の場合妥当と考えられるが、いずれの方法によるべきか。

記

一、労働省告示第五号第二条による場合（昭二五・一二・二八基収第四一九七号）を準用して平均賃金とする。

法第十二条第二項の賃金締切日は原則として法第十二条第一項の事由発生日を拘束するものと解されるものであるから、本事例の場合その直前の賃金締切日は三月三十一日でありその期間の三カ月間は公傷による休業と自己の都合による休業の合算期間であり、労働省告示第五号第一条並びに施行規則第四条前段（告示第五号第一条並びに施行規則第四条前段の場合は公傷による休業及び私傷の休業が夫々三カ月以上に亘る場合の算定方法）に該当しないので本事例の場合は労働省告示第五号第二条に該当し、これが算定方法を基収第四一九七号を準用し、出勤以降の賃金及び期間をもつて算定すると次の算式となる。

基収第4197号による算式

2,821円03銭（出勤後６日間にうけた賃金）÷ 7（出勤後の暦日数）＝403円00銭

二、法第十二条第一項に基く場合、出勤以降七日の賃金及び期間で算定したものを平均賃金とする。

法第十二条第二項の賃金締切日を平均賃金算定上の起点とすることは、計算の迅速及び簡易化のための方法であり、必ずしも第一項の事由発生した日を拘束するものではないと解する本事例の場合は法第十二条第一項によつて、事由発生日の前日四月二十四日から計算し、その算式は次の通りとなる。

法第12条第１項但書第１号の計算

2,821円03銭（出勤以降６日間にうけた賃金）÷ 6（実稼働日数）×60／100＝282円10銭

（注）但し、この場合計算期間三カ月間のうちに、公傷による休業四十七日、自己の都合による休業三十七日、出勤後の稼働六日であるため、法第十二条第一項但書第一号により算定した額を平均賃金とすることは妥当と思われないので、労働省告示第五号第二条に該当する。

三、労働省告示第五号第一条（又は規則第四条前段）に該当するものとして取扱つた場合前記一と同様直前の賃金締切日から起算した場合、過去三カ月間は、公傷による休業と自己の都合による休業の合算した期間であるので、原則として、労働省告示第五号第一条（本条は使用者の責に帰すべからざる事由により休業三カ月以上に亘る場合）又は施行規則第四条（法第十二条第三項第一号乃至三号の期間が三カ月以上に亘つた場合）に該当しないものであるが、本質的には、公私傷期間を合算して三カ月以上に亘つているので、都道府県労働基準局長が本事例の場合においては、その平均賃金を決定しても差支えないとの解釈も一応なりたつ

ものと考えられるので、労働省告示第五号第一条又は施行規則第四条前段により算定すると次の通りである。

(1) 昭和二十二年九月十三日発基第一七号、施行規則第四条の取扱基準(1)によつて休業した最初の日をもつて平均賃金を算定すべき事由の発生した日として計算する。

休業した最初の日以前による算定

53,261円29銭（11月より9月までの3カ月にうけた賃金） ÷ 91（11月より9月までの暦日数） ＝585円28銭

(2) 但し、本事例の場合、その休業期間中に賃金水準の変動（昭和二十六年三月二十六日基発第一八四号通牒取扱基準一による）が行われているので、当該労働者と同一業務に従事した労働者の一人平均賃金額により推算する。

基発第184号による推算

75,235円（休業期間中の同一業務に従事した労働者2人の3カ月にうけた賃金） ÷ (90×2)（同種労働者2人の3カ月間の暦日数） ＝417円97銭

（注）賃金水準が上昇しているに拘らず(1)によつて算定した平均賃金額が高額となつているのは、当該職種が出来高払制であり、その作業箇所により賃金額が異

同種労働者の賃金額

同種労働者氏名	性別	職業	三カ月間の暦日数	1月		2月		3月		合計	
				日数	金額	日数	金額	日数	金額	日数	金額
C	男	支柱夫	90	24	15,270	14	7,559	28	17,483	66	40,313
D	〃	〃	90	24	13,599	14	7,943	23	13,381	61	34,923

なるためである。

（別紙事例）

一、事業場名

○○鉱業株式会社○○砿業所

二、所在地

○○県○○郡○○町大字○○

三、代表者氏名　所　長　A

四、平均賃金算定の必要な労働者の職氏名

支　柱　夫　B

五、災害発生月日その他

(イ) 昭和二十六年四月二十五日

(ロ) 業務上負傷による死亡

六、当該労働者の就労状況

昭和二十五年十二月二十六日—昭和二十六年三月十一日　公傷による休業

昭和二十六年三月十二日—昭和二十六年四月十七日　自己欠勤

昭和二十六年四月十八日—昭和二十六年四月二十四日（六日間）稼働

昭和二十六年四月二十五日　事故発生日（業務上の負傷により死亡）

七、当該労働者のうけた賃金

四月十八日—四月二十四日まで（実稼働六日）二千八百二十一円〇三銭

八、休業に入つた直前三カ月間の当該労働者のうけた賃金額

十一月　二十六日

一万八千六百六十二円五十七銭

十　月　二十七日

一万六千八百九十九円七十三銭

九　月　二十五日

一万七千六百九十八円九十九銭

九、参考事項（同種労働者の賃金額）

一〇、賃金締切日

毎月、月末

答　設問の場合は昭和二十四年告示第五号第二条によるが、この算定方法としては昭和二十五年十二月二十八日付基収第四一一九七号により出勤以降の賃金及び日数について法第十二条第一項の方法を用いられたい。

（昭三六・三・二七　基収四五二六号）

【試の使用期間を経て本採用された後に平均賃金の算定事由が発生した場合であつて、労働基準法第十二条第一項から第三項によれば算定期間がすべて試の使用期間に当たる場合の平均賃金の算定】

問　標記について、当局管内において左記の如き事案が発生し、これが平均賃金の算定に当たつていささか疑義があるので、いかが取り扱うべきか。

記

一　事案について

(一)　事案の概要

株式会社A所属労働者Bは、昭和六十三年九月二十六日に当該事業場に採用され、当該事業場の内規により同年十二月二十日までは、試用期間として勤務し、同年十二月二十一日より本採用となつた。本採用後の平成元年一月十四日に業務上負傷し、平均賃金算定事由が発生したものである。

元・1・14 ― 負傷した日
63・12・21 ― 本採用日
63・12・20 ― 直前の賃金締切日
63・11・20 ― 賃金締切日
63・10・20 ― 賃金締切日
63・9・26 ― 雇入日

なお、事案の詳細については、別紙のとおりである。

(二)　賃金支払の状況

被災労働者の賃金支払の状況は次のとおりである。

なお、賃金締切日は毎月二十日であるが、昭和六十三年九月二十六日から同年十月二十日まで及び同年十二月二

		試用期間			本採用
		10月分	11月分	12月分	1月分
算定期間		9月26日↓10月20日	10月21日↓11月20日	11月21日↓12月20日	12月21日↓1月13日
日数	総日数	25日	31日	30日	24日
	労働日数	20日	23日	24日	19日
賃金	基本給	170,000円	170,000円	170,000円	205,000円
	勤務手当	20,000円	20,000円	20,000円	20,000円
	調整手当	55,000円	55,000円	55,000円	55,000円
	精皆勤手当	5,000円	5,000円	5,000円	5,000円
	家族手当	――	――	――	10,000円
	計	250,000円	250,000円	250,000円	295,000円

十一日から平成元年一月十三日までの間については、一箇月に満たない期間であるが、一箇月分全額の賃金が支給されている。

二　平均賃金の算定について

(一)　算定に当たつての疑義

　平均賃金を算定するについて労働基準法（以下「法」という。）第十二条第一項及び第二項によれば、算定事由発生日の直前の賃金締切日である昭和六十三年十二月二十日から遡つて三箇月間に支払われた賃金の総額をその期間の総日数で除すこととなるが、当該期間はすべて試用期間であることから、同条第三項によりこの期間及びこの日数はすべて控除されるべきものとなり、計算の基礎となるべき期間及び賃金がないこととなる。

　したがつて、この場合は法第十二条第八項に基づく平均賃金の決定がなされる必要があると考えるが、この算定については次のような方法が考えられる。

イ　試用期間中に算定事由の発生した場合に関する労働基準法施行規則（以下「則」という。）第三条を準用して、試用期間中の日数及び賃金を法第十二条第一項及び第二項の期間及び賃金の総額に算入することとし、結局試用期間中の日数及び賃金により平均賃金を算定する。

　なお、一賃金締切期間に満たない期間の就労に対して月によつて定められた賃金が減額されずに支払われていることについては、昭和五十七年五月十四日付け基収第九三号により、当該期間の日数を三十日とみなして計算する。

$$\frac{250{,}000円+250{,}000円+250{,}000円}{30日+31日+30日}$$

$=8{,}214$円76銭

ロ　直前の賃金締切日から遡る三箇月の期間をとると、その期間が業務上の負傷による休業期間、自己都合による休業期間及び年次有給休暇の期間である場合に関する昭和二十六年十一月一日付け基収第三六四二号並びにその期間が業務上の負傷による休業期間及び自己都合による休業期間である場合に関する昭和二十六年十二月二十七日付け基収第四五二六号を準用して、本採用以降の賃金及び日数について法第十二条第一項の方法を用いて算定する。算定に当たつては、昭和四十五年五月十四日付け基収第三七五号の方法により、当該期間の日数を三十日とみなして計算する。

$$\frac{295{,}000円}{30日}=9{,}833円33銭$$

(二)　当局の見解

　法第十二条第三項が平均賃金の算定の基礎からその期間及び賃金を除くこととしているのは、当該期間中の賃金が通常の賃金より低い場合が少なくないため、これを算入すると平均賃金が不当に低くなるおそれがあるためであると考えられる。

　してみると、いまだ本採用に至らないときに算定事由が発生した場合に則第三条により試用期間中の期間及び賃金により計算を行うことは格別、本事案のように本採用に至つている場合には、本採用時の賃金により通常の賃金を計算することが妥当であると考える。

　したがつてロ案によるべきものと考えられる。

（別紙略）

答　設問の場合のように、試の使用期間を経て本採用された後に平均賃金の算定事由が発生した場合であつて、労働基準法（以下「法」という。）第十二条第一項から第三項によれば算定期間がすべて試の使用期間に当たるため平均賃金の算定をなし得ない場合には、昭和二十四年労働省告示第五号第二条によるものとして、その算定方法としては、本採用日以降の賃金及び日数について法第十二条第一項の方法を用いること。

なお、この場合に一賃金締切期間に満たない期間の就労に対して月によつて定められた賃金が減額されることなく支払われているときは、昭和四十五年五月十四日付け基発第三七五号の記の二の方法により平均賃金を算定すること。

（平二・七・四　基収四四八号）

【組合専従者の平均賃金算定と賃金締切日】

問　九月十五日組合事務専従より会社に復帰した者について、十月十三日に平均賃金を算定すべき事由が発生した場合には、直前の賃金締切日（九月三十日）より遡つて計算すべきか。

答　設問の平均賃金の算定に当つては、昭和二十四年労働省告示第五号第二条によるが、その算定方法としては、復帰以降の賃金及び日数について法第十二条第一項の方法を用いられたい。

（昭二五・二・二八　基収三四五〇号、昭三三・二・一三　基発九〇号）

【組合専従者の平均賃金算定方法】

問　組合専従者を解雇しようとする場合、該専従者が専従となつて三カ月以上を経過しているときの平均賃金の算定は

㈠　組合より支給を受けている賃金の総額によるべきか。

㈡　専従者となる直前において、会社より支給を受けていた賃金の総額によるべきか。

㈢　専従者となるまで従事していた同種の労働者の賃金によるべきか。

以上何れにもよらないものとすれば、如何なる基準により計算すべきものか、又組合専従者となつて一カ月あるいは二カ月経過している場合は如何にすべきか。

答　設問の場合の平均賃金の算定は、法第十二条第八項の規定に基く昭和二十四年四月労働省告示第五号の規定によつて取扱われたい。

なお、この場合の平均賃金の算定については同年四月十一日附基発第四二一号通牒の㈡の⑴を参照されたい。

（昭二四・八・一九　基収一三五一号）

【組合専従者が復帰した場合の平均賃金】

問　昨年十二月二十四日組合専従を辞任し翌二十五日から原職（会社本来の業務の意）に復帰して本年三月二十三日公傷入院し、今度災害補償を請求することになつたが、左のような場合如何にして平均賃金を算定するか。

なお左の案(イ)又は(ロ)の如きは如何。

賃金締切日は月末とする。

記

月別	賃金額（円）	備考
十二月	一一、九四二	上記賃金の中自十二月一日至十二月二十四日九、七六九円は組合支払分、自十二月二十五日至十二月三十一日二、一七三円は会社支払分
一月	九、五八五	全額会社支払
二月	八、四七九	同右
計	三〇、〇〇六	

案

(イ)　三カ月の総日数で総賃金を割る、即ち三〇、〇〇六円を九〇で除し三三三円四〇銭を得る。

(ロ)　原職復帰の二十五日から二月末日までの日数でその期間の賃金を割る、即ち二〇、二三七円を六六で除し、三〇六円六二銭を得る。

答　設問の場合は、昭和二十四年告示第五号第二条によるが、その算定方法としては、復帰後の賃金及び日数について、法第十二条第一項の方法を用いられたい。

（昭二五・一・一八　基収一二九号）

【組合専従期間中の平均賃金算定】

問　平均賃金算定期間が全部組合専従期間であつた場合及び算定期間中の当初に一部専従期間があつて、その満了後原職に復帰した場合については、夫々昭和二十四年八月十九日附基収第一三五一号及び昭和二十五年一月十八日附基収第一二九号によるが、左記三の場合は、法第十二条第三項を準用し、専従期間中の賃金及び日数を控除したものにより算定してよいか。

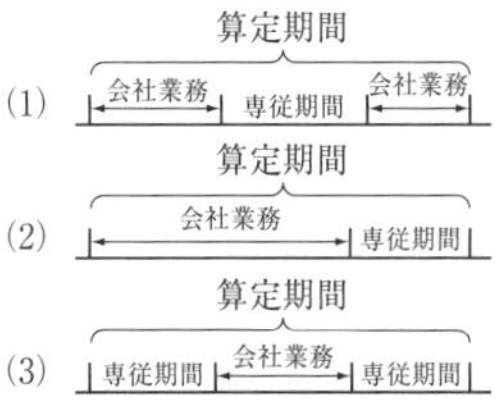

答　設問の場合の平均賃金の算定は昭和二十四年告示第五号第二条によるが、見解の如き方式をとることは差支えない。

（昭二五・五・一九　基収六二二号）

【非専従組合員が臨時に組合用務に就いた期間中の平均賃金算定上の取り扱い】

問　組合専従者にあらざる組合員が、別紙の如き労働協約の規定に従つて臨時に組合用務に就いた期間中の平均賃金算定上の取扱いは、組合専従者に準ずるものとして昭和二十五年五月十九日基収第六二一号と同様に取扱われているものと考えて差支えないか。

（別紙）　○○炭鉱労働協約（抜萃）

第○条　組合は組合専従者以外の組合員を組合活動の為出張又は組合用務に従事させる場合は事前に鉱業所の了解をもとめる。

前項の組合員の取扱いは組合専従者に準ずる。

答　設例の場合の如く、労働協約の明文に基いて組合事務に専従する場合の平均賃金算定については貴見の通り取扱つて差支えない。

（昭二六・八・一八　基収三七八三号）

【平均賃金算定期間中の争議行為期間の取り扱い】

問　平均賃金の算定に当つては労働争議により罷業した期間並びにその期間中に支払われた賃金は、法第十二条第三項に準じて、これを平均賃金の算定の期間及び賃金の総額により、控除するように取扱つて差支えないか。

答　設問の場合は、自今当分の間昭和二十三年六月二十八日附基収第一四四六号にかかわらず、昭和二十四年労働省告示第五号第二条の規定に基き、労働争議により正当に罷業若しくは怠業し又は正当な作業所閉鎖のため休業した期間並びにその期間の賃金は、平均賃金の算定期間並びに賃金の総額から控除するものとして取扱われたい。

（昭二九・三・三一　二八基収四二四〇号）

【平均賃金算定期間中の育児休業の取り扱い】　法第十二条に規定する平均賃金の算定期間中に、育児休業法第二条第一項に規定する育児休業以外の育児休業の期間がある場合においては、昭和二十四年労働省告示第五号第二条の規定に基づき、平均賃金の算定において、その日数及びその期間中の賃金は、基礎となる期間及び賃金の総額から控除するものとすること。

（平三・一二・二〇　基発七一二号）

❹日雇労働者の平均賃金

【昭和三十八年労働省告示第五十二号（日日雇い入れられる者の平均賃金を定める告示）の運用】　日日雇い入れられる者（以下「日雇労働者」という。）の平均賃金は、労働基準法第十二条第七項の規定に基づく昭和二十二年労働省告示第一号（以下「旧告示第一号」という。）及び昭和三十七年労働省告示第二十三号（以下「旧告示第二十三号」という。）によることとされてきたが、今般昭和三十八年労働省告示第五十二号（以下「新告示」という。）が定められ、十月十一日の官報で公布された。新告示は、昭和三十八年十一月一日から適用されることとなつているので、下記に留意のうえ、その運用に遺憾なきを期されたい。

記

1　新告示の第一号から第三号までの規定は、旧告示第一号の規定による算定方法に若干の修正を加えたものであり、第四号は、旧告示第二十三号に代り、一定の事業又は職業については、都道府県労働基準局長があらかじめ一定金額の平均賃金を定めることができることを規定したものであること。

2　新告示の第一号から第三号までの規定による算定方法について

(1)　第一号及び第二号の規定による算定方法は、それぞれ当該日雇労働者又は同種日雇労働者の当該事業場における実労働日当り賃金額を算定し、その百分の七十三を平均賃金とするものであるから、算定理由発生日以前一箇月間における当該日雇労働者又は同種日雇労働者の当該事業場における実労働日数の多少は問わないものであり、また、これらの者の実際の稼働率は考慮せず一律百分の七十三を乗ずるものであること。

(2)　第三号の「前二号の規定により算定し得ない場合」に該当する場合には、次によること。

(イ)　当該日雇労働者の算定理由発生日の賃金があらかじめ一定の日額で定められている場合には、その金額の百分の七十三とし、その他の場合には、当該日雇労働者の算定理由発生日の実績から通常の労働日の賃金額を推算し、その百分の七十三とすること。

(ロ)　(イ)により算定し得ない場合には、算定理由発生日に当該事業場において同一業務に従事した日雇労働者の一人平均の賃金額の百分の七十三とすること。

(ハ)　(イ)及び(ロ)により算定し得ない場合には当該地域における同種の日雇労働者の賃金額から新告示第二号の規定又は上記(ロ)の算定方法に準じて推算した実労働日当り賃金額の百分の七十三とすること。

(3)　新告示第一号又は第二号の規定により算定した場合において、実労働日当り賃金額が短時間就労、長時間残業その他通常の労働と著しく異なる労働に対する賃金額であるため、その金額の百分の七十三を平均賃金とすると著しく不適当なものとなるときは、これを第三号の「前二号の規定により算定し得ない場合」に該当するものとして第三号の規定に基づき、実労働日当り賃金額を過去の当該事業場の労働時間数等を勘案して通常の労働に対する賃金額に修正して算定すること。なお、上記(2)の(イ)及び(ロ)の算定方法についても同様に取り扱うこと。

(4)　第三号の「当該日雇労働者若しくは当該使用者が前二号の規定により算定することを不適当と認め申請した場合」には、次によること。

(イ)　算定理由発生日以前一箇月以上三箇月以下の期間について当該日雇労働者に支払われた賃金（当該事業場以外の事業場において同一又は類似の業務に従事した場合に支払われた賃金を含む。）の額が申請者の提出した資料等によつて明らかであるときは、その賃金の総額をその期間の総日数で除した金額とすること。

(ロ)　(イ)以外の場合には、新告示第一号又は第二号に規定する算定方法により算定するが、上記(3)に該当すると認められる場合は、その算定方法によること。

3　新告示第四号の規定について

(1)　第四号は、旧告示第二十三号に代わり、一定の事業又は職業について一定額の平均賃金を定めることができることを規定したものであるが、旧告示第二十三号は、一般職種別賃金制度と同様実情に即さない面があるために廃止されるものであるから、新告示第四号によつて平均賃金を定める事業又は職業は、一定額の平均賃金を定めることが特に必要であつて、かつ、実情に即した平均賃金を定めることができるものに限ること。

(2) 都道府県労働基準局長は、一定の事業又は職業について一定額の平均賃金を定める必要があると認めるときは、あらかじめ労働省労働基準局長の承認を受けること。

(3) (2)の事業又は職業に係る平均賃金の金額については、各局において金額を算定し、労働省労働基準局長の承認を受けること。

(4) 都道府県労働基準局長は、一定の事業又は職業について平均賃金を定めた場合には、その金額を都道府県労働基準局及び管内労働基準監督署の掲示場に掲示すること。

また、この場合、すみやかに労働省労働基準局長に報告すること。

4 新告示の適用の始期について

(1) 新告示は、昭和三十八年十一月一日以後に算定理由が発生した事案に適用されるものであること。

(2) 昭和三十八年十月三十一日以前に算定理由が発生した事案については、旧告示第一号又は旧告示第二十三号によること。

5 行政不服審査法との関係について

(1) 新告示第三号の規定に基づく平均賃金の決定と行政不服審査法との関係については、昭和三十七年九月二十九日基発第一〇二一号「行政不服審査法、行政事件訴訟法等の施行に関する事務処理について」通達を参照されたいこと。

(2) (1)に掲げる通達の(参考)イの表(労働基準法関係)イ②中「昭和二十二年労働省告示第一号第三号」とあるのは、新告示の施行後は、「昭和三十八年労働省告示第五十二号第三号」に改めること。

(昭三八・一〇・二五　基発一二六二号)

第二章　労働契約

（この法律違反の契約）

第十三条　この法律で定める基準に達しない労働条件を定める労働契約は、その部分については無効とする。この場合において、無効となつた部分は、この法律で定める基準による。

▼参照条文　〔労働契約の原則等―労契三～五〕、〔労働契約の成立及び変更―労契六～一二〕、〔労働契約と労働協約との関係―労組一六〕、〔就業規則違反の労働契約―労契一二〕

（契約期間等）

第十四条　労働契約は、期間の定めのないものを除き、一定の事業の完了に必要な期間を定めるもののほかは、三年（次の各号のいずれかに該当する労働契約にあつては、五年）を超える期間について締結してはならない。

一　専門的な知識、技術又は経験（以下この号及び第四十一条の二第一項第一号において「専門的知識等」という。）であつて高度のものとして厚生労働大臣が定める基準に該当する専門的知識等を有する労働者（当該高度の専門的知識等を必要とする業務に就く者に限る。）との間に締結される労働契約

二　満六十歳以上の労働者との間に締結される労働契約（前号に掲げる労働契約を除く。）

② 厚生労働大臣は、期間の定めのある労働契約の締結時及び当該労働契約の期間の満了時において労働者と使用者との間に紛争が生ずることを未然に防止するため、使用者が講ずべき労働契約の期間の満了に係る通知に関する事項その他必要な事項についての基準を定めることができる。

③ 行政官庁は、前項の基準に関し、期間の定めのある労働契約を締結する使用者に対し、必要な助言及び指導を行うことができる。

第百三十七条　期間の定めのある労働契約（一定の事業の完了に必要な期間を定めるものを除き、その期間が一年を超えるものに限る。）を締結した労働者（第十四条第一項各号に規定する労働者を除く。）は、労働基準法の一部を改正する法律（平

成十五年法律第百四号）附則第三条に規定する措置が講じられるまでの間、民法第六百二十八条の規定にかかわらず、当該労働契約の期間の初日から一年を経過した日以後においては、その使用者に申し出ることにより、いつでも退職することができる。

□告　示

○厚生労働省告示第三五六号（平一五・一〇・二二）
改正　厚生労働省告示第五三二号（平二〇・二・二八）
改正　厚生労働省告示第六八号（平二七・三・一八）
改正　厚生労働省告示第三七六号（平二八・一〇・一九）

労働基準法第十四条第一項第一号の規定に基づき厚生労働大臣が定める基準

労働基準法第十四条第一項第一号に規定する専門的知識等であって高度のものは、次の各号のいずれかに該当する者が有する専門的な知識、技術又は経験とする。

一　博士の学位（外国において授与されたこれに該当する学位を含む。）を有する者

二　次に掲げるいずれかの資格を有する者
イ　公認会計士
ロ　医師
ハ　歯科医師
ニ　獣医師
ホ　弁護士
ヘ　一級建築士
ト　税理士
チ　薬剤師
リ　社会保険労務士
ヌ　不動産鑑定士
ル　技術士
ヲ　弁理士

三　情報処理の促進に関する法律（昭和四十五年法律第九十号）第二十九条に規定する情報処理技術者試験区分のうちITストラテジスト試験に合格した者若しくは情報処理技術者試験規則等の一部を改正する省令（平成十九年経済産業省令第七十九号）第二条の規定による改正前の当該区分のうちシステムアナリスト試験に合格した者又はアクチュアリーに関する資格試験（保険業法（平成七年法律第百五号）第百二十二条の二第二項の規定により指定された法人が行う保険数理及び年金数理に関する試験をいう。）に合格した者

四　特許法（昭和三十四年法律第百二十一号）第二条第二項に規定する特許発明の発明者、意匠法（昭和三十四年法律第百二十五号）第二条第四項に規定する登録意匠を創作した者又は種苗法（平成十年法律第八十三号）第二十条第一項に規定する登録品種を育成した者

五　次のいずれかに該当する者であって、労働契約の期間中に支払われることが確実に見込まれる賃金の額を一年当たりの額に換算した額が千七十五万円を下回らないもの

イ　農林水産業若しくは鉱工業の科学技術（人文科学のみに係るものを除く。以下同じ。）若しくは機械、電気、土木若しくは建築に関する科学技術に関する専門的応用能力を必要とする事項についての計画、設計、分析、試験若しくは評価の業務に就こうとする者、情報処理システム（電子計算機を使用して行う情報処理を目的として複数の要素が組み合わされた体系であってプログラムの設計の基本となるものをいう。ロにおいて同じ。）の分析若しくは設計の業務（ロにおいて「システムエンジニアの業務」という。）に就こうとする者又は衣服、室内装飾、工業製品、広告等の新たなデザインの考案の業務に就こうとする者であって、次のいずれかに該当するもの

(1)　学校教育法（昭和二十二年法律第二十六号）による大学（短期大学を除く。）において就こうとする業務に関する学科を修めて卒業した者（昭和二十八年

文部省告示第五号に規定する者であって、就こうとする業務に関する学科を修めた者を含む。）であって、就こうとする業務に五年以上従事した経験を有するもの

(2) 学校教育法による短期大学又は高等専門学校において就こうとする業務に関する学科を修めて卒業した者であって、就こうとする業務に六年以上従事した経験を有するもの

(3) 学校教育法による高等学校において就こうとする業務に関する学科を修めて卒業した者であって、就こうとする業務に七年以上従事した経験を有するもの

ロ　事業運営において情報処理システムを活用するための問題点の把握又はそれを活用するための方法に関する考案若しくは助言の業務に就こうとする者であって、システムエンジニアの業務に五年以上従事した経験を有するもの

六　国、地方公共団体、一般社団法人又は一般財団法人その他これらに準ずるものによりその有する知識、技術又は経験が優れたものであると認定されている者（前各号に掲げる者に準ずる者として厚生労働省労働基準局長が認める者に限る。）

○厚生労働省告示第三五七号（平一五・一〇・二二）
改正　厚生労働省告示第一二号（平二〇・一・二三）
改正　厚生労働省告示第五五一号（平二四・一〇・二六）
改正　厚生労働省告示第一一四号（令五・三・三〇）

有期労働契約の締結、更新、雇止め等に関する基準

（有期労働契約の変更等に際して更新上限を定める場合等の理由の説明）

第一条　使用者は、期間の定めのある労働契約（以下「有期労働契約」という。）の締結後、当該有期労働契約の変更又は更新に際して、通算契約期間（労働契約法（平成十九年法律第百二十八号）第十八条第一項に規定する通算契約期間をいう。）又は有期労働契約の更新回数について、上限を定め、又はこれを引き下げようとするときは、あらかじめ、その理由を労働者に説明しなければならない。

（雇止めの予告）

第二条　使用者は、有期労働契約（当該契約を三回以上更新し、又は雇入れの日から起算して一年を超えて継続勤務している者に係るものに限り、あらかじめ当該契約を更新しない旨明示されているものを除く。次条第二項において同じ。）を更新しないこととしようとする場合には、少なくとも当該契約の期間の満了する日の三十日前までに、その予告をしなければならない。

（雇止めの理由の明示）

第三条　前条の場合において、使用者は、労働者が更新しないこととする理由について証明書を請求したときは、遅滞なくこれを交付しなければならない。

2　有期労働契約が更新されなかった場合において、使用者は、労働者が更新しなかった理由について証明書を請求したときは、遅滞なくこれを交付しなければならない。

（契約期間についての配慮）

第四条　使用者は、有期労働契約（当該契約を一回以上更新し、かつ、雇入れの日から起算して一年を超えて継続勤務している者に係るものに限る。）を更新しようとする場合においては、当該契約の実態及び当該労働者の希望に応じて、契約期間をできる限り長くするよう努めなければならない。

（無期転換後の労働条件に関する説明）

第五条　使用者は、労働基準法（昭和二十二年法律第四十九号）第十五条第一項の規定により、労働者に対して労働基準法施行規則（昭和二十二年厚生省令第二十三号）第五条第五項に規定する事項を明示する場合においては、当該事項（同条第一項各号に掲げるものを除く。）に関する定めをするに当たって労働契約法第三条第二項の規定の趣旨を踏まえて就業の実態に応じて均衡

を考慮した事項について、当該労働者に説明するよう努めなければならない。

▼参照条文　〔期間計算―民一四〇〕、〔期間の定めのある雇用の解除―民六二六〕、〔期間の定めある場合の更新の推定―民六二九〕〔罰則―一二〇〕、〔期間の定めのある労働契約―労契一七～一九〕、〔労働契約の内容の理解の促進―労契四〕、〔職業訓練を受ける労働者に関する特例―七〇、則三四の二の五〕

解釈例規

【趣旨】　有期契約労働者の多くが契約更新を繰り返すことにより、一定期間継続して雇用されている現状等を踏まえ、有期労働契約が労使双方から良好な雇用形態の一つとして活用されるようにすることを目的として、有期労働契約の契約期間の上限を一年から三年に延長するとともに、高度の専門的知識等を有する労働者や満六十歳以上の労働者については、特例としてその期間の上限を五年としたものであること。

なお、高度の専門的知識等を有する労働者との間に締結される労働契約については、当該労働者の有する高度の専門的知識等を必要とする業務に就く場合に限って契約期間の上限を五年とする労働契約を締結することが可能となるものであり、当該高度の専門的知識を必要とする業務に就いていない場合の契約期間の上限は三年であること。

また、本条第一項第一号の高度の専門的知識等を有する労働者との間に締結される労働契約については、改正法による改正前の労働基準法第十四条第一号又は第二号の労働者との間に締結される労働契約に係る特例と異なり、当該労働者が当該専門的知識等を必要とする業務に就く者である場合であれば、いつでも五年以内の契約期間の労働契約を締結することができるものであること。（平一五・一〇・二二　基発一〇二二〇〇一号）

【特例の対象】　契約期間の上限が五年とされた労働契約は、法第十四条第一項第一号及び第二号に掲げる労働契約であり、具体的には次のとおりであること。

ア　法第十四条第一項第一号に掲げる労働契約

(ア)　趣旨

特例基準は、高度の専門的知識等を限定列挙したものであり、衆議院及び参議院の厚生労働委員会における附帯決議（別添一参照・略）において、「有期上限五年の対象労働者の範囲については、弁護士、公認会計士など専門的な知識、技術及び経験を有しており、自らの労働条件を決めるに当たり、交渉上、劣位に立つことのない労働者を当該専門的な知識、技術及び経験を必要とする業務に従事させる場合に限定すること。」とされたことを踏まえたものであること。

(イ)　特例基準第一号関係

本号は、博士の学位を有する者を特例の対象とすることとしたものであるが、契約期間の上限を五年とする労働契約を締結することができるのは、法第十四条第一項第一号に定めるとおり「当該高度の専門的知識等を必要とする業務に就く」場合に限るものであることから、労働者が博士の学位を有しているだけでは足りず、当該博士の学位に関係する業務を行うことが労働契約上認められている等が必要であるものであること。

(ウ)　特例基準第二号関係

本号において、契約期間の上限を五年とする労働契約を締結することができるのは、上記(イ)の考え方と同様に、労働者が本号に掲げる国家資格を有していることだけでは足りず、当該国家資格の名称を用いて当該国家資格に係る業務を行うことが労働契約上認められている等が必要であるものであること。

(エ)　特例基準第三号関係

「アクチュアリー」とは、確率や数理統計の手法を駆使して、保険料率の算定や配当水準の決定、保険商品の開発及び企業年金の設計等を行うものであり、「アクチュアリーに関する資格試験」とは、社団法人日本アクチュアリー会が行うアクチュアリーに関する資格試験を指すものであること。

また、本号において、契約期間の上限を五年とする労働契約を締結することができるのは、上記(イ)の考え方と同様に、労働者が本号に掲げる資格試験に合格している者であることだけでは足りず、当該資格を用いて当該資格に係る業務を行うことが労働契約上認められている等が必要であるものであること。

(オ)　特例基準第四号関係

本号において、契約期間の上限を五年とする労働契約を締結することができるのは、上記(イ)の考え方と同様に、労働者が特許発明等の発明者等であるだけでは足りず、当該特許発明等に関係する業務を行うことが労働契約上認められている等が必要であるものであること。

(カ)　特例基準第五号イ関係

a　「農林水産業若しくは鉱工業の科学技術若しくは機械、電気、土木若しくは建築に関する科学技術に関する専門的応用能力を必要とする事項についての計画、設計、分析、試験若しくは評価の業務」とは、①農林水産業の技術者、②鉱工業の技術者、③機械・電気技術者又は④建築・土木技術者の業務をいうものであること。

具体的には、平成十一年十一月二十五日付け職発第八二六号に定める労働省編職業分類における大分類A（専門的・技術的職業）中中分類○二（農林水産業・食品技術者）、○三（機械・電気技術者）、○四（鉱工業技術者（機械・電気技術者を除く））又は○五（建築・土木・測量技術者）中小分類○五一（建築技術者）若しくは○五二（土木技術者）に分類される者をいうものであること。

b　「情報処理システム（電子計算機を使用して行う情報処理を目的として複数の要素が組み合わされた体系であってプログラムの設計の基本となるものをいう。以下同じ）の分析若しくは設計の業務（以下「システムエンジニアの業務」という。）」とは、いわゆるシステムエンジニアの業務をいうものであること。

「情報処理システム」とは、情報の整理、加工、蓄積、検索等の処理を目的として、コンピュータのハードウェア、ソフトウェア、通信ネットワーク、データを処理するプログラム等が構成要素として組み合わされた体系をいうものであること。

また、「情報処理システムの分析又は設計の業務」とは、①ニーズの把握、ユーザーの業務分析等に基づいた最適な業務処理方法の決定及びその方法に適合する機種の選定、②入出力設計、処理手順の設計等アプリケーション・システムの設計、機械構成の細部の決定、ソフトウェアの決定等、③システム稼働後のシステムの評価、問題点の発見、その解決のための改善等の業務をいうものであること。プログラムの設計又は作成を行うプログラマーは含まれないものであること。

c　「衣服、室内装飾、工業製品、広告等の新たなデザインの考案の業務」とは、いわゆるデザイナーの業務をいうものであること。

また、「広告」には、商品のパッケージ、ディスプレイ等広く宣伝を目的としたものも含まれるものであること。考案されたデザインに基づき、単に図面の作成、製品の製作等の業務を行う者は含まれないものであること。

d　(1)から(3)までに規定する「就こうとする業務に関する学科」とは、労働者に従事させようとする業務にそれぞれ関するものであること。例えば、別添二（略）に掲げるような学科が考えられること。

なお、「学科」には、大学設置基準（昭和三十一年文部省令第二十八号）第五条に基づき学科に代えて設置されている「課程」も含まれるものであること。

e　本号中「・・年以上従事した経験」には、それぞれの学位や資格等を得る以前の経験を含むものであること。

(キ)　特例基準第五号ロ関係

a　「事業運営において情報処理システムを活用するための問題点の把握又はそれを活用するための方法に関する考案若しくは助言の業務」とは、いわゆるシステムコンサルタントの業務をいうものであること。システムコンサルタントについては、学歴は問わず、システムエンジニアとしての実務経験を要件としているものであること。

b　「情報処理システムを活用するための問題点の把握」とは、現行の情報処理システム又は業務遂行体制についてヒアリングを行い、新しい情報処理システムの導入又は現行情報処理システムの改善に関し、情報処理システムを効率的、有効に活用するための方法について問題点の把握を行うことをいうものであること。

また、「それを活用するための方法に関する考案若しくは助言」とは、情報処理システムの開発に必要な時間、費用等を考慮した上で、新しい情報処理システムの導入や現行の情報処理システムの改善に関しシステムを効率的、有効に活用するための方法を考案し、助言することをいうものであること。

なお、アプリケーションの設計又は開発の業務、データベース設計又は構築の業務は、上記カのbのいわゆるシステムエンジニアの業務に含まれるものであり、いわゆるシステムコンサルタントの業務には含まれないものであること。

(ク)　特例基準第五号の賃金の額に係る要件関係

a　「支払われることが確実に見込まれる賃金の額」とは、個別の労働契約又は就業規則等において、名称の如何にかかわらず、あらかじめ具体的な額をもって支払われることが約束され、支払われることが確実に見込まれる賃金はすべて含まれるものであること。したがって、所定外労働に対する手当や労働者の勤務成績等に応じて支払われる賞与、業績給等その支給額があらかじめ確定されていないものは含まれないものであること。ただし、賞与や業績給でもいわゆる最低保障額が定められ、その最低保障額については支払われることが確実に見込まれる場合には、その最低保障額は含まれるものであること。

b　「一年当たりの額に換算した額が千七十五万円を下回らないもの」とは、契約期間中に支払われることが確実に見込まれる賃金額を一年当たりに換算した額が千七十五万円以上であることをいうものであり、次のいずれかに該当するものであること。

(a)　労働契約の開始の日から起算する一年ごとの期間について千七十五万円以上であること

(b)　賃金計算期間等に応じて客観的かつ合理的に定められる任意の日から起算する一年ごとの期間について千七十五万円以上であること

(c)　契約期間中に支払われる賃金の総額を一年に換算した額が千七十五万円以上であること

c　上記bの(a)及び(b)において、一年未満の端数となる期間が生じる場合にあっては、当該期間を一年に換算した賃金額が千七十五万円以上であることが必要であること。

d　当該賃金の額に係る要件は、三年を超える有期労働契約の締結に当たっての要件であり、労働者の何らかの事由による休業や欠勤等により実際の賃金額が減額され得ることは、契約の締結の要件とは関係のないことであること。

e　上記cの換算方法その他について疑義が生じた場合には、個別ケースごとに照会されたいこと。

(ケ)　特例基準第六号関係

本号に規定する「厚生労働省労働基準局長が定める者」については、おって必要に応じ、厚生労働省労働基準局長通達により定めることとするものであること。

イ　法第十四条第一項第二号に掲げる労働契約

本号の労働契約は、契約締結時に満六十歳以上である労働者との間に締結されるものであることを要すること。

(3)　(1)、(2)〈編注　略〉

法第十四条第一項に規定する期間を超える期間を定めた労働契約の効力等について

法第十四条第一項に規定する期間を超える期間を定めた労働契約を締結した場合は、同条違反となり、当該労働契約の期間は、法第十三条により、法第十四条第一項第一号及び第二号に掲げるものについては五年、その他のものについては三年となること。

(4)　〈編注　略〉

（平一五・一〇・二二　基発一〇二二〇〇一号）

【有期労働契約についての暫定措置】　一定の事業の完了に必要な期間を定めるものを除き、一年を超える期間の有期労働契約を締結した労働者であって、法第十四条第一項各号に規定する労働者以外の者は、当該労働契約の期間の初日から一年を経過した日以後においては、民法第六百二十八条に定める事由が存在していなくとも、その使用者に申し出ることにより、いつでも退職することができるものであること。

なお、上記の措置は、改正法施行後三年を経過した場合において、法第十四条の規定について、その施行の状況を勘案しつつ検討を加え、その結果に基づいて必要な措置を講ずるまでの間において有効であるものであること。

（平一五・一〇・二二　基発一〇二二〇〇一号）

【有期労働契約の締結、更新及び雇止めに関する基準】

(1)　趣旨

有期契約労働者について適切な労働条件を確保するとともに、有期労働契約が労使双方にとって良好な雇用形態として活用されるようにするためには、有期労働契約の締結、更新及び雇止めに際して発生するトラブルを防止し、その迅速な解決が図られるようにすることが必要であることから、厚生労働大臣が「有期労働契約の締結、更新及び雇止めに関する基準」を定めることとし、当該基準に関し、行政官庁が必要な助言及び指導を行うことができることとしたものであること。

(2)　雇止めに関する基準の内容

ア　第一条関係

(ア)　本条の対象となる有期労働契約は、

a　有期労働契約が三回以上更新されている場合

b　一年以下の契約期間の労働契約が更新又は反復更新され、当該労働契約を締結した使用者との雇用関係が初回の契約締結時から継続

して通算一年を超える場合

c　一年を超える契約期間の労働契約を締結している場合

であること。

(イ)　なお、三十日未満の契約期間の労働契約を三回以上更新した場合又は当該労働契約の更新を繰り返して一年を超えた場合の雇止めに関しては、三十日前までにその予告をするのが不可能な場合であっても、本条の趣旨に照らし、使用者は、できる限り速やかにその予告をしなければならないものであること。

イ　第二条関係

「更新しないこととする理由」及び「更新しなかった理由」は、契約期間の満了とは別の理由を明示することを要するものであること。

例えば、

(ア)　前回の契約更新時に、本契約を更新しないことが合意されていたため

(イ)　契約締結当初から、更新回数の上限を設けており、本契約は当該上限に係るものであるため

(ウ)　担当していた業務が終了・中止したため

(エ)　事業縮小のため

(オ)　業務を遂行する能力が十分ではないと認められるため

(カ)　職務命令に対する違反行為を行ったこと、無断欠勤をしたこと等勤務不良のため

等を明示することが考えられるものであること。

ウ　第三条関係

本条における「労働契約の実態」とは、例えば、有期労働契約の反復更新を繰り返した後、雇止めをした場合であっても、裁判において当該雇止めが有効とされる場合のように、業務の都合上、必然的に労働契約の期間が一定の期間に限定され、それ以上の長期の期間では契約を締結できないような実態を指すものであること。

(3)　その他

ア　有期労働契約の雇止めに関する裁判例を見ると、契約の形式が有期労働契約であっても、

・反復更新の実態や契約締結時の経緯等により、実質的には期間の定めのない契約と異ならないものと認められた事案

・実質的に期間の定めのない契約とは認められないものの契約更新についての労働者の期待が合理的なものと認められた事案

・格別の意思表示や特段の支障がない限り当然更新されることを前提として契約が締結されていると認められ、実質上雇用継続の特約が存在すると言い得る事案

があり、使用者は、こうした事案では解雇に関する法理の類推適用等により雇止めの可否を判断するとの判例法理（雇止め法理）があり、これが労働契約法（平成十九年法律第百二十八号）第十九条に規定されたことにも留意しつつ、法令及び雇止めに関する基準に定められた各事項を遵守すべきものであること。

イ　雇止めに関する基準は、有期労働契約の契約期間の満了に伴う雇止めの法的効力に影響を及ぼすものではないこと。

(4)　助言及び指導

〈編注　略〉

（平一五・一〇・二二　基発一〇二二〇〇一号、平二〇・一・二三　基発〇一二三〇〇五号、平二五・三・二八　基発〇三二八第六号）

【有期労働契約の締結、更新及び雇止めに関する基準の一部改正について】

「有期労働契約の締結、更新及び雇止めに関する基準の一部を改正する件」（平成二十年厚生労働省告示第十二号。以下「改正告示」という。）が本日、別添のとおり告示され、平成二十年三月一日から適用さ

れることとされたところである。

改正の内容等は下記のとおりであるので、その施行に遺漏なきを期されたい。

記

1　趣旨

平成十八年十二月二十七日の労働政策審議会の答申において、期間の定めのある労働契約について、「「有期労働契約の締結、更新及び雇止めに関する基準」第二条の雇止め予告の対象の範囲を拡大（現行の一年以上継続した場合のほか、一定回数（三回）以上更新された場合も追加）すること」とされたことを踏まえ、有期労働契約の締結、更新及び雇止めに関する基準（平成十五年厚生労働省告示第三百五十七号。以下「雇止めに関する基準」という。）を改正したものであること。

2　内容

(1)　雇止めに関する基準第二条の雇止め予告の対象の範囲として、有期労働契約が三回以上更新された場合を追加したものであること。

これより、使用者は、有期労働契約が三回以上更新されている場合において、当該有期労働契約を更新しないこととしようとする場合には、少なくとも当該契約の期間の満了する日の三十日前までに、その予告をしなければならないものであること。

なお、

ア　三十日未満の契約期間の労働契約を三回以上更新した場合

イ　(2)のアの場合であって、適用日以後の契約の期間が三十日未満である場合

の雇止めに関しては、三十日前までにその予告をするのが不可能な場合であっても、雇止めに関する基準第二条〈編注　現行第一条〉の趣旨に照らし、使用者は、できる限り速やかにその予告をしなければならないものであること。

(2)　改正告示の適用日前に締結された有期労働契約であっても、

ア　改正告示の適用日前に三回以上更新されていた場合

イ　改正告示の適用日以後に三回目の更新がなされた場合

には、改正告示による改正後の雇止めに関する基準第二条の対象となるものであること。

（平二〇・一・二三　基発〇一二三〇〇五号）

【罰則の適用】

問　法第十四条には、使用者とも労働者とも規定してないから、罰則は双方共に適用せられると解してよいか。

答　本法立法の趣旨に鑑み、本条の罰則は使用者に対してのみ適用がある。

（昭二二・一二・一五　基発五〇二号、昭二三・四・五　基発五三五号）

【美容見習の服務義務】

問　Aは昭和二十二年十月一日、Bの経営せる○○美容院に美容見習として左記のような労働契約を結んだのであるが、昭和二十三年二月十一日家事都合のため退職を申出た。然るに昭和二十三年二月十七日附書留郵便にて使用者Bより労働期間中の食費合計三千二百六十円の支払請求を受け、直に所轄労働基準監督署に出頭し、食費支払請求の適法なりや否やにつき申告した。

労働契約書

私事今般御当家パーマネント美容院へ見習者として御採用下さるにつき、左記事項絶対に厳守致します。パーマネント技術一人前になりたる当日より向う一年間は無条件にて当家へ御勤めいたします。

私事万一見習中事故を起し誓約不履行の場合は、御採用日よりの費用全部を負担致します。

年　月　日

住所　氏名

保証人

保証人

B　殿

上記労働契約の文言を見ても明らかな如く、契約自体に契約期間の文言なく、しかも一人前になつてより向う一年間無条件にて御礼奉公するというが如きは、労働者をして不当に精神的自由を拘束するものと判定する。本件の労働契約については使用人も承認し、また当該事業場に勤務している本件の労働者以外も同一文言の労働契約を締結している如く考えられる。又一人前になる期間は一年乃至二年にして平均一年毎となし、その認定については美容師としての免許状下附を一人前になりたる時期としている。その時期より一年間は御礼奉公として無条件で勤務する。無条件とは一人前にまで養成された恩義により、他の同業種の店よりも低い労働条件で勤務することを指すのである。御礼奉公中に他店より引き抜き等ありたるときは本人の自由は拘束しないと述べている。

又上記の労働契約とそれに基づく勤務中の食費請求書を見て明瞭なる如く、現実に生じた損害の個々についてでなく、既に本人が提供した労働に対して支払われた賃金とみなすべきものまでも含めて賠償を請求し、又労働契約にも賠償を予定したもので法第十六条違反なりと判定せられるが如何。

答　本件労働契約は法第十四条、第十六条の定める契約の基準に違反し無効である。

（昭二三・七・一五　基収二四〇八号）

（労働条件の明示）

第十五条　使用者は、労働契約の締結に際し、労働者に対して賃金、労働時間その他の労働条件を明示しなければならない。この場合において、賃金及び労働時間に関する事項その他の厚生労働省令で定める事項については、厚生労働省令で定める方法により明示しなければならない。

②　前項の規定によつて明示された労働条件が事実と相違する場合においては、労働者は、即時に労働契約を解除することができる。

③　前項の場合、就業のために住居を変更した労働者が、契約解除の日から十四日以内に帰郷する場合においては、使用者は、必要な旅費を負担しなければならない。

（労働条件）

則第五条　使用者が法第十五条第一項前段の規定により労働者に対して明示しなければならない労働条件は、次に掲げるものとする。ただし、第一号の二に掲げる事項については期間の定めのある労働契約（以下この条において「有期労働契約」という。）であつて当該労働契約の期間の満了後に当該労働契約を更新する場合があるものの締結の場合に限り、第四号の二から第十一号までに掲げる事項については使用者がこれらに関する定めをしない場合においては、この限りでない。

一　労働契約の期間に関する事項

一の二　有期労働契約を更新する場合の基準に関する事項（通算契約期間（労働契約法（平成十九年法律第百二十八号）第十八条第一項に規定する通算契約期間をいう。）又は有期労働契約の更新回数に上限の定めがある場合には当該上限を含む。）

一の三　就業の場所及び従事すべき業務に関する事項（就業の場所及び従事すべき業務の変更の範囲を含む。）

二　始業及び終業の時刻、所定労働時間を超える労働の有無、休憩時間、休日、休暇並びに労働者を二組以上に分けて就業させる場合における就業時転換に関する事項

三　賃金（退職手当及び第五号に規定する賃金を除く。以下この号において同

じ。）の決定、計算及び支払の方法、賃金の締切り及び支払の時期並びに昇給に関する事項

四　退職に関する事項（解雇の事由を含む。）

四の二　退職手当の定めが適用される労働者の範囲、退職手当の決定、計算及び支払の方法並びに退職手当の支払の時期に関する事項

五　臨時に支払われる賃金（退職手当を除く。）、賞与及び第八条各号に掲げる賃金並びに最低賃金額に関する事項

六　労働者に負担させるべき食費、作業用品その他に関する事項

七　安全及び衛生に関する事項

八　職業訓練に関する事項

九　災害補償及び業務外の傷病扶助に関する事項

十　表彰及び制裁に関する事項

十一　休職に関する事項

②　使用者は、法第十五条第一項前段の規定により労働者に対して明示しなければならない労働条件を事実と異なるものとしてはならない。

③　法第十五条第一項後段の厚生労働省令で定める事項は、第一項第一号から第四号までに掲げる事項（昇給に関する事項を除く。）とする。

④　法第十五条第一項後段の厚生労働省令で定める方法は、労働者に対する前項に規定する事項が明らかとなる書面の交付とする。ただし、当該労働者が同項に規定する事項が明らかとなる次のいずれかの方法によることを希望した場合には、当該方法とすることができる。

一　ファクシミリを利用してする送信の方法

二　電子メールその他のその受信をする者を特定して情報を伝達するために用いられる電気通信（電気通信事業法（昭和五十九年法律第八十六号）第二条第一号に規定する電気通信をいう。以下この号において「電子メール等」という。）の送信の方法（当該労働者が当該電子メール等の記録を出力することにより書面を作成することができるものに限る。）

⑤　その契約期間内に労働者が労働契約法第十八条第一項の適用を受ける期間の定めのない労働契約の締結の申込み（以下「労働契約法第十八条第一項の無期転換申込み」という。）をすることができることとなる有期労働契約の締結の場合においては、使用者が法第十五条第一項前段の規定により労働者に対して明示しなければならない労働条件は、第一項に規定するもののほか、労働契約法第十八条第一項の無期転換申込みに関する事項並びに当該申込みに係る期間の定めのない労働契約の内容である労働条件のうち第一項第一号及び第一号の三から第十一号までに掲げる事項とする。ただし、当該申込みに係る期間の定めのない労働契約の内容である労働条件のうち同項第四号の二から第十一号までに掲げる事項については、使用者がこれらに関する定めをしない場合においては、この限りでない。

⑥　その契約期間内に労働者が労働契約法第十八条第一項の無期転換申込みをすることができることとなる有期労働契約の締結の場合においては、法第十五条第一項後段の厚生労働省令で定める事項は、第三項に規定するもののほか、労働契約法第十八条第一項の無期転換申込みに関する事項並びに当該申込みに係る期間の定めのない労働契約の内容である労働条件のうち第一項第一号及び第一号の三から第四号までに掲げる事項（昇給に関する事項を除く。）とする。

▼参照条文　〔その他の労働条件―則五1、職安五の三・四三等〕、〔賃金―一一〕、〔厚生労働省令で定める事項―則五3〕、〔厚生労働省令で定める方法―則五4〕、〔労働契約の内容の理解の促進―労契四〕、〔短時間・有期雇用労働者の場合―短時有期六、〔派遣労働者に対する就業条件の明示―

派遣三四〕、〔労働契約の解除―民五四一・六二五3・六二六・六二八〕、〔帰郷―民二二～二四〕、〔必要な旅費―民四一五・七〇九〕、〔罰則―一二〇、刑二四六〕

解釈例規

〈編注〉本条に関するガイドライン及びQ&Aが、次の厚生労働省HPに掲載されている。

・テレワークの適切な導入及び実施の推進のためのガイドライン
〔https://www.mhlw.go.jp/stf/seisakunitsuite/bunya/koyou_roudou/roudoukijun/shigoto/guideline.html〕

・改正労働基準法に関するQ&A
（平成三十一年四月）
〔https://www.mhlw.go.jp/stf/seisakunitsuite/bunya/0000148322_00001.html〕

❶労働条件の明示

【賃金に関する事項以外の書面の交付により明示すべき事項】　使用者が労働契約の締結の際に書面により明示すべき事項として、次の事項を追加したものであること。

(1)　労働契約の期間に関する事項
　期間の定めのある労働契約の場合はその期間、期間がない労働契約の場合はその旨を明示しなければならないこと。

(2)　就業の場所及び従事すべき業務に関する事項
　雇入れ直後の就業の場所及び従事すべき業務を明示すれば足りるものであるが、将来の就業場所や従事させる業務を併せ網羅的に明示することは差し支えないこと。

(3)　始業及び終業の時刻、所定労働時間を超える労働の有無、休憩時間、休日、休暇並びに労働者を二組以上に分けて就業させる場合における就業時転換に関する事項
　当該労働者に適用される労働時間等に関する具体的な条件を明示しなければならないこと。

　なお、当該明示すべき事項の内容が膨大なものとなる場合においては、労働者の利便性をも考慮し、所定労働時間を超える労働の有無以外の事項については、勤務の種類ごとの始業及び終業の時刻、休日等に関する考え方を示した上、当該労働者に適用される就業規則上の関係条項名を網羅的に示すことで足りるものであること。

(4)　退職に関する事項
　退職の事由及び手続、解雇の事由等を明示しなければならないこと。

　なお、当該明示すべき事項の内容が膨大なものとなる場合においては、労働者の利便性をも考慮し、当該労働者に適用される就業規則上の関係条項名を網羅的に示すことで足りるものであること。

（平一一・一・二九　基発四五号）

【書面明示の方法】　書面の様式は自由であること。

なお、当該労働者に適用する部分を明確にして就業規則を労働契約の締結の際に交付することとしても差し支えないこと。

（平一一・一・二九　基発四五号）

【施行規則第五条第一項の趣旨】

(一)　本条は、使用者が法第十五条の規定により、労働者に対して明示すべき労働条件の範囲を定めているのであって、労働基準法にいう労働条件の定義を規定したものではないこと。

(二)　本条にいう「明示」は常時十人以上の労働者を使用する事業においては、当該労働者に適用する部分を明確にして就業規則を労働契約の締結の際に交付することとしても差し支えないこと。

(三)　本条第四号の二から第十一号までに掲げる事項については、使用者がこれらに関する定めをしていない場合においては、これを明示することを要しないことに留意すること。

（昭二九・六・二九　基発三五五号、昭六三・三・一四　基発一五〇号、平一一・三・三一　基発一六八号）

【労働基準法施行規則等の一部改正について】

1　改正の趣旨

改正省令及び改正告示は、労働政策審議会建議「有期労働契約の在り方について」（平成二十三年十二月二十六日）において「有期労働契約の継続・終了に係る予測可能性と納得性を高め、もって紛争の防止に資するため、契約更新の判断基準は、労働基準法第十五条第一項後段の規定による明示をすることとすることが適当である。」とされたことを踏まえ、労働基準法施行規則（昭和二十二年厚生省令第二十三号。以下「則」という。）及び有期労働契約の締結、更新及び雇止めに関する基準（平成十五年厚生労働省告示第三百五十七号。以下「雇止めに関する基準」という。）について所要の改正を行ったものである。

2　改正の内容

(1)　労働基準法（昭和二十二年法律第四十九号。以下「法」という。）第十五条第一項前段の規定により労働者に対して明示しなければならない労働条件及び同項後段の厚生労働省令で定める事項として、期間の定めのある労働契約であって当該労働契約の期間の満了後に当該労働契約を更新する場合があるものの締結の場合においては「期間の定めのある労働契約を更新する場合の基準に関する事項」（以下「更新の基準」という。）を加えるものとしたこと（則第五条第一項第一号の二及び第二項）。

これにより、更新の基準は、則第五条第三項の規定により、書面の交付により明示しなければならない労働条件となるものであること。

書面の交付により明示しなければならないこととされる更新の基準の内容は、有期労働契約を締結する労働者が、契約期間満了後の自らの雇用継続の可能性について一定程度予見することが可能となるものであることを要するものであること。

当該内容については、例えば、「更新の有無」として、

a　自動的に更新する
b　更新する場合があり得る
c　契約の更新はしない

等を、また、「契約更新の判断基準」として、

a　契約期間満了時の業務量により判断する
b　労働者の勤務成績、態度により判断する
c　労働者の能力により判断する
d　会社の経営状況により判断する
e　従事している業務の進捗状況により判断する

等を明示することが考えられるものであること。

　また、更新の基準についても、他の労働条件と同様、労働契約の内容となっている労働条件を使用者が変更する場合には、労働者との合意その他の方法により、適法に変更される必要があること。

(2)　上記(1)の改正に伴い、雇止めに関する基準第一条における契約締結時の明示事項等に係る規定を削除するものとすること。

3　モデル労働条件通知書の改正

　改正省令の施行等に伴い、平成十一年二月十九日付け基発第八一号「労働条件通知書等の普及促進について」の（別添1）から（別添5）までのモデル様式を別添1から別添5までのように改正し、改正省令の施行日から適用する。

（平二四・一〇・二六　基発一〇二六第二号、平二五・三・二八　基発〇三二八第六号）

〈編注〉

（別添1）　一般労働者用モデル労働条件通知書（常用、有期雇用型／日雇型）（一九〇頁参照）

（別添2）　建設労働者用モデル労働条件通知書（常用、有期雇用型／日雇型）（略）

（別添3）　林業労働者用モデル労働条件通知書（常用、有期雇用型／日雇型）（略）

（別添4）　短時間労働者・派遣労働者用モデル労働条件通知書（常用、有期雇用型）（略）

（別添5）　派遣労働者用モデル労働条件通知書（日雇型）（略）

【新たな明示ルールの適用時期・対象者】

問　今回の改正〈編注　令五省令三九〉を受けて、既に雇用されている労働者に対して、改めて新たな明示ルールに対応した労働条件明示が必要か。

答　既に雇用されている労働者に対して、改めて労働条件を明示する必要はない。

　新たな明示ルールは、今般の省令・告示改正の施行日である令和六年四月一日以降に締結される労働契約について適用される。

　もっとも、労働条件に関する労働者の理解を深めるため、再度の明示を行うことは望ましい取組と考えられる。

　また、有期契約労働者については、契約の更新は新たな労働契約の締結であるため、令和六年四月一日以降の契約更新の際には、新たなルールに則った明示が必要となる。

問　令和六年四月一日を契約の開始日とする契約の締結を三月以前に行う場合、新たな明示ルールに基づく労働条件明示が必要か。

答　労基法十五条の労働条件明示は、労働契約の締結に際し行うものであることから、契約の始期が令和六年四月一日以降であっても、令和六年三月以前に契約の締結を行う場合には、改正前のルールが適用され、新たな明示ルールに基づく明示は不要である。

　もっとも、労働条件に関する労働者の理解を深めるため、令和六年三月以前から新たな明示ルールにより対応することは、望ましい取組と考えられる。

（令五・一〇・一三　事務連絡）

【労働条件の明示】

(1)　明示しなければならない労働条件を事実と異なるものとしてはならないこと

（則第五条第二項関係）

　使用者は、労働基準法第十五条第一項の規定により明示しなければならないとされている労働条件について、事実と異なるものとしてはならないこととしたものであること。この場合において、「事実と異なるもの」とは、同条第二項において、労働者が即時に労働契約を解除することができるとされる場合と同様に判断されることに留意すること。

(2)　労働条件の明示の方法

　労働条件明示の方法について、労働者

が希望した場合には、①ファクシミリの送信、②電子メール等の送信（当該労働者が当該電子メール等の記録を出力することにより書面を作成することができるものに限る。）により明示することを可能としたものであること。

なお、整備省令による改正後の特定有期雇用労働者に係る労働基準法施行規則第五条の特例を定める省令（平成二十七年厚生労働省令第三十六号）第一条及び第二条における計画対象第一種特定有期雇用労働者及び計画対象第二種特定有期雇用労働者に係る労働条件の明示についても同様の改正を行ったものであること。

（平三〇・九・七　基発〇九〇七第一号）

【シフト制労働契約の締結時に明示すべき労働条件】

シフト制労働契約についても、労働契約の締結時に労働基準法所定の事項を明示しなければなりませんが、その中でも特に問題となりやすい「始業及び終業の時刻」や「休日」に関する事項については、以下の点に留意する必要があります。

(ア)　「始業及び終業の時刻」に関する事項

労働契約の締結時点において、すでに始業及び終業時刻が確定している日については、その日の始業及び終業時刻を明示しなければなりませんので、労働条件通知書等には、単に「シフトによる」と記載するのでは足りず、労働日ごとの始業及び終業時刻を明記するか、原則的な始業及び終業時刻を記載した上で労働契約の締結と同時に定める一定期間分のシフト表等をあわせて労働者に交付するなどの対応が必要です。

(イ)　「休日」に関する事項

労働契約の締結時に休日が定まっている場合は、これを明示しなければなりません。また、具体的な曜日等が確定していない場合は、休日の設定にかかる基本的な考え方などを明示しなければなりません。

労働基準法では、使用者は、労働者に対して、毎週少なくとも一回又は四週間を通じて四日以上の休日を与えなければならないこととされています（労働基準法第三十五条）ので、最低でもこうした内容を満たすような考え方を明示する必要があります。なお、四週間を通じて四日以上の休日とする場合には、四週間の起算日を就業規則等において明らかにしておくことが必要です（労働基準法施行規則第十二条の二第二項）。

（令四・一・七　基発〇一〇七第四号　職発〇一〇七第三号　雇均発〇一〇七第七号）

〈編注〉本解釈例規「いわゆる『シフト制』により就業する労働者の適切な雇用管理を行うための留意事項について」は、参考資料篇Ｉの４にも掲載。

【就業の場所及び従事すべき業務の変更の範囲】

〈編注　労基則第五条第一項第一号の三関係〉

①　労基法第十五条第一項前段の規定に基づいて明示しなければならない労働条件に、就業の場所及び従事すべき業務の変更の範囲を追加したものであること。

②　「就業の場所及び従事すべき業務」とは、労働者が通常就業することが想定されている就業の場所及び労働者が通常従事することが想定されている業務をいい、配置転換及び在籍型出向が命じられた場合の当該配置転換及び在籍型出向先の場所及び業務が含まれるが、臨時的な他部門への応援業務や出張、研修等、就業の場所及び従事すべき業務が一時的に変更される場合の当該一時的な変更先の場所及び業務は含まれないものであること。

③　「変更の範囲」とは、今後の見込みも含め、当該労働契約の期間中における就業の場所及び従事すべき業務の変更の範囲をいうものであること。

④　労働者が情報通信技術を利用して行う事業場外勤務（以下「テレワーク」とい

う。）については、労働者がテレワークを行うことが通常想定されている場合には、テレワークを行う場所が就業の場所の変更の範囲に含まれるが、労働者がテレワークを行うことが通常想定されていない場合には、一時的にテレワークを行う場所はこれに含まれないものであること。

⑤　就業の場所及び従事すべき業務の変更の範囲は、有期労働契約を含む全ての労働契約の締結の際に明示する必要があるものであること。

（令五・一〇・一二　基発一〇一二第二号）

【変更の範囲の明示】

問　就業の場所及び従事すべき業務の変更の範囲の明示について、「変更の範囲」とは、当該労働契約の期間中における変更の範囲を指すと解してよいか。

例えば、直近の有期労働契約の期間中には想定されないが、契約が更新された場合にその更新後の契約期間中に命じる可能性がある就業の場所及び業務について、明示する必要はないという理解で良いか。

答　就業の場所及び従事すべき業務の変更の範囲とは、当該労働契約の期間中における変更の範囲を意味する。

このため、契約が更新された場合にその更新後の契約期間中に命じる可能性がある就業の場所及び業務については、改正労基則において明示が求められるものではない。もっとも、労働者のキャリアパスを明らかにする等の観点から、更新後の契約期間中における変更の範囲について積極的に明示することは考えられる。

問　日雇い労働者に対して、就業の場所及び従事すべき業務の「変更の範囲」を明示する必要はあるか。

答　雇入れ日における就業の場所及び従事すべき業務を明示すれば足り、「変更の範囲」を明示する必要はない。（日雇い労働については、その日の就業の場所及び従事すべき業務を明示すれば、「労働契約の期間中における変更の範囲」も明示したものと考えられる。）　（令五・一〇・一二　事務連絡）

【無期転換申込みに関する事項及び無期転換後の労働条件】

〈編注　労基則第五条第五項関係〉

①　その契約期間内に無期転換申込権が発生する有期労働契約の締結の場合においては、使用者は、労基則第五条第一項に規定するもののほか、無期転換申込みに関する事項及び無期転換後の労働条件（同項第一号及び第一号の三から第十一号までに掲げる事項）を明示しなければならないものとしたものであること。ただし、無期転換後の労働条件のうち同項第四号の二から第十一号までに掲げる事項については、使用者がこれらに関する定めをしない場合においては、この限りでないものとしたものであること。

②　「無期転換申込みに関する事項」とは、労契法第十八条に規定する無期転換ルール（有期労働契約が五年を超えて反復更新された場合は、有期契約労働者の申込みにより期間の定めのない労働契約（以下「無期労働契約」という。）に転換させる仕組み）に基づき、当該有期労働契約の契約期間の初日から満了する日までの間に有期契約労働者が無期労働契約への転換を申し込むことができる権利（以下「無期転換申込権」という。）を有することをいうものであること。

③　無期転換後の労働条件の明示は、労基則第五条第五項の規定に基づき明示すべき事項について、事項ごとにその内容を明示する方法のほか、同条第一項の規定に基づき明示すべき有期労働契約の労働条件からの変更の有無及び変更がある場合はその内容を明示する方法で行うことも差し支えないこと。

④　改正省令の施行後は、無期転換申込権の行使によって成立する無期労働契約の労働条件の明示は、無期転換申込権が生じる有期労働契約の更新時及び労働者による無期転換申込権の行使による無期労

働契約の成立時にそれぞれ行うこととなること。ただし、無期転換申込権が生じる有期労働契約の更新時に、無期転換後の労働条件の明示を、労基則第五条第五項の規定に基づき明示すべき事項について事項ごとにその内容を示す方法で行った場合であって、当該明示した無期転換後の労働条件と無期転換申込権の行使によって成立する無期労働契約の労働条件のうち同条第一項の規定に基づき明示すべき事項が全て同じである場合には、使用者は、無期労働契約の成立時にその旨を書面の交付等の方法により明示することとしても差し支えないこと。

（令五・一〇・一二　基発一〇一二第二号）

【更新上限を定める場合等の理由の説明】

〈雇止めに関する基準第一条関係〉

(1)　使用者は、有期労働契約の締結後、当該有期労働契約の変更又は更新に際して、通算契約期間又は有期労働契約の更新回数について、上限を定め、又はこれを引き下げようとするときは、あらかじめ、その理由を労働者に説明しなければならないものとしたものであること。

(2)　「理由」とは、例えば、「プロジェクトが終了することになったため」、「事業を縮小することになったため」等が考えられるものであること。

(3)　「説明」とは、労働者が内容を理解することができるよう、文書を交付し、個々の有期契約労働者ごとに面談等により説明を行うことが基本であるが、説明の方法は、特定の方法に限られるものではなく、説明すべき事項を全て記載した労働者が容易に理解できる内容の資料を用いる場合には、当該資料を交付して行う等の方法でも差し支えないものであること。また、説明会等において複数の有期契約労働者に同時に行う等の方法によっても差し支えないこと。

(4)　労働条件に係る紛争の防止や労契法第四条の趣旨の観点から、理由の説明に当たり、労働者に対して新たな更新上限の内容を書面の交付等の方法により明示することが望ましいと考えられること。なお、一般に労基法第十五条一項後段の規定に基づき書面の交付等の方法により明示すべき事項に関して、労働契約締結後に当該労働契約の内容を変更する場合には、使用者が変更の内容を書面の交付等の方法により明示することが望ましいと考えられること。

（令五・一〇・一二　基発一〇一二第二号）

【更新上限の明示】

問　有期労働契約の更新回数の上限とは、契約の当初から数えた回数を書くのか、残りの契約更新回数を書くのか。また、通算契約期間の上限についてはどうか。

答　労働者と使用者の認識が一致するような明示となっていれば差し支えない。

なお、労働者・使用者間での混乱を避ける観点からは、契約の当初から数えた更新回数又は通算契約期間の上限を明示し、その上で、現在が何回目の契約更新であるか等を併せて示すことが考えられる。

問　改正労基則の規定では、有期労働契約の更新上限については、「上限の定めがある場合には当該上限を含む」と規定されている（改正労基則五条一項一号の二括弧書き）。

厚生労働省が公開しているモデル労働条件通知書には、「更新上限の有無（無・有（略））」という欄があるが、更新上限がない場合にも上限がない旨の明示を必ずしなければならないか。

答　改正労基則〈編注　令五省令三九〉では、有期労働契約の更新上限を定めている場合にその内容を明示することが求められており、更新上限がない場合にその旨を明示することは要しない。

他方で、有期労働契約の更新上限の有無を書面等で明示することは労働契約関係の明確化に資するため、モデル労働条件通知書では更新上限がない場合にその旨を明示する様式としている。

問　有期労働契約の更新上限の明示について、雇用期間の終期を定めている場合（例：「契約更新した場合でも最長令和十年三月三十一日までとする」）に、当該終期の明示をもって通算契約期間の明示とすることは可能か。

答　雇用期間の終期は通算契約期間の終期と同義であり、雇用期間の終期を明示することで労働者が有期労働契約の更新上限を理解することができるため、通算契約期間の明示に当たり、雇用期間の終期を明示することは可能である。

問　改正雇止めに関する基準一条において、使用者は、有期労働契約の締結後、当該有期労働契約の変更又は更新に際して、通算契約期間又は有期労働契約の更新回数について、上限を定め又はこれを引き下げようとするときは、あらかじめ、その理由について労働者に説明しなければならないとされているが、労働者が納得することまで求められていないということで良いか。

答　改正雇止めに関する基準一条に基づき、使用者は、通算契約期間又は有期労働契約の更新回数について、上限を定め、又はこれを引き下げようとする理由を労働者に説明することが義務付けられているが、当該理由の説明により、有期契約労働者が納得することまで求められているものではない。

問　通算契約期間又は有期労働契約の更新回数に上限の定めがある労働契約にもかかわらず、労働条件通知書に通算契約期間又は有期労働契約の更新回数の記載がない場合、当該労働契約は、自動的に通算契約期間又は更新回数の上限がない労働契約となるか。

答　更新上限の定めがあるにもかかわらず、書面による明示が行われていない場合は、労基法十五条違反となるが、明示されなかったことをもって、直ちに通算契約期間又は更新回数の上限がない労働契約が成立するものではない。更新上限の内容についての合意の有無等から最終的には司法において判断されるものである。

（令五・一〇・一三　事務連絡）

【無期転換後の労働条件に関する説明】

〈編注　雇止めに関する基準第五条関係〉

(1)　使用者は、労基法第十五条第一項の規定により、労働者に対して無期転換後の労働条件を明示する場合においては、当該労働条件に関する定めをするに当たって労契法第三条第二項の規定の趣旨を踏まえて就業の実態に応じて均衡を考慮した事項について、当該労働者に説明するよう努めなければならないものとしたものであること。

(2)　「説明」とは、労働者が内容を理解することができるよう、文書を交付し、個々の有期契約労働者ごとに面談等により説明を行うことが基本であるが、説明の方法は、特定の方法に限られるものではなく、説明すべき事項を全て記載した労働者が容易に理解できる内容の資料を用いる場合には、当該資料を交付して行う等の方法でも差し支えないものであること。また、説明会等において複数の有期契約労働者に同時に行う等の方法によっても差し支えないこと。

(3)　「就業の実態に応じて均衡を考慮した事項」とは、例えば、業務の内容、責任の程度、異動の有無・範囲等が考えられるものであること。

(4)　雇止めに関する基準第五条に基づく説明は、無期転換後の労働条件に関する定めをするに当たって、他の通常の労働者（正社員等のいわゆる正規型の労働者及び無期雇用フルタイム労働者。この(4)において同じ。）の待遇との均衡を考慮した事項を説明するよう努めなければならないことを規定したものであること。

　同条に基づく説明は、個別の待遇について、他の通常の労働者との待遇の相違の内容及び理由を説明することまで求められるものではないが、短時間労働者及び有期雇用労働者の雇用管理の改善等に関する法律（平成五年法律第七十六号）

第十四条第二項に基づく説明と同様に、通常の労働者との待遇の相違の内容及び理由の説明を行うことは、無期転換後の労働条件に対する理解に資するものであること。

（令五・一〇・一二　基発一〇一二第三号）

【無期転換申込み機会の明示】

問　労契法十八条に規定する無期転換ルールに基づき無期労働契約への転換を申し込むことができる権利（無期転換申込権）を行使しない旨を表明している有期契約労働者に対しても、無期転換申込み機会の明示を行う必要があるか。

答　明示を行う必要がある。

問　日雇労働者に対して、モデル労働条件通知書には無期転換に関する記載が無いが、日雇労働者にも無期転換申込権は発生しうるのではないか。

答　日雇労働者に無期転換申込権が発生することはあり得るものであるが、そのようなケースは容易には想定しがたいと考えられる。このため、日雇型のモデル労働条件通知書には敢えて記載していないものである。

問　無期転換申込権が生じる有期労働契約の契約更新時に行う、無期転換後の労働条件の明示について、

(1)　「無期転換後の労働条件は有期労働契約の労働条件から変更がない」旨を書面で明示した場合、有期労働契約の労働条件として書面で明示した事項のみについて変更がない旨を明示したと解されるのか。

(2)　有期労働契約の労働条件として書面で明示した事項については変更がないが口頭で明示する事項については変更がある場合に、書面では「無期転換後の労働条件は有期労働契約の労働条件から変更がない」として明示を行い、口頭で明示する事項は別途口頭で明示することは可能か。

答　(1)　原則として、有期労働契約の労働条件として書面で明示している事項に関して、無期転換後も当該条件と変更がない旨を明示したものと解する。（注：改正労基則五条の規定では書面の交付等による明示事項となっていない「昇給の有無」「退職手当の有無」「賞与の有無」「雇用管理の改善等に関する事項に係る相談窓口」は、パートタイム・有期雇用労働法に基づく書面明示事項であるため、有期労働契約の労働条件として必ず書面明示されている。）

(2)　口頭で明示する事項に変更があった場合には、変更の内容を口頭で明示した上で、そのような取扱いとすることも可能である。なお、有期労働契約の労働条件として書面で明示した事項については変更がないが口頭で明示する事項については変更があるということを労働者が理解できるよう、使用者は労働者に十分に説明を行うことが望ましい。

問　無期転換申込権が行使されて無期労働契約が成立した場合の、当該無期労働契約の労働条件の明示について、

(1)　有期労働契約の更新時に「無期転換後の労働条件」として示した労働条件と、書面で明示した事項には変更がないが、口頭で明示した事項には変更がある場合、「無期転換後の労働条件として〇月〇日に明示したものと同じ」旨の明示をすることで済ますことは許容されるか。

(2)　有期労働契約の更新時に「無期転換後の労働条件」として示した労働条件と、書面で明示した事項、口頭で明示した事項とも変更がない場合に、書面で明示した事項に限った意味で「無期転換後の労働条件として〇月〇日に明示したものと同じ」旨を書面で明示し、口頭で明示した事項については別途口頭で「無期転換後の労働条件として〇月〇日に明示したものと同じ」旨を明示することは許容されるか。

答　(1)　許容されない。施行通達の記の第1の1(1)ウ④のとおり、有期労働契約の更新時に書面で明示した事項・口頭で明示した事項の別を問わず改正労基則〈編注　令

五省令三九〉五条一項に基づく明示事項の全てに変更がない場合に限り、変更がない旨の明示によることが許容されるものであり、当該「変更がない旨の明示」は改正労基則五条一項に基づく明示事項の全てに変更がない旨の明示とする必要がある。

答　(2)　許容されない。

(1)と同様、有期労働契約の更新時に書面で明示した事項・口頭で明示した事項の別を問わず改正労基則五条一項に基づく明示事項の全てに変更がない場合に限り、変更がない旨の明示によることが許容されるものであり、当該「変更がない旨の明示」は改正労基則五条一項に基づく明示事項の全てに変更がない旨の明示とする必要がある。

問　モデル労働条件通知書に記載されている明示事項には、労基法に基づく明示事項と、他法律（パートタイム・有期雇用労働法六条、建設労働者の雇用の改善等に関する法律（昭和五十一年法律第三十三号）七条及び林業労働力の確保の促進に関する法律（平成八年法律第四十五号）三十一条）に基づく明示事項がある。改正労基則五条五項及び六項に基づく無期転換後の労働条件の明示は、法令上、労基法に基づく明示事項のみに明示の義務がかかるが、この明示の際に、他法律に基づく明示事項も任意に明示できることは自明である。

無期転換申込権が生じる有期労働契約の更新時における無期転換後の労働条件の明示において、他法律に基づく明示事項を併せて明示した場合であって、無期転換申込権の行使により成立した無期労働契約においてもそれらの事項に変更がないとき、他法律に基づく明示事項についても具体的な明示を省略し、「無期転換後の労働条件として○月○日に示したものと同じ」旨の明示で済ますことができるか。

答　無期転換申込権が生じる有期労働契約の更新時における無期転換後の労働条件の明示において、他法律に基づく明示事項を併せて明示し、無期転換申込権の行使により成立した無期労働契約においてもそれらの事項が全て同じである場合において、無期労働契約の成立時に労基法十五条の規定に基づく明示を「無期転換後の労働条件として○月○日に示したものと同じ」旨の書面の交付等の方法により明示するときは、当該無期労働契約の労働者に対する他法律の規定に基づく明示についても、同様にその旨を文書の交付等の方法により明示することとしても差し支えない。

問　無期転換申込権が生じる有期労働契約の更新時において明示された無期転換後の労働条件と、無期転換申込権が行使されて無期労働契約が成立した際に明示された労働条件が一致しなかった場合（例：無期転換権申込権が生じる有期労働契約の更新時に月給五十万円と明示されたが、無期労働契約成立後に月給四十万円と明示された場合）、無期労働契約成立後の労働条件に沿って当初の明示から減額された賃金が支払われたときは、労基法二十四条違反が成立するのか。

答　就業規則により「別段の定め」をして、無期転換申込権が生じる有期労働契約の更新時に無期転換後の労働条件として明示された労働条件と、無期労働契約が成立した際に明示された労働条件が一致しない場合、当該変更の合理性は最終的には司法で判断されるものである。

また、個別契約により「別段の定め」をして、無期転換後の労働条件として通知された労働条件と無期労働契約が成立した際に明示された労働条件が一致しない場合についても、その変更部分が就業規則で定める基準に達しないときを除き、当該変更が真の合意に基づくものかは司法で判断されるものである。

無期転換後の労働条件が月給五十万円であると司法で判断された場合は、労基法二十四条違反が成立する。

（令五・一〇・一三　事務連絡）

【労働者が希望した場合】　則第五条第四項の「労働者が（中略）希望した場合」とは、労働者が使用者に対し、口頭で希望する旨を伝達した場合を含むと解されるが、法第十五条の規定による労働条件の明示の趣旨は、労働条件が不明確なことによる紛争を未然に防止することであることに鑑みると、紛争の未然防止の観点からは、労使双方において、労働者が希望したか否かについて個別に、かつ、明示的に確認することが望ましい。

（平三〇・一二・二八　基発一二二八第一五号）

【「電子メール等」の具体的内容】「電子メール」とは、特定電子メールの送信の適正化等に関する法律（平成十四年法律第二十六号）第二条第一号の電子メールと同様であり、特定の者に対し通信文その他の情報をその使用する通信端末機器（入出力装置を含む。）の影像面に表示させるようにすることにより伝達するための電気通信（有線、無線その他の電磁的方式により、符号、音響又は影像を送り、伝え、又は受けることをいう（電気通信事業法第二条第一号）。）であって、①その全部若しくは一部においてＳＭＴＰ（シンプル・メール・トランスファー・プロトコル）が用いられる通信方式を用いるもの、又は②携帯して使用する通信端末機器に、電話番号を送受信のために用いて通信文その他の情報を伝達する通信方式を用いるものをいうと解される。

①にはパソコン・携帯電話端末によるＥメールのほか、Yahoo!メールやGmailといったウェブメールサービスを利用したものが含まれ、②にはＲＣＳ（リッチ・コミュニケーション・サービス。＋メッセージ（プラス・メッセージ）等、携帯電話同士で文字メッセージ等を送信できるサービスをいう。）や、ＳＭＳ（ショート・メッセージ・サービス。携帯電話同士で短い文字メッセージを電話番号宛てに送信できるサービスをいう。）が含まれる。

「その受信する者を特定して情報を伝達するために用いられる電気通信」とは、具体的には、LINEやFacebook等のＳＮＳ（ソーシャル・ネットワーク・サービス）メッセージ機能等を利用した電気通信がこれに該当する。

なお、上記②の例えばＲＣＳやＳＭＳについては、ＰＤＦ等の添付ファイルを送付することができないこと、送信できる文字メッセージ数に制限等があり、また、原則である書面作成が念頭に置かれていないサービスであるため、労働条件明示の手段としては例外的なものであり、原則として上記①の方法やＳＮＳメッセージ機能等による送信の方法とすることが望ましい。労働者が開設しているブログ、ホームページ等への書き込みや、ＳＮＳの労働者のマイページにコメントを書き込む行為等、特定の個人がその入力する情報を電気通信を利用して第三者に閲覧させることに付随して、第三者が特定個人に対し情報を伝達することができる機能が提供されるものについては、「その受信する者を特定して情報を伝達するために用いられる電気通信」には含まれないことに留意する必要がある。

上記のサービスによっては、情報の保存期間が一定期間に限られている場合があることから、労働者が内容を確認しようと考えた際に情報の閲覧ができない可能性があるため、使用者が労働者に対して、労働者自身で出力による書面の作成等により情報を保存するように伝えることが望ましい。

（平三〇・一二・二八　基発一二二八第一五号）

【電子メール等の「送信」の考え方】電子メール等の「送信」については、労働者が受信拒否設定をしていたり、電子メール等の着信音が鳴らない設定にしたりしているなどのために、個々の電子メール等の着信の時点で、相手方である受信者がそのことを認識し得ない状態であっても、受信履歴等から電子メール等の送信が行われたことを受信者が認識しうるのであれば、「電子メール等の送信」に該当するものと解される。

ただし、労働条件の明示を巡る紛争の未然防止の観点を踏まえると、使用者があらかじめ労働者に対し、当該労働者の端末等が上記の設定となっていないか等を確認した上で送信することが望ましい。

（平三〇・一二・二八　基発一二二八第一五号）

【記録の出力及び書面の作成】　労働条件の明示の趣旨を鑑みると、使用者が労働者に対し確実に労働条件を明示するとともに、その明示された事項を労働者がいつでも確認することができるよう、当該労働者が保管することのできる方法により明示する必要があることから、労働者が書面の交付による明示以外の方法を望んだ場合であっても、電子メール等の記録を出力することにより書面を作成することができるものに限る。

この場合において「出力することにより書面を作成することができる」とは、当該電子メール等の本文又は当該電子メール等に添付されたファイルについて、紙による出力が可能であることを指すが、労働条件の明示を巡る紛争の未然防止及び書類管理の徹底の観点から、労働条件通知書に記入し、電子メール等に添付し送信する等、可能な限り紛争を防止しつつ、書類の管理がしやすい方法とすることが望ましい。

（平三〇・一二・二八　基発一二二八第一五号）

【その他の留意事項】

（明示しなければならない労働条件の範囲）

今回の改正省令については、労働条件の明示方法について改正を行うものであることから、明示しなければならない労働条件の範囲について変更を加えるものではない。

（電子メール等による送信の方法による明示の場合の署名等）

電子メール等による送信の方法による明示を行う場合においても、書面による交付と同様、明示する際の様式は自由であるが、紛争の未然防止の観点から、明示しなければならない事項に加え、明示を行った日付や、当該電子メール等を送信した担当者の個人名だけでなく労働条件を明示した主体である事業場や法人等の名称、使用者の氏名等を記入することが望ましい。

（平三〇・一二・二八　基発一二二八第一五号）

【書面により明示すべき賃金に関する事項】

書面によって明示すべき事項は、賃金に関する事項のうち、労働契約締結後初めて支払われる賃金の決定、計算及び支払の方法並びに賃金の締切り及び支払の時期であること。具体的には、基本賃金の額（出来高払制による賃金にあっては、仕事の量（出来高）に対する基本単価の額及び労働時間に応じた保障給の額）、手当（労働基準法第二十四条第二項本文の規定が適用されるものに限る。）の額又は支給条件、時間外、休日又は深夜労働に対して支払われる割増賃金について特別の割増率を定めている場合にはその率並びに賃金の締切日及び支払日であること。

また、交付すべき書面の内容としては、就業規則の規定と併せ、前記の賃金に関する事項が当該労働者について確定し得るものであればよく、例えば、労働者の採用時に交付される辞令等であって、就業規則等に規定されている賃金等級が表示されたものでも差し支えないこと。この場合、その就業規則等を労働者に周知させる措置が必要であることはいうまでもないこと。

（昭五一・九・二八　基発六九〇号、昭六三・三・一四　基発一五〇号、平一一・三・三一　基発一六八号）

【労働契約締結時の解雇事由の明示】　使用者が労働契約の締結に際し書面の交付により明示すべき労働条件として、「退職に関する事項」に「解雇の事由」が含まれることを則において明らかにすることとしたものであること。

なお、当該明示すべき事項の内容が膨大なものとなる場合においては、労働者の利便性をも考慮し、当該労働者に適用される就業規則上の関係条項名を網羅的に示すことで足りるものであること。

（平一五・一〇・二二　基発一〇二二〇〇一号）

【退職手当に関する事項】　規則第五条の改正は、退職手当に関する就業規則の法定記載事項を明記したことに伴い、明示しなければならない労働条件として退職手当の定めが適用される労働者の範囲、退職手当の決定、計算及び支払の方法並びに退職手当の支払の時期に関する事項を規定したものであること。

（昭六三・一・一　基発一号、昭六三・三・一四　基発一五〇号、平一一・三・三一　基発一六八号）

【派遣労働者に対する労働条件の明示】

(イ)　派遣元の使用者は、労働者派遣法における労働基準法の適用に関する特例により自己が労働基準法に基づく義務を負わない労働時間、休憩、休日等を含めて、労働基準法第十五条による労働条件の明示をする必要があること。

(ロ)　労働者派遣法第三十四条は、派遣元事業主は、労働者派遣をする場合にはあらかじめ労働者派遣契約で定める就業条件等を当該派遣される労働者に明示しなければならないと規定している。労働契約の締結時点と派遣する時点が同時である場合には、労働基準法第十五条により労働条件の明示義務と労働者派遣法第三十四条により派遣先における就業条件の明示義務を併せて行って差し支えないこと。

（昭六一・六・六　基発三三三号）

【採用内定時の労働条件明示について】

(1)　労働基準法第一五条第一項においては、「使用者は、労働契約の締結に際し、労働条件を明示しなければならない」と規定されていることから、採用内定により労働契約が成立している場合には、採用内定に際して労働条件を明示しなければならないこと。

(2)　労働条件の明示は、できるだけ具体的に行われることが望ましいが、採用内定の際には就労の開始時の就業の場所及び従事すべき業務等について具体的に特定することが難しい場合もあると考えられる。

　こうしたことから、採用内定の際に、具体的な就業の場所や従事すべき業務等を特定できない場合には、就労の開始時の就業の場所や従事すべき業務等として想定される内容を包括的に示すこととしても差し支えないこと。

(3)　上記(2)の場合、次のとおりの措置を講ずることが望ましいこと。

①　採用内定の際に、具体的に特定できなかった事項について、就労の開始前のできる限り早期に決定するよう努め、これを決定し次第改めて明示すること。

②　採用内定の際に、①の具体的な就業の場所等を改めて明示する時期についても明示すること。

③　書面明示が義務付けられている労働条件に関する①及び②の明示は書面により行うこと。

(4)　労働条件の明示において、就業の場所及び従事すべき業務等については、就労の開始時のものを明示することに併せて、将来の就業場所や従事させる業務を網羅的に明示しても差し支えないこと。

　また、従事すべき業務について、総合職、一般職等の当該労働者の職群を示し、かつその職群において含まれる業務を示すこととしても差し支えないこと。

（平二九・一二・二〇　基監発一二二〇第一号）

【就業規則の周知】

問　厚生労働省が公開しているモデル労働条件通知書に、「就業規則を確認できる場所や方法」の欄が追加されたが、これは労基則の改正〈編注　令五省令三九〉に基づくものか。

答　労基則の改正に基づくものではない。

　就業規則について、法令上は、労基法百六条に基づき、労基則五十二条の二に定める方法によって労働者に周知させなければならないとされている。

　この就業規則の周知について、令和四年十二月二十七日付け労働政策審議会労働条件分科会報告「今後の労働契約法制及び労働時間法制の在り方について（報告）」を踏まえ、今般、施行通達において、就業規則を備え付けている場所等を労働者に示すこと等により就業規則を労働者が必要なときに容易に確認できる状態にする必要があることを明らかにしたところ。モデル労働条件通知書への欄の追加は、当該通達改正に対応するものである。

（令五・一〇・一三　事務連絡）

❷明示された労働条件が事実と相違する場合

【社宅の供与】

問　労働契約の締結にあたり社宅を供与するべき旨契約したにもかかわらずこれを供与しなかつた場合、法第十五条の明示された労働条件が事実と相違するといえるか。

答　㈠　設問の社宅を利用する利益が、法第十一条にいう賃金である場合は、社宅を供与すべき旨の条件は、法第十五条第一項の「賃金、労働時間その他の労働条件」であるからこれを供与しなかつた場合は、同条第二項の規定が適用される。

㈡　社宅が単なる福利厚生施設とみなされる場合は、社宅を供与すべき旨の条件は同条第一項の「労働条件」には含まれないからこれを供与しなかつた場合でも同条第二項の適用はない。

なお、法第十五条の適用がない場合においても、民法第五百四十一条の規定によつて契約を解除することはできるから、念のため。

（昭二三・一一・二七　基収三五一四号）

【他の労働者の労働条件】

問　○○事業場において労働者Aの雇入にあたり、契約したAの賃金は同事業場に使用される他の労働者の賃金に比較し遥に高額なのでAは他の労働者との折合の関係もあり、他の労働者の賃金の引上げを要望し、事業主はその引上げをなすべき旨言明して労働契約を締結した処事業主は約束に反して他の労働者の賃金の引上げを行わない（Aの賃金は契約通り支払つた）ので、Aは労働契約を解除した。

この場合、他の労働者の賃金の引上げをしないのも法第十五条の明示された労働条件が事実と相違するといえるか。

答　法第十五条第一項は、労働者が自己の労働条件の具体的内容を承知せずして雇い入れられることのないよう使用者に対し労働条件を明示することを義務づけた規定であるから、設問の場合の条件は労働契約に伴う附帯条件ではあるが、同条第一項にいう「賃金、労働時間その他の労働条件」には該当しない。従つてこの場合同条第二項の規定は適用されない。

（昭二三・一一・二七　基収三五一四号）

【必要な旅費】　法第十五条第三項の「必要な旅費」とは、労働者本人のみならず、就業のため移転した家族の旅費をも含むこと。

（昭二二・九・一三　発基一七号）

【帰郷旅費】

問　法第十五条中の帰郷旅費とは「本人の到着地、父母その他の親族の保護を受ける

（一般労働者用；常用、有期雇用型）

労働条件通知書

年　月　日

＿＿＿＿＿＿＿＿＿＿殿

事業場名称・所在地
使 用 者 職 氏 名

契約期間	期間の定めなし、期間の定めあり（　年　月　日～　年　月　日） ※以下は、「契約期間」について「期間の定めあり」とした場合に記入 1　契約の更新の有無 ［自動的に更新する・更新する場合があり得る・契約の更新はしない・その他（　）］ 2　契約の更新は次により判断する。 （・契約期間満了時の業務量　・勤務成績、態度　・能力 ・会社の経営状況　・従事している業務の進捗状況 ・その他（　）） 3　更新上限の有無（無・有（更新　回まで／通算契約期間　年まで）） 【労働契約法に定める同一の企業との間での通算契約期間が５年を超える有期労働契約の締結の場合】 本契約期間中に会社に対して期間の定めのない労働契約（無期労働契約）の締結の申込みをすることにより、本契約期間の末日の翌日（　年　月　日）から、無期労働契約での雇用に転換することができる。この場合の本契約からの労働条件の変更の有無（　無　・　有（別紙のとおり）　） 【有期雇用特別措置法による特例の対象者の場合】 無期転換申込権が発生しない期間：　Ⅰ（高度専門）・Ⅱ（定年後の高齢者） Ⅰ　特定有期業務の開始から完了までの期間（　年　か月（上限10年）） Ⅱ　定年後引き続いて雇用されている期間
就業の場所	（雇入れ直後）　（変更の範囲）
従事すべき業務の内容	（雇入れ直後）　（変更の範囲） 【有期雇用特別措置法による特例の対象者（高度専門）の場合】 ・特定有期業務（　開始日：　完了日：　）
始業、終業の時刻、休憩時間、就業時転換((1)～(5)のうち該当するもの一つに○を付けること。)、所定時間外労働の有無に関する事項	1　始業・終業の時刻等 (1) 始業（　時　分）　終業（　時　分） 【以下のような制度が労働者に適用される場合】 (2) 変形労働時間制等；（　）単位の変形労働時間制・交替制として、次の勤務時間の組み合わせによる。 ┌ 始業（　時　分）　終業（　時　分）　（適用日　） ├ 始業（　時　分）　終業（　時　分）　（適用日　） └ 始業（　時　分）　終業（　時　分）　（適用日　） (3) ﾌﾚｯｸｽﾀｲﾑ制；始業及び終業の時刻は労働者の決定に委ねる。 （ただし、ﾌﾚｷｼﾌﾞﾙﾀｲﾑ（始業）　時　分から　時　分、 （終業）　時　分から　時　分、 ｺｱﾀｲﾑ　時　分から　時　分） (4) 事業場外みなし労働時間制；始業（　時　分）終業（　時　分） (5) 裁量労働制；始業（　時　分）　終業（　時　分）を基本とし、労働者の決定に委ねる。 ○詳細は、就業規則第　条～第　条、第　条～第　条、第　条～第　条 2　休憩時間（　）分 3　所定時間外労働の有無（　有　，　無　）
休　日	・定例日；毎週　曜日、国民の祝日、その他（　） ・非定例日；週・月当たり　日、その他（　） ・１年単位の変形労働時間制の場合－年間　日 ○詳細は、就業規則第　条～第　条、第　条～第　条
休　暇	1　年次有給休暇　６か月継続勤務した場合→　日 継続勤務６か月以内の年次有給休暇　（有・無） →　か月経過で　日 時間単位年休（有・無） 2　代替休暇（有・無） 3　その他の休暇　有給（　） 無給（　） ○詳細は、就業規則第　条～第　条、第　条～第　条

（次頁に続く）

賃　　金	1　基本賃金　イ　月給（　　　　　円）、ロ　日給（　　　　　円） ハ　時間給（　　　　円）、 ニ　出来高給（基本単価　　　円、保障給　　　円） ホ　その他（　　　　　円） ヘ　就業規則に規定されている賃金等級等 ［　　　　　］ 2　諸手当の額又は計算方法 イ（　　手当　　　円　／計算方法：　　　　　　　） ロ（　　手当　　　円　／計算方法：　　　　　　　） ハ（　　手当　　　円　／計算方法：　　　　　　　） ニ（　　手当　　　円　／計算方法：　　　　　　　） 3　所定時間外、休日又は深夜労働に対して支払われる割増賃金率 イ　所定時間外、法定超　月６０時間以内（　　　）％ 月６０時間超　（　　　）％ 所定超　（　　　）％ ロ　休日　法定休日（　　　）％、法定外休日（　　　）％ ハ　深夜（　　　）％ 4　賃金締切日（　　　）－毎月　日、（　　　）－毎月　日 5　賃金支払日（　　　）－毎月　日、（　　　）－毎月　日 6　賃金の支払方法（　　　　　　　　　） 7　労使協定に基づく賃金支払時の控除（無　，有（　　　）） 8　昇給（　有（時期、金額等　　　　　　　），　無　） 9　賞与（　有（時期、金額等　　　　　　　），　無　） 10　退職金（　有（時期、金額等　　　　　　　），　無　）
退職に関する事項	1　定年制　（　有　（　　歳），　無　） 2　継続雇用制度（　有（　　歳まで），　無　） 3　創業支援等措置（　有（　　歳まで業務委託・社会貢献事業），　無　） 4　自己都合退職の手続（退職する　　日以上前に届け出ること） 5　解雇の事由及び手続［　　　　　　　　　］ ○詳細は、就業規則第　条～第　条、第　条～第　条
そ　の　他	・社会保険の加入状況（　厚生年金　健康保険　その他（　　　　）） ・雇用保険の適用（　有　，　無　） ・中小企業退職金共済制度 （加入している　，　加入していない）（※中小企業の場合） ・企業年金制度（　有（制度名　　　　　　　　），　無　） ・雇用管理の改善等に関する事項に係る相談窓口 部署名　　　　　担当者職氏名　　　　　（連絡先　　　　　） ・その他（　　　　　　　　　　　　　　　） ※以下は、「契約期間」について「期間の定めあり」とした場合についての説明です。 労働契約法第18条の規定により、有期労働契約（平成25年4月1日以降に開始するもの）の契約期間が通算５年を超える場合には、労働契約の期間の末日までに労働者から申込みをすることにより、当該労働契約の期間の末日の翌日から期間の定めのない労働契約に転換されます。ただし、有期雇用特別措置法による特例の対象となる場合は、無期転換申込権の発生については、特例的に本通知書の「契約期間」の「有期雇用特別措置法による特例の対象者の場合」欄に明示したとおりとなります。
以上のほかは、当社就業規則による。就業規則を確認できる場所や方法（　　　　　　　）	

※　本通知書の交付は、労働基準法第１５条に基づく労働条件の明示及び短時間労働者及び有期雇用労働者の雇用管理の改善等に関する法律（パートタイム・有期雇用労働法）第６条に基づく文書の交付を兼ねるものであること。

※　労働条件通知書については、労使間の紛争の未然防止のため、保存しておくことをお勧めします。

【記載要領】
1．労働条件通知書は、当該労働者の労働条件の決定について権限をもつ者が作成し、本人に交付すること。

交付の方法については、書面による交付のほか、労働者が希望する場合には、ファクシミリを利用する送信の方法、電子メールその他のその受信をする者を特定して情報を伝達するために用いられる電気通信の送信の方法（出力して書面を作成できるものに限る）によっても明示することができる。

2．各欄において複数項目の一つを選択する場合には、該当項目に○をつけること。

3．下線部、破線内及び二重線内の事項以外の事項は、書面の交付等の方法（上記１参照）により明示することが労働基準法により義務付けられている事項であること。また、退職金に関する事項、臨時に支払われる賃金等に関する事項、労働者に負担させるべきものに関する事項、安全及び衛生に関する事項、職業訓練に関する事項、災害補償及び業務外の傷病扶助に関する事項、表彰及び制裁に関する事項、休職に関する事項については、当該事項を制度として設けている場合には口頭又は書面等により明示する義務があること。

網掛けの事項は、短時間労働者及び有期雇用労働者に対して書面の交付等により明示することがパートタイム・有期雇用労働法により義務付けられている事項であること。

4．労働契約期間については、労働基準法に定める範囲内とすること。

また、「契約期間」について「期間の定めあり」とした場合には、契約の更新の有無及び更新する場合又はしない場合の判断の基準（複数可）並びに更新上限の有無を明示すること。

労働契約法に定める同一の企業との間での通算契約期間が５年を超える有期労働契約の締結の場合には、無期転換申込機会及び無期転換後の労働条件を明示すること。無期転換後の労働条件を明示するに当たっては、本契約からの労働条件の変更の有無（変更がある場合はその内容を含む。）を明示するか、本契約からの変更の有無にかかわらず明示すべき事項ごとにその内容を明示すること。

（参考）　労働契約法第１８条第１項の規定により、期間の定めがある労働契約の契約期間が通算５年を超えるときは、労働者が申込みをすることにより、期間の定めのない労働契約に転換されるものであること。この申込みの権利は契約期間の満了日まで行使できること。

5．「就業の場所」及び「従事すべき業務の内容」の欄については、雇入れ直後のもの及び将来の就業場所や従事させる業務の変更の範囲を明示すること。

また、有期雇用特別措置法による特例の対象者（高度専門）の場合は、同法に基づき認定を受けた第一種計画に記載している特定有期業務（専門的知識等を必要とし、５年を超える一定の期間内に完了することが予定されている業務）の内容並びに開始日及び完了日も併せて記載すること。なお、特定有期業務の開始日及び完了日は、「契約期間」の欄に記載する有期労働契約の開始日及び終了日とは必ずしも一致しないものであること。

6．「始業、終業の時刻、休憩時間、就業時転換、所定時間外労働の有無に関する事項」の欄については、当該労働者に適用される具体的な条件を明示すること。また、変形労働時間制、フレックスタイム制、裁量労働制等の適用がある場合には、次に留意して記載すること。

・変形労働時間制：適用する変形労働時間制の種類（１年単位、１か月単位等）を記載すること。その際、交替制でない場合、「・交替制」を＝で抹消しておくこと。

・フレックスタイム制：コアタイム又はフレキシブルタイムがある場合はその時間帯の開始及び終了の時刻を記載すること。コアタイム及びフレキシブルタイムがない場合、かっこ書きを＝で抹消しておくこと。

・事業場外みなし労働時間制：所定の始業及び終業の時刻を記載すること。

・裁量労働制：基本とする始業・終業時刻がない場合、「始業………を基本とし、」の部分を＝で抹消しておくこと。

・交替制：シフト毎の始業・終業の時刻を記載すること。また、変形労働時間制でない場合、「（　　）単位の変形労働時間制・」を＝で抹消しておくこと。

7．「休日」の欄については、所定休日について曜日又は日を特定して記載すること。

8．「休暇」の欄については、年次有給休暇は6か月間継続勤務し、その間の出勤率が8割以上であるときに与えるものであり、その付与日数を記載すること。時間単位年休は、労使協定を締結し、時間単位の年次有給休暇を付与するものであり、その制度の有無を記載すること。代替休暇は、労使協定を締結し、法定超えとなる所定時間外労働が1箇月60時間を超える場合に、法定割増賃金率の引上げ分の割増賃金の支払に代えて有給の休暇を与えるものであり、その制度の有無を記載すること。

また、その他の休暇については、制度がある場合に有給、無給別に休暇の種類、日数（期間等）を記載すること。

9．前記6、7及び8については、明示すべき事項の内容が膨大なものとなる場合においては、所定時間外労働の有無以外の事項については、勤務の種類ごとの始業及び終業の時刻、休日等に関する考え方を示した上、当該労働者に適用される就業規則上の関係条項名を網羅的に示すことで足りるものであること。

10．「賃金」の欄については、基本給等について具体的な額を明記すること。ただし、就業規則に規定されている賃金等級等により賃金額を確定し得る場合、当該等級等を明確に示すことで足りるものであること。

・　法定超えとなる所定時間外労働については2割5分、法定超えとなる所定時間外労働が1箇月60時間を超える場合については5割、法定休日労働については3割5分、深夜労働については2割5分、法定超えとなる所定時間外労働が深夜労働となる場合については5割、法定超えとなる所定時間外労働が1箇月60時間を超え、かつ、深夜労働となる場合については7割5分、法定休日労働が深夜労働となる場合については6割以上の割増率とすること。

・　破線内の事項は、制度として設けている場合に記入することが望ましいこと。ただし、網掛けの事項は短時間労働者及び有期雇用労働者に関しては上記3のとおりであること。

11．「退職に関する事項」の欄については、退職の事由及び手続、解雇の事由等を具体的に記載すること。この場合、明示すべき事項の内容が膨大なものとなる場合においては、当該労働者に適用される就業規則上の関係条項名を網羅的に示すことで足りるものであること。

（参考）　なお、定年制を設ける場合は、60歳を下回ってはならないこと。

また、65歳未満の定年の定めをしている場合は、高年齢者の65歳までの安定した雇用を確保するため、次の①から③のいずれかの措置（高年齢者雇用確保措置）を講じる必要があること。加えて、高年齢者の65歳から70歳までの安定した就業を確保するため、次の①から⑤のいずれかの措置（高年齢者就業確保措置）を講じるよう努める必要があること。

①定年の引上げ　②継続雇用制度の導入　③定年の定めの廃止
④業務委託契約を締結する制度の導入　⑤社会貢献事業に従事できる制度の導入

12．「その他」の欄については、当該労働者についての社会保険の加入状況及び雇用保険の適用の有無のほか、労働者に負担させるべきものに関する事項、安全及び衛生に関する事項、職業訓練に関する事項、災害補償及び業務外の傷病扶助に関する事項、表彰及び制裁に関する事項、休職に関する事項等を制度として設けている場合に記入することが望ましいこと。

中小企業退職金共済制度、企業年金制度（企業型確定拠出年金制度・確定給付企業年金制度）により退職金制度を設けている場合には、労働条件として口頭又は書面等により明示する義務があること。

「雇用管理の改善等に関する事項に係る相談窓口」は、事業主が短時間労働者及び有期雇用労働者からの苦情を含めた相談を受け付ける際の受付先を記入すること。

13．各事項について、就業規則を示し当該労働者に適用する部分を明確にした上で就業規則を交付する方法によることとした場合、具体的に記入することを要しないこと。

14．就業規則については、労働基準法により労働者への周知が義務付けられているものであり、就業規則を備え付けている場所等を本通知書に記載する等して必要なときに容易に確認できる状態にする必要があるものであること。

＊　この通知書はモデル様式であり、労働条件の定め方によっては、この様式どおりとする必要はないこと。

場合にはその者の住所迄の実費」と解してよいか。又昭和二十二年九月十三日付発基第一七号における家族とは、どの範囲のものをいうか。

答　前段は見解の通り。

後段については労働者により、生計を維持されている同居の親族（届出をしないが事実上その者と、婚姻関係と同様の事情にある者を含む。）をいうものと解せられたい。

（昭三・七・三〇　基収三四八三号）

（賠償予定の禁止）

第十六条　使用者は、労働契約の不履行について違約金を定め、又は損害賠償額を予定する契約をしてはならない。

▼**参照条文**　〔契約不履行の違約金―民四二〇3〕、〔損害賠償額の予定―民四二〇1〕、〔罰則―一一九〕

解釈例規

【賠償予定の禁止】　本条は、金額を予定することを禁止するのであって、現実に生じた損害について賠償を請求することを禁止する趣旨ではないこと。

（昭二二・九・一三　発基一七号）

【美容見習の服務義務】

問　Aは昭和二十二年十月一日、Bの経営せる○○美容院に美容見習として左記のような労働契約を結んだのであるが、昭和二十三年二月十一日家事都合のため退職を申出た。然るに昭和二十三年二月十七日附書留郵便にて使用者Bより労働期間中の食費合計三千二百六十円の支払請求を受け、直に所轄労働基準監督署に出頭し、食費支払請求の適法なりや否やにつき申告した。

労働契約書

私事今般御当家パーマネント美容院へ見習者として御採用下さるにつき、左記事項絶対に厳守致します。パーマネント技術一人前になりたる当日より向う一年間は無条件にて当家へ御勤めいたします。

私事万一見習中事故を起し誓約不履行の場合は、御採用日よりの費用全部を負担致します。

年　月　日

住所　氏名

保証人

保証人

B殿

上記労働契約の文言を見ても明らかな如く、契約自体に契約期間の文言なく、しかも一人前になつてより向う一年間無条件にて御礼奉公をするというが如きは、労働者をして不当に精神的自由を拘束するものと判定する。本件の労働契約については使用人も承認し、また当該事業場に勤務している本件の労働者以外も同一の文言の労働契約を締結している如く考えられる。又一人前になる期間は一年乃至二年にして平均一年毎となし、その認定については美容師としての免許状下附を一人前になりたる時期としている。その時期より一年間は御礼奉公として無条件で勤務する。無条件とは一人前にまで養成された恩義により、他の同業種の店よりも低い労働条件で勤務することを指すのである。御礼奉公中に他店より引き抜き等ありたるときは本人の自由は拘束しないと述べている。

又上記の労働契約とそれに基づく勤務中の食費請求書を見て明瞭なる如く、現実に生じた損害の個々についてでなく、既に本人が提供した労働に対して支払われた賃金とみなすべきものまでも含めて賠償を請求し、又労働契約にも賠償を予定したもので法第十六条違反なりと判定せられるが如何。

答　本件労働契約は法第十四条、第十六条の定める契約の基準に違反し無効である。

（昭二三・七・一五　基収二四〇八号）

（前借金相殺の禁止）

第十七条　使用者は、前借金その他労働することを条件とする前貸の債権と賃金を相殺してはならない。

▼**参照条文**　〔賃金―一一〕、〔全額払―二四〕、〔相殺―民五〇五〕、〔相殺禁止―民五一〇、民執一五二〕、〔罰則―一一九〕

解釈例規

【趣旨】　本条の規定は、金銭貸借関係と労働関係とを完全に分離し金銭貸借関係に基づく身分的拘束関係の発生を防止するのがその趣旨であるから、労働者が使用者から人的信用に基づいて受ける金融、弁済期の繰上げ等で明らかに身分的拘束を伴わないものは、労働することを条件とする債権には含まれないこと。

（昭二二・九・一三　発基一七号、昭三三・二・一三　基発九〇号）

【生活資金の貸付に対する返済金】　法第十七条の規定は、前借金により身分的拘束を伴い労働が強制されるおそれがあること等を防止するため「労働することを条件とする前貸の債権」と賃金を相殺することを禁止するものであるから使用者が労働組合との労働協約の締結あるいは労働者からの申出に基づき、生活必需品の購入等のための生活資金を貸付け、その後この貸付金を賃金より分割控除する場合においても、その貸付の原因、期間、金額、金利の有無等を総合的に判断して労働することが条件となっていないことが極めて明白な場合には、本条の規定は適用されない。

（昭二三・一〇・一五　基発一五一〇号、昭二三・一〇・二三　基収三六三三号、昭六三・三・一四　基発一五〇号）

【育児休業期間中の社会保険料の事業主立替分控除】　事業主が育児休業期間中に社会保険料の被保険者負担分を立替え、復職後に賃金から控除する制度については、著しい高金利が付される等により当該貸付が労働することを条件としていると認められる場合を除いて、一般的には法第十七条に抵触しないと解されるが、法第二十四条第一項ただし書後段により労使協定が必要であること。また、一定年限労働すれば、当該債務を免除する旨の取扱いも労働基準関係法上の問題を生じさせないこと。

（平三・一二・二〇　基発七一二号）

（強制貯金）

第十八条　使用者は、労働契約に附随して貯蓄の契約をさせ、又は貯蓄金を管理する契約をしてはならない。

②　使用者は、労働者の貯蓄金をその委託を受けて管理しようとする場合においては、当該事業場に、労働者の過半数で組織する労働組合があるときはその労働組合、労働者の過半数で組織する労働組合がないときは労働者の過半数を代表する者との書面による協定をし、これを行政官庁に届け出なければならない。

③　使用者は、労働者の貯蓄金をその委託を受けて管理する場合においては、貯蓄金の管理に関する規程を定め、これを労働者に周知させるため作業場に備え付ける等の措置をとらなければならない。

④　使用者は、労働者の貯蓄金をその委託を受けて管理する場合において、貯蓄金の管理が労働者の預金の受入であるときは、利子をつけなければならない。この場合において、その利子が、金融機関の受け入れる預金の利率を考慮して厚生労働省令で定める利率による利子を下るときは、その厚生労働省令で定める利率による利子をつけたものとみなす。

⑤　使用者は、労働者の貯蓄金をその委託を受けて管理する場合において、労働者がその返還を請求したときは、遅滞なく、これを返還しなければならない。

⑥　使用者が前項の規定に違反した場合において、当該貯蓄金の管理を継続することが労働者の利益を著しく害すると認められるときは、行政官庁は、使用者に対して、その必要な限度の範囲内で、当該貯蓄金の管理を中止すべきことを命ずることができる。

⑦　前項の規定により貯蓄金の管理を中止すべきことを命ぜられた使用者は、遅滞なく、その管理に係る貯蓄金を労働者に返還しなければならない。

（貯蓄金の管理に関する協定に定めるべき事項）

則第五条の二　使用者は、労働者の貯蓄金をその委託を受けて管理しようとする場合において、貯蓄金の管理が労働者の預金の受入れであるときは、法第十八条第二項の協定には、次の各号に掲げる事項を定めなければならない。

一　預金者の範囲
二　預金者一人当たりの預金額の限度
三　預金の利率及び利子の計算方法
四　預金の受入れ及び払いもどしの手続
五　預金の保全の方法

（届出）

則第六条　法第十八条第二項の規定による届出は、様式第一号により、当該事業場の所在地を管轄する労働基準監督署長（以下「所轄労働基準監督署長」という。）

にしなければならない。

（過半数代表者）

則第六条の二　法第十八条第二項、法第二十四条第一項ただし書、法第三十二条の二第一項、法第三十二条の三第一項、法第三十二条の四第一項及び第二項、法第三十二条の五第一項、法第三十四条第二項ただし書、法第三十六条第一項、第八項及び第九項、法第三十七条第三項、法第三十八条の二第二項、法第三十八条の三第一項、法第三十八条の四第二項第一号（法第四十一条の二第三項において準用する場合を含む。）、法第三十九条第四項、第六項及び第九項ただし書並びに法第九十条第一項に規定する労働者の過半数を代表する者（以下この条において「過半数代表者」という。）は、次の各号のいずれにも該当する者とする。

一　法第四十一条第二号に規定する監督又は管理の地位にある者でないこと。

二　法に規定する協定等をする者を選出することを明らかにして実施される投票、挙手等の方法による手続により選出された者であつて、使用者の意向に基づき選出されたものでないこと。

②　前項第一号に該当する者がいない事業場にあつては、法第十八条第二項、法第二十四条第一項ただし書、法第三十九条第四項、第六項及び第九項ただし書並びに法第九十条第一項に規定する労働者の過半数を代表する者は、前項第二号に該当する者とする。

③　使用者は、労働者が過半数代表者であること若しくは過半数代表者になろうとしたこと又は過半数代表者として正当な行為をしたことを理由として不利益な取扱いをしないようにしなければならない。

④　使用者は、過半数代表者が法に規定する協定等に関する事務を円滑に遂行することができるよう必要な配慮を行わなければならない。

（命令）

則第六条の三　法第十八条第六項の規定による命令は、様式第一号の三による文書で所轄労働基準監督署長がこれを行う。

（報告事項）

則第五十七条　使用者は、次の各号のいずれかに該当する場合においては、遅滞なく、第一号については様式第二十三号の二により、第二号については労働安全衛生規則様式第二十二号により、第三号については同令様式第二十三号により、それぞれの事実を所轄労働基準監督署長に報告しなければならない。

※〈編注〉本条第一項各号列記以外の部分は、令六省令第四五号により次のとおり改正され、令和七年一月一日から施行される。

則第五十七条　使用者は、次の各号のいずれかに該当する場合においては、遅滞なく、第一号については様式第二十三号の二により、第二号については労働安全衛生規則様式第二十二号により、第三号については同令第九十七条第一項に規定する方法により、それぞれの事実を所轄労働基準監督署長に報告しなければならない。

一　事業を開始した場合

二　事業の附属寄宿舎において火災若しくは爆発又は倒壊の事故が発生した場合

三　労働者が事業の附属寄宿舎内で負傷し、窒息し、又は急性中毒にかかり、死亡し又は休業した場合

②　前項第三号に掲げる場合において、休業の日数が四日に満たないときは、使用者は、同項の規定にかかわらず、労働安全衛生規則様式第二十四号により、一月から三月まで、四月から六月まで、七月から九月まで及び十月から十二月までの期間における当該事実を毎年各各の期間における最後の月の翌月末日までに、所轄労働基準監督署長に報告しなければならない。

※〈編注〉本条第二項は、令六省令第四五号に

より次のとおり改正され、令和七年一月一日から施行される。

② 前項第三号に掲げる場合において、休業の日数が四日に満たないときは、使用者は、同項の規定にかかわらず、労働安全衛生規則第九十七条第二項に規定する方法により、一月から三月まで、四月から六月まで、七月から九月まで及び十月から十二月までの期間における当該事実を毎年各各の期間における最後の月の翌月末日までに、所轄労働基準監督署長に報告しなければならない。

③ 法第十八条第二項の規定により届け出た協定に基づき労働者の預金の受入れをする使用者は、毎年、三月三十一日以前一年間における預金の管理の状況を、四月三十日までに、様式第二十四号により、所轄労働基準監督署長に報告しなければならない。

（定義）

預令第一条　この省令において、次の各号に掲げる用語の意義は、当該各号に定めるところによる。

一　下限利率　労働基準法第十八条第四項に規定する金融機関の受け入れる預金の利率を考慮して厚生労働省令で定める利率をいう。

二　定期預金平均利率　特定の月において全国の銀行が新規に受け入れる定期預金（預入金額が三百万円未満であるものに限る。）について、当該定期預金に係る契約において定める預入期間が一年以上であって二年未満であるもの、二年以上であって三年未満であるもの、三年以上であって四年未満であるもの、四年以上であって五年未満であるもの及び五年以上であって六年未満であるものの別に平均年利率として日本銀行が公表する利率を平均して得た利率をいう。

三　端数処理　一未満の端数がある数について、小数点以下三位未満を切り捨て、小数点以下三位の数字が、一又は二であるときはこれを切り捨て、三から七までの数であるときはこれを五とし、八又は九であるときはこれを切り上げることをいう。

四　年度　毎年四月から翌年三月までの期間をいう。

（一の年度における下限利率）

預令第二条　一の年度における下限利率は、次の各号に掲げる場合の区分に応じ、当該各号に定める利率とする。

一　当該年度の前年度の十月における定期預金平均利率及び同月において適用される下限利率の差が五厘以上である場合　当該定期預金平均利率に端数処理をして得た利率

二　当該年度の前年度の十月における定期預金平均利率及び同月において適用される下限利率の差が五厘未満である場合　当該下限利率と同一の利率

（年度の途中における下限利率の変更）

預令第三条　毎年度の四月における定期預金平均利率及び前条の規定により同月において適用される下限利率の差が一分以上であるときは、当該年度の十月から三月までの期間における下限利率は、前条の規定にかかわらず、当該定期預金平均利率に端数処理をして得た利率とする。

（下限利率の下限）

預令第四条　前二条の規定による下限利率が五厘未満であるときは、これらの規定にかかわらず、下限利率は五厘とする。

（下限利率の告示）

預令第五条　厚生労働大臣は、前三条の規定により下限利率が変更されるときは、その旨を告示するものとする。

（利子の計算）

預令第六条　利子は、預入の月から付けなければならない。ただし、月の十六日以後に預入された場合には、その預入の月の利子を付けることを要しない。

② 払戻金に相当する預金には、その払渡しの月の利子を付けることを要しない。預入の月において払戻金の払渡しがあったときも、同様とする。

③ 十円未満の預金の端数には、利子を付けることを要しない。

④ 利子の計算においては、円未満の端数は切り捨てることができる。

□告　示

○厚生労働省告示第三〇号〔平一三・二・七〕

労働基準法第十八条第四項の規定に基づき使用者が労働者の預金を受け入れる場合の利率を定める省令の一部を改正する省令附則第二条第一項の規定により読み替えて適用する労働基準法第十八条第四項の規定に基づき使用者が労働者の預金を受け入れる場合の利率を定める省令第二条の規定に基づく平成十三年度以後の下限利率を告示する告示

労働基準法第十八条第四項の規定に基づき使用者が労働者の預金を受け入れる場合の利率を定める省令の一部を改正する省令（平成十二年労働省令第四十三号）附則第二条第一項の規定により読み替えて適用する労働基準法第十八条第四項の規定に基づき使用者が労働者の預金を受け入れる場合の利率を定める省令（昭和二十七年労働省令第二十四号）第二条の規定に基づき、平成十三年度以後の同令第一条第一号の下限利率は、年五厘とし、平成十三年四月一日から適用する。

▼参照条文　〔貯蓄の契約及び貯蓄金を管理する契約―民六五七〕、〔労使協定の届出―則六〕、〔労働組合―労組二・五〕、〔過半数代表者―則六の二〕、〔金融機関の受け入れる貯金の利率―臨金三〕、〔厚生労働省令で定める利率―預令二〕、〔貯蓄金の保全措置―賃確三・四、賃確則一～三〕、〔罰則―一一九・一二〇〕

解釈例規

❶社内預金

【社内預金制度の運用について】　いわゆる社内預金制度の運用に関しては、これまで、その適正な運営のため、法的規制の整備及び行政指導の充実を図ってきたところであるが、今般、賃金の支払の確保等に関する法律（昭和五十一年法律第三十四号。以下「賃確法」という。）により、社内預金の保全措置が法定されたことにかんがみ、同法の関係条項の施行期日である昭和五十二年四月一日以後の社内預金の管理・運営については、下記によることとするのでこれが監督指導に遺憾なきを期されたい。

記

第一　貯蓄金の管理

事業主（使用者）がその労働者の委託を受けて貯蓄金の管理を行う場合には、労働基準法（昭和二十二年法律第四十九号。以下「法」という。）第十八条第二項に基づく貯蓄金管理に関する協定（以下「協定」という。）の締結・届出等法に定める一定の要件を備えなければならないことはいうまでもないが、これに加え、貯蓄金の管理が労働者の預金の受入れであるときは、貯蓄金の保全のため、賃確法第三条に定めるところにより、一定の措置を講じなければならないものであること。

協定の締結・届出を行うことなく、事業主が労働者の預金の受入れを行うことは、法第十八条第二項に違反するとともに、出資の受入、預り金及び金利等の取締等に関する法律（昭和二十九年法律第百九十五号）にも抵触するおそれがあることに留意すべきものであること。

なお、貯蓄金の管理のうち、労働者自らが金融機関に預け入れた預金について、その預金通帳を事業主が保管する、いわゆる通帳保管については、法第十八条第四項及び労働基準法施行規則（昭和二十二年厚生省令第二十三号。以下「規則」という。）第五条の二並びに賃確法第三条の適用はないものであること。

第二　協定の内容

一　預金者の範囲

　法第十八条第二項は、事業主がその労働者の委託を受けて貯蓄金を管理しようとする場合について規定したものであるので、預金者の範囲は当然、法第九条に規定する労働者（同居の親族のみを使用する事業又は事務所に使用される者及び家事使用人を除く。）に限られるものであること。したがつて、次に掲げる者はこれに含まれないこと。

㈠　株式会社及び有限会社の取締役及び監査役、合資会社及び合名会社の業務執行社員、特殊法人等の総裁、理事長、組合長、会長、理事及び監事その他事業主との間に使用従属の関係にない者。ただし、代表権又は業務執行権を有しない者で、工場長、部長等の職にあつて事業主から賃金の支払を受ける者を除く。

㈡　退職者

㈢　労働者の家族

㈣　社内親睦団体

　なお、事業主として法第十八条第二項により労働者の貯蓄金の管理を行い得る者は、法第十条に規定する使用者に限られ、会社の共済会等はこれに含まれないこと。

二　預金額の限度等

㈠　貯蓄金の管理が、法第十八条第二項の規定に基づいて受け入れる預金である以上、雇用関係に基づく労働者の収入がその源資となるべきものである。したがつて、預金の源資は、定期賃金、賞与等労働の対償として支払われたものに限られ、労働者の家族等が労働者名義で預金を行うことはもちろん、労働者の兼業収入、財産収入、財産処分による収入等は預金の源資として適当でないので、協定においては法第十一条に規定する賃金以外のものは受け入れない旨を明らかにすること。

㈡　協定においては、預金者一人当たりの預金残高の限度を定めなければならないこととされているが、預金残高の限度は上記の趣旨にそつて、当該事業場の賃金水準、預金の目的等を考慮して具体的に決定すべきものであること。この場合、預金残高の限度を「賃金額の〇〇カ月分」とする定めも預金残高の限度の具体的な定めに該当するものであること。

㈢　いわゆる出向社員、労働組合専従職員等であつて、その者の出向前、労働組合専従前等の事業場に在籍のまま、労働提供の義務が免除される場合には、その者の貯蓄金を引き続き出向前等の事業場で管理して差し支えないが、その者の基本賃金、手当等が出向先又は労働組合等から支払われる場合にあつては、それを出向前等の事業場で預金として受け入れることは適当でないこと。ただし、出向先等に社内預金制度がない場合には、その者の受ける基本賃金、手当等を出向前等の事業場において引き続き預金として受け入れることは差し支えないこと（この場合、当該事業場における協定において預金者の範囲から出向者を除く旨の定めがないときに限る。）。

　出向者等が出向前等の事業場に復帰するときは、出向先等における社内預金の預金残高を出向前等の事業場が預金として受け入れることも差し支えないこと。

三　下限利率

㈠　法第十八条第四項の規定に基づき使用者が労働者の預金を受け入れる場合の利率の最低限度（以下「下限利率」という。）は、使用者が労働者の預金を受け入れる場合に必ず付けなければならない利子の利率の最低限度を定めたものであること。

㈡　下限利率の改正については、毎年、前年十月において全国の銀行が新規に受け入れる一年から五年ものの定期預金（預入金額が三百万円未満であるものに限る。）の平均年利率（日本銀行調査統計局が「金融統計経済月報」により公表する利率をいう。）を平均して得た利率（以下「定期預金平均利率」という。）と下限利率との間に五厘以上の乖離がある場合に当該定期預金平均利率の小数点以下第三位を二捨三入又は七捨八入した数値を四月一日以降一年間における下限利率とすることとしていること。また、当年四月の定期預金平均利率と下限利率との間に一分以上の乖離がある場合に当該定期預金平均利率の小数点以下第三位を二捨三入又は七捨八入した数値を十月一日以降半年間における下限利率とすることとしていること。なお、下限利率が変更になった場合には、原則として、四月一日以降適用する下限利率については二月上旬、十月一日以降適用する下限利率については八月上旬をそれぞれ目途に官報において告示することとしていること。

下限利率が引き上げられた場合であって、個々の事業場における社内預金の利率が当該下限利率を下回ることとなるときには、当該下限利率の適用期日までに、少なくとも当該下限利率と同率以上に引き上げなければならないこと。この場合においては、改めて労使協定を締結し届出の手続をとる必要があること。なお、労使協定において社内預金の利率を定めるに際しては、下限利率以上の具体的な利率を定める方法のほか、次の方法によることも差し支えないものであること。

イ　厚生労働大臣が告示する下限利率による旨を定めること。

ロ　厚生労働大臣が告示する下限利率に一定の数値を上積みする旨を定めること。

四　上限利率

預金の利率について、著しく高い利率を定めることは、市中金利体系との整合性及び預金の安全性の確保の問題がある等その弊害も黙視し得ないことから、これまで、毎年度ごとに行政指導上の基準としての預金の利率の上限（以下「上限利率」という。）を示し、預金の利率を上限利率以下とするよう指導してきたところである。

しかしながら、

イ　平成六年をもって市中金利が完全に自由化されたこと

ロ　著しい高利率による預金の安全性の確保については、上限利率に係る指導による規制によってではなく、本来、保全措置の適正化によって図るべきものであり、賃金の支払の確保等に関する法律第三条に基づき、社内預金制度を実施している事業主に対して保全措置を講ずることが義務付けられており、また、当該保全措置中問題が認められている預金保全委員会方式については、従来から、その実効性に係る指導を行ってきていること

ハ　上限利率に係る指導の背景となった昭和三十年から四十年代に比し、現在、企業等においても金融機関からの資金調達が容易になった上に市中金利が低水準にあるなどの状況の変化により、著しい高利率の設定は予想されないこと

等現在の状況においては、上限利率を示し、それに係る指導を行う意義が乏しくなっていると認められることから、当面、上限利率を示すこと及び当該利率に係る指導は行わないものであること。

五　預金の利子の計算方法

預金の利子の計算方法については、単利、複利の別、付利単位、利息の計算期間等を協定において定めること。

六　預金の受入れ及び払戻しの手続き

㈠　貯蓄金管理の適正化のためには、預金者各人につき預金額が常時明らかにされなければならないことは当然であり、協定においては、少なくとも、預

金通帳等預金の受入れ額、払戻し額及び預金残高を記録した書面の交付並びにこれらの事項を預金者各人別に記録した預金元帳の備付けを明記する必要があること。

(二)　預金者に交付する書面は、通常普通預金及び積立預金の場合には預金通帳、定期預金の場合には預金証書となるが、積立預金のうち、預金の方法が法第二十四条第一項ただし書の規定による協定に基づき賃金から控除して預金として受け入れるものに限定されているものについては、預金者に交付する賃金支給明細書にその月の積立金額及び積立合計額を記載し、これをもつて預金通帳に代えることは差し支えないこと。

(三)　預金元帳は、本社等において一括管理して差し支えないこと。

七　預金の保全方法等

協定の定めるべき事項としての預金の保全の方法に関しては、賃確法第三条並びに昭和五十一年労働省令第三十一号による改正後の賃金の支払の確保等に関する法律施行規則（昭和五十一年労働省令第二十六号。以下「賃確則」という。）第一条及び第二条に定めるところによらなければならないが、その運用は次に示すところによるものとすること。

なお、保全措置に係る各種契約の約定書例については別途通達する。

(一)　保全措置を要しない場合

イ　保全措置を要しない場合の第一は、国又は地方公共団体が事業主として貯蓄金管理を行う場合である（なお、国家公務員法（昭和二十二年法律第百二十号）附則第十六条参照。）。これは、国又は地方公共団体は、その性質上、貯蓄金返還不能の事態を生ずることはないと考えられることによるものであること。

ロ　保全措置を要しない場合の第二は、いわゆる特殊法人等が貯蓄金の管理を行う場合であつて、保全措置を講ずることを要しない旨の労働大臣の指定を受けたときとされているが、これは、いわゆる特殊法人及び特別の法律により地方公共団体が設立者となつて設立された法人（現在のところ、公有地の拡大の推進に関する法律（昭和四十七年法律六十六号）により設立された土地開発公社、地方道路公社法（昭和四十五年法律第八十二号）により設立された地方道路公社及び地方住宅供給公社法（昭和四十年法律第百二十四号）により設立された地方住宅供給公社に限る。）のうちには、法律上、その予算、事業計画、資金計画、役員の任免等が主務大臣又は地方公共団体の長の認可等にかかり、主務大臣又は地方公共団体の長が当該特殊法人等に対し、その業務に関し監督上必要な命令を発し得る等、国又は地方公共団体の厳格な監督に服することとなつているため、貯蓄金の返還不能という事態を生じることがないと考えられるものがあり、このような実態を有するものに限つて指定を行う趣旨であり、特殊法人等のすべてを指定するものではないこと。

なお、この指定は貯蓄金管理を行おうとする特殊法人等からの指定の申請に対して労働大臣において審査の上行うこととするので、特殊法人等から都道府県労働基準局長又は労働基準監督署長に対し指定の申請があつたときは、これを受理した上別途指示するところにより本省あて送付すること。

(二)　保全措置の種類及び内容

賃確則第二条は、貯蓄金の保全措置として適当と認められるものを列挙したものであり、同条に定める措置の二以上を併用することは差し支えないが、同条に定める措置以外の措置を講じている場合は、賃確法に規定する保全措置として認めない趣旨であり、賃確法第四条の命令の対象となるものであること。保全措置として講ずべき措置の内容は、賃確則第二条に定めるとおりであるが、なお、次の点に留意すること。

イ　保全措置を講ずべき貯蓄金の額

　保全措置を講ずべき貯蓄金の額は、賃確法第三条に定められた毎年三月三十一日現在における受入預金額の全額であり、その後において受入預金額の増減があつても、法律上保全すべき貯蓄金の額には影響を及ぼさないこと。したがつて、保証契約、質権設定契約又は抵当権設定契約によつて貯蓄金の保全を行う場合にあつては、一定の極度額を定めた根保証、根質又は根抵当となることが通例であること。

ロ　保全措置の概要

(イ)　保証契約の締結

　この方法は、預金の返還につき、金融機関又は債務の保証を業とする公益法人であつて労働大臣が指定するものが事業主と連帯して保証し、これにより預金の保全を図るものであること。

　債務の保証を業とする公益法人に対する指定は、労働大臣において行うこととするので、都道府県労働基準局長又は労働基準監督署長に対し指定の申請があつたときはこれを受理した上、別途指示するところにより遅滞なく本省あて送付すること。

(ロ)　信託契約の締結

a　この方法は、事業主と信託会社（信託業務を兼営する銀行を含む。）との間に、事業主が貯蓄金の払戻しに係る債務を履行し得なくなつた場合に、信託財産から預金者に弁済するため、事業主の有する財産を信託財産とする信託契約を締結するものであること。

b　信託財産については、換価が容易であるものが望ましいこと。また、価格変動をきたすものは好ましくないので、金銭その他価額の安定したものをこれにあてることが望ましいこと。

(ハ)　質権の設定

a　この方法は、預金者と事業主との間に、その貯蓄金の払戻しに係る債権を担保するため、事業主又は第三者の有する財産（債権を含む。）を質物とする質権設定契約を締結するものであること。

b　質物については、価格変動をきたすものは好ましくないので、質権設定者（事業主）が金融機関に対して有する預金債権、金融債、生命保険契約上の債権等を質物とすることが望ましいこと。

c　なお、この場合、第三者に対する対抗要件を備えなければ第三者に対抗できないことに留意すること。

(ニ)　抵当権の設定

a　この方法は、預金者と事業主との間に、その貯蓄金の払戻しに係る債権を担保するため、事業主又は第三者の有する財産を抵当権の目的物とする抵当権設定契約を締結するものであること。

b　抵当権の目的物については、不動産の外、各種の財団抵当法による財団（工場財団、鉱業財団等）、自動車、建設機械等があること。

c　抵当権は、同一の目的物につき、複数の債権の担保のために設定することができ、その抵当権相互間の優先順位は、登記の前後によつて定まるものであるので、原則として第一順位の抵当権の設定が望ましいが、貯蓄金の払戻しに係る債権につき設定する抵当権が、後順位であつても、目的物の価額が当該後順位たる貯蓄金の払戻しに係る債権をも担保するに十分である限り、後順位の抵当権であつても差し支えないこと。

　なお、抵当権については、その設定の登記がなければ、第三者に対抗できないことに留意すること。

(ホ) 預金保全委員会の設置

a 趣　旨

　預金保全委員会は、労働者の預金を貯蓄金管理勘定として経理すること等の措置をあわせ講ずることにより、貯蓄金の管理につき、預金者たる労働者の意思を反映させるとともに、自己の預金の安全性を監視させることにより、返還不能のおそれがある場合には事前に預金者の自主的な預金の払出しを期待し、実質的に預金の保全を図ろうとするものであること。したがつて、預金保全委員会は、事業主に対して貯蓄金の管理につき意見を述べることができるが、預金の運用方法等につき、交渉決定する機関ではないこと。

　なお、預金保全委員会は、賃確則第二条第二項の全ての要件をみたさなければ、適法な保全措置とは認められないこと。

b 設置の単位

　預金保全委員会は、貯蓄金管理を企業単位で行つている場合には企業単位で、事業場単位で行つている場合には事業場単位又は企業単位で設置することとし、協定において、設置の単位を明記すること。

c 委員会の構成

　賃確則第二条第二項第一号の「半数」とは、少なくとも半数の意であること。したがつて、預金保全委員会の構成員の数を奇数とする場合には、その過半数を労働者代表の推せんを受けた者とすることが必要であること。

d 委員の選出方法等

(a) 賃確則第二条第二項第一号の「労働者の過半数」とは、企業単位で預金保全委員会を設置する場合には当該企業の労働者の過半数を、事業場単位で預金保全委員会を設置する場合には当該事業場の労働者の過半数をいうものであること。ここでいう「労働者」の範囲については、法第三十六条第一項に基づく時間外・休日労働に関する協定の締結当事者を選出する場合の「労働者」の範囲と同様であること（昭和四六・一・一八　四五基収第六二〇六号参照）。

(b) 労働者代表の推せんに係る委員は、当該事業主に現に使用されている労働者であることを要するので、労働組合役員等が構成員となる場合であつても、少なくとも、その者は当該事業主の事業に在籍する者でなければならないこと。

(c) 推せんの形式については、定めがないので、被推せん人の氏名が特定される限り、任意の方式によることができるものであること。

e 貯蓄金管理勘定

　貯蓄金管理勘定とは、社内預金の受入れ、払戻しの状況について記録する貸方勘定の一つであつて、これにより預金の受け払い状況を常時明らかにし、預金保全委員会の活動を実効あるものにするためのものであること。具体的には、貯蓄金として受け入れた額、払い戻した額を元帳に貯蓄金管理勘定口座を設け、これに記入すること。

　なお、この勘定は、各四半期ごとに締め切るものとすること。またあわせて各四半期における貯蓄金の運用状況を明らかにすることを要すること。ここにいわゆる元帳とは、前記第二の六の㈠の個人別に記録した預金元帳とは別のものであること。

f　その他適当な措置

(a)　保全措置として預金保全委員会を採用する場合に併せて講ずべき「その他適当な措置」とは、支払準備金制度をいうものであつて、貯蓄金管理勘定の設置又は支払準備金制度のうち、いずれを採用しても差し支えないが、そのいずれを採用するかは、協定において明らかにしなければならないこと。

　また、預金保全委員会の設置に併せて貯蓄金管理勘定を設けるのみでは単に受払の状況を確認するにとどまるものであることから、実質的な保全機能を高めるためには、貯蓄金管理勘定と支払準備金制度の併用が望ましいこと。

(b)　支払準備金とは、毎年三月三十一日現在の受入預金額の全額（その一部を上記(イ)～(ニ)により保全する場合にはその残額）について一時期にその返還請求が行われた場合にも、これに対応しうるよう、その払戻しのための資金を準備するものであり、元本が保証され、かつ、換価の容易なもので他の債権の担保に供されていないものをもつてこれにあてることを要すること。

g　苦情処理

　事業主は、預金保全委員会から貯蓄金の管理について意見が提示された場合には、これを誠実に処理しなければならないこと。また、事業主は、預金保全委員会が貯蓄金の管理に関する苦情を処理するために必要な資料の提出等の措置を講ずること等により預金保全委員会の活動を保障しなければならないこと。

h　管理状況の報告

　預金保全委員会に対する事業主の預金の管理に関する状況についての報告の内容は、これによつて、預金保全委員会が預金の管理及び保全の状況が十分には握できるに足る内容であつて、預金保全委員会が本来の機能を有効に発揮しうるものでなければならないこと。具体的には、報告時あるいは直近の計算の締切日における受入預金総額、払戻し総額、預金の運用状況、支払準備金制度を設ける場合にあつては、以上のほか、準備金の種類、準備金の額等を報告すべきであること。

i　周知と記録の作成

(a)　労働者に周知すべき議事概要の内容には、少なくとも、開催日時、議題、出席者職氏名、各出席者の発言要旨、決定された事項を含むこと。

(b)　記録として作成すべき重要な議事の内容には、少なくとも開催日時、議題、出席者職氏名、各出席者の発言要旨のうち重要なもの、決定された事項、預金保全委員会に対し報告された労働者の預金の管理に関する状況の概要を含むこと。

j　その他

預金保全委員会の運営については、上記に掲げたc、d、g、h及びiを遵守することが必須のものであるため、これらの事項を踏まえた適正な運営が確実に行われるよう強力に指導すること。

第三　協定の届出

貯蓄金管理制度は、その性格上、企業全体で統一的に行われるのが通常であり、したがつて、労働者の預金の受入れに係る協定の内容は、通常の場合、同一企業に属する各事業場においては同一内容の協定が締結されるものと考えられる。このような場合においても、協定の締結単位は各事業場であり、また、その届出も各事業場の所在地を管轄する労働基準監督署長に対して行わなければならないところであるが、これが取扱いについては次に定めるところによること。

一　当該企業の本社の所在地を管轄する労働基準監督署長は、本社に係る協定の届出書の提出があつたときは、併せて、本社以外の他のすべての事業場に係る協定の届出書についても、その提出を求め、当該企業に属する各事業場に係る協定のすべての届出書について法令及び通達に適合するか否かの点検及び措置を行うことができること。

二　上記一の点検及び措置を行つた労働基準監督署長は、本社に係る協定の届出書を受理するとともに、他の事業場に係る協定の届出書については、これに「確認済」であることを明示した上、すみやかにこれを返戻すること。

三　上記二により「確認済」であることを明示された届出書については、当該企業の他の事業場の所在地を管轄する労働基準監督署長は、その内容の確認を要せずに受理して差し支えないこと。

四　規則様式第一号関係について

(1)　本様式の記載事項につき、協定の写を添付する場合、必要事項を協定から抜粋添付する場合等、その内容が明らかであるときは、これをもつて様式の所要事項記載にかえることは差し支えないこと。

(2)　本様式中、「預金の運用の方法」の欄には、貯蓄金の保全措置が預金保全委員会の設置である場合において、労働者の預け入れた預金の運用につき制限を付するときにその方法を記入すれば足り、預金の運用につき制限を付さない場合には記入の必要はないこと。

(3)　本様式中、「その他の方法による貯蓄金管理の場合」の「管理の方法」は、いわゆる、通帳保管等の方法をいうものであること。

第四　預金管理状況報告

一　規則第五十七条第三項により毎年定期に預金の管理状況を報告しなければならない事業主は、協定に基づき労働者の預金の受入れを行う事業主であつて、いわゆる通帳保管のみを行う場合には適用がないこと。

二　企業を単位とする預金の管理の状況に関する報告（以下「預金管理状況報告」という。）の取扱いについては、次に定めるところによることとすること。

(1)　規則第五十七条第三項の規定による預金管理状況報告については、労働者の預金の受入れを行う事業場の使用者が当該事業場の預金の管理の状況につき記入し、報告すべきものであるが、同一企業に属する各事業場（以下「支社等」という。）の預金が本社等特定の事業場（以下「本社」という。）において集中管理される場合にあつては、支社等の預金の管理の状況について記入することが困難な場合もあることにかんがみ、預金管理状況報告は、当該事業場を管轄する労働基準監督署長に対して行うべきものであることは当然であるが、その内容については、次のすべての要件を具備している限り、当該事業場に関する状況とせず、当該事業場が属する企業全体に関する状況とすることができるものとすること。

イ　協定の内容が同一企業に属する各事業場において同一であること。

ロ　預金元帳が本社において集中管理されていること。

ハ　保全措置が同一企業に属する各事業場の預金につき本社において一括講ぜられていること。

(2)　預金管理状況の内容を企業全体に関する状況とする場合においても、本社及び支社等はそれぞれの事業場を管轄する労働基準監督署長に対して報告を行わなければならないが、同一の労働基準監督署管内に二以上の事業場があり当該企業内の組織上、各事業場の長より上位の使用者が、とりまとめて当該労働基準監督署長に報告を行う場合においては、一の事業場の預金管理状況の内容を様式第二十四号に記載し、他の事業場の内容については別添の続紙に記載しこれに添付して報告することも差し支えないものであること。

三　様式第二十四号については、任意の様式を認めないこととしているため、法令で定められた様式で報告させること。

また、続紙については、別添のOCIR様式を必要に応じ事業場に交付し、これにより、報告するよう指導すること。

（昭五三・一・七　基発四号、平六・三・三一　基発一八一号、平七・七・一七　基発四六〇号、平八・二・一六　基発六二号、平九・一・二七　基発四五号、平九・三・三一　基発二三一号、平九・一二・二四　基発七七三号、平一一・三・三一　基発一六八号、平一二・一二・一四　基発七四三号）

【貯蓄金の管理規程の内容】　労働基準法第十八条第三項の規定にもとづく貯蓄金の管理に関する規程には、貯蓄金の管理がいわゆる社内預金である場合には、同法施行規則第五条の二の規定により定められている事項及びそれらの具体的取扱い、それがいわゆる通帳保管である場合には、預金先の金融機関名及び預金の種類、通帳の保管方法、預金の出入れの取次の方法等について規定させること。

（昭二七・九・二〇　基発六七五号、昭六三・三・一四　基発一五〇号）

【日歩による利子】　労働基準法第十八条第四項の規定に基づき使用者が労働者の預金を受け入れる場合の利子の附加方法として、日歩によることも労使の自由であるが、「労働基準法第十八条第四項の規定に基づき使用者が労働者の預金を受け入れる場合の利率を定める省令（昭和二十七年八月三十一日労働省令第二十四号）による年利率の最低限度を下回つてはならないものであること。

（昭三七・七・四　基収五七四三号、昭六三・三・一四　基発一五〇号）

【中途解約を禁止する預金契約の効力及び中途解約の場合の利率】　法第十八条は強制貯金の禁止について規定するとともに貯蓄金の委託管理について規定したものであつて、任意貯金についても、同条第五項において、労働者の貯蓄金をその委託を受けて管理する場合において労働者がその返還を請求したときは、遅滞なく、返還しなければならない義務を課したものであるから、預金契約書等において、定期預金等の据置期間を設けた上で中途では払戻しができない旨を定めることは、その限度において無効であると解せられる。

なお、据置期間を設けた預金をその期間の経過前に返還する場合において、満期の場合の利率よりも低い利率による利子をつける事例がみうけられるが、この場合においても、労働基準法第十八条第四項後段の規定の適用がある。
（昭二八・四・二八　基収七八六号、昭三四・三・一九　三三基収六三五五号）

【賃金の一定率の貯蓄金管理】

問　某繊維工場において一回の額として賃金の十%或いは五%の如き一定率を貯蓄させ、これを管理することは法第十八条に違反しないか。なお、貯蓄金はそれを工場の事業資金に流用する向もある。

答　貯蓄の自由及び貯蓄金返還請求の自由が保障される限り、貯蓄の金額につき賃金の十%、五%等の一定率を定めることは違法ではない。
（昭二三・七・一三　基収二三六四号、昭二三・二・一三　基発九〇号）

【その必要限度の範囲内での中止】　第六項による貯蓄金管理を「その必要な限度の範囲内で」中止させることは、貯蓄金管理を委託している労働者の全部又は一部について中止させるとの意であり、個々の労働者の貯蓄金の一部についてその管理を中止させるとの意ではないこと。
（昭二七・九・二〇　基発六七五号）

【中止命令】　第七項の中止命令は、貯蓄金管理に伴う弊害排除のために定められた行政官庁の最終処分であるから、違反があった場合には、この措置をとるまでに、注意を与える等によって違反を是正せしめるようにすること。（昭二七・九・二〇　基発六七五号）

❷その他

【労働者の過半数代表者の要件】　次のいずれの要件も満たすものであること。

(1)　法第四十一条第二号に規定する監督又は管理の地位にある者でないこと。

(2)　法に基づく労使協定の締結当事者、就業規則の作成・変更の際に使用者から意見を聴取される者等を選出することを明らかにして実施される投票、挙手等の方法による手続により選出された者であり、使用者の意向によって選出された者ではないこと。

なお、法第十八条第二項、法第二十四条第一項ただし書、法第三十九条第四項、第六項及び第七項ただし書並びに法第九十条第一項に規定する過半数代表者については、当該事業場に上記(1)に該当する労働者がいない場合（法第四十一条第二号に規定する監督又は管理の地位にある者のみの事業場である場合）には、上記(2)の要件を満たすことで足りるものであること。
（平一一・一・二九　基発四五号、平二二・五・一八　基発〇五一八第一号）

【労働者の過半数代表者の選出手続】

問　則第六条の二に規定する「投票、挙手等」の「等」には、どのような手続が含まれているか。

答　労働者の話合い、持ち回り決議等労働者の過半数が当該者の選任を支持していることが明確になる民主的な手続が該当する。
（平一一・三・三一　基発一六九号）

【過半数代表者の不利益取扱い】　過半数代表者であること若しくは過半数代表者になろうとしたこと又は過半数代表者として正当な行為をしたことを理由として、解雇、賃金の減額、降格等労働条件について不利益取扱いをしないようにしなければならないこととしたものであること。

「過半数代表者として正当な行為」には、法に基づく労使協定の締結の拒否、一年単位の変形労働時間制の労働日ごとの労働時間についての不同意等も含まれるものであること。
（平一一・一・二九　基発四五号）

【過半数代表者】　時間外・休日労働協定の締結等に際し、労働基準法の規定に基づき労働者の過半数を代表する者を選出するに当たっては、使用者側が指名するなど不適切な取扱いがみられるところである。このため、過半数代表者の要件として、「使用者の意向に基づき選出されたものでないこと」を労基則において明記したものであること。

また、使用者は、過半数代表者がその事務を円滑に遂行することができるよう必要な配慮を行わなければならないこととしたものであること。

（平三〇・九・七　基発〇九〇七第一号）

【「必要な配慮」の内容】

問　則第六条の二第四項の「必要な配慮」にはどのようなものが含まれるのか。

答　則第六条の二第四項の「必要な配慮」には、例えば、過半数代表者が労働者の意見集約等を行うに当たって必要となる事務機器やシステム（イントラネットや社内メールを含む。）、事務スペースの提供を行うことが含まれるものである。

（平三〇・一二・二八　基発一二二八第一五号、令五・八・二　基発〇八〇二第七号）

【届出なき貯蓄金管理】

問　法第十八条第二項の規定による協定又は届出をせずに貯蓄金の管理をする使用者の処罰については、罰則の定がないがその処罰方法如何。

答　単に協定又は届出の手続きを怠つただけでは労基法上の罰則の問題は生じない。なお、本条の要件を満たさず、これに違反して預金の受入れを行つた場合は、「出資の受入、預り金及び金利等の取締等に関する法律」第二条第一項にも違反することとなるが、同条項の違反については、三年以下の懲役若しくは三十万円以下の罰金に処し、又はこれを併科することとされている（同法第二条第一項）。

（昭三三・六・一六　基収一九三五号）

【社外機関への退職積立金の取扱い】

問　職員の福利増進を図るため全く別個の社外機関である共済会を設立して別紙のような要綱により退職金の積立をしているが、この取扱いに関して法第十八条の貯蓄金管理及び法第二十四条の賃金控除との関係で疑義があるので、御教示願いたい。

別　紙

農業共済団体職員退職給与金契約に関する規程

第一条　この会は農業共済団体職員の福利増進を図るため、定款第五条第五号の規程に基き、農業共済団体の専属有給職員から定額の給付を受け、その者が退職又は死亡した場合においてこの者に対して定額の給与金を支給する契約をする事業（以下「退職給与金施設」という。）を行うものとする。

第二条　加入者が負担する一口の金額は毎月百二十円とする。

第三条　加入者が二年以上で退職したときは、加入期間中の払込掛金の総額に、この払込金の総額に百分の三及び加入年数を乗じた金額を加えた金額を、退職給与金として支給する。

第四条　加入者が二年未満で退職したときは、加入期間中の払込掛金の総額（所属団体の負担した金額を除く。）を払戻する。

第五条　加入者が死亡したときは、加入期間中の払込掛金の総額に、この払込掛金の総額に百分の三十五及び加入年数を乗じた金額を加えた金額を死亡給与金として支給する。

第十一条　この会は給与金に関する会計を他の会計と区分して処理するものとする。

農業共済団体職員退職給与金事務取扱手続

第一条　農業共済団体職員退職給与金に関する一切の事務はこの規程の定める所によりこれを処理する。

第二条　農業共済保険協会共済部長は会長の命を承けて給与金に関する事務を担当する。

第三条　農業共済団体職員中日給を受ける者、常勤しない嘱託員の施設加入はこれを認めない。

第四条　退職給与金施設に加入しようとする者は、別記様式第一号による加入申込書を所属団体長連署の上提出しなければならない。

　加入者が所属団体を転じたときは別記様式第二号による継続加入申込書を提出しなければならない。

　農業共済保険協会長は前二項の申込書を審査し、加入資格があると認めたときは、所属団体長に対して、別記様式第三号又は第四号による加入承認通知書を送付する。

第五条　所属団体長は、毎月所属職員の掛金を月俸支払のとき控除してその団体負担金と共に前記様式第五号に記入の上、農業共済保険協会に送付しなければならない。

　前項の団体負担金の基準は一口百二十円のうち百円とする。

　退職給与金施設に加入した職員が、所属団体を転じた場合には、その月の団体負担金は前所属団体がこれを支出するものとする。

第六条　所属団体長が、加入承認の日から三カ月以内に掛金を送金しないときは農業共済保険協会長は、加入者が加入の意思を抛棄したものとみなして加入の承認を取消すことができる。

第七条　所属団体長が、三カ月以上掛金を送金しないときは、農業共済保険協会長は、加入者が契約継続の意思がないものとみなして加入者名簿から削除することができる。

　前項の加入者名簿の削除をした場合には―農業共済保険協会長は―その旨を当該所属団体長に通知しなければならない。

　前項の通知を受けた者が同項の通知を受けた日から三カ月以内に事情を記載した理由書を添えて別記様式第六号によって復活申請書を提出したときは、一回に限り契約を復活させることができる。但しこの場合には復活申請をしたときにおける一般利子に相当する復活利子を払込むものとする。

第十一条　加入者が退職、死亡したときは別記様式第九号又は第十号による請求書を所属団体長を経て、農業共済保険協会長に提出しなければならない。

　前記の請求書には、左の各号の書面を添付するものとする。

一　加入者が退職した場合には、別記様式第十二号により所属団体長の作成する退職調書

二　加入者が死亡した場合には、死亡及び受給資格を証明する死亡診断書及び受給者戸籍謄本（配偶者の場合に限り抄本）

第十二条　加入者が退職、死亡以外の事由で任意に掛金を中止する場合及び掛金未払込に因り加入者名簿の削除処分を受けた場合には、給与金を支給しない。但し加入後二年以上経過している場合には、払込掛金の総額の二分の一に相当する金額を脱退金として特に支給するものとする。

　前項の脱退金を請求しようとする者は、別記様式第十二号及び第十三号による請求書を所属団体長を経て農業共済保険協会長に提出しなければならない。

答㈠　農業共済団体職員の退職金給与は当該団体とは全く別個の機関である農業共済保険協会で取り扱つているものであるから、同保険協会の施設に加入した労働者の所属団体長が同保険協会の「農業共済団体職員退職給与金事務取扱手続」第四条及び第五条の規定による程度の単なる仲介の手続を取るだけである限りにおいては、労働者と使用者たる所属団体長との間には法第十八条にいう貯蓄金管理の問題は生じない。

　しかしながら労働者の保険施設加入は所属団体長の連署の上本人が申込みをなすことになつている前記第四条の規定にかかわらず、単位農業共済団体が同保険協会に加入していることによつて、その団体に雇用される労働者がその意思に反しても加入せざるを得ないようになつている如き場合においては、労働者の労働契約に附随する貯蓄の契約となり、法第十八条第一項に抵触する。

(二)「農業共済団体職員退職給与金事務取扱手続」中第五条により賃金控除するには所属団体と労働者との間に法第二十四条第一項但書の協定がなければ法第二十四条に抵触する。又同第十二条は右(一)前段の場合であれば労働基準法上の問題を生じない。（昭二五・九・二八　基収二〇四八号）

【退職積立金の取扱い】

問　管下某事業場において左記のような退職金給与規程を作成している所があるが、本規程による積立金は、法律的には労働者の退職を条件として権利が発生するものであり、在職中既に一旦労働者に帰属した金を使用者が委託を受けて保管する貯蓄金とは性質を異にするものであるから、法第十八条に定める貯蓄金に該当しないものとして取り扱つてよろしいか。

記

○○県信用農業協同組合連合会職員退職給与規定

第一条　この連合会の職員が退職又は死亡したときはこの規定により退職金を支給する。

第二条　この規定において職員とはこの連合会の参事、会計主任及び事務員をいう。

第三条　退職金の支給を受けるべき職員は毎月月俸の百分の二に相当する金額を納付しなければならない。

第七条　職員在職二年以上で退職又は死亡したときは退職又は死亡した当時の月俸を基準月俸として在職年数に応じた額を支給する。

第八条　在職年数二カ年に達しない者が退職又は死亡した時はその納付金相当額を支給する。

答(一)　本件退職積立金は規定第三条によれば労働者に帰属した金を納付せしめるものであるから退職積立金と称していても、労働者の金銭をその委託をうけて使用者において保管管理する性格を有するものである以上、法第十八条に規定する貯蓄金に該当する。

(二)　従つて本規定による退職積立金は法第十八条第一項に抵触するものと考えられる。

依つて本件については労働者の積立金と連合会の積立金とをそれぞれ別個の会計とし、労働者の積立金に関する限り法第十八条の規定に従わなければならない。（昭二五・九・二八　基収二〇四八号）

【金融機関における貯蓄金管理】

1　金融機関の貯蓄金管理

金融機関が、その金融機関たる立場において、銀行法その他の法律に基づく本来の業務として預金の受入れ等を行なうのでなくして、使用者としての立場において、労働者の委託を受けてその預金の受入れ又は預金通帳の保管を行なう場合は、労働基準法（以下「法」という。）第十八条の「労働者の貯蓄金をその委託を受けて管理する場合」に該当するものであること。

この場合において、当該預金の受入れ等が、金融機関としての立場において行なわれているのか、それとも使用者としての立場において行なわれているのかの判断については、たとえば次のような事実があるときは、いずれも使用者の立場において行なわれているものと解されること。

(1)　労働者から受け入れた預金につき、労働者からの預金であることを理由としてその他の者の預金の金利と異なつた金利を付していること。

(2)　労働者から受け入れた預金とその他の者の預金との間において、受入れ又は払いもどしの手続、会計処理等について、異なつた手続をとつていること。

2　法違反に対する取扱い

(1)　金融機関が使用者として労働者の委託を受けてその貯蓄金を管理する場合において、貯蓄金管理協定を締結していない場合又は貯蓄金管理協定を所轄監督署長に届け出ていない場合には、法第十八条第二項違反として取り扱うこと。

(2)　金融機関が使用者として労働者の委託を受けてその預金の受入れを行なう場合において、その預金の利率が法第十八条第四項の規定に基き使用者が労働者の預金を受け入れる場合の利率を定める省令第一条に規定する年六分〈編注　現行五厘〉の利率に達しないときは、法第十八条第四項違反として取り扱うこと。

（昭四一・一二・二四　基発一三五九号）

【派遣労働者の社内預金】　労働基準法第十八条は派遣元の使用者に適用されるので、派遣元の使用者は、同条に定める要件の下に、派遣中の労働者の預金を受け入れることができる。一方、派遣先の使用者は、派遣中の労働者と労働契約関係にないので労働基準法第十八条に基づき、派遣中の労働者の預金を受け入れることはできないこと。

（昭六一・六・六　基発三三三号）

○参考　社内預金保全のための各種契約の約定書例

(1)　保証契約による場合

社内預金保全のための保証に関する約定書

印紙　　年　月　日

会　社（甲）住　所
　　氏名又は名称　㊞
銀　行（乙）住　所
　　名　称　㊞
労働者（丙）別冊労働者名簿
　　記載の各労働者
代理人（丁）住　所
　　氏　名　㊞

甲と丙との間における貯蓄金管理に関する協定に基づき、甲が丙に対し負担する貯蓄金の元金の払戻債務の履行を確保するため、賃金の支払の確保等に関する法律（昭和五十一年法律第三十四号）第三条に規定する保全措置として、乙が甲と連帯して当該債務の履行を丙に対して保証するにつき、甲、乙、丙及び丁は、下記の条項を確約する。

記

第一条　丙は、次の事項につき丁に委任し、丁が丙を代理して行うことを認める。
(1)　丙が甲に対して有する貯蓄金の元金の払戻請求書の保全のために行う保証契約の締結
(2)　本約定書正本の保管
(3)　保証債務の履行の請求に関する手続及び保証債務の履行による金銭の受領
(4)　復代理人の選任
(5)　前各号に付帯するいっさいの行為
2　代理人に変更があったときは、甲及び新・旧代理人（丁）は、連署の上、乙所定の書面により遅滞なくその旨を乙に届出ることとする。

第二条　乙は甲の依頼により、甲が丙に対して負担する貯蓄金の元金の払戻債務につき、それぞれ別冊労働者名簿の保証極度額の欄に記載された預金残額を限度として、丙に対して甲と連帯して当該債務の履行の責を負うこととする。

第三条　前条の保証債務の履行の請求は、甲が次の各号のいずれかに該当したときにのみ行うことができることとする。
(1)　支払の停止又は破産、和議開始、更生手続開始、整理開始若しくは特別清算開始の申立てがあったとき。

(2)　手形交換所の取引停止処分を受けたとき。

(3)　賃金の支払の確保等に関する法律施行令（昭和五十一年政令第百六十九号）第二条第一項第五号に規定する認定の申請が受理されたとき。

2　甲及び丁は、甲が前項の各号のいずれかに該当したときは、直ちに、乙に通知することとする。

第四条　乙に対する保証債務の履行の請求は、丙が個別に行うことなく、丁のみがこれを行うこととする。

2　丁は、乙に対して保証債務の履行を請求しようとするときは、あらかじめ、甲に対し、次に掲げる事項を丙の個人別に記載し、かつ、丙の承認印が押印された書面の作成及び交付を請求することとする。

(1)　保証債務の履行の請求時における貯蓄金の元金の額

(2)　別冊労働者名簿の保証極度額の欄に記載された額

(3)　第一号又は前号のいずれか少ない額（以下「被保証額」という。）

3　甲は、前項の請求を受けたときは、遅滞なく、当該書面を作成し、被保証額を合算した額を記載の上、これに署名押印して、丁に交付することとする。

4　丁は、前項により交付を受けた書面に署名押印の上、これを乙に提出し、当該書面に記載された被保証額を合算した額の金銭の交付を乙に対して請求することとする。

第五条　甲の行方不明その他やむを得ない事情により甲が前条第三項の手続を行うことができないときは、丁は、当該事情を明らかにした書面及び前条第二項に掲げる事項が丙の個人別に記載され、かつ、丙の承認印が押印された書面（以下本条において「請求書面」という。）を作成し、署名押印の上、これに預金通帳その他預金債権を証する書面を添えて乙に提出し、当該請求書面に記載された債務の履行を乙に対して請求することとする。

2　乙が前項により請求を受けたときは、丁に対し、必要に応じ、預金元帳その他の資料の提出を求めることができることとする。

第六条　乙は、第四条第四項又は前条第一項の請求を受けたときは、丁に当該金銭を交付することとする。

第七条　乙は、第四条第四項又は第五条第一項により丁から提出された書面その他この取引に係るいっさいの書類に押印された甲又は丁の印影が本約定書に押印された甲又は丁の印影と相違ないと認め、当該書面の記載内容に従い金銭の交付等を行ったときは、その取扱いに関するいっさいの責任を免れることとする。

第八条　乙は、第六条により当該金銭を丁に交付したときは、甲に対し、その全額を求償できることとする。

第九条　丁は、第六条により当該金銭の交付を受けたときは、直ちに丙の受領すべき金銭を丙の指定する金融機関の預貯金口座に振込む方法により配分することとする。

第十条　甲及び丁は、乙から請求があったときは、本約定による被保証債務について遅滞なく報告し、又は、必要な資料を提供することとする。

第十一条　本約定の保証期間は、　　年　　月　　日までとする。本約定による保証債務は、その期間が満了したときに消滅することとする。その期間満了前に新約定が締結されたときも同様とする。

2　前項にかかわらず、その期間内に甲が第三条第一項の各号のいずれかに該当したときは、前項の期間の満了後三カ月を経過した日までに第四条第四項又は第五条第一項の請求を行うこととし、この請求がないときは、本約定による保証債務は消滅することとする。

第十二条　甲は、甲と丙との間における貯蓄金管理に関する協定に基づき、甲が丙に対して負担する貯蓄金の元金の払戻債務の履行を確保するため、本約定のほかに、丙のために他の保全措置を講じているときは、その契約の明細を乙に通知することとする。

　将来、丙のために他の保全措置を講じたときも同様とする。

第十三条　本約定書は正本一通及び副本二通を作成し、正本は丁が保管し、副本は甲及び乙がそれぞれ一通を保管することとする。

（別冊）　労働者名簿　　　年　月　日

氏名㊞	住所	保証極度額（単位円）
計　名		計　円

上記のとおり相違なきことを認めます。

年　月　日

会社（甲）住所

氏名又は名称　㊞

(2)　預金債権を質物とする場合

社内預金保全のための質権設定に関する約定書

印紙　確定日付　年　月　日

会社（甲）住所
氏名又は名称　㊞

銀行（乙）住所
名称　㊞

労働者（丙）別冊労働者名簿
記載の各労働者

代理人（丁）住所
氏名　㊞

甲と丙との間における貯蓄金管理に関する協定に基づき、甲が丙に対し負担する貯蓄金の元金の払戻債務の履行を確保するため、賃金の支払の確保等に関する法律（昭和五十一年法律第三十四号）第三条に規定する保全措置として、甲が乙に対して有する預金債権の上に、甲が丙を質権者として質権の設定を行うにつき、甲、乙、丙及び丁は、下記の条項を確約する。

記

第一条　丙は、次の事項につき丁に委任し、丁が丙を代理して行うことを認める。

(1)　丙が甲に対して有する貯蓄金の元金の払戻請求書の保全のために行う質権設定契約の締結

(2)　本約定書正本の保管

(3)　質権の目的である別冊預金証書明細書に記載されている預金債権の証書（以下「預金証書」という。）の乙への保護預け等による保管

(4)　質権実行に関する手続（金銭の受領を含む。）

(5)　復代理人の選任

(6)　前各号に付帯するいっさいの行為

2　代理人に変更があったときは、甲及び新・旧代理人（丁）は、連署の上、乙所定の書面により遅滞なくその旨を乙に届出ることとする。

第二条　甲は、甲が丙に対して負担する貯蓄金の元金の払戻債務の根担保として、それぞれ別冊労働者名簿の担保極度額の欄に記載された預金残額を限度として、預金証書に係る預金債権の上に、丙を質権者とする質権を設定し、丁に当該預金証書を差し入れることとする。

第三条　乙は、前条の質権の設定を承諾する。

第四条　丁は、本約定による質権の目的物を転質することができないこととする。

第五条　第二条の質権は、甲が次のいずれかに該当したときにのみ実行することができることとする。

(1)　支払の停止又は破産、和議開始、更生手続開始、整理開始若しくは特別清算開始の申立てがあつたとき。

(2)　手形交換所の取引停止処分を受けたとき。

(3)　賃金の支払の確保等に関する法律施行令（昭和五十一年政令第百六十九号）第二条第一項第五号に規定する認定の申請が受理されたとき。

2　甲及び丁は、甲が前項の各号のいずれかに該当したときは、直ちに、乙に通知することとする。

第六条　質権の実行は、丙が個別に行うことなく、丁のみがこれを行うこととする。

2　丁は、質権を実行しようとするときは、あらかじめ、甲に対し、次に掲げる事項を丙の個人別に記載し、かつ、丙の承認印が押印された書面の作成及び交付を請求することとする。

(1)　質権の実行時における貯蓄金の元金の額

(2)　別冊労働者名簿の担保極度額の欄に記載された額

(3)　第一号又は前号のいずれか少ない額（以下「被担保額」という。）

3　甲は、前項の請求を受けたときは、遅滞なく、当該書面を作成し、被担保額を合算した額を記載の上、これに署名押印して、丁に交付することとする。

4　丁は、前項により交付を受けた書面に署名押印の上、これを預金証書とともに乙に提出し、当該書面に記載された被担保額を合算した額の金銭の交付を乙に対して請求することとする。

第七条　甲の行方不明その他やむを得ない事情により甲が前条第三項の手続を行うことができないときは、丁は、当該事情を明らかにした書面及び前条第二項に掲げる事項が丙の個人別に記載され、かつ、丙の承認印が押印された書面（以下本条において「請求書面」という。）を作成し、署名押印の上、これに預金通帳その他預金債権を証する書面を添えて乙に提出し、当該請求書面に記載された金銭の交付を乙に対して請求することとする。

2　乙が前項により請求を受けたときは、丁に対し、必要に応じ、預金元帳その他の資料の提出を求めることができることとする。

第八条　乙は、第六条第四項又は前条第一項の請求があつたときは、丁に当該金銭を交付することとする。

第九条　乙は、第六条第四項又は第七条第一項により丁から提出された書面その他この取引に係るいっさいの書類に押印された甲又は丁の印影が本約定書に押印された甲又は丁の印影と相違ないと認め、当該書面の記載内容に従い金銭の交付等を行つたときは、その取扱いに関するいっさいの責任を免れることとする。

第十条　丁は、第八条により当該金銭の交付を受けたときは、直ちに丙の受領すべき金銭を丙の指定する金融機関の預貯金口座に振込む方法により配分することとする。

第十一条　甲及び丁は、乙から請求があつたときは、本約定による被担保債務について遅滞なく報告し、又は、必要な資料を提供することとする。

第十二条　本約定による質権の存続期間は、　年　月　日までとする。本約定による質権は、その期間が満了したときに消滅することとする。その期間満了前に新約定が締結されたときも同様とする。

2　前項にかかわらず、その期間内に甲が第五条第一項各号のいずれかに該当したときは、前項の期間の満了後三カ月を経過した日までに第六条第四項又は第七条第一項の請求を行うこととし、この請求がないときは、本約定による質権は消滅することとする。

第十三条　甲は、甲と丙との間における貯蓄金管理に関する協定に基づき、甲が丙に対して負担する貯蓄金の元金の払戻債務の履行を確保するため、本約定のほかに、丙のために他の保全措置を講じているときは、その契約の明細を乙に通知することとする。

将来、丙のために他の保全措置を講じたときも同様とする。

第十四条　本約定書は、正本一通及び副本二通を作成し、正本は丁が保管し、副本は甲及び乙がそれぞれ一通を保管することとする。

（別冊）

預金証書明細書

種類	発行銀行	預金番号	預入日	支払期日	金額	名義人

（別冊）

労働者名簿　　年　月　日

氏名㊞	住所	担保極度額（単位円）

計	名	計	円

上記のとおり相違なきことを認めます。

年　月　日

会社（甲）住所

氏名又は名称　㊞

(3)　生命保険契約上の債権を質物とする場合

社内預金保全のための質権設定に関する約定書

印紙　確定日付　年　月　日

会　社（甲）住　所

氏名又は名称　㊞

生命保険会社（乙）住　所

名　称　㊞

労働者（丙）別冊労働者名簿記載の各労働者

代理人（丁）住　所

氏　名　㊞

甲と丙との間における貯蓄金管理に関する協定に基づき、甲が丙に対し負担する貯蓄金の元金の払戻債務の履行を確保するため、賃金の支払の確保等に関する法律（昭和五十一年法律第三十四号）第三条に規定する保全措置として、甲が乙に対して有する生命保険契約の権利の上に、甲が丙を質権者として質権の設定を行うにつき、甲、乙、丙および丁は、下記の条項を確約する。

記

第一条　丙は、次の事項につき丁に委任し、丁が丙を代理して行うことを認める。

(1)　丙が甲に対して有する貯蓄金の元金の払戻請求書の保全のために行う質権設定契約の締結

(2)　本約定書正本の保管

(3)　質権の目的である別冊生命保険契約明細書に記載されている生命保険契約（以下「生命保険契約」という。）の保険証券（以下、「保険証券」という。）の保管

(4)　質権実行に関する手続（金銭の受領を含む。）

(5)　生命保険契約に関する第三条第三項及び第四条第三項ただし書に基づく甲の権利行使に対する同意

(6)　復代理人の選任

(7)　前各号に付帯するいっさいの行為

2　代理人に変更があったときは、甲及び新・旧代理人（丁）は、連署の上、乙所定の書面により遅滞なくその旨を乙に届出ることとする。

第二条　甲は、甲が丙に対して負担する

貯蓄金の元金の払戻債務の根担保として、それぞれ別冊労働者名簿の担保極度額の欄に記載された預金残額を限度として、生命保険契約の満期・死亡保険金請求権及び解約返戻金請求権（解約権を含む。以下同じ。）の上に、丙を質権者とする質権を設定することとする。

第三条　乙は、前条の質権の設定を承諾し、保険証券にその旨を裏書する。

2　甲は、前項の裏書した保険証券を丁に交付し、丁は、これを保管する。

3　乙は、丁の同意がなければ当該保険証券の再発行は取り扱わない。

第四条　甲は、第十四条第一項又は第二項の期間内は、生命保険契約の保険金受取人の指定変更、保険契約者の変更、保険金額の減額、払済・延長保険への変更、保険契約者に対する貸付その他保険契約の内容を変更するいつさいの権利を行使しないこととする。

2　乙は、第十四条第一項又は第二項の期間内は、生命保険料の自動振替貸付は行わないこととする。

3　甲は、第十四条第一項又は第二項の期間内は、生命保険契約の満期・死亡保険金又は解約返戻金を請求することはできないこととする。ただし、生命保険契約の中で支払事由の発生した満期・死亡保険金又は解約返戻金については、その金額を除いて計算した担保額が、別冊労働者名簿の担保極度額の欄に記載された金額の合計額を超過するに至つたときは、甲は、丁の同意を得て当該満期・死亡保険金又は解約返戻金を乙に請求することができることとする。

第五条　丁は、本約定による質権の目的物を転質することができないこととする。

第六条　第二条の質権は、甲が次のいずれかに該当したときにのみ実行することができることとする。

(1)　支払の停止又は破産、和議開始、更生手続開始、整理開始若しくは特別清算開始の申立てがあつたとき。

(2)　手形交換所の取引停止処分を受けたとき。

(3)　賃金の支払の確保等に関する法律施行令（昭和五十一年政令第百六十九号）第二条第一項第五号に規定する認定の申請が受理されたとき。

2　甲及び丁は、甲が前項の各号のいずれかに該当したときは、直ちに、乙に通知することとする。

第七条　質権の実行は、丙が個別に行うことなく、丁のみがこれを行うこととする。

2　丁は、質権を実行しようとするときは、あらかじめ、甲に対し、次に掲げる事項を丙の個人別に記載し、かつ、丙の承認印が押印された書面の作成及び交付を請求することとする。

(1)　質権の実行時における貯蓄金の元金の額

(2)　別冊労働者名簿の担保極度額の欄に記載された額

(3)　第一号又は前号のいずれか少ない額（以下「被保証額」という。）

3　甲は、前項の請求を受けたときは、遅滞なく、当該書面を作成し、被担保額を合算した額を記載の上、これに署名押印して、丁に交付することとする。

4　丁は、前項により交付を受けた書面に署名押印の上、これを乙に提出し、当該書面に記載された被担保額を合算した額の金銭の交付を乙に対して請求することとする。

第八条　甲の行方不明その他やむを得ない事情により甲が前条第三項の手続を行うことができないときは、丁は、当該事情を明らかにした書面及び前条第二項に掲げる事項が丙の個人別に記載され、かつ、丙の承認印が押印された書面（以下本条において「請求書面」という。）を作成し、署名押印の上、これに預金通帳その他預金債権を証する書面を添えて乙に提出し、当該請求書面に記載された金銭の交付を乙に対して請求することとする。

2　乙が前項により請求を受けたときは、丁に対し、必要に応じ、預金元帳その他の資料の提出を求めることができることとする。

第九条　乙は、第七条第四項又は前条第一項の請求があつたときは、丁に当該金銭を交付することとする。

第十条　乙は、第七条第四項又は第八条第一項により丁から提出された書面その他この取引に係るいつさいの書類に押印された甲又は丁の印影が本約定書に押印された甲又は丁の印影と相違ないと認め、当該書面の記載内容に従い金銭の交付等を行つたときは、その取扱いに関するいつさいの責任を免れることとする。

第十一条　丁は、第九条により当該金銭の交付を受けたときは、直ちに丙の受領すべき金銭を丙の指定する金融機関の預貯金口座に振込む方法により配分することとする。

第十二条　甲及び丁は、乙から請求があつたときは、本約定による被保証債務について遅滞なく報告し、又は、必要な資料を提供することとする。

第十三条　生命保険契約が失効した場合でも、当該生命保険契約の復活請求権が存続する間は、本約定は有効に存続するものとする。ただし、次条により消滅する場合はこの限りでない。

第十四条　本約定による質権の存続期間は、　年　月　日までとする。本約定による質権は、その期間が満了したときに消滅することとする。その期間満了前に新約定が締結されたときも同様とする。

2　前項にかかわらず、その期間内に甲が第六条第一項各号のいずれかに該当したときは、前項の期間の満了後三カ月を経過した日までに第七条第四項又は第八条第一項の請求を行うこととし、この請求がないときは、本約定による質権は消滅することとする。

第十五条　本約定による質権が消滅したときは、丁は、質権消滅通知書とともに、保管の保険証券を乙に提出し、質権消滅の裏書を受けた上、これを甲に返還することとする。

第十六条　甲は、甲と丙との間における貯蓄金管理に関する協定に基づき、甲が丙に対して負担する貯蓄金の元金の払戻債務の履行を確保するため、本約定のほかに、丙のために他の保全措置を講じているときは、その契約の明細を乙に通知することとする。

将来、丙のために他の保全措置を講じたときも同様とする。

第十七条　本約定書は、正本一通及び副本二通を作成し、正本は丁が保管し、副本は甲及び乙がそれぞれ一通を保管することとする。

（別冊）

生命保険契約明細書

保険種類	被保険者	保険会社	保険証券番号	保険契約成立日	満期	保険金額	解約返戻金

（別冊）

労働者名簿　　年　月　日

氏名㊞	住所	担保極度額（単位円）
計　名		計　円

上記のとおり相違なきことを認めます。

年　月　日

会社（甲）住所

氏名又は名称　㊞

(4) 信託受益権を質権とする場合

社内預金保全のための質権
設定に関する約定書

印紙　確定日付　　年　　月　　日

会　社（甲）住　所
氏名又は名称　㊞

銀　行（乙）住　所
名　称　㊞

労働者（丙）別冊労働者名簿
記載の各労働者

代理人（丁）住　所
氏　名　㊞

甲と丙との間における貯蓄金管理に関する協定に基づき、甲が丙に対し負担する貯蓄金の元金の払戻債務の履行を確保するため、賃金の支払の確保等に関する法律（昭和五十一年法律第三十四号）第三条に規定する保全措置として、甲が乙に対して有する〈貸付信託受益権／合同運用指定金銭信託受益権〉の上に、甲が丙を質権者として質権の設定を行うにつき、甲、乙、丙及び丁は、下記の条項を確約する。

記

第一条　丙は、次の事項につき丁に委任し、丁が丙を代理して行うことを認める。

(1) 丙が甲に対して有する貯蓄金の元金の払戻請求書の保全のために行う質権設定契約の締結

(2) 本約定書正本の保管

(3) 質権の目的である別冊〈受益証券／受益権証書〉明細書に記載されている〈貸付信託受益権証券／合同運用指定金銭信託受益権証書〉（以下〈「受益証券」／「受益権証書」〉という。）の乙への保護預け等による保管

(4) 質権実行に関する手続（金銭の受領を含む。）

(5) 復代理人の選任

(6) 前各号に付帯するいっさいの行為

2　代理人に変更があったときは、甲及び新・旧代理人（丁）は、連署の上、乙所定の書面により遅滞なくその旨を乙に届出ることとする。

第二条　甲は、甲が丙に対して負担する貯蓄金の元金の払戻債務の根担保として、それぞれ別冊労働者名簿の担保極度額の欄に記載された預金残額を限度として、〈受益証券／受益権証書〉に係る〈貸付信託／合同運用指定金銭信託〉の元本受益権の上に、丙を質権者とする質権を設定し、丁に当該〈受益証券／受益権証書〉を差し入れることとする。

第三条　乙は、前条の質権の設定を承諾する。

第四条　丁は、本約定による質権の目的物を転質することができないこととする。

第五条　第二条の質権は、甲が次のいずれかに該当したときにのみ実行することができることとする。

(1) 支払の停止又は破産、和議開始、更生手続開始、整理開始若しくは特別清算開始の申立てがあったとき。

(2) 手形交換所の取引停止処分を受けたとき。

(3) 賃金の支払の確保等に関する法律施行令（昭和五十一年政令第百六十九号）第二条第一項第五号に規定する認定の申請が受理されたとき。

2　甲及び丁は、甲が前項の各号のいずれかに該当したときは、直ちに、乙に通知することとする。

第六条　質権の実行は、丙が個別に行うことなく、丁のみがこれを行うこととする。

2　丁は、質権を実行しようとするときは、あらかじめ、甲に対し、次に掲げる事項を丙の個人別に記載し、かつ、丙の承認印が押印された書面の作成及び交付を請求することとする。

(1) 質権の実行時における貯蓄金の元金の額

(2) 別冊労働者名簿の担保極度額の欄に記載された額

(3)　第一号又は前号のいずれか少ない額（以下「被担保額」という。）

3　甲は、前項の請求を受けたときは、遅滞なく、当該書面を作成し、被担保額を合算した額を記載の上、これに署名押印して、丁に交付することとする。

4　丁は、前項により交付を受けた書面に署名押印の上、これを〈受益証券／受益権証書〉とともに乙に提出し、当該書面に記載された被担保額を合算した額の金銭の交付を乙に対して請求することとする。

第七条　甲の行方不明その他やむを得ない事情により甲が前条第三項の手続を行うことができないときは、丁は、当該事情を明らかにした書面及び前条第二項に掲げる事項が丙の個人別に記載され、かつ、丙の承認印が押印された書面（以下本条において「請求書面」という。）を作成し、署名押印の上、これに預金通帳その他預金債権を証する書面を添えて乙に提出し、当該請求書面に記載された金銭の交付を乙に対して請求することとする。

2　前項により請求を受けたときは、乙は丁に対し、必要に応じ、預金元帳その他の資料の提出を求めることができることとする。

第八条　乙は、第六条第四項又は前条第一項の請求があつたときは、丁に当該金銭を交付することとする。

第九条　乙は、第六条第四項又は第七条第一項により丁から提出された書面その他この取引に係るいつさいの書類に押印された甲又は丁の印影が本約定書に押印された甲又は丁の印影と相違ないと認め、当該書面の記載内容に従い金銭の交付等を行つたときは、その取扱いに関するいつさいの責任を免れることとする。

第十条　丁は、第八条により当該金銭の交付を受けたときは、直ちに丙の受領すべき金銭を丙の指定する金融機関の預貯金口座に振込む方法により配分することとする。

第十一条　甲及び丁は、乙から請求があつたときは、本約定による被保証債務について遅滞なく報告し、又は、必要な資料を提供することとする。

第十二条　本約定による質権の存続期間は、　年　月　日までとする。本約定による質権は、その期間が満了したときに消滅することとする。その期間満了前に新約定が締結されたときも同様とする。

2　前項にかかわらず、その期間内に甲が第五条第一項の各号のいずれかに該当したときは、前項の期間の満了後三カ月を経過した日までに第六条第四項又は第七条第一項の請求を行うこととし、この請求がないときは、本約定による質権は消滅することとする。

第十三条　甲は、甲と丙との間における貯蓄金管理に関する協定に基づき、甲が丙に対して負担する貯蓄金の元金の払戻債務の履行を確保するため、本約定のほかに、丙のために他の保全措置を講じているときは、その契約の明細を乙に通知することとする。

将来、丙のために他の保全措置を講じたときも同様とする。

第十四条　本約定書は、正本一通及び副本二通を作成し、正本は丁が保管し、副本は甲及び乙がそれぞれ一通を保管することとする。

（別冊）

〈受益証券／受益権証書〉明細書

種類	発行銀行	証券又は証書番号	預入日	満期日	信託金額	名義人

（別冊）

労働者名簿　　年　月　日

氏名㊞	住所	担保極度額（単位円）
計　名	計	円

上記のとおり相違なきことを認めます。

年　月　日

会社（甲）住所

氏名又は名称　㊞

(5)　金融債を質物とする場合

社内預金保全のための質権設定に関する約定書

印紙

年　月　日

会　社（甲）住　所

氏名又は名称　㊞

銀　行（乙）住　所

名　称　㊞

労働者（丙）別冊労働者名簿記載の各労働者

代理人（丁）住　所

氏　名　㊞

甲と丙との間における貯蓄金管理に関する協定に基づき、甲が丙に対し負担する貯蓄金の元金の払戻債務の履行を確保するため、賃金の支払の確保等に関する法律（昭和五十一年法律第三十四号）第三条に規定する保全措置として、甲が所有する乙が発行した無記名債券（金融債）の上に、甲が乙を質権者として質権の設定を行うにつき、甲、乙、丙及び丁は、下記の条項を確約する。

記

第一条　丙は、次の事項につき丁に委任し、丁が丙を代理して行うことを認める。

(1)　丙が甲に対して有する貯蓄金の元金の払戻請求書の保全のために行う質権設定契約の締結

(2)　本約定書正本の保管

(3)　質権の目的である別冊債権明細書に記載されている債券（次号により乗り換えた新規発行債権を含む。以下「債券」という。）の第二条第二項に基づく乙への保護預けによる保管

(4)　甲が第三条第一項に基づき新規発行債券に乗り換える場合の償還期日が到来した債券の甲への返還及び当該新規発行債券の甲からの受入れ

(5)　質権実行の手続（金銭の受領を含む。）

(6)　前号のうち、第八条に係る事項の乙への再委任

(7)　復代理人の選任

(8)　前各号に付帯するいつさいの行為

2　代理人に変更があつたときは、甲及び新・旧代理人（丁）は、連署の上、乙所定の書面により遅滞なくその旨を乙に届出ることとする。

第二条　甲は、甲が丙に対して負担する貯蓄金の元金の払戻債務の根担保として、それぞれ別冊労働者名簿の担保極度額の欄に記載された預金残額を限度として、債権の上に、丙を質権者とする質権を設定し、丁に当該債券を差し入れることとする。

2　丁は、前項及び次条第一項により引渡しを受けた債券を、すみやかに乙に保護預けすることとする。

第三条　甲は、債券の償還期日が第十二条第一項の期間内に到来するときは、当該債券を同種同額面の新規発行債券に乗り換え、当該新規発行債券を引き続き前条の規定による質物の目的物とする。

2　債券が割引債券であるときは、前項の乗り換えによつて生じた割引料には本約定による質権の効力は及ばないこととする。

3　債券が利付債券である場合であつ

て、その付属利札の利渡期日が第十二条第一項の期間内に到来するときは、当該付属利札には本約定による質権の効力は及ばないこととする。

第四条　丁は、本約定による質権の目的物を転質することができないこととする。

第五条　第二条の質権は、甲が次のいずれかに該当したときにのみ実行することができることとする。

(1)　支払の停止又は破産、和議開始、更生手続開始、整理開始若しくは特別清算開始の申立てがあつたとき。

(2)　手形交換所の取引停止処分を受けたとき。

(3)　賃金の支払の確保等に関する法律施行令（昭和五十一年政令第百六十九号）第二条第一項第五号に規定する認定の申請が受理されたとき。

2　甲及び丁は、甲が前項の各号のいずれかに該当したときは、直ちに、乙に通知することとする。

第六条　質権の実行は、丙が個別に行うことなく、丁がこれを行うこととする。

2　丁は、質権を実行しようとするときは、あらかじめ、甲に対し、次に掲げる事項を丙の個人別に記載し、かつ、丙の承認印が押印された書面の作成及び交付を請求することとする。

(1)　質権の実行時における貯蓄金の元金の額

(2)　別冊労働者名簿の担保極度額の欄に記載された額

(3)　第一号又は前号のいずれか少ない額（以下「被担保額」という。）

3　甲は、前項の請求を受けたときは、遅滞なく、当該書面を作成し、被担保額を合算した額を記載の上、これに署名押印して、丁に交付することとする。

4　丁は、前項により交付を受けた書面に署名押印の上、これを乙に提出し、乙に対して、保護預けしている債券を払い戻し、当該債券を償還又は売却した上、当該書面に記載された被担保額を合算した額の金銭の交付を請求することとする。

第七条　甲の行方不明その他やむを得ない事情により甲が前条第三項の手続を行うことができないときは、丁は当該事情を明らかにした書面及び前条第二項に掲げる事項が丙の個人別に記載され、かつ、丙の承認印が押印された書面（以下、本条において「請求書面」という。）を作成し、署名押印の上、これに預金通帳その他預金債権を証する書面を添えて乙に提出し、当該請求書面に記載された金銭の交付を乙に対して請求することとする。

2　乙が前項により請求を受けたときは、丁に対し、必要に応じ、預金元帳その他の資料の提出を求めることができることとする。

第八条　乙は、第六条第四項又は前条第一項の請求があつたときは、当該債券を払い戻した上、償還又は売却し、丁に当該金銭を交付することとする。

2　乙は、前項の交付後に残額があるときは、当該残額を甲へ返還することとする。

第九条　乙は、第六条第四項又は第七条第一項により丁から提出された書面その他この取引に係るいつさいの書類に押印された甲又は丁の印影が本約定書に押印された甲又は丁の印影と相違ないと認め、当該書面の記載内容に従い金銭の交付等を行つたときは、その取扱いに関するいつさいの責任を免れることとする。

第十条　丁は、第八条第一項により当該金銭の交付を受けたときは、直ちに丙の受領すべき金銭を丙の指定する金融機関の預貯金口座に振込む方法により配分することとする。

第十一条　甲及び丁は、乙から請求があつたときは、本約定による被保証債務について遅滞なく報告し、又は、必要な資料を提供することとする。

第十二条　本約定による質権の存続期間は、　年　月　日までとする。

本約定による質権は、その期間が満了したときに消滅することとする。その期間満了前に新約定が締結されたときも同様とする。

2　前項にかかわらず、その期間内に甲が第五条第一項の各号のいずれかに該当したときは、前項の期間の満了後三カ月を経過した日までに第六条第四項又は第七条第一項の請求を行うこととし、この請求がないときは、本約定による質権は消滅することとする。

第十三条　本約定による質権が消滅した場合には、すみやかに丁は、甲の作成した質権消滅を証する書面を添え、乙に対し保護預けした債券の払戻しを請求し、その払戻しを受けたときは、当該債券をただちに甲に返還しなければならないこととする。

第十四条　甲は、甲と丙との間における貯蓄金管理に関する協定に基づき、甲が丙に対して負担する貯蓄金の元金の払戻債務の履行を確保するため、本約定のほかに、丙のために他の保全措置を講じているときは、その契約の明細を乙に通知することとする。

将来、丙のために他の保全措置を講じたときも同様とする。

第十五条　本約定書は、正本一通及び副本二通を作成し、正本は丁が保管し、副本は甲及び乙がそれぞれ一通を保管することとする。

（別冊）

債券明細書

債券の種類	回号	券面金額	枚数	債券番号	付属利札

（別冊）

労働者名簿　　年　月　日

氏名㊞	住所	担保極度額（単位円）
計　名	計	円

上記のとおり相違なきことを認めます。

年　月　日

会社（甲）住所

氏名又は名称　㊞

(6)　公社債券等を質物とする場合

社内預金保全のための質権設定に関する約定書

印紙

年　月　日

会　社（甲）住所

氏名又は名称　㊞

証券会社（乙）住所

名　称　㊞

労働者（丙）別冊労働者名簿記載の各労働者

代理人（丁）住所

氏　名　㊞

甲と丙との間における貯蓄金管理に関する協定に基づき、甲が丙に対し負担する貯蓄金の元金の払戻債務の履行を確保するため、賃金の支払の確保等に関する法律（昭和五十一年法律第三十四号）第三条に規定する保全措置として、甲が所有する〈公社債券／公社債投資信託受益証券〉の上に、甲が丙を質権者として質権の設定を行うにつき、甲、乙、丙及び丁は、下記の条項を確約する。

記

第一条　丙は、次の事項につき丁に委任し、丁が丙を代理して行うことを認める。

(1)　丙が甲に対して有する貯蓄金の元金の払戻請求書の保全のために行う質権設定契約の締結

(2)　本約定書正本の保管

(3)　質権の目的である別冊〈債券／受益証券〉明細書に記載されている〈債券／受益証券〉（以下〈「債券」／「受益証券」〉という。）の第二条第二項に基づく乙への保護預けによる保管

(4)　第三条第一項に基づく、乗換え又は差換えに関する同意並びにこれらの場合〈債券／受益証券〉の甲への返還及び新たに質権の目的となる〈債券／受益証券〉の甲からの受入れ

(5)　質権実行の手続（金銭の受領を含む。）

(6)　前号のうち、第八条に係る事項の乙への再委任

(7)　復代理人の選任

(8)　前各号に付帯するいつさいの行為

2　代理人に変更があつたときは、甲及び新・旧代理人（丁）は、連署の上、乙所定の書面により遅滞なくその旨を乙に届出ることとする。

第二条　甲は、甲が丙に対して負担する貯蓄金の元金の払戻債務の根担保として、それぞれ別冊労働者名簿の担保極度額の欄に記載された預金残額を限度として、〈債券／受益証券〉の上に、丙を質権者とする質権を設定し、丁に当該〈債券／受益証券〉を差し入れることとする。

2　丁は、前項及び次条第一項により引渡しを受けた〈債券／受益証券〉をすみやかに乙に保護預けすることとする。

第三条　甲は、債券の償還期日が第十二条第一項の期間内に到来するときは、丁の同意を得て、当該債券を、これと同等と認められる他の債券の乗換え、当該乗換えにより取得した債券を引続き前条の規定による質権の目的とすることができることとする。〈債券／受益証券〉をこれと同等と認められる他の〈債券／受益証券〉と差し換える場合についても同様とすることとする。

2　債券が割引債券であるときは、前項の乗換えによつて生じた割引料には本約定による質権の効力は及ばないこととする。

3　〈債券が利付債券である場合においては／その付属利札受益証券の付属収益金交付票〉の中に第十二条第一項の期間内に〈利渡期日／支払期日〉が到来するものがあるときは、当該〈付属利札／付属収益金交付票〉には質権の効力は及ばないこととする。

第四条　丁は、本約定による質権の目的物を転質することができないこととする。

第五条　第二条の質権は、甲が次のいずれかに該当したときにのみ実行することができることとする。

(1)　支払の停止又は破産、和議開始、更生手続開始、整理開始若しくは特別清算開始の申立てがあつたとき。

(2)　手形交換所の取引停止処分を受けたとき。

(3)　賃金の支払の確保等に関する法律施行令（昭和五十一年政令第百六十九号）第二条第一項第五号に規定する認定の申請が受理されたとき。

2　甲及び丁は、甲が前項の各号のいずれかに該当したときは、直ちに、乙に通知することとする。

第六条　質権の実行は、丙が個別に行うことなく、丁のみがこれを行うこととする。

2　丁は、質権を実行しようとするときは、あらかじめ、甲に対し、次に掲げる事項を丙の個人別に記載し、かつ、丙の承認印が押印された書面の作成及び交付を請求することとする。

(1)　質権の実行時における貯蓄金の元金の額

(2)　別冊労働者名簿の担保極度額の欄に記載された額

(3)　第一号又は前号のいずれか少ない額（以下「被担保額」という。）

3　甲は、前項の請求を受けたときは、遅滞なく、当該書面を作成し、被担保額を合算した額を記載の上、これに署

名押印して、丁に交付することとする。

4　丁は、前項により交付を受けた書面に署名押印の上、これを乙に提出し、乙に対して、保護預けしている〈債券／受益証券〉を払い戻し、当該〈債券を償還／又は受益証券を〉売却した上、当該書面に記載された被担保額を合算した額の金銭の交付を乙に対して請求することとする。

第七条　甲の行方不明その他やむを得ない事情により甲が前条第三項の手続を行うことができないときは、丁は、当該事情を明らかにした書面及び前条第二項に掲げる事項が丙の個人別に記載され、かつ、丙の承認印が押印された書面（以下、本条において「請求書面」という。）を作成し、署名押印の上、これに預金通帳その他預金債権を証する書面を添えて乙に提出し、当該請求書面に記載された金銭の交付を乙に対して請求することとする。

2　乙が前項により請求を受けたときは、丁に対し、必要に応じ、預金元帳その他の資料の提出を求めることができることとする。

第八条　乙は、第六条第四項又は前条第一項の請求があったときは、当該〈債券／受益証券〉を払い戻した上、当該〈債券を償還／又は受益証券を〉売却し、丁に当該金銭を交付することとする。

2　乙は、前項の交付後に残額があるときは、当該残額を甲へ返還することとする。

第九条　乙は、第六条第四項又は第七条第一項により丁から提出された書面その他この取引に係るいっさいの書類に押印された甲又は丁の印影が本約定書に押印された甲又は丁の印影と相違ないと認め、当該書面の記載内容に従い金銭の交付等を行ったときは、その取扱いに関するいっさいの責任を免れることとする。

第十条　丁は、第八条第一項により当該金銭の交付を受けたときは、直ちに丙の受領すべき金銭を丙の指定する金融機関の預貯金口座に振込む方法により配分することとする。

第十一条　甲及び丁は、乙から請求があったときは、本約定による被保証債務について遅滞なく報告し、又は、必要な資料を提供することとする。

第十二条　本約定による質権の存続期間は、　年　月　日までとする。本約定による質権は、その期間が満了したときに消滅することとする。その期間満了前に新約定が締結されたときも同様とする。

2　前項にかかわらず、その期間内に甲が第五条第一項各号のいずれかに該当したときは、前項の期間の満了後三カ月を経過した日までに第六条第四項又は第七条第一項の請求を行うこととし、この請求がないときは、本約定による質権は消滅することとする。

第十三条　本約定による質権が消滅した場合には、すみやかに丁は、甲の作成した質権消滅を証する書面を添え、乙に対し保護預けした〈債券／受益証券〉の払戻しを請求し、その払戻しを受けたときは、当該〈債券／受益証券〉をただちに甲に返還しなければならないこととする。

第十四条　甲は、甲と丙との間における貯蓄金管理に関する協定に基づき、甲が丙に対して負担する貯蓄金の元金の払戻債務の履行を確保するため、本約定のほかに、丙のために他の保全措置を講じているときは、その契約の明細を乙に通知することとする。

将来、丙のために他の保全措置を講じたときも同様とする。

第十五条　本約定書は、正本一通及び副本二通を作成し、正本は丁が保管し、副本は甲及び乙がそれぞれ一通を保管することとする。

（別冊）

〈債券／受益証券〉明細書

〈債券／受益証券〉の種類	回号	券面金額	枚数	〈債券／受益証券〉番号	〈付属利札／付属収益金交付票〉

（別冊）

労働者名簿

年　月　日

氏名㊞	住所	担保極度額（単位円）
計　名	計	円

上記のとおり相違なきことを認めます。

年　月　日

会社（甲）住所

氏名又は名称　㊞

(7)　合同運用指定金銭信託の場合

社内預金引当信託契約書

委託者　株式会社

受益者　元本受益者　労働基準法第十八条第二項に基づく貯蓄金管理に関する協定においてこの信託契約で貯蓄金が保全されることとされている社内預金者

収益受益者　委託者に同じ

受託者　信託銀行株式会社

委託者は、末尾添付の貯蓄金管理に関する協定（以下「管理協定」という）に基づく貯蓄金（以下「社内預金」という）に関し、社内預金者に対して負担する社内預金の元金の払戻債務の履行を確保するため、賃金の支払の確保等に関する法律（昭和五十一年法律第三十四号）第三条に規定する保全措置として、一定の事由が生じた場合における信託財産による弁済並びにこのためにする信託金の管理・運用を目的として、受託者に金銭を信託することを約し、受託者及び信託管理人と下記条項により、　年　月　日この社内預金引当信託契約を締結しました。

（信託金）

第一条　委託者は下記の金銭を信託し、受託者はこれを引受けました。

金　　円也

2　委託者は毎年三月三十一日現在の社内預金元金総額を遅滞なく受託者に通知するものとし、管理協定においてこの信託契約により保全されることとされている毎年三月三十一日現在の〈社内預金元金額／社内預金元金総額の割相当額〉（以下「要保全額」という）にこの信託金の額が不足する場合は委託者は遅滞なく信託金を追加するものとします。ただし委託者は要保全額を著しく超えて信託金を追加することはできません。

3　信託金追加の日から信託期間満了の日までの期間が満二年に満たないときは、信託期間は信託金追加の日から満二年に至る日まで延長されます。

（信託期間）

第二条　信託期間はこの契約締結の日から　年間とします。ただし、信託期間満了にあたり、委託者及び受益者若しくは受託者から別段の申し出がないときは、さらに、　年間延長され、爾後これに準ずるものとします。

（元本及び収益）

第三条　第一条により信託された財産を

元本とし、元本以外の信託財産を収益とします。

（受益者）

第四条　元本受益者は管理協定においてこの信託契約で社内預金が保全されることとされている社内預金者とし、収益受益者は委託者とします。

（信託管理人）

第五条　信託管理人は　　　　とします。

2　信託管理人に変更があつた場合は、新・旧両信託管理人及び委託者が署名押印した書面で受託者に通知するものとします。通知が遅れたために生じた損害については、受託者は責任を負いません。

（運　　用）

第六条　信託金は貸付金、手形割引、公債、社債、コールローン又は預金に運用します。ただしその一部を株式に投資することもあります。

第七条　信託金の運用により取得した信託財産は、さらにこれを担保に供して受益者のために借入れをすることがあります。この借入金については、信託金と同一の方法により運用します。

（信託財産の買収）

第八条　信託財産のうち、取引所の相場のある公債・社債又は株式については受託者が受益者に対して負担する債務を履行するため必要な場合に限り、時価をもつてこれを受託者の固有財産とすることがあります。

（合同運用）

第九条　信託金は運用方法を同じくする他の信託金と合同して運用します。

（元本受益権の行使事由）

第十条　元本受益者は、委託者が次の各号のいずれかに該当し、かつ、元本受益者からの社内預金元金の返還請求に応じなかつたときにのみ、元本受益権を行使できるものとします。

(1)　支払の停止又は破産、和議開始、更生手続開始、整理開始若しくは特別清算開始の申立てがあつたとき。

(2)　手形交換所の取引停止処分を受けたとき。

(3)　賃金の支払の確保等に関する法律施行令（昭和五十一年政令第百六十九号）第二条第一項第五号に規定する認定の申請が受理されたとき。

2　委託者及び信託管理人は、委託者が前項の各号のいずれかに該当したときは、直ちに委託者に通知するものとします。

（元本受益権の行使）

第十一条　受託者に対する元本受益権の行使は、元本受益者が個別に行うことなく、信託管理人が一括してこれを行うものとします。

2　信託管理人は、受託者に対して元本受益権を行使しようとするときは、あらかじめ、委託者に対し、次に掲げる事項を元本受益者の個人別に記載し、かつ元本受益者の承認印が押印された書面の作成及び交付を請求するものとします。

(1)　元本受益権行使時における社内預金の元金額

(2)　元本受益権行使時直前の三月三十一日現在の社内預金の元金額

(3)　第一号又は前号のいずれか少ない額（以下「被保全額」という。）

3　委託者は、前項の請求を受けたときは、遅滞なく、当該書面を作成し、被保全額を合算した額を記載の上、これに署名押印して、信託管理人に交付するものとします。

4　信託管理人は、前項により交付を受けた書面に署名押印の上、これを受託者に提出し、信託財産の交付を請求するものとします。

（委託者の行方不明等）

第十二条　委託者の行方不明その他やむを得ない事情により委託者が前条第三項の手続を行うことができないときは、信託管理人は、当該事情を明らかにした書面及び前条第二項に掲げる事項が元本受益者の個人別に記載され、かつ、元本受益者の承認印が押印された書面を作成し、署名押印の上、これに社内預金通帳その他社内預金債権を証する書面を添えて受託者に提出し、信託財産の交付を受託者に対して請求するものとします。

2　前項による請求を受けたときは、受託者は信託管理人に対し、必要に応じ社内預金元帳その他の資料の提出を求めることができるものとします。

（元本受益権の範囲）

第十三条　各元本受益者の有する元本受益権は次の各号に掲げる額の合計額とします。

(1)　元本受益権行使時の信託元本額に被保全額の合計額に対する被保全額の割合を乗じて得た額

$$\text{元本受益権行使時の信託元本額} \times \frac{\text{被保全額}}{\text{被保全額の合計額}}$$

ただし、被保全額に元本受益権行使時直前の三月三十一日現在における要保全額を当該時における社内預金元金総額で除して得た割合（以下「保全割合」という）を乗じて得た額を超えることはありません。

(2)　元本受益権行使時の信託元本額が前号で得た額の合計額を超える場合、当該超過額に元本受益権行使時における個人別の社内預金元金額に保全割合を乗じて得た額から前号によつて得た個人別の額を控除した額（以下「未払元金」という）の合計額に対する個人別の未払元金の割合を乗じて得た額。ただし、未払元金を超えることはありません。

2　元本受益権行使時における信託元本額のうち前項によつて得た額の合計額を超える部分については委託者を帰属権利者とします。

（信託の公示）

第十四条　信託財産については、受託者が必要と認めた場合のほかは信託の登記登録又は信託の表示及び記載を留保するものとします。

（元本の保証）

第十五条　元本に万一欠損が生じた場合には、受託者は信託終了のときに完全にこれを補填します。

（租税・事務費用）

第十六条　信託財産に関する租税その他信託事務の処理に必要な費用は信託財産の中から支払います。

（信託報酬）

第十七条　信託報酬は元本に対して年一、〇〇〇分の　以内の割合を以て、受託者が決定し、毎収益計算期に収益の中からいただきます。

（収益計算期及び収益処分方法）

第十八条　収益計算期は毎年三月、九月の各二五日及び信託終了又は受託者の辞任のときとし、収益は各計算期の翌営業日以降金銭を以て収益受益者に交付します。

（信託終了原因）

第十九条　この信託契約は次の各号に掲げる事由が発生したときに終了するものとします。

(1)　委託者について第十条第一項各号に掲げる事由が生じたとき。

(2)　管理協定が廃止されたとき、又は管理協定の変更により、要保全額全額について、保全措置がこの信託契約から他の保全方法に変更されたとき。

(3)　信託目的の達成又は信託事務の遂行が著しく困難になつたと受託者が認め、その旨の通知を委託者及び信託管理人に発したとき。

（解　約）

第二十条　この信託契約は解約できません。ただし、信託元本の金額が要保全額を超過するに至つたときは当該超過額の範囲内において、委託者は信託管理人の同意を得て一部解約を行い信託財産の交付を請求することができます。この場合、信託管理人は当該信託財産を委託者へ交付することについて異議がない旨を記載した書面を受託者に提出するものとします。

2　前項による一部解約の場合、受託者は信託財産より損害金及び手数料を申し受けることがあります。ただし、その全部又は一部を委託者に請求することもあります。

（辞　任）

第二十一条　受託者は、やむを得ない事情が生じたときは、委託者に対する日前の予告によりその任を辞することができます。

2　受託者辞任の場合、委託者は、新受託者を選任するものとします。ただし、委託者が新受託者を選任しない場合には、受託者は、新受託者の選任を裁判所に請求します。

3　受託者辞任のときは、受託者は、信託事務の計算を行い、信託管理人立会いのもとに信託財産を新受託者に交付し、事務の引継ぎを行います。

（信託の最終計算及び信託財産の交付）

第二十二条　受託者は信託が終了したときは最終計算を行い信託管理人及び委託者の承認を得た上で次の各号の区分にしたがい、信託財産を当該各号に定める者に金銭で交付します。

(1)　第十九条第一号に定める事由により信託が終了したとき　　信託管理人

ただし、信託財産に残余あるときは委託者に交付します。

(2)　第十九条第二号又は第三号に定める事由により終了したとき　　委託者

2　前項の場合、受託者は信託財産より手数料を申し受けることがあります。ただし、その全部又は一部を委託者に請求することもあります。

3　信託財産の交付日は、信託終了の日の翌営業日とします。ただし、第一項第一号の場合は委託者、受益者及び信託管理人が信託財産受領のために必要な手続をすべて完了した日の翌営業日とします。

（受益権の譲渡・質入）

第二十三条　この信託の受益権は譲渡又は質入れすることができません。

（受益者の変更）

第二十四条　委託者は、受益者を変更することができません。

（印鑑届出）

第二十五条　委託者は、委託者及び信託管理人の印鑑をあらかじめ受託者に届出るものとします。

2　受託者は、受領証その他の書類に押印された印影があらかじめ届出の印鑑と相当の注意をもつて照合して相違ないものと認め、信託財産の交付その他の処理をしたときは、印章の盗用その他どのような事情があつてもそのために生じた損害については委託者は責任を負いません。

（届出事項）

第二十六条　次の場合には、委託者又は信託管理人は、直ちに受託者に通知の上、所定の手続をとるものとします。手続が遅れたために生じた損害については、受託者は責任を負いません。

(1)　信託契約書又は届出の印章を喪失したとき。

(2)　委託者及び信託管理人の転居、改印、改氏名、名称・組織・代表者の変更、死亡又は行為能力の変動があつたとき。

（管理協定の変更・届出）

第二十七条　委託者は管理協定を変更する場合は、事前に受託者へ通知するものとします。変更の通知が受託者に到達するまでは、受託者に対しては、当該変更は効力を生じないものとし、通知が遅れたために生じた損害については受託者は責任を負いません。

2　前項にかかわらず、受託者が必要と認めた場合には、受託者は委託者に対し、管理協定の提出を求めることができるものとします。

（受益者等の行為）

第二十八条　この信託契約に関する元本受益者の行為及び元本受益者を相手方とする委託者又は受託者の行為については信託管理人が行い若しくは信託管理人を相手方として行うものとします。受託者は信託管理人に信託財産を交付した後においては、元本受益者に対して信託財産交付の責任を負いません。

（善管注意義務）

第二十九条　受託者はこの信託契約の本旨にしたがい善良な管理者の注意をもつて信託事務を処理するものとします。ただし、委託者が第一条第二項に定める通知又は信託金の追加を行わなかつたために生じた損害については受託者は責任を負いません。

（通　知　等）

第三十条　この信託契約に関する通知・同意その他相手方に対する意思の表明は、すべて書面により行うものとします。

（信託管理人による振込）

第三十一条　信託管理人は第二十二条第一項第一号により信託財産の交付を受けたときは、直ちに元本受益者の受領すべき金銭を元本受益者の指定する金融機関の預貯金口座に振り込む方法により配分するものとします。

（契約書の保管）

第三十二条　この契約書は正本三通を作成し、委託者、受託者及び信託管理人がそれぞれ正本一通を保管するものとします。

年　月　日

住　所
委託者　株式会社
住　所
受託者　信託銀行
住　所
信託管理人

〔昭和五二年暫定約定書例を使用していた場合の変更契約例〕

社内預金引当信託契約の一部を変更する契約書

株式会社（以下「委託者」という）と　　信託銀行株式会社（以下「受託者」という）とは、この変更契約締結日において効力を有する社内預金引当信託契約（以下「原契約」という）の一部を下記のとおり変更することに合意のうえ、この変更契約を締結し、原契約による信託管理人たるは、これに同意した。

第一条

1　原契約第九条第一項を次のように改める。

①　元本受益者は委託者が次の各号のいずれかに該当し、かつ元本受益者の社内預金元金返還請求に応じなかつた場合のみ元本受益権を行使できるものとします。この場合、元本受益権の行使は元本受益者が個別に行なうことなく、信託管理人が一括してこれを行なうものとします。

(1)　支払の停止又は破産、和議開始、更生手続開始、整理開始若しくは特別清算開始の申立てがあつたとき。

(2)　手形交換所の取引停止処分を受けたとき。

(3)　賃金の支払の確保等に関する法律施行令（昭和五十一年政令第百六十九号）第二条第一項第五号に規定する認定の申請が受理されたとき。

2　原契約第九条中第二項を第四項とし、第二項を第三項とし、第一項の次に次の一項を加える。

②　委託者及び信託管理人は委託者が前項の各号のいずれかに該当したと

きは直ちに受託者に通知するものとします。

3　原契約第二十六条中「第二十条」を「第二十一条」に改める。

4　原契約第二十七条を第三十条とし、第十条から第二十六条までを一条ずつ繰り下げ第二十七条の次に次の二条を加える。

（善管注意義務）

第二十八条　受託者はこの信託契約の本旨にしたがい善良な管理者の注意をもつて信託事務を処理するものとします。ただし、委託者が第一条第二項に定める通知又は信託金の追加を行わなかつたために生じた損害については受託者は責任を負いません。

（信託管理人による振込）

第二十九条　信託管理人は第二十一条により、信託財産の交付を受けたときは直ちに元本受益者の受領すべき金銭を元本受益者の指定する金融機関の預貯金口座に振り込む方法により配分するものとします。

5　原契約第九条の次に次の一条を加える。

（委託者の行方不明等）

第十条　委託者の行方不明その他やむを得ない事情により、委託者が前条第三項の手続を行うことができないときは、信託管理人は当該事情を明らかにした書面及び前条第三項に掲げる事項が元本受益者の個人別に記載され、かつ、元本受益者の承認印が押印された書面を作成し、署名押印の上これに社内預金通帳、その他社内預金債権を証する書面を添えて受託者に提出し、信託財産の交付を受託者に対して請求するものとします。

2　前項による請求を受けたときは、受託者は信託管理人に対し、必要に応じ、社内預金元帳その他の資料の提出を求めることができるものとします。

第二条　この契約による変更部分を除いてはすべて原契約の条項を適用する。

第三条　この契約は　　年　　月　　日から効力を生ずるものとする。

第四条　この契約書は正本三通を作成し、委託者、受託者及び信託管理人が各一通を保管するものとする。

年　月　日

住　　所
委　託　者
住　　所
受　託　者
住　　所
信託管理人

(8)　管理並びに処分有価証券信託の場合

社内預金引当信託契約書

委託者　　株式会社
受益者　元本受益者　労働基準法第十八条第二項に基づく貯蓄金管理に関する協定においてこの信託契約で貯蓄金が保全されることとされている社内預金者
収益受益者　委託者に同じ
受託者　　信託銀行株式会社

委託者は、末尾添付の貯蓄金管理に関する協定（以下「管理協定」という）に基づく貯蓄金（以下「社内預金」という）に関し、社内預金者に対して負担する社内預金の元金の払戻債務の履行を確保するため、賃金の支払の確保等に関する法律（昭和五十一年法律第三十四号）第三条に規定する保全措置として、一定の事由が生じた場合における信託財産による弁済並びにこのためにする信託財産の管理及び処分を目的として、受託者に有価証券を信託することを約し、受託者及び信託管理人と下記条項により、昭和

年　月　日この社内預金引当信託契約を締結しました。

（信託財産）

第一条　委託者は末尾記載の有価証券を信託し、受託者はこれを引受けました。

2　受託者は、信託財産の評価額を毎月末日及び受託者が必要と認めたときに、受託者の定める方法により算出し、委託者に通知するものとします。

3　委託者は毎年三月三十一日現在の社内預金元金総額を遅滞なく受託者に通知するものとし、管理協定においてこの信託契約により保全されることとされている毎年三月三十一日現在の〈社内預金元金額 社内預金元金総額の割相当額〉（以下「要保全額」という）に前項の評価額が不足する場合は委託者は遅滞なく信託財産を追加するものとします。ただし委託者は要保全額を著しく超えて信託財産を追加することはできません。

4　委託者が信託することのできる財産は、受託者が認める有価証券とします。

（信託期間）

第二条　信託期間はこの契約締結の日から　年間とします。ただし、信託期間満了にあたり、委託者及び受益者若しくは受託者から別段の申出がないときは、さらに、年間延長され、爾後これに準ずるものとします。

（信託の公示）

第三条　信託された有価証券については、信託財産の登録又は表示及び記載の手続を行うものとします。ただし、委託者の申出があるときはこれを省略します。

（議決権行使に関する指図）

第四条　信託財産として有する株式に係る議決権の行使については委託者がその指図を行なうものとします。

（信託の元本及び収益）

第五条　信託有価証券、その償還金又は売却代金、増資割当新株式、その他これに準ずるものは元本とします。

2　信託有価証券により生ずる配当金、利息、その他これに準ずるもの及び信託財産たる金銭の運用により生ずる利益は収益とします。

3　元本又は収益のいずれに属するか不明瞭なものは、受託者の認定にしたがうものとします。

（受益者）

第六条　元本受益者は管理協定においてこの信託契約で社内預金が保全されることとされている社内預金者とし、収益受益者は委託者とします。

（信託管理人）

第七条　信託管理人は　　　　とします。

2　信託管理人に変更があつた場合は、新・旧両信託管理人及び委託者が署名押印した書面で受託者に通知するものとします。通知が遅れたために生じた損害については、受託者は責任を負いません。

（収益の支払方法）

第八条　信託有価証券から生ずる収益は収受したつど、金銭の運用により生ずる収益は各計算期日の翌営業日以降、（信託財産から生ずる収益は各計算期日の翌営業日以降）収益受益者に交付します。

(注)　信託有価証券から生ずる収益をそのつど受益者に支払わない場合には括弧内の文言とする。

（償還金等の処理）

第九条　信託有価証券の償還金又は売却代金、残余財産分配金は、委託者の指図により、受託者の認める同種又は他の有価証券の買入に充てるものとします。

（信託財産に属する金銭の運用）

第十条　信託財産に属する金銭は運用方法を同じくする他の信託財産に属する金銭と合同して、又は単独に貸付金、手形割引、公債、社債、コールローン又は預金に運用することができます。ただしその一部を株式に投資することもあります。

（増資新株式等の引受申込）

第十一条　信託財産たる株式に割当てられる増資新株式又は他社株式については、委託者が受託者の請求により株式の引受又は応募に要する証拠金、払込金その他の費用を受託者の指定する期日までに受託者に提供した場合に限り、受託者はその引受又は応募の申込みをするものとします。もし期日までに提供のない場合は、失権その他の損害が生じましても受託者は何らその責任を負いません。

2　前項の規定により取得した増資新株式等はこの契約による信託財産に追加するものとします。

（信託有価証券の異動の記載）

第十二条　償還、売却、買入、追加、増資新株式等引受その他の事由によつて信託有価証券に異動が生じたときは、受託者は信託証書にその旨を記載のうえ、証印をします。

（租税・事務費用）

第十三条　信託財産に関する租税その他信託事務の処理に必要な費用は委託者に請求します。ただし、信託財産の中から支払うことがあります。

2　信託事務の処理に必要な費用を受託者が立替えたときは、年　％以内の割合を以て利息を申し受けます。立替期間に一年に満たない端数がある場合は一年を三六五日とする日割計算によることとします。

（信託報酬）

第十四条　信託報酬は下記の割合とし、収益収受のつど又は各計算期日及び信託終了又は受託者辞任の日に信託財産の中から申し受けます。ただし、委託者に対し請求することがあります。

（信託報酬は下記の割合とし、委託者は各計算期日の翌営業日及び信託終了又は受託者辞任の日の翌営業日に受託者に対し信託報酬を支払うものとします。ただし受託者はこれを信託財産の中から申し受けることがあります。）

㈱　契約内容によつて括弧内の文言とする。

(1)　公債及び社債については額面金額に対し　年一、〇〇〇分の

(2)　株式については額面金額に対し年一、〇〇〇分の

(3)　その他の信託財産については信託価格に対し　年一、〇〇〇分の　以内で受託者の定める割合

2　受託者が第二十三条の規定に基づき信託有価証券を処分したときは、その処分代金のうちから、処分価格に対し一、〇〇〇分の　以内で受託者の定める割合により信託報酬を申し受けます。

（収支計算書）

第十五条　この信託の計算期は毎年　月　日より　月　日まで及び　月　日より　月　日までとし、受託者は各計算期ごとにこの信託に関する収支計算書を作り、収益受益者に報告するものとします。

（元本受益権の行使事由）

第十六条　元本受益者は、委託者が次の各号のいずれかに該当し、かつ、元本受益者からの社内預金元金の返還請求に応じなかつたときにのみ、元本受益権を行使できるものとします。

(1)　支払の停止又は破産、和議開始、更生手続開始、整理開始若しくは、特別清算開始の申立てがあつたとき。

(2)　手形交換所の取引停止処分を受けたとき。

(3)　賃金の支払の確保等に関する法律施行令（昭和五十一年政令第百六十九号）第二条第一項第五号に規定する認定の申請が受理されたとき。

2　委託者及び信託管理人は、委託者が前項の各号のいずれかに該当したときは、直ちに委託者に通知するものとします。

（元本受益権の行使）

第十七条　受託者に対する元本受益権の行使は、元本受益者が個別に行うこと

なく、信託管理人が一括してこれを行うものとします。

2　委託管理人は、受託者に対して元本受益権を行使しようとするときは、あらかじめ、委託者に対し次に掲げる事項を元本受益者の個人別に記載し、かつ元本受益者の承認印が押印された書面の作成及び交付を請求するものとします。

(1)　元本受益権行使時における社内預金の元金額

(2)　元本受益権行使時直前の三月三十一日現在の社内預金の元金額

(3)　第一号又は前号のいずれか少ない額（以下「被保全額」という）

3　委託者は、前項の請求を受けたときは、遅滞なく、当該書面を作成し、被保全額を合算した額を記載の上、これに署名押印して、信託管理人に交付するものとします。

4　信託管理人は、前項により交付を受けた書面に署名押印の上、これを受託者に提出し、信託財産の交付を請求するものとします。

（委託者の行方不明等）

第十八条　委託者の行方不明その他やむを得ない事情により委託者が前条第三項の手続を行うことができないときは、信託管理人は当該事情を明らかにした書面及び前条第二項に掲げる事項が元本受益者の個人別に記載され、かつ、元本受益者の承認印が押印された書面を作成し、署名押印の上これに社内預金通帳、その他社内預金債権を証する書面を添えて受託者に提出し、信託財産の交付を受託者に対して請求するものとします。

2　前項による請求を受けたときは、受託者は信託管理人に対し、必要に応じ、社内預金元帳その他の資料の提出を求めることができるものとします。

（元本受益権の範囲）

第十九条　各元本受益者の有する元本受益権は次の各号に掲げる額の合計額とします。

(1)　元本受益権行使時の信託元本額（信託有価証券については第二十三条第一項による換価処分額。以下この条において同じ。）に被保全額の合計額に対する被保全額の割合を乗じて得た額

$$\text{元本受益権行使時の信託元本額}\times\frac{\text{被保全額}}{\text{被保全額の合計額}}$$

ただし、被保全額に元本受益権行使時直前の三月三十一日現在における要保全額を当該時における社内預金元金総額で除して得た割合（以下「保全割合」という）を乗じて得た額を超えることはありません。

(2)　元本受益権行使時の信託元本額が前号で得た額の合計額を超える場合、当該超過額に元本受益権行使時における個人別の社内預金元金額に保全割合を乗じて得た額から前号によつて得た個人別の額を控除した額（以下「未払元金」という）の合計額に対する個人別の未払元金の割合を乗じて得た額。ただし、未払元金を超えることはありません。

2　元本受益権行使時における信託元本額のうち前項によつて得た額を超える部分については委託者を帰属権利者とします。

（信託終了原因）

第二十条　この信託契約は次の各号に掲げる事由が発生したときに終了するものとします。

(1)　委託者について第十六条第一項各号に掲げる事由が生じたとき。

(2)　管理協定が廃止されたとき、又は管理協定の変更により、要保全額全額について、保全措置がこの信託契約から他の保全方法に変更されたとき。

(3)　信託目的の達成又は信託事務の遂行が著しく困難になつたと受託者が

認め、その旨の通知を委託者及び信託管理人に発したとき。

（解　約）

第二十一条　この信託契約は解約できません。ただし、信託財産の評価額が要保全額を超過するに至つたときは当該超過額の範囲内において、委託者は信託管理人の同意を得て一部解約を行い信託財産の交付を請求することができます。この場合、信託管理人は当該信託財産を委託者へ交付することについて異議がない旨を記載した書面を受託者に提出するものとします。

（辞　任）

第二十二条　受託者は、やむを得ない事情が生じたときは、委託者に対する日前の予告によりその任を辞することができます。

2　受託者辞任の場合、委託者は、新受託者を選任するものとします。ただし、委託者が新受託者を選任しない場合には、受託者は新受託者の選任を裁判所に請求します。

3　受託者辞任のときは、受託者は、信託事務の計算を行い、信託管理人立会いのもとに信託財産を新受託者に交付し、事務の引継ぎを行います。

（信託有価証券の換価処分）

第二十三条　受託者は信託管理人から第十七条第四項又は第十八条第一項の規定により信託財産の交付の請求を受けたときは、遅滞なく証券取引所において信託有価証券を換価処分するものとします。ただし、証券取引所における処分が不能又は不適当と認められる場合は受託者の適当と認める方法により換価処分することができます。

2　受託者は前項の規定に基づき信託有価証券を処分した上は、その処分の方法・時期・価額その他一切の事項について責任を負いません。

（信託の最終計算及び信託財産の交付）

第二十四条　受託者は信託が終了したときは最終計算を行い、信託管理人及び委託者の承認を得た上で次の各号の区分にしたがい、信託財産を当該各号に定める者に交付します。

(1)　第二十条第一号に定める事由により信託が終了したとき。

イ　信託財産のうち、第十九条第一項によつて得た額の合計額　　信託管理人

ロ　信託財産のうち、イを超える部分　　委託者

なお、第二十三条第一項に定める方法により換価処分することができない有価証券は有価証券の形態のまま交付するものとします。

(2)　第二十条第二号又は第三号に定める事由により終了したとき。

信託財産の全部　　委託者

2　前項の規定により受託者が信託管理人又は委託者に信託元本を交付したうえは、受託者は元本受益者及び委託者に対して一切の責任を負いません。

3　信託が終了したときは委託者はすみやかに信託証書を受託者に返戻するものとします。

4　信託財産の交付日は、信託終了の日の翌営業日とします。ただし、第一項第一号の場合は委託者、受益者及び信託管理人が信託財産受領のために必要な手続をすべて完了した日の翌営業日とします。

（受益権の譲渡・質入）

第二十五条　この信託の受益権は譲渡又は質入れすることができません。

（受益者の変更）

第二十六条　委託者は、受益者を変更することができません。

（印鑑届出）

第二十七条　委託者は、委託者及び信託管理人の印鑑をあらかじめ受託者に届出るものとします。

2　受託者は、受領証その他の書類に押印された印影があらかじめ届出の印鑑と相当の注意をもつて照合して相違な

いものと認め、信託財産の交付その他の処理をしたときは、印章の盗用その他どのような事情があつてもそのために生じた損害については委託者は責任を負いません。

（届出事項）

第二十八条　次の場合には、委託者又は信託管理人は直ちに受託者に通知の上、所定の手続をとるものとします。通知の手続が遅れたために生じた損害については、受託者は責任を負いません。

(1)　有価証券信託証書若しくは契約書又は届出の印章を喪失したとき。

(2)　委託者及び信託管理人の転居、改印、改氏名、名称・組織・代表者の変更、死亡又は行為能力の変動があつたとき。

（管理協定の変更・届出）

第二十九条　委託者は管理協定を変更する場合は、事前に受託者へ通知するものとします。変更の通知が受託者に到達するまでは、受託者に対しては、当該変更は効力を生じないものとし、通知が遅れたために生じた損害については受託者は責任を負いません。

2　前項にかかわらず、受託者が必要と認めた場合には、受託者は委託者に対し、管理協定の提出を求めることができるものとします。

（受益者等の行為）

第三十条　この契約に関する元本受益者の行為及び元本受益者を相手方とする委託者又は受託者の行為については信託管理人が行い若しくは信託管理人を相手方として行うものとします。受託者は信託管理人に信託財産を交付した後においては、元本受益者に対して信託財産交付の責任を負いません。

（善管注意義務）

第三十一条　受託者はこの信託契約の本旨にしたがい善良な管理者の注意をもつて信託事務を処理するものとします。ただし、委託者が第一条第三項に定める通知又は信託財産の追加を行わなかつたために生じた損害については受託者は責任を負いません。

（通　知　等）

第三十二条　この信託契約に関する通知・同意その他相手方に対する意思の表明は、すべて書面により行うものとします。

（信託管理人による振込）

第三十三条　信託管理人は第二十四条第一項第一号により信託財産の交付を受けたときは、直ちに元本受益者の受領すべき金銭を元本受益者の指定する金融機関の預貯金口座に振り込む方法により配分するものとします。

（契約書の保管）

第三十四条　この契約書は正本二通を作成し、信託管理人及び受託者がそれぞれ一通を保管し、委託者は受託者が作成する有価証券信託証書を保管するものとします。

年　月　日

住　所

受　託　者　信託銀行

住　所

信託管理人

信　託　財　産　目　録

一、有価証券額面総額

公　社　債

株　式

二、この信託価格　金

内　訳

銘　柄	数　量	単　価	信託価額	備　考

〔昭和五二年暫定約定書例を使用していた場合の変更契約例〕

社内預金引当信託契約の一部を変更する契約書

株式会社（以下「委託者」という）と　　信託銀行株式会社（以下「受託者」という）とは、この変更契約締結日において効力を有する社内預金引当信託契約（以下「原契約」という）の一部を下記のとおり変更することに合意のうえ、この変更契約を締結し、原契約による信託管理人たる　　　は、これに同意した。

第一条

1　原契約第九条第一項を次のように改める。

①　元本受益者は委託者が次の各号のいずれかに該当し、かつ元本受益者の社内預金元金返還請求に応じなかつた場合のみ元本受益権を行使できるものとします。この場合、元本受益権の行使は元本受益者が個別に行うことなく、信託管理人が一括してこれを行なうものとします。

⑴　支払の停止又は破産、和議開始、更生手続開始、整理開始若しくは特別清算開始の申立てがあつたとき。

⑵　手形交換所の取引停止処分を受けたとき。

⑶　賃金の支払の確保等に関する法律施行令（昭和五十一年政令第百六十九号）第二条第一項第五号に規定する認定の申請が受理されたとき。

2　原契約第十五条中第三項を第四項とし、第二項を第三項とし、第一項の次に次の一項を加える。

②　委託者及び信託管理人は委託者が前項の各号のいずれかに該当したときは直ちに受託者に通知するものとします。

3

ア　原契約第十三条第二項中「第二十条」を「第二十一条」に改める。

イ　原契約第二十条第一項中「第十五条第三項」を「第十五条第四項又は第十六条第一項」に改める。

ウ　原契約第二十二条第一項中「第二十条第一項」を「第二十一条第一項」に、「第十六条」を「第十七条」に改める。

エ　原契約第二十八条中「第二十二条」を「第二十三条」に改める。

4　原契約第二十九条を第三十三条とし、第十六条から第二十八条までを一条ずつ繰り下げ第二十九条の次に次の三条を加える。

（議決権行使に関する指図）

第三十条　信託財産として有する株式に係る議決権の行使については委託者がその指図を行なうものとします。

（善管注意義務）

第三十一条　受託者はこの信託契約の本旨にしたがい善良な管理者の注意をもつて信託事務を処理するものとします。ただし、委託者が第一条第三項に定める通知又は信託金の追加を行わなかつたために生じた損害については受託者は責任を負いません。

（信託管理人による振込）

第三十二条　信託管理人は第二十三条により、信託財産の交付を受けたときは直ちに元本受益者の受領すべき金銭を元本受益者の指定する金融機関の預貯金口座に振り込む方法により配分するものとします。

5　原契約第十五条の次に次の一条を加える。

（委託者の行方不明等）

第十六条　委託者の行方不明、その他やむを得ない事情により委託者が前条第三項の手続を行うことができないときは、信託管理人は当該事情を明らかにした書面及び前条第三項に掲げる事項が元本受益者の個人別に記載され、かつ、元本受益者の承認印が押印された書面を作成し、署名押印の上これに社内預金通帳、その他社内預金債権を証する書面を添えて受託者に提出し、信託財産の交付を受託者に対して請求するものとします。

2　前項により請求を受けたときは、受託者は信託管理人に対し、必要に応じ社内預金元帳その他の資料の提出を求めることができるものとします。

第二条　この契約による変更部分を除いてはすべて原契約の条項を適用する。

第三条　この契約は　　年　　月　　日から効力を生ずるものとする。

第四条　この契約書は正本三通を作成し、委託者、受託者及び信託管理人が各一通を保管するものとする。

年　　月　　日

住　所

委託者

住　所

受託者

住　所

信託管理人

(9)　根抵当権の場合

社内預金保全のための継続的保証委託及び根抵当権設定に関する約定書

印紙

年　　月　　日

根抵当権者（保証人・甲）

住　所

氏　名　　　　㊞

設定者（会　社・乙）

住　所

氏名又は名称　　　　㊞

乙と乙の雇用する労働者との間における貯蓄金管理に関する協定に基づき、乙が現在及び将来において雇用する各労働者（以下「各労働者」という。）に対して負担する貯蓄金の元金の払戻しに係る債権の履行を確保するため、賃金の支払の確保等に関する法律（昭和五十一年法律第三十四号）第三条に規定する保全措置として、根抵当権を設定するにつき、甲及び乙は、下記の条項を確約する。

記

第一条　乙は、甲に対し、乙と各労働者との間における社内預金預入契約に基づき、乙が各労働者に対して負担する貯蓄金の元金の払戻しに係る債務の履行について、毎年作成される労働者名簿のうち、最新のものの債権額の欄に記載された額の合計額を限度として保証することを委託することとする。

第二条　乙は、前条の継続的保証委託契約により甲が乙に対し将来取得する求償権を担保するため、その所有する後記表示の不動産（以下「本不動産」という。）に、次のとおり、甲のために順位第　番の根抵当権を設定することとする。

(1)　極度額　　　金　　　円也

ただし、本約定締結時に作成された労働者名簿の債権額の欄に記載された額の合計額をもつて極度額とすることとする。

(2)　被担保債権の範囲　　甲と乙との間における　　年　月　日継続的保証委託契約により甲が取得する債権

(3)　確定期日　　これを定めない。

（年　　月　　日）

第三条　乙は、本約定を締結したときは、遅滞なく、甲と共同して根抵当権設定登記を申請し、登記完了後は登記簿謄本一通を甲に提出することとする。これらに要する一切の費用は、乙が負担することとする。

第四条　乙は、本約定締結時及び毎年四月一日に、毎年三月三十一日現在における各労働者の氏名、住所、債権額（毎年三月三十一日現在における貯蓄金の元金の額をいう。）を記載し、各労働者の押印を受けた労働者名簿を作成し、甲に交付することとする。

第五条　乙は、毎年四月一日に、前条により作成された労働者名簿の債権額の欄に記載された額の合計額が根抵当権の極度額を超えるときは、極度額を当該合計額に変更することとする。ただし、乙は、登記上の利害関係人の承諾を得られない場合には、増額分相当額を極度額とする新たな根抵当権を設定することとする。

第六条　乙は、前条により極度額の変更をしたとき、又は新たな根抵当権を設定したときは、遅滞なく、甲と共同して根抵当権の変更登記又は新たな根抵当権の設定登記を申請し、登記完了後は登記簿謄本一通を甲に提出することとする。これらに要する一切の費用は、乙が負担することとする。

第七条　乙は、本不動産の価格減少その他の事由により、甲から増担保の請求を受けたときは、遅滞なく、甲の承認する相当な担保を差し入れ、かつ、その担保について甲の指示する手続をとることとする。

第八条　甲は、乙が次の各号のいずれかに該当したときにのみ、各労働者の乙に対する貯蓄金の元金の払戻しに係る債権の保全措置として、あらかじめ、乙に対し第二条の求償権を行使することができることとする。

(1)　支払の停止又は破産、和議開始、更生手続開始、整理開始若しくは特別清算開始の申立てがあつたとき。

(2)　手形交換所の取引停止処分を受けたとき。

(3)　賃金の支払の確保等に関する法律施行令（昭和五十一年政令第百六十九号）第二条第一項第五号に規定する認定の申請が受理されたとき。

(4)　本不動産について、仮差押・差押又は競売手続開始の申立てがあつたとき。

2　甲は、前項により求償権を行使しようとするときは、乙に対し、次の事項を各労働者の個人別に記載し、かつ、各労働者の承認印が押印された書面（以下本条において「請求書面」という。）の作成とその提出を請求することとする。

(1)　求償権の行使時における貯蓄金の元金の額

(2)　当該年度における労働者名簿の債権額の欄に記載された額

(3)　第一号又は前号の額のいずれか少ない額

3　乙は、前項の請求を受けたときは、遅滞なく、当該請求書面を作成し、前項第三号の額の合計額を記載のうえ、これに署名押印して甲に提出することとする。

4　乙の代表者の行方不明その他やむを得ない事情により、乙が前項の手続を行うことができないときは、各労働者の代理人が、当該事情を明らかにした書面及び当該請求書面を作成し、署名押印のうえ、これに預金通帳その他預金債権を証する書面を添えて甲に提出することとする。

5　甲は、乙が第一項の求償に応じないときは、本根抵当権を実行することができることとする。

第九条　甲は、前条第五項によりあらかじめ求償権を行使して、乙から金銭の交付を受けたとき（根抵当権の目的物の競売により配当金を受けたときを含む。）は、直ちに各労働者の受領すべき前条第二項第三号の金銭を各労働者の指定する金融機関の預貯金口座に振込む方法により配分することとする。

2　甲が前項により金銭の配分を行つたときは、乙は、その配分のあつた限度で、各労働者に対して負担する貯蓄金の元金の払戻しに係る債務を免れることとする。

第十条　甲は、本約定による根抵当権について、転抵当、譲渡その他一切の処分をすることができないこととする。

（別紙）　不動産の表示

所　在　郡市区町村字
地　番　○○番
地　目　宅　地
地　積　○○・○○平方メートル
所　在　郡市区町村字○○番地
家屋番号　○○番
種　類　事務所
構　造　鉄骨鉄筋コンクリート造○階建て
床面積　○階○○・○○平方メートル
　　　　○階○○・○○平方メートル

（別冊）　労働者名簿　　年　月　日

氏名㊞	住所	債券額（単位円）

計　名		計　円

上記のとおり相違なきことを認めます。
年　月　日
会社（乙）住所
氏名又は名称　㊞

労働者代表による保証約定書

印紙

年　月　日

会　社（甲）住　所
　　　　　氏名又は名称　㊞
保証人（乙）住　所
　　　　　氏　名　㊞
労働者（丙）別冊労働者名簿の各労働者
代理人（丁）住　所
　　　　　氏　名　㊞

甲と丙との間における貯蓄金管理に関する協定に基づき、甲が丙に対し負担する貯蓄金の元金の払戻債務の履行を確保するため、乙が甲と連帯して当該債務の履行を丙に対して保証するにつき、甲、乙、丙及び丁は、下記の条項を確約する。

記

第一条　丙は、次の事項につき丁に委任し、丁が丙を代理して行うことを認める。
(1)　丙が甲に対して有する貯蓄金の元金の払戻請求権の保全のために行う保証契約の締結
(2)　本約定書正本の保管
(3)　保証債務の履行の請求

第二条　乙は、甲の依頼により、甲が丙に対し負担する貯蓄金の元金の払戻債権につき、それぞれ別冊労働者名簿の保証極度額の欄に記載された毎年三月三十一日現在における預金残高を限度として、丙に対して甲と連帯して当該債務の履行の責を負うこととする。

第三条　乙は、甲が次の各号のいずれかに該当したときのみ、丁の請求により、丙に対し保証債務を履行することとする。
(1)　支払の停止又は破産、和議開始、更生手続開始、整理開始若しくは特別清算開始の申立てがあったとき。
(2)　手形交換所の取引停止処分を受けたとき。
(3)　賃金の支払の確保等に関する法律施行令（昭和五十一年政令第百六十九号）第二条第一項第五号に規定する認定の申請が受理されたとき。

2　甲及び丁は、甲が前項の各号のいずれかに該当したときは、直ちに、乙に通知することとする。

第四条　本約定の保証期間は、　　年　　月　　日までとする。本約定による保証債務は、その期間が満了したときに消滅することとする。その期間満了前に新約定が締結されたときも同様とする。

2　前項にかかわらず、その期間内に甲が第三条第一項の各号のいずれかに該当したときは、丁は、前項の期間の満了後三カ月を経過した日までに第三条第一項の請求を行うこととし、この請求がないときは、本約定による保証債務は消滅することとする。

第五条　本約定書は正本一通及び副本二通を作成し、正本は丁が保管し、副本は甲及び乙がそれぞれ一通を保管することとする。

（別冊）　労働者名簿　　年　月　日

氏名㊞	住所	担保極度額（単位円）

計名		計円

上記のとおり相違なきことを認めます。

年　月　日

会社（甲）住所

氏名又は名称　　㊞

（解雇制限）

第十九条　使用者は、労働者が業務上負傷し、又は疾病にかかり療養のために休業する期間及びその後三十日間並びに産前産後の女性が第六十五条の規定によつて休業する期間及びその後三十日間は、解雇してはならない。ただし、使用者が、第八十一条の規定によつて打切補償を支払う場合又は天災事変その他やむを得ない事由のために事業の継続が不可能となつた場合においては、この限りでない。

②　前項但書後段の場合においては、その事由について行政官庁の認定を受けなければならない。

（様式）

則第七条　法第十九条第二項の規定による認定又は法第二十条第一項但書前段の場合に同条第三項の規定により準用する法第十九条第二項の規定による認定は様式第二号により、法第二十条第一項但書後段の場合に同条第三項の規定により準用する法第十九条第二項の規定による認定は様式第三号により、所轄労働基準監督署長から受けなければならない。

▼**参照条文**　〔業務上の負傷疾病休業—七六〕、〔産前産後休業—六五〕、〔打切補償—八一〕、〔解雇—労契一六〕、〔期間計算—民一四〇〕、〔民法上の原則—民六二七・六二八〕、〔行政官庁の認定—則七〕、〔労災法との関係—労災一九〕、〔罰則—一一九〕

解釈例規

❶解雇の判断

イ　任意退職と解雇

【炭鉱における無断退山】

問　炭鉱では労働者が無断で退山する事例が屡々あるが、従来使用者側では民法第六百二十七条によつて取扱い、無断退山は労働者の解約申入の黙示の意思表示と解釈し、退山後二週間経過した後、籍を除いておるのが通例であるが、右の取扱によるときは法第二十条第三項の手続を取る必要がなく、法施行後も従来通り扱つてよいか。

答　法第二十条の規定は使用者側より解雇を制限するものであつて、労働者側よりする退職については就業規則その他に別段の定めのない場合には民法の原則による。従つて無断退山が明かに労働者の解約申入の意思表示であると認められるべき限り、見解の通り取扱つて差し支えない。

（昭二三・三・三一　基発五一三号）

【退職申し出後の予告除外認定申請の取扱い】

問　法第二十条は使用者が労働者を解雇しようとする場合においては少なくとも三十日前にその予告をしなければならない旨規定しているが、労働者側から退職の申出をした場合については、何等規定していないから、この場合には民法第六百二十七条により雇用関係は退職申入れの後二週間を経過したことによつて終了するものと考えられる。

この場合労働者側から退職の申入れをして未だ二週間を経過していない間に他の事業場へ転職したことにより、使用者が解雇予告除外認定申請をした場合、これを認定すべきものか否か、若干疑義があるので何分の御回答を御願いする。

答一　民法第六百二十七条の規定によつて、労働者は二週間の退職予告義務を有するが、労働者が退職の申出をなし、使用者がそれに承諾すれば就業規則に別段の規定がない限り、二週間以内であつても、労働関係は終了する。

二　設問の場合使用者が当該労働者を解雇しようとすることは、就業規則に労働者の退職申入後の取扱について別段の定めがない限り、原則として労働者の退職の申出に対する承諾と解されるから、いわゆる法第二十条にいう解雇の問題は生じない。

（昭二六・一〇・二九　基収四四九四号）

ロ　契約期間の満了と解雇

【工事完了日の予告と解雇予告】

問　公共事業の実施主体（使用者）がその事業実施のため公共職業安定所よりその登録労働者の紹介を受けて日日雇い入れ、その労働者を引き続き一箇月以上使用しようとする場合、使用者が解雇予告の目的を以て該工事の完了日を三十日前に予告した行為が法第二十条の解雇予告に該当し得るか否かは、労働者が右行為によつて当然に解雇の予告を受けたものと解し得るものであつたか否かによつて決せられるべきものと解して差支えないか。

答　使用者が工事の完了日を予告するのみでは、解雇の予告とは解されないが、工事完了日を予告することによつて、解雇の予告をも含ませるような慣習等が確立している場合には、この限りではない。

（昭二四・八・一　基収三九九号）

【労働契約期間の満了と解雇制限】　一定の期間又は一定の事業の完了に必要な期間ま

でを契約期間とする労働契約を締結していた労働者の労働契約は、他に契約期間満了後引続き雇用関係が更新されたと認められる事実がない限りその期間満了とともに終了する。

したがつて、業務上負傷し又は疾病にかかり療養のため休業する期間中の者の労働契約もその期間満了とともに労働契約は終了するものであつて、法第十九条第一項の適用はない。

（昭二三・一・二六　基発五六号、昭二四・一二・六　基収三九〇八号、昭六三・三・一四　基発一五〇号）

【反復更新された臨時工の解雇予告】

問一　管内某事業場が本年二月特需（軍需品）の受注により概ね一カ月を期限とする臨時工を雇用し其の後二次三次の受注品の生産を八月末に納入完了九月以降は工場内の機械設備替や場内の整理或は一部臨時工を常用工と同一作業に従事せしめていた。この間一カ月毎の期間及び法第二十条の解雇予告の趣きを附して書面（六、七月のみ書面で雇用契約をしたが、解雇予告は口頭で行つた）又は口頭で契約を更新していた。かかる形態の事例については既に昭和二十四年九月二十一日基収第二七五一号によつて示され当然法第二十条の適用があるものと解されるが特需発注の特異性と本件解雇が数百名に及びその中には二次あるいは数次に亘る更新雇用があり、かつ又更新の都度解雇予告の趣きを口頭又は掲示によつて伝達されている。

二　右の場合において従来執りつつあつた「口頭による解雇予告の趣きの伝達」の方法と異り十二月の更新雇用に際し別紙写の通り「臨時工員労働契約書」中に解雇予告の趣きを記載し労使間でこれを確認したものについては有効な解雇予告と解して差支えないか。

なお、今後の更新雇用に当つて前記の契約書に類する解雇予告を繰返した場合はその効力は無いものと解して差支えないか。

答　形式的には雇用期間を定めた契約が反復更新されても実質においては期間の定めのない労働関係と認められる場合は昭和二十四年九月二十一日基収第二七五一号の通り法第二十一条第二号には該当せず、法第二十条の解雇の予告を必要とする。

又「解雇予告の趣きを附して契約を更新していた」とある意味が判然しないが解雇の予告が数次に亘り一月毎にくりかえされた場合には、法第二十条の法意に鑑み使用者労働者双方にとつて最終の契約についての解雇の予告として確定的に意味をもつものと客観的に認められるのでなければ予告期間の満了によつて当該契約が終了するとは考えられない。

（昭二七・二・二　基収五〇三号）

【二カ月以上又は季節的業務に四カ月以上の契約期間満了の場合】

問　二箇月を超える期間を定めて使用される者及び季節的業務に四箇月を超える期間を定めて使用される者には、契約期間満了に際し法第二十条の適用があるか。

答　契約期間の満了によつて労働関係が終了することが明らかである場合には、予告の問題はおこらない。

（昭二四・一〇・二二　基収二四九八号）

〈編注〉

有期労働契約の雇止めの予告については、有期労働契約の締結、更新及び雇止めに関する基準（平成一五年厚生労働省告示第三五七号。以下「雇止めに関する基準」という。）第一条を参照すること。

雇止めに関する基準

第一条　使用者は、期間の定めのある労働契約（当該契約を三回以上更新し、又は雇入れの日から起算して一年を超えて継続勤務している者に係るものに限り、あらかじめ当該契約を更新しない旨明示されているものを除く。次条第二項において同じ。）を更新しないこととしようとする場合には、少なくとも当該契約の期間の満了する日の三十日前までに、その予告をしなければならない。

ハ　定年制と解雇

【定年制と解雇予告】

問　某事業所の就業規則に「従業員満五十五歳に達したるときは定年に依り退職する。但し重役会議の議を経てその儘継続して使用する場合がある」と規定されている場合、「特定の期日が到来した際解雇することがある旨定めた」労働契約ではなく一応退職の時期が明確に規定されているので法第二十条の解雇の予告は必要なきものと解せられるが、又他面但書の規定により継続して使用せられつつあるものも尠からず、従つて定年に達したことにより契約が自動的に終了すると解し難き点もあるが取扱上いずれを妥当とするや。

答　設問の場合は、契約が自動的に終了するものと解されないから法第二十条の解雇の予告を必要とする。

（昭二三・七・二九　基収二六四九号）

【定年退職と法第十九条の関係】

問　業務上負傷し休業中の処弊社就業規則第六十七条及び第六十八条（別添）により定年制を適用した場合左の理由により労働基準法第十九条第一項の適用はないと解するが如何。

（理由）弊社就業規則第六十七条及び第六十八条に規定した定年制は定年に達したことにより雇用契約が自動的に終了する旨定めたもので、従つて雇用期間は明確に規定されてあり、過去に於いても特例として幹部社員二件につき定年延長（いずれも作業の都合による）を行つているが、右二件以外は毎年五十件乃至六十件の定年該当者に就業規則作成の趣旨に基づいて定年制を適用実施している。

（別添）弊社就業規則抜すい

第六十七条　従業員の定年は五十五才とする。

第六十八条　従業員が、左の各号の一に該当するときは、退職させる。

二　従業員が定年に達したとき。（五十五才に達した翌日をもつて定年退職日とする。）

答　設問の如く就業規則に定める定年制が労働者の定年に達した翌日をもつてその雇用契約は自動的に終了する旨を定めたことが明らかであり、且つ従来この規定に基づいて定年に達した場合に当然雇用関係が消滅する慣行となつていて、それを従業員に徹底させる措置をとつている場合は、解雇の問題を生ぜず、したがつてまた法第十九条の問題を生じない。

（昭二六・八・九　基収三三八八号）

【定年解雇後の再採用と解雇予告】

問　鉱員（組合員）を定年解雇して退職辞令及び退職手当を支給した上、新採用の臨時夫（賃金協定及び労働協約退職手当規程の適用を受けず非組合員）として採用する場合法第二十条の解雇予告を要するか。

答　鉱員から臨時夫に切替えても引続きその会社で使用する場合は、単に労働者の職制上の身分の変動であつて労働関係は継続して存在するものであるから法第二十条の問題は生じない。

（昭二五・一・一〇　基収三六八二号）

ニ　企業経営主体の交替と解雇

【旧農業会職員の解雇】

問　農業協同組合法の施行に伴い、従来の農業会は廃止せられ、新しく農業協同組合が発足することになつたのであるが、旧農業会職員がそのまま新農業協同組合に引継がれた場合、雇用契約は継続したものとみなしてもよいか。

答　農業協同組合が旧農業会の資産の譲受及び債務の引受けをなす等、事業の包括承継をなす場合には労働関係が継続しているものとして取扱つて差支えない。

（昭二三・六・七　基収八一五五号）

【工場譲渡と解雇予告手当】

問　退職金制度の設定せられている甲会社

が会社の工場設備を乙会社に譲渡し乙会社はその設備ある工場建物を甲会社より賃借し甲会社と同一の事業を実施するに当り甲会社の従業員を新規採用により雇用し甲会社は乙会社に新規採用された従業員を同時に解雇した。（予告なし）

右の場合甲会社は従業員に対し労働基準法第二十条本文による予告手当支給の義務があるかどうか。

答　設問の場合において、退職金の勤務年数が通算される等、労働条件について著しい変更がなく実質的に雇用関係における権利義務の包括承継と認められる場合は解雇の問題を生ぜず、従つて解雇予告手当支給の義務はない。（昭三三・八・二七　基収四二〇七号）

ホ　その他

【採用通知後における採用の取り消し】

問　綿紡産業の操短措置等に伴い新規学校卒業者の求職者に対し、求人者が採用通知をした後その採用を取り消している事例が多数発生しているが、左の各号のそれぞれの場合における労働基準法第二十条適用の有無とその理由如何。

㈠　採用通知（内定通知を含む）をした後本人の赴任（出社を含む。以下同じ）前にその採用を取り消したすべての場合。

㈡　客観的に雇用契約締結の日を明らかにしていないが、赴任の日を指定してある採用通知をした後本人の赴任前にその採用を取り消した場合。

（注）　この場合の採用通知の例

貴殿を採用致しました。（又は採用することに決定しました。）ついては四月一日に赴任して下さい。

㈢　客観的に見て、雇用契約締結の日も明かでなく、又赴任の日も未定の採用通知をした後本人の赴任前にその採用を取り消した場合。

（注）　この場合の採用通知の例

貴殿を採用致しました。（又は採用することに決定しました。）赴任の日につきましては追て御通知致します。

㈣　雇用契約締結の日を明らかにしている採用通知をした後その日以後本人の赴任前にその採用を取り消した場合。

（注）　この場合の採用通知の例

三月二十日附をもつて当社職員として発令（又は採用決定）されました。ついては御都合次第御赴任願います。

㈤　採用通知を受けた者が赴任したが実際には一日も働いていない間に採用を取り消した場合。

答　労働契約は労働者が労務の提供をなし、使用者がこれに対して報酬を支払うことにつき合意が成立することによつて有効となるものと解され、労働者が当該契約に基き現実に労務の提供をするまでは労働契約は有効に成立しないものではない。

従つて会社の採用通知が労働契約締結についての労働者の申込に対して労働契約を完成せしめる使用者の承諾の意思表示としてなされたものであれば、会社の採用通知によつて労働契約は有効に成立し事後における会社の採用取消通知は有効に成立した労働契約解除の通知であると解されるので、この場合には労働基準法第二十条が適用される。

又会社の採用通知が労働契約締結についての承諾の意思表示ではなく、労働契約締結の予約であれば、その意思表示によつては未だ労働契約そのものは有効に成立せず、従つて事後における会社の採用取消通知は労働契約そのものの解除ではないから、この場合には、労働基準法第二十条の適用はない。

従つて設例の場合、会社の採用通知が労働契約そのものを完成せしめる使用者の承諾の意思表示であるか又は労働契約締結の予約であるかは、具体的な個々の事情、特に採用通知の文言、当該会社の労働協約、就業規則等の採用手続に関する定め、及び従来の取扱慣例による採用通知の意味等について綜合的に判断して決定されるべきものであるが、なお一応次の如く解される。

㈠　採用通知が何等の条件を附することなくなされた場合（赴任又は出社について

特段の指示なき場合又は内定通知の場合）には、一般には労働契約締結の予約と認められる要素が強いと思われるが、なお従来の慣例その他を勘案して決定されるべきものである。

㈡　採用通知に赴任の日が指定されている場合には、一般にはその採用通知が発せられた日に労働契約は成立したと認められる要素が強いものと思われるが、なお、従来の慣例その他を勘案して決定されるべきものである。

㈢　採用通知に赴任又は出社の日が特定されていない場合については㈠に同じ。

㈣　雇用契約締結の日を明示して採用通知がなされた場合は、一般には労働契約はその日に有効に成立しているものと解されるから、その日以後における採用取消通知は本人の赴任前（現実に就労するまでの期間）であっても解雇の意思表示であると解され、従って労働基準法第二十条の適用がある。

㈤　採用通知その他によって雇用契約締結の日が明示されているか、赴任又は出社の日が特定されているか又はそのような定めが全くなされていないかにより、夫々前記㈣、㈡、又は㈠によるべきものと解される。（昭二七・五・二七　基監発一五号）

【住宅建設会社の契約係の実績不良による解雇】

問　○○住宅株式会社の契約社員就業規則を改正し雇傭契約に関する事項を左記の如く改めたが、右規則により雇傭契約を終了させる場合、労働基準法第二十条の適用の有無について疑義があるので何分の御教示を願いたい。

記

第十三条　契約係の実績を査定する為に左記の通り年四期の査定期間を設ける。

査定期間

第一期　一月、二月、三月
第二期　四月、五月、六月
第三期　七月、八月、九月
第四期　十月、十一月、十二月

但し各期の中途に任命された者にして査定期間二カ月の場合はその二カ月を以て、一カ月の場合は次期末に於てその期三カ月を以て査定する。

第十四条　契約係にして査定期間の一カ月平均の募集成績が四十万円に満たざる場合はその査定期末最終日を以て退社せしめる。

答　設問の契約係につき、契約社員就業規則第十四条の規定により雇用契約を終了せしめる場合は、労働基準法第二十条の手続が必要である。（昭三三・九・一三　基収五九八七号）

【欠勤の一定期間の満了と解雇予告】

問一　当社においては業務によらない負傷又は疾病のため連続して欠勤した日数が一定期間を超えた場合及びこれ以外の全く本人の理由により欠勤（傷病の場合を除く）した日数が四十日を超えた場合、左記の労働協約の定めにより解雇することにしているが、この場合解雇予告の必要があるかどうか。

労働協約書（抜すい）

（解雇）

第二十八条　会社は、組合員が左の各号の一に該当するときに解雇する。

一　業務によらない負傷又は疾病のため、連続して欠勤した日数（休日を含む。）が左の期間を超えたとき

勤続満一年未満の者
　結核性疾患　十八カ月
　その他の疾患　九カ月
勤続満一年以上五年未満の者
　結核性疾患　二十四カ月
　その他の疾患　十四カ月
勤続満五年以上十年未満の者
　結核性疾患　三十カ月
　その他の疾患　十七カ月
勤続満十年以上の者
　結核性疾患　三十六カ月
　その他の疾患　二十カ月

二　引続き事故欠勤日数四十日を超えたとき

答　一　貴社労働協約第二十八条が「会社は……解雇する。」と規定している点よりみると、同条第一号中の「左の期間を超えたとき」における労働契約の終了は労働基準法第二十条にいう解雇であると考えられ、同法所定の解雇の予告をしなければならないものと解される。

二　貴社労働協約第二十八条第二号についても右一に準ずるものと解される。

（昭二七・七・二五　基収一六二八号）

【他に就職せしめた場合の解雇手続き】

問　事業場が赤字のため閉鎖して労働者を使用者の責任において他の事業場へ斡旋就職せしめた場合にも、解雇の手続はとるべきか。

答　任意に退職を申し出ない限り、見解の通り。

（昭二三・五・一四　基発七六九号）

【労働者派遣契約の解除】　派遣中の労働者の労働契約と当該派遣中の労働者を派遣している労働者派遣契約とは別個のものであり、派遣先による労働者派遣契約の解除について、労働基準法の解雇に関する規制が適用されることはない。したがつて、派遣先が、派遣中の労働者の解雇制限期間中に労働者派遣契約を解除し、又は、予告期間なしに即時に解除することは労働基準法上の問題はないが、派遣元の使用者が当該派遣されていた労働者を解雇しようとする場合には、労働基準法が適用されるので、解雇制限期間中は解雇できず、また、解雇予告等の手続が必要となること。

　労働基準法第十九条及び二十条における事業の継続が不可能であるかどうかの判断は、派遣元の事業について行われるので、仮に、当該派遣中の労働者が派遣されている派遣先の事業の継続が不可能となつたとしても、これは該当しないこと。

（昭六一・六・六　基発三三三号）

【育児休業期間中の解雇】　育児休業法第七条〈編注　現行育児・介護休業法第十条〉は、労働者が休業申出をし、又は育児休業をしたことを理由とする解雇を制限したものであり、育児休業期間中の解雇を一般的に制限したものではなく、育児休業期間中の労働者を解雇しようとする場合には法第二十条に規定する手続が必要であること。

（平三・一二・二〇　基発七一二号）

❷解雇制限期間

【傷病回復後の解雇】

問　業務上負傷し又は疾病にかかり療養していた労働者が完全に治癒したのではないが、稼働し得る程度に回復したので出勤し、元の職場で平常通り稼働していたところ、使用者が就業後三十日を経過してこの労働者を法第二十条に定める解雇予告手当を支給して即時解雇した場合、法第十九条に違反するか。

答　設問の場合は、法第十九条に抵触しない。

（昭二四・四・一二　基収一一三四号）

【外科後処置の療養中の解雇】

問　次のような事例の場合、障害補償受給後、外科後処置として療養中三ケ年に満たないが解雇できるかどうかにつき指示されたい。

　労働者Aは昭和二十二年十二月二十四日所定の作業中、右側大腿骨々折の重傷を負つて、S大学病院整形外科教室に入院し、昭和二十四年四月十四日整形外科教室を退院した。

　そのときの診断書に治癒と記してあるため、所轄労働基準監督署は、法の定めるところにより障害補償を行うため同年七月四日再度S大学病院において診断の結果、障害等級六級に決定し、障害補償費の支給を行つた。その後外科後処置としてX国立病院に入院、理学的治療を続け軽症になつたため、退院し、事業主に就職方申し出たが事業主側より適当なる仕事もないから療養せよといわれ療養中、昭和二十五年一月九日付けをもつて解雇予告の通知があつた。

答　障害補償は業務上の負傷、疾病がなおつたとき、身体に障害が存する場合におてその障害程度に応じて支給されるものであり、障害補償が行われた後、外科後の処置として保険施設における療養期間中は、療養のための休業期間でないから障害補償支給事由確定の日から三十日以後は法第十九条の問題は生じない。

（昭二五・四・二一　基収一一二三号）

【解雇予告期間中に業務上負傷し又は疾病にかかつた場合の解雇】

問　三十日前の解雇予告をしてその期間が満了しないうちに業務上負傷し又は疾病にかかつた場合には解雇制限期間内に予告期間が満了するので解雇することができない。したがつて実際問題としては負傷又は疾病が治癒した日に改めて解雇予告をしなければならないことになると解するが最初の予告期間の満了日直前に休業日数一日乃至二日の極めて軽度の負傷又は疾病にかかつた場合にも治癒した日に改めて解雇予告をしなければならないものか、期間を定めた労働契約の場合にはその期間満了と共に労働契約が終了すると解するのと均衡を失する様にも考えるがこの点について回答願いたい。

答　解雇予告期間満了の直前にその労働者が業務上負傷し又は疾病にかかり療養のために休業を要する以上は、たとえ一日乃至二日の軽度の負傷又は疾病であつても法第十九条の適用がある。負傷し又は疾病にかかり休業したことによつて、前の解雇予告の効力の発生自体は中止されるだけであるから、その休業期間が長期にわたり解雇予告として効力を失うものと認められる場合を除き治癒した日に改めて解雇予告をする必要はない。

（昭二六・六・二五　基収二六〇九号）

❸やむを得ない事由のため事業の継続が不可能となつた場合

【法第十九条及び第二十条の認定の性格及び処理方針】

㈠　法第十九条及び第二十条による認定は、原則として解雇の意思表示をなす前に受けるべきものであるが、法第十九条第一項ただし書及び法第二十条第一項ただし書の認定は、ただし書に該当する事実があるか否かを確認する処分であつて、認定されるべき事実がある場合には使用者は有効に即時解雇をなし得るものと解されるので、即時解雇の意思表示をした後、解雇予告除外認定を得た場合はその解雇の効力は使用者が即時解雇の意思表示をした日に発生すると解される。

なお、使用者が認定申請を遅らせることは、法第十九条又は第二十条違反である。

㈡　法第十九条第一項ただし書及び法第二十条第一項ただし書による認定申請書が提出された場合には、事の性質上特に迅速にこれを処理、決定する方針で対処するとともに、当該書面だけについて審査することなく、必ず使用者、労働者、労働組合、労働者その他の関係者について申請事由を実地に調査の上該当するか否かを判定すべきものであるから十分その取扱いに留意せられたい。

（昭六三・三・一四　基発一五〇号）

【天災事変その他やむを得ない事由のため事業の継続が不可能となつた場合】　法第十九条及び法第二十条に規定する「天災事変その他やむを得ない事由のため事業の継続が不可能となつた」として、認定申請がなされた場合には、申請事由が「天災事変その他やむを得ない事由」と解されるだけでは充分でなく、そのために「事業の継続が不可能」になることが必要であり、また、逆に「事業の継続が不可能」になつてもそれが「やむを得ない事由」に起因するものでない場合には、認定すべき限りでないこと。

㈠　「やむを得ない事由」とは、天災事変に準ずる程度に不可抗力に基づきかつ突発的な事由の意であり、事業の経営者として、社会通念上採るべき必要な措置を以てしても通常如何ともなし難いような状況にある場合をいう。

(1) 次の如き場合は、これに該当する。

イ　事業場が火災により焼失した場合。ただし、事業主の故意又は重大な過失に基づく場合を除く。

ロ　震災に伴う工場、事業場の倒壊、類焼等により事業の継続が不可能となつた場合。

(2) 次の如き場合は、これに該当しない。

イ　事業主が経済法令違反のため強制収容され、又は購入した諸機械、資材等を没収された場合。

ロ　税金の滞納処分を受け事業廃止に至つた場合。

ハ　事業経営上の見通しの齟齬の如き事業主の危険負担に属すべき事由に起因して資材入手難、金融難に陥つた場合。個人企業で別途に個人財産を有するか否かは本条の認定には直接関係がない。

ニ　従来の取引事業場が休業状態となり、発注品なく、ために事業が金融難に陥つた場合。

(二)「事業の継続が不可能になる」とは、事業の全部又は大部分の継続が不可能になつた場合をいうのであるが、例えば当該事業場の中心となる重要な建物、設備、機械等が焼失を免れ多少の労働者を解雇すれば従来通り操業しうる場合、従来の事業は廃止するが多少の労働者を解雇すればそのまま別個の事業に転換しうる場合の如く事業がなおその主たる部分を保持して継続しうる場合、又は一時的に操業中止のやむなきに至つたが、事業の現況、資材、資金の見通し等から全労働者を解雇する必要に迫られず、近く再開復旧の見込が明かであるような場合は含まれないものであること。

（昭二三・三・一四　基発一五〇号）

【震災の場合の解雇】

問　福井県下における今次震災に伴う工場、事業場の倒潰、類焼のため事業の継続不可能となり、労働者を解雇する場合においては、法第二十条第一項但書によりこれが認定についてはやむを得ないものと認められるが、○○繊維工業株式会社○○工場は今回の地震による被害は全然ないが本社並に他の三工場が震災により倒潰或いは焼失したため、再建資金面に行き詰りを来し被害を受けなかつた同工場も事業の継続不可能となり、該工場に現在就労中の労働者を解雇すべく解雇除外認定方を申請して来たものであるが、これについてはやむを得ざるものと認め認定して差支えないか。なお、該工場の場合一斉解雇を行わず残務整理の為に一部残す方針にて、取敢えず、一部分の解雇除外認定申請ありたるも、この場合、人員整理の具にされるおそれがあるが、一部分の解雇除外認定も差支えないか。

答　本社及び工場の大部分が罹災の為、資金面に行きづまりを来し、該会社が解散した結果非罹災工場も自ら事業の継続が不可能となつた場合は、法第二十条但書の前段に該当するから、見解の通り解雇予告の除外認定をされたい。

なお該工場が、残務整理等の為、取敢えず一部労働者の解雇予告除外認定の申請をなした場合と雖ども、認定して差支えない。

（昭二三・八・四　基収二六九七号）

【下請工場におけるやむを得ない事由】

問　親会社からのみ資材資金の供給を受けて事業を営む下請工場において現下の経済状勢から親会社自体が経営困難のために資材資金の獲得に支障を来たし、下請工場が所要の供給を受けることが出来ず事業の継続が不可能となつた場合、その事由は法第十九条但書後段の「その他やむを得ない事由」と解して差し支えないか。

答　法律的にいえばやむを得ない事由のために事業の継続が不可能になつた場合にはは該当しないが、事業廃止の後、当該労働者について引き続き労働契約を継続させる実益がない場合には運用上然るべく認定せられたい。

（昭二三・六・一二　基収一八九八号）

❹打切補償

【労災保険給付を受けて休業する労働者に対する解雇制限にかかる判決について】

平成二十七年六月八日、労働基準法（昭和二十二年法律第四十九号。以下「労基法」という。）第十九条第一項ただし書の適用にかかる解釈について、最高裁判所第二小法廷において別添〈編注　略〉のような判決がなされたので、下記に留意の上、監督指導業務の運営について遺憾なきを期されたい。

記

1　労基法第十九条第一項ただし書の解釈にかかる同判決の要旨は次のとおりであること。

(1)　労基法上の使用者の災害補償義務は、労働者災害補償保険法（昭和二十二年法律第五十号。以下「労災保険法」という。）に基づく保険給付（以下「労災保険給付」という。）が行われている場合には、それによって実質的に行われているといえるので、災害補償を使用者自身が負担している場合と、労災保険給付が行われている場合とで、労基法第十九条第一項ただし書の適用を異にすべきものとはいい難い。

(2)　労災保険給付が行われている場合は、打切補償として相当額の支払がされても傷病又は疾病が治るまでは必要な給付が行われるため、労基法第十九条第一項ただし書の適用があるとしても、労働者の利益につきその保護に欠くことになるものともいい難い。

(3)　したがって、労災保険法第十二条の八第一項第一号の療養補償給付を受ける労働者が、療養開始後三年を経過しても疾病等が治らない場合には、労基法第七十五条による療養補償を受ける労働者が上記の状況にある場合と同様に、使用者は、当該労働者につき、同法第八十一条の規定による打切補償の支払をすることにより、解雇制限の除外事由を定める同法第十九条第一項ただし書の適用を受けることができるものと解するのが相当である。

2　今後における労基法第十九条第一項ただし書の適用にかかる解釈運用は、上記1の(3)によって行うものであること。

（平二七・六・九　基発〇六〇九第四号）

（解雇の予告）

第二十条　使用者は、労働者を解雇しようとする場合においては、少くとも三十日前にその予告をしなければならない。三十日前に予告をしない使用者は、三十日分以上の平均賃金を支払わなければならない。但し、天災事変その他やむを得ない事由のために事業の継続が不可能となつた場合又は労働者の責に帰すべき事由に基いて解雇する場合においては、この限りでない。

②　前項の予告の日数は、一日について平均賃金を支払つた場合においては、その日数を短縮することができる。

③　前条第二項の規定は、第一項但書の場合にこれを準用する。

（様式）

則第七条　法第十九条第二項の規定による認定又は法第二十条第三項の規定により準用する法第十九条第二項の規定による認定又は法第二十条第一項但書前段の場合に同条第三項の規定により準用する法

第十九条第二項の規定による認定は様式第二号により、法第二十条第一項但書後段の場合に同条第三項の規定により準用する法第十九条第二項の規定による認定は様式第三号により、所轄労働基準監督署長から受けなければならない。

▼参照条文　〔平均賃金—一二〕、〔解雇制限—一九〕、〔本条適用除外—二一〕、〔付加金の支払—一一四〕、〔解雇—労契一六〕、〔期間計算—民一四〇〕、〔民法上の原則—民六二七・六二八〕、〔行政官庁の認定—則七〕、〔罰則—一一九〕

解釈例規

❶解雇の判断

第十九条関係参照

❷解雇予告

【三十日以上前の予告と予告期限到来後の解雇】

問　労働者の解雇に際して、三十日以上前に予告（例えば三十八日前）した場合、その予告は法第二十条にいう「少くとも三十日前」の字句に該当するか。

また、三十日前に予告はしたが、その期限到来後、解雇期日を延期することを本人に伝達し、そのまま使用した後に、これを解雇した場合、最初に行つた解雇の予告は無効であるか。

答　前段については、例えば三十八日の如く期間が確定していれば、その予告は法第二十条の「少くとも三十日前」に該当する。

後段については、予告期間満了後引続き使用する場合には、通常同一条件にてさらに労働契約がなされたものとみなされるから、改めて法第二十条所定の手続を経なければならない。（昭二四・六・一八　基発一九二六号）

【予告と同時に休業した場合の解雇】

問　○○会社において解雇の予告と同時に労働者に休業を命じ、予告期間中法第二十六条に規定する休業手当を支給し、予告期間満了とともに解雇しようとした事件があるが、本件に関し次の諸点について疑義があるが如何。

㈠　法第二十条第二項の規定により休業手当が平均賃金三十日分以上の額となる日まで予告期間を延長すべきものであるか。

㈡　故意に脱法の目的を以て予告と同時に休業を命じた場合は、即時解雇とみなして差支えないか。

故意でない場合は予告期間中休業手当を支給させるべきか、又は休業手当が平均賃金三十日分以上の額となる日まで予告期間を延長すべきものであるか。

㈢　予告前に休業を命じている場合及び予告後休業を命じた場合も、予告と同時に休業を命じた場合と同様に取扱うべきか。

㈣　昭和二十四年一月八日附基収第五四号通牒によれば解雇の効力は予告手当が支払われるまでは発生しないこととなつているが、予告手当が支払われるまでの期間については別に休業手当を支払うことを要するか。

答　本件については三十日前に予告がなされている限り、その労働契約は予告期間の満了によつて終了するものである。

（昭二四・一二・二七　基収一三二四号）

【解雇の予告とその取消し】

問一　解雇予告を受けた労働者が他の職場と雇用契約を行うことのできるのは、その予告期間が満了した後であるか、又は他の職場で勤務を開始するのが予告期間満了後であるとすれば予告期間中に他の職場と雇用契約を行うことができるか。

二　解雇予告期間中に他の職場と雇用契約を行い勤務を開始しようとする場合に、そのむねを現雇用主に申出た時、

(イ)　現雇用主はその労働者に対して、予告期間のうち勤務しない日数についても解雇手当を支払つて解雇しなければならないか。

(ロ)　現雇用主がその労働者に対し予告期

間の満了するまで勤務することを要求することができるとすれば、それに従わない労働者は自己退職となるか。

㈧　現雇用主がその申出に対しその場で予告の取消しをなし得るか。

もしなし得るとすればその時にそれに対して労働者が辞退の意思表示をすれば、自己退職として取扱われるか。

三　解雇予告の取消し以前（予告期間満了以前）に他の職場と雇用契約をなし就職の準備を行つていたとしても、予告取消し通告後にその旨申出たとすれば自己退職の形でなければ退職することができないのか。

四　前記二の㈧の場合と異り、解雇予告期間中に他の職場に就職することを決定した旨現雇用主に申出て予め了解を得ていたが、その予告期間の満了しないうちにその予告の取消しが通告されたとすれば、その場合、

㈠　この予告の取消しは有効であるか。

㈡　有効であるとすれば、自己退職として取扱い、無効であるとすれば、予告期間満了によつて解雇は成立するものと解釈してよいか。

答　一　解雇の予告を受けた労働者が解雇予告期間中に他の使用者と雇用契約を結ぶことはできるが自ら契約を解除した場合を除き予告期間満了までは従来の使用者のもとで勤務する義務がある。

二、三及び四　労働者が解雇予告期間中に他の使用者と雇用契約を結び、その契約に基く勤務を開始しようとして使用者に申出た時は、一般には使用者は予告期間の満了するまでの期間勤務することが要求できるものと考えられる。

ただし、労働者の当該申出が自らの意思により雇用関係を終了させようとする自己退職の意思表示と認められる場合及び前述の使用者の要求に従わないで、他の使用者との新しい契約に基いて現実に勤務を開始した場合には、労働者より退職の意思表示があつたものと考えられるので、労働者の退職の意思表示によつて使用者の解雇予告期間満了前に雇用関係が終了することもあるから、この場合にはそれまでの期間に限り使用者は労働者の勤務を要求できる。

なお、使用者が行つた解雇予告の意思表示は、一般的には取り消すことを得ないが、労働者が具体的事情の下に自由な判断によつて同意を与えた場合には、取り消すことができるものと解すべきである。解雇予告の意思表示の取消しに対して、労働者の同意がない場合は、自己退職の問題は生じない。

（昭二五・九・二一　基収二八二四号、昭三三・二・一三　基発九〇号）

【地方公務員法第二十九条第一項の規定に基づく懲戒免職処分に対する労働基準法第二十条の規定の適用】　最近、一部の地方公共団体において、労働基準法第二十条所定の手続を経ないで、地方公務員法第二十九条第一項の規定に基づく懲戒免職処分を行つたため、国会等において問題となつた事例が生じていること等にかんがみ、貴局管下の関係地方公共団体機関に対して、下記の事項を十分徹底させ、今後このような事態が発生しないよう、その指導方について特段の配慮をされたい。

記

労働基準法（以下「法」という。）が全面的に適用される公共企業体等労働関係法（現行国営企業労働関係法）第二条第二項第二号の企業（いわゆる五現業（現行四現業））の職員については、国家公務員法第八十二条の規定に基づき、懲戒免職する場合においても、法第二十条に定める手続をとることを要することは、別添内閣法制局意見（昭和三十九年八月三日）のとおりであるが、地方公務員法第二十九条第一項の規定に基づく懲戒免職についても、法第二十条に定める手続をとることを要するものと解されること。

（別　添）

一　問　題

国家公務員法第八十二条の規定に基

づき公共企業体等労働関係法第二条第二項第二号の職員(以下「五現業職員」という。)を免職しようとする場合においても、労働基準法第二十条に定める手続をとることを要するか。

二　意見及び理由

　労働基準法第二十条は、使用者が労働者を解雇しようとする場合には、原則として、その労働者の解雇によつて生ずる生活の困窮を緩和するため「使用者は、……少くとも三十日前にその予告をしなければならない。三十日前に予告をしない使用者は、三十日分以上の平均賃金を支払わなければならない。」と規定し（同条第一項本文）、例外としてその解雇が行政官庁の認定を受けた「労働者の責に帰すべき事由」に基づいて行なわれる場合には、この手続をとることを要しないものとしている（同条第一項ただし書、第三項）。

　ところで、労働基準法第九条の趣旨を考えれば、同条にいう労働者には、一般職の国家公務員もまた含まれることになるであろうが、一般の国家公務員については国家公務員法附則第十六条によつて労働基準法は適用しないとされているのに対し、五現業職員については同条の適用を排除する公共企業体等労働関係法第四十条が存在するため、原則として労働基準法の適用があることが明らかである。そうであるとすれば、懲戒免職に対して労働基準法第二十条の適用があるかどうかは、国家公務員法第八十二条の趣旨がどうであるかにかかるということになろう。

　そこで国家公務員法第八十二条の規定による免職について考えてみると、同条の免職は、一般職の国家公務員の勤務秩序を確保するために設けられた制裁としての免職であり、私企業において設けられる制裁としての解雇とその実体においてなんら相違はないのであるから、同条は、このような制裁としての解雇をなし得べき機能を任命権者に与えたに止まり、その権限行使に際して労働基準法第二十条の規定の適用を排除する趣旨が含まれていると解すべき根拠はないものというべきである。したがつて、五現業職員を国家公務員法第八十二条の規定に基づいて免職しようとする場合には、労働基準法第二十条所定の手続をとらなければならないものと解すべきである。

　この見解に対しては、次のような二つの反論が予想される。

　その一つは、懲戒免職は、そもそも当該職員がこれ以上国家公務員たる身分を保有していることは公益に反することになるという判断に基づいて即日その身分を失わせることを目的として行なわれるものであるから、もしも懲戒免職をする場合にも労働基準法第二十条の手続をとることを要するものと解すれば公益に反する結果になるのではないかという反論である。

　しかしながら、労働基準法第二十条は、すべての解雇について三十日の予告を要求しているのではなく、不適当な場合には三十日以上の平均賃金を支払つて即日解雇するみちも認めているのであるから、このような見解をとつたとしても、直ちに公益に反する事態が生ずることにはならないというべきである。

　その二つは、仮に五現業職員の懲戒免職に労働基準法第二十条の適用があるとしても、国家公務員法第八十二条各号に掲げる懲戒事由は、一般的にいつて国家公務員の責に帰すべき事由であるから、同条に基づく五現業職員の免職は、当然に労働基準法第二十条第一項ただし書の「労働者の責に帰すべき事由」に基づく解雇に該当し、したがつてあらためて同条第三項の行政官庁の認定を受ける必要がないと解すべきであるという反論である。

　しかしながら、そもそも労働基準法

第二十条第三項が、同条第一項ただし書の「労働者の責に帰すべき事由」の有無の認定を使用者のみに委ねることなく、行政官庁の認定にも係らしめているのは、労働者保護の観点からその認定の公正を期そうとするところにあるから、五現業職員についてとくにこの手続を排除しなければならない理由は見出しがたく、しかも国家公務員法第八十二条各号に掲げる事由が一般的にいつて国家公務員の責に帰すべきものであるとしても、その事由と労働基準法第二十条第一項ただし書の「労働者の責に帰すべき事由」とは、それぞれ異なる観点から規定されたものであるから、前者が当然に後者に該当すると断ずることはできないであろう。

　したがつて、労働基準法第二十条第一項本文の手続をとることなく国家公務員法第八十二条の規定によつて五現業職員を免職しようとする場合には、労働基準法第二十条第三項の行政官庁の認定を受けるべきものといわなければならない。

　以上の理由から、お尋ねの場合には労働基準法第二十条所定の手続をとるべきものと解される。

（昭四一・一〇・二七　基発一一五五号）

【予告期間及び予告手当の支払いなき解雇】

　法第二十条による法定の予告期間を設けず、また法定の予告に代る平均賃金を支払わないで行つた即時解雇の通知は即時解雇としては無効であるが、使用者が解雇する意思があり、かつその解雇が必ずしも即時解雇であることを要件としていないと認められる場合には、その即時解雇の通知は法定の最短期間である三十日経過後において解雇する旨の予告として効力を有するものである。

（昭二四・五・一三　基収一四八三号）

【予告なしに解雇した場合の休業手当】

問　使用者の法に対する無関心の為に予告することなく労働者を解雇した。労働者は該解雇を有効であると思い離職後相当日数を経過し他事業場に勤務し、相当日数経過後該事実が判明した。このような事例の場合は法第二十条の取扱いについて、休業手当を支払わなければならないか。

答　使用者の行つた右解雇の意思表示が解雇の予告として有効と認められ、かつその解雇の意思表示があつたために予告期間中労働者が休業した場合は、使用者は解雇が有効に成立する日までの期間、休業手当を支払えばよい。（昭二四・七・二七　基収一七〇一号）

【民法第六百二十七条との関係】

問　法第二十条第一項の規定は民法第六百二十七条第二項の規定は排除しないか。

答　民法第六百二十七条第二項の規定による予告の日数が三十日に満たない場合には、同条第二項の規定は排除される。

（昭二三・七・二〇　基収二四八三号）

❸解雇予告手当

【予告手当の支払時期】

問　法第二十条第一項の即時解雇の場合における三十日の平均賃金の支払期間については、解雇と同時に即時に支払うべきものと解せられるが、右についても法第二十三条第一項の期間（請求後七日間）の適用があるか。

答　法第二十条による解雇の予告にかわる三十日分以上の平均賃金は解雇の申渡しと同時に支払うべきものである。

（昭二三・三・一七　基発四六四号）

【予告手当の支払方法①】

問　法第二十条第一項後段の解雇予告手当は、退職手当とその内容は類似するものの、過去の労働と関連が薄く、むしろ労働者の予測しない収入の中絶を保護するもので、労働の対償となる賃金とは考えられないから、必ずしも通貨支払、直接支払の要件を具備しなくても差支えないものと解されるが如何。

　ただ、指導方針としては、法第二十四条

に準じて通貨で直接支払うよう取り計るべきものと思われるが如何。

答 解雇予告手当が賃金でないこと見解の通りであるが、これの支払について見解のとおり指導すること。

（昭二三・八・一八　基収二五二〇号）

【予告手当の支払方法②】　三十日前に解雇予告をしない使用者が、労働者を即時解雇するときは、解雇の意思表示をするとともに、法第二十条第一項の規定により予告に代えて三十日分以上の平均賃金を支払わなければならないが、この平均賃金の支払とは、通常の賃金その他の債務が支払われる場合と同様に、現実に労働者が受け取り得る状態に置かれた場合をいう。

次のような場合には、平均賃金の支払がなされたと認められる。

(一) 郵送等の手段により労働者あてに発送を行い、この解雇予告手当が労働者の生活の本拠地に到達したとき。なお、この場合、直接労働者本人の受領すると否と、また労働者の在否には関係がない。

(二) 労働者に解雇予告手当を支払う旨通知した場合については、その支払日を指定し、その日に本人不参のときはその指定日、また支払日を指定しないで本人不参のときは労働者の通常出頭し得る日。

なお、解雇の申渡しをなすと同時に解雇予告手当を提供し当該労働者が解雇予告手当の受領を拒んだ場合には、これを法務局に供託できることはいうまでもない。

（昭六三・三・一四　基発一五〇号）

【シフト制労働者に対する解雇と解雇予告手当】

シフト制労働者が期間の定めのある労働契約（以下「有期労働契約」といいます。）の労働者である場合は、労働契約法第十七条第一項により、「やむを得ない事由がある場合でなければ、その契約期間が満了するまでの間において、…解雇することができ」ません。

また、シフト制労働者が期間の定めのない労働契約の労働者である場合、労働契約法第十六条により、解雇が「客観的に合理的な理由を欠き、社会通念上相当であると認められない場合」には無効となります。

なお、やむを得ず労働者を解雇しようとする場合、シフト制労働者であっても、少なくとも三十日前にその予告を行うことや、予告を行わない場合には平均賃金の三十日分以上の解雇予告手当を支払うことが必要です（労働基準法第二十条第一項）。

（令四・一・七　基発〇一〇七第四号　職発〇一〇七第三号　雇均発〇一〇七第七号）

〈編注〉本解釈例規「いわゆる『シフト制』により就業する労働者の適切な雇用管理を行うための留意事項について」は、参考資料篇Ⅰの4にも掲載。

【最低年齢に満たない労働者の解雇】

問 未就学児童が禁止されている労働に従事しているのを発見した場合、これに配置転換その他の措置を講ずるが、その事業場をやめさせねばならない時は、法第二十条第一項本文後段の規定により三十日分以上の平均賃金を支払い即時解雇しなければならないか。

答 見解の通り。

（昭二三・一〇・一八　基収三〇二二号）

【予告手当と他の債務との相殺】

問 法第二十条にいう三十日分以上の平均賃金は、法第二十条の解雇予告の趣旨からいつて現実に支払わなければならないものであり、したがつて労働者が使用者に対して負う借金と解雇予告手当とを相殺することはできないと考えられるが如何。

答 予告手当の支払について、使用者と労働者との間に債権債務の関係が発生することなく、予告手当の支払は、単にその限度で予告義務を免除するに止まるものである。したがつて法理上相殺の問題は生じない。右の理由により質疑の場合には、借金とは別個に予告手当の問題を取り扱うべきである。

（昭二四・一・八　基収五四号）

【予告手当の概算払い】

問　使用者が法第二十条但書の認定を受けることなく、即時解雇する場合には平均賃金三十日分を支払わなければならないが、多人数の労働者を一時に整理する等において即時解雇を通告する前に平均賃金を正確に計算して支払うことが実際問題として不可能である場合、平均賃金三十日分の概算額を支払つて即時解雇を通告すればその解雇は有効であるか。

答　設問の場合には、平均賃金三十日分の概算額が即時解雇を通告する以前、又はこれと同時に現実に提供せられ、且つ概算額が精算額より不足するときに残余の不足額がその後速かに提供される場合には、その即時解雇は有効として取扱われたい。

（昭二四・七・二　基収二〇八九号）

【組合専従者の解雇予告手当】

問　○○炭鉱では会社より賃金の支給をうけていない労働組合専従者（休職の辞令はうけていないが、事実上休職と同様の関係にあるものと思われる）を解雇した事例があるが、この場合、左記の何れによるべきであるか。

記

㈠　会社より直接賃金の支払を受けていないので解雇手当の支給を必要としない。

㈡　賃金の支払は受けていないが、会社の秘密厳守の義務は課せられている点等よりして会社の従業員としての身分関係は労働組合の専従者となつた後においても、なお存続するものとみなすべきで、解雇手当は当然支給すべきである。

答　労働者が組合専従者になつた場合の身分、取扱等について労使双方の取きめがないので厳密には判定し難いが、組合専従者を予告せずに解雇しようとするには、その労働者が、組合専従期間中も会社に在籍するものである限り三十日分以上の平均賃金を支払わなければならない。

（昭二四・八・一九　基収一三五一号）

【予告手当の支払いの時効】

問　解雇予告手当の請求権は労働基準法第百十五条に基き「二年間これを行わない場合においては時効により消滅する」と解すべきか。

あるいは解雇予告を行わず解雇予告手当も支給しないで行つた解雇の効力は無効であるから、解雇は成立しないことと解し、解雇予告手当については原則として時効の問題は生じないと考えるべきか、この場合労働基準法第百十四条の関係もあり労働者の請求により同一額の附加金の支払義務が生ずると考えるべきか。

答　労働基準法第二十条に定める解雇予告手当は、解雇の意思表示に際して支払わなければ解雇の効力を生じないものと解されるから、一般には解雇予告手当については時効の問題は生じない。

（昭二七・五・一七　基収一九〇六号）

❹第一項ただし書の認定

【法第十九条及び第二十条の認定の性格及び処理方針】

㈠　法第十九条及び第二十条による認定は、原則として解雇の意思表示をなす前に受けるべきものであるが、法第十九条第一項ただし書及び法第二十条第一項ただし書の認定は、ただし書に該当する事実があるか否かを確認する処分であつて、認定されるべき事実がある場合には使用者は有効に即時解雇をなし得るものと解されるので、即時解雇の意思表示をした後、解雇予告除外認定を得た場合はその解雇の効力は使用者が即時解雇の意思表示をした日に発生すると解される。

なお、使用者が認定申請を遅らせることは、法第十九条又は第二十条違反である。

㈡　法第十九条第一項ただし書及び法第二十条第一項ただし書による認定申請書が提出された場合には、事の性質上特に迅速にこれを処理、決定する方針で対処するとともに、当該書面だけについて審査することなく、必ず使用者、労働組合、労働者その他の関係者について申請事由を実地に調査の上該当するか否かを判定すべきものであるから十分その取扱いに留意せられたい。

（昭六三・三・一四　基発一五〇号）

【天災事変その他やむを得ない事由のため事業の継続が不可能となつた場合】　法第十九条及び法第二十条に規定する「天災事変その他やむを得ない事由のため事業の継続が不可能となつた」として、認定申請がなされた場合には、申請事由が「天災事変その他やむを得ない事由」と解されるだけでは充分ではなく、そのために「事業の継続が不可能」になることが必要であり、また、逆に「事業の継続が不可能」になつてもそれが「やむを得ない事由」に起因するものでない場合には、認定すべき限りでないこと。

(一)「やむを得ない事由」とは、天災事変に準ずる程度に不可抗力に基づきかつ突発的な事由の意であり、事業の経営者として、社会通念上採るべき必要な措置を以てしても通常如何ともなし難いような状況にある場合をいう。

(1)　次の如き場合は、これに該当する。

イ　事業場が火災により焼失した場合。ただし、事業主の故意又は重大な過失に基づく場合を除く。

ロ　震災に伴う工場、事業場の倒壊、類焼等により事業の継続が不可能となつた場合。

(2)　次の如き場合は、これに該当しない。

イ　事業主が経済法令違反のため強制収容され、又は購入した諸機械、資材等を没収された場合。

ロ　税金の滞納処分を受け事業廃止に至つた場合。

ハ　事業経営上の見通しの齟齬の如き事業主の危険負担に属すべき事由に起因して資材入手難、金融難に陥つた場合。個人企業で別途に個人財産を有するか否かは本条の認定には直接関係がない。

ニ　従来の取引事業場が休業状態となり、発注品なく、ために事業が金融難に陥つた場合。

(二)「事業の継続が不可能になる」とは、事業の全部又は大部分の継続が不可能になつた場合をいうのであるが、例えば当該事業場の中心となる重要な建物、設備、機械等が焼失を免れ多少の労働者を解雇すれば従来通り操業しうる場合、従来の事業は廃止するが多少の労働者を解雇すればそのまま別個の事業に転換しうる場合の如く事業がなおその主たる部分を保持して継続しうる場合、又は一時的に操業中止のやむなきに至つたが、事業の現況、資材、資金の見通し等から全労働者を解雇する必要に迫られず、近く再開復旧の見込が明かであるような場合は含まれないものであること。

（昭六三・三・一四　基発一五〇号）

【震災の場合の解雇】

問　福井県下における今次震災に伴う工場、事業場の倒潰、類焼のため事業の継続不可能となり、労働者を解雇する場合においては、法第二十条第一項但書によりこれが認定についてはやむを得ないものと認められるが、○○繊維工業株式会社○○工場は今回の地震による被害は全然ないが本社並に他の三工場が震災により倒潰或いは焼失したため、再建資金面に行き詰りを来し被害を受けなかつた同工場も事業の継続不可能となり、該工場に現在就労中の労働者を解雇すべく解雇除外認定方を申請して来たものであるが、これについてはやむを得ざるものと認め認定して差支えないか。なお、該工場の場合一斉解雇を行わず残務整理の為に一部残す方針にて、取敢えず、一部分の解雇除外認定申請ありたるも、この場合、人員整理の具にされるおそれがあるが、一部分の解雇除外認定も差支えないか。

答　本社及び工場の大部分が罹災の為、資金面に行きづまりを来し、該会社が解散した結果非罹災工場も自ら事業の継続が不可能となつた場合は、法第二十条但書の前段に該当するから、見解の通り解雇予告の除外認定をされたい。

なお該工場が、残務整理等の為、取敢えず一部労働者の解雇予告除外認定の申請をなした場合と雖ども、認定して差支えない。

（昭二三・八・四　基収二六九七号）

【労働者の責に帰すべき事由】「労働者の責に帰すべき事由」とは、労働者の故意、過失又はこれと同視すべき事由であるが、判定に当つては、労働者の地位、職責、継続勤務年限、勤務状況等を考慮の上、総合的に判断すべきであり、「労働者の責に帰すべき事由」が法第二十条の保護を与える必要のない程度に重大又は悪質なものであり、従つて又使用者をしてかかる労働者に三十日前に解雇の予告をなさしめることが当該事由と比較して均衡を失するようなものに限つて認定すべきものである。

「労働者の責に帰すべき事由」として認定すべき事例を挙げれば、

(1)　原則として極めて軽微なものを除き、事業場内における盗取、横領、傷害等刑法犯に該当する行為のあつた場合、また一般的にみて「極めて軽微」な事案であつても、使用者があらかじめ不祥事件の防止について諸種の手段を講じていたことが客観的に認められ、しかもなお労働者が継続的に又は断続的に盗取、横領、傷害等の刑法犯又はこれに類する行為を行つた場合、あるいは事業場外で行われた盗取、横領、傷害等刑法犯に該当する行為であつても、それが著しく当該事業場の名誉もしくは信用を失ついするもの、取引関係に悪影響を与えるもの又は労使間の信頼関係を喪失せしめるものと認められる場合。

(2)　賭博、風紀紊乱等により職場規律を乱し、他の労働者に悪影響を及ぼす場合。また、これらの行為が事業場外で行われた場合であつても、それが著しく当該事業場の名誉もしくは信用を失ついするもの、取引関係に悪影響を与えるもの又は労使間の信頼関係を喪失せしめるものと認められる場合。

(3)　雇入れの際の採用条件の要素となるような経歴を詐称した場合及び雇入れの際、使用者の行う調査に対し、不採用の原因となるような経歴を詐称した場合。

(4)　他の事業場へ転職した場合。

(5)　原則として二週間以上正当な理由なく無断欠勤し、出勤の督促に応じない場合。

(6)　出勤不良又は出欠常ならず、数回に亘つて注意をうけても改めない場合。

の如くであるが、認定にあたつては、必ずしも右の個々の例示に拘泥することなく総合的かつ実質的に判断すること。

なお、就業規則等に規定されている懲戒解雇事由についてもこれに拘束されることはないこと。

（昭二三・一一・一一　基発一六三七号、昭三一・三・一　基発一一一号）

【クローズドショップ制事業場における解雇】

問　クローズドショップ制を採つている事業場においては労働組合を除名された労働者を使用することが出来ない為、解雇予告除外認定の申請をした場合、法第二十条によりやむを得ない事由（或は労働者の責に帰すべき事由）に該当するものとして認定すべきか。

答　労働者が労働組合より除名されるに至つた原因が、使用者との関係において法第二十条第一項但書の事由に該当する場合には、解雇予告除外認定をして差支えないが、クローズドショップ制の場合であつても組合から除名されたことのみによつて、法第二十条但書の事由に該当するとは限らないから慎重に取扱われたい。

（昭二三・八・三　基収二四二六号）

【解雇制限期間中の解雇予告除外認定】

問　法第十九条の適用を受けている労働者が、その休業期間中或はその後三十日の間において、法第二十条第一項但書後段に該当し使用者より解雇予告除外認定申請があつた場合においても認定を与えて差支えないか。

答　法第十九条の解雇制限を受ける労働者が、法第二十条第一項但書後段の事由に該当するものとして使用者より法第二十条の解雇予告除外認定の申請があつた場合、たとえそれが昭和二十三年十一月十一日附基発第一六三七号通牒によつて労働者の責に帰すべき事由と判定されるものであつても、右の解雇制限期間中には解雇してはならないものであることを説明して申請書を取下げさせ、なお強いて認定を求める者に対してはその旨附記して認定を与えるように取扱われたい。

（昭二四・二・二　基収三八〇六号）

【賞罰委員会の決定に基づく解雇】

問　各炭鉱においては労使双方で賞罰委員会を設けているが、その賞罰委員会の決定に基づいて労働者を解雇しようとする場合においても、法第二十条第三項及び施行規則第七条の規定により、その事由について所轄労働基準監督署長の認定を受けなければならないか。

答　貴見のとおり。

（昭二三・四・九　基収一〇〇四号）

第二十一条　前条の規定は、左の各号の一に該当する労働者については適用しない。但し、第一号に該当する者が一箇月を超えて引き続き使用されるに至つた場合、第二号若しくは第三号に該当する者が所定の期間を超えて引き続き使用されるに至つた場合又は第四号に該当する者が十四日を超えて引き続き使用されるに至つた場合においては、この限りでない。

一　日日雇い入れられる者

二　二箇月以内の期間を定めて使用される者

三　季節的業務に四箇月以内の期間を定めて使用される者

四　試の使用期間中の者

▼参照条文　〔期間計算—民一四〇〕、〔雇用の更新の推定等—民六二九〕

解釈例規

❶第一号関係

【日日雇い入れられる者】

問(一)　日日雇い入れられる労働者もまた法第九条にいう労働者であるから、当然労働基準法によつて保護されなければならない。而して日日雇い入れられる労働者の労働契約は、日日更新されるものであるから、昨日雇われた労働者Aと今日雇われた労働者Aとは同一個人ではあるが、契約関係においては別個の労働者である。従つてそこには雇用関係の継続はない。従つて法に別段の定ある場合（法第二十一条）及び使用者において別段の意思表示をなした場合の他は、日日の労働条件に関する規定のみ適用され、期間を以て定められたその他の労働条件については適用なきものと解されるが如何。即ち、法第十九条、第二十四条第二項、第二十五条、第二十六条、第三十二条第一項、第三十五条、第三十六条第一項の中休日に関する規定、第三十九条等は適用されない。

(二)　もし、労働基準法が、全面的に適用されるものとすれば、その適用の仕方について次のような疑義がある。

例示すれば

法第三十五条関係

(イ)　ここにその完成に一週間を予定される仕事あり、使用者はその期間中その労働者が来れば雇う積りであり、労働者もまたその期間中雇われる積りであつた。然るにたまたまその第三日目に労働者に事故あり、第三日目を休み第四日目に出勤した時、この第三日目は欠勤であるか、休日であるか、又は雇われなかつたのか（欠勤とすれば第七日目に休日を与えなければならない。）

(ロ)　日日労働者を雇い入れる場合に、その都度「当所に六日継続して雇われた者は、第七日目には休日が与えられ、第七日目の日は雇えない」と断わらねばならない。

答(一)及び(二)　日日雇い入れられる労働者の労働契約は、日日更新されると否とにかかわらず、明示的又は黙示的に同一人を引き続き使用している場合は、社会通念上継続した労働関係が成立していると認められる。即ち、労働関係が継続しているものと客観的に判断されるが如き常用的状態にある日雇者については、原則として期間を以て定められた労働条件に関する規定も就業規則その他で別段の定めなき限り、当該事業場における他の一般労働者と同様に適用があることは当然であるが、設問の件についてはかかる常用的日雇労働者と、その実態においても該事業と継続した労働関係を有しない純然たる日雇労働者とに区別して考えるべきであり、後者については、日日の労働条件に関する規定のみが適用できて、期間を以て定められた労働条件に関する規定は適用の余地がない。

（昭二三・一二・二七　基収四二九六号、平一一・三・三一　基発一六八号）

【日日雇い入れられる者の解雇予告】

問　公共事業の実施主体（使用者）がその事業実施のため公共職業安定所よりその登録労働者の紹介を受けて日日雇い入れ、その労働者を引き続き一箇月以上使用しようとする場合、未だ引き続き一箇月を超えて使用するに至らない前に三十日以上の期間を置いて解雇の期日を指定して予告した場合、右行為は法第二十条の解雇予告として有効であるか。

答　日日雇い入れられた労働者を一箇月を超えて引き続き使用するに至らない前に、三十日以上の期間を置いて予告することは、解雇の予告として有効である。

（昭二四・八・一　基収二三九九号）

【一箇月間引き続き使用の意味】

問(一)　法第二十一条但書の「第一号に該当する者が一箇月を超えて引き続き使用されるに至つた場合」について一箇月とは労働日のみならず休日を含む暦による一箇月の意味か。

(二)　暦による一箇月とすれば、その期間内の欠勤によつて本条の「一箇月を超えて引き続き使用される」という意味における引き続きの事実は中断されるように思われるが、やむを得ない欠勤その他如何なる事由による欠勤も中断事項になると解するのは本条の趣旨に反する場合もあるように考えられるので、左のような事例について指示されたい。

(1)　労働者の私病による欠勤　五日以内位

(2)　配偶者の分娩及び扶養親族の死亡　一週間欠勤

(3)　自己の都合による単なる欠勤　一週間以上

(4)　他の事業場で働くための欠勤　十日以上

(三)　当方としては前記(二)の事例(1)(2)の場合は中断せず、(3)(4)は中断するものと解しているが、各事例の欠勤日数の多寡によつても「一箇月を超えて引き続き使用される」という事実の中断は左右されると思われるので一箇月中幾日位の欠勤は、使用関係の継続と認め得るか指示されたい。

答(一)　見解の通り。

(二)　日日雇い入れられる労働者が一箇月間継続して労働したかどうかは、労働契約が日日更新されると否とにかかわらず、専ら同一事業場の業務に従事していたかどうかによつて判断すべきものであり、専ら同一事業場の業務に従事しておれば、休日以外に当該事業場の業務に従事しない日が多少あつても一箇月間継続して労働したという事実を中断するものではない。労働しない日数が一箇月間中幾日位あれば継続勤務の事実を中断するかということは、具体的な事情により判断されたい。（昭二四・二・五　基収四〇八号）

【失業対策事業及び公共事業に使用される日雇労働者】　緊急失業対策法に基づく失業対策事業及び公共事業に使用される日雇労働者の雇用関係消滅の場合における労働基準法第二十条の適用については、左記により取り扱われたい。

記

一　失業対策事業に使用される労働者は、緊急失業対策法第十条第一項により、公共職業安定所において紹介することが困難な技術者、技能者及び監督者について事業主体が直接雇用することを公共職業安定所が承諾した場合を除いては、公共職業安定所が日日紹介する労働者でなければならない。

したがつて、公共職業安定所の紹介により失業対策事業の同一事業主体に一箇月を超えて引き続き使用されるに至つた労働者に対し、公共職業安定所がその紹介を取止め又は他の事業に紹介することにより従来その労働者を使用していた事業主体がその労働者を使用することができなくなつた場合には、労働基準法第二十条の適用はない。

二　公共職業安定所における失業対策事業への労働者の紹介は、その事業の性質上均等就労の目的により一般労働者については、輪番紹介及び輪番の範囲内における指名紹介を行い、技術者、技能者、監督者等役付の労働者は、継続紹介を実施しているが、何れの場合といえども公共職業安定所の行う機能には変わりないから、右一のとおり取り扱うべきものである。

三　公共事業の事業主体は、労働大臣が失業者吸収率として定める一定の数の労働者だけは公共職業安定所が日日紹介するものを雇い入れなければならないが、その他の労働者については失業対策事業と違つて公共職業安定所が紹介した労働者以外の者を雇い入れても差し支えない。したがつて公共事業に使用される労働者については、労働基準法第二十条の規定は、一般の事業と同様に適用される。

四　したがつて、公共職業安定所の紹介により、公共事業に使用される労働者が同一事業主体に一箇月を超えて引き続き使用されるに至つた場合には、公共職業安定所の紹介がなかつたことを理由として事業主体がその労働者の雇入れを拒否した場合（従来継続してなした日雇契約をしなくなること）にも労働基準法第二十条の規定が適用される。なお公共職業安定所が同一事業主体に紹介しなかつたため労働者が出勤しなかつたこと等の理由によつて使用者がその労働者を引き続き雇い入れることができなかつた場合は同条の適用はない。

（参考）輪番紹介

(1)　輪番紹介は求職者数が求人数に比して多いことが常態である場合、また求人の変動が著しい地区で一時的にも求職者数に比して求人数が少ない状態になつたとき（例えば港湾地区等）求職者の就労機会の均等化を図り、併せて、紹介時の煩雑を防止して、紹介業務を円滑に遂行するために行うものである。

(2)　この輪番紹介は適格紹介に優先して行われるべきものではなく、技能労働者及び無技能者であつても、求人者が指名する労働者、又は役付となつている労働者、あるいは特別な求人条件により、適格者として選定された労働者等は、輪番紹介の対象としないのを原則とする。したがつて輪番紹介の対象となる求職者は概ね無技能者で、上述以外の者となるが、これ等輪番紹介の対象となる求職者といえども、民間事業、公共事業、官公庁等、失業対策事業以外の事業の紹介はその輪番紹介の範囲内で努めて適格者を選定して継続紹介を行うべきである。

なお失業対策事業への紹介は、その事業の性質上、一定の就労適格要件を具備した求職者を、輪番紹介で均等に就労させるべきであるが、この場合といえども、その輪番紹介の範囲内で事業主体が希望する求職者の希望等を加味して、紹介を行うべきである。

また、失業対策事業の作業監督者、同補助員及び賃金支払事務補助員等の役付きの者は輪番紹介の対象とせずに、継続紹介を行うことは差し支えないがこの場合といえども、同事業の作業開始の準備、その他段取等のため必要な最小限度を除き、それ以外の者は現場直行をさせず、日日集合所に出頭するようにしなければならない。

(3)　輪番紹介の方法についても種々あるが、同一条件にある個々の求職者に対し、就労機会の均等を図り、かつその求職者も、公共職業安定所も無駄な時間、労力、経費等を排除し得るためには、次の方法による輪番紹介が適切である。したがつて開始番号のみ表示して行う輪番紹介を行つている公共職業安定所では、次のいずれかの方法によつて実行しなければならない。

(4)　なおこれ等の輪番紹介を行うときには、求人者に対する求職者の紹介順位は次の如くになるが、これは次の求人に対する紹介順序と加味して行われねばならない。

イ　指名労働者、役付労働者及び特別な求人条件により適格者として選定された労働者を紹介する（これ等は輪番紹介の対象としないこと。）。

ロ　一般求人（失業対策事業以外）に対して、適格者を輪番紹介の対象中より選定して紹介する。

ハ　失業対策事業へ整理番号順に紹介する。

(5)　求職者が求人数に比して下廻るために次の方法による輪番紹介を行う必要のない地区においても、先着順による紹介方法を止め、指名労働者、役付労働者及び特殊な適格者を紹介した以外の求職者については必ず整理番号順に紹介を行うこと。ただし、この場合紹介開始番号は日日変更しないと、常時先に紹介された者が求人口の選択に有利となるから、注意しなければならない。

（昭二六・三・三〇　基発二一一号）

❷第二号関係

【二箇月以内の期間を定めて使用される者】

問㈠　法第二十一条第二号の「二箇月以内の期間を定めて使用される者」とは二箇月以内の期間を具体的に定めている場合のことであつて単に「二箇月以内の期限附労働者」として雇用する場合は含まれないものと考えるが如何。

㈡　「日日雇い入れられる者」として雇用していた労働者を幾日か経過した後に二箇月の期限附労働者として雇用し、その二箇月の期間満了前に解雇する場合には法第二十条に規定する解雇の予告をしなければならないと解するが如何。

答㈠　質疑の場合の如く二箇月以内の期間が具体的に定められておらず、「二箇月以内の期限附労働者」として雇用する場合は、一般には二箇月の契約期間の労働契約を締結しその間に解雇することがある旨の約款を設けたものと考えられるから、法第二十一条第二号に含むものと解して差し支えない。

㈡　質疑の場合において更新された契約が反復継続して行われたものでなく、かつ新契約の期間が法第二十一条第二号に該当する限り解雇の予告の問題は起こらない。

（昭二七・四・三　基収一三三九号）

【短期契約の継続的な更新】

問　恒久的に同一内容の作業に従事させている労働者について、例えば七月一日採用七月三十一日満了、八月一日採用八月三十一日満了の如く一箇月毎に雇用契約を更新して一年、二年と継続勤務させている場合、法第二十一条第二号の「二箇月以内の期間を定めて使用される者」に該当しないと考えるが如何。

答　形式的に労働契約が更新されても、設例の如く短期の契約を数回に亘つて更新し、かつ同一作業に引き続き従事させる場合は、実質において期間の定めのない契約と同一に取扱うべきものであるから法第二十一条第二号に該当するものではない。

（昭二四・九・二一　基収二七五一号）

❸第四号関係

【試の使用期間中の解雇】

問　試の使用期間中の労働者は、十四日を超えて引き続き使用される場合は法第二十条の適用があるが、この「十四日を超えて」とは本人に申し渡した試の使用期間経過後十四日と解するか、又は試の使用開始の日より、即ち試の使用といえども入社後十四日と解すべきであるか。

答　法第二十一条は、試の使用期間中の者であつても、その使用期間が十四日を超えた場合は解雇予告の義務を除外しないこととしたものである。従つて会社で定めている試の使用期間の如何にかかわりなく、十四日を超えれば法第二十条の解雇予告、もしくは予告手当の支払を要するものである。

（昭二四・五・一四　基収一四九八号）

【契約の更新と試の使用期間】

問　「日日雇い入れられる者」を期限付もしくは無期限の一般労働者として雇用した場合、その後二週間の試用期間内に解雇しようとする場合試の使用期間中の者であるから、解雇予告をする必要はないと解するが如何。

答　契約更新に伴い、明らかに作業内容が切り替えられる等客観的に試の使用期間と認められる場合のほか、解雇予告を必要とする。

（昭二七・四・二二　基収一三三九号）

【条件付採用期間中の地方公務員】

問　一　申告事実

申告者はI市水道事業に従事する職員であるが、地方公務員法第二十二条第一項に規定する条件付採用期間満了前の本年六月二十九日、同市水道事業管理者から、労働基準法第二十条の手続きをふむことなく、六月三十日付で解雇する旨口頭で通知された。

なお、申告者は地方公営企業の企業職員であるので、地方公営企業法第三十九条により労働基準法は全面的に適用されている。

二　疑義

地方公務員法第二十二条第一項に規定する条件付採用期間中の地方公務員が当該期間満了前に免職される場合に労働基準法第二十条の適用があるか。

答　地方公務員法第二十二条第一項に規定する条件付採用期間は、労働基準法第二十一条第四号に規定する「試の使用期間」と解すべきであるので、条件付採用期間中の地方公務員が十四日を超えて引き続き使用されるに至つた場合においては、労働基準法第二十一条ただし書の規定により、労働基準法第二十条の適用がある。

（昭三八・一一・四　基収六三三七号）

（退職時等の証明）

第二十二条　労働者が、退職の場合において、使用期間、業務の種類、その事業における地位、賃金又は退職の事由（退職の事由が解雇の場合にあつては、その理由を含む。）について証明書を請求した場合においては、使用者は、遅滞なくこれを交付しなければならない。

②　労働者が、第二十条第一項の解雇の予告がされた日から退職の日までの間において、当該解雇の理由について証明書を請求した場合においては、使用者は、遅滞なくこれを交付しなければならない。ただし、解雇の予告がされた日以後に労働者が当該解雇以外の事由により退職した場合においては、使用者は、当該退職の日以後、これを交付することを要しない。

③　前二項の証明書には、労働者の請求しない事項を記入してはならない。

④　使用者は、あらかじめ第三者と謀り、労働者の就業を妨げることを目的として、労働者の国籍、信条、社会的身分若しくは労働組合運動に関する通信をし、又は第一項及び第二項の証明書に秘密の記号を記入してはならない。

▼参照条文　〔国籍、信条、社会的身分―三〕、〔罰則―一一九・一二〇〕

解釈例規

【記載すべき内容】　「退職の事由」とは、自己都合退職、勧奨退職、解雇、定年退職等労働者が身分を失った事由を示すこと。

また、解雇の場合には、当該解雇の理由も「退職の事由」に含まれるものであること。

解雇の理由については、具体的に示す必要があり、就業規則の一定の条項に該当することを理由として解雇した場合には、就業規則の当該条項の内容及び当該条項に該当するに至った事実関係を証明書に記入しなければならないこと。

なお、解雇された労働者が解雇の事実のみについて使用者に証明書を請求した場合、使用者は、法第二十二条第三項の規定により、解雇の理由を証明書に記載してはならず、解雇の事実のみを証明書に記載する義務があること。

（平一一・一・二九　基発四五号、平一五・一二・二六　基発一二二六〇〇二号）

【使用者の交付義務①】

問　使用者が労働者に口頭で告げた解雇事由と退職時の証明書に記載された解雇事由とが異なっていた場合や、労働者と使用者との間で労働者の退職の事由について見解の相違がある際に退職時の証明書に使用者が自らの見解を記載した場合、使用者は法第二十二条第一項の義務を果たしたものと解してよいか。

答　退職時の証明は、労働者が請求した事項についての事実を記載した証明書を遅滞なく交付してはじめて法第二十二条第一項の義務を履行したものと認められる。

また、労働者と使用者との間で退職の事由について見解の相違がある場合、使用者が自らの見解を証明書に記載し労働者の請求に対し遅滞なく交付すれば、基本的には法第二十二条第一項違反とはならないものであるが、それが虚偽であった場合（使用者がいったん労働者に示した事由と異なる場合等）には、前記と同様法第二十二条第一項の義務を果たしたことにはならないものと解する。（平一一・三・三一　基発一六九号）

【使用者の交付義務②】

問　雇用保険の離職票の交付をもって、使用者は法第二十二条第一項の義務を果たしたものと解してよいか。

答　退職時の証明書は、労働者が次の就職に役立たせる等その用途は労働者に委ねられているが、離職票は公共職業安定所に提出する書類であるため、退職時の証明書に代えることはできない。（平一一・三・三一　基発一六九号）

【使用者の交付義務③】

問　退職時の証明は、同一の事項について何度でも使用者は労働者の請求に応じる必要があると解してよいか。

答　退職時の証明を求める回数については制限はない。（平一一・三・三一　基発一六九号）

【退職時等の証明】

(1)　趣旨

解雇をめぐる紛争を未然に防止し、その迅速な解決を図ることを目的として、現行の退職時証明に加えて、解雇を予告された労働者は、当該解雇の予告がなされた日から当該退職の日までの間においても、使用者に対して当該解雇の理由を記載した証明書の交付を請求できることとし、当該請求があった場合には、使用者は、遅滞なく、当該解雇の理由を記載した証明書の交付をしなければならないこととしたものであること。

(2)　法第二十二条第一項との関係

ア　労働者が解雇予告の期間中に当該解雇の理由について証明書を請求した場合は、その日以後に労働者が当該解雇以外の事由で退職した場合を除いて、使用者は、当該解雇予告の期間が経過した場合であっても、法第二十二条第二項に基づく証明書の交付義務を負うものであること。

この場合、労働者は、当該解雇予告の期間が経過したからといって、改めて法第二十二条第一項に基づき解雇の理由についての証明書を請求する必要はないこと。

イ　法第二十二条第二項の規定は、解雇予告の期間中に解雇を予告された労働者から請求があった場合に、使用者は遅滞なく、当該解雇の理由を記載した証明書を交付しなければならないものであるから、解雇予告の義務がない即時解雇の場合には、適用されないものであること。

この場合、即時解雇の通知後に労働者が解雇の理由についての証明書を請求した場合には、使用者は、法第二十二条第一項に基づいて解雇の理由についての証明書の交付義務を負うものと解すべきものであること。

(3)　記載すべき内容

「解雇の理由」については、法第二十二条第一項に基づく請求における場合と同様に、具体的に示す必要があり、就業規則の一定の条項に該当する事実が存在することを理由として解雇した場合には、就業規則の当該条項の内容及び当該条項に該当するに至った事実関係を証明書に記入しなければならないものであること。（平一五・一〇・二二　基発一〇二二〇〇一号）

【退職証明の記載禁止事項】

問　法第二十二条第四項の「国籍、信条云々」は例示であるか。例示であるとすれば例示以外の事項についても㈠予め第三者と謀り㈡就業を妨げることを目的としておれば、通信は不可能となるが、例示でないとすれば通信が可能になると解せられるかである。

答　本条第四項の「国籍、信条云々」は制限列記事項であつて例示でない。（昭二二・一二・一五　基発五〇二号、平一五・一二・二六　基発一二二六〇〇二号）

【保険外務員の登録制】

問　生命保険会社の外務員に対する取締については、昭和二十三年七月「保険募集の取締に関する法律」（昭和二十三年法律第百七十一号）が施行されているが、同法の根幹をなすのは外務員に対する登録制であつて、不適格者は登録を拒否し、又一旦登録した後でも募集上著しく不適当な行為をした者は登録の取消等の処分を行つて、一定の適格条件を備えた者だけを登録して外務員の素質の向上を図ることが究極の目的である。

　この目的を達成するための同法の運用上、当局（大蔵省銀行局）〈現行・金融庁〉が登録を拒否した者、登録の取消を行つた者、その他生命保険会社、契約者等からの通報等によつて募集上著しく不適当な者と認められる者について当局がブラックリストを作成して各生命保険会社に配布することは、同法の立法趣旨である保険契約者の利益保護と保険事業の健全な発達を図るにあるのであつて、別段労働基準法第二十二条第四項の規定に反するものではないと思われるが如何。

答　照会のブラックリストの作成が次の条件に従つて行われる限り、法第二十二条第四項には抵触しない。

㈠　生命保険会社は、保険募集の取締に関する法律第五条各号の一に該当する者についてのみ報告し、労働者の国籍、信条、社会的身分又は労働組合運動に関する事項を報告しないこと。

㈡　貴省（大蔵省）においてブラックリストを作成する場合に、保険募集の取締に関する法律第五条各号の一に該当する者についてのみブラックリストに登載し、労働者の国籍、信条、社会的身分又は労働組合運動に関する理由によつて登載しないこと。

　なお、リストに登録を拒否する者の名のみを掲げることは弊害を生じ易いと思われるから、併せて登録を拒否すべき理由を明示するようにされたい。

（昭二四・九・二二　基収二七一六号、平一五・一二・二六　基発一二二六〇〇二号）

【就業妨害】　本条第四項は、所謂ブラックリストの回覧の如き予め計画的に就業を妨げることを禁止する趣旨であること。

（昭二二・九・一三　発基一七号、平一五・一二・二六　基発一二二六〇〇二号）

【請求権の時効】

問　退職時の証明については、法第百十五条により、請求権の時効は二年と解するが如何。

答　貴見のとおり。

（平一一・三・三一　基発一六九号）

【労働条件通知書等の普及促進について】

　労働基準法の一部を改正する法律（平成十年法律第百十二号）及び労働基準法の一部を改正する法律の施行に伴う関係省令の整備に関する省令（平成十年労働省令第四十五号）により、平成十一年四月一日から、労働契約締結の際に使用者が書面により労働者に明示しなければならない事項が賃金に関する事項のみならず労働時間等主要な労働条件に関する事項に拡充されることとなつた。また、退職時の証明書に記載する事項として退職の事由（退職の事由が解雇の場合にあつてはその理由を含む。）が追加された。

　このため、中小規模の事業場等においてもこれらの書面の交付が適切かつ確実に行われるよう、別添1から6までのようにモデル様式を定めたので、貴職におかれては、別途送付するリーフレット等を使用し、その普及促進に努められたい。

（別添1～5）（略）

（別添6）退職事由に係るモデル退職証明書

（平一一・一・二九　基発八一号、令五・三・二九　基発〇三二九第二号）

【解雇理由証明書のモデル様式の策定について】　労働基準法の一部を改正する法律（平成十五年法律第百四号）による改正後

（別添６）

退　職　証　明　書

＿＿＿＿＿＿＿＿＿＿＿＿＿＿殿

以下の事由により、あなたは当社を　　　年　　月　　日に退職したことを証明します。

年　　月　　日

事業主氏名又は名称
使　用　者　職　氏　名

① あなたの自己都合による退職　（②を除く。）
② 当社の勧奨による退職
③ 定年による退職
④ 契約期間の満了による退職
⑤ 移籍出向による退職
⑥ その他（具体的には　　　　　　　　　　）による退職
⑦ 解雇（別紙の理由による。）

※　該当する番号に○を付けること。
※　解雇された労働者が解雇の理由を請求しない場合には、⑦の「（別紙の理由による。）」を二重線で消し、別紙は交付しないこと。

別紙

ア　天災その他やむを得ない理由（具体的には、

によって当社の事業の継続が不可能になったこと。）による解雇

イ　事業縮小等当社の都合（具体的には、当社が、

となったこと。）による解雇

ウ　職務命令に対する重大な違反行為（具体的には、あなたが

したこと。）による解雇

エ　業務について不正な行為（具体的には、あなたが

したこと。）による解雇

オ　相当長期間にわたる無断欠勤をしたこと等勤務不良であること（具体的には、あなたが

したこと。）による解雇

カ　その他　（具体的には、

）による解雇

※　該当するものに○を付け、具体的な理由等を（　）の中に記入すること。

解雇理由証明書

______________________殿

当社が、＿＿＿年＿＿＿月＿＿＿日付けであなたに予告した解雇については、
以下の理由によるものであることを証明します。

年　　月　　日

事業主氏名又は名称
使 用 者 職 氏 名

［解雇理由］※1、2

1　天災その他やむを得ない理由（具体的には、
によって当社の事業の継続が不可能となったこと。）による解雇

2　事業縮小等当社の都合（具体的には、当社が、
となったこと。）による解雇

3　職務命令に対する重大な違反行為（具体的には、あなたが
したこと。）による解雇

4　業務について不正な行為（具体的には、あなたが
したこと。）による解雇

5　勤務態度又は勤務成績が不良であること（具体的には、あなたが
したこと。）による解雇

6　その他（具体的には、
）による解雇

※1　該当するものに○を付け、具体的な理由等を（　）の中に記入すること。
※2　就業規則の作成を義務付けられている事業場においては、上記解雇理由の記載例にかかわらず、当該就業規則に記載された解雇の事由のうち、該当するものを記載すること。

の労働基準法（昭和二十二年法律第四十九号）第二十二条第二項の規定により、平成十六年一月一日から、労働者が、解雇の予告がされた日から退職の日までの間において、当該解雇の理由について証明書の交付を請求した場合においては、使用者は、遅滞なくこれを交付しなければならないこととされたところであるが、この文書の交付が適切に行われるよう、今般、解雇理由を記載した証明書のモデル様式を別添の「解雇理由証明書」として定めたので、その周知に努められたい。

（平一五・一〇・二二　基発一〇二二〇〇一号）

（金品の返還）

第二十三条　使用者は、労働者の死亡又は退職の場合において、権利者の請求があつた場合においては、七日以内に賃金を支払い、積立金、保証金、貯蓄金その他名称の如何を問わず、労働者の権利に属する金品を返還しなければならない。

②　前項の賃金又は金品に関して争がある場合においては、使用者は、異議のない部分を、同項の期間中に支払い、又は返還しなければならない。

▼参照条文　〔賃金―一一〕、〔期間計算―民一四〇〕、〔罰則―一二〇〕

解釈例規

❶権利者

【権利者の範囲】　本条第一項の「権利者」とは、一般権利者を含まないこと。

（昭二二・九・一三　発基一七号）

❷労働者の権利に属する金品

【死亡労働者の退職金】

問　従業員が死亡したときにその退職金の支払について同順位の遺産相続人が数人いる場合の法第二十三条の解釈並びに遺産相続人の順位について民法によらず遺族補償の順位による場合について次の如き疑義がある。

㈠　従業員死亡による退職金を支払う場合同順位の相続人が数人いる場合、会社はこれを各人に分割支払いの義務があるか。あるいはその中の一人に支払つた場合法第二十三条との関係如何。

㈡　死亡した従業員の退職金を支払う順位を労働協約、就業規則等において民法の遺産相続人の順位によらず、施行規則第四十二条、第四十三条の順位による旨定めることは違法であるか。

答　労働者が死亡したときの退職金の支払について別段の定めがない場合には民法の一般原則による遺産相続人に支払う趣旨と解されるが、労働協約、就業規則等において民法の遺産相続の順位によらず、施行規則第四十二条、第四十三条の順位による旨定めても違法ではない。従つてこの順位によつて支払つた場合はその支払は有効である。

同順位の相続人が数人いる場合について

もその支払について別段の定めがあればこの定めにより、別段の定めがない時は共同分割による趣旨と解される。

（昭二五・七・七　基収一七八六号）

【退職手当の支払時期】　退職手当は、通常の賃金の場合と異なり、予め就業規則等で定められた支払時期に支払えば足りるものである。

（昭二六・一二・二七　基収五四八三号、昭六三・三・一四　基発一五〇号）

【労働者の所有に属するふとん等】

問　今般、当局管内に下記の如き事件が発生し、当局としては、本件のふとん、衣類等は、労働基準法（以下「法」という。）第二十三条第一項の「労働者の権利に属する金品」に該当し、したがつて、本件は、法第二十三条第一項違反を構成するものと考えます。

しかしながら、一部には、法第二十三条第一項の「労働者の権利に属する金品」たるための要件としては、⑴その金品が労働関係の存続過程中に労働者の権利に属するに至つたものでなければならないこと、⑵使用者のその金品についての占有が、労働関係の存続中から行われているものでなければならないこと等が必要であるとする見解に基づき、本件ふとん、衣類等はこの要件をみたしていないので、法第二十三条第一項の「労働者の権利に属する金品」に該当しないとする解釈もあり、疑義を生じておりますので、何分の御教示を願います。

（事案の概要）

一　F子（満十八才。以下「労働者」という。）は、昭和三十八年四月より○○市○○○○三丁目、○○○○理美容院（経営者○○○○○）に住込見習労働者として雇用期間を定めることなく採用された。この際、ふとん、衣類等は使用者より支給されず、すべて労働者が自ら持参し、又は購入した。

二　労働者は、昭和三十九年九月、健康を害したので退職を申し出たところ、使用者は、退職するのであれば現在までの食事代、部屋代を合わせて一月七、○○○円の割で計算した金額を支払うべきことを要求し、その支払が完了するまでは、ふとん、衣類等は返還することはできないとして、労働者の請求があつたにもかかわらず、労働者の所有に属するふとん、衣類を返還しなかつたものである。

答　照会のあつた件について、左記のとおり回答する。

記

本件のふとん、衣類等は、労働基準法第二十三条第一項の「労働者の権利に属する金品」に該当するものと解する。

なお、本件については、すでに別紙㈠のとおり、法務省刑事局長に対し、意見を求めていたところ、今般、別紙㈡のとおり回答があつたものであるので、念のため、申し添える。

別紙（一）

三九基収八八一八号

昭和四十年十月十六日

労働省労働基準局長

法務省刑事局長　殿

労働基準法第二十三条に関する疑義について

標記の件につき、当局管下の北海道労働基準局長より別紙のとおり照会があり当局としては北海道労働基準局の結論を妥当と考えますが、事実の経緯にかんがみ、貴局の御意見をお伺いします。

別紙（略）

別紙（二）

法務省刑事（公）第九二三号

昭和四十年十二月二十四日

法務省刑事局長

労働省労働基準局長　殿

労働基準法第二十三条に関する疑義について

昭和四十年十月十六日　三九基収八八一八号をもつて照会のあつた標記の件について、左記のとおり回答する。

記

本件の布団、衣類等は、労働基準法第二十三条第一項にいう「その他……労働者の権利に属する金品」に該当するものと解する。（昭四一・二・二　三九基収八八一八号）

第三章　賃金

（賃金の支払）

第二十四条　賃金は、通貨で、直接労働者に、その全額を支払わなければならない。ただし、法令若しくは労働協約に別段の定めがある場合又は厚生労働省令で定める賃金について確実な支払の方法で厚生労働省令で定めるものによる場合においては、通貨以外のもので支払い、また、法令に別段の定めがある場合又は当該事業場の労働者の過半数で組織する労働組合があるときはその労働組合、労働者の過半数で組織する労働組合がないときは労働者の過半数を代表する者との書面による協定がある場合においては、賃金の一部を控除して支払うことができる。

② 賃金は、毎月一回以上、一定の期日を定めて支払わなければならない。ただし、臨時に支払われる賃金、賞与その他これに準ずるもので厚生労働省令で定める賃金（第八十九条において「臨時の賃金等」という。）については、この限りでない。

（過半数代表者）

則第六条の二　法第十八条第二項、法第二十四条第一項ただし書、法第三十二条の二第一項、法第三十二条の三第一項、法第三十二条の四第一項及び第二項、法第三十二条の五第一項、法第三十四条第二項ただし書、法第三十六条第一項、第八項及び第九項、法第三十七条第三項、法第三十八条の二第二項、法第三十八条の三第一項、法第三十八条の四第二項第一号（法第四十一条の二第三項において準用する場合を含む。）、法第三十九条第四項、第六項及び第九項ただし書並びに法第九十条第一項に規定する労働者の過半数を代表する者（以下この条において「過半数代表者」という。）は、次の各号のいずれにも該当する者とする。

一　法第四十一条第二号に規定する監督又は管理の地位にある者でないこと。

二　法に規定する協定等をする者を選出することを明らかにして実施される投票、挙手等の方法による手続により選出された者であつて、使用者の意向に基づき選出されたものでないこと。

② 前項第一号に該当する者がいない事業場にあつては、法第十八条第二項、法第二十四条第一項ただし書、法第三十九条第四項、第六項及び第九項ただし書並びに法第九十条第一項に規定する労働者の過半数を代表する者は、前項第二号に該当する者とする。

③ 使用者は、労働者が過半数代表者であること若しくは過半数代表者になろうとしたこと又は過半数代表者として正当な行為をしたことを理由として不利益な取扱いをしないようにしなければならない。

④ 使用者は、過半数代表者が法に規定する協定等に関する事務を円滑に遂行することができるよう必要な配慮を行わなければならない。

（賃金の支払方法）

則第七条の二　使用者は、労働者の同意を得た場合には、賃金の支払について次の方法によることができる。ただし、第三号に掲げる方法による場合には、当該労働者が第一号又は第二号に掲げる方法による賃金の支払を選択することができるようにするとともに、当該労働者に対し、第三号イからヘまでに掲げる要件に関する事項について説明した上で、当該労働者の同意を得なければならない。

一　当該労働者が指定する銀行その他の金融機関に対する当該労働者の預金又は貯金への振込み

二　当該労働者が指定する金融商品取引業者（金融商品取引法（昭和二十三年法律第二十五号。以下「金商法」という。）第二条第九項に規定する金融商品取引業者（金商法第二十八条第一項に規定する第一種金融商品取引業を行う者に限り、金商法第二十九条の四の二第九項に規定する第一種少額電子募集取扱業者を除く。）をいう。以下この号において同じ。）に対する当該労働者の預り金（次の要件を満たすものに限る。）への払込み

イ　当該預り金により投資信託及び投資法人に関する法律（昭和二十六年法律第百九十八号）第二条第四項の証券投資信託（以下この号において「証券投資信託」という。）の受益証券以外のものを購入しないこと。

ロ　当該預り金により購入する受益証券に係る投資信託及び投資法人に関する法律第四条第一項の投資信託約款に次の事項が記載されていること。

(1)　信託財産の運用の対象は、次に掲げる有価証券（(2)において「有価証券」という。）、預金、手形、指定金銭信託及びコールローンに限られること。

(i)　金商法第二条第一項第一号に掲げる有価証券

(ii)　金商法第二条第一項第二号に掲げる有価証券

(iii)　金商法第二条第一項第三号に掲げる有価証券

(iv)　金商法第二条第一項第四号に掲げる有価証券（資産流動化計画に新優先出資の引受権のみを譲渡することができる旨の定めがない場合における新優先出資引受権付特定社債券を除く。）

(v)　金商法第二条第一項第五号に掲げる有価証券（新株予約権付社債券を除く。）

(vi)　金商法第二条第一項第十四号に規定する有価証券（銀行、協同組織金融機関の優先出資に関する法律（平成五年法律第四十四号）第二条第一項に規定する協同組織金融機関及び金融商品取引法施行令（昭和四十年政令第三百二十一号）第一条の九各号に掲げる金融機関又は信託会社の貸付債権を信託する信託（当該信託に係る契約の際における受益者が委託者であるものに限る。）又は指定金銭信託に係るものに限る。）

(vii)　金商法第二条第一項第十五号に掲げる有価証券

(viii)　金商法第二条第一項第十七号に掲げる有価証券（(i)から(vii)までに掲げる証券又は証書の性質を有するものに限る。）

(ix)　金商法第二条第一項第十八号に掲げる有価証券

(x)　金商法第二条第一項第二十一号に掲げる有価証券

(xi)　金商法第二条第二項の規定により有価証券とみなされる権利（(i)から(ix)までに掲げる有価証券に表示されるべき権利に限る。）

(xii)　銀行、協同組織金融機関の優先出資に関する法律第二条第一項に規定する協同組織金融機関及び金融商品取引法施行令第一条の九各号に掲げる金融機関又は信託会社の貸付債権を信託する信託（当該信託に係る契約の際における受益者が委託者であ

るものに限る。）の受益権

⒀　外国の者に対する権利で⑿に掲げるものの性質を有するもの

(2)　信託財産の運用の対象となる有価証券、預金、手形、指定金銭信託及びコールローン（(3)及び(4)において「有価証券等」という。）は、償還又は満期までの期間（(3)において「残存期間」という。）が一年を超えないものであること。

(3)　信託財産に組み入れる有価証券等の平均残存期間（一の有価証券等の残存期間に当該有価証券等の組入れ額を乗じて得た合計額を、当該有価証券等の組入れ額の合計額で除した期間をいう。）が九十日を超えないこと。

(4)　信託財産の総額のうちに一の法人その他の団体（(5)において「法人等」という。）が発行し、又は取り扱う有価証券等（国債証券、政府保証債（その元本の償還及び利息の支払について政府が保証する債券をいう。）及び返済までの期間（貸付けを行う当該証券投資信託の受託者である会社が休業している日を除く。）が五日以内のコールローン（(5)において「特定コールローン」という。）を除く。）の当該信託財産の総額の計算の基礎となつた価額の占める割合が、百分の五以下であること。

(5)　信託財産の総額のうちに一の法人等が取り扱う特定コールローンの当該信託財産の総額の計算の基礎となつた価額の占める割合が、百分の二十五以下であること。

ハ　当該預り金に係る投資約款（労働者と金融商品取引業者の間の預り金の取扱い及び受益証券の購入等に関する約款をいう。）に次の事項が記載されていること。

(1)　当該預り金への払込みが一円単位でできること。

(2)　預り金及び証券投資信託の受益権に相当する金額の払戻しが、その申出があつた日に、一円単位でできること。

三　資金決済に関する法律（平成二十一年法律第五十九号。以下「資金決済法」という。）第三十六条の二第二項に規定する第二種資金移動業（以下単に「第二種資金移動業」という。）を営む資金決済法第二条第三項に規定する資金移動業者であつて、次に掲げる要件を満たすものとして厚生労働大臣の指定を受けた者（以下「指定資金移動業者」という。）のうち当該労働者が指定するものの第二種資金移動業に係る口座への資金移動

イ　賃金の支払に係る資金移動を行う口座（以下単に「口座」という。）について、労働者に対して負担する為替取引に関する債務の額が百万円を超えることがないようにするための措置又は当該額が百万円を超えた場合に当該額を速やかに百万円以下とするための措置を講じていること。

ロ　破産手続開始の申立てを行つたときその他為替取引に関し負担する債務の履行が困難となつたときに、口座について、労働者に対して負担する為替取引に関する債務の全額を速やかに当該労働者に弁済することを保証する仕組みを有していること。

ハ　口座について、労働者の意に反する不正な為替取引その他の当該労働者の責めに帰することができない理由で当該労働者に対して負担する為替取引に関する債務を履行することが困難となつたことにより当該債務について当該労働者に損失が生じたときに、当該損失を補償する仕組みを有していること。

ニ　口座について、特段の事情がない限り、当該口座に係る資金移動が最後にあつた日から少なくとも十年間

は、労働者に対して負担する為替取引に関する債務を履行することができるための措置を講じていること。

ホ　口座への資金移動が一円単位でできるための措置を講じていること。

ヘ　口座への資金移動に係る額の受取について、現金自動支払機を利用する方法その他の通貨による受取ができる方法により一円単位で当該受取ができるための措置及び少なくとも毎月一回は当該方法に係る手数料その他の費用を負担することなく当該受取ができるための措置を講じていること。

ト　賃金の支払に関する業務の実施状況及び財務状況を適時に厚生労働大臣に報告できる体制を有すること。

チ　イからトまでに掲げるもののほか、賃金の支払に関する業務を適正かつ確実に行うことができる技術的能力を有し、かつ、十分な社会的信用を有すること。

② 使用者は、労働者の同意を得た場合には、退職手当の支払について前項に規定する方法によるほか、次の方法によることができる。

一　銀行その他の金融機関によつて振り出された当該銀行その他の金融機関を支払人とする小切手を当該労働者に交付すること。

二　銀行その他の金融機関が支払保証をした小切手を当該労働者に交付すること。

三　郵政民営化法（平成十七年法律第九十七号）第九十四条に規定する郵便貯金銀行がその行う為替取引に関し負担する債務に係る権利を表章する証書を当該労働者に交付すること。

③ 地方公務員に関して法第二十四条第一項の規定が適用される場合における前項の規定の適用については、同項第一号中「小切手」とあるのは、「小切手又は地方公共団体によつて振り出された小切手」とする。

則第七条の三　前条第一項第三号の厚生労働大臣の指定（第七条の六から第七条の八までにおいて単に「指定」という。）を受けようとする者は、申請書に、第二種資金移動業を営むこと及び同号イからチまでに掲げる要件を満たすことを証する書類を添えて、厚生労働大臣に提出しなければならない。

則第七条の四　指定資金移動業者は、第七条の二第一項第三号イからチまでに掲げる要件に係る事項のいずれかを変更するときは、あらかじめ、その旨を厚生労働大臣に届け出なければならない。

② 指定資金移動業者は、資金決済法第四十一条第一項の規定による変更登録又は同条第三項若しくは第四項の規定による変更の届出を行つたときは、遅滞なく、その旨を厚生労働大臣に届け出なければならない。

則第七条の五　厚生労働大臣は、賃金の支払に関する業務の適正かつ確実な実施を確保するために必要があると認めるときは、指定資金移動業者に対し、賃金の支払に関する業務の実施状況及び財務状況に関し報告を求め、又は必要な措置を求めることができる。

則第七条の六　厚生労働大臣は、指定資金移動業者が次のいずれかに該当するときは、指定を取り消すことができる。

一　資金決済法第五十五条又は第五十六条第一項若しくは第二項の規定による処分が行われたとき。

二　前号のほか、第七条の二第一項第三号イからチまでに掲げる要件を満たさなくなつたとき。

三　不正の手段により指定を受けたとき。

② 厚生労働大臣は、前項の規定により指定の取消しをしたときは、その旨を公告しなければならない。

則第七条の七　指定資金移動業者は、次のいずれかに該当するときは、遅滞なく、その旨を厚生労働大臣に届け出なければならない。

一　指定を辞退しようとするとき。

二　資金決済法第六十一条第一項の規定による届出をしたとき。

② 指定資金移動業者が指定を辞退したときは、当該指定は、その効力を失う。

③ 指定資金移動業者が指定を辞退しようとするときは、その日の三十日前までに、その旨を公告するとともに、全ての営業所の公衆の目につきやすい場所に掲示しなければならない。

④ 指定資金移動業者は、前項の規定による公告をしたときは、直ちに、その旨を厚生労働大臣に届け出なければならない。

則第七条の八　指定資金移動業者について、第七条の六第一項の規定により指定が取り消された場合において、使用者の賃金の支払の義務の履行を確保するため必要があると厚生労働大臣が認めるときは、指定資金移動業者であつた者については、なお指定資金移動業者とみなして、第七条の二第一項及び第七条の五の規定を適用する。

（臨時に支払う賃金、賞与に準ずるもの）

則第八条　法第二十四条第二項但書の規定による臨時に支払われる賃金、賞与に準ずるものは次に掲げるものとする。

一　一箇月を超える期間の出勤成績によつて支給される精勤手当

二　一箇月を超える一定期間の継続勤務に対して支給される勤続手当

三　一箇月を超える期間にわたる事由によつて算定される奨励加給又は能率手当

▼**参照条文**　〔賃金―一一〕、〔通貨―民四〇二、通貨三、日銀四六〕、〔未成年者の賃金―五九〕、〔労働協約―労組一四～一八〕、〔過半数代表者―則六の二〕、〔支払方法―則七の二〕、〔控除―所税一八三、徴収三一、厚年保八四、健保一六七、船員五三〕、〔臨時の賃金に準ずるもの―則八、船員則四〇〕、〔退職労働者の賃金に係る遅延利息―賃確六、賃確令一、賃確則六〕、〔工賃の支払―家労六〕、〔罰則―一二〇〕

解釈例規

❶通貨払

【賃金の預金又は貯金への振込みによる支払】

規則第七条の二第一項における「同意」については、労働者の意思に基づくものである限り、その形式は問わないものであり、「指定」とは、労働者が賃金の振込み対象として銀行その他の金融機関に対する当該労働者本人名義の預貯金口座を指定するとの意味であつて、この指定が行われれば同項の同意が特段の事情のない限り得られているものであること。

また、「振込み」とは、振り込まれた賃金の全額が所定の賃金支払日に払い出し得るように行われることを要するものであること。

（昭六三・一・一　基発一号）

【賃金の口座振込み等について】

今般、労働基準法施行規則の一部を改正する省令（令和四年厚生労働省令第一五八号）により、使用者が労働者に賃金を支払う場合において、従来から認められていた銀行その他の金融機関の預金又は貯金の口座（以下「預貯金口座」という。）への賃金の振込み及び証券会社の一定の要件を満たす預り金に該当する証券総合口座（以下「証券総合口座」という。）への賃金の払込みに加え、厚生労働大臣が指定する資金移動業者（以下「指定資金移動業者」という。）の口座（以下「指定資金移動業者口座」という。）への賃金の資金移動による支払が認められることとなった。

これに伴い、預貯金口座への賃金の振込み、証券総合口座への賃金の払込み又は資金移動業者口座への賃金の資金移動（以下「口座振込み等」という。）を実施する使用者に対しては、今後、下記により指導することとされたい。

なお、平成一〇年九月一〇日付け基発第

五三〇号は、本通達の施行をもって廃止する。

記

1　口座振込み等は、書面又は電磁的記録（以下「書面等」という。）による個々の労働者の同意により開始し、その書面等には次の(1)から(3)までに掲げる事項を記載すること。

ただし、資金移動業者口座への賃金の資金移動を行う場合には、労働者が指定する指定資金移動業者に応じて、その書面等に次の(4)に掲げる事項も記載すること。また、別紙〈略〉の同意書の様式例を用いる等により、使用者から預貯金口座又は証券総合口座への賃金支払も併せて選択肢として提示すること及び使用者又は使用者から委託された資金移動業者が必要な事項の説明を行うこと。

なお、(2)における、指定資金移動業者の口座を特定するために必要な情報は、指定資金移動業者ごとに異なりうるため、厚生労働省が公表する指定資金移動業者一覧にて確認すること。また、(4)については、賃金支払に当たって指定資金移動業者口座の受入上限額を超えた際に超過相当額の金銭を労働者が受け取る場合、指定資金移動業者の破綻時に当該指定資金移動業者と保証委託契約等を結んだ保証機関（金融機関、保証会社その他保証を行う主体をいう。以下同じ）から弁済を受ける場合等に利用が想定される代替となる口座であり、仮に指定資金移動業者が直接把握する場合においても、使用者も把握するために記載すること。

(1)　口座振込み等を希望する賃金の範囲及びその金額

(2)　労働者が指定する金融機関店舗名並びに預金又は貯金の種類及び口座番号、労働者が指定する証券会社店舗名及び証券総合口座の口座番号、又は労働者が指定する指定資金移動業者名、資金移動サービスの名称、指定資金移動業者口座の口座番号（アカウントID）及び名義人（その他、指定資金移動業者口座を特定するために必要な情報があればその事項（例：労働者の電話番号等））

(3)　開始希望時期

(4)　代替口座として指定する金融機関店舗名、預金若しくは貯金の種類及び口座番号又は代替口座として指定する証券会社店舗名及び証券総合口座の口座番号

2　口座振込み等を行う事業場に労働者の過半数で組織する労働組合がある場合においてはその労働組合と、労働者の過半数で組織する労働組合がない場合においては労働者の過半数を代表する者と、次に掲げる事項を記載した書面又は電磁的記録による協定を締結すること。なお、協定の締結においては、労使で合意した上で労使双方の合意がなされたことが明らかな方法（記名押印又は署名など）により協定を締結すること。例えば、電磁的記録により協定を行う場合は、その真正性を担保するため、署名等に代えて、電子署名及び認証業務に関する法律（平成一二年法律第一〇二号）第二条第一項による「電子署名」を行うことが望ましいこと。

(1)　口座振込み等の対象となる労働者の範囲

(2)　口座振込み等の対象となる賃金の範囲及びその金額

(3)　取扱金融機関、取扱証券会社及び取扱指定資金移動業者の範囲

(4)　口座振込み等の実施開始時期

3　使用者は、口座振込み等の対象となっている個々の労働者に対し、所定の賃金支払日に、次に掲げる金額等を記載した賃金の支払に関する計算書を交付すること。

(1)　基本給、手当その他賃金の種類ごとにその金額

(2)　源泉徴収税額、労働者が負担すべき社会保険料額等賃金から控除した金額がある場合には、事項ごとにその金額

(3) 口座振込み等を行った金額

4 口座振込み等がされた賃金は、所定の賃金支払日の午前一〇時頃までに払出し又は払戻しが可能となっていること。ただし、指定資金移動業者口座への資金移動による場合には、所定の賃金支払日の午前一〇時頃までに為替取引としての利用（労働者の預貯金口座への出金指図、店舗等における代金支払への充当、第三者への送金指図等）が行い得る状態となっていること及び所定の賃金支払日のうちに賃金の全額が払い出し得る状態となっていることを要すること。

5 取扱金融機関、取扱証券会社及び取扱指定資金移動業者は、金融機関、証券会社又は指定資金移動業者の所在状況等からして一行、一社に限定せず複数とする等労働者の便宜に十分配慮して定めること。ただし、指定資金移動業者口座への賃金の資金移動を行おうとする場合には、預貯金口座への賃金の振込み又は証券総合口座への賃金の払込みを選択できるようにすること。

6 使用者は、証券総合口座への賃金払込みを行おうとする場合には、当該証券総合口座への賃金払込みを求める労働者、又は証券総合口座を取り扱う証券会社から信託約款及び投資約款の写しを得て、当該証券会社の口座が「ＭＲＦ」（「マネー・リザーブ・ファンド」）により運用される証券総合口座であることを確認の上、払込みを行うものとすること。また、使用者が労働者等から得た当該信託約款及び投資約款の写しについては、当該払込みの継続する期間中保管すること。

7 使用者は、指定資金移動業者口座への賃金の資金移動を行おうとする場合には、労働者が指定する口座が賃金支払口座として認められている口座であることを厚生労働省が公表する指定資金移動業者一覧を確認の上、資金移動を行うものとすること。また、労働者が預貯金口座への賃金の振込み又は証券総合口座への賃金の払込みを選択することができるようにするとともに、当該労働者に対し、別紙〈略〉の同意書の様式例を用いる等により、次に掲げる必要な事項を説明した上で、労働者の同意を得ること。

・ 資金移動業者は、預金若しくは貯金又は定期積金等（銀行法（昭和五六年法律第五九号）第二条第四項に規定する定期積金等をいう。）を受け入れていないこと。併せて、資金決済に関する法律（平成二一年法律第五九号。以下「資金決済法」という。）等における滞留規制を踏まえ、指定資金移動業者口座への資金移動を希望する賃金の範囲及びその金額（希望額等）は、各労働者において、その利用実績や利用見込みを踏まえ、為替取引に用いられる範囲内に設定する必要があること。また、希望額等の設定に当たっては、指定資金移動業者が設定している口座残高上限額（一〇〇万円以下）及び指定資金移動業者が一日当たりの払出上限額を設定している場合には当該額以下に設定する必要があること。

・ 指定資金移動業者の破綻時には、指定資金移動業者と保証委託契約等を結んだ保証機関により、労働者と保証機関の保証契約等に基づき、労働者に口座残高の弁済が行われること。

・ 労働者の意思に反して権限を有しない者の指図が行われる等により指定資金移動業者口座の資金が不正に出金等された際に、労働者に過失がない場合には損失額全額が補償されること。また、労働者に過失がある場合には個別対応を妨げるものではないが、損失を一律に補償しないといった取扱いとはされないこと。なお、労働者の親族等による払戻の場合、労働者が資金移動業者に対して虚偽の説明を行った場合等においては、この限りではないこと。損失発生日から一定の期間内に労働者から指定資金移動業者に通知することを要件としている場合には、当該期間は少なくとも損失発生日から三〇日以上は確保されていること。

・払出（現金化）の手段については、各指定資金移動業者により異なるものの、現金自動支払機（ＣＤ）又は現金自動預払機（ＡＴＭ）の利用や預貯金口座への出金等の通貨による受取が可能となる手段を通じて、少なくとも毎月一回は労働者に手数料負担が生じることなく資金移動業者の口座から払出ができること。

・口座残高については、口座に係る資金移動が最後にあった日から少なくとも一〇年間は債務が履行できるようにされていること。

なお、労働者への説明については、使用者から指定資金移動業者に委託することも認められるものの、労働者の同意については、使用者が得る必要があること。

8 指定資金移動業者が①指定を取り消された場合、②指定を辞退しようとする場合、③資金決済法第六一条第一項の規定による廃止又は破産手続開始の申立等の届出を行った場合に、当該指定資金移動業者口座に賃金支払を行っていた使用者は、当該賃金支払に係る労働者に速やかに賃金支払の別の方法を確認の上、使用者が既に当該指定資金移動業者口座への送金指図を行っている等の特段の事情がない限り、以降の賃金支払を労働者が指定する別の方法によって行う必要があること。（令和四・一一・二八　基発一一二八第四号）

【労働基準法施行規則の一部を改正する省令の施行について】　労働基準法施行規則の一部を改正する省令（平成十年労働省令第三十三号）が本日公布され、即日施行されたところであるが、その改正の趣旨、内容等については、下記のとおりであるので、了知の上、その施行に遺漏なきを期されたい。

記

1 改正の趣旨

(1) 従来より、労働基準法施行規則（昭和二十二年厚生省令第二十三号。以下「規則」という。）第七条の二第一項においては、賃金の支払いの方法として、銀行その他の金融機関の預金又は貯金への振込みが認められてきたところである。

(2) このような中で、近年の金融の分野における規制緩和等により多様な商品やサービスを選択することが可能となり、平成九年十月からは、証券総合口座（別添2参照）が、証券会社の商品の一つとして取扱いが開始された。この証券総合口座は、顧客の資産を安全性が高い証券投資信託に限定して運用し、運用益を顧客に還元しつつ、随時の預り金等の払戻しを可能とするとともに、公共料金の支払等の利便性をも備え、また、賃金支払日において払込まれた賃金全額を通貨により労働者が使用し得る状態とすることができる銀行その他の金融機関の総合口座と同様の機能を持つ商品である。

(3) このため(1)に加え、証券総合口座は、安全性も高く換金性を有するものであることから、労働者の便宜を図るため、賃金の支払い方法として、証券総合口座を取り扱う証券会社の預り金への払込みを可能とする旨の改正を行ったものである。

2 改正の内容

(1) 規則第七条の二第一項本文

金融商品取引業者の預り金への賃金払込みについては、銀行その他の金融機関の預金又は貯金への賃金振込みと同様に、労働者の同意及び賃金を払い込む金融商品取引業者の指定が必要であること。

「同意」とは、労働者の意思に基づくものである限り、その形式を問わないものであり、「指定」とは、労働者が賃金の振込み、又は、払込み対象として、銀行その他の金融機関に対する当該労働者本人名義の預貯金口座、又は、金融商品取引業者に対する当該労働者本人名義の預り金を指定するとの意味であって、この指定が行われれば、特段の事情がない限り、同意が得られているものであること。

(2) 規則第七条の二第一項第一号本文

銀行その他の金融機関の預金又は貯金への賃金振込みについては、従前どおりであること。

(3) 規則第七条の二第一項第二号本文

賃金の「払込み」については、払い込まれた賃金の全額が所定の賃金支払日に払い戻し得るように行われることを要するものであること。

なお、賃金の「払込み」の解釈については、昭和六十三年一月一日付け基発第一号「改正労働基準法の施行について」記の6の(1)のイの預貯金に係る「振込み」と同義であること。

「預り金」とは、証券投資信託の受益証券の購入を目的とする受益証券の購入までの間、金融商品取引業者に預けられている金銭を指すものであること。

なお、「預り金」の要件については、金融商品取引業者の取り扱う商品を定めているものではない。また、規則で要件として定められている事項以外の事項が投資信託約款に記載されている証券投資信託であっても、最低限規則で定める要件が充足されている投資信託約款による証券投資信託に限定して運用される預り金への賃金支払いは、労働基準法第二十四条に違反しないものであること。

おって、現状においては、規則第七条の二第一項第二号の要件を満たす預り金は、「ＭＲＦ」（「マネー・リザーブ・ファンド」）と呼ばれる証券投資信託によって運用される上記の証券総合口座に係る預り金のみであることに留意する必要がある。

(4) 規則第七条の二第一項第二号イ

証券総合口座の資産の運用方法は、投資信託及び投資法人に関する法律（昭和二十六年法律第百九十八号。以下「投信法」という。）第二条第四項の証券投資信託に限られているところであり、労働者の賃金が、金融商品取引業者の預り金に払い込まれた後は、必ず、規則で定める要件を満たす証券投資信託の受益証券の購入に充てなければならないことを定めたものであること。

「証券投資信託」とは、信託財産を委託者の指図に基づいて特定の有価証券等に対する投資として運用することを目的とする信託であって、その受益権を分割して不特定多数の者に取得させることを目的とするものであること。

「受益証券」とは、投信法第二条第七項の受益証券をいうものであること。

(5) 規則第七条の二第一項第二号ロ本文

証券投資信託は、投資信託約款に従って運用されるものであり、その安全確実な運用が行われるようにするための主要な事項として、投資信託約款に記載されるべき事項を規則において規定し、当該規定に該当する投資信託約款によって資産が運用される証券投資信託についてのみ、金融商品取引業者の預り金への賃金の払込みを認めることとしたものであること。

なお、証券総合口座へ賃金が払い込まれる労働者は、投信法第六条第三項にいう受益者に該当する。また、金融商品取引法（昭和二十三年法律第二十五号）第十五条第二項及び投信法第五条第一項により、委託会社（投資信託約款における一方の当事者で、信託財産の運用を行う者を指す。）は目論見書及び原則として当該投資信託約款の内容を記載した書面を受益者になろうとする者に交付する措置をとることを義務づけられていること。

「投資信託約款」とは、証券投資信託の運用方法等についての委託会社と受託会社（実際に信託財産を管理している者）間で締結する契約をいうものであること。

(6)　規則第七条の二第一項第二号ロ(1)

株券等価格変動が大きい有価証券による信託財産の運用によつた場合、安全性を損なうおそれがあることから、運用対象を安全性が高いものに制限したものであること。

「信託財産」とは、証券投資信託で運用するために、受託会社が管理している財産等として有する有価証券等の総体をいうものであること。

「資産流動化計画」とは、資産の流動化に関する法律（平成十年法律第百五号）第二条第四項に規定する特定目的会社による資産の流動化に関する基本的な事項を定めた計画であること。

「新優先出資引受権付特定社債券」とは、資産の流動化に関する法律第百三十九条第二項等に規定する新優先出資引受権付特定社債券であること。

「新株予約権付社債券」とは、会社法（平成十七年法律第八十六号）第二百九十二条第一項等に規定する新株予約権付社債券であること。

「指定金銭信託」とは、金銭の運用について、委託会社が受託会社に対して、運用の方針を指示し、具体的な運用については、受託会社にほぼ一任される取引であり、信託期間別に一定の配当率を定めて利益を分配する信託契約であること。

「コールローン」とは、金融機関や証券会社相互間で行われる短期の金銭貸借取引であつて、資金の貸し手側からみた取引であること。

(7)　規則第七条の二第一項第二号ロ(2)及び(3)

通常、有価証券等（有価証券、預金、手形、指定金銭信託及びコールローン。以下同じ。）は、償還又は満期までの期間（以下「残存期間」という。）が短いほど安全性が高まるものであることから、信託財産の運用の対象となる一の有価証券等の残存期間が一年を超えず、かつ、すべての有価証券等の平均残存期間が九十日を超えないこととしたものであること。

(8)　規則第七条の二第一項第二号ロ(4)及び(5)

信託財産の投資対象である有価証券等が、一の法人等が発行し又は取り扱うもののみとなると、当該一の法人等の倒産等により信託財産の価値が減少し、安全性を損なうおそれがあることから、有価証券等の投資対象をできるだけ分散させることとしたものであること。

各種有価証券等の種別ごとに、その安全性に応じて、一の法人等が発行し又は取り扱う有価証券等の信託財産の総額に占める割合の上限は次のとおりであること。

①　有価証券等（国債証券、政府保証債及び返済までの期間が五日以内のコールローン（②において「特定コールローン」という。）を除く。）については、五パーセント

②　特定コールローンについては、二十五パーセント

(9)　規則第七条の二第一項第二号ハ

「投資約款」とは、金融商品取引業者と労働者との間の契約であり、具体的には、証券投資信託の取得方法、金銭の払込み、払戻しの方法等を定めているものであること。なお、所定の賃金支払日に事業主から払い込まれ、賃金全額が通貨で払い戻すことができるようにするため、払込みが一円単位でできること、払戻しが一円単位で申出の当日にできることが必要であるとしたものであること。

賃金として労働者の証券総合口座に払い込まれた預り金によつて、受益証券が購入された後は、通常、一定の時刻を過ぎると解約しても金銭の払戻しは翌日になるものであるが、証券総合

口座では、五百万円を限度に金融商品取引業者が即日金銭の貸付を行うことができるようになつており、貸付により即日払戻しが可能となつているので、「払戻しが、その申出があつた日に」できることとの要件を満たすものであること。

3　その他

規則第七条の二第一項の支払方法による使用者に対しては、平成十年九月十日付け基発第五三〇号により指導すること。

なお、改正前の規則第七条の二第一項に関する通達については、上記基発第五三〇号により廃止することとした昭和五十年二月二十五日付け基発第一一二号を除き、規則第七条の二第一項第一号について適用されるものである。この場合、これらの通達中「規則第七条の二第一項」を「規則第七条の二第一項第一号」と読み替えること。

（平一〇・九・一〇　基発五二九号、平一三・二・二　基発五四号、平一四・四・一　基発〇四〇一〇〇四号、平一九・九・三〇　基発〇九三〇〇〇一号、平二二・一二・二四　基発一二二四第六号）

別添1　（略）

別添2

証券総合口座の概要

1　証券総合口座とは

証券総合口座とは、顧客の資産を安定性と換金性の高い証券（公社債）投資信託により運用し、その運用利回りを顧客に還元するとともに、顧客の口座からの公共料金、クレジットカードの利用料金の自動引落とし等のサービス機能を加えたものである。

2　証券投資信託とは

証券投資信託とは、財産を委託者の指図に基づいて特定の有価証券等に対する投資として運用することを目的とする信託であつて、その受益権を分割して不特定かつ多数の者に取得させることを目的とするものをいう。

証券投資信託を利用する顧客の資産は、証券投資信託の委託者が発行する申込金等に相当する価値を有する受益証券と証券会社に現金として預けられている、証券投資信託の申込金、証券投資信託の利益としての分配金、受益証券の売却益である解約金を合算したものとなつており、顧客が現金を払い戻そうとする場合には、受益証券の一部又は全部の売却、預り金の返還という方法で行うこととなつている。

また、証券会社は、顧客と委託会社との仲介を行うものである。

以上の関係を図示すると別紙のような関係になる。

(1)　別紙図における顧客等の役割

①　顧客

証券投資信託の申込者、受益者。

②　証券会社

証券投資信託の委託会社と顧客間を仲介し、証券投資信託の受益証券の募集、申込業務を行うとともに、分配金等の支払を代行する。

③　証券投資信託の委託会社

信託財産の運用の指図、受益証券の発行等を行う。

④　証券投資信託の受託会社

信託財産の管理、計算、委託会社の運用指図に従つた有価証券の購入等を行う。

(2)　契約関係

証券会社と顧客間の契約は、投資約款によつて定められ、証券投資信託の委託会社と証券投資信託の受託会社間の契約は、顧客を受益者とする信託約款によつて定められている。

(3)　証券投資信託の流れ

証券投資信託の申込時には

①　顧客が、証券投資信託を申込み、証券会社に申込金を支払う。

②　証券会社は、申し込みを委託会社に通知するとともに、申込金を受託会社に支払う。

（別　紙）

1　証券投資信託申し込みから通常の運用まで

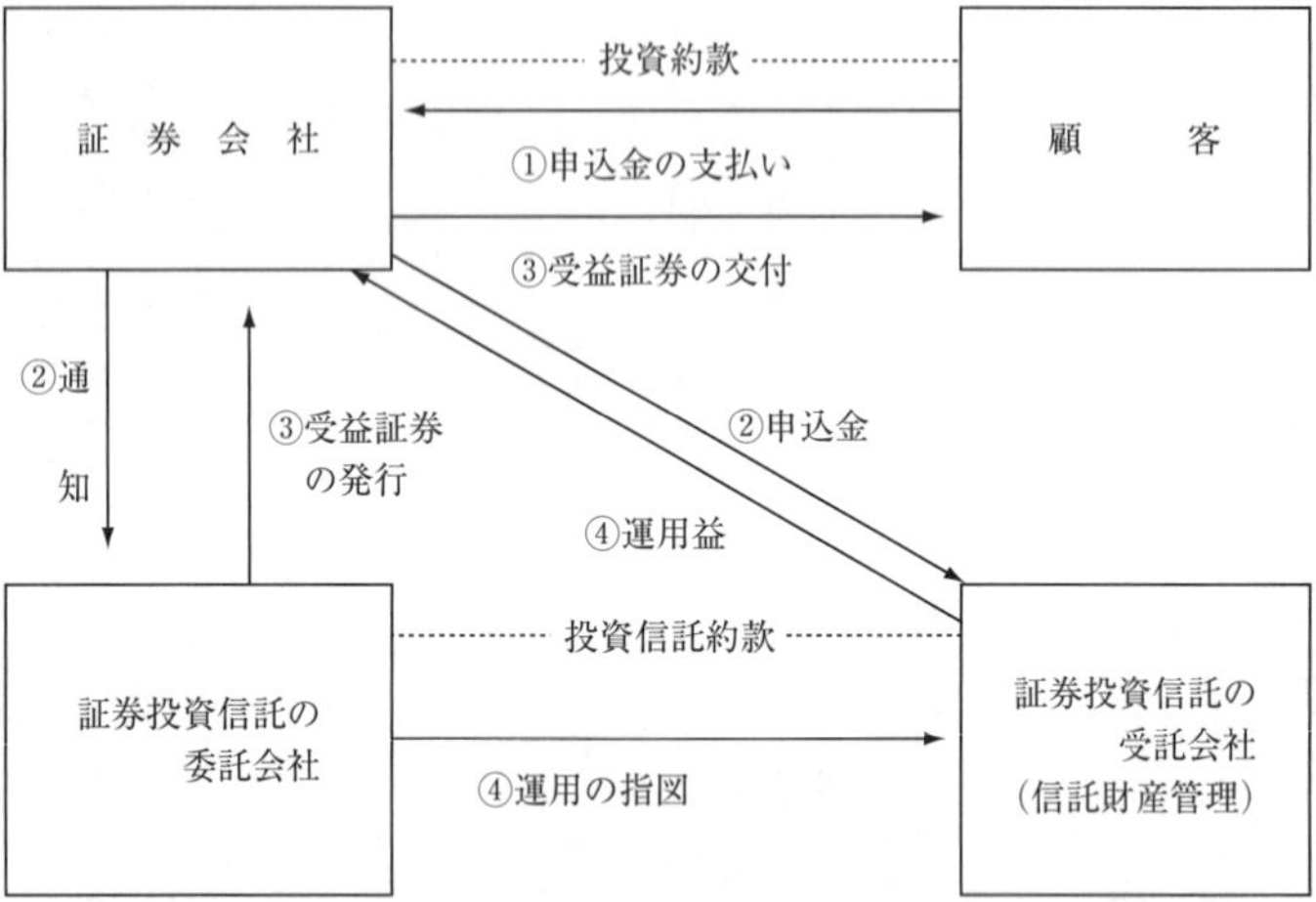

2　証券投資信託の解約時

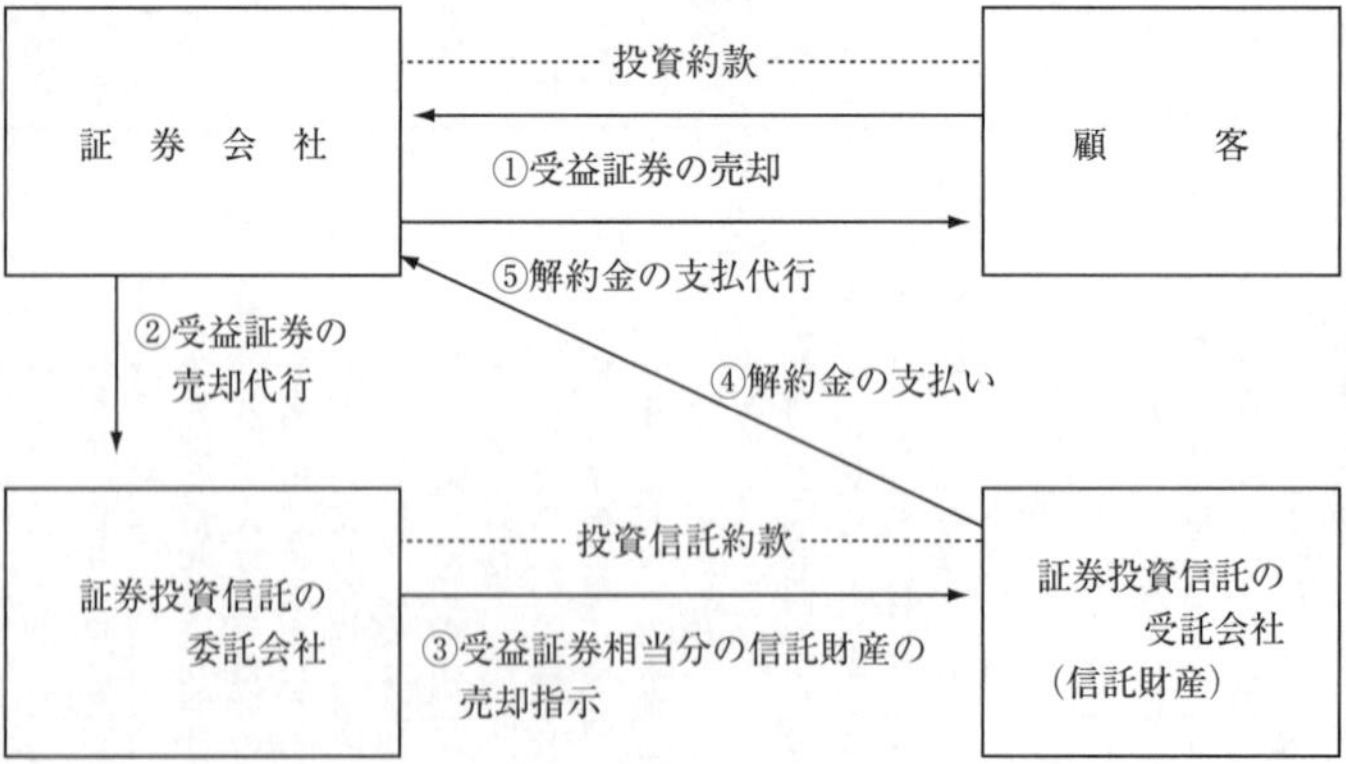

③　受託会社が証券投資信託の信託財産に当該顧客の申込金を組み入れる。組み入れと同時に委託会社は申込金と同じ価値の受益証券を発行し、証券会社に引き渡す。

④　委託会社は、運用益を証券会社の顧客の預り金へ支払う。（証券総合口座においては、運用益は、一定期間分をまとめて新たな証券投資信託の申込金として受託会社に支払われることとされている。）

証券投資信託の売却時には、

①　顧客が受益証券の売却を証券会社に申し出る。

②　証券会社は、受益証券の売却を顧客に代行して行う。

③　委託会社は、受託会社に受益証券の売却相当分の信託財産の売却を指示。

④　委託会社は、売却した信託財産を規約金として証券会社の顧客の預り金へ払い込む。

⑤　証券会社は、解約金を顧客に支払う。

3　証券投資信託の信託約款について

証券投資信託の信託約款は、前記2(2)のとおり、委託会社と受託会社間における、信託財産の運用等に関する約款であるが、受益者は、不特定かつ多数の者すなわち顧客となるものである。なお、証券投資信託には、商品ごとに種々の約款があり、株式を中心に投資するもの、公債（国債等）、社債等を中心に運用するもの等、それぞれ約款があるものである。

おつて、証券総合口座専用の証券投資信託は、後記4のとおり公社債投資信託を中心に運用されている。

4　証券総合口座専用の信託約款について

証券総合口座専用の証券投資信託は、一般に、MRF（マネー・リザーブ・ファンド）とも呼ばれているが、顧客がどの証券会社を利用しても、その投資信託約款には、労働基準法施行規則第七条の二第一項第二号ロにおいて記載されている事項が記載されており、それに基づき運用されているものである。具体的には、

(1)　投資対象は、公社債等であること。

(2)　公社債等の残存期間が一年を超えず、かつ、平均残存期間が九十日を超えないものであること。

(3)　購入する社債等が一社が発行するものに集中しないよう分散して投資すること。

などが信託約款に定められているものである。

5　証券総合口座の投資約款について

投資約款は、証券会社と顧客との契約内容を定めるものであるが、具体的には、顧客の申込金の払込み、返還の請求に基づく金銭の払戻し、受益証券の取得等に関する事項が記載されているものである。

【規則第七条の二第一項第三号イについて】

規則第七条の二第一項第三号イにおける「労働者に対して負担する為替取引に関する債務の額が百万円を超えることがないようにするための措置」とは、指定資金移動業者口座の資金に係る受入上限額を一〇〇万円以下の額に設定していることを指すこと。また、「当該額が百万円を超えた場合に当該額を速やかに百万円以下とするための措置」とは、当該資金が一〇〇万円を超えた場合の超過分等の送金先となる預貯金口座又は証券総合口座を労働者があらかじめ指定しておき、当該資金が一〇〇万円を超えた場合に、指定資金移動業者が当日中に指定資金移動業者口座から当該預貯金口座等への送金を行うことで当該資金を一〇〇万円以下とするように措置していることを指すこと。この場合の送金先は、労働者があらかじめ指定する預貯金口座又は証券総合口座に限り、他の指定資金移動業者口座を送金先とすることは認められないこと。

ただし、受入上限額を一〇〇万円以下の額に設定する場合においても、使用者の賃金支払義務の履行を確保するため、賃金の支払により受入上限額を超過する場合に

は、受入上限額を超過する資金も一時的に受け入れることが求められること。その上で、当該資金が一〇〇万円を超えた場合には、指定資金移動業者が当日中に指定資金移動業者口座から当該預貯金口座等への送金を行うことで当該資金が一〇〇万円以下となるように措置していることが必要であること。

なお、指定資金移動業者が労働者に払出等を促し、労働者が自ら払出等を行うこと等により、口座残高が一〇〇万円以下となった場合には、指定資金移動業者が超過分の預貯金口座又は証券総合口座への送金を行う必要はないこと。

（令四・一一・二八　基発一一二八第三号）

【規則第七条の二第一項第三号ロについて】

規則第七条の二第一項第三号ロにおける仕組みを有していることとは、債務の履行が困難となったとき、すなわち、指定資金移動業者に係る破産手続開始の申立て、再生手続開始の申立て、更生手続開始の申立て、特別清算開始の申立て若しくは外国倒産処理手続の承認の申立て又は資金決済法第五九条第二項第一号に規定する権利の実行の申立て（以下「破産手続開始の申立て等」という。）があったときに、労働者が賃金受取に利用している指定資金移動業者口座の資金全額に係る債務について、当該指定資金移動業者に代わり、保証機関が速やかに当該労働者に弁済することを内容とする保証に係る保証委託契約を指定資金移動業者と保証機関との間で締結すること及び保証契約を労働者と保証機関との間で締結すること等により、指定資金移動業者の破綻時の資金保全が実効性を伴って担保されているものであること。

なお、同号ロにおける「口座について、労働者に対して負担する為替取引に関する債務の全額」とは、労働者が賃金受取に利用している指定資金移動業者口座の資金全額に係る債務を指し、当該口座の資金に係る債務のうち使用者から支払われた賃金相当額に係る債務以外のものも含まれること。

また、同号ロにおける「速やかに」とは、指定資金移動業者に係る破産手続開始の申立て等が行われた上で、労働者が指定資金移動業者又は保証機関に弁済を請求してから六営業日以内であることを指すこと。ただし、労働者からの請求を要さずに弁済が行われる場合には、指定資金移動業者に係る破産手続開始の申立て等が行われてから六営業日以内であることを指すこと。

（令四・一一・二八　基発一一二八第三号）

【規則第七条の二第一項第三号ハについて】

規則第七条の二第一項第三号ハにおける「労働者の意に反する不正な為替取引その他の当該労働者の責めに帰することができない理由で当該労働者に対して負担する為替取引に関する債務を履行することが困難となつたことにより当該債務について当該労働者に損失が生じたとき」とは、労働者の意思に反して権限を有しない者の指図が行われる等により指定資金移動業者口座の資金が不正に出金された場合等を指すこと。

同号ハにおける「当該損失を補償する仕組みを有していること」とは、指定資金移動業者の利用規約等により、労働者に過失が無い場合には損失額全額を補償することとしており、また、労働者に過失がある場合には個別対応を妨げるものではないが、損失を一律に補償しないといった取扱いとはしていないこと。なお、労働者の親族等による払出の場合、労働者が虚偽の説明を行った場合等においては、この限りではないこと。

また、損失発生日から一定の期間内に労働者から指定資金移動業者に通知することを補償の要件とする場合には、当該期間は少なくとも損失発生日から三十日以上は確保すること。（令四・一一・二八　基発一一二八第三号）

【規則第七条の二第一項第三号ニについて】

規則第七条の二第一項第三号ニにおける措置とは、指定資金移動業者の利用規約等により指定資金移動業者口座の資金に係る債務の有効期限を定める場合に、口座に係る資金移動が最後にあった日から少なくとも十年間は債務を履行できるようにしていることを指すこと。また、「特段の事情」とは、警察からの要請により口座の凍結等が行われる場合が該当しうること。

（令四・一一・二八　基発一一二八第三号）

【規則第七条の二第一項第三号ホについて】

規則第七条の二第一項第三号ホにおける「口座への資金移動が一円単位でできるための措置を講じていること」とは、賃金の支払を含む口座への資金移動を一円単位で行うことができるものであること。

（令四・一一・二八　基発一一二八第三号）

【規則第七条の二第一項第三号ヘについて】

規則第七条の二第一項第三号ヘにおける「現金自動支払機を利用する方法その他の通貨による受取ができる方法により一円単位で当該受取ができるための措置」とは、現金自動支払機（ＣＤ）又は現金自動預払機（ＡＴＭ）の利用や預貯金口座への出金等の通貨による受取が可能となる手段を通じて指定資金移動業者口座の資金を一円単位で払出できることを意味するものであること。例えば、預貯金口座への出金による払出の場合、預貯金口座への出金が一円単位でできることをいうこと。なお、一円単位で払出が可能な手段は、一つ以上有していることで足り、指定資金移動業者が提供する払出の方法の全てにおいて、一円単位の払出が求められるものではないこと。

また、「少なくとも毎月一回は当該方法に係る手数料その他の費用を負担することなく当該受取ができるための措置」とは、少なくとも毎月一回は、労働者に手数料負担が生じることなく指定資金移動業者口座から払出をすることができることを指すこと。例えば、預貯金口座への出金による払出の場合、預貯金口座への出金が手数料負担なくできることをいい、更に出金先の預貯金口座からの払出に係る手数料についてはこの限りではないこと。「毎月一回」とは、毎月一日から月末までの間に一回を意味すること。（令四・一一・二八　基発一一二八第三号）

【規則第七条の二第一項第三号トについて】

規則第七条の二第一項第三号トにおける「賃金の支払に関する業務の実施状況及び財務状況」とは、当該指定資金移動業者における、賃金支払に関する業務の実施状況及び資金移動業以外の事業も含めた財務状況を指すものであること。

また、同号トにおける「適時に厚生労働大臣に報告できる体制を有すること」とは、事業年度等ごと及び厚生労働大臣から報告を求められた場合に、必要な事項を厚生労働大臣に報告できる体制を整備していることを指し、指定資金移動業者だけでなく同号ロの資金保全に係る要件を満たすために契約を締結している保証機関についても報告体制を求めるものであること。

（令四・一一・二八　基発一一二八第三号）

【規則第七条の二第一項第三号チについて】

規則第七条の二第一項第三号チにおける「賃金の支払に関する業務を適正かつ確実に行うことができる技術的能力を有し、かつ、十分な社会的信用を有すること」とは、次に掲げる事項を満たすことを含め、総合的に判断されるものであること。

- 指定申請時において、資金決済法第五十五条の規定による業務改善命令又は同法第五十六条第一項の規定による業務停止命令がなされていないこと。
- 賃金が確実に支払われるための措置として、例えば、賃金支払が開始される際に、労働者が指定した資金移動業者の口座が存在することを確認する措置、賃金支払が認められた資金移動業者の口座であることを確認する措置等を講じていること。
- 「プライバシーマーク」、「ＩＳＭＳ認証」その他の第三者機関による個人情報の取扱に係る認証を取得していること。

（令四・一一・二八　基発一一二八第三号）

【退職手当の支払方法】　規則第七条の二第二項の「同意」については、労働者の意思に基づくものである限り、その形式は問わないものであること。

　同項第一号及び第二号の「その他の金融機関」とは、小切手法ノ適用ニ付銀行ト同視スベキ人又ハ施設ヲ定ムルノ件（昭和八年勅令第三百二十九号）により小切手法（昭和八年法律第五十七号）の適用につき銀行と同視されるものをいい、具体的には、信用金庫、信用金庫連合会、信用協同組合、協同組合連合会、農業協同組合、農業協同組合連合会、漁業協同組合、漁業協同組合連合会、水産加工業協同組合、水産加工業協同組合連合会、農林中央金庫、商工組合中央金庫、労働金庫及び労働金庫連合会をいうものであること。

　また、同項第三号の「郵政民営化法（平成十七年法律第九十七号）第九十四条に規定する郵便貯金銀行がその行う為替取引に関し負担する債務に係る権利を表章する証書」には、株式会社ゆうちょ銀行が発行する普通為替証書及び定額小為替証書があること。

（昭六三・一・一　基発一号、平一四・九・二八　基発〇九二八第二号）

【労働協約の意義】

問　法第二十四条の労働協約は労働組合法でいう労働協約のみを意味するのか。労働組合のない場合に労働者の過半数を代表する者（又は全労働者連名にて）と使用者と書面により協定（又は覚書）をした場合はこれを法第二十四条の労働協約とみなすことはできないか。

答　見解前段の通りであつて、労働者の過半数を代表する者との協定は労働協約ではない。

　なお、労働協約の定めによつて通貨以外のもので支払うことが許されるのは、その労働協約の適用を受ける労働者に限られる。

（昭六三・三・一四　基発一五〇号）

❷直接払

【賃金の直接払と民法上の委任】　法第二十四条における直接払と民法上の委任、代理の関係等については、左記により取り扱われたい。

記

　法第二十四条第一項は労働者本人以外の者に賃金を支払うことを禁止するものであるから、労働者の親権者その他の法定代理人に支払うこと、労働者の委任を受けた任意代理人に支払うことは、いずれも本条違反となり、労働者が第三者に賃金受領権限を与えようとする委任、代理等の法律行為は無効である。ただし、使者に対して賃金を支払うことは差し支えない。

（昭六三・三・一四　基発一五〇号）

【派遣労働者に対する賃金支払】　派遣中の労働者の賃金を派遣先の使用者を通じて支払うことについては、派遣先の使用者が、派遣中の労働者本人に対して、派遣元の使用者からの賃金を手渡すことだけであれば、直接払の原則には違反しないものであること。

（昭六一・六・六　基発三三三号）

【賃金の計算事務等の委託に伴う賃金の支払についての労働基準法上の取扱いについて】

　近年、企業の事業見直しや経費削減に伴い、賃金の計算や支払に関する事務（以下「賃金の計算事務等」という。）を第三者に委託し、口座払いによって賃金が支払われている例が増加しているところである。賃金の口座振込みについては、平成十年九月十日基発第五三〇号「賃金の口座振込み等について」により通達されたところであるが、下記の場合には、使用者による直接払が確保されており、労働基準法第二十四条第一項違反とはならないものとして取り扱って差し支えない。

　なお、下記のいずれの場合においても、使用者は、同法第百八条の規定に基づき、賃金台帳の調製が必要であるので、念のため申し添える。

記

1　金融機関等への口座振込み等により賃金の支払を行う場合（労働基準法施行規則第七条の二の要件を満たすものに限る。以下同じ。）において、賃金の計算及び給与データの作成は委託を受けた者が行うが、金融機関等に対する給与データの送付及び口座振込み等の指示は使用者から行われ、かつ、当該口座振込み等が、使用者自らの管理する使用者の口座から行われるとき。（図1参照）

2　金融機関等への口座振込み等により賃金の支払を行う場合において、賃金の計算、給与データの作成及び金融機関等に対する給与データの送付の事務は委託を受けた者が行うが、当該計算結果の確認及びこれに基づく各労働者への口座振込み等の承認は使用者から行われ、かつ、当該口座振込み等が、使用者の管理する使用者自らの口座から行われるとき。（図2参照）

賃金の計算等の業務の委託として考えられるパターン

【図1】

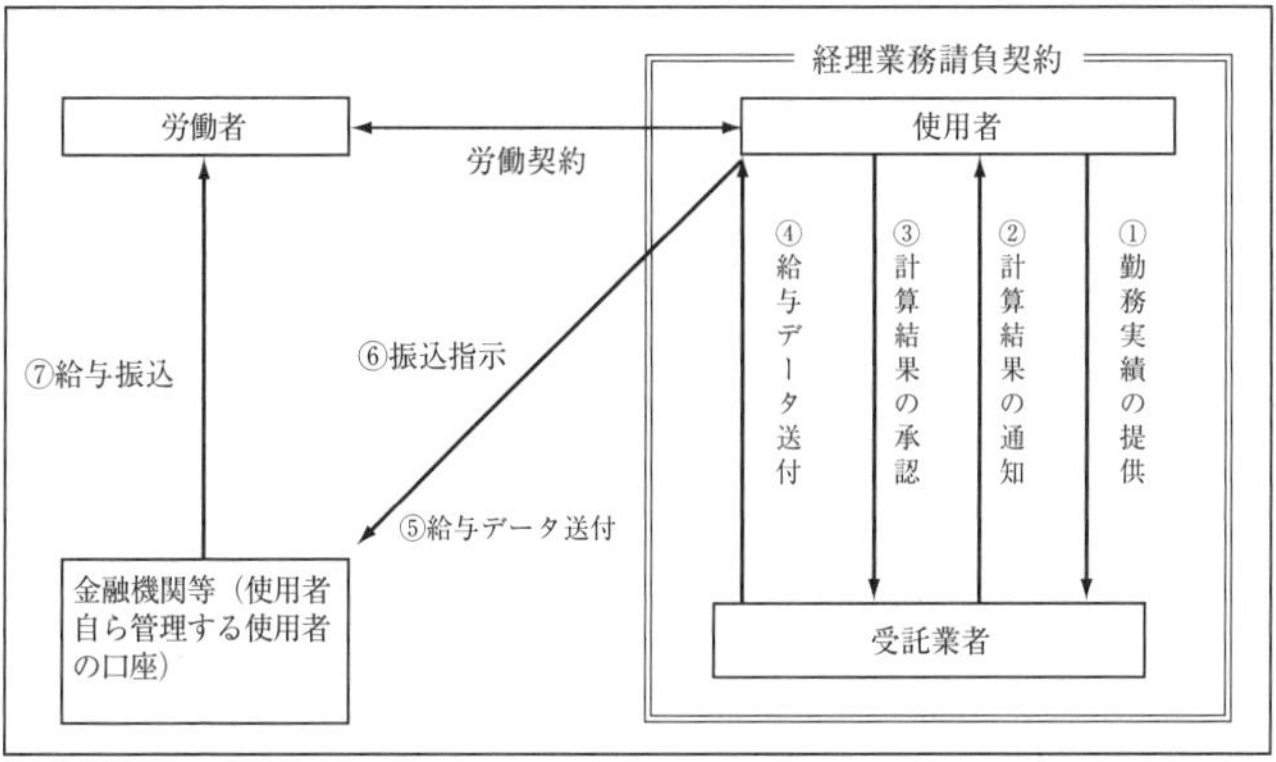

【図2】

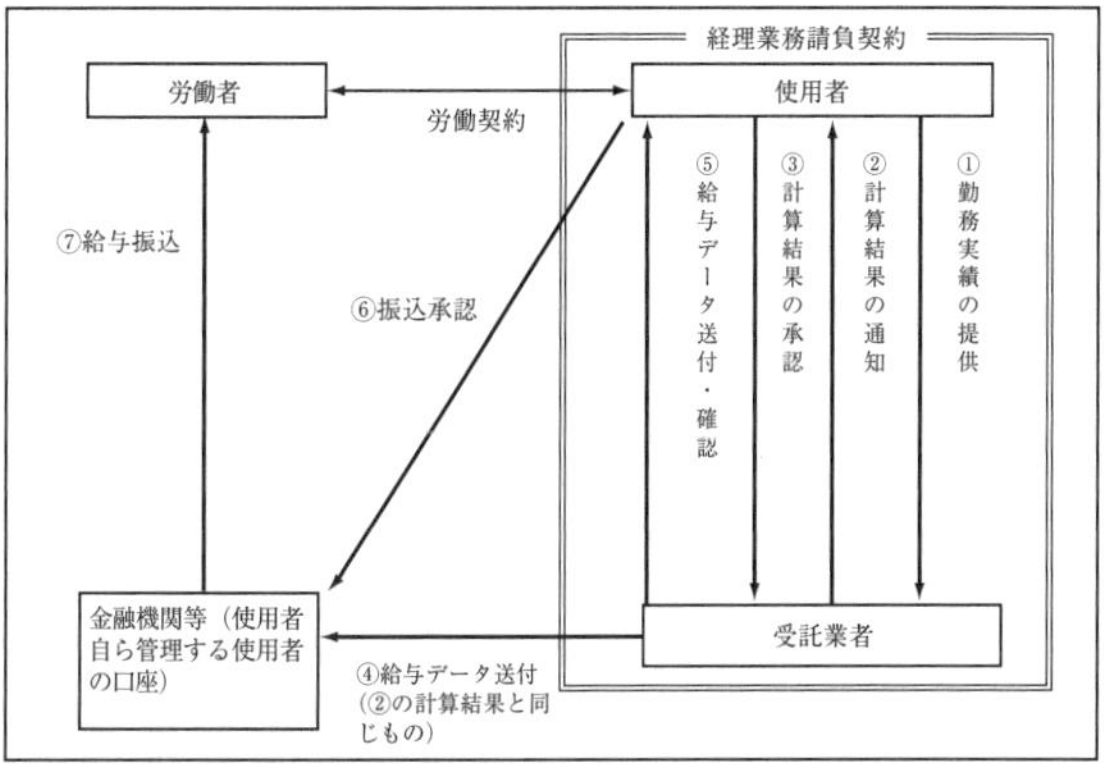

（平一八・四・一　基監発〇四〇一〇〇一号）

【給与ファクタリングの解釈等】

1　いわゆる給与ファクタリングの解釈等について

(1)　いわゆる給与ファクタリングとは、一般に、個人（労働者）が使用者に対して有する賃金債権を買い取って金銭を交付し、当該個人を通じて当該債権に係る資金の回収を行うスキームをいう。

(2)　労働基準法との関係について

労働基準法（昭和二十二年法律第四十九号）において、賃金債権の譲渡自体を禁止する規定はないが、労働者が賃金の支払を受ける前に賃金債権を他に譲渡した場合においても、その支払についてはなお同法第二十四条第一項が適用される。そのため、使用者は直接労働者に対し賃金を支払わなければならず、賃金債権の譲受人は自ら使用者に対してその支払を求めることは許されないものである（最高裁判所第三小法廷判決昭和四十三年三月十二日民集第二十二巻第三号五六二頁参照）。

(3)　貸金業法との関係について

金融庁が公表した令和二年三月五日付け一般的な法令解釈に係る書面照会手続に対する回答によれば、上記(2)の労働基準法の解釈を前提とすると、いわゆる給与ファクタリングにおいては、いかなる場合であっても賃金債権の譲受人が自ら使用者に対してその支払を求めることはできず、賃金債権の譲受人は、常に労働者に対してその支払を求めることとなると考えられる。そのため、いわゆる給与ファクタリングにおいては、賃金債権の譲受人から労働者への金銭の交付だけでなく、賃金債権の譲受人による労働者からの資金の回収を含めた資金移転のシステムが構築されているということができ、これは、経済的に貸付けと同様の機能を有しているものと考えられることから、いわゆる給与ファクタリングを業として行うものは、貸金業法（昭和五十八年法律第三十二号）第二条第一項の「貸金業」に該当する。同法第三条第一項の登録を受けずにいわゆる給与ファクタリングを業として行うことは、同法第十一条第一項の無登録営業に該当する。

2　局署における対応について

局署において、いわゆる給与ファクタリングに関する相談があった際には、労働基準法に違反した取扱いがなされないよう上記1の考え方を相談者に説明するとともに、金融庁作成の別添リーフレットを交付するなどにより、必要に応じて適切な相談窓口を教示すること。

（令二・六・一八　事務連絡）

❸全額払

イ　計算方法

【過払賃金の清算】

問　○○会社では毎月十五日に当月の賃金を前払いすることになつている（例えば七月十五日に七月分の賃金を支払う）が、七月二十一日から二十五日まで五日間ストライキをした場合、八月十五日の賃金支払に前月のストライキの五日間分を控除して支払つてよいか。

答　設問の如く前月分の過払賃金を翌月分で清算する程度は賃金それ自体の計算に関するものであるから、法第二十四条の違反とは認められない。

（昭二三・九・一四　基発一三五七号）

【賃金計算の端数の取扱い】　賃金の計算において生じる労働時間、賃金額の端数の取扱いについては次のように取り扱われたい。

一　遅刻、早退、欠勤等の時間の端数処理

五分の遅刻を三十分の遅刻として賃金カットをするというような処理は、労働の提供のなかった限度を超えるカット（二十五分についてのカット）について、賃金の全額払の原則に反し、違法である。なお、このような取扱いを就業規則に定める減給の制裁として、法第九十一条の制限内で行う場合には、全額払の原則には反しないものである。

二　割増賃金計算における端数処理

次の方法は、常に労働者の不利となるものではなく、事務簡便を目的としたものと認められるから、法第二十四条及び第三十七条違反としては取り扱わない。

㈠　一か月における時間外労働、休日労働及び深夜業の各々の時間数の合計に一時間未満の端数がある場合に、三十分未満の端数を切り捨て、それ以上を一時間に切り上げること。

㈡　一時間当たりの賃金額及び割増賃金額に円未満の端数が生じた場合、五十銭未満の端数を切り捨て、それ以上を一円に切り上げること。

㈢　一か月における時間外労働、休日労働、深夜業の各々の割増賃金の総額に一円未満の端数が生じた場合、㈡と同様に処理すること。

三　一か月の賃金支払額における端数処理

次の方法は、賃金支払の便宜上の取扱いと認められるから、法第二十四条違反としては取り扱わない。なお、これらの方法をとる場合には、就業規則の定めに基づき行うよう指導されたい。

㈠　一か月の賃金支払額（賃金の一部を控除して支払う場合には控除した額。以下同じ。）に百円未満の端数が生じた場合、五十円未満の端数を切り捨て、それ以上を百円に切り上げて支払うこと。

㈡　一か月の賃金支払額に生じた千円未満の端数を翌月の賃金支払日に繰り越して支払うこと。（昭六三・三・一四　基発一五〇号）

ロ　賃金控除

【労使協定による賃金控除】　第一項ただし書後段は、購買代金、社宅、寮その他の福利、厚生施設の費用、社内預金、組合費等、事理明白なものについてのみ、法第三十六条第一項の時間外労働と同様の労使の協定によって賃金から控除することを認める趣旨であること。

賃金を通貨以外のもので支払うことについては、従来通りであること。

協定書の様式は任意であるが、少くとも、⑴控除の対象となる具体的な項目、⑵右の各項目別に定める控除を行う賃金支払日を記載するよう指導すること。

（昭二七・九・二〇　基発六七五号、平一一・三・三一　基発一六八号）

【労働協約失効中の賃金の一部控除】

問　労働者の過半数で組織する労働組合があつて労働協約が失効中である場合賃金の一部控除はできないと思考するが、例えば年末賞与等の中から食費等を一部控除した場合合法第二十四条違反となるか。

答　当該事業場の労働者の過半数で組織する労働組合がある場合においてその労働組合との書面による協定（労働協約）なくして年末賞与等の賃金からその一部を控除することは法第二十四条違反になるものと解する。（昭二七・一二・二六　基収六一二五号）

【労働者の過半数代表者の要件】

次のいずれの要件も満たすものであること。

⑴　法第四十一条第二号に規定する監督又は管理の地位にある者でないこと。

⑵　法に基づく労使協定の締結当事者、就業規則の作成・変更の際に使用者から意見を聴取される者等を選出することを明らかにして実施される投票、挙手等の方法による手続により選出された者であり、使用者の意向によって選出された者ではないこと。

なお、法第十八条第二項、法第二十四条第一項ただし書、法第三十九条第四項、第六項及び第七項ただし書並びに法第九十条第一項に規定する過半数代表者については、当該事業場に上記⑴に該当する労働者がいない場合（法第四十一条第二号に規定する監督又は管理の地位にある者のみの事業場である場合）には、上記⑵の要件を満たすことで足りるものであること。

（平一一・一・二九　基発四五号、平三〇・五・一八　基発

〇五一八第一号）

【労働者の過半数代表者の選出手続】

問　則第六条の二に規定する「投票、挙手等」の「等」には、どのような手続が含まれているか。

答　労働者の話合い、持ち回り決議等労働者の過半数が当該者の選任を支持していることが明確になる民主的な手続が該当する。

（平一一・三・三一　基発一六九号）

【過半数代表者】　時間外・休日労働協定の締結等に際し、労働基準法の規定に基づき労働者の過半数を代表する者を選出するに当たっては、使用者側が指名するなど不適切な取扱いがみられるところである。このため、過半数代表者の要件として、「使用者の意向に基づき選出されたものでないこと」を労基則において明記したものであること。

また、使用者は、過半数代表者がその事務を円滑に遂行することができるよう必要な配慮を行わなければならないこととしたものであること。

（平三〇・九・七　基発〇九〇七第一号）

【「必要な配慮」の内容】

問　則第六条の二第四項の「必要な配慮」にはどのようなものが含まれるのか。

答　則第六条の二第四項の「必要な配慮」には、例えば、過半数代表者が労働者の意見集約等を行うに当たって必要となる事務機器やシステム（イントラネットや社内メールを含む。）、事務スペースの提供を行うことが含まれるものである。

（平三〇・一二・二八　基発一二二八第一五号、令五・八・二　基発〇八〇二第七号）

【過半数代表者の不利益取扱い】　過半数代表者であること若しくは過半数代表者になろうとしたこと又は過半数代表者として正当な行為をしたことを理由として、解雇、賃金の減額、降格等労働条件について不利益取扱いをしないようにしなければならないこととしたものであること。

「過半数代表者として正当な行為」には、法に基づく労使協定の締結の拒否、一年単位の変形労働時間制の労働日ごとの労働時間についての不同意等も含まれるものであること。

（平一一・一・二九　基発四五号）

【控除額の限度】　法第二十四条の規定による賃金の一部控除については、控除される金額が賃金の一部である限り、控除額についての限度はない。

なお、私法上は、民法第五百十条及び民事執行法第百五十二条の規定により、一賃金支払期の賃金又は退職金の額の四分の三に相当する部分（退職手当を除く賃金にあっては、その額が民事執行法施行令で定める額を超えるときは、その額）については、使用者側から相殺することはできないとされているので留意されたい。

（昭二九・一二・二三　基収六一八五号、昭六三・三・一四　基発一五〇号）

【社外機関への退職積立金の取扱い】

問　職員の福利増進を図るため全く別個の社外機関である共済会を設立して別紙のような要綱により退職金の積立をしているが、この取扱いに関して法第十八条の貯蓄金管理及び法第二十四条の賃金控除との関係で疑義があるので、御教示願いたい。

別　紙

農業共済団体職員退職給与金契約に関する規程

第一条　この会は農業共済団体職員の福利増進を図るため、定款第五条第五号の規程に基き、農業共済団体の専属有給職員から定額の給付を受け、その者が退職又は死亡した場合においてこの者に対して定額の給与金を支給する契約をする事業（以下「退職給与金施設」という。）を行うものとする。

第二条　加入者が負担する一口の金額は毎月百二十円とする。

第三条　加入者が二年以上で退職したと

きは、加入期間中の払込掛金の総額に、この払込金の総額に百分の三及び加入年数を乗じた金額を加えた金額を、退職給与金として支給する。
第四条　加入者が二年未満で退職したときは、加入期間中の払込掛金の総額（所属団体の負担した金額を除く。）を払戻する。
第五条　加入者が死亡したときは、加入期間中の払込掛金の総額に、この払込掛金の総額に百分の三十五及び加入年数を乗じた金額を加えた金額を死亡給与金として支給する。
第十一条　この会は給与金に関する会計を他の会計と区分して処理するものとする。

　農業共済団体職員退職給与金事務取扱手続

第一条　農業共済団体職員退職給与金に関する一切の事務はこの規程の定める所によりこれを処理する。
第二条　農業共済保険協会共済部長は会長の命を承けて給与金に関する事務を担当する。
第三条　農業共済団体職員中日給を受ける者、常勤しない嘱託員の施設加入はこれを認めない。
第四条　退職給与金施設に加入しようとする者は、別記様式第一号による加入申込書を所属団体長連署の上提出しなければならない。
　加入者が所属団体を転じたときは別記様式第二号による継続加入申込書を提出しなければならない。
　農業共済保険協会長は前二項の申込書を審査し、加入資格があると認めたときは、所属団体長に対して、別記様式第三号又は第四号による加入承認通知書を送付する。
第五条　所属団体長は、毎月所属職員の掛金を月俸支払のとき控除してその団体負担金と共に前記様式第五号に記入の上、農業共済保険協会に送付しなければならない。
　前項の団体負担金の基準は一口百二十円のうち百円とする。
　退職給与金施設に加入した職員が、所属団体を転じた場合には、その月の団体負担金は前所属団体がこれを支出するものとする。
第六条　所属団体長が、加入承認の日から三カ月以内に掛金を送金しないときは農業共済保険協会長は、加入者が加入の意思を拋棄したものとみなして加入の承認を取消すことができる。
第七条　所属団体長が、三カ月以上掛金を送金しないときは、農業共済保険協会長は、加入者が契約継続の意思がないものとみなして加入者名簿から削除することができる。
　前項の加入者名簿の削除をした場合には、農業共済保険協会長は、その旨を当該所属団体長に通知しなければならない。
　前項の通知を受けた者が同項の通知を受けた日から三カ月以内に事情を記載した理由書を添えて別記様式第六号によって復活申請書を提出したときは、一回に限り契約を復活させることができる。但しこの場合には復活申請をしたときにおける一般利子に相当する復活利子を払込むものとする。
第十一条　加入者が退職、死亡したときは別記様式第九号又は第十号による請求書を所属団体長を経て、農業共済保険協会長に提出しなければならない。
　前記の請求書には、左の各号の書面を添付するものとする。
一、加入者が退職した場合には、別記様式第十二号により所属団体長の作成する退職調書
二、加入者が死亡した場合には、死亡及び受給資格を証明する死亡診断書及び受給者戸籍謄本（配偶者の場合に限り抄本）
第十二条　加入者が退職、死亡以外の事由で任意に掛金を中止する場合及び掛金未払込に因り加入者名簿の削除処分を受けた場合は、給与金を支給しない。但し加

入後二年以上経過している場合には、払込掛金の総額の二分の一に相当する金額を脱退金として特に支給するものとする。

前項の脱退金を請求しようとする者は、別記様式第十二号及び第十三号による請求書を所属団体長を経て農業共済保険協会長に提出しなければならない。

答㈠　農業共済団体職員の退職金給与は当該団体とは全く別個の機関である農業共済保険協会で取り扱つているものであるから、同保険協会の施設に加入した労働者の所属団体長が同保険協会の「農業共済団体職員退職給与金事務取扱手続」第四条及び第五条の規定による程度の単なる仲介の手続を取るだけである限りにおいては、労働者と使用者たる所属団体長との間には法第十八条にいう貯蓄金管理の問題は生じない。

しかしながら労働者の保険施設加入は所属団体長の連署の上本人が申込みをなすことになつている前記第四条の規定にかかわらず、単位農業共済団体が同保険協会に加入していることによつて、その団体に雇用される労働者がその意思に反してでも加入せざるを得ないようになつている如き場合においては、労働者の労働契約に附随する貯蓄の契約となり、法第十八条第一項に抵触する。

㈡　「農業共済団体職員退職給与金事務取扱手続」中第五条により賃金控除するには所属団体と労働者との間に法第二十四条第一項但書の協定がなければ法第二十四条に抵触する。又同第十二条は右㈠前段の場合であれば労働基準法上の問題を生じない。　（昭二五・九・二八　基収二〇四八号）

ハ　争議中の賃金

【争議期間中の家族手当の支給】

問　労働協約又は就業規則に争議を行つた期間についても家族手当を支給する旨の取極め又は規定のない限り、争議期間中の家族手当は支給条件の如何にかかわらず支給する必要はないものと考えられるが如何。

答　一般の賃金と同じく家族手当についても、その支給条件の如何にかかわらず争議行為の結果契約の本旨に従つた労働の提供のなかつた限度において支払わなくても法第二十四条の違反とはならない。

（昭二四・八・一八　基発八九八号）

【争議中の賃金】　労働者が同盟罷業、怠業その他の争議行為の結果、契約の本旨に従つた労働の提供をなさざる場合においては、使用者は労働の提供のなかつた限度において賃金を支払わなくとも法第二十四条の違反とはならない。

なお、怠業に関しては、賃金をカットする場合、必ずしも生産量のみを基礎とすることなく、賃金規則等で定められた賃金計算の要素をも考慮して賃金を計算すべきである。しかして労働の提供の程度とこれに基く賃金を機械的に決定することは実際上困難であるので、当事者の話合を第一としあるいは第三者の斡旋調停により平和的に処理されることが望ましい。平和的処理が不成功の場合は司法裁判所の決定をまつべきものである。（昭二三・七・三　基収一八四四号）

【一部労働者の争議行為の場合の他の労働者の賃金】

問　個々の作業について労働関係調整法第七条にいう争議行為であるかどうかについては作業の実態、機械施設、労使間の紛議状態、労働者の精神的肉体的条件等より見て慎重に判断されなければならないが、一部作業場の一部労働者について会社側が一方的にこれを争議行為と断定し、その為に失われたと称する生産高に応じて当該作業に全然関係のない労働者にまで一律に賃金を差引くことは、法第二十四条違反と考えられるが如何。

答　一部労働者の争議行為があつたとしても、当該争議行為により全然影響をうけない作業に従事する労働者の賃金を一律に差引くことは法第二十四条違反である。

（昭二四・五・一〇　基発五三三号）

❹毎月一定期日払

【賞与の意義】　賞与とは、定期又は臨時に、原則として労働者の勤務成績に応じて支給されるものであつて、その支給額が予め確定されていないものをいうこと。定期的に支給されかつその支給額が確定しているものは、名称の如何にかかわらず、これを賞与とみなさないこと。

従つてかかるもので施行規則第八条に該当しないものは、法第二十四条第二項の規定により毎月支払われなければならないこと。

（昭二二・九・一三　発基一七号）

【遡及増額した賃金の支払期日】

問　使用者が過去に遡及して賃金の物価スライドの実施を労働組合と協定したとき、これに基き支給される各月分の遡及追加額は遅くともその直後の賃金支払日に支給を要するものと解するが如何（但し、協定の内容が条件附であるかあるいは単に将来の給与方針の内示に止まる場合はこの限りでないが）。

答　見解の通り。

（昭二三・四・二二　基収一〇六五号）

❺その他

【遡及賃金の支給対象】

問　九月三日に本年一月からの新給与を決定し、遡及支払を行う場合、一月以降九月二日迄の退職者については支給しないと規定するのは違法か。

遡及支払額は、各月賃金の後払と観念されるので退職者と雖も当然当該在職期間中の賃金差額の追給を受給する権利があり、使用者は支払義務を負うものと解されるが如何。

答　新給与決定後過去に遡及して賃金を支払うことを取決める場合に、その支払対象を在職者のみとするかもしくは退職者をも含めるかは当事者の自由であるから、設問の如き規定は違法ではない。

（昭二三・二・四　基収四〇九二号）

【地方公務員に対する適用除外】　地方公務員法に規定する一般職に属する地方公務員については、従来、労働基準法第二十四条が適用されていたところであるが（改正前の地方公務員法第五十八条第三項参照）、これらの地方公務員のうち、地方公営企業労働関係法第三条第一項に規定する地方公営企業に勤務する一般職に属する地方公務員又は地方公務員法第五十七条に規定する単純な労務に雇用される一般職に属する地方公務員に該当しない者については、改正後の地方公務員法第五十八条第三項の規定により、労働基準法第二十四条第一項の規定が適用されないこととなつた。（なお、改正後の地方公務員法第二十五条第二項参照）

（昭四〇・八・一四　基発九八三号）

（非常時払）

第二十五条　使用者は、労働者が出産、疾病、災害その他厚生労働省令で定める非常の場合の費用に充てるために請求する場合においては、支払期日前であつても、既往の労働に対する賃金を支払わなければならない。

（非常時払）

則第九条　法第二十五条に規定する非常の場合は、次に掲げるものとする。

一　労働者の収入によつて生計を維持する者が出産し、疾病にかかり、又は災害をうけた場合

二　労働者又はその収入によつて生計を維持する者が結婚し、又は死亡した場合

三　労働者又はその収入によつて生計を維持する者がやむを得ない事由により一週間以上にわたつて帰郷する場合

▼**参照条文**　〔非常の場合―則九〕、〔雇用契約の報酬後払―民六二四〕、〔罰則―一二〇〕、〔船員の給料について―船員五四〕

（休業手当）

第二十六条　使用者の責に帰すべき事由による休業の場合においては、使用者は、休業期間中当該労働者に、その平均賃金の百分の六十以上の手当を支払わなければならない。

▼**参照条文**　〔平均賃金―一二〕、〔反対給付を受ける権利―民五三六2〕、〔賃金の支払―二四〕、〔付加金―一一四〕、〔罰則―一二〇〕

解釈例規

❶本条の意義

【民法第五百三十六条との関係】

問　本条は使用者の責に帰すべき事由による休業の場合平均賃金の百分の六十以上としており、債権者の責に帰すべき事由に因つて債務を履行することができない場合は、債務者は反対給付を受ける権利を失わないとする民法第五百三十六条の規定より不利な規定であると考えるが如何。

答　本条は民法の一般原則が労働者の最低生活保障について不充分である事実に鑑み、強行法規で平均賃金の百分の六十までを保障せんとする趣旨の規定であつて、民法第五百三十六条第二項の規定を排除するものではないから、民法の規定に比して不利ではない。（昭二二・一二・一五　基発五〇二号）

【休日の休業手当】

問　使用者が法第二十六条によつて休業手当を支払わなければならないのは、使用者の責に帰すべき事由によつて休業した日から休業した最終の日までであり、その期間における法第三十五条の休日及び就業規則又は労働協約によつて定められた法第三十五条によらざる休日を含むものと解せられるが如何。

答　法第二十六条の休業手当は、民法第五百三十六条第二項によつて全額請求し得る賃金の中、平均賃金の百分の六十以上を保障せんとする趣旨のものであるから、労働協約、就業規則又は労働契約により休日と定められている日については、休業手当を支給する義務は生じない。（昭二四・三・二二　基収四〇七七号）

【休業手当の支払時期】

問　使用者の責に帰すべき事由による休業の場合における休業手当については支払期日に関する明文の定めがないが、休業手当を賃金と解し法第二十四条第二項に基づく所定賃金支払日に支払うべきものと解して

よいか。

答　貴見のとおり。

（昭二五・四・六　基収二〇七号、昭六三・三・一四　基発一五〇号）

【休職】

問　就業規則で「会社の業務の都合によつて必要と認めたときは本人を休職扱いとすることがある」と規定した場合、賃金規則で「右による休職者に対しその休職期間中賃金は月額の二分の一を支給する」と規定することは違法か。

答　就業規則に設問の如き規則を定めると否とにかかわらず、使用者の責に帰すべき事由による休業に対しては法第二十六条により平均賃金の百分の六十以上の休業手当を支払わなければならない。従つて「会社の業務の都合」が使用者の責に帰すべき事由による休業に該当する場合において、賃金規則に右に満たない額の賃金を支給することを規定しても無効である。

（昭二三・七・三　基発一〇二三号）

【休業期間が一労働日に満たない場合の休業手当の額】

問　一、労働基準法第二十六条によれば、休業期間中平均賃金の六割以上の休業手当を支払うべきことを規定しているが、その休業期間が一労働日に満たない場合、例えば週四十四時間勤務制（日曜日休日、月曜日より金曜日まで各々八時間、土曜日四時間）において所定労働時間四時間である土曜日に休業を命じられた場合の休業手当は、(イ)平均賃金の六割に相当する額とすべきか、又は(ロ)平均賃金の八分の四の六割に相当する額とすべきか。なお当社は時給制をとつており、所定労働時間四時間である土曜日に就業した場合は四時間分の賃金が支給される定めとなつている。従つて休業手当を前記(イ)により平均賃金の六割に相当する額とすればこの休業手当として支給する額は、この日に就業した場合に支給する四時間分の賃金額より多くなるのである。

二、前掲の勤務制において、所定労働時間八時間である日にその日の前半を就業し後半を休業せしめられた場合この休業せしめられた時間に対し、休業手当を支給すべきであるか。もし支給すべきものとすれば、前記一の(ロ)と同様の方式により算出して差支えないか。なおこれらの労働者が就業したその日の前半の労働時間に対しては前記一と同様に給与は支給されているのである。

答　一、労働基準法第二十六条は、使用者の責に帰すべき休業の場合においては、その休業期間中平均賃金の百分の六十以上の休業手当を支払わなければならないと規定しており、従つて一週の中ある日の所定労働時間がたまたま短く定められていても、その日の休業手当は平均賃金の百分の六十に相当する額を支払わなければならない。

二、一日の所定労働時間の一部のみ使用者の責に帰すべき事由による休業がなされた場合にも、その日について平均賃金の百分の六十に相当する金額を支払わなければならないから、現実に就労した時間に対して支払われる賃金が平均賃金の百分の六十に相当する金額に満たない場合には、その差額を支払わなければならない。

（昭二七・八・七　基収三四四五号）

【派遣労働者の休業手当支払いの要否】

派遣中の労働者の休業手当について、労働基準法第二十六条の使用者の責に帰すべき事由があるかどうかの判断は、派遣元の使用者についてなされる。したがつて、派遣先の事業場が、天災地変等の不可抗力によつて操業できないために、派遣されている労働者を当該派遣先の事業場で就業させることができない場合であつても、それが使用者の責に帰すべき事由に該当しないこととは必ずしもいえず、派遣元の使用者について、当該労働者を他の事業場に派遣する可能性等を含めて判断し、その責に帰すべき事由に該当しないかどうかを判断する

ことになること。（昭六一・六・六　基発三三号）

❷使用者の責に帰すべき事由

イ　経営障害による休業

【下請け工場の資材、資金難による休業】

問　親会社からのみ資材資金の供給をうけて事業を営む下請工場において、現下の経済情勢から親会社自体が経営難のため資材資金の獲得に支障を来し、下請工場が所要の供給をうけることができずしかも他よりの獲得もできないため休業した場合、その事由は法第二十六条の「使用者の責に帰すべき事由」とはならないものと解してよいか。

答　質疑の場合は使用者の責に帰すべき休業に該当する。（昭二三・六・一一　基収一九九八号）

ロ　争議行為による休業

【作業所閉鎖と休業】

問　労働組合がその要求貫徹のために闘争を宣言し、以来波状的に二十四時間ストを行つて来たが、たまたま五月七日（金曜日）に二十四時間ストを実施したのに際し会社側は翌五月八日争議行為の対抗手段と称し、臨時休業を行つた。会社側の休業理由は五月九日が日曜日で休日であるため、ストと休日の中間の一日だけ工場を運転することは事業の性質上（製鉄業）徒らに資材を浪費し生産がこれに伴わないというにある。右の休業は「使用者の責に帰すべき事由による休業」と解してよいか。

答　労働者側の争議行為に対し、使用者側のこれに対抗する争議行為としての作業所閉鎖は、これが社会通念上正当と判断されるかぎりその結果労働者が休業のやむなきに至つた場合には法第二十六条の「使用者の責に帰すべき事由による休業」とは認められない。（昭二三・六・一七　基収一九五三号）

【一部ストの場合の他の労働者の休業】

問　某炭鉱では労務者による労働組合と職員による職員組合とが結成されているが、労働組合のみがストライキに入つた場合、会社が職員の就業を拒否すれば法第二十六条の使用者の責に帰すべき事由による休業となるか。職員組合が休業に同意した場合と同意しなかつた場合とで取扱が異るか。

答　一般的にいえば、労働組合が争議をしたことにより同一事業場の当該労働組合員以外の労働者の一部が労働を提供し得なくなつた場合にその程度に応じて労働者を休業させることは差支えないが、その限度を超えて休業させた場合には、その部分については法第二十六条の使用者の責に帰すべき事由による休業に該当する。

（昭二四・一二・二　基収三二八一号）

【ストに起因する休業】

問　当局管内A工業株式会社N工場において左記のとおり疑義があるので御回示願いたい。

記

一　同会社の労働協約は、化学工業の特殊な長工程流れ作業を考慮しストライキに突入してもその直前までに生産工程に載せられた原材料が完成品に仕上げられるまでは生産を続けそれに必要な組合員の就労義務を定めている。従つてストに基く職場離脱は全員一斉に行われるのではなく、作業工程に従つて逐次段階的になされる。

二　スト突入に当つて右の措置をとる結果、ストが解決し操業を再開するに当つても操業は作業工程に従つて逐次行われるためスト解決後の労働者の就業についてもスト突入の場合と逆の形で段階的に行う旨労働組合と協定している。しかしこの協定書にも段階的就労人員数については何等明確にされていない。

三　かかる協定に基き、スト解決後から就労に至るまでの間の一部労働者の休業について会社は休業手当支払義務を負うか否か疑義がある。当局としては操業開始後の「段階的就労」並びにその「段階的就労人員数」が予め労働者側に了知されている限り、これがストを直接原因としたものであるから法第二十六条にいう使用者の責に帰すべきものには該当せず、一応休業手当支払の義務はないものとの見解をもつているので、「段階的就労人員数」につき労働者が了知しているか否かを基準として次のように解されると思うが如何。

(1)　予め段階的就労人員及び就労日程について労使双方の協定がなされている場合は、労働者がこのことについて了知しているから休業手当支払義務はないものと思われる。

(2)　協定はなされず予め会社側において決めた段階的必要人員数を組合側に通告した場合は、その実態からみて客観的に妥当と思われる限り、休業手当支払の義務ありとするのは当を得ないと思われる。

(3)　段階的必要人員数を予め協定も、通告もしていない場合は化学工場の如き高度の流れ作業が行われている事業場に於てはストが解決し、操業を開始した場合経営上就労を段階的にしなければならないこと及びそのための必要人員については充分予測することが出来るにも拘らず何等積極的にそのことについて労働者に了知せしめるための措置をとつていないことは法第二十六条の趣旨からして休業手当支払の義務は免れないものと思われる。

答　ストライキ解決後操業再開する場合において、作業工程が長工程の流れ作業であるため通常経営者としてなし得る最善の措置を講じてもなお労働者を一斉に就業せしめることが困難であり、作業工程に応じて就業に時間的な差を生ずることが客観的にやむを得ないと認められるものについてはそのやむを得ない限度において一部労働者を休業させることは、法第二十六条の「使用者の責に帰すべき事由による休業」には該当しない。

従つて貴照会「三」の(2)及び(3)の如く段階的就業における必要人員の範囲が定められ、これによつて休業を余儀なくされる労働者については、その休業が前記のやむを得ない限度を超えないものと認められる限り、休業手当支払義務は生じない。設問(1)の如く当該業務に通暁している労使相互間において右の必要人員の範囲を労働協約で定めている場合は、原則として労働協約に定める必要人員以外の者の休業については休業手当支払の義務は生じないものとして取扱つて差支えない。但し右の労働協約の内容はその休業がやむを得ないと認められる限度を超えるか否かを判定する一つの基準となるものであつて、労働協約に定められていることをもつて直ちに当該休業について法第二十六条に該当しないとするものではなく、その必要人員の範囲が明らかに不適当であると認められる場合は当該休業が真にやむを得ない限度を超えるか否かについて具体的に判断すべきものであるから念のため。　（昭二八・一〇・一三　基収三四二七号）

ハ　休電による休業

【電力不足に伴う法第二十六条の運用】　休電による休業については、原則として法第二十六条の使用者の責に帰すべき事由による休業に該当しないから休業手当を支払わなくとも法第二十六条違反とはならない。なお、休電があつても、必ずしも作業を休止する必要のないような作業部門例えば作業現場と直接関係のない事務労働部門の如きについてまで作業を休止することはこの限りでないのであるが、現場が休業することによつて、事務労働部門の労働者のみを就業せしめることが企業の経営上著しく不適当と認められるような場合に事務労働部門について作業を休止せしめた場合休業手当を支払わなくても法第二十六条違反とはならない。　（昭二六・一〇・一一　基発六九六号）

【計画停電が実施される場合の法第二十六条の取扱い】

1　計画停電の時間帯における事業場に電力が供給されないことを理由とする休業については、原則として法第二十六条の使用者の責めに帰すべき事由による休業には該当しないこと。

2　計画停電の時間帯以外の時間帯の休業は、原則として法第二十六条の使用者の責に帰すべき事由による休業に該当すること。ただし、計画停電が実施される日において、計画停電の時間帯以外の時間帯を含めて休業とする場合であって、他の手段の可能性、使用者としての休業回避のための具体的努力等を総合的に勘案し、計画停電の時間帯のみを休業とすることが企業の経営上著しく不適当と認められるときには、計画停電の時間帯以外の時間帯を含めて原則として法第二十六条の使用者の責に帰すべき事由による休業には該当しないこと。

3　計画停電が予定されていたため休業としたが、実際には計画停電が実施されなかった場合については、計画停電の予定、その変更の内容やそれが公表された時期を踏まえ、上記1及び2に基づき判断すること。（平二三・三・一五　基監発〇三一五第一号）

二　その他

【代休附与命令による休業】

問　法第三十三条第二項の規定により使用者が延長時間に相当する休日を与えるべきことを行政官庁より命ぜられた時は、その休日は使用者の責に帰すべき事由による休業として取扱うべきものと考えるが如何。

又同条同項による休憩についても使用者の責としてその時間につき通常の労働時間の賃金を支払うべきと解するが如何。

答　法第三十三条第二項による代休附与命令による休憩又は休日は、法第二十六条に規定する使用者の責に帰すべき休業ではない。

（昭二三・六・一六　基収一九三五号）

【労働安全衛生法第六十六条の健康診断の結果に基づいて休業又は労働時間を短縮した場合】

問　労働安全衛生法第六十六条による健康診断の結果、私傷病のため医師の証明により休業を命じ、又は労働時間を短縮した場合、労働契約の不完全履行を理由として休業した時間に対しては賃金を支払わなくてもよいか、あるいは労働衛生行政の見地より法第二十六条による休業手当を支給しなければならないか。

答　労働安全衛生法第六十六条の規定による健康診断の結果に基いて使用者が労働時間を短縮させて労働させたときは、使用者は労働の提供のなかつた限度において賃金を支払わなくても差支えない。但し、使用者が健康診断の結果を無視して労働時間を不当に短縮もしくは休業させた場合には、法第二十六条の休業手当を支払わなければならない場合の生ずることもある。

（昭二三・一〇・二一　基発一五二九号、昭六三・三・一四　基発一五〇号）

【法人の解散後の休業手当】

問　㈠　法第二十条による解雇予告手当未支給の即時解雇は、法律上無効であるが、やむを得ない事由によらざる法人の解散に際し、既に解散の登記を了したのち、清算事務の遅延等により解雇予告手当を支払わざる場合は、支払日迄の期間について法第二十六条の休業手当支給の義務があると思われるが如何。

㈡　反面既に使用従属関係はなく、法第二十六条による作為義務者たる法人はないものと解し休業手当の問題は生じないとも解せられるが如何。

答　法人は解散によつてもなおその清算目的の範囲内において権利能力者たる地位を持続するものであるから、人員整理関係については清算活動（清算法人の能力）中民法第七十八条「現務の結了」に入るものと解される。従つて見解㈠のとおり。

（昭二四・二・八　基収七七号）

【新規学卒採用内定者の自宅待機】　新規学卒者のいわゆる採用内定については、遅くも、企業が採用内定通知を発し、学生から入社誓約書又はこれに類するものを受領した時点において、過去の慣行上、定期採用の新規学卒者の入社時期が一定の時期に固定していない場合等の例外的場合を除いて、一般には、当該企業の例年の入社時期（四月一日である場合が多いであろう。）を就労の始期とし、一定の事由による解約権を留保した労働契約が成立したとみられる場合が多いこと。したがつて、そのような場合において、企業の都合によつて就労の始期を繰り下げる、いわゆる自宅待機の措置をとるときは、その繰り下げられた期間について、労働基準法第二十六条に定める休業手当を支給すべきものと解される。

（昭六三・三・一四　基発一五〇号）

【予告なしに解雇した場合の休業手当】

問　使用者の法に対する無関心の為に予告することなく労働者を解雇した。労働者は、該解雇を有効であると思い離職後相当日数を経過し他事業場に勤務し、相当日数経過後該事実が判明した。このような事例の場合は法第二十条の取扱いについて、休業手当を支払わなければならないか。

答　使用者の行つた右解雇の意思表示が解雇の予告として有効と認められ、かつその解雇の意思表示があつたために予告期間中労働者が休業した場合には、使用者は解雇が有効に成立する日までの期間、休業手当を支払えばよい。

（昭二四・七・二七　基収一七〇一号）

【子の死亡等による育児休業終了後の労務の提供の開始時期】　子の死亡等により育児休業が終了した労働者の労務の提供の開始時期については、あらかじめ定めることが事業主の努力義務とされているところであり、取り決めるに当たつては、事業主と労働者との合意によることが望まれるが、労働者との合意による取決め等がない日に労働者を休業させる場合には、法第二十六条に基づく休業手当の支払いが必要となる場合があるものと解されること。

また、このような取決め等がない場合の労務の提供の開始時期については、あくまで労使間の話し合いにより解決を図るべきものであること。

（平三・一二・二〇　基発七一二号）

（出来高払制の保障給）

第二十七条　出来高払制その他の請負制で使用する労働者については、使用者は、労働時間に応じ一定額の賃金の保障をしなければならない。

▼**参照条文**　〔労働条件の明示―一五〕、〔就業規則―八九〕、〔請負―民六三二・六三三〕、〔罰則―一二〇〕、〔類似規定―船員五八〕

解釈例規

【保障給の趣旨】　本条は労働者の責に基かない事由によつて、実収賃金が低下することを防ぐ趣旨であるから、労働者に対し、常に通常の実収賃金と余りへだたらない程度の収入が保障されるように保障給の額を定めるように指導すること。

なお、本条の趣旨は全額請負給に対しての保障給のみならず一部請負給についても基本給を別として、その請負給について保障すべきものであるが、賃金構成からみて固定給の部分が賃金総額中の大半（概ね六割程度以上）を占めている場合には、本条のいわゆる「請負制で使用する」場合に該当しないと解される。

（昭二二・九・一三　発基一七号、昭六三・三・一四　基発一五〇号）

【使用者の責に帰すべき事由によらない休業の場合の保障給】

問　同一工場内で出来高払制の労働者と日給制の労働者とを同時に使用している事業が、使用者の責に帰さない事由によつて休業した場合、日給制労働者に対しては法第二十六条の手当を支給する必要はなく、出来高払制労働者に対しては法第二十七条によつて保障給を支給する必要があると解されるが如何。

答　法第二十七条の「出来高払制の保障給」は、労働者の責にもとづかない事由によつて仕事が少なくなりその賃金が極端に低額になる場合における最低保障給を要求しているのであつて、労働者が労働しない場合には、出来高払制たると否とを問わず本条の保障給は支払う義務はない。

（昭二三・一一・一一　基発一六三九号）

（最低賃金）

第二十八条　賃金の最低基準に関しては、最低賃金法（昭和三十四年法律第百三十七号）の定めるところによる。

第二十九条から第三十一条まで　削除

第四章　労働時間、休憩、休日及び年次有給休暇

（労働時間）

第三十二条　使用者は、労働者に、休憩時間を除き一週間について四十時間を超えて、労働させてはならない。

②　使用者は、一週間の各日については、労働者に、休憩時間を除き一日について八時間を超えて、労働させてはならない。

□告　示

○労働省告示第七号（平元・二・九）
改正　労働省告示第七九号（平三・一〇・二二）
改正　労働省告示第九九号（平四・一一・三〇）
改正　労働省告示第四号（平九・一・三〇）
改正　労働省告示第二九号（平一一・四・一）
改正　労働省告示第一二〇号（平一三・一二・二五）
改正　厚生労働省告示第三二二号（平三〇・九・七）
改正　厚生労働省第三六七号（令四・一二・二三）

自動車運転者の労働時間等の改善のための基準

（目的等）

第一条　この基準は、自動車運転者（労働基準法（昭和二十二年法律第四十九号。以下「法」という。）第九条に規定する労働者（同居の親族のみを使用する事業又は事務所に使用される者及び家事使用人を除く。）であって、四輪以上の自動車の運転の業務（厚生労働省労働基準局長が定めるものを除く。）に主として従事する者をいう。以下同じ。）の労働時間等の改善のための基準を定めることにより、自動車運転者の労働時間等の労働条件の向上を図ることを目的とする。

2　労働関係の当事者は、この基準を理由として自動車運転者の労働条件を低下させてはならないことはもとより、その向上に努めなければならない。

3　使用者及び労働者の過半数で組織する労働組合又は労働者の過半数を代表する者（以下「労使当事者」という。）は、法第三十二条から第三十二条の五まで若しくは第四十条の労働時間（以下「労働時間」という。）を延長し、又は法第三十五条の休日（以下「休日」という。）に労働させるための法第三十六条第一項の協定（以下「時間外・休日労働協定」という。）をする場合において、次の各号に掲げる事項に十分留意しなければならない。

一　労働時間を延長して労働させることができる時間は、法第三十六条第四項の規定により、一箇月について四十五時間及び一年について三百六十時間（法第三十二条の四第一項第二号の対象期間として三箇月を超える期間を定めて同条の規定により労働させる場合にあっては、一箇月について四十二時間及び一年について三百二十時間。以下「限度時間」という。）を超えない時間に限ることとされていること。

二　前号に定める一年についての限度時間を超えて労働させることができる時間を定めるに当たっては、事業場における通常予見することのできない業務量の大幅な増加等に伴い臨時的に当該限度時間を超えて労働させる必要がある場合であっても、法第百四十条第一項の規定により読み替えて適用する法第三十六条第五項の規定により、同条第二項第四号に関して協定した時間を含め九百六十時間を超えない範囲内とされていること。

三　前二号に掲げる事項のほか、労働時間の延長及び休日の労働は必要最小限にとどめられるべきであることその他の労働時間の延長及び休日の労働を適正なものとするために必要な事項については、労働基準法第三十六条第一項の協定で定め

る労働時間の延長及び休日の労働について留意すべき事項等に関する指針（平成三十年厚生労働省告示第三百二十三号）において定められていること。

（一般乗用旅客自動車運送事業に従事する自動車運転者の拘束時間等）

第二条　使用者は、一般乗用旅客自動車運送事業（道路運送法（昭和二十六年法律第百八十三号）第三条第一号ハの一般乗用旅客自動車運送事業をいう。以下同じ。）に従事する自動車運転者（隔日勤務（始業及び終業の時刻が同一の日に属さない業務をいう。以下同じ。）に就くものを除く。以下この項において同じ。）を使用する場合は、その拘束時間（労働時間、休憩時間その他の使用者に拘束されている時間をいう。以下同じ。）及び休息期間（使用者の拘束を受けない期間をいう。以下同じ。）について、次に定めるところによるものとする。

一　拘束時間は、一箇月について二百八十八時間を超えないものとすること。ただし、顧客の需要に応ずるため常態として車庫等において待機する就労形態（以下「車庫待ち等」という。）の自動車運転者の拘束時間は、当該事業場に労働者の過半数で組織する労働組合がある場合においてはその労働組合、労働者の過半数で組織する労働組合がない場合においては労働者の過半数を代表する者との書面による協定（以下「労使協定」という。）により、一箇月について三百時間まで延長することができるものとする。

二　一日（始業時刻から起算して二十四時間をいう。以下同じ。）についての拘束時間は、十三時間を超えないものとし、当該拘束時間を延長する場合であっても、一日についての拘束時間の限度（以下「最大拘束時間」という。）は、十五時間とすること。ただし、車庫待ち等の自動車運転者について、次に掲げる要件を満たす場合には、この限りでない。

イ　勤務終了後、継続二十時間以上の休息期間を与えること。

ロ　一日についての拘束時間が十六時間を超える回数が、一箇月について七回以内であること。

ハ　一日についての拘束時間が十八時間を超える場合には、夜間四時間以上の仮眠時間を与えること。

ニ　一回の勤務における拘束時間が、二十四時間を超えないこと。

三　前号本文の場合において、一日についての拘束時間が十四時間を超える回数をできるだけ少なくするように努めるものとすること。

四　勤務終了後、継続十一時間以上の休息期間を与えるよう努めることを基本とし、休息期間が継続九時間を下回らないものとすること。

2　使用者は、一般乗用旅客自動車運送事業に従事する自動車運転者であって隔日勤務に就くものを使用する場合は、その拘束時間及び休息期間について、次に定めるところによるものとする。

一　拘束時間は、一箇月について二百六十二時間を超えないものとすること。ただし、地域的事情その他の特別の事情がある場合において、労使協定により、一年について六箇月までは、一箇月の拘束時間を二百七十時間まで延長することができるものとする。

二　二暦日についての拘束時間は、二十二時間を超えないものとし、かつ、二回の隔日勤務を平均し隔日勤務一回当たり二十一時間を超えないものとすること。

三　車庫待ち等の自動車運転者の拘束時間は、一箇月について二百六十二時間を超えないものとし、労使協定により、これを二百七十時間まで延長することができるものとすること。ただし、次に掲げる要件をいずれも満たす場合に限り、二暦日についての拘束時間は二十四時間まで延長することができ、かつ、一箇月についての拘束時間はこの号本文に定める拘束時間に十時間を加えた時間まで延長することができるものとする。

イ　夜間四時間以上の仮眠を与えるこ

と。

ロ　第二号に定める拘束時間を超える回数を、労使協定により、一箇月について七回を超えない範囲において定めること。

四　勤務終了後、継続二十四時間以上の休息期間を与えるよう努めることを基本とし、休息期間が継続二十二時間を下回らないものとすること。

3　第一項第二号に定める一日についての拘束時間並びに前項第二号及び第三号に定める二暦日についての拘束時間の規定の適用に当たっては、次の各号に掲げる要件を満たす時間（以下「予期し得ない事象への対応時間」という。）を、これらの拘束時間から除くことができる。この場合において、予期し得ない事象への対応時間により、一日についての拘束時間が最大拘束時間を超えた場合は、第一項第四号の規定にかかわらず、勤務終了後、継続十一時間以上の休息期間を与え、隔日勤務一回についての拘束時間が二十二時間を超えた場合は、前項第四号の規定にかかわらず、勤務終了後、継続二十四時間以上の休息期間を与えることとする。

一　通常予期し得ない事象として厚生労働省労働基準局長が定めるものにより生じた運行の遅延に対応するための時間であること。

二　客観的な記録により確認できる時間であること。

4　使用者は、一般乗用旅客自動車運送事業に従事する自動車運転者を休日に労働させる場合は、当該労働させる休日は二週間について一回を超えないものとし、当該休日の労働によって第一項又は第二項に定める拘束時間及び最大拘束時間を超えないものとする。

5　ハイヤー（一般乗用旅客自動車運送事業の用に供せられる自動車であって、当該自動車による運送の引受けが営業所のみにおいて行われるものをいう。次条において同じ。）に乗務する自動車運転者については、第一項から前項までの規定は適用しない。

第三条　労使当事者は、時間外・休日労働協定においてハイヤーに乗務する自動車運転者に係る労働時間を延長して労働させることができる時間について協定するに当たっては、次の各号に掲げる事項を遵守しなければならない。

一　労働時間を延長して労働させることができる時間については、限度時間を超えない時間に限ること。

二　一年についての限度時間を超えて労働させることができる時間を定めるに当たっては、当該事業場における通常予見することのできない業務量の大幅な増加等に伴い臨時的に当該限度時間を超えて労働させる必要がある場合であっても、法第百四十条第一項の規定により読み替えて適用する法第三十六条第五項の規定により、同条第二項第四号に関して協定した時間を含め九百六十時間を超えない範囲内とすること。

2　使用者は、時間外・休日労働協定において、労働時間を延長して労働させることができる時間を定めるに当たっては、当該時間数を、休日の労働を定めるに当たっては、当該休日に労働させることができる時間数を、それぞれできる限り短くするよう努めなければならない。

3　使用者は、ハイヤーに乗務する自動車運転者が疲労回復を図るために、必要な睡眠時間を確保できるよう、勤務終了後に一定の休息期間を与えなければならない。

（貨物自動車運送事業に従事する自動車運転者の拘束時間等）

第四条　使用者は、貨物自動車運送事業（貨物自動車運送事業法（平成元年法律第八十三号）第二条第一項の貨物自動車運送事業をいう。以下同じ。）に従事する自動車運転者を使用する場合は、その拘束時間、休息期間及び運転時間について、次に定めるところによるものとする。

一　拘束時間は、一箇月について二百八十四時間を超えず、かつ、一年について三千三百時間を超えないものとすること。

ただし、労使協定により、一年について六箇月までは、一箇月について三百十時間まで延長することができ、かつ、一年について三千四百時間まで延長することができるものとする。

二　前号ただし書の場合において、一箇月の拘束時間が二百八十四時間を超える月が三箇月を超えて連続しないものとし、かつ、一箇月の時間外労働及び休日労働の合計時間数が百時間未満となるよう努めるものとすること。

三　一日についての拘束時間は、十三時間を超えないものとし、当該拘束時間を延長する場合であっても、最大拘束時間は十五時間とすること。ただし、貨物自動車運送事業に従事する自動車運転者に係る一週間における運行が全て長距離貨物運送（一の運行（自動車運転者が所属する事業場を出発してから当該事業場に帰着するまでをいう。以下この項において同じ。）の走行距離が四百五十キロメートル以上の貨物運送をいう。）であり、かつ、一の運行における休息期間が、当該自動車運転者の住所地以外の場所におけるものである場合においては、当該一週間について二回に限り最大拘束時間を十六時間とすることができる。

四　前号の場合において、一日についての拘束時間が十四時間を超える回数をできるだけ少なくするよう努めるものとすること。

五　勤務終了後、継続十一時間以上の休息期間を与えるよう努めることを基本とし、休息期間が継続九時間を下回らないものとすること。ただし、第三号ただし書に該当する場合、当該一週間について二回に限り、休息期間を継続八時間とすることができる。この場合において、一の運行終了後、継続十二時間以上の休息期間を与えるものとする。

六　運転時間は、二日（始業時刻から起算して四十八時間をいう。次条において同じ。）を平均し一日当たり九時間、二週間を平均し一週間当たり四十四時間を超えないものとすること。

七　連続運転時間（一回がおおむね連続十分以上で、かつ、合計が三十分以上の運転の中断をすることなく連続して運転する時間をいう。以下この条において同じ。）は、四時間を超えないものとすること。ただし、高速自動車国道（高速自動車国道法（昭和三十二年法律第七十九号）第四条第一項の高速自動車国道をいう。）又は自動車専用道路（道路法（昭和二十七年法律第百八十号）第四十八条の二第一項若しくは第二項の規定により指定を受けた道路をいう。）（以下「高速道路等」という。）のサービスエリア又はパーキングエリア（道路法施行令（昭和二十七年政令第四百七十九号）第七条第十三号若しくは高速自動車国道法第十一条第二号に定める施設をいう。）等に駐車又は停車できないため、やむを得ず連続運転時間が四時間を超える場合には、連続運転時間を四時間三十分まで延長することができるものとする。

八　前号に定める運転の中断については、原則として休憩を与えるものとする。

2　使用者は、貨物自動車運送事業に従事する自動車運転者の休息期間については、当該自動車運転者の住所地における休息期間がそれ以外の場所における休息期間より長くなるように努めるものとする。

3　第一項第三号に定める一日についての拘束時間、同項第六号に定める二日を平均した一日当たりの運転時間及び同項第七号に定める連続運転時間の規定の適用に当たっては、予期し得ない事象への対応時間を当該拘束時間、運転時間及び連続運転時間から除くことができる。この場合、勤務終了後、同項第五号本文に定める継続した休息期間を与えること。

4　第一項の規定にかかわらず、次の各号のいずれかに該当する場合には、拘束時間及び休息期間については、それぞれ次に定めるところによるものとする。

一　業務の必要上、勤務の終了後継続九時

間（第一項第三号ただし書に該当する場合は継続八時間）以上の休息期間を与えることが困難な場合、次に掲げる要件を満たすものに限り、当分の間、一定期間（一箇月程度を限度とする。）における全勤務回数の二分の一を限度に、休息期間を拘束時間の途中及び拘束時間の経過直後に分割して与えることができるものとする。

イ　分割された休息期間は、一回当たり継続三時間以上とし、二分割又は三分割とすること。

ロ　一日において、二分割の場合は合計十時間以上、三分割の場合は合計十二時間以上の休息期間を与えなければならないこと。

ハ　休息期間を三分割とする日が連続しないよう努めるものとする。

二　自動車運転者が同時に一台の自動車に二人以上乗務する場合であって、車両内に身体を伸ばして休息できる設備があるときは、最大拘束時間を二十時間まで延長するとともに、休息期間を四時間まで短縮することができること。ただし、当該設備が自動車運転者の休息のためのベッド又はこれに準ずるものとして厚生労働省労働基準局長が定める設備に該当する場合で、かつ、勤務終了後、継続十一時間以上の休息期間を与える場合は、最大拘束時間を二十四時間まで延長することができる。この場合において、八時間以上の仮眠を与える場合には、当該拘束時間を二十八時間まで延長することができる。

三　業務の必要上やむを得ない場合には、当分の間、二暦日についての拘束時間が二十一時間を超えず、かつ、勤務終了後、継続二十時間以上の休息期間を与える場合に限り、自動車運転者を隔日勤務に就かせることができること。ただし、厚生労働省労働基準局長が定める施設において、夜間四時間以上の仮眠を与える場合には、二週間についての拘束時間が百二十六時間を超えない範囲において、当該二週間について三回を限度に、二暦日の拘束時間を二十四時間まで延長することができる。

四　自動車運転者がフェリーに乗船している時間は、原則として休息期間とし、この条の規定により与えるべき休息期間から当該時間を除くことができること。ただし、当該時間を除いた後の休息期間については、第二号の場合を除き、フェリーを下船した時刻から終業の時刻までの時間の二分の一を下回ってはならない。

5　使用者は、貨物自動車運送事業に従事する自動車運転者に休日に労働させる場合は、当該労働させる休日は二週間について一回を超えないものとし、当該休日の労働によって第一項に定める拘束時間及び最大拘束時間を超えないものとする。

6　前各項の規定は、旅客自動車運送事業（道路運送法第二条第三項の旅客自動車運送事業をいう。次条において同じ。）及び貨物自動車運送事業以外の事業に従事する自動車運転者（主として人を運送することを目的とする自動車の運転の業務に従事する者を除く。）について準用する。

（一般乗用旅客自動車運送事業以外の旅客自動車運送事業に従事する自動車運転者の拘束時間等）

第五条　使用者は、一般乗用旅客自動車運送事業以外の旅客自動車運送事業に従事する自動車運転者並びに旅客自動車運送事業及び貨物自動車運送事業以外の事業に従事する自動車運転者であって、主として人を運送することを目的とする自動車の運転の業務に従事するもの（以下この条においてこれらを総称して「バス運転者等」という。）を使用する場合は、その拘束時間、休息期間及び運転時間について、次に定めるところによるものとする。

一　拘束時間は、次のいずれかの基準を満たすものとする。

イ　一箇月について二百八十一時間を超えず、かつ、一年について三千三百時間を超えないものとすること。ただし、貸切バス（一般貸切旅客自動車運送事業（道路運送法第三条第一号ロの一般貸切旅客自動車運送事業をいう。）の用に供する自動車をいう。以下この項において同じ。）を運行する営業所において運転の業務に従事する者、一般乗合旅客自動車運送事業（同号イの一般乗合旅客自動車運送事業をいう。以下この項において同じ。）の用に供する自動車であって、行事等の事由による一時的な需要に応じて追加的に自動車を運行する営業所において運行されるものに乗務する者、起点から終点までのキロ程がおおむね百キロメートルを超える運行系統を運行する一般乗合旅客自動車運送事業の用に供する自動車であって、高速道路等の利用区間のキロ程が五十キロメートル以上であり、かつ、当該キロ程が起点から終点までのキロ程の四分の一以上のものに乗務する者（第六号において「特定運転者」という。）及び貸切バスに乗務する者（以下これらを総称して「貸切バス等乗務者」という。）の拘束時間は、労使協定により、一年について六箇月までは、一箇月について二百九十四時間まで延長することができ、かつ、一年について三千四百時間まで延長することができる。

ロ　四週間を平均し一週間当たり六十五時間を超えず、かつ、五十二週間について三千三百時間を超えないものとすること。ただし、貸切バス等乗務者の拘束時間は、労使協定により、五十二週間のうち二十四週間までは四週間を平均し一週間当たり六十八時間まで延長することができ、かつ、五十二週間について三千四百時間まで延長することができる。

二　前号イただし書の場合においては、一箇月の拘束時間について二百八十一時間を超える月が四箇月を超えて連続しないものとし、前号ロただし書の場合においては、四週間を平均した一週間当たりの拘束時間が六十五時間を超える週が十六週間を超えて連続しないものとすること。

三　一日についての拘束時間は、十三時間を超えないものとし、当該拘束時間を延長する場合であっても、最大拘束時間は、十五時間とすること。この場合において、一日についての拘束時間が十四時間を超える回数をできるだけ少なくするよう努めるものとする。

四　勤務終了後、継続十一時間以上の休息期間を与えるよう努めることを基本とし、休息期間が継続九時間を下回らないものとすること。

五　運転時間は、二日を平均し一日当たり九時間、四週間を平均し一週間当たり四十時間を超えないものとすること。ただし、貸切バス等乗務者については、労使協定により、五十二週間についての運転時間が二千八十時間を超えない範囲内において、五十二週間のうち十六週間までは、四週間を平均し一週間当たり四十四時間まで延長することができる。

六　連続運転時間（一回が連続十分以上で、かつ、合計が三十分以上の運転の中断をすることなく連続して運転する時間をいう。以下この条において同じ。）は、四時間を超えないものとすること。ただし、特定運転者及び貸切バスに乗務する者が高速道路等（旅客が乗車することができる区間として設定したものに限る。）を運行する場合は、一の連続運転時間についての高速道路等における連続運転時間（夜間において長距離の運行を行う貸切バスについては、高速道路等以外の区間における運転時間を含む。）はおおむね二時間を超えないものとするよう努めるものとする。

七　前号の場合において、交通の円滑を図るため、駐車又は停車した自動車を予定された場所から移動させる必要が生じたことにより運転した時間（一の連続運転時間が終了するまでの間につき三十分を上限とする。）を、当該必要が生じたことに関する記録がある場合に限り、連続運転時間から除くことができる。

2　使用者は、バス運転者等の休息期間については、当該バス運転者等の住所地における休息期間がそれ以外の場所における休息期間より長くなるように努めるものとする。

3　第一項第三号に定める一日についての拘束時間、同項第五号に定める二日を平均した一日当たりの運転時間及び同項第六号に定める連続運転時間の規定の適用に当たっては、予期し得ない事象への対応時間を当該拘束時間、運転時間及び連続運転時間から除くことができる。この場合、勤務終了後、同項第四号に定める継続した休息期間を与えること。

4　第一項の規定にかかわらず、次の各号のいずれかに該当する場合には、拘束時間及び休息期間については、それぞれ次の当該各号に定めるところによるものとする。

一　業務の必要上、勤務の終了後継続九時間以上の休息期間を与えることが困難な場合、当分の間、一定期間（一箇月を限度とする。）における全勤務回数の二分の一を限度に、休息期間を拘束時間の途中及び拘束時間の経過直後の二回に分割して与えることができるものとする。この場合において、分割された休息期間は、一日において一回当たり継続四時間以上、合計十一時間以上でなければならないものとする。

二　バス運転者等が同時に一台の自動車に二人以上乗務する場合であって、車両内に身体を伸ばして休息できる設備がある場合は、次に掲げるところにより、最大拘束時間を延長し、休息期間を短縮することができる。

イ　当該設備がバス運転者等の専用の座席であり、かつ、厚生労働省労働基準局長が定める要件を満たす場合は、最大拘束時間を十九時間まで延長し、休息期間を五時間まで短縮することができるものとする。

ロ　当該設備としてベッドが設けられている場合その他バス運転者等の休息のための措置として厚生労働省労働基準局長が定める措置が講じられている場合は、最大拘束時間を二十時間まで延長し、休息期間を四時間まで短縮することができるものとする。

三　業務の必要上やむを得ない場合には、当分の間、二暦日についての拘束時間が二十一時間を超えず、かつ、勤務終了後、継続二十時間以上の休息期間を与える場合に限り、バス運転者等を隔日勤務に就かせることができること。ただし、厚生労働省労働基準局長が定める施設において、夜間四時間以上の仮眠を与える場合には、二週間についての拘束時間が百二十六時間を超えない範囲において、当該二週間について三回を限度に、二暦日の拘束時間を二十四時間まで延長することができる。

四　バス運転者等がフェリーに乗船している時間は、原則として休息期間とし、この条の規定により与えるべき休息期間から当該時間を除くことができること。ただし、当該時間を除いた後の休息期間については、第二号の場合を除き、フェリーを下船した時刻から終業の時刻までの時間の二分の一を下回ってはならない。

5　使用者は、バス運転者等に休日に労働させる場合は、当該労働させる休日は二週間について一回を超えないものとし、当該休日の労働によって第一項に定める拘束時間及び最大拘束時間を超えないものとする。

（細目）

第六条　この告示に定める事項に関し必要な細目は、厚生労働省労働基準局長が定める。

▼参照条文　〔休憩時間―三四〕、〔労働時間計算―三八～三八の四〕、〔変形労働時間制等―三二の二～三二の五〕、〔例外―三三・三六・四〇・四一・六〇、則二五の二、二五の三、二六、六七〕〔就業時間―家労四〕、〔罰則―一一九〕

解釈例規

〈編注〉本条に関するガイドラインが、次の厚生労働省HPに掲載されている。

• テレワークの適切な導入及び実施の推進のためのガイドライン
〔https://www.mhlw.go.jp/stf/seisakunitsuite/bunya/koyou_roudou/roudoukijun/shigoto/guideline.html〕

❶法定労働時間

【一週間の法定労働時間と一日の法定労働時間】　法第三十二条第一項で一週間の法定労働時間を規定し、同条第二項で一日の法定労働時間を規定することとしたが、これは、労働時間の規制は一週間単位の規制を基本として一週間の労働時間を短縮し、一日の労働時間は一週間の労働時間を各日に割り振る場合の上限として考えるという考え方によるものであること。

　一週間の法定労働時間と一日の法定労働時間との項を分けて規定することとしたが、いずれも法定労働時間であることに変わりはなく、使用者は、労働者に、法定除外事由なく、一週間の法定労働時間及び一日の法定労働時間を超えて労働させてはならないものであること。

　なお、一週間とは、就業規則その他に別段の定めがない限り、日曜日から土曜日までのいわゆる暦週をいうものであること。

　また、一日とは、午前〇時から午後十二時までのいわゆる暦日をいうものであり、継続勤務が二暦日にわたる場合には、たとえ暦日を異にする場合でも一勤務として取り扱い、当該勤務は始業時刻の属する日の労働として、当該日の「一日」の労働とすること。

（昭六三・一・一　基発一号）

【三交替制連続作業における一日の取扱い】

問　石炭鉱業（下請を含む。）における坑内労働時間の取扱いに関し下記のとおり疑義を生じましたので、ご教示下さるようお願いします。

記

一　当局管内の石炭鉱山〇〇鉱業㈱〇〇鉱業所において、各番方八時間労働の三交替制勤務をとり、三番方の所定労働時間が二暦日にわたつている場合、法第三十二条及び法第三十六条第一項ただし書〈編注　法第三十六条第六項第一号。以下、本問において同じ〉の「一日」の取扱いについて、当該鉱業所では、当日の一番方の所定労働時間の始業時刻から起算した継続二十四時間をもつて一日とするとの見解をとつているのであるが、このように解し取り扱つてよろしいか。

　したがつて、たとえば一番方の者であれば月曜日の午前七時から火曜日の午前七時までを、三番方であれば、月曜日の二十三時から火曜日の二十三時までを一日として取り扱い、この一日の間に十時間以上の坑内労働があるときは法第三十六条第一項ただし書の違反であると解する。

答　労働基準法（以下「法」という。）第三十二条第二項の「一日」とは、原則として、午前零時から午後十二時までのいわゆる「暦日」をいうが、設問の場合におけるがごとき二暦日にわたる一勤務については、継続勤務はたとえ暦日を異にする場合でも一勤務として取り扱うべきであるから始業時刻の属する日の労働として、当該日の「一日」の労働と解する。

　したがつて、この「一日」のうち、十時間をこえて坑内労働が行なわれた場合には、法第三十二条の二の規定による場合でない限り、法第三十六条第一項ただし書に違反する。

　図示すれば次のとおりである〈編注　次頁の図参照〉。

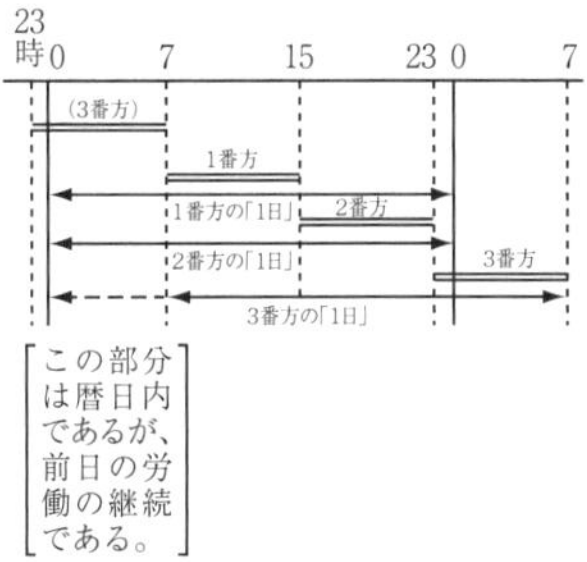

（昭四二・一二・二七　基収五六七五号、平一一・三・三一　基発一六八号）

【シフト制における労働時間】

シフト制労働者の場合であっても、一日八時間以内、一週四十時間以内の法定労働時間を遵守する必要があります（労働基準法第三十二条）。

（令四・一・七　基発〇一〇七第四号　職発〇一〇七第三号　雇均発〇一〇七第七号）

〈編注〉本解釈例規「いわゆる『シフト制』により就業する労働者の適切な雇用管理を行うための留意事項について」は、参考資料篇Ⅰの４にも掲載。

【労働者数の変更】

問　労働基準法施行規則第二十五条の二第一項は、労働基準法別表第一第八号、第一〇号、第一三号及び第一四号の事業のうち常時一〇人未満の労働者を使用するものについての特例を規定しているが、労働者数の変化時において、①ボーダーライン上にある事業で労働者数が頻繁に変化している場合、②二～三か月の期間雇用者の採用により一〇人以上の規模となる場合、特例措置の適用区分はいずれとなるか。

答　労働者数の判断は、当該事業場の通常の状況によって判断するものであり、臨時的に労働者を雇入れた場合や欠員が生じた場合については、労働者数の変更があったものとして取り扱わないこと。

なお、ボーダーラインにあるような事業場については、いずれにせよできるかぎり週所定労働時間を四十時間以下とすることが望ましい。

（昭六三・三・一四　基発一五〇号、平六・三・三一　基発一八一号、平九・三・二五　基発一九五号）

【パートタイム労働者の取扱い】

問　週に二日勤務する労働者は事業場の規模を決める場合の労働者数に入るか。

答　継続的に当該事業場で労働している者は、労働者数に入る。

（昭六三・三・一四　基発一五〇号）

❷具体的な取扱い

【昼休み中の来客当番】

問　工場の事務所において、昼食休憩時間（十二時～十三時）に来客当番をさせているが、この時間は労働時間となるか。

答　休憩時間に来客当番として待機させていれば、それは労働時間である。

なお、この場合は休憩時間を他に与えなければならないこととなるが、その際は法第三十四条第二項ただし書による労使協定を締結しなければならない。

（昭二三・四・七　基収一一九六号、昭六三・三・一四　基発一五〇号、平一一・三・三一　基発一六八号）

【黙示の指示による労働時間】

問　教員の正規の勤務時間を超える勤務は、校長に直接命ぜられた場合のみならず、間接的に命ぜられた形においてなしている場合が極めて多い。

即ち、校長に命ぜられた仕事が、正規の勤務時間で終了せず超過勤務をする場合、あるいは学校の教育計画、経営方針に基く業務―職員会議、各種委員会、運動会、学芸会、展覧会、教育研究会、講習会、遠足、修学旅行、特別教育指導（クラブ指導、生徒自治会、生活指導、職業指導、特殊児童指導等）、ＰＴＡ諸会合及び諸業務、家庭訪問、学校を代表する諸会合出席等―が正規の勤務時間内で出来ず超過勤務をする場合が極めて多いのである。これらの勤務をなした場合は、当然超過勤務手当が支給されねばならぬと考えるがどうか。

答　教員が使用者の明白な超過勤務の指示により、又は使用者の具体的に指示した仕事が、客観的にみて正規の勤務時間内ではなされ得ないと認められる場合の如く、超過勤務の黙示の指示によつて法定労働時間を超えて勤務した場合には、時間外労働となる。

（昭二五・九・一四　基収二九八三号）

【定期路線トラック運転手の労働時間】

問　定期路線トラック運転手の労働時間等の取扱について疑義を生じたので、左記の諸点につき何分の御指示を願いたい。

記

一　一部の定期路線トラック業者においては、運転手に対して路線運転業務の他、貨物の積込、積卸を行わせることとし、小口の貨物が逐次持ち込まれるのを待機する意味でトラック出発時刻の数時間前に出勤を命じている。この場合、現実に貨物の積込を行う以外の時間は全く労働の提供はなく、いわゆる手待ち時間がそれの大半を占めているが、出勤を命ぜられ、一定の場所に拘束されている以上労働時間と解すべきか。

二　一部の定期路線においては、運転手甲のほかに交替運転手乙を乗り込ませ、往路は甲が全部運転し、復路は乙が全部運転することとし、運転しない者は助手席において休息し、又は仮眠をするという形態のものがある。この場合において往路における乙、復路における甲は、労働を提供しない建前となつているので、これらの者の勤務時間は、労働時間とは解し難い点もあるが、又一面当該トラックに乗り込む点において使用者の拘束を受け、また万一事故発生の際には交替運転、或は故障修理等を行うものであり、その意味において一種の手待ち時間或は助手的な勤務として労働時間と解するのが妥当と考えられるが如何。（若しも助手席にある者について助手席にある間の時間を労働時間としないとすれば、その時間をどのように取り扱うべきか。）

三　定期路線において六時間程度の行程であつても、目的地へ夜半等に到着することのないよう到着時刻を考慮しその所要時間を相当長時間（例えば十時間）予定し、中途において食事、仮眠をとらせているものがある。労働安全衛生規則第六百十六条においては「適当な睡眠又は仮眠の場所を……設けなければならない」とされているが、この場合路線の中途に事業主の責任において仮眠の場所を設置させるべきか。若し設置される要ありとすれば、定期路線トラック運転手を対象として一般に設けられている食堂等と特約を結び、その二階等を仮眠の場所として利用せしめることをもつて足りるか。

答　一　見解のとおり。

二　見解のとおり。

三　設問のごとく定期路線トラック運転手を対象として一般に設けられている食堂等と特約を結び、その二階等を仮眠の場所とするときは、労働安全衛生規則第六百十六条の適用がある。従つて当該仮眠の場所については同条に定める要件を具備する必要があるから念のため。

（昭三三・一〇・一一　基収六二八六号）

【坑内労働者の入浴時間】

問　坑内労働者の入浴時間は坑内労働者の終業に不可欠の整理整頓時間としてこれをその労働時間に算入すべきものと思料するが如何。

答　通常労働時間に算入されない。

（昭二三・一〇・三〇　基発一五七五号）

【坑内労働者の労働時間と坑内労働時間との関係】

問　例えば入坑前の作業即ちキャップランプの受渡時間、繰込時間及び出坑後のキャップランプの返納時間は、坑内労働者の労働時間に含まれるものであるか、あるいは点検場所から坑口までの時間をも含むものであるか。なお右例示のような時間をも含むとすれば法第三十八条第二項「坑内労働については労働者が坑口に入つた時刻から坑口を出た時刻までの時間を休憩時間を含めた労働時間とみなす」という条文並びに施行規則第二十四条と矛盾するように思料されるので具体的内容について何分の回答願いたい。

答　作業の準備又は終業に必要ある整理整頓時間の例示については見解の通りである。なお、法第三十八条及び施行規則第二十四条は坑内における労働時間については、所謂切羽実働のみを計算することなく、坑口計算制によつて計算することの意であり、所謂坑内労働者の労働時間は、右の坑内における労働時間に限られず、坑外において使用者の作業指揮下にあれば、その時間も当然これに含まれる。

（昭二三・一〇・三〇　基発一五七五号、昭二三・一二・二六　基収三九五二号）

【就業時間外の教育訓練】

問　使用者が自由意思によつて行う労働者の技術水準向上のための技術教育を、所定就業時間外に実施する場合の、労働基準法第三十六条第一項の適用に関して左記の通り疑義があるが如何。

記

右のような「教育」を実施した時間は労働基準法上「労働時間」とみなされ法第三十六条第一項の規定による時間外労働の協定を必要とするか。

イ、業務命令として職制を通じ所属長から通常の作業に準じて参加命令を発し拘束の態様が通常業務に対すると全く同一の場合

ロ、職制上直列系統に非ざる教育担当者から単なる「通知書」を以て参加を要請し建前としては自由参加の形式を採つている場合

答　労働者が使用者の実施する教育に参加することについて、就業規則上の制裁等の不利益取扱による出席の強制がなく自由参加のものであれば、時間外労働にはならない。

（昭二六・一・二〇　基収二八七五号、昭六三・三・一四　基発一五〇号、婦発四七号）

【見習看護婦の受講時間】

問　当局管内の各病院等に雇用される見習看護婦は、初年度たる一年生の間は、○○県医師会附属准看護婦養成所において週二回（毎週水木の両日、いずれも午前九時から午後五時まで）学科の講習を受け、二年生になると、国立○○病院において毎週三回（隔日）、右の時間、実習に従事することとなつており、いわゆる全日授業であつて、これらの時間中は完全に労働から解放されるものであり、これらの授業日を休日とする場合も違法とは思料されないが、いささか疑義があるので御指示願いたい。

答　使用者が見習看護婦に当該受講を義務づけている場合を除き、貴見のとおり。

（昭三三・一〇・一〇　基収六三八六号）

【医師の研鑽に係る労働時間に関する考え方について】　医療機関等に勤務する医師（以下「医師」という。）が、診療等その本来業務の傍ら、医師の自らの知識の習得や技能の向上を図るために行う学習、研究等（以下「研鑽」という。）については、労働時間に該当しない場合と労働時間に該当する場合があり得るため、医師の的確な労働時間管理の確保等の観点から、今般、医師の研鑽に係る労働時間該当性に係る判断の基本的な考え方並びに医師の研鑽に係る労働時間該当性の明確化のための手続及び環境整備について、下記のとおり示すので、その運用に遺憾なきを期されたい。

記

1　所定労働時間内の研鑽の取扱い

所定労働時間内において、医師が、使用者に指示された勤務場所（院内等）において研鑽を行う場合については、当該研鑽に係る時間は、当然に労働時間となる。

2　所定労働時間外の研鑽の取扱い

所定労働時間外に行う医師の研鑽は、

診療等の本来業務と直接の関連性なく、かつ、業務の遂行を指揮命令する職務上の地位にある者（以下「上司」という。）の明示・黙示の指示によらずに行われる限り、在院して行う場合であっても、一般的に労働時間に該当しない。

他方、当該研鑽が、上司の明示・黙示の指示により行われるものである場合には、これが所定労働時間外に行われるものであっても、又は診療等の本来業務との直接の関連性なく行われるものであっても、一般的に労働時間に該当するものである。

所定労働時間外において医師が行う研鑽については、在院して行われるものであっても、上司の明示・黙示の指示によらずに自発的に行われるものも少なくないと考えられる。このため、その労働時間該当性の判断が、当該研鑽の実態に応じて適切に行われるよう、また、医療機関等における医師の労働時間管理の実務に資する観点から、以下のとおり、研鑽の類型ごとに、その判断の基本的考え方を示すこととする。

(1)　一般診療における新たな知識、技能の習得のための学習

ア　研鑽の具体的内容

例えば、診療ガイドラインについての勉強、新しい治療法や新薬についての勉強、自らが術者等である手術や処置等についての予習や振り返り、シミュレーターを用いた手技の練習等が考えられる。

イ　研鑽の労働時間該当性

業務上必須ではない行為を、自由な意思に基づき、所定労働時間外に、自ら申し出て、上司の明示・黙示による指示なく行う時間については、在院して行う場合であっても、一般的に労働時間に該当しないと考えられる。

ただし、診療の準備又は診療に伴う後処理として不可欠なものは、労働時間に該当する。

(2)　博士の学位を取得するための研究及び論文作成や、専門医を取得するための症例研究や論文作成

ア　研鑽の具体的内容

例えば、学会や外部の勉強会への参加・発表準備、院内勉強会への参加・発表準備、本来業務とは区別された臨床研究に係る診療データの整理・症例報告の作成・論文執筆、大学院の受験勉強、専門医の取得や更新に係る症例報告作成・講習会受講等が考えられる。

イ　研鑽の労働時間該当性

上司や先輩である医師から論文作成等を奨励されている等の事情があっても、業務上必須ではない行為を、自由な意思に基づき、所定労働時間外に、自ら申し出て、上司の明示・黙示による指示なく行う時間については、在院して行う場合であっても、一般的に労働時間に該当しないと考えられる。

ただし、研鑽の不実施について就業規則上の制裁等の不利益が課されているため、その実施を余儀なくされている場合や、研鑽が業務上必須である場合、業務上必須でなくとも上司が明示・黙示の指示をして行わせる場合は、当該研鑽が行われる時間については労働時間に該当する。

上司や先輩である医師から奨励されている等の事情があっても、自由な意思に基づき研鑽が行われていると考えられる例としては、次のようなものが考えられる。

・勤務先の医療機関が主催する勉強会であるが、自由参加である

・学会等への参加・発表や論文投稿が勤務先の医療機関に割り当てられているが、医師個人への割当はない

・研究を本来業務とはしない医師が、院内の臨床データ等を利用し、

院内で研究活動を行っているが、
　当該研究活動は、上司に命じられておらず、自主的に行っている

(3)　手技を向上させるための手術の見学

ア　研鑽の具体的内容

例えば、手術・処置等の見学の機会の確保や症例経験を蓄積するために、所定労働時間外に、見学（見学の延長上で診療（診療の補助を含む。下記イにおいて同じ。）を行う場合を含む。）を行うこと等が考えられる。

イ　研鑽の労働時間該当性

上司や先輩である医師から奨励されている等の事情があったとしても、業務上必須ではない見学を、自由な意思に基づき、所定労働時間外に、自ら申し出て、上司の明示・黙示による指示なく行う場合、当該見学やそのための待機時間については、在院して行う場合であっても、一般的に労働時間に該当しないと考えられる。

ただし、見学中に診療を行った場合については、当該診療を行った時間は、労働時間に該当すると考えられ、また、見学中に診療を行うことが慣習化、常態化している場合については、見学の時間全てが労働時間に該当する。

3　事業場における研鑽の労働時間該当性を明確化するための手続及び環境の整備

研鑽の労働時間該当性についての基本的な考え方は、上記1及び2のとおりであるが、各事業場における研鑽の労働時間該当性を明確化するために求められる手続及びその適切な運用を確保するための環境の整備として、次に掲げる事項が有効であると考えられることから、研鑽を行う医師が属する医療機関等に対し、次に掲げる事項に取り組むよう周知すること。

(1)　医師の研鑽の労働時間該当性を明確化するための手続

医師の研鑽については、業務との関連性、制裁等の不利益の有無、上司の指示の範囲を明確化する手続を講ずること。例えば、医師が労働に該当しない研鑽を行う場合には、医師自らがその旨を上司に申し出ることとし、当該申出を受けた上司は、当該申出をした医師との間において、当該申出のあった研鑽に関し、

・　本来業務及び本来業務に不可欠な準備・後処理のいずれにも該当しないこと
・　当該研鑽を行わないことについて制裁等の不利益はないこと
・　上司として当該研鑽を行うよう指示しておらず、かつ、当該研鑽を開始する時点において本来業務及び本来業務に不可欠な準備・後処理は終了しており、本人はそれらの業務から離れてよいこと

について確認を行うことが考えられる。

(2)　医師の研鑽の労働時間該当性を明確化するための環境の整備

上記(1)の手続について、その適切な運用を確保するため、次の措置を講ずることが望ましいものであること。

ア　労働に該当しない研鑽を行うために在院する医師については、権利として労働から離れることを保障されている必要があるところ、診療体制には含めず、突発的な必要性が生じた場合を除き、診療等の通常業務への従事を指示しないことが求められる。また、労働に該当しない研鑽を行う場合の取扱いとしては、院内に勤務場所とは別に、労働に該当しない研鑽を行う場所を設けること、労働に該当しない研鑽を行う場合には、白衣を着用せずに行うこととすること等により、通常勤務ではないことが外形的に明確に見分けられる措置を講ずることが考えられること。手術・処置の見学等であって、研鑽の性質上、場所や服装が限定さ

れるためにこのような対応が困難な場合は、当該研鑽を行う医師が診療体制に含まれていないことについて明確化しておくこと。

イ　医療機関ごとに、研鑽に対する考え方、労働に該当しない研鑽を行うために所定労働時間外に在院する場合の手続、労働に該当しない研鑽を行う場合には診療体制に含めない等の取扱いを明確化し、書面等に示すこと。

ウ　上記イで書面等に示したことを院内職員に周知すること。周知に際しては、研鑽を行う医師の上司のみではなく、所定労働時間外に研鑽を行うことが考えられる医師本人に対してもその内容を周知し、必要な手続の履行を確保すること。

また、診療体制に含めない取扱いを担保するため、医師のみではなく、当該医療機関における他の職種も含めて、当該取扱い等を周知すること。

エ　上記(1)の手続をとった場合には、医師本人からの申出への確認や当該医師への指示の記録を保存すること。なお、記録の保存期間については、労働基準法（昭和二二年法律第四九号）第一〇九条において労働関係に関する重要書類を三年間保存することとされていることも参考として定めること。

（令元・七・一　基発〇七〇一第九号）

【医師等の宿日直許可基準及び医師の研鑽に係る労働時間に関する考え方についての運用に当たっての留意事項について】

第一　〈略〉

第二　医師の研鑽に係る労働時間通達の取扱いについて

1　趣旨

医師の働き方改革に関する検討会においては、「医師の研鑽については、医学は高度に専門的であることに加え、日進月歩の技術革新がなされており、そのような中、個々の医師が行う研鑽が労働であるか否かについては、当該医師の経験、業務、当該医療機関が当該医師に求める医療提供の水準等を踏まえて、現場における判断としては、当該医師の上司がどの範囲を現在の業務上必須と考え指示を行うかによらざるを得ない。」とされている。

また、同検討会の報告書では、「医師については、自らの知識の習得や技能の向上を図る研鑽を行う時間が労働時間に該当するのかについて、判然としないという指摘がある。このため、医師の研鑽の労働時間の取扱いについての考え方と『労働に該当しない研鑽』を適切に取り扱うための手続を示すことにより、医療機関が医師の労働時間管理を適切に行えるように支援していくことが重要である」とされたところである。

このような同検討会における検討結果に基づき、医師の研鑽の実態を踏まえ、医師の研鑽に係る労働時間通達において、医師本人及び当該医師の労働時間管理を行う上司を含む使用者が、研鑽のうち労働時間に該当する範囲を明確に認識し得るよう、研鑽の労働時間該当性に関する基本的な考え方とともに、労働時間該当性を明確化するための手続等が示されたところである。

2　医師の研鑽に係る労働時間通達の運用における留意事項

ア　医師の研鑽に係る労働時間通達と「労働時間の適正な把握のために使用者が講ずべき措置に関するガイドライン」の関係について

労働時間は、「労働時間の適正な把握のために使用者が講ずべき措置に関するガイドライン」（平成二十九年一月二十日策定）において示されているとおり、労働者の行為が使用者の指揮命令下に置かれたものと評価することができるか否かにより客観的に定まるものである。この考え方は医師についても共通であり、医師の研鑽に係る労働時間通達においても、この考え方を変更するものではないこと。

イ　医師の研鑽と宿日直許可基準について

　医師の研鑽に係る労働時間通達の記の2により、労働時間に該当しないと判断される研鑽については、当該研鑽が宿日直中に常態的に行われているものであったとしても、宿日直許可における不許可事由とはならず、又は許可を取り消す事由とはならないものである。

ウ　医師の研鑽に係る労働時間通達の記の3(1)の手続（以下「手続」という。）について

・　上司は、業務との関連性を判断するに当たって、初期研修医、後期研修医、それ以降の医師といった職階の違い等の当該医師の経験、担当する外来業務や入院患者等に係る診療の状況、当該医療機関が当該医師に求める医療提供の水準等を踏まえ、現在の業務上必須かどうかを対象医師ごとに個別に判断するものであること。

・　手続は、労働に該当しない研鑽を行おうとする医師が、当該研鑽の内容について月間の研鑽計画をあらかじめ作成し、上司の承認を得ておき、日々の管理は通常の残業申請と一体的に、当該計画に基づいた研鑽を行うために在院する旨を申請する形で行うことも考えられること。

・　手続は、労働に該当しない研鑽を行おうとする医師が、当該研鑽のために在院する旨の申し出を、一旦事務職が担当者として受け入れて、上司の確認を得ることとすることも考えられること。

エ　諸経費の支弁と労働時間該当性について

　医療機関は、福利厚生の一環として、学会等へ参加する際の旅費等諸経費を支弁することは、その費目にかかわらず可能であり、旅費等諸経費が支弁されていることは労働時間に該当するかどうかの判断に直接関係しないものであること。

オ　医師以外の職種も参加する研鑽

　医師の研鑽に係る労働時間通達の記の2に掲げられる研鑽について、看護師等の医師以外の職種が参加するものであったとしても、当該研鑽が、労働時間に該当するかどうかの判断に直接関係しないものであること。

カ　大学の附属病院等に勤務する医師の研鑽について

　大学の附属病院等に勤務し、教育・研究を本来業務に含む医師は、医師の研鑽に係る労働時間通達の記の2(1)アの「新しい治療法や新薬についての勉強」や記の2(2)アの「学会や外部の勉強会への参加・発表準備」、「論文執筆」をはじめ、同通達で「研鑽の具体的内容」として掲げられている行為等を、一般的に本来業務として行っている。

　このため、当該医師に関しては、同通達中の「診療等その本来業務」及び「診療等の本来業務」の「等」に、本来業務として行う教育・研究が含まれるものであること。

　この場合の労働時間の考え方として、当該医師が本来業務及び本来業務に不可欠な準備・後処理として教育・研究を行う場合（例えば、大学の医学部等学生への講義、試験問題の作成・採点、学生等が行う論文の作成・発表に対する指導、大学の入学試験や国家試験に関する事務、これらに不可欠な準備・後処理など）については、所定労働時間内である

か所定労働時間外であるかにかかわらず、当然に労働時間となること。また、現に本来業務として行ってい る教育・研究と直接の関連性がある研鑽を、所定労働時間内において、使用者に指示された勤務場所（院内等）において行う場合については、当該研鑽に係る時間は、当然に労働時間となり、所定労働時間外に上司の明示・黙示の指示により行う場合については、一般的に労働時間に該当すること。

上記のとおり、当該医師は、同通達で「研鑽の具体的内容」として掲げられている行為等を本来業務として行っているため、研鑽と本来業務の明確な区分が困難な場合が多いことが考えられる。したがって、研鑽の実施に当たっては、本来業務との関連性について、同通達の記の３(1)の「医師の研鑽の労働時間該当性を明確化するための手続」として医師本人と上司の間で円滑なコミュニケーションを取り、双方の理解の一致のために十分な確認を行うことに特に留意する必要があること。

（令元・七・一　基監発〇七〇一第一号、令六・一・一五　基監発〇一一五第三号）

【安全衛生教育の時間】　労働安全衛生法第五十九条および第六十条の安全衛生教育は、労働者がその業務に従事する場合の労働災害の防止をはかるため、事業者の責任において実施されなければならないものであり、したがって、安全衛生教育については所定労働時間内に行なうのを原則とすること。また、安全衛生教育の実施に要する時間は労働時間と解されるので、当該教育が法定時間外に行なわれた場合には、当然割増賃金が支払われなければならないものであること。（昭四七・九・一八　基発六〇二号）

【健康診断の受診時間】　健康診断の受診に要した時間についての賃金の支払いについては、労働者一般に対して行なわれる、いわゆる一般健康診断は、一般的な健康の確保をはかることを目的として事業者にその実施義務を課したものであり、業務遂行との関連において行なわれるものではないので、その受診のために要した時間については、当然には事業者の負担すべきものではなく労使協議して定めるべきものであるが、労働者の健康の確保は、事業の円滑な運営の不可欠な条件であることを考えると、その受診に要した時間の賃金を事業者が支払うことが望ましいこと。

特定の有害な業務に従事する労働者について行なわれる健康診断、いわゆる特殊健康診断は、事業の遂行にからんで当然実施されなければならない性格のものであり、それは所定労働時間内に行なわれるのを原則とすること。また、特殊健康診断の実施に要する時間は労働時間と解されるので、当該健康診断が時間外に行なわれた場合には、当然割増賃金を支払わなければならないものであること。

（昭四七・九・一八　基発六〇二号）

【安全・衛生委員会の会議開催時間】

安全・衛生委員会の会議の開催に要する時間は労働時間と解されること。従つて、当該会議が法定時間外に行なわれた場合には、それに参加した労働者に対し、当然、割増賃金が支払われなければならないものであること。（昭四七・九・一八　基発六〇二号）

【任意に出勤して従事した消火作業時間】

問　事業場に火災が発生した場合、すでに帰宅している所属労働者が任意に事業場に出勤し消火作業に従事した時間は、労働時間と解してよいか。

答　一般に貴見のとおり。

（昭二三・一〇・二三　基収三一四一号、昭六三・三・一四　基発一五〇号）

【労働時間の適正な把握のために使用者が講ずべき措置に関するガイドライン】

1　趣旨

労働基準法においては、労働時間、休日、深夜業等について規定を設けていることから、使用者は、労働時間を適正に把握するなど労働時間を適切に管理する責務を有している。

しかしながら、現状をみると、労働時間の把握に係る自己申告制（労働者が自己の労働時間を自主的に申告することにより労働時間を把握するもの。以下同じ。）の不適正な運用等に伴い、同法に違反する過重な長時間労働や割増賃金の未払いといった問題が生じているなど、使用者が労働時間を適切に管理していない状況もみられるところである。

このため、本ガイドラインでは、労働時間の適正な把握のために使用者が講ずべき措置を具体的に明らかにする。

2　適用の範囲

本ガイドラインの対象事業場は、労働基準法のうち労働時間に係る規定が適用される全ての事業場であること。

また、本ガイドラインに基づき使用者（使用者から労働時間を管理する権限の委譲を受けた者を含む。以下同じ。）が労働時間の適正な把握を行うべき対象労働者は、労働基準法第四一条に定める者及びみなし労働時間制が適用される労働者（事業場外労働を行う者にあっては、みなし労働時間制が適用される時間に限る。）を除く全ての者であること。

なお、本ガイドラインが適用されない労働者についても、健康確保を図る必要があることから、使用者において適正な労働時間管理を行う責務があること。

3　労働時間の考え方

労働時間とは、使用者の指揮命令下に置かれている時間のことをいい、使用者の明示又は黙示の指示により労働者が業務に従事する時間は労働時間に当たる。そのため、次のアからウのような時間は、労働時間として扱わなければならないこと。

ただし、これら以外の時間についても、使用者の指揮命令下に置かれていると評価される時間については労働時間として取り扱うこと。

なお、労働時間に該当するか否かは、労働契約、就業規則、労働協約等の定めのいかんによらず、労働者の行為が使用者の指揮命令下に置かれたものと評価することができるか否かにより客観的に定まるものであること。また、客観的に見て使用者の指揮命令下に置かれていると評価されるかどうかは、労働者の行為が使用者から義務づけられ、又はこれを余儀なくされていた等の状況の有無等から、個別具体的に判断されるものであること。

ア　使用者の指示により、就業を命じられた業務に必要な準備行為（着用を義務付けられた所定の服装への着替え等）や業務終了後の業務に関連した後始末（清掃等）を事業場内において行った時間

イ　使用者の指示があった場合には即時に業務に従事することを求められており、労働から離れることが保障されていない状態で待機等している時間（いわゆる「手待時間」）

ウ　参加することが業務上義務づけられている研修・教育訓練の受講や、使用者の指示により業務に必要な学習等を行っていた時間

4　労働時間の適正な把握のために使用者が講ずべき措置

(1)　始業・終業時刻の確認及び記録

使用者は、労働時間を適正に把握するため、労働者の労働日ごとの始業・終業時刻を確認し、これを記録すること。

(2)　始業・終業時刻の確認及び記録の原則的な方法

使用者が始業・終業時刻を確認し、記録する方法としては、原則として次のいずれかの方法によること。

ア　使用者が、自ら現認することによ

り確認し、適正に記録すること。

イ　タイムカード、ICカード、パソコンの使用時間の記録等の客観的な記録を基礎として確認し、適正に記録すること。

(3) 自己申告制により始業・終業時刻の確認及び記録を行う場合の措置

上記(2)の方法によることなく、自己申告制によりこれを行わざるを得ない場合、使用者は次の措置を講ずること。

ア　自己申告制の対象となる労働者に対して、本ガイドラインを踏まえ、労働時間の実態を正しく記録し、適正に自己申告を行うことなどについて十分な説明を行うこと。

イ　実際に労働時間を管理する者に対して、自己申告制の適正な運用を含め、本ガイドラインに従い講ずべき措置について十分な説明を行うこと。

ウ　自己申告により把握した労働時間が実際の労働時間と合致しているか否かについて、必要に応じて実態調査を実施し、所要の労働時間の補正をすること。

特に、入退場記録やパソコンの使用時間の記録など、事業場内にいた時間の分かるデータを有している場合に、労働者からの自己申告により把握した労働時間と当該データで分かった事業場内にいた時間との間に著しい乖離が生じているときには、実態調査を実施し、所要の労働時間の補正をすること。

エ　自己申告した労働時間を超えて事業場内にいる時間について、その理由等を労働者に報告させる場合には、当該報告が適正に行われているかについて確認すること。

その際、休憩や自主的な研修、教育訓練、学習等であるため労働時間ではないと報告されていても、実際には、使用者の指示により業務に従事しているなど使用者の指揮命令下に置かれていたと認められる時間については、労働時間として扱わなければならないこと。

オ　自己申告制は、労働者による適正な申告を前提として成り立つものである。このため、使用者は、労働者が自己申告できる時間外労働の時間数に上限を設け、上限を超える申告を認めない等、労働者による労働時間の適正な申告を阻害する措置を講じてはならないこと。

また、時間外労働時間の削減のための社内通達や時間外労働手当の定額払等労働時間に係る事業場の措置が、労働者の労働時間の適正な申告を阻害する要因となっていないかについて確認するとともに、当該要因となっている場合においては、改善のための措置を講ずること。

さらに、労働基準法の定める法定労働時間や時間外労働に関する労使協定（いわゆる三六協定）により延長することができる時間数を遵守することは当然であるが、実際には延長することができる時間数を超えて労働しているにもかかわらず、記録上これを守っているようにすることが、実際に労働時間を管理する者や労働者等において、慣習的に行われていないかについても確認すること。

(4) 賃金台帳の適正な調製

使用者は、労働基準法第一〇八条及び同法施行規則第五四条により、労働者ごとに、労働日数、労働時間数、休日労働時間数、時間外労働時間数、深夜労働時間数といった事項を適正に記入しなければならないこと。

また、賃金台帳にこれらの事項を記入していない場合や、故意に賃金台帳に虚偽の労働時間数を記入した場合は、同法第一二〇条に基づき、三〇万円以下の罰金に処されること。

(5) 労働時間の記録に関する書類の保存

使用者は、労働者名簿、賃金台帳の

みならず、出勤簿やタイムカード等の労働時間の記録に関する書類について、労働基準法第一〇九条に基づき、三年間保存しなければならないこと。

(6) 労働時間を管理する者の職務

事業場において労務管理を行う部署の責任者は、当該事業場内における労働時間の適正な把握等労働時間管理の適正化に関する事項を管理し、労働時間管理上の問題点の把握及びその解消を図ること。

(7) 労働時間等設定改善委員会等の活用

使用者は、事業場の労働時間管理の状況を踏まえ、必要に応じ労働時間等設定改善委員会等の労使協議組織を活用し、労働時間管理の現状を把握の上、労働時間管理上の問題点及びその解消策等の検討を行うこと。

（平二九・一・二〇　基発〇一二〇第三号）

【労働時間の適正な把握のために使用者が講ずべき措置に関するガイドラインについて】

1 ガイドラインの趣旨、内容

(1) 趣旨について

ア 使用者（使用者から労働時間を管理する権限の委譲を受けた者を含む。以下同じ。）に労働時間を管理する責務があることを改めて明らかにするとともに、労働時間の適正な把握のために使用者が講ずべき措置等を明示したところであること。

イ 労働基準法上、使用者には、労働時間の管理を適切に行う責務があるが、一部の事業場において、自己申告制（労働者が自己の労働時間を自主的に申告することにより労働時間を把握するもの。以下同じ。）の不適正な運用等により、労働時間の把握が曖昧となり、その結果、過重な長時間労働や割増賃金の未払いといった問題が生じている。このため、これらの問題の解消を図る目的で、使用者に労働時間を適正に把握する責務があることを改めて明らかにするとともに、本ガイドラインにおいて労働時間の適正な把握のために使用者が講ずべき具体的措置等を明らかにしたものであり、使用者は、ガイドラインを遵守すべきものであること。

(2) 労働時間の考え方について

労働時間を適正に把握する前提として、労働時間の考え方について明らかにしたものであること。

労働時間とは、使用者の指揮命令下にある時間のことをいい、使用者の明示又は黙示の指示により労働者が業務に従事する時間は労働時間に当たること。

なお、労働時間に該当するか否かは、労働契約、就業規則、労働協約等の定めのいかんによらず、労働者の行為が使用者の指揮命令下に置かれたものと評価することができるか否かにより客観的に定まるものであること。また、客観的に見て使用者の指揮命令下に置かれていると評価されるかどうかは、労働者の行為が使用者から義務づけられ、又はこれを余儀なくされていた等の状況の有無等から、個別具体的に判断されるものであることを示したものであること。

(3) ガイドラインの4(1)について

労働時間の把握の現状をみると、労働日ごとの労働時間数の把握のみをもって足りるとしているものがみられるが、労働時間の適正な把握を行うためには、労働日ごとに始業・終業時刻を使用者が確認し、これを記録する必要があることを示したものであること。

(4) ガイドラインの4(2)について

ア 始業・終業時刻を確認するための具体的な方法としては、ア又はイによるべきであることを明らかにしたものであること。また、始業・終業時刻を確認する方法としては、使用者自らがすべての労働時間を現認する場合を除き、タイムカード、ＩＣカード、パソコンの使用時間の記録等（以下「タイムカード等」という。）の客観的な記録をその根拠とすること、又は根拠の一部とすべきであることを示したものであること。

イ　ガイドラインの４(2)アにおいて、「自ら現認する」とは、使用者が、使用者の責任において始業・終業時刻を直接的に確認することであるが、もとより適切な運用が図られるべきであることから、該当労働者からも併せて確認することがより望ましいものであること。

ウ　ガイドラインの４(2)イについては、タイムカード等の客観的な記録を基本情報とし、必要に応じ、これら以外の使用者の残業命令書及びこれに対する報告書等、使用者が労働者の労働時間を算出するために有している記録とを突合することにより確認し、記録するものであること。

　なお、タイムカード等の客観的な記録に基づくことを原則としつつ、自己申告制を併用して労働時間を把握している場合には、ガイドラインの４(3)に準じた措置をとる必要があること。

(5)　ガイドラインの４(3)について

ア　ガイドラインの４(3)アについては、自己申告制の対象となる労働者に説明すべき事項としては、ガイドラインを踏まえた労働時間の考え方、自己申告制の具体的内容、適正な自己申告を行ったことにより不利益な取扱いが行われることがないこと等があること。

イ　ガイドラインの４(3)イについては、労働時間の適正な自己申告を担保するには、実際に労働時間を管理する者が本ガイドラインに従い講ずべき措置を理解する必要があることから設けたものであること。

　実際に労働時間を管理する者に対しては、自己申告制の適正な運用のみならず、ガイドラインの３で示した労働時間の考え方等についても説明する等して、本ガイドラインを踏まえた説明とすることを示したものであること。

ウ　ガイドラインの４(3)ウについては、自己申告による労働時間の把握は、曖昧な労働時間管理となりがちであることから、使用者は、労働時間が適正に把握されているか否かについて定期的に実態調査を行うことが望ましいものであること。

　また、労働者からの自己申告により把握した労働時間と入退館記録やパソコンの使用時間の記録等のデータで分かった事業場内にいた時間との間に著しい乖離が生じている場合や、自己申告制が適用されている労働者や労働組合等から労働時間の把握が適正に行われていない旨の指摘がなされた場合等には、当該実態調査を行う必要があることを示したものであること。

エ　ガイドラインの４(3)エについては、自己申告による労働時間の把握とタイムカード等を併用している場合に、自己申告した労働時間とタイムカード等に記録された事業場内にいる時間に乖離が生じているとき、その理由を報告させること自体は問題のある取組ではないが、その報告が適正に行われないことによって、結果的に労働時間の適正な把握がなされないことにつながり得るため、報告の内容が適正であるか否かについても確認する必要があることを示したものであること。

オ　ガイドラインの４(3)オについては、労働時間の適正な把握を阻害する措置としては、ガイドラインで示したもののほか、例えば、職場単位毎の割増賃金に係る予算枠や時間外労働の目安時間が設定されている場合において、当該時間を超える時間外労働を行った際に賞与を減額する等不利益な取扱いをしているものがあること。

また、実際には労働基準法の定める法定労働時間や時間外労働に関する労使協定（いわゆる三六協定）により延長する時間を超えて労働しているにもかかわらず、記録上これを守っているようにすることが、実際に労働時間を管理する者や労働者等において慣習的に行われていないかについても確認することを示したものであること。

(6) ガイドラインの4(4)について

労働基準法第一〇八条においては、賃金台帳の調製に係る義務を使用者に課し、この賃金台帳の記入事項については労働基準法施行規則第五四条並びに第五五条に規定する様式第二〇号及び第二一号に、労働日数、労働時間数、休日労働時間数、時間外労働時間数、深夜労働時間数が掲げられていることを改めて示したものであること。

また、賃金台帳にこれらの事項を記入していない場合や、故意に虚偽の労働時間数を記入した場合は、同法第一二〇条に基づき、三〇万円以下の罰金に処されることを示したものであること。

(7) ガイドラインの4(5)について

労働基準法第一〇九条において、「その他労働関係に関する重要な書類」について使用者に保存義務を課しており、始業・終業時刻等労働時間の記録に関する書類も同条にいう「その他労働関係に関する重要な書類」に該当するものであること。これに該当する労働時間に関係する書類としては、労働者名簿、賃金台帳のみならず、出勤簿、使用者が自ら始業・終業時刻を記録したもの、タイムカード等の労働時間の記録、残業命令書及びその報告書並びに労働者が自ら労働時間を記録した報告書等があること。

なお、保存期間である三年の起算点は、それらの書類毎に最後の記載がなされた日であること。

(8) ガイドラインの4(6)について

人事労務担当役員、人事労務担当部長等労務管理を行う部署の責任者は、労働時間が適正に把握されているか、過重な長時間労働が行われていないか、労働時間管理上の問題点があればどのような措置を講ずべきか等について、把握、検討すべきであることを明らかにしたものであること。

(9) ガイドラインの4(7)について

ガイドラインの4(7)に基づく措置を講ずる必要がある場合としては、次のような状況が認められる場合があること。

ア　自己申告制により労働時間の管理が行われている場合

イ　一の事業場において複数の労働時間制度を採用しており、これに対応した労働時間の把握方法がそれぞれ定められている場合

また、労働時間等設定改善委員会、安全・衛生委員会等の労使協議組織がない場合には、新たに労使協議組織を設置することも検討すべきであること。

2〜4　〈略〉

（平二九・一・二〇　基発〇一二〇第三号）

【自動車運転者の労働時間等の改善のための基準】

第一　〈略〉

第二　内容

1　目的等（第一条関係）

(1)及び(2)　〈略〉

(3)　時間外・休日労働協定をする場合の留意事項（第三項）

令和六年四月一日から、自動車運転者の業務に対しても、時間外労働の上限

規制が適用されるとともに、労働基準法第三六条第一項の協定で定める労働時間の延長及び休日の労働について留意すべき事項等に関する指針（平成三○年厚生労働省告示第三二三号。以下「指針」という。）が全面適用されることを踏まえ、使用者及び労働者の過半数で組織する労働組合又は労働者の過半数を代表する者（以下「労使当事者」という。）は、法第三六条第一項の協定(以下「時間外・休日労働協定」という。）を締結するに当たっては、次の事項に十分留意しなければならないことを、新たに規定したものであること。

ア　労働時間を延長して労働させることができる時間（以下「時間外労働時間」という。）は、一箇月について四五時間及び一年について三六○時間（一年単位の変形労働時間制を採用している場合であって、その対象期間として三箇月を超える期間を定めているときは、一箇月について四二時間及び一年について三二○時間。以下「限度時間」という。）を超えない時間に限ることとされていること。

イ　アに定める一年の限度時間を超えて労働させることができる時間（以下「臨時的な特別の事情がある場合の時間外労働時間」という。）を定めるに当たっては、事業場における通常予見することのできない業務量の大幅な増加等に伴い臨時的に当該限度時間を超えて労働させる必要がある場合であっても、九六○時間を超えない範囲内とされていること。

ウ　ア及びイに掲げるもののほか、労働時間の延長及び休日の労働は必要最小限にとどめられるべきであることその他の労働時間の延長及び休日の労働を適正なものとするために必要な事項については、指針において定められていること。

(4)　拘束時間及び休息期間の定義

ア　拘束時間

拘束時間とは、労働時間と休憩時間（仮眠時間を含む。以下同じ。）の合計時間、すなわち、始業時刻から終業時刻までの使用者に拘束される全ての時間をいうものであること。また、拘束時間の範囲内であっても、法定労働時間を超えて又は休日に労働させる場合には、時間外・休日労働協定の締結・届出が必要であることはいうまでもないこと。

拘束時間とは、基本的には労働時間と休憩時間の合計時間をいうものであるが、改善基準告示においては拘束時間規制の観点から、あらゆる場合における始業時刻から終業時刻までの使用者に拘束されている全ての時間を確実に含ましめるため、念のため「その他の使用者に拘束されている時間」を加えたものである。したがって、通常の場合「その他の使用者に拘束されている時間」が発生する余地はなく、労働時間と休憩時間の合計時間が拘束時間となるものである。

なお、今回の改正においては、臨時的な特別の事情がある場合でも時間外労働の上限が年九六○時間とされていること等を踏まえ、一年及び一箇月の拘束時間について、次の時間数を念頭に見直しの検討が行われたものである。

・一年の拘束時間(三、三○○時間)
＝一年の法定労働時間（週四○時間×五二週＝二、○八○時間）＋一年の休憩時間（一時間×週五日×五二週＝二六○時間）＋時間外労働九六○時間

・一箇月の拘束時間（二七五時間）
＝一年の拘束時間（三、三○○時間）÷一二か月

ただし、この時間数は、事業場ご

との所定労働時間、休憩時間及び月の日数等の違いを考慮したものではないため、あくまで「目安」として参考にしたものである。

イ　休息期間

休息期間とは、使用者の拘束を受けない期間であること。勤務と次の勤務との間にあって、休息期間の直前の拘束時間における疲労の回復を図るとともに、睡眠時間を含む労働者の生活時間として、その処分が労働者の全く自由な判断に委ねられる時間であり、休憩時間や仮眠時間等とは本質的に異なる性格を有するものであること。

(5)　個人事業主等の取扱い

法第九条にいう労働者に該当しない個人事業主等は、改善基準告示の直接の対象とはならない。他方、道路運送法（昭和二六年法律第一八三号）及び貨物自動車運送事業法（平成元年法律第八三号）等の関連法令に基づき、旅客自動車運送事業者及び貨物自動車運送事業者は、運転者の過労防止等の観点から、国土交通大臣が告示で定める基準に従って、運転者の勤務時間及び乗務時間を定め、当該運転者にこれらを遵守させなければならない旨の規定が設けられており、その基準として、改善基準告示が引用されている。当該規定は、個人事業主等である運転者にも適用され、実質的に改善基準告示の遵守が求められるものであることから、これらの事業者等の関係者は、このことに留意する必要があること。

2　タクシー運転者の拘束時間等（第二条第一項から第四項まで関係）

第二条第一項から第四項までは、一般乗用旅客自動車運送事業に従事する自動車運転者（以下「ハイヤーに乗務する自動車運転者（以下「ハイヤー運転者」という。）を除く。以下「タクシー運転者」という。）の拘束時間、休息期間等の基準を定めたものであること。

なお、第二条第五項は、ハイヤー運転者について、タクシー運転者に係る基準は適用しないことを定めたものであること（3参照（略））。

(1)　日勤勤務者の拘束時間及び休息期間（第一項）

タクシー運転者のうち、隔日勤務（始業及び終業の日が同一の日に属さない業務をいう。以下同じ。）以外の勤務に就く者（以下「日勤勤務者」という。）の拘束時間及び休息期間については次のとおりであること。

ア　一箇月の拘束時間（第一号）

日勤勤務者の一箇月の拘束時間は、「二八八時間」を超えないものとしたこと。

旧告示において、日勤勤務者の一箇月の拘束時間の限度は「二九九時間」とされていたが、「血管病変等を著しく増悪させる業務による脳血管疾患及び虚血性心疾患等の認定基準」（令和三年九月一四日付け基発〇九一四第一号別添。以下「脳・心臓疾患に係る労災認定基準」という。）において発症前一か月間におおむね一〇〇時間又は発症前二か月間ないし六か月間にわたって一か月あたりおおむね八〇時間を超える時間外労働（休日労働）がある場合に業務と脳・心臓疾患の発症との関連性が強いと評価できるとされていること等を踏まえ、過労死等の防止の観点から、月八〇時間の時間外労働を前提とした「二七五時間」の拘束時間に、月一回の休日労働として一日「一三時間」の拘束時間を加えた、「二八八時間」としたこと。

なお、第一号の「一箇月」とは、原則として暦月をいうものであるが、就業規則、勤務割表等で特定日を起算日と定めている場合には、当該特定日から起算した一箇月でも差し支えないものであること。(2)アの隔日勤務者の一箇月の拘束時間についても同じ。）

第一号ただし書は、車庫待ち等の自動車運転者の一箇月の拘束時間を定めたものであること（(3)参照）。

イ　一日の拘束時間（第二号、第三号）

日勤勤務者の一日（始業時刻から起算して二四時間をいう。以下同じ。）の拘束時間は、「一三時間」を超えないものとし、当該拘束時間を延長する場合であっても、一日の拘束時間の限度(以下「最大拘束時間」という。)は「一五時間」としたこと。この場合において、「一日の拘束時間が一四時間を超える回数をできるだけ少なくするよう努める」ものとしたこと。

旧告示において、日勤勤務者の最大拘束時間は「一六時間」とされていたが、自動車運転者の睡眠時間の確保による疲労回復の観点から、これを一時間短縮し、「一五時間」としたこと。

また、一日の拘束時間について「一三時間」を超えて延長する場合は、自動車運転者の疲労の蓄積を防ぐ観点から、新たに、使用者は、一日の拘束時間が「一四時間」を超える回数をできるだけ少なくするよう努めるものとした。当該回数については、一週間に三回以内を目安とすること。この場合において、一日の拘束時間が「一四時間」を超える日が連続することは望ましくないこと。

第二号ただし書は、車庫待ち等の自動車運転者について定めたものであること（(3)参照）。

ウ　休息期間（第四号）

日勤勤務者の休息期間は、勤務終了後、「継続一一時間以上与えるよう努めることを基本とし、継続九時間を下回らない」ものとしたこと。

旧告示において、日勤勤務者の休息期間は、勤務終了後「継続八時間以上」とされていたが、十分な休息期間の確保が重要であり、脳・心臓疾患に係る労災認定基準において、長期間の過重業務の判断に当たって「勤務間インターバル」がおおむね一一時間未満の勤務の有無等について検討し評価することとされていること等を踏まえ、自動車運転者の睡眠時間の確保による疲労回復の観点から、休息期間について「継続一一時間以上」与えるよう努めることが原則であることを示すとともに、下限を一時間延長し、「九時間」としたこと。

労使当事者にあっては、このことを踏まえ、単に休息期間の下限「九時間」を遵守するにとどまらず、「継続一一時間以上」の休息期間が確保されるよう自主的な改善の取組を行うことが特に要請されるものであること。

(2)　隔日勤務者の拘束時間及び休息期間（第二項）

タクシー運転者のうち隔日勤務に就く者（以下「隔日勤務者」という。）の拘束時間及び休息期間については、次のとおりであること。

なお、隔日勤務とは、始業及び終業の時刻が同一の日に属さない業務をいう。二労働日の勤務を一勤務にまとめて行うものであり、深夜時間帯における公共交通機関としての役割を果たすタクシー業において、都市部を中心に広く採用されている勤務形態であること。

ア　一箇月の拘束時間（第一号）

隔日勤務者の一箇月の拘束時間は、「二六二時間」を超えないものとすること。

ただし、地域的事情その他の特別な事情がある場合において、労使協定があるときは、一年のうち六箇月までは、一箇月の拘束時間を「二七

1箇月の拘束時間（タクシー）

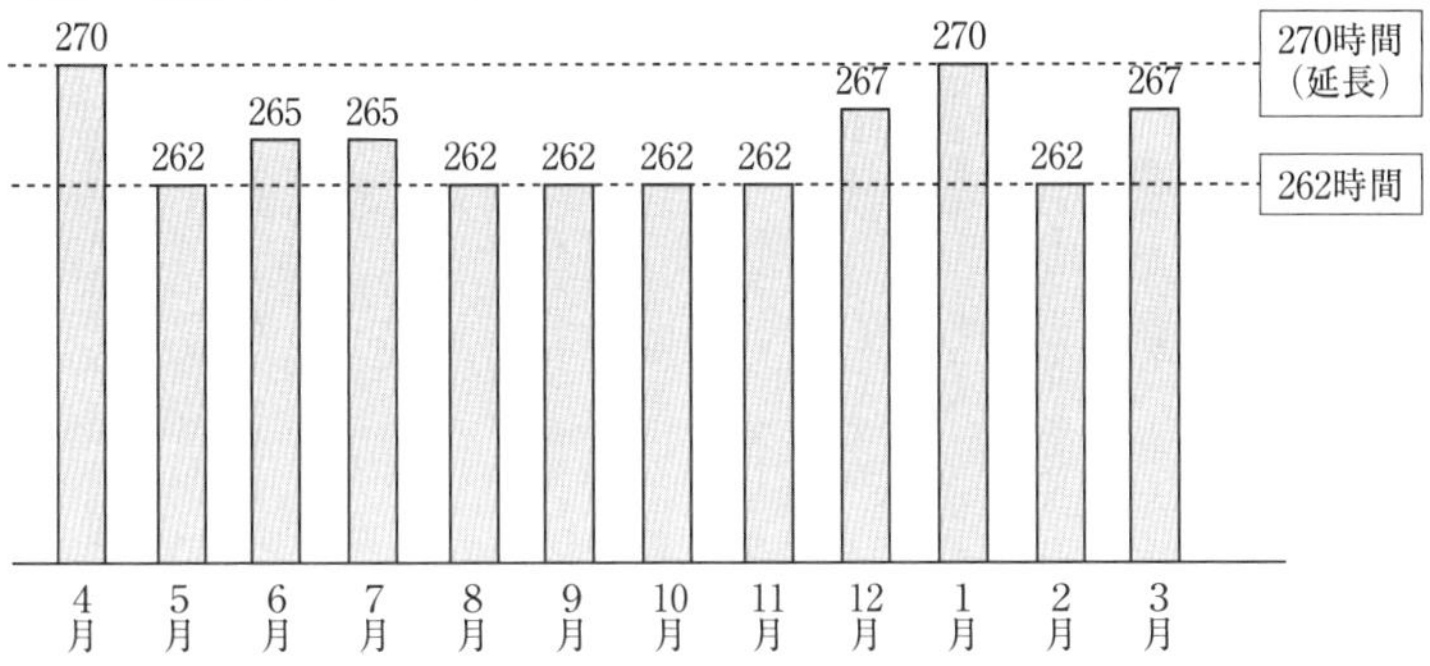

○時間」まで延長することができること。

なお、一箇月の拘束時間を延長する場合の「地域的事情その他の特別な事情」とは、例えば地方都市における顧客需要の状況、大都市部における顧客需要の一時的増加等をいうものであること。

なお、隔日勤務者の一箇月の拘束時間については、旧告示からの変更はないこと。

一箇月の拘束時間を延長する場合の労使協定については、別紙5－1の協定例〈略〉を参考とすること。労使協定では、一年の始期及び終期を定め、当該一年のうち六箇月までの範囲で一箇月の拘束時間を「二七〇時間」を超えない範囲で延長する旨を協定することとなるが、その場合の各月の拘束時間は、例えば次〈編注　上図〉のようになり、全ての協定対象者の各月の拘束時間は、この範囲内とする必要があること。

イ　二暦日の拘束時間（第二号）

隔日勤務者の二暦日の拘束時間は、「二二時間」を超えないものとし、かつ、「二回の隔日勤務を平均し隔日勤務一回当たり二一時間を超えない」ものとしたこと。

旧告示において、二暦日の拘束時間の限度は「二一時間」と定めていたが、当該拘束時間について旧告示と同程度の水準に抑えつつ、突発的な顧客需要や交通事情等に一層柔軟に対応する観点から、見直しを行ったものであること。

また、二回の隔日勤務を平均した一回当たりの拘束時間の計算に当たっては、特定の隔日勤務を起算点として、二回の隔日勤務に区切り、その二回の隔日勤務の平均とすることが望ましいが、特定の隔日勤務の拘束時間が改善基準告示に違反するか否かは、次により判断するものであること。

特定の隔日勤務の前の隔日勤務	特定の隔日勤務	特定の隔日勤務の次の隔日勤務
B時間	A時間	C時間

※　次の①②のいずれもが「二二時間」を超えた場合に、初めて違反と判断される。①特定の隔日勤務の拘束時間（A時間）と、特定の隔日勤務の前の隔日勤務の拘束時間（B時間）との平均、②特定の隔日勤務の拘束時間（A時間）と特定の隔日勤務の次の隔日勤務の拘束時間（C時間）

との平均

なお、日勤勤務と隔日勤務を併用して頻繁に勤務態様を変えることは、労働者の生理的機能への影響に鑑み認められないこと。したがって、日勤勤務と隔日勤務を併用する場合には、制度的に一定期間ごとに交替させるよう勤務割を編成しなければならないこと。

ウ　休息期間（第四号）

隔日勤務者の休息期間は、勤務終了後、「継続二四時間以上与えるよう努めることを基本とし、継続二二時間を下回らない」ものとしたこと。

旧告示において、隔日勤務者の休息期間は、勤務終了後「継続二〇時間以上」とされていたが、上記(1)ウで述べた休息期間の重要性に加え、隔日勤務については二労働日の勤務を一勤務にまとめて行うため自動車運転者の身体的負担を伴うものであること等を踏まえ、休息期間について「継続二四時間以上」与えるよう努めることが原則であることを示すとともに、下限を二時間延長し、「継続二二時間」としたものであること。

労使当事者にあっては、このことを踏まえ、単に休息期間の下限「二二時間」を遵守するにとどまらず、「継続二四時間以上」の休息期間が確保されるよう自主的な改善の取組を行うことが特に要請されるものであること。

(3)ないし(5)　〈略〉

3　〈略〉

4　トラック運転者の拘束時間等（第四条関係）

第四条第一項から第五項までは、貨物自動車運送事業に従事する自動車運転者（以下「トラック運転者」という。）の拘束時間、休息期間等について定めたものであること。

なお、同条第六項の「旅客自動車運送事業及び貨物自動車運送事業以外の事業に従事する自動車運転者（主として人を運送することを目的とする自動車の運転の業務に従事する者を除く。）」とは、主として物を運送することを目的とする自動車の運転の業務に従事する者がこれに該当するものであり、例えば、工場等の製造業における配達部門の運転者については、本条によるものであること。

(1)　一箇月及び一年の拘束時間（第一項第一号、第二号）

トラック運転者の拘束時間は、一箇月の拘束時間が「二八四時間」を超えず、かつ、一年の総拘束時間が「三、三〇〇時間」を超えないものとしたこと。ただし、労使協定により、一年のうち六箇月までは、一年の総拘束時間が「三、四〇〇時間」を超えない範囲内において、一箇月の拘束時間を「三一〇時間」まで延長することができること。この場合において、一箇月の拘束時間が「二八四時間」を超える月が三箇月を超えて連続しないものとし、かつ、一箇月の時間外労働及び休日労働の合計時間数が「一〇〇時間未満」となるよう努めるものとしたこと。

旧告示において、一箇月の拘束時間の限度は「二九三時間」とされていたが、脳・心臓疾患に係る労災認定基準等を踏まえ、過労死等の防止の観点から、月八〇時間の時間外労働時間を前提とした「二七五時間」の拘束時間に、月一回の休日労働に相当する一日「九時間」の拘束時間を加えた、「二八四時間」としたこと。一年の総拘束時間が「三、三〇〇時間」とあるのは、「二七五時間」の拘束時間に一二箇月を乗じたものであり、旧告示における一年の総拘束時間の上限である二九三時間×一二箇月＝三、五一六時間から二一六時間短縮していること。また、旧告示において、労使協定があるときは、一年のうち六箇月までは、一年の総拘束時間が「三、五一六時間」を超えない範囲内において一箇月の拘束時間を「三二〇時間」まで延長できると定めていたが、過労死等の防止の観点を踏まえつつ、業務の繁閑等にも対応できるよう、一年の総拘束時間を一一六時間、一箇月の拘束時間を一〇時間短縮し、一年の拘束時間が「三、四〇〇時間」を超えない範囲内において一箇月の拘束時間を「三一〇時間」まで延長できることとしたこと。

労使協定により拘束時間を延長する場合であっても、一箇月の拘束時間を全て上限値（二八四時間×六箇月かつ三一〇時間×六箇月）とすると一年の総拘束時間は三、五六四時間となることから、そのようなことはできず、一年で「三、四〇〇時間」以内となるよう一箇月当たりの拘束時間を抑制する必要があること。

また、労使協定により拘束時間を延長する場合、拘束時間の長い勤務が長期間連続して行われることによる疲労の蓄積を防ぐ観点から、拘束時間が「二八四時間」を超える月は三箇月を超えて連続しないこととし、一箇月の時間外・休日労働時間数が「一〇〇時間未満」となるよう努めることとしたこと。

労使協定により拘束時間を延長する場合、使用者には、過労死等や過労運転を防止する観点から、トラック運転者の睡眠時間が十分確保されるよう運行計画を作成すること等が要請されるものであること。なお、この場合の「一箇月」とは、原則として暦月をいうものであるが、就業規則、勤務割表等において特定日を起算日と定めている場合には、当該特定日から起算した一箇月でも差し支えないものであること。

また、拘束時間を延長する場合の労使協定については、別紙5‐2の協定例〈略〉を参考とすること。また、労使協定により定めた一年の各月の拘束時間の限度は、例えば次のようになり、全ての協定対象者の各月の拘束時間は、この範囲内とする必要があること。

(2) 一日の拘束時間（第一項第三号、第四号）

一日の拘束時間は、「一三時間」を超えないものとし、当該拘束時間を延長する場合であっても、最大拘束時間は「一五時間」としたこと。ただし、自動車運転者の一週間における運行が全て長距離貨物運送（一の運行（自動車運転者が所属する事業場を出発してから当該事業場に帰着するまでをいう。以下同じ。）の走行距離が四五〇km以上の貨物運送をいう。以下同じ。）

１箇月及び１年の拘束時間（トラック）

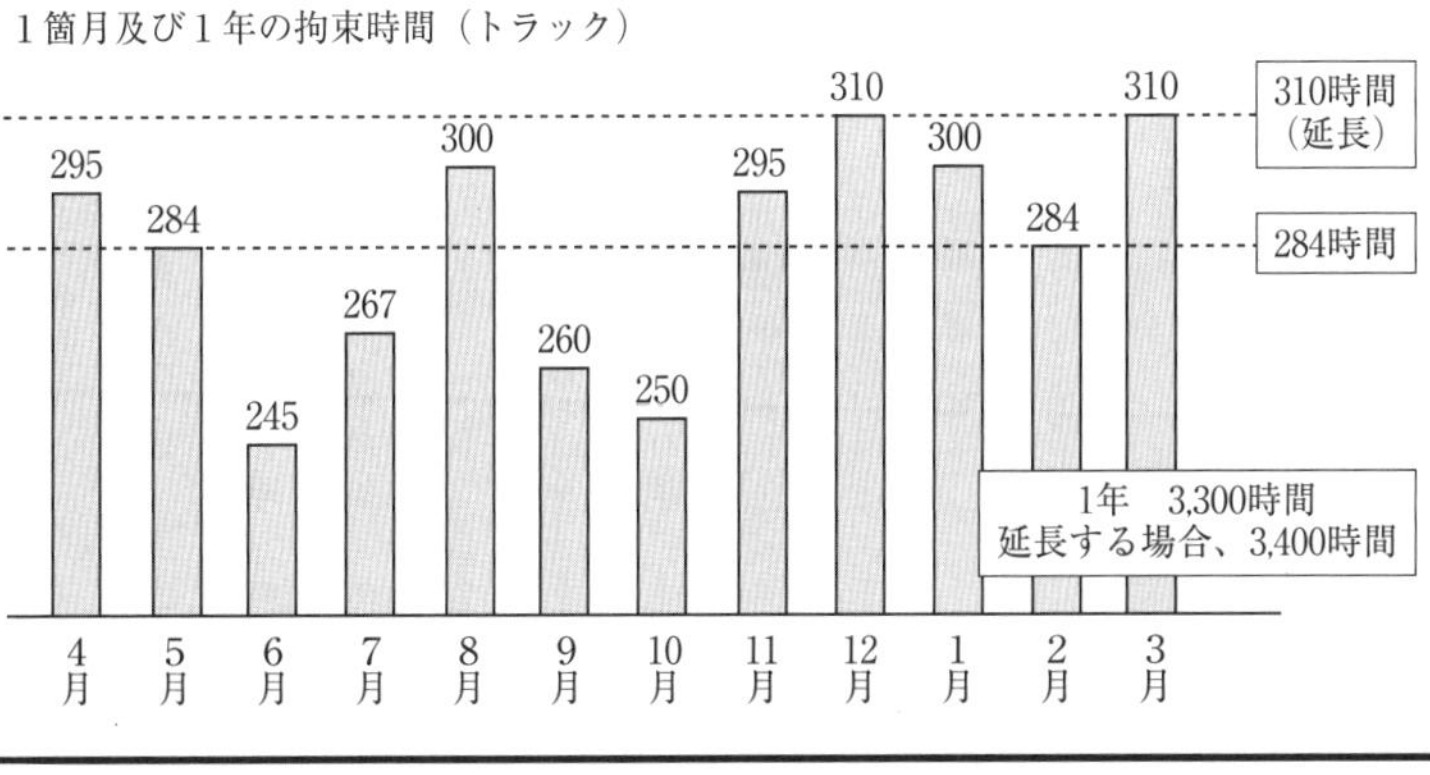

であり、かつ、一の運行における休息期間が住所地以外の場所におけるものである場合（以下「宿泊を伴う長距離貨物運送の場合」という。）、当該一週間について二回に限り最大拘束時間を「一六時間」とすることができること。

また、一日の拘束時間を延長する場合（宿泊を伴う長距離貨物運送の場合を含む。）において、「一日の拘束時間が一四時間を超える回数をできるだけ少なくするよう努める」ものとしたこと。

旧告示において、最大拘束時間は「一六時間」とされていたが、自動車運転者の睡眠時間の確保による疲労回復の観点から、これを一時間短縮し、「一五時間」としたこと。また、宿泊を伴う長距離貨物運送の場合、車中泊など住所地以外の場所における休息期間を確保するよりも、運行終了後に住所地での休息期間を十分に確保し、トラック運転者の疲労回復を図る等の観点から、一週間について二回に限り拘束時間を「一六時間」とすることを可能としたものであること。

一日の拘束時間について「一三時間」を超えて延長する場合は、自動車運転者の疲労の蓄積を防ぐ観点から、新たに、使用者は、一日の拘束時間が「一四時間」を超える回数をできるだけ少なくするよう努めるものとした。当該回数については、一週間について二回以内を目安とすること。この場合において、一日の拘束時間が「一四時間」を超える日が連続することは望ましくないこと。

(3)　休息期間（第一項第五号）

休息期間は、勤務終了後、「継続一一時間以上与えるよう努めることを基本とし、継続九時間を下回らない」ものとしたこと。ただし、宿泊を伴う長距離貨物運送の場合、当該一週間について二回に限り、「継続八時間以上」とすることができることとし、この場合において、一の運行終了後、「継続一二時間以上」の休息期間を与えるものとしたこと。

旧告示において、休息期間は、勤務終了後「継続八時間以上」とされていたが、十分な休息期間の確保が重要であり、脳・心臓疾患に係る労災認定基準において、長期間の過重業務の判断に当たって「勤務間インターバル」がおおむね一一時間未満の勤務の有無等について検討し評価することとされていること等を踏まえ、自動車運転者の睡眠時間の確保による疲労回復の観点から、休息期間について「継続一一時間以上」与えるよう努めることが原則であることを示すとともに、下限を一時間延長し、「九時間」としたこと。労使当事者にあっては、このことを踏まえ、単に休息期間の下限「九時間」を遵守するにとどまらず、「継続一一時間以上」の休息期間が確保されるよう自主的な改善の取組を行うことが特に要請されるものであること。

また、上記(2)のとおり、宿泊を伴う長距離貨物運送の場合、車中泊など住所地以外の場所における休息期間を確保するよりも、運行終了後に住所地での休息期間を十分に確保し、トラック運転者の疲労回復を図る等の観点から、当該運行終了後に、通常の「継続一一時間」を上回る「継続一二時間以上」の休息期間を与えるものとしたこと。

(4)　運転時間（第一項第六号）

運転時間は、二日を平均し一日当たり「九時間」、二週間を平均し一週間当たり「四四時間」を超えないものとすること。

二日を平均し一日当たりの運転時間の算定に当たっては、特定の日を起算日として二日ごとに区切り、その二日間の平均とすることが望ましいが、特定日の最大運転時間が改善基準告示に違反するか否かは、次により判断するものであること。

特定日の前日（N－1日）	特定日（N日）	特定日の翌日（N＋1日）
B時間	A時間	C時間

※　次の①②のいずれもが「九時間」を超えた場合に、初めて違反と判断される。
①特定日の運転時間（A時間）と特定日の前日の運転時間（B時間）との平均、
②特定日の運転時間（A時間）と特定日の翌日の運転時間（C時間）との平均

また、二週間における総運転時間を計算する場合は、特定の日を起算日として二週間ごとに区切り、その二週間ごとに計算しなければならないものであること。

なお、運転時間については、旧告示からの変更はないこと。

(5)　連続運転時間（第一項第七号）

連続運転時間（一回が「おおむね連続一〇分以上」で、かつ、合計が「三〇分以上」の運転の中断をすることなく連続して運転する時間をいう。）は、「四時間以内」とし、当該運転の中断については原則として休憩を与えるものとしたこと。ただし、高速道路等のサービスエリア又はパーキングエリア等に駐車又は停車できないことにより、やむを得ず連続運転時間が「四時間」を超える場合には、「四時間三〇分」まで延長することができること。

旧告示における運転の「中断」については、その解釈を特段示していなかったものであるが、トラック運転者については、運転の中断時に荷積み・荷卸し等の作業に従事することにより、十分な休憩が確保されない実態があるといったことを踏まえ、運転の中断については、原則として休憩を与えるものとしたこと。例えば、運転の中断時に特段の事情なく休憩が全く確保されないような運行計画を作成することは、「原則として休憩を与える」ものとは当然認められないものであり、中断時に適切に休憩が確保されるような運行計画を作成することが使用者においては要請されるものであること。

また、旧告示においては、運転の中断の下限時間を「連続一〇分以上」としていたが、これを「おおむね連続一〇分以上」とした。デジタル式運行記録計により細かな時間管理が可能になる中で、運転の中断の時間が「一〇分」にわずかに満たないことをもって直ちに改善基準告示違反とするのはトラック運転者の勤務実態を踏まえたものではないという観点から見直したものである。「おおむね連続一〇分以上」とは、運転の中断は原則一〇分以上とする趣旨であり、例えば一〇分未満の運転の中断が三回以上連続する等の場合は、「おおむね連続一〇分以上」に該当しないものであること。

ただし書は、サービスエリア又はパーキングエリア等で運転を中断しようとしたものの、当該サービスエリア等が満車である等により駐車又は停車できず、やむを得ず連続運転時間が四時間を超える場合の例外的取扱いを新たに定めたものであること。「サービスエリア又はパーキングエリア等」には、コンビニエンスストア、ガスステーション及び道の駅も含まれること。

なお、連続運転時間は四時間を超えないことが原則であり、当該ただし書が設けられたことをもって、連続運転時間が四時間三〇分に延長されたと解してはならない。使用者においてはこのことを踏まえ余裕をもった運行計画を作成する必要があり、例えば、当該例外的取扱いを前提として、連続運転時間が四時間となるような運行計画を作成することは、当然に認められないものであること。

(6)　住所地での休息期間（第二項）

自動車運転者の住所地における休息

期間がそれ以外の場所における休息期間より長くなるように努めるものとすること。

特に長距離貨物運送の場合、運行の中継地や目的地において休息期間を過ごすことがあるが、休息期間の配分においてはトラック運転者の疲労の蓄積を防ぐ観点から、当該運転者の住所地における休息期間が、それ以外の場所における休息期間よりもより長く確保されるよう、使用者は努めるべきものであること。

なお、第二項については、旧告示からの変更はないこと。

(7)ないし(9)　〈略〉

5　バス運転者の拘束時間等（第五条関係）

第五条は、一般乗用旅客自動車運送事業以外の旅客自動車運送事業に従事する自動車運転者（以下「バス運転者」という。）の拘束時間、休息期間等について定めたものであること。なお、旅客自動車運送事業及び貨物自動車運送事業以外の事業に従事する自動車運転者であって、主として人を運送することを目的とする自動車の運転の業務に従事するもの、例えば、旅館の送迎用バスの運転者や、スクールバスの運転者等についても、本条によるものであること。

(1)　一箇月及び一年又は四週平均一週及び五二週の拘束時間（第一項第一号、第二号）

拘束時間について、次のア（一箇月及び一年の基準）又はイ（四週間を平均し一週間当たり及び五二週の基準）のいずれかの基準によることとしたこと。

ア　一箇月及び一年の拘束時間

一箇月及び一年の基準による場合は、一箇月の拘束時間が「二八一時間」を超えず、かつ、一年の拘束時間が「三、三〇〇時間」を超えないものとしたこと。ただし、貸切バスを運行する営業所において運転の業務に従事する者、乗合バスに乗務する者（一時的な需要に応じて追加的に自動車の運行を行う営業所において運転の業務に従事する者に限る。）、高速バスに乗務する者及び貸切バスに乗務する者（以下「貸切バス等乗務者」という。）については、労使協定により、一年のうち六箇月までは、一年の総拘束時間が「三、四〇〇時間」を超えない範囲内において、一箇月の拘束時間を「二九四時間」まで延長することができること。この場合において、一箇月の拘束時間が「二八一時間」を超える月が四箇月を超えて連続しないこと。

旧告示においては、四週間を平均し一週間当たり（以下「四週平均一週」という。）の拘束時間の基準のみを定めてきたものであるが、賃金等の労務管理を一箇月単位で実施する企業も多いことから、事業場ごとの労務管理等の実態に応じて、一箇月及び一年の基準又は四週平均一週及び五二週の基準のいずれかを選択することができるよう見直しを行ったものであること。

一箇月の拘束時間の限度である「二八一時間」は、現行の四週平均一週の拘束時間の限度である「六五時間」と同水準（六五時間×五二週÷一二箇月＝二八一・六六≒二八一時間）であり、一年の総拘束時間が「三、三〇〇時間」とあるのは、過労死等の防止の観点から、月八〇時間の時間外労働時間を前提とした「二七五時間」の拘束時間に一二箇月を乗じたものであること。

また、一箇月の拘束時間を延長することができる対象は、旧告示においては「貸切バスを運行する営業所において運転の業務に従事する者、貸切バスに乗務する者及び特定運転者（高速バスの運転者）」とされていたが、これに加え、「乗合バスに乗務する者（一時的な需要に応じて追加的に自動車の運行を行う営業所において運転業務に従事する者に限る。）」についても、季節的な業務の繁忙に対応する必要があることから、拘束時間を延長することができる対象として新たに追加したものであること。なお、このことは、四週平均一週の拘束時間を延長することができる対象についても同様であること。

延長した拘束時間の限度は、脳・心臓疾患に係る労災認定基準等を踏まえ、過労死等の防止の観点から、現行の四週平均一週の拘束時間の限度（七一・五時間）を一箇月当たりに換算した「三〇九時間」（七一・五時間×五二週÷一二箇月＝三〇九・八三≒三〇九時間）から一五時間短縮し、「二九四時間」としつつ、延長する場合であっても年間を通じた拘束時間の抑制を図る観点から、延長する場合の一年の上限時間（三、四〇〇時間）を設けたものであること。

労使協定により拘束時間を延長する場合、拘束時間の長い勤務が長期間連続して行われることによる疲労の蓄積を防ぐ観点から、拘束時間が「二八一時間」を超える月は四箇月を超えて連続しないこととしたこと。

労使協定により拘束時間を延長する場合、使用者には、過労死等や過労運転を防止する観点から、バス運転者の睡眠時間が十分確保されるよう運行計画を作成すること等が要請されるものであること。なお、この場合の「一箇月」とは、原則として暦月をいうものであるが、就業規則、勤務割表等において特定日を起算日と定めている場合には、当該特定日から起算した一箇月でも差し支えないものであること。

イ　四週平均一週及び五二週の拘束時間

四週平均一週及び五二週の拘束時間の基準による場合は、四週平均一週の拘束時間が「六五時間」を超えず、かつ、五二週の拘束時間が「三、三〇〇時間」を超えないものとすること。ただし、貸切バス等乗務者については、労使協定により、五二週間のうち二四週間までは、五二週間の総拘束時間が「三、四〇〇時間」を超えない範囲内において、四週平均一週「六八時間」（二九四時間×一二箇月÷五二週＝六七・八四≒六八時間）まで延長することができること。この場合において、四週平均一週の拘束時間が「六五時間」を超える週が一六週間を超えて連続しないこと。

四週平均一週の拘束時間の見直しの趣旨・水準については上記アの一箇月の拘束時間と同様であること。なお、「四週平均一週の拘束時間が六五時間を超えない」とは、拘束時間について四週間の範囲内で各労働日又は各週の拘束時間に長短をつけることができるが、その場合、できる限り各労働日又は各週の拘束時間を平準化し、一週間当たり「六五時間」（一三時間×二〇日÷四週）となるようにすることが望ましいとの意である。当該基本的な考え方については、旧告示と同様であること。

なお、この場合の四週間における総拘束時間の計算に当たっては、特定の日を起算日とし、四週間ごとに区切って計算すること。

ウ　拘束時間を延長する場合の労使協定

拘束時間を延長する場合の労使協定については、別紙５－３の協定例〈略〉を参考とすること。また、労使協定により定めた一年の各月の拘束時間の限度は、例えば次のように

１箇月及び１年の拘束時間（バス）

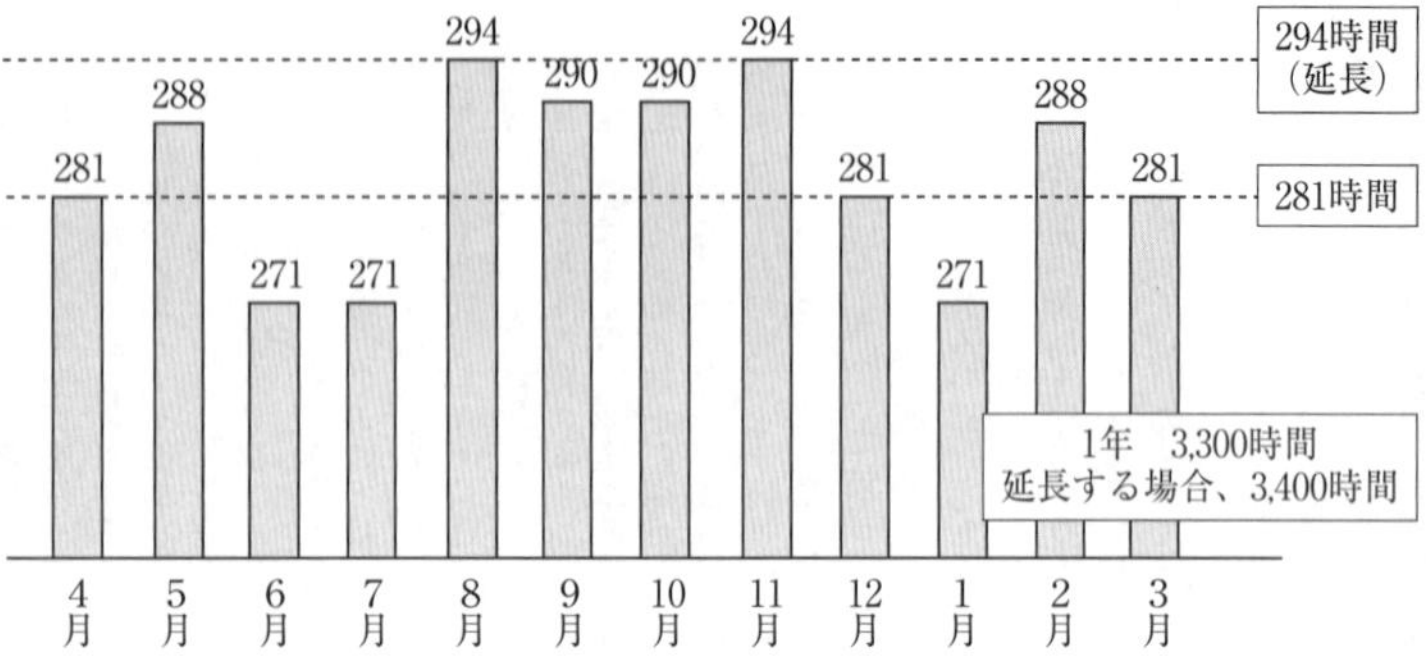

４週平均１週及び52週の拘束時間（バス）

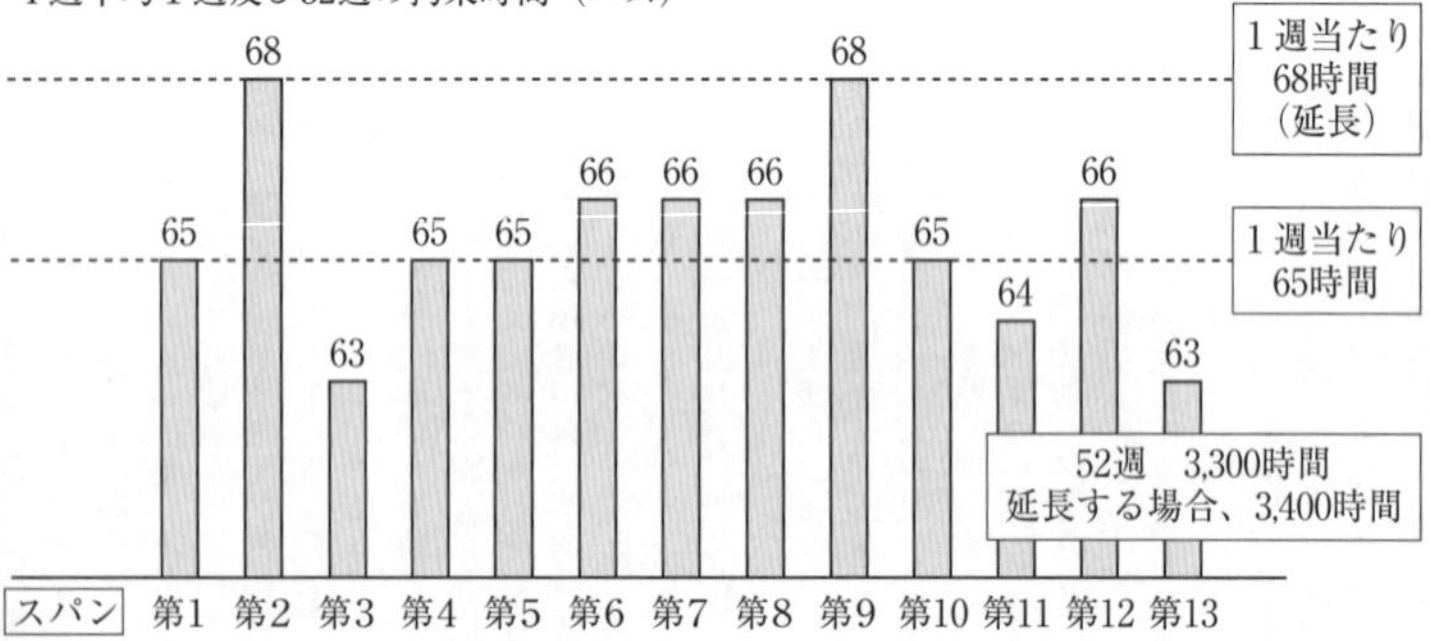

なり、全ての協定対象者の各月の拘束時間は、この範囲内とする必要があること。

四週平均一週の拘束時間を延長する場合は、労使協定により、協定の対象となる期間の始期から四週間ごとに区切り（そのそれぞれの期間を以下「スパン」という。五二週間のスパンの数は計一三（五二週間÷四週間＝一三）となる。）、当該一三に区切られたスパンのうち六つのスパンについて、四週平均一週六八時間まで延長できることとなること（四つのスパンは基本的には協定の対象となる始期から四週間ごとに区切った各スパンと一致するものであること）。当該延長されたスパンの総拘束時間の限度は二七二時間となるが、この場合においても、一週間当たり「六八時間」となるよう、なるべく週ごとの拘束時間を平準化することが望ましいものであること。

また、この場合、労使協定の協定期間は、五二週間となることが基本であるため、年間総暦日数との関係で最初に締結した労使協定の始期と次の労使協定の始期とがずれてくることとなるが（例えば、令和六年四月一日を始期として労使協定を締結した場合、次の労使協定の始期は令和七年三月三一日、その次の労使協定の初日は令和八年三月三〇日となる。）、労使協定の始期を同一日に合わせることにより生ずる一スパン未満の期間（以下「端数期間」という。）の総拘束時間は、按分比例によって清算し、（端数期間）÷二八×二六〇時間より大きくならないようにする必要があること。

(2)　一日の拘束時間（第一項第三号）

一日の拘束時間は、「一三時間」を超えないものとし、当該拘束時間を延長する場合であっても、最大拘束時間は「一五時間」としたこと。この場合において、「一日の拘束時間が一四時間を超える回数をできるだけ少なくするよう努める」ものとしたこと。

旧告示において、最大拘束時間は「一六時間」とされていたが、自動車運転者の睡眠時間の確保による疲労回復の観点から、これを一時間短縮し、「一五時間」としたこと。

また、一日の拘束時間について「一三時間」を超えて延長する場合は、自動車運転者の疲労の蓄積を防ぐ観点から、新たに、使用者は、一日の拘束時間が「一四時間」を超える回数をできるだけ少なくするよう努めるものとした。当該回数については、一週間について三回以内を目安とすること。この場合において、一日の拘束時間が「一四時間」を超える日が連続することは望ましくないこと。

(3)　休息期間（第一項第四号）

休息期間は、勤務終了後、「継続一一時間以上与えるよう努めることを基本とし、継続九時間を下回らない」ものとしたこと。

旧告示において、休息期間は、勤務終了後「継続八時間以上」とされていたが、十分な休息期間の確保が重要であり、脳・心臓疾患に係る労災認定基準において、長期間の過重業務の判断に当たって「勤務間インターバル」がおおむね一一時間未満の勤務の有無等について検討し評価することとされていること等を踏まえ、自動車運転者の睡眠時間の確保による疲労回復の観点から、休息期間について「継続一一時間以上」与えるよう努めることが原則であることを示すとともに、下限を一時間延長し、「九時間」としたこと。

労使当事者にあっては、このことを踏まえ、単に休息期間の下限「九時間」を遵守するにとどまらず、「継続一一時間以上」の休息期間が確保されるよう自主的な改善の取組を行うことが特に要請されるものであること。

(4)　運転時間（第一項第五号）

運転時間は、二日を平均し一日当たり「九時間」、四週平均一週「四〇時間」を超えないものとすること。ただし、貸切バス等乗務者については、労使協定により、五二週間における総運転時間が「二、〇八〇時間」を超えない範囲内において、五二週間のうち一六週間まで、四週平均一週「四四時間」まで延長することができること。

新告示において、(1)アと同様、運転時間を延長することができる対象に、「乗合バスに乗務する者（一時的な需要に応じて追加的に自動車の運行を行う営業所において運転業務に従事する者に限る。）」を追加したものであること。なお、運転時間を延長する場合の労使協定については、別紙５－３の協定例〈略〉を参考とすること。

二日を平均し一日当たりの運転時間の算定に当たっては、特定の日を起算日として二日ごとに区切り、その二日間の平均とすることが望ましいが、特定日の最大運転時間が改善基準告示に違反するか否かは、次により判断するものであること。

特定日の前日（N－1日）	特定日（N日）	特定日の翌日（N＋1日）
B時間	A時間	C時間

※　次の①②のいずれもが「九時間」を超えた場合に、初めて違反と判断される。①特定日の運転時間（A時間）と特定日の前日の運転時間（B時間）との平均、②特定日の運転時間（A時間）と特定日の翌日の運転時間（C時間）との平均

なお、四週間における総運転時間を計算する場合は、特定の日を起算日として四週間ごとに区切り、その四週間ごとに計算しなければならないものであること。この場合、労使協定では五二週間の始期及び終期を定め、当該五二週間のうち一六週間までは、四週平均一週「四四時間」まで延長する旨協定することとなるが、その場合の各スパンの拘束時間の限度は、例えば、下図のようになり、全ての協定対象者の各スパンの運転時間はこの範囲内とする必要があること。

また、最初に締結した労使協定の始期と次の労使協定の始期を同一日に合わせることにより生ずる端数期間の処理については、上記(1)ウと同様であること。

(5)　連続運転時間（第一項第六号、第七号）

ア　連続運転時間（第六号）

連続運転時間（一回が「連続一〇分以上」で、かつ、合計が「三〇分以上」の運転の中断をすることなく連続して運転する時間をいう。）は、「四時間」を超えないものとすること。ただし、特定運転者（高速バスの運転者）及び貸切バスに乗務する者が高速道路等を運行する場合は、一の連続運転時間についての高速道路等における連続運転時間（夜間において長距離の運行を行う貸切バスについては、高速道路等以外の区間における運転時間を含む。）は「おおむね二時間」までとするよう努めるものとしたこと。

連続運転時間については、「高速乗合バス及び貸切バスの交替運転者の配置基準」（平成一四年一月三〇日付け国自総第四四六号・国自旅第一六一号・国自整第一四九号）の内容を踏まえ、新たに新告示においても、高速バスの運転者及び貸切バスに乗務する者が高速道路等を運行する場合における連続運転時間は「おおむね二時間」までとするよう努めることとしたこと。また、貸切バス

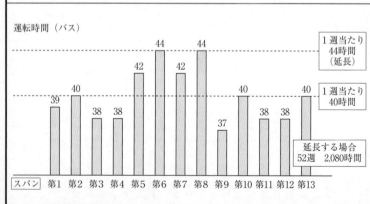

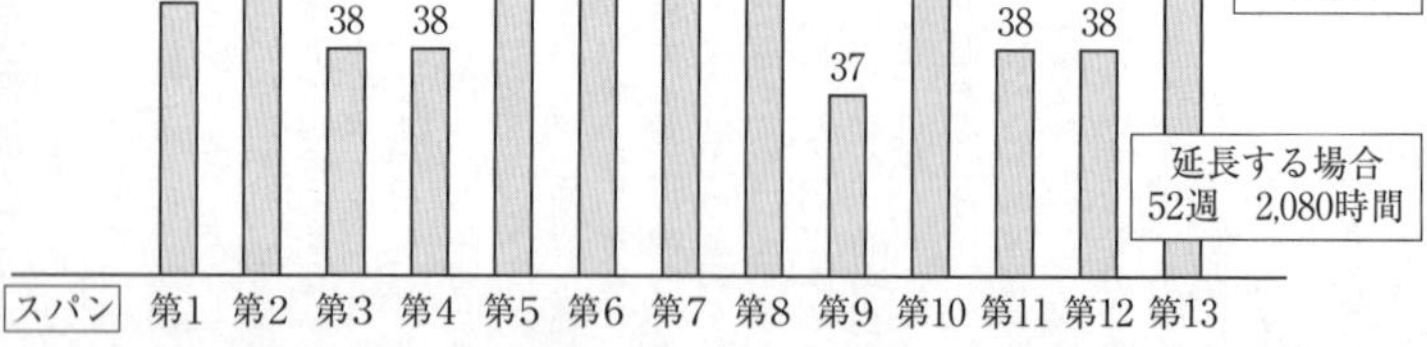

が、夜間に長距離の運行を行う場合は、高速道路以外の区間における運転時間も含めて「おおむね二時間まで」とするよう努めることとなるので留意すること。なお、第六号において「運行」とあるのは、実車運行区間（旅客の乗車の有無にかかわらず、旅客の乗車が可能として設定した区間）における運行をいうものであり、回送運行は含まれないこと。

イ　軽微な移動を行う必要が生じた場合の取扱い（第七号）

交通の円滑を図るため、駐車又は停車した自動車を予定された場所から移動させる必要が生じたことにより運転した時間を、当該必要が生じたことに関する記録がある場合に限り、一の連続運転時間当たり「三〇分」を上限として、連続運転時間から除くことができること。

第七号については、バスの運行に当たっては、消防車、救急車等の緊急通行車両の通行に伴い、又は他の車両の通行の妨げを回避するため、駐車又は停車した自動車をその位置から移動させる必要が生じる等、軽微な移動を行う必要が生じる場合があるところ、そのような場合の例外的取扱いを新たに定めたものであること。当該取扱いは、当該軽微な移動のために運転した時間（以下「移動時間」という。）を、三〇分を上限に連続運転時間から除くことができることとしたものであり、拘束時間や運転時間からは当該移動時間を除くことはできないこと。また、当該移動時間について、労働時間として取り扱う必要があることはいうまでもないこと。

上記のほか、運用に当たっては、特に次の点にも留意すること。

(ア)　当該取扱いは、第六号の一の連続運転時間を単位として適用されることから、「合計三〇分以上」の運転中断後に、新たな連続運転時間が開始される場合は、上記の移動時間も、当該開始時点から新たに算定が開始されることとなること。

また、一の連続運転時間中、上記の移動時間が複数回発生した場合であって、これらの時間の合計が「三〇分」を超えないときは、当該合計した時間を連続運転時間から除くことができる一方、移動時間の合計が「三〇分」を超えるときは、当該「三〇分」を超える時間について連続運転時間に含めて取り扱う必要があること。

旧告示	改正後
連続運転 4時間	連続運転 4時間
中断 20分	中断 20分
連続運転 10分（違反）	軽微な移動 10分
中断10分	中断10分

(イ)　第七号の「当該必要が生じたことに関する記録がある場合」とは、①移動前後の場所、②移動が必要となった理由、③移動に要したおおむねの時間数等の当該移動の事実を、運転日報上の記録等により確認できる場合が該当するものであること。

(6)ないし(9)、6　〈略〉

第三及び第四　〈略〉

（令四・一二・二三　基発一二二三第三号）

第三十二条の二　使用者は、当該事業場に、労働者の過半数で組織する労働組合がある場合においてはその労働組合、労働者の過半数で組織する労働組合がない場合においては労働者の過半数を代表する者との書面による協定により、又は就業規則その他これに準ずるものにより、一箇月以内の一定の期間を平均し一週間当たりの労働時間が前条第一項の労働時間を超えない定めをしたときは、同条の規定にかかわらず、その定めにより、特定された週において同項の労働時間又は特定された日において同条第二項の労働時間を超えて、労働させることができる。

②　使用者は、厚生労働省令で定めるところにより、前項の協定を行政官庁に届け出なければならない。

（過半数代表者）

則第六条の二　法第十八条第二項、法第二十四条第一項ただし書、法第三十二条の二第一項、法第三十二条の三第一項、法第三十二条の四第一項及び第二項、法第三十二条の五第一項、法第三十四条第二項ただし書、法第三十六条第一項、第八項及び第九項、法第三十七条第三項、法第三十八条の二第二項、法第三十八条の三第一項、法第三十八条の四第二項第一号（法第四十一条の二第三項において準用する場合を含む。）、法第三十九条第四項、第六項及び第九項ただし書並びに法第九十条第一項に規定する労働者の過半数を代表する者（以下この条において「過半数代表者」という。）は、次の各号のいずれにも該当する者とする。

一　法第四十一条第二号に規定する監督又は管理の地位にある者でないこと。

二　法に規定する協定等をする者を選出することを明らかにして実施される投票、挙手等の方法による手続により選出された者であつて、使用者の意向に基づき選出されたものでないこと。

②　前項第一号に該当する者がいない事業場にあつては、法第十八条第二項、法第二十四条第一項ただし書、法第三十九条第四項、第六項及び第九項ただし書並びに法第九十条第一項に規定する労働者の過半数を代表する者は、前項第二号に該当する者とする。

③　使用者は、労働者が過半数代表者であること若しくは過半数代表者になろうとしたこと又は過半数代表者として正当な行為をしたことを理由として不利益な取扱いをしないようにしなければならない。

④　使用者は、過半数代表者が法に規定する協定等に関する事務を円滑に遂行することができるよう必要な配慮を行わなければならない。

（労働時間、休日の周知）

則第十二条　常時十人に満たない労働者を使用する使用者は、法第三十二条の二第一項又は法第三十五条第二項による定めをした場合（法第三十二条の二第一項の協定（法第三十八条の四第五項（法第四十一条の二第三項において準用する場合を含む。）に規定する法第三十八条の四第一項の委員会（以下「労使委員会」という。）の決議（以下「労使委員会の決議」という。）及び労働時間等の設定の改善に関する特別措置法（平成四年法律第九十号。以下「労働時間等設定改善法」という。）第七条に規定する労働時間等設定改善委員会の決議（以下「労働時間等設定改善委員会の決議」という。）を含む。）による定めをした場合を除く。）には、これを労働者に周知させるものとする。

（変形労働時間制・変形休日制の起算日）

則第十二条の二　使用者は、法第三十二条の二から第三十二条の四までの規定により労働者に労働させる場合には、就業規則その他これに準ずるもの又は書面による協定（労使委員会の決議及び労働時間等設定改善委員会の決議を含む。）において、法第三十二条の二から第三十二条の四までにおいて規定する期間の起算日を明らかにするものとする。

〈二項　略〉

（一箇月単位の変形労働時間制の届出等）

則第十二条の二の二　法第三十二条の二第一項の協定（労働協約による場合を除き、労使委員会の決議及び労働時間等設定改善委員会の決議を含む。）には、有効期間の定めをするものとする。

② 法第三十二条の二第二項の規定による届出は、様式第三号の二により、所轄労働基準監督署長にしなければならない。

（育児を行う者等に対する配慮）

則第十二条の六　使用者は、法第三十二条の二、第三十二条の四又は第三十二条の五の規定により労働者に労働させる場合には、育児を行う者、老人等の介護を行う者、職業訓練又は教育を受ける者その他特別の配慮を要する者については、これらの者が育児等に必要な時間を確保できるような配慮をしなければならない。

▼参照条文　〔就業規則―八九～九三・一〇六〕、〔法定労働時間―三二〕、〔労働組合―労組二・五〕、〔過半数代表者―則六の二〕、〔その他これに準ずるもの―則一二〕、〔「一定の期間」の起算日―則一二の二〕、〔労使協定の届出―則一二の二の二〕、〔特別の配慮―則一二の六〕、〔適用除外―六〇1・六六1〕、〔年少者への配慮―六〇3〕、〔罰則―一二〇〕

解釈例規

❶趣旨

【変形労働時間制の趣旨】　変形労働時間制は、労働基準法制定当時に比して第三次産業の占める比重の著しい増大等の社会経済情勢の変化に対応するとともに、労使が労働時間の短縮を自ら工夫しつつ進めていくことが容易となるような柔軟な枠組みを設けることにより、労働者の生活設計を損なわない範囲内において労働時間を弾力化し、週休二日制の普及、年間休日日数の増加、業務の繁閑に応じた労働時間の配分等を行うことによつて労働時間を短縮することを目的とするものであること。

（昭六三・一・一　基発一号）

【趣旨】　現行の変形労働時間制は、変形期間は四週間以内とされているが、この最長期間について、通常の賃金計算期間である一か月としたものであり、今後週法定労働時間が四十六時間、四十四時間と段階的に短縮された場合に、四週五休制あるいは四週六休制を採用することにより対応しようとする場合にはこれによらなければならないものであること。

また、一箇月単位の変形労働時間制においても、一年単位の変形労働時間制において一日、一週間の労働時間の限度等が設けられたこととの趣旨にかんがみ、適切な運用がなされるよう十分指導すること。

（昭六三・一・一　基発一号、平六・三・三一　基発一八一号、平一一・三・三一　基発一六八号）

【シフト制と変形労働時間制】

シフト制労働者の場合であっても、…（中略）…変形労働時間制を導入して一日又は週の法定労働時間を超えて労働させる場合は、あらかじめ書面による労使協定を締結するなどの手続が必要です（労働基準法第三十二条の二、第三十二条の五）。

（令四・一・七　基発〇一〇七第四号　職発〇一〇七第三

号　雇均発〇一〇七第七号）
〈編注〉本解釈例規「いわゆる『シフト制』により就業する労働者の適切な雇用管理を行うための留意事項について」は、参考資料篇Ⅰの4にも掲載。

❷労働時間の特定

【労働時間の特定】　一箇月単位の変形労働時間制を採用する場合には、労使協定による定め又は就業規則その他これに準ずるもの（改正前の労働基準法第三十二条第二項における「就業規則その他」と内容的に同じものである。以下同じ。）により、変形期間における各日、各週の労働時間を具体的に定めることを要し、変形期間を平均し週四十時間の範囲内であつても使用者が業務の都合によつて任意に労働時間を変更するような制度はこれに該当しないものであること。

なお、法第八十九条は就業規則で始業及び終業の時刻を定めることと規定しているので、就業規則においては、各日の労働時間の長さだけではなく、始業及び終業の時刻も定める必要があるものであること。

（昭六三・一・一　基発一号、平九・三・二五　基発一九五号、平一一・三・三一　基発一六八号）

【労働時間の特定の程度】

問　勤務ダイヤによる一箇月単位の変形労働時間制を採用する場合、各人ごとに、各日、各週の労働時間を就業規則に定めなければならないか。それとも、就業規則では、「始業、終業時刻は、起算日前に示すダイヤによる」とのみ記載し起算日前に勤務ダイヤを示すことだけで足りるか。

答　就業規則においてできる限り具体的に特定すべきものであるが、業務の実態から月ごとに勤務割を作成する必要がある場合には、就業規則において各直勤務の始業終業時刻、各直勤務の組合せの考え方、勤務割表の作成手続及びその周知方法等を定めておき、それにしたがつて各日ごとの勤務割は、変形期間の開始前までに具体的に特定することで足りる。

（昭六三・三・一四　基発一五〇号）

【特定された日又は週】

問　法第三十二条の二第一項及び第三十二条の四の特定された日又は週とはいかなる意味か。

答　法第三十二条の二第一項及び第三十二条の四の規定に基づき就業規則等によつてあらかじめ八時間を超えて労働させることが定められている日又は一週間の法定労働時間を超えて労働させることが具体的に定められている週の意味である。

（昭三三・七・一五　基発一六九〇号）

【三交替制連続作業における変形労働時間制】

問　当局管内の石炭鉱山〇〇鉱業所において法第三十二条の二第一項による変型労働時間制が採用され、就業規則にも四週間を平均し、一週間の労働時間が週の法定労働時間をこえないとの定めがなされている場合、各番方の交替は原則として休日をもつて行なうがこれ以外臨時に必要があるときは事前に労働者にその旨を明示して休日以外の日に番方を変更できる旨の定めが就業規則にあり、これによつて一番方の所定労働時間の勤務を終了したものを別図〈編注　次頁上段図〉のとおり同日の三番方に就労させているときは昭和二十二年十一月二十一日付け基発第三三六号通達によつて法第三十六条第一項ただし書〈編注　法第三十六条第六項第一号。以下、本問において同じ〉違反とはならないとも解されるが、臨時又は随時に使用者の都合により労働時間を変更することは「特定された日」とは認められないので法第三十六条第一項ただし書違反として取り扱つてよろしいか。

答　番方転換を行なう場合の事由を就業規則に規定し、その規定によつて労働者に事前にその旨を明示して番方転換を行なつた場合には、これにより四週間を平均し一週間の労働時間が一週間の法定労働時間をこえない限り法第三十二条違反ではない。

このような方法によらず、欠勤者の代勤

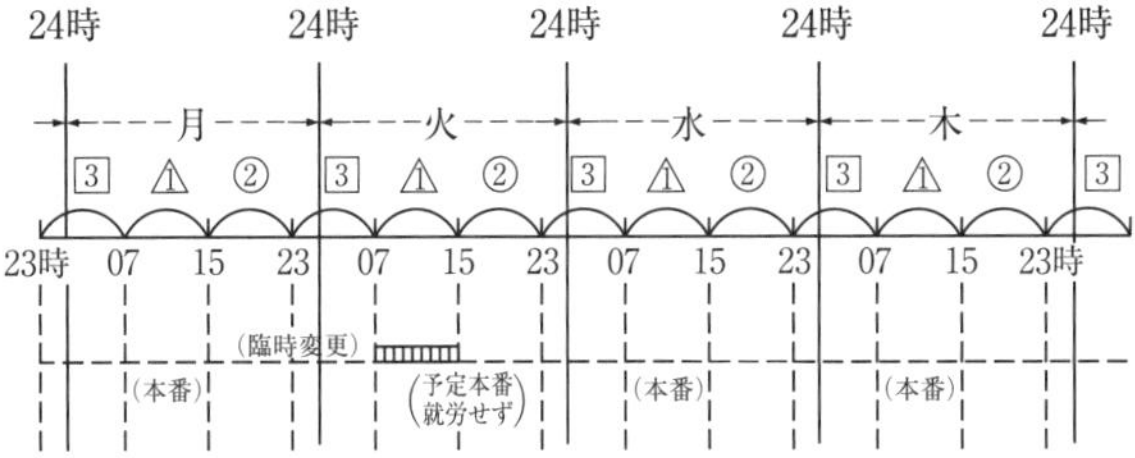

等のため使用者が任意に労働時間を変更するがごとき場合には、法第三十二条の二第一項は適用されない。

（昭四二・一二・二七　基収五六七五号、平一一・三・三一　基発一六八号）

❸労使協定による導入

【趣旨】　労使の話合いによる制度の導入を促進するため、また、一箇月単位の変形労働時間制以外の変形労働時間制の導入要件は労使協定により定めることとされていることも勘案し、就業規則その他これに準ずるものによる定め又は労使協定による定めのいずれによっても導入できることとしたものであること。

なお、労使協定により定めるか就業規則その他これに準ずるものにより定めるかについては、最終的には使用者が決定できるものであること。

（平一一・一・二九　基発四五号）

【労使協定において定めるべき事項】　定めるべき事項は、変形期間の起算日を含め労使協定による場合と就業規則その他これに準ずるものによる場合との間で基本的には差異がないものであること。ただし、労使協定による場合には、その有効期間の定めをするものとされているものであること。

なお、法第三十二条の二第一項の規定により労使協定において各日、各週の労働時間等を定めた場合であっても、就業規則においても法第八十九条に規定する事項を定める必要があるものであること。

（平一一・一・二九　基発四五号）

【労使協定の届出】　一箇月単位の変形労働時間制に関する労使協定は、則様式第三号の二により所轄労働基準監督署長に届け出なければならないこととしたものであること。

（平一一・一・二九　基発四五号）

【一箇月単位の変形労働時間制に関する協定等の本社一括届出について】

平成一五年二月一五日付け基発第〇二一五〇〇一号、同日付け基発第〇二一五〇〇二号及び令和五年二月二四日付け基発〇二二四第八号により、就業規則、時間外・休日労働協定及び一年単位の変形労働時間制に関する協定については、本社一括届出を認めてきたところであるが、今般、以下の手続においても、事業場ごとに締結された協定又は決議を本社の使用者が一括して本社管轄署長に届け出ること及び事業場ごとの報告を本社の使用者が一括して本社管轄署長に行うことを認めるものであること。ただし、この取扱いは、電子申請の場合に限るものであること。

（対象手続）

・　一箇月単位の変形労働時間制に関する協定

・　一週間単位の非定型的変形労働時間制に関する協定

・　事業場外労働に関するみなし労働時間制に関する協定

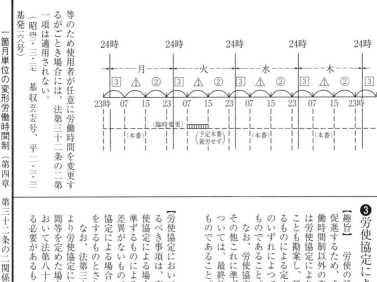

・専門業務型裁量労働制に関する協定
・企画業務型裁量労働制に関する決議
・企画業務型裁量労働制に関する定期報告

なお、法第三二条の二第二項及び労働基準法施行規則（昭和二二年厚生省令第二三号。以下「則」という。）第一二条の二の二第二項、法第三二条の五第三項及び則第一二条の五第四項、法第三八条の二第三項及び則第二四条の二第三項、法第三八条の三第二項及び則第二四条の二の二第四項並びに法第三八条の四第一項及び則第二四条の二の三第一項において、これらの協定又は決議は事業場ごとに所轄署長に届け出ることとされ、また、法第三八条の四第四項及び則第二四条の二の五第一項において、事業場ごとに所轄署長に報告することとされているものであり、今般の取扱いによってもこの考え方は変更されるものではないこと。

（令六・二・二六　基発〇二二六第八号）

【定めの周知】　則第十二条で協定による定めをした場合を除外しているのは、周知が不要ということではなく法第一〇六条第一項により周知されることとの整理を行つたにすぎないものであること。

（平一一・一・二九　基発四五号）

【有効期間】

問　一箇月単位の変形労働時間制を労使協定によつて導入する場合には、当該労使協定において有効期間の定めをするものとされているが、当該期間についての制限如何。

答　不適切な制度が運用されることを防ぐため、有効期間は三年以内とすることが望ましい。

（平一一・三・三一　基発一六九号）

❹就業規則その他これに準ずるもの

【就業規則その他これに準ずるもの】　法第三十二条の二第一項及び第三十二条の三の「その他これに準ずるもの」は第八十九条の規定によつて就業規則を作成する義務のない使用者についてのみ適用があること。

（昭二二・九・一三　発基一七号）

【施行規則第十二条の周知】　施行規則第十二条の「周知」については、使用者がこれを行わない場合においても罰則適用の問題は生じないが、何らかの方法によつて関係労働者に周知させなければ「定」とは認められないこと。

（昭二九・六・二九　基発三五五号）

❺変形期間における法定労働時間の総枠

【変形期間における法定労働時間の総枠】

一箇月単位の変形労働時間制を採用する場合には、変形期間を平均し一週間の労働時間が法定労働時間を超えない定めをすることが要件とされているが、これは、要するに、変形期間における所定労働時間の合計を次の式によつて計算される変形期間における法定労働時間の総枠の範囲内とすることが必要であるということであること。

$$40 \times \frac{\text{変形期間の暦日数}}{7}$$

（昭六三・一・一　基発一号、平六・三・三一　基発一八一号、平七・一・一　基発一号、平九・三・二五　基発一九五号）

❻時間外労働

【時間外労働となる時間】　一箇月単位の変形労働時間制を採用した場合に時間外労働となるのは、次の時間であること。

① 一日については、就業規則その他これに準ずるものにより八時間を超える時間を定めた日はその時間、それ以外の日は八時間を超えて労働した時間

② 一週間については、就業規則その他これに準ずるものにより四十時間を超える時間を定めた週はその時間、それ以外の週は四十時間を超えて労働した時間（①で時間外労働となる時間を除く。）

③ 変形期間については、変形期間における法定労働時間の総枠を超えて労働した時間（①又は②で時間外労働となる時間を除く。）

（昭六三・一・一　基発一号、平六・三・三一　基発一八一号）

【就業規則で特定された時間の取扱い】

問　法第三十二条の二第一項により特定された日における労働が八時間を、又は特定された週における労働が四十時間を超えてもその超えた時間は超過労働時間と解する必要がないと考えるがどうか、もしそうであるとすれば、法第三十七条による割増賃金を支払う必要はないと考えるがどうか。

答　見解の通り。

（昭二三・七・一五　基発一六九〇号、昭六三・三・一四　基発一五〇号）

【臨時に延長した時間】

問　別紙就業規則第二十二条の定めは法第三十二条の二第一項の定めをしたものであるとの見解もあるが、法第三十二条の二第一項の定めとは具体的に週の法定労働時間を超えない定めを明記した、例えば隔日に八時間四十分の労働日と六時間の労働日を定めてある場合の如きものを意味し臨時又は随時に業務の都合により労働時間を延長し、または短縮したときあるいは欠勤早退と相殺し週の法定労働時間以内であることを理由に割増賃金を支給せざることは法に抵触するものと考えるが如何。

（別紙）

鉱員就業規則（抜粋）

第四章　始業終業並びに交替時刻及び休憩時間

第十九条　鉱員の就業時間は原則として一日七時間四十分とし就業時間中に坑内夫は一時間、坑外夫は四十五分間の休憩時間を与える。

第二十二条　就業時間は四週を平均し一週間につき四十時間を超えない範囲において第十九条の就業時間を変更することがある。

答　設問の如く、法第三十二条の二第一項により隔日に八時間四十分と六時間の労働日を定めている場合、臨時又は随時に労働時間を延長する場合は割増賃金を支払わねばならない。

（昭二六・二・二　基収三七号、平六・三・三一　基発一八一号、平九・三・二五　基発一九五号）

【休日の振替―一日の労働時間】

問　月曜十時間、火曜日～土曜日六時間、日曜日休日という法第三十二条の二第一項の変形労働時間制を就業規則に規定し、就業規則で休日振替を規定している場合、日曜の休日を月曜に振り替えることができるか。（振替によって、一日八時間を超えて労働する日が、変更されることになる。）

答　休日振替の結果、就業規則で一日八時間又は一週四十時間を超える所定労働時間が設定されていない日又は週に一日八時間又は一週四十時間を超えて労働させることになる場合には、その超える時間は時間外労働となる。

（昭六三・三・一四　基発一五〇号、平六・三・三一　基発一八一号）

【休日の振替―週の労働時間】

問　完全週休二日制を採用している場合に、ある週の休日を他の週に振り替えることは可能か。

答　設例の場合、休日の規定との関係では問題はないが、例えば一日の休日を他の週に振り替えた場合には、当該週二日の休日があった週に八時間×六日＝四十八時間労働させることになり、あらかじめ特定されていない週に週四十時間を超えて労働させることになるので、八時間分は時間外労働となる。

（昭六三・三・一四　基発一五〇号、平六・三・三一　基発一八一号）

❼その他

【労働者の過半数代表者の要件】　次のいずれの要件も満たすものであること。

(1)　法第四十一条第二号に規定する監督又は管理の地位にある者でないこと。

(2)　法に基づく労使協定の締結当事者、就業規則の作成・変更の際に使用者から意見を聴取される者等を選出することを明らかにして実施される投票、挙手等の方法による手続により選出された者であり、使用者の意向によって選出された者ではないこと。

なお、法第十八条第二項、法第二十四条第一項ただし書、法第三十九条第四項、第六項及び第七項ただし書並びに法第九十条第一項に規定する過半数代表者については、当該事業場に上記(1)に該当する労働者がいない場合（法第四十一条第二号に規定する監督又は管理の地位にある者のみの事業場である場合）には、上記(2)の要件を満たすことで足りるものであること。

（平一一・一・二九　基発四五号、平二二・五・一八　基発〇五一八第一号）

【労働者の過半数代表者の選出手続】

問　則第六条の二に規定する「投票、挙手等」の「等」には、どのような手続が含まれているか。

答　労働者の話合い、持ち回り決議等労働者の過半数が当該者の選任を支持していることが明確になる民主的な手続が該当する。

（平一一・三・三一　基発一六九号）

【過半数代表者】　時間外・休日労働協定の締結等に際し、労働基準法の規定に基づき労働者の過半数を代表する者を選出するに当たっては、使用者側が指名するなど不適切な取扱いがみられるところである。このため、過半数代表者の要件として、「使用者の意向に基づき選出されたものでないこと」を労基則において明記したものであること。

また、使用者は、過半数代表者がその事務を円滑に遂行することができるよう必要な配慮を行わなければならないこととしたものであること。

（平三〇・九・七　基発〇九〇七第一号）

【「必要な配慮」の内容】

問　則第六条の二第四項の「必要な配慮」にはどのようなものが含まれるのか。

答　則第六条の二第四項の「必要な配慮」には、例えば、過半数代表者が労働者の意見集約等を行うに当たって必要となる事務機器やシステム（イントラネットや社内メールを含む。）、事務スペースの提供を行うことが含まれるものである。

（平三〇・一二・二八　基発一二二八第一五号、令五・八・二　基発〇八〇二第七号）

【過半数代表者の不利益取扱い】　過半数代表者であること若しくは過半数代表者になろうとしたこと又は過半数代表者として正当な行為をしたことを理由として、解雇、賃金の減額、降格等労働条件について不利益取扱いをしないようにしなければならないこととしたものであること。

「過半数代表者として正当な行為」には、法に基づく労使協定の締結の拒否、一年単位の変形労働時間制の労働日ごとの労働時間についての不同意等も含まれるものであること。

（平一一・一・二九　基発四五号）

【特別の配慮を要する者に対する配慮】　使用者は、一箇月単位の変形労働時間制、一年単位の変形労働時間制又は一週間単位の非定型的変形労働時間制の下で労働者を労働させる場合には、育児を行う者、老人等の介護を行う者、職業訓練又は教育を受ける者その他特別の配慮を要する者については、これらの者が育児等に必要な時間を確保できるような配慮をしなければならないこととされていること。その場合に、法第六十七条の規定は、あくまでも最低基準を定めたものであるので、法第六十六条第一項の規定による請求をせずに変形労働時間制の下で労働し、一日の所定労働時間が八時間を超える場合には、具体的状況に応じ法定以上の育児時間を与える等の配慮をすることが必要であること。

（平一一・一・二九　基発四五号）

【就業規則の変更届の受理】　一箇月単位の変形労働時間制を採用する場合又はその内

容を変更する場合には、それに関連して就業規則を変更し、その変更届が労働基準監督署長に届け出られることとなるが、その受理に当たつては労働者代表の意見書をチェックし、必要に応じてその意見を十分聴くよう指導する等的確に指導すること。

なお、就業規則においては、変形期間の起算日を明らかにすることとされているので、的確に指導すること。

（昭六三・一・一　基発一号）

【地方公務員に対する第三十二条の二第一項の適用】

問　標記のことに関し、次の事項に疑義が生じましたので、貴局の御見解を伺いたくお尋ねします。

記

1　地方公務員法第五八条第三項の規定により、地方公務員に対しては「就業規則」の作成義務は存在しないが、労働基準法第三二条の二第一項は適用されることに鑑み、同項に規定する「その他これに準ずるもの」は地方公共団体の条例、規則等を指すものと解してよろしいか。なお、この場合労働基準法第一〇六条第一項の規定の適用があるか。

2　「特定された日又は特定された週」とは予め八時間を超えて労働させる日又は週の法定労働時間を超えて労働させることが具体的に定められている週の意だとすると、例えば、学校では、学校行事等の計画を予め立案し、施行しているが、この行事計画に定められた行事予定日又は週は、労働基準法第三二条の二第一項でいう「特定された週」に該当するか。

3　問2の場合の「特定された日又は特定された週」を職員に周知せしめる必要があるかどうか。あるとすればその根拠を承りたい。

答　1　問1について

設問前段については、見解のとおり。

後段については、労働基準法（以下「法」という。）第一〇六条第一項の規定の適用はない。

2　問2について

行事予定日又は週について、労働時間が具体的に定められている場合においては、見解のとおり。

3　問3について

法第一〇六条及び同施行規則第一二条の趣旨にかんがみ、関係職員に周知せしめられたい。

（昭三六・一一・一四　基収四九一八号、昭六三・三・一四　基発一五〇号、平六・三・三一　基発一八一号）

【循環交替の勤務時間】

問　労働協約によつて一週実働四十時間制を実施した場合、左記の如き循環交替勤務において十四時始業、翌朝十時終業（休憩二時間、就寝五時間）の宿泊勤務は合法な勤務と認められるか。

㈠　循環交替勤務の態様

(1)　日勤勤務　八時→十六時
（休憩一時間）

(2)　宿泊勤務　十四時→翌十時（休憩二時間、就寝五時間）

(3)　明番

㈡　宿泊勤務の態様の細部

始業一四・〇〇｝休憩一時間、実働九時間
就寝二四・〇〇
｝就寝五時間
起床　五・〇〇
終業一〇・〇〇｝休憩一時間、実働四時間

答　設問の如き勤務の態様は、就業規則中に規定すれば、満十八未満の年少者であつて深夜業の規制の対象となるものを除き、合法な勤務である。

（昭二四・七・一一　基収二一九五号、平九・三・二五　基発一九五号）

第三十二条の三　使用者は、就業規則その他これに準ずるものにより、その労働者に係る始業及び終業の時刻をその労働者の決定に委ねることとした労働者については、当該事業場の労働者の過半数で組織する労働組合がある場合においてはその労働組合、労働者の過半数で組織する労働組合がない場合においては労働者の過半数を代表する者との書面による協定により、次に掲げる事項を定めたときは、その協定で第二号の清算期間として定められた期間を平均し一週間当たりの労働時間が第三十二条第一項の労働時間を超えない範囲内において、同条の規定にかかわらず、一週間において同項の労働時間又は一日において同条第二項の労働時間を超えて、労働させることができる。

一　この項の規定による労働時間により労働させることができることとされる労働者の範囲

二　清算期間（その期間を平均し一週間当たりの労働時間が第三十二条第一項の労働時間を超えない範囲内において労働させる期間をいい、三箇月以内の期間に限るものとする。以下この条及び次条において同じ。）

三　清算期間における総労働時間

四　その他厚生労働省令で定める事項

②　清算期間が一箇月を超えるものである場合における前項の規定の適用については、同項各号列記以外の部分中「労働時間を超えない」とあるのは「労働時間を超えず、かつ、当該清算期間をその開始の日以後一箇月ごとに区分した各期間（最後に一箇月未満の期間を生じたときは、当該期間。以下この項において同じ。）ごとに当該各期間を平均し一週間当たりの労働時間が五十時間を超えない」と、「同項」とあるのは「同条第一項」とする。

③　一週間の所定労働日数が五日の労働者について第一項の規定により労働させる場合における同項の規定の適用については、同項各号列記以外の部分（前項の規定により読み替えて適用する場合を含む。）中「第三十二条第一項の労働時間」とあるのは「第三十二条第一項の労働時間（当該事業場の労働者の過半数で組織する労働組合がある場合においてはその労働組合、労働者の過半数で組織する労働組合がない場合においては労働者の過半数を代表する者との書面による協定により、労働時間の

限度について、当該清算期間における所定労働日数を同条第二項の労働時間に乗じて得た時間とする旨を定めたときは、当該清算期間における日数を七で除して得た数をもつてその時間を除して得た時間）」と、「同項」とあるのは「同条第一項」とする。

④　前条第二項の規定は、第一項各号に掲げる事項を定めた協定について準用する。ただし、清算期間が一箇月以内のものであるときは、この限りでない。

（過半数代表者）

則第六条の二　法第十八条第二項、法第二十四条第一項ただし書、法第三十二条の二第一項、法第三十二条の三第一項、法第三十二条の四第一項及び第二項、法第三十二条の五第一項、法第三十四条第二項ただし書、法第三十六条第一項、第八項及び第九項、法第三十七条第三項、法第三十八条の二第二項、法第三十八条の三第一項、法第三十八条の四第二項第一号（法第四十一条の二第三項において準用する場合を含む。）、法第三十九条第四項、第六項及び第九項ただし書並びに法第九十条第一項に規定する労働者の過半数を代表する者（以下この条において「過半数代表者」という。）は、次の各号のいずれにも該当する者とする。

一　法第四十一条第二号に規定する監督又は管理の地位にある者でないこと。

二　法に規定する協定等をする者を選出することを明らかにして実施される投票、挙手等の方法による手続により選出された者であつて、使用者の意向に基づき選出されたものでないこと。

②　前項第一号に該当する者がいない事業場にあつては、法第十八条第二項、法第二十四条第一項ただし書、法第三十九条第四項、第六項及び第九項ただし書並びに法第九十条第一項に規定する労働者の過半数を代表する者は、前項第二号に該当する者とする。

③　使用者は、労働者が過半数代表者であること若しくは過半数代表者になろうとしたこと又は過半数代表者として正当な行為をしたことを理由として不利益な取扱いをしないようにしなければならない。

④　使用者は、過半数代表者が法に規定する協定等に関する事務を円滑に遂行することができるよう必要な配慮を行わなければならない。

（変形労働時間制・変形休日制の起算日）

則第十二条の二　使用者は、法第三十二条の二から第三十二条の四までの規定により労働者に労働させる場合には、就業規則その他これに準ずるもの又は書面による協定（労使委員会の決議及び労働時間等設定改善委員会の決議を含む。）において、法第三十二条の二から第三十二条の四までにおいて規定する期間の起算日を明らかにするものとする。

〈二項　略〉

（フレックスタイム制の労使協定で定める事項）

則第十二条の三　法第三十二条の三第一項（同条第二項及び第三項の規定により読み替えて適用する場合を含む。以下この条において同じ。）第四号の厚生労働省令で定める事項は、次に掲げるものとする。

一　標準となる一日の労働時間

二　労働者が労働しなければならない時間帯を定める場合には、その時間帯の開始及び終了の時刻

三　労働者がその選択により労働することができる時間帯に制限を設ける場合には、その時間帯の開始及び終了の時刻

四　法第三十二条の三第一項第二号の清

算期間が一箇月を超えるものである場合にあつては、同項の協定（労働協約による場合を除き、労使委員会の決議及び労働時間等設定改善委員会の決議を含む。）の有効期間の定め

② 法第三十二条の三第四項において準用する法第三十二条の二第二項の規定による届出は、様式第三号の三により、所轄労働基準監督署長にしなければならない。

▼**参照条文** 〔法定労働時間—三二〕、〔就業規則—八九～九三・一〇六〕、〔労働組合—労組二・五〕、〔過半数代表者—則六の二〕、〔清算期間の起算日—則一二の二〕、〔厚生労働省令で定める事項—則一二の三〕、〔適用除外—四一〕

解釈例規

〈編注〉本条に関するガイドライン及びQ&Aが、次の厚生労働省HPに掲載されている。

• テレワークの適切な導入及び実施の推進のためのガイドライン
〔https://www.mhlw.go.jp/stf/seisakunitsuite/bunya/koyou_roudou/roudoukijun/shigoto/guideline.html〕

• 改正労働基準法に関するQ&A
（平成三十一年四月）
〔https://www.mhlw.go.jp/stf/seisakunitsuite/bunya/0000148322_00001.html〕

【趣旨①】 フレックスタイム制は、三か月以内の一定の期間の総労働時間を定めておき、労働者がその範囲内で各日の始業及び終業の時刻を選択して働くことにより、労働者がその生活と業務との調和を図りながら、効率的に働くことを可能とし、労働時間を短縮しようとするものであること。

従来は、労働基準法上、フレックスタイム制に関する規定はなく、事実上、始業及び終業の時刻が労働者の自主的決定にゆだねられている限り、法第三十二条第二項及び第八十九条の趣旨に反しないものとして扱われていたものについて、今回その採用の要件を法律上明らかにしたものであること。

（昭六三・一・一　基発一号、平一一・三・三一　基発一六八号、平三一・四・一　基発〇四〇一第四三号）

【趣旨②】 フレックスタイム制は、一定の期間（清算期間）の総労働時間を定めておき、労働者がその範囲内で各日の始業及び終業の時刻を選択して働くことにより、労働者が仕事と生活の調和を図りながら効率的に働くことを可能とし、労働時間を短縮しようとする制度である。

整備法においては、子育てや介護、自己啓発など様々な生活上のニーズと仕事との調和を図りつつ、効率的な働き方を一層可能にするため、フレックスタイム制がより利用しやすい制度となるよう、清算期間の上限の延長等の見直しを行ったものであること。

なお、フレックスタイム制の運用に当たっては、使用者が各日の始業・終業時刻を画一的に特定することは認められないことに留意すること。

（平三〇・九・七　基発〇九〇七第一号）

【就業規則の定め】 フレックスタイム制を採用する場合には、就業規則その他これに準ずるものにより、始業及び終業の時刻を労働者の決定にゆだねる旨を定める必要があるものであること。その場合、始業及び終業の時刻の両方を労働者の決定にゆだねる必要があり、始業時刻又は終業時刻の一方についてのみ労働者の決定にゆだねるのでは足りないものであること。

なお、法第八十九条は、就業規則で始業及び終業の時刻を定めることと規定しているが、フレックスタイム制を採用する場合には、就業規則において、始業及び終業の時刻を労働者の決定にゆだねる旨の定めをすれば同条の要件を満たすものであること。その場合、コアタイム（労働者が労働しなければならない時間帯）、フレキシブ

ルタイム（労働者がその選択により労働することができる時間帯）も始業及び終業の時刻に関する事項であるので、それらを設ける場合には、就業規則においても規定すべきものであること。

なお、このことに関して、フレキシブルタイムが極端に短い場合、コアタイムの開始から終了までの時間と標準となる一日の労働時間がほぼ一致している場合等については、基本的には始業及び終業の時刻を労働者の決定にゆだねたこととはならず、フレックスタイム制の趣旨には合致しないものであること。

（昭六三・一・一　基発一号、平一一・三・三一　基発一六八号）

【就業規則その他これに準ずるもの】　法第三十二条の二第一項及び第三十二条の三の「その他これに準ずるもの」は第八十九条の規定によつて就業規則を作成する義務のない使用者についてのみ適用があること。

（昭二二・九・一三　発基一七号）

【労働者の過半数代表者の要件】　次のいずれの要件も満たすものであること。

⑴　法第四十一条第二号に規定する監督又は管理の地位にある者でないこと。

⑵　法に基づく労使協定の締結当事者、就業規則の作成・変更の際に使用者から意見を聴取される者等を選出することを明らかにして実施される投票、挙手等の方法による手続により選出された者であり、使用者の意向によって選出された者ではないこと。

なお、法第十八条第二項、法第二十四条第一項ただし書、法第三十九条第四項、第六項及び第七項ただし書並びに法第九十条第一項に規定する過半数代表者については、当該事業場に上記⑴に該当する労働者がいない場合（法第四十一条第二号に規定する監督又は管理の地位にある者のみの事業場である場合）には、上記⑵の要件を満たすことで足りるものであること。

（平一一・一・二九　基発四五号、平二二・五・一八　基発〇五一八第一号）

【労働者の過半数代表者の選出手続】

問　則第六条の二に規定する「投票、挙手等」の「等」には、どのような手続が含まれているか。

答　労働者の話合い、持ち回り決議等労働者の過半数が当該者の選任を支持していることが明確になる民主的な手続が該当する。

（平一一・三・三一　基発一六九号）

【過半数代表者の不利益取扱い】　過半数代表者であること若しくは過半数代表者になろうとしたこと又は過半数代表者として正当な行為をしたことを理由として、解雇、賃金の減額、降格等労働条件について不利益取扱いをしないようにしなければならないこととしたものであること。

「過半数代表者として正当な行為」には、法に基づく労使協定の締結の拒否、一年単位の変形労働時間制の労働日ごとの労働時間についての不同意等も含まれるものであること。

（平一一・一・二九　基発四五号）

【過半数代表者】　時間外・休日労働協定の締結等に際し、労働基準法の規定に基づき労働者の過半数を代表する者を選出するに当たっては、使用者側が指名するなど不適切な取扱いがみられるところである。このため、過半数代表者の要件として、「使用者の意向に基づき選出されたものでないこと」を労基則において明記したものであること。

また、使用者は、過半数代表者がその事務を円滑に遂行することができるよう必要な配慮を行わなければならないこととしたものであること。

（平三〇・九・七　基発〇九〇七第一号）

【「必要な配慮」の内容】

問　則第六条の二第四項の「必要な配慮」にはどのようなものが含まれるのか。

答　則第六条の二第四項の「必要な配慮」

には、例えば、過半数代表者が労働者の意見集約等を行うに当たって必要となる事務機器やシステム（イントラネットや社内メールを含む。）、事務スペースの提供を行うことが含まれるものである。

（平三〇・一二・二八　基発一二二八第一五号、令五・八・二　基発〇八〇二第七号）

【労使協定の効力】　労働基準法上の労使協定の効力は、その協定の定めるところによつて労働させても労働基準法に違反しないという免罰効果をもつものであり、労働者の民事上の義務は、当該協定から直接生じるものではなく、労働協約、就業規則等の根拠が必要なものであること。

（昭六三・一・一　基発一号）

【清算期間の上限の延長】　仕事と生活の調和を一層図りやすくするため、フレックスタイム制における清算期間の上限をこれまでの一箇月以内から三箇月以内に延長したものであること。

（平三〇・九・七　基発〇九〇七第一号）

【労使協定の協定事項】　フレックスタイム制を採用する場合には、労使協定において、次に掲げる事項を定める必要があるものであること。

① 対象となる労働者の範囲

フレックスタイム制の対象となる労働者の範囲を特定するものであること。

② 清算期間

フレックスタイム制において、労働契約上労働者が労働すべき期間を定めるものであり、その長さは、三か月以内の期間に限るものであること。

③ 清算期間における総労働時間

フレックスタイム制において、労働契約上労働者が労働すべき時間を定めるものであり、この時間は、清算期間を平均し一週間の労働時間が法定労働時間の範囲内とするような定めをすることを要し、その計算方法は、次の式によること。

なお、清算期間が一か月を超える場合には、労働基準法施行規則第二十五条の二第一項に規定する特例対象事業場においても、週の法定労働時間を四十時間として計算する必要があること。

$$\text{週の法定労働時間} \times \frac{\text{清算期間の暦日数}}{7}$$

また、清算期間が一か月を超え三か月以内の場合には、当該清算期間をその開始の日以後一か月ごとに区分した各期間ごとに当該各期間を平均し一週間当たりの労働時間が五十時間を超えないこととする必要があること。

④ 標準となる一日の労働時間

フレックスタイム制の下において、年次有給休暇を取得した際に支払われる賃金の算定基礎となる労働時間等となる労働時間の長さを定めるものであり、単に時間数を定めれば足りるものであること。

なお、フレックスタイム制の下で労働する労働者が年次有給休暇を取得した場合には、当該日に標準となる一日の労働時間労働したものとして取り扱うこととするものであること。

⑤ 労働者が労働しなければならない時間帯を定める場合には、その時間帯の開始及び終了の時刻

コアタイムを設ける場合には、その時間帯の開始及び終了の時刻を定めなければならないものであること。

⑥ 労働者がその選択により労働することができる時間帯に制限を設ける場合には、その時間帯の開始及び終了の時刻

フレキシブルタイムを設ける場合には、その時間帯の開始及び終了の時刻を定めなければならないものであること。

（昭六三・一・一　基発一号、平九・三・二五　基発一九五号、平三一・四・一　基発〇四〇一第四三号）

【労使協定の締結及び届出】　フレックスタイム制の導入に当たっては、法第三十二条の三第一項の規定に基づき、就業規則等の定め及び労使協定の締結を要するものであ

るが、今回の改正により、清算期間が一箇月を超えるものである場合においては、労使協定に有効期間の定めをするとともに、則様式第三号の三により、当該労使協定を所轄労働基準監督署長に届け出なければならないものであること。

（平三〇・九・七　基発〇九〇七第一号）

【労使協定の有効期間】

問　変形労働時間制（一年単位の変形労働時間制を除く。）に係る各労使協定について

(1) 有効期間の定めは、必要ないのか。

(2) 労働協約である各労使協定に期間の定めがない場合、九十日前の予告により解約できるか。

(3) 有効期間の制限があるか。

(4) 自動更新を規定できるか。

(5) 破毀条項を設けることができるか。

答 (1)、(2)、(5) 見解のとおり。

(3) 労使協定の定めによる。

(4) 可能であるが、更新の都度届け出ることが必要である。

（昭六三・三・一四　基発一五〇号、平六・三・三一　基発一八一号）

【清算期間が一箇月を超え三箇月以内である場合の過重労働防止】　清算期間を三箇月以内に延長することにより、清算期間内の働き方によっては、各月における労働時間の長短の幅が大きくなることが生じ得る。

このため、対象労働者の過重労働を防止する観点から、清算期間が一箇月を超える場合には、当該清算期間を一箇月ごとに区分した各期間（最後に一箇月未満の期間を生じたときには、当該期間）ごとに当該各期間を平均し一週間当たりの労働時間が五十時間を超えないこととしたものであること。

また、フレックスタイム制の場合にも、使用者には各日の労働時間の把握を行う責務があるが、清算期間が一箇月を超える場合には、対象労働者が自らの各月の時間外労働時間数を把握しにくくなることが懸念されるため、使用者は、対象労働者の各月の労働時間数の実績を対象労働者に通知等することが望ましいこと。

なお、整備省令による改正後の労働安全衛生規則（昭和四十七年労働省令第三十二号）第五十二条の二第三項に基づき、休憩時間を除き一週間当たり四十時間を超えて労働させた場合におけるその超えた時間が一月当たり八十時間を超えた労働者に対しては、当該超えた時間に関する情報を通知しなければならないことに留意する必要があること。

加えて、清算期間が一箇月を超える場合であっても、一週平均五十時間を超える労働時間について月六十時間を超える時間外労働に対して五割以上の率で計算した割増賃金の支払が必要であることや、法定の要件に該当した労働者について労働安全衛生法（昭和四十七年法律第五十七号）に基づき医師による面接指導を実施しなければならないことは従前と同様であり、使用者には、長時間労働の抑制に努めることが求められるものであること。

（平三〇・九・七　基発〇九〇七第一号）

【時間外・休日労働協定及び割増賃金との関係】

問　清算期間が一箇月を超える場合において、清算期間を一箇月ごとに区分した各期間を平均して一週間当たり五十時間を超えて労働させた場合、法第三十六条第一項の協定（以下「時間外・休日労働協定」という。）の締結と割増賃金の支払は必要か。

答　清算期間が一箇月を超える場合において、清算期間を一箇月ごとに区分した各期間を平均して一週間当たり五十時間を超えて労働させた場合は時間外労働に該当するものであり、時間外・休日労働協定の締結及び届出を要し、清算期間の途中であっても、当該各期間に対応した賃金支払日に割増賃金を支払わなければならない。

（平三〇・一二・二八　基発一二二八第一五号）

【時間外・休日労働協定における協定事項】

問　フレックスタイム制において時間外・休日労働協定を締結する際、現行の取扱いでは一日について延長することができる時間を協定する必要はなく、清算期間を通算して時間外労働をすることができる時間を協定すれば足りるとしているが、今回の法改正後における取扱い如何。

答　一日について延長することができる時間を協定する必要はなく、一箇月及び一年について協定すれば足りる。

（平三〇・一二・二八　基発一二二八第一五号）

【月六十時間超の時間外労働に対する割増賃金率の適用】

問　法第三十七条第一項ただし書により、月六十時間を超える時間外労働に対しては五割以上の率で計算した割増賃金を支払う必要があるが、清算期間が一箇月を超えるフレックスタイム制に対してはどのように適用するのか。

答　清算期間を一箇月ごとに区分した各期間を平均して一週間当たり五十時間を超えて労働させた時間については、清算期間の途中であっても、時間外労働としてその都度割増賃金を支払わなければならず、当該時間が月六十時間を超える場合は法第三十七条第一項ただし書により五割以上の率で計算した割増賃金を支払わなければならない。

また、清算期間を一箇月ごとに区分した各期間の最終の期間においては、当該最終の期間を平均して一週間当たり五十時間を超えて労働させた時間に加えて、当該清算期間における総実労働時間から、①当該清算期間の法定労働時間の総枠及び②当該清算期間中のその他の期間において時間外労働として取り扱った時間を控除した時間が時間外労働時間として算定されるものであり、この時間が六十時間を超える場合には法第三十七条第一項ただし書により五割以上の率で計算した割増賃金を支払わなければならない。

（平三〇・一二・二八　基発一二二八第一五号）

【法第三十六条第六項第二号及び第三号の適用】

問　法第三十六条第六項第二号及び第三号は、清算期間が一箇月を超えるフレックスタイム制に対してはどのように適用するのか。

答　清算期間が一箇月を超える場合のフレックスタイム制においては、法第三十六条第六項第二号及び第三号は、清算期間を一箇月ごとに区分した各期間について、当該各期間（最終の期間を除く。）を平均して一週間当たり五十時間を超えて労働させた時間に対して適用される。

また、清算期間を一箇月ごとに区分した各期間の最終の期間においては、当該最終の期間を平均して一週間当たり五十時間を超えて労働させた時間に加えて、当該清算期間における総実労働時間から、①当該清算期間の法定労働時間の総枠及び②当該清算期間中のその他の期間において時間外労働として取り扱った時間を控除した時間が時間外労働時間として算定されるものであり、この時間について法第三十六条第六項第二号及び第三号が適用される。

なお、フレックスタイム制は、労働者があらかじめ定められた総労働時間の範囲内で始業及び終業の時刻を選択し、仕事と生活の調和を図りながら働くための制度であり、長時間の時間外労働を行わせることは、フレックスタイム制の趣旨に合致しないことに留意すること。

（平三〇・一二・二八　基発一二二八第一五号）

【完全週休二日制の場合の清算期間における労働時間の限度】　完全週休二日制の下で働く労働者（一週間の所定労働日数が五日の労働者）についてフレックスタイム制を適用する場合においては、曜日のめぐり次第で、一日八時間相当の労働でも清算期間における法定労働時間の総枠を超え得るという課題を解消するため、完全週休二日制の事業場において、労使協定により、所定労働日数に八時間を乗じた時間数を清算期間における法定労働時間の総枠とすることができるようにしたものであること。

　この場合において、次の式で計算した時間数を一週間当たりの労働時間の限度とすることができるものであること。

$$8\times\text{清算期間における所定労働日数}\div\frac{\text{清算期間における暦日数}}{7}$$

（平三〇・九・七　基発〇九〇七第一号）

【法定時間外労働となる時間】　フレックスタイム制を採用した場合に法定時間外労働となるのは、以下の(1)及び(2)に示す労働時間であること。なお、上記四の特例〈編注　前項**【完全週休二日制の場合の清算期間における労働時間の限度】**〉に留意すること。

(1)　清算期間が一箇月以内の場合

　従前のとおり、清算期間における実労働時間数のうち、法定労働時間の総枠を超えた時間が法定時間外労働となるものであること。具体的な計算方法は、次の式によること。

$$\text{清算期間における実労働時間数}-\text{週の法定労働時間}\times\frac{\text{清算期間における暦日数}}{7}$$

(2)　清算期間が一箇月を超え三箇月以内の場合

　次のア及びイを合計した時間が法定時間外労働となるものであること。

ア　清算期間を一箇月ごとに区分した各期間（最後に一箇月未満の期間を生じたときには、当該期間）における実労働時間のうち、各期間を平均し一週間当たり五十時間を超えて労働させた時間。具体的な計算方法は、次の式によること。

$$\text{清算期間を1箇月ごとに区分した期間における実労働時間数}-50\times\frac{\text{清算期間を1箇月ごとに区分した期間における暦日数}}{7}$$

イ　清算期間における総労働時間のうち、当該清算期間の法定労働時間の総枠を超えて労働させた時間（ただし、上記アで算定された時間外労働時間を除く。）

（平三〇・九・七　基発〇九〇七第一号）

【労働時間の過不足の繰越】　フレックスタイム制において、実際に労働した時間が清算期間における総労働時間として定められた時間に比べて過不足が生じた場合には、当該清算期間内で労働時間及び賃金を清算することがフレックスタイム制の本来の趣旨であると考えるが、それを次の清算期間に繰り越すことの可否は次によるものであること。

①　清算期間における実際の労働時間に過剰があつた場合に、総労働時間として定められた時間分はその期間の賃金支払日に支払うが、それを超えて労働した時間分を次の清算期間中の総労働時間の一部に充当することは、その清算期間内における労働の対価の一部がその期間の賃金支払日に支払われないことになり、法第二十四条に違反し、許されないものであること。

②　清算期間における実際の労働時間に不足があつた場合に、総労働時間として定められた時間分の賃金はその期間の賃金支払日に支払うが、それに達しない時間分を、次の清算期間中の総労働時間に上積みして労働させることは、法定労働時間の総枠の範囲内である限り、その清算期間においては実際の労働時間に対する賃金よりも多く賃金を支払い、次の清算期間でその分の賃金の過払を清算するものと考えられ、法第二十四条に違反するものではないこと。

　なお、清算期間が一か月を超える場合においては、清算期間を一か月ごとに区分した期間のうち、最終の期間に係る賃金を計算する際に、当該清算期間を通じた実際の労働時間（法定の時間外労働として算定される時間を除く）と、当該上積みされた総労働時間の差に応じて、賃金額を調整することとなる。

（昭六三・一・一　基発一号、平三一・四・一　基発〇四〇一第四三号）

【就業規則の変更届の受理】　フレックスタイム制を採用する場合又はその内容を変更する場合には、それに関連して就業規則を変更し、その変更届が労働基準監督署長に届け出られることとなるが、その受理にあたつては労働者代表の意見書をチェックし、必要に応じてその意見を十分聴くよう指導する等的確に指導すること。

なお、フレックスタイム制を採用する場合には、就業規則その他これに準ずるもの又は労使協定において、清算期間の起算日を明らかにすることとされているので、的確に指導すること。（昭六三・一・一　基発一号）

【派遣労働者に対するフレックスタイム制の適用】　派遣労働者を派遣先においてフレックスタイム制の下で労働させる場合には、派遣元の使用者は、次のことを行う必要があるものであること。

①　派遣元事業場の就業規則その他これに準ずるものにより、始業及び終業の時刻を派遣労働者の決定にゆだねることを定めること。

②　派遣元事業場において労使協定を締結し、所要の事項について協定すること。

③　労働者派遣契約において当該労働者をフレックスタイム制の下で労働させることを定めること。（昭六三・一・一　基発一号）

【休憩時間の設定】

問　フレックスタイム制を採用した場合に労働基準法上の休憩の与え方及び就業規則における規定の仕方如何。

答　労働基準法の規定どおりに与えなければならない。一せい休憩が必要な場合には、コアタイム中に休憩時間を定めるよう指導すること。

一せい休憩が必要ない事業において、休憩時間をとる時間帯を労働者にゆだねる場合には、各日の休憩時間の長さを定め、それをとる時間帯は労働者にゆだねる旨記載しておけばよい。

（昭六三・三・一四　基発一五〇号）

【フレックスタイム制における労働時間の把握】

問　フレックスタイム制においては、始業、終業の時刻を労働者の決定にゆだねており、使用者は労働時間を把握しなくてもよいのか。

答　フレックスタイム制の場合にも、使用者に労働時間の把握義務がある。したがつて、フレックスタイム制を採用する事業場においても、各労働者の各日の労働時間の把握をきちんと行うべきものである。

（昭六三・三・一四　基発一五〇号）

第三十二条の三の二　使用者が、清算期間が一箇月を超えるものであるときの当該清算期間中の前条第一項の規定により労働させた期間が当該清算期間より短い労働者について、当該労働させた期間を平均し一週間当たり四十時間を超えて労働させた場合においては、その超えた時間（第三十三条又は第三十六条第一項の規定により延長し、又は休日に労働させた時間を除く。）の労働については、第三十七条の規定の例により割増賃金を支払わなければならない。

解釈例規

【清算期間が一箇月を超える場合において、フレックスタイム制により労働させた期間が当該清算期間よりも短い労働者に係る賃金の取扱い】　清算期間が一箇月を超える場合において、フレックスタイム制により労働させた期間が当該清算期間よりも短い労働者については、当該労働させた期間を平均して一週間当たり四十時間を超えて労働させた時間について、労働基準法第三十七条の規定の例により、割増賃金を支払わなければならないものであること。

（平三〇・九・七　基発〇九〇七第一号）

第三十二条の四　使用者は、当該事業場に、労働者の過半数で組織する労働組合がある場合においてはその労働組合、労働者の過半数で組織する労働組合がない場合においては労働者の過半数を代表する者との書面による協定により、次に掲げる事項を定めたときは、第三十二条の規定にかかわらず、その協定で第二号の対象期間として定められた期間を平均し一週間当たりの労働時間が四十時間を超えない範囲内において、当該協定（次項の規定による定めをした場合においては、その定めを含む。）で定めるところにより、特定された週において同条第一項の労働時間又は特定された日において同条第二項の労働時間を超えて、労働させることができる。

一　この条の規定による労働時間により労働させることがで

きることとされる労働者の範囲

二　対象期間（その期間を平均し一週間当たりの労働時間が四十時間を超えない範囲内において労働させる期間をいい、一箇月を超え一年以内の期間に限るものとする。以下この条及び次条において同じ。）

三　特定期間（対象期間中の特に業務が繁忙な期間をいう。第三項において同じ。）

四　対象期間における労働日及び当該労働日ごとの労働時間（対象期間を一箇月以上の期間ごとに区分することとした場合においては、当該区分による各期間のうち当該対象期間の初日の属する期間（以下この条において「最初の期間」という。）における労働日及び当該労働日ごとの労働時間並びに当該最初の期間を除く各期間における労働日数及び総労働時間）

五　その他厚生労働省令で定める事項

②　使用者は、前項の協定で同項第四号の区分をし当該区分による各期間のうち最初の期間を除く各期間における労働日数及び総労働時間を定めたときは、当該各期間の初日の少なくとも三十日前に、当該事業場に、労働者の過半数で組織する労働組合がある場合においてはその労働組合、労働者の過半数で組織する労働組合がない場合においては労働者の過半数を代表する者の同意を得て、厚生労働省令で定めるところにより、当該労働日数を超えない範囲内において当該各期間における労働日及び当該総労働時間を超えない範囲内において当該各期間における労働日ごとの労働時間を定めなければならない。

③　厚生労働大臣は、労働政策審議会の意見を聴いて、厚生労働省令で、対象期間における労働日数の限度並びに一日及び一週間の労働時間の限度並びに対象期間（第一項の協定で特定期間として定められた期間を除く。）及び同項の協定で特定期間として定められた期間における連続して労働させる日数の限度を定めることができる。

④　第三十二条の二第二項の規定は、第一項の協定について準用する。

（過半数代表者）
則第六条の二　法第十八条第二項、法第二十四条第一項ただし書、法第三十二条の二第一項、法第三十二条の三第一項、法第三十二条の四第一項及び第二項、法第三十二条の五第一項、法第三十四条第二項ただし書、法第三十六条第一項、第八項及び第九項、法第三十七条第三項、法

第三十八条の二第二項、法第三十八条の三第一項、法第三十八条の四第二項第一号（法第四十一条の二第三項において準用する場合を含む。）、法第三十九条第四項、第六項及び第九項ただし書並びに法第九十条第一項に規定する労働者の過半数を代表する者（以下この条において「過半数代表者」という。）は、次の各号のいずれにも該当する者とする。

一　法第四十一条第二号に規定する監督又は管理の地位にある者でないこと。

二　法に規定する協定等をする者を選出することを明らかにして実施される投票、挙手等の方法による手続により選出された者であつて、使用者の意向に基づき選出されたものでないこと。

②　前項第一号に該当する者がいない事業場にあつては、法第十八条第二項、法第二十四条第一項ただし書、法第三十九条第四項、第六項及び第九項ただし書並びに法第九十条第一項に規定する労働者の過半数を代表する者は、前項第二号に該当する者とする。

③　使用者は、労働者が過半数代表者であること若しくは過半数代表者になろうとしたこと又は過半数代表者として正当な行為をしたことを理由として不利益な取扱いをしないようにしなければならない。

④　使用者は、過半数代表者が法に規定する協定等に関する事務を円滑に遂行することができるよう必要な配慮を行わなければならない。

（変形労働時間制・変形休日制の起算日）

則第十二条の二　使用者は、法第三十二条の二から第三十二条の四までの規定により労働者に労働させる場合には、就業規則その他これに準ずるもの又は書面による協定（労使委員会の決議及び労働時間等設定改善委員会の決議を含む。）において、法第三十二条の二から第三十二条の四までにおいて規定する期間の起算日を明らかにするものとする。

〈二項　略〉

（一年単位の変形労働時間制における労働時間の限度等）

則第十二条の四　法第三十二条の四第一項の協定（労働協約による場合を除き、労使委員会の決議及び労働時間等設定改善委員会の決議を含む。）において定める同項第五号の厚生労働省令で定める事項は、有効期間の定めとする。

②　使用者は、法第三十二条の四第二項の規定による定めは、書面により行わなければならない。

③　法第三十二条の四第三項の厚生労働省令で定める労働日数の限度は、同条第一項第二号の対象期間（以下この条において「対象期間」という。）が三箇月を超える場合は対象期間について一年当たり二百八十日とする。ただし、対象期間が三箇月を超える場合において、当該対象期間の初日の前一年以内の日を含む三箇月を超える期間を対象期間として定める法第三十二条の四第一項の協定（労使委員会の決議及び労働時間等設定改善委員会の決議を含む。）（複数ある場合においては直近の協定（労使委員会の決議及び労働時間等設定改善委員会の決議を含む。）。以下この項において「旧協定」という。）があつた場合において、一日の労働時間のうち最も長いものが旧協定の定める一日の労働時間のうち最も長いもの若しくは九時間のいずれか長い時間を超え、又は一週間の労働時間のうち最も長いものが旧協定の定める一週間の労働時間のうち最も長いもの若しくは四十八時間のいずれか長い時間を超えるときは、旧協定の定める対象期間について一年当たりの労働日数から一日を減じた日数又は二百八十日のいずれか少ない日数とする。

④　法第三十二条の四第三項の厚生労働省令で定める一日の労働時間の限度は十時間とし、一週間の労働時間の限度は五十二時間とする。この場合において、対象

期間が三箇月を超えるときは、次の各号のいずれにも適合しなければならない。

一　対象期間において、その労働時間が四十八時間を超える週が連続する場合の週数が三以下であること。

二　対象期間をその初日から三箇月ごとに区分した各期間（三箇月未満の期間を生じたときは、当該期間）において、その労働時間が四十八時間を超える週の初日の数が三以下であること。

⑤　法第三十二条の四第三項の厚生労働省令で定める対象期間における連続して労働させる日数の限度は六日とし、同条第一項の協定（労使委員会の決議及び労働時間等設定改善委員会の決議を含む。）で特定期間として定められた期間における連続して労働させる日数の限度は一週間に一日の休日が確保できる日数とする。

⑥　法第三十二条の四第四項において準用する法第三十二条の二第二項の規定による届出は、様式第四号により、所轄労働基準監督署長にしなければならない。

（育児を行う者等に対する配慮）

則第十二条の六　使用者は、法第三十二条の二、第三十二条の四又は第三十二条の五の規定により労働者に労働させる場合には、育児を行う者、老人等の介護を行う者、職業訓練又は教育を受ける者その他特別の配慮を要する者については、これらの者が育児等に必要な時間を確保できるような配慮をしなければならない。

則附則第六十五条　積雪の度が著しく高い地域として厚生労働大臣が指定する地域に所在する事業場において、冬期に当該地域における事業活動の縮小を余儀なくされる事業として厚生労働大臣が指定する事業に従事する労働者であつて、屋外で作業を行う必要がある業務であつて業務の性質上冬期に労働者が従事することが困難であるものとして厚生労働大臣が指定する業務に従事するものについては、第十二条の四第四項の規定にかかわらず、当分の間、法第三十二条の四第三項の厚生労働省令で定める一日の労働時間の限度は十時間とし、一週間の労働時間の限度は五十二時間とする。

則附則第六十六条　一般乗用旅客自動車運送事業（道路運送法（昭和二十六年法律第百八十三号）第三条第一号ハの一般乗用旅客自動車運送事業をいう。以下この条及び第六十九条第二項において同じ。）における四輪以上の自動車（一般乗用旅客自動車運送事業の用に供せられる自動車であつて、当該自動車による運送の引受けが営業所のみにおいて行われるものを除く。）の運転の業務に従事する労働者であつて、次の各号のいずれにも該当する業務に従事するものについての法第三十二条の四第三項の厚生労働省令で定める一日の労働時間の限度は、第十二条の四第四項の規定にかかわらず、当分の間、十六時間とする。

一　当該業務に従事する労働者の労働時間（法第三十三条又は第三十六条第一項の規定により使用者が労働時間を延長した場合においては当該労働時間を、休日に労働させた場合においては当該休日に労働させた時間を含む。以下この号において同じ。）の終了から次の労働時間の開始までの期間が継続して二十二時間以上ある業務であること。

二　始業及び終業の時刻が同一の日に属しない業務であること。

□告　示

○労働省告示第八号（平九・二・一四）
改正　労働省告示第二九号（平一一・四・一）
改正　労働省告示第一二〇号（平一二・一二・二五）

労働基準法施行規則第六十五条の規定に基づき厚生労働大臣が指定する地域、厚生労働大臣が指定する事業及び厚生労働大臣が指定する業務を定める告示

1　労働基準法施行規則第六十五条の厚生労働大臣が指定する地域は、豪雪地帯対策特別措置法（昭和三十七年法律第七十三号）第二条第一項の規定に基づき内閣総理大臣が指定する道及び県の区域並びに市町村の区域とする。

2　労働基準法施行規則第六十五条の厚生労働大臣が指定する事業は労働基準法（昭和二十二年法律第四十九号）別表第一第三号に掲げる事業又は貨物自動車運送事業法（平成元年法律第八十三号）第二条第一項の貨物自動車運送事業とし、労働基準法施行規則第六十五条の厚生労働大臣が指定する業務は、次の各号に掲げる事業の区分に応じ、当該各号に定める業務とする。

一　労働基準法別表第一第三号に掲げる事業　建設業法（昭和二十四年法律第百号）第二条第一項に規定する建設工事に係る業務（屋外で作業に従事するものに限る。）

二　貨物自動車運送事業　前号に定める業務に使用する資材、機械等又は当該業務により生じた廃棄物等の運送の用に供する自動車の運転の業務

▼参照条文　〔法定労働時間―三二〕、〔労働組合―労組二・五〕、〔過半数代表者―則六の二〕、〔「一定の期間」の起算日―則一二の二〕、〔厚生労働省令で定める事項―則一二の四1〕、〔厚生労働省令で定めるところによる定め―則一二の四2〕、〔限度―則一二の四3～5〕、〔労使協定の届出―則一二の四6〕、〔特別の配慮―則一二の六〕、〔賃金の清算―三二の四の二〕、〔適用除外―六〇1・六六1〕、〔年少者への配慮―六〇3〕、〔罰則―一二〇〕

解釈例規

【変形労働時間制の趣旨】　変形労働時間制は、労働基準法制定当時に比して第三次産業の占める比重の著しい増大等の社会経済情勢の変化に対応するとともに、労使が労働時間の短縮を自ら工夫しつつ進めていくことが容易となるような柔軟な枠組みを設けることにより、労働者の生活設計を損なわない範囲内において労働時間を弾力化し、週休二日制の普及、年間休日日数の増加、業務の繁閑に応じた労働時間の配分等を行うことによって労働時間を短縮することを目的とするものであること。

（昭六三・一・一　基発一号）

【趣旨①】　年間単位で休日増を図ることが所定労働時間の短縮のために有効であり、そのためには年間単位の労働時間管理をすることができるような制度を普及させる必要があることから、年間単位の休日増による労働時間短縮が可能となるよう変形期間を三箇月から最長一年まで延長したものであり、変形期間を平均して週四十時間労働制を実現し、適正かつ計画的な時間管理をすることで、労働時間の短縮を図るものであること。

また、あらかじめ業務の繁閑を見込んで、それに合わせて労働時間を配分するものであるので、突発的なものを除き、恒常的な時間外労働はないことを前提とした制度であること。

なお、その運用に当たっては、後述の内容に従い適切に労働時間管理が行われるように、的確に指導すること。

（平六・一・四　基発一号、平九・三・二五　基発一九五号、平一一・三・三一　基発一六八号）

【趣旨②】　週四十時間労働制が定着した後においては、労働者の健康、生活のリズム等に及ぼす影響に配慮しつつ、休日の確保によるゆとりの確保、時間外・休日労働の減少を図ることが一層重要となることにかんがみ、一年単位の変形労働時間制の要件等について所要の見直しを行うことにより、時間外・休日労働の減少による総労働時間の短縮及び休日の確保を実現しようとするものであること。

（平一一・一・二九　基発四五号）

【労働時間の特定①】　一年単位の変形労働

時間制を採用する場合には、労使協定により、変形期間における労働日及び当該労働日ごとの労働時間を具体的に定めることを要し、使用者が業務の都合によって任意に労働時間を変更するような制度は、これに該当しないものであること。

したがって、例えば貸切観光バス等のように、業務の性質上一日八時間、週四十時間を超えて労働させる日又は週の労働時間をあらかじめ定めておくことが困難な業務又は労使協定で定めた時間が業務の都合によつて変更されることが通常行われるような業務については、一年単位の変形労働時間制を適用する余地はないものであること。

（平六・一・四　基発一号、平一一・三・三一　基発一六八号）

【労働時間の特定②】　改正法は、対象期間中の労働日及び労働日ごとの労働時間をより的確に特定し、時間外・休日労働を減少させることができるよう、対象期間を一箇月以上の期間ごとに区分して労働日及び労働日ごとの労働時間を特定することができることとしたものであること。

このような趣旨に照らして当然のことながら、従来と同様特定された労働日及び労働日ごとの労働時間は変更することができないものであること。

なお、法第八十九条は、就業規則で始業及び終業の時刻並びに休日を定めることと規定しているので、一年単位の変形労働時間制を採用する場合にも、就業規則において、対象期間における各日の始業及び終業の時刻並びに休日を定める必要があること。ただし、一箇月以上の期間ごとに区分を設けて労働日及び労働日ごとの労働時間を特定することとしている場合においては、勤務の種類ごとの始業・終業時刻及び休日並びに当該勤務の組合せについての考え方、勤務割表の作成手続及びその周知方法等を定め、これにしたがつて、各日ごとの勤務割は、最初の期間におけるものは当該期間の開始前までに、最初の期間以外の各期間におけるものは当該各期間の初日の三十日前までに、それぞれ具体的に定めることで足りるものであること。

（平一一・一・二九　基発四五号）

【特定された日又は週】

問　法第三十二条の二第一項及び第三十二条の四の特定された日又は週とは如何なる意味か。

答　法第三十二条の二第一項及び第三十二条の四の規定に基づき就業規則等によつてあらかじめ八時間を超えて労働させることが定められている日又は一週間の法定労働時間を超えて労働させることが具体的に定められている週の意味である。

（昭二三・七・一五　基発一六九〇号）

【就業規則への記載】

問　就業規則で「一年単位の変形労働時間制が適用される者の各日の始業及び終業時刻は一年単位の変形労働時間制に関する労使協定による」旨定め、各日の始業、終業時刻を就業規則本体には明記しないこととして差し支えないか。

答　労使協定の各条にそのまま就業規則の内容となりうるような具体的な始業、終業時刻が定められている場合に限つて、設例のような取扱いによることが可能であるが、このような場合には、就業規則の中に引用すべき労使協定の条文番号を明記し、かつ、就業規則の別紙として労使協定を添付することが必要である。

（平六・五・三一　基発三三〇号）

【休日が特定されない場合】

問　「七月から九月までの間に労働者の指定する三日間について休日を与える」というような制度がある事業場において、一年単位の変形労働時間制を採用する場合、当該三日間については休日が特定されないこととなるが、その特定されない三日間を労働日から除外（労働日＝全期間の暦日数－特定された休日－三日）して協定することは可能か。

答　労働日を特定するということは、反面、休日を特定することとなり、設例の場合のように、変形期間開始後にしか休日が特定できない場合には、労働日が特定されたことにはならない。（平六・五・三一　基発三三〇号）

【特定された時間の変更】

問　一年単位の変形労働時間制に関する「労使協定」事項中に、「甲・乙双方が合意すれば、協定期間中であっても変形制の一部を変更することがある。」旨が明記され、これに基づき随時、変形労働時間制を変更することについての取扱い如何。

答　変形期間の途中で変更することはできない。

（昭六三・三・一四　基発一五〇号、平六・三・三一　基発一八一号）

【特定期間①】　法第三十二条の四第一項第三号の特定期間は対象期間中の特に業務が繁忙な期間であることから、対象期間の相当部分を特定期間として定める労使協定は、法の趣旨に反するものであること。

また、対象期間中に特定期間を変更することはできないものであること。

（平一一・一・二九　基発四五号）

【特定期間②】

問　一年単位の変形労働時間制の導入の際の協定事項である特定期間は、どの程度の期間設けることができるか。また、特定期間の分割は認められると解してよいか。

答　前段について、特定期間は、対象期間中の特に業務が繁忙な期間について設定することができるとする法の趣旨に沿った期間にすることが必要であり、対象期間中の相当部分を特定期間とすることはこの趣旨に反するものである。具体的な設定に当たつては、業務の実情に即して上記の趣旨を踏まえた上で、労使が十分話し合つて決めるべきものである。

後段について、対象期間中の複数の期間を特定期間として定めることは可能である。

（平一一・三・三一　基発一六九号）

【特定期間③】

問　特定期間（法第三十二条の四第一項第三号）に関する事項は必要的協定事項と解されるが、これを定めない協定の取扱い如何。

答　特定期間を設定する必要がない場合においても、法第三十二条の四第一項の規定上、「特定期間を定めない」旨定めることが必要である。ただし、特定期間について何ら定めがない協定については、「特定期間を定めない」旨定められているものとみなすこととする。

（平一一・三・三一　基発一六九号）

【一年単位の変形労働時間制を採用した場合における休日振替】

問　休日の振替を行うことがあつても、一年単位の変形労働時間制を採用することができるか。

答　一年単位の変形労働時間制は、使用者が業務の都合によつて任意に労働時間を変更することがないことを前提とした制度であるので、通常の業務の繁閑等を理由として休日振替が通常行われるような場合は、一年単位の変形労働時間制を採用できない。

なお、一年単位の変形労働時間制を採用した場合において、労働日の特定時には予期しない事情が生じ、やむを得ず休日の振替を行わなければならなくなることも考えられるが、そのような休日の振替までも認めない趣旨ではなく、その場合の休日の振替は、以下によるものであること。

①　就業規則において休日の振替を必要とする場合に休日を振り替えることができる旨の規定を設け、これによつて休日を振り替える前にあらかじめ振り替えるべき日を特定して振り替えるものであること。この場合、就業規則等において、できる限り、休日振替の具体的事由と振り替えるべき日を規定することが望ましいこと。

②　対象期間（特定期間を除く。）においては連続労働日数が六日以内となること。

③　特定期間においては一週間に一日の休日が確保できる範囲内であること。

また、例えば、同一週内で休日をあらかじめ八時間を超えて労働を行わせることとして特定していた日と振り替えた場合については、当初の休日は労働日として特定されていなかつたものであり、労働基準法第三十二条の四第一項に照らし、当該日に八時間を超える労働を行わせることとなつた場合には、その超える時間については時間外労働となるものである。

（平六・五・三一　基発三三〇号、平九・三・二八　基発二一〇号、平一一・三・三一　基発一六八号）

【労働基準法第三十二条の四第二項の「同意」の効力】

問　変形期間を一か月以上の期間に区分した場合において、労働日数及び総労働時間のみを定めた区分の期間について労働時間の特定をする際、過半数労働組合又は過半数労働者代表の同意を得られない場合の取扱い如何。

答　「同意」が得られなかつた場合は、区分された期間の労働日数及び総労働時間しか決定されておらず、労働日及び各労働日の労働時間が特定しないことから、当該区分についてあらかじめ労使協定において定めた労働日数及び総労働時間の範囲内で、原則的な労働時間を定めた労働基準法第三十二条の規定により労働させることとなる。

（平六・五・三一　基発三三〇号、平一一・三・三一　基発一六八号）

【対象労働者の範囲】　一年単位の変形労働時間制を採用する場合には、労使協定において、当該変形労働時間制の適用を受ける対象労働者の範囲を定めることとされているが、この対象労働者は、できる限り明確に定める必要があること。

（平六・一・四　基発一号、平一一・三・三一　基発一六八号）

【複数の変形労働時間制】

問　中途採用者を一年単位の変形労働時間制の対象とする場合などのように、一つの事業場で起算日及び対象労働者の異なる複数の一年単位の変形労働時間制を並行して採用することは可能か。

答　適用対象労働者が明確にされていれば、一つの事業場で複数の一年単位の変形労働時間制を採用することは可能であるが、その際、それぞれの一年単位の変形労働時間制ごとに労使協定を締結し、届け出ることが必要である。

（平六・五・三一　基発三三〇号）

【定年後嘱託として再雇用する場合】

問　変形期間途中で定年退職を迎えるが、当該事業場では定年後嘱託として再雇用することとなつている場合には、一年単位の変形労働時間制の対象労働者に含めてよいか。

答　就業規則等において、労働者が希望すれば引き続き再雇用し、又は継続勤務とすることが明確に規定されている場合には、当該変形労働時間制を適用することは可能である。

（平六・五・三一　基発三三〇号）

【一日及び一週間の労働時間の限度①】

問　対象期間が三か月を超える場合には、その労働時間が四十八時間を超える週が連続する場合の週数が三以下であること等の要件を満たさなければならないが、ここでいう「週」については暦週と解してよいか。

答　則第十二条の四第四項における「週」については、対象期間の初日の曜日を起算日とする七日間である。

（平一一・三・三一　基発一六九号）

【一日及び一週間の労働時間の限度②】

則第十二条の四第四項第二号は、「その労働時間が四十八時間を超える週の初日の数」について規定していることから、同号の規定により区分した各期間における最後の週の末日が当該各期間に属する日でない場合であつても、当該週の労働時間が四十八時間を超えるのであれば、当該週の初日

が同号の「初日」として取り扱われるものであること。（平一一・一・二九　基発四五号）

【積雪地域の建設業の屋外労働者等に対する一年単位の変形労働時間制の暫定措置】

(1) 趣旨

積雪の度が著しく高い地域における建設業の屋外労働者等については、冬期において業務の性質上、作業に従事させることが困難であることから、一年単位の変形労働時間制を効果的に活用し、事業活動を冬期以外の期間に集中させることにより、年間を通じて適正かつ効果的な労働時間管理をすることが週四十時間労働時間制の定着を図るために有効である。

このため、積雪の度が著しく高い地域として労働大臣が指定する地域に所在する事業場において、冬期に当該地域における事業活動の縮小を余儀なくされる事業として労働大臣が指定する事業に従事する労働者であつて、屋外で作業を行う必要がある業務であつて業務の性質上冬期に労働者が従事することが困難であるものとして労働大臣が指定する業務に従事するものについては、当分の間、則第十二条の四第四項第一号及び第二号の一週間の労働時間の限度が四十八時間を超える週数についての制限の適用を受けないこと。

(2) 対象地域、対象事業場及び対象業務

① 「積雪の度が著しく高い地域として労働大臣が指定する地域に所在する事業場」であること。

「積雪の度が著しく高い地域として労働大臣が指定する地域」（以下「積雪地域」という。）は、豪雪地帯対策特別措置法（昭和三十七年法律第七十三号）第二条第一項の規定に基づき内閣総理大臣が指定する道及び県の区域並びに市町村の区域であり、具体的な道及び県の区域並びに市町村の区域は、別添3〈編注　略〉のとおりであること（平成九年労働省告示第八号第一項関係）。

なお、積雪地域に所在するか否かについては、労働者を使用する事業場の所在地により判断するものであること。例えば、積雪地域に所在する出張所、支所等であつても、規模が著しく小さく、組織的関連ないし事業能力等を勘案して一の事業という程度の独立性がないものについては、直近上位の機構と一括して一の事業として取り扱うものであり、直近上位の機構が積雪地域になければ、当該出張所、支所等であつても本制度の対象とはならないものであること（昭和二十二年九月十三日付け発基第一七号、昭和二十三年三月三十一日付け基発第五一一号、昭和三十三年二月十三日付け基発第九〇号）。

② 「冬期に当該地域における事業活動の縮小を余儀なくされる事業として労働大臣が指定する事業に従事する労働者であつて、屋外で作業を行う必要がある業務であつて業務の性質上冬期に労働者が従事することが困難であるものとして労働大臣が指定する業務」に従事する労働者であること。

「冬期に当該地域における事業活動の縮小を余儀なくされる事業として労働大臣が指定する事業」及び「屋外で作業を行う必要がある業務であつて業務の性質上冬期に労働者が従事することが困難であるものとして労働大臣が指定する業務」は、

(i) 法別表第一第三号の事業にあつては、建設業法（昭和二十四年法律第百号）第二条第一項に規定する建設工事に係る業務（屋外で作業に従事するものに限る。）、

(ii) 貨物自動車運送事業法（平成元年法律第八十三号）第二条第一項の貨物自動車運送事業にあつては、(i)に定める業務に使用する資材、機械等又は当該業務により生じた廃棄物の運送の用に供する自動車の運転の業

務であること（平成九年労働省告示第八号第二項関係）。

ア　法別表第一第三号の事業関係

「建設業法（昭和二十四年法律第百号）第二条第一項に規定する建設工事」とは、土木建築に関する工事をいうものであり、具体的な建設工事の種類及びその内容、例示は別添４〈編注　略〉のとおりであること。

「屋外」とは、建築物の外部をいい、敷地内であるか否かを問わないものであること。なお、建築物とは、土地に定着する工作物のうち、屋根及び柱若しくは壁を有するもの（これに類するものを含む。）、これに附属する門若しくは塀、観覧のための工作物又は地下若しくは高架の工作物内に設ける事務所、店舗、興行場、倉庫その他これに類する施設をいい、建設設備を含むものであること。また、その構造・規模の如何を問わないが、人の出入りできる程度の規模であることが必要であること。

「屋外で作業に従事するもの」については、業務の一部について屋内で作業に従事することをもつて直ちにこれに該当しないこととするものではなく、変形期間を通じて主として従事する業務が屋外で作業に従事する業務であるか否かにより判断すべきものであること。

イ　貨物自動車運送事業法第二条第一項の貨物自動車運送事業関係

「貨物自動車運送事業」とは、貨物自動車運送事業法第二条第一項に規定する貨物自動車運送事業をいい、法別表第一第四号の事業のうち、有償で、自動車を使用して、貨物を運送する事業をいうものであること。

本暫定措置の対象となる業務は、建設業法第二条第一項に規定する建設工事に係る業務（屋外で作業に従事するものに限る。）に使用する資材、機械等又は当該業務により生じた廃棄物等の運送の用に供する自動車の運転の業務に限るものであり、建設工事に係る業務のうち屋内で作業に従事するものに使用する資材、機械等又は当該業務により生じた廃棄物等の運送の用に供する自動車の運転の業務は、本暫定措置の対象とはならないものであること。また、「資材、機械等」には、当該業務に使用する材料、物品等が含まれるものであり、また、「廃棄物等」には、当該業務により生じた廃液、残土等が含まれるものであること。

なお、「前号に定める建設工事に係る業務（屋外で作業に従事するものに限る。）の用に供する」自動車の運転の業務については、例えば業務の一部について建設工事以外に係る業務の用に供する自動車の運転の業務に従事することをもつて直ちにこれに該当しないこととするものではなく、変形期間を通じて主として従事する業務が「建設工事に係る業務（屋外で作業に従事するものに限る。）の用に供する」自動車の運転の業務であるか否かにより判断すべきものであること。「自動車の運転の業務」についても、同様に判断すべきものであること。

(3)　一日及び一週間の所定労働時間

本暫定措置の下において、一年単位の変形労働時間制を採用する場合における一日及び一週間の労働時間の限度を、それぞれ十時間、五十二時間とするものであり、則第十二条の四第四項第一号及び第二号の一週間の労働時間が四十八時間を超える週数についての制限の適用を受けないこと。
（平九・二・一四　基発九三号、平一一・三・三一　基発一六八号）

【隔日勤務のタクシー運転者に対する一年単位の変形労働時間制の暫定措置】

(1) 趣旨

深夜時間帯における公共交通機関としての役割を果たす上で不可欠な勤務形態である隔日勤務のタクシー運転者については、タクシー業が、総費用の八割を人件費が占める極めて労働集約的な産業であることに加えてその公共交通機関であるという性格から運賃が認可制とされ企業が運賃を自由に設定できないという制約もあり、他業種に比べて労働時間の短縮が困難であることから、一年単位の変形労働時間制を効果的に活用し、季節等による需要の波動に弾力的に対応しつつ休日増を図り、効果的な稼働を行うことが、週四十時間労働制の定着を図るために有効である。

このため、隔日勤務のタクシー運転者については、実質的に一勤務で二日分の労働を行っているという実態を考慮し、当分の間、一年単位の変形労働時間制における一日の労働時間の限度を十六時間にするものであること。

本暫定措置は、一年単位の変形労働時間制を活用することにより、週四十時間労働制の定着を図るとともに、休日数の増加を図るために設けるものであることから、本暫定措置により一年単位の変形労働時間制（対象期間が三箇月以内であるものに限る。）を採用する使用者に対しては、年間所定休日日数を八十日以上とし、制度の導入前よりも所定休日日数を増加させることが望ましいものであることについて、的確に指導すること。なお、この八十日とは、本暫定措置の採用に当たつては、少なくとも四週六休制の年間所定休日の水準を上回るべきであるとの考えに基づくものであること。

(2) 対象事業場及び対象業務

① 「一般乗用旅客自動車運送事業における四輪以上の自動車（一般乗用旅客自動車運送事業の用に供せられる自動車であつて、当該自動車による運送の引受けが営業所のみにおいて行われるものを除く。）の運転の業務に従事する労働者」であること。

「一般乗用旅客自動車運送事業における四輪以上の自動車の運転の業務に従事する労働者」とは、いわゆるタクシー運転者を指すものであること。

「一般乗用旅客自動車運送事業の用に供せられる自動車であつて、当該自動車による運送の引受けが営業所のみにおいて行われるものを除く」とは、いわゆるハイヤーに対して本暫定措置の適用がないことを示すものであること。なお、ハイヤーについては、タクシー業務適正化臨時措置法（昭和四十五年法律第七十五号）第二条第二項に基づき地方運輸局長からハイヤー運賃の認可を受けることとされているので、ハイヤーか否かの判断に当たつては、この点に十分留意する必要があるものであること。

② 「当該業務に従事する労働者の労働時間（法第三十三条又は第三十六条第一項の規定により使用者が労働時間を延長した場合においては当該労働時間を、休日に労働させた場合においては当該休日に労働させた時間を含む。）の終了から次の労働時間の開始までの期間が継続して二十時間以上ある業務」に従事する労働者であること。

「当該業務に従事する労働者の労働時間（法第三十三条又は第三十六条第一項の規定により使用者が労働時間を延長した場合においては当該労働時間を、休日に労働させた場合においては当該休日に労働させた時間を含む。）の終了から次の労働時間の開始までの期間」とは、自動車運転者の労働時間等の改善のための基準（平成元年労働省告示第七号。以下「改善基準告示」という。）第二条第一項に規定する「休息期間」に相当するものである。したがつて、改善基準告示第二条第二項第二号に規定する隔日勤務のタクシー運転者に対する休息期間に関する規定を満たさない労働者は、本暫定措置の対象とならないものであること。

③　「始業及び終業の時刻が同一の日に属しない業務」に従事する労働者であること。

「始業及び終業の時刻が同一の日に属しない業務」とは、勤務が二暦日に及ぶ業務をいうものであり、本暫定措置が、いわゆる隔日勤務形態のタクシー運転者に対して適用することとするものであること。

④　なお、本暫定措置の対象となる隔日勤務者については、業務の一部について本暫定措置の要件を満たさないことをもつて直ちにこれに該当しないこととするものではなく、変形期間を通じて主として従事するのが隔日勤務であるか否かにより判断すべきものであること。

(3)　一日及び一週間の所定労働時間

本暫定措置の要件の下において、一年単位の変形労働時間制を採用する場合における一日の労働時間の限度を、十六時間とするものであること。

（平九・二・一四　基発九三号、平一一・三・三一　基発一六八号）

【労働日数の限度】　労働日数の限度が適用されるのは、対象期間が三箇月を超える一年単位の変形労働時間制に限られるものであること。

則第十二条の四第三項の「対象期間について一年当たり」とは、具体的には、対象期間が三箇月を超え一年未満である一年単位の変形労働時間制に関しては、当該対象期間における労働日数の限度は、次の式によつて計算するという意味であること。

$$\text{対象期間における労働日数の限度} = \text{1年当たりの労働日数の限度} \times \frac{\text{対象期間の暦日数}}{365\text{日}}$$

上記の式により計算して得た数が整数とならない場合の取扱いについては、「限度」である以上、労働日数がこの限度を超えることはできないこと（例えば、労働日数の限度が九十三・三日であれば労働日数を九十四日とすることはできないこと。）から、結果として、小数点以下の端数は切り捨てて適用することとなるものであること。

なお、対象期間がうるう日を含んでいるか否かによつて、対象期間における労働日数の限度及び上記の式に変更はないものであること。例えば、旧協定がない場合において対象期間を一年とするときは、労働日数の限度は常に二百八十日であること。

（平一一・一・二九　基発四五号）

【変形期間における所定労働時間の総枠】　一年単位の変形労働時間制は、週四十時間労働制を前提とする制度であり、変形期間を平均し一週間の労働時間が四十時間を超えない定めをすることが要件とされているが、その趣旨は、変形期間における労働時間の合計を次の式によって計算される時間の範囲内とすることが必要であるということであること。

$$40 \times \frac{\text{変形期間の暦日数}}{7}$$

（平六・一・四　基発一号、平九・三・二五　基発一九五号）

【時間外労働となる時間（法第三十七条の規定の適用を受ける時間）】　一年単位の変形労働時間制を採用した場合に時間外労働となるのは、次の時間であること。

①　一日について、労使協定により八時間を超える労働時間を定めた日はその時間を超えて、それ以外の日は八時間を超えて労働させた時間

②　一週間については、労使協定により四十時間を超える労働時間を定めた週はそ

の時間を超えて、それ以外の週は四十時間を超えて労働させた時間（①で時間外労働となる時間を除く。）

③　変形期間の全期間については、変形期間における法定労働時間の総枠を超えて労働させた時間（①又は②で時間外労働となる時間を除く。）

（平六・一・四　基発一号、平九・三・二五　基発一九五号）

【法定労働時間の総枠を超える割増賃金】

問　一年単位の変形労働時間制において、変形期間を五十二週とした場合、法定労働時間の総枠は、40時間×52週＝2,080時間となるが、この総枠を超える労働が行われたか否かは、変形期間終了まで確定しないこととなる。

①　上記の場合、変形期間を通じた法定労働時間の総枠を超える労働時間に係る割増賃金は、変形期間終了後にまとめて支払えばよいのか。

②　この場合の時効の起算日は、いつの時点となるのか。

答　①　変形期間を通じた法定労働時間の総枠を超える労働時間に係る割増賃金については、一般的に変形期間終了時点で初めて確定するものであり、その部分については、変形期間終了直後の賃金支払期日に支払えば足りる。

なお、例えば、変形期間終了一か月前に労働時間が法定労働時間の総枠を超えた場合などのように変形期間の終了を待たずに法定労働時間の総枠を超えた場合についてはこの限りではないこと。

②　変形期間終了時に確定する割増賃金については、当該変形期間終了直後の賃金支払期日が時効の起算日となる。

（平六・五・三一　基発三三〇号、平九・三・二五　基発一九五号）

【労使協定の届出①】　一年単位の変形労働時間制に関する労使協定は、則様式第四号により所轄労働基準監督署長に届け出なければならないものであること。

法第三十二条の四第二項の規定により労働日及び労働日ごとの労働時間を定める場合においては、「労働時間が最も長い日の労働時間数」、「労働時間が最も長い週の労働時間数」、「労働時間が四十八時間を超える週の最長連続週数」、「対象期間中の労働時間が四十八時間を超える週数」、「対象期間中の最も長い連続労働日数」及び「特定期間中の最も長い連続労働日数」欄については法第三十二条の四第一項第四号の最初の期間における数字及び最初の期間を除く各期間における予定の数字をそれぞれ区別して記載し、「対象期間中の各日及び各週の労働時間並びに所定休日」欄に係る別紙には最初の期間における各日及び各週の労働時間並びに所定休日並びに最初の期間を除く各期間における労働日数及び総労働時間を記載するものであること。

今般、労使協定の記載事項として特定期間が追加されたことから、労使協定の受理に当たつては当該事項が記載されているかどうかを確認するとともに、特定期間と特定期間以外の期間では連続して労働させることができる日数が異なることに留意すること。また、今般の様式改正により、旧協定に関する事項を協定届に記載することとなつたが、旧協定があつた場合には、上記(5)〈編注　労働日数の限度〉に適合しているかどうかを確認すること。

（平一一・一・二九　基発四五号）

【労使協定の届出②】　一年単位の変形労働時間制を採用する場合には、就業規則その他これに準ずるもの又は労使協定において、変形期間の起算日を明らかにすることとされているものであること。

一年単位の変形労働時間制に係る労使協定の受理に当たつては、その有効期間について、本変形制は長期にわたる協定となる可能性があり、不適切な変形制が運用されることを防ぐため、その期間も一年程度とすることが望ましいが、三年程度以内のものであれば受理して差し支えないものであること。

（平六・一・四　基発一号、平一一・三・三一　基発一六八号）

【一年単位の変形労働時間制に関する協定の本社一括届出について】

一　趣旨

平成十五年二月十五日付け基発第〇二一五〇〇一号及び基発第〇二一五〇〇二号により、就業規則及び時間外・休日労働協定については、本社一括届出を認めてきたところであるが、今般、一年単位の変形労働時間制に関する協定においても、事業場ごとに締結された同協定を本社の使用者が一括して本社管轄署長に届け出ることを認めるものであること。ただし、この取扱いは、電子申請の場合に限るものであること。

なお、法第三十二条の四第四項及び労働基準法施行規則（昭和二十二年厚生労働省令第二十三号）第十二条の四第六項において、同協定は事業場ごとに所轄署長に届け出ることとされているものであり、今般の取扱いによってもこの考え方は変更されるものではないこと。

二　要件

(1)　本社と全部又は一部の本社以外の事業場に係る協定の内容が同一であること。

ア　「内容が同一である」とは、様式の記載事項のうち、以下のものが同一であることをいうこと。

(ア)　対象期間及び特定期間（起算日）

(イ)　対象期間中の各日及び各週の労働時間並びに所定休日

(ウ)　対象期間中の一週間の平均労働時間数

(エ)　協定の有効期間

(オ)　労働時間が最も長い日の労働時間数（満十八歳未満の者）

(カ)　労働時間が最も長い週の労働時間数（満十八歳未満の者）

(キ)　対象期間中の総労働日数

(ク)　労働時間が四十八時間を超える週の最長連続週数

(ケ)　対象期間中の最も長い連続労働日数

(コ)　対象期間中の労働時間が四十八時間を超える週数

(サ)　特定期間中の最も長い連続労働日数

(シ)　使用者の職名及び氏名

(ス)　旧協定の内容

イ　上記ア(イ)の欄に係る別紙（以下「カレンダー」という。）について、本社以外の事業場の届出に添付されたカレンダーが、本社の届出に添付されたカレンダー（本社の労働者が対象とされるものに限る。）と同一の内容でない場合、本社の使用者が一括して本社管轄署長に届け出た協定は、所轄署長に届け出たものとはならないこと。

(2)　本社のカレンダーに複数の種類がある場合、本社以外の事業場のカレンダーについて、本社のいずれのカレンダーと同一の内容であるかを判別できる一覧表（別添1の「届出カレンダー一覧表」）（略）が添付されていること。

(3)　協定事項のうち、上記(1)アに掲げる事項以外のもの（同一であることを要しないもの）が記入された所定の電子ファイル（「一括届出事業場一覧作成ツール」）が添付されていること。

（令五・二・二四　基発〇二二四第八号）

【一年単位の変形労働時間制に関する協定の本社一括届出に係る取扱いについて】

標記については、令和五年二月二十四日付け基発〇二二四第八号（以下「局長通達」という。）により、労働基準法（昭和二十二年法律第四十九号。以下「法」という。）第三十二条の四第一項の規定による協定（以下「協定」という。）について、複数の事業場を有する企業においては、一定の要件を満たした場合に限り、いわゆる本社機能を有する事業場（以下「本社」という。）

の使用者が一括して本社の所在地を管轄する労働基準監督署長（以下「本社管轄署長」という。）に届け出る場合には、本社以外の事業場の所在地を管轄する労働基準監督署長（以下「所轄署長」という。）に届出がなされたものとして差し支えないこととされたところである。

ついては、その運用に当たり、下記のとおり取り扱われたい。

記

1　本社管轄署長に一括して協定が届け出られた場合の取扱いについて

法第三十二条の四第一項及び第二項並びに労働基準法施行規則（昭和二十二年厚生省令第二十三号）第十二条の四第一項から第五項までに基づく形式上の要件に係る確認及び指導に関する従前の取扱いに加え、以下のとおり取り扱うこと。

(1)　本社を含む全ての事業場の協定に係る届出について、局長通達記2に掲げられた要件を満たしていることを確認すること。

なお、「対象期間中の各日及び各週の労働時間並びに所定休日」の欄に係る別紙（以下「カレンダー」という。）〈編注　略〉については、本社のカレンダーに複数の種類がある場合、本社のカレンダーを確認するとともに、本社以外の事業場については局長通達記2(2)の一覧表（「届出カレンダー一覧表」）を確認すること。

(2)　上記(1)の確認の結果、同要件が満たされていることが認められた場合には、受付後速やかに、所轄署長宛て当該事業場に係る協定を送信すること。また、本社に対して指導を行った場合には、その内容を「処理状況詳細」欄に記入すること。

一方、同要件を満たしていないことが認められた場合には、本社管轄署長に対して一括して届け出ることは認められないことから、協定に係る届出を全て返戻し、次のいずれかにより届け出られることを教示すること。

①　再度本社を含めた各事業場に係る協定を所轄署長宛てにそれぞれ届け出ること。

②　本社を含む同要件を満たしている事業場の範囲で、本社管轄署長に再度一括して届け出ること。

2　所轄署長に協定に係る届出が送付された場合の取扱いについて

上記1により本社管轄署長による確認及び指導のほか、所轄署長が行うべき確認及び指導がある場合、所轄署長から当該事業場に対してこれを行うこと。

なお、本社管轄署が行った確認及び指導は、「処理状況詳細」欄において参照できること。

（令五・二・二四　基監発〇二二四第一号）

【労使協定の効力】　労働基準法上の労使協定の効力は、その協定に定めるところによって労働させても労働基準法に違反しないという免罰効果をもつものであり、労働者の民事上の義務は、当該協定から直接生じるものではなく、労働協約、就業規則等の根拠が必要なものであること。

（昭六三・一・一　基発一号）

【労働者の過半数代表者の要件】　次のいずれの要件も満たすものであること。

(1)　法第四十一条第二号に規定する監督又は管理の地位にある者でないこと。

(2)　法に基づく労使協定の締結当事者、就業規則の作成・変更の際に使用者から意見を聴取される者等を選出することを明らかにして実施される投票、挙手等の方法による手続により選出された者であり、使用者の意向によって選出された者ではないこと。

なお、法第十八条第二項、法第二十四条第一項ただし書、法第三十九条第四項、第六項及び第七項ただし書並びに法第九十条第一項に規定する過半数代表者については、当該事業場に上記(1)に該当する労働者がいない場合（法第四十一条第二号に規定する監督又は管理の地位にある者のみの事業場である場合）には、上記(2)の要件を満たすことで足りるものであること。

（平一一・一・二九　基発四五号、平二二・五・一八　基発〇五一八第一号）

【労働者の過半数代表者の選出手続】

問　則第六条の二に規定する「投票、挙手等」の「等」には、どのような手続が含まれているか。

答　労働者の話合い、持ち回り決議等労働者の過半数が当該者の選任を支持していることが明確になる民主的な手続が該当する。

（平一一・三・三一　基発一六九号）

【過半数代表者】　時間外・休日労働協定の締結等に際し、労働基準法の規定に基づき労働者の過半数を代表する者を選出するに当たっては、使用者側が指名するなど不適切な取扱いがみられるところである。このため、過半数代表者の要件として、「使用者の意向に基づき選出されたものでないこと」を労基則において明記したものであること。

また、使用者は、過半数代表者がその事務を円滑に遂行することができるよう必要な配慮を行わなければならないこととしたものであること。

（平三〇・九・七　基発〇九〇七第一号）

【「必要な配慮」の内容】

問　則第六条の二第四項の「必要な配慮」にはどのようなものが含まれるのか。

答　則第六条の二第四項の「必要な配慮」には、例えば、過半数代表者が労働者の意見集約等を行うに当たって必要となる事務機器やシステム（イントラネットや社内メールを含む。）、事務スペースの提供を行うことが含まれるものである。

（平三〇・一二・二八　基発一二二八第一五号、令五・八・二　基発〇八〇二第七号）

【過半数代表者の不利益取扱い】　過半数代表者であること若しくは過半数代表者になろうとしたこと又は過半数代表者として正当な行為をしたことを理由として、解雇、賃金の減額、降格等労働条件について不利益取扱いをしないようにしなければならないこととしたものであること。

「過半数代表者として正当な行為」には、法に基づく労使協定の締結の拒否、一年単位の変形労働時間制の労働日ごとの労働時間についての不同意等も含まれるものであること。

（平一一・一・二九　基発四五号）

【特別の配慮を要する者に対する配慮】

使用者は、一箇月単位の変形労働時間制及び一週間単位の非定型的変形労働時間制と同様、一年単位の変形労働時間制の下で労働者を労働させる場合には、育児を行う者、老人等の介護を行う者、職業訓練又は教育を受ける者その他特別の配慮を要する者については、これらの者が育児等に必要な時間を確保できるような配慮をしなければならないこととされていること（則第十二条の六）。その場合に、法第六十七条の規定は、あくまでも最低基準を定めたものであるので、法第六十六条第一項の規定による請求をせずに変形労働時間制の下で労働し、一日の所定労働時間が八時間を超える場合には、具体的状況に応じ法定以上の育児時間を与えることが望ましいものであること。

（平六・一・四　基発一号、平一一・三・三一　基発一六八号）

【「変形期間」と「変形労働時間制による期間」】

問　様式第四号の一年単位の変形労働時間制に関する協定届の「変形期間（起算日）」及び「変形労働時間制による対象期間」欄は、どのように記載すればよいか。

答　変形期間（起算日）欄には、一か月を超え一年以内の期間の単位とその起算日を、変形労働時間制による対象期間欄には、当該変形労働時間制の適用時季及び当該協定の有効期間を記載する。

（昭六三・三・一四　基発一五〇号、平六・三・三一　基発

一八一号）

【派遣労働者に対する一年単位の変形労働時間制の適用】　派遣労働者を派遣先において一年単位の変形労働時間制の下で労働させる場合には、派遣元の使用者は、派遣元事業場において労使協定を締結し、①一年以内の一定の期間を平均し一週間の労働時間が四十時間を超えない範囲内において、②労働日及び労働日ごとの労働時間を具体的に定める必要があること。

（昭六三・一・一　基発一号、平六・三・三一　基発一八一号、平九・三・二五　基発一九五号）

【一年のうち一定時期のみの採用】

問　一年単位の変形労働時間制を採用する場合、労使協定において変形制を適用する時期と適用しない時期をあらかじめ定め、適用することは差し支えないか。

答　見解のとおり。

（昭六三・三・一四　基発一五〇号、平九・三・二五　基発一九五号）

【暫定措置】

イ　則第六十五条の改正は、一日及び一週間の労働時間の限度に関する暫定措置を継続するものであり、同条に規定するように則第十二条の四第四項の特例であること。

したがって、則第六十五条の対象業務に従事する者について、則第十二条の四第四項は適用されないものであること。

ロ　則第六十六条の改正は、一日の労働時間の限度に関する暫定措置を継続するものであり、同条に規定するように、一日の労働時間の限度に関する則第十二条の四第四項の特例であること。

したがって、則第十二条の四第四項については、同項前段の一日の労働時間の限度に関する部分以外は適用されるものであること。（平一一・一・二九　基発四五号）

第三十二条の四の二　使用者が、対象期間中の前条の規定により労働させた期間が当該対象期間より短い労働者について、当該労働させた期間を平均し一週間当たり四十時間を超えて労働させた場合においては、その超えた時間（第三十三条又は第三十六条第一項の規定により延長し、又は休日に労働させた時間を除く。）の労働については、第三十七条の規定の例により割増賃金を支払わなければならない。

▼参照条文　〔割増賃金―三七〕

解釈例規

【賃金の清算①】　途中退職者等又は途中採用者等については、法第三十二条の四の二の規定により賃金の清算が必要であること。

イ　清算が必要な労働者

この清算は、対象期間の末日を平成十一年四月一日以降の日とする労使協定に基づく一年単位の変形労働時間制により労働させた期間が当該対象期間より短い労働者について、平成十一年四月一日以降は例外なく必要なものであること。例えば、対象期間を通じて労働させる予定であつたが対象期間途中で任意退職した労働者についても必要であり、このことは、改正法附則第三条の規定により改正法による改正前の労働基準法第三十二条の四の規定が有効となる労使協定の対象労働者であつても同様であること。

　法第三十二条の四の二中「労働させた期間が当該対象期間より短い労働者」に該当するか否かは、適用される一年単位の変形労働時間制ごと、すなわち、当該労働者に関してあらかじめ特定された労働日及び労働日ごとの労働時間が変更されることとなるか否かで判断するものであること。例えば、一つの事業場で複数の一年単位の変形労働時間制が採用されている場合に配置転換された労働者については、配置転換前の制度においては途中退職者と同様の清算が、配置転換後の制度においては途中採用者と同様の清算が、それぞれ必要となるものであること。

ロ　計算方法

　法第三十二条の四の二の規定に基づき割増賃金を支払わなければならない時間は、途中退職者等については退職等の時点において、途中採用者等については対象期間終了時点（当該途中採用者等が対象期間終了前に退職等した場合は当該退職等の時点）において、それぞれ次のように計算するものであること。

　一年単位の変形労働時間制により労働させた期間（以下「実労働期間」という。）における実労働時間から、法第三十七条第一項の規定に基づく割増賃金を支払わなければならない時間及び次の式によつて計算される時間を減じて得た時間

$$40 \times \frac{\text{実労働期間の暦日数}}{7}$$

　法第三十二条の四の二の「第三十七条の規定の例により」とは、割増賃金の算定基礎賃金の範囲、割増率、計算方法等がすべて法第三十七条の場合と同じであるということであること。

ハ　効果

　この割増賃金を支払わない場合は、法第二十四条に違反するものであること。

（平一一・一・二九　基発四五号）

【賃金の清算②】

問　一年単位の変形労働時間制に関して、途中退職者の実際の勤務期間における週平均労働時間が、当該一年単位の変形労働時間制における週平均の所定労働時間を下回つた場合、当該下回つた時間数に応じて賃金を差し引くこと、すなわち過払賃金の清算をすることを可能と解してよいか。

　また、そのような内容の労使協定を締結することは可能か。

答　第三十二条の四の二の規定は、労働させた期間を平均して一週間当たり四十時間を超えて労働させた場合において、その超えた時間の労働については、割増賃金を支払わなければならないとするものである。

　設問のような場合については、毎月支払われる賃金の計算方法が、実労働時間に比例したものとなつていない場合において、変形期間の途中で退社をしたときに、その時点までの賃金額を事後的に実労働時間に比例したものとしようとすることにより生じるものである。これは、支払うべき賃金と異なる賃金額を毎月支払つているということであり、そのために「過払いの事後的清算」というものが生じることとなるものである。

　このような場合、毎月の支払額が「過払い」であれば、法的には問題ないが、変形期間の前半に対象期間中の週平均所定労働時間を超える所定労働時間を特定した月があるような場合には、この計算方法では賃金の過少払いとなる。

　したがつて、このような賃金の計算方法は、法違反を生じる可能性が極めて高いも

のであり、労働基準法の強行法規としての性格にかんがみれば、違法となる場合が容易に想定される内容を含む労使協定を結ぶことはできない。

（平一一・三・三一　基発一六九号）

【清算による割増賃金を平均賃金の算定基礎賃金に含める時期】

問　平均賃金の計算上、一年単位の変形労働時間制に係る賃金清算により支払われた割増賃金は、当該割増賃金が支払われた月の賃金として取り扱つてよいか。

答　普通の割増賃金同様に、清算月の賃金に含めるよう取り扱われたい。

（平一一・三・三一　基発一六九号）

【休職者についての賃金清算の可否】

問　一年単位の変形労働時間制の適用労働者が対象期間中に育児休業や産前産後休暇の取得等により労働せず、実際の労働期間が対象期間よりも短かった場合において、労働基準法第三十二条の四の二の規定の適用如何。

答　本条は、途中退職者等雇用契約期間が同法第三十二条の四第一項第二号に規定する対象期間よりも短い者についての規定であり、休暇中の者などには適用されない。

（平一一・三・三一　基発一六九号）

【割増賃金の基礎となる賃金の計算】

問　一年単位の変形労働時間制に関して、対象期間が一年に満たない場合、割増賃金の計算をする上で基礎となる月の平均所定労働時間数の計算方法如何。

答　労働基準法施行規則第十九条第一項第四号のとおりである。

なお、対象期間が一年に満たない変形労働時間制が終了した後について、変形労働時間制を導入するかどうか決まっていないなど一年間の残りの期間についての所定労働時間が定まっていない場合には、当該一年単位の変形労働時間制終了後も同じ一年単位の変形労働時間制を繰り返し実施するとして一年間の総所定労働時間を仮定し、それを十二で除して時間数を計算すること。

（平一一・三・三一　基発一六九号）

第三十二条の五　使用者は、日ごとの業務に著しい繁閑の差が生ずることが多く、かつ、これを予測した上で就業規則その他これに準ずるものにより各日の労働時間を特定することが困難であると認められる厚生労働省令で定める事業であつて、常時使用する労働者の数が厚生労働省令で定める数未満のものに従事する労働者については、当該事業場に、労働者の過半数で組織する労働組合がある場合においてはその労働組合、労働者の過半数で組織する労働組合がない場合においては労働者の過半数を代表する者との書面による協定があるときは、第三十二条第二項の規定にかかわらず、一日について十時間まで労働させることができる。

②　使用者は、前項の規定により労働者に労働させる場合におい

ては、厚生労働省令で定めるところにより、当該労働させる一週間の各日の労働時間を、あらかじめ、当該労働者に通知しなければならない。

③　第三十二条の二第二項の規定は、第一項の協定について準用する。

（過半数代表者）

則第六条の二　法第十八条第二項、法第二十四条第一項ただし書、法第三十二条の二第一項、法第三十二条の三第一項、法第三十二条の四第一項及び第二項、法第三十二条の五第一項、法第三十四条第二項ただし書、法第三十六条第一項、第八項及び第九項、法第三十七条第三項、法第三十八条の二第二項、法第三十八条の三第一項、法第三十八条の四第二項第一号（法第四十一条の二第三項において準用する場合を含む。）、法第三十九条第四項、第六項及び第九項ただし書並びに法第九十条第一項に規定する労働者の過半数を代表する者（以下この条において「過半数代表者」という。）は、次の各号のいずれにも該当する者とする。

一　法第四十一条第二号に規定する監督又は管理の地位にある者でないこと。

二　法に規定する協定等をする者を選出することを明らかにして実施される投票、挙手等の方法による手続により選出された者であつて、使用者の意向に基づき選出されたものでないこと。

②　前項第一号に該当する者がいない事業場にあつては、法第十八条第二項、法第二十四条第一項ただし書、法第三十九条第四項、第六項及び第九項ただし書並びに法第九十条第一項に規定する労働者の過半数を代表する者は、前項第二号に該当する者とする。

③　使用者は、労働者が過半数代表者であること若しくは過半数代表者になろうとしたこと又は過半数代表者として正当な行為をしたことを理由として不利益な取扱いをしないようにしなければならない。

④　使用者は、過半数代表者が法に規定する協定等に関する事務を円滑に遂行することができるよう必要な配慮を行わなければならない。

（一週間単位の非定型的変形労働時間制の対象事業等）

則第十二条の五　法第三十二条の五第一項の厚生労働省令で定める事業は、小売業、旅館、料理店及び飲食店の事業とする。

②　法第三十二条の五第一項の厚生労働省令で定める数は、三十人とする。

③　法第三十二条の五第二項の規定による一週間の各日の労働時間の通知は、少なくとも、当該一週間の開始する前に、書面により行わなければならない。ただし、緊急でやむを得ない事由がある場合には、使用者は、あらかじめ通知した労働時間を変更しようとする日の前日までに書面により当該労働者に通知することにより、当該あらかじめ通知した労働時間を変更することができる。

④　法第三十二条の五第三項において準用する法第三十二条の二第二項の規定による届出は、様式第五号により、所轄労働基準監督署長にしなければならない。

⑤　使用者は、法第三十二条の五の規定により労働者に労働させる場合において、一週間の各日の労働時間を定めるに当たつては、労働者の意思を尊重するよう努めなければならない。

（育児を行う者等に対する配慮）

則第十二条の六　使用者は、法第三十二条の二、第三十二条の四又は第三十二条の五の規定により労働者に労働させる場合には、育児を行う者、老人等の介護を行う者、職業訓練又は教育を受ける者その他特別の配慮を要する者については、これらの者が育児等に必要な時間を確保できるような配慮をしなければならない。

▼**参照条文**　〔法定労働時間―三二〕、〔労働組合―労組二・五〕、〔過半数代表者―則六の二〕、〔厚生労働省令で定める事業―則一二の五1〕、〔厚生労働省令で定める数―則一二の五2〕、〔通知―則一二の五3〕、〔労使協定の届出―則一二の五4〕、〔労働者の意思の尊重―則一二の五5〕、〔特別の配慮―則一二の六〕、〔適用除外―六〇1・六六1〕、〔罰則―一二〇〕

解釈例規

【変形労働時間制の趣旨】　変形労働時間制は、労働基準法制定当時に比して第三次産業の占める比重の著しい増大等の社会経済情勢の変化に対応するとともに、労使が労働時間の短縮を自ら工夫しつつ進めていくことが容易となるような柔軟な枠組みを設けることにより、労働者の生活設計を損なわない範囲内において労働時間を弾力化し、週休二日制の普及、年間休日日数の増加、業務の繁閑に応じた労働時間の配分等を行うことによつて労働時間を短縮することを目的とするものであること。

（昭六三・一・一　基発一号）

【趣旨】　日ごとの業務に著しい繁閑が生じることが多く、かつ、その繁閑が定型的に定まつていない場合に、一週間を単位として、一定の範囲内で、就業規則その他これに準ずるものによりあらかじめ特定することなく、一日の労働時間を一〇時間まで延長することを認めることにより、労働時間のより効率的な配分を可能とし、全体として労働時間を短縮しようとするものであること。

（昭六三・一・一　基発一号）

【対象事業場】　一週間単位の非定型的変形労働時間制を採用することができる日ごとの業務に著しい繁閑の差が生ずることが多く、かつ、これを予測した上で就業規則その他これに準ずるものにより各日の労働時間を特定することが困難な事業としては、小売業、旅館、料理店及び飲食店の事業が定められており、かつ、常時使用する労働者の数が三〇人未満の事業場のみが当該制度を採用することができるものであること。

特に、小売業については、中央労働基準審議会からの答申においては「制度の趣旨に則つて適切な運用を図り、今後、その運用実態を把握し、必要に応じ、その範囲等について検討を行うこととすべきである」との公益委員の見解が示されていることを踏まえて、日ごとの業務に著しい繁閑が生じることが多いものに限つて利用されるなど制度の趣旨に則つて適切な運用がなされるよう十分指導すること。

（昭六三・一・一　基発一号）

【シフト制と変形労働時間制】

シフト制労働者の場合であっても、…（中略）…変形労働時間制を導入して一日又は週の法定労働時間を超えて労働させる場合は、あらかじめ書面による労使協定を締結するなどの手続が必要です（労働基準法第三十二条の二、第三十二条の五）。

（令四・一・七　基発〇一〇七第四号　職発〇一〇七第三号　雇均発〇一〇七第七号）

〈編注〉本解釈例規「いわゆる『シフト制』により就業する労働者の適切な雇用管理を行うための留意事項について」は、参考資料篇Ⅰの4にも掲載。

【一日の労働時間の上限】　一週間単位の非定型的変形労働時間制において、事前通知により労働させることができる一日の所定労働時間の上限は十時間であること。

（昭六三・一・一　基発一号）

【事前通知の方法】　一週間単位の非定型的変形労働時間制を採用する場合には、一週間の各日の労働時間を、あらかじめ、労働者に通知する必要があるが、その方法は、少なくとも、当該一週間の開始する前に、書面により行わなければならず、ただし、緊急でやむを得ない事由がある場合には、あらかじめ通知した労働時間を変更しようとする日の前日までに書面により労働者に通知することにより、当該あらかじめ通知した労働時間を変更することができるものであること。

なお、緊急やむを得ない事由がある場合とは、使用者の主観的な必要性でなく、台風の接近、豪雨等の天候の急変等客観的事実により、当初想定した業務の繁閑に大幅な変更が生じた場合が該当するものであること。

（昭六三・一・一　基発一号）

【労働者の過半数代表者の要件】　次のいずれの要件も満たすものであること。

(1)　法第四十一条第二号に規定する監督又は管理の地位にある者でないこと。

(2)　法に基づく労使協定の締結当事者、就業規則の作成・変更の際に使用者から意見を聴取される者等を選出することを明らかにして実施される投票、挙手等の方法による手続により選出された者であり、使用者の意向によって選出された者ではないこと。

なお、法第十八条第二項、法第二十四条第一項ただし書、法第三十九条第四項、第六項及び第七項ただし書並びに法第九十条第一項に規定する過半数代表者については、当該事業場に上記(1)に該当する労働者がいない場合（法第四十一条第二号に規定する監督又は管理の地位にある者のみの事業場である場合）には、上記(2)の要件を満たすことで足りるものであること。

（平一一・一・二九　基発四五号、平一三・五・一八　基発〇五一八第一号）

【労働者の過半数代表者の選出手続】

問　則第六条の二に規定する「投票、挙手等」の「等」には、どのような手続が含まれているか。

答　労働者の話合い、持ち回り決議等労働者の過半数が当該者の選任を支持していることが明確になる民主的な手続が該当する。

（平一一・三・三一　基発一六九号）

【過半数代表者】　時間外・休日労働協定の締結等に際し、労働基準法の規定に基づき労働者の過半数を代表する者を選出するに当たっては、使用者側が指名するなど不適切な取扱いがみられるところである。このため、過半数代表者の要件として、「使用者の意向に基づき選出されたものでないこと」を労基則において明記したものであること。

また、使用者は、過半数代表者がその事務を円滑に遂行することができるよう必要な配慮を行わなければならないこととしたものであること。

（平三〇・九・七　基発〇九〇七第一号）

【「必要な配慮」の内容】

問　則第六条の二第四項の「必要な配慮」にはどのようなものが含まれるのか。

答　則第六条の二第四項の「必要な配慮」には、例えば、過半数代表者が労働者の意見集約等を行うに当たって必要となる事務機器やシステム（イントラネットや社内メールを含む。）、事務スペースの提供を行うことが含まれるものである。

（平三〇・一二・二八　基発一二二八第一五号、令五・八・二　基発〇八〇二第七号）

【過半数代表者の不利益取扱い】　過半数代表者であること若しくは過半数代表者になろうとしたこと又は過半数代表者として正当な行為をしたことを理由として、解雇、賃金の減額、降格等労働条件について不利益取扱いをしないようにしなければならないこととしたものであること。

「過半数代表者として正当な行為」には、法に基づく労使協定の締結の拒否、一年単位の変形労働時間制の労働日ごとの労働時間についての不同意等も含まれるものであること。

（平一一・一・二九　基発四五号）

【労使協定の効力】　労働基準法上の労使協

定の効力は、その協定に定めるところによつて労働させても労働基準法に違反しないという免罰効果をもつものであり、労働者の民事上の義務は、当該協定から直接生ずるものではなく、労働協約、就業規則等の根拠が必要なものであること。

（昭六三・一・一　基発一号）

【労使協定の有効期間】

問　変形労働時間制（一年単位の変形労働時間制を除く）に係る各労使協定について、

(1) 有効期間の定めは、必要ないのか。

(2) 労働協約である各労使協定に期間の定めがない場合、九十日前の予告により解約できるか。

(3) 有効期間の制限があるか。

(4) 自動更新を規定できるか。

(5) 破毀条項を設けることができるか。

答 (1)、(2)、(5) 見解のとおり。

(3) 労使協定の定めによる。

(4) 可能であるが、更新の都度届け出ることが必要である。

（昭六三・三・一四　基発一五〇号、平六・三・三一　基発一八一号）

【労使協定の届出】　一週間単位の非定型的変形労働時間制に関する労使協定は、規則様式第五号により所轄労働基準監督署長に届け出なければならないものであること。

なお、労使協定の届出の受理に当たつては、一週間の所定労働時間等協定内容をチェックし、必要に応じて的確に指導すること。

（昭六三・一・一　基発一号）

【一箇月単位の変形労働時間制に関する協定等の本社一括届出について】

平成一五年二月一五日付け基発第〇二一五〇〇一号、同日付け基発第〇二一五〇〇二号及び令和五年二月二四日付け基発〇二二四第八号により、就業規則、時間外・休日労働協定及び一年単位の変形労働時間制に関する協定については、本社一括届出を認めてきたところであるが、今般、以下の手続においても、事業場ごとに締結された協定又は決議を本社の使用者が一括して本社管轄署長に届け出ること及び事業場ごとの報告を本社の使用者が一括して本社管轄署長に行うことを認めるものであること。ただし、この取扱いは、電子申請の場合に限るものであること。

（対象手続）

・一箇月単位の変形労働時間制に関する協定

・一週間単位の非定型的変形労働時間制に関する協定

・事業場外労働に関するみなし労働時間制に関する協定

・専門業務型裁量労働制に関する協定

・企画業務型裁量労働制に関する決議

・企画業務型裁量労働制に関する定期報告

なお、法第三二条の二第二項及び労働基準法施行規則（昭和二二年厚生省令第二三号。以下「則」という。）第一二条の二の二第二項、法第三二条の五第三項及び則第一二条の五第四項、法第三八条の二第三項及び則第二四条の二第三項、法第三八条の三第二項及び則第二四条の二の二第四項並びに法第三八条の四第一項及び則第二四条の二の三第一項において、これらの協定又は決議は事業場ごとに所轄署長に届け出ることとされ、また、法第三八条の四第四項及び則第二四条の二の五第一項において、事業場ごとに所轄署長に報告することとされているものであり、今般の取扱いによってもこの考え方は変更されるものではないこと。

（令六・二・一六　基発〇二一六第八号）

【労働者の意思の尊重】　使用者は、一週間単位の非定型的変形労働時間制の下で労働者を労働させる場合に、一週間の各日各人の労働時間を定めるに当たつては、事前に労働者の都合を聴く等労働者の意思を尊重するように努めなければならないものであり、その旨十分指導すること。

（昭六三・一・一　基発一号）

【特別の配慮を要する者に対する配慮】

使用者は、一箇月単位の変形労働時間制、一年単位の変形労働時間制又は一週間単位の非定型的変形労働時間制の下で労働者を労働させる場合には、育児を行う者、老人等の介護を行う者、職業訓練又は教育を受ける者その他特別の配慮を要する者については、これらの者が育児等に必要な時間を確保できるような配慮をしなければならないこととされていること。その場合に、法第六十七条の規定は、あくまでも最低基準を定めたものであるので、法第六十六条第一項の規定による請求をせずに変形労働時間制の下で労働し、一日の所定労働時間が八時間を超える場合には、具体的状況に応じ法定以上の育児時間を与える等の配慮をすることが必要であること。

（平一一・一・二九　基発四五号）

（災害等による臨時の必要がある場合の時間外労働等）

第三十三条　災害その他避けることのできない事由によつて、臨時の必要がある場合においては、使用者は、行政官庁の許可を受けて、その必要の限度において第三十二条から前条まで若しくは第四十条の労働時間を延長し、又は第三十五条の休日に労働させることができる。ただし、事態急迫のために行政官庁の許可を受ける暇がない場合においては、事後に遅滞なく届け出なければならない。

② 前項ただし書の規定による届出があつた場合において、行政官庁がその労働時間の延長又は休日の労働を不適当と認めるときは、その後にその時間に相当する休憩又は休日を与えるべきことを、命ずることができる。

③ 公務のために臨時の必要がある場合においては、第一項の規定にかかわらず、官公署の事業（別表第一に掲げる事業を除く。）に従事する国家公務員及び地方公務員については、第三十二条から前条まで若しくは第四十条の労働時間を延長し、又は第三十五条の休日に労働させることができる。

（労働時間、休日の特例）

則第十三条　法第三十三条第一項本文の規定による許可は、所轄労働基準監督署長から受け、同条同項但書の規定による届出は、所轄労働基準監督署長にしなければならない。

② 前項の許可又は届出は、様式第六号によるものとする。

則第十四条　法第三十三条第二項の規定による命令は、様式第七号による文書で所轄労働基準監督署長がこれを行う。

▼参照条文　〔深夜業の例外―六一〕、〔妊産婦への制限―六六2〕、〔一項但書の罰則―一二〇〕、〔二項の罰則―一一九〕、〔行政官庁の

許可又は届出―則一三〕、〔代休附与命令―則一四〕、〔公務員―国公一以下、地公一以下〕

解釈例規

〈編注〉本条に関するQ&Aが、次の厚生労働省HPに掲載されている。

- 建設業の時間外労働の上限規制に関するQ&A

（令和五年十二月二十五日追補分）

- 建設業の時間外労働の上限規制に関するQ&A

（令和六年三月二十五日追補分）

〔https://www.mhlw.go.jp/stf/seisakunitsuite/bunya/koyou_roudou/roudoukijun/gyosyu/topics/01.html〕

❶運用の方針

【災害その他さけることのできない事由】

災害その他さけることのできない事由には、災害発生が客観的に予見される場合も含む。

（昭二三・二・一三　基発九〇号）

【災害その他避けることのできない事由によって臨時の必要がある場合における労働基準法第三十三条第一項に基づく許可等の取扱いの徹底について】

本年度〈編注　平成三十年度〉においては、六月に発生した大阪府北部地震をはじめ、西日本を中心とした平成三十年七月豪雨や九月に発生した北海道胆振東部地震など、各地に甚大な被害をもたらす自然災害が相次いでおり、被災地域において被害を受けたライフラインの早期復旧が大きな課題となっている。

労働基準法（昭和二十二年法律第四十九号）第三十三条第一項に基づく許可又は届出（以下「三十三条許可等」という。）については、従前の通達等によりその考え方が明らかにされており、今般の災害対応に伴い、被災地域外の事業者が被災地域内においてライフラインの復旧等の作業を行う事例の増加が見込まれるところ、こうした事業者に係る三十三条許可等についても、協力要請に基づき被災地域のライフラインの復旧等の作業を行う場合は認められ得るものであると示されているところである（［平成三十年七月豪雨による被害に伴う労働基準法や労働契約法に関するQ&A］（以下「Q&A」という。）のQ7―1等参照）。

ついては、このような取扱いを含め、三十三条許可等について下記により労働基準監督署における適正かつ斉一的な対応の徹底を図ることとするので、遺漏なきを期されたい。

記

1　三十三条許可等の対象となり得る事業場の業種

Q&Aの「ライフラインの復旧」とは、電気、ガス、水道等のライフラインの復旧工事現場での作業に限定されるものではなく、地質調査、測量及び建設コンサルタントの業務など、復旧の作業に伴う一連の業務を行う事業場についても三十三条許可等を行い得ること。

2　三十三条許可等の対象となり得る期間

三十三条許可等については、申請又は届出（以下「申請等」という。）を行う事業場が、業務運営上通常予想し得ない事由により、時間外労働・休日労働に関する協定（以下「三六協定」という。）で協定された限度時間を超えて労働させる臨時の必要がある場合等に認められ得るものであり、災害発生から一定期間（一か月等）が経過した後であっても、その事由のため臨時の必要があると認められる場合には、許可の対象となり得るものであり、また、臨時の必要があると認められる期間が複数月にわたる場合には、三十三条許可等の対象となり得る期間は当該複数月となることに留意すること。

3　被災地域外の事業場に所属する労働者が被災地域内において出張作業により業務に従事する場合の三十三条許可等を行

う行政官庁等の教示
被災地域外の事業場に所属する労働者が被災地域内において出張作業により業務に従事する場合の三十三条許可等を行う行政官庁等について問い合わせ等がなされた場合には、次のア及びイについて必ず教示すること。
ア　三十三条許可等を行う行政官庁は、被災地域外の事業場に所属する労働者が被災地域内において出張作業により業務に従事する場合には、当該被災地域外の所属事業場を管轄する労働基準監督署長、当該労働者が転勤等により被災地域内の事業場に所属を移す場合には、当該被災地域内の事業場を管轄する労働基準監督署長であること
イ　出張作業により業務に従事する労働者について、被災地域外の所属事業場を管轄する労働基準監督署長の許可を受ける暇がない場合には、被災地域内での業務に従事後、当該労働基準監督署長に届出を行うこととして差し支えないこと
特に、上記イについては、被災地域内の労働基準監督署長に対し三十三条許可等の申請等を行えないことが、被災地域のライフラインの復旧等の作業の妨げになるとの誤解を与えないよう、丁寧に説明すること。

（平三〇・九・一八　基発〇九一八第三号）

【災害等による臨時の必要がある場合の時間外労働等に係る許可基準の一部改正について】　第一項は、災害、緊急、不可抗力その他客観的に避けることのできない場合の規定であるからその臨時の必要の限度において厳格に運用すべきものであって、その許可又は事後の承認は、概ね次の基準によって取り扱うこと。

(1)　単なる業務の繁忙その他これに準ずる経営上の必要は認めないこと。
(2)　地震、津波、風水害、雪害、爆発、火災等の災害への対応（差し迫った恐れがある場合における事前の対応を含む。）、急病への対応その他の人命又は公益を保護するための必要は認めること。例えば、災害その他避けることのできない事由により被害を受けた電気、ガス、水道等のライフラインや安全な道路交通の早期復旧のための対応、大規模なリコール対応は含まれること。
(3)　事業の運営を不可能ならしめるような突発的な機械・設備の故障の修理、保安やシステム障害の復旧は認めるが、通常予見される部分的な修理、定期的な保安は認めないこと。例えば、サーバーへの攻撃によるシステムダウンへの対応は含まれること。
(4)　上記(2)及び(3)の基準については、他の事業場からの協力要請に応じる場合においても、人命又は公益の確保のために協力要請に応じる場合や協力要請に応じないことで事業運営が不可能となる場合には、認めること。

（令元・六・七　基発〇六〇七第一号）

【許可基準の解釈に当たっての留意点について】
1　新許可基準による許可の対象には、災害その他避けることのできない事由に直接対応する場合に加えて、当該事由に対応するに当たり、必要不可欠に付随する業務を行う場合が含まれること。
具体的には、例えば、事業場の総務部門において、当該事由に対応する労働者の利用に供するための食事や寝具の準備をする場合や、当該事由の対応のために必要な事業場の体制の構築に対応する場合等が含まれること。
2　新許可基準(2)の「雪害」については、道路交通の確保等人命又は公益を保護するために除雪作業を行う臨時の必要がある場合が該当すること。
具体的には、例えば、安全で円滑な道路交通の確保ができないことにより通常の社会生活の停滞を招くおそれがあり、国や地方公共団体等からの要請やあらか

じめ定められた条件を満たした場合に除雪を行うこととした契約等に基づき除雪作業を行う場合や、人命への危険がある場合に住宅等の除雪を行う場合のほか、降雪により交通等の社会生活への重大な影響が予測される状況において、予防的に対応する場合も含まれるものであること。

3　新許可基準(2)の「ライフライン」には、電話回線やインターネット回線等の通信手段が含まれること。

4　新許可基準に定めた事項はあくまでも例示であり、限定列挙ではなく、これら以外の事案についても「災害その他避けることのできない事由によって、臨時の必要がある場合」となることもあり得ること。例えば、新許可基準(4)においては、「他の事業場からの協力要請に応じる場合」について規定しているところであるが、これは、国や地方公共団体からの要請が含まれないことを意味するものではない。そのため、例えば、災害発生時において、国の依頼を受けて避難所避難者へ物資を緊急輸送する業務は対象となるものであること。

（令元・六・七　基監発〇六〇七第一号）

【代休付与命令】　第二項の命令については慎重に取扱い、延長が長時間にわたるものについてこれを発すること。

（昭二二・九・一三　発基一七号）

【代休附与命令による休業】

問　法第三十三条第二項の規定により使用者が延長時間に相当する休日を与えるべきことを行政官庁より命ぜられた時は、その休日は使用者の責に帰すべき事由による休業として取扱うべきものと考えるが如何。

又同条同項による休憩についても使用者の責としてその時間につき通常の労働時間の賃金を支払うべきと解するが如何。

答　法第三十三条第二項による代休附与命令による休憩又は休日は、法第二十六条に規定する使用者の責に帰すべき休業ではない。

（昭二三・六・一六　基収一九三五号）

【派遣労働者の場合】　派遣先の使用者は、派遣先の事業場において、災害その他避けることのできない事由により臨時の必要がある場合には、派遣中の労働者に、法定時間外又は法定休日に労働させることができる。この場合に、事前に行政官庁の許可を受け、又はその暇がない場合に事後に遅滞なく届出をする義務を負うのは、派遣先の使用者であること。

（昭六一・六・六　基発三三三号）

❷災害発生が予見される場合

【日本電信電話株式会社の場合】

問　日本電信電話株式会社における労働基準法第三十三条の適用について、同条における「災害その他避けることのできない事由によって臨時の必要がある場合」の具体的例示が明確でないため運用を誤り種々の問題が発生することも考えられるので、この際同条の具体的事例について何分の指示を賜りたい。

答　日本電信電話株式会社の行う事業に対する労働基準法第三十三条第一項の許可又は事後の承認の取扱については、昭和二十二年九月十三日付け発基第一七号、昭和二十六年十月十一日付け基発第六九六号の基準によるべきことはいうまでもないが、その業務の公共的特殊性に鑑み、具体的には概ね次の各号に掲げる場合においては、許可又は事後の承認を与えても差支えないものと認められる。

一　天災、地変その他の非常事態が発生し、又は発生するおそれがある場合において電気通信施設（局舎及び局内装置を含む。）の罹災防止又は復旧上緊急措置を要すると認められるとき。

二　落雷、がけ崩れ、予想し難い電気通信障害その他客観的に避けることのできない事由の発生の場合、左に掲げる作業が通常の労働時間満了により中断し、遅延し又は直ちに着手できないことが公益に重大な影響を及ぼすか又は公衆に不測の危険を与えると認められ、かつ人員の差し繰りが困難なとき。

(一)　電信電話回線及びその附帯設備の障害復旧作業

(二)　電信電話回線敷設のために行う道路、軌道等の横断もしくは掘さく埋め戻しの作業又は河川を渉る作業

(三)　電信電話回線の切換え作業

(四)　通信の疎通作業

三　警察、消防、気象、その他これらに準ずる公共機関のための通信設備の障害発生の場合、その復旧作業が通常の労働時間満了により中断し、遅延し、又は直ちに着手できないこととなり、かつ人員の差し繰りが困難なとき。

(注)　二の(四)にいう「通信の疎通作業」とは、通話の受付、記録、接続、又は切断及びこれらの業務に直接附随する業務並びに電報の受付、電信、送受、又は配達及びこれらの業務に直接附随する業務をいうこと。

（昭三〇・一・三一　基収五四七号）

【鉄道の場合】

問　○○○○鉄道○○○○駅で○○労働組合の春季闘争に関連して法第三十三条の事後届出があつたが、その状況は左記の通りで昭和二十二年九月十三日発基第一七号(二)の後段に該当し受理して差支えないものと認められるが、些か疑義があるので御教示願いたい。

記

本年三月一三日○○○駅（総員約二二○名）で同朝出勤職員約一二○名の半数が○○労働組合によつて就業が阻止された。（最高約三時間）

そのため運転関係業務の混乱が予想されたので非番職員三名（一般職員では代務をさせることができない。運転係、信号係、予備駅務係各一名）に対し三○分乃至一時間の時間外労働を命じた。

答　貴見により処理して差し支えない。

（昭三四・五・二八　基収三〇三三号）

【石炭鉱業（坑内）における許可基準】

石炭鉱業における労働基準法第三三条第一項の許可又は事後の承認の取扱いについては、昭和二十二年九月十三日付発基第一七号の基本的な基準によるべきことはいうまでもないが、とくに坑内における具体的取扱いについては、その特殊性にかんがみ次の基準によられたい。

1　災害発生の際における人命救助及び災害発生直後における遺体搬出作業

2　次に掲げる事故発生の際における緊急措置に伴う作業

(1)　落盤及び崩かいによる主要坑道の閉そく

(2)　旧坑への貫通、含水層への逢着等による地下水脈への逢着、風水害による地表水の侵入等による坑内異常出水

(3)　ガス突出

(4)　ガス又は炭じんの爆発

(5)　坑内火災

(6)　坑内における火薬の爆発事故

3　次に掲げる事態が起り、これが、2に掲げる重大事故を誘発するおそれが急迫している場合の緊急作業

(1)　坑道、払跡において異常な天盤重圧が来襲し、緊急に施枠、充填等の作業を要する場合

(2)　運搬車両の逸走、転ぷく、脱線等により、支保工が破かいされ、これが修理のため、緊急作業を要する場合

(3)　断層に逢着し、緊急措置を要する場合

(4)　主要な通信機器、風橋、気流遮断調節設備又はガス抜設備が故障し、その復旧のため、緊急に作業を要する場合

(5)　先進ボーリング等によりガス突出又は出水のおそれが予知され、これに対する緊急措置に伴う作業を要する場合

この場合において、緊急措置に伴う作業とは次のものをいう。

イ　ガス突出の場合

(イ)　当該切羽を独立通風とする専用

排気坑道の設置
(ロ) 電気設備の処理
(ハ) 崩落防止のための枠組の強化
(ニ) 去勢のためのボーリング
(ホ) 突出誘導発破等
ロ　出水の場合
(イ) 水抜
(ロ) セメント注入
(ハ) ダム構築等
(6) 坑道、払跡等において、自然発火又は発熱源を発見し、これに対する直接消火又は密閉等の緊急作業を要する場合
(7) 異常気圧その他の原因により異常なガス濃度を検知し、通風系統の緊急変更作業及び局部扇風機、風管等の設置のための緊急作業を要する場合
(8) 多量の不発が起り当該関係労働者に処理をさせる必要がある場合
4 次に掲げる機械又は設備の故障が発生した場合のこれに対する復旧作業
(1) 非常用の信号等通信設備の故障
(2) 主要揚水ポンプの故障
(3) 人車若しくは人用エレベータの脱線、転ぷく、ロープ損傷若しくは安全装置の故障又は炭車の逸走防止装置の故障
なお、以上(1)、(2)及び(3)は突発的な事故であつて、通常予見される修理、定期的手入等は含まれないこと。
5 以上1～4に類似する事態で、当該坑の事業運営に重大な影響を与えるような事故の発生が予想される場合の作業
（昭三六・一一・二〇　基発九九六号）

【時間外の消火作業】
問 実際に火災が発生した場合使用者が所定労働時間を終え帰宅している所属労働者を招集した場合は労働基準法第三十三条に該当すると思料されるが如何。
答 見解のとおり。
（昭三三・一〇・二三　基収三二四一号）

❸第三項（官公署）の場合

【非現業官公署における時間外労働】
問 官公署では一般に労働時間の延長又は休日労働は本条第三項を適用し法第三十六条第一項による協定は不要であるか。
答 官公署の事業（法別表第一に掲げる事業を除く。）については見解の通り。
（昭二三・七・五　基収一六八五号、昭六三・三・一四　基発一五〇号、平一一・三・三一　基発一六八号）

【公務のために臨時の必要がある場合】
問 法第三十三条第三項の「公務のために臨時の必要がある場合」の認定権は、当該官公庁の使用者側にあるのか。又その範囲の基準如何。
答 「公務のために臨時の必要がある」か否かについての認定は、一応使用者たる当該行政官庁に委ねられており、広く公務のための臨時の必要を含むものである。
（昭二三・九・二〇　基収三三五二号）

❹適用の範囲

【法第三十六条第一項との関係】
問 法第三十六条第一項の協定による時間外の労働時間を法第三十三条の定める所により更に延長しても差支えないか。
答 災害その他避けることの出来ない事由によつて協定に定める労働時間を超えて労働させる臨時の必要がある場合については見解の通り。
（昭二三・七・二七　基収二六二二号、平一一・三・三一　基発一六八号）

【年少者に対する法第三十三条の適用】
一 年少者を法第三十三条第一項の規定により、労働時間を延長し又は休日に労働させる場合には、年少者に関する労働時間、休日労働及び深夜業の規制は適用されない。
二 官公署の事業（法別表第一に掲げる事業を除く。）に従事する官吏、公吏その他公務員を、臨時の必要があるため法第三十三条第三項の規定により、労働時間を延長し又は休日に労働させる場合に

は、年少者に関する労働時間及び休日労働の規制は適用されないが、深夜業の規制は適用排除されない。
（昭二三・七・五　基収一六八五号、昭六三・三・一四　基発一五〇号、平一一・三・三一　基発一六八号）

（休憩）
第三十四条　使用者は、労働時間が六時間を超える場合においては少くとも四十五分、八時間を超える場合においては少くとも一時間の休憩時間を労働時間の途中に与えなければならない。
② 前項の休憩時間は、一斉に与えなければならない。ただし、当該事業場に、労働者の過半数で組織する労働組合がある場合においてはその労働組合、労働組合がない場合においては労働者の過半数を代表する者との書面による協定があるときは、この限りでない。
③ 使用者は、第一項の休憩時間を自由に利用させなければならない。

（過半数代表者）
則第六条の二　法第十八条第二項、法第二十四条第一項ただし書、法第三十二条の二第一項、法第三十二条の三第一項、法第三十二条の四第一項及び第二項、法第三十二条の五第一項、法第三十四条第二項ただし書、法第三十六条第一項、第八項及び第九項、法第三十七条第三項、法第三十八条の二第二項、法第三十八条の三第一項、法第三十八条の四第二項第一号（法第四十一条の二第三項において準用する場合を含む。）、法第三十九条第四項、第六項及び第九項ただし書並びに法第九十条第一項に規定する労働者の過半数を代表する者（以下この条において「過半数代表者」という。）は、次の各号のいずれにも該当する者とする。
一　法第四十一条第二号に規定する監督又は管理の地位にある者でないこと。
二　法に規定する協定等をする者を選出することを明らかにして実施される投票、挙手等の方法による手続により選出された者であつて、使用者の意向に基づき選出されたものでないこと。
② 前項第一号に該当する者がいない事業場にあつては、法第十八条第二項、法第二十四条第一項ただし書、法第三十九条第四項、第六項及び第九項ただし書並びに法第九十条第一項に規定する労働者の過半数を代表する者は、前項第二号に該当する者とする。
③ 使用者は、労働者が過半数代表者であ

ること若しくは過半数代表者になろうとしたこと又は過半数代表者として正当な行為をしたことを理由として不利益な取扱いをしないようにしなければならない。

④　使用者は、過半数代表者が法に規定する協定等に関する事務を円滑に遂行することができるよう必要な配慮を行わなければならない。

（一斉休憩の特例の協定）

則第十五条　使用者は、法第三十四条第二項ただし書の協定をする場合には、一斉に休憩を与えない労働者の範囲及び当該労働者に対する休憩の与え方について、協定しなければならない。

②　前項の規定は、労使委員会の決議及び労働時間等設定改善委員会の決議について準用する。

▼**参照条文**　〔労働組合―労組二・五〕、〔過半数代表者―則六の二〕、〔一斉休憩の例外―三八・四〇、則三一〕、〔休憩付与の例外―則三二〕、〔自由利用の例外―三八・四〇、則三三〕、〔労働時間―三二・四〇〕、〔協定事項―則一五〕、〔罰則―一一九〕

解釈例規

❶本条の意義

【休憩時間の意義】　休憩時間とは単に作業に従事しない手待時間を含まず労働者が権利として労働から離れることを保障されている時間の意であつて、その他の拘束時間は労働時間として取扱うこと。

（昭二二・九・一三　発基一七号）

【労働時間が八時間を超える場合の休憩時間】　法第三十四条における労働時間とは実労働時間の意であり、これが一日八時間を超える場合には、所定労働時間の途中に与えられる休憩時間を含めて少なくとも一時間の休憩時間が与えられなければならないものであること。

（昭二二・一一・二七　基発四〇一号、昭二六・一〇・二三　基収五〇五八号）

【一昼夜交替の休憩】

問　一昼夜交替制は労働時間の延長でなく二日間の所定労働時間を継続して勤務する場合であるから法第三十四条（休憩の規定）の条文の解釈（一日の労働時間に対する休憩の規定と解する）により一日の所定労働時間に対して一時間以上の休憩を与えるべきものと解して二時間以上の休憩時間を労働時間の途中に与えなければならぬとの見解は如何。

答　一昼夜交替制においても法律上は、労働時間の途中において法第三十四条第一項の休憩を与えればよい。

（昭二三・五・一〇　基収一五八二号）

【シフト制における休憩時間】

シフト制労働者の場合であっても、労働時間が六時間を超える場合は少なくとも四十五分、八時間を超える場合は少なくとも一時間の休憩時間を労働時間の途中に与えなければなりません（労働基準法第三十四条第一項）。

休憩時間とは、労働者が権利として労働から離れることを保障されている時間をいいます。そのため、労働者が現実に作業をしていないとしても、使用者からいつ就労の要求があるかもしれない状態で待機している、いわゆる「手待時間」は、休憩時間には該当しません。また、例えば来客対応などで労働者が実際に労働した場合には、その時間も休憩時間として取り扱うことはできません。

よって、「休憩時間」とされた時間中に手待時間や来客対応などの時間が含まれる場合は、これらの時間を除いて少なくとも四十五分（労働時間が六時間を超える場合）又は一時間（労働時間が八時間を超える場合）の休憩時間を与えることが必要になります。なお、労働基準法上、休憩時間は必ずしも連続して与える必要はありません。

（令四・一・七　基発〇一〇七第四号　職発〇一〇七第三号　雇均発〇一〇七第七号）

〈編注〉本解釈例規「いわゆる『シフト制』により就業する労働者の適切な雇用管理を行うための留意事項について」は、参考資料篇Ⅰの4にも掲載。

【教員の休憩時間】

問　小学校教員の授業の合間の休憩時間は休憩とみて差支えないか、あるいはそうみるべきか。

答　授業の合間の休憩時間が自由に利用することが出来る時間であれば、法第三十四条にいう休憩時間である。

（昭二三・五・一四　基発七六九号）

【貨物運送事業における手あき時間】

問　弊社は、郵政省と郵便物運送の請負契約を結び、自動車により郵便物を運送する会社である。

したがつて自動車の発着時刻は、郵政省から指定されている。この発着時刻は、郵便物の疎通を主眼として設定される関係上自動車に乗務する運転士及び助手は、服務時間中に労働から解放される手あき時間が生じることとなる。この手あき時間の中に休憩時間一時間を設けているが、この度この手あき時間が労働基準法にいう休憩時間であることを就業規則等に明確にしたいと考えている。このように解釈して差支えないか当局の見解を伺いたく照会する。

答　御照会の手あき時間については、労働者が自由に利用することができる時間であれば、法第三十四条にいう休憩時間である。

（昭三九・一〇・六　基収六〇五一号）

【障害者グループホームにおける夜勤職員の休憩時間の適切な確保等について】

障害者の日常生活及び社会生活を総合的に支援するための法律（平成十七年法律第一二三号）第五条第一項に規定する共同生活援助（以下「障害者グループホーム」という。）については、令和三年度障害福祉サービス等報酬改定により、本年四月一日から、住居ごとの常勤の夜勤職員に加えて、事業所単位で夜勤又は宿直の職員を配置し、複数の住居を巡回して入居者を支援する体制を整えた場合に、障害福祉サービス等報酬を加算する項目（「夜間支援等体制加算(Ⅳ)～(Ⅵ)」）が新たに設けられることとされている。本件加算は、障害者グループホームにおける入居者の状況に応じた手厚い支援体制の確保や、夜勤職員の適切な休憩時間の取得に資する観点から設けられたものである。

令和三年度障害福祉サービス等報酬改定に関しては、本省社会・援護局障害保健福祉部から自治体等に対して、「令和三年度障害福祉サービス等報酬改定等に関するQ&A」が示されたところであるが、同Q&Aにおいて、障害者グループホームにおいて職員一名の体制で夜間対応を行う場合の休憩時間の取扱い等について、別添のとおり示されているため、了知されたい。なお、「令和三年度障害福祉サービス等報酬改定等に関するQ&A」については、厚生労働省ホームページ（URL：https://www.mhlw.go.jp/stf/seisakunitsuite/bunya/0000202214_00007.html）にも掲載されているので、併せて参考とされたい。

また、障害者グループホームの事業者から、夜勤者に係る休憩時間の確保や、労働基準法（昭和二十二年法律第四九号）第四十一条第三号の監視又は断続的労働の許可に関する相談等があった場合には、本Q&Aを踏まえ、休憩時間の考え方や適切な休憩時間の設定方法、断続的労働の許可に係る必要な助言等について、適切に対応していただくようお願いする。

なお、本件通知は、本省社会・援護局障害保健福祉部障害福祉課と協議済であることを申し添える。

令和三年度障害福祉サービス等報酬改定等

に関するQ&A　VOL．1
（令和三年三月三十一日）（抄）

（夜間支援等体制加算①）

問40　グループホームの夜間支援等体制加算(I)を算定するには、夜勤を行う夜間支援従事者を配置し、利用者に対して夜間及び深夜の時間帯を通じて必要な介護等の支援を提供できる体制を確保する必要があるが、その一方で、労働基準法においては、使用者は、労働時間が六時間を超える場合においては少なくとも四十五分、八時間を超える場合においては少なくとも一時間の休憩時間を労働時間の途中に与えなければならないこととされている。

そのため、グループホームの夜間支援等体制加算(I)を算定するには、夜間支援従事者の配置は一人では足りず、夜勤を行う夜間支援従事者を二人確保するか、夜勤を行う夜間支援従事者一人に加えて、宿直を行う夜間支援従事者を一人確保することが必要となると解するがどうか。

答　夜勤を行う夜間支援従事者には、労働基準法（以下「労基法」という。）第三十四条の規定に基づき、適切な休憩時間を労働時間の途中に与えなければならないが、当該夜間支援従事者が夜間及び深夜の時間帯に休憩時間を取得する場合であっても、実態としてその配置されている共同生活住居内で休憩時間を過ごす場合は、夜間支援等体制加算(I)の算定に当たっては、利用者に対して夜間及び深夜の時間帯を通じて必要な介護等の支援を提供できる体制を確保しているものと取り扱って差し支えない。

ただし、労働基準法上、休憩時間中に事業所を離れることを禁止することはできず、仮に当該夜間支援従事者が休憩時間中に当該事業所を離れる場合には、あらかじめ、十分な時間的余裕をもってその意向を伝えさせ、当該時間帯に必要な交代要員を当該事業所内に確保する必要があること。

なお、労基法第三十四条の休憩時間とは、労働者が権利として労働から離れることを保障されている時間であり、実作業は発生しておらず仮眠などを取っている時間であっても、事業所内に待機し、緊急の場合などで作業が発生した場合には対応することとされている時間（いわゆる「手待時間」）は、労働から離れることを保障されているとは言えないため、休憩時間には当たらず、労働時間として取り扱わなければならないこと。

このため、以下の点を踏まえて、夜間支援従事者の適切な休憩時間を確保する必要があることに留意すること。

・適切な休憩時間帯の設定等について

利用者の人数や状態像、これまでの支援の実態等を考慮し、基本的に業務が発生することがない時間（例：完全消灯時刻での全ての利用者の入眠確認後や、深夜の定期巡回による異常がないことの確認後など）をあらかじめ休憩時間と定め、当該時間について、夜間支援従事者が労働から離れることを保障すること。

この際、あらかじめ、夜間及び深夜帯における休憩時間帯の定め（※）について、利用者やその家族に周知すること。また、休憩時間中に業務が発生することがないよう、利用者の状態像や支援の必要な時間帯等を配慮した夜間及び深夜帯における具体的な支援計画を作成するよう努めること。

なお、利用者の状態像や支援の必要な時間帯等に照らし、法定の休憩時間を一括して取得させることが困難な場合には、例えば三十分ずつ二回に分割して休憩時間を定めることも可能である。

※　労基法第八十九条において、休憩時間を就業規則に明記しなければならないこととされているため、常時十人以上の労働者を使用するグループホームにあっては、就業規則において、夜間及び深夜の時間帯のうち、休憩時間をあらかじめ明示的に定めておく必要がある。

就業規則において休憩時間を一義的に定めがたい場合にあっては、基本となる休憩時間として夜間及び深夜の時間帯のうち休憩時間とする時間帯をあらかじめ明示的に定めるとともに、休憩時間については具体的に各人に個別の労働契約等で定める旨の委任規定を就業規則に設ける必要があり、さらに、個別の労働契約等で具体的に定める場合にあっては、書面により明確に定めておく必要がある。なお、常時十人以上の労働者を使用しているグループホーム以外であっても、労働条件を明確化する観点から、就業規則を作成することが望ましい。

・休憩時間に係る利用者、夜間支援従事者等への事前説明について

夜間支援従事者の休憩時間中は、原則として入居者からの連絡・相談等への対応は行わない旨を利用者やその家族に説明するとともに、休憩時間中に入居者から連絡・相談等があった場合、休憩時間終了後に対応する旨を伝えることで足りる旨を事前に夜間支援従事者に伝達しておくこと。

・休憩時間中の緊急時の対応について

上記により夜間支援従事者の適切な休憩時間を確保している場合であっても、当該夜間支援従事者が休憩中に利用者の病状の急変等への対応などにより、実際に労働に従事した場合には、当該労働に要した時間分の休憩時間を別途与えなくてはならないこと。

この場合、別途の休憩時間を取得した旨を記録する取扱いを定めておくことが望ましい。

利用者の状態像等から、一人の夜間支援従事者では上記による適切な休憩時間の確保が困難な場合においては、夜間支援従事者の休憩時間に係る交代要員を別途確保する必要がある。

この場合、夜間支援等体制加算(I)により配置する夜間支援従事者に加えて追加で夜勤職員又は宿直職員を配置した場合には、夜間支援等体制加算(IV)、(V)又は(VI)の算定対象となるため、夜間における必要な人員体制の確保を図ること。

なお、夜間における介護等の業務を常態的にほとんど行う必要がない場合であって、一定の要件に該当する場合には、労基法第四十一条第三号の「断続的労働」や「断続的な宿日直」に該当するとして、あらかじめ労働基準監督署長の許可を受けることにより、労基法上の休憩時間や労働時間に関する規定が適用されなくなる場合があることから、必要に応じて、所轄の労働基準監督署に相談すること。

（参考1）断続的な労働の許可基準

・断続的労働に従事する者とは、勤務時間の中で、実作業時間が少なく、手待時間（実作業は発生しておらず、仮眠などを取ることも自由だが、事業所内に待機し、作業が発生した場合には対応することとされている時間）が多い者のことであり、例えば寄宿舎の賄人等については、その者の勤務時間を基礎として実作業時間と手待時間折半の程度まで許可することとされている（ただし、実作業時間の合計が八時間を越えるときは許可されない。）。

・労基法第四十一条第三号の「断続的労働」とは、その勤務の全労働について、常態として断続的労働である場合をいう。そのため、断続労働と通常の労働が一日の中で混在している場合や、日によって反復するようなものは、これに該当しない。

（参考2）断続的な宿日直の許可基準

本来の業務の終了後などに宿直や日直の勤務を行う場合がこれに当たり、社会福祉施設の場合、以下のすべてを満たす場合に許可することとされている。

① 通常の勤務時間の拘束から完全に解放された後のものであること。

② 夜間に従事する業務は、一般的な宿日直業務である定時巡視、緊急の電話などの収受などのほかは、少数の入所児・者に対して行う夜尿起こし、おむつ取替え、検温等の介助作業であって、軽度かつ短時間の作業に限ること。従って、夜間における児童の生活指導、起床後の着衣指導等通常の労働と同態様の業務は含まれないこと。

③　夜間に十分睡眠がとれること。
④　上記以外に、一般の宿直許可の際の条件を満たしていること。
※　上記②の「軽度」とは、おむつ取替え、夜尿起こしであっても要介護者を抱きかかえる等身体に負担がかかる場合を含まず、「短時間」とは、上記の介助作業が一勤務中に一回ないし二回含まれていることを限度として、一回の所要時間が通常十分程度のものをいうものであること。

　本回答については、労働基準局監督課と協議済みであることを申し添える。

（重度訪問介護①）
問21　**問**40のグループホームの夜勤に関する対応は、重度訪問介護についても適用されるのか。
答　重度訪問介護についても、グループホームと同様に夜勤者については労基法第三十四条の休憩時間を与える必要があるため、**問**40を参考に、適切に夜勤者の休憩時間の確保を行うこと。
　また、夜間における介護を常態的にほとんど行う必要がない場合であって、一定の要件に該当する場合には、グループホームの場合と同様に、労基法第四十一条第三号の「断続的労働」に該当するとして、あらかじめ労働基準監督署長の許可を受けることにより、労基法上の休憩時間や労働時間に関する規定が適用されなくなる場合があることから、必要に応じて所轄の労働基準監督署に相談すること。

（参考）「断続的労働」の許可基準
・　断続的労働に従事する者とは、勤務時間の中で、実作業時間が少なく、手待時間（実作業は発生しておらず、仮眠などを取ることも自由だが、事業所内に待機し、作業が発生した場合には対応することとされている時間）が多い者のことであり、例えば寄宿舎の賄人等については、その者の勤務時間を基礎として実作業時間と手待時間折半の程度まで許可することとされている（ただし、実作業時間の合計が八時間を越えるときは許可されない。）。
・　労基法第四十一条第三号の「断続的労働」とは、その勤務の全労働について、常態として断続的労働である場合をいう。そのため、断続労働と通常の労働が一日の中で混在している場合や、日によって反復するようなものは、これに該当しない。

　なお、重度訪問介護の支給決定に当たっては、障害者総合支援法施行規則第十二条の規定のとおり、申請のあった障害者等について、障害支援区分のみならず、すべての勘案事項に関する一人ひとりの事情を踏まえて適切な支給量とすること。また、労働時間として取り扱わなければならない手待ち時間についてもサービス提供時間として取り扱われるべきものであることから、当該時間が報酬の対象とならないということがないように留意すること。
　本回答については、労働基準局監督課と協議済みであることを申し添える。
（令三・三・三一　基監発〇三三一第二号）

❷一斉休憩

【趣旨】　休憩時間の自由利用を担保するための手段として一斉付与を法律上一律に義務づける必要性が低下していること、労務管理の個別化が進展し、かつ、自律的に働くことを希望する労働者がいる中で改正前の規定がこうした労働者の主体的な労働時間の配分に制約を課すこととなっていることにかんがみ、適用除外許可を廃止すると同時に、労使の自主的な話合いの上、職場の実情に応じた労使協定を締結することにより適用除外とすることとしたものであること。
（平一一・一・二九　基発四五号）

【労使協定の締結】　労使協定には、一斉に休憩を与えない労働者の範囲及び当該労働者に対する休憩の与え方について定めなければならないものであること。

（平一一・一・二九　基発四五号）

【労働者の過半数代表者の要件】　次のいずれの要件も満たすものであること。

(1)　法第四十一条第二号に規定する監督又は管理の地位にある者でないこと。

(2)　法に基づく労使協定の締結当事者、就業規則の作成・変更の際に使用者から意見を聴取される者等を選出することを明らかにして実施される投票、挙手等の方法による手続により選出された者であり、使用者の意向によって選出された者ではないこと。

なお、法第十八条第二項、法第二十四条第一項ただし書、法第三十九条第四項、第六項及び第七項ただし書並びに法第九十条第一項に規定する過半数代表者については、当該事業場に上記(1)に該当する労働者がいない場合（法第四十一条第二号に規定する監督又は管理の地位にある者のみの事業場である場合）には、上記(2)の要件を満たすことで足りるものであること。

（平一一・一・二九　基発四五号、平三一・五・一八　基発〇五一八第一号）

【労働者の過半数代表者の選出手続】

問　則第六条の二に規定する「投票、挙手等」の「等」には、どのような手続が含まれているか。

答　労働者の話合い、持ち回り決議等労働者の過半数が当該者の選任を支持していることが明確になる民主的な手続が該当する。

（平一一・三・三一　基発一六九号）

【過半数代表者】　時間外・休日労働協定の締結等に際し、労働基準法の規定に基づき労働者の過半数を代表する者を選出するに当たっては、使用者側が指名するなど不適切な取扱いがみられるところである。このため、過半数代表者の要件として、「使用者の意向に基づき選出されたものでないこと」を労基則において明記したものであること。

また、使用者は、過半数代表者がその事務を円滑に遂行することができるよう必要な配慮を行わなければならないこととしたものであること。

（平三〇・九・七　基発〇九〇七第一号）

【「必要な配慮」の内容】

問　則第六条の二第四項の「必要な配慮」にはどのようなものが含まれるのか。

答　則第六条の二第四項の「必要な配慮」には、例えば、過半数代表者が労働者の意見集約等を行うに当たって必要となる事務機器やシステム（イントラネットや社内メールを含む。）、事務スペースの提供を行うことが含まれるものである。

（平三〇・一二・二八　基発一二二八第一五号、令五・八・二　基発〇八〇二第七号）

【過半数代表者の不利益取扱い】　過半数代表者であること若しくは過半数代表者になろうとしたこと又は過半数代表者として正当な行為をしたことを理由として、解雇、賃金の減額、降格等労働条件について不利益取扱いをしないようにしなければならないこととしたものであること。

「過半数代表者として正当な行為」には、法に基づく労使協定の締結の拒否、一年単位の変形労働時間制の労働日ごとの労働時間についての不同意等も含まれるものであること。

（平一一・一・二九　基発四五号）

【派遣労働者の場合】　休憩時間を一せいに与える義務は派遣先の使用者が負うこととされており、派遣先の使用者は、当該事業場の自己の労働者と派遣中の労働者とを含めて、全体に対して一せいに休憩を与えなければならない。ただし、労働基準法第三十四条第二項ただし書による労使協定を締結した場合及び労働基準法施行規則第三十一条において一せい休憩の原則が適用除外されている業種の事業に当たる場合は、この限りでない。

（昭六一・六・六　基発三三三号、昭六三・三・一四　基発

一五〇号、平一一・三・三一　基発一六八号）

❸自由利用

【自由利用の意義】　休憩時間の利用について事業場の規律保持上必要な制限を加えることは、休憩の目的を害わない限り差支えないこと。

（昭二二・九・一三　発基一七号）

【休憩時間中の外出の許可制】

問　休憩時間中の外出について所属長の許可を受けさせるのは法第三十四条第三項に違反するか。

答　事業場内において自由に休息し得る場合には必ずしも違法にはならない。

（昭二三・一〇・三〇　基発一五七五号）

（休日）

第三十五条　使用者は、労働者に対して、毎週少くとも一回の休日を与えなければならない。

②　前項の規定は、四週間を通じ四日以上の休日を与える使用者については適用しない。

（労働時間、休日の周知）

則第十二条　常時十人に満たない労働者を使用する使用者は、法第三十二条の二第一項又は法第三十五条第二項による定めをした場合（法第三十二条の二第一項の協定（法第三十八条の四第五項（法第四十一条の二第三項において準用する場合を含む。）に規定する法第三十八条の四第一項の委員会（以下「労使委員会」という。）の決議（以下「労使委員会の決議」という。）及び労働時間等の設定の改善に関する特別措置法（平成四年法律第九十号。以下「労働時間等設定改善法」という。）第七条に規定する労働時間等設定改善委員会の決議（以下「労働時間等設定改善委員会の決議」という。）による定めをした場合を除く。）には、これを労働者に周知させるものとする。

（変形労働時間制・変形休日制の起算日）

則第十二条の二　〈一項　略〉

②　使用者は、法第三十五条第二項の規定により労働者に休日を与える場合には、就業規則その他これに準ずるものにおいて、四日以上の休日を与えることとする四週間の起算日を明らかにするものとする。

▼参照条文　〔例外―三三・三六・四一〕、〔四週四休制の周知―則一二〕、〔四週四休制の起算日―則一二の二２〕、〔罰則―一一九〕、〔国民の祝日に関する法律〕

解釈例規

❶暦日休日

【指導方針】　第一項が原則であり第二項は例外であることを強調し徹底させること。

（昭二二・九・一三　発基一七号）

【一暦日の休日】

問　休日とは単に連続二十四時間の休業であるか、或は暦日を指し午前零時から午後十二時までの休業と解すべきか。

答　見解後段の通り。

（昭二三・四・五　基発五三五号）

【一昼夜交替勤務の場合】

問　一昼夜交代勤務にして次の如き場合の公休は、労働基準法上の休日として認め得るか。〈編注　左図参照〉

午前八時
公休日　▽7
午前八時
非番日　▽6
午前八時
労働日　▽5
午前八時
非番日　▽4
午前八時
労働日　▽3
午前八時
非番日　▽2
午前八時
労働日　▽1
午前八時

答　第七日の午前〇時より継続した二十四時間は休日である。

（昭二三・一一・九　基収二九六八号）

【交替制の場合の休日】　法三十五条の休日は暦日によるべきことが原則であるが、例えば、八時間三交替連続作業のような場合において休日暦日制の解釈をとることは、連続二十四時間以上の休息が二暦日にまたがる際は一週二暦日の休日を与えなければならないこととなり、その結果は週休制をとつた立法の趣旨に合致しないこととなる。そこで、番方編成による交替制における「休日」については、左記のいずれにも該当するときに限り、継続二十四時間を与えれば差し支えないものとして取り扱われたい。

記

一　番方編成による交替制によることが就業規則等により定められており、制度として運用されていること。

二　各番方の交替が規則的に定められているものであつて、勤務割表等によりその都度設定されるものではないこと。

（昭六三・三・一四　基発一五〇号）

【継続二十四時間休日の場合の休日の範囲】

問　三交替連続作業を行う場合に、休日前日の三番方の残業部分もしくは休日直後の一番方の早出部分は労働日の時間外とみなされるものか、それとも休日の出勤として取扱わねばならぬか。

又休日出勤の一番方の早出もしくは休日出勤の三番方の残業は休日出勤の延長であるか、それとも労働日の時間外として取扱われるべきものか。

答　三交替連続作業を行う事業場における休日の取扱については、昭和六十三年三月十四日基発第一五〇号通牒によつて継続二十四時間の休息を与えればよいものとされているが、この交替制における休日については、継続二十四時間を含む休息時間中に暦日による継続二十四時間がある場合には、その暦日が法第三十五条にいう休日であるから、早出、残業のため右の休日に労働させた場合は労働基準法上の休日労働とする。

この継続二十四時間を含む休息時間中に暦日による継続二十四時間がない場合には、法第八十九条の趣旨に鑑み、休日となるべき継続二十四時間を特定することが望ましいが、別段の定めがない場合においては、労働基準法第三十五条の問題としては継続二十四時間が確保されている限り、早出、残業等のため所定就業時間を超えて労働させても休日労働とはならない。従つて継続二十四時間を含む休息時間の中休日となるべき継続二十四時間を超える部分の労働を休日労働として取扱うか、時間外労働として取扱うかは当事者の定めるところによる。

（昭二六・一〇・七　基収三九六二号）

【旅館業における休日】　旅館業（労働基準法（以下「法」という。）別表第一第一四号の旅館の事業をいう。以下同じ。）における法第三十五条の休日の取扱いについては、旅館業における労働時間管理上の問題の一つとして検討してきたところであるが、今後、これについては、左記のとおり取り扱うこととしたので、遺憾のないようにされたい。

記

1 取扱いの趣旨及び方針

(1) 旅館業においても、法第三十五条の休日は、原則どおり、暦日によって与えられなければならないものである。

しかしながら、客を宿泊させ、これに飲食等のサービスを提供することを目的とするという旅館業特有の業態から、旅館業における労働者の勤務が事実上客の入館時刻(チェック・イン・タイム)から退館時刻(チェック・アウト・タイム)までの二暦日にまたがる時間帯を基準として編成され、休日もこのような事実上の二暦日にまたがる勤務を免除するという形で与えられることがあるのもやむを得ないと認められる場合があるところである。

一方、旅館業における休日付与の実態をみると、いまなお法定の休日が確保されていない事業場が少なからず見受けられるが、これらの事業場においても、上記のような事実上の二暦日にまたがる勤務の免除という形の休日であれば与えやすいという実情にあることが認められ、当面、このような形の休日を認めることによってむしろ実質的に労働者の保護が図られると考えられるところでもある。

そこで、以上のような旅館業における特殊事情、休日付与の実態等を考慮して、旅館業については、当面、左記2に掲げる労働者に限って、左記3に掲げる要件を満たす休息期間(以下「二暦日にまたがる休日」という。)が与えられている場合には、法第三十五条違反としては取り扱わないものとする。

(2) この取扱いは、旅館業について実質的に法定の休日が確保されるようにするための特別の取扱いであるから、労使当事者は、この取扱いを理由として既存の休日に関する労働条件を低下させてはならないものとする。

2 対象労働者の範囲

この取扱いは、旅館業における労働者のうち、フロント係、調理係、仲番及び客室係の労働者に限って、認めるものとする。

3 二暦日にまたがる休日の要件

二暦日にまたがる休日は、次のすべての要件を満たすものでなければならないものとする。

① 正午から翌日の正午までの二十四時間を含む継続三十時間の休息期間が確保されていること。ただし、この休息期間は、当分の間に限り、正午から翌日の正午までの二十四時間を含む継続二十七時間以上であっても差し支えないものとすること。

② 休日を二暦日にまたがる休日という形で与えることがある旨及びその時間帯があらかじめ労働者に明示されていること。

4 関連する指導事項

休日を二暦日にまたがる休日という形で与える事業場に対しては、次の事項について指導するものとする。

① 当該労働者の一年間における法定休日数のうち少なくとも二分の一は暦日によって与えること。

② 休日は前月末までに勤務割表等により具体的な期日、二暦日にまたがる休日という形によって与えるかどうか等を明らかにして労働者に通知するものとし、これを変更する場合には遅くとも前日までに労働者に通知すること。

③ 当該労働者について、一年間に法定休日数を含め六十日以上の休日を確保すること。

(昭五七・六・三〇　基発四四六号、昭六三・三・一四　基発一五〇号、平一一・三・三一　基発一六八号)

❷休日の特定

【休日の特定について】

1　法第三十五条は必ずしも休日を特定すべきことを要求していないが、特定することがまた法の趣旨に沿うものであるから就業規則の中で単に一週間につき一日といつただけではなく具体的に一定の日を休日と定める方法を規定するよう指導されたい。

2　常時十人未満の労働者を使用する事業においても具体的に休日を定めるよう指導されたい。

（昭二三・五・五　基発六八二号、昭六三・三・一四　基発一五〇号）

【屋外労働者の休日】

問　一般に屋外労働者に対しては休日を規定することは非常に困難を伴うが、雨天の日を休日と規定する如きは差支えないか。

答　屋外労働者についても休日はなるべく一定日に与え、雨天の場合には休日をその日に変更する旨を規定するよう指導されたい。

（昭二三・四・二六　基発六五一号、昭三三・二・一三　基発九〇号）

❸休日の振替

【休日の振替と代休】

問　就業規則に、休日の振替を必要とする場合には休日を振り替えることができる旨の規定を設け、これによつて所定の休日と所定の労働日とを振り替えることができるか。

答　一　就業規則において休日を特定したとしても、別に休日の振替を必要とする場合休日を振り替えることができる旨の規定を設け、これによつて休日を振り替える前にあらかじめ振り替えるべき日を特定して振り替えた場合は、当該休日は労働日となり、休日に労働させることにならない。

二　前記一によることなく休日に労働を行つた後にその代償としてその後の特定の労働日の労働義務を免除するいわゆる代休の場合はこれに当たらないこと。

（昭二三・四・一九　基収一三九七号、昭六三・三・一四　基発一五〇号）

【休日の振替の手続】　業務等の都合によりあらかじめ休日と定められた日を労働日とし、その代わりに他の労働日を休日とするいわゆる休日の振替を行う場合には、就業規則等においてできる限り、休日振替の具体的事由と振り替えるべき日を規定することが望ましいこと。

なお、振り替えるべき日については、振り替えられた日以降できる限り近接している日が望ましいこと。

（昭二三・七・五　基発九六八号、昭六三・三・一四　基発一五〇号）

【休日の振替と時間外労働】　就業規則に定める休日の振替規定により休日を振り替える場合、当該休日は労働日となるので休日労働とはならないが、振り替えたことにより当該週の労働時間が一週間の法定労働時間を超えるときは、その超えた時間については時間外労働となり、時間外労働に関する三六協定及び割増賃金の支払が必要であることに注意されたい。

（昭二二・一一・二七　基発四〇一号、昭六三・三・一四　基発一五〇号）

❹変形週休制

【変形週休制】　第二項による場合にも、出来る限り第三十二条の二第一項に準じて就業規則その他これに準ずるものにより定めをするよう指導すること。

（昭二二・九・一三　発基一七号）

【休日の配置】

問　法第三十五条第二項の休日はいかなる四週間に区切つてもどの四週間にも必ず四回の休日が与えられていなければならない

か。例えば

㈠ 第一週　一日、第二週　なし、第三週　二日、第四週　一日

㈡ 第五週　なし、第六週　二日、第七週　一日、第八週　一日

の休日が与えられた場合、第二週より第五週までの四週間には休日が三日であるので基準法違反となるか。

答 法第三十五条第二項の規定は特定の四週間に四日の休日があればよく、どの四週間を区切つても四日の休日が与えられていなければならない趣旨ではない。従つて設例の場合は適法である。なお、特定の四週間を明確にさせるため、労働基準法施行規則第十二条の二によりその起算日を就業規則等で明らかにすることとされているので留意すること。（昭二三・九・二〇　基発一三八四号）

❺その他

【国民の祝日】　国民の祝日に関する法律は、国民の祝日に休ませることを強制的に義務づけをするのでなく、労働基準法は、毎週一回又は四週四日以上の休日を与えることを義務づけているが、この要件を満たすかぎり、国民の祝日に休ませなくても労働基準法違反とはならない。

しかしながら、国民の祝日の趣旨及び労働時間短縮の見地から、労使間の話合いによつて、国民の祝日に労働者を休ませ、その場合に賃金の減収を生じないようにすることが望ましいことはいうまでもないところである。（昭四一・七・一四　基発七三九号）

【休日の出張】

問 日曜日の出張は、休日労働に該当するか。

答 出張中の休日はその日に旅行する等の場合であつても、旅行中における物品の監視等別段の指示がある場合の外は休日労働として取扱わなくても差支えない。

（昭二三・三・一七　基発四六一号、昭三三・二・一三　基発九〇号）

（時間外及び休日の労働）

第三十六条　使用者は、当該事業場に、労働者の過半数で組織する労働組合がある場合においてはその労働組合、労働者の過半数で組織する労働組合がない場合においては労働者の過半数を代表する者との書面による協定をし、厚生労働省令で定めるところによりこれを行政官庁に届け出た場合においては、第三十二条から第三十二条の五まで若しくは第四十条の労働時間（以下この条において「労働時間」という。）又は前条の休日（以下この条において「休日」という。）に関する規定にかかわらず、その協定で定めるところによつて労働時間を延長し、又は休日に労働させることができる。

② 前項の協定においては、次に掲げる事項を定めるものとする。

一　この条の規定により労働時

間を延長し、又は休日に労働させることができることとされる労働者の範囲

二　対象期間（この条の規定により労働時間を延長し、又は休日に労働させることができる期間をいい、一年間に限るものとする。第四号及び第六項第三号において同じ。）

三　労働時間を延長し、又は休日に労働させることができる場合

四　対象期間における一日、一箇月及び一年のそれぞれの期間について労働時間を延長して労働させることができる時間又は労働させることができる休日の日数

五　労働時間の延長及び休日の労働を適正なものとするために必要な事項として厚生労働省令で定める事項

③　前項第四号の労働時間を延長して労働させることができる時間は、当該事業場の業務量、時間外労働の動向その他の事情を考慮して通常予見される時間外労働の範囲内において、限度時間を超えない時間に限る。

④　前項の限度時間は、一箇月について四十五時間及び一年について三百六十時間（第三十二条の四第一項第二号の対象期間として三箇月を超える期間を定めて同条の規定により労働させる場合にあつては、一箇月について四十二時間及び一年について三百二十時間）とする。

⑤　第一項の協定においては、第二項各号に掲げるもののほか、当該事業場における通常予見することのできない業務量の大幅な増加等に伴い臨時的に第三項の限度時間を超えて労働させる必要がある場合において、一箇月について労働時間を延長して労働させ、及び休日において労働させることができる時間（第二項第四号に関して協定した時間を含め百時間未満の範囲内に限る。）並びに一年について労働時間を延長して労働させることができる時間（同号に関して協定した時間を含め七百二十時間を超えない範囲内に限る。）を定めることができる。この場合において、第一項の協定に、併せて第二項第二号の対象期間において労働時間を延長して労働させる時間が一箇月について四十五時間（第三十二条の四第一項第二号の対象期間として三箇月を超える期間を定めて同条の規定により労働させる場合にあつては、一箇月について四十二時間）を超えることができる月数（一年について六箇月以内に限る。）を定めなければならない。

⑥　使用者は、第一項の協定で定めるところによつて労働時間を延長して労働させ、又は休日において労働させる場合であつても、次の各号に掲げる時間について、当該各号に定める要件を満たすものとしなければならない。
一　坑内労働その他厚生労働省令で定める健康上特に有害な業務について、一日について労働時間を延長して労働させた時間　二時間を超えないこと。
二　一箇月について労働時間を延長して労働させ、及び休日において労働させた時間　百時間未満であること。
三　対象期間の初日から一箇月ごとに区分した各期間に当該各期間の直前の一箇月、二箇月、三箇月、四箇月及び五箇月の期間を加えたそれぞれの期間における労働時間を延長して労働させ、及び休日において労働させた時間の一箇月当たりの平均時間　八十時間を超えないこと。
⑦　厚生労働大臣は、労働時間の延長及び休日の労働を適正なものとするため、第一項の協定で定める労働時間の延長及び休日の労働について留意すべき事項、当該労働時間の延長に係る割増賃金の率その他の必要な事項について、労働者の健康、福祉、時間外労働の動向その他の事情を考慮して指針を定めることができる。
⑧　第一項の協定をする使用者及び労働組合又は労働者の過半数を代表する者は、当該協定で労働時間の延長及び休日の労働を定めるに当たり、当該協定の内容が前項の指針に適合したものとなるようにしなければならない。
⑨　行政官庁は、第七項の指針に関し、第一項の協定をする使用者及び労働組合又は労働者の過半数を代表する者に対し、必要な助言及び指導を行うことができる。
⑩　前項の助言及び指導を行うに当たつては、労働者の健康が確保されるよう特に配慮しなければならない。
⑪　第三項から第五項まで及び第六項（第二号及び第三号に係る部分に限る。）の規定は、新たな技術、商品又は役務の研究開発に係る業務については適用しない。

○政令第二五三号（平三〇・九・七）
働き方改革を推進するための関係法律の整備に関する法律の施行に伴う関係政令の整備及び経過措置に関する政令（抄）

（労働基準法第三十八条の四第五項に規定する委員会の決議に関する経過措置）
第五条　働き方改革を推進するための関係

法律の整備に関する法律（以下この条、第七条及び第八条において「整備法」という。）第一条の規定による改正後の労働基準法（昭和二十二年法律第四十九号。以下「新労基法」という。）第三十八条の四第五項（新労基法第四十一条の二第三項において準用する場合を含む。次条において同じ。）（次条の規定により読み替えて適用する場合を含む。）の規定により読み替えて適用する新労基法第三十六条（新労基法第百三十九条第二項、第百四十条第二項、第百四十一条第四項及び第百四十二条の規定により読み替えて適用する場合を含む。）の規定は、平成三十一年四月一日以後の期間のみを定めている決議について適用し、同年三月三十一日を含む期間を定めている決議（当該決議に定める期間の初日から起算して一年を経過する日が同年四月一日以後であるものに限る。）については、当該決議に定める期間の初日から起算して一年を経過する日までの間については、なお従前の例による。

2　中小事業主（整備法附則第三条第一項に規定する中小事業主をいう。第八条第二項において同じ。）の事業に係る決議（新労基法第百三十九条から第百四十二条までの規定により読み替えて適用する新労基法第三十六条に規定する事項に係るものを除く。）についての前項の規定の適用については、同項中「平成三十一年四月一日」とあるのは、「平成三十二年四月一日」とする。

3　前項の規定により読み替えて適用する第一項の規定によりなお従前の例によるものとされた決議については、整備法附則第三条第二項から第四項までの規定を準用する。この場合において、同条第二項中「前項の規定により読み替えられた前条」とあるのは「働き方改革を推進するための関係法律の整備に関する法律の施行に伴う関係政令の整備及び経過措置に関する政令（平成三十年政令第二百五十三号）第五条第二項の規定により読み替えられた同条第一項」と、「又は労働者の過半数を代表する者」とあるのは「若しくは労働者の過半数を代表する者又は同項の決議をする委員」と、「当該協定」とあるのは「当該協定又は当該決議」と、「協定をするよう」とあるのは「協定をし、又は決議をするよう」と、同条第三項中「協定」とあるのは「協定又は決議」とする。

第六条　新労基法第百四十一条第一項の規定により読み替えて適用する新労基法第三十六条に規定する事項に係る新労基法第三十八条の四第五項の規定による決議についての同項の規定の適用については、当分の間、同項中「並びに次条第四項、第六項及び第九項ただし書に」とあるのは「、次条第四項、第六項及び第九項ただし書並びに第百四十一条第二項に」と、「並びに次条第四項、第六項及び第九項ただし書の」とあるのは「、次条第四項、第六項及び第九項ただし書並びに第百四十一条第二項及び第三項の」と、「並びに次条第四項、第六項及び第九項ただし書中」とあるのは「、次条第四項、第六項及び第九項ただし書並びに第百四十一条第二項及び第三項中」とする。

（面接指導に関する経過措置）

第七条　事業者は、新労基法第百三十九条第二項又は第百四十二条の規定により読み替えて適用する新労基法第三十六条の協定が適用されている労働者に対しては、整備法第四条の規定による改正後の労働安全衛生法（昭和四十七年法律第五十七号。以下この条において「新安衛法」という。）第六十六条の八の二第一項の規定にかかわらず、同項の規定による面接指導を行うことを要しない。この場合において、当該労働者に対する新安衛法第六十六条の八第一項の規定の適用については、同項中「労働者（次条第一項に規定する者及び」とあるのは、「労働者（」とする。

（労働時間等設定改善委員会の決議に関する経過措置）

第八条　整備法第六条の規定による改正後の労働時間等の設定の改善に関する特別措置法（平成四年法律第九十号。次条において「新設定改善法」という。）第七条（次条の規定により読み替えて適用する場合を含む。）の規定により読み替えて適用する新労基法第三十六条（新労基法第百三十九条第二項、第百四十条第二項、第百四十一条第四項及び第百四十二条の規定により読み替えて適用する場合を含む。）の規定は、平成三十一年四月一日以後の期間のみを定めている決議について適用し、同年三月三十一日を含む期間を定めている決議（当該決議に定める期間の初日から起算して一年を経過する日が同年四月一日以後であるものに限る。）については、当該決議に定める期間の初日から起算して一年を経過する日までの間については、なお従前の例による。

2　中小事業主の事業に係る決議（新労基法第百三十九条から第百四十二条までの規定により読み替えて適用する新労基法第三十六条に規定する事項に係るものを除く。）についての前項の規定の適用については、同項中「平成三十一年四月一日」とあるのは、「平成三十二年四月一日」とする。

3　前項の規定により読み替えて適用する第一項の規定によりなお従前の例によるものとされた決議については、整備法附則第三条第二項から第四項までの規定を準用する。この場合において、同条第二項中「前項の規定により読み替えられた前条」とあるのは「働き方改革を推進するための関係法律の整備に関する法律の施行に伴う関係政令の整備及び経過措置に関する政令（平成三十年政令第二百五十三号）第八条第二項の規定により読み替えられた同条第一項」と、「又は労働者の過半数を代表する者」とあるのは「若しくは労働者の過半数を代表する者又は同項の決議をする委員」と、「当該協定」とあるのは「当該協定又は当該決議」と、「協定をするよう」とあるのは「協定をし、又は決議をするよう」と、同条第三項中「協定」とあるのは「協定又は決議」とする。

第九条　新労基法第百四十一条第一項の規定により読み替えて適用する新労基法第三十六条に規定する事項に係る新設定改善法第七条の規定による決議についての同条の規定の適用については、当分の間、同条中「並びに第三十九条第四項及び第六項」とあるのは「、第三十九条第四項及び第六項並びに第百四十一条第二項」と、「並びに第三十六条第三項、第四項及び第六項から第十一項まで」とあるのは「、第三十六条第三項、第四項及び第六項から第十一項まで並びに第百四十一条第三項」とする。

（過半数代表者）

則第六条の二　法第十八条第二項、法第二十四条第一項ただし書、法第三十二条の二第一項、法第三十二条の三第一項、法第三十二条の四第一項及び第二項、法第三十二条の五第一項、法第三十四条第二項ただし書、法第三十六条第一項、第八項及び第九項、法第三十七条第三項、法第三十八条の二第二項、法第三十八条の三第一項、法第三十八条の四第二項第一号（法第四十一条の二第三項において準用する場合を含む。）、法第三十九条第四項、第六項及び第九項ただし書並びに法第九十条第一項に規定する労働者の過半数を代表する者（以下この条において「過半数代表者」という。）は、次の各号のいずれにも該当する者とする。

一　法第四十一条第二号に規定する監督又は管理の地位にある者でないこと。

二　法に規定する協定等をする者を選出することを明らかにして実施される投票、挙手等の方法による手続により選出された者であつて、使用者の意向に基づき選出されたものでないこと。

② 前項第一号に該当する者がいない事業場にあつては、法第十八条第二項、法第二十四条第一項ただし書、法第三十九条第四項、第六項及び第九項ただし書並びに法第九十条第一項に規定する労働者の過半数を代表する者は、前項第二号に該当する者とする。

③ 使用者は、労働者が過半数代表者であること若しくは過半数代表者になろうとしたこと又は過半数代表者として正当な行為をしたことを理由として不利益な取扱いをしないようにしなければならない。

④ 使用者は、過半数代表者が法に規定する協定等に関する事務を円滑に遂行することができるよう必要な配慮を行わなければならない。

（時間外及び休日労働の協定）

則第十六条　法第三十六条第一項の規定による届出は、様式第九号（同条第五項に規定する事項に関する定めをする場合にあつては、様式第九号の二）により、所轄労働基準監督署長にしなければならない。

② 前項の規定にかかわらず、法第三十六条第十一項に規定する業務についての同条第一項の規定による届出は、様式第九号の三により、所轄労働基準監督署長にしなければならない。

③ 法第三十六条第一項の協定（労使委員会の決議及び労働時間等設定改善委員会の決議を含む。以下この項において同じ。）を更新しようとするときは、使用者は、その旨の協定を所轄労働基準監督署長に届け出ることによつて、前二項の届出に代えることができる。

則附則第七十条　第十六条第一項の規定にかかわらず、当該事業場の事業に法第百三十九条第一項に規定する事業が含まれている場合における法第三十六条第一項の規定による届出は、様式第九号の三の二（法第百三十九条第一項の規定により読み替えて適用する法第三十六条第五項に規定する事項に関する定めをする場合にあつては、様式第九号の三の三）により、法第三十六条第二項第一号に規定する労働者に法第百四十条第一項に規定する業務に従事する労働者が含まれている場合における法第三十六条第一項の規定による届出は、様式第九号の三の四（法第百四十条第一項の規定により読み替えて適用する法第三十六条第五項に規定する事項に関する定めをする場合にあつては、様式第九号の三の五）により、法第三十六条第二項第一号に規定する労働者に特定医師が含まれている場合における同条第一項の規定による届出は、様式第九号の四（法第百四十一条第二項（医療法第百二十八条の規定により読み替えて適用する場合を含む。）に規定する事項に関する定めをする場合にあつては、様式第九号の五）により、所轄労働基準監督署長にしなければならない。

② 第五十九条の二の規定は、前項の届出について準用する。

③ 第十六条第三項の規定は、第一項の届出について準用する。

（労働時間の延長及び休日の労働を適正なものとするために必要な事項）

則第十七条　法第三十六条第二項第五号の厚生労働省令で定める事項は、次に掲げるものとする。ただし、第四号から第七号までの事項については、同条第一項の協定に同条第五項に規定する事項に関する定めをしない場合においては、この限りでない。

一　法第三十六条第一項の協定（労働協約による場合を除く。）の有効期間の定め

二　法第三十六条第二項第四号の一年の

起算日
三　法第三十六条第六項第二号及び第三号に定める要件を満たすこと。
四　法第三十六条第三項の限度時間（以下この項において「限度時間」という。）を超えて労働させることができる場合
五　限度時間を超えて労働させる労働者に対する健康及び福祉を確保するための措置
六　限度時間を超えた労働に係る割増賃金の率
七　限度時間を超えて労働させる場合における手続

②　使用者は、前項第五号に掲げる措置の実施状況に関する記録を同項第一号の有効期間中及び当該有効期間の満了後五年間保存しなければならない。

③　前項の規定は、労使委員会の決議及び労働時間等設定改善委員会の決議について準用する。

則附則第七十一条　第十七条第二項、第二十四条の二の二第三項第四号、第二十四条の二の二の二、第二十四条の二の三第三項第四号、第二十四条の二の四第二項（第三十四条の二の三において準用する場合を含む。）、第二十四条の七及び第三十四条の二第十五項第四号の規定の適用については、当分の間、これらの規定中「五年間」とあるのは、「三年間」とする。

（労働時間延長の制限）

則第十八条　法第三十六条第六項第一号の厚生労働省令で定める健康上特に有害な業務は、次に掲げるものとする。
一　多量の高熱物体を取り扱う業務及び著しく暑熱な場所における業務
二　多量の低温物体を取り扱う業務及び著しく寒冷な場所における業務
三　ラジウム放射線、エックス線その他の有害放射線にさらされる業務
四　土石、獣毛等のじんあい又は粉末を著しく飛散する場所における業務
五　異常気圧下における業務
六　削岩機、鋲《びょう》打機等の使用によつて身体に著しい振動を与える業務
七　重量物の取扱い等重激なる業務
八　ボイラー製造等強烈な騒音を発する場所における業務
九　鉛、水銀、クロム、砒《ひ》素、黄りん、弗《ふつ》素、塩素、塩酸、硝酸、亜硫酸、硫酸、一酸化炭素、二硫化炭素、青酸、ベンゼン、アニリン、その他これに準ずる有害物の粉じん、蒸気又はガスを発散する場所における業務
十　前各号のほか、厚生労働大臣の指定する業務

□告示

〇厚生労働省告示第三二三号（平三〇・九・七）
改正　厚生労働省告示第三三五号（令三・九・一四）
改正　厚生労働省告示第一〇八号（令五・三・二九）

労働基準法第三十六条第一項の協定で定める労働時間の延長及び休日の労働について留意すべき事項等に関する指針

（目的）

第一条　この指針は、労働基準法（昭和二十二年法律第四十九号。以下「法」という。）第三十六条第一項の協定（以下「時間外・休日労働協定」という。）で定める労働時間の延長及び休日の労働について留意すべき事項、当該労働時間の延長に係る割増賃金の率その他の必要な事項を定めることにより、労働時間の延長及び休日の労働を適正なものとすることを目的とする。

（労使当事者の責務）

第二条　法第三十六条第一項の規定により、使用者は、時間外・休日労働協定をし、これを行政官庁に届け出ることを要件として、労働時間を延長し、又は休日に労働させることができることとされているが、労働時間の延長及び休日の労働は必要最小限にとどめられるべきであり、また、労働時間の延長は原則として同条第三項の限度時

間（第五条、第八条及び第九条において「限度時間」という。）を超えないものとされていることから、時間外・休日労働協定をする使用者及び当該事業場の労働者の過半数で組織する労働組合がある場合においてはその労働組合、労働者の過半数で組織する労働組合がない場合においては労働者の過半数を代表する者（以下「労使当事者」という。）は、これらに十分留意した上で時間外・休日労働協定をするように努めなければならない。

（使用者の責務）

第三条　使用者は、時間外・休日労働協定において定めた労働時間を延長して労働させ、及び休日において労働させることができる時間の範囲内で労働させた場合であっても、労働契約法（平成十九年法律第百二十八号）第五条の規定に基づく安全配慮義務を負うことに留意しなければならない。

2　使用者は、「血管病変等を著しく増悪させる業務による脳血管疾患及び虚血性心疾患等の認定基準について」（令和三年九月十四日付け基発〇九一四第一号厚生労働省労働基準局長通達）において、一週間当たり四十時間を超えて労働した時間が一箇月においておおむね四十五時間を超えて長くなるほど、業務と脳血管疾患及び虚血性心疾患（負傷に起因するものを除く。以下この項において「脳・心臓疾患」という。）の発症との関連性が徐々に強まると評価できるとされていること並びに発症前一箇月間におおむね百時間又は発症前二箇月間から六箇月間までにおいて一箇月当たりおおむね八十時間を超える場合には業務と脳・心臓疾患の発症との関連性が強いと評価できるとされていることに留意しなければならない。

（業務区分の細分化）

第四条　労使当事者は、時間外・休日労働協定において労働時間を延長し、又は休日に労働させることができる業務の種類について定めるに当たっては、業務の区分を細分化することにより当該業務の範囲を明確にしなければならない。

（限度時間を超えて延長時間を定めるに当たっての留意事項）

第五条　労使当事者は、時間外・休日労働協定において限度時間を超えて労働させることができる場合を定めるに当たっては、当該事業場における通常予見することのできない業務量の大幅な増加等に伴い臨時的に限度時間を超えて労働させる必要がある場合をできる限り具体的に定めなければならず、「業務の都合上必要な場合」、「業務上やむを得ない場合」など恒常的な長時間労働を招くおそれがあるものを定めることは認められないことに留意しなければならない。

2　労使当事者は、時間外・休日労働協定において次に掲げる時間を定めるに当たっては、労働時間の延長は原則として限度時間を超えないものとされていることに十分留意し、当該時間を限度時間にできる限り近づけるように努めなければならない。

一　法第三十六条第五項に規定する一箇月について労働時間を延長して労働させ、及び休日において労働させることができる時間

二　法第三十六条第五項に規定する一年について労働時間を延長して労働させることができる時間

3　労使当事者は、時間外・休日労働協定において限度時間を超えて労働時間を延長して労働させることができる時間に係る割増賃金の率を定めるに当たっては、当該割増賃金の率を、法第三十六条第一項の規定により延長した労働時間の労働について法第三十七条第一項の政令で定める率を超える率とするように努めなければならない。

（一箇月に満たない期間において労働する労働者についての延長時間の目安）

第六条　労使当事者は、期間の定めのある労働契約で労働する労働者その他の一箇月に

満たない期間において労働する労働者について、時間外・休日労働協定において労働時間を延長して労働させることができる時間を定めるに当たっては、別表の上欄に掲げる期間の区分に応じ、それぞれ同表の下欄に掲げる目安時間を超えないものとするように努めなければならない。

（休日の労働を定めるに当たっての留意事項）

第七条　労使当事者は、時間外・休日労働協定において休日の労働を定めるに当たっては労働させることができる休日の日数をできる限り少なくし、及び休日に労働させる時間をできる限り短くするように努めなければならない。

（健康福祉確保措置）

第八条　労使当事者は、限度時間を超えて労働させる労働者に対する健康及び福祉を確保するための措置について、次に掲げるもののうちから協定することが望ましいことに留意しなければならない。

一　労働時間が一定時間を超えた労働者に医師による面接指導を実施すること。

二　法第三十七条第四項に規定する時刻の間において労働させる回数を一箇月について一定回数以内とすること。

三　終業から始業までに一定時間以上の継続した休息時間を確保すること。

四　労働者の勤務状況及びその健康状態に応じて、代償休日又は特別な休暇を付与すること。

五　労働者の勤務状況及びその健康状態に応じて、健康診断を実施すること。

六　年次有給休暇についてまとまった日数連続して取得することを含めてその取得を促進すること。

七　心とからだの健康問題についての相談窓口を設置すること。

八　労働者の勤務状況及びその健康状態に配慮し、必要な場合には適切な部署に配置転換をすること。

九　必要に応じて、産業医等による助言・指導を受け、又は労働者に産業医等による保健指導を受けさせること。

（適用除外等）

第九条　法第三十六条第十一項に規定する業務に係る時間外・休日労働協定については、第五条、第六条及び前条の規定は適用しない。

2　前項の時間外・休日労働協定をする労使当事者は、労働時間を延長して労働させることができる時間を定めるに当たっては、限度時間を勘案することが望ましいことに留意しなければならない。

3　第一項の時間外・休日労働協定をする労使当事者は、一箇月について四十五時間又は一年について三百六十時間（法第三十二条の四第一項第二号の対象期間として三箇月を超える期間を定めて同条の規定により労働させる場合にあっては、一箇月について四十二時間又は一年について三百二十時間）を超えて労働時間を延長して労働させることができることとする場合においては、当該時間外・休日労働協定において当該時間を超えて労働させる労働者に対する健康及び福祉を確保するための措置を定めるように努めなければならず、当該措置については、前条各号に掲げるもののうちから定めることが望ましいことに留意しなければならない。

附則

1　この告示は、平成三十一年四月一日から適用する。

2　労働基準法第三十六条第一項の協定で定める労働時間の延長の限度等に関する基準（平成十年労働省告示第百五十四号）は、廃止する。

〈編注　附則の第3項は、令五・三・二九告示第一〇八号により削除（令和六年四月一日適用）〉

別表（第六条関係）

期間	目安時間
一週間	十五時間
二週間	二十七時間
四週間	四十三時間

備考　期間が次のいずれかに該当する場合は、目安時間は、当該期間の区分に応じ、それぞれに定める時間（その時間に一時間未満の端数があるときは、これを一時間に切り上げる。）とする。
一　一日を超え一週間未満の日数を単位とする期間　十五時間に当該日数を七で除して得た数を乗じて得た時間
二　一週間を超え二週間未満の日数を単位とする期間　二十七時間に当該日数を十四で除して得た数を乗じて得た時間
三　二週間を超え四週間未満の日数を単位とする期間　四十三時間に当該日数を二十八で除して得た数を乗じて得た時間（その時間が二十七時間を下回るときは、二十七時間）

▼参照条文　〔時間外労働の制限―六〇1〕、〔妊産婦への制限―六六2〕、〔労働組合―労組二・五〕、〔過半数代表者―則六の二〕、〔労使協定の届出―則一六〕、〔厚生労働省令で定める業務―則一八〕、〔適用除外―六〇1〕、〔割増賃金―三七〕、〔罰則―一一九〕

解釈例規

〈編注〉本条に関するQ&Aが、次の厚生労働省HPに掲載されている。
・改正労働基準法に関するQ&A
（平成三十一年四月）
〔https://www.mhlw.go.jp/stf/seisakunitsuite/bunya/0000148322_00001.html〕

❶趣旨

【趣旨①】　法は一週四十時間、一日八時間労働制・週休制を原則としているが、法第三十六条第一項の規定により時間外・休日労働協定を締結し、労働基準監督署長に届け出ることを要件として法定労働時間を超える時間外労働、法定休日における労働を認めている。しかし、法第三十六条第一項は時間外・休日労働を無制限に認める趣旨ではなく、時間外・休日労働は本来臨時的なものとして必要最小限にとどめられるべきものであり、法第三十六条第一項は労使がこのことを十分意識した上で時間外・休日労働協定を締結することを期待しているものである。
（昭五三・三・一四　基発一五〇号、平一一・三・三一　基発一六八号）

【趣旨②】　長時間労働は、健康の確保だけでなく、仕事と家庭生活との両立を困難にし、少子化の原因や、女性のキャリア形成を阻む原因、男性の家庭参加を阻む原因となっている。これに対し、長時間労働を是正すれば、ワーク・ライフ・バランスが改善し、女性や高齢者も仕事に就きやすくなり、労働参加率の向上に結びつく。

　こうしたことから、時間外労働の上限について、現行〈編注　従前〉の労働基準法第三十六条第一項の協定で定める労働時間の延長の限度等に関する基準（平成十年労働省告示第百五十四号。以下「限度基準告示」という。）に基づく指導ではなく、これまで上限無く時間外労働が可能となっていた臨時的な特別の事情がある場合として労使が合意した場合であっても、上回ることのできない上限を法律に規定し、これを罰則により担保するものであること。

（平三〇・九・七　基発〇九〇七第一号）

❷三六協定の締結を要する場合

【法定時間内の時間外労働】
問　就業規則に実労働時間を一週三十八時

間と定めたときは、一週三十八時間を超え一週間の法定労働時間まで労働時間を延長する場合、法第三十六条第一項の規定に基き労働組合と協定する必要があるか。

答　各日の労働時間が八時間を超えない限り労働基準法第三十六条第一項に基く協定の必要はない。

（昭二三・四・二八　基収一四九七号、昭六三・三・一四　基発一五〇号、平一一・三・三一　基発一六八号）

【シフト制と三六協定】

シフト制労働者の場合であっても、一日八時間以内、一週四十時間以内の法定労働時間を遵守する必要があります（労働基準法第三十二条）。法定労働時間を超えて労働させる場合や労働基準法第三十五条の法定休日（週一日又は四週四日の休日）に労働させる場合には、事前に労働者の過半数で組織する労働組合等と書面による協定を締結し、労働基準監督署に届け出る必要があります（労働基準法第三十六条）。

（令四・一・七　基発〇一〇七第四号　職発〇一〇七第三号　雇均発〇一〇七第七号）

〈編注〉本解釈例規「いわゆる『シフト制』により就業する労働者の適切な雇用管理を行うための留意事項について」は、参考資料篇Ⅰの4にも掲載。

【四週四日以上の休日】

問　休日労働について四週間に四日以上の休日があり、その基準以上の休日に労働させ四週間に四日の休日は確保する場合、協定届出の義務はないものと解するが如何。

答　見解の通り。

（昭二三・一二・一八　基収三九七〇号）

【代休】

問　労働基準法第三十六条第一項によつて休日労働をした労働者に対しては以後必ず代休を与えねばならぬか。

答　労働基準法第三十六条第一項において「前条の休日に関する規定にかかわらず」と規定してあるから、設問の場合においては代休を与える法律上の義務はない。

（昭二三・四・九　基収一〇〇四号、昭六三・三・一四　基発一五〇号、平一一・三・三一　基発一六八号）

【消防法による消防訓練】

問　消防法第八条の規定に基いて所定労働時間外に消防訓練を行う場合は時間外労働として法第三十六条第一項の協定を要するか。

答　使用者が消防法の規定により法定労働時間を超えて訓練を行う場合においては時間外労働として法第三十六条第一項による協定を締結したうえで行わなければならない。

（昭二三・一〇・二三　基収三四一号、平一一・三・三一　基発一六八号）

【交通事情等による労働時間の運用】　交通機関の早朝ストライキ等一日のうちの一部の時間帯のストライキによる交通事情等のため、始業終業時刻を繰下げたり、繰上げることは、実働八時間の範囲内である限り時間外労働の問題は生じない。

（昭二六・一〇・一一　基発六九六号、昭六三・三・一四　基発一五〇号）

【遅刻時間に相当する時間延長】

問　労働基準法第三十二条は一日の労働時間を八時間と定め、第三十六条第一項ではこの労働時間の延長については時間外協定の義務を課し、又第三十七条では延長した労働時間に対しては割増賃金を支払うべきことを定めているが、この点に関して就業規則に定めるところにより労働時間を延長してもその日の実労働時間が八時間に充たぬ場合（例えば遅刻、早退等があつた様な場合）には労働基準法上の時間外労働とはならず、従つて第三十六条第一項及び第三十七条の適用もないから、かかる場合の時間延長は時間外協定の枠外で行い得るし、又延長した時間に対しては時間外割増賃金を支払う必要はないと考えられるが如何。

答　法第三十二条又は第四十条に定める労働時間は実労働時間をいうものであり、時間外労働について法第三十六条第一項に基く協定及び法第三十七条に基く割増賃金の支払を要するのは、右の実労働時間を超えて労働させる場合に限るものである。従つて、例えば労働者が遅刻をした場合その時間だけ通常の終業時刻を繰り下げて労働させる場合には、一日の実労働時間を通算すれば法第三十二条又は第四十条の労働時間を超えないときは、法第三十六条第一項に基く協定及び法第三十七条に基く割増賃金支払の必要はない。

（昭二九・一二・一　基収六一四三号、昭六三・三・一四　基発一五〇号、平一一・三・三一　基発一六八号）

❸協定当事者

【過半数で組織する労働組合がある場合】

問　当該事業場に労働者の過半数で組織する労働組合がある時は、その労働組合と書面による協定をすることにより時間外又は休日の労働が可能となるが、当該事業場に二つの組合があり（例えば職員組合と工員組合がある場合）、一つの組合は当該事業場の三分の一の労働者で組織されており、他の一つは当該事業場の三分の二の労働者で組織されている場合に、三分の二の労働者で組織されている組合との書面協定は当然他の三分の一の労働者で組織している組合の労働者にも効力が及ぶものであるか。

答　当該事業場の労働者の過半数で組織されている労働組合と協定すれば足り他の労働組合と協定する必要はない。

（昭二三・四・五　基発五三五号）

【労働者の過半数代表者の要件】　次のいずれの要件も満たすものであること。

(1)　法第四十一条第二号に規定する監督又は管理の地位にある者でないこと。

(2)　法に基づく労使協定の締結当事者、就業規則の作成・変更の際に使用者から意見を聴取される者等を選出することを明らかにして実施される投票、挙手等の方法による手続により選出された者であって、使用者の意向に基づき選出された者ではないこと。

なお、法第十八条第二項、法第二十四条第一項ただし書、法第三十九条第四項、第六項及び第九項ただし書並びに法第九十条第一項に規定する過半数代表者については、当該事業場に上記(1)に該当する労働者がいない場合（法第四十一条第二号に規定する監督又は管理の地位にある者のみの事業場である場合）には、上記(2)の要件を満たすことで足りるものであること。

（平一一・一・二九　基発四五号、平二二・五・一八　基発〇五一八第一号、平三一・四・一　基発〇四〇一第四三号）

【労働者の過半数代表者の選出手続】

問　則第六条の二に規定する「投票、挙手等」の「等」には、どのような手続が含まれているか。

答　労働者の話合い、持ち回り決議等労働者の過半数が当該者の選任を支持していることが明確になる民主的な手続が該当する。

（平一一・三・三一　基発一六九号）

【過半数代表者】　時間外・休日労働協定の締結等に際し、労働基準法の規定に基づき労働者の過半数を代表する者を選出するに当たっては、使用者側が指名するなど不適切な取扱いがみられるところである。このため、過半数代表者の要件として、「使用者の意向に基づき選出されたものでないこと」を労基則において明記したものであること。

また、使用者は、過半数代表者がその事務を円滑に遂行することができるよう必要な配慮を行わなければならないこととしたものであること。

（平三〇・九・七　基発〇九〇七第一号）

【「必要な配慮」の内容】

問　則第六条の二第四項の「必要な配慮」にはどのようなものが含まれるのか。

答　則第六条の二第四項の「必要な配慮」には、例えば、過半数代表者が労働者の意見集約等を行うに当たって必要となる事務機器やシステム（イントラネットや社内メールを含む。）、事務スペースの提供を行うことが含まれるものである。
（平三〇・一二・二八　基発一二二八第一五号、令五・八・二　基発〇八〇二第七号）

【過半数代表者の不利益取扱い】　過半数代表者であること若しくは過半数代表者になろうとしたこと又は過半数代表者として正当な行為をしたことを理由として、解雇、賃金の減額、降格等労働条件について不利益取扱いをしないようにしなければならないこととしたものであること。
「過半数代表者として正当な行為」には、法に基づく労使協定の締結の拒否、一年単位の変形労働時間制の労働日ごとの労働時間についての不同意等も含まれるものであること。　（平一一・一・二九　基発四五号）

【過半数代表者に対する配慮】　使用者は、過半数代表者が則第六条の二第一項に掲げる各規定に基づく事務を円滑に遂行できるよう必要な配慮を行わなければならないものであること。
（平一一・一・二九　基発四五号、平三一・四・一　基発〇四〇一第四三号）

【本社と労働組合本部との協定】
問　法第三十六条第一項の協定は、当該事業場ごとに締結するよう規定されているが、他府県（同一府県内を含む）に本社があつて、本県に支店又は出張所がある場合、本社において社長と当該会社の労働組合本部の長とが締結した協定書に基き支店又は出張所がそれぞれ当該事業場の業務の種類、労働者数、所定労働時間等所要事項のみ記入して、所轄労働基準監督署に届出た場合、有効なものとして差支えないか。
答　当該組合が各事業場ごとにその事業場の労働者の過半数で組織されている限り、見解の通り取り扱つて差支えない。
（昭二四・二・九　基収四二三四号、昭六三・三・一四　基発一五〇号、平一一・三・三一　基発一六八号）

【事業場に労働組合の支部等がない場合】
問　当局の職員は全員が○○労働組合に加入しており、当該組合には支部分会等の下部組織もありますが、当局限りではその支部分会は結成されておらず、又その代表者も当局にはおりませんので、当局の職員の過半数を代表するものと三六協定を締結し届出たいと思いますが労働基準法上適法な協定であるか伺います。
答　法第三六条第一項の協定は、当該事業場の労働者の過半数が加入している労働組合がある場合においては、その労働組合と締結すべきものであり、従つて、設問の場合は適法な協定とはいえない。
（昭三六・九・七　基収四九三二号、平一一・三・三一　基発一六八号）

【郵政省の場合】
問　右については、左記のように取り扱うこととしてよろしいか、お伺いする。

記

一　協定当事者
(一)　全逓信労働組合（以下「全逓」という。）に属する職員が、過半数を占めている事業場の場合
1　全逓の支部が一つの事業場の職員限りで組織されている場合（いわゆる単独支部の場合）の協定当事者は、事業場の種類を問わず、当該事業場の長と支部長とする。
2　全逓の支部が二つ以上の事業場の職員で組織されている場合における協定当事者は次による。
(イ)　特定郵便局（以下「特定局」という。）については、関係各特定局長を原則として一括して代表する特定局長（以下「代表局長」という。）と支部長とする。
(ロ)　特定局以外の事業場については、その種類をとわず当該事業場の長と支部長とする。
(注)　全逓側の当事者を支部長とすることについては、全逓も了

承しているものである。

(二)　全逓以外の組合（例えば全国特定局労働組合（略称「全特定」）、あるいは単独組合等）に属する職員が過半数を占める事業場の場合

当分の間、従来どおりの取扱とする。なお、今後当該組合との間に紛争をおこすことなく全逓と同様の取扱をなし得るにいたつたときには、全逓と同様の取扱による。

(三)　その他の事業場の場合

事業場の長と当該事業場の過半数の職員を代表する職員とする。

二　締結方法

(一)　代表局長が協定する場合

代表局長は、関係各特定局を一括して協定する。

(二)　事業場の長が自ら協定する場合

従来どおりとする。

三　監督機関に対する届出

(一)　代表局長は、別紙（省略）により関係各特定局の所在地を管轄する労働基準監督署ごとに一括して届け出るものとする。

(二)　事業場の長が自ら協定する場合は従来どおりとする。

答　昭和三十五年六月一日郵人管理第一二四号をもつて申し越しのあつた標記の件については、申し越しのとおり取り扱つて差し支えない。

（昭三五・六・三〇　基発五四四号）

【○○公団の場合】

問　当公団においては、本所と二つの建設事務所があり、各事業場における使用者の責任者は、本所においては理事長、建設事務所においては所長であり、更に、理事長は、公団を総括代表するものであるが、各事業場には、組合の支部はなく、単一労働組合がある。この場合において、労働基準法（昭和二十二年法律第四十九号）第三十六条第一項に規定する「使用者」及び「組合の代表者」の解釈について、左記の点に疑義があるので、御教示願いたい。

記

一　各事業場における組合員数が職員の過半数を占める場合においては、当該組合を代表する執行委員長と当該事業場の総括代表者たる理事長とは、各事業場毎に同一内容の協定を締結することができると解するが、どうか。

二　一つの事業場において、組合員数が職員の過半数を占めるに至らない場合においては、当該事業場の使用者の責任者と当該事業場の職員の過半数を代表する者（以下「職員代表者」という。）とが、協定を締結すべきであると解するが、どうか。

また、この場合において、当該事業場の総括代表者たる理事長と職員代表者とが、協定を締結することも可能であると解するが、どうか。

答　設問の一、二とも、貴見の通り。

（昭三六・九・七　基収一三九二号、平一一・三・三一　基発一六八号）

【法第三十六条第一項協定の三者連名】

問　法第三十六条第一項の本旨により施行規則の様式第九号に要求されている内容を具備していれば協定当事者として使用者側、第一組合及び第二組合の三者連名の協定であつても違法ではないと解してよいか。

答　見解の通り。

（昭二八・一・三〇　基収三九八号、昭六三・三・一四　基発一五〇号、平一一・三・三一　基発一六八号）

【日雇い労働者の時間外労働】

問　事業場に日雇労働者と常雇労働者とがいる場合、常雇労働者の代表との協定で日雇労働者の時間延長、休日廃止をなし得るか。

答　常雇労働者の代表が当該事業場の労働者の過半数を代表している場合には、その常雇労働者の代表と協定すれば足りる。

（昭二三・三・一七　基発四六一号）

【派遣労働者の場合】　派遣元の使用者は、当該派遣元の事業場に労働者の過半数で組

織する労働組合がある場合にはその労働組合と協定をし、過半数で組織する労働組合がない場合には、労働者の過半数を代表する者と協定をすることになる。この場合の労働者とは、当該派遣元の事業場のすべての労働者であり、派遣中の労働者とそれ以外の労働者との両者を含むものであること。

なお、派遣中の労働者が異なる派遣先に派遣されているため意見交換の機会が少ない場合があるが、その場合には代表者選任のための投票に併せて時間外労働・休日労働の事由、限度等についての意見・希望等を提出させ、これを代表者が集約するなどにより派遣労働者の意思が反映されることが望ましいこと。（昭六一・六・六　基発三三三号）

【法第三十六条第一項の規定における労働者の範囲】

問　一　疑義事項

法第三十六条第一項の規定でいう「当該事業場の労働者の過半数」について、次のような者を「労働者」のなかに包含して差し支えないか。

(一)　法第四十一条第二号の規定に該当する者

例えば、管理職手当又は役付手当等の支給を受け、時間外等の割増賃金が支給されない者であつて、労働組合との関係においては、非組合員として扱われている者。

(二)　病欠、出張、休職期間中等の者

例えば、病気、出張、休職等によつて、当該協定締結当日出勤していない者又は当該協定期間中に出勤が全く予想されない者。

二　当局の見解

(一)　前記一の(一)について

法第三十六条第一項では、「労働者」について特段の規定がないうえ、労働基準法の他の規定、すなわち、第十八条、第二十四条、第三十九条、第九十条においても同一の表現が用いられており、第三十六条第一項に限つて、労働者の範囲を制限的に解する理由はなく、また、他の場合に法第四十一条第二号の規定に該当する者を除外する合理的な理由がないこと、法第三十六条第一項の「労働者」から法律上あるいは事実上時間外労働又は休日労働がありえない者（例えば、年少者、女子等）を除外することは明文に照して無理があること等を考慮すると、法第九条の定義によるべきが妥当と考えられる。

(二)　前記一の(二)について

前述(一)のような見地からすれば、事実上時間外労働又は休日労働がありえないこれらの者といえども当該事業場に在籍している限り、その者を、法第三十六条第一項の規定にいう「労働者」から除外する理由は何等存しないものと考えられる。

答　労働基準法第三十六条第一項の協定は、当該事業場において法律上又は事実上時間外労働又は休日労働の対象となる労働者の過半数の意思を問うためのものではなく、同法第十八条、第二十四条、第三十九条及び第九十条におけると同様当該事業場に使用されているすべての労働者の過半数の意思を問うためのものであり、設問の(一)、(二)とも貴見のとおりである。

（昭四六・一・一八　四五基収六二〇六号、昭六三・三・一四　基発一五〇号、平一一・三・三一　基発一六八号）

【臨時雇用労働者の契約期間を超える期間を有効期間とする協定】

問　標記について、左記1～4の事実を前提として5のとおり疑義を生じたので何分の御教示をお願いします。

記

1　当局管下某社において第一組合と第二組合があり、第一組合が全労働者の過半数で組織する労働組合であつたが、第一組合の争議に伴い同社が臨時雇傭の労働者（非組合員にして運転手、車掌、技工、守衛等―これらの者との労働契約の内容は別添（略）のとおりである。）を雇い入れた結果、第二組合を組織する労働者と前記臨時雇傭の労働者とで全労働者の過半数を占めるに至つた。

2　第一組合は従来の労働基準法第三十六条第一項に基づく時間外及び休日労働に関する協定（以下三六協定という）の有効期間満了後時間外及び休日労働を拒否している。

3　同社は1によつて全労働者の過半数に達した第二組合員の代表者と臨時雇傭の労働者の代表者と三六協定を締結し、協定の有効期間を六カ月とした。

4　同協定締結当時臨時雇傭の労働者の契約期間は最長三十日、最短十日であつた。

5　このように協定締結の際過半数労働者の一部である臨時雇傭労働者の契約期間を超える期間を有効期間とする三六協定は有効であるか。

答　労働基準法第三十六条第一項に定める協定の締結当事者の要件は、当該協定締結の際、労働者の過半数で組織する労働組合がある場合においてはその労働組合、労働者の過半数で組織する組合がない場合においては労働者の過半数を代表する者であることであり、従つて、設問の如き協定も有効であること。

（昭三六・一・六　基収六六一九号、平一一・三・三一　基発一六八号）

【解雇について労働委員会に提訴中の場合】

問　一事業場に二つの労働組合があり、その所属組合員が同数である場合、一組合（甲組合）は法第三十六条第一項の時間外又は休日労働の協定をなしたが他の組合（乙組合）は右協定に反対する場合は協定は無効であるが、たまたま乙組合員中に会社で解雇した者を含み、この解雇者を除外すれば甲組合員全員で全労働者の過半数となる場合（甲乙両組合員各十名、乙組合の解雇者二名）に、乙組合が右解雇を労働組合法第七条違反であるとして労働委員会に提訴中の場合甲組合との休日労働及び時間外労働に関する協定届が監督署に提出されたとき、前記解雇が労働基準法上違反しないと認められる場合はこれを受理して差支えないか。

答　見解の通り。

（昭二四・一・二六　基収二六七号、昭六三・三・一四　基発一五〇号、平一一・三・三一　基発一六八号）

❹協定

イ　要件

【時間外・休日労働協定における協定事項】

時間外・休日労働協定において、以下の(1)から(5)までの事項を定めることとしたものであること。

(1)　法第三十六条の規定により労働時間を延長し、又は休日に労働させることができることとされる労働者の範囲（法第三十六条第二項第一号関係）

時間外・休日労働協定の対象となる「業務の種類」及び「労働者数」を協定するものであること。

(2)　対象期間（法第三十六条第二項第二号関係）

時間外・休日労働協定により労働時間を延長し、又は休日に労働させることができる期間をいい、時間外・休日労働協定において、一年間の上限を適用する期間を協定するものであること。

なお、事業が完了し、又は業務が終了するまでの期間が一年未満である場合においても、時間外・休日労働協定の対象期間は一年間とする必要があること。

(3)　労働時間を延長し、又は休日に労働させることができる場合（法第三十六条第二項第三号関係）

時間外労働又は休日労働をさせる必要のある具体的事由について協定するものであること。

(4)　対象期間における一日、一箇月及び一年のそれぞれの期間について労働時間を延長して労働させることができる時間又は労働させることができる休日の日数（法第三十六条第二項第四号関係）

整備法による改正前の労働基準法における時間外・休日労働協定は、労働基準法施行規則第十六条第一項において「一日」及び「一日を超える一定の期間」についての延長時間が必要的協定事項とされているが、今般、法第三十六条第四項において、一箇月について四十五時間及び一年について三百六十時間（対象期間が三箇月を超える一年単位の変形労働時間制により労働させる場合は一箇月について四十二時間及び一年について三百二十時間）の原則的上限が法定された趣旨を踏まえ、整備法の施行後の時間外・休日労働協定においては「一日」、「一箇月」及び「一年」のそれぞれの期間について労働時間を延長して労働させることができる時間又は労働させることができる休日の日数について定めるものとしたものであること。

(5)　労働時間の延長及び休日の労働を適正なものとするために必要な事項として厚生労働省令で定める事項（法第三十六条第二項第五号及び則第十七条第一項関係）

ア　時間外・休日労働協定の有効期間の定め（則第十七条第一項第一号関係）

　時間外・休日労働協定（労働協約による場合を除く。）において、当該時間外・休日労働協定の有効期間を定めるものであること。

イ　法第三十六条第二項第四号の規定に基づき定める一年について労働時間を延長して労働させることができる時間の起算日（則第十七条第一項第二号関係）

　時間外・休日労働協定において定めた法第三十六条第二項第四号の一年について労働時間を延長して労働させることができる時間を適用する期間の起算日を明確にするものであること。

ウ　法第三十六条第六項第二号及び第三号に定める要件を満たすこと。（則第十七条第一項第三号関係）

　時間外・休日労働協定で定めるところにより時間外・休日労働を行わせる場合であっても、法第三十六条第六項第二号及び第三号に規定する時間を超えて労働させることはできないものであり、時間外・休日労働協定においても、この規定を遵守することを協定するものであること。

　これを受け、則様式第九号及び第九号の二にチェックボックスを設け、当該チェックボックスにチェックがない場合には、当該時間外・休日労働協定は法定要件を欠くものとして無効となるものであること。

エ　限度時間を超えて労働させることができる場合（則第十七条第一項第四号関係）

　時間外・休日労働協定に特別条項を設ける場合において、限度時間（法第三十六条第三項の限度時間をいう。以下同じ。）を超えて労働させることができる具体的事由について協定するものであること。

オ　限度時間を超えて労働させる労働者に対する健康及び福祉を確保するための措置（則第十七条第一項第五号関係）

　過重労働による健康障害の防止を図る観点から、時間外・休日労働協定に特別条項を設ける場合においては、限度時間を超えて労働させる労働者に対する健康及び福祉を確保するための措置（以下「健康福祉確保措置」という。）を協定することとしたものであること。なお、健康福祉確保措置として講ずることが望ましい措置の内容については、指針第八条に規定していること。

カ　限度時間を超えた労働に係る割増賃金の率（則第十七条第一項第六号関係）

　時間外・休日労働協定に特別条項を設ける場合においては、限度時間を超える時間外労働に係る割増賃金率を一箇月及び一年のそれぞれについて定めなければならないものであること。

　なお、限度時間を超える時間外労働に係る割増賃金率については、労働基準法第八十九条第二号の「賃金の決定、計算及び支払の方法」として就業規則に記載する必要があること。

キ　限度時間を超えて労働させる場合における手続（則第十七条第一項第七号関係）

限度基準告示第三条第一項に規定する手続と同様のものであり、時間外・休日労働協定の締結当事者間の手続として、時間外・休日労働協定を締結する使用者及び労働組合又は労働者の過半数を代表する者（以下「労使当事者」という。）が合意した協議、通告その他の手続（以下「所定の手続」という。）を定めなければならないものであること。

また、「手続」は、一箇月ごとに限度時間を超えて労働させることができる具体的事由が生じたときに必ず行わなければならず、所定の手続を経ることなく、限度時間を超えて労働時間を延長した場合は、法違反となるものであること。

なお、所定の手続がとられ、限度時間を超えて労働時間を延長する際には、その旨を届け出る必要はないが、労使当事者間においてとられた所定の手続の時期、内容、相手方等を書面等で明らかにしておく必要があること。

（平三〇・九・七　基発〇九〇七第一号）

【健康福祉確保措置の実施状況に関する記録の保存】　使用者は、健康福祉確保措置の実施状況に関する記録を当該時間外・休日労働協定の有効期間中及び当該有効期間の満了後三年間保存しなければならないものであること。

（平三〇・九・七　基発〇九〇七第一号）

ロ　効力

【労使協定の効力】　労働基準法上の労使協定の効力は、その協定に定めるところによつて労働させても労働基準法に違反しないという免罰効果をもつものであり、労働者の民事上の義務は、当該協定から直接生じるものではなく、労働協約、就業規則等の根拠が必要なものであること。

（昭六三・一・一　基発一号）

【協定の限度を超える時間延長】

問　業務上必要ある場合（法第三十三条による場合を除く）に、法第三十六条第一項の協定で定めた限度を超えて労働時間を延長してはならないか。

答　見解の通り。

（昭二三・七・二七　基収二六二二号、平一一・三・三一　基発一六八号）

【一定期間の延長時間の限度】　一定期間（労働基準法第三十六条第二項第四号に規定する一日、一箇月及び一年のそれぞれの期間をいう。以下同じ。）の延長時間の限度について協定をした場合に、これに違反して時間外労働をさせれば、当然法違反となること。

（昭五三・一一・二〇　基発六四二号、平三一・四・一　基発〇四〇一第四三号）

【協定の附款の効力】

問　法第三十六条第一項の時間外、休日労働の協定の附款として、

(1)　「甲（使用者）は時間外又は休日労働を行わせる場合、当該職員の了解（又は承認）を得るとともに乙（労働組合）の下部機関に通知しなければならない。」

(2)　「協定の有効期間中といえども乙（労働組合）の破棄通告により失効する。」

(3)　(2)の場合で「乙（労働組合）の破棄通告のあつた日から三日後に失効する。」の如き条項があつても法第三十六条第二項、第三項及び第五項並びに施行規則第十七条（様式第九号及び第九号の二）に定める内容を具備していれば、受理すべきものと思料するが、受理することと、右条項の効力とは別に考えるべき問題であるか、あるいは受理する以上右の条項も当然有効と考えるべきであるか。

答　法第三十六条第一項による時間外及び休日労働の協定届は、その内容が法第三十六条第二項、第三項及び第五項並びに施行

規則第十七条の要件を具備したものであれば、協定当事者の意思により同条に掲げられた必要事項以外の事項について協定したものであつてもこれを受理すべきであつて、協定届を受理することと附せられた約款が有効であるか無効であるかは別個の問題である。

　なお設問(1)、(2)、(3)の如き附款は、いずれも違法な条件ではないから有効であると解する。

（昭二八・七・一四　基収二八四三号、昭六三・三・一四　基発一五〇号、平一一・三・三一　基発一六八号、平三一・四・一　基発〇四〇一第四三号）

【協定で定めた手続の効力】　原則たる延長時間を定めるとともに、特別の事情が生じたときに限り、一定期間ごとに、労使間において定める手続を経て、これを超える一定の時間（法第三十六条第五項に規定する時間数の範囲内に限る。以下「特別延長時間」という。）まで労働時間を延長することができる旨を協定した場合については、その手続は、一定期間ごとに当該特別の事情が生じたときに必ず行わなければならず、所定の手続を経ることなく、原則たる延長時間を超えて労働時間を延長した場合は、法違反となるものであること。

　なお、所定の手続がとられ原則たる延長時間を超えて労働時間を延長する際には、その旨を届け出る必要はないが、労使間においてとられた所定の手続の時期、内容、相手方等を書面等で明らかにしておく必要があること。

（昭六三・三・一四　基発一五〇号、平三一・四・一　基発〇四〇一第四三号）

【休日の日直と協定】

問　施行規則第二十三条によつて日直を断続的勤務として許可をうけた場合においても、休日には法第三十六条第一項による協定がなければ日直をさせることができないものと解するか。

答　使用者が施行規則第二十三条によつて日直の許可を受けた場合には、法第三十六条第一項の協定がなくとも、休日に日直をさせることができる。

（昭二三・六・一六　基収一九三三号、昭六三・三・一四　基発一五〇号、平一一・三・三一　基発一六八号）

ハ　有効期間

【時間外労働協定の有効期間】

問　時間外労働協定の有効期間は、一年以上であれば限度はないか。

答　時間外労働協定について定期的に見直しを行う必要があると考えられることから、有効期間は一年間とすることが望ましい。

（平一一・三・三一　基発一六九号）

【施行規則第十七条の趣旨】

㈠　時間外又は休日労働の協定（労働協約による場合を除く。）には、その協定の有効期間を定めておかなければならないのであつて、無期限の協定をすることは許されないのであるが、その期間は、労使間の自主的決定によつて定められるべきものであること。なお、有効期間の定めのない協定は、形式的に瑕疵がある協定と解されるので、これを受理しないこと。

㈡　労働協約による時間外又は休日労働の協定については、それが労働協約である以上、当然に労働組合法第十五条の規定の適用を受けることとなるから、本条第一項第一号の適用はなく、従つて必ずしも有効期間の定めをする必要はないものであること。（昭二九・六・二九　基発三五五号）

【時間外・休日労働協定の対象期間と有効期間】

問　時間外・休日労働協定の対象期間と有効期間の違い如何。

答　時間外・休日労働協定における対象期間とは、法第三十六条の規定により労働時間を延長し、又は休日に労働させることができる期間をいい、一年間に限るものであり、時間外・休日労働協定においてその起算日を定めることによって期間が特定される。

　これに対して、時間外・休日労働協定の有効期間とは、当該協定が効力を有する期間をいうものであり、対象期間が一年間に限られることから、有効期間は最も短い場合でも原則として一年間となる。また、時間外・休日労働協定について定期的に見直しを行う必要があると考えられることから、有効期間は一年間とすることが望ましい。

　なお、時間外・休日労働協定において一年間を超える有効期間を定めた場合の対象期間は、当該有効期間の範囲内において、当該時間外・休日労働協定で定める対象期間の起算日から一年ごとに区分した各期間となる。（平三〇・一二・二八　基発一二二八第一五号）

【一日、一箇月及び一年以外の期間についての協定】

問　時間外・休日労働協定において、一日、一箇月及び一年以外の期間について延長時間を定めることはできるか。定めることができる場合、当該延長時間を超えて労働させた場合は法違反となるか。

答　一日、一箇月及び一年に加えて、これ以外の期間について延長時間を定めることも可能である。この場合において、当該期間に係る延長時間を超えて労働させた場合は、法第三十二条違反となる。

（平三〇・一二・二八　基発一二二八第一五号）

【労働協約による場合】　時間外、休日労働の協定であつても労働組合との間に締結され当事者の署名又は記名押印があれば、その協定が施行規則第十七条第一項第一号の労働協約と解されるものであること。

（昭二七・九・二〇　基発六七五号）

【有効期間中の破棄申入れ】

問　法第三十六条第一項により時間外労働又は休日労働の協定を行つている事業場において協定の有効期間内に労働者又は使用者より一方的に協定破棄の申入れをしても他方においてこれに応じないときは協定の効力には影響なきものと思われるが如何。

答　貴見のとおり。

（昭二三・九・二〇　基収二六四〇号、昭六三・三・一四　基発一五〇号、平一一・三・三一　基発一六八号）

二　届出

【労基法第三十六条第一項の協定の届出】

　法第三十六条第一項の協定（以下「時間外・休日労働協定」という。）の届出様式を改めたものであること。具体的には、時間外・休日労働協定に特別条項（法第三十六条第五項に規定する事項に関する定めをいう。以下同じ。）を設けない場合にあっては則様式第九号により、特別条項を設ける場合にあっては則様式第九号の二により、所轄労働基準監督署長に届け出なければならないものであること。

　併せて、法第三十六条第十一項に規定する業務に対応した様式（則様式第九号の三）、法第百三十九条第二項、第百四十条第二項、第百四十一条第四項又は第百四十二条の規定により読み替えて適用する法第三十六条の規定に対応した様式（則様式第九号の四から第九号の七まで）を整備したものであること。

（平三〇・九・七　基発〇九〇七第一号）

【適用猶予・除外業務等に係る届出様式の取扱い】

問　適用猶予・除外業務等について上限規制の枠内の時間外・休日労働協定を届け出る場合に、則様式第九号又は第九号の二を使用することは差し支えないか。

答　法第三十六条の適用が猶予・除外される対象であっても、同条に適合した時間外・休日労働協定を締結することが望ましい。

　この場合において、則様式第九号又は第九号の二を使用することも差し支えない。

（平三〇・一二・二八　基発一二二八第一五号）

【中小事業主に係る届出様式の取扱い】

問　改正前の労働基準法施行規則様式第九

号（以下「旧様式」という。）により届け出るべき時間外・休日労働協定を則様式第九号（以下「新様式」という。）により届け出ることは可能か。
　また、その際、チェックボックスへのチェックを要するか。

答　新様式の記載項目は、旧様式における記載項目を包含しており、旧様式により届け出るべき時間外・休日労働協定を新様式により届け出ることは差し支えない。
　旧様式により届け出るべき時間外・休日労働協定が新様式で届け出られた際は、改正前の法及び則並びに労働基準法第三十六条第一項の協定で定める労働時間の延長の限度等に関する基準（平成一〇年労働省告示第一五四号）に適合していれば足り、法第三十六条第六項第二号及び第三号に定める要件を満たすことについて協定しない場合には、チェックボックスへのチェックは要しない。

（平三〇・一二・二八　基発一二二八第一五号）

【様式第九号と三六協定の協定書】　施行規則第十七条第一項の規定により、法第三十六条第一項の届出は様式第九号によつて行えば足り、必ずしも三六協定の協定書そのものを提出する必要はないが、当該協定書は当該事業場に保存しておく必要があること。また、三六協定を書面で結ばずに様式第九号のみを届け出たとしても、時間外労働等を行わせることができないことはいうまでもないこと。
　なお、様式第九号に労働者代表の押印等を加えることにより、これを三六協定の協定書とすることは差し支えなく、これを届け出ることも差し支えないが、この場合には、当該協定書の写しを当該事業場に保存しておく必要があること。

（昭五三・一一・二〇　基発六四二号、昭六三・三・一四　基発一五〇号、平一一・三・三一　基発一六八号）

【施行規則第十六条の趣旨】　本条第三項は、協定を更新する場合における届出の手続を定めたものであるが、協定の有効期間について自動更新の定めがなされている場合においては、本条第三項の届出は、当該協定の更新について労使両当事者のいずれからも異議の申出がなかつた事実を証する書面を届け出ることをもつて足りるものであること。

（昭二九・六・二九　基発三五五号、平三一・四・一　基発〇四〇一第四三号）

【常態的時間外・休日労働の協定】

問　法第三十六条第一項の趣旨にかかわらず、法第三十六条第一項による時間外及び休日労働を常態化して行う協定届を受理してもよいか。

答　法第三十六条第一項による時間外及び休日労働の協定届受理に当つては、その内容が法第三十六条第二項、第三項及び第五項並びに施行規則第十七条の要件を具備したものであれば受理して差支えない。

（昭二三・三・一八　基収三九七〇号、昭六三・三・一四　基発一五〇号、平一一・三・三一　基発一六八号、平三一・四・一　基発〇四〇一第四三号）

【「時間外・休日労働協定の本社一括届出について」及び「就業規則の本社一括届出について」の一部改正について】

　標記について、情報通信技術を活用した行政の推進等に関する法律（平成十四年法律第一五一号）第六条第一項に基づき、電子情報処理組織を使用する方法により届け出る場合、必要な項目を所定の電子ファイル（「一括届出事業場一覧作成ツール」）に記入し添付することを、従前から使用者に対して運用上求めていたところである。
　今般、この一括届出事業場一覧作成ツールの添付について、令和五年二月二十四日付け基発〇二二四第八号「一年単位の変形労働時間制に関する協定の本社一括届出について」により、一年単位の変形労働時間制に関する協定の本社一括届出の要件として明記したことに伴い、時間外・休日労働協定及び就業規則の本社一括届出においても同様に要件として明記する等所要の措置を講ずるため、平成十五年二月十五日付け基発第〇二一五〇〇二号「時間外・休日労働協定の本社一括届出について」及び同日付け基発第〇二一五〇〇一号「就業規則の本社一括届出について」の一部を別添新旧対照表〈略〉のとおり改正し、本日から適用することとしたので、その取扱いに遺漏なきを期されたい。

（令五・三・一　基発〇三〇一第二号）

【時間外・休日労働協定の本社一括届出について】　労働基準法（以下「法」という。）第三十六条第一項の規定による協定（以下「協定」という。）については、事業場単位で締結し、当該事業場の所在地を管轄する労働基準監督署長（以下「所轄署長」という。）に届け出ることとされているが、今般、複数の事業場を有する企業においては、下記により、いわゆる本社機能を有する事業場（以下「本社」という。）の使用者が一括して本社の所轄署長に届出を行う場合には、本社以外の事業場の所轄署長に届出があったものとしても差し支えないこととしたので、その実施に遺漏なきを期されたい。

記

1　趣旨

法第三十六条第一項及び労働基準法施行規則第十六条第一項、同条第二項及び第七十条第一項において、協定は各事業場ごとに所轄署長に届け出ることとされているものであり、今般の取扱いによってもこの考え方は変更されるものではない。また、昭和二十四年二月九日付け基収第四二三四号において、本社において社長と当該会社の労働組合本部の長とが締結した協定書に基づき、本社以外の事業場が労働者数等所要事項のみを記入して所轄署長に届け出た場合、当該労働組合が各事業場ごとにその事業場の労働者の過半数で組織されている限り、有効なものとして取り扱って差し支えないとしているところである。

2　要件

(1)　本社と全部又は一部の本社以外の事業場に係る協定の内容が同一であり、かつ、同一の様式によって届け出られること。

「内容が同一」とは様式における記載事項のうち、労働保険番号、「事業の種類」、「事業の名称」、「事業の所在地（電話番号）」、「労働者数（満十八歳以上の者）」、「協定の成立年月日」以外の事項が同一であることをいう。

したがって、「協定の当事者である労働組合の名称又は労働者の過半数を代表する者の職名及び氏名」及び「使用者の職名及び氏名」もすべての協定について同一である必要があるが、昭和二十四年二月九日付け基収第四二三四号に基づき、協定の締結主体である労働組合が、一括して届出がなされる各事業場ごとに、その事業場の労働者の過半数で組織されている必要があることに留意すること。

(2)　情報通信技術を活用した行政の推進等に関する法律（平成十四年法律第一五一号）第六条第一項に基づき、電子情報処理組織を使用する方法により届け出る場合（以下「電子申請の場合」という。）に限り、本社と全部又は一部の本社以外の事業場に係る協定の内容のうち、(1)において同一でなくとも届け出ることができることとされている各事項に加え、「協定の当事者である労働組合（事業場の労働者の過半数で組織する労働組合）の名称又は労働者の過半数を代表する者の職名及び氏名」並びに「協定の当事者（労働者の過半数を代表する者の場合）の選出方法」の事項が同一でなくとも届け出ることができる。

(3)　電子申請の場合、様式における記載項目のうち、本社と本社以外の事業場において内容が同一であることを要しない項目が記入された所定の電子ファイル（「一括届出事業場一覧作成ツール」）が添付されていること。

(4)　本社の所轄署長に対する届出の際には、本社を含む各事業場に対応した部数の協定を提出すること。

3　その他

協定の記載事項を同一とするため、最も長く時間外労働又は休日労働をさせることができる協定の労働時間を延長して労働させることができる時間又は労働させることができる休日の日数（以下「延長時間等」という。）にその他の協定の延長時間等を合わせることも想定される。

しかしながら、協定の締結に当たっては、各事業場の実態に即し延長時間等を設定することが必要であるから、単に各協定の記載事項を同一とすることを目的として、各事業場における実態によらずして延長時間等を定めることは望ましくないものであること。

（平一五・二・一五　基発〇二一五〇〇二号、平三一・四・一　基発〇四〇一第四三号、令五・三・一　基発〇三〇一第二号）

❺健康上特に有害な場合

【労働基準法第三十六条第六項第一号の解釈】　労働基準法第三十六条第六項第一号の解釈については、下記のとおり解されるので、十分了知されたい。

記

一、労働基準法（以下「法」という。）第三十六条第六項第一号の規定の趣旨は、同条第一項の手続をとる場合においても、坑内労働その他命令で定める健康上特に有害な業務（以下「坑内労働等」という。）の一日における労働時間数が、一日についての法定労働時間数（法第三十二条又は法第四十条の規定に基づく命令によつて許容されている一日についての最長の労働時間数をいう。以下同じ。）に二時間を加えて得た時間数をこえることを禁止したものである。

二、したがつて、坑内労働等とその他の労働が同一日中に行なわれ、かつ、これら二種の労働の労働時間数の合計が一日についての法定労働時間数をこえた場合においても、その日における坑内労働等の労働時間数が一日についての法定労働時間数に二時間を加えて得た時間数をこえないときは、法第三十六条第一項の手続がとられている限り適法である。

三、以上のことを法第三十二条第二項の八時間労働制との関係で具体的に例示すれば、次のとおりである。〈編注　下図〉

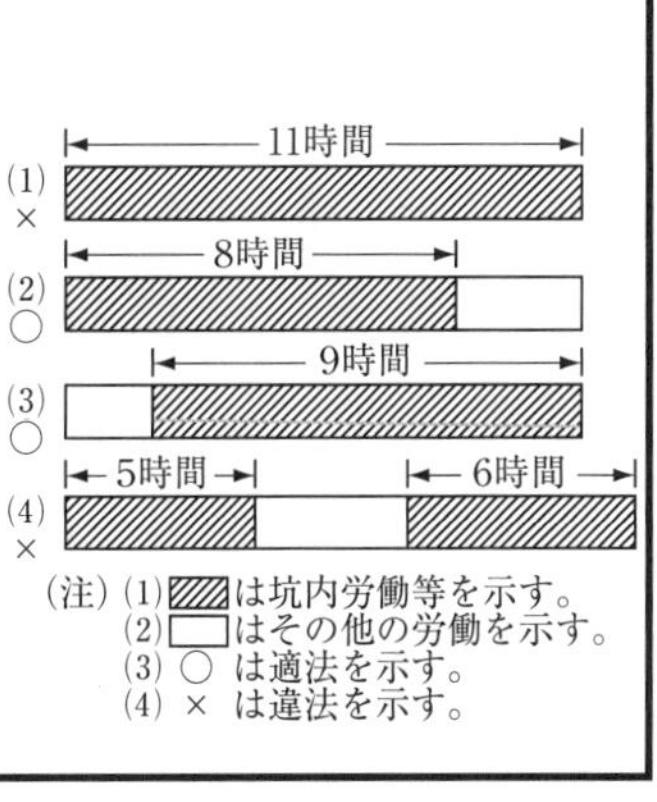

11時間

8時間

(注) (1) は坑内労働等を示す。
(2) はその他の労働を示す。
(3) ○ は適法を示す。
(4) × は違法を示す。

(1)　図の(1)の場合は、同一日中に坑内労働等のみを十一時間にわたり行なわせた場合であるが、この場合における坑内労働等の労働時間数は、一日についての法定労働時間数に二時間を加えて得た時間数すなわち十時間をこえているから、法第三十六条第一項の手続がとられている場合においても違法である。

(2)　図の(2)の場合は、同一日中に坑内労働等を八時間行なわせ、引き続いてその他の労働を数時間行なわせた場合であるが、この場合は、坑内労働等の労働時間数は八時間であつて十時間をこえていないから、法第三十六条第一項の手続がとられているときは適法であ

9時間

5時間
6時間

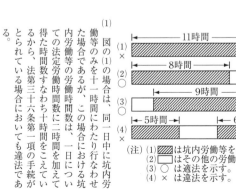

る。

(3)　図の(3)の場合は、同一日中にその他の労働を数時間行なわせ、引き続いて坑内労働等を九時間行なわせた場合であるが、この場合は、坑内労働等の労働時間数は九時間であつて十時間をこえていないから、法第三十六条第一項の手続がとられているときは適法である。

(4)　図の(4)の場合は、同一日中に坑内労働等を五時間行なわせ、引き続いてその他の労働を数時間行なわせ、更に引き続いて坑内労働等を六時間行なわせた場合であるが、この場合は、坑内労働等の労働時間数は、十一時間であつて十時間をこえているから、法第三十六条第一項の手続がとられている場合においても違法である。

（昭四一・九・一九　基発九九七号、昭六三・三・一四　基発一五〇号、平一一・三・三一　基発一六八号、平三一・四・一　基発〇四〇一第四三号）

【有害業務の時間外労働制限の適用範囲】

問　法第三十六条第六項第一号の規定は坑内労働及び施行規則第十八条に規定する業務に従事する者の時間延長を法第三十二条の規定による法定労働時間の労働時間より二時間とのみ制限するものであるか、又は法第三十二条の二第一項等の規定により特定の週において一日十時間一週六十時間と定めた場合、その一日の時間より二時間の延長をも認めるものであるか。後段の如く解することは労働者の健康保持上適当でないから法第三十二条の法定労働時間に限るものと考えるが如何。

答　法第三十六条第六項第一号の規定で労働時間の延長を二時間に制限したのは必ずしも法第三十二条の法定労働時間を超える部分についてのみでなく、法第三十二条の二第一項の規定により就業規則で変形労働時間制を定める場合にはその特定の日の所定労働時間を超える部分についても適用されるものである。

（昭二三・一一・二　基発三六六号、昭六三・三・一四　基発一五〇号、平一一・三・三一　基発一六八号、平三一・四・一　基発〇四〇一第四三号）

【交替制と有害業務の時間延長制限】

問　施行規則第十八条第一号に該当する高熱な場所における業務にして三交替制を実施中であるが、左の如く交替日（土曜日）に四時間の超過労働をしなければこの交替が円滑に行われない。

(一)　交替日に非ざる三交替就業時間
A番午前八時～午後四時
B番午後四時～午前零時
C番午前零時～午前八時

(二)　交替日における就業時間
C番（交替日前日の最後のものとする）は便宜上午前十二時迄引続き作業を継続し次の番と交替する。

次の番（A）は午後四時から午前零時迄であるが、これも交替日だけ便宜上四時間早出し、C番が四時間延長した午前十二時から就業する。即ち交替日には両番（AC）にて四時間宛時間外労働をなし残りB番の分を労働するものとする。

右の場合勿論法第三十六条第一項の協定をするのであるが、しかも法第三十六条第六項第一号には一日について二時間を超えてはならぬとなつているが、この一日について二時間は毎日常態として継続するものと解し交替日の四時間は変則的時間外労働とみなして許可してよいか。もしいけないとすれば如何に取扱うべきか。

答　法第三十六条第六項第一号に該当する業務については、たとえ交替日のみに限つても同条の協定によつて一日に二時間以上労働時間を延長することは違法である。又質疑の場合は休日が三週間に一度しか与えられないことになるから、週休を与えることを前提として法第三十二条の二第一項の運用によつて作業の実態に即応した時間、休日の制度を採るよう指導せられたい。

（昭二三・四・八　基収一三三七号、昭六三・三・一四　基発一五〇号、平一一・三・三一　基発一六八号、平三一・四・一　基発〇四〇一第四三号）

【有害業務の休日労働】

問　労働者を休日に労働させるには、使用者は法第三十六条第一項によつて休日労働に関する協定届を提出することを要するが、この協定に当つてその休日の労働時間は法第三十二条又は法第四十条の労働時間の制限はないものと解してよいか。

法第三十七条によつて休日は初めから所定時間外のものとして八時間を超えて働いても割増賃金率が重複しないこと、休日労働に関する協定届の様式中「始業及び終業時刻」を記載させていること及び法第六十条によつて年少者の休日労働が禁止されていること等に鑑みて法的にも又実際的にも右の解釈で差支えないものと思われるが、この解釈によると法第三十六条第六項第一号の有害業務について平日は時間延長が二時間と制限され、休日は無制限に労働させることができることとなり、いささか不合理とも思われるが如何。

答　法第三十六条第六項第一号は、通常の労働日においては原則として最長十時間を限度とする規定であるから、休日においては十時間を超えて休日労働をさせることを禁止する法意であると解される。

（昭二四・一〇・四　基収一四八四号、昭六三・三・一四　基発一五〇号、平一一・三・三一　基発一六八号、平三一・四・一　基発〇四〇一第四三号）

【三交替制労働者の休日労働と第三十六条第六項第一号の関係】

問　当局管内の石炭鉱山○○鉱業所の休日は原則として日曜日であり、この日をはさんで一週間毎に別図のとおり番方を変更するのであるが、これは昭和二十六年十月七日付け基収第三九六二号通達（継続二十四時間休日の場合の範囲）よりみて一、二番方の休日は、暦日による継続二十四時間があるので日曜日の零時より二十四時までを休日とし、三番方については日曜日の七時より月曜日の七時までを休日とみなし取り扱つてさしつかえないと考える。この場合、本番として土曜日の三番方に就労した者を例のごとく、日曜日の二番方（十五時〜二十三時）（例1）又は日曜日の二十三時から始まる三番方（例2）に出勤させた場合は、休日出勤であるから法第三十六条第六項第一号の範囲内である限り違反とはならない、と解してよろしいか。

答　貴見のとおり。

なお、休日における法第三十六条第六項第一号の適用については、昭和二十四年十月四日付け基収第一四八四号通達を参照されたい。

（昭四二・一二・二七　基収五六七五号、昭六三・三・一四　基発一五〇号、平一一・三・三一　基発一六八号、平三一・四・一　基発〇四〇一第四三号）

【超過勤務が翌日に及んだ場合の坑内労働の取扱い】

問　当局管内の○○炭鉱において、別図〈編注　次頁〉のとおり午前零時より二十四時までの間に、法第三十二条第二項による各番方八時間労働の三交替制勤務を採用した場合、このときの一日は暦日によつている

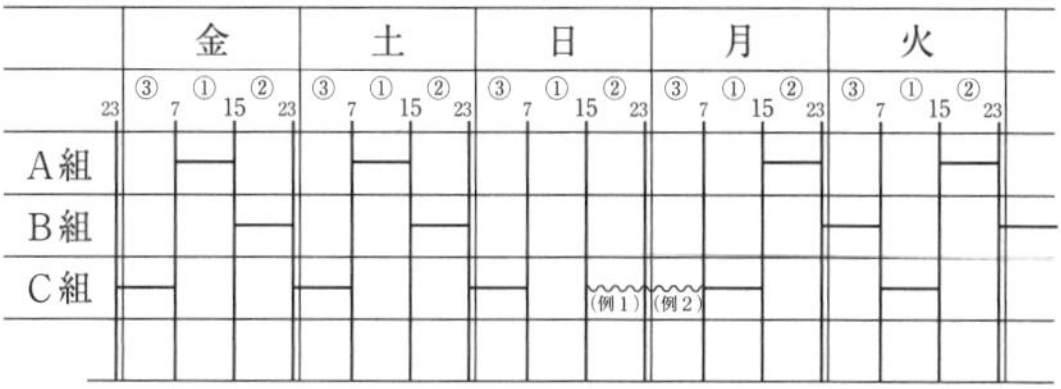

ので、たとえば所定労働時間が三番方（零時～八時）勤務の者をその後同日の二番方（十六時～二十四時）に就労させたときは法第三十六条第六項第一号の違反となるが、二番方（十六時～二十四時）の所定労働時間の勤務を終了したものを三番方に就労させても違反とはならないとも解せられ、前者の場合と比して不合理を生ずるので、それぞれの労働者の所定始業時刻より

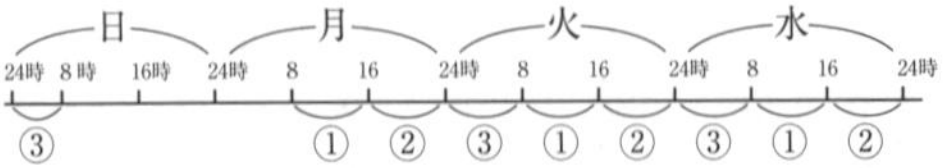

起算して継続した二十四時間をもつて一日として取り扱つてよろしいか。

答　二十四時間三交替制連続作業の場合であつても、設問のごとく同一暦日内において始業し、終業する勤務については、原則どおり午前零時から午後十二時までの暦日をもつて「一日」と解する。

なお、この場合においても、二番方の勤務が延長され、終業時刻が翌日に及んだようなときには、継続勤務としてたとえ暦日を異にする場合でも一勤務として取り扱うべきものである。

（昭四二・一二・二七　基収五六七五号、昭六三・三・一四　基発一五〇号、平一一・三・三一　基発一六八号、平三一・四・一　基発〇四〇一第四三号）

【有害業務の範囲】　労働基準法施行規則第十八条の衛生上有害な業務の取扱い基準について左記の通り定める。

記

次の一から八までのそれぞれに掲げる作業を主たる作業とする業務及び九に掲げる業務は、通常、労働基準法施行規則第十八条に規定する業務に該当する。ただし、当該有害要因の発散源が密閉されている場合又は当該業務を遠隔操作によつて隔離室において行う場合等であつて、有害要因の影響を受けない業務は、この限りでない。

なお、労働基準法第三十六条第六項第一号の適用に当たり、一定時間有害業務に従事しないことが予め定められている場合等当該業務に従事しない時間数が確認できるものは、有害業務従事労働時間数に算入しないことは、昭和四十一年九月十九日付け基発第九九七号で示した通りであるので念のため申し添える。

一　第一号関係

(1)　鉱物又は金属を精錬する平炉、転炉、電気炉、溶鉱炉等について、原料を装入し、鉱さい若しくは溶融金属を取り出し、又は炉の状況を監視する作業

(2)　鉱物、ガラス又は金属を溶解するキュポラ、るつぼ、電気炉等について、原料を装入し、溶融物を取り出し、若しくは攪拌し、又は炉の状況を監視する作業

(3)　鉱物、ガラス又は金属を加熱する焼鈍炉、均熱炉、焼入炉、加熱炉等について、被加熱物を装入し、取り出し、又は炉の状況を監視する作業

(4)　陶磁器、レンガ等を焼成する窯について、被焼成物を取り出し、又は炉の状況を監視する作業

(5)　鉱物の焙焼、焼結等を行う装置について、原料を装入し、処理物を取り出し、又は反応状況を監視する作業

(6)　加熱された金属について、これを運搬し、又は圧延、鍛造、焼入、伸線等

の加工を行う作業

(7) 溶融金属を運搬し、又は鋳込みする作業

(8) 溶融ガラスからガラス製品を成型する作業

(9) ゴムを加硫缶により加熱加硫する作業

(10) 熱源を用いる乾燥室について、被乾燥物を装入し、又は乾燥物を取り出す作業

二　第二号関係

(1) 多量の液体空気、ドライアイス等を取り扱う場合にこれらのものが皮膚にふれ、又はふれるおそれのある作業

(2) 冷蔵倉庫業、製氷業、冷凍食品製造業における冷蔵庫、製氷庫、貯氷庫、冷凍庫等の内部に出入りして行う作業

三　第三号関係

電離放射線障害防止規則第三条に規定する管理区域内において行う同規則第二条第三項に定める作業

四　第四号関係

じん肺法施行規則第二条に定める粉じん作業

五　第五号関係

(1) 潜函工法、潜鐘工法、圧気シールド工法その他の圧気工法による大気圧をこえる圧力下の作業室、シャフト等の内部における作業

(2) ヘルメット式潜水器、マスク式潜水器その他の潜水器（アクアラング等）を用い、かつ、空気圧縮機若しくは手押しポンプによる送気又はボンベからの給気を受けて行う作業

六　第六号関係

(1) さく岩機、びよう打機、はつり機、コーキングハンマ、スケーリングハンマ、コンクリートブレーカ、サンドランマ等の手持ち打撃空気機械（ストローク七〇㎜以下であつて、かつ、重量二kg以下のものを除く。）を用いて行う作業

(2) チェンソー又はブッシュクリーナ（刈払機）を用いる作業

七　第七号関係

重量物を取り扱う（人力により、持ち上げ、運び又は下に卸す）作業であつて、その対象物がおおむね三〇kg以上であるもの

八　第八号関係

(1) さく岩機、びよう打機、はつり機、コーキングハンマ、スケーリングハンマ、コンクリートブレーカ、鋳物の型込機等圧縮空気を用いる機械工具を取り扱う作業

(2) 圧縮空気を用いて溶融金属を吹き付ける作業

(3) ロール機、圧延機等により金属を圧延し、伸線し、歪取りし、又は板曲げする作業（液圧プレスによる歪取り又は板曲げ及びダイスによる線引きを除く。）

(4) 動力を使用するハンマを用いて金属の鍛造又は成型を行う作業

(5) 両手で持つハンマを用いて金属の打撃又は成型を行う作業

(6) タンブラにより金属製品の研ま又は砂落しを行う作業

(7) チェン等を用い、動力によりドラム缶を洗滌する作業

(8) ドラムバーカを用いて木材を削皮する作業

(9) チッパを用いてチップする作業

(10) 抄紙機を用いて紙を抄く作業

九　第九号関係

(1) 鉛中毒予防規則第一条第五号に定めるもののうち、屋内作業場又はタンク等の施設内において行う鉛業務（同規則第三条の規定により適用を除外されたものを除く。）

(2) 四アルキル鉛中毒予防規則第一条第一項第五号に定める四アルキル鉛業務（同規則第一条第二項の規定により適用を除外されたものを除く。）

(3) クロームメッキ槽のある屋内作業場における、メッキ状況の監視、加工物のメッキ槽への取付け及び取りはず

し、メッキ後の加工物の水洗等の一連の作業

（注）この場合、ゼロミスト等で無水クローム酸の液面を覆っても、有害要因の発散源を密閉したものとはみなさない。

(4)　有機溶剤中毒予防規則第一条第一項第六号に掲げるもののうち、屋内作業場又はタンク等の施設内において行うもの（同規則第二条又は第三条の規定により適用を除外されたものを除く。）

(5)　地下駐車場の業務のうち、入庫受付け業務、出庫受付け業務、料金徴収業務、自動車誘導等の場内業務、洗車等のサービス業務

（昭四三・七・二四　基発四七二号、昭四六・三・一八　基発二二三号、昭六三・三・一四　基発一五〇号、平一・三・三一　基発一六八号、平三一・四・一　基発〇四〇一第四三号）

【鉱山における坑の範囲】

問　鉱山における坑の範囲如何。

答　労働基準法における坑の範囲については従来疑義があつたが、今般鉱山について左の如く決定した。

(一)　労働基準法における坑とは鉱山についていえば一般に地下にある鉱物を試掘又は採掘する場所及び地表に出ることなしにこの場所に達するためにつくられる地下の通路をいう。

(二)　当初から地表に貫通するためにつくられ、かつ公道と同様程度の安全衛生が保障されており、かつ坑内夫以外の者の通行が可能である地下の通路は労働基準法上の坑ではない。

(三)　本来地下にある鉱物を試掘又は採掘する場所に達するためにつくられた地下の通路がたまたま地表に貫通しても、あるいは、地勢の関係上部分的に地表にあらわれても、これが公道と同様な程度の安全衛生を保障されるに至り、かつ坑内夫以外の者の通行が可能である通路に変化しない限り労働基準法上の坑である性質は変化しない。

（昭二五・八・一一　基発七三二号）

❻時間外労働の上限規制

【限度時間】　時間外・休日労働協定において法第三十六条第二項第四号の労働時間を延長して労働させる時間を定めるに当たっては、当該事業場の業務量、時間外労働の動向その他の事情を考慮して通常予見される時間外労働の範囲内において、限度時間を超えない時間に限るものとしたこと。

また、限度時間は、一箇月について四十五時間及び一年について三百六十時間（対象期間が三箇月を超える一年単位の変形労働時間制により労働させる場合は、一箇月について四十二時間及び一年について三百二十時間）であること。

（平三〇・九・七　基発〇九〇七第一号）

【一年単位の変形労働時間制の対象期間の一部が含まれる場合】

問　対象期間とする一年間の中に、対象期間が三箇月を超える一年単位の変形労働時間制の対象期間の一部が含まれている場合の限度時間は、月四十二時間かつ年三百二十時間か。

答　時間外・休日労働協定で対象期間として定められた一年間の中に、対象期間が三箇月を超える一年単位の変形労働時間制の対象期間が三箇月を超えて含まれている場合には、限度時間は月四十二時間及び年三百二十時間となる。

（平三〇・一二・二八　基発一二二八第一五号）

【限度時間等を超える協定の効力】

問　法第三十六条第四項に規定する限度時間又は同条第五項に規定する一箇月及び一年についての延長時間の上限（一箇月について休日労働を含んで百時間未満、一年について七百二十時間）若しくは月数の上限（六箇月）を超えている時間外・休日労働協定の効力如何。

答　設問の事項は、いずれも法律において定められた要件であり、これらの要件を満

たしていない時間外・休日労働協定は全体として無効である。

（平三〇・一二・二八　基発一二二八第一五号）

【対象期間の途中における破棄・再締結】

問　対象期間の途中で時間外・休日労働協定を破棄・再締結し、対象期間の起算日を当初の時間外・休日労働協定から変更することはできるか。

答　時間外労働の上限規制の実効性を確保する観点から、法第三十六条第四項の一年についての限度時間及び同条第五項の月数は厳格に適用すべきものであり、設問のように対象期間の起算日を変更することは原則として認められない。

なお、複数の事業場を有する企業において、対象期間を全社的に統一する場合のように、やむを得ず対象期間の起算日を変更する場合は、時間外・休日労働協定を再締結した後の期間においても、再締結後の時間外・休日労働協定を遵守することに加えて、当初の時間外・休日労働協定の対象期間における一年の延長時間及び限度時間を超えて労働させることができる月数を引き続き遵守しなければならない。

（平三〇・一二・二八　基発一二二八第一五号）

【転勤の場合】

問　同一企業内のA事業場からB事業場へ転勤した労働者について、①法第三十六条第四項に規定する限度時間、②同条第五項に規定する一年についての延長時間の上限、③同条第六項第二号及び第三号の時間数の上限は、両事業場における当該労働者の時間外労働時間数を通算して適用するのか。

答　①法第三十六条第四項に規定する限度時間及び②同条第五項に規定する一年についての延長時間の上限は、事業場における時間外・休日労働協定の内容を規制するものであり、特定の労働者が転勤した場合は通算されない。

これに対して、③同条第六項第二号及び第三号の時間数の上限は、労働者個人の実労働時間を規制するものであり、特定の労働者が転勤した場合は法第三十八条第一項の規定により通算して適用される。

（平三〇・一二・二八　基発一二二八第一五号）

【特別条項を設ける場合の延長時間等】　時間外・休日労働協定においては、上記3〈編注　四一〇頁の【協定事項】参照〉に掲げる事項のほか、当該事業場における通常予見することのできない業務量の大幅な増加等に伴い臨時的に限度時間を超えて労働させる必要がある場合において、一箇月について労働時間を延長して労働させ、及び休日において労働させることができる時間並びに一年について労働時間を延長して労働させることができる時間を定めることができることとしたものであること。

この場合において、一箇月について労働時間を延長して労働させ、及び休日において労働させることができる時間については、上記3(4)〈編注　四一〇頁参照〉に関して協定した時間を含め百時間未満の範囲内としなければならず、一年について労働時間を延長して労働させることができる時間については、上記3(4)〈編注　四一〇頁参照〉に関して協定した時間を含め七百二十時間を超えない範囲内としなければならないものであること。

さらに、対象期間において労働時間を延長して労働させることができる時間が一箇月について四十五時間（対象期間が三箇月を超える一年単位の変形労働時間制により労働させる場合は四十二時間）を超えることができる月数を一年について六箇月以内の範囲で定めなければならないものであること。

（平三〇・九・七　基発〇九〇七第一号）

【限度時間を超えて労働させる必要がある場合】

問　法第三十六条第五項に規定する「通常予見することのできない業務量の大幅な増加等に伴い臨時的に第三項の限度時間を超えて労働させる必要がある場合」とは具体

的にどのような状態をいうのか。

答　「通常予見することのできない業務量の大幅な増加等に伴い臨時的に第三項の限度時間を超えて労働させる必要がある場合」とは、全体として一年の半分を超えない一定の限られた時期において一時的・突発的に業務量が増える状況等により限度時間を超えて労働させる必要がある場合をいうものであり、「通常予見することのできない業務量の増加」とは、こうした状況の一つの例として規定されたものである。

その上で、具体的にどのような場合を協定するかについては、労使当事者が事業又は業務の態様等に即して自主的に協議し、可能な限り具体的に定める必要があること。

なお、法第三十三条の非常災害時等の時間外労働に該当する場合はこれに含まれないこと。

（平三〇・一二・二八　基発一二二八第一五号）

【時間外・休日労働協定で定めるところにより労働させる場合の実労働時間数の上限】

使用者は、時間外・休日労働協定で定めるところにより時間外・休日労働を行わせる場合であっても、以下の(1)から(3)までの要件を満たすものとしなければならないこと。また、以下の(2)及び(3)の要件を満たしている場合であっても、連続する月の月末・月初に集中して時間外労働を行わせるなど、短期間に長時間の時間外労働を行わせることは望ましくないものであること。

なお、労働者が、自社、副業・兼業先の両方で雇用されている場合には、その使用者が当該労働者の他社での労働時間も適正に把握する責務を有しており、以下の(1)から(3)までの要件については、労働基準法第三十八条に基づき通算した労働時間により判断する必要があること。その際、労働基準法における労働時間等の規定の適用等については、平成三〇年一月三一日付け基発〇一三一第二号「「副業・兼業の促進に関するガイドライン」の周知等について」の別添一「副業・兼業の促進に関するガイドライン」を参考とすること。

(1)　坑内労働その他厚生労働省令で定める健康上特に有害な業務について、一日における時間外労働時間数が二時間を超えないこと。（法第三十六条第六項第一号及び則第十八条関係）

整備法による改正前の労働基準法第三十六条第一項ただし書と同様の内容であること。

(2)　一箇月における時間外・休日労働時間数が百時間未満であること。（法第三十六条第六項第二号関係）

一箇月について労働時間を延長して労働させ、及び休日において労働させた時間の合計時間が百時間未満であることを規定したものであること。

(3)　対象期間の初日から一箇月ごとに区分した各期間の直前の一箇月、二箇月、三箇月、四箇月及び五箇月の期間を加えたそれぞれの期間における時間外・休日労働時間数が一箇月当たりの平均で八十時間を超えないこと。（法第三十六条第六項第三号関係）

時間外・休日労働協定の対象期間におけるいずれの二箇月間ないし六箇月間における労働時間を延長して労働させ、及び休日において労働させた時間の一箇月当たりの平均時間が八十時間を超えないことを規定したものであること。

（平三〇・九・七　基発〇九〇七第一号）

【法第三十六条第六項第三号の適用範囲】

問　法第三十六条第六項第三号に規定する要件は、改正法施行前の期間や経過措置の期間も含めて満たす必要があるのか。

また、複数の時間外・休日労働協定の対象期間をまたぐ場合にも適用されるものであるか。

答　法第三十六条第六項第三号の要件については、同号の適用がない期間（整備法施行前の期間、整備法附則第二条の規定によりなお従前の例によることとされている期間及び法第百三十九条から第百四十二条までの規定により法第三十六条第六項の規定が適用されない期間）の労働時間は算定対象とならない。

また、法第三十六条第六項第三号の規定は、複数の時間外・休日労働協定の対象期間をまたぐ場合にも適用されるものである。

（平三〇・一二・二八　基発一二二八第一五号）

【適用除外】　新たな技術、商品又は役務の研究開発に係る業務については、専門的、科学的な知識、技術を有する者が従事する新たな技術、商品又は役務の研究開発に係る業務の特殊性が存在する。このため、限度時間（法第三十六条第三項及び第四項）、時間外・休日労働協定に特別条項を設ける場合の要件（法第三十六条第五項）、一箇月について労働時間を延長して労働させ、及び休日において労働させた時間の上限（法第三十六条第六項第二号及び第三号）についての規定は、当該業務については適用しないものであること。

なお、新たな技術、商品又は役務の研究開発に係る業務とは、専門的、科学的な知識、技術を有する者が従事する新技術、新商品等の研究開発の業務をいうものであること。

（平三〇・九・七　基発〇九〇七第一号）

【法第三十六条第十一項に規定する業務の範囲】

問　法第三十六条第十一項に規定する「新たな技術、商品又は役務の研究開発に係る業務」の具体的な範囲如何。

答　法第三十六条第十一項に規定する「新たな技術、商品又は役務の研究開発に係る業務」は、専門的、科学的な知識、技術を有する者が従事する新技術、新商品等の研究開発の業務をいい、既存の商品やサービスにとどまるものや、商品を専ら製造する業務などはここに含まれないこと。

（平三〇・一二・二八　基発一二二八第一五号）

【一般則適用業務と適用除外・猶予業務等との間で転換した場合】

問　法第三十六条の規定が全面的に適用される業務（以下「一般則適用業務」という。）と法第三十六条の適用除外・猶予業務等との間で業務転換した場合や出向した場合の取扱い如何。

答　【業務転換の場合】

同一の時間外・休日労働協定によって時間外労働を行わせる場合は、対象期間の途中で業務を転換した場合においても、対象期間の起算日からの当該労働者の時間外労働の総計を当該時間外・休日労働協定で定める延長時間の範囲内としなければならない。したがって、例えば法第三十六条の適用除外・猶予業務から一般則適用業務に転換した場合、当該協定における一般則適用業務の延長時間（最大一年七百二十時間）から、適用除外・猶予業務において行った時間外労働時間数を差し引いた時間数まで時間外労働を行わせることができ、適用除外・猶予業務において既に年七百二十時間を超える時間外労働を行っていた場合は、一般則適用業務への転換後に時間外労働を行わせることはできない。

なお、法第三十六条第六項第二号及び第三号の規定は、時間外・休日労働協定の内容にかかわらず、一般則適用業務に従事する期間における実労働時間についてのみ適用されるものである。

【出向の場合】　出向先において出向元とは別の時間外・休日労働協定の適用を受けることとなる場合は、出向元と出向先との間において特段の取決めがない限り、出向元における時間外労働の実績にかかわらず、出向先の時間外・休日労働協定で定める範囲内で時間外・休日労働を行わせることができる。

ただし、一般則適用業務の実労働時間については、法第三十六条第六項第二号及び第三号の要件を満たす必要があり、法第三十八条第一項により出向の前後で通算される。

（平三〇・一二・二八　基発一二二八第一五号）

❼指針

【厚生労働大臣が定める指針】　厚生労働大

臣は、時間外・休日労働協定で定める労働時間の延長及び休日の労働について留意すべき事項、当該労働時間の延長に係る割増賃金の率その他の必要な事項について、労働者の健康、福祉、時間外労働の動向その他の事情を考慮して指針を定めることができるものとし、今般、指針を定めたものであること。

　労使当事者は、当該時間外・休日労働協定の内容が指針に適合したものとなるようにしなければならないものであること。

　また、行政官庁は、指針に関し、労使当事者に必要な助言及び指導を行うことができるものとし、当該助言及び指導を行うに当たっては、労働者の健康が確保されるよう特に配慮しなければならないものであること。

　指針の内容等については、下記11〈編注　次項参照〉のとおりであること。

（平三〇・九・七　基発〇九〇七第一号）

【労働基準法第三十六条第一項の協定で定める労働時間の延長及び休日の労働について留意すべき事項等に関する指針関係】

(1)　目的（指針第一条関係）

　指針は、時間外・休日労働協定で定める労働時間の延長及び休日の労働について留意すべき事項、当該労働時間の延長に係る割増賃金の率その他の必要な事項を定めることにより、労働時間の延長及び休日の労働を適正なものとすることを目的とするものであること。

(2)　労使当事者の責務（指針第二条関係）

　時間外・休日労働協定による労働時間の延長及び休日の労働は必要最小限にとどめられるべきであり、また、労働時間の延長は原則として限度時間を超えないものとされていることから、労使当事者は、これらに十分留意した上で時間外・休日労働協定をするように努めなければならないものであること。

(3)　使用者の責務（指針第三条関係）

　使用者は、時間外・休日労働協定において定めた範囲内で時間外・休日労働を行わせた場合であっても、労働契約法（平成十九年法律第百二十八号）第五条の規定に基づく安全配慮義務を負うことに留意しなければならないものであること。

　また、使用者は、令和三年九月十四日付け基発〇九一四第一号「血管病変等を著しく増悪させる業務による脳血管疾患及び虚血性心疾患等の認定基準について」において、①一週間当たり四十時間を超えて労働した時間が一箇月においておおむね四十五時間を超えて長くなるほど、業務と脳・心臓疾患の発症との関連性が徐々に強まると評価できるとされていること、②発症前一箇月間におおむね百時間又は発症前二箇月間から六箇月間までにおいて一箇月当たりおおむね八十時間を超える場合には業務と脳・心臓疾患の発症との関連性が強いと評価できるとされていることに留意しなければならないものであること。

(4)　業務区分の細分化（指針第四条関係）

　労使当事者は、時間外・休日労働協定において労働時間を延長し、又は休日に労働させることができる業務の種類について定めるに当たっては、業務の区分を細分化することにより当該業務の範囲を明確にしなければならないものであること。

　これは、業務の区分を細分化することにより当該業務の種類ごとの時間外労働時間をきめ細かに協定するものとしたものであり、労使当事者は、時間外・休日労働協定の締結に当たり各事業場における業務の実態に即し、業務の種類を具体的に区分しなければならないものであること。

(5)　限度時間を超えて延長時間を定めるに当たっての留意事項（指針第五条関係）

　労使当事者は、時間外・休日労働協定において限度時間を超えて労働させることができる場合を定めるに当たっては、当該事業場における通常予見することのできない業務量の大幅な増加等に伴い臨時的に限度時間を超えて労働させる必要がある場合をできる限り具体的に定めなければならず、「業務の都合上必要な場合」、「業務上やむを得ない場合」など恒常的な長時間労働を招くおそれがあるものを定めることは認められないことに留意しなければならないものであること。

　また、労使当事者は、特別条項において一箇月の時間外・休日労働時間数及び一年の時間外労働時間数を協定するに当たっては、労働時間の延長は原則として限度時間を超えないものとされていることに十分留意し、当該時間を限度時間にできる限り近づけるように努めなければならないものであること。

　さらに、労使当事者は、時間外・休日労働協定において限度時間を超えて労働時間を延長して労働させることができる時間に係る割増賃金の率を定めるに当たっては、当該割増賃金の率を、労働基準法第三十七条第一項の時間外及び休日の割増賃金に係る率の最低限度を定める政令（平成六年政令第五号）で定める率（二割五分）を超える率とするように努めなければならないものであること。

(6)　一箇月に満たない期間において労働する労働者についての延長時間の目安（指針第六条関係）

　労使当事者は、期間の定めのある労働契約で労働する労働者その他の一箇月に満たない期間において労働する労働者について、時間外・休日労働協定において労働時間を延長して労働させることができる時間を定めるに当たっては、指針別表の上欄に掲げる期間の区分に応じ、それぞれ同表の下欄に掲げる目安時間を超えないものとするように努めなければならないものであること。

別表（第六条関係）

期間	目安時間
一週間	十五時間
二週間	二十七時間
四週間	四十三時間

備考　期間が次のいずれかに該当する場合は、目安時間は、当該期間の区分に応じ、それぞれに定める時間（その時間に一時間未満の端数があるときは、これを一時間に切り上げる。）とする。

一　一日を超え一週間未満の日数を単位とする期間　十五時間に当該日数を七で除して得た数を乗じて得た時間

二　一週間を超え二週間未満の日数を単位とする期間　二十七時間に当該日数を十四で除して得た数を乗じて得た時間

三　二週間を超え四週間未満の日数を単位とする期間　四十三時間に当該日数を二十八で除して得た数を乗じて得た時間（その時間が二十七時間を下回るときは、二十七時間）

(7)　休日の労働を定めるに当たっての留意事項（指針第七条関係）

　労使当事者は、時間外・休日労働協定において休日の労働を定めるに当たっては労働させることができる休日の日数をできる限り少なくし、及び休日に労働させる時間をできる限り短くするように努めなければならないものであること。

(8)　健康福祉確保措置（指針第八条関係）

　労使当事者は、時間外・休日労働協定に特別条項を設ける場合において、健康福祉確保措置を協定するに当たっては、次に掲げるもののうちから協定することが望ましいことに留意しなければならないものであること。

①　労働時間が一定時間を超えた労働者に医師による面接指導を実施すること。

②　労働基準法第三十七条第四項に規定する時刻の間において労働させる回数を一箇月について一定回数以内とすること。

③　終業から始業までに一定時間以上の

継続した休息時間を確保すること。

④ 労働者の勤務状況及びその健康状態に応じて、代償休日又は特別な休暇を付与すること。

⑤ 労働者の勤務状況及びその健康状態に応じて、健康診断を実施すること。

⑥ 年次有給休暇についてまとまった日数連続して取得することを含めてその取得を促進すること。

⑦ 心とからだの健康問題についての相談窓口を設置すること。

⑧ 労働者の勤務状況及びその健康状態に配慮し、必要な場合には適切な部署に配置転換をすること。

⑨ 必要に応じて、産業医等による助言・指導を受け、又は労働者に産業医等による保健指導を受けさせること。

(9) 適用除外等（指針第九条及び指針附則関係）

ア 法第三十六条第十一項に規定する業務（指針第九条関係）

法第三十六条第十一項に規定する業務については、指針第五条、第六条及び第八条の規定は適用しないものであること。

また、法第三十六条第十一項に規定する業務に係る時間外・休日労働協定をする労使当事者は、延長時間を定めるに当たっては、限度時間を勘案することが望ましいことに留意しなければならないものであること。

さらに、法第三十六条第十一項に規定する業務に係る時間外・休日労働協定をする労使当事者は、限度時間に相当する時間を超えて労働時間を延長して労働させることができることとする場合においては、当該時間外・休日労働協定において当該時間を超えて労働させる労働者に対する健康及び福祉を確保するための措置を定めるように努めなければならず、当該措置については、指針第八条各号に掲げるもののうちから定めることが望ましいことに留意しなければならないものであること。

（平三〇・九・七　基発〇九〇七第一号、令三・九・一五　基発〇九一五第二号）

【指針第八条第二号の深夜業の回数制限】

問 指針第八条第二号に規定する健康確保措置の対象には、所定労働時間内の深夜業の回数も含まれるのか。

また、目安となる回数はあるか。

答 指針第八条第二号に規定する健康確保措置の対象には、所定労働時間内の深夜業の回数制限も含まれるものである。なお、交替制勤務など所定労働時間に深夜業を含んでいる場合には、事業場の実情に合わせ、その他の健康確保措置を講ずることが考えられる。

また、指針は、限度時間を超えて労働させる労働者に対する健康及び福祉を確保するための措置として望ましい内容を規定しているものであり、深夜業を制限する回数の設定を含め、その具体的な取扱いについては、労働者の健康及び福祉を確保するため、各事業場の業務の実態等を踏まえて、必要な内容を労使間で協定すべきものである。

例えば、労働安全衛生法（昭和四十七年法律第五十七号）第六十六条の二の規定に基づく自発的健康診断の要件として、一月当たり四回以上深夜業に従事したこととされていることを参考として協定することも考えられる。

（平三〇・一二・二八　基発一二二八第一五号）

【指針第八条第三号の休息時間】

問 指針第八条第三号の「休息時間」とはどのような時間か。目安となる時間数はあるか。

答 指針第八条第三号の「休息時間」は、使用者の拘束を受けない時間をいうものであるが、限度時間を超えて労働させる労働者に対する健康及び福祉を確保するための措置として望ましい内容を規定しているものであり、休息時間の時間数を含め、その具体的な取扱いについては、労働者の健康及び福祉を確保するため、各事業場の業務の実態等を踏まえて、必要な内容を労使間で協定すべきものである。

（平三〇・一二・二八　基発一二二八第一五号）

❽その他

【業務区分の細分化】

問　業務区分の細分化の程度如何。

答　労使は、各事業場における業務の実態に即し、業務の種類を具体的に区分しなければならないものであり、事業の実態、実情を最も熟知する労使の判断が尊重されるものであるが、例えば、労働時間管理を独立して行っている各種の製造工程が設けられているにもかかわらず業務の種類を「製造業務」としているような場合は、細分化が不十分であると考えられる。

（平一一・三・三一　基発一六九号）

【一年間とそれ以外の一定の期間で限度時間を超える時間外労働に係る割増賃金率が異なる場合】

問　時間外労働協定の締結に当たり、法第三十六条第二項第四号の規定に基づき、①一箇月及び②一年間の期間の双方についての延長時間を定めることとされているが、その双方について特別条項付き協定を締結した場合に、それぞれの限度時間を超える時間外労働に係る割増賃金率が異なる場合であって、①と②の期間の時間外労働がともに限度時間を超えた場合には、どちらの割増賃金率を適用するのか。

答　時間外労働時間数が①及び②の期間の限度時間をともに超えた場合においては、時間外労働協定において特段の定めがあればそれによるが、これがない場合、一般的には、高い方の割増賃金率を適用することとなる。

（平二一・一〇・五　基発一〇〇五第一号、平三一・四・一　基発〇四〇一第四三号）

【一年間の限度時間を超える時間外労働に対して支払うべき割増賃金】

問　一箇月の限度時間を超える時間外労働に対する割増賃金率を三割、一年間の限度時間を超える時間外労働に対する割増賃金率を四割としている事業場において、一年間の限度時間を超える時間外労働時間数を計算する際には、一年間の総時間外労働時間数から三割の割増賃金率で計算した割増賃金を支払った一箇月の限度時間を超えた時間外労働時間数を控除してよいか。

答　控除することはできない。ただし、時間外労働協定等において、一年間の限度時間を超える時間外労働時間数を計算する際に、三割の割増賃金率で計算した割増賃金を支払った一箇月の限度時間を超える時間外労働時間数を控除する旨の特別の定めを行った場合にはこの限りではない。

（平二一・一〇・五　基発一〇〇五第一号）

（時間外、休日及び深夜の割増賃金）

第三十七条　使用者が、第三十三条又は前条第一項の規定により労働時間を延長し、又は休日に労働させた場合においては、その時間又はその日の労働については、通常の労働時間又は労働日の賃金の計算額の二割五分以上五割以下の範囲内でそれぞれ政令で定める率以上の率で計算した割増賃金を支払わなければならない。ただし、当該延長して労働させた時間が一箇月について六十時間を超えた場合においては、その超えた時間の労働については、通常の労働時間の賃金の計算額の五割以上の率で計算した割増賃金を支払わなければならない。

② 前項の政令は、労働者の福祉、時間外又は休日の労働の動向その他の事情を考慮して定めるものとする。

③ 使用者が、当該事業場に、労働者の過半数で組織する労働組合があるときはその労働組合、労働者の過半数で組織する労働組合がないときは労働者の過半数を代表する者との書面による協定により、第一項ただし書の規定により割増賃金を支払うべき労働者に対して、当該割増賃金の支払に代えて、通常の労働時間の賃金が支払われる休暇（第三十九条の規定による有給休暇を除く。）を厚生労働省令で定めるところにより与えることを定めた場合において、当該労働者が当該休暇を取得したときは、当該労働者の同項ただし書に規定する時間を超えた時間の労働のうち当該取得した休暇に対応するものとして厚生労働省令で定める時間の労働については、同項ただし書の規定による割増賃金を支払うことを要しない。

④ 使用者が、午後十時から午前五時まで（厚生労働大臣が必要であると認める場合においては、その定める地域又は期間については午後十一時から午前六時まで）の間において労働させた場合においては、その時間の労働については、通常の労働時間の賃金の計算額の二割五分以上の率で計算した割増賃金を支払わなければならない。

⑤ 第一項及び前項の割増賃金の基礎となる賃金には、家族手当、通勤手当その他厚生労働省令で定める賃金は算入しない。

第百三十八条　削除（平三〇・七・六法律第七一号。令和五年四月一日施行）

○政令第五号（平六・一・四）
改正　政令第一六号（平一一・一・二九）
改正　政令第三〇九号（平一二・六・七）

労働基準法第三十七条第一項の時間外及び休日の割増賃金に係る率の最低限度を定める政令

　労働基準法第三十七条第一項の政令で定める率は、同法第三十三条又は第三十六条第一項の規定により延長した労働時間の労働については二割五分とし、これらの規定により労働させた休日の労働については三割五分とする。

（過半数代表者）

則第六条の二　法第十八条第二項、法第二十四条第一項ただし書、法第三十二条の二第一項、法第三十二条の三第一項、法第三十二条の四第一項及び第二項、法第三十二条の五第一項、法第三十四条第二項ただし書、法第三十六条第一項、第八項及び第九項、法第三十七条第三項、法第三十八条の二第二項、法第三十八条の三第一項、法第三十八条の四第二項第一号（法第四十一条の二第三項において準用する場合を含む。）、法第三十九条第四項、第六項及び第九項ただし書並びに法第九十条第一項に規定する労働者の過半数を代表する者（以下この条において「過半数代表者」という。）は、次の各号のいずれにも該当する者とする。

一　法第四十一条第二号に規定する監督又は管理の地位にある者でないこと。

二　法に規定する協定等をする者を選出することを明らかにして実施される投票、挙手等の方法による手続により選出された者であつて、使用者の意向に基づき選出されたものでないこと。

②　前項第一号に該当する者がいない事業場にあつては、法第十八条第二項、法第二十四条第一項ただし書、法第三十九条第四項、第六項及び第九項ただし書並びに法第九十条第一項に規定する労働者の過半数を代表する者は、前項第二号に該当する者とする。

③　使用者は、労働者が過半数代表者であること若しくは過半数代表者になろうとしたこと又は過半数代表者として正当な行為をしたことを理由として不利益な取扱いをしないようにしなければならない。

④　使用者は、過半数代表者が法に規定する協定等に関する事務を円滑に遂行することができるよう必要な配慮を行わなければならない。

（割増賃金の基礎となる賃金の計算）

則第十九条　法第三十七条第一項の規定による通常の労働時間又は通常の労働日の賃金の計算額は、次の各号の金額に法第三十三条若しくは法第三十六条第一項の規定によつて延長した労働時間数若しくは休日の労働時間数又は午後十時から午前五時（厚生労働大臣が必要であると認める場合には、その定める地域又は期間については午後十一時から午前六時）までの労働時間数を乗じた金額とする。

一　時間によつて定められた賃金については、その金額

二　日によつて定められた賃金については、その金額を一日の所定労働時間数（日によつて所定労働時間数が異る場合には、一週間における一日平均所定労働時間数）で除した金額

三　週によつて定められた賃金については、その金額を週における所定労働時間数（週によつて所定労働時間数が異る場合には、四週間における一週平均所定労働時間数）で除した金額

四　月によつて定められた賃金については、その金額を月における所定労働時間数（月によつて所定労働時間数が異る場合には、一年間における一月平均所定労働時間数）で除した金額

五　月、週以外の一定の期間によつて定められた賃金については、前各号に準じて算定した金額

六　出来高払制その他の請負制によつて定められた賃金については、その賃金算定期間（賃金締切日がある場合には、賃金締切期間、以下同じ）において出来高払制その他の請負制によつて計算

された賃金の総額を当該賃金算定期間における、総労働時間数で除した金額

七　労働者の受ける賃金が前各号の二以上の賃金よりなる場合には、その部分について各号によつてそれぞれ算定した金額の合計額

②　休日手当その他前項各号に含まれない賃金は、前項の計算においては、これを月によつて定められた賃金とみなす。

（代替休暇の労使協定で定める事項等）

則第十九条の二　使用者は、法第三十七条第三項の協定（労使委員会の決議、労働時間等設定改善委員会の決議及び労働時間等設定改善法第七条の二に規定する労働時間等設定改善企業委員会の決議を含む。）をする場合には、次に掲げる事項について、協定しなければならない。

一　法第三十七条第三項の休暇（以下「代替休暇」という。）として与えることができる時間の時間数の算定方法

二　代替休暇の単位（一日又は半日（代替休暇以外の通常の労働時間の賃金が支払われる休暇と合わせて与えることができる旨を定めた場合においては、当該休暇と合わせた一日又は半日を含む。）とする。）

三　代替休暇を与えることができる期間（法第三十三条又は法第三十六条第一項の規定によつて延長して労働させた時間が一箇月について六十時間を超えた当該一箇月の末日の翌日から二箇月以内とする。）

②　前項第一号の算定方法は、法第三十三条又は法第三十六条第一項の規定によつて一箇月について六十時間を超えて延長して労働させた時間の時間数に、労働者が代替休暇を取得しなかつた場合に当該時間の労働について法第三十七条第一項ただし書の規定により支払うこととされている割増賃金の率と、労働者が代替休暇を取得した場合に当該時間の労働について同項本文の規定により支払うこととされている割増賃金の率との差に相当する率（次項において「換算率」という。）を乗じるものとする。

③　法第三十七条第三項の厚生労働省令で定める時間は、取得した代替休暇の時間数を換算率で除して得た時間数の時間とする。

（深夜業の割増賃金）

則第二十条　法第三十三条又は法第三十六条第一項の規定によつて延長した労働時間が午後十時から午前五時（厚生労働大臣が必要であると認める場合は、その定める地域又は期間については午後十一時から午前六時）までの間に及ぶ場合においては、使用者はその時間の労働については、第十九条第一項各号の金額にその労働時間数を乗じた金額の五割以上（その時間の労働のうち、一箇月について六十時間を超える労働時間の延長に係るものについては、七割五分以上）の率で計算した割増賃金を支払わなければならない。

②　法第三十三条又は法第三十六条第一項の規定による休日の労働時間が午後十時から午前五時（厚生労働大臣が必要であると認める場合は、その定める地域又は期間については午後十一時から午前六時）までの間に及ぶ場合においては、使用者はその時間の労働については、前条第一項各号の金額にその労働時間数を乗じた金額の六割以上の率で計算した割増賃金を支払わなければならない。

（割増賃金の基礎となる賃金に算入しない賃金）

則第二十一条　法第三十七条第五項の規定によつて、家族手当及び通勤手当のほか、次に掲げる賃金は、同条第一項及び第四項の割増賃金の基礎となる賃金には算入しない。

一　別居手当

二　子女教育手当

三　住宅手当

四　臨時に支払われた賃金
五　一箇月を超える期間ごとに支払われる賃金

▼参照条文　〔割増賃金率―割増賃金令〕、〔割増賃金の計算方法―則一九〕、〔代替休暇の労使協定―則一九の二〕、〔深夜業の割増賃金―則二〇〕、〔厚生労働省令で定める賃金―則二一〕、〔付加金の支払―一一四〕、〔罰則―一一九〕

解釈例規

❶割増賃金の意味

イ　割増賃金率

【趣旨】　時間外労働及び休日労働に対する割増賃金の支払いは、通常の勤務時間とは違うこれら特別の労働に対する労働者への補償を行うとともに、使用者に対し、経済的負担を課すことによってこれらの労働を抑制することを目的とするものであるが、割増率については、今後、実態をみきわめつつ時間外労働、休日労働に対する労働者の意識変化等に適切に対応して、その段階的な引上げを図っていく必要があることから、その率を法でなく政令で定めることとしたものであること。休日労働については、週休二日制普及の流れの中で週一日の法定休日確保の重要性等にかんがみ、今回、その引上げを図ったものであること。

（平六・一・四　基発一号）

【具体的な率】　時間外労働に対する割増率は現行どおり二割五分以上の率とし、休日労働については三割五分以上の率とするものであること。

（平六・一・四　基発一号）

【具体的対応】　休日労働に対する割増賃金率が今回三割五分以上の率に引き上げられたところであるが、この趣旨は法第三十五条に規定する週一回又は四週間四日の法定休日に労働させたときの割増賃金率を規定したものであること。

法第三十五条に規定する週一回又は四週間四日を超える日数の休日を設定している事業場において、今回の改正に伴い、休日について労働したときに一律に三割五分以上の率で計算した割増賃金を支払うことを定める場合も考えられ、また、休日のうち、週一回又は四週間四日の休日について労働をしたときには三割五分以上の率で計算した割増賃金を支払い、その他の休日は三割五分未満の率で計算した割増賃金を支払う等の定めをする場合も考えられるが、後者の場合には、労働条件を明示する観点から、就業規則その他これに準ずるものにより三割五分以上の割増賃金率の対象となる休日が明確になっていることが望ましいこと。

この場合、休日のうち、最後の一回又は四日について三割五分以上の率で計算した割増賃金を支払うことを就業規則その他これに準ずるもので定めることは上記休日を明確にしていることと認められるものであること。

また、上記のように三割五分以上の割増賃金率の対象となる休日を定めた事業場において、週一回又は四週間四日の休日が確保されないこととなった場合に、三割五分以上の率で計算した割増賃金を支払うと定めた休日に当該割増賃金が実際に支払われており、これが支払われた日数と確保された休日の合計日数が週一回又は四週間四日以上である場合には、法第三十七条第一項違反として取り扱わないものであること。

なお、法定休日に労働させる場合には、休日労働に関する法第三十六条第一項の規定に基づく協定の締結及び届出がなされている必要があることは言うまでもないこと。

（平六・一・四　基発一号、平一一・三・三一　基発一六八号）

【時間外又は休日労働が深夜に及んだ場合の取扱い】　時間外又は休日労働が深夜に及んだ場合には、それぞれ五割以上の率、六割以上の率となるものであること。

（平六・一・四　基発一号）

【法定時間内の時間外労働手当】

問　現在当社においては職員組合との間に給与改訂の団体交渉を行つていますが、この機会に双方の合意により下記の通り取扱を変更したい意向のところ、基準法上支障なきや。

記

一、従来は就業時間、実働七時間（年平均一カ月百七十五時間）七時間経過後は直ちに一時間に付法第三十七条所定の賃金月額の百七十五分の一の百二十五%を支給していたものを自今

(1)　就業時間は従来通りであるが、七時間経過後の一時間目（実働八時間迄）はX手当（手当名未定）として各自本給にスライドした定額を超過勤務の有無に拘らず全員に支給することによつて従来の時間外手当の支給に代える。

(2)　実働八時間経過後は従来通り一時間に付、法所定の賃金月額（但しX手当のみは除く）の百七十五分の一の百二十五%を支給する。

以上の通り変更したいこと。

二、変更の理由は職員の職務が本質的には管理監督的業務であつてその成果は時間をもつて計り難い実情にあり又職務の性質上終業のベルと同時に退社致し難い実情で短時間の場合は残業者本人から請求もないことが多く、請求する者との間に不均衡もあり更に私傷病の欠勤、遅刻、退社等が現実にあつても、これを法第三十七条の基礎たるべき賃金に影響せしめていない等の理由もあり、実働八時間以内の一時間については以上の通り取扱いたいものであること。

答　一、所定労働時間が一日七時間である事業場において、所定労働時間を超え、法定労働時間に至るまでの所定時間外労働に対する賃金として、本給の外に一定月額の手当を定め個々の労働者が所定時間外労働をすると否とにかかわらずこれを支給することはその手当の金額が不当に低額でない限り差し支えない。

二、右一の手当は、法第三十七条にいう通常の労働時間の賃金とは認められないから、同条の規定による割増賃金の基礎に算入しなくても差し支えない。

（昭二九・七・八　基収三二六四号、昭六三・三・一四　基発一五〇号）

【法定割増賃金率の引上げ】

(1)　趣旨

時間外労働に対する割増賃金の支払は、通常の勤務時間とは異なる特別の労働に対する労働者への補償を行うとともに、使用者に対し経済的負担を課すことによって時間外労働を抑制することを目的とするものである。一方、少子高齢化が進行し労働力人口が減少する中で、子育て世代の男性を中心に、長時間にわたり労働する労働者の割合が高い水準で推移しており、労働者が健康を保持しながら労働以外の生活のための時間を確保して働くことができるよう労働環境を整備することが重要な課題となっている。

このため、割増賃金による使用者の経済的負担を加重することによって特に長い時間外労働を強力に抑制することを目的として、一箇月について六十時間を超えて時間外労働をさせた場合には、その超えた時間の労働について、法定割増賃金率を現行の二割五分以上の率から五割以上の率に引き上げることとしたものであること。〈編注　後略〉

(2)　対象となる時間外労働

法第三十七条第一項ただし書において、使用者が一箇月について六十時間を超えて時間外労働をさせた場合には、その超えた時間の労働については、通常の労働時間の賃金の計算額の五割以上の率で計算した割増賃金を支払わなければならないこととしたものであること。

「一箇月」とは、暦による一箇月をいうものであり、その起算日を法第八十九条第二号の「賃金の決定、計算及び支払の方法」として就業規則に記載する必要があること。

一箇月の起算日については、毎月一日、賃金計算期間の初日、時間外労働協定における一定期間の起算日等とすることが考えられるが、就業規則等において起算日の定めがない場合には、労使慣行等から別意に解されない限り、賃金計算期間の初日を起算日とするものとして取り扱うこと。

「その超えた時間の労働」として五割以上の率で計算した割増賃金の支払が義務付けられるのは、一箇月の起算日から時間外労働時間を累計して六十時間に達した時点より後に行われた時間外労働であること。

なお、法の施行日である平成二十二年四月一日を含む一箇月については、施行日から時間外労働時間を累計して六十時間に達した時点より後に行われた時間外労働について、五割以上の率で計算した割増賃金の支払が必要となること。

(3)　休日労働との関係

法第三十五条に規定する週一回又は四週間四日の休日（以下「法定休日」という。）以外の休日（以下「所定休日」という。）における労働は、それが法第三十二条から第三十二条の五まで又は第四十条の労働時間を超えるものである場合には、時間外労働に該当するため、法第三十七条第一項ただし書の「一箇月について六十時間」の算定の対象に含めなければならないものであること。

なお、労働条件を明示する観点及び割増賃金の計算を簡便にする観点から、就業規則その他これに準ずるものにより、事業場の休日について法定休日と所定休日の別を明確にしておくことが望ましいものであること。

(4)　深夜労働との関係

則第二十条第一項の「(その時間の労働のうち、(中略)七割五分以上)」とは、深夜労働のうち、一箇月について六十時間に達した時点より後に行われた時間外労働であるものについては、深夜労働の法定割増賃金率と一箇月について六十時間を超える時間外労働の法定割増賃金率とが合算され、七割五分以上の率で計算した割増賃金の支払が必要となることを明らかにしたものであること。〈編注　後略〉

（平二一・五・二九　基発〇五二九〇〇一号、平三一・四・一　基発〇四〇一第四三号）

【一箇月六十時間の算定とみなし労働時間制】

問　みなし労働時間制の場合、どのように一箇月の時間外労働時間数を算定するのか。

答　みなし労働時間制の規定によって算定される労働時間（法第三十八条の二に基づき労働時間の一部を事業場内業務に従事する場合には、みなし労働時間によってみなされる事業場外で業務に従事した時間と事業場内における労働時間を合わせた時間）が法定労働時間を超える部分を時間外労働時間として、一箇月の時間外労働時間数を算定する。（平二一・一〇・五　基発一〇〇五第一号）

【一箇月六十時間の算定と一年単位の変形労働時間制】

問　一年単位の変形労働時間制において、対象期間の法定労働時間の総枠を超えて労働した時間については、法第三十七条第一項ただし書の「一箇月六十時間」の算定における時間外労働時間に含まれると解してよいか。

答　貴見のとおり。

（平二一・一〇・五　基発一〇〇五第一号）

【一箇月六十時間の算定とフレックスタイム制】

問　フレックスタイム制で所定労働日の時間外労働に係る割増賃金率と法定休日以外の休日における労働に係る割増賃金率が異なり、時間外労働時間数を算定する際に所定労働日の時間外労働時間数と法定休日以外の休日の労働時間数を区別して管理している場合、どの時点から法第三十七条第一項ただし書の「一箇月六十時間」を超えることとなるのか。

また、フレックスタイム制の清算期間が一箇月未満の場合はどのように取り扱えばよいか。

答　所定労働日の時間外労働か法定休日以外の休日における労働かを問わず、フレックスタイム制の清算期間における法定労働時間の総枠を超えた時点から時間外労働時間となり、その時間の累計が六十時間を超えた時点から割増賃金率を引き上げる必要がある。

清算期間が一箇月未満である場合には、一箇月におけるそれぞれの清算期間における法定労働時間の総枠を超える部分を時間外労働時間として、一箇月の時間外労働時間数を算定する。

（平二一・一〇・五　基発一〇〇五第一号）

【月六十時間超の時間外労働に対する割増賃金率の適用】

問　法第三十七条第一項ただし書により、月六十時間を超える時間外労働に対しては五割以上の率で計算した割増賃金を支払う必要があるが、清算期間が一箇月を超えるフレックスタイム制に対してはどのように適用するのか。

答　清算期間を一箇月ごとに区分した各期間を平均して一週間当たり五十時間を超えて労働させた時間については、清算期間の途中であっても、時間外労働としてその都度割増賃金を支払わなければならず、当該時間が月六十時間を超える場合は法第三十七条第一項ただし書により五割以上の率で計算した割増賃金を支払わなければならない。

また、清算期間を一箇月ごとに区分した各期間の最終の期間においては、当該最終の期間を平均して一週間当たり五十時間を超えて労働させた時間に加えて、当該清算期間における総実労働時間から、①当該清算期間の法定労働時間の総枠及び②当該清算期間中のその他の期間において時間外労働として取り扱った時間を控除した時間が時間外労働時間として算定されるものであり、この時間が六十時間を超える場合には法第三十七条第一項ただし書により五割以上の率で計算した割増賃金を支払わなければならない。

（平三〇・一二・二八　基発一二二八第一五号）

ロ　割増賃金の意味

【割増賃金の意味】

問　割増賃金は本給の支給については言及していないので当該事業場の賃金規則に別段の定めのない限り月給者又は日給者については時間外労働に対する本給の支給は必要なきものと思うが如何。

答　法第三十七条が割増賃金の支払を定めているのは当然に通常の労働時間に対する賃金を支払うべきことを前提とするものであるから、月給又は日給の場合であっても、時間外労働についてその労働時間に対する通常の賃金を支払わねばならないことはいうまでもない。（昭二三・三・一七　基発四六一号）

【時間外労働等に対する割増賃金の解釈】

時間外労働等に対する割増賃金を基本給や諸手当にあらかじめ含める方法で支払う場合には、通常の労働時間の賃金に当たる部分と割増賃金に当たる部分とを判別することができることが必要であること。

また、このとき、割増賃金に当たる部分の金額が労働基準法第三十七条等に定められた方法により算定した割増賃金の額を下回るときは、その差額を支払わなければならないこと。

（平二九・七・三一　基発〇七三一第二七号）

【割増賃金計算の基礎となる労働時間】

問　法第三十二条の八時間原則に対したまたま七時間制を採用している事業場で法第三十六条第一項の協定による時間延長をした場合、法第三十七条の割増賃金の計算基礎時間を法第一条第二項の精神により七時間を基礎とするか、又は法第三十二条の八時間原則を基礎とするか。即ち法第三十七条は一応八時間原則の時間を延長した場合に適用されるように思料されるが前記の如く法第一条第二項の立法精神に立脚するときはこの原則は排除されるようにも認められるからである。

答　割増賃金計算の基礎となる時間数は規則第十九条により当該事業場において定められた実労働時間即ち設問の場合においては七時間である。なお八時間目については、週法定労働時間を超えない限り割増賃金を支払うか否かは自由である。

（昭二三・一二・二五　基発五〇一号、昭六三・三・一四　基発一五〇号、平一一・三・三一　基発一六八号）

【法定内の所定時間外労働に対する賃金】

問　所定労働時間が七時間にして八時間迄労働させた場合は一時間につき法第三十七条の割増賃金は支払わなくてもよいが時間割賃金は当然支払わなければならないものと解するが如何。

答　法定労働時間内である限り所定労働時間外の一時間については、別段の定めがない場合には原則として通常の労働時間の賃金を支払わなければならない。但し、労働協約、就業規則等によつて、その一時間に対し別に定められた賃金額がある場合にはその別に定められた賃金額で差支えない。

（昭二三・一一・四　基発一五九二号）

ハ　違法な時間外、休日労働の割増賃金

【違法な時間外・休日労働の割増賃金】

法第三十六条第一項の協定によらない時間外労働又は休日労働は、法第三十二条又は第三十五条違反であるが、法第三十七条の規定は法第三十二条若しくは第四十条に定める労働時間を超え又は法第三十五条に定める休日に労働させた場合に割増賃金を支払わねばならないという法意であるから割増賃金の支払義務は免れない。

（昭六三・三・一四　基発一五〇号、平一一・三・三一　基発一六八号）

ニ　その他

【時間外割増賃金の返上】

問　労働組合の申し合せにより時間外割増賃金の返上を申し出た場合にかかる申し合せは法第三十七条に反するから、民法第九十条の規定により無効となり、使用者は割増賃金を支払う事を要すると考えるが如何。

答　法第三十七条は強行規定であり、たとえ労使合意の上で割増賃金を支払わない申し合せをしても、法第三十七条に抵触するから無効である。（昭二四・一・一〇　基収六八号）

❷割増賃金を支払うべき労働

イ　時間外労働

【坑内労働者の割増賃金】

問　坑内労働者の割増賃金計算に当たり、法第三十八条第二項の規定によつて労働時間とみなされる休憩時間を含めて算定すべきか。

答　坑内労働については法第三十八条第二項が適用されるから休憩時間を含め一日の拘束時間が八時間、又は一週の拘束時間が週の法定労働時間を超えた場合に法第三十七条の割増賃金支給義務が発生する。したがつて、設問の場合には賃金計算について別段の定めがない限り、休憩時間を含めた一日又は週の法定労働時間以下である拘束時間をもつて計算して差し支えない。

（昭二三・一・二四　基発一〇四号、昭六三・三・一四　基発一五〇号）

【休憩時間の来客当番】

問　昼食休憩時間（十二時〜十三時）中来客当番は時間外手当を請求出来るか。

答　来客当番によつて休憩が与えられなかつた場合には、別途休憩を与えることを要するが、来客当番として労働に従事する時間が他の労働時間と通算し、一日八時間又は週の法定労働時間を超える場合においては法律上割増賃金支払の義務が生ずる。

（昭二三・四・七　基収一一九六号）

【黙示の指示による労働時間】

問　教員の正規の勤務時間を超える勤務は、校長に直接命ぜられた場合のみならず、間接的に命ぜられた形においてなしている場合が極めて多い。

即ち、校長に命ぜられた仕事が、正規の勤務時間で終了せず超過勤務をする場合、あるいは学校の教育計画、経営方針に基く業務－職員会議、各種委員会、運動会、学芸会、展覧会、教育研究会、講習会、遠足、修学旅行、特別教育指導（クラブ指導、生徒自治会、生活指導、職業指導、特殊児童指導等）、ＰＴＡ諸会合及び諸業務、家庭訪問、学校を代表する諸会合出席等－が正規の勤務時間内で出来ず超過勤務をする場合が極めて多いのである。これらの勤務をなした場合は、当然超過勤務手当が支給されねばならぬと考えるがどうか。

答　教員が使用者の明白な超過勤務の指示により、又は使用者の具体的に指示した仕事が、客観的にみて正規の勤務時間内ではなされ得ないと認められる場合の如く、超過勤務の黙示の指示によつて法定労働時間を超えて勤務した場合には、時間外労働となる。

（昭二五・九・一四　基収二九八三号）

【終業時刻の変更】

問　就業中の停電又は屋外労働における降雨降雪等により作業を一時中止して自由に休憩せしめ、送電又は天候の回復をまつて作業を続開し、停電又は降雨、降雪で休憩せしめた時間だけ終業時刻を繰り下げた場合、その労働時間が前後通算して八時間以内であれば通常日の終業時刻以後の労働に対する時間外労働の割増賃金は支払わなくてもよいか（就業規則にはこの場合について予め何等別段の定めがないものとする）。

答　労働時間が通算して一日八時間又は週の法定労働時間以内の場合には割増賃金の支給を要しない。

（昭二二・一二・二六　基発五七三号、昭三三・二・一三　基発九〇号）

【時間外労働が継続して翌日の所定労働時間に及んだ場合の割増賃金】

問　法第三十六条第一項による時間外労働が継続して翌日の所定労働時間に及んだ場合の翌日の所定労働時間における勤務については継続した労働はたとえ暦日を異にする場合でも一勤務として取扱うべき昭和二十三年七月五日附基発第九六八号通牒によれば前日の労働の延長と見て協定して割増賃金を支払わねばならないとも解され、又昭和二十三年十一月九日附基発第二九六八号通牒答㈢によれば継続した労働であつても所定労働時間の労働については通常の賃金を支払えば足りるとあつて取扱上いささか疑義があるので何分の御回示願いたい。

答　設問の場合は、翌日の所定労働時間の始期までの超過時間に対して、法第三十七条の割増賃金を支払えば法第三十七条の違反にはならない。

（昭二六・二・二六　基収三四〇六号、昭六三・三・一四　基発一五〇号、平一一・三・三一　基発一六八号）

【特別勤務に対する割増賃金の要否】

問　就業規則で労働時間を午前八時より午後五時まで（内休憩一時間）即ち拘束九時間実働八時間と規定し、かつ業務の都合で特別勤務させる事がある旨規定しているが、午前八時から午後五時までの勤務を終了し帰宅している労働者を業務上の不測の事態が発生したため午後九時より午前一時まで勤務させた場合法第三十二条の一日について八時間とは、暦日に拘束されず、継続八時間の意に解して、その四時間に対しては、普通賃金と午後十時より午前一時までの三時間に対する深夜割増賃金を併せて支給すればよいか。

答　午前八時から午後五時迄を所定労働時間としている場合の法第三十七条の時間外の労働時間計算に当つては一日の労働時間を通算し八時間を超えた分の時間による。但し、この場合その労働が継続して翌日まで及んだ場合には、翌日の所定労働時間の始業時刻迄の分は前日の超過勤務時間として取扱われるから設問の場合は、午後九時から午前一時迄の労働については時間外割増賃金を、又午後十時より午前一時迄の労働については深夜割増賃金を支払わねばならない。

（昭二八・三・二〇　基発一三六号）

【派遣労働者の割増賃金支払義務】　派遣中の労働者について、法定時間外労働等を行わせるのは派遣先の使用者であり、派遣先の使用者が派遣中の労働者に法定時間外労働等を行わせた場合に、派遣元の使用者が割増賃金の支払義務を負うことになる。この割増賃金の支払は、派遣中の労働者に法定時間外労働等を行わせたという事実があれば法律上生じる義務であり、当該派遣中の労働者に法定時間外労働等を行わせることが労働基準法違反であるかどうか、又は労働者派遣契約上派遣先の使用者に法定時間外労働等を行わせる権限があるかどうかを問わないものであること。

（昭六一・六・六　基発三三三号）

ロ　休日労働

【八時間を超える休日労働の割増賃金】

問　法第三十六条第一項の協定によつて休日の所定労働時間を八時間と定め始業午前七時より終業午後四時とした場合（休憩一時間）午後四時を超えて労働させた場合の時間については六割以上の割増賃金を支払うものと解されるが如何。

答　協定において休日の労働時間を八時間と定めた場合割増賃金については八時間を超えても深夜業に該当しない限り三割五分増で差支えない。

（昭二二・一一・二一　基発三六六号、昭三三・二・一三　基発九〇号、平六・三・三一　基発一八一号、平一一・三・三一　基発一六八号）

【割増賃金を支給すべき休日労働】

問　法第三十七条の規定により休日労働に対し割増賃金を支払わなければならないのは法第三十五条の休日のみと解するが如何。

答　見解のとおり。ただし、法第三十五条の休日以外の休日の労働により週の法定労働時間を超える場合には、時間外労働の割増賃金の支払を要するから念のため。

（昭二三・四・五　基発五三七号、昭六三・三・一四　基発一五〇号）

【法定休日における割増賃金の考え方について】　標記については、これまで数次の通達で示しているとおりであるが、今般、労働基準法の改正等により、法定休日の労働に係る割増賃金率が三割五分以上の率となり、時間外労働に係る割増賃金率と異なる率となつたことに伴い、その考え方を下記のとおり取りまとめたので、了知の上、取扱いに遺憾なきを期されたい。

なお、下記の考え方は、従来の通達を変更するものではないので、念のため申し添える。

記

一　暦日休日の場合の休日労働及び時間外労働の取扱い

労働基準法（以下「法」という。）第三十五条の休日は原則として暦日を指し、午前〇時から午後十二時までをいうものであるが、当該休日を含む二暦日にまたがる勤務を行つた場合の法第三十七条に基づく割増賃金を支払うべき休日労働及び時間外労働の考え方は次のとおりである。

①　休日労働となる部分の考え方

法定休日である日の午前〇時から午後十二時までの時間帯に労働した部分が休日労働となる。

したがつて、法定休日の前日の勤務が延長されて法定休日に及んだ場合及び法定休日の勤務が延長されて翌日に及んだ場合のいずれの場合においても、法定休日の日の午前〇時から午後十二時までの時間帯に労働した部分が三割五分以上の割増賃金の支払いを要する休日労働時間となる。

②　時間外労働となる部分の考え方

①で休日労働と判断された時間を除いて、それ以外の時間について法定労働時間を超える部分が時間外労働となる。この場合、一日及び一週間の労働時間の算定に当たつては、労働時間が二暦日にわたる勤務については勤務の開始時間が属する日の勤務として取り扱う。

二　八時間三交替制勤務、旅館業及び自動車運転者に係る暦日によらない継続二十四時間の休日の場合の休日労働及び時間外労働の取扱い

㈠　八時間三交替制勤務

　三交替連続作業を行う事業場における休日の取扱いについては、昭和二十六年十月七日付け基収第三九六二号及び昭和六十三年三月十四日付け基発第一五〇号によつて、継続二十四時間の休息を与えればよいとし、その休息時間中に暦日による継続二十四時間がある場合はその暦日を法第三十五条の休日として取り扱うこととしているところであるが、このような事業場における暦日によらない継続二十四時間の休日の場合の休日労働及び時間外労働の考え方は次のとおりである。

①　継続二十四時間を含む休息時間中に、当事者間の定めにより休日として取り扱うべき継続二十四時間の休息時間が特定されている場合であつて当該特定された継続二十四時間の休息時間が確保されているとき、又は当事者間でそのような定めがされていない場合であつて継続二十四時間の休息時間が確保されているときは、法第三十五条の休日が確保されることから、休日労働となる部分はない。

②　当事者間の定めにより休日として取り扱うべき継続二十四時間の休息時間が特定されている場合であつて、当該特定された継続二十四時間の休息時間中に労働させたときは、当該休息時間中に労働を行つた部分が、三割五分以上の割増賃金の支払いを要する休日労働時間となる。

③　当事者間の定めにより休日として取り扱うべき継続二十四時間の休息時間が特定されていない場合であつて、継続二十四時間を含む休息時間中に労働させたことにより、継続二十四時間の休息時間が確保されなくなつたときは、当該継続二十四時間の休息時間が確保されなくなることになつた労働を行つた部分が、三割五分以上の割増賃金の支払いを要する休日労働時間となる。

④　法定休日が二日連続して置かれている場合には、継続二十四時間を二回の継続二十四時間又は継続四十八時間として読み替えて上記①～③に従って取り扱う。

⑤　①～④で休日労働と判断された時間を除いて、それ以外の時間について法定労働時間を超える部分が時間外労働となる。

㈡　旅館業における休日労働及び時間外労働の取扱い

　旅館業における休日の取扱いについては、昭和五十七年六月三十日付け基発第四四六号により、法第三十五条の休日は、暦日を原則としつつ、当分の間、正午から翌日の正午までの継続二十四時間を含む継続二十七時間以上の休息時間が確保されている場合には二暦日にまたがる休日を認めているところである。

　このため、暦日としての休日がある場合には、原則どおり当該日の午前〇時から午後十二時までの休息時間に労働した場合が三割五分以上の割増賃金の支払いを要する休日労働時間となり、二暦日にまたがる休日の取扱いをする場合には、正午から翌日の正午までの継続二十四時間の休息時間中に労働した部分が三割五分以上の割増賃金の支払いを要する休日労働時間となる。

　なお、法定休日が二日連続して置かれている場合には、継続二十四時間を二回の継続二十四時間又は継続四十八時間として読み替えて取り扱うこと、また、休日労働とされる時間帯を除いて、それ以外の時間について法定労働時間を超える部分が時間外労働となることは、上記二㈠の場合と同様である。

おつて、昭和五十七年六月三十日付け基発第四四六号記の三の要件を満たさない場合は、原則どおり、暦日をもつて休日を判断することとなる。

(三) 自動車運転者の休日労働及び時間外労働の取扱い

自動車運転者の休日の取扱いについては、平成元年三月一日付け基発第九三号により、「休息期間に二十四時間を加算して得た、連続した時間」、すなわち、通常勤務の場合は連続した労働義務のない三十二時間を、隔日勤務の場合は連続した労働義務のない四十四時間を休日として取り扱うこととされているところである。

このような事業場においては、「休息期間に二十四時間を加算して得た、連続した時間」中に暦日二十四時間がある場合は、当該暦日を法第三十五条の休日として取り扱い、休日労働及び時間外労働の考え方は上記一のとおりとなるが、「休息期間に二十四時間を加算して得た、連続した時間」中に暦日二十四時間がない場合の休日労働の考え方は次のとおりである。

① 「休息期間に二十四時間を加算して得た、連続した時間」中に、当事者間の定めにより休日として取り扱うべき継続二十四時間が特定されている場合であつて当該特定された継続二十四時間が確保されているとき、又は当事者間でそのような定めがされていない場合であつて継続二十四時間が確保されているときは、法第三十五条の休日が確保されることから、休日労働となる部分はない。

② 「休息期間に二十四時間を加算して得た、連続した時間」中に、当事者間の定めにより休日として取り扱うべき継続二十四時間が特定されている場合であつて、当該特定された継続二十四時間中に労働させたときは、当該特定された継続二十四時間中に労働を行つた部分が、三割五分以上の割増賃金の支払いを要する休日労働時間となる。

③ 「休息期間に二十四時間を加算して得た、連続した時間」中に、当事者間の定めにより休日として取り扱うべき継続二十四時間が特定されていない場合であつて、「休息期間に二十四時間を加算して得た、連続した時間」中に労働させたことにより、「休息期間に二十四時間を加算して得た、連続した時間」中に労働義務のない継続二十四時間が確保されなくなつたときは、当該労働義務のない継続二十四時間が確保されなくなることになつた労働を行つた部分が、三割五分以上の割増賃金の支払いを要する休日労働時間となる。

④ 法定休日が二日連続して置かれている場合には、継続二十四時間を二回の継続二十四時間又は継続四十八時間として読み替えて上記①～③に従つて取り扱う。

⑤ ①～④で休日労働と判断された時間を除いて、それ以外の時間について法定労働時間を超える部分が時間外労働となる。

なお、平成元年三月一日付け基発第九三号記の第三の一の(一)のロの要件を満たさない場合は、原則どおり、暦日をもつて休日を判断することとなる。

（平六・五・三一　基発三三一号）

【休日を含む二暦日にまたがる労働の割増賃金】

問 休日の起算は原則として暦日によるものとなつているが、労働時間についても起算を暦日によつて計算してもよいか。

例えば、休日の午後十時より翌日午前九時まで労働し（午前二時より休憩一時間）以後休務した場合の割増賃金は午後十時より午前〇時迄の二時間は六十％（休日・深夜）午前〇時より五時迄の四時間は二十五％（深夜）午前五時よりの四時間は〇％として計算すべきか。又は労働時間の一貫性を考慮して午後十時より午前五時迄の七時間は六十％（休日・深夜）午前五時よりの一時間は三十五％（休日）午前六時よりの三時間は二十五％（時間外）として計算すべきか。

答　設問の事例は明確ではないが、次によつて取扱われたい。

(一)　休日の午後十時より二時間は深夜の休日労働であるから六割の割増賃金を支給しなければならない。

(二)　翌日の午前〇時より午前九時迄の労働が時間外労働の協定又は第三十三条によつて行われた場合は、午前五時までは五割、午前五時から午前九時までは二割五分の割増賃金を支払わなければならない。

(三)　午前〇時より午前九時までが労働日の所定労働時間又はその変更したものであるならば午前〇時より午前五時までは二割五分の割増賃金の支給を要し、以後は、通常の賃金を支払えば足りる。

(四)　以上は一般の場合の取扱であるが、三交替制等の場合は昭和六十三年三月十四日基発第一五〇号によつて特例を認めているから念のため。

（昭二三・一一・九　基収二九六八号、平六・三・三一　基発一八一号）

【スト中の保安要員の休日労働】

問　相当長期に亘る罷業に際し、労働組合と協定して少数の保安要員のみが、輪番式に出勤することとする場合（労働関係調整法第三十六条）は罷業期間中の出勤者の勤務計画は平常とは別個に定められ、保安要員たる個々の労働者は予め自己の輪番出勤の日時を承知しうる状態におかれる。

右の如き事例で、その勤務計画に基いて就業規則所定の休日に該当した日に勤務した労働者に労働基準法上の割増賃金を支払うべきか否かの質疑に対しては、支払わなくとも労働基準法第三十七条の違反にはならないものと考えるがなおいささか疑問があるので何分の御指示を得たい。

答　設問の場合法第三十五条の休日が与えられている限り、見解の通り。

（昭二七・一〇・二七　基収五三〇三号、昭三三・二・一三　基発九〇号）

ハ　変形労働等の場合

【就業規則で特定された時間の取扱い】

問　法第三十二条の二第一項により特定された日における労働が八時間を、又は特定された週における労働が四十時間を超えてもその超えた時間は超過労働時間と解する必要はないと考えるがどうか、もしそうであるとすれば、法第三十七条による割増賃金を支払う必要はないと考えるがどうか。

答　見解の通り。

（昭二三・七・一五　基発一六九〇号、平六・三・三一　基発一八一号）

【一昼夜交替勤務者の割増賃金】

問　地方鉄道はその性質上一昼夜交替（八時から翌日八時迄の勤務で翌日は非番となる）の勤務に就く者（年少者を除く）が多いが午後十時から午前五時迄（四時間以上の睡眠時間があるが四時間と押え労働時間は三時間）の深夜労働時間に対して法第三十七条による二割五分増の賃金を支払うべきであるか、又は規則第二十条による五割増の賃金を支払うべきであるか。

答　一昼夜交替の勤務に就く者について変形労働時間制によつて労働させる場合には法律上時間外労働の割増賃金を支払う必要はないが午後十時から午前五時迄の間の労働（睡眠時間として定められた時間を除く）に対しては深夜労働の割増賃金を支払わなければならない。従つて質疑の場合は法律上は二割五分以上の割増賃金を支払えばよいことになる。（昭二三・七・一〇　基発九九六号）

【睡眠時間の割増賃金】

問　法別表第一第四号の事業に従事する労働者で一昼夜交替勤務に就く者について夜間継続四時間の睡眠時間を与えた場合はそれが深夜にわたる場合であつてもその時間についてこれを休憩時間とみなし深夜割増賃金を支払う必要がないものと思われるが

如何。

答　見解のとおり。

（昭二三・四・五　基発五四一号、昭六三・三・一四　基発一五〇号、平一一・三・三一　基発一六八号）

【法第四十一条該当者の割増賃金の基礎】

問　法第四十一条に該当する労働者の深夜業に対する割増賃金の計算の基礎は如何。

答　当該職種の労働者について定められた所定労働時間を基礎とする。

（昭二三・一二・二五　基発五〇二号）

【監視断続労働者の深夜業の割増賃金】

問　法第四十一条第三号の労働者が就業規則により二十四時間を勤務する場合の深夜業の割増賃金の扱い如何。

答　法第四十一条は深夜業の規定の適用を排除していないから、二十四時間交替勤務することを条件として賃金が定められている労働者について、法第四十一条第三号によつて使用者が行政官庁の許可を受けて使用する場合にあつても、使用者は深夜業の割増賃金を支払わなければならない。但し、労働協約、就業規則その他によつて深夜の割増賃金を含めて所定賃金が定められていることが明らかな場合には別に深夜業の割増賃金を支払う必要はない。

（昭二三・一〇・一四　基発一五〇六号）

【労働時間の定めのある法第四十一条第三号労働者の割増賃金】

問　許可を受けて法第四十一条第三号の労働に従事する者で、一定の労働時間の定めがある場合（例えば一日十時間とする）この所定労働時間を超えて現実に労働がなされた場合には（例えば十二時間労働したとする）その超過労働（例えば二時間）に対しては割増賃金支払の義務はないが、少くとも通常の労働時間の賃金は支払うべきではないか。

答　法第四十一条第三号の許可を受けた労働者について一定の労働時間の定めがある場合、この所定労働時間を超えて労働したときに、超過労働に対して、幾何の賃金を支払うかは、当事者の定めるところによる。

（昭二三・一一・二五　基収三〇五二号）

❸割増賃金の算定基礎賃金

イ　生産奨励手当

【増産手当】

問　工場、事業場において一定の生産目標を突破せる場合一人当りの生産を計量し得る場合は労働者個々にあるいは併せてその集団に対し、一人当りの生産を計量し得ざる場合は集団に対し、能率刺戟的手当として増産手当又は生産奨励手当等の名称を以て支給する手当は法第三十七条の規定による割増賃金の基礎に算入されるものと思うが、

㈠　所定時間内労働のみにては目標突破に至らず、時間外労働をなして初めて実現されたこと明白なるときは、この手当は割増賃金の基礎に算入する要なしと解してよいか。

㈡　所定時間内において幾何、延長時間内において幾何の生産を挙げ得たかを量定し得ざる場合この手当を割増賃金の基礎に計算する方法如何（本手当は施行規則第十九条第一号により計算されるものに非ずと解する。）

㈢　集団に対して支給される場合これを個々の労働者に割振り割増賃金の基礎額に影響せしむるは技術的に極めて困難なり、何らかの便法ありや。

答　㈠　設問の趣旨不明であるがその手当が専ら時間外労働に対して支払われたものであれば見解の通りであるが、時間外労働をなした結果としての生産量と所定時間内労働による生産量と加えて全生産量が目標に到達したために支払われたものであるならば割増賃金の基礎となる賃金となる。

㈡　この場合における計算方法は施行規則第十九条第一項第六号による。従つて所定時間の内外の生産量を量定する必要はない。

㈢　増産手当又は生産奨励手当が集団に対

して支給されしかも割増賃金の基礎となる場合においても割増賃金の計算は各労働者について個別的に行うべきである。なおこの場合における増産手当又は生産奨励手当の各労働者に配分される基準を賃金規則その他の定めによつて明らかにした上でそれが施行規則第十九条各号のいずれに該当するかを決定し割増賃金の計算を行うべきであつて一般的便法はない。（昭二三・七・三　基収二二四号）

【生産手当等の割増賃金算定】

問　最近生産手当、生産奨励金又は生産報奨金として一工場あるいは会社全体の標準額を超過した場合に支給する賃金形態をとる処が増加しているが、これを施行規則第十九条の計算において、月によつて定められた賃金と見るか請負制によつて定められた賃金と見るかによつて時間給支給の有無が問題となるので当局においては次の如き見解で処理しているが、一定の支給条件を満たす要件が双方類似しており、いささか疑義が有るので折返し御回示願いたい。

記

一、生産手当

某会社では数カ工場の生産量を合計して毎月ある一定の生産量を超えた場合に全員（但し該月の就業日に一日以上就業しない者を除く）一律に五百円を支給するという生産手当は施行規則第十九条の計算においては月によつて定められた賃金として同条第一項第四号による。

二、能率賞与

某鉱業所において毎月計画生産量を超えた場合労働者一人当り平均三百円としてプールし、それが個人別配分の場合には各人の能率、成績その他に応じて比例配分される。従つて毎月その支給額が一定でないという所謂集団請負制の形態をとるものは請負制によつて定められた賃金として施行規則第十九条の計算においては同条第六号による。

答　一については施行規則第十九条第二項によつて月によつて定められたものとみなす。二の能率賞与については各人別比例配分の場合の各人の能率、成績その他の条件に各人の実際労働時間が含まれる場合には貴見の通り。（昭二六・二・一四　基収三九九五号）

ロ　特殊作業手当

【坑内手当】

問　法第三十七条の「通常の労働日の賃金計算額」に関し坑内係員が所定勤務時間は坑内において勤務し引続き坑外において時間外勤務をした場合割増賃金算定基礎給に坑内手当（注）を算入するか。

（注）

(イ)　坑内手当は坑内係員が入坑した場合入坑一回に付二十円、月十五日以上入坑する者に対しては右の外に坑内常勤者として月給五百円支給する。

(ロ)　坑内係員が坑内において時間外勤務する場合は当然坑内手当は基礎給として算入すべきであるが坑外で残業した場合は坑外係員の残業との均衡上坑内係員の割増賃金計算に坑内手当は算入すべきでないと考えられるがどうか。

答　設例の場合坑内係員に支給される坑内手当は割増賃金算定の基礎に算入しない。（昭二三・五・二五　基発八一二号）

【特殊作業手当】

問　ある作業を担当する甲が休暇をとつたため又はその作業繁忙のため常時その作業に従事していない乙をしてその作業に従事させた。

協約によりかかる場合、甲のように当該作業に専ら従事する者には日額の手当（作業手当）を出すことになつており、乙のように自己本来の作業に従事しているならば右の日額作業手当は支給されないが、たまたまその日はその作業に従事したため、この日額作業手当は支給される。この場合、乙に対する右の日額手当は乙にとつては予定された通常の労働に対する賃金ではないものと考えられるので、割増賃金の基礎には算入しなくても差支えないものと思うが如何。

答　乙がその日の特殊事情によつて通常従事している職務を離れ、たまたま甲の特殊作業に従事し、その特殊作業の勤務が法第三十二条及び第四十条の労働時間外に及ぶときは、その超過労働時間に対しては、特殊作業手当を法第三十七条の割増賃金の基礎となる賃金に算入して計算した割増賃金を支払わなければならない。

（昭二三・二・三　基発一六八一号）

【危険作業手当】

問　ある作業中に、やむを得ない事情により特殊な危険作業（例えば高圧電流の通ずる線を取扱う作業）に従事する場合、これに対してその日は特に危険作業手当を支給することになつているが、これはその労働者の通常の労働日に対する賃金とは関係のない臨時的なものと考えられるので、割増賃金の基礎に算入しなくても差支えないと思うが如何。

答　危険作業が法第三十二条及び第四十条の労働時間外に及ぶ場合においては、危険作業手当を法第三十七条の割増賃金の基礎となる賃金に算入して計算した割増賃金を支払わなければならない。

（昭二三・二・三　基発一六八一号）

【手術手当】

問　○○病院賃金規則の通り社会保険報酬点数四十点以上に該当する手術に従事した場合医師には所定労働時間内においては実収入手術料の一割五分が手術手当として支給され、所定時間外労働においては実収入手術料の一割五分の手術手当とその手術手当の二割（規定なし）が加算支給されこれを割増賃金に代替している。この場合手術手当は臨時の賃金とは認められないので通常の業務に対して支払われる賃金と思われるので割増賃金の基礎に算入し左記の計算方法によつて取扱うべきものと認められるが、いささか疑義があるので至急何分の御回答を煩わしたい。

なお医師は手術以外に残業することはなく又手術は常時実施せられているものである。

記

賃金締切期間の手術手当の総額をその期間の総労働時間で除した金額に時間外労働時間数を乗じた金額の二割五分と所定の賃金により計算された時間外労働に対する割増賃金との合算額を支給すべきと解する。

答　設問の手術手当は、当該手術手当の与えられる勤務時間が法定の割増賃金を支払うべき時間に該当する場合にのみ割増賃金の基礎となる賃金であつて、この場合の割増賃金は施行規則第十九条第一項第六号により、結局実収入手術料の一割五分の二割五分以上でなければならない。なお、施行規則第十九条第一項第六号による計算においては同号の総労働時間数は一賃金算定期間において手術手当の与えられる勤務時間の総時間数により計算せられたい。

（昭二六・八・六　基収三三〇五号、昭三三・二・一三　基発九〇号）

ハ　深夜に係る手当

【三シフト制における番付手当】

問　○○紡績の化織工場において九月初めより三シフト制を採用し第一シフト及び第二シフトに対しては夫々七円五十銭、第三シフトに対して三十円の番付手当を支給することとなつたが、各シフトの引継のためラップする時間が超過勤務となるので、これが手当の計算について疑義があるので回答願いたい。

各シフトの勤務時間は次の通りであつて

第一シフト　七時～十五時
第二シフト　十五時～二十三時
第三シフト　二十三時～七時

第二、第三シフトの深夜に該当する時間については、深夜の割増賃金は別に計算されている。

追つて右の手当の趣旨は第三シフトの勤務を敬遠することを防ぐためのものであることだけは会社の説明ではつきりしているが、七円五十銭と三十円との差額が第三シフトの勤務に対して別途支払われているものと解釈するはつきりした根拠はない。もし第三シフトの三十円が各シフトの番付手当を七円五十銭とみて第三シフトの時間的位置のウエイトに対して支払われているものとみるならば、各シフトの超過勤務は七円五十銭を含めたものを基礎として割増賃金を計算しその時間の位置が第三シフト内にある時間に対して七円五十銭と三十円との差額二十二円五十銭の時間割賃金を加算すればよいということになる。しかしこの差額の二十二円五十銭が第三シフトの時間の位置に対して支払われるものとみるにしてもその金額がどの労働者にも同額であることにいささか割り切れないものがある。

しからばこの各手当が各シフトに夫々支給されるものと断定してその勤務をする日にラップタイム又は他のシフトの勤務の欠勤を補つた勤務としてもその日に勤務することになつているシフトの手当を基礎に含めて夫々計算することが正しい様にも考えられる。当工場としては合法的な支払が明確になるまで仮払をしているが、この制度は一工場に止らず全国化繊工場全般にわたつて実施されているやに聞いている。

答　設問の場合の割増賃金の計算に当つては、各シフト共七円五十銭を基礎として取扱われたい。なお、第三シフトに対して支払われる三十円と七円五十銭との差額二十二円五十銭は、午後十一時から午前五時までの深夜業に対する割増賃金と認められるが、この趣旨が現行の規定では明確ではないから規定の改正方指導されたい。

（昭二六・三・二〇　基収三六〇三号）

【夜間看護手当】

問　K県においては、職員の給与に関する条例中に別添資料、人事院規則九―三十第二十四条の規定する夜間看護手当と同様の手当を支給する旨の規定を設けるべく立案中でありますが、該手当は労働基準法第三十七条の割増賃金の基礎となる賃金に算入しなくともよいと思料されますが、いささか疑義があるので御伺いいたします。

（別添）

（夜間看護手当）

第二十四条　夜間看護手当は、国立大学の学部若しくは附属研究所の附属病院、国立病院、国立療養所若しくはこれらの分院又は人事院が定める診療施設の病とうに勤務する助産婦、看護婦若しくは准看護婦又は人事院がこれらに準ずると認める職員が、正規の勤務時間による勤務の一部又は全部が深夜（「午後十時後翌日の午前五時前の間」をいう。次項において同じ。）において行われる看護等の業務に従事したときに支給する。

二　前項の手当の額は、その勤務一回につき百円（その勤務に含まれる深夜における勤務時間が二時間に満たない場合にあつては八十円）とする。

答　設問の夜間看護手当は、労働基準法第三十七条第一項の通常の労働時間又は労働日の賃金とは認められないから、同項の割増賃金の基礎となる賃金に算入しなくともさしつかえない。

（昭四一・四・二　基収一二六二号）

二　家族手当

【家族手当等の意義】

家族手当、通勤手当及び規則第二十一条に掲げる別居手当、子女教育手当は名称にかかわらず実質によつて取り扱うこと。

（昭二二・九・一三　発基一七号）

【家族手当額を基準とする手当】

問　割増賃金の基礎となる賃金の取扱方について家族手当以外の手当の算定基礎に扶養家族数又は家族手当額を用い、例えば独身者に対しては幾何、扶養家族ある者に対してはその家族数に応じ、もしくは一律に幾何の物価手当を支給するという様な場合扶養家族ある者の受ける物価手当と独身者の受ける物価手当との差額又は官庁職員の勤務地手当算定の基礎となる額に含まれる家族手当は昭和二十二年九月十三日発基第一七号通牒の趣旨に基き第三十七条第二項の割増賃金の基礎となる賃金から除外すべきや。

答　昭和二十二年九月十三日発基第一七号通牒は扶養家族数又はこれを基礎とする家族手当額を基準として算出した手当は物価手当、生活手当その他名称の如何を問わず家族手当として取扱い、割増賃金の基礎となる賃金の計算においてはこれを除くという趣旨である。従つて本事案の如く家族手当以外のもので、扶養家族数又は家族手当額を基礎として算定した手当及び官庁職員の場合における家族手当を基礎として算出した勤務地手当の部分はこれを家族手当とみなし割増賃金の基礎となる賃金から除くものとする。

右の場合独身者に対しても幾何かが支払われているときは、その手当は家族手当とは関連のないものであり、又扶養家族ある者に対し、その家族数に関係なく一律に支給されている手当は家族手当とはみなさない。従つてかかる手当は割増賃金の基礎に入れるべきである。

（昭二二・一一・五　基発二三一号）

【割増賃金の基礎となる手当】

問　左記手当が法第三十七条及び施行規則第二十一条に関し時間外割増賃金の基礎となるものであるか否かについて疑義があるので御回答願いたい。

記

(一)　臨時特別手当（都市手当）
当社において都会地のみに支給するもので
(1)　支給の理由
(イ)　事業地においては一般に労務加配米の支給あり、それだけ生活が楽になるが都会地本店、支店、出張所にてはこれがないため食糧の補給に多額の支出を要すること
(ロ)　その他一般に都会地は物価高なること
(2)　給与の性質―所謂生活給の性質を有する。
(3)　支給方法
(イ)　半額以上は本人の資格に応じて（六種類）定額を支給
(ロ)　残りは家族数に応じ定額支給す。所謂家族手当の都会地の割増の実質を有するもの

(二)　厚生費補助
(1)　都会地は事業地現場の如く診療施設、住宅施設等不十分なるを以つて事業地現場の従業員との釣合いを考慮し都会地の従業員の厚生費の補助として支給する。
(2)　給与の性質―生活給
(3)　支給方法
出勤を奨励する意味において出勤一日につき定額を支給する

(三)　僻地手当
僻地現場に支給、内容は前記都会地手当と略々同様

(四)　職務手当・役付手当
主任、課長、部長等の職責あるものに支給する。理由は責任の加重に従い勤務の実質的加重及び責任者の交際的支出あるを考慮し支給するもの。毎月定額を支給する。

(五)　勤続手当
長期勤続者を優遇するために支給するもの。毎月定額支給

(六)　増産奨励金
(1)　支給理由
増産を奨励するために普通の賃金とは別に増産せしや否や、その生産実績に比例して別に奨励金として支給するもの。
(2)　支給方法
某鉱山における例
(イ)　さく岩夫報償金
一定の標準と実績を比較し成績良好の場合支給する。月額総額限度三万円
(ロ)　選鉱課報償金
精鉱量は品位等毎月の実績により査定支給、月限度八千円

(ハ)　坑内職員特別手当

毎月出鉱成績により査定支給、月限度五千百円

(ニ)　生活補助金（前受給者以外の全員に支給）

家族手当受給者　一人当月額百二十円

単身者　一人当月額六十円

答　法第三十七条の割増賃金の基礎となる賃金の計算においては扶養家族数又はこれを基礎とする家族手当額を基礎として算出した手当は、物価手当、生活手当その他名称の如何を問わず家族手当として取扱う。従つて臨時特別手当及び僻地手当のうち扶養家族を基礎として算出した部分は、これを家族手当とみなし割増賃金の基礎から除くものとする。

臨時特別手当及び僻地手当の中独身者に対して支払われている部分及び扶養家族のあるものにして本人に対して支給されている部分は家族手当ではないから、かかる手当は割増賃金の基礎に算入する。その他の手当もすべて割増賃金の基礎となる賃金に算入しなければならない。

（昭二三・二・二六　基発五七二号）

【家族補給手当】

問　管下某会社においては別添賃金規則の如く家族手当とは別個に家族補給手当を支給しているが、これが取扱について割増賃金の基礎に算入すべきか否かに疑義があるので御指示願いたい。

（別添）

賃金規則（抜粋）

第三条　本規則において俸給とは、会社が従業員に対して、毎月定期的に支給する基本月額及び勤務手当、物価手当、家族手当、家族補給金等の諸手当をいう。

手当（別表一抜粋）

（別表一）

名称	支給条件	支給額	支給時期	備考
家族手当	一カ月扶養の義務ある家族一人に付き 注　該当計算月の作業日数の半数以上欠勤したときは支給しない	妻　五〇〇円 その他　二五〇円	下期	扶養の義務ある家族とは次の者とする 一、配偶者 二、数え年一九未満の者 三、数え年六一以上の父母
家族補給手当	扶養の義務ある家族四人以上 三人まで 成年独身者 未成年独身者 注　当該計算は作業日数の半数以上欠勤したときは支給しない	一月一、八〇〇円 一、五〇〇円 一、二〇〇円 一、一〇〇円	上下期分割	同上

答　設問の家族補給手当のうち独身者に支給する金額は勿論、扶養家族ある者に対して支給される金額についても、その支給方法が、別に存する家族手当の支給方法とは全く異り家族手当の性格を有するものとは認め難いから全額割増賃金の基礎に含むべきである。（昭二六・一〇・一九　基収四九九六号）

ホ　住宅手当

【具体的範囲】

①　割増賃金の基礎から除外される住宅手当とは、住宅に要する費用に応じて算定

される手当をいうものであり、手当の名称の如何を問わず実質によつて取り扱うこと。

② 住宅に要する費用とは、賃貸住宅については、居住に必要な住宅（これに付随する設備等を含む。以下同じ。）の賃借のために必要な費用、持家については、居住に必要な住宅の購入、管理等のために必要な費用をいうものであること。

③ 費用に応じた算定とは、費用に定率を乗じた額とすることや、費用を段階的に区分し費用が増えるにしたがつて額を多くすることをいうものであること。

④ 住宅に要する費用以外の費用に応じて算定される手当や、住宅に要する費用にかかわらず一律に定額で支給される手当は、本条の住宅手当に当たらないものであること。

イ　本条の住宅手当に当たる例

(イ)　住宅に要する費用に定率を乗じた額を支給することとされているもの。例えば、賃貸住宅居住者には家賃の一定割合、持家居住者にはローン月額の一定割合を支給することとされているもの。

(ロ)　住宅に要する費用を段階的に区分し、費用が増えるにしたがつて額を多くして支給することとされているもの。例えば、家賃月額五～十万円の者には二万円、家賃月額十万円を超える者には三万円を支給することとされているようなもの。

ロ　本条の住宅手当に当たらない例

(イ)　住宅の形態ごとに一律に定額で支給することとされているもの。例えば、賃貸住宅居住者には二万円、持家居住者には一万円を支給することとされているようなもの。

(ロ)　住宅以外の要素に応じて定率又は定額で支給することとされているもの。例えば、扶養家族がある者には二万円、扶養家族がない者には一万円を支給することとされているようなもの。

(ハ)　全員に一律に定額で支給することとされているもの。

（平一一・三・三一　基発一七〇号）

へ　在宅勤務手当

【割増賃金の算定におけるいわゆる在宅勤務手当の取扱いについて】

1　割増賃金の基礎となる賃金

労働基準法（昭和二十二年法律第四十九号。以下「法」という。）第三十七条第五項及び労働基準法施行規則（昭和二十二年厚生省令第二十三号。以下「則」という。）第二十一条により、割増賃金の基礎となる賃金に算入しない賃金は、家族手当、通勤手当、別居手当、子女教育手当、住宅手当、臨時に支払われた賃金及び一箇月を超える期間ごとに支払われる賃金とされている。

在宅勤務をする労働者に使用者から支給されるいわゆる在宅勤務手当については、労働基準関係法令上の定めはなく、企業においては様々な実態がみられるが、一般的には法第三十七条第五項及び則第二十一条に規定する賃金に該当しないと考えられるため、当該手当が法第十一条に規定する賃金に該当する場合には、割増賃金の基礎となる賃金に算入されることとなること。

一方、各企業において支給される在宅勤務手当が、以下の2及び3に照らして、事業経営のために必要な実費を弁償するものとして支給されていると整理される場合には、当該在宅勤務手当については法第十一条に規定する賃金に該当せず、割増賃金の基礎となる賃金への算入は要しないこと。

2　実費弁償の考え方

在宅勤務手当が、事業経営のために必要な実費を弁償するものとして支給されていると整理されるためには、当該在宅勤務手当は、労働者が実際に負担した費用のうち業務のために使用した金額を特定し、当該金額を精算するものであることが外形上明らかである必要があること。

このため、就業規則等で実費弁償分の計算方法が明示される必要があり、かつ、当該計算方法は在宅勤務の実態（勤務時間等）を踏まえた合理的・客観的な計算方法である必要があること。

このことから、例えば、従業員が在宅勤務に通常必要な費用として使用しなかった場合でも、その金銭を企業に返還する必要がないもの（例えば、企業が従業員に対して毎月五、〇〇〇円を渡切りで支給するもの）等は、実費弁償に該当せず、賃金に該当し、割増賃金の基礎に算入すべきものとなること。

3　実費弁償の計算方法

在宅勤務手当のうち、実費弁償に当たり得るものとしては、事務用品等の購入費用、通信費（電話料金、インターネット接続に係る通信料）、電気料金、レンタルオフィスの利用料金などが考えられるところ、これらが事業経営のために必要な実費を弁償するものとして支給されていると整理されるために必要な「在宅勤務の実態（勤務時間等）を踏まえた合理的・客観的な計算方法」としては、以下の方法などが考えられること。

(1)　別添〈略〉の国税庁「在宅勤務に係る費用負担等に関するＦＡＱ（源泉所得税関係）」（以下「国税庁ＦＡＱ」という。）で示されている計算方法

(2)　(1)の一部を簡略化した計算方法

通信費（電話料金、インターネット接続に係る通信料）及び電気料金については、在宅勤務手当の支給対象となる労働者ごとに、手当の支給月からみて直近の過去複数月の各料金の金額及び当該複数月の暦日数並びに在宅勤務をした日数を用いて、業務のために使用した一か月当たりの各料金の額を(1)の例により計算する方法。この場合は、在宅勤務手当の金額を毎月改定する必要はなく、当該金額を実費弁償として一定期間継続して支給することが考えられる。なお、「直近の過去複数月」については、例えば、三か月程度とすることが考えられる。また、「一定期間」については、最大で一年程度とし、「一定期間」経過後に改めて同様の計算方法で在宅勤務手当の金額を改定することが考えられるが、電気料金等は季節による変動も想定されることから、労働者が実際に負担した費用と乖離が生じないよう適切な時期に改定することが望ましい。

ただし、この取扱いは、当該在宅勤務手当があくまで実費弁償として支給されることを前提とするものであることから、2の考え方に照らし、常態として当該在宅勤務手当の額が実費の額を上回っているような場合には、当該上回った額については、賃金として割増賃金の基礎に算入すべきものとなることに留意すること。

(3)　実費の一部を補足するものとして支給する額の単価をあらかじめ定める方法

在宅勤務手当を実費の一部を補足するものとして支給することは、それが実費の額を上回らない限りにおいて、実費弁償になると考えられる。このため、実費の額を上回らないよう一日当たりの単価をあらかじめ合理的・客観的に定めた上で、当該単価に在宅勤務をした日数を乗じた額を在宅勤務手当として支給することは、実費弁償に該当するものとして差し支えない。

「実費の額を上回らないよう一日当たりの単価をあらかじめ合理的・客観的に定め」る方法として、通信費及び電気料金については、例えば、次のアからウまでの手順で定める方法が考えられる。

ア　当該企業の一定数の労働者について、国税庁ＦＡＱ問六から問八までの例により、一か月当たりの「業務のために使用した基本使用料や通信料等」「業務のために使用した基本

料金や電気使用料」をそれぞれ計算する。

イ　アの計算により得られた額を、当該労働者が当該一か月間に在宅勤務をした日数で除し、一日当たりの単価を計算する。

ウ　一定数の労働者についてそれぞれ得られた一日当たりの単価のうち、最も額が低いものを、当該企業における在宅勤務手当の一日当たりの単価として定める。

なお、アの「一定数」については、当該単価を合理的・客観的に定めたと説明できる程度の人数を確保することが望ましい。また、例えば、「一定数の労働者」を当該単価の額が高くなるよう恣意的に選んだ上で当該単価を定めることは、当該単価を合理的・客観的に定めるものとは認められず、当該単価を基に支給された在宅勤務手当も、実費弁償には該当しないこと。

4　その他

既に割増賃金の基礎に算入している在宅勤務手当（実費弁償に該当するもの）を2及び3に照らして割増賃金の基礎に算入しないこととする場合、労働者に支払われる割増賃金額が減少することとなり、労働条件の不利益変更に当たると考えられるため、法令等で定められた手続等を遵守し、労使間で事前に十分な話合い等を行うことが必要であることに留意すること。

（令六・四・五　基発〇四〇五第六号）

ト　その他

【所得税補充手当の割増賃金計算方法】

問　給与所得に対する所得税を、毎月使用者側において負担するため臨時補給金を支給しているが、この補給金中には既に課税対象となつた割増賃金の部分及び家族手当その他割増賃金の基礎に算入しない賃金の部分をも包含しているため、法第三十七条の割増賃金に算入する場合、計算が極めて困難である。かかる場合いかに処理すべきか。

答　設問の如く、労働者の所得税を使用者が一部負担するため支給する税金補給金は必ずしも扶養家族の数に応じて増額するものではないから家族手当を基礎として算定される賃金とは認められず又通勤手当等、割増賃金の基礎に含めない賃金に対する部分の補給金を区別する方法がないから、右の補給金は全額割増賃金の基礎に含めるべきである。

（昭二五・八・七　基収一九九一号）

【通勤手当】

問　一事業場において、実際距離に応じて通勤手当が支給されるが、最低三百円は距離に拘らず支給されるような場合においては実際距離によらない三百円は基礎に算入するものと解する。但しこの際事業場が給与の均衡上除外された通勤手当の一部を算入することは妨げないものと解するが如何。

答　本文については見解の通りである。但書については家族手当、通勤手当等、割増賃金の基礎より除外し得るものを算入することは使用者の自由である。

（昭二三・二・二〇　基発二九七号）

【乗務員の中休手当】

問　左記の如き中休手当は労働基準法施行規則第二十一条に掲げられたいずれの賃金にも該当しないが、この様な不就業時間に与えられる賃金を割増賃金の基礎に入れるべきか。

記

給与規程（抜萃）

（中休手当）

第三十五条　中休手当は車掌及び運転手が中休勤務（注）をした時に支給する。

前項の手当の額は第四十六条に規定する勤務一時間当りの給与額に全中休時間数を乗じて得た額の二分の一とする。

（勤務一時間当りの給与額の算出）

第四十六条　勤務一時間当りの給与額は給料の月額とそれに対する勤務地手当の月額及び現業手当の月額の合計額に十二を

乗じ、その額を一週間の勤務時間に五十二を乗じて除した額とする。

（注）　中休勤務とは就業規則第十一条二（乗務員の勤務時間）の第三日目の平日勤務をいう。

就業規則第十一条

職員の勤務時間は次の通りとする。但し業務の都合又は季節によつて勤務時間を変更することがある。

一、省略

二、乗務員の勤務時間

七箇班制として各班毎に順次、次の勤務をくり返す。

第一日　午後二時から午後十二時まで

第二日　午後二時から午後十一時三十分まで

第三日
- 平日…午前六時三十分から午前十時まで（中休）午後二時三十分から午後八時まで
- 日曜祝日…午前八時から午後八時まで

第四日　午前五時五十分から午後二時五十分まで

第五日
- 一組…午前五時五十分から午後二時五十分まで
- 二組…午後二時から午後十二時まで

第六日　休　日

第七日　休　日

（備考）第三日目の平日勤務の午前十時から午後二時三十分までは中休時間（四時間三十分）とし勤務を要しないものとする。

答　設問の中休手当は、通常の労働時間の賃金と認められる。従つて割増賃金の基礎に算入するが、その計算は施行規則第十九条第二項による。

（昭二九・五・一七　基収七七三号）

【年俸制適用労働者に係る割増賃金及び平均賃金の算定について】

問　今般、年間賃金額を予め定めるいわゆる年俸制の適用を受ける労働者に係る割増賃金及び平均賃金の算定についての疑義が生じたところであり、当該各事案に対し、別添のとおり解してよろしいか、御教示いただきたくお伺いします。

なお、対象労働者は、労働基準法第四十一条第二号に該当する監督若しくは管理の地位にある者又は機密の事務を取り扱う者に該当しない者です。

1　支給額が予め確定している賞与について

(1)　事案

次に掲げる就業規則により賃金を支払っている。

支給額が予め確定している賞与を割増賃金の算定の基礎となる賃金から除外しているが、この取扱い如何。また、平均賃金の算定について如何。

（年俸制）

第○条　給与は年俸により定める。

（給与の支払方法）

第○条　決定された年俸の十七分の一を、月例給与として支給する。

2　決定された年俸の十七分の五を二分して、六月と十二月に賞与として支給する。

（給与の区分）

第○条　社員の給与の区分は次のとおりとする。

(1)　基本給（年俸の十七分の一）

(2)　通勤手当

(3)　割増賃金

(4)　賞与（年俸の十七分の二・五×年二回）

（割増賃金）

第○条　業務の都合により所定の就業時間外又は休日に勤務した場合に、時間外手当、休日出勤手当を次のとおり支給する。

(1)　基礎額

一時間当たりの基礎額は、次の方法により算定する。

基本給÷一五〇時間／月（円未

満切り上げ）

(2) 通常時間外手当

始業時間前の勤務並びに始業時間より実働八時間以降の勤務に対し、一時間当たり基礎額の二割五分増を支給する。

(3) 深夜・早朝時間外勤務手当

（以下略）

（賞与）

第○条　賞与は年二回、六月（支給対象期間：前年十一月一日より当年四月末日まで）及び十二月（支給対象期間：当年五月一日より当年十月末日まで）に支給する。

2　賞与は支給対象期間の在籍者に支給する。

3　賞与は支給対象期間内に入社又は退職した社員に対しては、対象期間の出勤日数に応じ按分して支給する。

(2) 当局見解

① 割増賃金の算定について（労働基準法第三十七条）

割増賃金の基礎となる賃金に算入しない賃金の一つである「賞与」とは支給額が予め確定されていないものをいい、支給額が確定しているものは「賞与」とみなされない（昭二十二・九・十三発基一七号）としているので、年俸制で毎月払い部分と賞与部分を合計して予め年俸額が確定している場合の賞与部分は上記「賞与」に該当しない。したがって、賞与部分を含めて当該確定した年俸額を算定の基礎として割増賃金を支払う必要がある。

よって、事案の場合、決定された年俸額の十二分の一を月における所定労働時間数（月によって異なる場合には、一年間における一カ月平均所定労働時間数）で除した金額を基礎額とした割増賃金の支払いを要し、就業規則で定めた計算方法による支払額では不足するときは、労働基準法第三十七条違反として取り扱うこととする。

② （略）

2　割増賃金を含めた年俸について

(1) 事案

次に掲げる労働契約により賃金を支払っている。

年俸には割増賃金を含むものとしている場合の取扱い如何。

（労働契約書の内容）

第○条　年俸○○○円とする。

第○条　業務は○○○とする。

（口頭による労働契約の内容）

所定労働時間の範囲内で業務完遂することは予定しておらず、具体的な見込時間数は定めないが、前年度実績程度の時間外・休日労働（例えば年間時間外労働百時間、休日労働月一回）は発生することを前提とする。年俸○○○円には、時間外・休日労働の割増賃金を含むものとする。

その他の事情

1　年俸制適用、業務内容・年俸額決定の際には労使当事者間で交渉を積み重ねており、上記の内容は労使双方認識している。

2　年俸額は九百～一千万円程度で、社内では管理職扱いされている。

(2) 当局見解

割増賃金の算定について（労働基準法第三十七条）

一般的には、年俸に時間外労働等の割増賃金が含まれていることが労働契約の内容であることが明らかであって、割増賃金相当部分と通常の労働時間に対応する賃金部分とに区別することができ、かつ、割増賃金相当部分が法定の割増賃金額以上支払われている場合は労働基準法第三十七条に違反しないと解される。

事案の場合、割増賃金相当部分と通常の労働時間に対応する賃金部分とを明確に区別していないが、当該労働者の前年度実績からみて一定の時間外労働等が存在することが想定され、その分の割増賃金を含めて年俸額が決められていることは労使双方認識しているところである。

　よって、事案の場合、労働基準法第三十七条違反とは取り扱わないこととするが、労働契約の締結に際し賃金の決定・計算の方法及び所定労働時間を超える労働の有無について書面の交付により明示していないことについて労働基準法第十五条第一項違反として取り扱うこととする。

　なお、年俸に割増賃金を含むとしていても、割増賃金相当額がどれほどになるのかが不明であるような場合及び労使双方の認識が一致しているとは言い難い場合については、労働基準法第三十七条違反として取り扱うこととする。

答　平成十二年二月二十二日付け東基発第一一一号により照会のあった標記の件について、下記のとおり回答する。

記

1　事案1について、割増賃金及び平均賃金の算定とも、貴局見解のとおり。

　なお、事案1で賞与として支払われている賃金は、労働基準法施行規則第二十一条第四号の「臨時に支払われた賃金」及び同条第五号の「一箇月を超える期間ごとに支払われる賃金」のいずれにも該当しないものであるから、割増賃金の算定基礎から除外できないものであることを申し添える。

2　事案2について、基本的に貴局見解のとおりであるが、年間の割増賃金相当額に対応する時間数を超えて時間外労働等を行わせ、かつ、当該時間数に対応する割増賃金が支払われていない場合は、労働基準法第三十七条違反となることに留意されたい。また、あらかじめ、年間の割増賃金相当額を各月均等に支払うこととしている場合において、各月ごとに支払われている割増賃金相当額が、各月の時間外労働等の時間数に基づいて計算した割増賃金額に満たない場合も、同条違反となることに留意されたい。

（平一二・三・八　基収七八号）

❹割増賃金の算出方法

【寒冷地手当を割増賃金の基礎に算入しないが法所定の計算より上回る場合】

問　○○連盟は、本年九月八日○○労働組合連合会との間に寒冷地手当に関する協約を締結し、寒冷地手当は割増賃金の基礎に算入しないことに協定した。

　右は本手当の新設後の割増率に付、本手当を除外した賃金に付三割七分と協定したことによるものであり、寒冷地手当を基礎に入れない賃金だけの割増金額

$$\frac{\text{基準賃金}}{8}\times 0.37 = A$$

が労働基準法による最低額

$$\frac{\text{基準賃金}+\text{寒冷地手当}}{8}\times 0.25 = B$$

を下廻らぬ限り法第三十七条違反とならないと思料するが如何。

答　設問の寒冷地手当は法第三十七条に規定する割増賃金の基礎たる賃金であるが、労働者に対して実際に支払われた割増賃金が法所定の計算による割増賃金を下廻らない場合には、法第三十七条の違反とはならない。

（昭二四・一・二八　基収三九四七号）

【割増賃金の計算方法①】

問　施行規則第十九条第三号かつこ書、第四号かつこ書は厳格に適用する趣旨か、例えば官庁その他の土曜半休、冬季、夏季の勤務時間の相違及び月により土曜、日曜等不均一による月々の所定労働時間数の異なること等をも含むか。

答　施行規則第十九条第三号かつこ書及び第四号かつこ書は厳格に適用すべきものである。

（昭二三・三・一七　基発四六一号）

【割増賃金の計算方法②】

問　割増賃金に関し月二回（十五日毎）支払い、又は旬給の定めのある場合には規則

第十九条第一項第五号に該当するが、右の一定期間の所定労働時間数が異なる場合は同条第三号かつこ書を準用すべきものと思うが如何。

答 見解の通り。

（昭二三・四・一七　基収一〇七号）

【割増賃金計算における端数処理】　次の方法は、常に労働者の不利となるものではなく、事務簡便を目的としたものと認められるから、法第二十四条及び第三十七条違反としては取り扱わない。

㈠　一か月における時間外労働、休日労働及び深夜業の各々の時間数の合計に一時間未満の端数がある場合に、三十分未満の端数を切り捨て、それ以上を一時間に切り上げること。

㈡　一時間当たりの賃金額及び割増賃金額に円未満の端数が生じた場合、五十銭未満の端数を切り捨て、それ以上を一円に切り上げること。

㈢　一か月における時間外労働、休日労働、深夜業の各々の割増賃金の総額に一円未満の端数が生じた場合、㈡と同様に処理すること。　（昭六三・三・一四　基発一五〇号）

【出来高払制労働者の時間外割増賃金】

問　賃金が出来高払制その他の請負制によつて定められている者が、法第三十六条第一項もしくは法第三十三条の規定によつて時間外又は休日の労働をした場合の賃金の支払方法如何。その賃金算定期間において出来高払制その他の請負制によつて計算された賃金の総額を当該賃金算定期間における総労働時間数で除した金額に法第三十六条第一項もしくは法第三十三条の規定によつて延長した労働時間数もしくは休日労働時間数を乗じた金額のそれぞれ十二割五分、十三割五分を支払うべきであるか、又はそれぞれ二割五分、三割五分で差支えないか。

答　見解後段の通り。

（昭二三・一一・二五　基収三〇五二号、昭六三・三・一四　基発一五〇号、平六・三・三一　基発一八一号、平一一・三・三一　基発一六八号）

【割増賃金計算のための通常の労働日】

問　休日労働または時間外労働の割増賃金の通常の労働日の計算にあたり月給者の一年間の所定労働日数は左記の通り取扱つて差支ないか。

記

一、就業規則中
　休日は毎週日曜日とする。
　と定めてある場合は本年は日曜五十二日としてその通常の労働日は三百十三日とする。

二、就業規則中
　㈠　公休日
　　日曜日は勤務を要しない日とする。
　㈡　休日
　　国民の祝日は休日とする。但し当日勤務を要する者については他の日に振り替えこれを与える。
　㈧　有給の欠勤
　　休日（㈡の場合）はその日が日曜でない限りこれを勤務したものとみなす。
　右のような規定のある場合は㈡の国民の祝日は通常の労働日として取扱い該事業場の休日は日曜日のみと解しその通常の労働日は一の通り三百十三日とする。

三、就業規則中
　休日は左の通りとする。
　㈠　定休日　毎週日曜日
　㈡　公休日
　　㈠　年末年始　十二月三十一日より一月三日迄
　　㈡　天皇誕生日　四月二十九日
　　㈧　憲法記念日　五月三日
　　㈡　盆会　八月十五日
　　㈭　会社創立記念日　十一月三日
　　㈮　勤労感謝の日　十一月二十三日
　休日の規定を単に右の様に定めた場合は週休五十二日の外に公休八日（本年は天皇誕生日は日曜と重複しているので削除）も所定の休日として取扱い計六十日が休日で

ありその通常の労働日は三百五日とする。

答　施行規則第十九条にいう通常の労働日とは、所定の実労働日をいうものであるから、設問一、三については貴見の通り。設問二(ロ)は、ただ勤務したものとみなされるだけであるから、通常の労働日より除外される。従つて本年における通常の労働日は三百五日である。

（昭二六・八・六　基収二八五九号）

❺代替休暇

【趣旨】　特に長い時間外労働を抑制することを目的として、一箇月について六十時間を超える時間外労働について、法定割増賃金率を引き上げることとされているが、臨時的な特別の事情等によってやむを得ずこれを超える時間外労働を行わざるを得ない場合も考えられる。

このため、そのような労働者の健康を確保する観点から、特に長い時間外労働をさせた労働者に休息の機会を与えることを目的として、一箇月について六十時間を超えて時間外労働を行わせた労働者について、労使協定により、法定割増賃金率の引上げ分の割増賃金の支払に代えて、有給の休暇を与えることができることとしたものであること。〈編注　後略〉

（平二一・五・二九　基発〇五二九〇〇一号、平二三・四・一　基発〇四〇一第四三号）

【代替休暇に係る労使協定の締結】　法第三十七条第三項の休暇（以下「代替休暇」という。）を実施する場合には、事業場において労使協定を締結する必要があること。

この労使協定は、当該事業場において、法第三十七条第一項ただし書の規定による割増賃金の支払による金銭補償に代えて、通常の労働時間の賃金が支払われる休暇の付与による補償を行うことができることとするものであり、個々の労働者に対して代替休暇の取得を義務付けるものではないこと。労使協定が締結されている事業場において、個々の労働者が実際に代替休暇を取得するか否かは、労働者の意思によるものであること。

法第三十七条第三項の「労働者の過半数を代表する者」については、則第六条の二第一項において、①法第四十一条第二号に規定する監督又は管理の地位にある者でないこと及び②法に規定する協定等をする者を選出することを明らかにして実施される投票、挙手等の方法による手続により選出された者であることのいずれにも該当する者とされていること。

なお、労使協定の締結によって代替休暇を実施する場合には、代替休暇に関する事項を法第八十九条第一号の「休暇」として就業規則に記載する必要があること。

（平二一・五・二九　基発〇五二九〇〇一号）

【代替休暇に係る労使協定で定める事項】

(1)　代替休暇として与えることができる時間の時間数の算定方法

則第十九条の二第一項第一号の代替休暇として与えることができる時間の時間数の算定方法については、同条第二項において、一箇月について六十時間を超えて時間外労働をさせた時間数に、労働者が代替休暇を取得しなかった場合に支払うこととされている割増賃金率と、労働

（図1）

［代替休暇として与えることができる時間の時間数］＝（［一箇月の時間外労働時間数］－60）×［換算率］

［換算率］＝［労働者が代替休暇を取得しなかった場合に支払うこととされている割増賃金率（五割以上）］－［労働者が代替休暇を取得した場合に支払うこととされている割増賃金率（二割五分以上）］

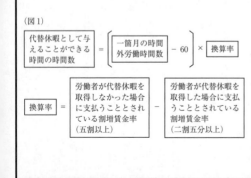

者が代替休暇を取得した場合に支払うこととされている割増賃金率との差に相当する率（以下「換算率」という。）を乗じるものとされており、労使協定では、この算定方法にしたがって具体的に定める必要があること。（図1参照）

労働者が代替休暇を取得しなかった場合に支払う割増賃金率は、法第三十七条第一項ただし書の規定により五割以上の率とする必要があり、労働者が代替休暇を取得した場合に支払う割増賃金率は、同項本文の規定により二割五分以上の率とする必要があり、いずれも法第八十九条第二号の「賃金の決定、計算及び支払の方法」として就業規則に記載する必要があること。

(2) 代替休暇の単位

代替休暇の単位については、まとまった単位で与えられることによって労働者の休息の機会とする観点から、則第十九条の二第一項第二号において、一日又は半日とされており、労使協定では、その一方又は両方を代替休暇の単位として定める必要があること。

「一日」とは労働者の一日の所定労働時間をいい、「半日」とはその二分の一をいうものであること。「半日」については、必ずしも厳密に一日の所定労働時間の二分の一とする必要はないが、その場合には労使協定で当該事業場における「半日」の定義を定めておくこと。

また、代替休暇として与えることができる時間の時間数が労使協定で定めた代替休暇の単位（一日又は半日）に達しない場合であっても、則第十九条の二第一項第二号において、「代替休暇以外の通常の労働時間の賃金が支払われる休暇」と合わせて与えることができる旨を労使協定で定めたときは、当該休暇と代替休暇とを合わせて一日又は半日の休暇を与えることができることとされていること。「代替休暇以外の通常の労働時間の賃金が支払われる休暇」としては、代替休暇の実施に伴って任意に創設される休暇を想定しているものであるが、事業場の既存の休暇制度や、法第三十九条第四項の労使協定が締結されている事業場において労働者が請求した場合に同項の時間単位年休を活用することも差し支えないこと。

なお、「代替休暇以外の通常の労働時間の賃金が支払われる休暇」と代替休暇とを合わせて与えた場合においても、法第三十七条第一項ただし書の規定による法定割増賃金率の引上げ分の割増賃金の支払に代えることができるのは、代替休暇の部分に限られるものであること。

(3) 代替休暇を与えることができる期間

代替休暇を与えることができる期間については、特に長い時間外労働が行われた月から一定の近接した期間に与えられることによって労働者の休息の機会とする観点から、則第十九条の二第一項第三号において、時間外労働が一箇月について六十時間を超えた当該一箇月の末日の翌日から二箇月以内とされており、労使協定では、この範囲内で定める必要があること。

なお、代替休暇を与えることができる期間として労使協定で一箇月を超える期間が定められている場合には、前々月の時間外労働に対応する代替休暇と前月の時間外労働に対応する代替休暇とを合わせて一日又は半日の代替休暇として取得することも可能であること。

(4) 代替休暇の取得日及び割増賃金の支払日

代替休暇については、賃金の支払額を早期に確定させる観点から、(1)から(3)までの事項以外の事項として労使協定で定められるべきものとして、次のものが考えられるものであること。

ア 労働者の意向を踏まえた代替休暇の取得日の決定方法

労働者の代替休暇取得の意向については、一箇月について六十時間を超えて時間外労働をさせた当該一箇月の末日からできる限り短い期間内において、確認されるものとすること。代替休暇を取得するかどうかは、労働者の判断による（法第三十七条第三項）ため、代替休暇が実際に与えられる日は、当然、労働者の意向を踏まえたものとなること。

イ　一箇月について六十時間を超える時間外労働に係る割増賃金の支払日

一箇月について六十時間を超える時間外労働に係る割増賃金の支払日については、労働者の代替休暇取得の意向に応じて、次のようになるものであること。（図2参照）

a　労働者に代替休暇取得の意向がある場合には、現行でも支払義務がある割増賃金（法第三十七条第一項本文の規定により二割五分以上の率で計算した割増賃金）について、当該割増賃金が発生した貸金計算期間に係る賃金支払日に支払うこと。

なお、代替休暇取得の意向があった労働者が実際には代替休暇を取得できなかったときには、法第三十七条第一項ただし書の規定による法定割増賃金率の引上げ分の割増賃金について、労働者が代替休暇を取得できないことが確定した賃金計算期間に係る賃金支払日に支払う必要があ

（図2）

・賃金締切日が月末
・賃金支払日が翌月15日
・代替休暇は2か月以内に取得
・代替休暇を取得しなかった場合の割増賃金率50%
・代替休暇を取得した場合の割増賃金率25%
とされている事業場の場合の例

a　労働者に代替休暇取得の意向がある場合

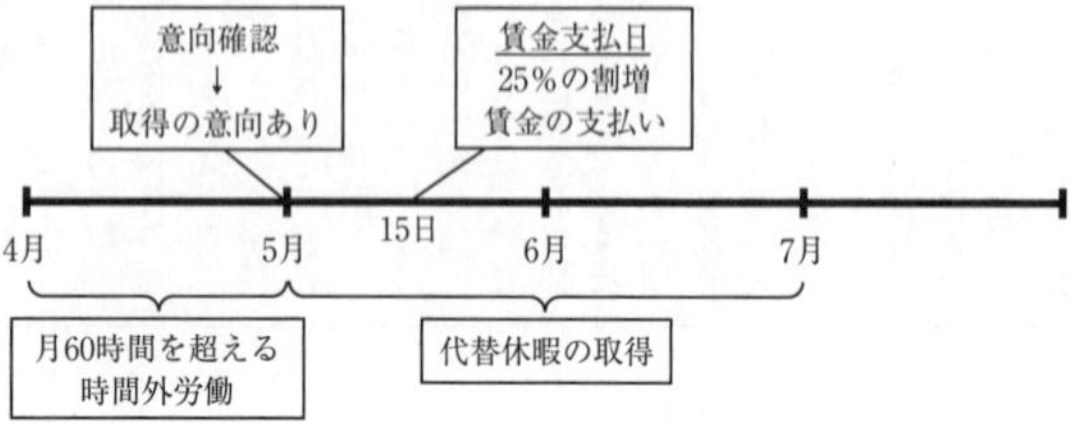

b　a以外の場合（労働者に代替休暇取得の意向がない場合、労働者の意向が確認できない場合等）

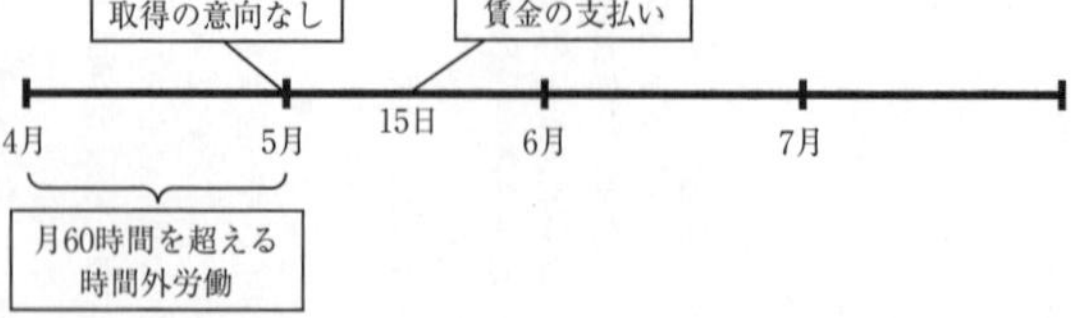

ること。

b　a以外の場合（労働者に代替休暇取得の意向がない場合、労働者の意向が確認できない場合等）には、法定割増賃金率の引上げ分も含めた割増賃金（法第三十七条第一項ただし書の規定により五割以上の率で計算した割増賃金）について、当該割増賃金が発生した賃金計算期間に係る賃金支払日に支払うこと。

なお、法定割増賃金率の引上げ分も含めた割増賃金が支払われた後に、労働者から代替休暇取得の意向があった場合には、代替休暇を与えることができる期間として労使協定で定めた期間内であっても、労働者は代替休暇を取得できないこととすることを労使協定で定めても差し支えないものであること。

このような、法定割増賃金率の引上げ分も含めた割増賃金が支払われた後に労働者から代替休暇取得の意向があった場合について、代替休暇を与えることができる期間として労使協定で定めた期間内であれば労働者は代替休暇を取得できることとし、労働者が実際に代替休暇を取得したときは既に支払われた法定割増賃金率の引上げ分の割増賃金について精算することとすることを労使協定で定めることも妨げられるものではないこと。

（平二一・五・二九　基発〇五二九〇〇一号）

【法定割増賃金率の引上げ分の割増賃金の支払が不要となる時間】　代替休暇は、法第三十七条第一項ただし書の規定による法定割増賃金率の引上げ分の割増賃金の支払に代えて与えられるものであることから、法定割増賃金率の引上げ分の割増賃金の支払が不要となる時間は、法第三十七条第三項において、一箇月について六十時間を超える時間外労働のうち労働者が取得した代替休暇に対応する時間の労働とされており、具体的には、則第十九条の二第三項において、労働者が取得した代替休暇の時間数を換算率で除して得た時間数の時間とされているものであること。したがって、代替休暇取得の意向があった労働者が実際には代替休暇を取得できなかったときには、取得できなかった代替休暇に対応する時間の労働については、法定割増賃金率の引上げ分の割増賃金の支払が必要となること。

なお、労働者が実際に代替休暇を取得した場合であっても、現行でも支払義務がある割増賃金（第三十七条第一項本文の規定により二割五分以上の率で計算した割増賃金）の支払が必要であることは、いうまでもないこと。

（平二一・五・二九　基発〇五二九〇〇一号）

【代替休暇と年次有給休暇との関係】　代替休暇は、法第三十七条第三項において「（第三十九条の規定による有給休暇を除く。）」と確認的に規定されており、年次有給休暇とは異なるものであること。

なお、法第三十九条第一項は、六箇月継続勤務に対する年次有給休暇の付与を規定し、その際の当該期間における全労働日の八割出勤を要件としているが、労働者が代替休暇を取得して終日出勤しなかった日については、正当な手続により労働者が労働義務を免除された日であることから、年次有給休暇の算定基礎となる全労働日に含まないものとして取り扱うこと。

（平二一・五・二九　基発〇五二九〇〇一号）

【取得日の決定方法】

問　代替休暇の取得日について、労働者が希望した日を使用者が一方的に変更や拒否をすることは認められるのか。取得の方法や取得希望日の変更方法について、労使協定で制限することは可能か。

答　代替休暇は使用者が与えるものであるが、実際に取得するか否かは労働者の判断によるものであるため、使用者による一方的な変更等は認められず、取得日の決定等は当然労働者の意向を踏まえたものとなる。代替休暇の取得等の具体的な方法については、労使の話合いにより労使協定で定めるものとされている。

（平二一・一〇・五　基発一〇〇五第一号）

【所定労働日と所定休日の割増賃金率が異なる場合】

問　日曜日及び土曜日を休日とする完全週休二日制（法定休日は日曜日）で、所定労働日の時間外労働に対する割増賃金率を二十五％、法定休日以外の休日である土曜日の労働に対する割増賃金率を三十五％と定めている場合に、土曜日の労働時間数を含んで時間外労働時間数が一箇月六十時間を超えたとき、代替休暇の時間数はどのように算出するのか。

答　設問の場合、所定労働日の換算率と法定休日以外の休日である土曜日の換算率をそれぞれ算出し、それぞれの一箇月六十時間を超える時間外労働時間の部分について換算率を乗じた時間数を足し合わせたものが代替休暇の時間数となる。なお、双方の換算率が同一となるように労使協定で定めることも可能である。

（平二一・一〇・五　基発一〇〇五第一号）

【労働者の過半数代表者の要件】　次のいずれの要件も満たすものであること。

(1)　法第四十一条第二号に規定する監督又は管理の地位にある者でないこと。

(2)　法に基づく労使協定の締結当事者、就業規則の作成・変更の際に使用者から意見を聴取される者等を選出することを明らかにして実施される投票、挙手等の方法による手続により選出された者であり、使用者の意向によって選出された者ではないこと。

なお、法第十八条第二項、法第二十四条第一項ただし書、法第三十九条第四項、第六項及び第七項ただし書並びに法第九十条第一項に規定する過半数代表者については、当該事業場に上記(1)に該当する労働者がいない場合（法第四十一条第二号に規定する監督又は管理の地位にある者のみの事業場である場合）には、上記(2)の要件を満たすことで足りるものであること。

（平一一・一・二九　基発四五号、平一三・五・一八　基発〇五一八第一号）

【労働者の過半数代表者の選出手続】

問　則第六条の二に規定する「投票、挙手等」の「等」には、どのような手続が含まれているか。

答　労働者の話合い、持ち回り決議等労働者の過半数が当該者の選任を支持していることが明確になる民主的な手続が該当する。

（平一一・三・三一　基発一六九号）

【過半数代表者】　時間外・休日労働協定の締結等に際し、労働基準法の規定に基づき労働者の過半数を代表する者を選出するに当たっては、使用者側が指名するなど不適切な取扱いがみられるところである。このため、過半数代表者の要件として、「使用者の意向に基づき選出されたものでないこと」を労基則において明記したものであること。

また、使用者は、過半数代表者がその事務を円滑に遂行することができるよう必要な配慮を行わなければならないこととしたものであること。

（平三〇・九・七　基発〇九〇七第一号）

【「必要な配慮」の内容】

問　則第六条の二第四項の「必要な配慮」にはどのようなものが含まれるのか。

答　則第六条の二第四項の「必要な配慮」には、例えば、過半数代表者が労働者の意見集約等を行うに当たって必要となる事務機器やシステム（イントラネットや社内メールを含む。）、事務スペースの提供を行うことが含まれるものである。

（平三〇・一二・二八　基発一二二八第一五号、令五・八・二　基発〇八〇二第七号）

【過半数代表者の不利益取扱い】　過半数代表者であること若しくは過半数代表者にな

ろうとしたこと又は過半数代表者として正当な行為をしたことを理由として、解雇、賃金の減額、降格等労働条件について不利益取扱いをしないようにしなければならないこととしたものであること。

「過半数代表者として正当な行為」には、法に基づく労使協定の締結の拒否、一年単位の変形労働時間制の労働日ごとの労働時間についての不同意等も含まれるものであること。

（平一一・一・二九　基発四五号）

（時間計算）

第三十八条　労働時間は、事業場を異にする場合においても、労働時間に関する規定の適用については通算する。

②　坑内労働については、労働者が坑口に入つた時刻から坑口を出た時刻までの時間を、休憩時間を含め労働時間とみなす。但し、この場合においては、第三十四条第二項及び第三項の休憩に関する規定は適用しない。

（入出坑の労働者のみなし労働時間）

則第二十四条　使用者が一団として入坑及び出坑する労働者に関し、その入坑開始から入坑終了までの時間について様式第十一号によつて所轄労働基準監督署長の許可を受けた場合には、法第三十八条第二項の規定の適用については、入坑終了から出坑終了までの時間を、その団に属する労働者の労働時間とみなす。

▼**参照条文**　〔労働時間―三二～三二の四・三二の五・三三・三六〕、〔坑口計算―則二四〕

解釈例規

❶事業場を異にする場合

【事業場を異にする場合の意義】

問　本条において「事業場を異にする場合においても」とあるがこれを事業主を異にする場合も含むと解すれば個人の側からすれば一日八時間以上働いて収入を得んとしても不可能となるが、この際個人の勤労の自由との矛盾を如何にするか、又内職は差支えないとすればその区別の標準如何。

答　「事業場を異にする場合」とは事業主を異にする場合をも含む。なお内職云々については其の内職を行う者と発注者との間に使用従属関係があるか否かによつて法の適用の有無が決定される。

（昭二三・五・一四　基発七六九号）

【一事業場で八時間労働後他の事業場で働く場合の取扱い】

問　所定労働時間八時間で事業主Aに雇われている者が経済上の事由により退社後B事業場に雇われて労働に従事しようとする場合事業主Bは当該労働者を使用することができるか。もしできるとするならば、この場合様式第九号の「所定労働時間」の欄に任意に労働時間を記載するに当たっては、A事業主の許における労働時間を記入させることになるか。

答　事業主Aのもとで法第三十二条第二項所定の労働時間労働したものを、B事業主が使用することは、法第三十三条又は法第三十六条第一項の規定に基き、夫々時間外労働についての法定の手続をとれば可能である。又様式第九号の記入方法は見解の通りである。

（昭二三・一〇・一四　基収二一一七号、昭六三・三・一四　基発一五〇号、平一一・三・三一　基発一六八号、平三一・四・一　基発〇四〇一第四三号）

【二以上の事業に働く場合の時間外割増賃金】

問　二以上の事業主に使用され（労働関係ありとする）その通算労働時間が八時間を超える場合割増賃金は如何に処置したらよいか。

答　法定時間外に使用した事業主は法第三十七条に基き、割増賃金を支払わなければならない。　（昭二三・一〇・一四　基収二一一七号）

【複数の事業場に派遣される派遣労働者】

労働基準法第三十八条は、派遣中の労働者に関しても適用されるので一定期間に相前後して複数の事業場に派遣された場合には、労働基準法の労働時間に関する規定の適用については、それぞれの派遣先の事業場において労働した時間が通算されること。

（昭六一・六・六　基発三三三号）

❷坑内労働

【集団入出坑の場合の許可】　規則第二十四条の許可は概ね次の基準によつて取扱うこと。

㈠　二十人以下の団体入坑は許可しないこと。

㈡　徒歩で出入坑する場合には所要時間が三十分以内のものに限つて許可すること。

㈢　人車又はケージによつて出入坑する場合には合理的所要時間（一回の乗降時間としてケージの場合は三十秒、人車の場合は三分とし、これに通常の運転時間を加えて算出する）に三割を加えた時間以内のものに限り許可すること。

（昭二二・九・一三　発基一七号）

【坑内作業と直結する作業】

問　法第三十八条第二項但書「坑内作業の休憩時間」の適用範囲を坑内作業に直結する坑外の捲方、外棹等の職種に拡大して解してよいか。

答　坑内作業に直結する作業であつても、坑外作業に従事する労働者には、法第三十八条第二項但書は適用されない。

（昭二三・四・一五　基収一三七四号）

【坑内労働者の労働時間と坑内労働時間との関係】

問　例えば入坑前の作業即ちキャップランプの受渡時間、繰込時間及び出坑後のキャップランプの返納時間は、坑内労働者の労働時間に含まれるものであるか、あるいは点検場所から坑口までの時間をも含むものであるか。なお右例示のような時間をも含むとすれば法第三十八条第二項「坑内労働については労働者が坑口に入つた時刻から坑口を出た時刻までの時間を休憩時間を含めた労働時間とみなす」という条文並びに施行規則第二十四条と矛盾するように思料されるので具体的内容について何分の回答願いたい。

答　作業の準備又は終業に必要ある整理整頓時間の例示については見解の通りである。なお、法第三十八条及び施行規則第二十四条は坑内における労働時間については、所謂切羽実働のみを計算することなく、坑口計算制によつて計算することの意であり、所謂坑内労働者の労働時間は、右の坑内における労働時間に限られず、坑外において使用者の作業指揮下にあれば、その時間も当然これに含まれる。

（昭二三・一〇・三〇　基発一五七五号、昭三三・二・一六　基収三九五三号）

【作業の準備又は終業に必要な整理整頓時間】

問　坑内作業の準備又は終業に必要な坑外での整理整頓時間、例えば入坑前の作業即ちキャップランプの受渡時間、繰込時間及び出坑後のキャップランプの返納時間、あるいは点検場所から坑口までの時間は、坑内労働者の労働時間に算入してよいか。

このような解釈は、法第三十八条第二項「坑内労働については、労働者が坑口に入つた時刻から坑口を出た時刻までの時間を、休憩時間を含め労働時間とみなす」という条文並びに施行規則第二十四条と矛盾するように思料されるので具体的内容について何分の回答願いたい。

答　見解の通り。なお法第三十八条及び施行規則第二十四条は坑内における労働時間については、いわゆる切羽実働のみを計算することなく、坑口計算制によつて計算するとの意であり、いわゆる坑内労働者の労働時間は、右の坑内における労働時間に限られず、坑外において使用者の作業指揮下にあれば、その時間も当然これに含まれる。

（昭二三・一〇・三〇　基発一五七五号）

【入坑開始】

問　法第三十八条によると坑内作業における労働時間は労働者が坑口を通過した時刻より計算することとなつているが規則第二十四条にいう入坑開始とは労働者が人車又はケージに乗る時刻を意味するか、もしくは人車の最先端が坑口を通過する時刻を意味するか。

答　見解後段の通り。

（昭二四・一・二五　基収四二七七号）

【入坑終了】

問　規則第二十四条にいう入坑終了とは人車の最後部が坑口を通過した時刻を意味するか、又は人車が終点（坑内）に到着し労働者が人車より降りて了つた時刻を意味するか。

答　見解前段の通り。

（昭二四・一・二五　基収四二七七号）

【入坑に要する時間】

問　㈠　昭和二十二年九月十三日附発基第一七号通牒法第三十八条関係㈢にいう「通常の運転時間」とは人車又はケージの始点（坑外）より終点（坑内）までの通常の運転時間を意味するものと解してよいか。

㈡　労働基準法施行規則様式第十一号の「入坑に要する時間」とは同規則第二十四条にいう「入坑開始から入坑終了までの時間」と解してよいか。

答　㈠　「通常の運転時間」とは、団体入坑者の始発の人車又はケージの最先端が坑口に入つた時刻から終発の人車又はケージの最後尾が坑口を通過した時刻までの時間からその停車時間（前記通牒に定める乗降時間を含む）を除いた時間をいう。

㈡　見解の通り。

（昭二四・四・二三　基収四七五号）

【鉱山における坑の範囲】

問　鉱山における坑の範囲如何。

答　労働基準法における坑の範囲については従来疑義があつたが、今般鉱山について左の如く決定した。

㈠　労働基準法における坑とは鉱山についていえば一般に地下にある鉱物を試掘又は採掘する場所及び地表に出ることなしにこの場所に達するためにつくられる地下の通路をいう。

㈡　当初から地表に貫通するためにつくられ、かつ公道と同様程度の安全衛生が保障されており、かつ坑内夫以外の者の通行が可能である地下の通路は労働基準法上の坑ではない。

㈢　本来地下にある鉱物を試掘又は採掘する場所に達するためにつくられた地下の通路がたまたま地表に貫通しても、あるいは、地勢の関係上部分的に地表にあらわれても、これが公道と同様な程度の安全衛生を保障されるに至り、かつ坑内夫以外の者の通行が可能である通路に変化しない限り労働基準法上の坑である性質は変化しない。

（昭二五・八・一一　基発七三二号）

【坑内労働者の割増賃金】

問　坑内労働者の割増賃金計算に当たり、法第三十八条第二項の規定によつて労働時間とみなされる休憩時間を含めて算定すべきか。

答　坑内労働については法第三十八条第二項が適用されるから休憩時間を含め一日の拘束時間が八時間、又は一週の拘束時間が週の法定労働時間を超えた場合に法第三十七条の割増賃金支給義務が発生する。したがつて、設問の場合には賃金計算について別段の定めがない限り、休憩時間を含めた一日又は週の法定労働時間以下である拘束時間をもつて計算して差し支えない。

（昭二三・一・二四　基発一〇四号、昭六三・三・一四　基発一五〇号）

❸ 副業・兼業

【労働時間が通算される場合】

労働者が、事業主を異にする複数の事業場において、「労働基準法に定められた労働時間規制が適用される労働者」に該当する場合に、法第三八条第一項の規定により、それらの複数の事業場における労働時間が通算されること。

なお、次のいずれかに該当する場合は、その時間は通算されないこと。

ア　法が適用されない場合

例　フリーランス、独立、起業、共同経営、アドバイザー、コンサルタント、顧問、理事、監事等

イ　法は適用されるが労働時間規制が適用されない場合（法第四一条及び第四一条の二）

農業・畜産業・養蚕業・水産業、管理監督者・機密事務取扱者、監視・断続的労働者、高度プロフェッショナル制度

（令二・九・一　基発〇九〇一第三号）

【労働時間が通算して適用される規定】

法定労働時間（法第三二条・第四〇条）について、その適用において自らの事業場における労働時間及び他の使用者の事業場における労働時間が通算されること。

時間外労働（法第三六条）のうち、時間外労働と休日労働の合計で単月一〇〇時間未満、複数月平均八〇時間以内の要件（同条第六項第二号及び第三号）については、労働者個人の実労働時間に着目し、当該個人を使用する使用者を規制するものであり、その適用において自らの事業場における労働時間及び他の使用者の事業場における労働時間が通算されること。

時間外労働の上限規制（法第三六条第三項から第五項まで及び第六項（第二号及び第三号に係る部分に限る。））が適用除外（同条第一一項）又は適用猶予（法第一三九条第二項、第一四〇条第二項、第一四一条第四項又は第一四二条）される業務・事業についても、法定労働時間（法第三二条・第四〇条）についてはその適用において自らの事業場における労働時間及び他の使用者の事業場における労働時間が通算されること。

（令二・九・一　基発〇九〇一第三号）

【通算されない規定】

時間外労働（法第三六条）のうち、法第三六条第一項の協定（以下「三六協定」という。）により延長できる時間の限度時間（同条第四項）、三六協定に特別条項を設ける場合の一年についての延長時間の上限（同条第五項）については、個々の事業場における三六協定の内容を規制するものであり、それぞれの事業場における延長時間を定めることとなること。

また、三六協定において定める延長時間が事業場ごとの時間で定められていることから、それぞれの事業場における時間外労働が三六協定に定めた延長時間の範囲内であるか否かについては、自らの事業場における労働時間と他の使用者の事業場における労働時間とは通算されないこと。

休憩（法第三四条）、休日（法第三五条）、年次有給休暇（法第三九条）については、その適用において自らの事業場における労働時間及

び他の使用者の事業場における労働時間は通算されないこと。

（令二・九・一　基発〇九〇一第三号）

【副業・兼業の確認】

使用者は、労働者からの申告等により、副業・兼業の有無・内容を確認すること。

その方法としては、就業規則、労働契約等に副業・兼業に関する届出制を定め、既に雇い入れている労働者が新たに副業・兼業を開始する場合の届出や、新たに労働者を雇い入れる際の労働者からの副業・兼業についての届出に基づくこと等が考えられること。

使用者は、副業・兼業に伴う労務管理を適切に行うため、届出制など副業・兼業の有無・内容を確認するための仕組みを設けておくことが望ましいこと。

（令二・九・一　基発〇九〇一第三号）

【労働時間の通算】

一　基本的事項

(1)　労働時間を通算管理する使用者

副業・兼業を行う労働者を使用する全ての使用者（第一の一において労働時間が通算されない場合として掲げられている業務等に係るものを除く。）は、法第三八条第一項の規定により、それぞれ、自らの事業場における労働時間と他の使用者の事業場における労働時間とを通算して管理する必要があること。

(2)　通算される労働時間

法第三八条第一項の規定による労働時間の通算は、自らの事業場における労働時間と労働者からの申告等により把握した他の使用者の事業場における労働時間とを通算することによって行うこと。

労働者からの申告等がなかった場合には労働時間の通算は要せず、また、労働者からの申告等により把握した他の使用者の事業場における労働時間が事実と異なっていた場合でも労働者からの申告等により把握した労働時間によって通算していれば足りること（第四の一において同じ。）。

(3)　基礎となる労働時間制度

法第三八条第一項の規定による労働時間の通算は、自らの事業場における労働時間制度を基に、労働者からの申告等により把握した他の使用者の事業場における労働時間と通算することによって行うこと。

週の労働時間の起算日又は月の労働時間の起算日が、自らの事業場と他の使用者の事業場とで異なる場合についても、自らの事業場の労働時間制度における起算日を基に、そこから起算した各期間における労働時間を通算すること。

(4)　通算して時間外労働となる部分

自らの事業場における労働時間と他の使用者の事業場における労働時間とを通算して、自らの事業場の労働時間制度における法定労働時間を超える部分が、時間外労働となること。

二　副業・兼業の開始前（所定労働時間の通算）

自らの事業場における所定労働時間と他の使用者の事業場における所定労働時間とを通算して、自らの事業場の労働時間制度における法定労働時間を超える部分がある場合は、時間的に後から労働契約を締結した使用者における当該超える部分が時間外労働となり、当該使用者における三六協定で定めるところによって行うこととなること。

三　副業・兼業の開始後（所定外労働時間の通算）

二の所定労働時間の通算に加えて、自らの事業場における所定外労働時間と他の使用者の事業場における所定外労働時間とを当該所定外労働が行われる順に通算して、自らの事業場の労働時間制度における法定労働時間を超える部分がある場合は、当該超える部分が時間外労働となること。

各々の使用者は、通算して時間外労働となる時間のうち、自らの事業場において労働させる時間については、自らの事業場における三六協定の延長時間の範囲内とする必要があること。

各々の使用者は、通算して時間外労働となる時間（他の使用者の事業場における労働時間を含む。）によって、時間外労働と休日労働の合計で単月一〇〇時間未満、複数月平均八〇時間以内の要件（法第三六条第六項第二号及び第三号）を遵守するよう、一か月単位で労働時間を通算管理する必要があること。

四　その他

労働者が事業主を異にする三以上の事業場で労働する場合についても、上記に示したところにより、副業・兼業の確認、副業・兼業開始前の所定労働時間の通算、副業・兼業開始後の所定外労働時間の通算を行うこと。

（令二・九・一　基発〇九〇一第三号）

【時間外労働の割増賃金の取扱い】

一　割増賃金の支払義務

各々の使用者は、自らの事業場における労働時間制度を基に、他の使用者の事業場における所定労働時間・所定外労働時間についての労働者からの申告等により、

・まず労働契約の締結の先後の順に所定労働時間を通算し、

・次に所定外労働の発生順に所定外労働時間を通算することによって、

それぞれの事業場での所定労働時間・所定外労働時間を通算した労働時間を把握し、その労働時間について、自らの事業場の労働時間制度における法定労働時間を超える部分のうち、自ら労働させた時間について、時間外労働の割増賃金（法第三七条第一項）を支払う必要があること。

二　割増賃金率

時間外労働の割増賃金の率は、自らの事業場における就業規則等で定められた率（二割五分以上の率。ただし、所定外労働の発生順によって所定外労働時間を通算して、自らの事業場の労働時間制度における法定労働時間を超える部分が一か月について六〇時間を超えた場合には、その超えた時間の労働のうち自ら労働させた時間については、五割以上の率。）となること（法第三七条第一項）。

（令二・九・一　基発〇九〇一第三号）

【簡便な労働時間管理の方法】

一　趣旨

副業・兼業の場合の労働時間管理の在り方については上記のとおりであるが、例えば、副業・兼業の日数が多い場合や、自らの事業場及び他の使用者の事業場の双方において所定外労働がある場合等においては、労働時間の申告等や通算管理において、労使双方に手続上の負担が伴うことが考えられる。

このため、副業・兼業の場合の労働時間管理の在り方について、上記によることのほかに、労働時間の申告等や通算管理における労使双方の手続上の負担を軽減し、法に定める最低労働条件が遵守されやすくなる簡便な労働時間管理の方法（以下「管理モデル」という。）として、以下の方法によることが考えられること。

二　管理モデルの枠組み

管理モデルは、副業・兼業の開始前に、当該副業・兼業を行う労働者と時間的に先に労働契約を締結していた使用者（以下「使用者A」という。）の事業場における法定外労働時間と時間的に後から労働契約を締結した使用者（以下「使用者B」という。）の事業場における労働時間（所定労働時間及び所定外労働時間）とを合計した時間数が単月一〇〇時間未満、複数月平均八〇時間以内となる範囲内において、各々の使用者の事業場における労働時間の上限をそれぞれ設定し、各々の使用者がそれぞれその範囲内で労

働かせることとするものであること。また、使用者Aは自らの事業場における法定外労働時間の労働について、使用者Bは自らの事業場における労働時間の労働について、それぞれ自らの事業場における三六協定の延長時間の範囲内とし、割増賃金を支払うこととするものであること。

これにより、使用者A及び使用者Bは、副業・兼業の開始後においては、それぞれあらかじめ設定した労働時間の範囲内で労働させる限り、他の使用者の事業場における実労働時間の把握を要することなく法を遵守することが可能となるものであること。

三　管理モデルの実施

(1)　導入手順

管理モデルについては、一般的には、副業・兼業を行おうとする労働者に対して使用者Aが管理モデルにより副業・兼業を行うことを求め、労働者及び労働者を通じて使用者Bがこれに応じることによって導入されることが想定されること。

(2)　労働時間の上限の設定

使用者Aの事業場における一か月の法定外労働時間と使用者Bの事業場における一か月の労働時間とを合計した時間数が単月一〇〇時間未満、複数月平均八〇時間以内となる範囲内において、各々の使用者の事業場における労働時間の上限をそれぞれ設定すること。

月の労働時間の起算日が、使用者Aの事業場と使用者Bの事業場とで異なる場合には、各々の使用者は、各々の事業場の労働時間制度における起算日を基に、そこから起算した一か月における労働時間の上限をそれぞれ設定することとして差し支えないこと。

(3)　時間外労働の割増賃金の取扱い

使用者Aは自らの事業場における法定外労働時間の労働について、使用者Bは自らの事業場における労働時間の労働について、それぞれ割増賃金を支払うこと。

使用者Aが、法定外労働時間に加え、所定外労働時間についても割増賃金を支払うこととしている場合には、使用者Aは、自らの事業場における所定外労働時間の労働について割増賃金を支払うこととなること。

時間外労働の割増賃金の率は、自らの事業場における就業規則等で定められた率（二割五分以上の率。ただし、使用者Aの事業場における法定外労働時間の上限に使用者Bの事業場における労働時間を通算して、自らの事業場の労働時間制度における法定労働時間を超える部分が一か月について六〇時間を超えた場合には、その超えた時間の労働のうち自らの事業場において労働させた時間については、五割以上の率。）とすること。

四　〈略〉

（令二・九・一　基発〇九〇一第三号）

第三十八条の二　労働者が労働時間の全部又は一部について事業場外で業務に従事した場合において、労働時間を算定し難いときは、所定労働時間労働したものとみなす。ただし、当該業務を遂行するためには通常所定労働時間を超えて労働することが必要となる場合においては、当該業務に関しては、厚生労働省令で定めるところにより、当該業務の遂行に通常必要とされる時間労働したものとみなす。

②　前項ただし書の場合において、当該業務に関し、当該事業場に、労働者の過半数で組織する労働組合があるときはその労働組合、労働者の過半数で組織する労働組合がないときは労働者の過半数を代表する者との書面による協定があるときは、その協定で定める時間を同項ただし書の当該業務の遂行に通常必要とされる時間とする。

③　使用者は、厚生労働省令で定めるところにより、前項の協定を行政官庁に届け出なければならない。

（過半数代表者）

則第六条の二　法第十八条第二項、法第二十四条第一項ただし書、法第三十二条の二第一項、法第三十二条の三第一項、法第三十二条の四第一項及び第二項、法第三十二条の五第一項、法第三十四条第二項ただし書、法第三十六条第一項、第八項及び第九項、法第三十七条第三項、法第三十八条の二第二項、法第三十八条の三第一項、法第三十八条の四第二項第一号（法第四十一条の二第三項において準用する場合を含む。）、法第三十九条第四項、第六項及び第九項ただし書並びに法第九十条第一項に規定する労働者の過半数を代表する者(以下この条において「過半数代表者」という。）は、次の各号のいずれにも該当する者とする。

一　法第四十一条第二号に規定する監督又は管理の地位にある者でないこと。

二　法に規定する協定等をする者を選出することを明らかにして実施される投票、挙手等の方法による手続により選出された者であつて、使用者の意向に基づき選出されたものでないこと。

②　前項第一号に該当する者がいない事業場にあつては、法第十八条第二項、法第二十四条第一項ただし書、法第三十九条第四項、第六項及び第九項ただし書並びに法第九十条第一項に規定する労働者の過半数を代表する者は、前項第二号に該当する者とする。

③　使用者は、労働者が過半数代表者であること若しくは過半数代表者になろうとしたこと又は過半数代表者として正当な行為をしたことを理由として不利益な取扱いをしないようにしなければならない。

④　使用者は、過半数代表者が法に規定する協定等に関する事務を円滑に遂行することができるよう必要な配慮を行わなければならない。

（時間外及び休日労働の届出）

則第十六条　法第三十六条第一項の規定による届出は、様式第九号（同条第五項に規定する事項に関する定めをする場合にあつては、様式第九号の二）により、所轄労働基準監督署長にしなければならない。

②　前項の規定にかかわらず、法第三十六条第十一項に規定する業務についての同

条第一項の規定による届出は、様式第九号の三により、所轄労働基準監督署長にしなければならない。

③　法第三十六条第一項の協定（労使委員会の決議及び労働時間等設定改善委員会の決議を含む。以下この項において同じ。）を更新しようとするときは、使用者は、その旨の協定を所轄労働基準監督署長に届け出ることによつて、前二項の届出に代えることができる。

則附則第七十条　第十六条第一項の規定にかかわらず、当該事業場の事業に法第百三十九条第一項に規定する事業が含まれている場合における法第三十六条第一項の規定による届出は、様式第九号の三の二（法第百三十九条第一項の規定により読み替えて適用する法第三十六条第五項に規定する事項に関する定めをする場合にあつては、様式第九号の三の三）により、法第三十六条第二項第一号に規定する労働者に法第百四十条第一項に規定する業務に従事する労働者が含まれている場合における法第三十六条第一項の規定による届出は、様式第九号の三の四（法第百四十条第一項の規定により読み替えて適用する法第三十六条第五項に規定する事項に関する定めをする場合にあつては、様式第九号の三の五）により、法第三十六条第二項第一号に規定する労働者に特定医師が含まれている場合における同条第一項の規定による届出は、様式第九号の四（法第百四十一条第二項（医療法第百二十八条の規定により読み替えて適用する場合を含む。）に規定する事項に関する定めをする場合にあつては、様式第九号の五）により、所轄労働基準監督署長にしなければならない。

②　第五十九条の二の規定は、前項の届出について準用する。

③　第十六条第三項の規定は、第一項の届出について準用する。

（労働時間の延長及び休日の労働を適正なものとするために必要な事項）

則第十七条　法第三十六条第二項第五号の厚生労働省令で定める事項は、次に掲げるものとする。ただし、第四号から第七号までの事項については、同条第一項の協定に同条第五項に規定する事項に関する定めをしない場合においては、この限りでない。

一　法第三十六条第一項の協定（労働協約による場合を除く。）の有効期間の定め

二　法第三十六条第二項第四号の一年の起算日

三　法第三十六条第六項第二号及び第三号に定める要件を満たすこと。

四　法第三十六条第三項の限度時間（以下この項において「限度時間」という。）を超えて労働させることができる場合

五　限度時間を超えて労働させる労働者に対する健康及び福祉を確保するための措置

六　限度時間を超えた労働に係る割増賃金の率

七　限度時間を超えて労働させる場合における手続

②　使用者は、前項第五号に掲げる措置の実施状況に関する記録を同項第一号の有効期間中及び当該有効期間の満了後五年間保存しなければならない。

③　前項の規定は、労使委員会の決議及び労働時間等設定改善委員会の決議について準用する。

則附則第七十一条　第十七条第二項、第二十四条の二の二第三項第四号、第二十四条の二の二の二、第二十四条の二の三第三項第四号、第二十四条の二の三の二、第二十四条の二の四第二項（第三十四条の二の三において準用する場合を含む。）、第二十四条の七及び第三十四条の二第十五項第四号の規定の適用については、当分の間、これらの規定中「五年間」とあるのは、「三年間」とする。

（事業場外労働の時間計算）

則第二十四条の二　法第三十八条の二第一項の規定は、法第四章の労働時間に関する規定の適用に係る労働時間の算定について適用する。

②　法第三十八条の二第二項の協定（労働協約による場合を除き、労使委員会の決議及び労働時間等設定改善委員会の決議を含む。）には、有効期間の定めをするものとする。

③　法第三十八条の二第三項の規定による届出は、様式第十二号により、所轄労働基準監督署長にしなければならない。ただし、同条第二項の協定で定める時間が法第三十二条又は第四十条に規定する労働時間以下である場合には、当該協定を届け出ることを要しない。

④　使用者は、法第三十八条の二第二項の協定の内容を法第三十六条第一項の規定による届出（労使委員会の決議の届出及び労働時間等設定改善委員会の決議の届出を除く。）に付記して所轄労働基準監督署長に届け出ることによつて、前項の届出に代えることができる。

▼**参照条文**　〔労働時間―三二～三二の四・三二の五・三三・三六〕、〔一項の厚生労働省令―則二四の二1〕、〔労働組合―労組二・五〕、〔過半数代表者―則六の二〕、〔労使協定の有効期間―則二四の二2〕、〔三項の労使協定の届出―則二四の二3・4〕、〔罰則―一二〇〕

解釈例規

〈編注〉本条に関するガイドラインが、次の厚生労働省ＨＰに掲載されている。

・テレワークの適切な導入及び実施の推進のためのガイドライン
〔https://www.mhlw.go.jp/stf/seisakunitsuite/bunya/koyou_roudou/roudoukijun/shigoto/guideline.html〕

【趣旨】　事業場外で労働する場合で、使用者の具体的な指揮監督が及ばず、労働時間の算定が困難な業務が増加していることに対応して、当該業務における労働時間の算定が適切に行われるように法制度を整備したものであること。（昭六三・一・一　基発一号）

【事業場外労働の範囲】　事業場外労働に関するみなし労働時間制の対象となるのは、事業場外で業務に従事し、かつ、使用者の具体的な指揮監督が及ばず労働時間を算定することが困難な業務であること。したがつて、次の場合のように、事業場外で業務に従事する場合にあつても、使用者の具体的な指揮監督が及んでいる場合については、労働時間の算定が可能であるので、みなし労働時間制の適用はないものであること。

①　何人かのグループで事業場外労働に従事する場合で、そのメンバーの中に労働時間の管理をする者がいる場合

②　事業場外で業務に従事するが、無線やポケットベル等によつて随時使用者の指示を受けながら労働している場合

③　事業場において、訪問先、帰社時刻等当日の業務の具体的指示を受けたのち、事業場外で指示どおりに業務に従事し、その後事業場にもどる場合

（昭六三・一・一　基発一号）

【情報通信機器を活用した在宅勤務に関する法第三十八条の二の適用について】

問　次に掲げるいずれの要件をも満たす形態で行われる在宅勤務（労働者が自宅で情報通信機器を用いて行う勤務形態をいう。）については、原則として、労働基準法第三十八条の二に規定する事業場外労働に関するみなし労働時間制が適用されるものと解してよろしいか。

①　当該業務が、起居寝食等私生活を営む自宅で行われること。

②　当該情報通信機器が、使用者の指示により常時通信可能な状態におくこととされていないこと。

③　当該業務が、随時使用者の具体的な指

示に基づいて行われていないこと。

答 貴見のとおり。

なお、この場合において、「情報通信機器」とは、一般的にはパソコンが該当すると考えられるが、労働者の個人所有による携帯電話端末等が該当する場合もあるものであり、業務の実態に応じて判断されるものであること。

「使用者の指示により常時」とは、労働者が自分の意思で通信可能な状態を切断することが使用者から認められていない状態の意味であること。

「通信可能な状態」とは、使用者が労働者に対して情報通信機器を用いて電子メール、電子掲示板等により随時具体的指示を行うことが可能であり、かつ、使用者から具体的指示があった場合に労働者がそれに即応しなければならない状態（即ち、具体的な指示に備えて手待ち状態で待機しているか、又は待機しつつ実作業を行っている状態）の意味であり、これ以外の状態、例えば、単に回線が接続されているだけで労働者が情報通信機器から離れることが自由である場合等は「通信可能な状態」に当たらないものであること。

「具体的な指示に基づいて行われる」には、例えば、当該業務の目的、目標、期限等の基本的事項を指示することや、これらの基本的事項について所要の変更の指示をすることは含まれないものであること。

また、自宅内に仕事を専用とする個室を設けているか否かにかかわらず、みなし労働時間制の適用要件に該当すれば、当該制度が適用されるものである。

（平一六・三・五　基発〇三〇五〇〇一号、平二〇・七・二八　基発〇七二八〇〇二号）

【事業場外労働における労働時間の算定方法】

(イ) 原則

労働時間の全部又は一部について事業場外で業務に従事した場合において、労働時間を算定し難いときは、所定労働時間労働したものとみなされ、労働時間の一部について事業場内で業務に従事した場合には、当該事業場内の労働時間を含めて、所定労働時間労働したものとみなされるものであること。

(ロ) 当該業務を遂行するためには通常所定労働時間を超えて労働することが必要となる場合

当該業務を遂行するためには通常所定労働時間を超えて労働することが必要となる場合には、当該業務の遂行に通常必要とされる時間労働したものとみなされ、労働時間の一部について事業場内で業務に従事した場合には、当該事業場内の労働時間と事業場外で従事した業務の遂行に必要とされる時間とを加えた時間労働したものとみなされるものであること。なお、当然業務の遂行に通常必要とされる時間とは、通常の状態でその業務を遂行するために客観的に必要とされる時間であること。

(ハ) 労使協定が締結された場合

(ロ)の当該業務の遂行に通常必要とされる時間については、業務の実態が最もよくわかっている労使間で、その実態を踏まえて協議した上で決めることが適当であるので、労使協定で労働時間を定めた場合には、当該時間を、当該業務の遂行に通常必要とされる時間とすることとしたものであること。

また、当該業務の遂行に通常必要とされる時間は、一般的に、時とともに変化することが考えられるものであり、一定の期間ごとに協定内容を見直すことが適当であるので、当該協定には、有効期間の定めをすることとしたものであること。

なお、突発的に生ずるものは別として、常態として行われている事業場外労働であって労働時間の算定が困難な場合には、できる限り労使協定を結ぶよう十分指導すること。（昭六三・一・一　基発一号）

【一部事業場内労働の場合の算定】

問 労働時間の一部を事業場内で労働する場合、労働時間の算定はどうなるのか。

答　みなし労働時間制による労働時間の算定の対象となるのは、事業場外で業務に従事した部分であり、労使協定についても、この部分について協定する。事業場内で労働した時間については別途把握しなければならない。そして、労働時間の一部を事業場内で労働した日の労働時間は、みなし労働時間制によつて算定される事業場外で業務に従事した時間と、別途把握した事業場内における時間とを加えた時間となる。

（昭六三・三・一四　基発一五〇号）

【みなし労働時間制の適用範囲】　事業場外労働のみなし労働時間制に関する規定は、法第四章の労働時間に関する規定の範囲に係る労働時間の算定について適用されるものであり、第六章の年少者及び第六章の二の女性の労働時間に関する規定に係る労働時間の算定について適用されないものであること。

また、みなし労働時間制に関する規定が適用される場合であつても、休憩、深夜業、休日に関する規定の適用は排除されないものであること。

（昭六三・一・一　基発一号）

【労働者の過半数代表者の要件】　次のいずれの要件も満たすものであること。

(1)　法第四十一条第二号に規定する監督又は管理の地位にある者でないこと。

(2)　法に基づく労使協定の締結当事者、就業規則の作成・変更の際に使用者から意見を聴取される者等を選出することを明らかにして実施される投票、挙手等の方法による手続により選出された者であり、使用者の意向によって選出された者ではないこと。

なお、法第十八条第二項、法第二十四条第一項ただし書、法第三十九条第四項、第六項及び第七項ただし書並びに法第九十条第一項に規定する過半数代表者については、当該事業場に上記(1)に該当する労働者がいない場合（法第四十一条第二号に規定する監督又は管理の地位にある者のみの事業場である場合）には、上記(2)の要件を満たすことで足りるものであること。

（平一一・一・二九　基発四五号、平二三・五・一八　基発〇五一八第一号）

【労働者の過半数代表者の選出手続】

問　則第六条の二に規定する「投票、挙手等」の「等」には、どのような手続が含まれているか。

答　労働者の話合い、持ち回り決議等労働者の過半数が当該者の選任を支持していることが明確になる民主的な手続が該当する。

（平一一・三・三一　基発一六九号）

【過半数代表者】　時間外・休日労働協定の締結等に際し、労働基準法の規定に基づき労働者の過半数を代表する者を選出するに当たっては、使用者側が指名するなど不適切な取扱いがみられるところである。このため、過半数代表者の要件として、「使用者の意向に基づき選出されたものでないこと」を労基則において明記したものであること。

また、使用者は、過半数代表者がその事務を円滑に遂行することができるよう必要な配慮を行わなければならないこととしたものであること。

（平三〇・九・七　基発〇九〇七第一号）

【「必要な配慮」の内容】

問　則第六条の二第四項の「必要な配慮」にはどのようなものが含まれるのか。

答　則第六条の二第四項の「必要な配慮」には、例えば、過半数代表者が労働者の意見集約等を行うに当たって必要となる事務機器やシステム（イントラネットや社内メールを含む。）、事務スペースの提供を行うことが含まれるものである。

（平三〇・一二・二八　基発一二二八第一五号、令五・八・二　基発〇八〇二第七号）

【過半数代表者の不利益取扱い】　過半数代表者であること若しくは過半数代表者になろうとしたこと又は過半数代表者として正

当な行為をしたことを理由として、解雇、賃金の減額、降格等労働条件について不利益取扱いをしないようにしなければならないこととしたものであること。

「過半数代表者として正当な行為」には、法に基づく労使協定の締結の拒否、一年単位の変形労働時間制の労働日ごとの労働時間についての不同意等も含まれるものであること。

（平一一・一・二九　基発四五号）

【労使協定の届出】　事業場外労働のみなし労働時間制に関する労使協定は、規則様式第十二号により、所轄労働基準監督署長に届け出なければならないものであること。

ただし、協定で定める時間が法定労働時間以下である場合には、届け出る必要がないものであること。

なお、事業場外労働のみなし労働時間制に関する労使協定の内容を規則様式第九号の二及び第九号の三により法第三十六条第一項の規定による届出に付記して届け出ることもできるものであること。なお、この場合における規則様式第九号、第九号の二及び第九号の三の具体的な記載方法については、各様式裏面の備考を参照すること。

労使協定の届出の受理に当たつては、協定内容をチェックし、必要に応じて的確に指導すること。

また、事業場外労働のみなし労働時間制に関する労使協定の締結に当たつては、事業場外労働のみなし労働時間制の対象労働者の意見を聴く機会が確保されることが望ましいことはいうまでもなく、その旨十分周知すること。

（昭六三・一・一　基発一号、昭六三・三・一四　基発一五〇号、平一一・三・三一　基発一六八号、平三一・四・一　基発〇四〇一第四三号）

【一部事業場内労働の場合の届出】

問　労働時間の一部を事業場内で労働する場合に、事業場外労働の労使協定の届出が必要なのは一日の労働時間が法定労働時間を超える場合か、あるいは、事業場外で労働する時間が法定労働時間を超える場合か。

答　労使協定では、事業場外における業務の遂行に通常必要とされる時間のみを協定するものであり、届出については見解後者による。

（昭六三・三・一四　基発一五〇号）

【一箇月単位の変形労働時間制に関する協定等の本社一括届出について】

平成一五年二月一五日付け基発第〇二一五〇〇一号、同日付け基発第〇二一五〇〇二号及び令和五年二月二四日付け基発〇二二四第八号により、就業規則、時間外・休日労働協定及び一年単位の変形労働時間制に関する協定については、本社一括届出を認めてきたところであるが、今般、以下の手続においても、事業場ごとに締結された協定又は決議を本社の使用者が一括して本社管轄署長に届け出ること及び事業場ごとの報告を本社の使用者が一括して本社管轄署長に行うことを認めるものであること。

ただし、この取扱いは、電子申請の場合に限るものであること。

（対象手続）

- 一箇月単位の変形労働時間制に関する協定
- 一週間単位の非定型的変形労働時間制に関する協定
- 事業場外労働に関するみなし労働時間制に関する協定
- 専門業務型裁量労働制に関する協定
- 企画業務型裁量労働制に関する決議
- 企画業務型裁量労働制に関する定期報告

なお、法第三二条の二第二項及び労働基準法施行規則（昭和二二年厚生省令第二三号。以下「則」という。）第一二条の二の二第二項、法第三二条の五第三項及び則第一二条の五第四項、法第三八条の二第三項及び則第二四条の二第三項、法第三八条の三第二項及び則第二四条の二の二第四項並びに法第三八条の四第一項及び則第二四条の二の三第一項において、これらの協定又は決議は事業場ごとに所轄署長に届け出ることとされ、また、法第三八条の四第四項及び則第二四条の二の五第一項において、事業場ごとに所轄署長に報告することとされているものであり、今般の取扱いによってもこの考え方は変更されるものではないこと。

（令六・二・一六　基発〇二一六第八号）

第三十八条の三　使用者が、当該事業場に、労働者の過半数で組織する労働組合があるときはその労働組合、労働者の過半数で組織する労働組合がないときは労働者の過半数を代表する者との書面による協定により、次に掲げる事項を定めた場合において、労働者を第一号に掲げる業務に就かせたときは、当該労働者は、厚生労働省令で定めるところにより、第二号に掲げる時間労働したものとみなす。

一　業務の性質上その遂行の方法を大幅に当該業務に従事する労働者の裁量にゆだねる必要があるため、当該業務の遂行の手段及び時間配分の決定等に関し使用者が具体的な指示をすることが困難なものとして厚生労働省令で定める業務のうち、労働者に就かせることとする業務（以下この条において「対象業務」という。）

二　対象業務に従事する労働者の労働時間として算定される時間

三　対象業務の遂行の手段及び時間配分の決定等に関し、当該対象業務に従事する労働者に対し使用者が具体的な指示をしないこと。

四　対象業務に従事する労働者の労働時間の状況に応じた当該労働者の健康及び福祉を確保するための措置を当該協定で定めるところにより使用者が講ずること。

五　対象業務に従事する労働者からの苦情の処理に関する措置を当該協定で定めるところにより使用者が講ずること。

六　前各号に掲げるもののほか、厚生労働省令で定める事項

②　前条第三項の規定は、前項の

協定について準用する。

（過半数代表者）

則第六条の二　法第十八条第二項、法第二十四条第一項ただし書、法第三十二条の二第一項、法第三十二条の三第一項、法第三十二条の四第一項及び第二項、法第三十二条の五第一項、法第三十四条第二項ただし書、法第三十六条第一項、第八項及び第九項、法第三十七条第三項、法第三十八条の二第二項、法第三十八条の三第一項、法第三十八条の四第二項第一号（法第四十一条の二第三項において準用する場合を含む。）、法第三十九条第四項、第六項及び第九項ただし書並びに法第九十条第一項に規定する労働者の過半数を代表する者（以下この条において「過半数代表者」という。）は、次の各号のいずれにも該当する者とする。

一　法第四十一条第二号に規定する監督又は管理の地位にある者でないこと。

二　法に規定する協定等をする者を選出することを明らかにして実施される投票、挙手等の方法による手続により選出された者であつて、使用者の意向に基づき選出されたものでないこと。

②　前項第一号に該当する者がいない事業場にあつては、法第十八条第二項、法第二十四条第一項ただし書、法第三十九条第四項、第六項及び第九項ただし書並びに法第九十条第一項に規定する労働者の過半数を代表する者は、前項第二号に該当する者とする。

③　使用者は、労働者が過半数代表者であること若しくは過半数代表者になろうとしたこと又は過半数代表者として正当な行為をしたことを理由として不利益な取扱いをしないようにしなければならない。

④　使用者は、過半数代表者が法に規定する協定等に関する事務を円滑に遂行することができるよう必要な配慮を行わなければならない。

（専門業務型裁量労働制の時間計算）

則第二十四条の二の二　法第三十八条の三第一項の規定は、法第四章の労働時間に関する規定の適用に係る労働時間の算定について適用する。

②　法第三十八条の三第一項第一号の厚生労働省令で定める業務は、次のとおりとする。

一　新商品若しくは新技術の研究開発又は人文科学若しくは自然科学に関する研究の業務

二　情報処理システム（電子計算機を使用して行う情報処理を目的として複数の要素が組み合わされた体系であつてプログラムの設計の基本となるものをいう。）の分析又は設計の業務

三　新聞若しくは出版の事業における記事の取材若しくは編集の業務又は放送法（昭和二十五年法律第百三十二号）第二条第二十八号に規定する放送番組（以下「放送番組」という。）の制作のための取材若しくは編集の業務

四　衣服、室内装飾、工業製品、広告等の新たなデザインの考案の業務

五　放送番組、映画等の制作の事業におけるプロデューサー又はディレクターの業務

六　前各号のほか、厚生労働大臣の指定する業務

③　法第三十八条の三第一項第六号の厚生労働省令で定める事項は、次に掲げるものとする。

一　使用者は、法第三十八条の三第一項の規定により労働者を同項第一号に掲げる業務に就かせたときは同項第二号に掲げる時間労働したものとみなすことについて当該労働者の同意を得なければならないこと及び当該同意をしなかつた当該労働者に対して解雇その他不利益な取扱いをしてはならないこと。

二　前号の同意の撤回に関する手続

三　法第三十八条の三第一項に規定する協定（労働協約による場合を除き、労

使委員会の決議及び労働時間等設定改善委員会の決議を含む。）の有効期間の定め

四　使用者は、次に掲げる事項に関する労働者ごとの記録を前号の有効期間中及び当該有効期間の満了後五年間保存すること。

イ　法第三十八条の三第一項第四号に規定する労働者の労働時間の状況並びに当該労働者の健康及び福祉を確保するための措置の実施状況

ロ　法第三十八条の三第一項第五号に規定する労働者からの苦情の処理に関する措置の実施状況

ハ　第一号の同意及びその撤回

④　法第三十八条の三第二項において準用する法第三十八条の二第三項の規定による届出は、様式第十三号により、所轄労働基準監督署長にしなければならない。

則第二十四条の二の二の二　使用者は、前条第三項第四号イからハまでに掲げる事項に関する労働者ごとの記録を作成し、同項第三号の有効期間中及び当該有効期間の満了後五年間保存しなければならない。

□告　示

○労働省告示第七号（平九・二・一四）

改正　労働省告示第一二〇号（平一二・一二・二五）

改正　厚生労働省告示第二二号（平一四・二・一三）

改正　厚生労働省告示第三五四号（平一五・一〇・二二）

改正　厚生労働省告示第一一五号（令五・三・三〇）

労働基準法施行規則第二十四条の二の二第二項第六号の規定に基づき厚生労働大臣の指定する業務

一　広告、宣伝等における商品等の内容、特長等に係る文章の案の考案の業務

二　事業運営において情報処理システム（労働基準法施行規則第二十四条の二の二第二項第二号に規定する情報処理システムをいう。）を活用するための問題点の把握又はそれを活用するための方法に関する考案若しくは助言の業務

三　建築物内における照明器具、家具等の配置に関する考案、表現又は助言の業務

四　ゲーム用ソフトウェアの創作の業務

五　有価証券市場における相場等の動向又は有価証券の価値等の分析、評価又はこれに基づく投資に関する助言の業務

六　金融工学等の知識を用いて行う金融商品の開発の業務

七　学校教育法（昭和二十二年法律第二十六号）に規定する大学における教授研究の業務（主として研究に従事するものに限る。）

八　銀行又は証券会社における顧客の合併及び買収に関する調査又は分析及びこれに基づく合併及び買収に関する考案及び助言の業務

九　公認会計士の業務

十　弁護士の業務

十一　建築士の業務

十二　不動産鑑定士の業務

十三　弁理士の業務

十四　税理士の業務

十五　中小企業診断士の業務

▼参照条文　〔労働時間―三二～三二の四・三二の五・三三・三六〕、〔労働組合―労組二・五〕、〔過半数代表―則六の二〕、〔労使協定の有効期間―則二四の二の二③〕、〔一項の厚生労働省令―則二四の二の二〕、〔対象業務―則二四の二の二②〕、〔二項の労使協定の届出―則二四の二の二④〕、〔罰則―一二〇〕

解釈例規

〈編注〉本条に関するQ&Aが、次の厚生労働省HPに掲載されている。

●令和五年改正労働基準法施行規則等に係る裁量労働制に関するQ&A

●令和五年改正労働基準法施行規則等に係る裁量労働制に関するQ&A（令和五年十一月追加）

〔https://www.mhlw.go.jp/stf/seisakunitsuite/bunya/koyou_roudou/roudoukijun/roudouzikan/sairyo.html〕

【趣旨①】　昭和六十三年の法改正により創設されたものであり、その対象業務については、従来、研究開発の業務その他の業務であって、当該業務の性質上その遂行の手段及び時間配分の決定等に関し具体的な指示をしないこととするものとして労使の協定で定める業務としていたが、今日の経済のサービス化・情報化等の進展、また、業務の効率化から専門業務型裁量労働制の対象業務に対する関心の高まり等にかんがみ、今後、その運用の適正化を図る観点から、具体的な業務を省令で定めるものとし、その中から、当該事業場において労働者に就かせる業務を労使の協定で定めることとしたものであること。

（平六・一・四　基発一号、平一二・一・一　基発一号）

【趣旨②】　専門業務型裁量労働制の適用を受けている労働者について、健康上の不安を感じている労働者が多い等の現状があることから、裁量労働制が働き過ぎにつながることのないよう、専門業務型裁量労働制についても、企画業務型裁量労働制と同様に、労使協定により健康・福祉確保措置及び苦情処理措置の導入を必要とすることとしたものであること。

（平一五・一〇・二二　基発一〇二二〇〇一号）

【対象業務】　対象業務は昭和六十三年一月一日付け基発第一号及び婦発第一号「改正労働基準法の施行について」記三(2)に規定した例示の業務を基本としつつ、以下のとおりの範囲とするものであること。

①　則第二十四条の二の二第二項第一号の業務「新商品若しくは新技術の研究開発又は人文科学若しくは自然科学に関する調査研究」

「新商品若しくは新技術の研究開発」とは、材料、製品、生産・製造工程等の開発又は技術的改善等をいうものであること。

②　則第二十四条の二の二第二項第二号の業務「情報処理システム（電子計算機を使用して行う情報処理を目的として複数の要素が組み合わされた体系であってプログラムの設計の基本となるものをいう。）の分析又は設計の業務」

「情報処理システム」とは、情報の整理、加工、蓄積、検索等の処理を目的として、コンピュータのハードウェア、ソフトウェア、通信ネットワーク、データを処理するプログラム等が構成要素として組み合わされた体系をいうものであること。

「情報処理システムの分析又は設計の業務」とは、(i)ニーズの把握、ユーザーの業務分析等に基づいた最適な業務処理方法の決定及びその方法に適合する機種の選定、(ii)入出力設計、処理手順の設計等アプリケーション・システムの設計、機械構成の細部の決定、ソフトウェアの決定等、(iii)システム稼働後のシステムの評価、問題点の発見、その解決のための改善等の業務をいうものであること。プログラムの設計又は作成を行うプログラマーは含まれないものであること。

③　則第二十四条の二の二第二項第三号の業務「新聞若しくは出版の事業における記事の取材若しくは編集の業務又は放送法（昭和二十五年法律第百三十二号）第二条第二十七号に規定する放送番組の制作のための取材若しくは編集の業務」

「新聞又は出版の事業」には、新聞、定期刊行物にニュースを提供するニュース供給業も含まれるものであること。なお、新聞又は出版の事業以外の事業で記事の取材又は編集の業務に従事する者、例えば社内報の編集者等は含まれないものであること。

「取材又は編集の業務」とは、記事の内容に関する企画及び立案、記事の取材、原稿の作成、割付け・レイアウト・内容のチェック等の業務をいうものであること。記事の取材に当たって、記者に同行するカメラマンの業務や、単なる校正の業務は含まれないものであること。

「放送番組の制作のための取材の業務」とは、報道番組、ドキュメンタリー等の制作のために行われる取材、インタビュー等の業務をいうものであること。取材に同行するカメラマンや技術スタッフは含まれないものであること。

「編集の業務」とは、上記の取材を要する番組における取材対象の選定等の企画及び取材によって得られたものを番組に構成するための内容的な編集をいうものであり、音量調整、フィルムの作成等技術的編集は含まれないものであること。

④　則第二十四条の二の二第二項第四号の業務「衣服、室内装飾、工業製品、広告等の新たなデザインの考案の業務」

「広告」には、商品のパッケージ、ディスプレイ等広く宣伝を目的としたものも含まれるものであること。

考案されたデザインに基づき、単に図面の作成、製品の制作等の業務を行う者は含まれないものであること。

⑤　則第二十四条の二の二第二項第五号の業務「放送番組、映画等の制作の事業におけるプロデューサー又はディレクターの業務」

「放送番組、映画等の制作」には、ビデオ、レコード、音楽テープ等の制作及び演劇、コンサート、ショー等の興行等が含まれるものであること。

「プロデューサーの業務」とは、制作全般について責任を持ち、企画の決定、対外折衝、スタッフの選定、予算の管理等を総括して行うことをいうものであること。

「ディレクターの業務」とは、スタッフを統率し、指揮し、現場の制作作業の統括を行うことをいうものであること。

⑥　則第二十四条の二の二第二項第六号の業務「前各号の外、中央労働基準審議会の議を経て労働大臣の指定する業務」

本号の規定に基づき労働基準法施行規則第二十四条の二の二第二項第六号の規定に基づき労働大臣の指定する業務を定める告示（平成九年労働省告示第七号）が定められたものであること。

（平六・一・四　基発一号、平九・三・二五　基発一九五号、平一一・三・三　基発一六八号、平一二・一・一　基発一号、平一三・六・一九　基発〇六一九第三号）

【専門業務型裁量労働制の対象業務の拡大①】

(1)　趣旨

専門業務型裁量労働制の対象業務については、則第二十四条の二の二第二項において五業務を規定しているところであるが、週四十時間労働制の定着を図るためには、業務等の特性に応じ専門業務型裁量労働制が活用されることが望ましい分野があることから、今回、新たにコピーライターの業務等六業務を追加するものであること。

(2)　内容

以下の六業務を則第二十四条の二の二第二項第六号の規定に基づき労働大臣が指定することにより、裁量労働に関するみなし労働時間制の対象業務に追加することとすること。

①　「広告、宣伝等における商品等の内容、特長等に係る文章の案の考案の業務」

いわゆるコピーライターの業務をいうものであること。

「広告、宣伝等」には、商品等の内容、特長等に係る文章伝達の媒体一般が含まれるものであり、また、営利目的か否かを問わず、啓蒙、啓発のための文章も含まれるものであること。

「商品等」とは、単に商行為たる売買の目的物たる物品にとどまるものではなく、動産であるか不動産であるか、また、有体物であるか無体物であるかを問わないものであること。

「内容、特長等」には、キャッチフレーズ（おおむね十文字前後で読み手を引きつける魅力的な言葉）、ボディコピー（より詳しい商品内容等の説明）、スローガン（企業の考え方や姿勢を分かりやすく表現したもの）等が含まれるものであること。

「文章」については、その長短を問わないものであること。

②「公認会計士の業務」

「公認会計士の業務」とは、法令に基づいて公認会計士の業務とされている業務をいうものであり、例えば、公認会計士法（昭和二十三年法律第百三号）第二条第一項に規定する「他人の求めに応じ報酬を得て、財務書類の監査又は証明をする」業務、同条第二項に規定する「公認会計士の名称を用いて、他人の求めに応じ報酬を得て、財務書類の調製をし、財務に関する調査若しくは立案をし、又は財務に関する相談に応ずる」業務がこれに該当するものであること。

③「弁護士の業務」

「弁護士の業務」とは、法令に基づいて弁護士の業務とされている業務をいうものであり、例えば、弁護士法（昭和二十四年法律第二百五号）第三条第一項に規定する「当事者その他関係人の依頼又は官公署の委嘱によつて、訴訟事件、非訟事件及び審査請求、異議申立て、再審査請求等行政庁に対する不服申立事件に関する行為その他の法律事務」が、これに該当するものであること。

④「一級建築士の業務」

「一級建築士の業務」とは、法令に基づいて一級建築士の業務とされている業務をいうものであり、例えば、建築士法（昭和二十五年法律第二百二号）第三条に規定する建築物の設計又は工事監理が、これに該当するものであること。

⑤「不動産鑑定士の業務」

「不動産鑑定士の業務」とは、法令に基づいて不動産鑑定士の業務とされている業務をいうものであり、例えば、不動産の鑑定評価に関する法律（昭和三十八年法律第百五十二号）第二条第一項に規定する「土地若しくは建物又はこれらに関する所有権以外の権利の経済価値を判定し、その結果を価額に表示する」業務が、これに該当するものであること。

⑥「弁理士の業務」

「弁理士の業務」とは、法令に基づいて弁理士の業務とされている業務をいうものであり、例えば、弁理士法（大正十年法律第百号）第一条に規定する「特許、実用新案、意匠若ハ商標又ハ国際出願ニ関シ特許庁ニ対シ為スベキ事項及特許、実用新案、意匠又ハ商標ニ関スル異議申立又ハ裁定ニ関シ通商産業大臣ニ対シ為スベキ事項ノ代理並ニ此等ノ事項ニ関スル鑑定其ノ他ノ事務」が、これに該当するものであること。

〈編注〉右の業務については、現在、「特許、実用新案、意匠若しくは商標又は国際出願、意匠に係る国際登録出願若しくは商標に係る国際登録出願に関する特許庁における手続及び特許、実用新案、意匠又は商標に関する行政不服審査法（平成二十六年法律第六十八号）の規定による審査請求又は裁定に関する経済産業大臣に対する手続についての代理並びにこれらの手続に係る事項に関する鑑定その他の事務」（弁理士法第四条第一項）とされている（本書改訂一六版の編集時点）。

（平九・二・一四　基発九三号、平一二・三・三

基発一六八号、平一二・一・一　基発一号）

【専門業務型裁量労働制の対象業務の拡大②】

1　趣旨

専門業務型裁量労働制の対象業務としては、これまで労働基準法施行規則（昭和二十二年厚生省令第二三号。以下「則」という。）第二十四条の二の二第二項に規定する五業務に、平成九年労働省告示第七号（労働基準法施行規則第二十四条の二の二第二項第六号の規定に基づき厚生労働大臣の指定する業務を定める件）により追加した六業務を加えた一一業務を規定しているところであるが、今般、前回の告示制定以後に生じた状況の変化等を踏まえ、新たにシステムコンサルタント等の八業務を追加するものであること。

2　内容

(1)　第二号関係

いわゆるシステムコンサルタントの業務をいうものであること。

「情報処理システムを活用するための問題点の把握」とは、現行の情報処理システム又は業務遂行体制についてヒアリング等を行い、新しい情報処理システムの導入又は現行情報処理システムの改善に関し、情報処理システムを効率的、有効に活用するための方法について問題点の把握を行うことをいうものであること。

「それを活用するための方法に関する考案若しくは助言」とは、情報処理システムの開発に必要な時間、費用等を考慮した上で、新しい情報処理システムの導入や現行の情報処理システムの改善に関しシステムを効率的、有効に活用するための方法を考案し、助言（専ら時間配分を顧客の都合に合わせざるを得ない相談業務は含まない。以下同義。）することをいうものであること。

アプリケーションの設計又は開発の業務、データベース設計又は構築の業務は含まれないものであり、当該業務は則第二十四条の二の二第二号の業務に含まれるものであること。

(2)　第三号関係

いわゆるインテリアコーディネーターの業務をいうものであること。

「照明器具、家具等」には、照明器具、家具の他、建具、建装品（ブラインド、びょうぶ、額縁等）、じゅうたん、カーテン等繊維製品等が含まれるものであること。

「配置に関する考案、表現又は助言の業務」とは、顧客の要望を踏まえたインテリアをイメージし、照明器具、家具等の選定又はその具体的な配置を考案した上で、顧客に対してインテリアに関する助言を行う業務、提案書を作成する業務、模型を作製する業務又は家具等の配置の際の立ち会いの業務をいうものであること。

内装等の施工など建設業務、専ら図面や提案書等の清書を行う業務、専ら模型の作製等を行う業務、家具販売店等における一定の時間帯を設定して行う相談業務は含まれないものであること。

(3)　第四号関係

「ゲーム用ソフトウェア」には、家庭用テレビゲーム用ソフトウェア、液晶表示装置を使用した携帯ゲーム用ソフトウェア、ゲームセンター等に設置される業務用テレビゲーム用ソフトウェア、パーソナルコンピュータゲーム用ソフトウェア等が含まれるものであること。

「創作」には、シナリオ作成（全体構想）、映像制作、音響制作等が含まれるものであること。

専ら他人の具体的指示に基づく裁量権のないプログラミング等を行う者又は創作されたソフトウェアに基づき単にCD－ROM等の製品の製造を行う者は含まれないものであること。

(4)　第五号関係

いわゆる証券アナリストの業務をいうものであること。

「有価証券市場における相場等の動向」とは、株式相場、債券相場の動向のほかこれに影響を与える経済等の動向をいうものであること。

「有価証券の価値等」とは、有価証券に投資することによって将来得られる利益である値上がり益、利子、配当等の経済的価値及び有価証券の価値の基盤となる企業の事業活動をいうものであること。

「分析、評価又はこれに基づく投資に関する助言の業務」とは、有価証券等に関する高度の専門知識と分析技術を応用して分析し、当該分析の結果を踏まえて評価を行い、これら自らの分析又は評価結果に基づいて運用担当者等に対し有価証券の投資に関する助言を行う業務をいうものであること。

ポートフォリオを構築又は管理する業務、一定の時間を設定して行う相談業務、専ら分析のためのデータの入力・整理を行う業務は含まれないものであること。

(5)　第六号関係

「金融工学等の知識を用いて行う金融商品の開発」とは、金融取引のリスクを減らしてより効率的に利益を得るため、金融工学のほか、統計学、数学、経済学等の知識をもって確率モデル等の作成、更新を行い、これによるシミュレーションの実施、その結果の検証等の技法を駆使した新たな金融商品の開発をいうものであること。

ここでいう「金融商品」とは、金融派生商品（金や原油などの原資産、株式や債権などの原証券の変化に依存してその値が変化する証券）及び同様の手法を用いた預貯金等をいうものであること。

金融サービスの企画立案又は構築の業務、金融商品の売買の業務、市場動向分析の業務、資産運用の業務、保険商品又は共済の開発に際してアクチュアリーが通常行う業務、商品名の変更のみをもって行う金融商品の開発の業務、専らデータの入力・整理を行う業務は含まれないものであること。

(6)　第十一号関係

従来より一級建築士の業務については制度の対象となっていたところであるが、今回の改正に伴い二級建築士及び木造建築士の業務を追加し「建築士の業務」としたものであること。

「建築士の業務」とは、法令に基づいて建築士の業務とされている業務をいうものであり、例えば、建築士法（昭和二十五年法律第二百二号）第三条から第三条の三までに規定する設計又は工事監理がこれに該当するものであること。

例えば他の「建築士」の指示に基づいて専ら製図を行うなど補助的業務を行う者は含まれないものであること。

(7)　第十四号関係

「税理士の業務」とは、法令に基づいて税理士の業務とされている業務をいうものであり、例えば、税理士法（昭和二十六年法律第二百三十七号）第二条第一項に規定する税務代理又は税務書類の作成がこれに該当するものであること。

(8)　第十五号関係

「中小企業診断士の業務」とは、法令に規定されている中小企業の経営の診断又は助言の業務をいうものであり、例えば、中小企業支援事業の実施に関する基準を定める省令（昭和三十八年通商産業省令第一二三号）第四条第三項に規定する一般診断助言（中小企業者に対して個別に行う診断若しくは助言又はその集団に対して行う診断若しくは助言）等がこれに該当するものであること。

中小企業診断士の資格を有する者で

あっても、専ら中小企業診断士の業務以外の業務を行う者は含まれないものであること。

3　その他

もとより専門業務型裁量労働制の対象業務としては、業務の性質上その遂行の方法を大幅に当該業務に従事する労働者の裁量にゆだねる必要があるため、当該業務の遂行の手段及び時間配分の決定等に関し具体的な指示をすることが困難なものとして規定する業務に限って導入することができるものであることから、今回追加した業務の内容と併せてその旨を改めて周知するとともに、法第三十八条の三第一項に規定する協定の受理に当たっても、業務の種類が則第二十四条の二の二及び本告示に列挙されている業務に該当するものであるか等十分な確認を行い、適正な運営を図ること。

（平一四・二・一三　基発〇二一三〇〇二号、令五・八・二基発〇八〇二第七号）

【専門業務型裁量労働制の対象業務の拡大③】

1　趣旨

専門業務型裁量労働制の対象業務としては、これまで労働基準法施行規則（昭和二十二年厚生省令第二十三号。以下「則」という。）第二十四条の二の二第二項において規定する五業務に、平成九年労働省告示第七号（労働基準法施行規則第二十四条の二の二第二項第六号の規定に基づき厚生労働大臣の指定する業務を定める件）により追加した六業務及び平成十四年厚生労働省告示第二十二号（労働基準法施行規則第二十四条の二の二第二項第六号の規定に基づき厚生労働大臣の指定する業務の一部を改正する件）により追加した八業務を規定しているところであるが、今般、前回の告示制定以後に生じた状況の変化等を踏まえ、新たに大学における教授研究の業務（主として研究に従事するものに限る。）を追加するものであること。

2　内容

「学校教育法（昭和二十二年法律第二十六号）に規定する大学における教授研究の業務（主として研究に従事するものに限る。）」を専門業務型裁量労働制の対象業務に追加することとすること。

「教授研究の業務」とは、学校教育法に規定する大学の教授、助教授〈編注　准教授〉又は講師（以下「教授等」という。）の業務をいうものであること。

「教授研究」とは、教授等が、学生を教授し、その研究を指導し、研究に従事することをいうものであること。

「主として研究に従事する」とは、業務の中心はあくまで研究の業務であることをいうものであり、具体的には、研究の業務のほかに講義等の授業の業務に従事する場合に、その時間が、一週の所定労働時間又は法定労働時間のうち短いものについて、そのおおむね五割に満たない程度であることをいうものであること。

なお、大学病院等において行われる診療の業務については、専ら診療行為を行う教授等が従事するものは、教授研究の業務に含まれないものであるが、医学研究を行う教授等がその一環として従事する診療の業務であって、チーム制（複数の医師が共同で診療の業務を担当するため、当該診療の業務について代替要員の確保が容易である体制をいう。）により行われるものは、教授研究の業務として取り扱って差し支えないこと。

3　その他

学校教育法に規定する大学の助手については、専ら人文科学又は自然科学に関する研究の業務に従事する場合には、則第二十四条の二の二第二項第一号に基づき、専門業務型裁量労働制の対象となるものであること。

（平一五・一〇・二二　基発一〇二二〇〇四号、平一八・二・一五　基発〇二一五〇〇二号）

【専門業務型裁量労働制の対象業務の拡大④】

対象業務告示において、銀行又は証券会社における顧客の合併及び買収に関する調査又は分析及びこれに基づく合併及び買収に関する考案及び助言の業務（いわゆるM&Aアドバイザーの業務。以下「M&Aアドバイザリー業務」という。）を、新たに専門業務型裁量労働制の対象業務に追加したものであること。

「銀行又は証券会社」とは、銀行法（昭和五十六年法律第五十九号）第二条第一項に規定する銀行、金融商品取引法（昭和二十三年法律第二十五号）第二条第九項に規定する金融商品取引業者のうち、同法第二十八条第一項に規定する第一種金融商品取引業を営む証券会社をいうものであり、信用金庫等は含まれないものであること。

「顧客」とは、対象業務に従事する労働者を雇用する銀行又は証券会社にとっての顧客（個人又は法人）をいうものであること。

「合併及び買収」とは、いわゆるM&A（Mergers（合併）and Acquisitions（買収）。以下「M&A」という。）のことをいい、各種手法（会社法の定める組織再編行為（合併、会社分割等）、株式譲渡、事業譲渡等）による事業の引継ぎ（譲渡し・譲受け）をいうものであり、事業承継を含むものであること。

「調査又は分析」とは、M&Aを実現するために必要な調査又は分析をすることをいうものであり、例えば、M&Aによる事業収益への影響等に関する調査、分析や対象企業のデューデリジェンス（対象企業である譲り渡し側における各種のリスク等を精査するために実施される調査をいう。）が含まれるものであること。

「これに基づく考案及び助言」とは、上記調査又は分析に基づき、M&Aを実現するために必要な考案及び助言（専ら時間配分を顧客の都合に合わせざるを得ない業務は含まれない。）を行うことをいうものであること。例えば、M&A戦略や取引スキーム等に関する考案及び助言が考えられるものであること。

M&Aアドバイザリー業務においては、M&Aに関する「調査又は分析」と「考案及び助言」の両方の業務を行うものが対象となるものであり、いずれか一方のみを行うものである場合には対象業務に該当するとは認められないものであること。

（令五・八・二　基発〇八〇二第七号）

【現行の裁量労働制の対象業務に関する解釈について】

裁量労働制の対象業務については、令和四年十二月二十七日付けで労働政策審議会労働条件分科会において取りまとめられた「今後の労働契約法制及び労働時間法制の在り方について（報告）」において、「企画業務型裁量労働制や専門業務型裁量労働制の現行の対象業務の明確化を行うことが適当である」とされたところである。

これを踏まえ、現行の裁量労働制の対象業務に係る規定にどのような業務が該当するかについて、以下のとおり、既存の通達等において示している考え方の再周知をするため、貴職におかれては、これを改めて十分了知の上、その運用に遺漏なきを期されたい。

なお、事業主等より本内かんの内容に関して疑義が呈された場合等には、適宜本省に相談いただきたい。

記

第一　専門業務型裁量労働制について

労働基準法（昭和二十二年法律第四十九号。以下「法」という。）第三十八条の三の規定に基づく裁量労働制（以下「専門業務型裁量労働制」という。）の対象業務（同条第一項第一号の業務をいう。）に労働者が従事している場合であっても、当該業務の遂行の手段及び時間配分の決定等に関し、労働者に裁量がないという状況が明らかになった場合には、専門業務型裁量労働制を適用することはできないこと。

専門業務型裁量労働制の対象労働者が従事する業務の内容が、労働基準法施行規則（昭和二十二年厚生省令第二十三号）第二十四条の二の二第二項又は労働基準法施行規則第二十四条の二の二第二項第六号の規定に基づき厚生労働大臣の指定する業務（平成九年労働省告示第七号）に規定された業務のうち複数の対象業務に該当する場合は、業務の内容がそれぞれの対象業務に該当している限り、労使協定の内容を前提に、専門業務型裁量労働制の適用対象になるものであること。

　専門業務型裁量労働制の非対象業務と対象業務とを混在して行う場合は、たとえ非対象業務が短時間であっても、それが予定されている場合は、専門業務型裁量労働制を適用することはできないこと。

第二　企画業務型裁量労働制について〈編注略。法第三十八条の四の箇所に掲載〉

（令五・八・二　基政発〇八〇二第一号、基監発〇八〇二第一号）

【学校教育法改正に伴う「労働基準法施行規則第二十四条の二の二第二項第六号の規定に基づき厚生労働大臣の指定する業務を定める告示の一部を改正する告示の適用について」の取り扱いについて】　学校教育法（昭和二十二年法律第二十六号）の一部改正法が、平成十九年四月一日より施行され、大学に置かなければならない職として、同法第五十八条において助教授に代えて「准教授」を設け、また、「助教」を新設することとされ、各職務内容について規定されたところであるが、新設された「助教」等の労働実態が明らかになるまでの間、平成十五年十月二十二日付け基発第一〇二二〇〇四号「労働基準法施行規則第二十四条の二の二第二項第六号の規定に基づき厚生労働大臣の指定する業務を定める告示の一部を改正する告示の適用について」（以下「局長通達」）の運用に当たっては、以下によることとするので、遺漏なきを期されたい。

記

1　准教授について

　准教授は、局長通達記の2の「助教授」に該当するものと考えられるので、労働基準法施行規則第二十四条の二の二第二項第六号の規定に基づき厚生労働大臣の指定する業務を定める告示の一部を改正する告示第七号「学校教育法（昭和二十二年法律第二十六号）に規定する大学における教授研究の業務（主として研究に従事するものに限る。）」として専門業務型裁量労働制の対象業務として取り扱うこと。

2　助教について

　助教は、専ら人文科学又は自然科学に関する研究の業務に従事すると判断できる場合は、労働基準法施行規則第二十四条の二の二第二項第一号の業務のうち「人文科学又は自然科学に関する研究の業務」として専門業務型裁量労働制の対象業務と取り扱うこと。

　なお、この場合において「助教」は、教授の業務を行うことができることになっていることから、その時間が、一週の所定労働時間又は法定労働時間のうち短いものの一割程度以下であり、他の時間においては人文科学又は自然科学に関する研究の業務に従事する場合には、専ら人文科学又は自然科学に関する研究の業務に従事するものとして取り扱って差し支えないものとすること。

（平一九・四・二　基監発〇四〇二〇〇一号）

【プロジェクトチームの場合】

問　数人でプロジェクトチームを組んで開発業務を行っている場合、実際上、そのチーフの管理の下に業務遂行、時間配分を行うケースが多いと思われるが、専門業務型裁量労働制に該当し得るか。

　また、プロジェクト内に業務に付随する雑用、清掃等のみを行う労働者がいる場合、取扱いはどうか。

答　いずれも専門業務型裁量労働制に該当しない。

（昭六三・三・一四　基発一五〇号、平一二・一・一　基発一号）

【専門業務型裁量労働制における労働時間の

趣旨】　労使協定において、専門業務型裁量労働制に該当する業務を定め、当該業務の遂行に必要とされる時間や当該業務における所定労働時間など、当該業務に従事する労働者の労働時間として算出される時間を定めた場合には、当該業務に従事した労働者は、当該協定で定める時間労働したものとみなされるものであること。

なお、専門業務型裁量労働制において、対象労働者の働き方や処遇が制度の趣旨に沿ったものとなるよう、運用の改善を図る観点から、一定の期間ごとに協定内容を見直すことが適当であるので、当該協定には、有効期間の定めをすることとしたものであること。

（昭六三・三・一四　基発一五〇号、平一二・一・一　基発一号）

【一か月単位のみなし労働時間の協定】

問　専門業務型裁量労働制において労使協定で定める時間は、一日の労働時間だけでなく、一か月の労働時間でも可能か。

答　一日当たりの労働時間を協定する。

（昭六三・三・一四　基発一五〇号、平一二・一・一　基発一号）

【みなし労働時間制の適用範囲】　専門業務型裁量労働制に係る労働時間のみなしに関する規定は、法第四章の労働時間に関する規定の適用に係る労働時間の算定について適用されるものであり、第六章の年少者及び第六章の二の女性の労働時間に関する規定に係る労働時間の算定について適用されないものであること。

また、労働時間のみなしに関する規定が適用される場合であっても、休憩、深夜業、休日に関する規定の適用は排除されないものであること。

（昭六三・三・一四　基発一五〇号、平一二・一・一　基発一号）

【健康・福祉確保措置及び苦情処理措置の具体的内容】　健康・福祉確保措置及び苦情処理措置の具体的な内容については、企画業務型裁量労働制における同措置の内容と同等のものとすることが望ましいものであること。（平一五・一〇・二二　基発一〇二二〇〇一号）

【記録の保存】　使用者に対して、制度の適用を受けている労働者の労働時間の状況及び健康・福祉確保措置の実施状況、苦情処理措置の実施状況並びに同意及びその撤回に関する労働者ごとの記録を保存することを求めるものであること。

（平一五・一〇・二二　基発一〇二二〇〇一号、令五・八・二　基発〇八〇二第七号）

【労働者の過半数代表者の要件】　次のいずれの要件も満たすものであること。

(1)　法第四十一条第二号に規定する監督又は管理の地位にある者でないこと。

(2)　法に基づく労使協定の締結当事者、就業規則の作成・変更の際に使用者から意見を聴取される者等を選出することを明らかにして実施される投票、挙手等の方法による手続により選出された者であり、使用者の意向によって選出された者ではないこと。

なお、法第十八条第二項、法第二十四条第一項ただし書、法第三十九条第四項、第六項及び第七項ただし書並びに法第九十条第一項に規定する過半数代表者については、当該事業場に上記(1)に該当する労働者がいない場合（法第四十一条第二号に規定する監督又は管理の地位にある者のみの事業場である場合）には、上記(2)の要件を満たすことで足りるものであること。

（平一一・一・二九　基発四五号、平二二・五・一八　基発〇五一八第一号）

【労働者の過半数代表者の選出手続】

問　則第六条の二に規定する「投票、挙手等」の「等」には、どのような手続が含まれているか。

答　労働者の話合い、持ち回り決議等労働者の過半数が当該者の選任を支持していることが明確になる民主的な手続が該当する。

（平一一・三・三一　基発一六九号）

【過半数代表者】　時間外・休日労働協定の締結等に際し、労働基準法の規定に基づき労働者の過半数を代表する者を選出するに当たっては、使用者側が指名するなど不適切な取扱いがみられるところである。このため、過半数代表者の要件として、「使用者の意向に基づき選出されたものでないこと」を労基則において明記したものであること。

また、使用者は、過半数代表者がその事務を円滑に遂行することができるよう必要な配慮を行わなければならないこととしたものであること。

（平三〇・九・七　基発〇九〇七第一号）

【「必要な配慮」の内容】

問　則第六条の二第四項の「必要な配慮」にはどのようなものが含まれるのか。

答　則第六条の二第四項の「必要な配慮」には、例えば、過半数代表者が労働者の意見集約等を行うに当たって必要となる事務機器やシステム（イントラネットや社内メールを含む。）、事務スペースの提供を行うことが含まれるものである。

（平三〇・一二・二八　基発一二二八第一五号、令五・八・二　基発〇八〇二第七号）

【過半数代表者の不利益取扱い】　過半数代表者であること若しくは過半数代表者になろうとしたこと又は過半数代表者として正当な行為をしたことを理由として、解雇、賃金の減額、降格等労働条件について不利益取扱いをしないようにしなければならないこととしたものであること。

「過半数代表者として正当な行為」には、法に基づく労使協定の締結の拒否、一年単位の変形労働時間制の労働日ごとの労働時間についての不同意等も含まれるものであること。

（平一一・一・二九　基発四五号）

【労使協定の届出】　専門業務型裁量労働制に関する労使協定は、規則様式第十三号により所轄労働基準監督署長に届け出なければならないものであること。なお、その受理に当たつては、協定内容をチェックし、必要に応じて的確に指導すること。

なお、専門業務型裁量労働制に関する労使協定の締結に当たつては、専門業務型裁量労働制の対象労働者の意見を聴く機会が確保されることが望ましいことはいうまでもなく、その旨十分周知すること。

（昭六三・三・一四　基発一五〇号、平一二・一・一　基発一号）

【一箇月単位の変形労働時間制に関する協定等の本社一括届出について】

平成一五年二月一五日付け基発第〇二一五〇〇一号、同日付け基発第〇二一五〇〇二号及び令和五年二月二四日付け基発〇二二四第八号により、就業規則、時間外・休日労働協定及び一年単位の変形労働時間制に関する協定については、本社一括届出を認めてきたところであるが、今般、以下の手続においても、事業場ごとに締結された協定又は決議を本社の使用者が一括して本社管轄署長に届け出ること及び事業場ごとの報告を本社の使用者が一括して本社管轄署長に行うことを認めるものであること。ただし、この取扱いは、電子申請の場合に限るものであること。

（対象手続）

- 一箇月単位の変形労働時間制に関する協定
- 一週間単位の非定型的変形労働時間制に関する協定
- 事業場外労働に関するみなし労働時間制に関する協定
- 専門業務型裁量労働制に関する協定
- 企画業務型裁量労働制に関する決議
- 企画業務型裁量労働制に関する定期報告

なお、法第三二条の二第二項及び労働基準法施行規則（昭和二二年厚生省令第二三号。以下「則」という。）第一二条の二の二第二項、法第三二条の五第三項及び則第一二条の五第四項、法第三八条の二第三項及び則第二四条の二第三項、法第三八条の三第二項及び則第二四条の二の二第四項並びに法第三八条の四第一項及び則第二四条の二の三第一項において、これらの協定又は決議は事業場ごとに所轄署長に届け出ることとされ、また、法第三八条の四第四項及び則第二四条の二の五第一項において、事業場ごとに所轄署長に報告することとされているものであり、今般の取扱いによってもこの考え方は変更されるものではないこと。

（令六・二・二六　基発〇二二六第八号）

【労使協定の有効期間】　労使協定の有効期間については、不適切に制度が運用されることを防ぐため、三年以内とすることが望ましいものであること。

（平一五・一〇・二二　基発一〇二二〇〇一号）

第三十八条の四　賃金、労働時間その他の当該事業場における労働条件に関する事項を調査審議し、事業主に対し当該事項について意見を述べることを目的とする委員会（使用者及び当該事業場の労働者を代表する者を構成員とするものに限る。）が設置された事業場において、当該委員会がその委員の五分の四以上の多数による議決により次に掲げる事項に関する決議をし、かつ、使用者が、厚生労働省令で定めるところにより当該決議を行政官庁に届け出た場合において、第二号に掲げる労働者の範囲に属する労働者を当該事業場における第一号に掲げる業務に就かせたときは、当該労働者は、厚生労働省令で定めるところにより、第三号に掲げる時間労働したものとみなす。

一　事業の運営に関する事項についての企画、立案、調査及び分析の業務であつて、当該業務の性質上これを適切に遂行するにはその遂行の方法を大幅に労働者の裁量に委ねる必要があるため、当該業務の遂行の手段及び時間配分の決定等に関し使用者が具体的な指示をしないこととする業務（以下この条において「対象業務」という。）

二　対象業務を適切に遂行するための知識、経験等を有する労働者であつて、当該対象業務に就かせたときは当該決議で定める時間労働したものとみなされることとなるものの範囲

三　対象業務に従事する前号に掲げる労働者の範囲に属する労働者の労働時間として算定される時間

四　対象業務に従事する第二号

に掲げる労働者の範囲に属する労働者の労働時間の状況に応じた当該労働者の健康及び福祉を確保するための措置を当該決議で定めるところにより使用者が講ずること。

五　対象業務に従事する第二号に掲げる労働者の範囲に属する労働者からの苦情の処理に関する措置を当該決議で定めるところにより使用者が講ずること。

六　使用者は、この項の規定により第二号に掲げる労働者の範囲に属する労働者を対象業務に就かせたときは第三号に掲げる時間労働したものとみなすことについて当該労働者の同意を得なければならないこと及び当該同意をしなかつた当該労働者に対して解雇その他不利益な取扱いをしてはならないこと。

七　前各号に掲げるもののほか、厚生労働省令で定める事項

② 前項の委員会は、次の各号に適合するものでなければならない。

一　当該委員会の委員の半数については、当該事業場に、労働者の過半数で組織する労働組合がある場合においてはその労働組合、労働者の過半数で組織する労働組合がない場合においては労働者の過半数を代表する者に厚生労働省令で定めるところにより任期を定めて指名されていること。

二　当該委員会の議事について、厚生労働省令で定めるところにより、議事録が作成され、かつ、保存されるとともに、当該事業場の労働者に対する周知が図られていること。

三　前二号に掲げるもののほか、厚生労働省令で定める要件

③ 厚生労働大臣は、対象業務に従事する労働者の適正な労働条件の確保を図るために、労働政策審議会の意見を聴いて、第一項各号に掲げる事項その他同項の委員会が決議する事項について指針を定め、これを公表するものとする。

④ 第一項の規定による届出をした使用者は、厚生労働省令で定めるところにより、定期的に、同項第四号に規定する措置の実施状況を行政官庁に報告しなければならない。

⑤ 第一項の委員会においてその委員の五分の四以上の多数による議決により第三十二条の二第一項、第三十二条の三第一項、第三十二条の四第一項及び第二項、第三十二条の五第一項、第三十四条第二項ただし書、第三

十六条第一項、第二項及び第五項、第三十七条第三項、第三十八条の二第二項、前条第一項並びに次条第四項、第六項及び第九項ただし書に規定する事項について決議が行われた場合における第三十二条の二第一項、第三十二条の三第一項、第三十二条の四第一項から第三項まで、第三十二条の五第一項、第三十四条第二項ただし書、第三十六条、第三十七条第三項、第三十八条の二第二項、前条第一項並びに次条第四項、第六項及び第九項ただし書の規定の適用については、第三十二条の二第一項中「協定」とあるのは「協定若しくは第三十八条の四第一項に規定する委員会の決議（第百六条第一項を除き、以下「決議」という。）」と、第三十二条の三第一項、第三十二条の四第一項から第三項まで、第三十二条の五第一項、第三十四条第二項ただし書、第三十六条第二項及び第五項から第七項まで、第三十七条第三項、第三十八条の二第二項、前条第一項並びに次条第四項、第六項及び第九項ただし書中「協定」とあるのは「協定又は決議」と、第三十二条の四第二項中「同意を得て」とあるのは「同意を得て、又は決議に基づき」と、第三十六条第一項中「届け出た場合」とあるのは「届け出た場合又は決議を行政官庁に届け出た場合」と、「その協定」とあるのは「その協定又は決議」と、同条第八項中「又は労働者の過半数を代表する者」とあるのは「若しくは労働者の過半数を代表する者又は同項の決議をする委員」と、「当該協定」とあるのは「当該協定又は当該決議」と、同条第九項中「又は労働者の過半数を代表する者」とあるのは「若しくは労働者の過半数を代表する者又は同項の決議をする委員」とする。

（過半数代表者）

則第六条の二　法第十八条第二項、法第二十四条第一項ただし書、法第三十二条の二第一項、法第三十二条の三第一項、法第三十二条の四第一項及び第二項、法第三十二条の五第一項、法第三十四条第二項ただし書、法第三十六条第一項、第八項及び第九項、法第三十七条第三項、法第三十八条の二第二項、法第三十八条の三第一項、法第三十八条の四第二項第一号（法第四十一条の二第三項において準用する場合を含む。）、法第三十九条第四項、第六項及び第九項ただし書並びに法第九十条第一項に規定する労働者の過半数を代表する者（以下この条において「過半数代表者」という。）は、次の各号のいずれにも該当する者とする。

一　法第四十一条第二号に規定する監督又は管理の地位にある者でないこと。

二　法に規定する協定等をする者を選出することを明らかにして実施される投票、挙手等の方法による手続により選出された者であつて、使用者の意向に基づき選出されたものでないこと。

② 前項第一号に該当する者がいない事業場にあつては、法第十八条第二項、法第二十四条第一項ただし書、法第三十九条第四項、第六項及び第九項ただし書並びに法第九十条第一項に規定する労働者の過半数を代表する者は、前項第二号に該当する者とする。

③ 使用者は、労働者が過半数代表者であること若しくは過半数代表者になろうとしたこと又は過半数代表者として正当な行為をしたことを理由として不利益な取扱いをしないようにしなければならない。

④ 使用者は、過半数代表者が法に規定する協定等に関する事務を円滑に遂行することができるよう必要な配慮を行わなければならない。

（企画業務型裁量労働制の決議で定める事項等）

則第二十四条の二の三　法第三十八条の四第一項の規定による届出は、様式第十三号の二により、所轄労働基準監督署長にしなければならない。

② 法第三十八条の四第一項の規定は、法第四章の労働時間に関する規定の適用に係る労働時間の算定について適用する。

③ 法第三十八条の四第一項第七号の厚生労働省令で定める事項は、次に掲げるものとする。

一　法第三十八条の四第一項第一号に掲げる業務に従事する同項第二号に掲げる労働者の範囲に属する労働者（次号及び第二十四条の二の四第四項において「対象労働者」という。）の法第三十八条の四第一項第六号の同意の撤回に関する手続

二　使用者は、対象労働者に適用される評価制度及びこれに対応する賃金制度を変更する場合にあつては、労使委員会に対し、当該変更の内容について説明を行うこと。

三　法第三十八条の四第一項に規定する決議の有効期間の定め

四　使用者は、次に掲げる事項に関する労働者ごとの記録を前号の有効期間中及び当該有効期間の満了後五年間保存すること。

イ　法第三十八条の四第一項第四号に規定する労働者の労働時間の状況並びに当該労働者の健康及び福祉を確保するための措置の実施状況

ロ　法第三十八条の四第一項第五号に規定する労働者からの苦情の処理に関する措置の実施状況

ハ　法第三十八条の四第一項第六号の同意及びその撤回

則第二十四条の二の三の二　使用者は、前条第三項第四号イからハまでに掲げる事項に関する労働者ごとの記録を作成し、同項第三号の有効期間中及び当該有効期間の満了後五年間保存しなければならない。

（労使委員会の委員の指名等）

則第二十四条の二の四　法第三十八条の四第二項第一号の規定による指名は、法第四十一条第二号に規定する監督又は管理の地位にある者以外の者について行わなければならず、また、使用者の意向に基づくものであつてはならない。

② 法第三十八条の四第二項第二号の規定による議事録の作成及び保存については、使用者は、労使委員会の開催の都度その議事録を作成して、これをその開催の日（法第三十八条の四第一項に規定する決議及び労使委員会の決議並びに第二十五条の二に規定する労使委員会における委員の五分の四以上の多数による議決による決議（第七項において「労使委員会の決議等」という。）が行われた会議の議事録にあつては、当該決議に係る書面の完結の日（第五十六条第一項第五号の完結の日をいう。））から起算して五年間保存しなければならない。

③ 法第三十八条の四第二項第二号の規定

による議事録の周知については、使用者は、労使委員会の議事録を、次に掲げるいずれかの方法によつて、当該事業場の労働者に周知させなければならない。

一　常時各作業場の見やすい場所へ掲示し、又は備え付けること。

二　書面を労働者に交付すること。

三　使用者の使用に係る電子計算機に備えられたファイル又は電磁的記録媒体（電磁的記録（電子的方式、磁気的方式その他人の知覚によつては認識することができない方式で作られる記録であつて、電子計算機による情報処理の用に供されるものをいう。以下同じ。）に係る記録媒体をいう。）をもつて調製するファイルに記録し、かつ、各作業場に労働者が当該記録の内容を常時確認できる機器を設置すること。

④　法第三十八条の四第二項第三号の厚生労働省令で定める要件は、労使委員会の運営に関する事項として次に掲げるものに関する規程が定められていることとする。

イ　労使委員会の招集、定足数及び議事に関する事項

ロ　対象労働者に適用される評価制度及びこれに対応する賃金制度の内容の使用者からの説明に関する事項

ハ　制度の趣旨に沿つた適正な運用の確保に関する事項

ニ　開催頻度を六箇月以内ごとに一回とすること。

ホ　イからニまでに掲げるもののほか、労使委員会の運営について必要な事項

⑤　使用者は、前項の規程の作成又は変更については、労使委員会の同意を得なければならない。

⑥　使用者は、労働者が労使委員会の委員であること若しくは労使委員会の委員になろうとしたこと又は労使委員会の委員として正当な行為をしたことを理由として不利益な取扱いをしないようにしなければならない。

⑦　使用者は、法第三十八条の四第二項第一号の規定により指名された委員が労使委員会の決議等に関する事務を円滑に遂行することができるよう必要な配慮を行わなければならない。

（報告）

則第二十四条の二の五　法第三十八条の四第四項の規定による報告は、同条第一項に規定する決議の有効期間の始期から起算して六箇月以内に一回、及びその後一年以内ごとに一回、様式第十三号の四により、所轄労働基準監督署長にしなければならない。

②　法第三十八条の四第四項の規定による報告は、同条第一項第四号に規定する労働者の労働時間の状況並びに当該労働者の健康及び福祉を確保するための措置の実施状況並びに同項第六号の同意及びその撤回の実施状況について行うものとする。

□告　示

○労働省告示第一四九号（平一一・一二・二七）
改正　厚生労働省告示第三五三号（平一五・一〇・二二）
改正　厚生労働省告示第一一五号（令五・三・三〇）

労働基準法第三十八条の四第一項の規定により同項第一号の業務に従事する労働者の適正な労働条件の確保を図るための指針

第１　趣旨

この指針は、労働基準法（以下「法」という。）第三十八条の四第一項の規定により同項第一号に規定する対象業務（以下「対象業務」という。）に従事する労働者の適正な労働条件の確保を図るため、同項に規定する委員会（以下「労使委員会」という。）が決議する同項各号に掲げる事項について具体的に明らかにする必要があると認められる事項を規定するとともに、対象業務に従事する労働者については同項第三号に掲げる時間労働したものとみなす法の制度

（以下「企画業務型裁量労働制」という。）の実施に関し、同項に規定する事業場の使用者及び当該事業場の労働者等並びに労使委員会の委員が留意すべき事項を定めたものである。

第2　企画業務型裁量労働制の対象事業場

企画業務型裁量労働制の対象事業場に関し法第三十八条の四第一項に規定する事業場の使用者及び当該事業場の労働者並びに労使委員会の委員が留意すべき事項等は、次のとおりである。

1　労働基準法の一部を改正する法律（平成十五年法律第百四号）により、企画業務型裁量労働制を実施することができる事業場は、事業運営上の重要な決定が行われる事業場に限定されないこととなったところであるが、いかなる事業場においても企画業務型裁量労働制を実施することができるということではなく、対象業務が存在する事業場（以下「対象事業場」という。）においてのみ企画業務型裁量労働制を実施することができるものであることに留意する必要がある。

2　この場合において、対象事業場とは、第3の1の(1)のイ及びロに掲げる対象業務の要件に照らして、具体的には、次に掲げる事業場である。

(1)　本社・本店である事業場

(2)　(1)に掲げる事業場以外の事業場であって次に掲げるもの

イ　当該事業場の属する企業等に係る事業の運営に大きな影響を及ぼす決定が行われる事業場であり、例えば、次に掲げる事業場であること。

(イ)　当該事業場の属する企業等が取り扱う主要な製品・サービス等についての事業計画の決定等を行っている事業本部である事業場

(ロ)　当該事業場の属する企業等が事業活動の対象としている主要な地域における生産、販売等についての事業計画や営業計画の決定等を行っている地域本社や地域を統轄する支社・支店等である事業場

(ハ)　本社・本店である事業場の具体的な指示を受けることなく独自に、当該事業場の属する企業等が取り扱う主要な製品・サービス等についての事業計画の決定等を行っている工場等である事業場

なお、個別の製造等の作業や当該作業に係る工程管理のみを行っている場合は、対象事業場ではないこと。

ロ　本社・本店である事業場の具体的な指示を受けることなく独自に、当該事業場に係る事業の運営に大きな影響を及ぼす事業計画や営業計画の決定を行っている支社・支店等である事業場であり、例えば、次に掲げる事業場であること。

(イ)　本社・本店である事業場の具体的な指示を受けることなく独自に、当該事業場を含む複数の支社・支店等である事業場に係る事業活動の対象となる地域における生産、販売等についての事業計画や営業計画の決定等を行っている支社・支店等である事業場

(ロ)　本社・本店である事業場の具体的な指示を受けることなく独自に、当該事業場のみに係る事業活動の対象となる地域における生産、販売等についての事業計画や営業計画の決定等を行っている支社・支店等である事業場

なお、本社・本店又は支社・支店等である事業場の具体的な指示を受けて、個別の営業活動のみを行っている事業場は、対象事業場ではないこと。

第3　労使委員会が決議する法第三十八条の四第一項各号に掲げる事項

1　法第三十八条の四第一項第一号に規定する事項関係

(1)　当該事項に関し具体的に明らかにする事項

対象業務は、次のイからニまでに掲げる要件のいずれにも該当するものである。

イ　事業の運営に関する事項についての業務であること

　法第三十八条の四第一項第一号の「事業の運営に関する事項」とは、対象事業場の属する企業等に係る事業の運営に影響を及ぼす事項又は当該事業場に係る事業の運営に影響を及ぼす独自の事業計画や営業計画をいい、対象事業場における事業の実施に関する事項が直ちにこれに該当するものではなく、例えば、次のように考えられること。

(イ)　本社・本店である事業場においてその属する企業全体に係る管理・運営とあわせて対顧客営業を行っている場合、当該本社・本店である事業場の管理・運営を担当する部署において策定される当該事業場の属する企業全体の営業方針については「事業の運営に関する事項」に該当する。

　なお、当該本社・本店である事業場の対顧客営業を担当する部署に所属する個々の営業担当者が担当する営業については「事業の運営に関する事項」に該当しない。

(ロ)　事業本部である事業場における当該事業場の属する企業等が取り扱う主要な製品・サービス等についての事業計画については「事業の運営に関する事項」に該当する。

(ハ)　地域本社や地域を統轄する支社・支店等である事業場における、当該事業場の属する企業等が事業活動の対象としている主要な地域における生産、販売等についての事業計画や営業計画については「事業の運営に関する事項」に該当する。

(ニ)　工場等である事業場において、本社・本店である事業場の具体的な指示を受けることなく独自に策定する、当該事業場の属する企業等が取り扱う主要な製品・サービス等についての事業計画については「事業の運営に関する事項」に該当する。

　なお、個別の製造等の作業や当該作業に係る工程管理は「事業の運営に関する事項」に該当しない。

(ホ)　支社・支店等である事業場において、本社・本店である事業場の具体的な指示を受けることなく独自に策定する、当該事業場を含む複数の支社・支店等である事業場に係る事業活動の対象となる地域における生産、販売等についての事業計画や営業計画については「事業の運営に関する事項」に該当する。

(ヘ)　支社・支店等である事業場において、本社・本店である事業場の具体的な指示を受けることなく独自に策定する、当該事業場のみに係る事業活動の対象となる地域における生産、販売等についての事業計画や営業計画については「事業の運営に関する事項」に該当する。

　なお、本社・本店又は支社・支店等である事業場の具体的な指示を受けて行う個別の営業活動は「事業の運営に関する事項」に該当しない。

ロ　企画、立案、調査及び分析の業務であること

　法第三十八条の四第一項第一号の「企画、立案、調査及び分析の業務」とは、「企画」、「立案」、「調査」及び「分析」という相互に関連し合う作業を組み合わせて行うことを内容とする業務をいう。ここでいう「業務」とは、部署が所掌する業務ではなく、個々の労働者が使用者に遂行

を命じられた業務をいう。

したがって、対象事業場に設けられた企画部、調査課等の「企画」、「立案」、「調査」又は「分析」に対応する語句をその名称に含む部署において行われる業務の全てが直ちに「企画、立案、調査及び分析の業務」に該当するものではない。

ハ　当該業務の性質上これを適切に遂行するにはその遂行の方法を大幅に労働者の裁量にゆだねる必要がある業務であること

法第三十八条の四第一項第一号の「当該業務の性質上これを適切に遂行するにはその遂行の方法を大幅に労働者の裁量にゆだねる必要がある」業務とは、使用者が主観的にその必要があると判断しその遂行の方法を大幅に労働者にゆだねている業務をいうものではなく、当該業務の性質に照らし客観的にその必要性が存するものであることが必要である。

ニ　当該業務の遂行の手段及び時間配分の決定等に関し使用者が具体的な指示をしないこととする業務であること

法第三十八条の四第一項第一号の「当該業務の遂行の手段及び時間配分の決定等に関し使用者が具体的な指示をしないこととする業務」とは、当該業務の遂行に当たり、その内容である「企画」、「立案」、「調査」及び「分析」という相互に関連し合う作業をいつ、どのように行うか等についての広範な裁量が、労働者に認められている業務をいう。

したがって、日常的に使用者の具体的な指示の下に行われる業務や、あらかじめ使用者が示す業務の遂行方法等についての詳細な手順に即して遂行することを指示されている業務は、これに該当しない。

また、「時間配分の決定」には始業及び終業の時刻の決定も含まれるため、使用者から始業又は終業の時刻を指示されている業務も、これに該当しない。

(2)　留意事項

イ　対象業務は、(1)イからニまでのいずれにも該当するものであることが必要であり、その全部又は一部に該当しない業務を労使委員会において対象業務として決議したとしても、当該業務に従事する労働者に関し、企画業務型裁量労働制の法第四章の労働時間に関する規定の適用に当たっての労働時間のみなしの効果は生じないものであることに、労使委員会の委員（以下「委員」という。）は留意することが必要である。

ロ　労使委員会において、対象業務について決議するに当たり、委員は、(イ)に掲げる対象業務となり得る業務の例及び(ロ)に掲げる対象業務となり得ない業務の例について留意することが必要である。

なお、(イ)に掲げる対象業務となり得る業務の例は、これに該当するもの以外は労使委員会において対象業務として決議し得ないものとして掲げるものではなく、また、(ロ)に掲げる対象業務となり得ない業務の例は、これに該当するもの以外は労使委員会において対象業務として決議し得るものとして掲げるものではないことに留意することが必要である。

(イ)　対象業務となり得る業務の例

①　経営企画を担当する部署における業務のうち、経営状態・経営環境等について調査及び分析を行い、経営に関する計画を策定する業務

②　経営企画を担当する部署における業務のうち、現行の社内組織の問題点やその在り方等について調査及び分析を行い、新たな社内組織を編成する業務

③　人事・労務を担当する部署における業務のうち、現行の人事制度の問題点やその在り方等について調査及び分析を行い、新たな人事制度を策定する業務

④　人事・労務を担当する部署における業務のうち、業務の内容やその遂行のために必要とされる能力等について調査及び分析を行い、社員の教育・研修計画を策定する業務

⑤　財務・経理を担当する部署における業務のうち、財務状態等について調査及び分析を行い、財務に関する計画を策定する業務

⑥　広報を担当する部署における業務のうち、効果的な広報手法等について調査及び分析を行い、広報を企画・立案する業務

⑦　営業に関する企画を担当する部署における業務のうち、営業成績や営業活動上の問題点等について調査及び分析を行い、企業全体の営業方針や取り扱う商品ごとの全社的な営業に関する計画を策定する業務

⑧　生産に関する企画を担当する部署における業務のうち、生産効率や原材料等に係る市場の動向等について調査及び分析を行い、原材料等の調達計画も含め全社的な生産計画を策定する業務

(ロ)　対象業務となり得ない業務の例

①　経営に関する会議の庶務等の業務

②　人事記録の作成及び保管、給与の計算及び支払、各種保険の加入及び脱退、採用・研修の実施等の業務

③　金銭の出納、財務諸表・会計帳簿の作成及び保管、租税の申告及び納付、予算・決算に係る計算等の業務

④　広報誌の原稿の校正等の業務

⑤　個別の営業活動の業務

⑥　個別の製造等の作業、物品の買い付け等の業務

ハ　対象業務について(1)ニにおいて「使用者が具体的な指示をしない」とされることに関し、企画業務型裁量労働制が適用されている場合であっても、業務の遂行の手段及び時間配分の決定等以外については、使用者は、労働者に対し必要な指示をすることについて制限を受けないものである。したがって、委員は、対象業務について決議するに当たり、使用者が労働者に対し業務の開始時に当該業務の目的、目標、期限等の基本的事項を指示することや、中途において経過の報告を受けつつこれらの基本的事項について所要の変更の指示をすることは可能であることに留意することが必要である。

また、企画業務型裁量労働制の実施に当たっては、これらの指示が的確になされることが重要である。このため、使用者は、業務量が過大である場合や期限の設定が不適切である場合には、労働者から時間配分の決定に関する裁量が事実上失われることがあることに留意するとともに、労働者の上司に対し、これらの基本的事項を適正に設定し、指示を的確に行うよう必要な管理者教育を行うことが適当であることに留意することが必要である。

なお、使用者及び委員は、労働者から時間配分の決定等に関する裁量が失われたと認められる場合には、企画業務型裁量労働制の法第四章の労働時間に関する規定の適用に当たっての労働時間のみなしの効果は生じないものであることに留意することが必要である。

2　法第三十八条の四第一項第二号に規定する事項関係

(1)　当該事項に関し具体的に明らかにする事項

法第三十八条の四第一項第二号の「対象業務を適切に遂行するための知識、経験等を有する労働者」であって使用者が対象業務に就かせる者（以下「対象労働者」という。）は、対象業務に常態として従事していることが原則である。

「対象業務を適切に遂行するために必要となる具体的な知識、経験等を有する労働者」の範囲については、対象業務ごとに異なり得るものであり、このため、対象労働者となり得る者の範囲を特定するために必要な職務経験年数、職能資格等の具体的な基準を明らかにすることが必要である。

(2)　留意事項

イ　労使委員会において、対象労働者となり得る者の範囲について決議するに当たっては、委員は、客観的にみて対象業務を適切に遂行するための知識、経験等を有しない労働者を含めて決議した場合、使用者が当該知識、経験等を有しない労働者を対象業務に就かせても企画業務型裁量労働制の法第四章の労働時間に関する規定の適用に当たっての労働時間のみなしの効果は生じないものであることに留意することが必要である。例えば、大学の学部を卒業した労働者であって全く職務経験がないものは、客観的にみて対象労働者に該当し得ず、少なくとも三年ないし五年程度の職務経験を経た上で、対象業務を適切に遂行するための知識、経験等を有する労働者であるかどうかの判断の対象となり得るものであることに留意することが必要である。

ロ　労使委員会において、対象労働者となり得る者の範囲について決議するに当たっては、当該者が対象業務を適切に遂行するための知識、経験等を有する労働者であるかの判断に資するよう、使用者は、労使委員会に対し、当該事業場の属する企業等における労働者の賃金水準（労働者への賃金・手当の支給状況を含む。）を示すことが望ましいことに留意することが必要である。

3　法第三十八条の四第一項第三号に規定する事項関係

(1)　当該事項に関し具体的に明らかにする事項

イ　法第三十八条の四第一項第三号の「対象業務に従事する前号に掲げる労働者の範囲に属する労働者の労働時間として算定される時間」（以下「みなし労働時間」という。）については、法第四章の規定の適用に係る一日についての対象労働者の労働時間数として、具体的に定められたものであることが必要である。

ロ　労使委員会において、みなし労働時間について決議するに当たっては、委員は、対象業務の内容並びに対象労働者に適用される評価制度及びこれに対応する賃金制度を考慮して適切な水準のものとなるよう決議することとし、対象労働者の相応の処遇を確保することが必要である。

(2)　留意事項

イ　労使委員会においては、みなし労働時間について決議するに当たっては、委員は、対象業務の内容を十分検討するとともに、対象労働者に適用される評価制度及びこれに対応する賃金制度について使用者から十分な説明を受け、それらの内容を十分理解した上で決議することが必要であることに留意することが必要である。

ロ　当該事業場における所定労働時間をみなし労働時間として決議するよ

うな場合において、使用者及び委員は、所定労働時間相当働いたとしても明らかに処理できない分量の業務を与えながら相応の処遇を確保しないといったことは、制度の趣旨を没却するものであり、不適当であることに留意することが必要である。

4　法第三十八条の四第一項第四号に規定する事項関係

(1)　当該事項に関し具体的に明らかにする事項

イ　法第三十八条の四第一項第四号の対象労働者の「労働時間の状況に応じた当該労働者の健康及び福祉を確保するための措置」（以下「健康・福祉確保措置」という。）を当該決議で定めるところにより使用者が講ずることについては、次のいずれにも該当する内容のものであることが必要である。

(イ)　使用者による対象労働者の労働時間の状況の把握は、いかなる時間帯にどの程度の時間、労務を提供し得る状態にあったかを把握するものであること。その方法は、タイムカードによる記録、パーソナルコンピュータ等の電子計算機の使用時間の記録等の客観的な方法その他の適切なものであることが必要であり、当該対象事業場の実態に応じて適当な当該方法を具体的に明らかにしていることが必要であること。

(ロ)　(イ)により把握した労働時間の状況に基づいて、対象労働者の勤務状況（労働時間の状況を含む。以下同じ。）に応じ、使用者がいかなる健康・福祉確保措置をどのように講ずるかを明確にするものであること。

ロ　労使委員会において決議し、使用者が講ずる健康・福祉確保措置としては次のものが適切である。

(イ)　終業から始業までに一定時間以上の継続した休息時間を確保すること。

(ロ)　法第三十七条第四項に規定する時刻の間において労働させる回数を一箇月について一定回数以内とすること。

(ハ)　把握した労働時間が一定時間を超えない範囲内とすること及び当該時間を超えたときは法第三十八条の四第一項の規定を適用しないこととすること。

(ニ)　働き過ぎの防止の観点から、年次有給休暇についてまとまった日数連続して取得することを含めてその取得を促進すること。

(ホ)　把握した労働時間が一定時間を超える対象労働者に対し、医師による面接指導（問診その他の方法により心身の状況を把握し、これに応じて面接により必要な指導を行うことをいい、労働安全衛生法（昭和四十七年法律第五十七号）第六十六条の八第一項の規定による面接指導を除く。）を行うこと。

(ヘ)　把握した対象労働者の勤務状況及びその健康状態に応じて、代償休日又は特別な休暇を付与すること。

(ト)　把握した対象労働者の勤務状況及びその健康状態に応じて、健康診断を実施すること。

(チ)　心とからだの健康問題についての相談窓口を設置すること。

(リ)　把握した対象労働者の勤務状況及びその健康状態に配慮し、必要な場合には適切な部署に配置転換をすること。

(ヌ)　働き過ぎによる健康障害防止の観点から、必要に応じて、産業医等による助言・指導を受け、又は対象労働者に産業医等による保健指導を受けさせること。

(2)　留意事項

イ　対象労働者については、業務の遂行の方法を大幅に労働者の裁量にゆだね、使用者が具体的な指示をしないこととなるが、使用者は、このために当該対象労働者について、労働者の生命、身体及び健康を危険から保護すべき義務（いわゆる安全配慮義務）を免れるものではないことに留意することが必要である。

ロ　使用者は、対象労働者の勤務状況を把握する際、対象労働者からの健康状態についての申告、健康状態についての上司による定期的なヒアリング等に基づき、対象労働者の健康状態を把握することが望ましい。このため、委員は、健康・福祉確保措置を講ずる前提として、使用者が対象労働者の勤務状況と併せてその健康状態を把握することを決議に含めることが望ましいことに留意することが必要である。

ハ　労使委員会において、健康・福祉確保措置を決議するに当たっては、委員は、長時間労働の抑制や休日確保を図るための当該事業場の対象労働者全員を対象とする措置として(1)ロ(イ)から(ニ)までに掲げる措置の中から一つ以上を実施することとし、かつ、勤務状況や健康状態の改善を図るための個々の対象労働者の状況に応じて講ずる措置として(1)ロ(ホ)から(ヌ)までに掲げる措置の中から一つ以上を実施することとすることが望ましいことに留意することが必要である。

ニ　使用者及び委員は、把握した対象労働者の勤務状況及びその健康状態を踏まえ、(1)ロ(ハ)の措置を決議することが望ましいことに留意することが必要である。

ホ　使用者が健康・福祉確保措置を実施した結果を踏まえ、特定の対象労働者には法第三十八条の四第一項の規定を適用しないこととする場合における、当該規定を適用しないこととした後の配置及び処遇又はその決定方法について、委員は、あらかじめ決議で定めておくことが望ましいことに留意することが必要である。

ヘ　使用者は、(1)ロに例示した措置のほかに、対象労働者が創造的な能力を継続的に発揮し得る環境を整備する観点から、例えば、自己啓発のための特別な休暇の付与等対象労働者の能力開発を促進する措置を講ずることが望ましいものである。このため、委員は、使用者が対象労働者の能力開発を促進する措置を講ずることを決議に含めることが望ましいことに留意することが必要である。

5　法第三十八条の四第一項第五号に規定する事項関係

(1)　当該事項に関し具体的に明らかにする事項

法第三十八条の四第一項第五号の対象業務に従事する対象労働者からの「苦情の処理に関する措置」（以下「苦情処理措置」という。）については、苦情の申出の窓口及び担当者、取り扱う苦情の範囲、処理の手順・方法等その具体的内容を明らかにするものであることが必要である。

(2)　留意事項

イ　労使委員会において、苦情処理措置について決議するに当たり、委員は、使用者や人事担当者以外の者を申出の窓口とすること等の工夫により、対象労働者が苦情を申し出やすい仕組みとすることが適当であることに留意することが必要である。

また、取り扱う苦情の範囲については、委員は、企画業務型裁量労働制の実施に関する苦情のみならず、対象労働者に適用される評価制度及びこれに対応する賃金制度等企画業務型裁量労働制に付随する事項に関する苦情も含むものとすることが適当であることに留意することが必要である。

ロ　苦情処理措置として、労使委員会が対象事業場において実施されている苦情処理制度を利用することを決議した場合には、使用者は、対象労働者にその旨を周知するとともに、当該実施されている苦情処理制度が企画業務型裁量労働制の運用の実態に応じて機能するよう配慮することが適当であることに留意することが必要である。

ハ　使用者及び委員は、労使委員会が苦情の申出の窓口としての役割を担うこと等により、委員が苦情の内容を確実に把握できるようにすることや、苦情には至らない運用上の問題点についても幅広く相談できる体制を整備することが望ましいことに留意することが必要である。

6　法第三十八条の四第一項第六号に規定する事項関係

(1)　当該事項に関し具体的に明らかにする事項

法第三十八条の四第一項第六号により、使用者が同項の規定により労働者を対象業務に就かせたときは同項第三号に掲げる時間労働したものとみなすことについての当該労働者の同意は、当該労働者ごとに、かつ、同項第七号に規定する決議事項として定められる決議の有効期間ごとに得られるものであることが必要である。

(2)　留意事項

イ　法第三十八条の四第一項第六号に規定する事項に関し決議するに当たり、委員は、対象業務の内容を始めとする決議の内容等当該事業場における企画業務型裁量労働制の制度の概要、企画業務型裁量労働制の適用を受けることに同意した場合に適用される評価制度及びこれに対応する賃金制度の内容並びに同意しなかった場合の配置及び処遇について、使用者が労働者に対し、明示した上で説明して当該労働者の同意を得ることとすることを決議で定めることが適当であることに留意することが必要である。また、十分な説明がなされなかったこと等により、当該同意が労働者の自由な意思に基づいてされたものとは認められない場合には、企画業務型裁量労働制の法第四章の労働時間に関する規定の適用に当たっての労働時間のみなしの効果は生じないこととなる場合があることに留意することが必要である。

なお、使用者は、企画業務型裁量労働制の適用を受けることに同意しなかった場合の配置及び処遇は、同意をしなかった労働者をそのことを理由として不利益に取り扱うものであってはならないものであることに留意することが必要である。

ロ　委員は、企画業務型裁量労働制の適用を受けることについての労働者の同意については、書面によること等その手続を決議において具体的に定めることが適当であることに留意することが必要である。

ハ　使用者は、企画業務型裁量労働制の適用を受けることについての労働者の同意を得るに当たって、苦情の申出先、申出方法等を書面で明示する等、5(1)の苦情処理措置の具体的内容を対象労働者に説明することが適当であることに留意することが必要である。

7　法第三十八条の四第一項第七号に規定する事項関係

(1)　当該事項に関し具体的に明らかにする事項

法第三十八条の四第一項第七号に規定する「前各号に掲げるもののほか、厚生労働省令で定める事項」として、次の事項が同項の労使委員会の決議事項として定められている。

イ　企画業務型裁量労働制の適用を受けることについての労働者の同意の撤回に関する手続を定めること。

(イ)　決議に際し、撤回の申出先となる部署及び担当者、撤回の申出の方法等その具体的内容を明らかにすることが必要である。

(ロ)　使用者は、同意を撤回した場合の配置及び処遇について、同意を撤回した労働者をそのことを理由として不利益に取り扱うものであってはならないものである。

ロ　使用者は、対象労働者に適用される評価制度及びこれに対応する賃金制度を変更する場合にあっては、労使委員会に対し、当該変更の内容について説明を行うこと。

ハ　法第三十八条の四第一項の決議には、有効期間を定めること。

ニ　使用者は、対象労働者の労働時間の状況並びに当該労働者の健康・福祉確保措置の実施状況、対象労働者からの苦情の処理に関する措置の実施状況並びに企画業務型裁量労働制の適用に関し対象労働者から得た同意及びその撤回に関する労働者ごとの記録を、ハの有効期間中及びその満了後三年間保存すること（労働基準法施行規則（昭和二十二年厚生省令第二十三号。以下「則」という。）第二十四条の二の三第三項第四号及び第七十一条）。

(2)　留意事項

イ　委員は、対象労働者が同意を撤回した場合の撤回後の配置及び処遇又はその決定方法について、あらかじめ決議で定めておくことが望ましいことに留意することが必要である。

ロ　(1)ロの事項について、使用者は、対象労働者に適用される評価制度及びこれに対応する賃金制度を変更しようとする場合、労使委員会に対し、事前に当該変更の内容について説明を行うことが適当であることに留意することが必要である。事前に説明を行うことが困難な場合であっても、変更後遅滞なく、その内容について説明を行うことが適当であることに留意することが必要である。

ハ　(1)ハの事項に関連し、委員は、法第三十八条の四第一項の決議を行った後に当該決議の内容に関連して生じた当該決議の時点では予見し得なかった事情の変化に対応するため、委員の半数以上から決議の変更等のための労使委員会の開催の申出があった場合は、(1)ハの有効期間の中途であっても決議の変更等のための調査審議を行うものとすることを同項の決議において定めることが適当であることに留意することが必要である。また、委員は、委員の半数以上からの申出があった場合に限らず、制度の実施状況等について定期的に調査審議するために必要がある場合には、労使委員会を開催することが必要であることに留意することが必要である。

8　その他法第三十八条の四第一項の決議に関する事項

労使委員会が法第三十八条の四に基づき、同項各号に掲げる事項について決議を行うに当たっては、委員が、企画業務型裁量労働制の適用を受ける対象労働者に適用される評価制度及びこれに対応する賃金制度の内容を十分理解した上で、行うことが重要である。

このため、労使委員会が法第三十八条の四第一項各号に掲げる事項について決議を行うに先立ち、使用者は、対象労働者に適用される評価制度及びこれに対応する賃金制度の内容について、労使委員会に対し、十分に説明することが必要であることに留意することが必要である。

第4　法第三十八条の四第二項に規定する労使委員会の要件等労使委員会に関する事項

労使委員会に関する法第三十八条の四第

二項の規定等に関し対象事業場の使用者並びに当該事業場の労働者、労働組合及び労働者の過半数を代表する者並びに委員が留意すべき事項等は、次のとおりである。

1　労使委員会に求められる役割

労使委員会においては、企画業務型裁量労働制が制度の趣旨に沿って実施されるよう、賃金、労働時間その他の当該事業場における労働条件に関する事項を調査審議し、この指針の内容に適合するように法第三十八条の四第一項各号に掲げる事項を決議するとともに、決議の有効期間中も、定期的に制度の実施状況に関する情報を把握し、対象労働者の働き方や処遇が制度の趣旨に沿ったものとなっているかを調査審議し、必要に応じて、運用の改善を図ることや決議の内容について見直しを行うことが求められる。委員は、労使委員会がこうした役割を担うことに留意することが必要である。

2　法第三十八条の四第一項による労使委員会の設置に先立つ話合い

対象事業場の使用者及び労働者の過半数を代表する者（以下「過半数代表者」という。）又は労働組合は、法第三十八条の四第一項により労使委員会が設置されるに先立ち、設置に係る日程、手順、使用者による一定の便宜の供与がなされる場合にあってはその在り方等について十分に話し合い、定めておくことが望ましいことに留意することが必要である。その際、委員の半数について同条第二項第一号に規定する指名（以下「委員指名」という。）の手続を経なければならないことにかんがみ、同号に規定する労働者の過半数で組織する労働組合がない場合も含めて、これらの手続を適切に実施できるようにする観点から話合いがなされることが望ましいことに留意することが必要である。特に、同号に規定する労働者の過半数で組織する労働組合がない場合において、使用者は、過半数代表者が必要な手続を円滑に実施できるよう十分に話し合い、必要な配慮を行うことが適当である。

なお、過半数代表者が適正に選出されていない場合や監督又は管理の地位にある者について委員指名が行われている場合は、当該労使委員会による決議は無効であり、過半数代表者は則第六条の二第一項各号に該当するよう適正に選出されている必要がある。また、労使を代表する委員それぞれ一名計二名で構成される委員会は労使委員会として認められない。

3　法第三十八条の四第二項第一号による委員の指名

対象事業場の使用者及び法第三十八条の四第二項第一号により委員の指名を行う当該事業場の労働組合又は労働者の過半数を代表する者は、法第三十八条の四第一項の決議のための調査審議等に当たり対象労働者となる労働者及び対象労働者の上司の意見を反映しやすくする観点から、指名する委員にそれらの者を含めることを検討することが望ましいことに留意することが必要である。

4　法第三十八条の四第二項第四号及び関係省令に基づく労使委員会の運営規程

(1)　法第三十八条の四第二項第四号に基づく労使委員会の要件として、労使委員会の招集、定足数及び議事に関する事項、対象労働者に適用される評価制度及びこれに対応する賃金制度の内容の使用者からの説明に関する事項、制度の趣旨に沿った適正な運用の確保に関する事項、開催頻度を六箇月以内ごとに一回とすることとその他の労使委員会の運営について必要な事項に関する規程（以下「運営規程」という。）が定められていること、使用者は運営規程の作成又は変更について労使委員会の同意を得なければならないことが規定されている（則第二十四条の二の四第四項及び第五項）。この運営規程を定めるに当たっては、使用者及び委員は、労使委員会の招集に関する事項として法第三十八条の四第一項の決議の調査審議のための委員会、同項の決議に係る有効期間中における制度の運用状況の調査審議のための委員会等定例として予定されている委員会の開催に関すること及び必要に応じて開催される委員会の開催に関することを、議事に関する事項として議長の選出に関すること及び決議の方法に関することを、それぞれ規定することが適当であることに留意することが必要である。

（2）　運営規程において、定足数に関する事項を規定するに当たっては、労使委員会が法第三十八条の四第一項及び第五項に規定する決議をする場合の「委員の五分の四以上の多数による議決」とは、労使委員会に出席した委員の五分の四以上の多数による議決で足りるものであることにかんがみ、使用者及び委員は、全委員に係る定足数のほか、労使各側を代表する委員ごとに一定割合又は一定数以上の出席を必要とすることを定めることが適当であることに留意することが必要である。

（3）　運営規程において、対象労働者に適用される評価制度及びこれに対応する賃金制度の内容の使用者からの説明に関する事項を規定するに当たっては、使用者及び委員は、当該説明は、第三の八において労使委員会が法第三十八条の四第一項各号に掲げる事項について決議を行うに先立ち、使用者は、対象労働者に適用される評価制度及びこれに対応する賃金制度の内容について、労使委員会に対し、十分に説明する必要があるとされていることを踏まえる必要があることに留意することが必要である。

（4）　運営規程において、制度の趣旨に沿った適正な運用の確保に関する事項を規定するに当たっては、労使委員会が企画業務型裁量労働制の実施状況を把握した上で、対象労働者の働き方や処遇が制度の趣旨に沿ったものとなっているかを調査審議し、運用の改善を図ることや決議の内容について必要な見直しを行うことが必要であること、決議や制度の運用状況に係る調査審議のため、労使委員会の開催頻度を六箇月以内ごとに一回とする必要があることを踏まえ、使用者及び委員は、当該実施状況の把握の頻度や方法を運営規程に定めることが必要であることに留意することが必要である。

5　労使委員会に対する使用者による情報の開示

（1）　法第三十八条の四第一項に規定する決議が適切に行われるため、使用者は、労使委員会に対し、労使委員会が法第三十八条の四第一項の決議のための調査審議をする場合には、運営規程において定められた、第3の8において使用者が労使委員会に対し十分に説明する必要があるとされている対象労働者に適用される評価制度及びこれに対応する賃金制度の内容に加え、企画業務型裁量労働制が適用されることとなった場合における対象業務の具体的内容を開示することが適当であることに留意することが必要である。また、使用者は、労使委員会に対し、当該対象事業場の属する企業等における労働者の賃金水準（労働者への賃金・手当の支給状況を含む。）を開示することが望ましいことに留意することが必要である。

（2）　委員が、当該対象事業場における企画業務型裁量労働制の実施状況に関する情報を十分に把握するため、使用者は、労使委員会に対し、法第三十八条の四第一項第四号に係る決議で定めるところにより把握した対象労働者の勤務状況及びこれに応じて講じた対象労働者の健康・福祉確保措置の実施状況、対象労働者からの苦情の内容及びその処理状況等法第三十八条の四第一項第五号に係る決議に係る苦情処理措置の実施状況、対象労働者に適用される評価制度及びこれに対応する賃金制度の運用状況（対象労働者への賃金・手当の支給状況や評価結果等をいう。）並びに労使委員会の開催状況を開示することが適当であることに留意することが必要である。

なお、対象労働者からの苦情の内容及びその処理状況並びに対象労働者に適用される評価制度及びこれに対応する賃金制度の運用状況を労使委員会に開示するに当たっては、使用者は対象労働者のプライバシーの保護に十分留意することが必要である。

(3)　使用者及び委員は、使用者が開示すべき情報の範囲、開示手続、開示が行われる労使委員会の開催時期等必要な事項を運営規程で定めておくことが適当であることに留意することが必要である。

6　使用者による労働者側委員への配慮

使用者は、労働者側委員が法第三十八条の四第一項各号に掲げる事項についての決議等に関する事務を円滑に遂行することができるよう必要な配慮を行わなければならない（則第二十四条の二の四第七項）。

7　労使委員会と労働組合等との関係

(1)　労使委員会は、法第三十八条の四第一項により、「賃金、労働時間その他の当該事業場における労働条件に関する事項を調査審議し、事業主に対し当該事項について意見を述べることを目的とする委員会」とされている。この労働条件に関する事項についての労使委員会による調査審議は、同項の決議に基づく企画業務型裁量労働制の適正な実施を図る観点から行われるものであり、労働組合の有する団体交渉権を制約するものではない。

このため、使用者及び委員は、労使委員会と労働組合又は労働条件に関する事項を調査審議する労使協議機関との関係を明らかにしておくため、それらと協議の上、労使委員会の調査審議事項の範囲を運営規程で定めておくことが適当であることに留意することが必要である。

(2)　法第三十八条の四第五項に基づき、労使委員会において、委員の五分の四以上の多数による議決により法第三十八条の四第五項に掲げる規定（以下「特定条項」という。）において労使協定にゆだねられている事項について決議した場合には、当該労使委員会の決議をもって特定条項に基づく労使協定に代えることができることとされている。

このため、使用者及び委員は、労使委員会と特定条項に係る労使協定の締結当事者となり得る労働組合又は過半数代表者との関係を明らかにしておくため、これらと協議の上、労使委員会が特定条項のうち労使協定に代えて決議を行うこととする規定の範囲を運営規程で定めておくことが適当であることに留意することが必要である。

▼参照条文　〔労働時間―三二～三二の四・三二の五・三三・三六〕、〔一項本文の決議の届出―則二四の二の三1〕、〔一項本文の厚生労働省令で定める事項―則二四の二の三2〕、〔一項七号の厚生労働省令で定める事項―則二四の二の三3〕、〔労働組合―労組二・五〕、〔過半数代表者―則六の二〕、〔二項一号の指名―則二四の二の四1〕、〔二項二号の厚生労働省令―則二四の二の四2・3〕、〔二項三号の厚生労働省令で定める要件―則二四の二の四4・5〕、〔不利益取扱いの禁止―則二四の二の四6〕、〔行政官庁への報告―則二四の二の五、則附六六の二〕

解釈例規

〈編注〉本条に関するQ&Aが、次の厚生労働省HPに掲載されている。

- 令和五年改正労働基準法施行規則等に係る裁量労働制に関するQ&A
- 令和五年改正労働基準法施行規則等に係る裁量労働制に関するQ&A（令和五年十一

月追加）

〔https://www.mhlw.go.jp/stf/seisakunitsuite/bunya/koyou_roudou/roudoukijun/roudouzikan/sairyo.html〕

【趣旨①】　経済社会の構造変化や労働者の就業意識の変化等が進む中で、活力ある経済社会を実現していくためには、事業活動の中枢にある労働者が創造的な能力を十分に発揮し得る環境づくりをすることが必要である。また、労働者の側にも、自らの知識、技術や創造的な能力をいかし、仕事の進め方や時間配分に関し主体性をもつて働きたいという意識が高まつており、こうした状況に対応した新たな働き方のルールを設定することが重要である。

　このような考え方から、事業運営上の重要な決定が行われる企業の本社等の中枢部門において企画、立案、調査及び分析を行う事務系労働者であつて、業務の遂行手段や時間配分を自らの裁量で決定し使用者から具体的な指示を受けない者を対象とする新たな裁量労働制を設けることとしたものであること。

（平一一・一・二九　基発四五号）

【趣旨②】　企画業務型裁量労働制は、労働者が主体的に多様な働き方を選択できる可能性を拡大するために、その選択肢の一つとして導入されたものであるが、今回の改正においては、この制度がより有効に機能するよう、その導入に当たって、労使の十分な話合いを必要とすること等の制度の基本的な枠組みは維持しつつ、同制度の導入・運用についての要件・手続を緩和したものであること。

（平一五・一〇・二二　基発一〇二二〇〇一号）

【みなしの範囲】　企画業務型裁量労働制に係る労働時間のみなしは、法第四章の労働時間に関する規定の適用に係る労働時間の算定について適用されるものであること（法第三十八条の四第一項、改正省令による改正後の労働基準法施行規則（以下「規則」という。）第二十四条の二の三第二項関係）。したがって法第六章の年少者の労働時間に関する規定及び法第六章の二の女性の労働時間に関する規定の適用に係る労働時間の算定については適用されないものであること。

　また、労働時間のみなしが適用される場合であっても、法第四章のうち休憩、深夜業及び休日に関する規定の適用は排除されないものであること。

（平一二・一・一　基発一号）

❶第一項関係

【対象事業場】　今回の法改正により、企画業務型裁量労働制を実施することができる事業場は、事業運営上の重要な決定が行われる事業場に限定されないこととなったところであるが、いかなる事業場においても企画業務型裁量労働制を実施することができるということではなく、対象業務が存在する事業場においてのみ企画業務型裁量労働制を実施することができるものであること。

　また、指針第2の対象事業場とは、留意事項として、その具体例を掲げているものであり、企画業務型裁量労働制を実施するためには、あくまで対象業務の要件を満たすことが必要であること。

（平一五・一〇・二二　基発一〇二二〇〇一号）

【決議の方法】　労使委員会において、法第三十八条の四第一項に規定する企画業務型裁量労働制の導入に係る決議（以下「決議」という。）をする場合の「委員の五分の四以上の多数による議決」とは、労使委員会に出席した委員の五分の四以上の多数による議決で足りるものであること。このことは、指針第4の4⑵においても明らかにされていること。

　なお、労使委員会に出席した委員の五分の四以上の多数による議決によるものであることが明らかであることが必要であること。

（平一二・一・一　基発一号、平一五・一二・二六　基発

一三六〇〇二号、令五・八・二　基発〇八〇二第七号）

【決議の届出】　決議は、規則様式第十三号の二により、所轄労働基準監督署長に届出をしなければならないこと。この届出を行わなければ、法第三十八条の四第一項による企画業務型裁量労働制の効力は発生しないこと。

（平一二・一・一　基発一号）

【一箇月単位の変形労働時間制に関する協定等の本社一括届出について】

平成一五年二月一五日付け基発第〇二一五〇〇一号、同日付け基発第〇二一五〇〇二号及び令和五年二月二四日付け基発〇二二四第八号により、就業規則、時間外・休日労働協定及び一年単位の変形労働時間制に関する協定については、本社一括届出を認めてきたところであるが、今般、以下の手続においても、事業場ごとに締結された協定又は決議を本社の使用者が一括して本社管轄署長に届け出ること及び事業場ごとの報告を本社の使用者が一括して本社管轄署長に行うことを認めるものであること。ただし、この取扱いは、電子申請の場合に限るものであること。

（対象手続）

・　一箇月単位の変形労働時間制に関する協定

・　一週間単位の非定型的変形労働時間制に関する協定

・　事業場外労働に関するみなし労働時間制に関する協定

・　専門業務型裁量労働制に関する協定

・　企画業務型裁量労働制に関する決議

・　企画業務型裁量労働制に関する定期報告

なお、法第三二条の二第二項及び労働基準法施行規則（昭和二二年厚生省令第二三号。以下「則」という。）第一二条の二の二第二項、法第三二条の五第三項及び則第一二条の五第四項、法第三八条の二第三項及び則第二四条の二第三項、法第三八条の三第二項及び則第二四条の二の二第四項並びに法第三八条の四第一項及び則第二四条の二の三第一項において、これらの協定又は決議は事業場ごとに所轄署長に届け出ることとされ、また、法第三八条の四第四項及び則第二四条の二の五第一項において、事業場ごとに所轄署長に報告することとされているものであり、今般の取扱いによってもこの考え方は変更されるものではないこと。

（令六・二・二六　基発〇二二六第八号）

【決議事項の内容】

イ　一号決議事項

対象業務は、次の(イ)から(ニ)までに掲げる要件のいずれにも該当するものであること。

(イ)　事業の運営に関する事項についての業務であること

法第三十八条の四第一項第一号の「事業の運営に関する事項」とは、対象事業場の属する企業等に係る事業の運営に影響を及ぼす事項又は当該事業場に係る事業運営に影響を及ぼす独自の事業計画や営業計画をいい、対象事業場における事業の実施に関する事項が直ちにこれに該当するものではないこと。

(ロ)　企画、立案、調査及び分析の業務であること

法第三十八条の四第一項第一号の「企画、立案、調査及び分析の業務」とは、「企画」、「立案」、「調査」及び「分析」という相互に関連し合う作業を組み合わせて行うことを内容とする業務をいうこと。

ここでいう「業務」とは、部署が所掌する業務ではなく、個々の労働者が使用者に遂行を命じられた業務をいうこと。

(ハ)　当該業務の性質上これを適切に遂行するにはその遂行の方法を大幅に労働者の裁量にゆだねる必要がある業務であること

法第三十八条の四第一項第一号の「当該業務の性質上これを適切に遂行

するにはその遂行の方法を大幅に労働者の裁量にゆだねる必要がある」業務とは、当該業務の性質に照らし客観的にその必要性が存するものであることが必要であること。

(ニ) 当該業務の遂行の手段及び時間配分の決定等に関し使用者が具体的な指示をしないこととする業務であること

法第三十八条の四第一項第一号の「当該業務の遂行の手段及び時間配分の決定等に関し使用者が具体的な指示をしないこととする業務」とは、当該業務の遂行に当たり、その内容である「企画」、「立案」、「調査」及び「分析」という相互に関連し合う作業をいつ、どのように行うか等についての広範な裁量が、労働者に認められている業務をいうこと。

ロ　二号決議事項

対象労働者は、対象業務に常態として従事していることが原則であること。

対象労働者が対象業務を遂行する過程においては、期初、期末における目標設定、成果評価等に必要な会議への出席や関係者等との打合せ等時間配分に関し拘束を受ける場合が生じ得るものであり、また、自己の業務に関係する情報・資料の収集、整理、加工等を行うこともあり得るものであるが、これらの作業は、企画、立案、調査及び分析の業務の不可分な一部分を構成するものとして、当該業務に組み込まれているものと評価できることから、これらの業務を含めた全体が対象業務と評価されるものであり、対象労働者は、そのような対象業務に常態として従事することが必要となるものであること。

法第三十八条の四第一項第二号の「対象業務を適切に遂行するための知識、経験等を有する労働者」の範囲については、対象業務ごとに異なり得るものであり、このため、対象労働者となり得る者の範囲を特定するために必要な職務経験年数、職能資格等の具体的な基準を明らかにすることが必要であること。

ハ　三号決議事項

法第三十八条の四第一項第三号の「対象業務に従事する前号に掲げる労働者の範囲に属する労働者の労働時間として算定される時間」については、法第四章の規定の適用に係る一日についての対象労働者の労働時間数として、具体的に定められたものであることが必要であること。

ニ　四号決議事項

法第三十八条の四第一項第四号の対象労働者の「労働時間の状況に応じた当該労働者の健康及び福祉を確保するための措置」（以下「健康・福祉確保措置」という。）を当該決議で定めるところにより使用者が講ずることについては、次のいずれにも該当する内容のものであることが必要であること。

(イ) 使用者による対象労働者の労働時間の状況の把握は、いかなる時間帯にどの程度の時間、労務を提供し得る状態にあったかを把握するものであること。その方法は、タイムカードによる記録、パーソナルコンピュータ等の電子計算機の使用時間の記録等の客観的な方法その他の適切なものであることが必要であり、当該対象事業場の実態に応じて適当な当該方法を具体的に明らかにしていることが必要であること。

(ロ) (イ)により把握した労働時間の状況に基づいて、対象労働者の勤務状況（労働時間の状況を含む。以下同じ。）に応じ、使用者がいかなる健康・福祉確保措置をどのように講ずるかを明確にするものであること。

ホ　五号決議事項

対象業務に従事する対象労働者からの「苦情の処理に関する措置」については、苦情の申出の窓口及び担当者、取り扱う苦情の範囲、処理の手順・方法等その具体的内容を明らかにするものであることが必要であること。

ヘ　六号決議事項

企画業務型裁量労働制の対象となることについての労働者の同意は、当該労働者ごとに、かつ、七号決議事項の三として定められる決議の有効期間ごとに得られるものであることが必要であること。

ト　七号決議事項の一

(イ)　決議に際し、撤回の申出先となる部署及び担当者、撤回の申出の方法等その具体的内容を明らかにすることが必要であること。

(ロ)　同意を撤回した場合の配置及び処遇について、同意を撤回した労働者をそのことを理由として不利益に取り扱うものであってはならないものであること。

チ　七号決議事項の四

対象労働者の労働時間の状況、使用者が講ずる対象労働者の健康及び福祉を確保するための措置の実施状況、使用者が講ずる対象労働者からの苦情の処理に関する措置の実施状況並びに対象労働者の同意及びその撤回に関する記録は、対象労働者に係るこれらの事項に関する状況を労働者ごとに明らかにするものであることが必要であること。なお、記録の保存に当たっては、既存の書類等に必要な記録がなされ保存されることによって個々の労働者に係る状況が確認できれば、必ずしも個々の労働者ごとの書類として作成し保存する必要はないこと。

リ　その他

上記イからチまでの他、必要的決議事項及びその他の決議事項については、指針第3に規定するとおりであること。

（平一二・一・一　基発一号、平一五・一二・二六　基発一二二六〇〇二号、令五・八・二　基発〇八〇二第七号）

【労使委員会で決議することが適当な事項】

指針において、必要的決議事項に関連して決議することが適当であることに委員は留意することが必要であるとされている事項等

(一)　四号決議事項に関連し、使用者が対象労働者の健康状態を把握すること

(二)　四号決議事項に関連し、使用者が対象労働者の能力開発を促進する措置を講ずること

(三)　四号決議事項に関連し、使用者は、把握した労働者の勤務状況及びその健康状態に応じて、対象労働者への企画業務型裁量労働制の適用について必要な見直しを行うこと

(四)　六号決議事項に関連し、対象業務の内容を始めとする決議の内容等当該事業場における企画業務型裁量労働制の制度の概要、企画業務型裁量労働制の適用を受けることに同意した場合に適用される評価制度及びこれに対応する賃金制度の内容並びに同意しなかった場合の配置及び処遇について、使用者が労働者に対し明示して当該労働者の同意を得ることとすること

(五)　六号決議事項に関連し、企画業務型裁量労働制の適用を受けることについての労働者の同意に関し、書面によること等その手続

(六)　六号決議事項に関連し、対象労働者から同意を撤回することを認めることとする場合には、その要件及び手続

(七)　七号決議事項の一に関連し、委員の半数以上から決議の変更等のための労使委員会の開催の申出があった場合は、決議の有効期間の中途であっても決議の変更等のための調査審議を行うものとすること

(八)　使用者が対象労働者に適用される評価制度及びこれに対応する賃金制度を変更しようとする場合にあっては労使委員会に対し事前に変更内容の説明をするものとすること

（平一二・一・一　基発一号、平一五・一二・二六　基発一二二六〇〇二号）

【決議の有効期間】　労使委員会の決議の有効期間については、その期間を当分の間一年以内に限るとしていた暫定措置を廃止したが、今後とも、不適切に制度が運用され

ることのないように、その有効期間については、三年以内とすることが望ましいものであること。

（平一五・一〇・二二　基発一〇二二〇〇一号）

【企画業務型裁量労働制の適用期間】

問　通常は非対象業務に従事している労働者が、特定の期間（例えば短期間のプロジェクトを組む場合）に限り対象業務に常態として従事することとなる場合は、その期間について企画業務型裁量労働制を適用しうると解してよいか。適用可能な場合、特定の期間に制限はあるか。例えば、一か月、あるいは一週間でもよいか。

答　適用可能である。決議の有効期間内であれば、適用しうる期間に制限はない。

（平一二・三・二八　基発一八〇号）

【対象業務】　法第三十八条の四第一項第一号の「事業の運営に関する事項」とは、企画業務型指針第3の1の(1)のイに記載のとおり、

①　対象事業場の属する企業等に係る事業の運営に影響を及ぼす事項

②　当該事業場に係る事業の運営に影響を及ぼす独自の事業計画や営業計画

をいい、対象事業場における事業の実施に関する事項が直ちにこれに該当するものではなく、例えば、次のように考えられるものであること。

ア　該当する業務の例

(ア)　①に該当する例

a　本社・本店である事業場においてその属する企業全体に係る管理・運営とあわせて対顧客営業を行っている場合、当該本社・本店である事業場の管理・運営を担当する部署において策定される当該事業場の属する企業全体の営業方針

b　事業本部である事業場における当該事業場の属する企業等が取り扱う主要な製品・サービス等についての事業計画

c　地域本社や地域を統轄する支社・支店等である事業場における、当該事業場の属する企業等が事業活動の対象としている主要な地域における生産、販売等についての事業計画や営業計画

d　工場等である事業場において、本社・本店である事業場の具体的な指示を受けることなく独自に策定する、当該事業場の属する企業等が取り扱う主要な製品・サービス等についての事業計画

(イ)　②に該当する例

a　支社・支店等である事業場において、本社・本店である事業場の具体的な指示を受けることなく独自に策定する、当該事業場を含む複数の支社・支店等である事業場に係る事業活動の対象となる地域における生産、販売等についての事業計画や営業計画

b　支社・支店等である事業場において、本社・本店である事業場の具体的な指示を受けることなく独自に策定する、当該事業場のみに係る事業活動の対象となる地域における生産、販売等についての事業計画や営業計画

(ウ)　なお、「本社・本店である事業場の具体的な指示を受けることなく独自に策定する」とは、

a　支社・支店等である事業場の属する企業等が取り扱う主要な製品・サービス等の事業計画について広範な裁量が当該事業場に認められており、その広範な裁量の下で、当該事業場がその属する企業等に係る事業の運営に影響を及ぼす事項についての事業計画を策定している場合、又は、

b　支社・支店等である事業場に係る事業活動の対象となる地域における生産、販売等に係る事業計画や営業計画について広範な裁量が当該事業

場に認められており、その広範な裁量の下で、当該事業場に係る事業の運営に影響を及ぼす独自の事業計画や営業計画を策定している場合をいうものであること。

イ　該当しない業務の例

(ア)　①に該当しない例

a　本社・本店である事業場の対顧客営業を担当する部署に所属する個々の営業担当者が担当する営業

b　工場等である事業場における個別の製造等の作業や当該作業に係る工程管理

(イ)　②に該当しない例

支社・支店等である事業場において、本社・本店又は支社・支店等である事業場の具体的な指示を受けて行う個別の営業活動

（平一五・一〇・二二　基発一〇二二〇〇一号）

【現行の裁量労働制の対象業務に関する解釈について】

裁量労働制の対象業務については、令和四年十二月二十七日付けで労働政策審議会労働条件分科会において取りまとめられた「今後の労働契約法制及び労働時間法制の在り方について（報告）」において、「企画業務型裁量労働制や専門業務型裁量労働制の現行の対象業務の明確化を行うことが適当である」とされたところである。

これを踏まえ、現行の裁量労働制の対象業務に係る規定にどのような業務が該当するかについて、以下のとおり、既存の通達等において示している考え方の再周知をするため、貴職におかれては、これを改めて十分了知の上、その運用に遺漏なきを期されたい。

なお、事業主等より本内かんの内容に関して疑義が呈された場合等には、適宜本省に相談いただきたい。

記

第一　専門業務型裁量労働制について〈編注略。法第三十八条の三の箇所に掲載〉

第二　企画業務型裁量労働制について

法第三十八条の四の規定に基づく裁量労働制（以下「企画業務型裁量労働制」という。）の対象業務（同条第一項第一号の業務をいう。）に労働者が従事している場合であっても、当該業務の遂行の手段及び時間配分の決定等に関し、労働者に裁量がないという状況が明らかになった場合には、企画業務型裁量労働制を適用することはできないこと。

対象労働者は、対象業務に常態として従事していることが原則であることを含め、対象業務の考え方は平成十二年一月一日付け基発第一号「労働基準法の一部を改正する法律の施行（企画業務型裁量労働制関係）等について」で示しているとおり、「対象労働者が対象業務を遂行する過程においては（中略）、自己の業務に関係する情報・資料の収集、整理、加工等を行うこともあり得るものであるが、これらの作業は、企画、立案、調査及び分析の業務の不可分な一部分を構成するものとして、当該業務に組み込まれているものと評価できることから、これらの業務を含めた全体が対象業務と評価される」ものであること。

一方で、企画、立案、調査及び分析の業務とは別に、たとえ非対象業務が短時間であっても、それが予定されている場合は、企画業務型裁量労働制を適用することはできないこと。

（令五・八・二　基政発〇八〇二第一号、基監発〇八〇二第一号）

【企画業務型裁量労働制の派遣労働者への適用】

問　派遣労働者に企画業務型裁量労働制を適用することは可能か。

答　労働者派遣法第四十四条に第三十八条の四に関する規定がない以上、派遣労働者に企画業務型裁量労働制を適用することはできない。　（平一三・三・二八　基発一八〇号）

【健康・福祉確保措置】

今回の企画業務型指針の改正により、健

康・福祉確保措置の例として、企画業務型指針第3の4の⑴のロの(ヌ)に産業医等による助言・指導等を追加したこと。これは、使用者は、裁量労働制対象労働者についても、健康確保の責務があるものであることを踏まえ、把握した対象労働者の勤務状況及びその健康状態に応じて、必要な場合に当該措置を行うことが考えられるものであること。

（平一五・一〇・二二　基発一〇二二〇〇一号、令五・八・二基発〇八〇二第七号）

【苦情処理措置の適正な実施の確保】　今回の法改正により、苦情処理措置の実施状況については、法第三十八条の四第四項に基づく行政官庁への報告事項としないこととされたが、苦情処理措置については、引き続き、企画業務型指針第3の5の⑵を踏まえて労使委員会における決議がなされることが必要であるとともに、企画業務型指針第4の5の⑵において「使用者は、労使委員会に対し、（中略）対象労働者からの苦情の内容及びその処理状況等法第三十八条の四第一項第五号に係る決議に係る苦情処理措置の実施状況（中略）を開示することが適当であることに留意することが必要である」とされていることも踏まえつつ、その適正な実施が図られる必要があるものであること。

（平一五・一〇・二二　基発一〇二二〇〇一号、令五・八・二基発〇八〇二第七号）

【決議の周知、保存】　決議については、法第百六条第一項に基づき、使用者は対象労働者に限らず労働者に周知しなければならないこと。

（平一二・一・一　基発一号）

【周知方法】

㈠　周知は、以下のいずれかの方法により行わねばならないものであること。

イ　常時各作業場の見やすい場所へ掲示し、又は備え付けること。

ロ　書面を労働者に交付すること。

「書面」には、印刷物及び複写した書面も含まれるものであること。

ハ　磁気テープ、磁気ディスクその他これらに準ずる物に記録し、かつ、各作業場に労働者が当該記録の内容を常時確認できる機器を設置すること。

この方法によって周知を行う場合には、法令等の内容を磁気テープ、磁気ディスクその他これらに準ずる物に記録し、当該記録の内容を電子的データとして取り出し常時確認できるよう、各作業場にパーソナルコンピューター等の機器を設置し、かつ、労働者に当該機器の操作の権限を与えるとともに、その操作の方法を労働者に周知させることにより、労働者が必要なときに容易に当該記録を確認できるようにすることとすること。

㈡　使用者は、就業規則の変更等周知させるべき事項の内容に変更があった場合にも、当該変更後の内容を労働者に周知させなければならないものであること。

（平一一・一・二九　基発四五号）

【議事録の周知方法】〈編注　令五省令一六五号による改正箇所〉

⑴　解釈

ア　「使用者（事業者）の使用に係る電子計算機に備えられたファイル」について

事業場において保有するサーバ（いわゆるオンプレミスのサーバ）等だけでなく、クラウドサービスの利用も含まれること。

イ　「電磁的記録媒体」について

従前の規定において例示されていた、磁気テープ、磁気ディスク及び光ディスクは引き続き使用可能であること。その上で、フラッシュメモリや今後新たに開発される記録媒体等も含まれること。

⑵　留意事項

改正省令による改正前の規定においても、会議の議事録の内容等を記録する媒体については、「その他これらに準ずる物」又は「その他の記録媒体」にクラウドサービスや規定上例示されていない記録媒体等が含まれないとは解してこなかったところであるが、今般の改正はそれらが利用可能であることを規定上も明確にするための改正であり、改正前後で制度運用に特段の変更は生じないこと。

（令五・三・二七　基発〇三二七第一号）

【保存期間】　労使委員会の決議それ自体についても、もとより書面により保存すべきものであるが、これについては法第百九条に規定する「労働関係に関する重要な書類」に該当するものであり、同条により三年間保存しなければならないものであること。

（平一二・一・一　基発一号）

【指針の具体的に明らかにする事項に反した決議】

問　第三十八条の四第一項第一号から第三号についての指針には反しないが、同第四号から第七号の指針に反した決議がなされた場合、みなし労働時間の効果は生じるのか。

答　「当該事項に関し具体的に明らかにする事項」に反した決議がなされた場合には、企画業務型裁量労働制の効果は生じない。

具体的には、例えば、苦情処理措置に関する事項について、決議で、苦情の申出の窓口及び担当者、取り扱う苦情の範囲、処理の手順・方法等その具体的内容を明らかにしていない場合には、第三十八条の四第一項第五号に規定する事項についての適正な決議がなされていないこととなり、決議全体が無効になるものである。

但し、指針第3の4(1)の「当該事項に関し具体的に明らかにする事項」のうち、ロに規定する事項については、決議し、講ずる健康・福祉確保措置として適切なものを示したものであり、各事業場の実情に応じ、ロに規定する事項とは異なる健康・福祉確保措置の決議をした場合に企画業務型裁量労働制の効果が生じないというものではない。

（平一二・三・二八　基発一八〇号、令五・八・二　基発〇八〇二第七号）

【労使委員会の委員の指名】

イ　委員の指名は、法第四十一条第二号に規定する監督又は管理の地位にある者以外の中から、任期を付して行うものであること。なお、任期の限度は法令及び指針では定められていないが、過度に長期にわたるものは適当でないものであること。

ロ　使用者及び委員の指名を行う当該事業場の労働組合又は過半数代表者は、企画業務型裁量労働制の対象労働者及び対象労働者の上司の意見を反映しやすくする観点から、指名する委員にそれらの者を含めることが望ましいこと。

（平一二・一・一　基発一号）

❷第二項関係

【労使委員会】　労使委員会は、労働条件に関する事項を調査審議することを目的として、事業場に設置するものであること。

当該委員会については、当該事業場の労働者を代表する者（過半数労働組合（過半数労働組合がない場合は事業場の労働者の過半数を代表する者（以下「過半数代表者」という。））に任期を定めて指名されている者）が委員の半数以上であること、議事録を作成、保存するとともに、労働者に周知していること等の要件を満たす必要があるものであること。

（平一二・一・二九　基発四五号、平一五・一二・二六　基発一二二六〇〇二号）

【労使委員会の適正な設置、運営】　企画業務型裁量労働制の導入に当たっては、労使委員会が重要な役割を担っていることにかんがみ、特に労働組合に加入していない労働者が多い中小企業においても、労使委員会が適正に設置、運営される必要があるものであること。

（平一五・一〇・二二　基発一〇二二〇〇一号）

【労働者の過半数代表者の要件】　次のいずれの要件も満たすものであること。

㈠　法第四十一条第二号に規定する監督又は管理の地位にある者でないこと。

㈡　法に基づく労使協定の締結当事者、就業規則の作成・変更の際に使用者から意見を聴取される者等を選出することを明らかにして実施される投票、挙手等の方法による手続により選出された者であり、使用者の意向によって選出された者ではないこと。

　なお、法第十八条第二項、法第二十四条第一項ただし書、法第三十九条第四項、第六項及び第七項ただし書並びに法第九十条第一項に規定する過半数代表者については、当該事業場に上記㈠に該当する労働者がいない場合（法第四十一条第二号に規定する監督又は管理の地位にある者のみの事業場である場合）には、上記㈡の要件を満たすことで足りるものであること。

（平一一・一・二九　基発四五号、平二二・五・一八　基発〇五一八第一号）

【労働者の過半数代表者の選出手続】

問　則第六条の二に規定する「投票、挙手等」の「等」には、どのような手続が含まれているか。

答　労働者の話合い、持ち回り決議等労働者の過半数が当該者の選任を支持していることが明確になる民主的な手続が該当する。

（平一一・三・三一　基発一六九号）

【過半数代表者】　時間外・休日労働協定の締結等に際し、労働基準法の規定に基づき労働者の過半数を代表する者を選出するに当たっては、使用者側が指名するなど不適切な取扱いがみられるところである。このため、過半数代表者の要件として、「使用者の意向に基づき選出されたものでないこと」を労基則において明記したものであること。

　また、使用者は、過半数代表者がその事務を円滑に遂行することができるよう必要な配慮を行わなければならないこととしたものであること。

（平三〇・九・七　基発〇九〇七第一号）

【「必要な配慮」の内容】

問　則第六条の二第四項の「必要な配慮」にはどのようなものが含まれるのか。

答　則第六条の二第四項の「必要な配慮」には、例えば、過半数代表者が労働者の意見集約等を行うに当たって必要となる事務機器やシステム（イントラネットや社内メールを含む。）、事務スペースの提供を行うことが含まれるものである。

（平三〇・一二・二八　基発一二二八第一五号、令五・八・二　基発〇八〇二第七号）

【過半数代表者の不利益取扱い】　過半数代表者であること若しくは過半数代表者になろうとしたこと又は過半数代表者として正当な行為をしたことを理由として、解雇、賃金の減額、降格等労働条件について不利益取扱いをしないようにしなければならないこととしたものであること。

　「過半数代表者として正当な行為」には、法に基づく労使協定の締結の拒否、一年単位の変形労働時間制の労働日ごとの労働時間についての不同意等も含まれるものであること。

（平一一・一・二九　基発四五号）

【労使委員会の委員数】　労使委員会の委員数については、指針第四の二の「法第三十八条の四第一項による労使委員会の設置に先立つ話合い」の過程で、対象事業場の実態に応じて関係労使が任意に定めれば足りるものであること。ただし、指針第四の二のとおり、労働者代表委員及び使用者代表委員各一名計二名で構成するものと定めることについては、当該二名で構成する委員会の場で決議を委員全員の合意により行うとしても、法第三十八条の三の規定による裁量労働制（以下「専門業務型裁量労働制」

という。）に関し、使用者が、当該事業場に、労働者の過半数で組織する労働組合があるときはその労働組合、労働者の過半数で組織する労働組合がないときは労働者の過半数を代表する者（以下「過半数代表者」という。）との書面による協定（以下「労使協定」という。）を締結する場合等と実質的に変わらないこととなることから、企画業務型裁量労働制の導入に関し労使協定の締結とは別に労使委員会の決議に基づくことを定めた法の趣旨に照らし、当該二名で構成する委員会については法第三十八条の四第一項に規定する労使委員会とは認められないものであること。

（平一二・一・一　基発一号、令五・八・二　基発〇八〇二第七号）

【労働者側委員が任期中に管理監督者になった場合】

問　第三十八条の四第二項第一号の規定により指名された委員が、任期途中に「第四十一条第二号に規定する監督又は管理の地位にある者」に該当することとなった場合、委員としての適格性如何。また、交代の必要はあるのか。

答　労働基準法施行規則第二十四条の二の四第一項は、指名を行う際の要件であって、委員としての適格要件ではないため、任期途中で管理監督者になったからといって直ちに委員としての地位を失うものではない。しかしながら、法の趣旨にかんがみると、管理監督者が労働者代者委員をつとめることは適当ではないため、このような場合には、労働者代表委員を辞任するとともに、法の規定に従い補欠者の選出を行うこととするのが適当である。

（平一二・三・二八　基発一八〇号）

【労使委員会の委員に対する必要な配慮】

使用者は、法第三十八条の四第二項第一号の規定により指名された委員が労使委員会の決議等に関する事務を円滑に遂行することができるよう必要な配慮を行わなければならないこと。

必要な配慮には、例えば、労働者側委員が労働者の意見集約等を行うに当たって必要となる事務機器やシステム（イントラネットや社内メールを含む。）、事務スペースの提供を行うことが含まれることに留意することが必要であること。

（平一二・一・一　基発第一号、令五・八・二　基発〇八〇二第七号）

【労使委員会の委員の代理】

問　労使委員会の委員は、代理は認められないものと解してよろしいか。

答　貴見のとおり。

（平一二・三・二八　基発一八〇号）

【議事録の作成、保存及び周知】

イ　議事録は、法第百九条に規定する「労働関係に関する重要な書類」には該当しないものであるが、労使委員会の開催の都度作成し、その開催の日（決議が行われた会議の議事録にあっては決議の有効期間の満了の日）から起算して三年間保存しなければならないこと。

ロ　議事録の周知は、以下のいずれかの方法により行わなければならないこと。

(イ)　常時各作業場の見やすい場所へ掲示し、又は備え付けること

(ロ)　書面を労働者に交付すること

「書面」には、印刷物及び複写した書面も含まれるものであること。

(ハ)　磁気テープ、磁気ディスクその他これらに準ずるものに記録し、かつ、各作業場に労働者が当該記録の内容を常時確認できる機器を設置すること

この方法によって周知を行う場合には、議事録の内容を磁気テープ、磁気ディスクその他これらに準ずる物に記録し、当該記録の内容を電子的データとして取り出し常時確認できるよう、各作業場にパーソナルコンピューター等の機器を設置し、かつ、労働者に当該機器の操作の権限を与えるとともに、その操作の方法を労働者に周知させることにより、労働者が必要なとき

に容易に当該記録を確認できるようにすることとすること。

（平一二・一・一　基発一号）

【運営規程の作成等】

イ　使用者は、労使委員会の運営に関する事項として規則第二十四条の二の四第四項に掲げる事項に関する規程（以下「運営規程」という。）を定めなければならないものであること。指針の第4の4、5及び7では、運営規程を定めるに当たって、規則第二十四条の二の四第四項に掲げる、以下の(イ)～(ト)までの事項に関し、それぞれ、次に掲げることを規定することが適当としていること。

(イ)　労使委員会の招集に関する事項

a　決議の調査審議のための委員会、決議に係る有効期間中における制度の運用状況の調査審議のための委員会等定例として予定されている委員会の開催に関すること

b　必要に応じて開催される委員会の開催に関すること

(ロ)　労使委員会の定足数に関する事項

a　全委員に係る定足数

b　労使各側を代表する委員ごとに一定割合又は一定数以上の出席を必要とすること

(ハ)　議事に関する事項

a　議長の選出に関すること

b　決議の方法に関すること

(ニ)　対象労働者に適用される評価制度及びこれに対応する賃金制度の内容の使用者からの説明に関する事項

(ホ)　制度の趣旨に沿った適正な運用の確保に関する事項

制度の実施状況の把握の頻度や方法

(ヘ)　開催頻度を六箇月以内ごとに一回とすること。

(ト)　その他労使委員会の運営について必要な事項

a　使用者が労使委員会に対し開示すべき情報の範囲、開示手続及び開示が行われる労使委員会の開催時期

b　当該事業場に労働組合又は労働条件に関する事項を調査審議する労使協議機関がある場合には、それらと協議の上、労使委員会の調査審議事項の範囲についての定め

c　法第三十八条の四第五項に掲げる法の規定（以下「特定条項」という。）のうち、労使協定の締結当事者となり得る労働組合又は過半数代表者と協議の上、労使委員会が労使協定に代えて決議を行うこととする場合、当該労使協定に代えて決議を行うこととする規定の範囲についての定め

ロ　運営規程の作成又は変更に関し、使用者は労使委員会の同意を得なければならないこと。なお、この同意については、委員の五分の四以上の多数による議決によることは法令及び指針上求められていないものであること。

（平一二・一・一　基発一号、平一五・一二・二六　基発一二二六〇〇二号、令五・八・二　基発〇八〇二第七号）

【不利益取扱いの禁止】　使用者は、労働者が労使委員会の委員であること若しくは当該委員になろうとしたこと又は当該委員として正当な行為をしたことを理由として、解雇、賃金の減額、降格等労働条件について不利益取扱いをしないようにしなければならないこととしたものであること。

（平一二・一・一　基発一号）

❸第四項関係

【労働基準監督署長への報告】

(一)　報告時期

決議の届出をした使用者は、決議の有効期間の始期から起算して六カ月以内に一回、及びその後一年以内ごとに一回、規則様式第十三号の四により、所轄労働基準監督署長に報告をしなければならないこと（規則第二十四条の二の五第一項関係）。

(二)　報告事項

使用者の報告する事項は、次のとおり

であること（規則第二十四条の二の五第二項、規則様式第十三号の四関係）。

イ　対象労働者の労働時間の状況

　対象労働者について四号決議事項として把握した時間のうち、一箇月の労働時間の状況が最長であった者の当該一箇月の労働時間の状況及び対象労働者全員の一箇月当たりの労働時間の状況の平均値を報告すること。また、対象労働者の労働時間の状況を実際に把握した方法を具体的に報告すること。

ロ　当該労働者の健康及び福祉を確保するための措置の実施状況

ハ　同意及びその撤回の実施状況

（平一二・一・一　基発一号、平一五・一二・二六　基発一二二六〇〇二号、令五・八・二　基発〇八〇二第七号）

❹第五項関係

【特定条項に係る労使協定に関する特例】

(一)　労使委員会は、次に掲げる法の規定に関し、当該規定に係る労使協定に代えて委員の五分の四以上の多数による議決による決議（以下「協定代替決議」という。）を行うことができるものであること。

・一箇月単位の変形労働時間制（法第三十二条の二第一項関係）
・フレックスタイム制（法第三十二条の三第一項関係）
・一年単位の変形労働時間制（法第三十二条の四第一項及び第二項関係）
・一週間単位の非定型的変形労働時間制（法第三十二条の五第一項関係）
・一斉休憩適用除外（法第三十四条第二項ただし書関係）
・時間外及び休日の労働（法第三十六条第一項、第二項及び第五項関係）
・時間外労働の割増賃金の代替休暇（法第三十七条第三項関係）
・事業場外労働制（法第三十八条の二第二項関係）
・専門業務型裁量労働制（法第三十八条の三第一項関係）
・年次有給休暇の時間単位付与（法第三十九条第四項関係）
・年次有給休暇の計画的付与（法第三十九条第六項関係）
・年次有給休暇中の賃金の定め（法第三十九条第九項ただし書関係）

　これらの決議には、上記の各規定に関し、法に基づき定めることとされている事項を含んでいることが必要であること。

　なお、協定代替決議を行う場合の委員の五分の四以上の多数による議決については、決議についてと同様、労使委員会に出席した委員の五分の四以上の多数による議決で足りるものであること。

(二)　協定代替決議の中で法により行政官庁への届出を要するもののうち、一箇月単位の変形労働時間制、精算期間が一箇月を超えるフレックスタイム制、一年単位の非定型的変形労働時間制、一週間単位の非定型的変形労働時間制、事業場外労働制及び専門業務型裁量労働制に係るものについては、労働基準監督署長への届出を要しないものであること。

(三)　協定代替決議のうち時間外及び休日に係るものについては法第三十六条及び労働基準法第三十六条第一項の協定で定める労働時間の延長及び休日の労働について留意すべき事項等に関する指針（平成三十年厚生労働省告示第三二三号）に基づき、労使協定の届出があった場合と同様の指導を行うものであること。

（平一二・一・一　基発一号、平一五・一二・二六　基発一二二六〇〇二号、平一二・五・一八　基発〇五一八第一号、令五・八・二　基発〇八〇二第七号）

【労使委員会と労働時間等設定改善委員会の関係】

問　労働時間等の設定の改善に関する特別措置法（平成四年法律第九〇号）に基づく労働時間等設定改善委員会が、企画業務型裁量労働制に係る労使委員会を兼ねることは可能と解してよいか。

答　適正な手続を踏んだ上で労働時間等設定改善委員会の委員全員が労使委員会の委

員となって両委員会の委員を兼ねることにより、実質上労働時間等設定改善委員会が労使委員会を兼ねることは可能である。

両委員会はそれぞれ異なった法律に基づくものであって、目的、構成も異なる全く別個のものである。

（平一二・三・三一　基発一六九号、平一三・一・一　基発一号、令五・八・二　基発〇八〇二第七号）

【法第三十八条の四第五項の決議と労使協定の関係】

問　労使協定と、法第三十八条の四第五項の労使委員会の決議が競合した場合、優先されるのはいずれか。

答　時間的に後で締結又は決議されたものが優先される。（平一二・三・二八　基発一八〇号）

❺モデル手順

【企画業務型裁量労働制に係る労使委員会設置に当たってのモデル手順】

一　労使委員会の設置に向けての事前相談への対処（指針第四の二関係）

○　労働者の過半数で組織する労働組合が存在しない事業場において、企画業務型裁量労働制の導入に際し、労使委員会の設置に関し、使用者の申し入れを受け、又は使用者に対し申し入れを行う場合には、労働者は、必要に応じ、労働者の過半数を代表する者（以下「過半数代表者」という。）を選任し対処することが望ましいこと。過半数代表者を選任する場合には、労働基準法施行規則（以下「規則」という。）第六条の二の規定に従うことが望ましいこと。

○　過半数代表者又は過半数労働組合に該当しない労働組合の代表者は、使用者と、労使委員会の設置の時期の目標、設置に至る日程、労使委員会の委員数等を話し合うこと。

二　指名（法第三十八条の四第二項第一号関係）

○　上記一で過半数代表者が規則第六条の二の規定に従い選出されていない場合には、同条の規定に従い、労使委員会の委員の指名を行う過半数代表者を選出すること。

○　過半数代表者は、上記一の事前相談の結果に従い、所定の人数の労働者代表委員候補者を、規則第二十四条の二の四第一項の規定に従い、管理監督者である者以外の者の中から任期を定めて指名すること。なお、この場合、指名されることについて、当該指名される者の事前の同意を得ること。

○　また、当該指名は、使用者の意向に基づくものであってはならないこと。

（平一二・一・一　基発一号、平一五・一二・二六　基発一二二六〇〇二号、令五・八・二　基発〇八〇二第七号）

（年次有給休暇）

第三十九条　使用者は、その雇入れの日から起算して六箇月間継続勤務し全労働日の八割以上出勤した労働者に対して、継続し、又は分割した十労働日の有給休暇を与えなければならない。

②　使用者は、一年六箇月以上継続勤務した労働者に対しては、雇入れの日から起算して六箇月を超えて継続勤務する日（以下「六箇月経過日」という。）から起算した継続勤務年数一年ごとに、前項の日数に、次の表の上欄に掲げる六箇月経過日から起算した継続勤務年数の区分に応じ同表の下欄に掲げる労働日を加算した有給休暇を与えなければならない。ただし、継続勤務した期間を六箇月経過日から一年ごとに区分した各期間（最後に一年未満の期間を生じたときは、当該期間）の初日の前日

の属する期間において出勤した日数が全労働日の八割未満である者に対しては、当該初日以後の一年間においては有給休暇を与えることを要しない。

六箇月経過日から起算した継続勤務年数	労働日
一年	一労働日
二年	二労働日
三年	四労働日
四年	六労働日
五年	八労働日
六年以上	十労働日

③　次に掲げる労働者（一週間の所定労働時間が厚生労働省令で定める時間以上の者を除く。）の有給休暇の日数については、前二項の規定にかかわらず、これらの規定による有給休暇の日数を基準とし、通常の労働者の一週間の所定労働日数として厚生労働省令で定める日数（第一号において「通常の労働者の週所定労働日数」という。）と当該労働者の一週間の所定労働日数又は一週間当たりの平均所定労働日数との比率を考慮して厚生労働省令で定める日数とする。

一　一週間の所定労働日数が通常の労働者の週所定労働日数に比し相当程度少ないものとして厚生労働省令で定める日数以下の労働者

二　週以外の期間によつて所定労働日数が定められている労働者については、一年間の所定労働日数が、前号の厚生労働省令で定める日数に一日を加えた日数を一週間の所定労働日数とする労働者の一年間の所定労働日数その他の事情を考慮して厚生労働省令で定める日数以下の労働者

④　使用者は、当該事業場に、労働者の過半数で組織する労働組合があるときはその労働組合、労働者の過半数で組織する労働組合がないときは労働者の過半数を代表する者との書面による協定により、次に掲げる事項を定めた場合において、第一号に掲げる労働者の範囲に属する労働者が有給休暇を時間を単位として請求したときは、前三項の規定による有給休暇の日数のうち第二号に掲げる日数については、これらの規定にかかわらず、当該協定で定めるところにより時間を単位として有給休暇を与えることができる。

一　時間を単位として有給休暇を与えることができることとされる労働者の範囲

二　時間を単位として与えることができることとされる有給休暇の日数（五日以内に限る。）

三　その他厚生労働省令で定める事項

⑤　使用者は、前各項の規定によ

る有給休暇を労働者の請求する時季に与えなければならない。ただし、請求された時季に有給休暇を与えることが事業の正常な運営を妨げる場合においては、他の時季にこれを与えることができる。

⑥　使用者は、当該事業場に、労働者の過半数で組織する労働組合がある場合においてはその労働組合、労働者の過半数で組織する労働組合がない場合においては労働者の過半数を代表する者との書面による協定により、第一項から第三項までの規定による有給休暇を与える時季に関する定めをしたときは、これらの規定による有給休暇の日数のうち五日を超える部分については、前項の規定にかかわらず、その定めにより有給休暇を与えることができる。

⑦　使用者は、第一項から第三項までの規定による有給休暇（これらの規定により使用者が与えなければならない有給休暇の日数が十労働日以上である労働者に係るものに限る。以下この項及び次項において同じ。）の日数のうち五日については、基準日（継続勤務した期間を六箇月経過日から一年ごとに区分した各期間（最後に一年未満の期間を生じたときは、当該期間）の初日をいう。以下この項において同じ。）から一年以内の期間に、労働者ごとにその時季を定めることにより与えなければならない。ただし、第一項から第三項までの規定による有給休暇を当該有給休暇に係る基準日より前の日から与えることとしたときは、厚生労働省令で定めるところにより、労働者ごとにその時季を定めることにより与えなければならない。

⑧　前項の規定にかかわらず、第五項又は第六項の規定により第一項から第三項までの規定による有給休暇を与えた場合においては、当該与えた有給休暇の日数（当該日数が五日を超える場合には、五日とする。）分については、時季を定めることにより与えることを要しない。

⑨　使用者は、第一項から第三項までの規定による有給休暇の期間又は第四項の規定による有給休暇の時間については、就業規則その他これに準ずるもので定めるところにより、それぞれ、平均賃金若しくは所定労働時間労働した場合に支払われる通常の賃金又はこれらの額を基準として厚生労働省令で定めるところにより算定した額の賃金を支払わなければならない。ただし、当該事業場に、労働者の過半数で組織する労働組合がある場合

においてはその労働組合、労働者の過半数で組織する労働組合がない場合においては労働者の過半数を代表する者との書面による協定により、その期間又はその時間について、それぞれ、健康保険法（大正十一年法律第七十号）第四十条第一項に規定する標準報酬月額の三十分の一に相当する金額（その金額に、五円未満の端数があるときは、これを切り捨て、五円以上十円未満の端数があるときは、これを十円に切り上げるものとする。）又は当該金額を基準として厚生労働省令で定めるところにより算定した金額を支払う旨を定めたときは、これによらなければならない。

⑩　労働者が業務上負傷し、又は疾病にかかり療養のために休業した期間及び育児休業、介護休業等育児又は家族介護を行う労働者の福祉に関する法律第二条第一号に規定する育児休業又は同条第二号に規定する介護休業をした期間並びに産前産後の女性が第六十五条の規定によつて休業した期間は、第一項及び第二項の規定の適用については、これを出勤したものとみなす。

第百三十六条　使用者は、第三十九条第一項から第四項までの規定による有給休暇を取得した労働者に対して、賃金の減額その他不利益な取扱いをしないようにしなければならない。

附則（平五・七・一　法律第七九号）（抄）

（有給休暇に関する経過措置）

第三条　新労働基準法第三十九条第一項及び第二項の規定は、六箇月を超えて継続勤務する日がこの法律の施行の日（以下「施行日」という。）以後である労働者について適用し、施行日前に六箇月を超えて継続勤務している労働者については、なお従前の例による。この場合において、その雇入れの日が施行日前である労働者に関する同条第一項及び第二項の規定の適用については、同条第一項中「その雇入れの日」とあるのは「労働基準法及び労働時間の短縮の促進に関する臨時措置法の一部を改正する法律（平成五年法律第七十九号）の施行の日（次項において「施行日」という。）」と、同条第二項中「一年六箇月」とあるのは「施行日から起算して一年六箇月」と、「六箇月を」とあるのは「施行日から起算して六箇月を」とする。

2　施行日前の育児休業等に関する法律（平成三年法律第七十六号）第二条第一項に規定する育児休業をした期間については、

新労働基準法第三十九条第七項の規定は、適用しない。

○政令第一五号（平一一・一・二九）

労働基準法の一部を改正する法律の施行に伴う年次有給休暇に関する経過措置に関する政令

1　労働基準法及び労働時間の短縮の促進に関する臨時措置法の一部を改正する法律（平成五年法律第七十九号。以下「五年改正法」という。）附則第三条第一項の規定によりなお従前の例によることとされた労働者（同項に規定する施行日以後引き続き継続勤務している労働者に限る。）に関しては、その雇入れの日から起算して一年を超えて継続勤務する日を労働基準法の一部を改正する法律（以下「十年改正法」という。）による改正後の労働基準法（昭和二十二年法律第四十九号。以下「新法」という。）第三十九条第二項に規定する六箇月経過日とみなして、同項並びに新法第百三十五条第一項及び第二項並びに十年改正法附則第五条第一項及び第二項の規定を適用する。

2　五年改正法附則第三条第一項後段に規定する労働者（同項に規定する施行日以後引き続き継続勤務している労働者に限る。）に関しては、当該施行日から起算して六箇月を超えて継続勤務する日を新法第三十九条第二項に規定する六箇月経過日とみなして、同項並びに新法第百三十五条第一項及び第二項並びに十年改正法附則第五条第一項及び第二項の規定を適用する。

（過半数代表者）

則第六条の二　法第十八条第二項、法第二十四条第一項ただし書、法第三十二条の二第一項、法第三十二条の三第一項、法第三十二条の四第一項及び第二項、法第三十二条の五第一項、法第三十四条第二項ただし書、法第三十六条第一項、第八項及び第九項、法第三十七条第三項、法第三十八条の二第二項、法第三十八条の三第一項、法第三十八条の四第二項第一号（法第四十一条の二第三項において準用する場合を含む。）、法第三十九条第四項、第六項及び第九項ただし書並びに法第九十条第一項に規定する労働者の過半数を代表する者（以下この条において「過半数代表者」という。）は、次の各号のいずれにも該当する者とする。

一　法第四十一条第二号に規定する監督又は管理の地位にある者でないこと。

二　法に規定する協定等をする者を選出することを明らかにして実施される投票、挙手等の方法による手続により選出された者であつて、使用者の意向に基づき選出されたものでないこと。

②　前項第一号に該当する者がいない事業場にあつては、法第十八条第二項、法第二十四条第一項ただし書、法第三十九条第四項、第六項及び第九項ただし書並びに法第九十条第一項に規定する労働者の過半数を代表する者は、前項第二号に該当する者とする。

③　使用者は、労働者が過半数代表者であること若しくは過半数代表者になろうとしたこと又は過半数代表者として正当な行為をしたことを理由として不利益な取扱いをしないようにしなければならない。

④　使用者は、過半数代表者が法に規定する協定等に関する事務を円滑に遂行することができるよう必要な配慮を行わなければならない。

（所定労働日数が少ない労働者に対する年次有給休暇の比例付与）

則第二十四条の三　法第三十九条第三項の厚生労働省令で定める時間は、三十時間とする。

②　法第三十九条第三項の通常の労働者の一週間の所定労働日数として厚生労働省令で定める日数は、五・二日とする。

③　法第三十九条第三項の通常の労働者の一週間の所定労働日数として厚生労働省

令で定める日数と当該労働者の一週間の所定労働日数又は一週間当たりの平均所定労働日数との比率を考慮して厚生労働省令で定める日数は、同項第一号に掲げる労働者にあつては次の表の上欄の週所定労働日数の区分に応じ、同項第二号に掲げる労働者にあつては同表の中欄の一年間の所定労働日数の区分に応じて、それぞれ同表の下欄に雇入れの日から起算した継続勤務期間の区分ごとに定める日数とする。

週所定労働日数	一年間の所定労働日数	雇入れの日から起算した継続勤務期間						
		六箇月	一年六箇月	二年六箇月	三年六箇月	四年六箇月	五年六箇月	六年六箇月以上
四日	百六十九日から二百十六日まで	七日	八日	九日	十日	十二日	十三日	十五日
三日	百二十一日から百六十八日まで	五日	六日	六日	八日	九日	十日	十一日
二日	七十三日から百二十日まで	三日	四日	四日	五日	六日	六日	七日
一日	四十八日から七十二日まで	一日	二日	二日	二日	三日	三日	三日

④　法第三十九条第三項第一号の厚生労働省令で定める日数は、四日とする。

⑤　法第三十九条第三項第二号の厚生労働省令で定める日数は、二百十六日とする。

（時間単位年休の労使協定で定める事項）

則第二十四条の四　法第三十九条第四項第三号の厚生労働省令で定める事項は、次に掲げるものとする。

一　時間を単位として与えることができることとされる有給休暇一日の時間数（一日の所定労働時間数（日によつて所定労働時間数が異なる場合には、一年間における一日平均所定労働時間数。次号において同じ。）を下回らないものとする。）

二　一時間以外の時間を単位として有給休暇を与えることとする場合には、その時間数（一日の所定労働時間数に満たないものとする。）

則第二十四条の五　使用者は、法第三十九条第七項ただし書の規定により同条第一項から第三項までの規定による十労働日以上の有給休暇を与えることとしたときは、当該有給休暇の日数のうち五日については、基準日（同条第七項の基準日をいう。以下この条において同じ。）より前の日であつて、十労働日以上の有給休暇を与えることとした日（以下この条及び第二十四条の七において「第一基準日」という。）から一年以内の期間に、その時季を定めることにより与えなければならない。

②　前項の規定にかかわらず、使用者が法第三十九条第一項から第三項までの規定による十労働日以上の有給休暇を基準日又は第一基準日に与えることとし、かつ、当該基準日又は第一基準日から一年以内の特定の日（以下この条及び第二十四条の七において「第二基準日」という。）に新たに十労働日以上の有給休暇を与えることとしたときは、履行期間（基準日又は第一基準日を始期として、第二基準日から一年を経過する日を終期とする期間をいう。以下この条において同じ。）の月数を十二で除した数に五を乗じた日数について、当該履行期間中に、その時季を定めることにより与えることができる。

③　第一項の期間又は前項の履行期間が経過した場合においては、その経過した日から一年ごとに区分した各期間（最後に一年未満の期間を生じたときは、当該期間）の初日を基準日とみなして法第三十九条第七項本文の規定を適用する。

④　使用者が法第三十九条第一項から第三項までの規定による有給休暇のうち十労働日未満の日数について基準日以前の日（以下この項において「特定日」という。）に与えることとした場合において、特定日が複数あるときは、当該十労働日未満の日数が合わせて十労働日以上になる日までの間の特定日のうち最も遅い日を第一基準日とみなして前三項の規定を適用する。この場合において、第一基準日と

みなされた日より前に、同条第五項又は第六項の規定により与えた有給休暇の日数分については、時季を定めることにより与えることを要しない。

則第二十四条の六　使用者は、法第三十九条第七項の規定により労働者に有給休暇を時季を定めることにより与えるに当たつては、あらかじめ、同項の規定により当該有給休暇を与えることを当該労働者に明らかにした上で、その時季について当該労働者の意見を聴かなければならない。

②　使用者は、前項の規定により聴取した意見を尊重するよう努めなければならない。

則第二十四条の七　使用者は、法第三十九条第五項から第七項までの規定により有給休暇を与えたときは、時季、日数及び基準日（第一基準日及び第二基準日を含む。）を労働者ごとに明らかにした書類（第五十五条の二及び第五十六条第三項において「年次有給休暇管理簿」という。）を作成し、当該有給休暇を与えた期間中及び当該期間の満了後五年間保存しなければならない。

則附則第七十一条　第十七条第二項、第二十四条の二の二第三項第四号、第二十四条の二の二の二、第二十四条の二の三の二、第二十四条の二の三第三項第四号、第二十四条の二の四第二項（第三十四条の二の三において準用する場合を含む。）、第二十四条の七及び第三十四条の二第十五項第四号の規定の適用については、当分の間、これらの規定中「五年間」とあるのは、「三年間」とする。

（有給休暇の期間に支払われる通常の賃金の算定）

則第二十五条　法第三十九条第九項の規定による所定労働時間労働した場合に支払われる通常の賃金は、次に定める方法によつて算定した金額とする。

一　時間によつて定められた賃金については、その金額にその日の所定労働時間数を乗じた金額

二　日によつて定められた賃金については、その金額

三　週によつて定められた賃金については、その金額をその週の所定労働日数で除した金額

四　月によつて定められた賃金については、その金額をその月の所定労働日数で除した金額

五　月、週以外の一定の期間によつて定められた賃金については、前各号に準じて算定した金額

六　出来高払制その他の請負制によつて定められた賃金については、その賃金算定期間（当該期間に出来高払制その他の請負制によつて計算された賃金がない場合においては、当該期間前において出来高払制その他の請負制によつて計算された賃金が支払われた最後の賃金算定期間。以下同じ。）において出来高払制その他の請負制によつて計算された賃金の総額を当該賃金算定期間における総労働時間数で除した金額に、当該賃金算定期間における一日平均所定労働時間数を乗じた金額

七　労働者の受ける賃金が前各号の二以上の賃金よりなる場合には、その部分について各号によつてそれぞれ算定した金額の合計額

②　法第三十九条第九項本文の厚生労働省令で定めるところにより算定した額の賃金は、平均賃金又は前項の規定により算定した金額をその日の所定労働時間数で除して得た額の賃金とする。

③　法第三十九条第九項ただし書の厚生労働省令で定めるところにより算定した金額は、健康保険法（大正十一年法律第七十号）第四十条第一項に規定する標準報酬月額の三十分の一に相当する金額（その金額に、五円未満の端数があるときは、

これを切り捨て、五円以上十円未満の端数があるときは、これを十円に切り上げるものとする。）をその日の所定労働時間数で除して得た金額とする。

則附則（平九・二・一四　労働省令第四号）（抄）

（経過措置）

第二条　この省令の施行の日（以下「施行日」という。）前に六箇月を超えて継続勤務している労働者であって四月一日以外の日が基準日（労働基準法（以下「法」という。）第三十九条第一項に定める継続勤務の期間の終了する日の翌日をいう。以下この条において同じ。）であるもののうち一週間の所定労働時間が三十時間以上三十五時間未満のものに係る法第三十九条第三項の命令で定める時間は、施行日後の最初の基準日の前日までの間は、改正後の労働基準法施行規則（以下「新規則」という。）第二十四条の三第一項の規定にかかわらず、なお従前の例による。

2　施行日前に六箇月を超えて継続勤務している労働者であって四月一日以外の日が基準日であるもののうち一週間の所定労働時間が三十時間未満のものに係る法第三十九条第三項の通常の労働者の一週間の所定労働日数と当該労働者の一週間の所定労働日数又は一週間当たりの平均所定労働日数との比率を考慮して命令で定める日数は、この省令の施行の日後の最初の基準日の前日までの間は、新規則第二十四条の三第三項の規定にかかわらず、なお従前の例による。

第三条　労働基準法及び労働時間の短縮の促進に関する臨時措置法の一部を改正する法律（平成五年法律第七十九号）の施行の日前に六箇月を超えて継続勤務していた労働者であって一週間の所定労働時間が三十時間未満のものに係る法第三十九条第三項の通常の労働者の一週間の所定労働日数と当該労働者の一週間の所定労働日数又は一週間当たりの平均所定労働日数との比率を考慮して命令で定める日数は、新規則第二十四条の三第三項及び前条第二項の規定にかかわらず、法第三十九条第三項第一号に掲げる労働者にあっては次の表の上欄の所定労働日数の区分に応じ、同項第二号に掲げる労働者にあっては同表の中欄の一年間の所定労働日数の区分に応じて、それぞれ同表の下欄の勤続年数の区分ごとに定める日数とする。

〔則附則第三条の表〕

週所定労働日数	一年間の所定労働日数	勤続年数							
		四年	五年	六年	七年	八年	九年	十年	十一年以上
四日	百六十九日から二百十六日まで	九日	十日	十一日	十二日	十二日	十三日	十四日	十五日
三日	百二十一日から百六十八日まで	七日	七日	八日	九日	九日	十日	十日	十一日
二日	七十三日から百二十日まで	四日	五日	五日	六日	六日	六日	七日	七日
一日	四十八日から七十二日まで	二日	二日	二日	三日	三日	三日	三日	三日

則附則（平一〇・三・二六　労働省令第四五号）（抄）

第四条　雇入れの日から起算して六箇月を超えて継続勤務する日（次項及び次条において「六箇月経過日」という。）から起算した継続勤務年数が四年から八年までのいずれかの年数に達する日の翌日が平成十一年四月一日から平成十二年三月三十一日までの間にある労働者であって一週間の所定労働時間が三十時間未満のものに係る労働基準法（以下「法」という。）第三十九条第三項の通常の労働者の一週間の所定労働日数として命令で定める日数と当該労働者の一週間の所定労働日数又は一週間当たりの平均所定労働日数との比率を考慮して命令で定める日数は、この省令による改正後の労働基準法施行規則（次項及び第六条第一項において「新規則」という。）第二十四条の三第三項の規定にかかわらず、同日までの間は、法第三十九条第三項第一号に掲げる労働者にあっては次の表の上欄の週所定労働日数の区分に応じ、同項第二号に掲げる労働者にあっては同表の中欄の一年間の所定労働日数の区分に応じて、それぞれ同表の下欄に雇入れの日から起算した継続勤務期間（次項及び第六条において「継続勤務期間」という。）の区分ごとに定める日数とする。

週所定労働日数	一年間の所定労働日数	継続勤務期間				
		四年六箇月	五年六箇月	六年六箇月	七年六箇月	八年六箇月
四日	百六十九日から二百十六日まで	十一日	十二日	十二日	十三日	十四日
三日	百二十一日から百六十八日まで	八日	九日	九日	十日	十日
二日	七十三日から百二十日まで	五日	六日	六日	六日	七日
一日	四十八日から七十二日まで	二日	三日	三日	三日	三日

2　六箇月経過日から起算した継続勤務年数が五年から七年までのいずれかの年数に達する日の翌日が平成十二年四月一日から平成十三年三月三十一日までの間にある労働者であって一週間の所定労働時間が三十時間未満のものに係る法第三十九条第三項の通常の労働者の一週間の所定労働日数として厚生労働省令で定める日数と当該労働者の一週間の所定労働日数又は一週間当たりの平均所定労働日数との比率を考慮して厚生労働省令で定める日数は、新規則第二十四条の三第三項の規定にかかわらず、平成十二年四月一日から平成十三年三月三十一日までの間は、法第三十九条第三項第一号に掲げる労働者にあっては次の表の上欄の週所定労働日数の区分に応じ、同項第二号に掲げる労働者にあっては同表の中欄の一年間の所定労働日数の区分に応じて、それぞれ同表の下欄に継続勤務期間の区分ごとに定める日数とする。

週所定労働日数	一年間の所定労働日数	継続勤務期間		
		五年六箇月	六年六箇月	七年六箇月
四日	百六十九日から二百十六日まで	十二日	十三日	十四日
三日	百二十一日から百六十八日まで	九日	十日	十日
二日	七十三日から百二十日まで	六日	六日	七日
一日	四十八日から七十二日まで	三日	三日	三日

第五条　労働基準法及び労働時間の短縮の促進に関する臨時措置法の一部を改正する法律（平成五年法律第七十九号）の施行の日（以下「施行日」という。）前に六箇月を超えて継続勤務していた労働者であって一週間の所定労働時間が三十時間未満のものに係る法第三十九条第三項の通常の労働者の一週間の所定労働日数として厚生労働省令で定める日数と当該労働者の一週間の所定労働日数又は一週間当たりの平均所定労働日数との比率を考慮して厚生労働省令で定める日数は、新規則第二十四条の三第三項の規定にかかわらず、法第三十九条第三項第一号に掲げる労働者にあっては次の表の上欄の週所定労働日数の区分に応じ、同項第二号に掲げる労働者にあっては同表の中欄の

一年間の所定労働日数の区分に応じて、それぞれ同表の下欄に継続勤務期間の区分ごとに定める日数とする。

週所定労働日数	一年間の所定労働日数	継続勤務期間	
		六年	七年以上
四日	百六十九日から二百十六日まで	十三日	十五日
三日	百二十一日から百六十八日まで	十日	十一日
二日	七十三日から百二十日まで	六日	七日
一日	四十八日から七十二日まで	三日	三日

2　施行日前に六箇月を超えて継続勤務していた労働者であって一週間の所定労働時間が三十時間未満のもののうち、雇入れの日から起算した継続勤務年数が六年から九年までのいずれかの年数に達する日の翌日が平成十一年四月一日から平成十二年三月三十一日までの間にある労働者に係る法第三十九条第三項の通常の労働者の一週間の所定労働日数として命令で定める日数と当該労働者の一週間の所定労働日数又は一週間当たりの平均所定労働日数との比率を考慮して命令で定める日数は、前条第一項及び前項の規定にかかわらず、同日までの間は、法第三十九条第三項第一号に掲げる労働者にあっては次の表の上欄の所定労働日数の区分に応じ、同項第二号に掲げる労働者にあっては同表の中欄の一年間の所定労働日数の区分に応じて、それぞれ同表の下欄に継続勤務期間の区分ごとに定める日数とする。

週所定労働日数	一年間の所定労働日数	継続勤務期間			
		六年	七年	八年	九年
四日	百六十九日から二百十六日まで	十二日	十二日	十三日	十四日
三日	百二十一日から百六十八日まで	九日	九日	十日	十日
二日	七十三日から百二十日まで	六日	六日	六日	七日
一日	四十八日から七十二日まで	三日	三日	三日	三日

3　施行日前に六箇月を超えて継続勤務していた労働者であって一週間の所定労働時間が三十時間未満のもののうち、雇入れの日から起算した継続勤務年数が七年又は八年に達する日の翌日が平成十二年四月一日から平成十三年三月三十一日までの間にある労働者に係る法第三十九条第三項の通常の労働者の一週間の所定労働日数として厚生労働省令で定める日数と当該労働者の一週間の所定労働日数又は一週間当たりの平均所定労働日数との比率を考慮して厚生労働省令で定める日数は、前条第二項及びこの条第一項の規定にかかわらず、平成十二年四月一日から平成十三年三月三十一日までの間は、法第三十九条第三項第一号に掲げる労働者にあっては次の表の上欄の所定労働日数の区分に応じ、同項第二号に掲げる労働者にあっては同表の中欄の一年間の所定労働日数の区分に応じて、それぞれ同表の下欄に継続勤務期間の区分ごとに定める日数とする。

週所定労働日数	一年間の所定労働日数	継続勤務期間	
		七年	八年
四日	百六十九日から二百十六日まで	十三日	十四日
三日	百二十一日から百六十八日まで	十日	十日
二日	七十三日から百二十日まで	六日	七日
一日	四十八日から七十二日まで	三日	三日

第六条　雇入れの日が施行日前であり、かつ、雇入れの日から起算して六箇月を超えて継続勤務する日が施行日以後である労働者であって一週間の所定労働時間が三十時間未満のものに関する第二十四条の三第三項並びに附則第四条第一項及び第二項の適用については、第二十四条の三第三項及び附則第四条第一項中「雇入れの日」とあるのは「労働基準法及び労働時間の短縮の促進に関する臨時措置法の一部を改正する法律（平成五年法律第七十九号）の施行の日」とする。

▼**参照条文**　〔就業規則―八九・一〇六〕、〔平均賃金―一二〕、〔労働組合―労組二・五〕、〔過半数代表者―則六の二〕、〔比例付与の対象、日数等―則二四の三〕、〔時間単位年休―則二四の四〕、〔通常の賃金の計算額―則二五〕、〔付加金の支払―一一四〕、〔時効―一一五、民一四四以下〕、〔業務上負傷疾病休業―七六〕、〔産前産後休業―六五〕、〔職業訓練の特例

―七二）、〔不利益取扱い―附一三六〕、〔罰則―一一九〕

解釈例規

〈編注〉本条に関するQ＆Aが、次の厚生労働省HPに掲載されている。

• 改正労働基準法に関するQ＆A
（平成三十一年四月）
〔https://www.mhlw.go.jp/stf/seisakunitsuite/bunya/0000148322_00001.html〕

【年次有給休暇】

一　趣旨

近年の労働移動の増加に対応して、勤続年数の長短により付与日数に大きな差が生じないようにするとともに、中小企業における労働者の定着状況等を考慮し、付与日数を二年六箇月を超える継続勤務期間一年ごとに二日ずつ増加させた日数としたものであること。

これに伴い、法第三十九条第三項の適用を受ける労働者及び法第七十二条の特例の適用を受ける未成年者についても付与日数を引き上げたものであること。

（平一一・一・二九　基発四五号）

❶年次有給休暇の意義

【年次有給休暇に関する最高裁判決】　昭和四十八年三月二日、労働基準法第三十九条の解釈について最高裁第二小法廷判決がなされたので、今後における同条の解釈運用は左記によつて行なうので、遺憾のないようにされたい。

㈠　年次有給休暇の権利は、法定要件を充たした場合法律上当然に労働者に生ずる権利であつて、労働者の請求をまつてはじめて生ずるものではない。同条第四項の「請求」とは休暇の時季を指定するという趣旨であつて、労働者が時季の指定をしたときは、客観的に同項ただし書所定の事由が存在し、かつ、これを理由として使用者が時季変更権の行使をしない限り、その指定によつて年次有給休暇が成立し、当該労働日における就労義務が消滅するものと解するのが相当である。このように解するならば、年次有給休暇の成立要件として、労働者による「休暇の請求」や、これに対する使用者の「承認」というような観念を容れる余地はない。

㈡　年次有給休暇を労働者がどのように利用するかは労働者の自由である。しかし、労働者がその所属の事業場においてその業務の正常な運営の阻害を目的として一斉に休暇を提出して職場を放棄する場合は、年次有給休暇に名をかりた同盟罷業にほかならないから、それは年次有給休暇権の行使ではない。

ただ、このようにいえるのは、当該労働者の所属する事業場で休暇闘争が行なわれた場合のことであつて、他の事業場における争議行為に休暇をとつて参加するような場合は、それを年次有給休暇の行使でないとはいえない。

（昭四八・三・六　基発一一〇号）

【争議期間中に請求する年次有給休暇】

問　スト期間中は、スト行為の限度において、年次有給休暇の対象にならない期間と解するが如何。

答　法第三十九条の年次有給休暇は、労働者の勤続年数に応じて与えられる休息であり、就業しないでも賃金をうけることができるのであつて、それは正常な労働関係にあることが前提とされているものである。従つて、労働者が年次有給休暇を争議行為に利用する目的で請求した場合には、法の趣旨とも相容れないものであるから、使用者は労働者の請求を拒否できるものと解される。既に年次有給休暇を与えることを使用者が承認した後においても、労働者がその日に行われた争議に参加した場合には、使用者はその日を年次有給休暇として取り扱わなくても違法ではない。又、争議行為がなされて後、争議に参加した労働者よりその日を年次有給休暇に振替えることを請求された場合には、使用者はその日の争議行為が事業の正常な運営を妨げたと否とを問わず、振替えを拒否することができるのはいうまでもないが、使用者が労働者の請求をみとめてその日を年次有給休暇に振替え、争議行為の行われた日に労働基準法所定の年次有給休暇を与えたこととして取扱うことも差し支えない。

（昭二七・七・二五　基収三八二一号）

【長期休業中の場合の年次有給休暇】

問　長期休業中の労働者の年次有給休暇の行使に関し、左記のとおり取扱つてよいか。

(一)　負傷又は疾病等により長期療養中の者が休業期間中年次有給休暇を請求したときは、年次有給休暇を労働者が病気欠勤等に充用することが許されることから、このような労働者に対して請求があれば年次有給休暇を与えなくてはならないと解する。

(二)　休職発令により従来配属されていた所属を離れ、以後は単に会社に籍があるにとどまり、会社に対して全く労働の義務が免除されることとなる場合において、休職発令された者が年次有給休暇を請求したときは、労働義務がない日について年次有給休暇を請求する余地がないことから、これらの休職者は、年次有給休暇請求権の行使ができないと解する。

答　(一)、(二)とも貴見のとおり。

（昭二四・一二・二八　基発一四五六号、昭三一・二・一三　基収四八九号）

【法定を超える有給休暇の取扱い】

問　法第三十九条に定められた有給休暇日数を超える日数を労使間で協約している時は、その超過日数分については、労働基準法第三十九条によらず労使間で定めるところによつて取扱つて差支えないか。

答　貴見のとおり。

（昭二三・三・三一　基発五一三号、昭二三・一〇・一五　基収三六五〇号）

【法第四十一条該当者の有給休暇】

問　法第四十一条該当者に法第三十九条の適用があるか。

答　法第四十一条該当者にも法第三十九条の適用がある。（昭二二・一一・二六　基発三八九号）

【年次有給休暇請求権と解雇】

問　法第二十条によつて解雇予告をしようとしたとき当該労働者が二十日間の有給休暇の権利を有する場合、法第三十九条による労働者の権利を如何に取扱うべきか。年次有給休暇請求は雇用契約上の権利であるから解雇によつて一応消滅するとも考えうるが、雇用契約上の権利としては未払いの賃金に対する請求権と何等差異なく権利は消滅するものではないから予告期間中に有給休暇を与えるべきを至当と考えるが如何。又即時解雇の場合は有給休暇の付与を会社側の都合により延期している場合にはその休暇日数に応じ平均賃金を支払つた上解雇手当を支払うことが妥当と認めるが如何。

答　年次有給休暇の権利は予告期間中に行使しなければ消滅する。

（昭二三・四・二六　基発六五一号）

【代替休暇と年次有給休暇との関係】　代替休暇は、法第三十七条第三項において「（第三十九条の規定による有給休暇を除く。）」と確認的に規定されており、年次有給休暇とは異なるものであること。

なお、法第三十九条第一項は、六箇月継続勤務に対する年次有給休暇の付与を規定し、その際の当該期間における全労働日の八割出勤を要件としているが、労働者が代替休暇を取得して終日出勤しなかった日については、正当な手続により労働者が労働義務を免除された日であることから、年次有給休暇の算定基礎となる全労働日に含まないものとして取り扱うこと。

（平二一・五・二九　基発〇五二九〇〇一号）

【シフト制における年次有給休暇】

シフト制労働者の場合であっても、雇入

れの日から起算して六か月間継続勤務し、全労働日の八割以上出勤したときは、労働基準法所定の日数の年次有給休暇を付与しなければなりません（労働基準法第三十九条第一項、第二項）。たとえ雇用契約の契約期間が六か月未満であっても、契約が更新されて六か月以上に及んでいる場合には、六か月間継続勤務の要件を満たすこととなります。また、所定労働日数が少ない労働者についても、労働日数に応じた日数分の年次有給休暇を与えなければなりません（労働基準法第三十九条第三項）。

　シフト制労働者の場合であっても、年次有給休暇については、原則として労働者の請求する時季に与えなければなりません（労働基準法第三十九条第五項）。労働者が年次有給休暇を取得した日については、労働者の就労義務が消滅する一方で、使用者は、通常通り勤務した場合と同等の賃金など、一定の賃金を支払わなければなりません（労働基準法第三十九条第九項）。

　シフト制労働者の場合であっても、法定の年次有給休暇の付与日数が十日以上である場合には、そのうち五日（既に取得した日数があれば、五日から既に取得した日数を控除した日数）について、法所定の基準日から一年以内に時季を定めて取得させなければなりません（労働基準法第三十九条第七項）。

（令四・一・七　基発〇一〇七第四号　職発〇一〇七第三号　雇均発〇一〇七第七号）

〈編注〉本解釈例規「いわゆる『シフト制』により就業する労働者の適切な雇用管理を行うための留意事項について」は、参考資料篇Iの4にも掲載。

❷年次有給休暇請求の要件

イ　六箇月間継続勤務

【六箇月経過前の年休附与】　使用者が継続六箇月間の期間満了前に、労働者に対し年次有給休暇を与えることは、何ら差支えないこと。（昭二九・六・二九　基発三五五号）

【初年度における継続勤務要件の短縮】

イ　趣旨

　年次有給休暇の継続勤務要件は法制定当初から現在にいたるまで一年間とされていたが、若年労働者の年次有給休暇に対する希望が強いこと、労働力の流動化が進展していること等にかんがみ、初年度における継続勤務要件を一年から六箇月に短縮したものであること。

（平六・一・四　基発一号、平一一・三・三一　基発一六八号）

【継続勤務の意義】　継続勤務とは、労働契約の存続期間、すなわち在籍期間をいう。継続勤務か否かについては、勤務の実態に即し実質的に判断すべきものであり、次に掲げるような場合を含むこと。この場合、実質的に労働関係が継続している限り勤務年数を通算する。

イ　定年退職による退職者を引き続き嘱託等として再採用している場合（退職手当規程に基づき、所定の退職手当を支給した場合を含む。）。ただし、退職と再採用との間に相当期間が存し、客観的に労働関係が断続していると認められる場合はこの限りでない

ロ　法第二十一条各号に該当する者でも、その実態より見て引き続き使用されていると認められる場合

ハ　臨時工が一定月ごとに雇用契約を更新され、六箇月以上に及んでいる場合であって、その実態より見て引き続き使用されていると認められる場合

ニ　在籍型の出向をした場合

ホ　休職とされていた者が復職した場合

ヘ　臨時工、パート等を正規職員に切替えた場合

ト　会社が解散し、従業員の待遇等を含め権利義務関係が新会社に包括承継された場合

チ　全員を解雇し、所定の退職金を支給し、その後改めて一部を再採用したが、事業の実体は人員を縮小しただけで、従前とほとんど変わらず事業を継続している場

合　（昭六三・三・一四　基発一五〇号）

【公共事業の一般職の日々雇い入れられる非常勤職員の場合】

問　下記の雇用関係において、労働基準法第三十九条第一項に規定する継続勤務の認定につき、貴見をお伺いする。

なお、一般職の日々雇い入れられる非常勤職員の年次有給休暇は、労働基準法第三十九条に定める基準に準じて扱うこととなつている。

記

1　公共事業に従事している一般職の日々雇い入れられる非常勤職員が、労働基準法第三十九条に定める年次有給休暇を与えるための要件を満たした後退職し、引き続き、同事業のため国家公務員法第二条第三項第十八号に該当する特別職の職員として、同一業務に雇用される場合、両期間は継続しているものとみなしうるか。

2　上記の場合において、会計年度末に退職し、次会計年度の当初に約十日間の離職期間があつて後、特別職の職員として採用され、さらに同年度の中途で一般職の非常勤職員となる雇用形態を毎年度繰り返す職員は、会計年度にかかわらず継続勤務しているものとみなしうるか。

なお、当該離職期間中は、新会計年度の事業の実施準備等に要する期間で、前記職員を必要とする業務は行なわれていない。

答　1　設問の如き雇用形式の変更があつても、その間に仮に公共職業安定所の紹介がない場合でも再雇用したであろうとするような事情等から、実質的に労働関係が継続していると認められる限り、労働基準法第三十九条の適用については、両期間の勤務は継続しているものと解する。

2　毎会計年度の初めに、当該年度における公共事業の実施準備等に要する十日程の期間があつて、その間当該職員を必要とする業務が行なわれないために、当該職員が一時的に離職することがあつても、前後を通じて当該公共事業に雇用されている限り一般に当該職員の労働関係は、実質的に継続しているものと認められる。

（昭三六・一一・二七　基収五二一五号）

【競走事業に従事する労働者の場合】

問　当局管内には、競輪、競馬等の競走事業が存在している。これらの競走事業においては、所定労働日が主としてレースの開催日に限られている労働者（いわゆる競走事業従業員）が存しているが、その所定労働日数については、年間を通算した場合、四十八日以上である例もみられる。

このため、これらの労働者に対し年次有給休暇を付与すべきものかどうか判断する必要があるが、その勤務の実態をみると、労働基準法第三十九条にいう「継続勤務」に該当するか等につき若干の疑義もある。

そこで、かかる労働者に係る年次有給休暇について、下記のとおり取り扱つてよろしいかお伺いする。

記

一　次のいずれにも該当する場合には、「継続勤務」と解せられること。

①　概ね毎月就労すべき日が存すること。

②　雇用保険法に基づく日雇労働求職者給付金の支給を受ける等継続勤務を否定する事実が存しないこと。

二　複数の施行主体に雇用されている者については、原則としてそれぞれの施行主体ごとに労働基準法第三十九条所定の要件に合致するかを判断するが、同一の施行主体の異なる事業場に就労する場合は、それらを通じて判断すること。

答　貴見のとおり。

（平元・三・一〇　基収一四〇号）

ロ　全労働日

【出勤率の基礎となる全労働日】　年次有給休暇の請求権の発生について、法第三十九条が全労働日の八割出勤を条件としているのは、労働者の勤怠の状況を勘案して、特に出勤率の低い者を除外する立法趣旨であることから、全労働日の取扱いについては、次のとおりとする。

1　年次有給休暇算定の基礎となる全労働日の日数は就業規則その他によって定められた所定休日を除いた日をいい、各労働者の職種が異なること等により異なることもあり得る。

したがって、所定の休日に労働させた場合には、その日は、全労働日に含まれないものである。

2　労働者の責に帰すべき事由によるとはいえない不就労日は、3に該当する場合を除き、出勤率の算定に当たっては、出勤日数に算入すべきものとして全労働日に含まれるものとする。

例えば、裁判所の判決により解雇が無効と確定した場合や、労働委員会による救済命令を受けて会社が解雇の取消しを行った場合の解雇日から復職日までの不就労日のように、労働者が使用者から正当な理由なく就労を拒まれたために就労することができなかった日が考えられる。

3　労働者の責に帰すべき事由によるとはいえない不就労日であっても、次に掲げる日のように、当事者間の衡平等の観点から出勤日数に算入するのが相当でないものは、全労働日に含まれないものとする。

㈠　不可抗力による休業日

㈡　使用者側に起因する経営、管理上の障害による休業日

㈢　正当な同盟罷業その他正当な争議行為により労務の提供が全くなされなかった日

（昭三三・二・一三　基発九〇号、昭六三・三・一四　基発一五〇号、平二五・七・一〇　基発〇七一〇第三号）

【育児休業をした日の取り扱い】　年次有給休暇は、労働義務のある日についてのみ請求できるものであるから、育児休業申出後には、育児休業期間中の日について年次有給休暇を請求する余地はないこと。また、育児休業申出前に育児休業期間中の日について時季指定や労使協定に基づく計画付与が行われた場合には、当該日には年次有給休暇を取得したものと解され、当該日に係る賃金支払日については、使用者に所要の賃金支払の義務が生じるものであること。

（平三・一二・二〇　基発七一二号）

ハ　出勤率の算定

【年次有給休暇の付与要件である八割出勤要件】　法第三十九条第一項は六箇月継続勤務に対する年次有給休暇の付与を規定し、その際の当該期間における八割出勤を要件としている。一方、同条第二項においては一年六箇月以上継続勤務に対する年次有給休暇の付与を規定するとともに、継続勤務年数に応じた加算日数を規定しているものであり、第三十九条第二項ただし書の規定は当該年に有給休暇を付与するか否かを判断することを明示的に規定するものであって、加算要件は意味せず、従来（昭和二十二年十一月二十六日基発第三八九号）と同様であること。例えば、六箇月目八割以上、六箇月から一年六箇月に八割未満、一年六箇月から二年六箇月に八割以上出勤者に対しては、二年六箇月継続勤務で十二日の有給休暇を付与するものであること。

（平六・一・四　基発一号、平一一・三・三一　基発一六八号）

【育児休業及び介護休業をした期間の取扱い】　従来、育児休業、介護休業等育児又は家族介護を行う労働者の福祉に関する法律（平成三年法律第七十六号）第二条第一号に規定する育児休業又は同条第二号に規定する介護休業をした期間については、年次有給休暇の算定基礎となる全労働日に含まないとしてきたが、今般の法改正において、当該期間については出勤率の算定上出勤したものとみなすこととしたものであること。

（平六・一・四　基発一号、平一一・三・三一　基発一六八号）

【出勤率の算定】　年次有給休暇としての休業日数は本条第一項及び第二項の規定の適用については出勤したものとして取扱うこと。
（昭二二・九・一三　発基一七号、平六・三・三一　基発一八一号）

【予定日に遅れた出産と出勤率の計算】
問　産前の休業を診断の結果により請求し、たまたま七週間要した場合法第六十五条第一項の「出産する予定の女性」との文言解釈から法第三十九条第一項及び第二項の適用については出勤として取扱うのが妥当と思われるが如何。
答　六週間以内に出産する予定の女性が、労働基準法第六十五条の規定により休業したところ、予定の出産日より遅れて分娩し、結果的には産前六週間を超える休業は、見解の通り、法第三十九条第一項及び第二項の適用については出勤として取扱わなければならない。　（昭二三・七・三一　基収二六七五号）

【出勤率の計算における生理日に就業しなかつた日の扱い】
問　生理日の就業が著しく困難な女性が生理日に休暇を請求した場合年次有給休暇の算出に当つては法第三十九条第六項の規定により欠勤となり月二日の生理日の休暇を要する女性は年二十四日となつて、これを欠勤とすると法第六十八条による女性保護の効果が半減するばかりか法第三十九条に関して極めて不利となる。これに対する見解如何。
答　法第三十九条第一項の規定の適用について、生理日の就業が著しく困難な女性が休暇を請求して就業しなかつた期間は労働基準法上出勤したものとはみなされないが、当事者の合意によつて出勤したものとみなすことも、もとより差支えない。
（昭二三・七・三一　基収二六七五号、平二二・五・一八　基発〇五一八第一号）

❸年次有給休暇の付与日数

イ　付与日数

【第二項ただし書の「総日数」の意義】
問　労働基準法第三十九条第二項ただし書中の「総日数」は、当該年度に新たに発生する休暇請求権のみについての制限であつて、繰越し分には制限が及ばないものと解するのが適当と考えるが、如何。
答　貴見のとおり。
（昭二六・四・一九　基収八八号）

【斉一的取扱い】
問　付与日数の引上げは平成十一年四月一日以後の最初の基準日から適用されるものとされているが、斉一的取扱いを行う事業場はその日からその適用を受けると解してよいか。
答　貴見のとおり。
（平一一・三・三一　基発一六九号）

【斉一的取扱いの場合の基準日】
問　新法の適用は、改正法施行後最初に到来する日とされているが、斉一的取扱いを行う事業所はその日と解してよいか。
答　見解のとおり。
（昭六三・三・一四　基発一五〇号）

【年次有給休暇の斉一的取扱い】　(1)の年次有給休暇について法律どおり付与すると年次有給休暇の基準日が複数となる等から、その斉一的取扱い（原則として全労働者につき一律の基準日を定めて年次有給休暇を与える取扱いをいう。）や分割付与（初年度において法定の年次有給休暇の付与日数を一括して与えるのではなく、その日数の一部を法定の基準日以前に付与することをいう。）が問題となるが、以下の要件に該当する場合には、そのような取扱いをすることも差し支えないものであること。
イ　斉一的取扱いや分割付与により法定の基準日以前に付与する場合の年次有給休暇の付与要件である八割出勤の算定は、短縮された期間は全期間出勤したものとみなすものであること。
ロ　次年度以降の年次有給休暇の付与日に

ついても、初年度の付与日を法定の基準日から繰り上げた期間と同じ又はそれ以上の期間、法定の基準日より繰り上げること。（例えば、斉一的取扱いとして、四月一日入社した者に入社時に十日、一年後である翌年の四月一日に十一日付与とする場合、また、分割付与として、四月一日入社した者に入社時に五日、法定の基準日である六箇月後の十月一日に五日付与し、次年度の基準日は本来翌年十月一日であるが、初年度に十日のうち五日分について六箇月繰り上げたことから同様に六箇月繰り上げ、四月一日に十一日付与する場合などが考えられること。）

（平六・一・四　基発一号）

ロ　比例付与

【比例付与の対象となる労働者の範囲】

労働基準法（昭和二十二年法律第四十九号。以下「法」という。）第三十九条第三項は、所定労働日数が通常の労働者に比し相当程度少ない労働者であっても、一週間の所定労働時間が命令で定める時間以上の者は、比例付与の対象とせず通常の年次有給休暇を付与することとしているが、この命令で定める時間を現行の三十五時間から三十時間に改めるものであること。

したがって、一週間の所定労働時間が三十時間以上三十五時間未満の労働者については、これまでは比例付与の対象とされてきたところであるが、改正規定の適用後は、法第三十九条第一項及び第二項に基づき通常の労働者として取り扱うこととなるものであること。

（平九・二・四　基発九三号、平一一・三・三　基発一六八号）

【比例付与の日数】

1　趣旨及び改正の内容

平成十三年四月一日から法第四十条第一項に基づく特例措置対象事業場における週の法定労働時間が四十六時間から四十四時間へと短縮されることに伴い、比例付与日数の基準となる通常の労働者の週所定労働日数を改正するとともに、比例付与日数を改正するものであること。

具体的な改正の内容は、法第三十九条第三項は、年次有給休暇の比例付与の対象となる労働者への付与日数について、通常の労働者の一週間の所定労働日数として厚生労働省令で定める日数と当該労働者の一週間の所定労働日数又は一週間当たりの平均所定労働日数との比率を考慮して厚生労働省令で定めることとしているが、この厚生労働省令で定める日数を現行の五・三日から五・二日に改めるとともに、年次有給休暇の比例付与日数について改正を行うものであること。

新たな比例付与日数は、通常の労働者の一週間の所定労働日数を五・二日とした上で、例えば、週所定労働日数四日の労働者の継続勤務年数が六箇月の場合は十日×四／五・二、一年六箇月の場合は十一日×四／五・二…とし、端数は切り捨てて、計算したものであり、具体的には、改正後の労働基準法施行規則（昭和二十二年厚生省令第二十三号）第二十四条の三第三項の表に掲げる日数となるものであること（別添表一　略）。

2　経過措置

（略）　（平一三・三・二七　基発七七号）

【所定労働日数の変更】

問　法第三十九条第三項の適用を受ける労働者が、年度の途中で所定労働日数が変更された場合、休暇は基準日において発生するので、初めの日数のままと考えるのか、それとも日数の増減に応じ、変更すべきと考えるのか。

答　見解前段のとおり。

（昭六三・三・一四　基発一五〇号）

【雇い入れ年月日の判定】

問　雇い入れ年月日の判然としない労働者の年次有給休暇の継続年数は如何ように計算すべきであるか。

答　雇い入れ年月日の判然としない場合は

事業主においてこれを確認すべき義務があるから、従つて労働者についてその申し出を質し、あるいは同僚の証言を徴する等、適当な処置によつて確認すべきである。

（昭二三・一〇・四　基発一五〇九号）

ハ　継続し又は分割した労働日

【半日の年次有給休暇】

問　法第三十九条第一項に継続又は分割した十労働日となつているが、半日ずつ請求することができるか。

答　法第三十九条に規定する年次有給休暇は、一労働日を単位とするものであるから、使用者は労働者に半日単位で付与する義務はない。

（昭二四・七・七　基収一四二八号、昭六三・三・一四　基発一五〇号）

【一勤務が二日にわたる場合の年次有給休暇】

法第三十九条の「労働日」は原則として暦日計算によるべきものであるから、一昼夜交替制の如き場合においては、一勤務を二労働日として取扱うべきである。また、交替制における二日にわたる一勤務及び常夜勤勤務者の一勤務については、当該勤務時間を含む継続二十四時間を一労働日として取扱つて差支えない。

なお、交替制勤務の場合で、番方交替日に連勤を行い、一暦日に長時間勤務をする場合については、その日の所定労働時間の長さにかかわらず、一労働日として取扱うこと。

（昭二六・九・二六　基収三九六四号、昭六三・三・一四　基発一五〇号）

【隔日勤務の自動車運転者の年休取得中争議行為が行われた場合の年休取消】

問　隔日勤務の自動車運転者の年次有給休暇の取扱いについて、左記の場合には、当局としては事業主の年次有給休暇の取り消しは認められないと考えているが、御教示をお願いします。

記

管内の○○タクシー株式会社（大阪市東淀川区○○○○三丁目二十七、労働者数二百七十名）に所属する隔日勤務の自動車運転者四名が、事業主が予め定めている勤務割上乗務すべき日である昭和四十二年五月三十日午前八時から翌三十一日午前二時までの間の、一勤務が実労働十六時間で二暦日にわたる労働日について、予め事業主に年次有給休暇を請求し承認を得ていた。

上記事業場の労働者で組織する○○タクシー労働組合（組合員数約百四十名、総評系全自交加盟）は、賃金引上げ等の要求をかかげて事業主と団体交渉を行なつていたが、この要求を貫徹することを目的として、昭和四十二年五月三十一日午前八時より翌六月一日午前八時までの間二十四時間ストライキを決行した。

年次有給休暇の利用について承認を得ていた上記四名の自動車運転者は勤務割上は非番で就労の義務のないものであるが、いずれも組合役員で、上記ストライキに参加指導にあたつたものである。

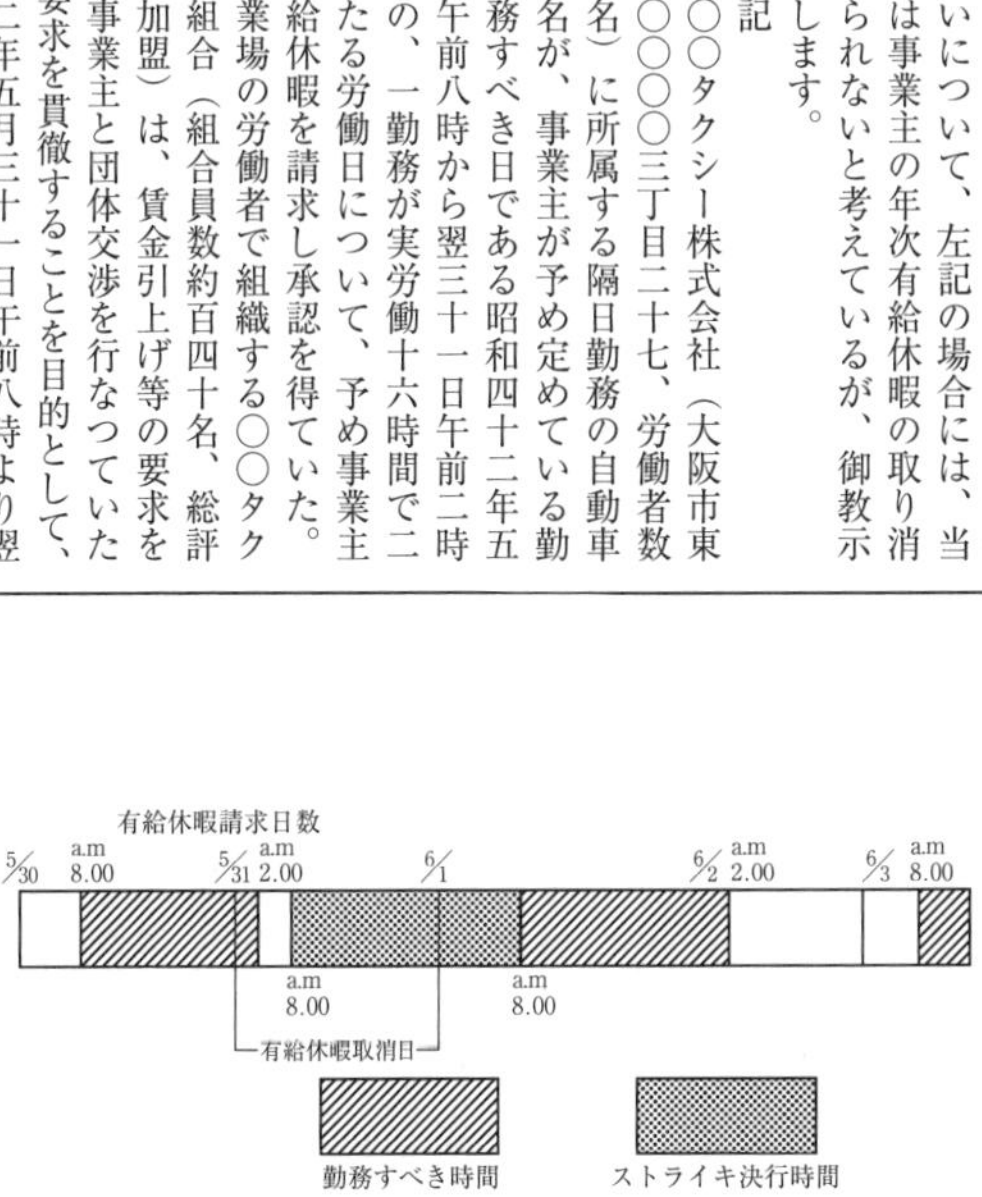

事業主は、ストライキに参加したことを理由に上記四名の自動車運転者について、昭和四十二年五月三十一日の年次有給休暇の承認を取り消したものである。

答　本件争議行為（同盟罷業）の行なわれた当日における本件労働者の所定労働時間は、午前〇時から午前二時までの二時間であり、争議行為は、当日の午前八時から翌日の午前八時までの間にわたつて行なわれたものである。

したがつて、本件争議行為は、当該労働者の労働義務のない時間において行なわれたものであるから、年次有給休暇を争議行為に利用したことにはならない。

（昭四二・八・二　基収三九三二号）

【有給休暇を与える年度】

問　八割以上出勤した場合年次有給休暇をその翌年度に与えなければならないという明文がないが如何。

答　法第三十九条は八割以上出勤した場合その翌年度に年次有給休暇を与えることを定めている。（昭二三・七・一五　基収二四二七号）

二　時間単位年休

【趣旨】　法第三十九条は、労働者の心身の疲労を回復させ、労働力の維持培養を図るとともに、ゆとりある生活の実現にも資するという趣旨から、毎年一定日数の有給休暇を与えることを規定している。この年次有給休暇については、取得率が五割を下回る水準で推移しており、その取得の促進が課題となっている一方、現行の日単位による取得のほかに、時間単位による取得の希望もみられるところである。

このため、まとまった日数の休暇を取得するという年次有給休暇制度本来の趣旨を踏まえつつ、仕事と生活の調和を図る観点から、年次有給休暇を有効に活用できるようにすることを目的として、労使協定により、年次有給休暇について五日の範囲内で時間を単位として与えることができることとしたものであること。

（平二一・五・二九　基発〇五二九〇〇一号）

【一時間以外の時間の単位】

問32　一時間以外の時間を単位として時間単位年休を与えることとする場合について、例えば三十分など、一時間未満の時間数を単位として与えることとすることは可能か。

答32　時間単位年休における取得の単位である時間とは、整数の時間数を指し、一時間に満たないものは含まれない。

（平二一・一〇・五　事務連絡）

【時間単位年休に係る労使協定の締結】　法第三十九条第四項の時間を単位として与える年次有給休暇（以下「時間単位年休」という。）を実施する場合には、事業場において労使協定を締結する必要があること。

この労使協定は、当該事業場において、労働者が時間単位による取得を請求した場合において、労働者が請求した時季に時間単位により年次有給休暇を与えることができることとするものであり、個々の労働者に対して時間単位による取得を義務付けるものではないこと。労使協定が締結されている事業場において、個々の労働者が時間単位により取得するか日単位により取得するかは、労働者の意思によるものであること。

法第三十九条第四項の「労働者の過半数を代表する者」については、則第六条の二第一項において、①法第四十一条第二号に規定する監督又は管理の地位にある者でないこと及び②法に規定する協定等をする者を選出することを明らかにして実施される投票、挙手等の方法による手続により選出された者であることのいずれにも該当する者（①に該当する労働者がいない場合には、②に該当する者）とされていること。

なお、労使協定の締結によって時間単位年休を実施する場合には、法第八十九条第一号の「休暇」として時間単位年休に関する事項を就業規則に記載する必要があること。

（平二一・五・二九　基発〇五二九〇〇一号）

【時間単位年休に係る労使協定で定める事項】

(1) 時間単位年休の対象労働者の範囲

　年次有給休暇の権利は、法定要件を充たした場合法律上当然に労働者に生ずる権利であるが、その取得に際しては、事業の正常な運営との調整が考慮されるものである。この点において、時間単位による取得は、例えば一斉に作業を行うことが必要とされる業務に従事する労働者等にはなじまないことが考えられる。このため、事業の正常な運営との調整を図る観点から、法第三十九条第四項第一号において、労使協定では、時間単位年休の対象労働者の範囲を定めることとされていること。

　なお、年次有給休暇を労働者がどのように利用するかは労働者の自由であることから、利用目的によって時間単位年休の対象労働者の範囲を定めることはできないものであること。

(2) 時間単位年休の日数

　時間を単位として与えることができる年次有給休暇の日数については、まとまった日数の休暇を取得するという年次有給休暇制度本来の趣旨にかんがみ、法第三十九条第四項第二号において、五日以内とされており、労使協定では、この範囲内で定める必要があること。

　「五日以内」とは、法第三十九条第一項から第三項までの規定により労働者に与えられる一年間の年次有給休暇の日数のうち五日以内をいうものであること。法第三十九条第三項の規定により五日に満たない日数の年次有給休暇が比例付与される労働者については、労使協定では、当該比例付与される日数の範囲内で定めることとなること。

　当該年度に取得されなかった年次有給休暇の残日数・時間数は、次年度に繰り越されることとなるが、当該次年度の時間単位年休の日数は、前年度からの繰越分も含めて五日の範囲内となるものであること。

(3) 時間単位年休一日の時間数

　一日分の年次有給休暇が何時間分の時間単位年休に相当するかについては、当該労働者の所定労働時間数を基に定めることとなるが、所定労働時間数に一時間に満たない時間数がある労働者にとって不利益とならないようにする観点から、則第二十四条の四第一号において、一日の所定労働時間数を下回らないものとされており、労使協定では、これに沿って定める必要があること。具体的には、一時間に満たない時間数については、時間単位に切り上げる必要があること。

　「一日の所定労働時間数」については、日によって所定労働時間数が異なる場合には一年間における一日平均所定労働時間数となり、一年間における総所定労働時間数が決まっていない場合には所定労働時間数が決まっている期間における一日平均所定労働時間数となるものであること。

　労使協定では、当該労働者の時間単位年休一日の時間数が特定されるように定める必要があるが、これが特定される限りにおいて、労働者の所定労働時間数ごとにグループ化して定めること（例えば、所定労働時間六時間以下の者は六時間、同六時間超七時間以下の者は七時間、同七時間超の者は八時間　等）も差し支えないこと。

(4) 一時間以外の時間を単位とする場合の時間数

　二時間や三時間といったように、一時間以外の時間を単位として時間単位年休を与えることとする場合には、則第二十四条の四第二号の規定に基づき、労使協定で、その時間数を定める必要があること。

　「一日の所定労働時間数に満たないものとする」とは、一日の所定労働時間数と同じ又はこれを上回る時間数を時間単位年休の単位とすることは、時間単位年休の取得を事実上不可能にするものであることから、そのような労使協定の定めはできないことを確認的に規定しているものであること。

（平二一・五・二九　基発〇五二九〇〇一号）

【時季変更権との関係】　時間単位年休についても、法第三十九条第五項の規定により、使用者の時季変更権の対象となるものであるが、労働者が時間単位による取得を請求した場合に日単位に変更することや、日単位による取得を請求した場合に時間単位に変更することは、時季変更に当たらず、認められないものであること。

　また、事業の正常な運営を妨げるか否かは、労働者からの具体的な請求について個別的、具体的に客観的に判断されるべきものであり、あらかじめ労使協定において時間単位年休を取得することができない時間帯を定めておくこと、所定労働時間の中途に時間単位年休を取得することを制限すること、一日において取得することができる時間単位年休の時間数を制限すること等は認められないこと。

（平二一・五・二九　基発〇五二九〇〇一号）

【計画的付与との関係】　時間単位年休は、労働者が時間単位による取得を請求した場合において、労働者が請求した時季に時間単位により年次有給休暇を与えることができるものであり、法第三十九条第六項の規定による計画的付与として時間単位年休を与えることは認められないものであること。

（平二一・五・二九　基発〇五二九〇〇一号）

【時間単位年休に対して支払われる賃金】

　則第二十五条第二項及び第三項において、使用者は、時間単位年休として与えた時間については、平均賃金若しくは所定労働時間労働した場合に支払われる通常の賃金の額をその日の所定労働時間数で除して得た額の賃金又は標準報酬日額をその日の所定労働時間数で除して得た金額を、当該時間に応じ支払わなければならないこととされていること。

　「その日の所定労働時間数」とは、時間単位年休を取得した日の所定労働時間数をいうものであること。

　「平均賃金」「通常の賃金」「標準報酬日額」のいずれを基準とするかについては、日単位による取得の場合と同様としなければならないこと。

（平二一・五・二九　基発〇五二九〇〇一号）

【年の途中で所定労働時間数の変更があった場合】

問　年の途中で所定労働時間数の変更があった場合、時間単位年休の時間数はどのように変わるのか。時間単位の端数が残っていた場合はどのようになるのか。

答　時間単位年休として取得できる範囲のうち、一日に満たないため時間単位で保有している部分については、当該労働者の一日の所定労働時間の変動に比例して時間数が変更されることとなる。

　例えば、所定労働時間が八時間から四時間に変更され、年休が三日と三時間残っている場合は、三日と三／八日残っていると考え、以下のとおりとなる。

【変更前】三日（一日当たりの時間数は八時間）と三時間

【変更後】三日（一日当たりの時間数は四時間）と二時間（比例して変更すると一・五時間となるが、一時間未満の端数は切り上げる）

（平二一・一〇・五　基発一〇〇五第一号）

【時間単位年休に関するその他の取扱い】

(1)　一日の年次有給休暇を取得する場合の取扱い

　時間単位年休は、年次有給休暇を有効に活用できるようにすることを目的として、原則となる取得方法である日単位による取得の例外として認められるものであり、一日の年次有給休暇を取得する場合には、原則として時間単位ではなく日単位により取得するものであること。

(2)　半日単位年休の取扱い

　年次有給休暇の半日単位による付与については、年次有給休暇の取得促進の観点から、労働者がその取得を希望して時季を指定し、これに使用者が同意した場合であって、本来の取得方法による休暇取得の阻害とならない範囲で適切に運用される限りにおいて、問題がないものとして取り扱うこととしているところであるが、この取扱いに変更はないものであること。（平二一・五・二九　基発〇五二九〇〇一号）

❹年次有給休暇を与える時季

イ　時季変更権

【時季変更権の行使】

問　事業の正常な運営を保持するために必要あるときは労働者の意に反する場合においても年次有給休暇を与える時季の変更が出来るか、又年度を超えて変更することも出来るか。

答　見解の通りであるが、事業の正常な運営を妨げる場合とは、個別的、具体的に客観的に判断されるべきものであると共に、事由消滅後能う限り速かに休暇を与えなければならない。（昭二三・七・二七　基収二六二二号）

【解雇予定日を超える時季変更権の行使】

問　駐留軍従業員の年次休暇については、一月一日を基準として暦年を単位として整理している場合に、十五年間継続勤務し、かつ、前年全労働日の八割以上勤務した労働者の場合、労働基準法によれば二十日の年次休暇の権利を有するが、その者が、当該年の一月二十日付で解雇される場合について、使用者は通常の場合と同様の時季変更権の行使ができるか。

答　設問の事例については、当該二十日間の年次有給休暇の権利が労働基準法に基づくものである限り、当該労働者の解雇予定日をこえての時季変更は行えないものと解する。（昭四九・一・一一　基収五五五四号）

【派遣労働者の時季変更権】　派遣中の労働者の年次有給休暇について、労働基準法第三十九条の事業の正常な運営が妨げられるかどうかの判断は、派遣元の事業についてなされる。派遣中の労働者が派遣先の事業において就労しないことが派遣先の事業の正常な運営を妨げる場合であっても、派遣元の事業との関係においては事業の正常な運営を妨げる場合に当たらない場合もありうるので、代替労働者の派遣の可能性も含めて派遣元の事業の正常な運営を妨げるかどうかを判断することとなること。（昭六一・六・六　基発三三三号）

ロ　計画的付与

【趣旨】　我が国における年次有給休暇の取得率が、完全取得が原則である欧米諸国と比べてきわめて低い水準にとどまっていることにかんがみ、年次有給休暇の取得率を向上させ、労働時間短縮を推進するためには、職場において、労働者が自己の業務を調整しながら、気がねなく年次有給休暇を取得できることとすることが有効であることから、労働者の個人的事由による取得のために一定の日数を留保しつつ、これを超える日数については、労使協定による計画的付与を認めることとしたものであること。（昭六三・一・一　基発一号）

【計画的付与と時季指定権・時季変更権の関係】

問　労使協定による計画的付与において、指定をした日に指定された労働者を就労させる必要が生じた場合、使用者は時季変更権を行使できるか。

答　計画的付与の場合には、第三十九条第五項の労働者の時季指定権及び使用者の時季変更権はともに行使できない。（昭六三・三・一四　基発一五〇号、平二二・五・一八　基発〇五一八第一号）

【計画的付与の方法】　年次有給休暇の労使協定による計画的付与は、労使協定により年次有給休暇を与える時季に関する定めをしたときは、法第三十九条第五項の規定にかかわらず、その定めにより年次有給休暇を与えることができるものであること。

　年次有給休暇の計画的付与の方式として

は、①事業場全体の休業による一斉付与方式、②班別の交替制付与方式、③年次有給休暇付与計画表による個人別付与方式等が考えられるが、それぞれの場合に労使協定において定められるべき事項としては、次のものが考えられるものであること。

① 事業場全体の休業による一斉付与の場合には、具体的な年次有給休暇の付与日

② 班別の交替制付与の場合には、班別の具体的な年次有給休暇の付与日

③ 年次有給休暇付与計画表による個人別付与の場合には、計画表を作成する時期、手続等

なお、特別の事情により年次有給休暇の付与日があらかじめ定められることが適当でない労働者については、年次有給休暇の計画的付与の労使協定を結ぶ際、計画的付与の対象から除外することも含め、十分労使関係者が考慮するよう指導すること。

（昭六三・一・一　基発一号、平二二・五・一八　基発〇五一八第一号）

【労働者の過半数代表者の要件】　次のいずれの要件も満たすものであること。

(1) 法第四十一条第二号に規定する監督又は管理の地位にある者でないこと。

(2) 法に基づく労使協定の締結当事者、就業規則の作成・変更の際に使用者から意見を聴取される者等を選出することを明らかにして実施される投票、挙手等の方法による手続により選出された者であり、使用者の意向によって選出された者ではないこと。

なお、法第十八条第二項、法第二十四条第一項ただし書、法第三十九条第四項、第六項及び第七項ただし書並びに法第九十条第一項に規定する過半数代表者については、当該事業場に上記(1)に該当する労働者がいない場合（法第四十一条第二号に規定する監督又は管理の地位にある者のみの事業場である場合）には、上記(2)の要件を満たすことで足りるものであること。

（平一一・一・二九　基発四五号、平二二・五・一八　基発〇五一八第一号）

【労働者の過半数代表者の選出手続】

問　則第六条の二に規定する「投票、挙手等」の「等」には、どのような手続が含まれているか。

答　労働者の話合い、持ち回り決議等労働者の過半数が当該者の選任を支持していることが明確になる民主的な手続が該当する。

（平一一・三・三一　基発一六九号）

【過半数代表者の不利益取扱い】　過半数代表者であること若しくは過半数代表者になろうとしたこと又は過半数代表者として正当な行為をしたことを理由として、解雇、賃金の減額、降格等労働条件について不利益取扱いをしないようにしなければならないこととしたものであること。

「過半数代表者として正当な行為」には、法に基づく労使協定の締結の拒否、一年単位の変形労働時間制の労働日ごとの労働時間についての不同意等も含まれるものであること。

（平一一・一・二九　基発四五号）

【計画的付与】

問　平成六年四月一日に入社した者に、同日に分割付与として五日有給休暇として付与し、同年十月一日に五日付与することとしている場合、入社時に付与した五日について、例えば、平成六年八月十五日から十九日までの間に計画的に付与することはできるか。

答　計画的付与は五日を超える部分が対象となるが、当該事例では、平成六年八月十五日までに五日しか付与されていないため、計画的付与の対象となる有給休暇はないことから、計画的付与はできない。

（平六・五・三一　基発三三〇号）

【一斉付与の場合の年休のない者の取扱い】

問　事業場全体の休業による一斉付与の場

合、年次有給休暇の権利のない者を休業させれば、その者に、休業手当を支払わねば労基法第二十六条違反となるか。

答　見解のとおり。

（昭六三・三・一四　基発一五〇号）

【退職予定者の計画的付与】

問　退職予定者が計画的付与前に計画日数分の年休を請求した場合拒否することができるか。

答　計画的付与は、当該付与日が労働日であることを前提に行われるものであり、その前に退職することが予定されている者については、退職後を付与日とする計画的付与はできない。したがつて、そのような場合には、計画的付与前の年休の請求を拒否できない。

（昭六三・三・一四　基発一五〇号）

【計画的付与の対象日数】　労使協定による計画的付与の対象となるのは、年次有給休暇の日数のうち、個人的事由による取得のために留保される五日を超える部分であること。

なお、年次有給休暇の日数が足りない、あるいはない労働者を含めて年次有給休暇を計画的に付与する場合には、付与日数を増やす等の措置が必要なものであること。

（昭六三・一・一　基発一号）

【前年繰越分の取扱い】

問　五日を超える分に繰越分も含むのか、あるいは、新規発生分のみと解するか。

答　繰越分を含む。

（昭六三・三・一四　基発一五〇号）

❺年五日以上の年次有給休暇の確実な取得（使用者の時季指定義務）

【趣旨】　年次有給休暇の取得率が低迷しており、いわゆる正社員の約十六％が年次有給休暇を一日も取得しておらず、また、年次有給休暇をほとんど取得していない労働者については長時間労働者の比率が高い実態にあることを踏まえ、年五日以上の年次有給休暇の取得が確実に進む仕組みを導入することとしたものであること。

（平三〇・九・七　基発〇九〇七第一号）

【年五日以上の年次有給休暇の確実な取得】

(1)　使用者による時季指定

使用者は、労働基準法第三十九条第一項から第三項までの規定により使用者が与えなければならない年次有給休暇（以下「年次有給休暇」という。）の日数が十労働日以上である労働者に係る年次有給休暇の日数のうち、五日については、基準日（継続勤務した期間を同条第二項に規定する六箇月経過日から一年ごとに区分した各期間（最後に一年未満の期間を生じたときは、当該期間）の初日をいう。以下同じ。）から一年以内の期間に、労働者ごとにその時季を定めることにより与えなければならないものであること。

この場合の使用者による時季指定の方法としては、例えば、年度当初に労働者の意見を聴いた上で年次有給休暇取得計画表を作成し、これに基づき年次有給休暇を付与すること等が考えられるものであること。

ただし、労働基準法第三十九条第五項又は第六項の規定により年次有給休暇を与えた場合においては、当該与えた年次有給休暇の日数（当該日数が五日を超える場合には、五日とする。）分については、時季を定めることにより与えることを要しないこと。すなわち、労働者が自ら時季指定して五日以上の年次有給休暇を取得した場合や、労働基準法第三十九条第六項に基づく計画的付与により五日以上の年次有給休暇を取得した場合には、使用者による時季指定は不要であること。

(2)　年次有給休暇を基準日より前の日から与える場合の取扱い

ア　十労働日以上の年次有給休暇を前倒しで付与する場合の取扱い

使用者は、年次有給休暇を当該年次有給休暇に係る基準日より前の日から十労働日以上与えることとしたときは、当該年次有給休暇の日数のうち五日については、基準日より前の日であって、十労働日以上の年次有給休暇を与えることとした日（以下「第一基準日」という。）から一年以内の期間に、その時季を定めることにより与えなければならないものであること。

＜通常の付与（法定どおり）＞

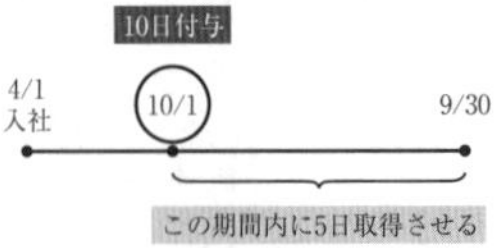

＜例1　前倒しの場合の取扱い＞

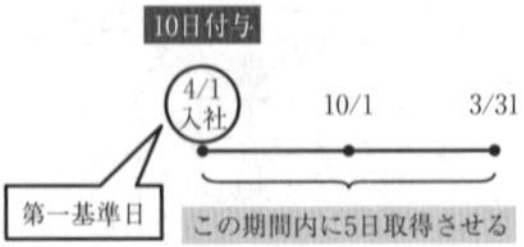

イ　付与期間に重複が生じる場合の特例

上記アにかかわらず、使用者が十労働日以上の年次有給休暇を基準日又は第一基準日に与えることとし、かつ、当該基準日又は第一基準日から一年以内の特定の日（以下「第二基準日」という。）に新たに十労働日以上の年次有給休暇を与えることとしたときは、履行期間（基準日又は第一基準日を始期として、第二基準日から一年を経過する日を終期とする期間をいう。）の月数を十二で除した数に五を乗じた日数について、当該履行期間中に、その時季を定めることにより与えることができること。

＜例2　重複が生じる場合の取扱い＞

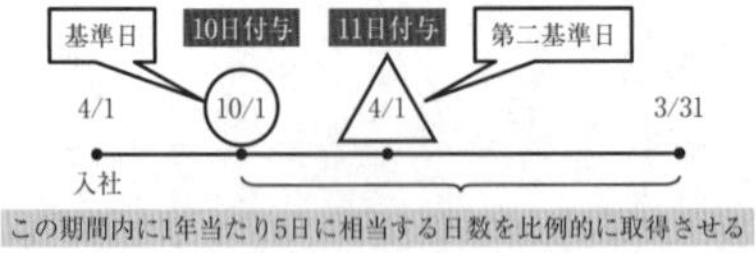

ウ　第一基準日から一年以内の期間又は履行期間が経過した場合の取扱い

第一基準日から一年以内の期間又は履行期間が経過した場合においては、その経過した日から一年ごとに区分した各期間（最後に一年未満の期間を生じたときは、当該期間）の初日を基準日とみなして労基法第三十九条第七項本文の規定を適用するものであること。

＜例3　第一基準日から一年後の日＞

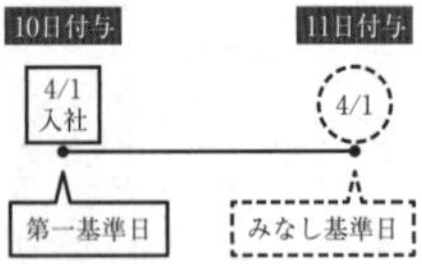

＜例4　第二基準日から一年後の日＞

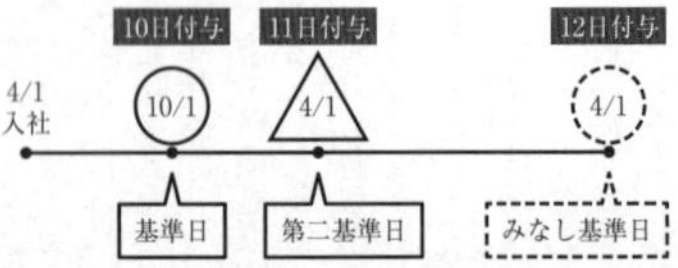

エ　年次有給休暇の一部を基準日より前の日から与える場合の取扱い

使用者が年次有給休暇のうち十労働日未満の日数について基準日以前の日（以下「特定日」という。）に与えることとした場合において、特定日が複数あるときは、当該十労働日未満の日数が合わせて十労働日以上になる日までの間の特定日のうち最も遅い日を第一基準日とみなして労基則第二十四条の五第一項から第三項までの規定を適

<例5　10日のうち5日を前倒しで付与し、そのうち3日を労働者が取得している場合>

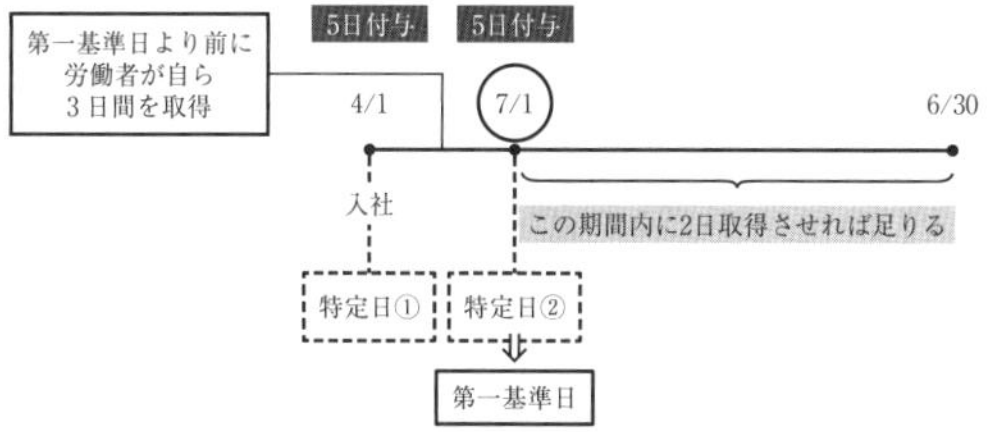

用するものであること。この場合において、第一基準日とみなされた日より前に、労働基準法第三十九条第五項又は第六項の規定により与えた年次有給休暇の日数分については、時季を定めることにより与えることを要しないこと。

（平三〇・九・七　基発〇九〇七第一号）

【使用者による時季指定】

問　法第三十九条第七項に規定する使用者による時季指定は、いつ行うのか。

答　法第三十九条第七項に規定する使用者による時季指定は、必ずしも基準日からの一年間の期首に限られず、当該期間の途中に行うことも可能である。

（平三〇・一二・二八　基発一二二八第一五号）

【使用者による時季指定の対象となる労働者】

問　法第三十九条第七項に規定する「有給休暇の日数が十労働日以上である労働者」には、同条第三項の比例付与の対象となる労働者であって、前年度繰越分の有給休暇と当年度付与分の有給休暇とを合算して初めて十労働日以上となる者も含まれるのか。

答　法第三十九条第七項の「有給休暇の日数が十労働日以上である労働者」は、基準日に付与される年次有給休暇の日数が十労働日以上である労働者を規定したものであり、同条第三項の比例付与の対象となる労働者であって、今年度の基準日に付与される年次有給休暇の日数が十労働日未満であるものについては、仮に、前年度繰越分の年次有給休暇も合算すれば十労働日以上となったとしても、「有給休暇の日数が十労働日以上である労働者」には含まれない。

（平三〇・一二・二八　基発一二二八第一五号）

【前年度から繰り越された年次有給休暇の取扱い】

問　前年度からの繰越分の年次有給休暇を取得した場合は、その日数分を法第三十九条第七項の規定により使用者が時季指定すべき五日の年次有給休暇から控除することができるか。

答　前年度からの繰越分の年次有給休暇を取得した場合は、その日数分を法第三十九条第七項の規定により使用者が時季指定すべき五日の年次有給休暇から控除することとなる。

なお、法第三十九条第七項及び第八項は、労働者が実際に取得した年次有給休暇が、前年度からの繰越分の年次有給休暇であるか当年度の基準日に付与された年次有給休暇であるかについては問わないものである。

（平三〇・一二・二八　基発一二二八第一五号）

【事後における時季変更の可否】

問　労働基準法第三十九条第七項の規定により指定した時季を、使用者又は労働者が事後に変更することはできるか。

答　法第三十九条第七項の規定により指定した時季について、使用者が則第二十四条の六に基づく意見聴取の手続を再度行い、その意見を尊重することによって変更することは可能である。

また、使用者が指定した時季について、

労働者が変更することはできないが、使用者が指定した後に労働者に変更の希望があれば、使用者は再度意見を聴取し、その意見を尊重することが望ましい。

（平三〇・一二・二八　基発一二二八第一五号）

【義務の履行が不可能な場合】

問　基準日から一年間の期間（以下「付与期間」という。）の途中に育児休業が終了した労働者等についても、五日の年次有給休暇を確実に取得させなければならないか。

答　付与期間の途中に育児休業から復帰した労働者等についても、法第三十九条第七項の規定により五日間の年次有給休暇を取得させなければならない。

ただし、残りの期間における労働日が、使用者が時季指定すべき年次有給休暇の残日数より少なく、五日の年次有給休暇を取得させることが不可能な場合には、その限りではない。

（平三〇・一二・二八　基発一二二八第一五号）

【年五日を超える時季指定の可否】

問　使用者は、五日を超える日数について法第三十九条第七項による時季指定を行うことができるか。

答　労働者の個人的事由による取得のために労働者の指定した時季に与えられるものとして一定の日数を留保する観点から、法第三十九条第七項の規定による時季指定として五日を超える日数を指定することはできない。

また、使用者が時季指定を行うよりも前に、労働者自ら請求し、又は計画的付与により具体的な年次有給休暇日が特定されている場合には、当該特定されている日数について使用者が時季指定することはできない（法第三十九条第八項）。

（平三〇・一二・二八　基発一二二八第一五号）

【時季指定後に労働者が自ら年次有給休暇を取得した場合】

問　法第三十九条第七項の規定によりあらかじめ使用者が時季指定した年次有給休暇日が到来するより前に、労働者が自ら年次有給休暇を取得した場合は、当初使用者が時季指定した日に労働者が年次有給休暇を取得しなくても、法第三十九条第七項違反とはならないか。

答　設問の場合は労働者が自ら年次有給休暇を五日取得しており、法第三十九条第七項違反とはならない。なお、この場合において、当初使用者が行った時季指定は、使用者と労働者との間において特段の取決めがない限り、当然に無効とはならない。

（平三〇・一二・二八　基発一二二八第一五号）

【端数の取扱い】

問　則第二十四条の五第二項においては、基準日又は第一基準日を始期として、第二基準日から一年を経過する日を終期とする期間の月数を十二で除した数に五を乗じた日数について時季指定する旨が規定されているが、この「月数」に端数が生じた場合の取扱い如何。また、同規定により算定した日数に一日未満の端数が生じた場合の取扱い如何。

答　則第二十四条の五第二項を適用するに当たっての端数については原則として下記のとおり取り扱うこととするが、この方法によらず、月数について一箇月未満の端数をすべて一箇月に切り上げ、かつ、使用者が時季指定すべき日数について一日未満の端数をすべて一日に切り上げることでも差し支えない。

端数処理の方法

①　基準日から翌月の応答日の前日までを一箇月と考え、月数及び端数となる日数を算出する。ただし、基準日の翌月に応答日がない場合は、翌月の末日をもって一箇月とする。

②　当該端数となる日数を、最終月の暦日数で除し、上記①で算出した月数を加える。

③　上記②で算出した月数を十二で除した数に五を乗じた日数について時季指定す

る。なお、当該日数に一日未満の端数が生じている場合は、これを一日に切り上げる。

（例）第一基準日が十月二十二日、第二基準日が翌年四月一日の場合

① 十月二十二日から十一月二十一日までを一箇月とすると、翌々年三月三十一日までの月数及び端数は十七箇月と十日（翌々年三月二十二日から三月三十一日まで）と算出される。

② 上記①の端数十日について、最終月（翌々年三月二十二日から四月二十一日まで）の暦日数三十一日で除し、十七箇月を加えると、十七・三二…箇月となる。

③ 十七・三二…箇月を十二で除し、五を乗じると、時季指定すべき年次有給休暇の日数は、七・二一…日となり、労働者に意見聴取した結果、半日単位の取得を希望した場合には七・五日、希望しない場合には八日について時季指定を行う。

（平三〇・一二・二八　基発一二二八第一五号）

【半日単位の年次有給休暇の取扱い】　年次有給休暇の半日単位による付与については、年次有給休暇の取得促進の観点から、労働者がその取得を希望して時季を指定し、これに使用者が同意した場合であって、本来の取得方法による休暇取得の阻害とならない範囲で適切に運用される限りにおいて、問題がないものとして取り扱うこととしているが、この取扱いに変更はないものであること。

この現行の取扱いに沿って、半日単位の年次有給休暇を労働者が取得した場合については、労基法第三十九条第八項の年次有給休暇を与えた場合として取り扱って差し支えないものであること。

また、労基則第二十四条の六第一項の規定により労働者の意見を聴いた際に半日単位の年次有給休暇の取得の希望があった場合においては、使用者が労基法第三十九条第七項の年次有給休暇の時季指定を半日単位で行うことも差し支えないものであること。

これらの場合において、半日単位の年次有給休暇の日数は〇・五日として取り扱うものであること。

（平三〇・九・七　基発〇九〇七第一号）

【半日単位・時間単位による時季指定の可否】

問　法第三十九条第七項の規定による時季指定を半日単位や時間単位で行うことはできるか。

答　則第二十四条の六第一項の規定により労働者の意見を聴いた際に半日単位の年次有給休暇の取得の希望があった場合においては、使用者が法第三十九条第七項の年次有給休暇の時季指定を半日単位で行うことは差し支えない。この場合において、半日の年次有給休暇の日数は〇・五日として取り扱うこと。

また、法第三十九条第七項の規定による時季指定を時間単位年休で行うことは認められない。

（平三〇・一二・二八　基発一二二八第一五号）

【労働者自ら取得した半日年休・時間単位年休の取扱い】

問　労働者自らが半日単位又は時間単位で取得した年次有給休暇の日数分については、法第三十九条第八項が適用されるか。

答　労働者が半日単位で年次有給休暇を取得した日数分については、〇・五日として法第三十九条第八項の「日数」に含まれ、当該日数分について使用者は時季指定を要しない。なお、労働者が時間単位で年次有給休暇を取得した日数分については、法第三十九条第八項の「日数」には含まれない。

（平三〇・一二・二八　基発一二二八第一五号）

【事業場が独自に設けている特別休暇の取扱い】

問　事業場が独自に設けている法定の年次有給休暇と異なる特別休暇を労働者が取得した日数分については、法第三十九条第八項が適用されるか。

答　法定の年次有給休暇とは別に設けられた特別休暇（たとえば、法第百十五条の時効が経過した後においても、取得の事由及び時季を限定せず、法定の年次有給休暇を引き続き取得可能としている場合のように、法定の年次有給休暇日数を上乗せするものとして付与されるものを除く。以下同じ。）を取得した日数分については、法第三十九条第八項の「日数」には含まれない。

なお、法定の年次有給休暇とは別に設けられた特別休暇について、今回の改正を契機に廃止し、年次有給休暇に振り替えることは法改正の趣旨に沿わないものであるとともに、労働者と合意をすることなく就業規則を変更することにより特別休暇を年次有給休暇に振り替えた後の要件・効果が労働者にとって不利益と認められる場合は、就業規則の不利益変更法理に照らして合理的なものである必要がある。

（平三〇・一二・二八　基発一二二八第一五号）

【労働者からの意見聴取】　使用者は、労基法第三十九条第七項の規定により、労働者に年次有給休暇を時季を定めることにより与えるに当たっては、あらかじめ、当該年次有給休暇を与えることを当該労働者に明らかにした上で、その時季について当該労働者の意見を聴かなければならないものであること。

また、使用者は、年次有給休暇の時季を定めるに当たっては、できる限り労働者の希望に沿った時季指定となるよう、聴取した意見を尊重するよう努めなければならないものであること。

（平三〇・九・七　基発〇九〇七第一号）

【意見聴取の具体的な内容】

問　則第二十四条の六の意見聴取やその尊重の具体的な内容如何。

答　則第二十四条の六第一項の意見聴取の内容としては、法第三十九条第七項の基準日から一年を経過する日までの間の適時に、労働者から年次有給休暇の取得を希望する時季を申告させることが考えられる。

また、則第二十四条の六第二項の尊重の内容としては、できる限り労働者の希望に沿った時季を指定するよう努めることが求められるものである。

（平三〇・一二・二八　基発一二二八第一五号）

【就業規則への記載】

問　法第三十九条第七項の規定による時季指定について、就業規則に記載する必要はあるか。

答　休暇に関する事項は就業規則の絶対的必要記載事項であるため、使用者が法第三十九条第七項による時季指定を実施する場合は、時季指定の対象となる労働者の範囲及び時季指定の方法等について、就業規則に記載する必要がある。

（平三〇・一二・二八　基発一二二八第一五号）

【罰則】　労基法第三十九条第七項に違反した使用者に対しては、労基法第百二十条第一号の罰則の適用があること。

（平三〇・九・七　基発〇九〇七第一号）

❻年次有給休暇日の賃金

【年次有給休暇の賃金の選択】　年次有給休暇の賃金の選択は、手続簡素化の見地より認められたものであるから、労働者各人についてその都度使用者の恣意的選択を認めるものではなく、平均賃金と所定労働時間労働した場合に支払われる通常の賃金との選択は、就業規則その他によつて予め定めるところにより、又健康保険法第三条に定める標準報酬日額に相当する金額の選択は、法第三十六条第一項の時間外労働協定と同様の労使協定を行い、年次有給休暇の際の賃金としてこれを就業規則に定めておかなければならないこと。又この選択がなされた場合には、必ずその選択された方法による賃金を支払わなければならないこと。

（昭二七・九・二〇　基発六七五号、平一一・三・三一　基発一六八号）

【通常の賃金】

一　所定労働時間労働した場合に支払われる通常の賃金には、臨時に支払われた賃金、割増賃金の如く所定時間外の労働に対して支払われる賃金等は、算入されないものであること。

二　法第三十九条第九項の規定は、計算事務手続の簡素化を図る趣旨であるから、日給者、月給者等につき、所定労働時間労働した場合に支払われる通常の賃金を支払う場合には、通常の出勤をしたものとして取扱えば足り、規則第二十五条に定める計算をその都度行う必要はないこと。

（昭二七・九・二〇　基発六七五号、平二二・五・一八　基発〇五一八第一号、平三一・四・一　基発〇四〇一第四三号）

【変形労働時間制の場合の時給制の労働者の年休手当】

問　変形労働時間制を採用している事業場における時給制労働者の変形期間中における法第三十九条の通常の賃金の算定方法如何。

答　各日の所定労働時間に応じて算定される。

（昭六三・三・一四　基発一五〇号）

【平均賃金の場合の月で定められた手当の取扱い】

問　法第三十九条により日によつて賃金が定められている者に対し年次有給休暇を与える場合法第十二条による平均賃金の中には通常月又は週によつて定められた賃金の一部（例えば家族手当の一部）等が含まれることとなるが年次有給休暇を与えた月の家族手当は年次有給休暇日に対し右の如き平均賃金を支払つた際でも月又は週によつて算定される賃金としてその全額を支払わしめる必要があるか。

答　年次有給休暇日に対しては平均賃金を支払う場合において、当該年次有給休暇日に関し、月又は週によつて支給される賃金があるときは、その月又は週によつて支給される賃金については、その一日当りの額を差引いた額を支給すればよい。右の場合月又は週によつて支給される賃金（家族手当、通勤手当等を含む）の一日当り賃金の算定方法は施行規則第十九条の各号によつて行うものとする。

年次有給休暇日に対し平均賃金を支払い更に月又は週による賃金を全額支払うことも使用者の自由であつて、その結果として二重払になつても法律上は勿論差支えない。」

（昭二三・四・二〇　基発六二八号）

【施行規則第二十五条の趣旨】

㈠　第一項第六号の「賃金算定期間」については、「賃金締切日がある場合には、賃金締切期間」によるものであることは、第十九条第一項第六号の規定から当然であること。

㈡　第一項第六号中「当該期間に出来高払制その他の請負制によつて計算された賃金がない場合」とは、当該賃金算定期間（又は当該賃金締切期間）に出来高払制その他の請負制の定めはあつても、労働者が欠勤等の事由によつて当該期間中一日も労働しないで、引き続いて有給休暇を請求して与えられたような場合、従つて出来高払制その他の請負制によつて定められた賃金の支給を受けなかつた場合をいうのであつて、単に賃金の支払が遅延しているため、出来高払制その他の請負制によつて定められた賃金が支払われていない場合をいうのではないこと。

㈢　年次有給休暇の賃金は、有給休暇を与えた直後の所定の賃金支払日に支払われなければならないものであることは、法第二十四条から当然のことであること。

（昭二九・六・二九　基発三五五号、平二二・五・一八　基発〇五一八第一号）

【年次有給休暇と平均賃金の算定】

問　平均賃金の算定に際し年次有給休暇の取扱方について法第十二条の平均賃金を算定すべき事由の発生した日以前三ヵ月間に、法第三十九条による年次有給休暇を含む場合にはこの期間及びこれに対し支払われる平均賃金を法第十二条第一項の「総日数」及び「賃金の総額」に算入するときは、平均賃金につき更に平均賃金を算定する結果となるが取扱は如何にすべきか。

答　年次有給休暇の日数及びこれに対し支払われる平均賃金は法第十二条の平均賃金の計算においては、これを算入しなければならない。

（昭二二・一一・五　基発二三一号）

【年次有給休暇の賃金の控除】

問　当局管内の某タクシー㈱が導入を予定している運収還元制の要点は別添のとおりであるが、第一条及び第八条の規定によれば、年次有給休暇の賃金を支払うこととしながら、その支給額を基本経費に加算して運収額から差し引くこととしており、実質的に年次有給休暇の賃金を支払つたことにならなくなるものと解されるが如何。

別添

運収還元制施行規則（抄）

第一条（運収還元制）

運収還元制とは、四ヵ月毎に各人の運収額を締め切り、その期間中の基本経費、走行経費及び基本給、時間外賃金、深夜割増賃金等を差し引いた残額を運収還元金として各人に支給する制度である。

第三条（基本経費）

基本経費とは車輌営業に必要な経費のうち固定的な経費であつて、この額は各人月当り九万五千円とする。（以下略）

第八条（年次有給休暇）

年次有給休暇の取扱いについては労働基準法第三十九条を適用し、健康保険法に定める標準報酬日額に相当する金額を休暇日数に応じて支給する。その支給額を基本経費に加算する。

答　貴見のとおり。

（昭六三・三・一四　基発一五〇号）

【年次有給休暇と買上げの予約】

年次有給休暇の買上げの予約をし、これに基づいて法第三十九条の規定により請求し得る年次有給休暇の日数を減じないし請求された日数を与えないことは、法第三十九条の違反である。

（昭三〇・一一・三〇　基収四七一八号）

❼年次有給休暇の時効

【有給休暇の繰越】

問　有給休暇をその年度内に全部をとらなかつた場合、残りの休暇日数は権利抛棄とみて差支えないか、又は次年度に繰越してとり得るものであるか。

答　法第百十五条の規定により二年の消滅時効が認められる。

（昭二二・一二・一五　基発五〇一号）

【年次有給休暇の就業規則による繰越制限】

問　就業規則で「年次有給休暇は翌年度に繰越してはならない」と定めても無効か。

答　できるだけ年度内に年次有給休暇を取らせる趣旨の規定を設けることは差支えないが、かかる事項を就業規則に規定しても、年度経過後における年次有給休暇の権利は消滅しない。

（昭二三・五・五　基発六八六号）

【時効の起算日】

問　入社六か月後に付与する十日のうち、五日を入社日に付与し、残りの五日を入社六か月経過後に付与した場合、入社日に付与した五日の時効の起算日はいつになるのか。

答　有給休暇の時効の起算日は、取得可能となつた時点であることから、入社時に付与された五日については入社日、残りの五日については入社六か月経過後の日となる。

（平六・五・三一　基発三三〇号）

【年次有給休暇の時効の中断】

問　年次有給休暇の権利は法第百十五条の規定に基き二年間有効とされているがこの権利は民法第百四十七条の規定により請求によつて時効中断の効力を生じ得るか。又その効力ありとすれば中断された請求権の時効は民法第百五十七条の規定の通りその中断の事由の終了したときから新に進行すると解釈してよいか、即ち更に二年間延長すると考えてよいか。

答　見解の通りであるが、裁判上の請求でなければ時効中断の効力はないから照会後段に該当するような場合は法律上極めて稀有である。

（昭三三・四・二八　基収一四九七号、昭三三・五・五　基発六八六号）

〈編注〉平成二十九年の民法改正（法律第四十四号）により、時効の「中断」の文言は、「更新」に変更されている（令和二年四月一日施行）。

【年休取得簿の記載と時効の中断】

問　法第百十五条の規定によつて年次有給休暇の請求権は二年間行使しない場合時効によつて消滅するが、民法第百四十七条では労働者の請求（裁判上の請求に限らない）に対し使用者が承認した場合には時効が中断されることとなつている。

しかし実際上の取扱としては、労働者の年次有給休暇の取得日数は勤怠簿及び年次有給休暇取得簿に記載されているがこの場合には、労働者の請求してきた分を残部の一部であると認めたこととなり、時効が中断されることになるか。

答　いかなる程度の事実を以て民法にいう債務の「承認」があつたことになるかは、具体的に判断しなければならないが、設問の如く勤怠簿、年次有給休暇の取得簿に年次有給休暇の取得日数を記載している程度のことは承認したことにはならないと解される。なお、年次有給休暇については積極的に労働者に与えるようにせられたい。

（昭二四・九・二　基収三〇〇〇号）

❽不利益取扱い

【年次有給休暇の取得に伴う不利益取扱い】

精皆勤手当及び賞与の額の算定等に際して、年次有給休暇を取得した日を欠勤として、又は欠勤に準じて取り扱うことその他労働基準法上労働者の権利として認められている年次有給休暇の取得を抑制するすべての不利益な取扱いはしないようにしなければならないものであること。

年次有給休暇の取得に伴う不利益取扱いについては、従来、①年休の取得を抑制する効果をもち、法第三十九条の精神に反するものであり、②精皆勤手当や賞与の減額等の程度によつては、公序良俗に反するものとして民事上無効と解される場合もあると考えられるという見地に立つて、不利益な取扱いに対する是正指導を行つてきたところであるが、今後は、労働基準法上に明定されたことを受けて、上記趣旨を更に徹底させるよう指導を行うものとすること。

（昭六三・一・一　基発一号）

❾年次有給休暇管理簿

【年次有給休暇管理簿】　使用者は、労基法第三十九条第五項から第七項までの規定により年次有給休暇を与えたときは、時季、日数及び基準日（第一基準日及び第二基準日を含む。）を労働者ごとに明らかにした書類（以下「年次有給休暇管理簿」という。）を作成し、当該年次有給休暇を与えた期間中及び当該期間の満了後三年間保存しなければならないこと。

また、年次有給休暇管理簿については、労働者名簿又は賃金台帳とあわせて調製することができるものであること。

なお、年次有給休暇管理簿については、労働基準法第百九条に規定する重要な書類には該当しないものであること。

（平三〇・九・七　基発〇九〇七第一号）

【年次有給休暇管理簿の作成】

問　年次有給休暇管理簿に記載すべき「日数」とは何を記載すべきか。

また、電子機器を用いて磁気ディスク、磁気テープ、光ディスク等により年次有給休暇管理簿を調整することはできるか。

答　年次有給休暇管理簿に記載すべき「日数」としては、労働者が自ら請求し取得したもの、使用者が時季を指定し取得したもの又は計画的付与により取得したものにかかわらず、実際に労働者が年次有給休暇を取得した日数（半日単位で取得した回数及び時間単位で取得した時間数を含む。）を記載する必要がある。

また、労働者名簿、賃金台帳と同様の要件を満たした上で、電子機器を用いて磁気ディスク、磁気テープ、光ディスク等により調整することは差し支えない。

（平三〇・一二・二八　基発一二二八第一五号）

（労働時間及び休憩の特例）
第四十条　別表第一第一号から第三号まで、第六号及び第七号に掲げる事業以外の事業で、公衆の不便を避けるために必要なものその他特殊の必要あるものについては、その必要避くべからざる限度で、第三十二条から第三十二条の五までの労働時間及び第三十四条の休憩に関する規定について、厚生労働省令で別段の定めをすることができる。
② 前項の規定による別段の定めは、この法律で定める基準に近いものであつて、労働者の健康及び福祉を害しないものでなければならない。

（労働時間の特例）
則第二十五条の二　使用者は、法別表第一第八号、第十号（映画の製作の事業を除く。）、第十三号及び第十四号に掲げる事業のうち常時十人未満の労働者を使用するものについては、法第三十二条の規定にかかわらず、一週間について四十四時間、一日について八時間まで労働させることができる。
② 使用者は、当該事業場に、労働者の過半数で組織する労働組合がある場合においてはその労働組合、労働者の過半数で組織する労働組合がない場合においては労働者の過半数を代表する者との書面による協定（労使委員会における委員の五分の四以上の多数による決議及び労働時間等設定改善法第七条の労働時間等設定改善委員会における委員の五分の四以上の多数による決議を含む。以下この条において同じ。）により、又は就業規則その他これに準ずるものにより、一箇月以内の期間を平均し一週間当たりの労働時間が四十四時間を超えない定めをした場合においては、前項に規定する事業については同項の規定にかかわらず、その定めにより、特定された週において四十四時間又は特定された日において八時間を超えて、労働させることができる。
③ 使用者は、就業規則その他これに準ずるものにより、その労働者に係る始業及び終業の時刻をその労働者の決定にゆだねることとした労働者については、当該事業場の労働者の過半数で組織する労働組合がある場合においてはその労働組合、労働者の過半数で組織する労働組合がない場合においては労働者の過半数を

代表する者との書面による協定により、次に掲げる事項を定めたときは、その協定で第二号の清算期間として定められた期間を平均し一週間当たりの労働時間が四十四時間を超えない範囲内において、第一項に規定する事業については同項の規定にかかわらず、一週間において四十四時間又は一日において八時間を超えて、労働させることができる。

一　この項の規定による労働時間により労働させることとされる労働者の範囲

二　清算期間（その期間を平均し一週間当たりの労働時間が四十四時間を超えない範囲内において労働させる期間をいい、一箇月以内の期間に限るものとする。次号において同じ。）

三　清算期間における総労働時間

四　標準となる一日の労働時間

五　労働者が労働しなければならない時間帯を定める場合には、その時間帯の開始及び終了の時刻

六　労働者がその選択により労働することができる時間帯に制限を設ける場合には、その時間帯の開始及び終了の時刻

④　第一項に規定する事業については、法第三十二条の三第一項（同項第二号の清算期間が一箇月を超えるものである場合に限る。）、第三十二条の四又は第三十二条の五の規定により労働者に労働させる場合には、前三項の規定は適用しない。

則第二十五条の三　第六条の二第一項の規定は前条第二項及び第三項に規定する労働者の過半数を代表する者について、第六条の二第三項及び第四項の規定は前条第二項及び第三項の使用者について、第十二条及び第十二条の二第一項の規定は前条第二項及び第三項による定めについて、第十二条の二の二第一項の規定は前条第二項の協定について、第十二条の六の規定は前条第二項の使用者について準用する。

②　使用者は、様式第三号の二により、前条第二項の協定を所轄労働基準監督署長に届け出るものとする。

（列車等の乗務員の予備勤務者の労働時間）

則第二十六条　使用者は、法別表第一第四号に掲げる事業において列車、気動車又は電車に乗務する労働者で予備の勤務に就くものについては、一箇月以内の一定の期間を平均し一週間当たりの労働時間が四十時間を超えない限りにおいて、法第三十二条の二第一項の規定にかかわらず、一週間について四十時間、一日について八時間を超えて労働させることができる。

（休憩時間の適用除外）

則第三十一条　法別表第一第四号、第八号、第九号、第十号、第十一号、第十三号及び第十四号に掲げる事業並びに官公署の事業（同表に掲げる事業を除く。）については、法第三十四条第二項の規定は、適用しない。

（乗務員等の休憩時間）

則第三十二条　使用者は、法別表第一第四号に掲げる事業又は郵便若しくは信書便の事業に使用される労働者のうち列車、気動車、電車、自動車、船舶又は航空機に乗務する機関手、運転手、操縦士、車掌、列車掛、荷扱手、列車手、給仕、暖冷房乗務員及び電源乗務員（以下単に「乗務員」という。）で長距離にわたり継続して乗務するもの並びに同表第十一号に掲げる事業に使用される労働者で屋内勤務者三十人未満の日本郵便株式会社の営業所（簡易郵便局法（昭和二十四年法律第二百十三号）第二条に規定する郵便窓口業務を行うものに限る。）において郵便の業務に従事するものについては、法第三十四条の規定にかかわらず、休憩時間を与えないことができる。

②　使用者は、乗務員で前項の規定に該当しないものについては、その者の従事する業務の性質上、休憩時間を与えること

ができないと認められる場合において、その勤務中における停車時間、折返しによる待合せ時間その他の時間の合計が法第三十四条第一項に規定する休憩時間に相当するときは、同条の規定にかかわらず、休憩時間を与えないことができる。

（休憩時間の自由利用の適用除外）

則第三十三条　法第三十四条第三項の規定は、左の各号の一に該当する労働者については適用しない。

一　警察官、消防吏員、常勤の消防団員、准救急隊員及び児童自立支援施設に勤務する職員で児童と起居をともにする者

二　乳児院、児童養護施設及び障害児入所施設に勤務する職員で児童と起居をともにする者

三　児童福祉法（昭和二十二年法律第百六十四号）第六条の三第十一項に規定する居宅訪問型保育事業に使用される労働者のうち、家庭的保育者（同条第九項第一号に規定する家庭的保育者をいう。以下この号において同じ。）として保育を行う者（同一の居宅において、一の児童に対して複数の家庭的保育者が同時に保育を行う場合を除く。）

②　前項第二号に掲げる労働者を使用する使用者は、その員数、収容する児童数及び勤務の態様について、様式第十三号の五によつて、予め所轄労働基準監督署長の許可を受けなければならない。

▼**参照条文**　〔労働時間についての別段の定め―則二五の二・二六〕、〔休憩についての別段の定め―則三一～三三〕、〔罰則―一一九〕

解釈例規

【労働時間の特例に係る規定の整備】

一　規模十人未満の商業、サービス業等の特例関係

(1)　一箇月単位の変形労働時間制等の導入

労使協定の締結によっても一箇月単位の変形労働時間制を導入できることとした法第三十二条の二との均衡などから、規模十人未満の商業、サービス業等（以下「小規模商業等」という。）に係る特例事業場に関しても、一箇月単位の変形労働時間制の導入要件に、労使協定（以下第十において「特例変形に係る協定」という。）の締結及び労働時間の短縮の促進に関する臨時措置法（平成四年法律第九十号。以下「時短促進法」という。）第七条の委員会による決議（以下「特例変形に係る決議」という。）を加えることとしたものであること。

(2)　特例変形に係る協定に係る規定の整備

イ　労働時間、休日の周知

使用者は、就業規則等（就業規則その他これに準ずるもの、特例変形に係る協定及び小規模商業等に係る特例事業場においてフレックスタイム制により労働者を労働させる場合（則第二十五条の二第三項）の書面による協定（以下「特例フレックスに係る協定」という。）をいう。）により一箇月単位の変形労働時間制又はフレックスタイム制をとることを定めた場合には、これを労働者に周知させるものとすることとしたものであること。

ロ　起算日

使用者は、一箇月単位の変形労働時間制及びフレックスタイム制により労働者を労働させる場合には、就業規則その他これに準ずるもの、特例変形に係る協定（特例変形に係る決議を含む。以下ハにおいて同じ。）又は特例フレックスに係る協定において、則第二十五条の二第二項又は第三項において規定する期間の起算日を明らかにすることとしたものであること。

ハ　有効期間

特例変形に係る協定には、有効期間の定めをするものとすることとしたものであること。

ニ　育児を行う者等に対する配慮

使用者は、一箇月単位の変形労働時間制により労働者を労働させる場合には、育児を行う者、老人等の介護を行う者、職業訓練又は教育を受ける者その他特別の配慮を要する者については、これらの者が育児等に必要な時間が確保できるような配慮をしなければならないこととしたものであること。

ホ　協定等の届出

使用者は、様式第三号の二により、一箇月単位の変形労働時間制に係る協定を所轄労働基準監督署長に届け出るものとすることとしたものであること。

二　中等教育学校の教育職員に対する特例等に係る規定の整備

(1)　趣旨

学校教育法等の一部を改正する法律（平成十年法律第百一号）により、中学校及び高等学校の教育課程を一貫して行う中等教育学校が、平成十一年四月から新たに設けられることとなった。同学校の課程は、中学校及び高等学校の課程に準ずるため、その教育職員の勤務時間も中学校及び高等学校の教育職員と同じものとなる。

このため、中等教育学校の教育職員について、教育職員の労働時間の特例に追加することとしたものであること。

(2)　中等教育学校の教育職員に関する特例の追加

中等教育学校の教育職員について、法第三十二条の規定にかかわらず、一週間について四十四時間、一日について八時間まで労働させることができることとしたとともに、一箇月単位の変形労働時間制を適用することとしたものであること。

(3)　一箇月単位の変形労働時間制の導入要件の改正等

労使協定の締結によっても一箇月単位の変形労働時間制を導入できることとした法第三十二条の二との均衡などから、教育職員に関しても、特例変形に係る協定の締結及び特例変形に係る決議を制度の導入要件に加えることとしたほか、当該協定の届出規定の整備等所要の規定の整備を行ったものであること。

(4)　協定の届出

使用者は、様式第三号の二により、特例変形に係る協定を所轄労働基準監督署長に届け出るものとすることとしたものであること。

（平一一・一・二九　基発四五号）

❶商業・サービス業関係

【十人未満の商業・サービス業の特例】

使用者は、労働基準法別表第一第八号、第十号（映画の製作の事業を除く。）、第十三号及び第十四号の事業のうち常時十人未満の労働者を使用するものについては、平成十三年四月一日より、一週間について四十四時間、一日について八時間まで労働させることができるものとしたものであること。

また、当該特例の下に、一箇月単位の変形労働時間制及びフレックスタイム制を採用することはできるが、一年単位の変形労働時間制及び一週間単位の非定型的変形労働時間制を採用する場合には、当該特例の適用はないものであること。

（平一二・三・三一　基発一七〇号）

❷運輸交通業関係

【列車等の乗務員の予備勤務者の労働時間】

(一)　趣旨及び改正の内容

列車、気動車又は電車に乗務する労働者で予備の勤務に就くものについては、使用者は、現在、一箇月以内の一定の期間を平均し一週間当たりの労働時間が四十四時間を超えない限りにおいて一週間について四十四時間を超えて労働させることができることとされているが、平成九年四月一日からの週四十時間労働制の全面的な実施に伴い法第八条第四号の事業についても週四十時間労働制に移行することとなることから、現行の四十四時間を四十時間に改めるものであること。

（平九・二・一四　基発九三号）

【施行規則第二十六条の趣旨】

(一)　本条で「予備の勤務に就くもの」とは、列車、気動車又は電車の乗務員のうち交番表によつて正規の業務に就く者以外の者で、いわゆる出勤予備又は自宅予備として一定期間待機の状態にあつて、乗務員の不時の欠勤、臨時列車の運転等に際して随時乗務する者をいうこと。

(二)　本条は、機関手、運転手、車掌等すべての乗務員について、右の予備勤務制がとられている限り、それら予備の勤務に就く乗務員について適用されるものであること。

（昭二九・六・二九　基発三五五号）

❸休憩時間の例外的取扱い

【施行規則第三十二条の趣旨】

(一)　第一項にいう「長距離にわたり継続して乗務する」とは、運行の所要時間が六時間を超える区間について連続して乗務して勤務する場合をいうものであること。

(二)　第二項にいう「乗務の性質上、休憩時間を与えることができないと認められる場合」については、客観的な判断によつてこれを判定すべきであり、単に使用者の主観的判断による場合はこれに該当しないものであること。

(三)　「機関手」、「運転手」等は、それぞれ機関士、運転士のほか機関助士、運転助士等を含むものであること。

（昭二九・六・二九　基発三五五号）

【列車掛】　労働基準法施行規則第三十二条第一項の「列車掛」とは、貨物列車に乗務し、主として車輛の軸箱、バネ装置、連結器、積荷等の状態の検査その他の乗務検査に関する業務、車輛の換算輛数の確認、貨車解結通知書の受領、機関士との連絡、出発及び途中の監視、列車防護その他の列車の運転に関する業務並びに貨車入換時の入換通告券の受領、入換合図及び確認、機関士との連絡その他の列車入換の業務を行なうことを職務とする列車乗務員をいうこと。

なお、従来、これらの業務は、乗務検査業務の主要検査項目については、途中駅の検修掛が地上検査として行ない、それ以外の業務は車掌が行なつていたものであるが、この検査を乗務検査方式とし、従来車掌が行なつていた業務とをあわせて行なう新職種として「列車掛」が新設されたものであること。

（昭四四・一一・二六　基発七八九号）

【電源乗務員】　労働基準法施行規則第三十二条第一項の「電源乗務員」とは、列車編成中の電源車（ディーゼル発電機を装備した車両）に乗務し、主として、ディーゼル機関及び発電機の始動、停止及び調整、点検、監視等の保守を行い、これに付随して、編成車両の電気装置等、暖冷房装置等の保守を行うことを職務とする列車乗務員をいう。

（昭三三・一〇・二四　基発六六五号）

【郵便の業務に従事する者】　「郵便の業務に従事する者」とは、郵便の業務のみに従事する者をいうが、当該労働者が一勤務中に、社会通念上僅少と認められる範囲において他の業務を担当する場合をも排除するものではない。

（昭六三・三・一四　基発一五〇号、平一九・一〇・一　基発一〇〇一〇八号）

【児童と起居をともにする者】　規則第三十三条の「児童と起居をともにする者」とは、交替制あるいは通勤の者を含まない趣旨であつて、保母、看護婦等で四六時中児童と生活をともにする者をいうこと。

（昭二七・九・二〇　基発六七五号）

【適用除外の対象（保育者）】

本件改正〈編注　平二七省令七三号〉により、労基法第三十四条第三項の規定が適用除外となるのは、児童福祉法第六条の三第十一項に規定する居宅事業として実施される保育において、実際に児童の居宅において保育に従事する保育者に限られるものであること。

また、児童福祉法第六条の三第十一項において、居宅事業において保育を提供する保育者は、同法第六条の三第九項に規定する家庭的保育者でなければならないこととされており、本件改正により労基法第三十四条第三項の規定の適用除外の対象も、当該家庭的保育者に限られるものであること。

さらに、本件改正により労基法第三十四条第三項の規定が適用除外となる家庭的保育者については、あらかじめ所轄労働基準監督署長の許可を受ける必要はないものであること。

（平二七・三・三一　基監発〇三三一第二号）

（労働時間等に関する規定の適用除外）
第四十一条　この章、第六章及び第六章の二で定める労働時間、休憩及び休日に関する規定は、次の各号の一に該当する労働者については適用しない。
一　別表第一第六号（林業を除く。）又は第七号に掲げる事業に従事する者
二　事業の種類にかかわらず監督若しくは管理の地位にある者又は機密の事務を取り扱う者
三　監視又は断続的労働に従事する者で、使用者が行政官庁の許可を受けたもの

（宿日直勤務）
則第二十三条　使用者は、宿直又は日直の勤務で断続的な業務について、様式第十号によつて、所轄労働基準監督署長の許可を受けた場合は、これに従事する労働者を、法第三十二条の規定にかかわらず、使用することができる。

（適用除外の許可）
則第三十四条　法第四十一条第三号の規定による許可は、従事する労働の態様及び員数について、様式第十四号によつて、所轄労働基準監督署長より、これを受けなければならない。

▼**参照条文**　〔行政官庁の許可―則三四〕、〔日直宿直の許可―則二三〕

解釈例規

❶本条の意義

【林業の労働時間】　今回の改正により、労働基準法別表第一第六号のうち林業については労働時間、休憩、休日の規定が適用となること。
（平六・一・四　基発一号、平一一・三・三一　基発一六八号）

【深夜労働に関する規定との関係】　本条は第四章、第六章及び第六章の二で定める労働時間、休憩及び休日の規定を適用除外としているものであり、深夜業の関係規定（第三十七条の関係部分及び第六十一条の規定）は適用が排除されるものではない。

したがつて、本条により労働時間等の適用除外を受ける者であつても、第三十七条

に定める時間帯に労働させる場合は、深夜業の割増賃金を支払わなければならない。ただし、労働協約、就業規則その他によつて深夜業の割増賃金を含めて所定賃金が定められていることが明らかな場合には別に深夜業の割増賃金を支払う必要はない。

（昭六三・三・一四　基発一五〇号、平一一・三・三一　基発一六八号）

【法第四十一条該当者の有給休暇】

問 法第四十一条該当者に法第三十九条の適用があるか。

答 法第四十一条該当者にも法第三十九条の適用がある。（昭二二・一一・二六　基発三八九号）

❷監督又は管理の地位にある者の範囲

【監督又は管理の地位にある者の範囲】

法第四十一条第二号に定める「監督若しくは管理の地位にある者」とは、一般的には、部長、工場長等労働条件の決定その他労務管理について経営者と一体的な立場にある者の意であり、名称にとらわれず、実態に即して判断すべきものである。具体的な判断にあたつては、下記の考え方によられたい。

記

(1) 原則

法に規定する労働時間、休憩、休日等の労働条件は、最低基準を定めたものであるから、この規制の枠を超えて労働させる場合には、法所定の割増賃金を支払うべきことは、すべての労働者に共通する基本原則であり、企業が人事管理上あるいは営業政策上の必要等から任命する職制上の役付者であればすべてが管理監督者として例外的取扱いが認められるものではないこと。

(2) 適用除外の趣旨

これらの職制上の役付者のうち、労働時間、休憩、休日等に関する規制の枠を超えて活動することが要請されざるを得ない、重要な職務と責任を有し、現実の勤務態様も、労働時間等の規制になじまないような立場にある者に限つて管理監督者として法第四十一条による適用の除外が認められる趣旨であること。従つて、その範囲はその限りに、限定しなければならないものであること。

(3) 実態に基づく判断

一般に、企業においては、職務の内容と権限等に応じた地位（以下「職位」という。）と、経験、能力等に基づく格付（以下「資格」という。）とによつて人事管理が行われている場合があるが、管理監督者の範囲を決めるに当たつては、かかる資格及び職位の名称にとらわれることなく、職務内容、責任と権限、勤務態様に着目する必要があること。

(4) 待遇に対する留意

管理監督者であるかの判定に当たつては、上記のほか、賃金等の待遇面についても無視し得ないものであること。この場合、定期給与である基本給、役付手当等において、その地位にふさわしい待遇がなされているか否か、ボーナス等の一時金の支給率、その算定基礎賃金等についても役付者以外の一般労働者に比し優遇措置が講じられているか否か等について留意する必要があること。なお、一般労働者に比べ優遇措置が講じられているからといつて、実態のない役付者が管理監督者に含まれるものではないこと。

(5) スタッフ職の取扱い

法制定当時には、あまり見られなかつたいわゆるスタッフ職が、本社の企画、調査等の部門に多く配置されており、これらスタッフの企業内における処遇の程度によつては、管理監督者と同様に取扱い、法の規制外においても、これらの者の地位からして特に労働者の保護に欠けるおそれがないと考えられ、かつ、法が監督者のほかに、管理者も含めていることに着目して、一定の範囲の者については、同法第四十一条第二号該当者に含めて取扱うことが妥当であると考えられること。

（昭二二・九・一三　発基一七号、昭六三・三・一四　基発一五〇号）

【安全管理者、衛生管理者】

問　労働安全衛生法に定める安全管理者、衛生管理者等は労働管理の権利と義務を有し、かつ使用者系統に属するものであるので、当然本号に該当するものと解するが如何。

答　安全管理者及び衛生管理者が法第四十一条第二号にいう「監督若しくは管理の地位にある者」に該当するか否かは、個々の当該管理者の労働の態様により判定されるべきものである。

（昭二三・一二・三　基収三二七一号）

【国営企業の場合】

問　国営企業職員のうち、「組合を結成し又はこれに加入することが出来ないもの」として告示されているものの時間外労働及び休日労働について疑義があるので左の諸点について回答願いたい。

記

一、国営企業職員の場合、労働基準法第四十一条第二号に定めるものは、国営企業労働関係法（昭和二十三年法律第二百五十七号）第四条第二項に基づく告示で示されたものと同一であるか否か。

二、国営企業と労働組合との間に労働基準法第三十六条第一項に基づく協定を締結していない場合、使用者は、前記告示に示されるものには無条件に時間外労働又は休日労働を命ずることが出来るか否か。

答　一、労働基準法第四十一条第二号に該当する者と国営企業労働関係法第四条第二項に基づく告示に示される者とは必ずしも同一ではなく、労働基準法第四十一条第二号に該当する者の範囲については、個々の労働者の職務内容により実体的に判断すべきものである。

二、前記一によつて判定すべきである。

（昭二九・一一・二四　基収五七三二号、昭六三・三・一四　基発一五〇号、平一一・三・三一　基発一六八号）

【都市銀行等の場合】　都市銀行等（都市銀行十三行、長期信用銀行三行、信託銀行七行）における管理監督者（労働基準法第四十一条第二号の「監督又は管理の地位にある者」をいう。）の範囲については、昨年四月に実態調査を行つた結果、別紙により都市銀行等を指導することとしたので、了知されたい。

労基法上の管理監督者の範囲

一　取締役等役員を兼務する者

二　支店長、事務所長等事業場の長

三　本部の部長等で経営者に直属する組織の長

四　本部の課又はこれに準ずる組織の長

五　大規模の支店又は事務所の部、課等の組織の長で一～四の者と銀行内において同格以上に位置づけられている者

六　一～四と銀行内において同格以上に位置づけられている者であつて、一～三の者及び五のうち一～三の者と同格以上の位置づけをされている者を補佐し、かつその職務の全部若しくは相当部分を代行若しくは代決する権限を有するもの（次長、副部長等）

七　一～四と銀行内において同格以上に位置づけられている者であつて、経営上の重要事項に関する企画立案等の業務を担当するもの（スタッフ）

（注）　(1)　四の本部の課は、部長―次長―課長という一般的な組織における課をいい、課という名称が用いられていてもこの基準の適用にあたつて適切でない場合には、実態に即して判定するものとする。

(2)　課制をとつていない場合等、この基準の適用する職位がないときは、各職位の権限、責任、資格等により判定するものとする。

（昭五二・二・二八　基発一〇四号の二）

【都市銀行等以外の金融機関の場合】　金融機関においては、かねてより労働基準法（以下「法」という。）第四十一条第二号に規

定する「監督若しくは管理の地位にある者」（以下「管理監督者」という。）の範囲に関する問題の提起があつたところであるが、このたび都市銀行、信託銀行及び長期信用銀行（以下「都市銀行等」という。）におけるこれが取扱い範囲について結論を得たので、これに併せて都市銀行等以外の金融機関における管理監督者の範囲についても、下記要領により取扱うこととしたので了知されたい。

記

金融機関における資格、職位の名称は企業によつてさまざまであるが、取締役、理事等役員を兼務する者のほか、おおむね、次に掲げる職位にある者は、一般的には管理監督者の範囲に含めて差し支えないものと考えられること。

(1) 出先機関を統轄する中央機構（以下「本部」という。）の組織の長については次に掲げる者

① 経営者に直属する部等の組織の長（部長等）

② 相当数の出先機関を統轄するため権限分配を必要として設けられた課又はこれに準ずる組織の長（課長等）

③ ①～②と同格以上に位置づけられている者であつて、①の者を補佐して、通常当該組織の業務を総括し、かつ、①の者が事故ある場合には、その職務の全部又は相当部分を代行又は代決する権限を有する者（副部長、部次長等）

従つて、②の者の下位に属する、例えば副課長、課長補佐、課長代理等の職位は除外されるものであること。

(2) 支店、事務所等出先機関における組織の長については、次に掲げる者

④ 支店、事務所等出先機関の長（支店長、事務所長等）

ただし、法の適用単位と認められないような小規模出先機関の長は除外される。

⑤ 大規模の支店又は事務所における部、課等の組織の長で、上記①②④の者と企業内において同格以上に位置づけられている者（本店営業部又は母店等における部長、課長等）

従つて、④の者を補佐する者で⑤以外の者（次長、支店長代理等）は原則として除外されるものであること。ただし④の者に直属し、下位にある役付者（支店長代理、⑤に該当しない支店課長等）を指揮監督して、通常支店等の業務を総括し、かつ、その者が事故ある場合にはその職務の全部又は相当部分を代行又は代決する権限を有する者であつて、①②④と同格以上に位置づけられているものは含めることができること（副支店長、支店次長等）

(3) ①～④と企業内において同格以上に位置づけられている者であつて、経営上の重要な事項に関する企画、立案、調査等の業務を担当する者（いわゆるスタッフ職）

注(1) ②の本部の課長等は、権限分配された職務を実質的に所掌する者であつて、その地位にふさわしい処遇をうけているものでなければならない。従つて、単なる人事処遇上の実質を伴わない課長等は除外するものである。

(2) 支店次長等支店長の直近下位の職制管理者については、その職位にあるからといつて、支店長等の職務の全部又は相当部分を代行又は代決する権限を有するものとして取扱うものではなく、その代行、代決の権限が明らかなものに限られる。従つて、本来なら次長制を必要としないような規模の支店等に名目上の次長を置いたり、形式的に複数の次長を置く等、実質を伴わない補佐役は含まれないものである。

（昭五二・二・二八　基発一〇五号）

【多店舗展開する小売業、飲食業等の店舗における管理監督者の範囲の適正化について】　小売業、飲食業等において、いわゆるチェーン店の形態により相当数の店舗を展開して事業活動を行う企業における比較

的小規模の店舗においては、店長等の少数の正社員と多数のアルバイト・パート等により運営されている実態がみられるが、この店舗の店長等については、十分な権限、相応の待遇等が与えられていないにもかかわらず労働基準法（昭和二十二年法律第四十九号）第四十一条第二号に規定する「監督若しくは管理の地位にある者」（以下「管理監督者」という。）として取り扱われるなど不適切な事案もみられるところである。

店舗の店長等が管理監督者に該当するか否かについては、昭和二十二年九月十三日付け発基第一七号、昭和六十三年三月十四日付け基発第一五〇号に基づき、労働条件の決定その他労務管理について経営者と一体的な立場にある者であって、労働時間、休憩及び休日に関する規制の枠を超えて活動することが要請されざるを得ない重要な職務と責任を有し、現実の勤務態様も、労働時間等の規制になじまないような立場にあるかを、職務内容、責任と権限、勤務態様及び賃金等の待遇を踏まえ、総合的に判断することとなるが、今般、店舗の店長等の管理監督者性の判断に当たっての特徴的な要素について、店舗における実態を踏まえ、最近の裁判例も参考として、下記のとおり整理したところである。ついては、これらの要素も踏まえて判断することにより、店舗における管理監督者の範囲の適正化を図られたい。

なお、下記に整理した内容は、いずれも管理監督者性を否定する要素に係るものであるが、これらの否定要素が認められない場合であっても、直ちに管理監督者性が肯定されることになるものではないことに留意されたい。

記

1　「職務内容、責任と権限」についての判断要素

店舗に所属する労働者に係る採用、解雇、人事考課及び労働時間の管理は、店舗における労務管理に関する重要な職務であることから、これらの「職務内容、責任と権限」については、次のように判断されるものであること。

(1)　採用

店舗に所属するアルバイト・パート等の採用（人選のみを行う場合も含む。）に関する責任と権限が実質的にない場合には、管理監督者性を否定する重要な要素となる。

(2)　解雇

店舗に所属するアルバイト・パート等の解雇に関する事項が職務内容に含まれておらず、実質的にもこれに関与しない場合には、管理監督者性を否定する重要な要素となる。

(3)　人事考課

人事考課（昇給、昇格、賞与等を決定するため労働者の業務遂行能力、業務成績等を評価することをいう。以下同じ。）の制度がある企業において、その対象となっている部下の人事考課に関する事項が職務内容に含まれておらず、実質的にもこれに関与しない場合には、管理監督者性を否定する重要な要素となる。

(4)　労働時間の管理

店舗における勤務割表の作成又は所定時間外労働の命令を行う責任と権限が実質的にない場合には、管理監督者性を否定する重要な要素となる。

2　「勤務態様」についての判断要素

管理監督者は「現実の勤務態様も、労働時間の規制になじまないような立場にある者」であることから、「勤務態様」については、遅刻、早退等に関する取扱い、労働時間に関する裁量及び部下の勤務態様との相違により、次のように判断されるものであること。

(1)　遅刻、早退等に関する取扱い

遅刻、早退等により減給の制裁、人事考課での負の評価など不利益な取扱いがされる場合には、管理監督者性を否定する重要な要素となる。

ただし、管理監督者であっても過重労働による健康障害防止や深夜業に対

する割増賃金の支払の観点から労働時間の把握や管理が行われることから、これらの観点から労働時間の把握や管理を受けている場合については管理監督者性を否定する要素とはならない。

(2) 労働時間に関する裁量

営業時間中は店舗に常駐しなければならない、あるいはアルバイト・パート等の人員が不足する場合にそれらの者の業務に自ら従事しなければならないなどにより長時間労働を余儀なくされている場合のように、実際には労働時間に関する裁量がほとんどないと認められる場合には、管理監督者性を否定する補強要素となる。

(3) 部下の勤務態様との相違

管理監督者としての職務も行うが、会社から配布されたマニュアルに従った業務に従事しているなど労働時間の規制を受ける部下と同様の勤務態様が労働時間の大半を占めている場合には、管理監督者性を否定する補強要素となる。

3 「賃金等の待遇」についての判断要素

管理監督者の判断に当たっては「一般労働者に比し優遇措置が講じられている」などの賃金等の待遇面に留意すべきものであるが、「賃金等の待遇」については、基本給、役職手当等の優遇措置、支払われた賃金の総額及び時間単価により、次のように判断されるものであること。

(1) 基本給、役職手当等の優遇措置

基本給、役職手当等の優遇措置が、実際の労働時間数を勘案した場合に、割増賃金の規定が適用除外となることを考慮すると十分でなく、当該労働者の保護に欠けるおそれがあると認められるときは、管理監督者性を否定する補強要素となる。

(2) 支払われた賃金の総額

一年間に支払われた賃金の総額が、勤続年数、業績、専門職種等の特別の事情がないにもかかわらず、他店舗を含めた当該企業の一般労働者の賃金総額と同程度以下である場合には、管理監督者性を否定する補強要素となる。

(3) 時間単価

実態として長時間労働を余儀なくされた結果、時間単価に換算した賃金額において、店舗に所属するアルバイト・パート等の賃金額に満たない場合には、管理監督者性を否定する重要な要素となる。

特に、当該時間単価に換算した賃金額が最低賃金額に満たない場合は、管理監督者性を否定する極めて重要な要素となる。

（平二〇・九・九　基発〇九〇九〇〇一号）

【多店舗展開する小売業、飲食業等の店舗における管理監督者の範囲の適正化を図るための周知等に当たって留意すべき事項について】　標記については、平成二十年九月九日付け基発第〇九〇九〇〇一号「多店舗展開する小売業、飲食業等の店舗における管理監督者の範囲の適正化について」（以下「通達」という。）等により当該店舗における労働基準法（昭和二十二年法律第四十九号）第四十一条第二号に規定する「監督若しくは管理の地位にあるもの」（以下「管理監督者」という。）の範囲の適正化を図るよう指示されたところである。

通達については、一部に、管理監督者の範囲について誤解を生じさせかねないとの意見があることを踏まえ、管理監督者の範囲の適正化を図るための周知及び監督指導等に当たっては、以下の点について十分留意の上懇切丁寧な説明を行い、通達の趣旨・内容が正確に理解されるよう配意されたい。

① 通達は、店舗の店長等について、十分な権限、相応の待遇等が与えられていないにもかかわらず管理監督者として取り扱われるなど不適切な事案もみられることから、その範囲の適正化を図ることを目的として発出したものであること。

② 通達は、昭和二十二年九月十三日付け発基第一七号・昭和六十三年三月十四日付け基発第一五〇号（以下「基本通達」という。）で示された管理監督者についての基本的な判断基準の枠内で、店舗における特徴的な管理監督者の判断要素を整理したものであるので、基本的な判断基準を変更したり、緩めたりしたものではないこと。

③ 通達で示した判断要素は、監督指導において把握した管理監督者の範囲を逸脱した事例を基に管理監督者性を否定する要素を整理したものであり、これらに一つでも該当する場合には、管理監督者に該当しない可能性が大きいと考えられるものであること。

④ 通達においては、これらに該当すれば管理監督者性が否定される要素を具体的に示したものであり、これらに該当しない場合には管理監督者性が認められるという反対解釈が許されるものではないこと。これらに該当しない場合には、基本通達において示された「職務内容、責任と権限」、「勤務態様」及び「賃金等の待遇」の実態を踏まえ、労務管理について経営者と一体的な立場にあるか否かを慎重に判断すべきものであること。

なお、別添のとおり「「多店舗展開する小売業、飲食業等の店舗における管理監督者の範囲の適正化について」に関するQ&A」を取りまとめたので、説明等に当たって参考とされたい。

別添

「多店舗展開する小売業、飲食業等の店舗における管理監督者の範囲の適正化について（平成二十年九月九日付け基発第〇九〇九〇〇一号）」に関するQ&A

問　1　今回の通達を発出した理由は何ですか。

答　今回の通達は、「名ばかり管理職」として、多店舗展開企業における小規模な店舗の店長等について、十分な権限、相応の待遇が与えられていないにもかかわらず、労働基準法上の管理監督者であるとして、長時間労働を行わせるなど不適切な事案がみられることから、こうした事態に対処し、管理監督者の範囲の適正化を図る目的で出したものです。

問　2　今回の通達で示された判断要素は、管理監督者に係る「基本的な判断基準（昭和二十二年発基一七号・昭和六十三年基発一五〇号。以下同じ。）」を緩めているのではないですか。

答　今回の通達では、「基本的な判断基準」において示された職務内容、責任と権限、勤務態様及び賃金等の待遇に関する基準の枠内において、また、いわゆるチェーン展開する店舗等における店長等の実態を踏まえ、最近の裁判例も参考にして、特徴的に認められる管理監督者性を否定する要素を整理したものです。

したがって、「基本的な判断基準」を変更したり、緩めたりしたものではなく、逸脱事例を具体的に示すことで、「基本的な判断基準」が適正に運用されるようにするものです。

問　3　今回の通達で示された否定要素に当てはまらない場合は、管理監督者であると判断されるのですか。

答　今回の通達で示された否定要素は、監督指導において把握した管理監督者の範囲を逸脱した事例を基に整理したものであり、すべて管理監督者性を否定する要素です。したがって、これに一つでも該当する場合には、管理監督者に該当しない可能性が大きいと考えられます。

一方、こうした否定要素の性格からは、「これに該当しない場合は管理監督者性が肯定される」という反対解釈が許されるものではありません。仮に、今回の通達で示された否定要素に当てはまらない場合であっても、実態に照らし、「基本的な判断基準」に従って総合的に管理監督者性を判断し、その結果、管理監督者性が否定されることが当然あり得るものです。

問　4　「重要な要素」と「補強要素」を

区分けして示した理由は何ですか。

答　今回の通達で示した要素は、いずれも重視すべき要素ですが、その中でも「重要な要素」は、監督指導において把握した実態を踏まえ、これらの事項すら満たされていないのであれば、管理監督者性が否定される可能性が特に大きいと考えられる逸脱事例を強調して示したものです。

問　5　今回の通達で「職務内容、責任と権限」について挙げられている要素だけでは、労務管理について経営者と一体的な立場にある重要な職務と権限を有するとは言い難いのではないですか。

答　「基本的な判断基準」において、管理監督者は「労務管理について経営者と一体的な立場にある者の意」であるとされ、その範囲として、「労働時間等に関する規制の枠を超えて活動することが要請されざるを得ない重要な職務と責任を有し」ていることとされています。

今回の通達は、「基本的な判断基準」を前提として、その枠内で、監督指導において把握した実態を踏まえ、裁判例も参考にして、管理監督者性を否定する特徴的な判断要素を示したものであって、これに該当すれば、労務管理について経営者と一体的な立場にある重要な職務と権限を有するものとして管理監督者性が肯定される、という要素を示したものではありません。

問　6　店長であればパートタイマー等の採用権限があるのは当たり前であって、判断要素にならないのではないですか。

答　監督指導において把握した実態においては、店長であってもパートタイマー等の採用権限がないケースが認められたところです。

また、今回の通達の対象は、店舗の店長だけではなく、その部下であって管理監督者として取り扱われている者も対象としていますが、このような者については、パートタイマー等の採用権限がない者が多い実態にあるので、判断要素として有効に機能するものと考えています。

なお、店舗における管理監督者の判断に当たっては、裁判例においてもパートタイマー等の採用権限の有無について判断しています。

問　7　今回の判断要素の中で、「時間単価に換算した賃金額が最低賃金額に満たない場合」などのあまりに低い水準を示したにすぎない判断要素は、これによって管理監督者性が否定されるものはまれであるばかりか、結果として管理監督者の範囲を広げることになるではないですか。

答　今回の判断要素は、監督指導で把握した管理監督者の逸脱事例を踏まえ示したものであり、ご質問のような「基本的な判断基準」からの逸脱が特に著しく、問題であると考えられる実態も認められたため、否定要素として挙げたものです。

もちろん、実際の労働時間数に応じて時間単価に換算した賃金額が最低賃金額を上回ったとしても、管理監督者性が肯定されることにはならないのは当然のことです。（問3参照）

むしろ、「基本的な判断基準」において、管理監督者は賃金等についてその地位にふさわしい待遇がなされていること、とされており、最低賃金額に近い賃金水準である場合などには、当然これを満たさないこととなります。

問　8　「賃金等の待遇」についての「アルバイト・パートの賃金額」「時間単価換算した場合の最低賃金額」などの要素は当然のことを言っているに過ぎず、むしろ補強要素として示されている「基本給、役職手当等の優遇措置」や「支払われた賃金の総額」の要素こそ重視されるべきではないですか。

答　今回の通達で示した要素は、いずれも管理監督者性の判断に当たって重視すべき要素であり、補強要素としているものについても、重視されるべきことに変わりはありません。（問4参照）

時間単価に換算した賃金額を比較した判断要素は、仮に賃金について何らかの優遇措置が講じられているとしても、実態として長時間労働を余儀なくされている場合には、実際の労働時間数で賃金額を割り戻すと、優遇どころか、実質的にはアルバイト・パート等の賃金額や、さらには最低賃金額にも満たないようなケースもあり、このような場合には、管理監督者性が否定されて当然と考えられることから、重要な否定要素として、特に示したものです。

（平二〇・一〇・三　基監発一〇〇三〇〇一号）

❸機密の事務を取り扱う者

【機密の事務を取り扱う者】　機密の事務を取り扱う者とは、秘書その他職務が経営者又は監督もしくは管理の地位に在る者の活動と一体不可分であつて、厳格な労働時間管理になじまない者であること。

（昭二二・九・一三　発基一七号）

❹監視又は断続的労働

イ　一般的許可基準

【監視に従事する者】　監視に従事する者は、原則として、一定部署にあつて監視するのを本来の業務とし、常態として身体又は精神的緊張の少ないものについて許可すること。したがつて、次のようなものは許可しないこと。

イ　交通関係の監視、車両誘導を行う駐車場等の監視等精神的緊張の高い業務

ロ　プラント等における計器類を常態として監視する業務

ハ　危険又は有害な場所における業務

（昭二二・九・一三　発基一七号、昭六三・三・一四　基発一五〇号）

【断続的労働に従事する者】　断続的労働に従事する者とは、休憩時間は少ないが手待時間が多い者の意であり、その許可は概ね次の基準によつて取り扱うこと。

(一)　修繕係等通常は業務閑散であるが、事故発生に備えて待機するものは許可すること。

(二)　寄宿舎の賄人等については、その者の勤務時間を基礎として作業時間と手待時間折半の程度まで許可すること。ただし、実労働時間の合計が八時間を超えるときは許可すべき限りではない。

(三)　鉄道踏切番等については、一日交通量十往復程度まで許可すること。

(四)　その他特に危険な業務に従事する者については許可しないこと。

（昭二二・九・一三　発基一七号、昭二三・四・五　基発五三五号、昭六三・三・一四　基発一五〇号）

【断続労働と通常の労働とが混在・反覆する勤務】　法第四十一条第三号の許可を受けた者については、労働時間、休憩及び休日に関する規定がすべて除外されるのであるから、その勤務の全労働を一体としてとらえ、常態として断続的労働に従事する者を指すのである。したがつて、断続労働と通常の労働とが一日の中において混在し、又は日によつて反覆するような場合には、常態として断続的労働に従事する者には該当しないから、許可すべき限りでない。

（昭六三・三・一四　基発一五〇号）

【派遣中の労働者の場合】　派遣先の使用者は、労働基準法第四十一条第三号の許可を得て、当該許可に係る業務に派遣中の労働者を従事させる場合には、労働時間等の規定に基づく義務を負わない。なお、当該許可を既に受けている場合には、派遣中の労働者に関して別途に受ける必要はないこと。

（昭六一・六・六　基発三三三号）

ロ　具体的な許可事例

【坑内労働者の場合】　坑内労働者についての労働基準法第四十一条第三号の監視又は断続的労働の許可の取扱については、従来一般の監視又は断続的労働の許可の基準に準じて処理してきたが、坑内労働の特殊性を考慮し中央労働基準審議会の議を経て、当分の間次の基準によつて取扱うこととし

た。

　労働基準法別表第一第二号に該当する事業に使用される労働者でその主たる作業場所が坑内にある者についての法第四十一条第三号の許可は、次の基準の総てをみたす者についてのみ行うこと。

一、当該労働者の労働時間が坑口計算で十二時間以内のものであること。

二、次に掲げる職種に該当するもので、定められた場所で監視の業務に使用される者又は手待時間が通常における作業時間と折半するか又はこれ以上手待時間がある断続労働に従事する者であること。但し、以下に掲げる職名又はこれに類似する職種に従事する者であつても、監視断続に関する従来の許可基準に触れず、かつ、第一項乃至第三項の条件をすべて満すものでなければ許可しないこと。

(1)　監視の業務に従事する者と認められる余地のある者

(イ)　坑内門番、戸番、火薬番、見張番、守衛、道具番、坑内検身夫、配電盤監視人等の如く一定部署に在つて監視する業務に従事する者。

(ロ)　エンドレス監視、車道番、人道番、信号夫等の如く運搬の見張又は監視をする業務に従事する者。

(2)　断続的労働に従事する者と認められる余地のある者。

(イ)　捲手、人車車掌等の如く運搬機械の操作及びその注油、日常の手入等の業務に従事する者。

(ロ)　揚水ポンプ運転夫、圧縮機運転夫、扇風機運転夫等の如く一定部署にあつて機械の運転及びその注油、日常の手入等の業務に従事する者。但し、切羽の掘進と共に推進する機械を運転する者その他切羽の掘進と共に移動する者を除く。

三、作業場の環境条件が(1)温度、湿度、風速、(2)塵埃量、(3)照明、(4)騒音、(5)炭酸ガス及び酸素の含有量、(6)気積等からみて有害な場所で使用される者でないこと。

　なお、右の有害であるか否かの判定については、労働基準法施行規則第十八条、労働安全衛生規則並びに鉱山保安法及びこれに基く命令の基準に準拠して行うこと。

（昭三三・九・二八　基発八九〇号、平一一・三・三一　基発一六八号）

【製パン業の場合】

問　製パン業は、作業の性質上労働時間中に相当の手待時間を必要とするものであるから、労働基準法第四十一条第三号の断続労働に該当するものとして、労働時間、休憩及び休日に関する規定の適用除外の許可を与えて差し支えないか。

答　製パン業における労働基準法第四十一条の許可について申請がなされた場合においては、具体的に実情調査の上左記により許可するか否かを決せられたい。

　なお、右により断続的労働の許可をする場合においても、法第三十五条に定める休日を与え、かつ、一日の拘束時間は十二時間以内とするよう指導されたい。

記

　製パン業のうち菓子パンを製造するもの及び製パン作業の工程が分業化されていないものについては、断続的労働と認められる余地はないが、仕込、分割整形、焙焼等作業工程が分業化されている場合は、一定の醗酵時間を厳格に保持しなければならない関係上、通常の製造施設における仕込及び分割整形工程の作業は製品の焙焼時間の長さに比例して手待時間が生じ、焙焼工程の作業においては焙焼時間の長さに比例して監視乃至手待の時間が生ずるので、右のように作業工程が分業化されている場合であつて、次のいずれかに該当するものについては断続的労働と認められるものがある。

(1)　主として三斤食パンのような焙焼時間の長いものを製造している事業場で当該製造工程に従事する労働者。ただし、ファーシー法（醗酵の前後に混捏を行う製法）をとる事業場の仕込部門については、実働時間が長いので断続的労働と認められない場合が多い。

(2)　混捏機の容量が焙焼窯の容量に比して大に過ぎ、一回の仕込によつて二回乃至三回分の焙焼量を仕込むような事業場の仕込工程に従事する労働者。この場合は実働時間に比して手待時間が相当増加するので、必ずしも三斤食パンを主として製造するものでなくても断続的労働と認められる場合がある。

（昭二九・五・二　基収一九七六号）

【汽艇（引船）乗務員の場合】　汽艇（引船）乗務員の労働基準法第四十一条による断続的労働の許可基準については今後左記の基準により取り扱うこととされたい。なお、これが取り扱いにあたつては、次の事項に留意のうえ、遺憾なきを期せられたい。

㈠　新しい許可基準による申請については、許可し得るものに対しては、許可後三カ月毎の稼働実績が許可基準を下回る場合は、許可の取消し又は撤回をすること及び許可後最初の三カ月の稼働実績を報告させることの附款を付して許可すること。

㈡　運航時間及び拘束時間の記録については、労使の意見対立を未然に防ぐよう適切な指導を行うこと。

㈢　前記㈠の申請までに汽艇員に対する法第八十九条第一項第一号及び第二号に関する事項が明確に定められない限り、許可しないこととすること。

記

はしけ回漕事業に使用される汽艇（引船）乗務員の労働基準法第四十一条による断続的労働の許可は、原則として汽艇別に行うこととし、次の基準により取り扱う。

㈠　汽艇別の乗務員の拘束時間が一日平均十二時間以内のものであり、且つ、運航時間が一日平均五時間以内のものであること。

㈡　一カ月四日以上の休日を与えることを許可の附帯条件とすること。

㈢　許可基準としての運航時間の定義及び一日平均時間の算定方法は次によること。

(1)　運航時間とは、運航のため乗務員が配置についた時刻から運航を終え、けい船を完了した時刻までをいう。

即ち、運航を開始するため、始動準備に着手した時刻から本船舷側、積荷場、揚荷場、定けい場、その他のけい船場等に到着して機関を停止して、もやい綱をとり終つた時刻までをいう。

なお、本船舷側、積荷場、揚荷場、定けい場、その他のけい船場等において、機関を停止せずに次の作業のため、運航体制を整えている時間は運航時間とする。

(2)　拘束時間及び運航時間の一日平均時間数は、三カ月間のそれぞれの延時間数を暦日数（引船が運航体制をとらず終日休んだ日及び修理工場入りの日を除く。）で除したものによる。

（昭三四・九・一　基発五九九号）

【寮母、看護婦の場合】

問　左の者は断続的労働に従事するものとして取扱つてよいか。

従業員四百人、寄宿生百二十人程度の工場寄宿舎で寄宿生の世話、相談相手、出勤状態の調査、連絡、点灯、消灯などを業務とする寄宿舎世話係（寮母）で、拘束時間は十五、六時間におよび手待時間が折半程度の者および右と同様の事業の寄宿舎で、寄宿生が医師に罹るまでの簡単な処置をするに止まる看護婦（診療施設、工場医無し）で、看護の業に従事する時間は一日平均三時間程度で拘束時間が長い者。

答　質疑事例の如き寮母及び看護婦については、断続的労働に従事するものと解されるが、なお実態に即して判断されたい。

（昭二三・一一・二　基発一六三九号）

【タクシー運転手の場合】

問　タクシー運転手であつて実働時間が三時間から五時間程度であるものの取扱いについては断続的労働として認められるか。

答　タクシー運転は相当の精神的緊張を要

する業務であり、断続的労働として許可すべきものではない。

（昭二三・四・五　基収一三七二号）

【常備消防職員の場合】

問　左の如き常備消防職員は断続的労働に従事すると見られるか。

㈠　一班十五名を以て二組を構成し、その勤務は一昼夜交替で、睡眠は継続四時間を与え翌日は非番とする。

㈡　十五名のうち七名は監視楼に一時間交替で立哨し、他の八名のうち幹部は非常電話又は事務を取扱い、機関係は自動車又はホースの手入をなし出動に待機する。

㈢　火災時には非番のものも出動する。

㈣　実働時間は立哨、器具の手入、演習の一時間を総計して一勤務六時間程度（火災時は除く）で残余の十四時間は手待時間と休憩時間である。

㈤　現在の人員では週休制は不可能なので必要に応じ休暇をとつている。

答　常備消防職員については、断続的労働として許可する限りでない。

（昭二三・五・五　基収一五四〇号）

【役員専属自動車運転者の場合】

問　事業場等の高級職員専用自動車の運転手は勤務時間としては長時間に及ぶこともあるが、その半分以上は詰所において用務の生ずる迄全然仕事がなく待つている場合、これを断続的労働として取扱えないか。

答　設例の如き場合には断続的労働として取扱つて差支えない。

（昭二三・七・二〇　基収二四八三号）

【高圧線の保守等危険業務従事者の場合】

問　電気事業における送電線路不良碍子検出（活線並びに高所作業）、送電線不良碍子掃除及び細部点検（高所作業）等は手待時間の如何に拘らず、法第四十一条第三号の断続的な業務として適用をうけないものと解する向きが多いが、これに対して何分の御回答を煩わしたい。

答　外観上は断続的労働の如く見えるが、絶えず高度の精神的緊張を必要とし、労働時間、休憩、休日に関する規定の適用を排除することが適当でないため、法第四十一条第三号の業務に該当しないと解される。なお、労働安全衛生法令等にいう危険業務に従事することのみでは、直ちに法第四十一条第三号の業務に該当しないというものではない。

（昭二三・一一・二五　基収三九九八号）

【警備業者が行う警備業務に係る監視又は断続的労働の許可について】

1　基本的な考え方

警備業者（警備業法第二条第一項の警備業務を営む者をいう。以下同じ。）が、一般的企業等から委託を受けて行う警備業務には、種々の業務内容、態様等のものがあるが、これらの中には、その業務内容等によつては、労働基準法第四十一条第三号の監視又は断続的労働の許可の対象となり得るものも認められるところである。しかしながら、警備業者が行う警備業務は、警備業法の規制のもとに行われるものであり、一般に、当該警備業者には、委託契約上厳しい警備義務と賠償責任が課せられているものであることから、これら警備業者に雇用され警備業務を行う警備員（以下単に「警備員」という。）の労働は、身体の疲労ないし精神的緊張も少なくないと考えられる。

このため、警備員の労働が監視又は断続的労働に該当するか否かの判断、さらには同号の許可をすべきか否かの決定に当たつては、以上の点を考慮して次に示すところにより個々の実態に即して総合的かつ実質的に判断することとする。

2　警備業務に係る許可の取扱い

(1)　監視労働の態様の警備業務については、次のいずれにも該当するものにつき許可するものとすること。

イ　一定部署にあつて監視する業務であつて、かつ、常態として身体の疲労及び精神的緊張の少ないものであること。

したがつて、例えば、立哨により行うもの、必要に応じ出入者の身体や所持品の検査を行うもの、荷の点検の業務を伴うもの、駐車場等における業務で料金等の徴収の業務又は車両の誘導の業務を伴うもの、常態としてテレビモニター等警備業務用機械装置により監視するもの、異常事態に対する措置が特に高度の技術又は判断を必要とするもの等については、身体の疲労又は精神的緊張が少なくないものと考えられ、許可の対象となる業務には該当しないものであること。

ロ　勤務場所が危険でなく、また、その環境条件が温度、湿度、騒音、粉じん濃度等の諸点からみて有害でないこと。

ハ　一勤務の拘束時間（始業時刻から終業時刻までの時間をいう。以下同じ。）は、十二時間以内であること。

ニ　勤務と次の勤務との間に十時間以上の休息期間（勤務と次の勤務との間にあつて、直前の勤務の疲労の回復を図るとともに、睡眠時間を含む労働者の生活時間として労働者にとつて自由な時間をいう。以下同じ。）が確保されていること。

(2)　断続的労働の態様の警備業務については、次のいずれにも該当するものにつき許可するものとすること。

イ　いわゆる「宿日直業務の代行」として行われる業務であること。すなわち、原則として、常態としてほとんど労働する必要のない勤務で、定時的巡視、施錠及び開錠、緊急の文書又は電話の収受、不意の来訪者への対応、非常事態発生の対応等を業務内容とするものであること。

なお、この場合の巡視については、次のすべての要件を満たすものでなければならないこと。

(イ)　その労働態様は、精神的緊張の少ないものであること。

したがつて、例えば、コンビナート、空港、遊園地等警備対象が広大なもの、あるいはその構造上外部からの侵入を防止することが困難なもの、高価な物品が陳列、展示又は保管されている場所の警備等については許可の対象となる業務には該当しないものであること。

(ロ)　巡視する場所が危険でなく、また、その環境条件が温度、湿度、騒音、粉じん濃度等の諸点からみて有害なものでないこと。

(ハ)　巡視の回数は一勤務六回以下であり、かつ、巡視一回の所要時間は一時間以内であつて、その合計は四時間以内であること。

ロ　一勤務の拘束時間は十二時間以内（ただし、当該勤務中の夜間に継続四時間以上の睡眠時間が与えられる場合には、十六時間以内）であること。

ハ　勤務と次の勤務との間に十時間以上（ただし、当該勤務中の夜間に継続四時間以上の睡眠時間が与えられる場合には、八時間以上）の休息期間が確保されていること。

ニ　なお、業務の必要上いわゆる隔日勤務の形態をとる場合については、前記イの(ハ)、ロ及びハにかかわらず、次によることができるものであること。

(イ)　一勤務の拘束時間は二十四時間以内であり、夜間に継続四時間以上の睡眠時間が与えられること。

(ロ)　巡視の回数は一勤務につき十回以下であり、かつ、巡視一回の所要時間は一時間以内であつて、その合計は六時間以内であること。

(ハ)　勤務と次の勤務との間に二十時間以上の休息期間が確保されていること。

(3)　一勤務において、監視（又は断続的）労働の態様の警備業務に引き続き、断続的（又は監視）労働の態様の警備業務を行う場合については、次のいずれにも該当するものにつき許可するものとすること。

イ　監視労働の態様の業務については前記(1)のイ及びロの要件に、断続的労働の態様の業務については前記(2)のイの要件にそれぞれ該当するものであること。

ロ　一勤務の拘束時間は十二時間以内であること。

ハ　勤務と次の勤務との間に十時間以上の休息期間が確保されていること。

ニ　なお、業務の必要上いわゆる隔日勤務の形態をとる場合については、前記イで準用する(2)のイの(ハ)並びに前記ロ及びハにかかわらず、次によることができるものであること。

(イ)　一勤務の拘束時間は二十四時間以内であり、夜間に継続四時間以上の睡眠時間が与えられること。

(ロ)　巡視の回数は、一勤務につき十回以下であり、かつ、巡視一回の所要時間は一時間以内であつて、その合計は六時間以内であること。

(ハ)　勤務と次の勤務との間に二十時間以上の休息期間が確保されていること。

(ニ)　監視労働に従事する時間は十二時間以内であり、かつ、その二分の一と断続的労働の巡視に従事する時間の合計は八時間以内であること。

(4)　共通事項

イ　一箇月に二日以上の休日が与えられること。このため休日の代替要員があらかじめ確保されていること。

なお、この休日は所要の休息期間に二十四時間を加算して得た継続した時間とすること。

ロ　原則として、一の作業場（警備員が警備業務を行う委託事業場をいう。以下同じ。）に常駐して勤務する形態であること。したがつて、同一労働者が二以上の異なる作業場に勤務することを常態とする場合は許可しないこと。なお、「一の作業場に常駐して勤務する」と認められるためには、少なくとも一箇月程度の期間（警備契約期間がこれに満たないときは、その期間）継続して勤務することを要するものであること。

ハ　前記(2)及び(3)により夜間に睡眠時間を与える場合には、十分な睡眠が確保しうる設備及び必要な寝具が備え付けられていること。

（平五・二・二四　基発一一〇号）

ハ　法第四十一条該当労働者の割増賃金

【法第四十一条該当者の割増賃金の基礎】

問　法第四十一条に該当する労働者の深夜業に対する割増賃金の計算の基礎は如何。

答　当該職種の労働者について定められた所定労働時間を基礎とする。

（昭二三・三・一五　基発五〇二号）

【監視断続労働者の深夜業の割増賃金】

問　法第四十一条第三号の労働者が就業規則により二十四時間を勤務する場合の深夜業の割増賃金の扱い如何。

答　法第四十一条は深夜業の規定の適用を排除していないから、二十四時間交替勤務することを条件として賃金が定められている労働者について、法第四十一条第三号によつて使用者が行政官庁の許可を受けて使用する場合にあつても、使用者は深夜業の割増賃金を支払わなければならない。但し、労働協約、就業規則その他によつて深夜の割増賃金を含めて所定賃金が定められていることが明らかな場合には別に深夜業の割増賃金を支払う必要はない。

（昭二三・一〇・一四　基発一五〇六号）

【労働時間の定めのある法第四十一条第三号労働者の割増賃金】

問　許可を受けて法第四十一条第三号の労働に従事する者で、一定の労働時間の定めがある場合（例えば一日十時間とする）この所定労働時間を超えて現実に労働がなされた場合には（例えば十二時間労働したとする）その超過労働（例えば二時間）に対しては割増賃金支払の義務はないが、少くとも通常の労働時間の賃金は支払うべきではないか。

答　法第四十一条第三号の許可を受けた労働者について一定の労働時間の定めがある場合、この所定労働時間を超えて労働したときに、超過労働に対して、幾何の賃金を支払うかは、当事者の定めるところによる。

（昭二三・一一・二五　基収三〇五二号）

❺ 断続的な宿直・日直

【施行規則第二十三条の根拠】

問　規則第二十三条は法第何条にその根拠があるか。本来の許可は法第四十一条第三号の許可と解することを得るか。

答　規則第二十三条は法第四十一条第三号の規定に基くものである。

（昭二三・三・一七　基発四六四号）

【日直、宿直と労働時間、休日との関係】

労働基準法施行規則第二十三条の規定によつて宿直又は日直勤務の許可を受けた場合は、その宿直又は日直の勤務については、法第四章、第六章及び第六章の二で定める労働時間、休日及び休憩に関する規定は適用されない。

なお、宿直及び日直勤務は、一定期間における勤務回数が頻繁にわたるものについては許可を与えないようにされたい。

（昭二三・一・一三　基発三三号）

【施行規則第二十三条と第三十四条の関係等】

問　労働基準法施行規則（以下「規則」という）第二十三条の規定は、労働基準法（以下「法」という）第四十一条を根拠としていると解されているが、このように解釈した場合、次について疑義があるので御指示願いたい。

1　規則第二十三条と同第三十四条との関係を考えた場合、本来の業務とは別に宿日直勤務をする者については規則第二十三条が適用され、宿日直勤務を本来の業務とする者については規則第三十四条が適用されるものと解してよいか。

2　規則第二十三条が「……法第三十二条の規定にかかわらず……」と規定している点については、法第三十二条を掲げたのは例示に過ぎず、適用除外の範囲は、当然根拠規定たる法第四十一条と同じく第四章、第六章及び第六章の二中の労働時間、休憩及び休日に関する規定全体とも解されるし、またこれらのうちで特に法第三十二条のみを適用除外する趣旨とも解されるが、どのように解するのが正しいのか。

答　1　見解のとおり。

2　見解前段のとおり。

（昭二四・三・九　三基収六七六三号）

【施行規則第二十三条に係る疑義照会に対する回答】

問　左記について御教示願います。

記

(1)　労働基準法施行規則第二十三条は、本法の第何条に根拠を持つものか。

(2)　労働基準法第四十一条に対応しては施行規則第三十四条がある。施行規則第二十三条も同じ本法第四十一条に根拠を持つものとすれば、一つの法から二つの施行規則が出ていることになるが、これは法体系上問題があるのではないか。

(3)　労働基準法第四十一条は、本来の業務が断続的労働のもののみを指しているのではないか。

(4)　かりにそうでないにしても、少なくとも断続的労働を本来の任務とする者の規定であることが原則なのであつて、これと異つた他の業務に従事することを本来の任務とする者で、これと附随的に断続的業務に従事する場合を当然含んでいることにはならないと解するが如何に。

(5)　従つて施行規則第二十三条は、本法に根拠なく、労働基準法第三十二条に違反し憲法第二十七条第二項に違反する規則であるとの有力な学説があるがこれに対する貴見は如何に。

(6) 施行規則第二十三条による宿日直には当然警備責任は含まれないと解するが如何に。

〈編注　(7)(8)略〉

(9) 憲法第二十七条第二項は労働条件の基準を法律によつて定めるという国家の基本方針を宣言すると同時に労働条件の基準は常に「法律」の形式によつて決定すべく「命令」等の形式により得ないことを明らかにしている。

労働基準法第三十二条は八時間労働制であるのに施行規則によつて八時間以上の拘束をすることは前述の趣旨に反するのではないか。

答

(1)、(5)、(9)について

労働基準法施行規則第二十三条は労働基準法第四十一条を根拠条文とする同条第三号に係る解釈規定であつて、憲法に違反する命令とは解されない。

(2)について

規則第二十三条は、いわゆる「宿、日直勤務」について規定し、規則第三十四条は「宿、日直勤務」以外の監視又は断続的労働について規定したものであり、法制上格別の問題ではない。

(3)、(4)について

法第四十一条第三号の「監視又は断続的労働に従事する」とは必ずしもそれを本来の業務とするものに限らず、宿日直勤務の如く本来の業務外において附随的に従事する場合を含む趣旨と解する。

(6)について

宿、日直勤務の内容として通常事業施設について防犯、防火等警備のための巡視業務を行なう場合が多いと思われるが、具体的な勤務の態様及びその懈怠に伴う責任の程度等は労使の取決め、就業規則、職場における慣行その他当該職場の秩序に相応する健全な常識によつて定まるものと解される。

（昭三五・八・二五　基収六四三八号）

【断続的な宿直又は日直勤務の許可基準】

規則第二十三条に基づく断続的な宿直又は日直勤務のもとに、労働基準法上の労働時間、休憩及び休日に関する規定を適用しないこととしたものであるから、その許可は、労働者保護の観点から、厳格な判断のもとに行われるべきものである。宿直又は日直の許可にあたつての基準は概ね次のとおりである。

一　勤務の態様

イ　常態として、ほとんど労働をする必要のない勤務のみを認めるものであり、定時的巡視、緊急の文書又は電話の収受、非常事態に備えての待機等を目的とするものに限つて許可するものであること。

ロ　原則として、通常の労働の継続は許可しないこと。したがつて始業又は終業時刻に密着した時間帯に、顧客からの電話の収受又は盗難・火災防止を行うものについては、許可しないものであること。

二　宿日直手当

宿直又は日直の勤務に対して相当の手当が支給されることを要し、具体的には、次の基準によること。

イ　宿直勤務一回についての宿直手当（深夜割増賃金を含む。）又は日直勤務一回についての日直手当の最低額は、当該事業場において宿直又は日直の勤務に就くことの予定されている同種の労働者に対して支払われている賃金（法第三十七条の割増賃金の基礎となる賃金に限る。）の一人一日平均額の三分の一を下らないものであること。ただし、同一企業に属する数個の事業場について、一律の基準により宿直又は日直の手当額を定める必要がある場合には、当該事業場の属する企業の全事業場において宿直又は日直の勤務に就くことの予定されている同種の労働者についての一人一日平均額によることができるものであること。

ロ　宿直又は日直勤務の時間が通常の宿直又は日直の時間に比して著しく短いものその他所轄労働基準監督署長が右イの基準によることが著しく困難又は不適当と認めたものについては、その基準にかかわらず許可することができること。

三　宿日直の回数

許可の対象となる宿直又は日直の勤務回数については、宿直勤務については週一回、日直勤務については月一回を限度とすること。ただし、当該事業場に勤務する十八歳以上の者で法律上宿直又は日直を行いうるすべてのものに宿直又は日直をさせてもなお不足でありかつ勤務の労働密度が薄い場合には、宿直又は日直業務の実態に応じて週一回を超える宿直、月一回を超える日直についても許可して差し支えないこと。

四　その他

宿直勤務については、相当の睡眠設備の設置を条件とするものであること。

（昭二三・九・一三　発基一七号、昭六三・三・一四　基発一五〇号）

【許可後に申請事項の変更があつた場合】

問　断続的な宿直又は日直勤務等の許可申請の場合、許可後に人員の異動のあつた場合はその都度再申請の上許可を要するものと考えるが、又一方形式的事務の繁雑も予想される場合もあるので、この場合具体的取扱いを指導すべきかどうか、もし出来得るならばその程度範囲等について指示されたい。

答　宿直又は日直勤務、監視又は断続的労働に従事する者に対する許可等については、許可後に申請事項の変更があつた場合には、原則として許可の再申請を要するが、綜合的に判断して労働の態様が労働者にとり有利に変更したと認められる場合は、勤務内容に相当の変化がない限り許可を受けさせる必要はない。

（昭二三・九・二〇　基収三三〇号）

【年少者の日直】

問　満十八歳未満の者について、断続的な日直の許可を行つて差支えないか。

答　規則第二十三条による許可は満十八歳未満の者については原則として行うべきではない。

（昭二三・六・一六　収監七三号）

【短時間の宿直】

問　管下事業場から、下記のような断続的な宿直勤務の許可申請があつたが、労働基準法施行規則（以下「規則」という。）第二十三条の宿直勤務として取り扱つてさしつかえないか、いささか疑義があるのでお伺いする。

記

第一　勤務の態様

一　所定労働時間

(1)　平　日　午前九時から午後五時

(2)　土曜日　午前九時から午後十二時三十分

二　休日　毎日曜日

三　宿直勤務時間

(1)　平　日　午後五時から午後七時及び翌日の午前八時三十分から午前九時

(2)　土曜日　午後十二時三十分から午後四時及び翌々日（月曜日）の午前八時三十分から午前九時

いずれも一回の宿直勤務として同一人が従事する。

四　宿直勤務の態様

得意先その他からの郵便及び電話の収受並びに盗難防止及び火災の予防

五　一回の宿直員数及び一定期間における宿直回数

一人　一カ月に一回程度

六　一回の宿直手当

当事業場における宿直勤務につくことの予定されている同種の労働者に対して支払われている賃金の一人一日平均額の三分の一相当額

七　就寝設備
　あり（現在は就寝しない。）

答　宿直勤務とは、当該事業場に宿泊して行う定時的巡視、緊急の文書又は電話の収受、非常事態の発生に対処するための準備等を目的とする勤務をいい、本件のごとき勤務は、規則第二十三条の宿直勤務として許可すべき限りでなく、休憩時間中の電話当番の勤務等と同様労働基準法第三十二条の労働時間として取り扱うこと。

　また、始業又は終業時刻に密着して行う短時間（おおむね四時間程度未満をいう。）の監視又は断続的な労働は、日直の勤務としても許可すべき限りではない。

（昭四三・四・九　基収七九七号）

【通常の労働後における連日の寄宿舎等の管理人としての勤務】

問　通常の勤務終了後における連日の寄宿舎等の管理人としての勤務（断続的労働）は宿直に該当するか。

答　連日の寄宿舎等の管理人としての勤務は、宿直として許可すべきではないが、寄宿舎等の管理人が当該寄宿舎等において常時居住している場合は、通常の宿直と同様の勤務を事実上行つても宿直として取り扱う必要がなく、したがつて宿直の許可を要しない。ただし、寄宿舎等に居住する場合においても、寄宿舎等の管理人の業務であつて通常の宿直とはみなされないものに従事する場合は、その時間を通常の労働時間又は時間外労働として取り扱わなければならない。

（昭二三・四・二六　基発六五一号、昭三三・二・一三　基発九〇号）

【小学校の分校の場合】

問　宿直、日直の許可について、へき地にある小学校の分校のように宿直、日直者の総員数が一名であり毎日宿直をし、毎休日日直をしなければならず、又手当がないような場合は如何に取扱うか。

答　本事案のようにへき地の小学校の分校の附属住宅に教員が一人だけ居住しているような場合には、宿直又は日直として取扱う必要はない。（昭二三・四・五　基発五三九号）

【開店のままする宿日直勤務】

問　宿日直勤務の許可申請の取扱いに関し、次のような疑義がありますので何分の御教示をいただきたい。

記

1　事業の名称及び所在地
　名　称　R㈱M支店
　所在地　S県M市
2　事業の種類　ミシン販売業
3　労働者数　男　三人女　三人
　合計六人（内一人責任者）
4　業務の内容
　業務の内容はミシンの販売並びにそれに付随する作業（配達サービス業務並びに内部事務）である。
　なお、販売関係の業務は店頭販売は少なく委任契約（代理店）による販売員（売込係三十四人、集金係六人）が主体となつて行つているもので支店従業員はこれに伴う内部業務を行つているものである。
5　申請の日直勤務態様
　申請の勤務は所定休日における勤務及び通常の労働日の勤務終了後（所定労働時間午前八時～午後十七時十五分）閉店時刻（午後十九時閉店）までにおける勤務であるが、その主たる勤務態様は次の通りとなつている。
(1)　H地方支部より主任あて電話による業務連絡があるが主任不在の場合、電話内容を聴取すること（二日に一回程度）。
(2)　委任業務者（販売員）からミシンの出荷等に関する連絡電話がある場合これを聴取する。
(3)　盗難予防を行うこと。
　閉店時刻（十九時）まで委任業務者が主任に対する連絡等で出入するため、部品等の盗難防止を行う（一般外来客の出入も多少ある）。
(4)　火災予防を行うこと。

なお、店は一般商店と同様開店のままであり閉店後の十九時以降は店の二階に居住している主任が責任を持つことになつている。

6　当局の見解

許可申請の前段については休日勤務の一態様であり、許可は適当とみられるが、後段については日直勤務とはみられず、申請の内容は宿直勤務の一態様としての許可申請とみられるが、当局としては通常の勤務時間終了後、開店のまま、閉店時刻（十九時）までにおける勤務であり、時間的には短く勤務の態様も許可の一般的条件に合致しているが内容的には営業行為の継続であり、時間外労働として処理することが妥当と思料する。

答　設問の場合、いずれも開店のまま通常の業務を処理することを予定するものであり、宿日直勤務の許可をすべき限りではない。

（昭三六・九・二〇　基収三〇六八号）

【日給者の当直による賃金】

問　日直勤務者に対して通牒による手当額を支給する場合はその者に支払われるべきその日の賃金は支払う必要はないものと解されるが、右の如く解すれば当直者が賃金の支払を日額を以て受ける者である場合に法第三十五条の規定により日直の代休日を与えるとその日の賃金は得られず、その為日給者は日直をすることによつて賃金の減収となるもやむを得ないものと解してよいか。

答　行政官庁の許可を受けて日直する者について代休を与えないでもよいことは昭和二十三年一月十三日附基発第三三号通牒の通りであるが、この者に使用者が代休を与える場合には見解の如く賃金は減収する。

（昭二三・三・一六　基発四五六号）

【代休を与えた場合の日直・宿直手当】

問　断続的な日直宿直をした場合でも代休を与えなくてもよいが、たとえ代休を与えたとしても日直宿直等の手当の支給は免除されるものではないと解するが如何。

答　代休を与える場合でも、宿直日直を施行規則第二十三条の宿直日直として取扱う必要がある場合は、見解のとおり手当を支給しなければならぬが、その他の場合、手当を支給するか否かは労使の定めるところによる。

（昭二三・七・六　基収二一七五号、昭二三・一二・一三　基発九〇号）

【医師、看護師等の宿日直許可基準について】

医師、看護師等（以下「医師等」という。）の宿日直勤務については、一般の宿日直の場合と同様に、それが通常の労働の継続延長である場合には宿日直として許可すべきものでないことは、昭和二十二年九月十三日付け発基第一七号通達に示されているところであるが、医師等の宿日直についてはその特性に鑑み、許可基準の細目を次のとおり定める。

なお、医療法（昭和二十三年法律第二百五号）第十六条には「医業を行う病院の管理者は、病院に医師を宿直させなければならない」と規定されているが、その宿直中の勤務の実態が次に該当すると認められるものについてのみ労働基準法施行規則（昭和二十二年厚生省令第二十三号。以下「規則」という。）第二十三条の許可を与えるようにされたい。

本通達をもって、昭和二十四年三月二十二日付け基発第三五二号「医師、看護婦等の宿直勤務について」は廃止するため、了知の上、取扱いに遺漏なきを期されたい。

記

1　医師等の宿日直勤務については、次に掲げる条件の全てを満たし、かつ、宿直の場合は夜間に十分な睡眠がとり得るものである場合には、規則第二十三条の許可（以下「宿日直の許可」という。）を与えるよう取り扱うこと。

(1)　通常の勤務時間の拘束から完全に解放された後のものであること。すなわち、通常の勤務時間終了後もなお、通常の勤務態様が継続している間は、通常の勤務時間の拘束から解放されたとはいえないことから、その間の勤務については、宿日直の許可の対象とはならないものであること。

(2)　宿日直中に従事する業務は、一般の宿日直業務以外には、特殊の措置を必要としない軽度の又は短時間の業務に限ること。例えば、次に掲げる業務等をいい、下記2に掲げるような通常の勤務時間と同態様の業務は含まれないこと。

・　医師が、少数の要注意患者の状態の変動に対応するため、問診等による診察等（軽度の処置を含む。以下同じ。）や、看護師等に対する指示、確認を行うこと

・　医師が、外来患者の来院が通常想定されない休日・夜間（例えば非輪番日であるなど）において、少数の軽症の外来患者や、かかりつけ患者の状態の変動に対応するため、問診等による診察等や、看護師等に対する指示、確認を行うこと

・　看護職員が、外来患者の来院が通常想定されない休日・夜間（例えば非輪番日であるなど）において、少数の軽症の外来患者や、かかりつけ患者の状態の変動に対応するため、医師に対する問診等を行うことや、医師に対する報告を行うこと

・　看護職員が、病室の定時巡回、患者の状態の変動の医師への報告、少数の要注意患者の定時検脈、検温を行うこと

(3)　上記(1)、(2)以外に、一般の宿日直許可の際の条件を満たしていること。

2　上記1によって宿日直の許可が与えられた場合において、宿日直中に、通常の勤務時間と同態様の業務に従事すること（医師が突発的な事故による応急患者の診療又は入院、患者の死亡、出産等に対応すること、又は看護師等が医師にあらかじめ指示された処置を行うこと等）が稀にあったときについては、一般的にみて、常態としてほとんど労働することがない勤務であり、かつ宿直の場合は、夜間に十分な睡眠がとり得るものである限り、宿日直の許可を取り消す必要はないこと。また、当該通常の勤務時間と同態様の業務に従事する時間について労働基準法（昭和二十二年法律第四九号。以下「法」という。）第三十三条又は第三十六条第一項による時間外労働の手続がとられ、法第三十七条の割増賃金が支払われるよう取り扱うこと。

　したがって、宿日直に対応する医師等の数について、宿日直の際に担当する患者数との関係又は当該病院等に夜間・休日に来院する急病患者の発生率との関係等からみて、上記のように通常の勤務時間と同態様の業務に従事することが常態であると判断されるものについては、宿日直の許可を与えることはできないものであること。

3　宿日直の許可は、一つの病院、診療所等において、所属診療科、職種、時間帯、業務の種類等を限って与えることができるものであること。例えば、医師以外のみ、医師について深夜の時間帯のみといった許可のほか、上記1(2)の例示に関して、外来患者の対応業務については許可基準に該当しないが、病棟宿日直業務については許可基準に該当するような場合については、病棟宿日直業務のみに限定して許可を与えることも可能であること。

4　小規模の病院、診療所等においては、医師等が、そこに住み込んでいる場合があるが、この場合にはこれを宿日直として取り扱う必要はないこと。

　ただし、この場合であっても、上記2に掲げるような通常の勤務時間と同態様の業務に従事するときには、法第三十三条又は第三十六条第一項による時間外労働の手続が必要であり、法第三十七条の割増賃金を支払わなければならないことはいうまでもないこと。

（令元・七・一　基発〇七〇一第八号）

【医師等の宿日直許可基準及び医師の研鑽に係る労働時間に関する考え方についての運用に当たっての留意事項について】　令和元年七月一日付け基発〇七〇一第八号「医師、看護師等の宿日直基準について」（以下「医師等の宿日直許可基準通達」という。）及び令和元年七月一日付け基発〇七〇一第九号「医師の研鑽に係る労働時間に関する考え方について」（以下「医師の研鑽に係る労働時間通達」という。）が発出され、医師・看護師等（以下「医師等」という。）の宿日直基準の明確化及び医師の研鑽に係る労働時間に関する考え方が示されたところである。

　両通達は、平成三十一年三月二十八日に取りまとめられた「医師の働き方改革に関する検討会報告書」（以下「報告書」という。）を踏まえて、解釈の明確化を図ったものであり、これまでの労働基準法（昭和二十二年法律第四十九号）の取扱いを変更するものではないが、両通達の運用に当たって留意すべき事項を下記に示すので、その運用に当たっては遺憾なきを期されたい。

記

第一　医師等の宿日直許可基準通達の取扱いについて

　1　趣旨

　報告書において、「医師等の当直のうち、断続的な宿直として労働時間等の規制が適用されないものに係る労働基準監督署長の許可基準については、現状を踏まえて実効あるものとする必要がある。」との意見が示されたことを踏まえ、労働基準監督署長による医師等の宿日直の許可の基準を明確化の上、改めて示されたものである。

　2　医師等の宿日直許可基準通達の運用における留意事項

　医師等の宿日直許可基準通達については、昭和二十四年三月二十二日付け基発第三五二号「医師、看護婦等の宿直勤務について」の考え方を明確化したものであり、これによって従前の許可基準を変更するものではなく、対象となる職種についても、従前と変更はない。

　具体的には、許可対象である「特殊の措置を必要としない軽度の、又は短時間の業務」について、近年の医療現場における実態を踏まえて具体的に例示したものが、医師等の宿日直許可基準通達の記の1(2)において示されたところである。なお、医師等の宿日直許可基準通達の記の1(2)に示されている例示における「看護職員」については、業務を行う主体を当該例示において掲げられている業務を行う職種に限っているものである。

第二　医師の研鑽に係る労働時間通達の取扱いについて

　1　趣旨　〈略〉

　2　医師の研鑽に係る労働時間通達の運用における留意事項

　ア　〈略〉

　イ　医師の研鑽と宿日直許可基準について

　医師の研鑽に係る労働時間通達の記の2により、労働時間に該当しないと判断される研鑽については、当該研鑽が宿日直中に常態的に行われているものであったとしても、宿日直許可における不許可事由とはならず、又は許可を取り消す事由とはならないものである。

　ウ～オ　〈略〉

（令元・七・一　基監発〇七〇一第一号）

【医師と看護婦の宿日直手当】　病院における医師、看護婦のように、賃金額に著しい差のある職種の者が、それぞれ責任度又は職務内容を異にする宿日直をする場合においては、一回の宿日直手当の最低額は宿日直につくことの予定されているすべての医師ごと又は看護婦ごとにそれぞれ計算した一人一日平均額の三分の一とすること。

【医師の宿直等勤務に関する法第四十一条第三号の適用について】
（昭三・二・三　基発九〇号）

問　今般、副業として宿直等の断続的労働のみを行う医師に関し、下記のとおり労働基準法（昭和二十二年法律第四十九号。以下「労基法」という。）第四十一条第三号の適用にかかる疑義が生じましたので、ご教示願います。

記

医療機関Aは、医療法（昭和二十三年法律第二〇五号）第十六条に基づく医師の宿直体制を確保するため、医療機関Bにおいて診察等通常の診療業務を行っている医師Xと労働契約を締結し、宿直等の断続的労働のみに従事させている。

労働基準監督署長が、労基法第四十一条第三号に基づき断続的労働の許可を行うに当たっては、労働者が複数の事業場で業務に従事する場合においても、当該労働者に係る全労働を一体としてとらえるべきものと考えられる。

この点、Xについては、事業場のみならず、使用者が異なるものであるが、AとBのそれぞれにおける労働について、労基法第三十八条第一項に基づき労働時間の通算がなされる以上、労基法第四十一条第三号においても全労働を一体としてとらえ、労働基準法施行規則（昭和二十二年厚生省令第二十三号）第二十三条により許可を行うことができるものと解してよろしいか。

答　貴見のとおり、本件医師Xについて、医療機関A及びBにおける全労働の態様に照らし、Aにおける宿直等の断続的労働が、労働基準法施行規則（昭和二十二年厚生省令第二十三号。以下「労基則」という。）第二十三条の許可に係る昭和二十二年九月十三日付け発基第十七号（以下「十七号通達」という。）及び令和元年七月一日付け基発〇七〇一第八号に示す基準を満たすものと認められる場合には、労働基準法（昭和二十二年法律第四十九号）第四十一条第三号の許可を行って差し支えない。

なお、労基則第二十三条の許可の判断に当たり、宿日直手当の額については、十七号通達において、所轄労働基準監督署長が同通知に示す基準によることが著しく困難又は不適当と認めたものについては、その基準にかかわらず許可することができるとされていることに留意されたい。

（令三・二・一八　基発〇二一八第三号）

【社会福祉施設の場合】　社会福祉施設における宿直勤務について、一般の宿直勤務の場合と同様に、常態としてほとんど労働する必要のない勤務のみを許可の対象とし、昼間の通常の労働の継続延長である場合には宿直として許可すべき限りでないことは、昭和二十二年九月十三日付け発基第一七号により示されているとおりであるが、その許可に当たつては左記により取扱われたい。

記

一　社会福祉施設における宿直勤務については、次に掲げる条件のすべてを満たす場合に、労働基準法施行規則第二十三条による許可を与えるよう取り扱うこと。

(1)　通常の勤務時間の拘束から完全に解放された後のものであること。

(2)　夜間に従事する業務は、前記通達で示されている一般の宿直業務のほかには、少数の入所児・者に対して行う夜尿起こし、おむつ取替え、検温等の介助作業であつて、軽度かつ短時間の作業に限ること。

したがつて、夜間における児童の生活指導、起床後の着衣指導等通常の労働と同態様の業務は含まれないこと。

(3)　夜間に十分睡眠がとりうること。

(4)　上記以外に、一般の宿直許可の際の条件を満たしていること。

二　社会福祉施設に保母等が住み込んでいる場合、単にこれをもつて宿直として取り扱う必要はないが、これらの者に前記通達で示されている一般の宿直業務及び上記一の(2)の業務を命ずる場合には、宿

直勤務として取り扱うことを要するものであること。（昭四九・七・二六　基発三八七号）

【社会福祉施設の場合の留意点】　昭和四十九年七月二十六日付け基発第三八七号をもつて通達された「社会福祉施設における宿直勤務許可の取扱いについて」の運用に当たつては、左記の見解に留意されたい。

記

〔通達の性格〕

一　社会福祉施設の宿直許可の基準は、施設の特殊性からして特例を認め通達したものであるか。

（見解）社会福祉施設における宿直許可の取扱いについては、従前示されていた一般の宿直許可基準のみでは明確でないので、その取扱いの細部を明らかにしたものであつて特例を認めたものではない。

〔軽度かつ短時間の作業〕

二　本通達に示された「軽度かつ短時間の作業」とは、どの程度の作業をいうか。

（見解）「軽度」とは、おむつ取替え、夜尿起こしであつても要介護者を抱きかかえる等身体に負担がかかる場合を含まず、「短時間」とは、通達に示された介助作業が一勤務中に一回ないし二回含まれていることを限度として、一回の所要時間が通常十分程度のものをいうものであること。

〔事例一〕

三　養護老人ホームで所定就業時間（八時～十七時）終了後下図のような断続的勤務がある場合、おむつ取替えの時間（二十時～二十一時）と着衣等介助、掃除の時間（六時～八時）は労働時間とし、これらの時間を除く十七時から八時までを宿直とすることはできないか。

（見解）設問のごとく常態的に毎晩おむつ取替えが一時間ある場合は、所定就業時間終了後（十七時）から宿直とすることは認められない。

宿直は、通常の労働から完全に解放された後のものであり、したがつて、この場合は二十一時以降六時までが宿直許可の対象とされる。

四　右記の場合、睡眠時間中に老人の急病等のため介助することがあるが、その場合は如何に取り扱うべきか。

（見解）法第三十三条又は法第三十六条第一項に基づく時間外労働の手続を行わなければならず、また、その時間に対応する時間外労働及び深夜業に対する割増賃金を支払わなければならない。

なお、このような介助業務が度々ある場合には、宿直の許可が与えられないこととなるので交替制等の勤務体制が必要となること。

〔事例二〕

五　養護施設で児童と起居をともにする職

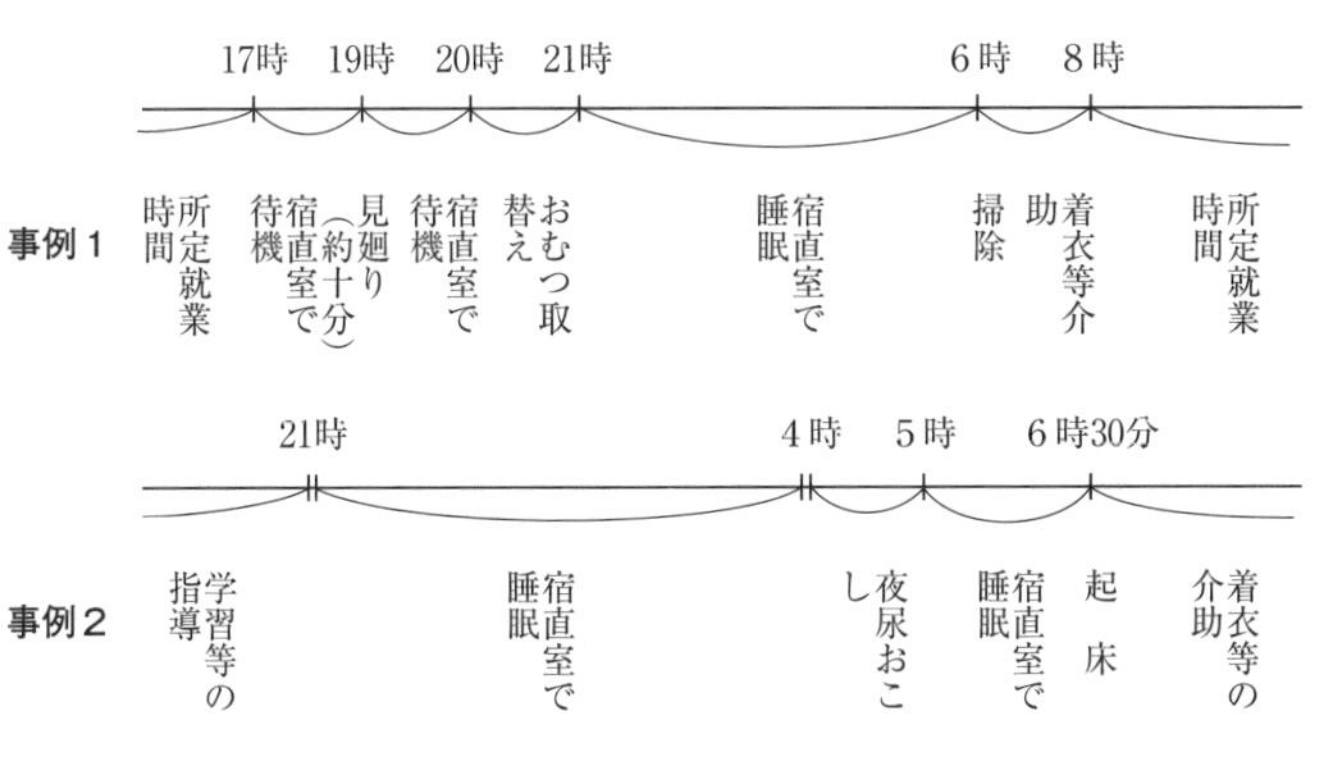

員について、次のような勤務形態で宿直室に待機させる場合、休憩自由利用除外の許可をうけ二十一時から四時、五時から六時三十分までの間を休憩時間として取り扱うことはできないか。

（見解）指定宿直室での睡眠時間は、児童の急病等の異常事態発生に備えての待機の時間で宿直の実態を有するものと認められるので、休憩時間とは認められない。

六　右記の場合、休憩時間として認められないとき、二十一時から六時三十分までを宿直とし、夜尿起こしの時間（四時から五時）のみを通常の労働時間として取り扱うことは可能か。

（見解）通常の労働が、常態的に宿直時間の途中に含まれている場合は宿直として許可することができない。

しかしながら、設問の場合において二十一時から四時までの間を宿直として取り扱う場合においては、許可の対象となる。

〔宿直回数〕

七　宿直回数について、人員等の関係から週一回の原則の例外を認めた解釈例規があるが、これは社会福祉施設に対しても適用されるか。

（見解）人員等の関係から週一回の原則を確保しがたい事情がある場合に、労働密度が薄く労働者保護に欠けるおそれがないと認められる場合に限り例外を認めうるものであり、社会福祉施設についても、このような場合には対象とされる。

〔宿直手当額〕

八　条例等により一般の宿日直手当額についての許可基準（昭和三〇・八・一　基発第四八五号）未満の手当額が定められている場合、これによる許可申請は許可されないか。

（見解）許可基準に達しない限り許可されない。

九　宿直時間が八時間以内の場合において、宿直手当が許可基準である一人一日平均額の三分の一を、一般的な所定終業時刻から所定始業時刻までの間の時間（十四時間）と宿直勤務時間の比率で減じたもの（例えば七時間の場合は$\frac{1}{3}\times\frac{7}{14}=\frac{1}{6}$となる。）で許可申請した場合には許可されるか。

（見解）設問の場合は、許可される。

〔住み込み保母〕

一〇　保母等が施設構内に住み込んでいる場合において、児童の急病等のため介助する場合があるが、その場合は如何に取り扱うべきか。

（見解）設問については、右記四の（見解）のとおり取り扱わなければならない。

（昭四九・七・二六　基監発二七号、平一一・三・三一　基発一六八号）

【委託契約による学校用務員等】

問　当局管内における公立の小中学校及び高等学校においては、教職員による宿日直を原則として廃止しつつあり、これに伴う措置として、一部の学校においては、その学校の用務員または部外者個人と、いわゆる委託契約なるものを締結し、教職員に代つて宿日直の業務を行なわせ、または行なわせようとしているところであるが、これらの業務に従事する者に対する労働基準法上の取扱いについては、下記のとおり疑義があり、これについてはそれぞれ当局の見解のとおり処理してよろしいか、お伺いします。

記

第一　いわゆる委託契約により宿日直業務に従事する者の労働の態様

別紙のとおり

第二　労働基準法上の問題点及びその取扱いについて

一、本件宿日直勤務に従事する者が労働者であるか否かについて

(1)　学校用務員の場合

これらの者は、所定の勤務時間を用務員として勤務した後、従来から教職員が実施してきた宿日直の勤務（用務員自身もこれに事実上従事する場合もあつたと思われるが、特に手当等は支給されていなかつた。）

に就くものであるが、書面により新たに宿日直業務に従事する旨の委託契約を結んだからといつて、直ちに所定時間外におけるこれらの勤務の部分については労働者としての勤務ではなくなると解することは、別紙1の労働の実態及び同一使用者のもとにおける勤務であることからみて、困難であり、昼間の使用従属労働の関係がそのまま継続しているものと解すべきであり、この場合の新たな委託契約は、労働継続の合意の実質を有するものと解される。

(2)　用務員以外の場合

次のような労働の実態を総合的に判断すれば労働者と解される。

イ　定時に出勤し、学校長等から特に注意すべき事項等の指示をうけ、その指示に従つて労働すること。

たとえば、当日予定される来客の応接、電話または通信の収受、試験時期における試験問題または同採点簿等の保管等に関し、特に注意すべきことの指示及び命令等、学校行事等のあと始末にあたつての注意、当日居残つている生徒等についての管理、教室、講堂等の夜間における使用及びその管理、現金等の徴収日における学校管理上の注意等についての指示及び命令等。

ロ　従事すべき宿日直勤務の内容は、特別な知識、専門的な技術または経験等を必要とせず、単に肉体的な労働力を提供するものであり、その労働力の提供の内容は事実上学校長によつて定められ、随時その指示に従つて勤務に従事していると認められること。

ハ　労働すべき時間及び場所について拘束されていること。

たとえば、勤務時間中学校を留守にする場合は学校長等に連絡しなければならないこと。

遅刻・早退等についてもあらかじめ連絡しなければならないこと等。

ニ　本契約の実態は、事実上優越的な地位にある学校長によつて決定された業務内容及び労働条件に従つて契約するものであると認められること。

ホ　欠勤した場合について、それに応じた報酬の控除が行なわれる等、当該労働に対する報酬は労働の対価として定められていること。

ヘ　勤務の内容について学校長に対して報告義務が課せられていること。

たとえば、受付文書、連絡事項、巡視中の異常の有無、特別な申し送り事項等。

ト　当該宿日直勤務をさらに他人に委託できる旨の契約をしている場合もあるが、その場合であつても「心身の故障、忌引、その他やむを得ない理由により業務を遂行することができないとき」という条件があること及びその実態に徴すると事実上他人をして自由に代務せしめえないこと。

二、本件の勤務に従事する者が労働者であるとした場合、校内に居住する用務員がこの勤務に従事するときは、労働基準法施行規則（以下「施行規則」という。）第二十三条の許可が必要か否かについて

へき地にある小学校の分校のように宿日直者の総員数が一人だけでその附属住宅に居住している場合（昭和二三・四・五　基発第五三九号）、管理人が寄宿舎等に常時居住している場合で事実上宿直を行なう場合（昭和二三・四・二六　基発第六五一号、昭和三三・二・一三　基発第九〇号）については、宿日直として取り扱う必要が

ない旨通達されている。しかしながら、これらの場合は、いわゆる住込みである者が、たまたま在宅時において緊急用務を取り扱う場合等について許容したものであり、本件の場合は、多数の職員が従来交替で勤務に従事してきたものであつて、業務そのものについては実質的な変更はなく、当該業務の始業及び終業時刻を定めるとともに、従事業務の内容を明確にし、明文をもつてその遂行を義務づけ、かつ、その不履行による損害について損害賠償責任を課していること等の点から考えると前記のような場合と同一に取り扱うことはできない。

　したがつて、本件のごとき労働は、施行規則第二十三条の許可をうけない限り宿日直勤務として労働時間等の規定の適用を除外されないと解されるので、従来の許可基準に該当するものがあれば許可することとするが、現在のところその実態からみて許可しうるものはないこと。

三、監視断続的労働として許可するにあたつて拘束時間等に関し附款を附することについて

　本件の勤務に従事する者が、労働者に該当するとした場合には、監視断続的労働に従事する者として労働基準法第四十一条第三号（施行規則第三十四条）の規定による適用除外の許可申請がなされる見込みであるが、これについては、一般的基準である昭和二十二年九月十三日付け発基第一七号通達等によるほか、本件勤務が連日の勤務である関係上さらに次の基準を加え許可することとし、昭和四十三年八月十五日付け基発第五一九号通達に従いこの趣旨の附款を附することとしたい。

(1)　一日の拘束時間は十二時間以内とすること。ただし、当該勤務の途中に睡眠時間をおく場合には、当該睡眠時間を含む拘束時間が十六時間をこえない限り、これに相当する時間の拘束時間の延長を認めるものとする。

(2)　睡眠時間を除いた一日の拘束時間を十二時間以内とし、実労働時間はその折半以下とすること。

(3)　法第三十九条の規定による有給休暇のほか、一カ月二日以上の休日を与えること。そのため、休日及び休暇の代替要員を制度的に確保すること。

四、その他これらの基準によつて取り扱うこととした場合について、県教育委員会等の意向を聴取したところ、実施が可能であり、また、これに伴う雇用契約及び賃金の支払いに関する条例上等の取扱いについても問題がないとのことであるので申し添える。

（別紙）

　委託契約により宿日直業務に従事する者の労働の態様

一、用務員に委託する場合

　おおむね八時三十分から十七時までは通常の用務員として校内の清掃、来客の受付、事務の補助、生徒に対する便宜の供与、その他雑役の業務に従事し、十七時から翌日八時三十分までは、別添の「学校の管理業務委託契約書」による宿日直の業務（内容は次図(1)及び(2)〈編注　次頁図〉参照）に従事している。

二、部外者個人に委託する場合

　おおむね、次図(1)及び(2)〈編注　次頁図〉のごとき勤務に従事している。

（別添）

　学校の管理業務委託契約書

　教職員の正規の勤務時間以外の時間における学校の管理のため、その業務の委託について○○学校長氏名（以下「甲」という）と○○市○○町○○番地、氏名（以下「乙」という）との間に次のとおり契約を締結する。

第一条　（委託業務）甲は、次の業務を乙に委託し、乙はこれを受託する。

一　緊急を要する場合の連絡

二　学校の施設、設備および書類の保全のための看視
三　学校内の巡視
2　乙が前項の業務を遂行する期日および時間は別紙のとおりとする。
3　乙が第一項の業務を遂行するに必要な物件の受領、業務の引継等の事項は、甲が別に定めるものとする。
第二条（委託料）甲は、乙に対し一回の業務につき委託料金○○円を支払うものとする。
　但し、土曜日の昼間についてはは一回の業務につき委託料金○○円支払うものとする。
2　委託料の支払時期は、原則として当該業務を遂行した月の翌月に支払うものとする。

第三条（期間）この契約期間は、昭和　年　月　日から昭和　年　月　日までとする。
第四条（損害賠償）甲は、乙がその業務を遂行するについて故意又は重大な過失によつて学校の施設、設備および書類等を亡失し又は損傷したときはこれによつて生じた損害を賠償させることができるものとする。
第五条（解除）乙がこの契約に違反したときは、甲は契約を解除することができるものとする。
第六条（その他）この契約の条項に疑義を生じ、または契約の履行について紛争を生じたときは、そのつど甲、乙協議して定めるものとする。この契約締結の証として本証二通を作成し、当事者双方において記名捺印のうえ、各一通を保有する。

昭和　年　月　日

甲　○○県立○○高等学校長　氏名　㊞
乙　○○市○○町○○番地　氏名　㊞

宿直に相当する業務の実態図

(1)
一七時―一九時　火のしまつ　巡視　戸締り
一九時―二二時　手持ち
二二時―二三時　巡視
二三時―六時　睡眠
六時―八時三〇分　火起し　巡視　戸開き

(2)
一七時―二一時三〇分　戸締り　巡視　清掃　あとしまつ
二一時三〇分―六時　睡眠
六時―八時三〇分　火起し　巡視　戸開き

答　貴見のとおり取り扱われたい。
（昭四四・四・七　基収三四三号）

【輪番の夜警勤務】

問　一般労働者を通常の労働に勤務させた後（午前八時より午後五時）、別に夜間午後十一時より午前五時迄の間工場内の夜警勤務（強盗等に対する巡回夜警）に当たらせ、翌日は再び通常の労働に服させようとする場合、夜間勤務の時間を法第四十一条第三号の監視として許可申請があつた場合は許可して差支えないか。ただし、夜警勤務は十日ないし十五日に一回程度の輪番制である。

答　本件の場合は施行規則第二十三条に該当するものとして取り扱われたい。
　なお、許可するか否かは実態により判断されたい。
（昭二三・三・二四　基発五五〇号）

【電気事業の断続的な宿直】

問　電気事業においては、定期的巡視、文書又は電話の収受等のための通常の当直制の外に、営業所、出張所、電業所等では、受持区域内の屋外配電線路所及び一般需要

家の屋内配線設備の保守に任じている関係上、それら不測の事故発生に備える宿直制を行つている。

右の宿直勤務時間は午後四時から翌朝午前八時までであるが、他の事業の宿直とは異なり、偶発的な事故発生のために待機して事故を受け付け、これが修復のため現場に出動することがあるが、それらの事故は概ね日没点灯時に起こり、この処理は宿直開始時刻から概ね四時間以内に断続的になされ、しかもこれら事故発生は非常に偶発的であるため全く出動しないで済むこともある。

以上のような点を考慮し、宿直手当の額を定めるにあたり四時間分の時間外賃金相当額を含んだものを一回の宿直手当として許可申請したいが如何。

答　本件については、一般と同様の条件で宿直を許可し、事故発生の際、修復のため現場に出動させる場合は、所定の手続により時間外労働として取り扱うべく、したがつて申請通りには許可できない。

なお、出張所等の中に居住設備がある場合、常時そこに居住する者が通常の当直者と同様の勤務を事実上行つても、宿直として取り扱う必要がなく、現場に出動した場合には、所定の手続により時間外労働として取り扱うべきであるから念の為。

（昭二四・四・一三　基収一二三三号）

【JR信号保安関係職員の宿直】

問　JR各社の信号保安関係職種は通常日勤勤務にして駅を含む駅々間の信号機（電気的機械的）駅構内連動保安装置の工事又は障害（故障）復旧並に保守に従事する職務にして列車運転に密接なる関係を持つ職種である。従つて夜間障害時の復旧のための警備要員であると思考される夜間勤務を宿直扱いとして処理しているが如何。

答　質疑の如き夜間勤務の場合においても労働基準法施行規則第二十三条の許可をうけて宿直として扱う限りは違法ではないが、夜間障害時の復旧の警備要員として現実に障害復旧作業等通常の業務に従事した時間については労働基準法上の時間外労働として所定割増賃金を支払わなければならない。

（昭二七・一・三一　基収三六〇号、昭六三・三・一四　基発一五〇号）

【金融機関における第二・第三土曜日の日直勤務の許可申請の取扱い】　金融機関においては、銀行法施行令等の一部を改正する政令（昭和六十一年政令第七十八号）の施行により、本年八月から、これまでの第二土曜日に加え第三土曜日も休業することとなつた。これに伴い、休業する第二・第三土曜日に一部の店舗の現金自動支払機（CD等）を稼働させ、これに係る業務を行うこととしている。

この業務の実施に当たり、当該業務に係る労働基準法第四十一条第三号に基づく日直勤務の許可を申請する金融機関がみられるところであるが、当該業務は金融機関としての本来の業務の一部をなすものと考えられるので、当該日直勤務の許可申請については、許可すべき限りでないこと。

なお、法定休日が確保され、かつ、法定労働時間を超えない範囲内における法定日以外の休日に関する「日直勤務」の許可申請については、労働基準法第四十一条の趣旨に照らし、許可申請の対象とはなり得ないものであること。

（昭六一・八・七　基監発一九号）

【新聞配達従業員】

問　新聞配達従業員の業務は、断続的労働に従事する者として認められるか。

答　新聞配達従業員の労働は断続的労働とは認められない。

（昭三三・二・一四　基発三五六号）

第四十一条の二　賃金、労働時間その他の当該事業場における労働条件に関する事項を調査審議し、事業主に対し当該事項について意見を述べることを目的とする委員会（使用者及び当該事業場の労働者を代表する者を構成員とするものに限る。）が設置された事業場において、当該委員会がその委員の五分の四以上の多数による議決により次に掲げる事項に関する決議をし、かつ、使用者が、厚生労働省令で定めるところにより当該決議を行政官庁に届け出た場合において、第二号に掲げる労働者の範囲に属する労働者（以下この項において「対象労働者」という。）であつて書面その他の厚生労働省令で定める方法によりその同意を得たものを当該事業場における第一号に掲げる業務に就かせたときは、この章で定める労働時間、休憩、休日及び深夜の割増賃金に関する規定は、対象労働者については適用しない。ただし、第三号から第五号までに規定する措置のいずれかを使用者が講じていない場合は、この限りでない。

一　高度の専門的知識等を必要とし、その性質上従事した時間と従事して得た成果との関連性が通常高くないと認められるものとして厚生労働省令で定める業務のうち、労働者に就かせることとする業務（以下この項において「対象業務」という。）

二　この項の規定により労働する期間において次のいずれにも該当する労働者であつて、対象業務に就かせようとするものの範囲

イ　使用者との間の書面その他の厚生労働省令で定める方法による合意に基づき職務が明確に定められていること。

ロ　労働契約により使用者から支払われると見込まれる賃金の額を一年間当たりの賃金の額に換算した額が基準年間平均給与額（厚生労働省において作成する毎月勤労統計における毎月きまつて支給する給与の額を基礎として厚生労働省令で定めるところにより算定した労働者一人当たりの給与の平均額をいう。）の三倍の額を相当程度上回る水準として厚生労働省令で定める額以上であること。

三　対象業務に従事する対象労働者の健康管理を行うために当該対象労働者が事業場内にいた時間（この項の委員会が厚生労働省令で定める労働時

間以外の時間を除くことを決議したときは、当該決議に係る時間を除いた時間）と事業場外において労働した時間との合計の時間（第五号ロ及び二並びに第六号において「健康管理時間」という。）を把握する措置（厚生労働省令で定める方法に限る。）を当該決議で定めるところにより使用者が講ずること。

四　対象業務に従事する対象労働者に対し、一年間を通じ百四日以上、かつ、四週間を通じ四日以上の休日を当該決議及び就業規則その他これに準ずるもので定めるところにより使用者が与えること。

五　対象業務に従事する対象労働者に対し、次のいずれかに該当する措置を当該決議及び就業規則その他これに準ずるもので定めるところにより使用者が講ずること。

イ　労働者ごとに始業から二十四時間を経過するまでに厚生労働省令で定める時間以上の継続した休息時間を確保し、かつ、第三十七条第四項に規定する時刻の間において労働させる回数を一箇月について厚生労働省令で定める回数以内とすること。

ロ　健康管理時間を一箇月又は三箇月についてそれぞれ厚生労働省令で定める時間を超えない範囲内とすること。

ハ　一年に一回以上の継続した二週間（労働者が請求した場合においては、一年に二回以上の継続した一週間）（使用者が当該期間において、第三十九条の規定による有給休暇を与えたときは、当該有給休暇を与えた日を除く。）について、休日を与えること。

ニ　健康管理時間の状況その他の事項が労働者の健康の保持を考慮して厚生労働省令で定める要件に該当する労働者に健康診断（厚生労働省令で定める項目を含むものに限る。）を実施すること。

六　対象業務に従事する対象労働者の健康管理時間の状況に応じた当該対象労働者の健康及び福祉を確保するための措置であつて、当該対象労働者に対する有給休暇（第三十九条の規定による有給休暇を除く。）の付与、健康診断の実施その他の厚生労働省令で定める措置のうち当該決議で定めるものを使用者が講ずること。

七　対象労働者のこの項の規定による同意の撤回に関する手続

八　対象業務に従事する対象労働者からの苦情の処理に関する措置を当該決議で定めるところにより使用者が講ずること。

九　使用者は、この項の規定による同意をしなかつた対象労働者に対して解雇その他不利益な取扱いをしてはならないこと。

十　前各号に掲げるもののほか、厚生労働省令で定める事項

② 前項の規定による届出をした使用者は、厚生労働省令で定めるところにより、同項第四号から第六号までに規定する措置の実施状況を行政官庁に報告しなければならない。

③ 第三十八条の四第二項、第三項及び第五項の規定は、第一項の委員会について準用する。

④ 第一項の決議をする委員は、当該決議の内容が前項において準用する第三十八条の四第三項の指針に適合したものとなるようにしなければならない。

⑤ 行政官庁は、第三項において準用する第三十八条の四第三項の指針に関し、第一項の決議をする委員に対し、必要な助言及び指導を行うことができる。

（高度プロフェッショナル制度の対象業務等）

則第三十四条の二　法第四十一条の二第一項の規定による届出は、様式第十四号の二により、所轄労働基準監督署長にしなければならない。

② 法第四十一条の二第一項各号列記以外の部分に規定する厚生労働省令で定める方法は、次に掲げる事項を明らかにした書面に対象労働者（同項に規定する「対象労働者」をいう。以下同じ。）の署名を受け、当該書面の交付を受ける方法（当該対象労働者が希望した場合にあつては、当該書面に記載すべき事項を記録した電磁的記録の提供を受ける方法）とする。

一　対象労働者が法第四十一条の二第一項の同意をした場合には、同項の規定により、法第四章で定める労働時間、休憩、休日及び深夜の割増賃金に関する規定が適用されないこととなる旨

二　法第四十一条の二第一項の同意の対象となる期間

三　前号の期間中に支払われると見込まれる賃金の額

③ 法第四十一条の二第一項第一号の厚生労働省令で定める業務は、次に掲げる業務（当該業務に従事する時間に関し使用者から具体的な指示（業務量に比して著しく短い期限の設定その他の実質的に当該業務に従事する時間に関する指示と認められるものを含む。）を受けて行うものを除く。）とする。

一　金融工学等の知識を用いて行う金融商品の開発の業務

二　資産運用（指図を含む。以下この号において同じ。）の業務又は有価証券の売買その他の取引の業務のうち、投資判断に基づく資産運用の業務、投資判断に基づく資産運用として行う有価証券の売買その他の取引の業務又は投資判断に基づき自己の計算において行

う有価証券の売買その他の取引の業務

三　有価証券市場における相場等の動向又は有価証券の価値等の分析、評価又はこれに基づく投資に関する助言の業務

四　顧客の事業の運営に関する重要な事項についての調査又は分析及びこれに基づく当該事項に関する考案又は助言の業務

五　新たな技術、商品又は役務の研究開発の業務

④　法第四十一条の二第一項第二号イの厚生労働省令で定める方法は、使用者が、次に掲げる事項を明らかにした書面に対象労働者の署名を受け、当該書面の交付を受ける方法（当該対象労働者が希望した場合にあつては、当該書面に記載すべき事項を記録した電磁的記録の提供を受ける方法）とする。

一　業務の内容

二　責任の程度

三　職務において求められる成果その他の職務を遂行するに当たつて求められる水準

⑤　法第四十一条の二第一項第二号ロの基準年間平均給与額は、厚生労働省において作成する毎月勤労統計（以下「毎月勤労統計」という。）における毎月きまつて支給する給与の額の一月分から十二月分までの各月分の合計額とする。

⑥　法第四十一条の二第一項第二号ロの厚生労働省令で定める額は、千七十五万円とする。

⑦　法第四十一条の二第一項第三号の厚生労働省令で定める労働時間以外の時間は、休憩時間その他対象労働者が労働していない時間とする。

⑧　法第四十一条の二第一項第三号の厚生労働省令で定める方法は、タイムカードによる記録、パーソナルコンピュータ等の電子計算機の使用時間の記録等の客観的な方法とする。ただし、事業場外において労働した場合であつて、やむを得ない理由があるときは、自己申告によることができる。

⑨　法第四十一条の二第一項第五号イの厚生労働省令で定める時間は、十一時間とする。

⑩　法第四十一条の二第一項第五号イの厚生労働省令で定める回数は、四回とする。

⑪　法第四十一条の二第一項第五号ロの厚生労働省令で定める時間は、一週間当たりの健康管理時間（同項第三号に規定する健康管理時間をいう。以下この条及び次条において同じ。）が四十時間を超えた場合におけるその超えた時間について、次の各号に掲げる区分に応じ、当該各号に定める時間とする。

一　一箇月　百時間

二　三箇月　二百四十時間

⑫　法第四十一条の二第一項第五号ニの厚生労働省令で定める要件は、一週間当たりの健康管理時間が四十時間を超えた場合におけるその超えた時間が一箇月当たり八十時間を超えたこと又は対象労働者からの申出があつたこととする。

⑬　法第四十一条の二第一項第五号ニの厚生労働省令で定める項目は、次に掲げるものとする。

一　労働安全衛生規則（昭和四十七年労働省令第三十二号）第四十四条第一項第一号から第三号まで、第五号及び第八号から第十一号までに掲げる項目（同項第三号に掲げる項目にあつては、視力及び聴力の検査を除く。）

二　労働安全衛生規則第五十二条の四各号に掲げる事項の確認

⑭　法第四十一条の二第一項第六号の厚生労働省令で定める措置は、次に掲げる措置とする。

一　法第四十一条の二第一項第五号イからニまでに掲げるいずれかの措置であつて、同項の決議及び就業規則その他これに準ずるもので定めるところにより使用者が講ずることとした措置以外のもの

二　健康管理時間が一定時間を超える対

象労働者に対し、医師による面接指導（問診その他の方法により心身の状況を把握し、これに応じて面接により必要な指導を行うことをいい、労働安全衛生法（昭和四十七年法律第五十七号）第六十六条の八の四第一項の規定による面接指導を除く。）を行うこと。

三　対象労働者の勤務状況及びその健康状態に応じて、代償休日又は特別な休暇を付与すること。

四　対象労働者の心とからだの健康問題についての相談窓口を設置すること。

五　対象労働者の勤務状況及びその健康状態に配慮し、必要な場合には適切な部署に配置転換をすること。

六　産業医等による助言若しくは指導を受け、又は対象労働者に産業医等による保健指導を受けさせること。

⑮　法第四十一条の二第一項第十号の厚生労働省令で定める事項は、次に掲げるものとする。

一　法第四十一条の二第一項の決議の有効期間の定め及び当該決議は再度同項の決議をしない限り更新されない旨

二　法第四十一条の二第一項に規定する委員会の開催頻度及び開催時期

三　常時五十人未満の労働者を使用する事業場である場合には、労働者の健康管理等を行うのに必要な知識を有する医師を選任すること。

四　使用者は、イからチまでに掲げる事項に関する対象労働者ごとの記録及びリに掲げる事項に関する記録を第一号の有効期間中及び当該有効期間の満了後五年間保存すること。

イ　法第四十一条の二第一項の規定による同意及びその撤回

ロ　法第四十一条の二第一項第二号イの合意に基づき定められた職務の内容

ハ　法第四十一条の二第一項第二号ロの支払われると見込まれる賃金の額

ニ　健康管理時間の状況

ホ　法第四十一条の二第一項第四号に規定する措置の実施状況

ヘ　法第四十一条の二第一項第五号に規定する措置の実施状況

ト　法第四十一条の二第一項第六号に規定する措置の実施状況

チ　法第四十一条の二第一項第八号に規定する措置の実施状況

リ　前号の規定による医師の選任

（報告）

則第三十四条の二の二　法第四十一条の二第二項の規定による報告は、同条第一項の決議の有効期間の始期から起算して六箇月以内ごとに、様式第十四号の三により、所轄労働基準監督署長にしなければならない。

②　法第四十一条の二第二項の規定による報告は、健康管理時間の状況並びに同条第一項第四号に規定する措置、同項第五号に規定する措置及び同項第六号に規定する措置の実施状況について行うものとする。

（準用）

則第三十四条の二の三　第二十四条の二の四（第四項ロからニまでを除く。）の規定は、法第四十一条の二第一項の委員会について準用する。この場合において、第二十四条の二の四第四項ホ中「イからニまで」とあるのは、「イ」と読み替えるものとする。

▼**参照条文**　〔対象業務等―則三四の二〕、〔報告―則三四の二の二〕、〔準用―則三四の二の三〕

□**告　示**

○厚生労働省告示第八八号（平三一・三・二五）

労働基準法第四十一条の二第一項の規定により同項第一号の業務に従事する労働者の適正な労働条件の確保を図るための指針

第一　趣旨

この指針は、労働基準法（昭和二十二年法律第四十九号。以下「法」という。）第四十一条の二第一項の規定により同項第一号に規定する対象業務（以下「対象業務」という。）に従事する労働者の適正な労働条件の確保を図るため、同項の委員会（以下「労使委員会」という。）が決議する同項各号に掲げる事項について具体的に明らかにする必要があると認められる事項を規定するとともに、対象業務に従事する労働者については法第四章で定める労働時間、休憩、休日及び深夜の割増賃金に関する規定を適用しないものとする法の制度（以下「高度プロフェッショナル制度」という。）の実施に関し、同項の事業場の使用者及び当該事業場の労働者等並びに労使委員会の委員（以下「委員」という。）が留意すべき事項等を定めたものである。

　法第四十一条の二第一項の決議（以下「決議」という。）をする委員は、当該決議の内容がこの指針に適合したものとなるようにしなければならない。

第二　本人同意

一　法第四十一条の二第一項の規定による労働者の同意（以下「本人同意」という。）に関し、使用者は、本人同意を得るに当たってその時期、方法等の手続をあらかじめ具体的に明らかにすることが適当である。

　このため、委員は、本人同意を得るに当たっての手続を決議に含めることが適当である。

二　本人同意を得るに当たって、使用者は、労働者本人にあらかじめ次に掲げる事項を書面で明示することが適当である。

㈠　高度プロフェッショナル制度の概要

㈡　当該事業場における決議の内容

㈢　本人同意をした場合に適用される評価制度及びこれに対応する賃金制度

㈣　本人同意をしなかった場合の配置及び処遇並びに本人同意をしなかったことに対する不利益取扱いは行ってはならないものであること。

㈤　本人同意の撤回ができること及び本人同意の撤回に対する不利益取扱いは行ってはならないものであること。

三　本人同意の対象となる期間は、一年未満の期間の定めのある労働契約を締結している労働者については当該労働契約の期間、期間の定めのない労働契約又は一年以上の期間の定めのある労働契約を締結している労働者については長くとも一年間とし、当該期間が終了するごとに、必要に応じ法第四十一条の二第一項第二号に掲げる労働者の範囲に属する労働者（以下「対象労働者」という。）に適用される評価制度及びこれに対応する賃金制度等について見直しを行った上で、改めて本人同意を得ることが適当である。なお、これらの見直しを行う場合には、使用者は、労使委員会に対し事前にその内容について説明することが適当である。

四　本人同意の対象となる期間を一箇月未満とすることは、労働者が対象業務に従事する時間に関する裁量を発揮しがたいこととなるため認められない。

五　使用者は、労働者を高度プロフェッショナル制度の対象とすることで、その賃金の額が対象となる前の賃金の額から減ることにならないようにすることが必要である。

六　使用者から一方的に本人同意を解除することはできない。

第三　労使委員会が決議する法第四十一条の二第一項各号に掲げる事項

一　法第四十一条の二第一項第一号に掲げる事項関係

㈠　当該事項に関し具体的に明らかにする事項

イ　対象業務は、次の(イ)及び(ロ)に掲げる要件のいずれにも該当するものである。

(イ)　当該業務に従事する時間に関し使用者から具体的な指示を受けて行うものでないこと。

　労働基準法施行規則（昭和二十二年厚生省令第二十三号。以下「則」という。）第三十四条の二第三項に規定する「当該業務に従事する時間に関し使用者から具体的な指示（業務量に比して著しく短い期限の設定その他の実質的に当該業務に従事する時間に関する指示と認められるものを含む。）を受けて行うものを除く」の「具体的な指示」とは、対象労働者から対象業務に従事する時間に関する裁量を失わせるような指示をいい、対象業務は働く時間帯の選択や時間配分について自らが決定できる広範な裁量が対象労働者に認められている業務でなければならない。また、実質的に業務に従事する時間に関する指示と認められる指示についても、「具体的な指示」に含まれるものである。

ここでいう「具体的な指示」として、次のようなものが考えられる。

① 出勤時間の指定等始業・終業時間や深夜・休日労働等労働時間に関する業務命令や指示

② 対象労働者の働く時間帯の選択や時間配分に関する裁量を失わせるような成果・業務量の要求や納期・期限の設定

③ 特定の日時を指定して会議に出席することを一方的に義務付けること。

④ 作業工程、作業手順等の日々のスケジュールに関する指示

(ロ) 則第三十四条の二第三項各号に掲げる業務のいずれかに該当するものであること。

① 金融工学等の知識を用いて行う金融商品の開発の業務

則第三十四条の二第三項第一号の「金融工学等の知識を用いて行う金融商品の開発の業務」とは、金融取引のリスクを減らしてより効率的に利益を得るため、金融工学のほか、統計学、数学、経済学等の知識をもって確率モデル等の作成、更新を行い、これによるシミュレーションの実施、その結果の検証等の技法を駆使した新たな金融商品の開発の業務をいう。

ここでいう「金融商品」とは、金融派生商品（金や原油等の原資産、株式や債券等の原証券の変化に依存してその値が変化する証券）及び同様の手法を用いた預貯金等をいう。

② 資産運用（指図を含む。以下この②において同じ。）の業務又は有価証券の売買その他の取引の業務のうち、投資判断に基づく資産運用の業務、投資判断に基づく資産運用として行う有価証券の売買その他の取引の業務又は投資判断に基づき自己の計算において行う有価証券の売買その他の取引の業務

則第三十四条の二第三項第二号の「資産運用（指図を含む。以下この号において同じ。）の業務又は有価証券の売買その他の取引の業務のうち、投資判断に基づく資産運用の業務、投資判断に基づく資産運用として行う有価証券の売買その他の取引の業務又は投資判断に基づき自己の計算において行う有価証券の売買その他の取引の業務」とは、金融知識等を活用した自らの投資判断に基づく資産運用の業務又は有価証券の売買その他の取引の業務をいう。

③ 有価証券市場における相場等の動向又は有価証券の価値等の分析、評価又はこれに基づく投資に関する助言の業務

則第三十四条の二第三項第三号の「有価証券市場における相場等の動向又は有価証券の価値

等の分析、評価又はこれに基づく投資に関する助言の業務」とは、有価証券等に関する高度の専門知識と分析技術を応用して分析し、当該分析の結果を踏まえて評価を行い、これら自らの分析又は評価結果に基づいて運用担当者等に対し有価証券の投資に関する助言を行う業務をいう。

　ここでいう「有価証券市場における相場等の動向」とは、株式相場、債券相場の動向のほかこれらに影響を与える経済等の動向をいい、「有価証券の価値等」とは、有価証券に投資することによって将来得られる利益である値上がり益、利子、配当等の経済的価値及び有価証券の価値の基盤となる企業の事業活動をいう。

④　顧客の事業の運営に関する重要な事項についての調査又は分析及びこれに基づく当該事項に関する考案又は助言の業務

　則第三十四条の二第三項第四号の「顧客の事業の運営に関する重要な事項についての調査又は分析及びこれに基づく当該事項に関する考案又は助言の業務」とは、企業の事業運営についての調査又は分析を行い、企業に対して事業・業務の再編、人事等社内制度の改革など経営戦略に直結する業務改革案等を提案し、その実現に向けてアドバイスや支援をしていく業務をいう。

　ここでいう「調査又は分析」とは、顧客の事業の運営に関する重要な事項について行うものであり、顧客から調査又は分析を行うために必要な内部情報の提供を受けた上で、例えば経営状態、経営環境、財務状態、事業運営上の問題点、生産効率、製品や原材料に係る市場の動向等について行う調査又は分析をいう。

⑤　新たな技術、商品又は役務の研究開発の業務

　則第三十四条の二第三項第五号の「新たな技術、商品又は役務の研究開発の業務」とは、新たな技術の研究開発、新たな技術を導入して行う管理方法の構築、新素材や新型モデル・サービスの研究開発等の業務をいい、専門的、科学的な知識、技術を有する者によって、新たな知見を得ること又は技術的改善を通じて新たな価値を生み出すことを目的として行われるものをいう。

ロ　対象業務について決議するに当たり、決議に係る業務の具体的な範囲及び当該業務が則第三十四条の二第三項各号に掲げる業務のいずれに該当するかを明らかにすることが必要である。

ハ　イ(イ)及び(ロ)の全部又は一部に該当しない業務を労使委員会において対象業務として決議したとしても、当該業務に従事する労働者に関し、高度プロフェッショナル制度の効果は生じない。

(二)　留意事項

イ　対象業務は、部署が所掌する業務全体ではなく、対象となる労働者に従事させることとする業務をいう。したがって、対象業務の語句（例えば、「研究」、「開発」）に対応する語句をその名称に含む部署（例えば、「研究開発部」）において行われる業務の全てが対象業務に該当するものではない。

ロ　労使委員会において対象業務につ

いて決議するに当たり、委員は、次に掲げる対象業務となり得る業務の例及び対象業務となり得ない業務の例について留意することが必要である。なお、対象業務となり得る業務の例については、(一)イ(イ)及び(ロ)に該当する場合に対象業務として決議し得るものである。また、対象業務となり得る業務の例に該当しないものは対象業務として決議し得ないとするものではない。対象業務となり得ない業務の例については、これに該当しないものは対象業務として決議し得るとするものではない。

(イ)　金融工学等の知識を用いて行う金融商品の開発の業務

①　対象業務となり得る業務の例

・　資産運用会社における新興国企業の株式を中心とする富裕層向け商品（ファンド）の開発の業務

②　対象業務となり得ない業務の例

・　金融商品の販売、提供又は運用に関する企画立案又は構築の業務

・　保険商品又は共済の開発に際してアクチュアリーが通常行う業務

・　商品名の変更や既存の商品の組合せのみをもって行う金融商品の開発の業務

・　専らデータの入力又は整理を行う業務

(ロ)　資産運用（指図を含む。以下この(ロ)において同じ。）の業務又は有価証券の売買その他の取引の業務のうち、投資判断に基づく資産運用の業務、投資判断に基づく資産運用として行う有価証券の売買その他の取引の業務又は投資判断に基づき自己の計算において行う有価証券の売買その他の取引の業務

①　対象業務となり得る業務の例

・　資産運用会社等における投資判断に基づく資産運用の業務（いわゆるファンドマネージャーの業務）

・　資産運用会社等における投資判断に基づく資産運用として行う有価証券の売買その他の取引の業務（いわゆるトレーダーの業務）

・　証券会社等における投資判断に基づき自己の計算において行う有価証券の売買その他の取引の業務（いわゆるディーラーの業務）

②　対象業務となり得ない業務の例

・　有価証券の売買その他の取引の業務のうち、投資判断を伴わない顧客からの注文の取次の業務

・　ファンドマネージャー、トレーダー、ディーラーの指示を受けて行う業務

・　金融機関における窓口業務

・　個人顧客に対する預金、保険、投資信託等の販売・勧誘の業務

・　市場が開いている時間は市場に張り付くよう使用者から指示され、実際に張り付いていなければならない業務

・　使用者から指示された取引額・取引量を処理するためには取引を継続し続けなければならない業務

・　金融以外の事業を営む会社における自社資産の管理、運用の業務

(ハ)　有価証券市場における相場等の動向又は有価証券の価値等の分析、評価又はこれに基づく投資に関する助言の業務

① 対象業務となり得る業務の例
・ 特定の業界の中長期的な企業価値予測について調査分析を行い、その結果に基づき、推奨銘柄について投資判断に資するレポートを作成する業務
② 対象業務となり得ない業務の例
・ 一定の時間を設定して行う相談業務
・ 専ら分析のためのデータ入力又は整理を行う業務

(ニ) 顧客の事業の運営に関する重要な事項についての調査又は分析及びこれに基づく当該事項に関する考案又は助言の業務
① 対象業務となり得る業務の例
・ コンサルティング会社において行う顧客の海外事業展開に関する戦略企画の考案の業務
② 対象業務となり得ない業務の例
・ 調査又は分析のみを行う業務
・ 調査又は分析を行わず、助言のみを行う業務
・ 専ら時間配分を顧客の都合に合わせざるを得ない相談業務
・ 個人顧客を対象とする助言の業務
・ 商品・サービスの営業・販売として行う業務
・ 上席の指示やシフトに拘束され、働く時間帯の選択や時間配分に裁量が認められない形態でチームのメンバーとして行う業務
・ サプライヤーが代理店に対して行う助言又は指導の業務

(ホ) 新たな技術、商品又は役務の研究開発の業務
① 対象業務となり得る業務の例
・ メーカーにおいて行う要素技術の研究の業務
・ 製薬企業において行う新薬の上市に向けた承認申請のための候補物質の探索や合成、絞り込みの業務
・ 既存の技術等を組み合わせて応用することによって新たな価値を生み出す研究開発の業務
・ 特許等の取得につながり得る研究開発の業務
② 対象業務となり得ない業務の例
・ 作業工程、作業手順等の日々のスケジュールが使用者からの指示により定められ、そのスケジュールに従わなければならない業務
・ 既存の商品やサービスにとどまり、技術的改善を伴わない業務
・ 既存の技術等の単なる組合せにとどまり、新たな価値を生み出すものではない業務
・ 他社のシステムの単なる導入にとどまり、導入に当たり自らの研究開発による技術的改善を伴わない業務
・ 専門的、科学的な知識、技術がなくても行い得る既存の生産工程の維持・改善の業務
・ 完成品の検査や品質管理を行う業務
・ 研究開発に関する権利取得に係る事務のみを行う業務
・ 生産工程に従事する者に対する既知の技術の指導の業務
・ 上席の研究員の指示に基づく実験材料の調達や実験準備の業務

ハ　対象業務について「当該業務に従

事する時間に関し使用者から具体的な指示（業務量に比して著しく短い期限の設定その他の実質的に当該業務に従事する時間に関する指示と認められるものを含む。）を受けて行うものを除く」とされていることに関し、高度プロフェッショナル制度が適用されている場合であっても、当該具体的な指示に該当するもの以外については、使用者は、対象労働者に対し必要な指示をすることは可能である。したがって、使用者が対象労働者に対し業務の開始時に当該業務の目的、目標、期限等の基本的事項を指示することや、中途において経過の報告を受けつつこれらの基本的事項について所要の変更の指示をすることは可能である。

また、使用者は、対象労働者の上司に対し、業務に従事する時間に関し具体的な指示を行うことはできないこと等高度プロフェッショナル制度の内容に関し必要な管理者教育を行うことが必要である。

二　法第四十一条の二第一項第二号に掲げる事項関係

(一)　当該事項に関し具体的に明らかにする事項

イ　対象労働者は、次の(イ)及び(ロ)に掲げる要件のいずれにも該当するものである。

(イ)　職務が明確に定められていること。

法第四十一条の二第一項第二号イの「職務が明確に定められている」とは、当該対象労働者の業務の内容、責任の程度及び職務において求められる成果その他の職務を遂行するに当たって求められる水準（以下「職務の内容」という。）が具体的に定められており、当該対象労働者の職務の内容とそれ以外の職務の内容との区別が客観的になされていることをいう。したがって、例えば、業務の内容が抽象的に定められており、使用者の一方的な指示により業務を追加することができるものは、職務が明確に定められているとはいえない。

また、職務を定めるに当たり、働き方の裁量を失わせるような業務量や成果を求めるものではないことが必要である。

さらに、職務の内容を変更する場合には再度合意を得ることが必要であり、その場合であっても職務の内容の変更は対象業務の範囲内に限られるものである。

(ロ)　法第四十一条の二第一項第二号ロに規定する要件を満たしていること。

法第四十一条の二第一項第二号ロの「労働契約により使用者から支払われると見込まれる賃金の額」とは、個別の労働契約又は就業規則等において、名称の如何にかかわらず、あらかじめ具体的な額をもって支払われることが約束され、支払われることが確実に見込まれる賃金は全て含まれるものである。

したがって、労働者の勤務成績、成果等に応じて支払われる賞与や業績給等、その支給額があらかじめ確定されていないものは含まれないものである。ただし、賞与や業績給でもいわゆる最低保障額が定められ、その最低保障額については支払われることが確実に見込まれる場合には、その最低保障額は含まれるものである。また、一定の具体的な額をもって支払うことが約束されている手当は含まれるが、支給額が減少し得る手当は含まれないものである。

ロ　対象労働者について決議するに当たり、法第四十一条の二第一項第二号に掲げる労働者の範囲を明らかにすることが必要である。また、対象労働者は、対象業務に常態として従事していることが原則であり、対象業務以外の業務にも常態として従事している者は対象労働者とはならない。

(二) 留意事項

イ　職務を定めるに当たり、使用者及び労働者は、職務において求められる成果その他の職務を遂行するに当たって求められる水準を客観的なものとすることが望ましい。

ロ　労使委員会において、法第四十一条の二第一項第二号に掲げる労働者の範囲について決議するに当たり、委員は、事業場の実態や対象業務の性質等に応じて当該範囲を定めることが適当である。

　例えば、当該範囲を一定の職務経験年数や資格を有する労働者に限ることを決議で定めることや、則第三十四条の二第六項に定める額よりも高い額を年収要件として決議で定めることも可能である。

三　法第四十一条の二第一項第三号に掲げる事項関係

(一) 当該事項に関し具体的に明らかにする事項

　決議に際して、法第四十一条の二第一項第三号に規定する健康管理時間（労使委員会が同号の決議により健康管理時間から除くこととした時間を含む。）を把握する方法について、当該事業場の実態に応じて適切なものを具体的に明らかにするとともに、当該方法は次のいずれにも該当するものとすることが必要である。

イ　法第四十一条の二第一項第三号の「事業場内にいた時間」を把握する方法が、タイムカードによる記録、パーソナルコンピュータ等の電子計算機の使用時間の記録等の客観的な方法であること。

　ここでいう「客観的な方法」については、例えば、次に掲げるものを基礎とした出退勤時刻又は入退室時刻の記録が該当する。

① タイムレコーダーによるタイムカードへの打刻記録

② パーソナルコンピュータ内の勤怠管理システムへのログイン・ログアウト記録

③ ICカードによる出退勤時刻又は事業場への入退場時刻の記録

ロ　法第四十一条の二第一項第三号の「事業場外において労働した時間」を把握する方法が、イと同様に客観的な方法であること。

　客観的な方法によることができないやむを得ない理由がある場合には、対象労働者による自己申告により把握することを明らかにすることが認められる。ここでいう「やむを得ない理由」については、対象労働者による自己申告によりその事業場外において労働した時間を把握せざるを得ない理由として具体的に示されている必要があり、例えば、次に掲げるものが考えられる。

① 顧客先に直行直帰し、勤怠管理システムへのログイン・ログアウト等もできないこと。

② 事業場外において、資料の閲覧等パーソナルコンピュータを使用しない作業を行うなど、勤怠管理システムへのログイン・ログアウト等もできないこと。

③ 海外出張等勤怠管理システムへのログイン・ログアウト等が常時できない状況にあること。

ハ　法第四十一条の二第一項第三号の「事業場内にいた時間」から同号の「厚生労働省令で定める労働時間以外の時間」を除くことを決議する場合には、除くこととする時間の内容や性質を具体的に明らかにするとともに、当該除くこととする時間を把握する方法が、イと同様に客観的な方法であること。

　この除くこととする時間について、手待ち時間を含めることや一定時間数を一律に除くことは認められない。

二　健康管理時間を把握するに当たっては、対象労働者ごとに、日々の健康管理時間の始期及び終期並びにそれに基づく健康管理時間の時間数が記録されており、労働安全衛生法（昭和四十七年法律第五十七号）第六十六条の八の四第一項の規定による医師の面接指導を適切に実施するため、使用者は、少なくとも一箇月当たりの健康管理時間の時間数の合計を把握すること。

　ロの対象労働者による自己申告により、複数の日についてまとめて把握する場合であっても、日々及び一箇月当たりの健康管理時間は明らかにされなければならない。

㈡　留意事項

イ　委員は、㈠ニの記録方法とすることを決議で定めることが適当である。

ロ　健康管理時間の記録について、使用者は、対象労働者から求めがあれば、当該対象労働者に開示することが必要である。したがって、委員は、健康管理時間の開示の手続を決議に含めることが必要である。

ハ　使用者は、対象労働者の健康管理時間の状況を把握する際、対象労働者からの健康状態についての申告、健康状態についての上司による定期的なヒアリング等に基づき、対象労働者の健康状態を把握することが望ましい。このため、委員は、法第四十一条の二第一項第四号から第六号までに規定する措置を講ずる前提として、使用者が対象労働者の健康管理時間の状況と併せてその健康状態を把握することを決議に含めることが望ましい。

四　法第四十一条の二第一項第四号に掲げる事項関係

㈠　当該事項に関し具体的に明らかにする事項

イ　決議に際し、対象労働者の休日の取得の手続の具体的内容を明らかにすることが必要である。

ロ　一年間を通じ百四日以上の休日について、対象労働者に与えることができないことが確定した時点から、高度プロフェッショナル制度の法律上の効果は生じない。また、一年間を通じ百四日以上の休日及び四週間を通じ四日以上の休日の起算日は、高度プロフェッショナル制度の適用の開始日となる。

㈡　留意事項

イ　適切に休日を取得することが疲労の蓄積を防止する観点から重要であり、確実に休日を取得するため、対象労働者が、あらかじめ年間の休日の取得予定を決定し、使用者に通知すること及び休日の取得の状況を使用者に明らかにすることが望ましい。

ロ　使用者は、疲労の蓄積を防止する観点から、長期間の連続勤務とならないよう休日を適切に取得することが重要であることについて、対象労働者にあらかじめ周知することが望ましい。

五　法第四十一条の二第一項第五号に掲げる事項関係

㈠　当該事項に関し具体的に明らかにする事項

　決議に際し、法第四十一条の二第一項第五号に規定する措置（以下「選択的措置」という。）について、同号イからニまでに掲げる措置のうちいずれの措置をどのように講ずるかを具体的に明らかにすることが必要である。

㈡　留意事項

イ　委員は、法第四十一条の二第一項

第五号に掲げる事項に関し決議するに当たり、同号イからニまでに掲げる措置のいずれの措置を講ずることとするかについて、対象となり得る労働者の意見を聴くことが望ましい。

ロ　対象事業場（対象業務が存在する事業場をいう。以下同じ。）に複数の対象業務が存在する場合、委員は、当該対象業務の性質等に応じて、対象業務ごとに選択的措置を決議することが望ましい。

ハ　選択的措置として法第四十一条の二第一項第五号ニに掲げる健康診断の実施を決議した場合には、使用者は、これを労働者に確実に受けさせるようにするとともに、健康診断の結果の記録、健康診断の結果に基づく当該対象労働者の健康を保持するために必要な措置に関する医師の意見の聴取、当該医師の意見を勘案した適切な措置等を講ずることが必要である。

六　法第四十一条の二第一項第六号に掲げる事項関係

(一)　当該事項に関し具体的に明らかにする事項

イ　決議に際し、法第四十一条の二第一項第六号に規定する措置（以下「健康・福祉確保措置」という。）について、則第三十四条の二第十四項に規定する措置のうちいずれの措置をどのように講ずるかを具体的に明らかにすることが必要である。

ロ　対象労働者については、使用者が対象業務に従事する時間に関する具体的な指示を行わないこととされているが、使用者は、このために当該対象労働者について、労働契約法（平成十九年法律第百二十八号）第五条の規定に基づく安全配慮義務を免れるものではない。

(二)　留意事項

委員は、把握した対象労働者の健康管理時間及びその健康状態に応じて、対象労働者への高度プロフェッショナル制度の適用について必要な見直しを行うことを決議に含めることが望ましい。例えば、健康管理時間が一定時間を超えた労働者については高度プロフェッショナル制度を適用しないこととすることなどが考えられる。

七　法第四十一条の二第一項第七号に掲げる事項関係

(一)　当該事項に関し具体的に明らかにする事項

イ　決議に際し、法第四十一条の二第一項第七号の「同意の撤回に関する手続」について、撤回の申出先となる部署及び担当者、撤回の申出の方法等その具体的内容を明らかにすることが必要である。

ロ　使用者は、本人同意を撤回した場合の配置及び処遇について、本人同意を撤回した対象労働者をそのことを理由として不利益に取り扱ってはならない。

ハ　本人同意の撤回を申し出た対象労働者については、その時点から高度プロフェッショナル制度の法律上の効果は生じない。

(二)　留意事項

委員は、本人同意を撤回した場合の撤回後の配置及び処遇又はその決定方法について、あらかじめ決議で定めておくことが望ましい。当該撤回後の配置及び処遇又はその決定方法については、使用者が意図的に制度の要件を満たさなかった場合等本人同意の撤回に当たらない場合には適用されないよう定めることが適当である。

八　法第四十一条の二第一項第八号に掲げる事項関係

(一)　当該事項に関し具体的に明らかにする事項

決議に際し、法第四十一条の二第一項第八号の対象業務に従事する対象労働者からの苦情の処理に関する措置

（以下「苦情処理措置」という。）について、苦情の申出先となる部署及び担当者、取り扱う苦情の範囲、処理の手順、方法等その具体的内容を明らかにすることが必要である。

㈡　留意事項

イ　労使委員会において、苦情処理措置について決議するに当たり、委員は、使用者や人事担当者以外の者を申出先となる担当者とすること等の工夫により、対象労働者が苦情を申し出やすい仕組みとすることが適当である。

ロ　取り扱う苦情の範囲については、委員は、高度プロフェッショナル制度の実施に関する苦情のみならず、対象労働者に適用される評価制度及びこれに対応する賃金制度等高度プロフェッショナル制度に付随する事項に関する苦情も含むものとすることが適当である。

ハ　苦情処理措置として、労使委員会が事業場において実施されている苦情処理制度を利用することを決議した場合には、使用者は、対象労働者にその旨を周知するとともに、当該実施されている苦情処理制度が高度プロフェッショナル制度の運用の実態に応じて機能するよう配慮することが適当である。

九　法第四十一条の二第一項第九号に掲げる事項関係

使用者は、本人同意をしなかった場合の配置及び処遇について、本人同意をしなかった労働者をそのことを理由として不利益に取り扱ってはならない。

十　法第四十一条の二第一項第十号に掲げる事項関係

㈠　当該事項に関し具体的に明らかにする事項

法第四十一条の二第一項第十号に規定する「前各号に掲げるもののほか、厚生労働省令で定める事項」として、則第三十四条の二第十五項第一号から第四号までにおいて、次の事項が労使委員会の決議事項として定められている。

イ　決議の有効期間の定め及び当該決議は再度決議をしない限り更新されない旨

ロ　労使委員会の開催頻度及び開催時期

ハ　常時五十人未満の労働者を使用する事業場である場合には、労働者の健康管理等を行うのに必要な知識を有する医師を選任すること。

ニ　本人同意及びその撤回、合意に基づき定められた職務の内容、支払われると見込まれる賃金の額、健康管理時間の状況、法第四十一条の二第一項第四号に規定する措置（以下「休日確保措置」という。）、選択的措置、健康・福祉確保措置及び苦情処理措置の実施状況に関する対象労働者ごとの記録並びにハの選任に関する記録を、イの有効期間中及びその満了後三年間保存すること。

㈡　留意事項

イ　委員は、㈠イの有効期間について、一年とすることが望ましい。

ロ　㈠ロの開催頻度及び開催時期について、法第四十一条の二第二項の規定による報告の内容に関し労使委員会において調査審議し、必要に応じて決議を見直す観点から、少なくとも六箇月に一回、当該報告を行う時期に開催することとすることが必要である。また、委員は、決議を行った後に当該決議の内容に関連して生じた当該決議の時点では予見し得なかった事情の変化に対応するため、委員の半数以上から決議の変更等のための労使委員会の開催の申出があった場合は、㈠イの有効期間の中途であっても決議の変更等のための調査審議を行うものとすることを決議において定めることが適当である。

十一　その他決議に関する事項

労使委員会が決議を行うに当たっては、委員が、高度プロフェッショナル制度の適用を受ける対象労働者に適用される評価制度及びこれに対応する賃金制度の内容を十分理解した上で、行うことが重要である。

このため、労使委員会が決議を行うに先立ち、使用者は、対象労働者に適用される評価制度及びこれに対応する賃金制度の内容について、労使委員会に対し、十分に説明することが適当である。また、委員は、使用者がこれらの制度を変更しようとする場合にあっては労使委員会に対し事前に変更内容の説明をするものとすることを労使委員会において決議することが適当である。

第四　労使委員会の要件等労使委員会に関する事項

労使委員会の要件等に関し対象事業場の使用者並びに当該事業場の労働者、労働組合及び労働者の過半数を代表する者並びに委員が留意すべき事項等は、次のとおりである。

一　労使委員会の設置に先立つ話合い

対象事業場の使用者及び労働者の過半数を代表する者（以下「過半数代表者」という。）又は労働組合は、法第四十一条の二第一項の規定により労使委員会が設置されるに先立ち、設置に係る日程、手順、使用者による一定の便宜の供与がなされる場合にあってはその在り方等について十分に話し合い、定めておくことが望ましい。その際、委員の半数について同条第三項において準用する法第三十八条の四第二項第一号に規定する指名（以下「委員指名」という。）の手続を経なければならないことに鑑み、これらの手続を適切に実施できるようにする観点から話合いがなされることが望ましい。特に、同号に規定する労働者の過半数で組織する労働組合がない場合において、使用者は、過半数代表者が必要な手続を円滑に実施できるよう十分に話し合い、必要な配慮を行うことが適当である。

なお、過半数代表者が適正に選出されていない場合や監督又は管理の地位にある者について委員指名が行われている場合は当該労使委員会による決議は無効であり、過半数代表者は則第六条の二第一項各号に該当するよう適正に選出されている必要がある。また、労使を代表する委員それぞれ一名計二名で構成される委員会は労使委員会として認められない。

二　法第四十一条の二第一項及び関係省令に基づく労使委員会の運営規程

㈠　労使委員会の要件として、則第三十四条の二の三において準用する則第二十四条の二の四において、労使委員会の招集、定足数、議事その他労使委員会の運営について必要な事項に関する規程（以下「運営規程」という。）が定められていること、使用者は運営規程の作成又は変更について労使委員会の同意を得なければならないこと等が規定されている。この運営規程には、労使委員会の招集に関する事項として決議の調査審議のための委員会、決議に係る有効期間中における制度の運用状況の調査審議のための委員会等定例として予定されている委員会の開催に関すること及び必要に応じて開催される委員会の開催に関することを、議事に関する事項として議長の選出に関すること及び決議の方法に関することを、それぞれ規定することが適当である。

㈡　運営規程において、定足数に関する事項を規定するに当たっては、労使委員会が決議をする場合の委員の五分の四以上の多数による議決とは、労使委員会に出席した委員の五分の四以上の多数による議決で足りるものであることに鑑み、全委員に係る定足数のほか、労使を代表する委員それぞれについて一定割合又は一定数以上の出席を必要とし、これらを満たさない場合には議決できないことを定めることが適当である。

三　労使委員会に対する使用者による情報の開示

(一)　決議が適切に行われるため、使用者は、労使委員会に対し、決議のための調査審議をする場合には、第三の十一において使用者が労使委員会に対し十分に説明するものとすることが適当であるとされている対象労働者に適用される評価制度及びこれに対応する賃金制度の内容に加え、高度プロフェッショナル制度が適用されることとなった場合における対象業務の具体的内容を開示することが適当である。

(二)　委員が、当該対象事業場における高度プロフェッショナル制度の実施状況に関する情報を十分に把握するため、使用者は、労使委員会に対し、健康管理時間の状況、休日確保措置の実施状況、選択的措置の実施状況、健康・福祉確保措置の実施状況、苦情処理措置の実施状況及び労使委員会の開催状況を開示することが適当である。

なお、対象労働者からの苦情の内容及びその処理状況を労使委員会に開示するに当たっては、使用者は対象労働者のプライバシーの保護に十分留意することが必要である。

(三)　運営規程においては、使用者が開示すべき情報の範囲、開示手続、開示が行われる労使委員会の開催時期等必要な事項を定めておくことが適当である。

使用者が開示すべき情報の範囲を定めるに当たっては、健康管理時間の状況や休日確保措置の実施状況に関し使用者が開示すべき情報の範囲について、対象労働者全体の平均値だけではなく、その分布を示すなど対象労働者の個別の状況が明らかになるものとすることが適当である。

四　労使委員会と労働組合等との関係

(一)　労使委員会は、法第四十一条の二第一項において「賃金、労働時間その他の当該事業場における労働条件に関する事項を調査審議し、事業主に対し当該事項について意見を述べることを目的とする委員会」とされている。この委員会による調査審議は、決議に基づく高度プロフェッショナル制度の適正な実施を図る観点から行われるものであり、労働組合の有する団体交渉権を制約するものではない。

このため、運営規程においては、労使委員会と労働組合又は労働条件に関する事項を調査審議する労使協議機関との関係を明らかにしておくため、それらと協議の上、労使委員会の調査審議事項の範囲を定めておくことが適当である。

(二)　法第四十一条の二第三項において準用する法第三十八条の四第五項の規定に基づき、労使委員会において、委員の五分の四以上の多数による議決により同項に掲げる規定（以下「特定条項」という。）において労使協定に委ねられている事項について決議した場合には、当該労使委員会の決議をもって特定条項に基づく労使協定に代えることができることとされている。

このため、運営規程においては、労使委員会と特定条項に係る労使協定の締結当事者となり得る労働組合又は過半数代表者との関係を明らかにしておくため、これらと協議の上、労使委員会が特定条項のうち労使協定に代えて決議を行うこととする規定の範囲を定めておくことが適当である。

解釈例規

〈編注〉以下に掲げた平三一・三・二五基発〇三二五第一号に関して、本文中において引用されている番号については、各項目の上に付されている番号の箇所を参照されたい。

1【趣旨】　高度プロフェッショナル制度は、高度の専門的知識等を有し、職務の範囲が明確で一定の年収要件を満たす労働者を対象として、法第四十一条の二第一項の委員会（以下「労使委員会」という。）の決議及び労働者本人の同意を前提として、年間百四日以上の休日確保措置や、対象業務に従事する対象労働者の健康管理を行うために当該対象労働者が事業場内にいた時間（労使委員会が休憩時間その他対象労働者が労働していない時間を除くことを決議したときは、当該決議に係る時間を除いた時間）と事業場外において労働した時間との合計の時間（以下「健康管理時間」という。）の状況に応じた健康及び福祉を確保するための措置（以下「健康・福祉確保措置」という。）等を講ずることにより、労働基準法に定められた労働時間、休憩、休日及び深夜の割増賃金に関する規定を適用しない制度である。

（平三一・三・二五　基発〇三二五第一号）

2【労使委員会による決議の届出】　高度プロフェッショナル制度を事業場に導入するに当たっては、労使委員会がその委員の五分の四以上の多数による議決により、下記4から13までの事項に関する決議（以下「決議」という。）をし、かつ、使用者が、様式第一四号の二により、当該決議を所轄労働基準監督署長に届け出なければならないものであること。

なお、下記4から13までのいずれかの事項に関し、適正な決議がなされていない場合、高度プロフェッショナル制度の法律上の効果は生じないこと。また、下記6から8までの事項について決議した場合であっても、当該決議内容に基づく措置を講じていない場合は、高度プロフェッショナル制度の法律上の効果は生じないこと。

（平三一・三・二五　基発〇三二五第一号）

3【本人同意】　高度プロフェッショナル制度を労働者に適用するに当たっては、使用者は、次に掲げる事項を明らかにした書面に対象労働者の署名を受け、当該書面の交付を受ける方法（当該対象労働者が希望した場合にあっては、当該書面に記載すべき事項を記録した電磁的記録の提供を受ける方法）により、当該対象労働者の同意を得なければならないものであること。

(1)　対象労働者が法第四十一条の二第一項の同意（以下「本人同意」という。）をした場合には、同項の規定により、法第四章で定める労働時間、休憩、休日及び深夜の割増賃金に関する規定が適用されないこととなる旨

(2)　本人同意の対象となる期間

(3)　上記(2)の期間中に支払われると見込まれる賃金の額

（平三一・三・二五　基発〇三二五第一号）

4【対象業務】　決議において、当該事業場における高度プロフェッショナル制度の対象業務を定めなければならないものであること。

高度プロフェッショナル制度の対象業務は、高度の専門的知識等を必要とし、その性質上従事した時間と従事して得た成果との関連性が通常高くないと認められる業務であり、具体的には、次に掲げる業務（当該業務に従事する時間に関し使用者から具体的な指示（業務量に比して著しく短い期限の設定その他の実質的に当該業務に従事する時間に関する指示と認められるものを含む。）を受けて行うものを除く。）であること。

(1)　金融工学等の知識を用いて行う金融商品の開発の業務

(2)　資産運用（指図を含む。以下この(2)において同じ。）の業務又は有価証券の売買その他の取引の業務のうち、投資判断に基づく資産運用の業務、投資判断に基づく資産運用として行う有価証券の売買その他の取引の業務又は投資判断に基づき自己の計算において行う有価証券の売買その他の取引の業務

(3)　有価証券市場における相場等の動向又

は有価証券の価値等の分析、評価又はこれに基づく投資に関する助言の業務

(4)　顧客の事業の運営に関する重要な事項についての調査又は分析及びこれに基づく当該事項に関する考案又は助言の業務

(5)　新たな技術、商品又は役務の研究開発の業務

（平三一・三・二五　基発〇三二五第一号）

5【対象労働者の範囲】　決議において、次のいずれにも該当する労働者であって、当該事業場における高度プロフェッショナル制度の対象業務に就かせようとするものの範囲を定めなければならないものであること。

(1)　職務が明確に定められていること（法第四十一条の二第一項第二号イ及び則第三十四条の二第四項関係）

使用者との間の合意に基づき職務が明確に定められていること。

この「合意」の方法は、使用者が、次に掲げる事項を明らかにした書面に対象労働者の署名を受け、当該書面の交付を受ける方法（当該対象労働者が希望した場合にあっては、当該書面に記載すべき事項を記録した電磁的記録の提供を受ける方法）とすること。

①　業務の内容

②　責任の程度

③　職務において求められる成果その他の職務を遂行するに当たって求められる水準

(2)　年収要件（法第四十一条の二第一項第二号ロ並びに則第三十四条の二第五項及び第六項関係）

労働契約により使用者から支払われると見込まれる賃金の額を一年間当たりの賃金の額に換算した額が基準年間平均給与額の三倍の額を相当程度上回る水準として厚生労働省令で定める額以上であること。

この「基準年間平均給与額」は、厚生労働省において作成する毎月勤労統計における毎月きまって支給する給与の額の一月分から十二月分までの各月分の合計額とすること。

また、「厚生労働省令で定める額」は、千七十五万円とすること。

（平三一・三・二五　基発〇三二五第一号）

6【健康管理時間の把握】　決議において、健康管理時間を把握する措置を当該決議で定めるところにより使用者が講ずることを定めなければならないものであること。

健康管理時間を把握する方法は、タイムカードによる記録、パーソナルコンピュータ等の電子計算機の使用時間の記録等の客観的な方法とすること。ただし、事業場外において労働した場合であって、やむを得ない理由があるときは、自己申告によることができること。

（平三一・三・二五　基発〇三二五第一号）

7【休日の確保】　決議において、対象業務に従事する対象労働者に対し、一年間を通じ百四日以上、かつ、四週間を通じ四日以上の休日を当該決議及び就業規則その他これに準ずるもので定めるところにより使用者が与えることを定めなければならないものであること。

（平三一・三・二五　基発〇三二五第一号）

8【選択的措置】　決議において、対象業務に従事する対象労働者に対し、次のいずれかに該当する措置を当該決議及び就業規則その他これに準ずるもので定めるところにより使用者が講ずることを定めなければならないものであること。

(1)　労働者ごとに始業から二十四時間を経過するまでに十一時間以上の継続した休息時間を確保し、かつ、法第三十七条第四項に規定する時刻の間において労働させる回数を一箇月について四回以内とすること

(2)　一週間当たりの健康管理時間が四十時間を超えた場合におけるその超えた時間について、一箇月について百時間を超え

ない範囲内とすること又は三箇月について二百四十時間を超えない範囲内とすること

(3)　一年に一回以上の継続した二週間（労働者が請求した場合においては、一年に二回以上の継続した一週間）（使用者が当該期間において、法第三十九条の規定による有給休暇を与えたときは、当該有給休暇を与えた日を除く。）について、休日を与えること

(4)　一週間当たりの健康管理時間が四十時間を超えた場合におけるその超えた時間が一箇月当たり八十時間を超えた労働者又は申出があった労働者に健康診断（以下「臨時健康診断」という。）を実施すること

　臨時健康診断は、安衛則第四十四条第一項第一号から第三号まで、第五号及び第八号から第十一号までに掲げる項目（同項第三号に掲げる項目にあっては、視力及び聴力の検査を除く。）並びに安衛則第五十二条の四各号に掲げる事項の確認を含むものに限ること。

（平三一・三・二五　基発〇三二五第一号）

9【健康・福祉確保措置】　決議において、対象業務に従事する対象労働者の健康管理時間の状況に応じた当該対象労働者の健康・福祉確保措置であって、次に掲げる措置のうち当該決議で定めるものを使用者が講ずることを定めなければならないものであること。

(1)　上記8の(1)から(4)までのいずれかの措置であって、上記8の措置として講ずることとした措置以外のもの

(2)　健康管理時間が一定時間を超える対象労働者に対し、医師による面接指導（問診その他の方法により心身の状況を把握し、これに応じて面接により必要な指導を行うことをいい、安衛法第六十六条の八の四第一項の規定による面接指導を除く。）を行うこと

(3)　対象労働者の勤務状況及びその健康状態に応じて、代償休日又は特別な休暇を付与すること

(4)　対象労働者の心とからだの健康問題についての相談窓口を設置すること

(5)　対象労働者の勤務状況及びその健康状態に配慮し、必要な場合には適切な部署に配置転換をすること

(6)　産業医等による助言若しくは指導を受け、又は対象労働者に産業医等による保健指導を受けさせること

（平三一・三・二五　基発〇三二五第一号）

10【同意の撤回に関する手続】　決議において、本人同意の撤回に関する手続を定めなければならないものであること。

（平三一・三・二五　基発〇三二五第一号）

11【苦情処理措置】　決議において、対象業務に従事する対象労働者からの苦情の処理に関する措置を当該決議で定めるところにより使用者が講ずることを定めなければならないものであること。

（平三一・三・二五　基発〇三二五第一号）

12【不利益取扱いの禁止】　決議において、使用者は、本人同意をしなかった対象労働者に対して解雇その他不利益な取扱いをしてはならないことを定めなければならないものであること。

（平三一・三・二五　基発〇三二五第一号）

13【その他の決議事項】　決議において、上記4から12までの事項のほか、次に掲げる事項を定めなければならないものであること。

(1)　決議の有効期間の定め及び当該決議は再度決議をしない限り更新されない旨

(2)　労使委員会の開催頻度及び開催時期

(3)　常時五十人未満の労働者を使用する事業場である場合には、労働者の健康管理等を行うのに必要な知識を有する医師を選任すること。

(4)　使用者は、次の①から⑧までに掲げる事項に関する対象労働者ごとの記録及び

⑨に掲げる事項に関する記録を⑴の有効期間中及び当該有効期間の満了後三年間保存すること。

① 本人同意及びその撤回
② 上記5⑴の合意に基づき定められた職務の内容
③ 上記5⑵の支払われると見込まれる賃金の額
④ 健康管理時間の状況
⑤ 上記7の措置の実施状況
⑥ 上記8の措置の実施状況
⑦ 上記9の措置の実施状況
⑧ 上記11の措置の実施状況
⑨ 上記⑶の医師の選任

（平三一・三・二五　基発〇三二五第一号）

14【報告】　決議の届出をした使用者は、当該決議の有効期限の始期から起算して六箇月以内ごとに、様式第一四号の二により、健康管理時間の状況及び上記7から9までの措置の実施状況について所轄労働基準監督署長に報告しなければならないものであること。

（平三一・三・二五　基発〇三二五第一号、令五・八・二基発〇八〇二第七号）

15【労使委員会の要件等】　労使委員会の要件及び労使委員会において高度プロフェッショナル制度に係る決議以外に決議をすることができる事項については、企画業務型裁量労働制の労使委員会に準じるものであること。

なお、労基則第二十四条の二の四第四項ロからニまでは準用しないものであること。

（平三一・三・二五　基発〇三二五第一号、令五・八・二基発〇八〇二第七号）

16【指針】　厚生労働大臣は、対象業務に従事する労働者の適正な労働条件の確保を図るために、労使委員会が決議する事項について指針を定め、これを公表するものであること。また、決議をする労使委員会の委員は、当該決議の内容が指針に適合したものとなるようにしなければならないものであること。さらに、行政官庁は、指針に関し、決議をする労使委員会の委員に対し、必要な助言及び指導を行うことができるものであること。

（平三一・三・二五　基発〇三二五第一号）

【労使委員会の決議を変更する場合】

問　法第四十一条の二第一項に規定する委員会（以下「労使委員会」という。）の決議について、決議内容の変更のため再決議する場合、再度、所轄労働基準監督署長に届け出る必要があるか。また、再決議で決議内容が変更されず同内容だった場合、再度、所轄労働基準監督署長に届け出る必要があるか。

答　再度、届出が必要である。決議の届出が高度プロフェッショナル制度の効力の発生要件であることから、再決議をして決議内容が変更された場合や再決議で決議内容が変更されず同内容だった場合にも、当該決議を所轄労働基準監督署長に届け出なければ、当該決議に基づく高度プロフェッショナル制度の効力が発生しないこととなる。

（令元・七・一二　基発〇七一二第二号　雇均発〇七一二第二号）

【再決議した場合の本人同意】

問　労使委員会の決議について、その有効期間中に内容を変更するため再決議した場合、改めて対象労働者（法第四十一条の二第一項に規定する対象労働者をいう。以下同じ。）の同意（以下「本人同意」という。）を得る必要があるか。

答　再決議における決議の内容の変更点が、則第三十四条の二第二項に規定する「同意を得るための書面」（以下この答において「同意書面」という。）又は則第三十四条の二第四項に規定する「合意するための書面」（以下この答において「合意書面」という。）において、個々の対象労働者が同意又は合意した事項に係るものである場合は、対象労働者本人の同意又は合意を取り直す必要がある。再決議における決議の内容の変更点が、同意書面又は合意書面において、個々の対象労働者が同意又は合意した事項に係るもの以外の事項にとどまる場合には、当該個々の対象労働者について同意又は合意を取り直す必要はないが、変更した決議の内容について当該個々の対象労働者に書面で明示するとともに、対象労働者は本人同意の撤回ができる旨を周知することが適当である。なお、決議の内容が変更されたことにより、対象業務や対象労働者の範囲の対象外となった場合には、同意の問題ではなく、高度プロフェッショナル制度の適用から外れることとなる。

（令元・七・一二　基発〇七一二第二号　雇均発〇七一二第二号）

【労使委員会の労働者代表委員】

問　労使委員会の構成員のうち、当該事業場の労働者を代表する者（以下「労働者代表委員」という。）に高度プロフェッショナル制度の対象労働者になり得る労働者やその上司（法第四十一条第二号に規定する監督若しくは管理の地位にある者を除く。以下同じ。）を指名することは可能か。

答　可能である。ただし、これらの者が労働者代表委員になったことが、当該対象労働者になり得る労働者の本人同意の判断に影響させてはならない。

（令元・七・一二　基発〇七一二第二号　雇均発〇七一二第二号）

【本社事業場以外の事業場に係る決議】

問　本社事業場以外の事業場で高度プロフェッショナル制度を導入する場合において、本社事業場における労使委員会で本社事業場以外の事業場に係る決議をすることは可能か。

答　労使委員会の決議は、高度プロフェッショナル制度を導入しようとする事業場ごとに行わなければならない。

（令元・七・一二　基発〇七一二第二号　雇均発〇七一二第二号）

【労使委員会の運営規程】

問　労使委員会の運営規程は必ず作成しなければならないか。また、運営規程についての同意を得るために労使委員会を開催しなければならないか。

答　則第三十四条の二の三において準用する則第二十四条の二の四第四項の規定により、労使委員会の招集、定足数、議事その他労使委員会の運営について必要な事項に関する規程（運営規程）を定めなければならない。

　また、同条第五項の規定により、使用者は運営規程の作成又は変更について労使委員会の同意を得なければならない。

（令元・七・一二　基発〇七一二第二号　雇均発〇七一二第二号）

【決議の有効期間と本人同意の対象となる期間】

問　決議の有効期間と本人同意の対象となる期間が一致していない場合、決議の有効期間満了時に再決議を行えば、本人同意は有効のままか。

答　決議の有効期間満了時に再決議され、決議の有効期間が継続される場合であっても、対象労働者の本人同意を取り直す必要がある。

　なお、本人同意の対象となる期間中であっても、決議の有効期間満了時に再決議を行わない場合は、当該決議の有効期間満了をもって、高度プロフェッショナル制度は適用されなくなる。

（令元・七・一二　基発〇七一二第二号　雇均発〇七一二第二号）

【「職務」に関する事前チェックの可否】

問　労使委員会において、使用者が個別の対象労働者について定めた職務（法第四十一条の二第一項第二号イの職務をいう。以下同じ。）の内容を事前にチェックすることはできるか。

答　職務については、法第四十一条の二第一項第二号イの規定により、労使委員会の決議の後に、使用者と対象労働者との間で個別に合意するものである。なお、事業場独自の取組として、使用者が労働者に提示する則第三十四条の二第四項に規定する「合意するための書面」の案について、労使委員会において、業務量が適切か等について事前にチェックすることは可能である。

（令元・七・一二　基発〇七一二第二号　雇均発〇七一二第二号）

【決議の有効期間中の廃止・再決議】

問　決議の有効期間の途中で労使委員会において決議の上、前の決議を無効にし、有効期間を新たに定めて決議することは可能か。（例えば、十月一日から一年間の有効期間を定めて決議を行ったが、事業年度が翌年の四月一日からとなるので、そちらに合わせる場合）

答　労使委員会の委員の五分の四以上の決議により、決議を廃止することは可能である。その上で、決議を廃止した日以降の新たな有効期間を定めて決議することも可能である。

この場合、再決議における決議の内容の変更点が、則第三十四条の二第二項に規定する同意書面（以下この答において「同意書面」という。）又は則第三十四条の二第四項に規定する合意書面（以下この答において「合意書面」という。）において、個々の対象労働者が同意又は合意した事項に係るものである場合は、対象労働者本人の同意又は合意を取り直す必要がある。再決議における決議の内容の変更点が、同意書面又は合意書面において、個々の対象労働者が同意又は合意した事項に係るもの以外の事項にとどまる場合には、当該個々の対象労働者について同意又は合意を取り直す必要はないが、変更した決議の内容について当該個々の対象労働者に書面で明示するとともに、対象労働者は本人同意の撤回ができる旨を周知することが適当である。

（令元・七・一二　基発〇七一二第二号　雇均発〇七一二第二号）

【本人同意と職務の合意に用いる書面の併用】

問　則第三十四条の二第二項に規定する「同意を得るための書面」と、則第三十四条の二第四項に規定する「合意するための書面」を一つの書面にまとめることは可能か。

答　則第三十四条の二第四項に規定する「合意するための書面」は、使用者と対象労働者との間で、具体的な業務内容等について合意するものである。一方、則第三十四条の二第二項に規定する「同意を得るための書面」は、使用者が対象労働者に対し、高度プロフェッショナル制度が適用された場合には、法第四章で定める労働時間、休憩、休日及び深夜の割増賃金に関する規定が適用されないこと等について同意を得るものである。

これらは紛れることのないように別個の書面とすることが望ましいが、一つの書面にまとめる場合でも、則第三十四条の二第二項各号に掲げる事項について対象労働者が同意し、かつ、同条第四項各号に掲げる事項について対象労働者と合意したことがそれぞれ明らかとなっていれば差し支えない。

（令元・七・一二　基発〇七一二第二号　雇均発〇七一二第二号）

【本人同意を得るに当たっての時間的余裕の確保】

問　高プロ指針の第二の二において、本人同意を得るに当たっては、あらかじめ当該指針に掲げる事項を書面で明示することが適当であるとされているが、「あらかじめ」の定義如何。

答　「あらかじめ」とは、対象労働者が制度の適用について同意するかどうか判断するのに十分な時間的余裕を確保することをいう。

（令元・七・一二　基発〇七一二第二号　雇均発〇七一二第二号）

【制度が無効と判断された場合の再適用】

問　高度プロフェッショナル制度が法第四十一条の二第一項第三号から第五号までに規定するいずれかの措置を講じていないことにより、制度の法律上の効果が生じないと判断された場合、決議の有効期間中であれば、再度、対象労働者の同意を得て、高度プロフェッショナル制度を適用することは可能か。

答　使用者が法第四十一条の二第一項第三号に規定する健康管理時間を把握する措置又は法第四十一条の二第一項第五号に規定する選択的措置を講じておらず、高度プロフェッショナル制度の法律上の効果が生じないと判断された場合には、決議の有効期間中であれば、使用者による健康管理時間を把握する措置又は選択的措置の実施を確保できるよう、必要な措置を検討し、当該効果が生じないと判断された労働者に対し、当該効果が生じないと判断された事実の内容を具体的に十分に説明した上で本人同意を取り直し、当該措置を使用者が講ずる場合には高度プロフェッショナル制度を適用することは可能である。この場合において、必要な措置を検討した結果、決議の内容を変更するため再決議した場合には、問2〈編注　【再決議した場合の本人同意】六〇一頁参照〉に記載のとおり、本人同意等の手続をとることとなる。

なお、適用の効果は将来に向けてのみ有効であり、無効であった期間を遡及して有効にするものではない。

しかしながら、法第四十一条の二第一項第四号に規定する年間百四日の休日を取得できないことが確定した場合には、決議の有効期間の残りの期間において、再度高度プロフェッショナル制度を適用することはできない。

（令元・七・一二　基発〇七一二第二号　雇均発〇七一二第二号）

【本人同意及び職務に関する電磁的記録の提供の方法】

問　則第三十四条の二第二項及び第四項の「当該書面に記載すべき事項を記録した電磁的記録の提供を受ける方法」とは何か。

答　「当該書面に記載すべき事項を記録した電磁的記録の提供を受ける方法」とは、当該書面に対象労働者本人が署名その他必要事項を記載したものをＰＤＦファイルに読み込み、電子メール等に添付し送信させる方法をいう。

（令元・七・一二　基発〇七一二第二号　雇均発〇七一二第二号）

【職務の明確性の程度】

問　高プロ指針第三の二㈠イ(イ)においては、職務の明確性として「当該対象労働者の業務の内容、責任の程度及び職務において求められる成果その他の職務を遂行するに当たって求められる水準」が具体的に定められていることを求めているが、どの程度の具体性が求められるのか。

答　職務については、労使当事者において可能な限り具体的に定めるものであり、対象労働者の職務の内容とそれ以外の職務の内容との区別が客観的になされている必要がある。したがって、業務の内容が抽象的に定められており、使用者の一方的な指示により業務を追加することができるものは、職務が明確に定められているとはいえない。また、職務を定めるに当たり、働き方の裁量を失わせるような業務量や成果を求めるものではないことが必要である。

（令元・七・一二　基発〇七一二第二号　雇均発〇七一二第二号）

【職務の範囲の変更】

問　法第四十一条の二第一項第一号の規定により労使委員会で決議した業務（以下「対象業務」という。）の範囲内であれば、対象労働者と職務の範囲について合意し直すことは可能か。

答　可能である。

（令元・七・一二　基発〇七一二第二号　雇均発〇七一二第二号）

【対象業務の適否の判断】

問　個々の事業場で行われる対象業務について、何をもって法第四十一条の二第一項第一号及び則第三十四条の二第三項の要件を満たすと判断するのか。

答　高プロ指針第三の一に示された対象業務の解釈・具体例に照らし、個別の業務の実態をみて判断するものである。

（令元・七・一二　基発〇七一二第二号　雇均発〇七一二第二号）

【対象業務に付随する業務の取扱い】

問　対象業務に常態として従事しているが、これに付随して対象業務とならないその他の業務を行うことがあるが、その場合、高度プロフェッショナル制度の適用対象となるか。

答　対象業務に関連する情報・資料の収集、整理、加工等のように、対象業務を遂行する上で当然に付随する業務は、それらも含めて全体が対象業務となるものである。なお、対象労働者は、対象業務に常態として従事していることが必要であり、対象業務に加え、対象業務以外の業務に常態として従事している者は、対象労働者には該当しない。

（令元・七・一二　基発〇七一二第二号　雇均発〇七一二第二号）

【複数の対象業務に該当する場合】

問　対象労働者が従事する業務の内容が則第三十四条の二第三項の対象業務の複数に該当する場合でも、高度プロフェッショナル制度の適用対象となるか。

答　則第三十四条の二第三項の対象業務に該当する限り、対象労働者が従事する業務の内容が複数の対象業務に該当する場合であっても、決議の内容及び職務に関する合意を前提に、高度プロフェッショナル制度を適用することは可能である。

（令元・七・一二　基発〇七一二第二号　雇均発〇七一二第二号）

【対象業務以外の業務をともに行う場合】

問　則第三十四条の二第三項は、対象業務を限定列挙したものか。対象業務と対象業務以外の業務をともに行っている場合の取扱い如何。

答　則第三十四条の二第三項は、高度プロフェッショナル制度の対象業務を限定列挙したものである。

対象労働者は、対象業務に常態として従事していることが必要であり、対象業務に加え、対象業務以外の業務に常態として従事している者は、対象労働者には該当しない。

（令元・七・一二　基発〇七一二第二号　雇均発〇七一二第二号）

【出勤日に関する指示の可否】

問　使用者は、対象労働者に対して出勤日について指示を行うことができるか。

答　対象労働者には、働く時間帯の選択や時間配分について自らが決定できる広範な裁量が認められている必要があり、使用者は、対象労働者に対し、一定の日に業務に従事するよう指示を行うことはできない。ただし、休日を確実に取得させるため、対象労働者に対し、働く時間帯の選択や時間配分についての裁量を阻害しない範囲において一定の日に休日を取得するよう求めることとしては可能である。また、使用者が、全社的な所定労働日などを参考として伝えることは妨げられないが、対象労働者はそれに従う必要はない。

（令元・七・一二　基発〇七一二第二号　雇均発〇七一二第二号）

【年収要件に算入される手当】

問　法第四十一条の二第一項第二号ロの「労働契約により使用者から支払われると見込まれる賃金」には、具体的にどのような手当が含まれるのか。

答　名称の如何にかかわらず、労働契約において「月〇万円」など一定の具体的な額をもって支払うことが定められている手当は含まれるが、「一か月の定期券代相当の額」など一定の具体的な額や最低保障額が定められておらず、労働契約締結後の事情の変化等により支給額が変動し得る手当は含まれない。
（令元・七・一二　基発〇七一二第二号　雇均発〇七一二第二号）

【業績給の取扱い】

問　法第四十一条の二第一項第二号ロの「労働契約により使用者から支払われると見込まれる賃金」について、業績給（業績に応じて支給額が変動する賃金をいう。）の取扱い如何。

答　業績給の業績連動部分などその支給額があらかじめ確定されていない賃金は含まれないが、業績にかかわらず支払われる最低保障額が定められている場合には、その最低保障額は含まれることとなる。
（令元・七・一二　基発〇七一二第二号　雇均発〇七一二第二号）

【制度の適用を受ける期間が一年未満の場合の年収要件の考え方】

問　高度プロフェッショナル制度の適用を受ける期間が一年未満の対象労働者の場合、法第四十一条の二第一項第二号ロの要件（年間千七十五万円以上）を満たしているかどうかはどのように判断するのか。

答　高度プロフェッショナル制度が適用される期間に確実に支払われることが見込まれる賃金を一年間当たりの賃金の額に換算し、その額が千七十五万円以上となるか否かによって判断することとなる。

　なお、換算の計算は、按分により行う。例えば、高度プロフェッショナル制度の適用対象としようとする期間が六か月であり、確実に支払われる賃金が五百万円である場合には、500万円×12/6＝1,000万円となり、要件を満たさない。なお、按分した結果一円未満の端数が生じた場合は、すべて切り捨てなければならない。
（令元・七・一二　基発〇七一二第二号　雇均発〇七一二第二号）

【制度適用前後の賃金額】

問　高プロ指針第二の五において、「賃金の額が対象となる前の賃金の額から減ることにならないようにすること」と明記されているが、この対象となる前の賃金の額には、割増賃金も含まれるか。

答　割増賃金も含めて、高度プロフェッショナル制度の対象となる前の賃金の額から減ることにならないようにすることが必要である。このことは、従前の賃金が割増賃金を含まずに年間千七十五万円を上回っている場合も同様である。
（令元・七・一二　基発〇七一二第二号　雇均発〇七一二第二号）

【休憩時間を把握していない場合】

問　健康管理時間について、労使委員会で休憩時間を除くことを決議していたが、実際には始業時刻と終業時刻しか把握しておらず、休憩時間を把握していなかった場合は、決議に違反することとなるため、高度プロフェッショナル制度の法律上の効果は生じないこととなるか。

答　健康管理時間が把握されていないこととなり、高度プロフェッショナル制度の法律上の効果は生じない。

　なお、休憩時間を除くことを決議していないにもかかわらず、休憩時間を除いた時間を健康管理時間としていた場合にも、健康管理時間の把握が適切になされているとはいえない。
（令元・七・一二　基発〇七一二第二号　雇均発〇七一二第二号）

【健康管理時間を把握していない場合】

問　高度プロフェッショナル制度の対象労働者が複数いる場合において、このうち一人の対象労働者の健康管理時間が把握されていなかった場合には、その他の対象労働者についても高度プロフェッショナル制度は適用されなくなるか。

答　法第四十一条の二第一項第三号から第五号までの措置を講じているかどうかは、対象労働者ごとに判断されるものである。

一人の対象労働者に対してこれらの措置が講じられていない場合であっても、他の対象労働者に対してはこれらの措置が講じられているのであれば、それらの対象労働者については高度プロフェッショナル制度の適用は否定されない。

（令元・七・一二　基発〇七一二第二号　雇均発〇七一二第二号）

【本人同意の対象となる期間が一年未満の場合における休日の付与】

問　本人同意の対象となる期間が一年未満の場合、年間百四日以上の休日の与え方はどうなるか。

答　本人同意の対象となる期間に応じて、百四日を按分した日数について休日を与えなければならない。例えば、本人同意の対象となる期間が六か月の場合には、$104 \times 6/12 = 52$日となる。なお、按分した結果一日未満の端数が生じた場合は、端数は一日に繰り上げなければならない。

（令元・七・一二　基発〇七一二第二号　雇均発〇七一二第二号）

【四週間を通じ四日以上の休日を確保できなかった場合】

問　指針第三の四㈠ロにおいて、「一年間を通じ百四日以上の休日について、対象労働者に与えることができないことが確定した時点から、高度プロフェッショナル制度の法律上の効果は生じない。」とされているが、四週間を通じ四日以上の休日を確保できなかった場合も同じか。

答　四週間を通じ四日以上の休日を確保できなかった場合は、確保できなくなることが確定した時点から高度プロフェッショナル制度の法律上の効果が生じないこととなる。

なお、四週間を通じ四日以上の休日を確保できなかった場合については、当該四週間の期間中には、再度、本人同意を得ることはできない。

（令元・七・一二　基発〇七一二第二号　雇均発〇七一二第二号）

【予定と異なる日に休日を取得した場合】

問　対象労働者が年間の休日の取得予定とは異なる日に休日を取得する場合の取扱い如何。特に、法第四十一条の二第一項第四号の百四日以上の休日確保と①取得予定日と異なる日に休日を取得した場合、②年次有給休暇（法第三十九条の規定による有給休暇をいう。以下同じ。）を取得した場合、③事業場において独自に設けられた特別休暇を取得した場合との関係如何。

答　①高度プロフェッショナル制度の対象労働者は、休日の取得についても使用者の具体的な指示を受けないものであり、取得予定日と異なる日に休日を取得したとしても、法第四十一条の二第一項第四号の要件を満たす限り高度プロフェッショナル制度は有効である。②年次有給休暇は、法第四十一条の二第一項第四号の休日には含まれない。③事業場において独自に設けられた特別休暇についても、年次有給休暇と同様に、法第四十一条の二第一項第四号の休日には含まれない。

（令元・七・一二　基発〇七一二第二号　雇均発〇七一二第二号）

【選択的措置の考え方】

問　法第四十一条の二第一項第五号に規定する措置（以下「選択的措置」という。）について、対象労働者ごとに別々の措置を講じることは可能か。また、対象労働者に対し、複数選択して実施することは可能か。

答　決議において定めれば可能である。

（令元・七・一二　基発〇七一二第二号　雇均発〇七一二第二号）

【複数の選択的措置を決議した場合】

問　選択的措置を複数選択して実施することを決議した場合、決議した措置のうち一つでも実施できなかったときは、高度プロフェッショナル制度の法律上の効果が生じないこととなるのか。

答　選択的措置を複数選択して実施するこ

とを決議した場合、決議した措置のうち一つでも実施できなければ、法第四十一条の二第一項第五号に違反することとなり、当該措置が実施されなかった対象労働者については、当該措置が実施されなかった時点から、高度プロフェッショナル制度の法律上の効果は生じないこととなる。

（令元・七・一二　基発〇七一二第二号　雇均発〇七一二第二号）

【本人同意の対象となる期間が一年未満の場合の二週間の連続休暇】

問　本人同意の対象となる期間が一年未満の場合、選択的措置について、二週間の連続休日（法第四十一条の二第一項第五号ハ）を決議したときは、当該休日について按分して与えることとしてよいか。

答　本人同意の対象となる期間が一年未満の場合であっても、当該措置を選択した場合には、二週間連続の休日を確実に取得させなければならない。

（令元・七・一二　基発〇七一二第二号　雇均発〇七一二第二号）

【二週間の連続休暇における有給休暇の取扱い】

問　法第四十一条の二第一項第五号ハの二週間連続の休日には、年次有給休暇を取得した日もカウントしてよいか。

答　法第四十一条の二第一項第五号ハは、年次有給休暇を取得した日も含めて、連続二週間について休日を確保することを規定したものである。なお、条文において「使用者が当該期間において、第三十九条の規定による有給休暇を与えたときは、当該有給休暇を与えた日を除く。」とあるのは、年次有給休暇を与えた日については休日を与える必要はない旨を規定したものである。

（令元・七・一二　基発〇七一二第二号　雇均発〇七一二第二号）

【臨時の健康診断の実施時期】

問　選択的措置について、臨時の健康診断（法第四十一条の二第一項第五号ニに規定する健康診断をいう。以下同じ。）を決議した場合、当該措置はいつまでに実施すればよいか。

答　臨時の健康診断を実施すべき時期については、決議及び就業規則その他これに準ずるもので定めるところによる。なお、一か月の健康管理時間を算定した日又は労働者からの申出があった日から一か月以内に実施することが適当である。

（令元・七・一二　基発〇七一二第二号　雇均発〇七一二第二号）

【臨時の健康診断に係る項目の省略】

問　本人同意の対象となる期間中に臨時の健康診断を実施している場合、当月に実施する臨時の健康診断の項目については省略できるか。

答　労働安全衛生規則（昭和四十七年労働省令第三十二号）第四十四条第一項第三号及び第八号から第十一号までに掲げる項目（同項第三号に掲げる項目にあっては、身長の検査に限る。）について、本人同意の対象となる期間中に当該項目に係る臨時の健康診断を実施している場合には、当該事業場で選任した産業医又は労働者の健康管理等を行うのに必要な知識を有する医師の判断により、対象労働者の健康状態に応じて、項目ごとに実施を省略することとしても差し支えない。

（令元・七・一二　基発〇七一二第二号　雇均発〇七一二第二号）

【選択的措置を講じていない場合の制度の効力】

問　選択的措置について、それぞれ措置を実施していなかった場合、どの時点から高度プロフェッショナル制度の法律上の効果が生じないこととなるか。

答　〈法第四十一条の二第一項第五号イの措置を実施していなかった場合〉

休息時間の確保がなされていないと判断される時点及び深夜業の回数制限については決議で定められた回数を超えた日

から、高度プロフェッショナル制度の法律上の効果が生じない。

なお、決議で定めた深夜業の回数制限を超えた場合については、当該回数を超えた月中は、再度、本人同意を得ることはできない。

〈法第四十一条の二第一項第五号ロの措置を実施していなかった場合〉

一週間当たりの健康管理時間が四十時間を超えた場合におけるその超えた時間について、一か月又は三か月について決議で定めた上限を超えたときから、高度プロフェッショナル制度の法律上の効果は生じない。

なお、決議で定めた一か月又は三か月の上限を超えた場合については、当該一か月又は三か月の期間中は、再度、本人同意を得ることはできない。

〈法第四十一条の二第一項第五号ハの措置を実施していなかった場合〉

連続二週間について休日を確保できないことが確定した日から高度プロフェッショナル制度の法律上の効果は生じない。

なお、この場合については、本人同意の対象となる期間中に再度、本人同意を得ることはできない。

〈法第四十一条の二第一項第五号ニの措置を実施していなかった場合〉

臨時の健康診断については、一か月の健康管理時間を算定した日又は労働者からの申出があった日から決議及び就業規則その他これに準ずるもので定める期間内に実施していなかったときから、高度プロフェッショナル制度の法律上の効果が生じない。

なお、臨時の健康診断を実施するまでは、再度、本人同意を得ることはできない。

（令元・七・一二　基発〇七一二第二号　雇均発〇七一二第二号）

【選択的措置として決議しなかった措置を健康・福祉確保措置として決議した場合】

問　法第四十一条の二第一項第五号に規定する措置のうち、労使委員会において選択的措置として決議したもの以外の措置について、健康・福祉確保措置（同項第六号に規定する措置をいう。以下同じ。）として決議した場合に、当該健康・福祉確保措置を実施しなかった場合は、高度プロフェッショナル制度の法律上の効果は生じないこととなるか。

答　法第四十一条の二第一項第六号に基づく健康・福祉確保措置は、労使委員会における決議事項であり、その実施の有無は、高度プロフェッショナル制度の法律上の効果に影響しないが、法令及び決議に基づき、労使委員会における決議事項である健康・福祉確保措置が適切に講じられる必要がある。

（令元・七・一二　基発〇七一二第二号　雇均発〇七一二第二号）

【健康・福祉確保措置として実施する面接指導の要件】

問　則第三十四条の二第十四項第二号において「健康管理時間が一定時間を超える」と規定されているが、「一定時間」とは具体的に何時間のことか。

答　則第三十四条の二第十四項第二号の措置を決議する場合においては、対象労働者の健康管理時間をどのような期間について評価し、どのような要件に該当した対象労働者を当該措置の対象とするかも含め、事業場の実情に応じ、労使委員会で決議することとなる。なお、「一定時間」の時間数について、整備法による改正後の労働安全衛生法第六十六条の八の四に規定する時間数を超えることは法の趣旨から認められない。

（令元・七・一二　基発〇七一二第二号　雇均発〇七一二第二号）

【産業医の意見と対象労働者の裁量】

問　則第三十四条の二第十四項第二号の面接指導の事後措置について、産業医から健康管理時間を短縮するように意見が出された場合には、対象労働者について、時間に関する裁量が失われることとなり、高度プロフェッショナル制度の法律上の効果が生じなくなるのではないか。

答　健康・福祉確保措置として実施した面接指導の事後措置について、産業医から健康管理時間を短縮するように意見が出され、必要な措置が実施された場合においても、そのことをもって直ちに時間に関する裁量が失われるものではなく、個別の事案に応じて判断される必要がある。

（令元・七・一二　基発〇七一二第二号　雇均発〇七一二第二号）

【健康・福祉確保措置として付与する代償休日】

問　則第三十四条の二第十四項第三号の代償休日とはどのようなものか。

答　則第三十四条の二第十四項第三号の代償休日とは、長時間にわたって労働したことに対する代償措置として、年次有給休暇、法第四十一条の二第一項第四号の休日、同項第五号ハの休日とは別に付与することが求められるものである。また、代償休日を付与したことを理由に対象労働者の賃金を減額することは認められない。

（令元・七・一二　基発〇七一二第二号　雇均発〇七一二第二号）

【心とからだの健康問題についての相談窓口の設置】

問　健康・福祉確保措置について、心とからだの健康問題についての相談窓口を設置すること（則第三十四条の二第十四項第四号）を決議した場合において、労働者の相談がなかったときでも措置を実施したことになるか。

答　心とからだの健康問題についての相談窓口は、これを設置していれば、実際に相談がなかったとしても措置を実施したこととなる。

（令元・七・一二　基発〇七一二第二号　雇均発〇七一二第二号）

【健康・福祉確保措置として実施する保健指導】

問　則第三十四条の二第十四項第六号の「保健指導」とはどのようなものか。

答　則第三十四条の二第十四項第六号の保健指導とは、医師又は保健師により実施されるものである。

保健指導の方法としては、面談による個別指導、文書による指導等の方法があること。また、保健指導の内容としては、日常生活面での指導、健康管理に関する情報の提供、再検査又は精密検査の受診の勧奨、医療機関で治療を受けることの勧奨等があること。

（令元・七・一二　基発〇七一二第二号　雇均発〇七一二第二号）

【産業医等による助言・指導】

問　則第三十四条の二第十四項第六号の「産業医等による助言若しくは指導」とはどのようなものか。

答　「産業医等による助言若しくは指導」とは、産業医等が使用者又は衛生管理者等に対し、対象労働者の健康管理等について、助言・指導を行うことをいう。

（令元・七・一二　基発〇七一二第二号　雇均発〇七一二第二号）

【産業医等への情報提供】

問　臨時の健康診断の結果や面接指導（則第三十四条の二第十四項第二号に規定する面接指導をいう。以下同じ。）の結果に基づく医師の意見を勘案した当該対象労働者への措置の内容について、当該事業場で選任した産業医又は労働者の健康管理等を行うのに必要な知識を有する医師（以下「選任された医師」という。）に情報提供する必要があるか。

答　臨時の健康診断や面接指導の結果に基づく医師の意見を勘案した当該対象労働者への措置の内容については、労働安全衛生法に基づく定期健康診断や医師による面接指導の場合に準じて、選任された医師に情報提供することが望ましい。
（令元・七・一二　基発〇七一二第二号　雇均発〇七一二第二号）

【同意の撤回及び苦情処理措置における「担当者」の考え方】

問　同意の撤回に関する手続及び苦情処置措置に関して、決議に当たり定めることとされている事項のうち、申出先となる「担当者」とは個人名まで特定する必要があるのか。

答　同意の撤回に関する手続及び苦情処理措置において申出先となる「担当者」を決議するに当たっては、当該担当者を特定できる職名を決議することで足りる。
（令元・七・一二　基発〇七一二第二号　雇均発〇七一二第二号）

【罰則との関係】

問　高度プロフェッショナル制度と罰則の関係如何。

答　〈制度の法律上の効果が生じなくなった場合〉
　高度プロフェッショナル制度の要件を満たさず、制度の法律上の効果が生じなくなったときは、一般の労働時間制度が適用されることとなり、法第三十二条、第三十七条等の規定に違反する場合には、それらの規定に係る罰則の対象となる。
〈労使委員会の決議を周知していない場合〉
　法第百六条の規定に違反し、法第百二十条第一号の罰則の対象となる。
〈労使委員会の決議を三年間保存していない場合〉
　労使委員会の決議は、法第百九条に規定する「その他労働関係に関する重要な書類」に該当し、これを三年間保存していない場合は、同条に違反することとなり、法第百二十条第一号の罰則の対象となる。
（令元・七・一二　基発〇七一二第二号　雇均発〇七一二第二号）

【対象労働者数が0人の場合の定期報告】

問　労使委員会で決議を行ったが、決議の有効期間中に高度プロフェッショナル制度の適用を受けた労働者数が0人の場合であっても、所轄労働基準監督署長に対して法第四十一条の二第二項の報告をする必要はあるか。

答　則第三十四条の二の二第一項において、定期報告は、決議が行われた日から起算して六か月以内ごとにしなければならないとされており、決議の有効期間中であれば、対象期間中に高度プロフェッショナル制度の適用を受けた労働者の有無にかかわらず、報告が必要である。
（令元・七・一二　基発〇七一二第二号　雇均発〇七一二第二号）

【繁忙期のみに制度を適用することの可否】

問　毎年、一年間を通じて繁忙期の数か月間についてのみ、労働者に高度プロフェッショナル制度を適用して、対象業務に就かせることは可能か。

答　対象業務は、働く時間帯の選択や時間配分について自らが決定できる広範な裁量が労働者に認められている業務でなければならず、当該特定の繁忙期が生じる業務がそもそも対象業務となりうるかについては、業務の実情に応じて慎重な判断が必要である。仮に、法令の要件を満たしたとしても、設問のような事例は、望ましくない。
（令元・七・一二　基発〇七一二第二号　雇均発〇七一二第二号）

【有期労働契約を締結している労働者への適用】

問　有期労働契約を締結している者に高度プロフェッショナル制度を適用できるか。

答　指針第二の四において、「本人同意の対象となる期間を一か月未満とすることは、労働者が対象業務に従事する時間に関する裁量を発揮しがたいこととなるため認められない。」とされており、一か月未満の有期労働契約（契約を反復更新して一か月を超える場合を除く）を締結する労働者に適用することは認められない。

（令元・七・一二　基発〇七一二第二号　雇均発〇七一二第二号）

【派遣労働者への適用】

問　派遣労働者に高度プロフェッショナル制度を適用できるか。

答　労働者派遣法第四十四条第五項において、法第四十一条の二の規定について、派遣先の使用者が対象労働者を対象業務に就かせた場合も含めて適用する旨の規定は設けておらず、派遣労働者に高度プロフェッショナル制度を適用することはできない。

（令元・七・一二　基発〇七一二第二号　雇均発〇七一二第二号）

【新卒者への適用】

問　新卒者に高度プロフェッショナル制度を適用できるか。

答　法令の要件を満たす限り、新卒者について高度プロフェッショナル制度を適用することは可能である。ただし、高プロ指針第三の二に定められているとおり、対象労働者の範囲を一定の職務経験年数を有する労働者に限ることを決議で定めることも可能であり、仮に決議で新卒者には適用しないこととしている場合には、適用することはできない。

（令元・七・一二　基発〇七一二第二号　雇均発〇七一二第二号）

【制度の効果が生じなくなった場合の割増賃金の計算方法】

問　選択的措置を実施しなかったこと等により、高度プロフェッショナル制度の法律上の効果が生じなくなった場合における法第三十七条の割増賃金の計算方法如何。

答　高度プロフェッショナル制度の法律上の効果が生じなくなった月に支払われる賃金（法第三十七条第五項及び則第二十一条に規定する割増賃金の基礎となる賃金に算入しないものを除く。）及び一般労働者の所定労働時間を基礎として算定する。

（令元・七・一二　基発〇七一二第二号　雇均発〇七一二第二号）

【年次有給休暇に係る使用者による時季指定の取扱い】

問　高度プロフェッショナル制度の対象労働者についても法第三十九条第七項の規定（使用者による年次有給休暇の時季指定義務）は適用されるか。

答　高度プロフェッショナル制度の対象労働者についても、法第三十九条第七項の規定は適用される。なお、対象労働者があらかじめ年間の休日の取得予定を決定するときに、併せて年次有給休暇の取得時季があらかじめ予定されていることが望ましい。

（令元・七・一二　基発〇七一二第二号　雇均発〇七一二第二号）

【母性保護規定との関係】

問　法の母性保護関係の規定について、対象労働者はどのように取り扱うのか。

答　法第六十六条第一項（変形労働時間制の適用制限）及び第二項（時間外労働及び休日労働の制限）並びに第六十七条（育児時間）の規定は適用されないが、それ以外の規定については適用される。

（令元・七・一二　基発〇七一二第二号　雇均発〇七一二第二号）

第五章　安全及び衛生

第四十二条　労働者の安全及び衛生に関しては、労働安全衛生法（昭和四十七年法律第五十七号）の定めるところによる。

第四十三条から第五十五条まで　削除

第六章　年少者

（最低年齢）

第五十六条　使用者は、児童が満十五歳に達した日以後の最初の三月三十一日が終了するまで、これを使用してはならない。

②　前項の規定にかかわらず、別表第一第一号から第五号までに掲げる事業以外の事業に係る職業で、児童の健康及び福祉に有害でなく、かつ、その労働が軽易なものについては、行政官庁の許可を受けて、満十三歳以上の児童をその者の修学時間外に使用することができる。映画の製作又は演劇の事業については、満十三歳に満たない児童についても、同様とする。

（児童の使用許可申請）

年則第一条　使用者は、労働基準法（昭和二十二年法律第四十九号。以下「法」という。）第五十六条第二項の規定による許可を受けようとする場合においては、使用しようとする児童の年令を証明する戸籍証明書、その者の修学に差し支えないことを証明する学校長の証明書及び親権者又は後見人の同意書を様式第一号の使用許可申請書に添えて、これをその事業場の所在地を管轄する労働基準監督署長（以下「所轄労働基準監督署長」という。）に提出しなければならない。

年則第二条　所轄労働基準監督署長は、前条の規定によつてされた使用許可の申請について許否の決定をしたときは、申請をした使用者にその旨を通知するとともに、前条に規定する添付書類を返還し、許可しないときは、当該申請にかかる児童にその旨を通知しなければならない。

2　所轄労働基準監督署長は、前項の許否の決定をしようとする場合においては、当該申請にかかる児童の居住地を管轄する労働基準監督署長の意見を聴かなければならない。

（児童の就業禁止の業務の範囲）

年則第九条　所轄労働基準監督署長は、前条各号に掲げる業務のほか、次の各号に掲げる業務については、法第五十六条第二項の規定による許可をしてはならない。

一　公衆の娯楽を目的として曲馬又は軽業を行う業務

二　戸々について、又は道路その他これに準ずる場所において、歌謡、遊芸その他の演技を行う業務

三　旅館、料理店、飲食店又は娯楽場における業務

四　エレベーターの運転の業務

五　前各号に掲げるもののほか、厚生労働大臣が別に定める業務

▼**参照条文**　〔行政官庁の許可―年則一・二〕、〔許可の与えられない業務―年則八・九〕、〔修学時間外―六〇、学校一六～二〇〕、〔児童の場合の労働時間・休日―六〇〕、〔罰則―一一八〕

解釈例規

【児童の使用許可】　使用許可にあたって

(1)　児童の心身の状況を直接調査した上で決定すること。

(2)　児童福祉法の規定に違反することのないよう充分注意すること。

(3)　児童の教育上の要求について充分考慮すること。殊に就業した後学校長よりの要求があった場合速かに実情を調査した

上で適当な措置を講ぜられたいこと。

(4) 就学児童の就業については、都道府県労働基準局長又は最寄の労働基準監督署長と連絡をとり、この制度運用について充分認識及び協力を与えられるよう学校当局に徹底すること。

(5) 許可の可否の決定は迅速に行うこと。

（昭三二・一・二　発婦二号、昭六三・三・一四　基発一五〇号）

【児童の使用許可に関する取扱い】　標記のことについては、昭和二十二年十一月十一日付け発婦第二号労働事務次官通達及び昭和二十九年六月二十九日付け基発第三五五号労働省労働基準局長通達により指示されているところであるが、さきに労働省婦人少年局が実施した「アルバイト中学生徒の労働実態調査」によれば、就労者のうちかなりの者が、労働基準法第五十六条第二項の許可なく使用されており、このことは就労禁止職業又は就労禁止業務への就労のほか、労働時間、休日における違反等を招く原因となるおそれがあると考えられる。

このような実情にかんがみ、満十五才に達した日以後の最初の三月三十一日が終了していない児童（以下「児童」という。）の就労保護の徹底を図ることがきわめて重要であると思われるので、就労保護のための監督指導を強化するとともに、今後、使用許可に関しては、前記諸通達が示すもののほか下記のとおり取り扱うこととしたので、関係機関との連けいを密にし、その取り扱いに遺憾のないようにされたい。

なお、新聞配達業務に従事する児童の就労保護については、昭和三十一年十二月二十一日付け婦発第二六五号・国初第一一六号により、労働省婦人少年局長・労働省労働基準局長・文部省初等中等教育局長の三者名をもって通達されているところであるが、使用許可及び学校長の修学にさしつかえない旨の証明に関する部分の取扱いについては、今後本通達によることとするので申し添える。

記

1　使用許可の取扱いについて

使用許可の取扱いは、次に示すところによること。

(1) 使用許可は、労働基準法別表第一第一号から第五号までに掲げる事業以外の事業に係る職業で、当該申請に係る児童の健康及び福祉に有害でなく、かつ、その労働が軽易なものと認められる限り与えること。

(2) 許可申請書に添付する書類は、なるべくそれぞれ二通（年令証明書を除く。）提出させ、一通は控えとして保存すること。

(3) 許可又は不許可に当たっては、平成十六年十一月二十二日付け基発第一一二二〇〇一号、一六文科初第八二七号の別添一（略）の附款をつけた許可書又は別添二（略）の不許可通知書をもって行うこと。

(4) 不許可の決定をした場合の通知は、学校長に対して行なうこと。

2　修学にさしつかえない旨の証明の取扱いについて

教育委員会は、学校長に対し、年少者労働基準規則第一条に基づく証明について、次のとおり取り扱うよう指導すること。

(1) 就労によって学業又は健康に悪い影響を及ぼすおそれがあると認められる者については、就労を差し控えるよう指導すること。

(2) 就労後の状況により学業又は健康に悪い影響を及ぼすおそれが生じたと認められる者については、就労を差し控えるよう指導するとともに、影響が著しい場合など状況によっては、教育委員会に相談すること。その場合、所轄の労働基準監督署長に相談を行うことも考えられること。

(3) 証明申請書は、別紙様式〈略〉により三通提出させ、一通は控えとして保存すること。

3　使用許可手続きの周知について

年少者労働基準規則第一条に定める使用許可手続きの周知については、次のとおり措置すること。

(1)　女性少年室長は、各種広報機関を通じて一般広報活動を行なうほか、事業主その他関係団体との各種会合等の機会をとらえ、その周知に努めること。

(2)　教育委員会は、中学校長に対し、児童が就労する場合には労働基準監督署長の許可が必要であることを教職員、生徒及びその親権者（後見人）に周知するよう指導すること。なお、小学校長に対しても、満十三才未満の児童は、所轄労働基準監督署長の許可を受けて映画、演劇の事業に使用される場合を除いて、その就労が禁止されていることについて周知を図るよう配慮すること。

（昭四一・四・二八　婦発一七五号、文初中二九九号、昭六三・三・一四　基発一五〇号、平九・九・二五　基発六四八号、平一一・三・三一　基発一六八号、平一三・三・二四　基発一五五号、平一六・一二・二三　基発一二二三〇〇一号、一六文科初八二七号）

【労働基準法第六十一条第五項の規定により読み替えられた同条第二項に規定する厚生労働大臣が必要であると認める場合及び期間について】

1　経緯

演劇子役の就労可能時間については「構造改革特区の第三次提案に対する政府の対応方針」（平成十五年九月十二日構造改革特別区域推進本部）、「規制改革・民間開放推進三か年計画」（平成十六年三月十九日閣議決定）等により、全国において実施する事項として、平成十六年度中に、「義務教育を修了するまでの演劇子役の就労可能時間を、現行の午後八時までから午後九時までに延長することを検討し、措置する。ただし、児童の福祉及び道徳を保護し、その心身の正常な発育を図る等の観点から、今後必要な措置を検討する必要があることに留意する。」ものとされたところであること。

今般、これを踏まえ、就労可能な時間を午後九時までとすることが必要であると厚生労働大臣が認める場合及びその期間を定めることとし、平成十六年十一月十六日の労働政策審議会労働条件分科会で了承されたものであること。

2　内容

(1)　就労可能な時間を午後九時までとすることが必要であると厚生労働大臣が認める場合

労働基準法（昭和二十二年法律第四十九号。以下「法」という。）第六十一条第五項の規定により読み替えられた同条第二項に規定する厚生労働大臣が必要であると認める場合は、法第五十六条第二項の規定によって演劇の事業に使用される児童が演技を行う業務に従事する場合とし、この場合に、法第六十一条第二項の時間が、午後九時及び午前六時となるものであること。

なお、当該場合を除き、満十八歳に満たない者に関する深夜業の制限については従前どおりであることはいうまでもないこと。

(2)　いわゆる演劇子役が就労可能な時間を午後九時までとする期間

法第六十一条第五項の規定により読み替えられた同条第二項に規定する期間は、当分の間とすること。

3　演劇子役の使用許可等に係る留意事項

(1)　演劇子役の使用許可を行うに当たっての留意事項

演劇子役の使用許可については、昭和二十九年六月二十九日付け基発第三五五号及び昭和四十一年四月二十八日付け婦発第一七五号、文初中第二九九号等に基づき、当該申請に係る児童の健康及び福祉に有害でなく、かつその労働が軽易なものと認められる限り与えられるものである。今般、就労可能時間が午後九時までとなることに伴い、児童の福祉及び道徳を保護し、その心身の正常な発育を図る必要があることとされているため、使用許可に際し、児童の健康及び福祉に配慮する観点から、特に次の①から④までの事項に留意すること。

① 児童は、修学時間外においてのみ使用することができること。

② 児童は、休憩時間を除き修学時間を通算して一週間について四十時間、一日について七時間を超えて労働させてはならないこと。

③ 賃金は、直接本人に支払われる必要があること。

④ 稽古及び衣装替えの時間等も原則として労働時間であること。

(2) その他の留意事項

(1)の他、次の①から③までの事項については、使用許可を行うに当たり、また、使用許可を行った後において、必要に応じ、リーフレットを活用するなどにより指導すること。

① 保護者等による送迎が行われる等の必要な配慮がなされるように努めること。

② 必要に応じて就労時間中に食事時間が与えられている等の必要な配慮がなされるように努めること。

③ 上記の他、十分な睡眠時間が確保される等児童の健康及び福祉に必要な配慮がなされるように努めること。

4 演劇子役の修学に関する事項

教育委員会は、就労可能時間が午後九時までとなることにより修学上の問題が生ずることのないよう、以下の点について学校長に徹底を図ること。

① 年少者労働基準規則（昭和二十九年労働省令第十三号）第一条に基づく証明の申請があった場合、就労によって学業又は健康に悪い影響を及ぼすおそれがあると認められる児童については、就労を差し控えるよう指導すること。

② 就労後の状況により学業又は健康に悪い影響を及ぼすおそれが生じたと認められる児童については、就労を差し控えるよう指導するとともに、影響が著しい場合など状況によっては、教育委員会に相談すること。その場合、所轄の労働基準監督署長に相談を行うことも考えられること。

5 従前の許可の取扱いについて

平成十七年一月一日前の許可については、同日以降においても、午後八時までの就労を可能とする許可としての効力を有するものであり、午後九時までの延長については、改めて、午後九時までの就労があることを明らかにして、許可を得る必要があること。

6 許可書等について

許可又は不許可に当たっては、今後、別添一（略）のとおり附款をつけた許可書又は別添二（略）の不許可通知書をもって行うこととすること。

（平一六・一一・三〇　基発一一三〇〇一号、一六文科初八二七号）

【ゴルフ場におけるキャディーの業務】

一 労働基準法第五十六条の使用許可について

ゴルフ場におけるキャディーの業務は、特に「児童の健康及び福祉に有害」でなく、年少者労働基準規則第九条第三号にいう「娯楽場における業務」には該当せず、かつ、「労働が軽易である」と考えられるので法第五十六条の使用許可を行なって差し支えない。

二 労働時間について

児童の労働時間は修学時間を通算して、一日について七時間、一週間について四十時間を超えてはならないことになっており、土、日曜日以外の日における就業は通常七時間を超えて労働させることとなると考えられるので、平日には就業させないように指導されたい。

（昭三五・七・二六　基発六二四号、昭六三・三・一四　基発一五〇号、平六・三・三一　基発一八一号）

【修学していない年少者】

問　年齢が満十三歳以上満十五歳に達した日以後の最初の三月三十一日が終了しておらず、義務教育課程にありながら修学していない者の使用は許可されるか。また修学していない者が許可をうけた場合、その者の労働時間は何時間か。

答　義務教育の課程にありながら、修学していないために、使用許可申請書にその校長が修学に差し支えない旨の証明ができない場合は許可すべき限りでない。

（昭二四・二・五　基収四一四二号、昭六三・三・一四　基発一五〇号、平一二・三・二四　基発一五五号）

【年少者規則第一条の運用】　法第五十六条による児童の使用許可の処分に当っては、できる限り、申請にかかる児童、親権者、使用者等について、児童の就業がその健康及び福祉に有害でないかどうかについて実情を調査した上で行うよう留意すること。

（昭二九・六・二九　基発三五五号、昭六三・三・一四　基発一五〇号）

【年少者規則第二条の運用】　許可の処分を行うに当って、「当該申請にかかる児童の居住地を管轄する労働基準監督署長の意見を聴く」ことは、児童の意思に反した申請がなされ、あるいはその意思に反して就業せしめられることを防止する趣旨であるからこの趣旨に従って、児童の居住地の労働基準監督署長は、調査その他適宜の措置を講じ、すみやかにこれを所轄労働基準監督署長に通報すること。

（昭二九・六・二九　基発三五五号、昭六三・三・一四　基発一五〇号）

【法別表第一第一号から第五号までの事業の許可】

問　業務が法別表第一第一号から第五号までに掲げる事業以外の事業に係るものであって、例えば事務所における給仕の如く児童の健康、福祉に有害でなくかつ軽易なものである場合には法別表第一第一号から第五号までに掲げる事業であつても、満十三歳以上の児童をその者の修学時間外に使用することはできると解釈しては如何。

答　法別表第一第一号から第五号までに掲げる事業において、別表第一第一号から第五号までに掲げる事業以外の事業の事業類似の業務に児童を就業させることは、その環境を考えあわせ、又従来の事例に徴するとき、児童保護の実を期し難く、又法第五十六条第二項の本文からも許されない。

（昭二三・一一・二九　基収三六二号、昭六三・三・一四　基発一五〇号、平一一・三・三一　基発一六八号、平一二・三・二四　基発一五五号）

【年少者規則第九条の趣旨】　本条は、労働基準監督署長が児童の健康及び福祉に有害であるか否かの判断を加えるまでもなく、絶対に児童の就業の許可をしてはならない業務の範囲を規定したものである。

（昭二九・六・二九　基発三五五号、昭六三・三・一四　基発一五〇号）

【サーカス団上演軽業又は技芸種目の取扱い】　サーカス団において上演される軽業又は技芸の種目に関する年少者労働基準規則第八条第二十四号及び第九条第一号の適用に関しては次の通りである。なお、この件については厚生省児童局とも打ち合せ済みであるから念のため。

(一)　撞木上における曲芸

(1)　満十五歳に達した日以後の最初の三月三十一日が終了していない者については禁止する。

(2)　満十五歳に達した日以後の最初の三月三十一日が終了した者で満十八歳未満のものについては、五メートル以上の高所におけるこの種の演技は禁止されるが、安全ネットの備えがある場合においてのみネット上五メートル未満の高所におけるこの種の演技を認める。

(二)　演技者の肩を利用する技芸

(1)　満十五歳に達した日以後の最初の三月三十一日が終了していない者につい

ては禁止する。

(2)　上乗りを演ずる満十五歳に達した日以後の最初の三月三十一日が終了した者で満十八歳未満のものは、五メートル以上の高所において演ずる者についてはこれを禁止する。

(3)　肩にて物を差す満十五歳に達した日以後の最初の三月三十一日が終了した者で満十八歳未満のものについては、年少者労働基準規則第七条の重量物取扱に関する規定に触れない限りこれを認める。

(三)　綱渡り

(1)　満十五歳に達した日以後の最初の三月三十一日が終了していない者については、綱の高さ二メートル未満であれば、特殊の器具を使用せず、かつ普通の姿勢で綱渡りすることを認める。

(2)　満十五歳に達した日以後の最初の三月三十一日が終了した者で満十八歳未満のものについては、高さ五メートル以上の綱渡りは禁止する。

「逆綱」のごとき芸もこれに準じて禁止する。

(四)　両脚を利用する曲芸

(1)　満十五歳に達した日以後の最初の三月三十一日が終了していない者は禁止する。

(2)　満十五歳に達した日以後の最初の三月三十一日が終了した者で満十八歳未満のものについては、年少者労働基準規則第七条の重量物取扱に関する規定に違反せぬよう、又危険物を取り扱わないように注意せられたい。

(五)　自転車曲乗り

満十五歳に達した日以後の最初の三月三十一日が終了していない者については禁止する。

(六)　曲馬に関する技芸

満十五歳に達した日以後の最初の三月三十一日が終了していない者については禁止する。

(七)　集団を以て表現するピラミッド曲芸

(1)　満十五歳に達した日以後の最初の三月三十一日が終了していない者は高さ二メートル未満であれば、他人を自分の肩にのせない限り他人の肩の上に立つことを認める。

(2)　満十五歳に達した日以後の最初の三月三十一日が終了した者で満十八歳未満のものについては、五メートル未満の高所でかつ年少者労働基準規則第七条の重量物取扱に関する規定に違反せぬ限りこれを認める。

(八)　技芸者単独に行う独立した技芸

満十五歳に達した日以後の最初の三月三十一日が終了していない者については禁止する。ただし、アクロバット以外の舞踊は差し支えない。

(九)　オートバイ又は自転車の特殊な曲乗り

満十五歳に達した日以後の最初の三月三十一日が終了していない者については禁止する。

（備　考）

以上に掲げるもの以外の技芸についても、年少者労働基準規則に基く危険有害業務に該当するものは禁止されるから注意されたい。

（昭二三・五・一　基発六七八号、昭六三・三・一四　基発一五〇号、平一一・三・三一　基発一六八号）

【綱渡りとピラミッド曲芸】

問　昭和二十三年五月一日付基発第六七八号通達中(三)の綱渡りの(1)及び(七)の集団をもつて表現するピラミッド曲芸の(1)については、満十五歳に達した日以後の最初の三月三十一日が終了していない児童の使用を認めているが、これは年少者労働基準規則第九条第一号に反すると解釈されるのでこれが取り扱いにつき何分の指示を賜りたい。

答　五月一日付基発第六七八号「現行サーカス団上演軽業又は技芸種目について」中(三)の「綱渡り」の(1)及び(七)の「集団をもつて表現するピラミッド曲芸」の(1)は年少者労働基準規則第九条第一号の「曲馬又は軽わざを行う業務」に入らない趣旨である。

なお児童福祉法第三十四条第一項第三号

に関する厚生省の解釈もこれと同様であるから念のため。

（昭三三・七・三　基収一九六四号、昭六三・三・一四　基発一五〇号、平一一・三・二四　基発一五五号）

【十八歳未満の者の年齢確認義務】

問　満十八歳に満たない者の使用に関し、その年齢証明書を備付けることと、年少者の雇入に際し、その年齢を確認することとは、別個の問題にて法第五十七条の規定から年少者の雇入にあたり、使用者はその者が十八歳未満であるか否かを必ず公文書によって確認する義務はないと了解して差し支えないか。

　即ち土木建築業の工事現場における労働者の雇入れにあたりその年齢について確証を得るための公文書の提出を求めることは実際上全く困難な事柄であって、一般にはその労働者の口頭又は自筆あるいは代筆により作成提出せる身分書類による申告等を基準としてその真偽を認定するのが通常である。しかも容貌、体格、能力等を何人が観察しても年少者ならずやの疑念をはさむ余地の全く存しない者については、前述のごとき申告を信用して、その者の年齢を申告通りに認知することは極めて自然な状態である。

　かかる場合において仮にある年少労働者が自己の年齢について虚偽の申告をなし、それ故に使用者がその年齢証明書を事業場に備え付ける必要を認めず、かつ就業禁止業務に従事させたとすれば、その過失の責は、当然労働者本人が負うべきであると考えるが、如何。もし使用者にも何等かの責任があるとすれば、それは重大な過失となるか。

答　使用者は満十八歳未満の者を使用するについては、その年齢証明書を事業場に備付けなければならないのであるから、労働基準法上労働者の年齢を確認する義務は使用者にあるものと解される。したがって使用者は労働者の雇入れに際してその年齢を確認しなければならず、使用者が満十八歳未満であるか否か疑わしい者について、単純に労働者の申告を信用して、満十八歳未満の者の年齢証明書を備付けなかった場合は、労働基準法第五十七条違反の責を免れず又就業禁止業務に従事せしめた場合には各条違反の責を免れない。しかし使用者が労働者の年齢を確認するにあたっては一般に必要とされる程度の注意義務を尽せば足り、その年齢を必ずしも公文書によって確認する義務はないものと解されるので、その容貌、体格、能力、知能その他より判断して何人が観察しても年少者ではないかという疑念をはさむ余地の全くない者については、その労働者の口頭又は自筆あるいは代筆により作成提出した身分書類による申告を基準として判断して使用していても、使用者は労働者の年齢を確認すべき義務を故意に怠ったものとはいえない。

（昭二七・二・一四　基収五二号、昭六三・三・一四　基発一五〇号）

（年少者の証明書）

第五十七条　使用者は、満十八才に満たない者について、その年齢を証明する戸籍証明書を事業場に備え付けなければならない。

② 使用者は、前条第二項の規定によつて使用する児童については、修学に差し支えないことを証明する学校長の証明書及び親権者又は後見人の同意書を事業場に備え付けなければならない。

▼**参照条文**　〔無料証明―一一一〕、〔戸籍証明書―年則一、戸一〇〕、〔親権者―民八一八〕、〔後見人―民八三八以下〕、〔同意書―年則一、民五・八二三・八五七〕、〔罰則―一二〇〕

解釈例規

【年齢証明書の取扱い及び労働者名簿の記載等】

イ　労働基準法第五十七条に定める年少者の年齢証明書については、戸籍謄（抄）本又は年少者の姓名及び生年月日を記載して本籍地を管轄する地方自治体の長が証明したもののほか、昭和四十三年十月四日付け基発第六三六号、婦発第三二六号通達により、使用者が住民基本台帳法（昭和四十二年法律第八一号）による住民票の写しを備えている場合には労働基準法第五十七条違反としては取り扱わなくても差し支えないものとしているところであるが、今後は、これらに代えて、住民基本台帳法第七条第一号（氏名）及び第二号（出生の年月日）の事項についての証明がなされている「住民票記載事項の証明書」を備えれば足りること。

ロ　戸籍謄（抄）本及び住民票の写しは、画一的に提出又は提示を求めないようにし、それが必要となった時点（例えば、冠婚葬祭等に際して慶弔金等が支給されるような場合で、その事実の確認を要するとき等）で、その具体的必要性に応じ、本人に対し、その使用目的を十分に説明の上提示を求め、確認後速やかに本人に返却するよう指導すること。

ハ　就業規則等において、一般的に、採用時、慶弔金等の支給時等に戸籍謄（抄）本、住民票の写し等の提出を求める旨を規定している事例があるが、上記イ及びロの趣旨に則り、これらについても、可能な限り「住民票記載事項の証明書」により処理することとするよう、その変更について指導すること。

（昭五〇・二・一七　基発八三号、婦発四〇号、昭六三・三・一四　基発一五〇号、平一一・三・三一　基発一六八号）

（未成年者の労働契約）

第五十八条　親権者又は後見人は、未成年者に代つて労働契約を締結してはならない。

② 親権者若しくは後見人又は行政官庁は、労働契約が未成年者に不利であると認める場合においては、将来に向つてこれを解除することができる。

（未成年者の労働契約の解除）

年則第三条　法第五十八条第二項の規定による労働契約の解除は、様式第二号の労働契約解除書により、所轄労働基準監督署長が行う。

▼**参照条文**　〔未成年者―民四〕、〔親権者の契約代行―民九九以下・八二四〕、〔後見人の契約代行―民八五九〕、〔未成年者の契約締結の同意―民五・八二三・八五七〕、〔行政官庁の解除―年則三〕、〔罰則―一二〇〕

（未成年者の賃金請求権）

第五十九条　未成年者は、独立して賃金を請求することができる。親権者又は後見人は、未成年者の賃金を代つて受け取つてはならない。

▼**参照条文**　〔未成年者―民四〕、〔親権者・後見人の賃金代理受領―民九九以下・八二四・八五九〕、〔未成年者の訴訟能力―民訴三一〕、〔賃金の直接払―二四〕、〔罰則―一二〇〕

（労働時間及び休日）

第六十条　第三十二条の二から第三十二条の五まで、第三十六条、第四十条及び第四十一条の二の規定は、満十八才に満たない者については、これを適用しない。

② 第五十六条第二項の規定によつて使用する児童についての第三十二条の規定の適用については、同条第一項中「一週間について四十時間」とあるのは「、修学時間を通算して一週間について四十時間」と、同条第二項中「一日について八時間」とあるのは「、修学時間を通算して一日について七時間」とする。

③ 使用者は、第三十二条の規定にかかわらず、満十五歳以上で満十八歳に満たない者については、満十八歳に達するまでの間（満十五歳に達した日以後の最初の三月三十一日までの間を除く。）、次に定めるところにより、

労働させることができる。

一　一週間の労働時間が第三十二条第一項の労働時間を超えない範囲内において、一週間のうち一日の労働時間を四時間以内に短縮する場合において、他の日の労働時間を十時間まで延長すること。

二　一週間について四十八時間以下の範囲内で厚生労働省令で定める時間、一日について八時間を超えない範囲内において、第三十二条の二又は第三十二条の四及び第三十二条の四の二の規定の例により労働させること。

則第三十四条の二の四　法第六十条第三項第二号の厚生労働省令で定める時間は、四十八時間とする。

▼**参照条文**　〔労働時間―三二〕、〔休日―三五〕、〔修学時間通算―五六〕、〔修学時間―学校一六～二〇〕、〔厚生労働省令で定める時間―則三四の二の四〕

解釈例規

【年少者の労働時間】　年少者については一箇月単位の変形労働時間制、フレックスタイム制、一年単位の変形労働時間制及び一週間の非定型的変形労働時間制の規定は適用されないが、満十五歳以上満十八歳に満たない者についても四十時間制に向けた猶予対象事業における各種の週休二日制に対応する必要性があること、一年単位の変形労働時間制は年間単位の休日管理による休日増を図る趣旨であり、当該年少者においても労働条件の低下を来さないことから、これらの者について、一週間について四十八時間、一日について八時間を超えない範囲内において一箇月単位の変形労働時間制（法第三十二条の二）又は一年単位の変形労働時間制（法第三十二条の四）の規定の例により労働させることができるものであること。その際、一年単位の変形労働時間制の適用を行う場合は通常の労働者の場合と同様に労使協定の締結が必要であることに留意すること。（平六・一・四　基発一号）

【他の日の意義】

問　法第六十条第三項第一号に、「他の日の労働時間を十時間まで延長すること」とあるが、この「他の日」とは他の一日に限るものと解して差し支えないか。

答　法第六十条第三項第一号の規定中の「他の日」は他の一日に限る趣旨ではない。（昭二三・二・三　基発一六一号、昭六三・三・一四　基発一五〇号）

【週休二日制の場合】

問　当局管内の事業場から、週休二日制を実施するにあたつて、二日の休日のうち一日は法第三十五条第一項所定の休日とし、他の一日は法第六十条第三項第一号にいう「一週間のうち一日の労働時間を四時間以内に短縮する場合」に該当するものとして、五日のうち四日の労働時間については、一日八時間四十分、残りの一日については五時間二十分とし、一週合計四十時間とする定めをし、これに基づいて労働させることができると解して差し支えないかとの照会がありました。当局としては、照会の事案が法第六十条第三項第一号にいう、一日の労働時間を四時間以内に短縮し、他の日の労働時間を十時間まで延長する場合に該当するかどうか、いささか疑義がありますので、何分のご指示を賜りたくりん伺いたします。

答　照会の事案は、労働基準法第六十条第三項第一号の要件に反しない。なお、勤労青少年福祉法第十二条の規定にかんがみ、勤労青少年の通学時間等に関し、特段の配慮を指導されたい。

（昭四八・二・九　四七基収六六三号、四七基収六六三号の二、平六・三・三一　基発一八一号）

【修学時間の意義】

問　法第六十条の修学時間については次の三つの中いずれの解釈によるべきか。

一、その日の授業開始時刻から同日の最終授業終了時刻までの時間

二、前号の時間から休憩時間（昼食時間を含む）を除いた時間

三、「二」の時間から昼食時間を除いた時間

答　当該日の授業開始時刻から同日の最終授業終了時刻までの時間から休憩時間（昼食時間を含む）を除いた時間と解されたい。

（昭二五・四・一四　基収二八号、昭六三・三・一四　基発一五〇号）

【修学時間と労働時間】

問　法第五十六条第二項の規定により使用する児童の週休と、法第六十条第二項の規定による労働時間と修学時間との通算の解釈について左のいずれによるべきや。

㈠　一日七時間の制限内における修学時間の通算は、労働のない日の修学時間については通算の問題はおこらないとも解されるが、一週四十時間の制限範囲内には、当然通算されると解せられるが、通常の日曜日（修学時間皆無の日）を労働日とし他の修学時間のある日に週休としての休日を与えて差し支えないか。

㈡　修学時間のない日（通常日曜日）に七時間労働させ他の修学時間の伴う日に休日を与えることは本条の時間通算の趣旨からすると、実質的に休日の意義がなくなるおそれがあり、通常修学時間の皆無の日に休日を与えることが法第三十五条の精神並びに本条の時間通算の趣旨に合致するとも解されるが如何。

答　法第五十六条第二項の規定により満十三歳以上満十五歳に達した日以後の最初の三月三十一日が終了していない児童を使用する使用者が法第六十条第二項の範囲内でその児童を修学時間のない日（通常日曜日）に労働させることは、別に修学日に法第三十五条の休日を与えていれば差し支えない。

（昭二三・七・一五　基収一七九九号、平六・三・三一　基発一八一号、平一二・三・二四　基発一五五号）

【法第六十条違反と法第三十二条違反との関係】　法第六十条は、法第三十二条の構成要件を修正したものであり、具体的には、

①　第六十条第二項は第三十二条の読み替え規定として規定することとしたものでこれに関する違反は第六十条第二項によつて読み替えられた第三十二条の違反となり、

②　第六十条第三項は、変形労働時間制等の規定と同様に一定の要件の下での義務解除規定として規定することとなつたので、同項の要件に当たらない限り第三十二条の違反となるものであること。

（昭六三・一・一　基発一号、昭六三・三・一四　基発一五〇号）

【年少労働者の休日の変更】

問　年少労働者は法第六十条により週の法定労働時間を超えて労働させることは出来ないが、この場合の一週間は㈠社会通念上の一週間であるか、㈡任意の一週間であるか、特定の一週間であるか。

又㈠においては土曜日の休日を日曜日に変更出来ないことになり、㈡によれば年少者の休日の変更は不可能であるが如何。

答　質問の趣旨が不明であるが、法第三十二条第一項の一週間とは就業規則その他に別段の定めがない限り、日曜日から土曜日に至る一週間をいう。

満十八歳に満たない者についても週の法定労働時間を超えない限り法第三十五条第二項の規定によって休日を与えることができ、また就業規則その他の定めにより同条同項の規定の範囲内で休日を変更することができる。

（昭二四・二・五　基収四一六〇号、昭二三・二・一三　基発九〇号）

【休日の変更をしうる範囲】

問　法第三十五条第二項によれば年少者でも四週間を通じ四日以上の休日を与えれば同条同項の範囲内で休日を変更できることとなるが、法第六十条第一項の規定により法第三十二条の二から第三十二条の五までが適用されないこととなり、特定の週において四十時間を超えることができないとすれば法第三十五条第二項のもつ意義は如何に解すべきか。

一日の所定労働時間が六時間四十分で週六労働日がある次の例の場合において

（A）　日曜日の休日をその前週（前日）の土曜日に変更した場合

この場合前週の労働時間は三十三時間二十分、今週の労働時間は四十六時間四十分となる。

（継続労働日数七日、労働時間四十時間）

（B）　日曜日の休日をその週の土曜日に変更した場合

この場合各週共四十時間労働となる。

（継続労働日数十二日、労働時間八十時間）

同一週間（日曜より土曜まで）における休日変更は認められるが、他の週に休日を変更することができない。

（B）は合法的であり、(A)は違反を構成すると解すれば同一週においては休日を六日間まで操り下げることができるが、その前日へは一日たりとも動かすことができないとする法第三十五条第一項と何等異らないこととなり同条第二項による四週を通じ四日以上の休日云々の規定は年少者にとり全く無意味となると考えるが如何。

答　年少者については労働基準法第六十条第一項の規定により法第三十二条の二から第三十二条の五までは適用されないので一週間につき四十時間を超えて労働させることはできない。したがつて一日八時間一週四十時間制をとる事業にあつては同一週（日曜から土曜まで）における休日の変更はできるが、他の週に休日を変更することはできない。ただし一日六時間制のごとく一週を通算して四十時間に満たない事業にあつては四十時間に達するまでの時間につき法第三十五条第二項の適用による週休制の例外が認められる。

（昭二五・五・二六　基収一四三九号、昭六三・三・一四　基発一五〇号、平三・一・一　基発一号、平六・三・三一　基発一八一号）

【変形労働時間制に関する規定の適用除外】

年少者については、年少者保護の見地から、改正前の四週間単位の変形労働時間制の規定は適用されないこととされていたが、同様の見地から、今回の改正により設けられた一箇月単位の変形労働時間制、フレックスタイム、一年単位の変形労働時間制、一週間単位の非定型的変形労働時間制に関する規定は、年少者には適用されないこととしたものであること。

（昭六三・一・一　基発一号、昭六三・三・一四　基発一五〇号、平六・三・三一　基発一八一号）

（深夜業）

第六十一条　使用者は、満十八才に満たない者を午後十時から午前五時までの間において使用してはならない。ただし、交替制によつて使用する満十六才以上の男性については、この限りでない。

②　厚生労働大臣は、必要であると認める場合においては、前項の時刻を、地域又は期間を限つて、午後十一時及び午前六時とすることができる。

③　交替制によつて労働させる事業については、行政官庁の許可を受けて、第一項の規定にかかわらず午後十時三十分まで労働させ、又は前項の規定にかかわらず午前五時三十分から労働させることができる。

④　前三項の規定は、第三十三条第一項の規定によつて労働時間を延長し、若しくは休日に労働させる場合又は別表第一第六号、第七号若しくは第十三号に掲げる事業若しくは電話交換の業務については、適用しない。

⑤　第一項及び第二項の時刻は、第五十六条第二項の規定によつて使用する児童については、第一項の時刻は、午後八時及び午前五時とし、第二項の時刻は、午後九時及び午前六時とする。

（交替制による深夜業の許可申請）

年則第五条　法第六十一条第三項の規定による許可は、様式第三号の交替制による深夜業時間延長許可申請書により、所轄労働基準監督署長から受けなければならない。

□告　示

○厚生労働省告示第四〇七号（平一六・一一・二二）

労働基準法第六十一条第五項の規定により読み替えられた同条第二項に規定する厚生労働大臣が必要であると認める場合及び期間

労働基準法（昭和二十二年法律第四十九号）第六十一条第五項の規定により読み替えられた同条第二項に規定する厚生労働大臣が必要であると認める場合は、同法第五十六条第二項の規定によって演劇の事業に使用される児童が演技を行う業務に従事する場合とし、同法第六十一条第五項の規定により読み替えられた同条第二項に規定する期間は、当分の間とする。

▼**参照条文**　〔行政官庁の許可―年則五〕、〔罰則―一一九〕

解釈例規

【使用の意義】

問　法第六十一条第一項及び第六十四条の三第一項の「使用してはならない」は、「労働させてはならない」と異なるか。

答　すべて現実に労働させることを禁止する趣旨である。

（昭二三・五・一八　基収一六二五号、昭六三・三・一四　基発一五〇号）

【交替の意義】

問　左記のごとき乗務員の勤務態様は本条第一項の交替制とみられるか。

記

(一)　乗務員は数組に分れ、各々所属の組は昼間勤務と深夜勤務とが重複しないよう、なおまたその間に休日や訓練日（実乗務のない日）を挿入して、勤務が夜間に片寄らないよう調整している。

㈡　乗務員には一勤務終了後はこの勤務時間にほぼ等しい休養時間をとらせるのを原則としているが、なお各々の組の成員は数カ月をもつて勤務の条件が片寄らないよう他の組に入れる。

㈢　乗務員は大体十日乃至十五日の乗務交替制を実施している。

答　本条第一項による交替制とは同一労働者が一定期日ごとに昼間勤務と夜間勤務とに交替につく勤務の態様をいうものであるから、質疑のごとき乗務割制は交替制に該当する。

（昭二三・七・五　基発九七一号、昭六三・三・一四　基発一五〇号）

【満十六歳以上の男性の三交替制】

問　労働基準法第六十一条第一項但書の規定により満十六歳以上の男性を三交替勤務させる場合、これを正規により交替勤務させるときは、ただちに通勤回数（鉄道職員は列車通勤の場合多し）を増すばかりでなく深夜又は早朝時の交替を必要とし、ことに深夜交替の場合は列車の密度粗となる関係上無用に早く出勤して交替時刻を待期し交替明けの者また自宅休養時間の減縮を余儀なくされることとなり、関係職員をして徒に疲労を増大させる結果となるので、運輸省として法の精神によりこれを保護し緩和するため、第一日昼勤、第二日夜勤、第三日勤務明け非番の順序を操り返し、一週及び一勤務内における労働時間は法定の限度内において、いわゆる三交替制を実施したいと思うので、何分の措置を煩わしたい。

答　労働基準法第六十条第一項及び第三項の規定に抵触しない限り差し支えない。

（昭二三・三・二　基発三八九号、昭六三・三・一四　基発一五〇号）

【駅勤務年少者の交替制】

問　駅勤務者で満十六歳以上満十八歳未満の男性について、十二時より二十三時までの勤務の間に、三時間の休憩を与え、更に深夜に睡眠時間四時間を与え、翌日十二時まで労働させ、その間二時間の休憩時間を与えて非番となる勤務であつて、前後通算休憩時間五時間、睡眠時間四時間、計九時間を与え両日を折半して深夜就業を含め一日実働七・五時間一週四十五時間の勤務方法を採用しているが、法第六十一条第一項ただし書に該当する交替制として認めてよいか。

答　照会の件は法第六十一条第一項ただし書にいう交替制とは認められない。

なお、昭和二十三年七月五日付基発第九七一号通達を参照されたい。

（昭二四・四・三　基収四三〇三号、昭六三・三・一四　基発一五〇号）

【法第六十一条第一項ただし書の交替制の意義】

問　○○株式会社の製パン部門では、満十八歳未満の男性十名に対し別表要領で深夜のパン製造と昼間のパン配達又は菓子製造の交替業務に服させているが、法第六十一条第一項ただし書の趣旨は作業自体が継続的に昼夜を通じて又は長時間に亘つて行われる場合の除外規定であつて、かかる異る業務の交替服務は含まれず、同条第一項違反と解されるが如何。〈編注　次頁表参照〉

答　法第六十一条第一項ただし書の交替制は、同一労働者が一定期日ごとに昼間勤務と夜間勤務とに交替につく勤務の態様であれば、法律的には必ずしも昼間勤務と夜間勤務の作業が同一であることは要しないものと解される。

（昭二三・四・三　基収一五八五号、昭六三・三・一四　基発一五〇号）

【交替制労働と割増賃金】

問　法第六十一条第三項の交替制労働により年少者の三十分の深夜業は当然深夜業割増を要すると解するが如何。

答　見解の通り。

（昭二三・二・二〇　基発二九七号、昭六三・三・一四　基発一五〇号）

別表

期間＼労働者	第一班 ABCDE	第二班 FGHIJ
自四月一日 至四月十日	昼昼昼昼昼	夜昼（菓）夜夜夜
自四月十一日 至四月二十日	昼昼昼昼昼	昼（菓）夜夜夜夜
自四月二十一日 至四月三十日	昼昼昼昼昼	夜夜昼（菓）夜昼（菓）
自五月一日 至五月十日	夜昼（菓）夜夜夜	昼昼昼昼昼
自五月十一日 至五月二十日	夜夜夜夜昼（菓）	昼昼昼昼昼
自五月二十一日 至五月三十一日	夜夜昼（菓）昼（菓）夜	昼昼昼昼昼

備考一　「昼」は、昼勤（始業　六時／終業十八時）、「夜」は夜勤（始業二十二時／終業　九　時）の略である。
二　夜勤はパン製造、昼勤は配達で特に昼勤中（菓）とあるのは菓子製造業務である。
三　一、二班は一カ月交替で配達を行っている。

【電話交換業務に従事する者の深夜業】

問　○○鉄道株式会社○○駅においては、電話交換業務を実施しているが、本件については左記のとおり解してよいか。

記

一、駅務掛が電話交換掛の休日、休暇、欠勤の日に、電話交換業務に専ら従事する場合は、その日に限り労働基準法第六十一条第四項により深夜業をしても差し支えない。

二、電話交換掛に専ら従事する者が、駅務掛等の休日、休暇、欠勤の日にその都度これに代つて勤務することがあつても専ら電話交換業務にのみ従事する日については、労働基準法第六十一条第四項により深夜業をしても差し支えない。

答　一及び二も貴見のとおり。

（昭三〇・一一・三〇　基収五三〇二号、昭六三・三・一四　基発一五〇号）

（危険有害業務の就業制限）

第六十二条　使用者は、満十八才に満たない者に、運転中の機械若しくは動力伝導装置の危険な部分の掃除、注油、検査若しくは修繕をさせ、運転中の機械若しくは動力伝導装置にベルト若しくはロープの取付け若しくは取りはずしをさせ、動力によるクレーンの運転をさせ、その他厚生労働省令で定める危険な業務に就かせ、又は厚生労働省令で定める重量物を取り扱う業務に就かせてはならない。

② 使用者は、満十八才に満たない者を、毒劇薬、毒劇物その他有害な原料若しくは材料又は爆発性、発火性若しくは引火性の原料若しくは材料を取り扱う業務、著しくじんあい若しくは粉末を飛散し、若しくは有害ガス若しくは有害放射線を発散する場所又は高温若しくは高圧の場所における業務その他安全、衛生又は福祉に有害な場所における業務に就かせてはならない。

③ 前項に規定する業務の範囲は、厚生労働省令で定める。

（重量物を取り扱う業務）

年則第七条　法第六十二条第一項の厚生労働省令で定める重量物を取り扱う業務は、次の表の上欄に掲げる年齢及び性の区分に応じ、それぞれ同表の下欄に掲げる重量以上の重量物を取り扱う業務とする。

年齢及び性		重量（単位キログラム） 断続作業の場合	重量（単位キログラム） 継続作業の場合
満十六歳未満	女	十二	八
	男	十五	十
満十六歳以上満十八歳未満	女	二十五	十五
	男	三十	二十

（年少者の就業制限の業務の範囲）

年則第八条　法第六十二条第一項の厚生労働省令で定める危険な業務及び同条第二項の規定により満十八歳に満たない者を就かせてはならない業務は、次の各号に掲げるものとする。ただし、第四十一号に掲げる業務は、保健師助産師看護師法（昭和二十三年法律第二百三号）により免許を受けた者及び同法による保健師、助産師、看護師又は准看護師の養成中の者については、この限りでない。

一　ボイラー（労働安全衛生法施行令（昭和四十七年政令第三百十八号）第一条第三号に規定するボイラー（同条第四号に規定する小型ボイラーを除く。）をいう。次号において同じ。）の取扱いの業務

二　ボイラーの溶接の業務

三　クレーン、デリック又は揚貨装置の運転の業務

四　緩燃性でないフィルムの上映操作の業務

五　最大積載荷重が二トン以上の人荷共用若しくは荷物用のエレベーター又は高さが十五メートル以上のコンクリート用エレベーターの運転の業務

六　動力により駆動される軌条運輸機関、乗合自動車又は最大積載量が二トン以上の貨物自動車の運転の業務

七　動力により駆動される巻上げ機（電気ホイスト及びエアホイストを除く。）、運搬機又は索道の運転の業務

八　直流にあつては七百五十ボルトを、

交流にあつては三百ボルトを超える電圧の充電電路又はその支持物の点検、修理又は操作の業務

九　運転中の原動機又は原動機から中間軸までの動力伝導装置の掃除、給油、検査、修理又はベルトの掛換えの業務

十　クレーン、デリック又は揚貨装置の玉掛けの業務（二人以上の者によつて行う玉掛けの業務における補助作業の業務を除く。）

十一　最大消費量が毎時四百リットル以上の液体燃焼器の点火の業務

十二　動力により駆動される土木建築用機械又は船舶荷扱用機械の運転の業務

十三　ゴム、ゴム化合物又は合成樹脂のロール練りの業務

十四　直径が二十五センチメートル以上の丸のこ盤（横切用丸のこ盤及び自動送り装置を有する丸のこ盤その他反ぱつにより労働者が危害を受けるおそれのないものを除く。）又はのこ車の直径が七十五センチメートル以上の帯のこ盤に木材を送給する業務

十五　動力により駆動されるプレス機械の金型又はシヤーの刃部の調整又は掃除の業務

十六　操車場の構内における軌道車両の入換え、連結又は解放の業務

十七　軌道内であつて、ずい道内の場所、見通し距離が四百メートル以内の場所又は車両の通行が頻繁な場所において単独で行う業務

十八　蒸気又は圧縮空気により駆動されるプレス機械又は鍛造機械を用いて行う金属加工の業務

十九　動力により駆動されるプレス機械、シヤー等を用いて行う厚さが八ミリメートル以上の鋼板加工の業務

二十　削除

二十一　手押しかんな盤又は単軸面取り盤の取扱いの業務

二十二　岩石又は鉱物の破砕機又は粉砕機に材料を送給する業務

二十三　土砂が崩壊するおそれのある場所又は深さが五メートル以上の地穴における業務

二十四　高さが五メートル以上の場所で、墜落により労働者が危害を受けるおそれのあるところにおける業務

二十五　足場の組立、解体又は変更の業務（地上又は床上における補助作業の業務を除く。）

二十六　胸高直径が三十五センチメートル以上の立木の伐採の業務

二十七　機械集材装置、運材索道等を用いて行う木材の搬出の業務

二十八　火薬、爆薬又は火工品を製造し、又は取り扱う業務で、爆発のおそれのあるもの

二十九　危険物（労働安全衛生法施行令別表第一に掲げる爆発性の物、発火性の物、酸化性の物、引火性の物又は可燃性のガスをいう。）を製造し、又は取り扱う業務で、爆発、発火又は引火のおそれのあるもの

三十　削除

三十一　圧縮ガス又は液化ガスを製造し、又は用いる業務

三十二　水銀、砒《ひ》素、黄りん、弗《ふっ》化水素酸、塩酸、硝酸、シアン化水素、水酸化ナトリウム、水酸化カリウム、石炭酸その他これらに準ずる有害物を取り扱う業務

三十三　鉛、水銀、クロム、砒《ひ》素、黄りん、弗《ふっ》素、塩素、シアン化水素、アニリンその他これらに準ずる有害物のガス、蒸気又は粉じんを発散する場所における業務

三十四　土石、獣毛等のじんあい又は粉末を著しく飛散する場所における業務

三十五　ラジウム放射線、エックス線その他の有害放射線にさらされる業務

三十六　多量の高熱物体を取り扱う業務及び著しく暑熱な場所における業務

三十七　多量の低温物体を取り扱う業務及び著しく寒冷な場所における業務

三十八　異常気圧下における業務

三十九　さく岩機、鋲《びょう》打機等身体に著しい振動を与える機械器具を用いて行う業務
四十　強烈な騒音を発する場所における業務
四十一　病原体によつて著しく汚染のおそれのある業務
四十二　焼却、清掃又はと殺の業務
四十三　刑事施設（刑事収容施設及び被収容者等の処遇に関する法律（平成十七年法律第五十号）第十五条第一項の規定により留置施設に留置する場合における当該留置施設を含む。）又は精神科病院における業務
四十四　酒席に侍する業務
四十五　特殊の遊興的接客業における業務
四十六　前各号に掲げるもののほか、厚生労働大臣が別に定める業務

▼**参照条文**　〔厚生労働省令で定める危険な業務―年則八〕、〔厚生労働省令で定める重量物を取り扱う業務―年則七〕、〔三項に基づく厚生労働省令―年則八〕、〔女性の場合―六四の三〕、〔職業訓練に関する特例―七〇、則三四の三〕、〔児童―六〇〕、〔罰則―一一九〕

解釈例規

年少則第八条第一号

【ボイラーの取扱いの業務】　「ボイラーの取扱いの業務」とは、ボイラーの燃焼及びボイラー操作に付随する一切の作業を示すものであること。ただし、例えばボイラー室の石炭運搬に専従する者のごときはボイラー室に所属する労働者といえどもこれに含まれないこと。

（昭二三・六・一〇　基発八六四号、昭三三・二・一三　基発九〇号、昭六三・三・一四　基発一五〇号）


【小型ボイラーの運転、取扱いの業務】

年少者労働基準規則第八条第一号の「ボイラー」は、労働安全衛生法施行令第一条第三号にいう「ボイラー」のうち同条第四号の「小型ボイラー」を除くものをいうものである。

従つて、満十八歳に満たない者を小型ボイラーの運転、その他取扱いの業務に就かせることは、労働安全衛生法所定の特別教育を実施していれば差し支えない。

（昭五〇・五・一　婦収一二四号、昭六三・三・一四　基発一五〇号）

【ボイラーの定義】　就業制限に係るボイラーが、労働安全衛生法施行令第一条第四号に定める小型ボイラーを除いた同条第三号に定めるボイラーであることを明らかにしたものであること。
（昭六一・三・二〇　基発一五一号、婦発六九号、昭六三・三・一四　基発一五〇号）

年少則第八条第二号

【溶接】　「溶接」には、アーク溶接、ガス溶接及び溶断を含むこと。
（昭二三・六・一〇　基発八六四号、昭三三・二・一三　基発九〇号、昭六三・三・一四　基発一五〇号）

年少則第八条第三号・第十号

【クレーン等の運転及び玉掛けの業務】

移動式クレーンは「クレーン」に含まれるものであること。

（昭六一・三・二〇　基発一五一号、婦発六九号、昭六三・三・一四　基発一五〇号）

年少則第八条第四号

【上映操作】　「上映操作」には、緩燃性フイルムを使用する場合を含まないこと。
（昭二三・六・一〇　基発八六四号、昭三三・二・一三　基発九〇号、昭六三・三・一四　基発一五〇号）

年少則第八条第五号

【エレベーターの範囲】　各階にある押ボタンにより昇降体を自動的に着床させることができ、かつ、昇降体内部の押ボタンの操

作により希望する階に自動的に運転できる人荷共用エレベーターは、本号に含まないこと。

（昭二三・六・一〇　基発八七四号、昭三三・二・一三　基発九〇号、昭六三・三・一四　基発一五〇号）

年少則第八条第六号

【動力】「動力による」とは、機械力によることをいい、牛馬等動物によるものを含まないこと。

（昭二三・六・一〇　基発八七四号、昭三三・二・一三　基発九〇号、昭六三・三・一四　基発一五〇号）

【運転】「運転の業務」とは、運転手、運転助手及びこれらの見習の作業をいい、車掌その他の乗務員の作業はこれを含まないこと。

（昭二三・六・一〇　基発八七四号、昭三三・二・一三　基発九〇号、昭六三・三・一四　基発一五〇号）

年少則第八条第七号

【巻上げ機】「巻上げ機」とは、ウインチ、ホイスト等垂直につり上げ、つり下す機械を有する設備をいい、クレーンの中に類別されるべきテルハ等は第三号に含むこと。

（昭二三・六・一〇　基発八七四号、昭三三・二・一三　基発九〇号、昭六三・三・一四　基発一五〇号）

【運搬機】「運搬機」とは、ベルトコンベヤー、バケットコンベヤー、エアコンベヤー及び車両系荷役運搬機械等をいうこと。

（昭二三・六・一〇　基発八七四号、昭三三・二・一三　基発九〇号、昭三六・九・二〇　基収六六八号、昭六三・三・一四　基発一五〇号）

【年少者労働基準規則第八条第七号の運搬機の運転の業務の範囲】

問　左記の疑義があるので至急何分の御回示をお願いする。

記

一　年少者労働基準規則第八条第七号の運搬機の運転の業務には運搬機の正常な運転を確保するに必要な運転中に行う監視、注油、掃除等の業務を含まないものと解して差し支えないか。

二　もし前記の監視、注油及び掃除等の業務が運搬機の運転の業務に含まれるものと解するとすれば、これ等業務に就く者の補助者も運搬機の運転の業務に就くものと解して差し支えないか。

答　年少者労働基準規則第八条第七号中「運搬機の運転の業務」とは、ベルトコンベヤー、バケットコンベヤー等の運搬機を運転する者及びその助手が運転する業務をいい、運転中の運搬機の監視、注油、掃除等の業務は含まない。

なお、運搬機を動かす原動機又はその原動機から中間軸までの動力伝導装置で、運転中のものを掃除し、注油し、検査し、修繕し又はベルトの掛換えをする業務は、同条第九号に該当し、満十八歳に満たない者を就かせてはならない業務であるから念のため。

（昭二九・一〇・五　基収四一六七号、昭六三・三・一四　基発一五〇号）

【索道】「索道」とは、軌道索道又は架空索道をいうこと。

（昭二三・六・一〇　基発八七四号、昭三三・二・一三　基発九〇号、昭六三・三・一四　基発一五〇号）

年少則第八条第八号

【電路】「電路」とは、電気を通ずるために相互に接続する電気機械器具、配線又は移動電線により構成された回路をいうこと。

（昭三五・一一・二　基発九九〇号、昭六三・三・一四　基発一五〇号）

【充電電路】「充電電路」とは、電圧を有する電路をいい、負荷電流が流れていないものを含むこと。

（昭三五・一一・二　基発九九〇号、昭六三・三・一四　基発一五〇号）

年少則第八条第九号

【ベルトの掛換え】「ベルトの掛換えの業

務」とは、掛外し及び遷帯を含むこと。
（昭二三・六・一〇　基発八七四号、昭三三・二・一三　基発九〇号、昭六三・三・一四　基発一五〇号）

年少則第八条第十号

【クレーン等の合図の業務】　年少者には港湾荷役作業におけるデッキマンの業務その他クレーン等の合図の業務に就かせないように指導すること。
（昭二四・七・三　基発五三三号、昭六三・三・一四　基発一五〇号）

年少則第八条第十一号

【液体燃焼器】　「液体燃焼器」とは、重油燃焼器及びオイルバーナーを指し、消費量は燃焼器の容量によつて定めること。
（昭二三・六・一〇　基発八七四号、昭三三・二・一三　基発九〇号、昭六三・三・一四　基発一五〇号）

年少則第八条第十二号

【土木建築用機械】　「土木建築用機械」とは、ガイデリック、コンクリート用エレベーター、コンクリート混合機、杭打機、空気圧縮機、砕石機、道路ローラー機等それらの機械の主目的が土木又は建築施工用機械として造られたものを総称し、規模の大小にかかわらないこと。ただし、その他の丸のこ盤、ボール盤、ポンプ等の一般製造加工用機械を土木建築現場で使用するものについては、本条各号の基準によること。
（昭二三・六・一〇　基発八七四号、昭三三・二・一三　基発九〇号、昭六三・三・一四　基発一五〇号）

【船舶荷扱用機械】　「船舶荷扱用機械」とは、陸揚用機械、積込機械及びコンベヤー等荷扱用機械として必要なものをいい、その規模にかかわらないものであること。
（昭二三・六・一〇　基発八七四号、昭三三・二・一三　基発九〇号、昭六三・三・一四　基発一五〇号）

年少則第八条第十三号

【ゴム等のロール練業務】　本号はゴム、エボナイト等加工物の性状が粘性の著しいものをロール機械によつて行う作業の範囲とし、ゴムを使用するもカレンダー、ゴム糊引用ロール機等は含まないこと。
（昭二三・六・一〇　基発八七四号、昭三三・二・一三　基発九〇号、昭六三・三・一四　基発一五〇号）

年少則第八条第十四号

【丸のこ盤に木材を送給する業務の範囲】

㈠　本号の機械は製材木工用のものに限ること。

㈡　丸のこ盤であつても反ぱつ及び接触の危険の少ないものは本号に含まないこと。

㈢　先手の作業は差し支えないこと。

（昭二三・六・一〇　基発八七四号、昭三三・二・一三　基発九〇号、昭六三・三・一四　基発一五〇号）

【木材送給の業務の範囲】

問　年少者労働基準規則第八条第十四号及び女性労働基準規則第二条第八号ののこ車の直径が七十五センチメートル以上の帯のこ盤における木材送給の業務には製材工場における当該作業に就業する「部出し工」及び「運転工」を含むものと解するが如何。

即ち帯のこ用自動牽引台車使用のものにあつては、概ね三名を以て操業し、台車運転操作一人、部出し操作一人、先取り一人とし、特に部出し工にあつては移動台車上にあつて部出し操作把手をもつて木材の切削所要寸法の木取を行うものであり、この種作業の監督的立場にあり、相当熟練を要するものと思料される。

答　設問の「部出し工」及び「運転工」は、「木材の送給の業務」に該当する。
（昭二五・三・二八　基収七三五号、昭六三・三・一四　基発一五〇号、平九・九・二五　基発六四八号）

【自動ローラー送り帯鋸盤と年少者の就業制限】

問　当局管内の製材業者において、製材工場に自動ローラー送り帯鋸盤（のこ車の直径七十五センチメートル以上）を設置し、この帯鋸盤に年少者を就労させているのがみられました。この作業は年少者労働基準規則第八条第十四号（木材を送給する業務）の規定が適用されるものと思料されますが、いささか疑義がありますので適用の有無につき御教示を願います。

答　貴見のとおり。

（昭三七・七・一八　基収四九九号、昭六三・三・一四　基発一五〇号）

年少則第八条第十五号

【プレス機械、シャーによる加工作業】

本号は、型の取付け、調整及び掃除の業務を禁止する趣旨で、これ等の機械による加工作業に従事することは差し支えないこと。

（昭三三・六・一〇　基発八七四号、昭三三・二・一三　基発九〇号、昭六三・三・一四　基発一五〇号）

年少則第八条第十六号

【操車場】　「操車場」とは、専ら列車の組成、車両の入替えをする場所に限られ、指定駅その他の停車場における列車の入替え、連結、解放の作業を行う場所は操車場の概念には含まないこと。

（昭三三・六・一〇　基発八七四号、昭三三・二・一三　基発九〇号、昭六三・三・一四　基発一五〇号）

年少則第八条第十七号

【ずい道】　「ずい道」とは、地盤を横に貫通する通路をいうこと。

（昭三三・六・一〇　基発八七四号、昭三三・二・一三　基発九〇号、昭六三・三・一四　基発一五〇号）

【車両の通行が頻繁】「車両の通行が頻繁」とは、車両の通行回数が一時間につき四回以上の場合をいうこと。

（昭三三・六・一〇　基発八七四号、昭三三・二・一三　基発九〇号、昭六三・三・一四　基発一五〇号）

【単独で行う業務】　本号における業務は、当該場所における線路工手、電力工手等の作業の意であつて、線路内に立ち入り又は横断するごときものは含まない趣旨であること。「単独で行う業務」には同一場所で数名が作業している場合でも業務が独立してなされるものはこれを含むこと。

（昭三三・六・一〇　基発八七四号、昭三三・二・一三　基発九〇号、昭六三・三・一四　基発一五〇号）

【見通し距離の意義】

問　年少者労働基準規則第八条第十七号中「軌道内であつて、ずい道内の場所、見通し距離四百メートル以内」の「距離」とは入口より算定すべきか、あるいはずい道の如何なる場所から算定した見通し距離を意味するか。

答　本規定は、ずい道の内部と見通し距離四百メートルとは各別に解釈すべきである。即ち軌道内であれば、ずい道の内部は見通し距離の如何にかかわらず、すべて禁止される。次にカーブの場合等同じく軌道内であつてずい道内部でなくとも見通し距離が四百メートル以内の場合は逃避困難なる故危険として禁止される。

（昭三三・一・一九　基発六二号、昭六三・三・一四　基発一五〇号）

年少則第八条第十八号

【鍛造機械等を用いる金属加工】　本号はプレス機械又は鍛造機械を蒸気又は圧縮空気によつて運転し、金属の鍛圧、切断、成型その他の加工を行う業務をいい、これらの機械を運転する作業及び加工品の取扱いの作業を含むこと。

（昭三三・六・一〇　基発八七四号、昭三三・二・一三　基発九〇号、昭六三・三・一四　基発一五〇号）

年少則第八条第十九号

【プレス機械、シャー等】　「プレス機械、シャー等」とは、プレス機械、シャー及びこれらと同程度に危険性のある機械と解すること。

（昭三三・六・一〇　基発八七四号、昭三三・二・一三　基発九〇号、昭六三・三・一四　基発一五〇号）

【プレス機械等による鋼板加工の業務】

本号の業務は、機械の規模にかかわらず「厚さ八ミリメートル以上の鋼板加工の業務」をいうものであること。

（昭六一・三・二〇　基発一五一号、婦発六九号、昭六三・三・一四　基発一五〇号）

【鋼板加工の業務】

問　今般当局管内において年少労働者がシャーを用いて切断した鋼板をシャーからかき出す業務に従事中、同機により死亡するという災害が発生しましたが、これに関して、年少者労働基準規則第八条第十九号等の業務について下記のとおり疑義がありますので御教示を願います。

記

年少者労働基準規則第八条第十九号及び女性労働基準規則第二条第十一号にいう動力によるプレス機械、シャー等を用いる厚さ八mm以上の鋼板加工の業務にはいわゆる先手の業務（切断後の鋼板等をシャーからかき出す作業等）も含むものと解して差し支えないか。

また、同様に加工材料の運搬取扱いの作業を含むものと解して差し支えないか。

答　前段については貴見のとおり。

後段については、切断後の鋼板等をシャーからかき出す作業を含まない加工材料の運搬取扱いの作業は、年少者労働基準規則第八条第十九号及び女性労働基準規則第二条第十一号の業務に該当しない。

（昭三九・一〇・二〇　基収五二三三号、昭六三・三・一四　基発一五〇号、平九・九・二五　基発六四八号）

年少則第八条第二十一号

【手押しかんな盤等の取扱いの業務】　本号の業務は木工用プレーナー、単軸面取盤（スピンドルモールジングマシン）に材料を機械送り又は手送りにより送給する業務をいい、これらの機械から送り出される加工済の木材を受け取る業務は含まないこと。

（昭二三・六・一〇　基発八七四号、昭三三・二・一三　基発九〇号、昭六三・三・一四　基発一五〇号）

【木工用カッター】

問　当局管内の建具及び家具製造事業場において、いわゆるカッターと称する、溝切り、はなとり用の機械を左記のような状況のもとに使用しておりますが、この機械の構造、用途は、丸鋸機、鉋機と類似のものであり、又、面取機ともみられる作業実態を備えておりますので、これを単軸面取り盤とみなして年少者の就業を制限してよろしいか。

記

カッター作業は、小丸鋸と同様の方法で機械にカッターを取付けるものであるので、小丸鋸盤と同一機械で運転されるものが多い。

加工材は、建具材料で細長い木片が大部分であり、一般家庭用窓枠等極端に細いものも加工される。作業の内容については、溝切り、治具を用いての面取り作業等が主なものである。機械の運転状況は、丸鋸同様高速回転で木材を切削するが、歯先は、フライス・カッター同様の形状で切込が深く、テーブル上には、その目的に応じて、数ミリから数十ミリ程度の歯先を出して切削を行うものである。この歯の厚みは通常数ミリから二十ミリ前後のものが多い。歯の回転により、歯先が木材に当る際の振動は、かなり大きく、このため、木材切削時、切削する木材を手で押えて送りを行う。

この機械の危険性はプレナーと同等であり、プレナーは一般に幅のあるものを切削するが、カッターは細い材料の切削が多いので、その危険性はプレナーよりも大であると考えられる。

答　設問の木工機械は、年少者労働基準規則第八条第二十一号にいう単軸面取り盤には該当しない。

なお、同規則にいう単軸面取り盤とは、垂直の単軸に刃（カッター）を取付けたものである。

（昭三四・三・一二　基収一四〇八号、昭六三・三・一四　基発一五〇号）

【木工機による木材加工】

問　管内に於て左記のごとき、木工機による木材の加工作業に年少者を就業せしめておりますが、本機は、年少者労働基準規則第八条第二十一号の単軸面取り盤として年少者の就業を禁止すべきものと思料されますが、その構造、使用状況よりいささか疑義が生じましたので、その適否について何分の御指示をお願い致します。

一　加工目的　箱板のハギ合せの面加工

二　構造作用　図ならびに写真参照（略）

三　馬力、寸法等

1　軸は水平軸で、二馬力運転

2　軸の直径寸、回転数二千R・P・M

3　カッター　直径　百二十ミリ
　厚さ　六ミリ（十ゲージ）
歯の数六十枚で厚い丸鋸に類似している。

4　定規は図(A)、ならびに(B)（略）の如く、二種類の方法がある。

四　その他

事業主は、水平軸ではない垂直軸の機械を、単軸面取り盤と解釈している。

答　設問の木工機械は、年少者労働基準規則第八条第二十一号にいう単軸面取り盤には該当しない。

なお、同規則にいう単軸面取り盤とは、垂直の単軸に刃（カッター）を取付けたものである。

（昭三四・三・二　基収一四〇八号、昭六三・三・一四　基発一五〇号）

【木履製作工程中の丸目鉋、天鉋、糸鋸】

年少者労働基準規則第八条第二十一号の取扱いについて左記の通り疑義があるので指示願いたい。

記

手押しかんな盤、単軸面取り盤の定義について

問　昭和二十三年六月十日基発第八七四号により本号は木工用プレーナー、単軸面取り盤（スピンドルモールジングマシン）に材料を機械送り又は手送りにより送給する業務と解するよう通達があつたが、木履製作工程中の丸目鉋、天鉋は手押しかんな盤と解して就業を禁止すべきか。

なお、糸鋸は第十四号、第二十一号に抵触しないと思われるが就業を継続してよろしいか。

製作工程

(1)丸鋸（枕取り）、(2)寸切り鼻入れ（小型丸鋸、小型鉋機のコンビネーション）(3)四枚鋸（小型丸鋸小型鉋機のコンビネーション）(4)糸鋸（通称「いとのこ」バンドテーブルのごときもので、下駄の歯形切断に使用するもの）(5)七分仕上機(6)丸目鉋（下駄の隅角を丸める鉋機）(7)孔（下駄の穴開け）(8)天鉋（下駄の表面を削る鉋機）(9)塗装仕上

答　設問の木履工業の製作工程中で使用されている丸目鉋及び天鉋のごとき鉋機を使用する業務は年少者労働基準規則第八条第二十一号の「手押しかんな盤を用いる業務」という規定に含む趣旨ではないから、就業を継続して差し支えない。なお、糸鋸については見解のとおり。

（昭二四・一・五　基収三四三三号、昭六三・三・一四　基発一五〇号）

【ポータブル電気かんなの取扱いの業務】

問1　最近、「ポータブル電気かんな」の普及に伴い、建築現場等において広く使用され、使用方法が簡便なため大工のほか、年少者の大工見習に使用させている事例があるが、何分この「かんな盤」が新型式のものであり、これの取扱いの業務が年少者労働基準規則第八条第二十一号に定める業務に該当するか否か、いささか疑義が生じましたので御指示をえたくお伺いします。

（例）

年少者Aは、大工作業小屋において、下見板に用いる松板材（長さ十二尺、幅七寸、厚さ四分）をポータブル電気かんな盤を使つてかんなかけを行なつていた。

この作業は、板材を約一メートルの高さに土間に積重ね、上部の一板のかんなかけがおわると、これを左側の土間におく動作を順次操返す作業である。（かん

なかけの動作は、かんな盤を保持し、手元から前方へ押出す。）

かんな盤の操作中、松ヤニが刃部に付着し、調子が悪くなつたので、これを取り除くため後部握りのスイッチを切り、右手を後部握りにかけたまま、かんな盤を板材の上にひつくり返して、左手指で刃部の松ヤニをとつていたところ急にかんな盤がぐらつき突差に右手握りを強く握つた際、スイッチに同時に触れて刃部が回転し、これに触れていた左手指を負傷した。

2　なお、上記の場合に用いられている「かんな盤」は、特別附属品のスタンドを用いる場合、通常の手押しかんな盤と全く同じ状態で使用することになるが、この場合の業務はどうか、併せてお伺いします。

答　照会に係るポータブル電気かんなは、「スタンド等の附属品を併用して定置形とし、手押しかんな盤と同様な状態において使用する場合」でない限り、年少者労働基準規則第八条第二十一号の「手押しかんな盤」には該当しないものとして取り扱われたい。

（昭三九・一一・二五　基収七三六八号、昭六三・三・一四　基発一五〇号）

年少則第八条第二十二号

【破砕機又は粉砕機に材料を送給する業務】

「破砕機又は粉砕機」は、旧規則の「破砕機」の範囲と変わるものではないこと。

（昭六一・三・二〇　基発一五一号、婦発六九号、昭六三・三・一四　基発一五〇号）

【破砕機又は粉砕機】　「破砕機又は粉砕機」にはクラッシャー型（回転体により叩砕するもの）、ローラーミル型（ローラーにより圧砕するもの）及び搗機によるものを含むこと。

（昭三三・六・一〇　基発八七四号、昭三三・二・一三　基発九〇号、昭六三・三・一四　基発一五〇号）

年少則第八条第二十三号

【土砂崩壊のおそれのある場所】　前段は露天掘、山道の開発、大規模の切取り作業等におけるごとく土砂又は岩石の崩壊又は落下の危険のある場所をいうこと。

（昭三三・六・一〇　基発八七四号、昭三三・二・一三　基発九〇号、昭六三・三・一四　基発一五〇号）

【五メートル以上の地穴】　後段はビルディングの根切の作業、井戸の平掘作業等で作業面と四囲の地表との差が五メートル以上ある地穴をいうこと。

（昭三三・六・一〇　基発八七四号、昭三三・二・一三　基発九〇号、昭六三・三・一四　基発一五〇号）

【深さ五メートル以上の溝渠】

問　当該現場は、ビルディングの根切作業のごとく四囲が地表からの深さ五メートル以上でないが、地下鉄工事現場のごとく細長い溝渠状をなしている。この場合次のいずれによるべきか。

(一)　底部幅二メートル程度の狭幅の溝渠状の地形で、相対する二側面が深さ五メートル以上であり、他の二方に退避するのに相当の距離がある場合は、年少者労働基準規則第八条第二十三号及び女性労働基準規則第二条第十三号後段にいう地穴と解すべきが至当と思料される。

(二)　一方、本件のごとく片側の深さは全般的には五メートル以上であるが、反対側の深さは一部分のみ五メートルを超え、全般的には五メートル以下である場合、深さ五メートル以上の地穴と解することにはいささか疑義がある。

答　設問の作業現場は、相対する二側面のみが衝壁をなし、他の相対する二側面は開放されており、いわゆる溝渠状をなすものであるから、年少者労働基準規則第八条第二十三号及び女性労働基準規則第二条第十三号後段の「地穴」に該当するものとはいいがたく、本件については、同号前段により処置されたい。

（昭三四・五・一九　基収四九四号、昭六三・三・一四　基発一五〇号、平九・九・二五　基発六四八号）

年少則第八条第二十四号

【高さ五メートル以上の場所における業務】

本号の基準は高さ及び足元の安定度合の二条件から危険の基準を定めたもので、高さ五メートル以上の場所であってもつり足場上の作業又は棒はり上の作業に比較して、安全な業務は必ずしもこれに含むものではないこと。

（昭二三・六・一〇　基発八七四号、昭三三・二・一三　基発九〇号、昭六三・三・一四　基発一五〇号）

【サーカス団上演軽業又は技芸種目の取扱い】

サーカス団において上演される軽業又は技芸の種目に関する年少者労働基準規則第八条第二十四号及び第九条第一号の適用に関しては次の通りである。なお、この件については厚生省児童局とも打ち合せ済みであるから念のため。

㈠　撞木上における曲芸

(1)　満十五歳に達した日以後の最初の三月三十一日が終了していない者については禁止する。

(2)　満十五歳に達した日以後の最初の三月三十一日が終了した者で満十八歳未満のものについては、五メートル以上の高所におけるこの種の演技は禁止されるが、安全ネットの備えがある場合においてのみネット上五メートル未満の高所におけるこの種の演技を認める。

㈡　演技者の肩を利用する技芸

(1)　満十五歳に達した日以後の最初の三月三十一日が終了していない者については禁止する。

(2)　上乗りを演ずる満十五歳に達した日以後の最初の三月三十一日が終了した者で満十八歳未満のものは、五メートル以上の高所において演ずる者についてはこれを禁止する。

(3)　肩にて物を差す満十五歳に達した日以後の最初の三月三十一日が終了した者で満十八歳未満のものについては、年少者労働基準規則第七条の重量物取扱に関する規定に触れない限りこれを認める。

㈢　綱渡り

(1)　満十五歳に達した日以後の最初の三月三十一日が終了していない者については、綱の高さ二メートル未満であれば、特殊の器具を使用せず、かつ普通の姿勢で綱渡りすることを認める。

(2)　満十五歳に達した日以後の最初の三月三十一日が終了した者で満十八歳未満のものについては、高さ五メートル以上の綱渡りは禁止する。

「逆綱」のごとき芸もこれに準じて禁止する。

㈣　両脚を利用する曲芸

(1)　満十五歳に達した日以後の最初の三月三十一日が終了していない者は禁止する。

(2)　満十五歳に達した日以後の最初の三月三十一日が終了した者で満十八歳未満のものについては、年少者労働基準規則第七条の重量物取扱に関する規定に違反せぬよう、又危険物を取り扱わないように注意せられたい。

㈤　自転車曲乗り

満十五歳に達した日以後の最初の三月三十一日が終了していない者については禁止する。

㈥　曲馬に関する技芸

満十五歳に達した日以後の最初の三月三十一日が終了していない者については禁止する。

㈦　集団を以て表現するピラミッド曲芸

(1)　満十五歳に達した日以後の最初の三月三十一日が終了していない者は高さ二メートル未満であれば、他人を自分の肩にのせない限り他人の肩の上に立つことを認める。

(2)　満十五歳に達した日以後の最初の三月三十一日が終了した者で満十八歳未満のものについては、五メートル未満の高所でかつ年少者労働基準規則第七条の重量物取扱に関する規定に違反せぬ限りこれを認める。

(八)　技芸者単独に行う独立した技芸

満十五歳に達した日以後の最初の三月三十一日が終了していない者については禁止する。ただし、アクロバット以外の舞踊は差し支えない。

(九)　オートバイ又は自転車の特殊な曲乗り

満十五歳に達した日以後の最初の三月三十一日が終了していない者については禁止する。

（備考）　以上に掲げるもの以外の技芸についても、年少者労働基準規則に基く危険有害業務に該当するものは禁止されるから注意されたい。

（昭二三・五・一　基発六七八号、昭六三・三・一四　基発一五〇号、平一一・三・二四　基発一五五号）

【綱渡りとピラミッド曲芸】

問　昭和二十三年五月一日付基発第六七八号通達中(三)の綱渡りの(1)及び(七)の集団をもつて表現するピラミッド曲芸の(1)については、満十五歳に達した日以後の最初の三月三十一日が終了していない児童の使用を認めているが、これは年少者労働基準規則第九条第一号に反すると解釈されるのでこれが取扱につき何分の指示を賜りたい。

答　五月一日付基発第六七八号「現行サーカス団上演軽業又は技芸種目について」中(三)の「綱渡り」の(1)及び(七)の「集団をもつて表現するピラミッド曲芸」の(1)は年少者労働基準規則第九条第一号の「曲馬又は軽業を行う業務」に入らない趣旨である。

なお児童福祉法第三十四条第一項第三号に関する厚生省の解釈もこれと同様であるから念のため。

（昭二三・七・一三　基収一九六四号、昭六三・三・一四　基発一五〇号、平一一・三・二四　基発一五五号）

年少則第八条第二十五号

【地上又は床上における補助作業】　年少者労働基準規則第八条第二十五号及び女性労働基準規則第二条第十五号の「地上又は床上における補助作業」とは、地上又は堅固な床上における材料の運搬、整理等安定した作業床の上における作業をいうものである。

（昭三四・二・二八　基発一〇一号、昭六三・三・一四　基発一五〇号、平九・九・二五　基発六四八号）

年少則第八条第二十六号

【立木の伐採の業務】　「胸高直径」とは、地上約一・二メートルの高さにおける平均直径（円周の長さを三・一四で除した値）をいうものであること。なお、この場合において傾斜地についての「地上」とは当該傾斜面の高いところをいうものであること。

（昭六一・三・二〇　基発一五一号、婦発六九号、昭六三・三・一四　基発一五〇号）

年少則第八条第二十七号

【木材の搬出の業務①】　本号にいう「木材の搬出の業務」とは、伐採現場から山元土場までの木材運搬中、特に危険度の高いものの意であつて、木馬、索道、そり、集材機等による木材運搬の業務をいい、工場、一般道路、河川、駅構内等における木材運搬の業務は含まないこと。なお、山元土場における木材のはい積み及びはい崩しの業務は含まれること。

（昭二三・六・一〇　基発八七四号、昭三三・二・一三　基発九〇号、昭六三・三・一四　基発一五〇号）

【木材の搬出の業務②】　従来の就業制限の範囲を変えるものではなく、「等」には木馬道、修ら、管流、そり等が含まれるものであること。

（昭六一・三・二〇　基発一五一号、婦発六九号、昭六三・三・一四　基発一五〇号）

【木馬道の作業】

問　(1)伐木現場における杉皮の結束　(2)工場から伐木現場までのカスガイの運搬　(3)木馬道から外れたワイヤーを直すこと　(4)木馬道の注油　(5)平地における木馬の後押　(6)木馬への積載又は積出の手伝いを日常の業務とする場合

一、(6)の作業は年少者労働基準規則第七条及び女性労働基準規則第二条第一号の重量物の範囲内であれば禁止業務でないようにも考えられるが、昭和二十三年六月十日付基発第八七四号の「山元土場」におけるはい積み作業に準じて禁止業務と考えて差し支えないか。

二、臨時的必要に応じ平担な木馬道（高さ五メートル以下の桟橋状の木馬道が多い）の後押し作業は禁止作業にならないか。

三、(2)(3)(5)等の作業は足場の悪い危険な木馬道上の作業であり、特に(3)(5)の作業は前後に木馬が降下中においては災害の発生する可能性が大であるが、右の作業は木馬道による木材搬出の業務の中に含まれないか。

答一、木材の木馬への積載又は積下しの手伝いは山元土場におけるはい積み作業に類する危険作業ではない。

二、本作業は木馬道の作業とはみなされない。

三、木馬道を歩行することは、相当の注意力を要求されるが年少者及び妊産婦の禁止業務に含まれない。ただし(3)の作業中は、木馬の運行を止めて行うべきであり木馬の運行中に行う(3)の作業は年少者労動基準規則第八条第二十七号及び女性労働基準規則第二条第十七号の危険業務として扱うべきである。

（昭二五・一・二四　基収三三三号、昭六三・三・一四　基発一五〇号、平九・九・二五　基発六四八号）

【はい積みの作業】

問　昭和二十三年六月十日付基発第八七四号通達中の土場における「はい積み」の作業とは如何なることか。

答　はい積みの作業とは特殊な集積方法を指すのではなく、集積方法の種類にかかわらず土場に材木を積みかさねる作業をいう。

（昭二三・八・二　基収二二九〇号、昭六三・三・一四　基発一五〇号）

【土場におけるはい積みの作業】

問　土場における木材のはい積み作業において、年少者が補助として遠くで綱を引張つている程度で危険のおそれのないものも禁止されるものとして取り扱つて差し支えないか。

答　昭和二十三年六月十日付基発第八七四号並びに同年八月二日付基収第二一九〇号にいう土場におけるはい積みの作業の禁止は、設問の如く危険がなく、遠方で綱を引張つている程度の補助的なものまで禁止する趣旨ではない。

（昭二四・一・六　基収三三号、昭六三・三・一四　基発一五〇号）

年少則第八条第二十八号

【火薬、爆薬又は火工品、爆発のおそれのあるもの】

(一)　第二十八号の「火薬、爆薬又は火工品」は、火薬類取締法第二条に定める範囲とすること。

(二)　第二十八号の「爆発のおそれのあるもの」とは、火工品の製造作業におけるその原料をなす爆薬の計量、圧さく、溶てん、収函等の作業をいい、火薬類の包装作業、産業の用に供する火薬又は爆薬のてん薬作業等は含まない趣旨であること。

（昭三四・七・三　基発五三三号、昭六三・三・一四　基発一五〇号）

【打上煙火の玉はり作業】

問　煙火工場における打上煙火の玉はり作業は爆発のおそれのある業務として取り扱うべきか否かについて、いささか疑義が生じましたので何分の御回示相仰ぎたくお伺い致します。

答　設問の打上煙火の玉はり作業は年少者労働基準規則第八条第二十八号に規定する爆発のおそれのある業務には含まれないものと解されたい。

なお、玉はり後の導火線の取付作業は年少者労働基準規則第八条第二十八号に規定する爆発のおそれのある業務に該当するものであるから念のため申し添える。

追つて、玉はり後の導火線の取付作業は玉はり作業を行う工室とは別の工室において行わせるよう指導されたい。

（昭三四・一〇・一　基収三〇八号の二、昭六三・三・一四　基発一五〇号）

【煙火工場の爆発】

問　管下○○煙火工場においては打上煙火、仕掛煙火、玩具用煙火の製造を行つているが、○月○日爆発事故が発生死傷者数名を出すに至つたが、当該工場で行つていた業務が年少者労働基準規則第八条第二十八号に該当するか、左記参考の上何分の指示を賜りたい。

記

一　爆発の原因

玩具用煙火の紙パイプ（紙を巻いて作つた筒で長さ一寸二分）に硝石を主体とした配合薬品を詰め、その紙パイプに導火線をつけるための孔を電気ドリル（四分の一馬力）であけていたのであるが、その中に塩素酸カリを主体とした紙パイプが混入して発火したものと考えられる。

二　玩具用煙火の配合割合

電車（硝石十、硫黄二、木炭四）

ジープ（右に同じ）

平和の光、人形すだれ、野球すだれ（塩素酸カリ十、クンロク一、アルミニューム四）

三　本件は、塩素酸塩類、硝酸カリを取り扱う業務に間違いはないが爆発の危険のある業務なりや否やに疑義がある。

答　質疑のように、塩素酸塩類、硝石（硝酸カリ）、チリ硝石（硝酸ソーダ）を主体材料とする混合物を取り扱う玩具用煙火製造作業は、年少者労働基準規則第八条第二十八号に例示されたものに準ずる爆発性のものを取り扱う作業であり、かつ、かかる爆発性ある物品に対して鉄線の電気ドリルを以て穿孔するがごとき業務は物理的衝撃により爆発する危険を有するものと考えられるから爆発の危険ある業務と解される。

（昭二七・七・二　基収三五七七号、昭六三・三・一四　基発一五〇号）

年少則第八条第二十九号

【発火のおそれのあるもの】　「発火のおそれのあるもの」とは、発火性物質の製造工程又はこれを用い若しくは取り扱う作業の内容について客観的判断により定められるべきものであつて、これを取り扱うすべての業務を包含する意でないこと。例えば安全マッチの原料塗布、詰込、包装等は、これを含まないこと。

（昭三三・六・一〇　基発八七四号、昭三三・二・一三　基発九〇号、昭六三・三・一四　基発一五〇号）

【引火のおそれのあるもの】　「引火のおそれのあるもの」とは、引火性物質の製造工程又はこれを用い若しくは取り扱う作業の内容について客観的判断により、定められるべきものであつて、これを取り扱うすべての業務を包含する意ではないこと。例えば溶剤としてこれ等を多量に用いる作業はおおむねこの範囲に属し、これ等の物を入れたビン等の包装作業等は含まないこと。

（昭三三・六・一〇　基発八七四号、昭三三・二・一三　基発九〇号、昭六三・三・一四　基発一五〇号）

【ガソリンスタンドにおける給油業務】

問　標記のことについて、下記のごとき業務に年少者を就業させる場合は、年少者労働基準規則第八条第二十九号に該当する業務であるか否かをお伺い致します。

記

1　業務の種類

ガソリンスタンド（法第八条第八号の事業）における給油の業務

2　業務の概要及び当局の見解

本業務は、地下に埋設されたタンク等から給油用のポンプ、ホース及びノズルを用いて直接自動車にガソリンを給油するものであつて、ガソリン等を原料としてこれに加工をするものでなく、直接作業過程における発火又は引火の危険は認められないので年少者労働基準規則第八条第二十九号の業務には該当しないものと考えられる。

答　照会に係る業務は、年少者労働基準規則第八条第二十九号の業務には該当しない。

（昭三九・一一・五　基収六七四九号、昭六三・三・一四　基発一五〇号）

年少則第八条第三十一号

【圧縮ガス、液化ガスの製造等】　本号は、高圧ガス取締法第二条に定める高圧ガスを製造する作業を含むこと。「これ等を用いる業務」とは、これらのガスを用いて他の物質を製造する工程中において直接取扱う場合を含み、圧縮空気を用いて塗料の吹き付けを行う作業や溶接主任者の監督の下に圧縮酸素を用いてアセチレン溶接を行うごときものは含まないこと。

（昭二三・六・一〇　基発八七四号、昭三三・二・一三　基発九〇号、昭六三・三・一四　基発一五〇号）

年少則第八条第三十二号

【有害物取扱い等の業務】　「これらに準ずる有害物」には、水酸化ナトリウム及び水酸化カリウム以外の苛性アルカリも含まれるものであること。

（昭六一・三・二〇　基発一五一号、婦発六九号、昭六三・三・一四　基発一五〇号）

年少則第八条第三十三号

【有機溶剤業務の年少者の就業制限】

有機溶剤中毒予防規則第一条第一項第六号ヲの業務（有機溶剤を入れたことのあるタンク「有機溶剤の蒸気の発散するおそれがないものを除く。以下同じ。」の内部における業務）、又はタンク内において一日に消費する有機溶剤等の量が、有機溶剤中毒予防規則第二条又は第三条で定められた算式で計算した量をこえるタンク内作業は、年少者労働基準規則第八条第三十三号に該当するものであること。

（昭三八・四・一三　基発四二〇号、昭六三・三・一四　基発一五〇号、平九・九・二五　基発六四八号、平二四・三・二一　基発〇三二一第五号、雇児発〇三二一第二号）

年少則第八条第三十四号

【土石、獣毛のじんあい又は粉末を著しく飛散する場所における業務】

(1)　土石、獣毛等のじんあい又は粉末を著しく飛散する場所とは、植物性（綿、糸、ぼろ、木炭等）、動物性（毛、骨粉等）、鉱物性（土石、金属等）の粉じんを、作業する場所の空気一立方センチメートル中に粒子数千個以上又は一立方メートル中十五ミリグラム以上を含む場所をいう。

(2)　特に遊離硅石五十％以上を含有する粉じんについてはその作業する場所の空気一立方センチメートル中に粒子数七百個以上又は一立方メートル中十ミリグラム以上を含む場所をいう。

（昭二三・八・一三　基発一一七八号、昭四一・九・八　安発三三号、昭六三・三・一四　基発一五〇号）

年少則第八条第三十五号

【ラジウム放射線、エックス線、その他の有害放射線にさらされる業務】

(1)　その他の有害放射線とは紫外線、可視光線、赤外線等であつて強烈なもの及びラジウム以外の放射能物質例えばウラニウム、トリウム等よりの放射線をいう。

(2)　従つて本号にいう業務とはラジウム放射線、エックス線、紫外線を用いる医療、検査の業務、可視光線を用いる映写室内の業務、金属土石溶融炉内の監視の業務等である。

（昭二三・八・一三　基発一一七八号、昭四一・九・八　安発三三号、昭六三・三・一四　基発一五〇号）

年少則第八条第三十六号

【多量の高熱物体を取扱う業務及び著しく暑熱な場所における業務】

(1)　高熱物体を取り扱う業務とは、溶融又は灼熱せる鉱物、煮沸されている液体等摂氏百度以上のものを取り扱う業務をいう。

(2)　著しく暑熱な場所とは労働者の作業する場所が乾球温度摂氏四十度、湿球温度摂氏三十二・五度、黒球寒暖計示度摂氏五十度又は感覚温度摂氏三十二・五度以上の場所をいう。

（昭二三・八・一二　基発一一七八号、昭四二・九・八　安発二三号、昭六三・三・一四　基発一五〇号）

年少則第八条第三十七号

【多量の低温物体を取扱う業務及び著しく寒冷な場所における業務】

(1)　低温物体を取り扱う業務とは、液体空気、ドライアイスなどが皮膚に触れ又は触れるおそれがある業務をいう。

(2)　著しく寒冷な場所とは乾球温度摂氏零下十度以下の場所をいう。空気の流動ある作業場では気流一秒当り一メートルを加うる毎に乾球温度摂氏三度の低下あるものとして計算する。

(3)　冷蔵倉庫業、製氷業、冷凍食品製造業における冷蔵庫、貯氷庫、冷凍庫等の内部における業務等が本号に該当する。

（昭二三・八・一二　基発一一七八号、昭四二・九・八　安発二三号、昭六三・三・一四　基発一五〇号）

年少則第八条第三十八号

【異常気圧下における業務】

(1)　異常気圧下における業務とは、次に掲げる高気圧下又は低気圧下における業務をいうものであること。

(2)　高気圧下における業務

一、潜函工法、潜鐘工法、圧気シールド工法その他の圧気工法による大気圧を超える圧力下の作業室、シャフト等の内部における業務。

二、潜水器を用い、かつ空気圧縮機若しくは手押しポンプによる送気又はボンベからの給気を受けて水中において行う業務。

(3)　低気圧下における業務

海抜三千メートル以上の高山における業務。

（昭六一・三・二〇　基発一五一号、婦発六九号、昭六三・三・一四　基発一五〇号）

年少則第八条第三十九号

【さく岩機、鋲打機等の使用によつて身体に著しい振動を与える業務】

(1)　衝程七十ミリメートル以下及び重量二キログラム以下の鋲打機はこれを含まない。

(2)　前号以外のさく岩機、鋲打機等を使用する業務はすべて本号に該当する。

（昭二三・八・一二　基発一一七八号、昭四二・九・八　安発二三号、昭六三・三・一四　基発一五〇号）

【さく岩機等による振動業務】「等」には、チェンソー、ブッシュクリーナーが含まれるものであること。

（昭六一・三・二〇　基発一五一号、婦発六九号、昭六三・三・一四　基発一五〇号）

年少則第八条第四十号

【強烈な騒音を発する場所における業務】

強烈な騒音を発する場所とは、等価騒音レベルが九十デシベル以上の作業場をいうものであること。

（昭二三・八・一二　基発一一七八号、昭四二・九・八　安発二三号、昭六三・三・一四　基発一五〇号、平四・八・二四　基発四八一号）

【騒音発生場所における業務】従来の就業制限の範囲を変えるものではなく、「強烈な騒音を発する場所」には、ボイラーの製造が強烈な騒音を発する場合における当該場所も含まれるものであること。

（昭六一・三・二〇　基発一五一号、婦発六九号、昭六三・三・一四　基発一五〇号）

年少則第八条第四十二号

【焼却の業務】「焼却の業務」とは、廃棄物（廃棄物の処理及び清掃に関する法律（昭和四五年法律第一三七号）第二条第一項に規定する「廃棄物」をいう。以下同じ。）の焼却、死体火葬等の業務をいう。

（昭三・一一・一一　発婦二号、昭六三・三・一四　基

発一五〇号、令二・三・二六　基発〇三二六第三号）

【清掃の業務】　「清掃の業務」とは、一般廃棄物（廃棄物の処理及び清掃に関する法律第二条第二項に規定する「一般廃棄物」をいう。ただし、同条第三項に規定する「特別管理一般廃棄物」を除く。）以外の廃棄物の収集又は運搬をいう。なお、一般廃棄物の収集又は運搬に係る業務であっても、機械式ごみ収集車のごみ投入口に一般廃棄物を投入する作業等は含まれるものであること。

（昭三一・一一・二　発婦二号、昭六三・三・一四　基発一五〇号、令二・三・二六　基発〇三二六第三号）

年少則第八条第四十三号

【精神病院で養成中の年少者】　年少者労働基準規則第八条第四十三号中「精神病院における業務」とは精神病院内において、精神病者に接するおそれのある業務を総称するが、保健婦助産婦看護婦学校養成所指定規則により准看護婦学校養成所として指定した施設内において、養成中の者は、それが精神病院に付設されたものであっても、その特殊性にかんがみ違反として取り扱わないよう処理されたい。

（昭三三・三・二　基発三九〇号、昭三三・二・一三　基発九〇号、昭六三・三・一四　基発一五〇号）

年少則第八条第四十五号

【特殊の遊興的接客業における業務】　「特殊の遊興的接客業における業務」とは、カフェー、バー、ダンスホール及びこれに準ずる場所において客に接する業務をいう。

（昭三一・一一・二　発婦二号、昭六三・三・一四　基発一五〇号）

【特殊の遊興的接客業務の範囲】　昭和二十二年十一月十一日発婦第二号通達法第六十二条関係に「特殊の遊興的接客業における業務」とは「カフェー、バー、ダンスホール及びこれに準ずる場所において客に接する業務」としているが、「これに準ずる場所」とは風俗営業及び風俗関連営業全般を対象とするものでなく、風俗営業等の規制及び業務の適正化等に関する法律（昭和二十三年法律第百二十二号）第二条第一項第七号及び第八号並びに第四項第三号及び第四号にいうものまで含まないこと。

（昭二四・六・七　基収一五九四号、昭六三・三・一四　基発一五〇号）

（坑内労働の禁止）

第六十三条　使用者は、満十八才に満たない者を坑内で労働させてはならない。

▼参照条文　〔職業訓練に関する特例―七〇、則三四の三〕、〔罰則―一一八〕

解釈例規

【鉱山における坑の範囲】

問　鉱山における坑の範囲如何。

答　労働基準法における坑の範囲については従来疑義があったが、今般鉱山について左の如く決定した。

(一)　労働基準法における坑とは鉱山についていえば一般に地下にある鉱物を試掘又は採掘する場所及び地表に出ることなしにこの場所に達するためにつくられる地下の通路をいう。

(二)　当初から地表に貫通するためにつくられ、かつ公道と同様程度の安全衛生が保障されており、かつ坑内夫以外の者の通行が可能である地下の通路は労働基準法上の坑ではない。

(三)　本来地下にある鉱物を試掘又は採掘する場所に達するためにつくられた地下の通路がたまたま地表に貫通しても、あるいは、地勢の関係上部分的に地表にあらわれても、これが公道と同様な程度の安全衛生を保障されるに至り、かつ坑内夫以外の者の通行が可能である通路に変化しない限り労働基準法上の坑である性質は変化しない。

（昭二三・八・二　基発七三三号、昭六三・三・一四　基発一五〇号）

（帰郷旅費）

第六十四条　満十八才に満たない者が解雇の日から十四日以内に帰郷する場合においては、使用者は、必要な旅費を負担しなければならない。ただし、満十八才に満たない者がその責めに帰すべき事由に基づいて解雇され、使用者がその事由について行政官庁の認定を受けたときは、この限りでない。

〔一三〇〕

（帰郷旅費支給除外認定の申請）

年則第十条　法第六十四条ただし書の規定による認定は、様式第四号の帰郷旅費支給除外認定申請書により、所轄労働基準監督署長から受けなければならない。

2　労働基準法施行規則（昭和二十二年厚生省令第二十三号）第七条の規定による認定を受けた場合においては、前項の規定にかかわらず、法第六十四条ただし書の規定による認定を受けたものとする。

▼**参照条文**　〔期間計算―民一四〇〕、〔帰郷―一五3、民二二〜二四〕、〔必要な旅費―一五3〕、〔行政官庁の認定―年則一〇〕、〔罰則―

第六章の二　妊産婦等

（坑内業務の就業制限）

第六十四条の二　使用者は、次の各号に掲げる女性を当該各号に定める業務に就かせてはならない。

一　妊娠中の女性及び坑内で行われる業務に従事しない旨を使用者に申し出た産後一年を経過しない女性　坑内で行われるすべての業務

二　前号に掲げる女性以外の満十八歳以上の女性　坑内で行われる業務のうち人力により行われる掘削の業務その他の女性に有害な業務として厚生労働省令で定めるもの

（坑内業務の就業制限の範囲）

女則第一条　労働基準法（以下「法」という。）第六十四条の二第二号の厚生労働省令で定める業務は、次のとおりとする。

一　人力により行われる土石、岩石若しくは鉱物（以下「鉱物等」という。）の掘削又は掘採の業務

二　動力により行われる鉱物等の掘削又は掘採の業務（遠隔操作により行うものを除く。）

三　発破による鉱物等の掘削又は掘採の業務

四　ずり、資材等の運搬若しくは覆工のコンクリートの打設等鉱物等の掘削又は掘採の業務に付随して行われる業務（鉱物等の掘削又は掘採に係る計画の作成、工程管理、品質管理、安全管理、保安管理その他の技術上の管理の業務並びに鉱物等の掘削又は掘採の業務に従事する者及び鉱物等の掘削又は掘採の業務に付随して行われる業務に従事する者の技術上の指導監督の業務を除く。）

▼参照条文　〔坑内における労働時間―三六6㈠、三八〕、〔厚生労働省令で定める業務―女則二〕、〔罰則一一八〕

解釈例規

【改正の趣旨】

第1　女性の坑内労働に係る規制の緩和

使用者は、妊娠中の女性及び坑内で行われる業務に従事しない旨を使用者に申し出た産後一年を経過しない女性を坑内で行われる業務に就かせてはならないものとしたほか、満十八歳以上の女性を坑内で行われる業務のうち人力により行われる掘削の業務その他の女性に有害な業務として厚生労働省令で定めるものに就かせてはならないものとしたこと。

第2　施行期日等

1　施行期日

この法律は、平成十九年四月一日から施行するものとしたこと。

2　経過措置等

(1)　政府は、この法律の施行後五年を経過した場合において、この法律による改正後の均等法及び労働基準法第六十四条の二の規定の施行の状況を勘案し、必要があると認めるときは、これらの規定について検討を加え、その結果に基づいて必要な措置を講ずるものとしたこと。

（平一八・六・二三　基発〇六二三〇〇二号、雇児発〇六二三〇〇一号）

【妊産婦等の坑内労働の就業制限について】

第1　趣旨、内容及び取扱い

1　趣旨

女性の坑内労働については、これま

で、肉体的、生理的に特殊性を持つ女性にとって適当な労働とはいえないとされ、改正法による改正前の労働基準法第六十四条の二において原則として禁止されてきたところであるが、施工技術の進歩、法規制の充実等に伴い、安全衛生技術が向上していること、また、規制緩和の要望がなされていたことを踏まえ、坑内労働の原則禁止を改め、女性技術者が坑内の管理、監督業務等に従事することができることとしたものであること。

2　妊産婦の就業制限（法第六十四条の二第一号関係）

妊娠中の女性については、坑内業務に就かせてはならないが、女性労働者が妊娠しているか否かについて事業主は早期に把握し、適切な対応を図ることが必要であり、そのため、事業場において女性労働者からの申出、診断書の提出等所要の手続を定め、適切に運用されることが望ましいこと。

なお、このことは、妊娠中の女性の危険有害業務の就業制限（法第六十四条の三及び女性則第二条）についても同様であること。

3　妊産婦以外の満十八歳以上の女性の就業制限（法第六十四条の二第二号及び女性則第一条関係）

(1)　女性則第一条第一号の「人力により行われる土石、岩石若しくは鉱物（以下「鉱物等」という。）の掘削又は掘採の業務」とは、ショベル、スコップ等の器具を用いて人力により行う掘削又は掘採の業務をいうものであること。

(2)　女性則第一条第二号の「動力により行われる鉱物等の掘削又は掘採の業務」とは、削岩機、車両系建設機械等の機械を操作して行う掘削又は掘採の業務をいうものであること。

「遠隔操作により行うもの」とは、トンネルボーリングマシン、シールドマシンによる掘削等、掘削の作業が機械化され、掘削機械と離れた操作室において掘削作業を操作するもの等をいうものであること。

(3)　女性則第一条第三号の「発破による鉱物等の掘削又は掘採の業務」には、装薬のための穿孔、装薬及び結線等の業務を含むものであること。

(4)　女性則第一条第四号の「ずり、資材等の運搬若しくは覆工のコンクリートの打設等鉱物等の掘削又は掘採の業務に付随して行われる業務」とは、ずい道建設現場や鉱物の掘採現場における、人力、動力及び発破による掘削又は掘採の業務に伴って行われる当該掘削又は掘採以外の業務が該当するものであること。「ずり、資材等の運搬若しくは覆工のコンクリートの打設等」の業務はその例示であること。

なお、ここでいう「鉱物等の掘削又は掘採の業務」は、第一号から第三号に掲げる坑内で行われる鉱物等の掘削又は掘採の業務に限定されるものではないこと。例えば、坑外で掘削した鉱物等を縦坑に投入し、坑内において業務を行う場合についても、「鉱物等の掘削又は掘採の業務に付随して行われる業務」に含まれるものであること。

「鉱物等の掘削又は掘採に係る計画の作成、工程管理、品質管理、安全管理、保安管理その他の技術上の管理の業務」とは、例えば、ずい道建設工事の施工に当たり、施工内容、工程等の内容を把握した上で、その施工計画を作成し、工事全体の工程の把握、工程変更への適切な対応等具体的な工事の工程管理、品質確保の体制整備、検査及び試験の実施等の業務であること。

また、労働安全衛生規則（昭和四十七年労働省令第三十二号）において規定されている事業者が講ずべき安全衛生管理措置のうち、技術者が行うことが想定されるものについてはこれに含まれるものであること。

「鉱物等の掘削又は掘採の業務に従事する者及び鉱物等の掘削又は掘採の業務に付随して行われる業務に従事する者の技術上の指導監督の業務」とは、例えばずい道建設工事の施工に当たり、建設工事の施工を担当する外注の専門工事業者等に対し、施工方法の指示や、工事の進捗状況の監督、施工計画に変更があった場合に専門工事業者に対する必要な指示を行うこと等の業務であること。

なお、資材等の運搬、コンクリートの打設等の作業について、作業方法の教育の業務であって、実演しながら行うものについては、「技術上の指導監督の業務」には当たらず、就業制限の対象となること。

（平一八・一〇・一一　基発一〇一一〇〇一号、雇児発一〇一一〇〇一号）

【改正労働基準法（妊産婦等の坑内労働の就業制限関係）の施行について】　標記については、平成十八年十月十一日付け基発第一〇一一〇〇一号・雇児発第一〇一一〇〇一号「改正労働基準法（妊産婦等の就業制限関係）の施行について」（以下「局長通達」という。）により示されたところであるが、改正労働基準法の施行に当たっては、上記通達のほか、下記に留意して円滑な実施に遺漏なきよう期されたい。

記

1　局長通達第1の3(2)「掘削の作業が機械化され、掘削機械と離れた操作室において掘削を操作するもの等」の「等」とは、推進工法（刃口又は掘進機を付けた管をジャッキにより推進するもの）のように操作室が設けられていなくても切羽と離れた場所から掘削操作を行うものが該当すること。

2　局長通達第1の3(4)「坑外で掘削した鉱物等を縦坑に投入し、坑内において業務を行う場合」とは、坑外で掘削をした鉱物等を効率的に運搬するために、鉱物等をいったん縦坑に投入し、坑内において砕石、発破等の作業を行った上で搬出を行う場合をいい、その際坑内において行われる、女性労働基準規則（昭和六十一年労働省令第三号）第一条第一項第四号かっこ書に規定する技術上の管理等の業務を除いた業務が、満十八歳以上の女性に係る就業制限の対象となるものであること。

3　局長通達第1の3(4)の「技術者」とは、技術上の管理等の業務に従事する者をいうが、当該者が行う技術上の管理等の業務に関して、同等程度の知識を有し、当該者を技術的に補佐し、一体となって行う者についても同様に扱って差し支えないこと。

（別紙）

「労働安全衛生規則」（昭和四十七年労働省令第三十二号。以下「安衛則」という。）において規定されている事業者が講ずべき安全衛生管理措置のうち、技術者が行うと想定される安全衛生管理措置の例
ずい道等の掘削の作業を行う際に定められる施工計画に基づく作業管理（安衛則第三八〇条関係）
ずい道等の掘削作業の掘削箇所及びその周辺の地山の観察、結果の記録（安衛則第三八一条関係）
ずい道等の内部の地山の点検（安衛則第三八二条関係）
ずい道等の建設作業に伴う可燃性ガスの測定及び可燃性ガスによる爆発又は火災が生ずるおそれのあるときの自動警報装置の設置、点検又は補修（安衛則第三八二条の二、第三八二条の三関係）
ずい道等の建設作業に伴いガス溶接等の作業を行う場合の火災防止措置又は作業指揮（安衛則第三八九条の三関係）
ずい道等の建設作業に伴う防火担当者としての職務（安衛則第三八九条の四）

ずい道支保工の点検（安衛則第三九六条関係）
砕石作業に伴う運搬経路における運行経路の監視（安衛則第四一四条関係）

（平一九・三・二九　基監発〇三二九〇〇一号、雇児発〇三二九〇〇一号）

【入坑前の安全衛生教育等の確保】　女性則第一条第一項各号の業務に従事する者で入坑するものについては、坑内の設備、機械、器具、作業環境、退避の方法等について事前に安全衛生教育に努める等その安全衛生の確保に特に配慮すべきであること。

（昭六一・三・二〇　基発一五一号、婦発六九号、平一〇・六・一一　基発三四四号、女発一六九号）

【妊娠中の女性の坑内労働の禁止】　妊娠中の女性については、法第六十四条の二及び女性則第一条第二項〈編注：現行削除〉の規定により坑内で労働させてはならないが、女性労働者が妊娠しているか否かについて事業主は早期に把握し、適切な対応を図ることが必要であり、そのため、事業場において女性労働者からの申出、診断書の提出等所要の手続を定め、適切に運用されることが望ましいこと。

なお、このことは、妊娠中の女性の危険有害業務の就業制限（法第六十四条の三及び女性則第二条）についても同様であること。

（昭六一・三・二〇　基発一五一号、婦発六九号、平一〇・六・一一　基発三四四号、女発一六九号）

【鉱山における坑の範囲】

問　鉱山における坑の範囲如何。

答　労働基準法における坑の範囲については従来疑義があつたが、今般鉱山について左の如く決定した。

㈠　労働基準法における坑とは鉱山についていえば一般に地下にある鉱物を試掘又は採掘する場所及び地表に出ることなしにこの場所に達するためにつくられる地下の通路をいう。

㈡　当初から地表に貫通するためにつくられ、かつ公道と同様程度の安全衛生が保障されており、かつ坑内夫以外の者の通行が可能である地下の通路は労働基準法上の坑ではない。

㈢　本来地下にある鉱物を試掘又は採掘する場所に達するためにつくられた地下の通路がたまたま地表に貫通しても、あるいは、地勢の関係上部分的に地表にあらわれても、これが公道と同様な程度の安全衛生を保障されるに至り、かつ坑内夫以外の者の通行が可能である通路に変化しない限り労働基準法上の坑である性質は変化しない。

（昭二五・八・一一　基発七三二号）

（危険有害業務の就業制限）

第六十四条の三　使用者は、妊娠中の女性及び産後一年を経過しない女性（以下「妊産婦」という。）を、重量物を取り扱う業務、有害ガスを発散する場所における業務その他妊産婦の妊娠、出産、哺《ほ》育等に有害な業務に就かせてはならない。

②　前項の規定は、同項に規定する業務のうち女性の妊娠又は出産に係る機能に有害である業務につき、厚生労働省令で、妊産婦以外の女性に関して、準用することができる。

③　前二項に規定する業務の範囲及びこれらの規定によりこれらの業務に就かせてはならない者の範囲は、厚生労働省令で定める。

（危険有害業務の就業制限の範囲等）

女則第二条　法第六十四条の三第一項の規定により妊娠中の女性を就かせてはなら

ない業務は、次のとおりとする。
一　次の表の上欄に掲げる年齢の区分に応じ、それぞれ同表の下欄に掲げる重量以上の重量物を取り扱う業務

年齢	重量（単位　キログラム）	
	断続作業の場合	継続作業の場合
満十六歳未満	十二	八
満十六歳以上満十八歳未満	二十五	十五
満十八歳以上	三十	二十

二　ボイラー（労働安全衛生法施行令（昭和四十七年政令第三百十八号。第十八号において「安衛令」という。）第一条第三号に規定するボイラーをいう。次号において同じ。）の取扱いの業務
三　ボイラーの溶接の業務
四　つり上げ荷重が五トン以上のクレーン若しくはデリツク又は制限荷重が五トン以上の揚貨装置の運転の業務
五　運転中の原動機又は原動機から中間軸までの動力伝導装置の掃除、給油、検査、修理又はベルトの掛換えの業務
六　クレーン、デリツク又は揚貨装置の玉掛けの業務（二人以上の者によつて行う玉掛けの業務における補助作業の業務を除く。）
七　動力により駆動される土木建築用機械又は船舶荷扱用機械の運転の業務
八　直径が二十五センチメートル以上の丸のこ盤（横切用丸のこ盤及び自動送り装置を有する丸のこ盤を除く。）又はのこ車の直径が七十五センチメートル以上の帯のこ盤（自動送り装置を有する帯のこ盤を除く。）に木材を送給する業務
九　操車場の構内における軌道車両の入換え、連結又は解放の業務
十　蒸気又は圧縮空気により駆動されるプレス機械又は鍛造機械を用いて行う金属加工の業務
十一　動力により駆動されるプレス機械、シヤー等を用いて行う厚さが八ミリメートル以上の鋼板加工の業務
十二　岩石又は鉱物の破砕機又は粉砕機に材料を送給する業務
十三　土砂が崩壊するおそれのある場所又は深さが五メートル以上の地穴における業務
十四　高さが五メートル以上の場所で、墜落により労働者が危害を受けるおそれのあるところにおける業務
十五　足場の組立て、解体又は変更の業務（地上又は床上における補助作業の業務を除く。）
十六　胸高直径が三十五センチメートル以上の立木の伐採の業務
十七　機械集材装置、運材索道等を用いて行う木材の搬出の業務
十八　次の各号に掲げる有害物を発散する場所の区分に応じ、それぞれ当該場所において行われる当該各号に定める業務
イ　塩素化ビフエニル（別名ＰＣＢ）、アクリルアミド、エチルベンゼン、エチレンイミン、エチレンオキシド、カドミウム化合物、クロム酸塩、五酸化バナジウム、水銀若しくはその無機化合物（硫化水銀を除く。）、塩化ニツケル（Ⅱ）（粉状の物に限る。）、スチレン、テトラクロロエチレン（別名パークロルエチレン）、トリクロロエチレン、砒《ひ》素化合物（アルシン及び砒《ひ》化ガリウムを除く。）、ベータ―プロピオラクトン、ペンタクロルフエノール（別名ＰＣＰ）若しくはそのナトリウム塩又はマンガンを発散する場所　次に掲げる業務（スチレン、テトラクロロエチレン（別名パークロルエチレン）又はトリクロロエチレンを発散する場所において行われる業務にあつては⑵に限る。）
⑴　特定化学物質障害予防規則（昭和四十七年労働省令第三十九号）第二十二条第一項、第二十二条の

二第一項又は第三十八条の十四第一項第十一号ハ若しくは第十二号ただし書に規定する作業を行う業務であつて、当該作業に従事する労働者に呼吸用保護具を使用させる必要があるもの

(2)　(1)の業務以外の業務のうち、安衛令第二十一条第七号に掲げる作業場（石綿等を取り扱い、若しくは試験研究のため製造する屋内作業場若しくは石綿分析用試料等を製造する屋内作業場又はコークス炉上において若しくはコークス炉に接してコークス製造の作業を行う場合の当該作業場を除く。）であつて、特定化学物質障害予防規則第三十六条の二第一項の規定による評価の結果、第三管理区分に区分された場所における作業を行う業務

ロ　鉛及び安衛令別表第四第六号の鉛化合物を発散する場所　次に掲げる業務

(1)　鉛中毒予防規則（昭和四十七年労働省令第三十七号）第三十九条ただし書の規定により呼吸用保護具を使用させて行う臨時の作業を行う業務又は同令第五十八条第一項若しくは第二項に規定する業務若しくは同条第三項に規定する業務（同項に規定する業務にあつては、同令第三条各号に規定する業務及び同令第五十八条第三項ただし書の装置等を稼働《か》させて行う同項の業務を除く。）

(2)　(1)の業務以外の業務のうち、安衛令第二十一条第八号に掲げる作業場であつて、鉛中毒予防規則第五十二条の二第一項の規定による評価の結果、第三管理区分に区分された場所における業務

ハ　エチレングリコールモノエチルエーテル（別名セロソルブ）、エチレングリコールモノエチルエーテルアセテート（別名セロソルブアセテート）、エチレングリコールモノメチルエーテル（別名メチルセロソルブ）、キシレン、N・N―ジメチルホルムアミド、スチレン、テトラクロロエチレン（別名パークロルエチレン）、トリクロロエチレン、トルエン、二硫化炭素、メタノール又はエチルベンゼンを発散する場所　次に掲げる業務

(1)　有機溶剤中毒予防規則（昭和四十七年労働省令第三十六号）第三十二条第一項第一号若しくは第二号又は第三十三条第一項第二号から第七号まで（特定化学物質障害予防規則第三十八条の八においてこれらの規定を準用する場合を含む。）に規定する業務（有機溶剤中毒予防規則第二条第一項（特定化学物質障害予防規則第三十八条の八において準用する場合を含む。）の規定により、これらの規定が適用されない場合における同項の業務を除く。）

(2)　(1)の業務以外の業務のうち、安衛令第二十一条第七号又は第十号に掲げる作業場であつて、有機溶剤中毒予防規則第二十八条の二第一項（特定化学物質障害予防規則第三十六条の五において準用する場合を含む。）の規定による評価の結果、第三管理区分に区分された場所における業務

十九　多量の高熱物体を取り扱う業務

二十　著しく暑熱な場所における業務

二十一　多量の低温物体を取り扱う業務

二十二　著しく寒冷な場所における業務

二十三　異常気圧下における業務

二十四　さく岩機、鋲《びょう》打機等身体に著しい振動を与える機械器具を用いて行う業務

2　法第六十四条の三第一項の規定により産後一年を経過しない女性を就かせては

ならない業務は、前項第一号から第十二号まで及び第十五号から第二十四号までに掲げる業務とする。ただし、同項第二号から第十二号まで、第十五号から第十七号まで及び第十九号から第二十三号までに掲げる業務については、産後一年を経過しない女性が当該業務に従事しない旨を使用者に申し出た場合に限る。

女則第三条　法第六十四条の三第二項の規定により同条第一項の規定を準用する者は、妊娠中の女性及び産後一年を経過しない女性以外の女性とし、これらの者を就かせてはならない業務は、前条第一項第一号及び第十八号に掲げる業務とする。

▼**参照条文**　〔妊娠中の女性を就かせてはならない業務―女則二1〕、〔産後一年を経過しない女性を就かせてはならない業務―女則二2〕、〔妊産婦以外の女性に関する準用―女則三〕、〔罰則―一一九〕

解釈例規

❶妊産婦に対する就業制限

【妊産婦に対する就業制限】　法第六十四条の三第一項は、従来の女性一般に対する就業制限に代えて、妊娠中の女性及び産後一年を経過しない女性（以下「妊産婦」という。）に対して母性保護の観点から重量物を取り扱う業務、有害ガスを発散する場所における業務その他妊娠、出産、哺育等に有害な業務に就かせてはならないこととしたものであること。

「妊産婦の妊娠、出産、哺育等」とは、妊婦にとつては妊娠の正常な維持、継続、それに引きつづく出産、さらには母乳による育児等のことであり、産婦にとつては、母乳による育児等のことをいうものであること。また、「哺育等」の「等」には産褥、出産後の母体の回復等が含まれるものであること。

（昭六一・三・二〇　基発一五一号、婦発六九号、平一〇・六・一一　基発三四四号、女発一六九号）

【妊産婦以外の女性に対する就業制限】　法第六十四条の三第二項は、妊産婦以外の女性に対して、第一項の業務のうち女性の妊娠又は出産に係る機能に有害である業務に就かせてはならないこととしたものであること。

（昭六一・三・二〇　基発一五一号、婦発六九号、平一〇・六・一一　基発三四四号、女発一六九号）

❷女性則第二条の運用基準

女性則第二条第一項第二号

【ボイラーの取扱いの業務】　「ボイラーの取扱いの業務」とは、ボイラーの燃焼及びボイラー操作に付随する一切の作業を示すものであること。ただし、例えばボイラー室の石炭運搬に専従する者のごときはボイラー室に所属する労働者といえどもこれに含まれないこと。

（昭二三・六・一〇　基発八七四号、昭三三・二・一三　基発九〇号）

【ボイラーの取扱い及び溶接の業務】　労働安全衛生法施行令（昭和四十七年政令第三百十八号）第一条第四号の「小型ボイラー」も含めることとしたこと。

（昭六一・三・二〇　基発一五一号、婦発六九号）

女性則第二条第一項第三号

【溶接】　「溶接」には、アーク溶接、ガス溶接及び溶断を含むこと。

（昭二三・六・一〇　基発八七四号、昭三三・二・一三　基発九〇号）

女性則第二条第一項第四号・第六号

【クレーン等の運転及び玉掛けの業務】　移動式クレーンは「クレーン」に含まれ

るものであること。

（昭六一・三・二〇　基発一五一号、婦発六九号）

女性則第二条第一項第五号

【ベルトの掛換え】　「ベルトの掛換えの業務」とは、掛外し及び遷帯を含むこと。

（昭二三・六・一〇　基発八七四号、昭三三・二・一三　基発九〇号）

女性則第二条第一項第六号

【玉掛けの業務】　「クレーン、デリック又は揚貨装置」は、それぞれその能力を問うものではないこと。

（昭六一・三・二〇　基発一五一号、婦発六九号）

女性則第二条第一項第七号

【土木建築用機械】　「土木建築用機械」とは、ガイデリック、コンクリート用エレベーター、コンクリート混合機、杭打機、空気圧縮機、砕石機、道路ローラー機等それらの機械の主目的が土木又は建築施工用機械として造られたものを総称し、規模の大小にかかわらないこと。ただし、その他の丸のこ盤、ボール盤、ポンプ等の一般製造加工用機械を土木建築現場で使用するものについては、本条各号の基準によること。

（昭二三・六・一〇　基発八七四号、昭三三・二・一三　基発九〇号）

【船舶荷扱用機械】　「船舶荷扱用機械」とは、陸揚用機械、積込機械及びコンベヤー等荷扱用機械として必要なものをいい、その規模にかかわらないものであること。

（昭二三・六・一〇　基発八七四号、昭三三・二・一三　基発九〇号）

女性則第二条第一項第八号

【丸のこ盤等に木材を送給する業務】　旧規則第八条第十四号で除かれていた丸のこ盤のうち「反ぱつにより労働者が危害を受けるおそれがないもの」に木材を送給する業務についても新たに就業制限の対象とすることとしたこと。

「自動送り装置を有する」帯のこ盤に木材を送給する業務は就業制限を解除することとしたこと。

（昭六一・三・二〇　基発一五一号、婦発六九号）

【丸のこ盤に木材を送給する業務の範囲】

(一)　本号の機械は製材木工用のものに限ること。

(二)　先手の作業員は差し支えないこと。

（昭二三・六・一〇　基発八七四号、昭三三・二・一三　基発九〇号、昭六三・三・一四　基発一五〇号、婦発四七号）

【木材送給の業務の範囲】

問　年少者労働基準規則第八条第十四号及び女性労働基準規則第二条第八号ののこ車の直径が七十五センチメートル以上の帯のこ盤における木材送給の業務には製材工場における当該作業に就業する「部出し工」及び「運転工」を含むものと解するが如何。

即ち帯のこ用自動牽引台車使用のものにあつては、概ね三名を以て操業し、台車運転操作一人、部出し操作一人、先取り一人とし、特に部出し工にあつては移動台車上にあつて部出し操作把手をもつて木材の切削所要寸法の木取を行うものであり、この種作業の監督的立場にあり、相当熟練を要するものと思料される。

答　設問の「部出し工」及び「運転工」は、「木材の送給の業務」に該当する。

（昭二五・三・二八　基収七三五号、平一〇・六・一一　基発三四四号、女発一六九号）

女性則第二条第一項第九号

【操車場】　「操車場」とは、専ら列車の組成、車両の入替えをする場所に限られ、指定駅その他の停車場における列車の入替え、連結、解放の作業を行う場所は操車場の概念には含まないこと。

（昭二三・六・一〇　基発八七四号、昭三三・二・一三　基発九〇号）

女性則第二条第一項第十号

【鍛造機械等を用いる金属加工】　本号はプ

レス機械又は鍛造機械を蒸気又は圧縮空気によって運転し、金属の鍛圧、切断、成型その他の加工を行う業務をいい、これらの機械を運転する作業及び加工品の取扱いの作業を含むこと。

（昭三三・六・一〇　基発八七四号、昭三三・二・一三　基発九〇号）

女性則第二条第一項第十一号

【プレス機械、シャー等】　「プレス機械、シャー等」とは、プレス機械、シャー及びこれらと同程度に危険性のある機械と解すること。

（昭三三・六・一〇　基発八七四号、昭三三・二・一三　基発九〇号）

【プレス機械等による鋼板加工の業務】
本号の業務は、機械の規模にかかわらず「厚さ八ミリメートル以上の鋼板加工の業務」をいうものであること。

（昭六一・三・二〇　基発一五一号、婦発六九号）

【鋼板加工の業務】

問　今般当局管内において年少労働者がシャーを用いて切断した鋼板をシャーからかき出す業務に従事中、同機により死亡するという災害が発生しましたが、これに関して、年少者労働基準規則第八条第十九号等の業務について下記のとおり疑義がありますので御教示を願います。

記

年少者労働基準規則第八条第十九号及び女性労働基準規則第二条第十一号にいう動力によるプレス機械、シャー等を用いる厚さ八ミリメートル以上の鋼板加工の業務にはいわゆる先手の業務（切断後の鋼板等をシャーからかき出す作業等）も含むものと解して差し支えないか。

また、同様に加工材料の運搬取扱いの作業を含むものと解して差し支えないか。

答　前段については貴見のとおり。

後段については、切断後の鋼板等をシャーからかき出す作業を含まない加工材料の運搬取扱い作業は、年少者労働基準規則第八条第十九号及び女性労働基準規則第二条第十一号の業務に該当しない。

（昭三九・一〇・二〇　基収五一三三号、平一〇・六・一一　基発三四四号、女発一六九号）

女性則第二条第一項第十二号

【破砕機又は粉砕機に材料を送給する業務】
「破砕機又は粉砕機」は、旧規則の「破砕機」の範囲と変わるものではないこと。

（昭六一・三・二〇　基発一五一号、婦発六九号）

【破砕機又は粉砕機】　「破砕機又は粉砕機」にはクラッシャー型（回転体により叩砕するもの）、ローラーミル型（ローラーにより圧砕するもの）及び搗機によるものを含むこと。

（昭三三・六・一〇　基発八七四号、昭三三・二・一三　基発九〇号）

女性則第二条第一項第十三号

【土砂崩壊のおそれのある場所】　前段は露天掘、山道の開発、大規模の切取り作業等におけるごとく土砂又は岩石の崩壊又は落下の危険のある場所をいうこと。

（昭三三・六・一〇　基発八七四号、昭三三・二・一三　基発九〇号）

【深さ五メートル以上の地穴】　後段はビルディングの根切の作業、井戸の平掘作業等で作業面と四囲の地表との差が五メートル以上ある地穴をいうこと。

（昭三三・六・一〇　基発八七四号、昭三三・二・一三　基発九〇号）

【深さ五メートル以上の溝渠】

問　当該現場は、ビルディングの根切作業のごとく四囲が地表から深さ五メートル以上でないが、地下鉄工事現場のごとく細長い溝渠状をなしている。この場合次のいずれによるべきか。

㈠　底部幅二メートル程度の狭幅の溝渠状の地形で、相対する二側面が深さ五メートル以上であり、他の二方に退避するのに相当の距離がある場合は、年少者労働基準規則第八条第二十三号及び女性労働基準規則第二条第十三号後段にいう地穴と解すべきが至当と思料される。

(二)　一方、本件のごとく片側の深さは全般的には五メートル以上であるが、反対側の深さは一部分のみ五メートルを超え、全般的には五メートル以下である場合、深さ五メートル以上の地穴と解することにはいささか疑義がある。

答　設問の作業現場は、相対する二側面のみが衝壁をなし、他の相対する二側面は開放されており、いわゆる溝渠状をなすものであるから、年少者労働基準規則第八条第二十三号及び女性労働基準規則第二条第十三号後段の「地穴」に該当するものとはいいがたく、本件については、同号前段より処置されたい。

（昭三四・五・一九　基収四九四四号、平一〇・六・一一基発三四四号、女発一六九号）

女性則第二条第一項第十四号

【高さ五メートル以上の場所における業務】

本号の基準は高さ及び足元の安定度合の二条件から危険の基準を定めたもので、高さ五メートル以上の場所であつてもつり足場上の作業又は棒はり上の作業に比較して、安全な業務は必ずしもこれに含むものではないこと。

（昭三三・六・一〇　基発八七四号、昭三三・二・一三基発九〇号）

女性則第二条第一項第十五号

【地上又は床上における補助作業】　年少者労働基準規則第八条第二十五号及び女性労働基準規則第二条第十五号の「地上又は床上における補助作業」とは、地上又は堅固な床上における材料の運搬、整理等安定した作業床の上における作業をいうものである。

（昭三四・二・一八　基発一〇一号、平一〇・六・一一基発三四四号、女発一六九号）

女性則第二条第一項第十六号

【立木の伐採の業務】　「胸高直径」とは、地上約一・二メートルの高さにおける平均直径（円周の長さを三・一四で除した値）をいうものであること。なお、この場合において傾斜地についての「地上」とは当該傾斜面の高いところをいうものであること。（昭六一・三・二〇　基発一五一号、婦発六九号）

女性則第二条第一項第十七号

【木材の搬出の業務①】　本号にいう「木材の搬出の業務」とは、伐採現場から山元土場までの木材運搬中、特に危険度の高いものの意であつて、木馬、索道、そり、集材機等による木材運搬の業務をいい、工場、一般道路、河川、駅構内等における木材運搬の業務は含まないこと。なお、山元土場における木材のはい積み及びはい崩しの業務は含まれること。

（昭三三・六・一〇　基発八七四号、昭三三・二・一三基発九〇号）

【木材の搬出の業務②】　従来の就業制限の範囲を変えるものではなく、「等」には木馬道、修ら、管流、そり等が含まれるものであること。

（昭六一・三・二〇　基発一五一号、婦発六九号）

【木馬道の作業】

問　(1)伐木現場における杉皮の結束　(2)工場から伐木現場までのカスガイの運搬　(3)木馬道から外れたワイヤーを直すこと　(4)木馬道の注油　(5)平地における木馬の後押　(6)木馬への積載又は積出の手伝いを日常の業務とする場合

一、(6)の作業は年少者労働基準規則第七条及び女性労働基準規則第二条第一号の重量物の範囲内であれば禁止業務ではないようにも考えられるが、昭和二十三年六月十日付基発第八七四号の「山元土場」におけるはい積み作業に準じて禁止業務と考えて差し支えないか。

二、臨時的必要に応じ平担な木馬道（高さ五メートル以下の桟橋状の木馬道が多い）の後押し作業は禁止作業にならないか。

三、⑵⑶⑸等の作業は足場の悪い危険な木馬道上の作業であり、特に⑶⑸の作業は前後に木馬が降下中においては災害の発生する可能性が大であるが、右の作業は木馬道による木材搬出の業務の中に含まれないか。

答　一、木材の木馬への積載又は積下しの手伝いは山元土場におけるはい積み作業に類する危険作業ではない。

二、本作業は木馬道の作業とはみなされない。

三、木馬道を歩行することは、相当の注意力を要求されるが年少者及び妊産婦の禁止業務に含まれない。ただし⑶の作業中は、木馬の運行を止めて行うべきであり木馬の運行中に行う⑶の作業は年少者労働基準規則第八条第二十七号及び女性労働基準規則第二条第十七号の危険業務として扱うべきである。

（昭二五・一・二四　基収三三号、平一〇・六・一一　基発三四四号、女発一六九号）

【はい積みの作業】

問　昭和二十三年六月十日付基発第八七四号通達中の土場における「はい積み」の作業とは如何なることか。

答　はい積みの作業とは特殊な集積方法を指すのではなく、集積方法の種類にかかわらず土場に材木を積みかさねる作業をいう。

（昭二三・八・二　基収二九〇号）

【土場におけるはい積みの作業】

問　土場における木材のはい積み作業において、年少者が補助として遠くで綱を引張つている程度で危険のおそれのないものも禁止されるものとして取り扱つて差し支えないか。

答　昭和二十三年六月十日付基発第八七四号並びに同年八月二日付基収第二一九〇号にいう土場におけるはい積みの作業の禁止は、設問の如く危険がなく、遠方で綱を引張つている程度の補助的なものまで禁止する趣旨ではない。（昭二四・一・六　基収三号）

女性則第二条第一項第十八号

【有害物に係る就業禁止業務】

1　特定化学物質障害予防規則（昭和四七年労働省令第三九号）に規定する有害物のうちの一四物質に係る業務（則〔編注　女性労働基準規則。以下同じ。〕第二条第一八号イ関係）

⑴　当該規定は、有害物に係る就業禁止業務のうち、特定化学物質障害予防規則（以下「特化則」という。）において規制されている有害物のうちの一四物質を発散する場所におけるものを規定するものであること。

⑵　特化則に規定する有害物のうちの一四物質を発散する場所における業務であって、特化則第二二条第一項、第二二条の二第一項又は第三八条の一四第一項第一一号ハ若しくは第一二号ただし書の規定により呼吸用保護具の使用が義務付けられている業務について、女性労働者を就かせてはならないものとするものであること。（則第二条第一八号イ⑴関係）

⑶　特化則に規定する有害物のうち一四物質を発散する場所における則第二条第一八号イ⑴に規定する業務以外の業務のうち、作業環境測定を行うべき作業場であって、特化則第三六条の二第一項の規定による評価の結果、第三管理区分に区分された屋内作業場における業務については、女性労働者を就かせてはならないものとするものであること。（則第二条第一八号イ⑵関係）

2　鉛中毒予防規則（昭和四七年労働省令第三七号）に規定する有害物に係る業務（則第二条第一八号ロ関係）

⑴　当該規定は、有害物に係る就業禁止業務のうち、鉛中毒予防規則（以下「鉛則」という。）において規制されている有害物を発散する場所におけるものを規定するものであること。

(2)　鉛則第三九条ただし書の規定により有効な呼吸用保護具を使用させて行う臨時の作業を行う業務及び鉛則第五八条第一項、第二項若しくは第三項の規定により有効な呼吸用保護具の使用が義務付けられている業務について、女性労働者を就かせてはならないものとするものであること。ただし、則第二条第一八号ロ(1)括弧書きにおいては、鉛則第五八条第三項の規定により有効な呼吸用保護具の使用が義務付けられている業務のうち、鉛則第三条各号及び第五八条第三項ただし書の規定により、呼吸用保護具の使用義務が適用除外されている業務を除外するものであること。（則第二条第一八号ロ(1)関係）

(3)「鉛則第三九条ただし書の規定により呼吸用保護具を使用させて行う臨時の作業」とは、粉状の鉛等又は焼結鉱等をホッパーに入れる作業を行う場合（当該ホッパーの下方の場所に粉状の鉛等又は焼結鉱等がこぼれるおそれのある場合に限る。）における、当該ホッパーの下方の場所において有効な呼吸用保護具を使用させて行う臨時の作業であり、具体的には修理の業務があたること。（則第二条第一八号ロ(1)関係）

(4)　則第二条第一八号ロ(1)に規定する業務以外の業務のうち、作業環境測定を行うべき作業場であって、鉛則第五二条の二第一項の規定による評価の結果、第三管理区分に区分された屋内作業場における業務については、女性労働者を就かせてはならないものとするものであること。（則第二条第一八号ロ(2)関係）

3　有機溶剤中毒予防規則（昭和四七年労働省令第三六号）に規定する有害物のうちの一一物質に係る業務等（則第二条第一八号ハ関係）

(1)　当該規定は、有害物に係る就業禁止業務のうち、有機溶剤中毒予防規則（以下「有機則」という。）において規制されている有害物のうちの一一物質を発散する場所におけるもの及びエチルベンゼン塗装業務を規定するものであること。

(2)　有機則に規定する有害物のうちの一一物質を発散する場所における業務及びエチルベンゼン塗装業務であって、有機則第三二条第一項第一号若しくは第二号又は第三三条第一項第二号から第七号まで（特化則第三八条の八においてこれらの規定を準用する場合を含む。）に規定する業務について、女性労働者を就かせてはならないものとするものであること。ただし、則第二条第一八号ハ(1)括弧書きにおいては、則第二条第一八号ハ(1)本文に規定する業務のうち、有機則第二条第一項（特化則第三八条の八において準用する場合を含む。）の規定により送気マスク等の使用義務が適用除外されている業務を除外するものであること。（則第二条第一八号ハ(1)関係）

なお、有機則第三三条第一項第一号に規定する業務（第3種有機溶剤等に係る業務）については、女性の就業を禁止していないものであること。

(3)　有機則に規定する有害物のうち一一物質を発散する場所における業務及びエチルベンゼン塗装業務であって、則第二条第一八号ハ(1)に規定する業務以外の業務のうち、作業環境測定を行うべき作業場であって、有機則第二八条の二第一項（特化則第三六条の五において準用する場合を含む。）の規定による評価の結果、第三管理区分に区分された屋内作業場における業務については、女性労働者を就かせてはならないものとするものであること。（則第二条第一八号ハ(2)関係）

なお、上記一一物質又はエチルベンゼンを含む混合物について、上記の規定による評価を行った結果、第三管理区分に区分された屋内作業場における業務については、当該一一物質又はエチルベンゼンに係る測定値がそれぞれの管理濃度以下であっても、女性労働者を就かせてはならないものであること。

（平二四・四・一〇　基発〇四一〇第三号、雇児発〇四一〇第一〇号、平二四・一〇・二六　基発一〇二六第六号、雇児発一〇二六第三号、平二四・一二・一二　基発一二一二第五号、雇児発一二一二第三号）

女性則第二条第一項第十九号・第二十号

【多量の高熱物体を取扱う業務及び著しく暑熱な場所における業務】

(1)　高熱物体を取り扱う業務とは、溶融又は灼熱せる鉱物、煮沸されている液体等摂氏百度以上のものを取り扱う業務をいう。

(2)　著しく暑熱な場所とは労働者の作業する場所が乾球温度摂氏四十度、湿球温度摂氏三二・五度、黒球寒暖計示度摂氏五十度又は感覚温度摂氏三二・五度以上の場所をいう。

（昭二三・八・一二　基発一一七八号、昭四二・九・八　安発二三号）

女性則第二条第一項第二十一号・第二十二号

【多量の低温物体を取扱う業務及び著しく寒冷な場所における業務】

(1)　低温物体を取扱う業務とは、液体空気、ドライアイスなどが皮膚に触れ又は触れるおそれがある業務をいう。

(2)　著しく寒冷な場所とは乾球温度摂氏零下十度以下の場所をいう。空気の流動ある作業場では気流一秒当り一メートルを加うる毎に乾球温度摂氏三度の低下あるものとして計算する。

(3)　冷蔵倉庫業、製氷業、冷凍食品製造業における冷蔵庫、貯氷庫、冷凍庫等の内部における業務等が本号に該当する。

（昭二三・八・一二　基発一一七八号、昭四二・九・八　安発二三号）

女性則第二条第一項第二十三号

【異常気圧下における業務】

(1)　異常気圧下における業務とは、次に掲げる高気圧下又は低気圧下における業務をいうものであること。

(2)　高気圧下における業務

一、潜函工法、潜鐘工法、圧気シールド工法その他の圧気工法による大気圧を超える圧力下の作業室、シャフト等の内部における業務。

二、潜水器を用い、かつ空気圧縮機若しくは手押しポンプによる送気又はボンベからの給気を受けて水中において行う業務。

(3)　低気圧下における業務

海抜三千メートル以上の高山における業務。

（昭六一・三・二〇　基発一五一号、婦発六九号）

女性則第二条第一項第二十四号

【さく岩機等による振動業務】　「等」にはチェンソー、ブッシュクリーナーが含まれるものであること。

（昭六一・三・二〇　基発一五一号、婦発六九号）

（産前産後）

第六十五条　使用者は、六週間（多胎妊娠の場合にあつては、十四週間）以内に出産する予定の女性が休業を請求した場合においては、その者を就業させてはならない。

②　使用者は、産後八週間を経過しない女性を就業させてはならない。ただし、産後六週間を経過した女性が請求した場合において、その者について医師が支障がないと認めた業務に就かせることは、差し支えない。

③　使用者は、妊娠中の女性が請求した場合においては、他の軽易な業務に転換させなければならない。

▼参照条文　〔期間の計算―民一四〇〕、〔産前産後の女性の保護―三・一九・三九　健保一〇一・一〇二〕、〔罰則―一一九〕

解釈例規

【出産の範囲】

問　第六十五条にいう「出産」の範囲如何。正常分娩以外の所謂早産、流産、死産等の場合につき、如何に取り扱うべきか。

答　法第六十五条の「出産」の範囲については、左記により取り扱われたい。

記

出産は妊娠四カ月以上（一カ月は二十八日として計算する。したがつて、四カ月以上というのは、八十五日以上のことである。）の分娩とし、生産のみならず死産をも含むものとする。

（昭二三・一二・二三　基発一八八五号）

【妊娠中絶と産前産後休業】

問　女性労働者が妊娠中絶をした場合基準法による休業を請求できるか。できる場合日数は何日が必要であり適当であるか。

答　一、労働基準法第六十五条の「出産」の範囲は、昭和二十三年十二月二十三日基発第一八八五号通牒のとおり、妊娠四カ月以上（一カ月二十八日として計算する。したがつて四カ月以上というのは八十五日以上のことである。）の分娩である。したがつて妊娠中絶であつても妊娠四カ月以後行つた場合には、同条第二項の規定の適用がある。

二、妊娠中絶とは、胎児が母体外において生存を続けることのできない時期に胎児及びその附属物を人工的に母体外に排出させることであり、産前六週間の休業の問題は発生しない。なお、産前六週間の期間は自然の分娩予定日を基準として計算するものであり、産後八週間の期間は現実の出産日を基準として計算するものである。

（昭二六・四・二　婦発一一三号）

【出産当日の取扱い】

問　出産当日は産前六週間に含まれると解してよいか。

答　見解のとおり。

（昭二五・三・三一　基収四〇五七号）

【産前休業と産後休業の通算等】

問　女性教員の産前産後休業期間に関し、左記について御指示を願いたい。

記

女性教員の産前産後の休業は、当該就業規則によつて「産前産後を通して十四週間」と定められているが、次のような場合請求があれば与えねばならないか。

1　常々身体も弱く習慣性早産という医師の診断書によつて出産予定日より早く産前休業に入つた者が、出産した時は既に産前休暇を約十一週間過ぎており、したがつて規則によれば産後休暇は約三週間残るのみである。この場合産後三週間を経過してなお休業していれば労働基準法第六十五条の範囲内において産後休業とみなさねばならないか。あるいは欠勤扱いとしてよいか。または、産前休暇約十一週間より七週間を差し引いた残りの休暇を欠勤と取り扱うべきか。

2　妊娠第四カ月を過ぎて人工流産を行つたものが、規定の産後休業をとらず出勤を続け、約一カ月を経て医師の診断書により十四週間の産前産後の休業を請求した場合産後休業と認めねばならないか。

（備考）

○○教育委員会規則の公立学校職員就業規則

　第六章　保健衛生

　第三十三条　妊娠の女性が分娩の為に休業を申し出たときは、産前産後を通じて十四週間の休暇を与える。

　なお、とり方については、単に通牒で『産前産後を通して十四週間のうち、二週間は妊娠障害によつて休業してもよく、産前と産後は基準法第六十五条の主旨を尊重すべきことが望ましい』という内容のものが出されている。

答一　労働基準法第六十五条の産前休業は原則として就業を禁止しているのであるから、産後の八週間（ただし、強制休業期間は六週間）は、産前休業の期間に関係なく、産後休業として取り扱われるべきであり、したがつて設問の産後三週間を経過した後の休業もその範囲内で、産後休業として取り扱わなければならない。

二　法第六十五条の産後休業は、設問の場合、人工流産を行つた日を基準として計算したその後の八週間であるから、その期間中に出勤した期間があつたとしても、その期間だけ延長されることはない。

　なお、法第六十五条の産後休業期間を超える休業の取扱いについては、就業規則その他の定めるところによる。

（昭三三・九・二九　婦発三一〇号）

【ストライキ期間中の産前産後休業】

問　ストライキ期間中は産前の休業を請求する事態は生じない。産後の場合は使用者はその就業を制限する事態は生じないと解するが如何。

答　産前産後の休業は出産に伴う就業困難という個人的条件によつて設けられているものであるから、その休業期間中にたまたまその労働者の属する労働組合によつて争議行為が行われたとしても、その期間が当該労働者については産前産後の休業として取り扱われるべきことには別段の影響はない。

（昭二七・七・二五　基収三八三号）

【産前産後休業と解雇制限との関係】

問一、六週間内に出産する予定の女性労働者が休業を請求せず引き続き就労している場合は、法第十九条の解雇制限の期間となるか。

二、女性労働者が私病により所定の手続きの上長期欠勤中解雇しようとしたところ産前の解雇制限期間に入つていたが、法第六十五条による休業請求の意思表示が全くなされていなかつた場合、解雇できるか。

　なお、法第六十五条第一項の休業の請求を行うためには就労していることが前提要件とはならない法意と解してよいか。

答一、六週間以内に出産する予定の女性労働者が休業を請求せず引き続き就業している場合は、法第十九条の解雇制限期間にはならないが、その期間中は女性労働者を解雇することのないよう指導されたい。

二、見解のとおりであるが、一と同様に指導されたい。（昭二五・六・一六　基収一五三六号）

【軽易業務転換の趣旨】　法第六十五条第三項は原則として女性が請求した業務に転換させる趣旨であるが、新たに軽易な業務を創設して与える義務まで課したものではないこと。

（昭六一・三・二〇　基発一五一号、婦発六九号）

第六十六条　使用者は、妊産婦が請求した場合においては、第三十二条の二第一項、第三十二条の四第一項及び第三十二条の五第一項の規定にかかわらず、一週間について第三十二条第一項の労働時間、一日について同条第二項の労働時間を超えて労働させてはならない。

②　使用者は、妊産婦が請求した場合においては、第三十三条第一項及び第三項並びに第三十六条第一項の規定にかかわらず、時間外労働をさせてはならず、又は休日に労働させてはならない。

③　使用者は、妊産婦が請求した場合においては、深夜業をさせてはならない。

▼参照条文　〔妊産婦―六四の三〕、〔法定労働時間―三二〕、〔休日―三五〕、〔時間外労働・休日労働―三三・三六〕、〔深夜業―六一〕、〔罰則―一一九〕

解釈例規

【妊産婦に対する変形労働時間制の適用についての制限】　妊娠中の女性及び産後一年を経過しない女性（以下「妊産婦」という。）については、母性保護の見地から、使用者は妊産婦が請求した場合には当該妊産婦に時間外労働、休日労働又は深夜業をさせてはならないこととされているが、今回の改正により事業所において一箇月単位の変形労働時間制、一年単位の変形労働時間制又は一週間単位の非定型的変形労働時間制が採られることとなつた場合におけるこれらの制度による一日又は一週間の法定労働時間を超える時間についても、現行の時間外労働に係る妊産婦の取扱いとの均衡にかんがみ、妊産婦が請求した場合には使用者は当該妊産婦を当該時間については労働させてはならないこととしたものであること。

（昭六三・一・一　基発一号、婦発一号）

【妊産婦の時間外労働、休日労働及び深夜業の制限】　法第六十六条第二項及び第三項は、妊産婦が請求した場合においては、使用者は当該妊産婦に時間外労働、休日労働又は深夜業をさせてはならないこととしたものであること。なお、この場合、時間外労働若しくは休日労働についてのみの請求、深夜業についてのみの請求又はそれぞれについての部分的な請求も認められ、使用者はその請求された範囲で妊産婦をこれらに従事させなければ足りるものであること。また、妊産婦の身体等の状況の変化等に伴い、請求内容の変更があつた場合にも同様であること。

（昭六一・三・二〇　基発一五一号、婦発六九号）

【妊産婦の時間外労働等の制限と軽易業務転換との関係】　妊娠中の女性については、法第六十六条に基づく請求及び法第六十五条第三項に基づく軽易業務の請求のいずれか一方又は双方を行うことを妨げるものではないこと。

（昭六一・三・二〇　基発一五一号、婦発六九号）

【妊産婦の時間外労働等の制限と管理監督者の地位にある者等との関係】　妊産婦のうち、法第四十一条に該当する者については、労働時間に関する規定が適用されないため、法第六十六条第一項及び第二項の規定は適用の余地がないが、第三項の規定は適用され、これらの者が請求した場合にはその範囲で深夜業が制限されるものであること。

（昭六一・三・二〇　基発一五一号、婦発六九号）

（育児時間）

第六十七条　生後満一年に達しない生児を育てる女性は、第三十四条の休憩時間のほか、一日二回各々少なくとも三十分、その生児を育てるための時間を請求することができる。

② 使用者は、前項の育児時間中は、その女性を使用してはならない。

▼参照条文　〔期間計算―年齢計算ニ関スル法律〕、〔罰則―一一九〕

解釈例規

【託児所の設置】　本条の実効を確保するため、大規模の事業場にはできる限り託児所を設置するよう指導すること。

（昭二二・九・一三　発基一七号）

【育児時間】

問　法第六十七条の育児時間一回三十分は請求があつた場合就業させ得ない時間であり、したがつて託児所の施設がある場合往復時間（片道五分程度）は育児時間三十分に含まれるものと解して差し支えないか。

答　見解のとおり往復時間を含めて三十分の育児時間が与えられていれば違法ではないが、設例のごときは往復の所要時間を除き実質的な育児時間が与えられることが望ましい。

（昭二五・七・二二　基収二三一四号）

【勤務時間の始め又は終りの育児時間】

問　○○県においては、労働基準法第六十七条の規定による育児時間を有給休暇として認めているが、職員がこの休暇を勤務時間の始め又は終りに請求してきた場合にこれを与えないことは、同条が勤務時間の途中において育児のための時間を与える趣旨と解されるので、同条の違反とならないと解してよいか。

答　生後満一年に達しない生児を育てる女性労働者が、育児のための時間を請求した場合に、その請求に係る時間に、当該労働者を使用することは、法第六十七条違反である。その時間を有給とするか否かは、自由である。

（昭三三・六・二五　基収四三一七号）

【一日の労働時間が四時間以内である場合の育児時間】

問　○○社では労働組合との間に締結された協約等において別記（略）のとおり労働基準法第六十七条の規定による育児時間を有給又は無給の休暇として認めているが、

職員の勤務時間が四時間以内である日には、当該勤務時間中に育児時間は一回のみ与えることにしており、今日まで当事者間に争いはなかつた。
　しかし、一日の勤務時間が四時間以内である場合においても、生後一年に達しない生児を育てる女性が一日二回育児時間を請求した場合には、これを与えないことは同条違反と解されるが如何。

答　法第六十七条は、一日の労働時間を八時間とする通常の勤務態様を予想し、その間に一日二回の育児時間の附与を義務づけるものであつて、設問のごとく、一日の労働時間が四時間以内であるような場合には、一日一回の育児時間の附与をもつて足りる法意と解する。

（昭三六・一・九　基収八九九六号）

（生理日の就業が著しく困難な女性に対する措置）

第六十八条　使用者は、生理日の就業が著しく困難な女性が休暇を請求したときは、その者を生理日に就業させてはならない。

▼参照条文　〔罰則―一二〇〕

解釈例規

【生理日の就業が著しく困難な女性に対する措置】

(1)　法第六十八条は、女性が現実に生理日の就業が著しく困難な状態にある場合に休暇の請求があつたときはその者を就業させてはならないこととしたものであり、生理であることのみをもつて休暇を請求することを認めたものではないことはいうまでもないこと。

(2)　休暇の請求は、就業が著しく困難である事実に基づき行われるものであることから、必ずしも暦日単位で行われなければならないものではなく、半日又は時間単位で請求した場合には、使用者はその範囲で就業させなければ足りるものであること。

（昭六一・三・二〇　基発一五一号、婦発六九号）

【休暇の日数制限】

問　生理日の就業が著しく困難な女性が休暇を請求する場合における日数を一日あるいは三日と就業規則で限定することは如何。法文上は日数の限定はないが、社会通念上妥当と認められる日数に制限することは差支えないと思うが、客観的に妥当と認められる日数は何日程度であるか。

答　生理期間、その間の苦痛の程度あるいは就労の難易は各人によつて異なるものであり客観的な一般基準は定められない。したがつて就業規則その他によりその日数を限定することは許されない。ただし、有給の日数を定めておくことはそれ以上休暇を与えることが明らかにされていれば差支えない。

（昭二三・五・五　基発六八二号、昭六三・三・一四　基発一五〇号、婦発四七号）

【生理日の就業困難の挙証】

問　「生理日の就業が著しく困難」という就業困難の挙証責任は女性労働者にあると思うが如何。
　なお、この場合のその挙証について客観的な妥当性例えば医師の診断書等を欠く場合において使用者はこれを拒否し得るか。

答　生理日の就業が著しく困難な女性が休

暇を請求したときは、その者を生理日に就業させてはならないが、その手続を複雑にすると、この制度の趣旨が抹殺されることになるから、原則として特別の証明がなくても女性労働者の請求があつた場合には、これを与えることにし、特に証明を求める必要が認められる場合であつても、右の趣旨に鑑み、医師の診断書のような厳格な証明を求めることなく、一応事実を推断せしめるに足れば充分であるから、例えば同僚の証言程度の簡単な証明によらしめるよう指導されたい。

（昭二三・五・五　基発六八二号、昭六三・三・一四　基発一五〇号、婦発四七号）

【休暇中の賃金】

問　生理日の就業が著しく困難な女性が休暇を請求した場合、その間の賃金は労働契約、労働協約又は就業規則で定めるところによつて支給しても、しなくても差支えないと解してよいか。

答　見解の通り。

（昭二三・六・一一　基収一八九八号、昭六三・三・一四　基発一五〇号、婦発四七号）

【ストライキ期間中の生理日の就業が著しく困難な女性に対する措置】

問　ストライキ期間中は、生理日の就業が著しく困難な女性が生理日に休暇を請求する事態は生じないと解するが如何。

答　生理日の就業が著しく困難な女性が休暇を請求したときは、その者を生理日に就業させてはならないが、これは全く個人的肉体的条件によるものであるから、当該休暇の請求がなされた日にたまたまその労働者の属する労働組合が争議行為を行つたとしてもその日が当該労働者については生理日に就業させなかつた日として取扱われるべきことは、別段の影響はないものと解される。

（昭二七・七・二五　基収三八二一号、昭六三・三・一四　基発一五〇号、婦発四七号）

【出勤率の計算】

問一　当局管内のある事業所において、就業規則及び労働協約においては生理日の就業が著しく困難な女性が生理日に休暇を請求した場合、毎周期二日について賃金の一〇〇パーセントを保障する旨を定めている一方、休暇日数に応じて就業規則に基づき精皆勤手当から〇円減額している。

二　さらに年に二回支給される一時金及び特別手当金の算定のための出勤率の計算に当たつて生理による不就業日数を欠勤として扱うため一時金及び特別手当金も減額される。

以上の取扱いについて見解を問う。

答　労働基準法第六十八条は、生理日の就業が著しく困難な女性が生理日に休暇を請求したときは、その者を就業させてはならない旨を規定するのみであり、賃金の支払いを義務づけてはいないことから、これらの取扱いについては労使間において決定されるべきものであるが、当該女性に著しい不利益を課すことは法の趣旨に照らし好ましくない。

（昭四九・四・一　婦収一二五号、昭六三・三・一四　基発一五〇号、婦発四七号）

第七章　技能者の養成

（徒弟の弊害排除）

第六十九条　使用者は、徒弟、見習、養成工その他名称の如何を問わず、技能の習得を目的とする者であることを理由として、労働者を酷使してはならない。

② 使用者は、技能の習得を目的とする労働者を家事その他技能の習得に関係のない作業に従事させてはならない。

▼参照条文　〔奴隷的拘束及び苦役からの自由―憲一八〕、〔強制労働の禁止―五〕

解釈例規

【趣旨及び運用方針】

㈠　本条は、わが国における従来の徒弟制度にまつわる悪習慣を是正し、特に酷使の典型である雑役への使用を禁止する趣旨であるから、その監督取締を厳格に行うこと。

㈡　本条第一項については、技能の習得を目的とする者であることを理由としない場合は労働者を酷使してもよいという反対解釈を許す趣旨ではないこと。

㈢　本条第二項の「家事その他技術の習得に関係のない作業」中には、機械、道具、器材等の出し入れ、整備、事業場の整頓、清掃等当該技能を習得するに必要と認められる作業は含まれないが、従来兎角かかる作業の範囲を超えて雑役に使用した弊が多かつた実情に鑑み、個々の場合につきその範囲を具体的に判断し、監督取締を適切に行うこと。

（昭二二・一一・九　基発五三号）

（職業訓練に関する特例）

第七十条　職業能力開発促進法（昭和四十四年法律第六十四号）第二十四条第一項（同法第二十七条の二第二項において準用する場合を含む。）の認定を受けて行う職業訓練を受ける労働者について必要がある場合においては、その必要の限度で、第十四条第一項の契約期間、第六十二条及び第六十四条の三の年少者及び妊産婦等の危険有害業務の就業制限、第六十三条の年少者の坑内労働の禁止並びに第六十四条の二の妊産婦等の坑内業務の就業制限に関する規定について、厚生労働省令で別段の定めをすることができる。ただし、第六十三条の年少者の坑内労働の禁止に関する規定については、満十六歳に満たない者に関しては、この限りでない。

（訓練生の労働契約の期間）

則第三十四条の二の五　法第七十一条の規定による許可を受けた使用者が行う職業訓練を受ける労働者（以下「訓練生」という。）に係る労働契約の期間は、当該訓練生が受ける職業訓練の訓練課程に応じ職業能力開発促進法施行規則（昭和四十四年労働省令第二十四号）第十条第一項第四号、第十二条第一項第四号又は第十四条第一項第四号の訓練期間（同規則第二十一条又は職業訓練法施行規則の一部を改正する省令（昭和五十三年労働省令第三十七号。以下「昭和五十三年改正訓練規則」という。）附則第二条第二項の規定により訓練期間を短縮する場合においてはその短縮した期間を控除した期間とする。）の範囲内で定めることができる。この場合、当該事業場において定められた訓練期間を超えてはならない。

（訓練生を危険業務に就業させることができる場合）

則第三十四条の三　使用者は、訓練生に技能を習得させるために必要がある場合においては、満十八才に満たない訓練生を法第六十二条の危険有害業務に就かせ、又は満十六才以上の男性である訓練生を坑内労働に就かせることができる。

② 使用者は、前項の規定により訓練生を危険有害業務又は坑内労働に就かせる場合においては、危害を防止するために必要な措置を講じなければならない。

③ 第一項の危険有害業務及び坑内労働の範囲並びに前項の規定により使用者が講ずべき措置の基準は、別表第一に定めるところによる。

則別表第一（第三十四条の三関係）

一　訓練生を就かせることができる危険有害業務及び坑内労働の範囲は、当該訓練生が受ける職業訓練の訓練課程に応じ職業能力開発促進法施行規則第十条第一項第二号若しくは第十二条第一項第二号又は昭和五十三年改正訓練規則附則第二条第一項に規定する専修訓練課程の普通職業訓練に関する基準において例によるものとされる昭和五十三年改正訓練規則による改正前の職業訓練法施行規則第三条第一号の教科のうちの実技に係る実習を行うために必要な業務であつて、次の表の中欄に掲げるものとする。

二　使用者が講ずべき措置の基準は、次のとおりとする。

1　一般的措置の基準

(イ)　職業訓練指導員をして、訓練生に対し、当該作業中その作業に関する危害防止のために必要な指示をさせること。

(ロ)　あらかじめ、当該業務に関し必要な安全作業法又は衛生作業法について、教育を施すこと。

(ハ)　常時、作業環境の改善に留意すること。

(ニ)　常時、訓練生の健康状態に留意し、その向上に努めること。

2　個別的措置の基準

次の表の中欄の業務についてそれぞれ下欄に掲げるものとすること。

就業制限及び就業禁止の根拠規定	訓練生をつかせることができる危険有害業務及び坑内労働の範囲	使用者が講ずべき個別的措置の基準
年少者労働基準規則（昭和二十九年労働省令第十三号）第八条第三号	クレーン、移動式クレーン又はデリックの運転の業務	職業訓練開始後六月（訓練期間六月の訓練科に係る訓練生にあつては、五月）を経過するまでは作業につかせないこと。
年少者労働基準規則第八条第三号	揚貨装置の運転の業務	職業訓練開始後六月（訓練期間六月の訓練科に係る訓練生にあつては、五月）を経過するまでは作業につかせないこと。
年少者労働基準規則第八条第十号	クレーン、移動式クレーン又はデリックの玉掛けの業務	職業訓練開始後六月（訓練期間六月の訓練科に係る訓練生にあつては、三月）を経過するまでは作業につかせないこと。
年少者労働基準規則第八条第十号	揚貨装置の玉掛けの業務	職業訓練開始後六月（訓練期間六月の訓練科に係る訓練生にあつては、三月）を経過するまでは作業につかせないこと。
年少者労働基準規則第八条第七号	動力による巻上機、運搬機又は索道の運転の業務	職業訓練開始後六月（訓練期間六月の訓練科に係る訓練生にあつては、三月）を経過するまでは作業につかせないこと。
年少者労働基準規則第八条第八号	高圧（直流にあつては七百五十ボルトを、交流にあつては六百ボルトをこえ、七千ボルト以下である電圧をいう。以下同じ。）若しくは特別高圧（七千ボルトをこえる電圧をいう。以下同じ。）の充電電路若しくは当該充電電路の支持物の敷設、点検、修理若しくは操作の業務、低圧（直流にあつては七百五十ボルト以下、交流にあつては六百ボルト以下である電圧をいう。以下同じ。）の充電電路（対地電圧が五十ボルト以下であるもの及び電信用のもの、電話用のもの等であつて感電による危害を生ずるおそれがないものを除く。）の敷設若しくは修理の業務又は配電盤室、変電室等区画	上欄の業務のうち、高圧又は特別高圧に係るものにあつては職業訓練開始後一年（訓練期間一年の訓練科に係る訓練生にあつては八月、訓練期間七月又は六月の訓練科に係る訓練生にあつては五月）、低圧に係るものにあつては職業訓練開始後三月を経過するまでは作業につかせないこと。

	された場所に設置する低圧の電路（対地電圧が五十ボルト以下であるもの及び電信用のもの、電話用のもの等であつて感電による危害を生ずるおそれがないものを除く。）のうち充電部分が露出している開閉器の操作の業務	
年少者労働基準規則第八条第九号	運転中の原動機より中間軸までの動力伝動装置の掃除、注油、検査、修繕又は調帯の掛換の業務	職業訓練開始後六月を経過するまでは作業につかせないこと。
年少者労働基準規則第八条第十三号	ゴム、エボナイト等粘性物質のロール練りの業務	職業訓練開始後一年（訓練期間一年の訓練科に係る訓練生にあつては、八月）を経過するまでは作業につかせないこと。
年少者労働基準規則第八条第十四号	直径二十五センチメートル以上の丸のこ盤又は動輪の直径七十五センチメートル以上の帯のこ盤における木材の送給の業務	職業訓練開始後六月（訓練期間六月の訓練科に係る訓練生にあつては、五月）を経過するまでは作業につかせないこと。
年少者労働基準規則第八条第十五号	動力によつて運転する圧機の金型若しくは切断機の刃部の調整又は掃除の業務	職業訓練開始後六月（訓練期間六月の訓練科に係る訓練生にあつては、五月）を経過するまでは作業につかせないこと。
年少者労働基準規則第八条第一号	ボイラの取扱の業務	職業訓練開始後六月（訓練期間六月の訓練科に係る訓練生にあつては、五月）を経過するまでは作業につかせないこと。
年少者労働基準規則第八条第十八号	蒸気又は圧縮空気による圧機又は鍛造機械を用いる金属加工の業務	1　職業訓練開始後六月を経過するまでは作業につかせないこと。 2　上欄の業務のうち、四分の一トン以上の鍛造機械を用いるものにあつては職業訓練開始後一年（訓練期間一年の訓練科に係る訓練生にあつては、九月）を経過するまでは作業につかせないこと。
年少者労働基準規則第八条第十九号	動力による打抜機、切断機等を用いる厚さ八ミリメートル以上の鋼板加工の業務	職業訓練開始後一年（訓練期間一年の訓練科に係る訓練生にあつては、九月）を経過するまでは作業につかせないこと。

年少者労働基準規則第八条第二十一号	木工用かんな盤又は単軸面取り盤の取扱いの業務	職業訓練開始後六月を経過するまでは作業につかせないこと。
年少者労働基準規則第八条第二十二号	岩石又は鉱物の破砕機に材料を送給する業務	職業訓練開始後六月を経過するまでは作業につかせないこと。
年少者労働基準規則第八条第二十四号	高さが五メートル以上の箇所で墜落により労働者が危害を受けるおそれがあるところにおける業務	1　上欄の業務のうち、装柱及び架線の作業については、職業訓練開始後一年（訓練期間一年の訓練科に係る訓練生にあつては、八月）を経過するまでは作業につかせないこと。 2　上欄の業務のうち、前項以外の作業については、職業訓練開始後二年（訓練期間二年の訓練科に係る訓練生にあつては一年六月、訓練期間一年の訓練科に係る訓練生にあつては九月）を経過するまでは作業につかせないこと。
年少者労働基準規則第八条第二十五号	足場の組立、解体又は変更の業務	職業訓練開始後二年（訓練期間二年の訓練科に係る訓練生にあつては一年六月、訓練期間一年の訓練科に係る訓練生にあつては九月）を経過するまでは作業につかせないこと。
年少者労働基準規則第八条第二十八号	火薬、爆薬又は火工品を製造し、又は取り扱う業務で爆発のおそれのあるもの	
年少者労働基準規則第八条第二十九号	危険物（労働安全衛生法施行令別表第一に掲げる爆発性の物、発火性の物、酸化性の物、引火性の物又は可燃性のガスをいう。）を製造し、又は取り扱う業務で、爆発、発火又は引火のおそれのあるもの	
年少者労働基準規則第八条第三十一号	圧縮ガス若しくは液化ガスの製造又はこれらを用いる業務	職業訓練開始後六月を経過するまでは作業につかせないこと。
年少者労働基準規則第八条第三十二号	水銀、ひ素、黄りん、ふつ化水素酸、塩酸、硝酸、青酸、苛性アルカリ、石炭酸その他これらに準ずる有害なものを取り扱う業務	1　当該業務に従事させる時間が二時間をこえる場合には、従事させる時間二時間ごとに十五分の休息時間を与え、当該業務に従事させる時間が二時間をこえて継続しないようにすること。 2　作業終了後身体の汚染された部分を十分に洗わせる

			こと。 3　作業に必要な最小限の量を与えること。 4　上欄の業務のうち、塩酸、硝酸、苛性アルカリ、硫酸、さく酸等腐蝕性の有害物又はふつ化水素酸、石炭酸、アンモニア、クロルベンゼン、ホルマリン等皮ふ刺戟性の有害物を取扱うものにあつては、噴射式洗眼器を備え付けること。 5　前項の業務で、その業務につかせる労働者の身体、衣服等が当該有害物によつて継続的に汚染されるものにあつては、職業訓練開始後一年（訓練期間一年の訓練科に係る訓練生にあつては、八月）を経過するまでは作業につかせないこととし、当該業務に従事させる時間は一日について四時間をこえないこと。 6　第四項の業務で、第五項の業務以外のものにあつては、当該業務に従事させる時間は、一日について四時間をこえないこと。 7　上欄の業務のうち、第四項の有害物以外の有害物を取り扱うもので、その業務につかせる労働者の身体、衣服等が継続的に汚染されるものにあつては、当該業務に従事させる時間は、職業訓練開始後一年未満の訓練生については一日について二時間、それ以外の訓練生については一日について四時間をこえないこと。
	年少者労働基準規則第八条第三十三号	鉛、水銀、クローム、ひ素、黄りん、ふつ素、塩素、青酸、アニリンその他これらに準ずる有害なもののガス、蒸気又は粉じんを発散する場所における業務	1　当該業務に従事させる時間が二時間をこえる場合には、従事させる時間二時間ごとに十五分の休息時間を与え、当該業務に従事させる時間が二時間をこえて継続しないようにすること。 2　作業終了後身体の汚染された部分を十分に洗わせること。 3　上欄の業務のうち、一酸化炭素その他厚生労働大臣が別に定める有害物のガス、蒸気又は粉じんを発散する場所におけるものにあつては、ガス検知器具を備え付け、一月一回以上測定し、測定結果の記録を保存す

		ること。 4　上欄の業務のうち、クローム、黄りん、塩酸等腐蝕性の有害物又はふつ化水素酸、石炭酸等皮ふ刺戟性の有害物のガス、蒸気又は粉じんを発散する場所におけるものにあつては噴射式洗眼器を備え付けること。 5　上欄の業務のうち、厚生労働大臣が別に定める有害性が高度な有害物のガス、蒸気又は粉じんを発散する場所におけるものにあつては、職業訓練開始後一年（訓練期間一年の訓練科に係る訓練生にあつては、八月）を経過するまでは作業につかせないこととし、当該業務に従事させる時間は、職業訓練開始後二年未満の訓練生については一日について二時間、それ以外の訓練生については一日について四時間をこえないこと。 6　上欄の業務のうち、厚生労働大臣が別に定める有害性が中度な有害物のガス、蒸気又は粉じんを発散する場所におけるものにあつては、当該業務に従事させる時間は、職業訓練開始後一年未満の訓練生については一日について二時間、それ以外の訓練生については一日について四時間をこえないこと。 7　上欄の業務のうち、厚生労働大臣が別に定める有害性が低度な有害物のガス、蒸気又は粉じんを発散する場所における業務にあつては、当該業務に従事させる時間は、一日について四時間をこえないこと。
年少者労働基準規則第八条第三十四号	土石、獣毛等のじんあい又は粉末を著しく飛散する場所（坑内における遊離けい酸分を多量に含有する粉じんの著しく飛散する場所を除く。）における業務	1　当該業務に従事させる時間が二時間をこえる場合には、従事させる時間二時間ごとに十五分の休息時間を与え、当該業務に従事させる時間が二時間をこえて継続しないようにすること。 2　上欄の業務のうち、坑内における作業にあつては、職業訓練開始後一年を経過するまでは作業につかせないこととし、当該業務に従事させる時間は、職業訓練開始後二年未満の訓練生については一日について二時間、それ以外の訓練生については一日について三時間

		をこえないこと。 3　上欄の業務のうち、じん肺法施行規則（昭和三十五年労働省令第六号）第一条に規定する粉じん作業に該当する作業であつて、前項に該当するもの以外のものにあつては、当該業務に従事させる時間は、職業訓練開始後一年未満の訓練生については一日について一時間、職業訓練開始後一年以上二年未満の訓練生については一日について二時間、それ以外の訓練生については一日について三時間をこえないこと。 4　上欄の業務のうち、前二項に該当するもの以外のものにあつては当該業務に従事させる時間は、職業訓練開始後一年未満の訓練生については一日について二時間、職業訓練開始後一年以上二年未満の訓練生については一日について三時間、それ以外の訓練生については一日について四時間をこえないこと。
年少者労働基準規則第八条第三十五号	電離放射線（紫外線を除く。）以外の有害放射線にさらされる業務	職業訓練開始後六月を経過するまでは作業につかせないこととし、当該業務に従事させる時間は、職業訓練開始後一年未満の訓練生については一日について二時間、それ以外の訓練生については一日について四時間をこえないこと。
年少者労働基準規則第八条第三十六号	多量の高熱物体を取り扱う業務及び著しく暑熱な場所における業務	1　上欄の業務のうち、著しく暑熱な場所における重激なものにあつては、当該業務に従事させる時間が一時間をこえる場合には、従事させる時間一時間ごとに十五分の休息時間を与え、当該業務に従事させる時間が一時間をこえて継続しないようにすること。 2　上欄の業務のうち、前項に該当するもの以外のものにあつては、当該業務に従事させる時間が二時間をこえる場合には、従事させる時間二時間ごとに十五分の休息時間を与え、当該業務に従事させる時間が二時間をこえて継続しないようにすること。 3　上欄の業務のうち、多量の高熱物体を取り扱うものにあつては、職業訓練開始後一年（訓練期間一年の訓

		練科に係る訓練生にあつては、八月）を経過するまでは作業につかせないこととし、当該業務に従事させる時間は、一日について四時間をこえないこと。 4　上欄の業務のうち、著しく暑熱な場所におけるものにあつては、当該業務に従事させる時間は、職業訓練開始後一年未満の訓練生については一日について一時間、職業訓練開始後一年以上二年未満の訓練生については一日について二時間、それ以外の訓練生については一日について四時間をこえないこと。
年少者労働基準規則第八条第三十七号	多量の低温物体を取り扱う業務及び著しく寒冷な場所における業務	1　上欄の業務のうち、冷凍室の内部におけるものにあつては、当該業務に従事させる時間は、一日について一時間をこえないこと。 2　上欄の業務のうち、著しく寒冷な屋外におけるものにあつては、当該業務に従事させる時間は、職業訓練開始後一年未満の訓練生については一日について二時間、それ以外の訓練生については一日について四時間をこえないこと。 3　上欄の業務のうち、多量の低温物体を取り扱うものにあつては、当該業務に従事させる時間は、一日について一時間をこえないこと。 4　第二項に該当する業務にあつては、当該業務に従事させる時間が一時間をこえる場合には、適当な採暖設備を設け、従事させる時間一時間ごとに十分の採暖時間を与え、当該業務に従事させる時間が一時間をこえて継続しないようにすること。
年少者労働基準規則第八条第三十九号	さく岩機、びよう打機等の使用によつて身体に著しい振動を受ける業務	1　当該業務に従事させる時間が一時間をこえる場合には、従事させる時間一時間ごとに十分の休息時間を与え、当該業務に従事させる時間が一時間をこえて継続しないようにし、休息時間中は身体に著しい振動を受ける場所にとどまらせないこと。 2　上欄の業務のうち、坑内におけるさく岩機又はびよう打機を使用するものにあつては、職業訓練開始後一

		年を経過するまでは作業につかせないこととし、当該業務に従事させる時間は、職業訓練開始後二年未満の訓練生については一日について二時間、それ以外の訓練生については一日について四時間をこえないこと。 3　上欄の業務のうち、坑外におけるさく岩機又はびよう打機を使用するものにあつては、当該業務に従事させる時間は、職業訓練開始後一年未満の訓練生については一日について二時間、職業訓練開始後一年以上二年未満の訓練生については一日について三時間、それ以外の訓練生については一日について四時間をこえないこと。 4　上欄の業務のうち、前二項に該当するもの以外のものにあつては、当該業務に従事させる時間は、一日について四時間をこえないこと。
年少者労働基準規則第八条第四十号	ボイラを製造する場所等強烈な騒音を発する場所における業務	1　当該業務に従事させる時間が一時間をこえる場合には、従事させる時間一時間ごとに十分の休息時間を与え、当該業務に従事させる時間が一時間をこえて継続しないようにし、休息時間中は強烈な騒音を発する場所にとどまらせないこと。 2　上欄の業務のうち、百フオーン以上の騒音にさらされるものにあつては、職業訓練開始後一年を経過するまでは作業につかせないこととし、当該業務に従事させる時間は、職業訓練開始後二年未満の訓練生については一日について二時間、それ以外の訓練生については一日について三時間をこえないこと。 3　上欄の業務のうち、九十フオーン以上百フオーン未満の騒音にさらされるものにあつては、当該業務に従事させる時間は一日について四時間をこえないこと。
法第六十三条	石炭鉱山における坑内労働	1　職業訓練開始後一年を経過するまでは作業につかせないこと。 2　訓練生の体格及び健康の状態がはじめて坑内作業につかせる際次の基準に適合していること。

▼参照条文　〔厚生労働省令―則三四の二の五・三四の三・別表第二〕、〔罰則―一一八～一二〇〕

(イ)　満十六才の者については、身長百五十二センチメートル以上、体重四十八キログラム以上、胸囲七十九センチメートル以上及び肺活量三千二百立方センチメートル以上であること。

(ロ)　満十七才の者については、身長百五十五センチメートル以上、体重五十一キログラム以上、胸囲八十一センチメートル以上及び肺活量三千四百三十立方センチメートル以上であること。

(ハ)　上部気道に異常がなく、かつ胸部X線検査の結果異常がないこと。

3　はじめて坑内作業につかせて後一年間は労働安全衛生規則第四十四条の規定による健康診断を年三回以上行うこと。

4　出水、ガスの突出、自然発火、大規模の落ばん及び崩壊を伴う作業等特に危険な作業につかせないこと。

5　立坑又は四十度以上の斜坑の内部においては作業させないこと。

6 (イ)　満十六才の者については、摂氏三十度をこえる場所では作業させないこととし、摂氏二十度をこえ摂氏二十五度以下の場所で作業させるときは作業時間の合計が一日につき三時間、摂氏二十五度をこえる場所で作業させるときは作業時間の合計が一日につき二時間をこえないこと。

(ロ)　満十七才の者については、摂氏三十四度をこえる場所では作業させないこととし、摂氏二十四度をこえ摂氏二十九度以下の場所で作業させるときは作業時間の合計が一日につき三時間、摂氏二十九度をこえる場所で作業させるときは作業時間の合計が一日につき二時間をこえないこと。

解釈例規

【就業を認められた危険有害業務】　就業可能業務は、教習事項を習得するために必要なもののみについて認められているものであるから、年少者労働基準規則に定める危険有害業務で労働基準法施行規則別表第一に掲げられないものに対してはたとえ技能養成工といえどもその就業を認めるものでないこと。なお、個々の具体的業務が就業可能業務に該当するかしないかについて疑義のある場合は、その都度具体的事情を添えて本省にりん伺すること。

（昭二三・六・二九　発基一一八号）

【技能養成工の労働契約】

技能養成工の労働契約について

(1)　技能者養成の本旨により技能養成工の労働契約には期間の定めをするよう指導すること。

(2)　試の使用期間を定める場合には、この期間は契約期間中に含ましめるよう指導すること。

（昭二九・八・三一　基発五〇一号）

第七十一条　前条の規定に基いて発する厚生労働省令は、当該厚生労働省令によつて労働者を使用することについて行政官庁の許可を受けた使用者に使用される労働者以外の労働者については、適用しない。

（厚生労働省令によつてする労働者使用の許可）

則第三十四条の四　法第七十一条の規定による許可は、様式第十四号の四の職業訓練に関する特例許可申請書により、当該事業場の所在地を管轄する都道府県労働局長から受けなければならない。

（許可等の通知）

則第三十四条の五　都道府県労働局長は、前条の申請について許可をしたとき、若しくは許可をしないとき、又は許可を取り消したときは、その旨を都道府県知事に通知しなければならない。

▼**参照条文**　〔許可申請―則三四の四〕、〔許可等の通知―則三四の五〕

解釈例規

【許可の取扱い等】

(1)　許可権者及び許可申請書受理権者
都道府県労働基準局長（労働基準法施行規則第三十四条の四）

(2)　処分を行うに当つて留意すべき事項

(イ)　当該処分の対象は、職業能力開発促進法第二十四条第一項の認定を受けた職業訓練を行う使用者に限るものであること。

(ロ)　許可を受けた使用者が行う職業訓練について、職業能力開発促進法第二十四条第一項に基く認定が取り消された場合においては、当該許可を取り消すこと。

(ハ)　許可申請を受理した都道府県労働基準局長は、自ら、又は所轄労働基準監督署長をして、当該申請書記載事項の真実性、当該事業場における法の一般的遵守状況（特に年少者関係の法条項の遵守状況）からみて許可をすることが適当かどうか、法第六十二条又は第六十三条の特例を受けようとすることを申請内容とするものについては、防護の措置が確実にとられる見通しがあるかどうか等の諸点を調査の上、速かに許可、不許可の処分を行うこと。

(ニ)　当該処分は、提出された申請書二通のうち、一通に処分内容、処分年月日等を記載の上、それを処分通知書として交付することによつて行うこと。

(ホ)　所轄労働基準監督署長に処分の相手方、処分内容、処分年月日等について通知すること。

(ヘ)　処分を行つた際には、都道府県知事に処分の相手方、処分内容、処分年月日等について通知すること。

（昭三三・七・三　基発四一六号）

【共同職業訓練の場合における許可申請書の提出方法】

(1)　共同職業訓練の場合における許可申請書の提出は、様式第十四号の二「職業訓練に関する特例許可申請書」備考において示されているところにより、当該団体の構成員に係るものを一括して行うこととなるが、当該団体において事務処理を行うよう指導されたいこと。

(2)　申請書の一括提出とは、申請書を同時に提出すること、又は各申請書の委任を受けて受任者において提出することをいうこと。

（昭三三・七・三　基発四一六号）

【二以上の都道府県にわたつて行われる職業訓練に対する法第七十一条の許可等】

二以上の都道府県にわたつて本社、支社、工場等を有する事業主が、その職業訓練を一定期間ずつ本社、支社、工場等において分割して行う場合の労働基準法第七十一条の許可等の事務の取扱については、左記によつて行われたい。

記

一　労働基準法第七十一条の許可官庁について

労働基準法第七十一条の許可は、大規模事業場等において、その職業訓練を相当期間ずつ本社、支社、工場等に分けて行う場合であつて、その本社、支社、工場等が異なる都道府県に所在するときは、労働基準法施行規則第三十四条の四の規定にかかわらず、職業訓練計画を樹立し、職業訓練実施に関する具体的な指示を行い、試験を実施するなど、当該職業訓練について実質的な責任を負う者の所在地を管轄する都道府県労働基準局長から受ければ足りるものとすること。

二　許可申請手続について

都道府県労働基準局長は、前項の定めるところによつて許可を受けようとする者に対しては、職業訓練に関する特例許可申請書に、他の都道府県に所在する施設の所在地並びにそれぞれの施設において訓練を行う時期及び人員について明記した書類を添付の上提出せしめると共に、関係都道府県労働基準局長に対し当該書類の写を提出せしめること。

三　許可及び許可取消を行うに当つて留意すべき事項について

都道府県労働基準局長は、第一項の定めるところによつてする許可の申請を受けた時又は第一項の定めるところによつてなした許可を取消すときは、関係都道府県労働基準局長の意見を聞いて当該処分を行うこと。又関係都道府県労働基準局長は、その管轄内において行われている当該職業訓練に関し、許可を取消すことが適当であると判断したときは、直ちに当該許可を行つた都道府県労働基準局長に対し、許可取消の処分を行うことが適当である旨を通知すること。

四　関係都道府県労働基準局相互間の連絡、調整について

処分都道府県労働基準局及び関係都道府県労働基準局は、本件の如き職業訓練に対する許可又は許可取消の処分を行うに当つては勿論のこと、その他当該職業訓練に関し監督を実施するに当つては、職業訓練が一体として行われているという事実に鑑み、相互密接な連絡を図り、もつて円滑な行政を行うべく留意されたきこと。

（昭三四・二・二五　基発一一四号）

【職業訓練を行わなくなつた事業主等に対する許可の取消し】

問　職業訓練に関する特例許可の取り消し

について、

一　単独の認定職業訓練を行なう事業主が、当該認定職業訓練を行なわなくなつた旨を管轄知事に届け出、知事がこれを受理した場合（職業能力開発促進法第二十四条第三項による取り消し処分は行なわれていない）は、受理の日付をもつて、当該職業訓練に関する特例許可を取り消すべきか否か。

二　認定を受けた共同職業訓練団体の構成事業主が、当該団体を脱退し、これを管轄知事に届け出、知事がこれを受理した場合は、受理の日付をもつて、当該職業訓練に関する特例許可を取り消すべきか否か。

答　労働基準法第七十条に規定する「命令」で定められる「別段の定」は、職業能力開発促進法第二十四条第二項の認定を受けて行なう職業訓練を受ける労働者について適用されるものであつて、設問一のように、事業主が当該職業訓練を行なわなくなつた場合又は設問二のように事業主が当該団体を脱退したような場合は、この命令による別段の定は適用されなくなる。

この場合において、労働基準法第七十一条の規定による許可が形式上存在しているときは、法律関係を明確にするため、当該許可を取消（撤回）するよう処置されたい。

（昭三六・三・六　基収六九五一号）

【職業訓練団体の行う認定職業訓練の場合】

一　使用者がその労働者に、上記一の職業訓練団体の自ら実施する訓練を受けさせる場合には、直ちに法第七十一条の許可を与えてさしつかえないこと。この場合において、当該認定職業訓練の内容が規則第三十四条の三第二項の必要な措置を講じていないと認められるときは、法第七十一条の許可を取り消すことがありうることを示し、当該認定をした職業訓練機関に是正指導方要請すること。

二　その他

(1)　従来、法第七十一条の許可を与えた事業場における認定職業訓練については、契約期間並びに危険有害業務及び坑内労働の制限に関しては法違反の生ずる余地なく、労働基準監督機関の監督の権限及び責任がないかのごとく解する向きがあるように見受けられるが、使用者が規則第三十四条の三第二項の必要な措置を講じていないときは将来に向つて当該許可を取り消すべきことはもちろんであるが、同時に、法第百十八条第二項、第百十九条第四号又は第百二十条第三号の規定により、法第七十条違反として、それぞれ罰則の適用があるものであることに留意し、特例許可の申請をする事業主その他の関係者に対しても、あらかじめ、この旨を理解させておくこと。

(2)　法第七十一条の許可に関する取扱いについては、上記のほかは、従前どおりであること。

（昭四四・一一・二四　基発七七六号、平一三・四・一　基発二四〇号）

第七十二条　第七十条の規定に基づく厚生労働省令の適用を受ける未成年者についての第三十九条の規定の適用については、同条第一項中「十労働日」とあるのは「十二労働日」と、同条第二項の表六年以上の項中「十労働日」とあるのは「八労働日」とする。

▼**参照条文**　〔有給休暇―三九〕、〔未成年者―民四〕、〔罰則―一一九〕

解釈例規

【趣旨】　本条は、法第七十条及び第七十一条の規定の適用を受ける労働者は、ある種の労働条件について一般労働者より不利なる取扱を受けることとなるため、特にその未成年者に対しては、年次有給休暇については一般労働者より高い基準によつて取扱う趣旨であること。

（昭二三・一二・九　基発五三号）

【法第七十条に基づいて発する命令の適用を受ける未成年者でなくなつた場合】

問　労働者が「法第七十条の規定に基づいて発する命令の適用を受ける未成年者」（以下、命令適用未成年者という。）であった時に発生し、その年度内に行使されなかつた法第七十二条に基づく年次有給休暇請求権は法第百十五条による二年の消滅時効にかかるまでは、たとえ労働者が命令適用未成年者でなくなつた場合においても、消滅することなく存続するものと解してよいか。

答　貴見のとおり。

（昭二四・五・四　基収三七五号）

第七十三条　第七十一条の規定による許可を受けた使用者が第七十条の規定に基いて発する厚生労働省令に違反した場合においては、行政官庁は、その許可を取り消すことができる。

▼**参照条文**　〔許可等の通知―則三四の五〕

解釈例規

【法第七十三条の趣旨】　本条は、法第七十一条の規定による許可の取消について、本条に規定する事由以外の事由、例えば、附款に反したこと等による取消を禁止する趣旨ではないこと。（昭二三・七・三　基発四一六号）

【許可取消の取扱い】

(イ)　取消権の行使に当つては、恣意に流れることなく、違反の程度、是正の見通し等勘案の上、慎重に行われたいこと。

(ロ)　許可取消処分は、許可を取り消す旨を明記した文書を交付することをもつて行われたいこと。

(ハ)　法第七十一条関係解釈例規「許可の取扱い等」の項は許可取消の場合にも準用すること。

（昭二三・七・三　基発四一六号）

第七十四条　削除

第八章　災害補償

〈編注〉本章については、本書では、法条文と参照条文を収載するだけにとどめた。

（療養補償）

第七十五条　労働者が業務上負傷し、又は疾病にかかつた場合においては、使用者は、その費用で必要な療養を行い、又は必要な療養の費用を負担しなければならない。

②　前項に規定する業務上の疾病及び療養の範囲は、厚生労働省令で定める。

▼参照条文　〔業務上の疾病―則三五・別表第一の二〕、〔療養範囲―則三六〕、〔給付の方法―則三九〕、〔労災保険との関係―八四1〕、〔労災保険の場合―労災七・一三の八・一三〕、〔罰則―一一九〕、〔船員について―船員八九・九〇〕

（休業補償）

第七十六条　労働者が前条の規定による療養のため、労働することができないために賃金を受けない場合においては、使用者は、労働者の療養中平均賃金の百分の六十の休業補償を行わなければならない。

②　使用者は、前項の規定により休業補償を行つている労働者と同一の事業場における同種の労働者に対して所定労働時間労働した場合に支払われる通常の賃金の、一月から三月まで、四月から六月まで、七月から九月まで及び十月から十二月までの各区分による期間（以下四半期という。）ごとの一箇月一人当り平均額（常時百人未満の労働者を使用する事業場については、厚生労働省において作成する毎月勤労統計における当該事業場の属する産業に係る毎月きまつて支給する給与の四半期の労働者一人当りの一箇月平均額。以下平均給与額という。）が、当該労働者が業務上負傷し、又は疾病にかかつた日の属する四半期における平均給与額の百分の百二十をこえ、又は百分の八十を下るに至つた場合においては、使用者は、その上昇し又は低下した比率に応じて、その上昇し又は低下するに至つた四半期の次の次の四半期において、前項の規定により当該労働者に対して行つている休業補償の額を改訂し、その改訂をした四半期に属する最初の月から改訂された額により休業補償を行わなければならない。改訂後の休業補償の額の改訂についてもこれに準ずる。

③　前項の規定により難い場合における改訂の方法その他同項の規定による改訂について必要な

事項は、厚生労働省令で定める。

▼参照条文　〔平均賃金―一二〕、〔休業補償を行わなくてもよい場合―則三七の二〕、〔一部労働した場合―則三八〕、〔給付の方法―則三九〕、〔補償額の改訂に関する厚生労働省令―則三八の二〜三八の一〇、労働基準法第七十六条第二項の規定による常時百人未満の労働者を使用する事業場に使用される労働者に対して行う休業補償の額の改訂及び改訂後の休業補償の額の改訂の方法の特例に関する省令〕、〔休業補償の額の改訂に関する特則―昭二七労働省告示二八号〕、〔規模百人未満及び日雇者に対する改訂率―厚生労働省告示〕、〔休業中の解雇制限―一九1〕、〔罰則―一一九〕、〔労災保険との関係―八四1〕、〔労災保険の場合―労災七・一二の八・一四・一四の二〕、〔船員について―船員九一1〕

（障害補償）

第七十七条　労働者が業務上負傷し、又は疾病にかかり、治つた場合において、その身体に障害が存するときは、使用者は、その障害の程度に応じて、平均賃金に別表第二に定める日数を乗じて得た金額の障害補償を行わなければならない。

▼参照条文　〔平均賃金―一二〕、〔業務上の疾病―則三五・別表第一の二〕、〔障害の重複―則四〇・別表第二〕、〔給付の時期―則四七1〕、〔分割補償―八二、則四六・別表第三・四七3〕、〔罰則―一一九〕、〔労災保険との関係―八四1〕、〔労災保険の場合―労災七・一二の八・一五・一五の二〕、〔船員について―船員九二〕

〈編注　別表第二は八四〇頁参照〉

（休業補償及び障害補償の例外）

第七十八条　労働者が重大な過失によつて業務上負傷し、又は疾病にかかり、且つ使用者がその過失について行政官庁の認定を受けた場合においては、休業補償又は障害補償を行わなくてもよい。

▼参照条文　〔行政官庁の認定―則四一〕、〔過失相殺―民七二二〕、〔労災保険の場合―労災一二の二の二・一二の三〕、〔船員について―船員八九2但書・九一3・九二但書〕

（遺族補償）

第七十九条　労働者が業務上死亡した場合においては、使用者は、遺族に対して、平均賃金の千日分の遺族補償を行わなければならない。

▼参照条文　〔遺族補償を受ける者の範囲及び順位―則四二〜四五〕、〔親族―民七二五〕、〔平均賃金―一二〕、〔遺族補償の支給時期―則四七2〕、〔分割補償―八二、則四六・別表第三・四七3〕、〔罰則―一一九〕、〔労災保険との関係―八四1〕、〔労災保険の場合―労災七・一二の八・一六〜一六の九〕、〔船員について―船員九三〕

（葬祭料）

第八十条　労働者が業務上死亡した場合においては、使用者は、葬祭を行う者に対して、平均賃金の六十日分の葬祭料を支払わなければならない。

▼参照条文　〔平均賃金―一二〕、〔葬祭料の支給時期―則四七2〕、〔罰則―一一九〕、〔労災保険との関係―八四1〕、〔労災保険の場

合―労災七・一二の八・一七〕、〔船員について―船員九四〕

（打切補償）

第八十一条　第七十五条の規定によつて補償を受ける労働者が、療養開始後三年を経過しても負傷又は疾病がなおらない場合においては、使用者は、平均賃金の千二百日分の打切補償を行い、その後はこの法律の規定による補償を行わなくてもよい。

▼参照条文　〔療養補償―七五〕、〔休業補償―七六〕、〔平均賃金―一二〕、〔労災保険との関係―八四1、労災一九〕、〔打切補償と解雇―一九〕、〔船員について―船員八九〕

（分割補償）

第八十二条　使用者は、支払能力のあることを証明し、補償を受けるべき者の同意を得た場合においては、第七十七条又は第七十九条の規定による補償に替え、平均賃金に別表第三に定める日数を乗じて得た金額を、六年にわたり毎年補償することができる。

〈編注　別表第三は八四五頁参照〉

▼参照条文　〔平均賃金―一二〕、〔分割補償の支給時期―則四七3〕、〔分割補償の一時払―則四六・別表第三〕

（補償を受ける権利）

第八十三条　補償を受ける権利は、労働者の退職によつて変更されることはない。

② 補償を受ける権利は、これを譲渡し、又は差し押えてはならない。

▼参照条文　〔譲渡―民四六六〕、〔消滅時効―一一五〕、〔差押の禁止―民執一五二、破三四3〕、〔相殺の禁止―民五一〇〕、〔労災保険の場合―労災一二の五・一二の六〕

（他の法律との関係）

第八十四条　この法律に規定する災害補償の事由について、労働者災害補償保険法（昭和二十二年法律第五十号）又は厚生労働省令で指定する法令に基づいてこの法律の災害補償に相当する給付が行なわれるべきものである場合においては、使用者は、補償の責を免れる。

② 使用者は、この法律による補償を行つた場合においては、同一の事由については、その価額の限度において民法による損害賠償の責を免れる。

▼参照条文　〔労災保険の給付―労災七・一二の八〜二〇〕、〔損害賠償―民七〇九〕、〔求償―民四二二〕、〔労災保険の場合―労災一二の二・一二の三〕、〔船員について―船員九五〕

（審査及び仲裁）

第八十五条　業務上の負傷、疾病又は死亡の認定、療養の方法、補償金額の決定その他補償の実施に関して異議のある者は、行政官庁に対して、審査又は事件の仲裁を申し立てることができる。

② 行政官庁は、必要があると認める場合においては、職権で審査又は事件の仲裁をすることができる。

③ 第一項の規定により審査若しくは仲裁の申立てがあつた事件又は前項の規定により行政官庁が審査若しくは仲裁を開始した事件について民事訴訟が提起されたときは、行政官庁は、当該事件については、審査又は仲裁をしない。

④ 行政官庁は、審査又は仲裁のために必要であると認める場合においては、医師に診断又は検案をさせることができる。

⑤ 第一項の規定による審査又は仲裁の申立て及び第二項の規定による審査又は仲裁の開始は、時効の完成猶予及び更新に関しては、これを裁判上の請求とみなす。

▼参照条文　〔行政官庁―九九3〕、〔時効の完成猶予及び更新―民一四七〕、〔検案―医師一九2〕、〔労災保険の場合―労災三八、労保審一～三〕、〔船員について―船員九六〕

第八十六条　前条の規定による審査及び仲裁の結果に不服のある者は、労働者災害補償保険審査官の審査又は仲裁を申し立てることができる。

② 前条第三項の規定は、前項の規定により審査又は仲裁の申立てがあつた場合に、これを準用する。

▼参照条文　〔労働者災害補償保険審査官―労保審一～六・一三・一四〕

（請負事業に関する例外）

第八十七条　厚生労働省令で定める事業が数次の請負によつて行われる場合においては、災害補償については、その元請負人を使用者とみなす。

② 前項の場合、元請負人が書面による契約で下請負人に補償を引き受けさせた場合においては、その下請負人もまた使用者とする。但し、二以上の下請負人に、同一の事業について重複して補償を引き受けさせてはならない。

③ 前項の場合、元請負人が補償の請求を受けた場合においては、補償を引き受けた下請負人に対して、まづ催告すべきことを請求することができる。ただし、その下請負人が破産手続開始の決定を受け、又は行方が知れない場合においては、この限りでない。

▼参照条文　〔厚生労働省令で定める事業―則四八の二〕、〔請負―民六三二〕、〔使用者―一〇〕、〔破産手続開始の決定―破三〇〕、〔労災保険の場合―徴収八〕

（補償に関する細目）

第八十八条　この章に定めるものの外、補償に関する細目は、厚生労働省令で定める。

▼**参照条文**　〔厚生労働省令―則三五～四八の二・五六㈣〕

第九章　就業規則

（作成及び届出の義務）

第八十九条　常時十人以上の労働者を使用する使用者は、次に掲げる事項について就業規則を作成し、行政官庁に届け出なければならない。次に掲げる事項を変更した場合においても、同様とする。

一　始業及び終業の時刻、休憩時間、休日、休暇並びに労働者を二組以上に分けて交替に就業させる場合においては就業時転換に関する事項

二　賃金（臨時の賃金等を除く。以下この号において同じ。）の決定、計算及び支払の方法、賃金の締切り及び支払の時期並びに昇給に関する事項

三　退職に関する事項（解雇の事由を含む。）

三の二　退職手当の定めをする場合においては、適用される労働者の範囲、退職手当の決定、計算及び支払の方法並びに退職手当の支払の時期に関する事項

四　臨時の賃金等（退職手当を除く。）及び最低賃金額の定めをする場合においては、これに関する事項

五　労働者に食費、作業用品その他の負担をさせる定めをする場合においては、これに関する事項

六　安全及び衛生に関する定めをする場合においては、これに関する事項

七　職業訓練に関する定めをする場合においては、これに関する事項

八　災害補償及び業務外の傷病扶助に関する定めをする場合においては、これに関する事項

九　表彰及び制裁の定めをする場合においては、その種類及び程度に関する事項

十　前各号に掲げるもののほか、当該事業場の労働者のすべてに適用される定めをする場合においては、これに関する事項

（就業規則の届出）

則第四十九条　使用者は、常時十人以上の労働者を使用するに至つた場合においては、遅滞なく、法第八十九条の規定による就業規則の届出を所轄労働基準監督署長にしなければならない。

②　法第九十条第二項の規定により前項の届出に添付すべき意見を記した書面は、労働者を代表する者の氏名を記載したものでなければならない。

▼**参照条文**　〔作成・変更の手続―九〇〕、〔行政官庁への届出―則四九〕、〔制裁の定め―九一〕、〔就業規則と法令及び労働協約との関係―九二〕、〔遵守義務―二〕、〔労働条件の明示―一五〕、〔労働契約の内容の理解の

促進―労契四〕〔就業規則の周知義務―一〇六〕、〔罰則―一二〇〕、〔労働契約の成立―労契六、七〕〔就業規則―労契九～一三〕、〔短時有期七〕、〔船員について―船員九七〕

解釈例規

❶作成及び届出

【一部の労働者に適用される別個の就業規則】　同一事業場において、法第三条に反しない限りにおいて、一部の労働者についてのみ適用される別個の就業規則を作成することは差し支えないが、この場合は、就業規則の本則において当該別個の就業規則の適用の対象となる労働者に係る適用除外規定又は委任規定を設けることが望ましい。

なお、別個の就業規則を定めた場合には、当該二以上の就業規則を合したものが法第八十九条の就業規則となるのであつて、それぞれ単独に同条に規定する就業規則となるものではない。

（昭六三・三・一四　基発一五〇号、平一一・三・三一　基発一六八号）

【労働協約の規定と重複する事項の記載】

問　協約にはすべての労働条件が詳細明確に規定され、法第八十九条の規定による就業規則の所要記載事項たる労働条件はすべて協約におりこまれ、その条項も尨大なものとなる実情にあるので、右のような協約がある場合には就業規則に左記の条項を設けることにより協約との重複記載の省略をしたいと思うが差支えないか。勿論就業規則届出の際は協約を添付する。

記

就業規則第〇条

労働時間、休憩時間、休日、休暇、給与、解職、安全、衛生、災害補償その他労働基準法第八十九条により就業規則に記載を要する事項でこの規則に定めるものの外、すべて労働協約の通りとし、その規則に重複記載することを省略する。

なお、協約が組合員のみを対象とする場合は、就業規則に更に次の条項を設ける。

就業規則第〇条

左の各号の一に該当する労働協約の規定は労働協約第〇条に定める非組合員にもこれを適用する。

一、労働時間、休憩時間、休日、休暇
二、人事
三、給与
四、安全衛生
五、災害補償
六、（その他例示省略）

答　就業規則はその事業場における具体的な労働条件を定めなければならないものであるから、例えば労働時間については「一日八時間とする」というような規定だけでは法第八十九条第一号の要件を充さないものである。従つて、労働協約の各条にそのまま就業規則の内容となりうるような具体的な労働条件が定められている場合に限つて、見解の通り労働協約との重複事項を省略し、設例の如き条項を就業規則の中に設けても差支えないが、就業規則の中に引用すべき労働協約の各条文番号を列挙し、かつ就業規則の別紙として労働協約を添付されたい。

なお、設例の条項は、労働協約が失効した場合、就業規則中の労働協約の条文を引用した部分の効力がどうなるかについて不明確であるから、労働協約が失効した場合にも右の部分がなお効力を有することを明確ならしめられたい。

（昭二四・一・二四　基発一三九六号、平一一・三・三一　基発一六八号）

【派遣労働者と就業規則】　労働基準法第八十九条により就業規則の作成義務を負うのは、派遣中の労働者とそれ以外の労働者とを合わせて常時一〇人以上の労働者を使用している派遣元の使用者であること。

（昭六一・六・六　基発三三三号）

【法第八十九条に規定する就業規則及び法第九十五条に規定する寄宿舎規則の電子媒体による届出について】

1　就業規則等の届出として受理する電子媒体は、以下のいずれの要件も満たすものであること。

(1)　電子媒体の種類

電子媒体は、再生専用形コンパクトディスク（以下「CD—ROM」という。）、書込可能形コンパクトディスク（以下「CD—R」という。）、リライタブル光ディスク（以下「CD—RW」という。）、DVD—レコータブルディスク（以下「DVD—R」という。）又はDVD—リレコータブルディスク（以下「DVD—RW」という。）であること。

(2)　電子媒体のフォーマット

CD—ROM、CD—R、CD—RW、DVD—R又はDVD—RWのフォーマットは、Windows XP、Windows Vista及びWindows七上で動作できるISO九六六〇、UDFブリッジ、UDF一・〇二、UDF一・五、UDF二・〇又はUDF二・〇一フォーマットのものであること。

(3)　電子媒体の文書形式

原則としてHTML形式とすること。

2　就業規則等の届出に対して添付する法第九十条第二項に定める意見書及び法第九十五条第三項に定める同意書は、従来どおり書面によらなければならないこと。

（平二五・四・四　基発〇四〇四第一号）

【「時間外・休日労働協定の本社一括届出について」及び「就業規則の本社一括届出について」の一部改正について】

標記について、情報通信技術を活用した行政の推進等に関する法律（平成十四年法律第一五一号）第六条第一項に基づき、電子情報処理組織を使用する方法により届け出る場合、必要な項目を所定の電子ファイル（「一括届出事業場一覧作成ツール」）に記入し添付することを、従前から使用者に対して運用上求めていたところである。

今般、この一括届出事業場一覧作成ツールの添付について、令和五年二月二十四日付け基発〇二二四第八号「一年単位の変形労働時間制に関する協定の本社一括届出について」により、一年単位の変形労働時間制に関する協定の本社一括届出の要件として明記したことに伴い、時間外・休日労働協定及び就業規則の本社一括届出においても同様に要件として明記する等所要の措置を講ずるため、平成十五年二月十五日付け基発第〇二一五〇〇二号「時間外・休日労働協定の本社一括届出について」及び同日付け基発第〇二一五〇〇一号「就業規則の本社一括届出について」の一部を別添新旧対照表〈略〉のとおり改正し、本日から適用することとしたので、その取扱いに遺漏なきを期されたい。

（令五・三・一　基発〇三〇一第二号）

【就業規則の本社一括届出について】　複数の事業場を有する企業等では、企業全体で統一的に適用される就業規則を定める場合が見られるが、このような場合の就業規則に係る指導については、各事業場それぞれに対して行うより、いわゆる本社機能を有する事業場（以下「本社」という。）を介して行う方が、より実効ある指導が可能となるのみならず、このような場合に各事業場の就業規則を一括して届け出ることを認めることが行政庁に対する申請等に係る国民の負担を軽減する観点からも有効であると考えられる。

このため、下記のとおり取り扱うこととしたので、その対応に遺憾なきを期されたい。

記

複数の事業場を有する企業等が、当該企業等の複数の事業場において同一の就業規則を適用する場合であって、本社において一括して就業規則の作成等を行い、かつ、本社以外の事業場の所在地を管轄する労働基準監督署長（以下「所轄署長」という。）あてに届け出る就業規則を本社の使用者が取りまとめて、当該本社の所轄署長に届出を行う場合には、次に掲げる要件を満たしているときは、本社以外の事業場の就業規則についても届出があったものとして取り扱うものとする。

1　本社の所轄署長に対する届出の際には、本社を含む事業場の数に対応した必要部数の就業規則を提出すること。ただし、情報通信技術を活用した行政の推進等に関する法律（平成十四年法律第一五一号）第六条第一項に基づき、電子情報処理組織を使用する方法により届け出る場合（以下「電子申請の場合」という。）、電子ファイルにて一部添付すれば足りること。

2　各事業場の名称、所在地及び所轄署長名並びに労働基準法（以下「法」という。）第八十九条各号に定める事項について当該企業の本社で作成された就業規則と各事業場の就業規則が同一の内容のものである旨が附記されていること。

3　また、就業規則の変更の届出の場合にあっては、変更前の就業規則の内容についても同一である旨が附記されていること。

4　法第九十条第二項に定める書面については、その正本が各事業場ごとの就業規則に添付されていること。

5　電子申請の場合、「事業場の名称」、「所在地」、「電話番号」、「業種」、「労働者数」、「管轄労働局」、「所轄労働基準監督署長名」及び「労働保険番号」が記入された所定の電子ファイル（「一括届出事業場一覧作成ツール」）が添付されていること。

（平一五・二・一五　基発〇二一五〇〇一号、令五・三・一　基発〇三〇一第二号）

❷内容

【必要記載事項の一部を欠く就業規則の効力】

問　労働基準法第八十九条第一号から第三号までの絶対的必要記載事項の一部又は同条第三号の二以下の相対的必要記載事項中、当然当該事業場が適用を受けるべき事項を記載しない就業規則の効力如何。

答　設問のような就業規則も、その効力発生についての他の要件を具備する限り有効である。ただし、設問のような就業規則を作成し届出ても使用者の法第八十九条違反の責任は免れない。

（昭二五・二・二〇　基収二七六号、平一一・三・三一　基発一六八号）

【始業・終業の時刻等が勤務態様等により異なる場合】

一　同一事業場において、労働者の勤務態様、職種等によって始業及び終業の時刻が異なる場合は、就業規則に勤務態様、職種等の別ごとに始業及び終業の時刻を規定しなければならない。

二　しかしながら、パートタイム労働者等のうち本人の希望等により勤務態様、職種等の別ごとに始業及び終業の時刻を画一的に定めないこととする者については、就業規則には、基本となる始業及び終業の時刻を定めるとともに、具体的には個別の労働契約等で定める旨の委任規定を設けることで差し支えない。

なお、個別の労働契約等で具体的に定める場合には、書面により明確にすること。

三　前二項の適用については、休憩時間及び休日についても同様である。

（昭六三・三・一四　基発一五〇号、平一一・三・三一　基発一六八号）

【派遣労働者の場合】　派遣中の労働者について画一的な労務管理を行わない事項については、就業規則にその枠組み及び具体的な労働条件の定め方を規定すれば足りること。

なお、具体的な労働条件の定め方については、労働基準法施行規則第五条第二項に掲げる事項について労働契約締結時に書面の交付により明示する必要があることはもとより、その他の労働条件についても、書面の交付により明示することが望ましいこと。

（昭六一・六・六　基発三三三号、昭六三・三・一四　基発一五〇号、平一一・三・三一　基発一六八号）

【監視断続的労働に従事する者の始業・終業時刻】

問　法第八十九条によれば就業規則には始業及び終業の時刻を定めることになつているが法第四十一条で許可した監視又は断続的労働に従事する者の始業及び終業の時刻を就業規則に定める必要なしと思料するが如何。

答　法第四十一条第三号の許可を受けた者についても法第八十九条は適用されるのであるから、就業規則には始業及び終業の時刻を定めなければならない。

（昭二三・一二・二五　基収四二八一号）

【就業規則の記載事項】

(1)　趣旨

解雇をめぐる紛争を未然に防止する観点から、就業規則の絶対的必要記載事項である「退職に関する事項」には「解雇の事由」が含まれることを法律上明らかにしたものであること。

(2)　〈編注　略〉

（平一五・一〇・二二　基発一〇二二〇〇一号）

【退職手当に関する事項の明記】

(イ)　法第八十九条の改正は、退職手当の支払条件、方法等を労使間で明らかにするため、退職手当に関する就業規則の法定記載事項を明記したものであること。

(ロ)　同条第三号の二の退職手当の決定、計算及び支払の方法とは、例えば、勤続年数、退職事由等の退職手当額の決定のための要素、退職手当額の算定方法及び一時金で支払うのか年金で支払うのか等の支払の方法をいうものであること。

(ハ)　退職手当について不支給事由又は減額事由を設ける場合には、これは退職手当の決定及び計算の方法に関する事項に該当するので、就業規則に記載する必要があること。

（昭六三・一・一　基発一号、平一一・三・三一　基発一六八号）

【中退金等の就業規則への記載】

問　中小企業退職金共済制度等、社外積立退職金制度に加入している場合、就業規則ではどの程度の規定で足りるか。

答　本来就業規則で記載すべき事項を記載しなければならない。なお、社外積立退職金制度の規定を就業規則と一体のものとして取り扱う方法もありうる。

（昭六三・三・一四　基発一五〇号）

【支払時期の記載の程度】

問　退職手当として、適格年金契約に基づき年金あるいは一時金が支払われる場合、あらかじめ支払時期を設定することが困難なとき（保険会社の事務的理由等による）は、支払時期を明確に規定しなくても差し支えないか。

答　確定日とする必要はないが、いつまでに支払うかについては明確にしておく必要がある。

（昭六三・三・一四　基発一五〇号）

【慣習の記載】

問　法第八十九条第十号の事項は、労働協約あるいは規定がなくても慣習等として存在する事項をも包含するものと解してよいか。

答　従来の慣習が「当該事業場の労働者のすべてに適用される」ものである限り、見解の通り。

（昭二三・一〇・三〇　基発一五七五号、平一一・三・三一　基発一六八号）

【労働条件の決定変更につき組合の同意を必要とする旨の規定】

問　法令慣習等により、労働条件その他の決定変更につき労働組合との協定、協議又はその経由を必要とする場合は、その旨を就業規則に規定すべきものと思料するが如何。

答　当事者の自由である。

（昭二三・一〇・三〇　基発一五七五号）

【欠勤日を年次有給休暇に振替える場合の規定】

問　欠勤（病気事故）した場合、その日を労働者の請求により年次有給休暇に振替えることは違法ではないと思料するが、就業規則その他にその事を定める必要はないか。

答　当該取扱いが制度として確立している場合には、就業規則に規定することが必要である。

（昭二三・一二・二五　基収四二八一号、昭六三・三・一四　基発一五〇号）

【旅費に関する事項】　旅費に関する事項は、就業規則の強制的記載事項ではないから、就業規則中に旅費に関する定めをしなくても差支えないが、旅費に関する一般的規定をつくる場合には労働基準法第八十九条第十号により就業規則の中に規定しなければならない。

（昭二五・一・二〇　基収三七五一号、平一一・三・三一　基発一六八号）

【職業訓練に関する事項】　就業規則に記載すべき「職業訓練に関する事項」としては、行なうべき職業訓練の種類、訓練に係る職種等訓練の内容、訓練期間、訓練を受けることができる者の資格等、職業訓練中の労働者に対し特別の権利義務を設定する場合にはそれに関する事項、訓練終了者に対し特別の処遇をする場合には、それに関する事項等であること。

（昭四四・一一・二四　基発七七六号）

【育児休業の就業規則への記載】

(1)　休暇

法第八十九条第一号において就業規則の記載事項として「休暇」があげられており、この「休暇」の中には、従来から、育児休暇も含まれるものと解してきたところであること。育児休業法による育児休業も、この育児休暇に含まれるものであり、育児休業の対象となる労働者の範囲等の付与要件、育児休業取得に必要な手続、休業期間については、就業規則に記載する必要があること。

なお、育児休業法においては、育児休業の対象者、申出手続、育児休業期間等が具体的に定められているので、育児休業法の定めるところにより育児休業を与える旨の定めがあれば記載義務は満たしていると解されること。

(2)　その他の絶対的必要記載事項

法第八十九条第一号から第三号までに定められている事項は、いかなる場合でも必ず記載しなければならない絶対的記載事項であり、育児休業中の労働者、育児休業後の労働者、育児休業をしないで就労する労働者のいずれについても、これらの事項が就業規則上明確になつていることが必要であるが、これらの事項が育児休業期間等であると否とを問わず同様である場合には、殊更別記する必要はないこと。具体的には、例えば、育児休業期間中に賃金が支払われないのであればその旨、育児休業期間中に通常の就労時と異なる賃金が支払われるのであればその決定、計算及び支払の方法、賃金の締切り及び支払の時期について記載しなければならないこと。また、例えば、一歳に満たない子を養育する労働者で育児休業をしないものについての時差出勤の制度については、その始業及び終業の時刻について記載しなければならないこと。

(3)　相対的必要記載事項

育児休業期間中の通信教育制度等の教育訓練に関する定めをする場合においては、これに関する事項、育児休業後の臨時の賃金等について定めをする場合においては、これに関する事項、その他育児休業中の労働者、育児休業をしないで就労する労働者等について法第八十九条第三号の二から第十号までに定められている事項について定めをする場合には、それらに関する事項を記載しなければならないこと。ただし、当該定めが育児休業期間等であると否とを問わず同様である場合には、殊更別記する必要はないこと。

(4)　育児休業に関する規則

育児休業に関する事項については、就業規則の本則において大綱、要旨を規定するとともに、具体的な委任規定を設け育児休業に関する規則を例えば育児休業規程として一括して定めることは差し支えないものであり（昭和二十三年十月三十日付け基発第一五七五号、昭和六十三年三月十四日付け基発第一五〇号）、また、育児休業に関する必要記載事項と必要記載事項以外の事項の双方が一括して定められ労働者に周知されることが望ましいとの観点から、事業主が講ずべき措置に関する指針（平成三年十月十五日付け労働省告示第七十三号。）1(2)においても、その旨定められているものであること。

（平三・一二・二〇　基発七一二号、平一二・三・三一　基発一六八号）

【シフト制の場合において就業規則に規定すべき事項】

常時十人以上の労働者を使用する使用者は、「始業及び終業の時刻」や「休日」に関する事項などについて、就業規則を作成し、労働基準監督署に届け出なければなりません（労働基準法第八十九条第一号等）。

同一事業場において、労働者の勤務態様、職種等によって始業及び終業の時刻や休日が異なる場合には、勤務態様、職種等の別ごとに始業及び終業の時刻等を規定しなければなりません。シフト制労働者に関して、就業規則上「個別の労働契約による」、「シフトによる」との記載のみにとどめた場合、就業規則の作成義務を果たしたことになりませんが、基本となる始業及び終業の時刻や休日を定めた上で、「具体的には個別の労働契約で定める」、「具体的にはシフトによる」旨を定めることは差し支えありません。

※　シフト制労働者に対して、一か月単位の変形労働時間制（労働基準法第三十二条の二）を導入しようとする場合には、就業規則において、変形労働時間制導入時の具体的な労働日や各日の始業及び終業時刻（月ごとにシフトを作成する必要がある場合には、全ての始業及び終業時刻のパターンとその組み合わせの考え方、シフト表の作成手続及びその周知方法等）を定めておかなければなりません（昭和六十三年三月十四日基発一五〇号参照）。

（令四・一・七　基発〇一〇七第四号　職発〇一〇七第三号　雇均発〇一〇七第七号）

〈編注〉本解釈例規「いわゆる『シフト制』により就業する労働者の適切な雇用管理を行うための留意事項について」は、参考資料篇Iの4にも掲載。

（作成の手続）

第九十条　使用者は、就業規則の作成又は変更について、当該事業場に、労働者の過半数で組織する労働組合がある場合においてはその労働組合、労働者の過半数で組織する労働組合がない場合においては労働者の過半数を代表する者の意見を聴かなければならない。

② 使用者は、前条の規定により届出をなすについて、前項の意見を記した書面を添付しなければならない。

（過半数代表者）

則第六条の二　法第十八条第二項、法第二十四条第一項ただし書、法第三十二条の二第一項、法第三十二条の三第一項、法第三十二条の四第一項及び第二項、法第三十二条の五第一項、法第三十四条第二項ただし書、法第三十六条第一項、第八項及び第九項、法第三十七条第三項、法第三十八条の二第二項、法第三十八条の三第一項、法第三十八条の四第二項第一号（法第四十一条の二第三項において準用する場合を含む。）、法第三十九条第四項、第六項及び第九項ただし書並びに法第九十条第一項に規定する労働者の過半数を代表する者（以下この条において「過半数代表者」という。）は、次の各号のいずれにも該当する者とする。

一　法第四十一条第二号に規定する監督又は管理の地位にある者でないこと。

二　法に規定する協定等をする者を選出することを明らかにして実施される投票、挙手等の方法による手続により選出された者であつて、使用者の意向に基づき選出されたものでないこと。

② 前項第一号に該当する者がいない事業場にあつては、法第十八条第二項、法第二十四条第一項ただし書、法第三十九条第四項、第六項及び第九項ただし書並びに法第九十条第一項に規定する労働者の過半数を代表する者は、前項第二号に該当する者とする。

③ 使用者は、労働者が過半数代表者であること若しくは過半数代表者になろうとしたこと又は過半数代表者として正当な行為をしたことを理由として不利益な取扱いをしないようにしなければならない。

④ 使用者は、過半数代表者が法に規定する協定等に関する事務を円滑に遂行することができるよう必要な配慮を行わなければならない。

▼参照条文　〔作成変更―八九〕、〔就業規則―労契九～一三〕、〔意見を記した書面―則四九2〕、〔労働組合―労組二・五〕、〔過半数代表者―則六の二〕、〔船員について―船員九八〕、〔罰則―一二〇〕

解釈例規

❶意見聴取の相手方

【一部の労働者に適用される別個の就業規則についての意見聴取】　同一事業場において一部の労働者についてのみ適用される就業規則を別に作成することは差し支えないが、当該一部の労働者に適用される就業規則も当該事業場の就業規則の一部であるから、その作成又は変更に際しての法第九十条の意見の聴取については、当該事業場の全労働者の過半数で組織する労働組合又は全労働者の過半数を代表する者の意見を聴くことが必要である。

なお、これに加えて、使用者が当該一部の労働者で組織する労働組合等の意見を聴くことが望ましい。

（昭二三・八・三　基収二四四六号、昭二四・四・四　基収四一〇号、昭六三・三・一四　基発一五〇号）

【労働組合が単一組織である場合の意見聴取の相手方】

問　労働基準法第九十条第一項の規定に基く労働組合の意見聴取について、今後、左記のとおり取り扱いたいと思いますが、さしつかえないでしょうか。

記

当社の就業規則は、すべて本社において作成され全事業場の職員に適用されるものであつて、そのおもなる内容については、本社と各労働組合本部との間において、別途労働協約等を締結している。

したがつて、労働基準法第九十条第一項の規定に基く労働組合の意見の聴取については、本社において各労働組合本部の意見を聴取することとし、各事業場ごとにそれぞれ対応する各労働組合（地方本部又は支部等）の意見聴取は行わないこととする。

答　貴見のとおり取り扱つて差し支えないが、当該事業場の労働者の過半数が、本社において意見を聴取する各労働組合のいずれか一に加入していない場合には、別に、当該事業場の労働者の過半数が加入している労働組合（それがないときは、当該事業場の労働者の過半数を代表する者）の意見を聴取しなければならない。

なお、本社において各労働組合の意見を聴取する場合には関係各事業場について同意見であることを確認し、かつ、届出に当つてはその旨を附記するようにされたい。

（昭三九・一・二四　三八基収九二四三号）

【派遣元の事業場における意見聴取】　派遣元の使用者は、当該派遣元の事業場に労働者の過半数で組織する労働組合がある場合にはその労働組合、過半数で組織する労働組合がない場合には労働者の過半数を代表する者の意見を聴かなければならない。この場合の労働者とは、当該派遣元の事業場のすべての労働者であり、派遣中の労働者とそれ以外の労働者との両者を含むものであること。

なお、派遣中の労働者が異なる派遣先に派遣されているため意見交換の機会が少ない場合があるが、その場合には代表者選任のための投票等に併せて就業規則案に対する意見を提出させ、これを代表者が集約する等により派遣労働者の意思が反映されることが望ましいこと。

（昭六一・六・六　基発三三三号）

【労働者の過半数代表者の要件】

次のいずれの要件も満たすものであること。

(1)　法第四十一条第二号に規定する監督又は管理の地位にある者でないこと。

(2)　法に基づく労使協定の締結当事者、就業規則の作成・変更の際に使用者から意見を聴取される者等を選出することを明らかにして実施される投票、挙手等の方法による手続により選出された者であり、使用者の意向によって選出された者ではないこと。

なお、法第十八条第二項、法第二十四条第一項ただし書、法第三十九条第四項、第六項及び第七項ただし書並びに法第九十条第一項に規定する過半数代表者については、当該事業場に上記(1)に該当する労働者がいない場合（法第四十一条第二号に規定する監督又は管理の地位にある者のみの事業場である場合）には、上記(2)の要件を満たすことで足りるものであること。

（平一一・一・二九　基発四五号、平二二・五・一八　基発〇五一八第一号）

【労働者の過半数代表者の選出手続】

問　則第六条の二に規定する「投票、挙手等」の「等」には、どのような手続が含まれているか。

答　労働者の話合い、持ち回り決議等労働者の過半数が当該者の選任を支持していることが明確になる民主的な手続が該当する。

（平一一・三・三一　基発一六九号）

【過半数代表者】　時間外・休日労働協定の

締結等に際し、労働基準法の規定に基づき労働者の過半数を代表する者を選出するに当たっては、使用者側が指名するなど不適切な取扱いがみられるところである。このため、過半数代表者の要件として、「使用者の意向に基づき選出されたものでないこと」を労基則において明記したものであること。

また、使用者は、過半数代表者がその事務を円滑に遂行することができるよう必要な配慮を行わなければならないこととしたものであること。

（平三〇・九・七　基発〇九〇七第一号）

【「必要な配慮」の内容】

問　則第六条の二第四項の「必要な配慮」にはどのようなものが含まれるのか。

答　則第六条の二第四項の「必要な配慮」には、例えば、過半数代表者が労働者の意見集約等を行うに当たって必要となる事務機器（イントラネットや社内メールを含む。）や事務スペースの提供を行うことが含まれるものである。

（平三〇・一二・二八　基発一二二八第一五号）

【過半数代表者の不利益取扱い】　過半数代表者であること若しくは過半数代表者になろうとしたこと又は過半数代表者として正当な行為をしたことを理由として、解雇、賃金の減額、降格等労働条件について不利益取扱いをしないようにしなければならないこととしたものであること。

「過半数代表者として正当な行為」には、法に基づく労使協定の締結の拒否、一年単位の変形労働時間制の労働日ごとの労働時間についての不同意等も含まれるものであること。

（平一一・一・二九　基発四五号）

❷意見聴取の程度

【意見聴取の程度】

問　就業規則作成に当り

(一)　法第九十条第二項の規定による組合側の意見書添付に際し、審議未了その他の事由により全面的に反対を表明する意見書を添付した場合、その就業規則は効力を発生するか。

(二)　なお意見書添付に際しその就業規則の特定部分に関して反対意見を附した場合、その特定部分の条項は効力を発生するか。

答　就業規則に添付した意見書の内容が当該規則に全面的に反対するものであると、特定部分に関して反対するものであるとを問わず、又その反対事由の如何を問わず、その効力の発生についての他の要件を具備する限り、就業規則の効力には影響がない。

（昭二四・三・二八　基発三七三号）

【労働組合の意見】

問　労働基準法第九十条の「労働組合の意見を聴かなければならない」という字句について、これは単なる意見の聴取ではなく労働基準法第二条の規定よりみて労働組合と協議決定すべきであるとの主張があるが如何。

答　法第九十条の「労働組合の意見を聴かなければならない」というのは労働組合との協議決定を要求するものではなく、当該就業規則についての労働組合の意見を聴けば労働基準法の違反とはならない趣旨である。

（昭二五・三・一五　基収五二五号）

❸就業規則の受理

【就業規則の受理】　就業規則の作成、届出及び受理については、施行規則第四十九条に示してあるが、労働組合又は労働者の過半数を代表する者の意見書に労働者代表の署名又は記名押印がないことを理由として受理しない向もあるようであるが、労働組合が故意に意見を表明しない場合又は意見書に署名又は記名押印しない場合でも、意見を聴いたことが客観的に証明できる限り、これを受理するよう取扱われたい。

（昭二三・五・一一　基発七三五号、昭二三・一〇・三〇　基発一五七五号）

（制裁規定の制限）

第九十一条　就業規則で、労働者に対して減給の制裁を定める場合においては、その減給は、一回の額が平均賃金の一日分の半額を超え、総額が一賃金支払期における賃金の総額の十分の一を超えてはならない。

▼参照条文　〔制裁—八九(九)〕、〔就業規則—労契九〜一三〕、〔懲戒—労契一五〕、〔平均賃金—一二〕、〔罰則—一二〇〕

解釈例規

❶制裁の種類

【制裁の種類】　就業規則に定める制裁は、減給に限定されるものではなく、その他譴責、出勤停止、即時解雇等も、制裁の原因たる事案が公序良俗に反しない限り禁止する趣旨でないこと。

（昭二二・九・一三　発基一七号）

【出勤停止】

問　出勤停止の制裁が法第九十一条によつて制限される場合は、実際上三日以上にわたる出勤停止は不可能となり、旧工場法による七日を限度とする従来の方針は、前述の三日を超える期間については賃金を支給するという変則な出勤停止を前提としない限り踏襲不能となる。出勤停止と法第九十一条との関係如何。

答　就業規則に出勤停止及びその期間中の賃金を支払わない定めがある場合において、労働者がその出勤停止の制裁を受けるに至つた場合、出勤停止期間中の賃金を受けられないことは、制裁としての出勤停止の当然の結果であつて、通常の額以下の賃金を支給することを定める減給制裁に関する法第九十一条の規定には関係はない。但し、出勤停止の期間については公序良俗の見地より当該事犯の情状の程度等により制限のあるべきことは当然である。

（昭二三・七・三　基収二一七七号）

【昇給停止の制裁】

問　就業規則中に懲戒処分を受けた場合は昇給せしめないという欠格条件を定めるとき、これは法第九十一条に該当しないと思料されるが如何。

答　見解のとおり。

（昭二六・三・三一　基収九三八号）

【制裁としての格下げによる賃金の低下】

問　某自動車会社において従来運転手として勤務していた労働者を交通事故を惹起せしめた制裁として助手に格下げし従つて賃金も将来に亘つて低下せしめる処置をとろうとしているが、その低下した賃金は助手としては所定の通常賃金であつても企業整備にともなう配置転換等とは全然趣旨を異にし制裁として特定の個人を本人の能力に適した職（運転手の職）以下の職（助手の職）に格下げした場合、法第九十一条の制裁規定の制限に抵触すると考えられるが若干疑義があるので回答願いたい。

答　使用者が、交通事故を惹起した自動車運転手を制裁として助手に格下げし、従つて賃金も助手のそれに低下せしめるとしても、交通事故を惹起したことが運転手として不適格であるから助手に格下げするものであるならば、賃金の低下は、その労働者の職務の変更に伴う当然の結果であるから法第九十一条の制裁規定の制限に抵触するものではない。（昭二六・三・一四　基収五一八号）

【制裁として月給者を日給者に格下げすることによる賃金の低下】

問　○○電鉄株式会社は先般就業規則を変更し、制裁の種類として新たに「月給者を日給者に格下げ」を附加規定した。

右のような「格下げ」を受けた者の日給者としての基本給は、月給者の基本給の二十五分の一とされるため、ある月において、所定労働日が二十五日に満たないか、或いは欠勤したことにより、その労働者が現実に労働した日数が二十五日に満たないときには、その労働者がもし制裁を受けなかつたならば受け取るはずであつた賃金よりも少額の賃金を受け取る結果を生ずる。その場合に、右制裁が労働基準法第九十一条にいう「減給の制裁」に該当し、同法同条の制限を受けるものであるか否かについて御回答をお願いする。

答　設問の場合は、賃金支払の方法を変更するものであり、この変更によりある月において労働者が現実に労働した日数が二十五日に満たない場合に賃金額が減少するのであるから、労働基準法第九十一条にいう「減給」には該当しない。

（昭二四・五・四　基収二六四号）

【降給】

問　Ｔ株式会社では、就業規則において「将来にわたつて本給の十分の一以内を減ずる」旨の降給の制裁を定めているが、この降給の範囲は、労働基準法第九十一条の減給の制限を超える場合が多い。

この就業規則の降給は、法第九十一条の制限を超える部分は無効であり、また超える降給の部分は法第九十一条違反と考えるかどうか。

答　設問の降給が、従前の職務に従事せしめつつ、賃金額のみを減ずる趣旨であれば、減給の制裁として法第九十一条の適用がある。

（昭二七・九・六　基発九一七号）

❷制裁の限度

【一回の額・総額】

問　法第九十一条の減給制裁について

(一)　一事犯について一日の最高減給処分は一日分の半額を超えてはならない。これを日々に課して行く際には、一月分の十分の一以上を超えてはならない。（従つて数事犯がある場合には各事犯の個々が制限を受けてその総額には制限はないことになる。）

(二)　従来通りの解釈をとれば、一事犯については、その日限りで減給処分は日を替えて、もしくは月を替えては行えないが、前号の如く考えた場合、月を替えては無制限に行い得る。

と解釈し得るのではないかとも思われるがどうか。

答　法第九十一条は、一回の事案に対しては減給の総額が平均賃金の一日分の半額以内、又一賃金支払期に発生した数事案に対する減給の総額が、当該賃金支払期における賃金の総額の十分の一以内でなければならないとする趣旨である。

（昭二三・九・二〇　基収一七八九号）

【遅刻・早退の場合の賃金カット】

問　労働者が、遅刻・早退をした場合、その時間については賃金債権が生じないものであるから、その分の減給は、法第九十一条の制限を受けないものと解してよいか。

答　貴見のとおり。

なお、遅刻・早退の時間に対する賃金額を超える減給は制裁とみなされ、法第九十一条に定める減給の制裁に関する規定の適用を受ける。

（昭六三・三・一四　基発一五〇号）

【遅刻・早退の賃金控除】

問　○○株式会社では遅刻、早退に対する賃金の取扱を給与規則第十七条（別紙）に依り三十分単位で賃金から控除（月給者は物価手当のみ）している。

このような場合、給与規則の規定のみで、懲罰規定に明示する必要はないか。

別　紙

給与規則第十七条

書記補、技手以下の遅刻、早退及び私用外出に対しては基本賃金より三十分単位の時間計算を以つて控除する。

書記、技師補以上の欠勤、遅刻、早退及び私用外出に対しては物価手当を三十分単位の時間計算を以て控除する。

答　給与規則の当該規定が、三十分単位において三十分に満たない遅刻、早退の時間を常に切り上げるという趣旨であるならば、労働基準法第九十一条の減給の制裁として取扱わなければならない。この場合就業規則中に特に制裁の章等を設けてその中に規定する等の方法によつて制裁である旨を明らかにする方が問題を生ずる余地がないから適当である。

（昭二六・二・一〇　基収四二四号）

【賞与からの減給による制裁】

問　賞与からの減給による制裁は可能か。

答　制裁として賞与から減額することが明らかな場合は、賞与も賃金であり、法第九十一条の減給の制裁に該当する。したがつて賞与から減額する場合も一回の事由については平均賃金の二分の一を超え、また、総額については、一賃金支払期における賃金、すなわち賞与額の十分の一を超えてはならないことになる。

（昭六三・三・一四　基発一五〇号）

【法第九十一条の規定における平均賃金の算定起算日】

問　減給の制裁に関し平均賃金を算定すべき事由の発生した日について㈠制裁事由発生の日（行為時）㈡制裁決定の日㈢現実に減給する日（支払時）の三つの場合が考えられるので、いずれによるべきか回答願いたい。

答　法第九十一条の規定における平均賃金については、減給の制裁の意思表示が相手方に到達した日をもつて、これを算定すべき事由の発生した日とする。

（昭三〇・七・一九　二九基収五八七五号）

【減給制裁の制限】

問　法第九十一条は、一賃金支払期における賃金総額が欠勤、遅刻等により減額されたため僅少となつた場合であつても、減給の総額がその支払期の賃金総額の十分の一を超えてはならない趣旨か。

答　当該減給額が当該賃金支払期に対し現実に支払われる賃金の総額の十分の一を超えてはならない趣旨である。

（昭二五・九・八　基収一三三八号）

（法令及び労働協約との関係）

第九十二条　就業規則は、法令又は当該事業場について適用される労働協約に反してはならない。

②　行政官庁は、法令又は労働協約に抵触する就業規則の変更を命ずることができる。

（就業規則の変更命令）

則第五十条　法第九十二条第二項の規定による就業規則の変更命令は、様式第十七号による文書で所轄労働基準監督署長がこれを行う。

▼参照条文　〔就業規則―労契九～一三〕、〔法令及び労働協約と就業規則との関係―労契一三〕〔行政官庁の変更命令―則五〇〕、〔労働協約―労組一四～一八〕、〔船員について―船員九九〕、〔罰則―一二〇〕

解釈例規

【同意約款に反する作成変更】

問　労働協約中「会社の社内諸規則、諸規定の制定改廃に関しては、労働組合の同意を要するものとする。（あるいは協議の上決定する）」の如き定めを有する場合、使用者が労働組合の同意又は協議を得られないで法第八十九条及び第九十条の規定に基き作成した就業規則は、法第九十二条第一項の規定に違反するものと思われるが如何。

この場合の就業規則の効力は如何。

答　法第九十二条は、就業規則の内容が労働協約の中に定められた労働条件その他労働者の待遇に関する基準、即ち、所謂労働協約の規範的部分に反してはならないという意味であり、就業規則作成にあたつての手続たる「会社の社内諸規則、諸規定の制定改廃に関しては労働組合の同意を要するものとする」というような規定は、法第九十二条には関係ない。

（昭二四・一・七　基収四〇七八号）

（労働契約との関係）

第九十三条　労働契約と就業規則との関係については、労働契約法（平成十九年法律第百二十八号）第十二条の定めるところによる。

▼参照条文　〔法律違反の契約―一三、協約違反の契約―労組一六〕、〔船員について―船員一〇〇〕

第十章　寄宿舎

（寄宿舎生活の自治）

第九十四条　使用者は、事業の附属寄宿舎に寄宿する労働者の私生活の自由を侵してはならない。

②　使用者は、寮長、室長その他寄宿舎生活の自治に必要な役員の選任に干渉してはならない。

（私生活の自由の尊重）

寄第四条　使用者は、次の各号に掲げる行為等寄宿舎に寄宿する労働者の私生活の自由を侵す行為をしてはならない。

一　外出又は外泊について使用者の承認を受けさせること。

二　教育、娯楽その他の行事に参加を強制すること。

三　共同の利益を害する場所及び時間を除き、面会の自由を制限すること。

（私生活の自由の尊重）

建寄第五条　使用者は、次の各号に掲げる行為等寄宿労働者の私生活の自由を侵す行為をしてはならない。

一　外出又は外泊について使用者の承認を受けさせること。

二　教育、娯楽その他の行事に参加を強制すること。

三　共同の利益を害する場所及び時間を除き、面会の自由を制限すること。

▼**参照条文**　〔私生活の自由の尊重—寄四、建寄五〕、〔罰則—一一九〕

解釈例規

❶本条の意義

【趣旨及び運用方針】

寄宿舎生活は労働関係とは別個の私生活であり、これに使用者が干渉することは私生活の自由を侵すものであつて、本条の運用にあたつては右の趣旨により充分の行政指導を行うこと。

（昭二二・九・一三　発基一七号）

【寄宿舎規程第四条の趣旨】　第一号から第三号までは、寄宿舎に寄宿する労働者の私生活の自由を侵す行為の例示であり、労働者の私生活の自由を侵す行為がこの三号にとどまるものでないことは勿論であること。

（昭三〇・二・二五　基発一〇四号）

❷事業附属寄宿舎の範囲

【事業附属寄宿舎の範囲】

事業附属寄宿舎の範囲は、次の通りである。

一　寄宿舎とは常態として相当人数の労働者が宿泊し、共同生活の実態を備えるものをいい、事業に附属するとは事業経営の必要上その一部として設けられているような事業との関連をもつことをいう。したがつて、この二つの条件を充たすものが事業附属寄宿舎として法第十章の適用を受けるものである。

二　寄宿舎であるか否かについては、概ね次の基準によつて総合的に判断すること。

(1)　相当人数の労働者が宿泊しているか否か

(2)　その場所が独立又は区画された施設であるか否か

(3)　共同生活の実態を備えているか否か、すなわち単に便所、炊事場、浴室等が共同となつているだけでなく、一定の規律、制限により労働者が通常、起居寝食等の生活態様を共にしているか否か

したがつて、社宅のように労働者がそれぞれ独立の生活を営むもの、小人

数の労働者が事業主の家族と生活を共にするいわゆる住込のようなものは含まれない。

三　事業に附属するか否かについては、概ね次の基準によって総合的に判断すること。

(1) 宿泊している労働者について、労務管理上共同生活が要請されているか否か

(2) 事業場内又はその付近にあるか否か

したがって、福利厚生施設として設置されるいわゆるアパート式寄宿舎は、これに含まれないこと。

（昭二三・三・三〇　基発五〇八号）

【営林署の山小屋】

問　営林署の事業中伐木、製炭等のため簡単なる小屋がけをなしている場合は寄宿舎に相当するか。勿論厚生福利施設でない場合である。

答　営林署の事業中伐木、製炭等のための簡単な小屋であっても、それが共同生活の実態を備えるものであれば、寄宿舎に該当する。　（昭二三・一一・二七　基発三九九号）

【漁船に労働者が寄宿する場合】

問　法別表第一第七号の事業において、労働者を三十トン未満の船中に寄宿させている場合、法第十章の事業附属寄宿舎に該当するか。

なお、該労働者は通勤不可能な地域より船とともに漁撈期間中（毎月約二十日間）のみ来所し、通常は該船にて夜間のみ漁撈に従事し、不出漁の場合（毎月約四日乃至十五日間）船中に寄宿するものである。

答　設問の如き場合の漁船中の宿泊設備は、法第十章に定める事業附属寄宿舎ではない。

（昭二四・一一・一〇　基収三七五号、平一一・三・三一　基発一六八号）

【共同生活の実態のない合宿所】

問　次の如き合宿所は、労働基準法第九十四条の事業附属寄宿舎に該当するか。

記

1　合宿所の状況

所有者　K鉄道株式会社（企業全体の労働者数千百十九名）

建　物　木造二階建トタン葺、延建坪五十四坪

階下は教習所、事務室

2　合宿所の経緯

K鉄道（株）（以下Kという。）は昭和三十一年十二月I営業所移転新築の敷地とする目的で、本件の建物と敷地を買収したが、新設の目やすがたたない状況であったので、N交通(株)(以下Nという。)がガイドの合宿所及び教習所として（その当時はK観光部のガイドはNで養成し斡旋していた）当該建物を使用することをKの了解を得て使用し始め、今日まで七～十名程度を合宿させている。

Nは観光を主体としているため女性従業員は概ね合宿所を使用させている。

Kが買収した当時は（昭和三十二年）同社の職員（男）二名、N職員（男）一名が合宿している程度であったが、昭和三十三年頃からは女性車掌ガイドの入居が認められている。

この入居の承認は本社から何らの指示はないがKのI営業所長の判断によりなされていたもので、同社の従業員四～五名が利用している程度であるが、Nは十～十二名が利用している。

K本社としては、この建物は取りこわしてI営業所を新設する予定であり、この間暫定的に単なる福利施設として利用するとともにNに使用することを認めていたもので、管理の主導権については両者共極めて不明確であった。

3　合宿所の実態

新規採用された従業員は、KはI営業所長、Nは労務課長との話し合いで入居できることになっている。

合宿の修理費、電気料、汲取料はKのI営業所で支払っているが、運営については的確でなく管理者留守者などの選任

はなされていない。

特に、入宿者の生活上の管理は殆んど見られず、割当てられている室で、単に宿泊している状況である。

勿論、運営及び管理に関する内規もなく、会社側としては一応注意事項を壁に掲示しているのみである。

外泊は自由であり、食事は大半が外食である。

入宿した労働者は、自己の勤務割にもとづき起居、寝食を自由に行つている。

炊事用具のうち、石油コンロのみ会社で購入しその他は各自所有のものを使用している。

寝具類は、K側は自分持ち、Nは常時入宿者は自分持ち、交替宿泊者は会社備付の寝具を使用している。合宿料金は徴収していない。

4　当局の見解

(1)　事業の経営上、事業施設の一部として寄宿舎の存在が必要とされるか、福利施設としてのものかを両社、現況から判断するに以前は両社の合宿所として出発したものであるが、漸次寄宿舎的性格を持つに至り、現在においてはKは五名、Nは十名宿泊させており、入居比率は夫々十一%、三十五%となつており、一応勤務の必要性から宿泊させているものと認められ、事業経営上必要なものと考えられる。

さらに事業附属とは距離的関係においても事業場より余り遠くないものとされているが、KのI営業所とは約百メートル、Nとは約二十メートルでその範囲に入るものと考えられる。

(2)　次に寄宿舎とは、「共同生活の実態を備えるものであつて多人数が起居及び食事を共にしている宿舎」をいうと解釈されているが当合宿所の場合は起居就寝などは自由であり、食事は一部は自炊しているが大部分は外食であつて各人区々になされているので、従来の解釈による共同生活の実態を完全に備えていると断定することは疑問である。寄宿舎に該当するか否かは共同生活の実態を完全に有していないだけに疑義の存するところではあるが当該業種は勤務の実態から本来起居、寝食を共にできない業態であり共同生活が完全にできない故をもつて寄宿舎でないと断ずることは前述のとおり問題があり、むしろ共同生活の変形概念として理解し、これを寄宿舎であると認める方が労働者の保護行政上適切と思われる。

以上、要するに当合宿所は本来、福利施設として労働者の宿泊に供してきたものであり、会社側においては現在福利施設と考えているが、実態を見ると必ずしも福利施設と解釈するよりも、むしろ寄宿舎と解釈いたしたいが前述のとおり現行事業附属寄宿舎制度の適用をするには若干むりがあると考えられる。

答　照会にかかる合宿所は、一般的に入居者がそれを居住の場所として共同生活を営なんでいるものとは認められないので、労働基準法第十章に規定する寄宿舎には該当しない。　（昭三六・九・三〇　基収五三六九号）

❸寄宿舎生活の自治

【寄宿舎役員の選出及び寄宿舎規則の作成との関係】

問　(一)　法第九十四条第二項の役員の選出に干渉してはならないとは具体的に如何なる範囲をさすものであるか。

自治組織体の役員の構成、員数、選出方法、選挙権の制限、被選挙権の議決方法等が考えられるので例示されたい。

(二)　以上の事項に関して使用者が寄宿労働者のために案を作成し、寄宿全労働者の自由な承認を求めることは違反であるか。

(三)　前二号により決定した事項を法第九十五条による寄宿舎規則中に記載し、又はそれ以外の事項を同規則中に記載することは違反であるか。

答　(一)　法第九十四条第二項は役員の選任に

関する一切の事項（貴職提示のすべてを含む）に干渉してはならない趣旨である。

(二) 使用者が案を作成することは違法である。

(三) 違法である。

（昭二三・五・一　基収一二一七号）

【自治会役員の地位】

問　女性労働者約八百名を収容する事業の附属寄宿舎において寄宿する女性労働者中より自治会の会長及び役員になるべき適当なる人物が見当らないので、使用者は従来の寄宿舎制度を自治的に切替える措置として会社の寄宿舎世話係職員（二十三、四歳）三名を寄宿舎に入舎させ自治会の役員選挙を行つたところその内二名が会長及び役員として当選したのであるが、当選したら自治会の会長及び役員は工場における労働には従事せず、専ら自治会事務に従事している。右は事実上、法第九十四条第二項に抵触していると思うが如何。

答　寄宿舎に寄宿する労働者に関する事項について、使用者のために事務を処理する者は（舎監、世話係、その他名称の如何を問わない）、たとえ寄宿舎に入舎していても法第九十四条に規定する自治の主体としての労働者ではないから、寮長、室長、その他寄宿舎の自治に必要な役員となることはできない。（昭二三・六・三　基収一八四号）

【専任寮長の給料】

問　寄宿舎の自治のみに専任する寮長に対しては、会社は給料を支払うべきものでないとの論もあるが、寄宿舎は会社の経営管理するもので、そのため労力を使うものといえるから、たとえ自治のみに従事するとしても、会社は給料を支払うべきものと思われるが如何。

答　事業附属寄宿舎における自治活動は寄宿労働者の私生活の自由の一部面であり、直接事業とは関係のないことであるが、事業附属寄宿舎の自治のみに専任する寮長に対して賃金を支払うか否かは当事者の自由である。（昭二三・六・一六　基収一九三号）

【寄宿舎の管理人、寮母】　寄宿舎の管理人、寮母を置いても私生活の自由を侵さない限り本条に抵触するものではないこと。（昭二三・九・一三　発基一七号）

（寄宿舎生活の秩序）

第九十五条　事業の附属寄宿舎に労働者を寄宿させる使用者は、左の事項について寄宿舎規則を作成し、行政官庁に届け出なければならない。これを変更した場合においても同様である。

一　起床、就寝、外出及び外泊に関する事項

二　行事に関する事項

三　食事に関する事項

四　安全及び衛生に関する事項

五　建設物及び設備の管理に関する事項

②　使用者は、前項第一号乃至第四号の事項に関する規定の作成又は変更については、寄宿舎に寄宿する労働者の過半数を代表する者の同意を得なければならない。

③　使用者は、第一項の規定により届出をなすについて、前項の同意を証明する書面を添附しな

ければならない。

④　使用者及び寄宿舎に寄宿する労働者は、寄宿舎規則を遵守しなければならない。

（適用範囲）

寄第一条　この省令は、事業の附属寄宿舎（労働基準法（昭和二十二年法律第四十九号。以下「法」という。）別表第一第三号に掲げる事業であつて事業の完了の時期が予定されるものの附属寄宿舎を除く。以下「寄宿舎」という。）について適用する。

（寄宿舎規則の届出）

寄第一条の二　法第九十五条第一項の規定による寄宿舎規則の届出は、当該事業場の所在地を管轄する労働基準監督署長（以下「所轄労働基準監督署長」という。）にしなければならない。

②　法第九十五条第三項の規定による同意を証明する書面は、寄宿舎に寄宿する労働者の過半数を代表する者の氏名を記載したものでなければならない。

（寄宿舎規則の案の周知）

寄第二条　使用者は、寄宿舎規則の作成又は変更について、その案をあらかじめ寄宿舎に寄宿する労働者に周知させる措置を講ずるものとする。

（寄宿舎規則の明示）

寄第三条　使用者は、寄宿舎に労働者を寄宿させるに際し、当該労働者に対して寄宿舎規則を示すものとする。

（適用の範囲）

建寄第一条　この省令は、労働基準法（以下「法」という。）別表第一第三号に掲げる事業であつて事業の完了の時期が予定されるものの附属寄宿舎（以下「寄宿舎」という。）について、適用する。

（寄宿舎規則の届出）

建寄第二条　法第九十五条第一項の規定による寄宿舎規則の届出は、当該事業場の所在地を管轄する労働基準監督署長（以下「所轄労働基準監督署長」という。）にしなければならない。ただし、寄宿舎の所在地を管轄する労働基準監督署長と所轄労働基準監督署長とが異なる場合には、寄宿舎の所在地を管轄する労働基準監督署長にすることができる。

2　使用者は、他人の所有に係る建物を寄宿舎として使用する場合には、前項の届出に際し、当該建物に関し次の各号に掲げる事項を明らかにした書面を添付しなければならない。

一　貸借契約の当事者及び期間

二　修繕、改築又は増築の権限を有する者及びその費用を負担する者

3　法第九十五条第三項の規定による同意を証明する書面は、寄宿舎に寄宿する労働者（以下「寄宿労働者」という。）の過半数を代表する者の氏名を記載したものでなければならない。

（寄宿舎規則の明示）

建寄第二条の二　使用者は、寄宿舎に労働者を寄宿させるに際し、当該労働者に対して寄宿舎規則を示すものとする。

（事業主等の明示）

建寄第三条　使用者は、寄宿舎規則において事業主及び寄宿舎の管理について権限を有する者を明らかにし、かつ、寄宿舎の出入口等見やすい箇所にこれらの者の氏名又は名称を掲示しなければならない。

（寄宿舎管理者の職務）

建寄第三条の二　使用者は、前条の寄宿舎の管理について権限を有する者に次の事項を行わせなければならない。

一　一箇月以内ごとに一回、寄宿舎を巡視すること。

二　前号の巡視の結果、寄宿舎の建物、施設又は設備に関し、この省令で定める基準に照らし、修繕し、又は改善すべき箇所を認めたときは、速やかに使用者に連絡すること。

（寄宿舎生活の秩序）

建寄第四条　使用者及び寄宿労働者は、寄宿舎規則を遵守するほか、寄宿舎生活の秩序が保持されるよう努めなければならない。

▼**参照条文**　〔行政官庁に届出―寄一の二、建寄二〕、〔作成・変更―寄二〕、〔周知・明示義務―一〇六、寄三、建寄二の三〕、〔遵守義務―建寄四〕、〔罰則一二〇〕

解釈例規

【規程第二条の周知させる措置】　「周知させる措置」は、法第百六条の規定による周知の方法に準じた方法によるべきであるが、本条は施行規定であるから罰則の適用はないこと。

（昭三〇・二・二五　基発一〇四号）

【規程第三条の趣旨】

㈠　「労働者を寄宿させるに際し」の「際し」は、法第十五条第一項の規定にいう「際し」と同意義であること。「示す」方法は、具体的事情に応じ適宜で差支えないが、労働者が内容を了知できるように示す必要があること。

㈡　本条は、施行規定であるから罰則の適用はないこと。

（昭三〇・二・二五　基発一〇四号）

【寄宿舎規則作成の方法】

㈠　本条第一項第一号乃至第四号は、寄宿舎生活中労働関係の要請を充すために規制せらるべき部分であり、従つて寄宿労働者と使用者との共管事項として、これが規定の作成又は変更について寄宿労働者の過半数の同意を必要としたものであること。

㈡　規程第四条第一号については、外出又は外泊の日時、行先等を外出又は外泊の当日又は前日に届け出させることは差支えないが、それ以上の期間をおいて予め届け出しめる場合には、許可を受けさせる場合と同じ効果をもつから、これを避けしめるよう指導することが望ましいこと。

㈢　食費、部屋代及び寝具の損料を労働者に負担させる場合には、これらの労働条件に関する事項については就業規則中に規定すること。

（昭三三・三・三〇　基発五〇八号）

【事情変更による寄宿舎規則の変更】

問　労基法第九十五条第一号乃至第四号の事項に関する寄宿舎規則の作成又は変更については使用者は寄宿舎に寄宿する労働者の過半数を代表する者の同意を得なければならないことになつているが、現在、その寄宿舎規則作成当時の寄宿労働者の過半数以上が退社等の理由により、寄宿舎を退舎している場合、即ち規則作成当時に較べて現在の寄宿労働者の過半数が、入れ替つている場合、当該寄宿労働者は「事情変更」による寄宿舎規則変更を使用者に対して主張する（若しくは関係官庁、裁判所に申出る）ことが出来ると解釈するが如何。

答　使用者が寄宿舎規則について事業附属寄宿舎に寄宿する労働者の過半数を代表する者の同意を得なければならないのは、その作成又は変更をなす場合であつて、寄宿舎規則作成の時に寄宿労働者の過半数の同意を得ていれば、その後に寄宿労働者が入れ替つて作成当時の労働者の過半数が変つていても、改めて寄宿労働者の同意を得る必要はない。寄宿舎規則の変更は、使用者が発案して寄宿労働者の同意を得るのが通常であるが、寄宿労働者より改正を必要と認める事項について使用者に変更を申出ることは差支えない。

（昭二八・二・二七　基収八〇六号）

【事業主等の明示】

(1)　第三条は、数次にわたつて下請が行なわれる建設業の特殊性にかんがみ、この省令の遵守及び寄宿舎規則の運営について責任を有する者を明らかにしようとするものであること。

(2)　「寄宿舎の管理について権限を有する者」とは、第二条第二項第二号の「修繕、改築又は増築の権限を有する者」とは必ずしも一致せず、当該寄宿舎の管理について第一次的な権限及び責任を有する者をいうこと。したがつて、寄宿舎に寄宿している者に限らず、また、寄宿舎を元請事業主において管理する場合には、その管理権限を有する当該元請事業の従業員であるときもあること。

なお、「管理について権限を有する者を明らかにし」とは、具体的に管理に当たる者の職及び氏名を明示することが原則であるが、職のみで明らかとなる場合は、氏名は必ずしも必要としないこと。

(3)　同一建物を数個の事業が寄宿舎として使用する場合には、それぞれ事業主名及び管理権限を有する者を、寄宿舎の出入口等見やすい箇所に掲示しておかなければならないこと。

(4)　本条の事業主及び管理権限を有する者の職又は氏名が変更した場合には寄宿舎規則の変更となるので届出を要すること。

（昭四二・一〇・九　基発九七一号、　安発四二号）

【寄宿舎管理者の職務】

(1)　趣旨

最近の寄宿舎における火災災害の原因の一つとして、警報設備や避難階段等が有効に保持されていないことが認められ、また、最近の寄宿舎に対する監督指導の結果をみるといまだにこれら設備に関する違反が認められるところである。

第三条においては、寄宿舎規則において寄宿舎の管理について権限を有する者を明らかにすること等が定められているが、以上のことから、今回、この寄宿舎管理者に行わせなければならない事項を明らかにし、寄宿舎における各種設備等の点検を通じてその機能の確保、必要な改善等を確保することとしたものであること。

このため、使用者は、寄宿舎管理者に、一箇月以内ごとに一回、寄宿舎を巡視すること及びその結果、建設業附属寄宿舎規程に照らし、建物、施設又は設備に修繕し、又は改善すべき箇所を認めたときは、速やかに使用者に連絡することを行わせなければならないこととしたものであること。

(2)　内容

イ　「一箇月以内ごとに一回」とは、当該寄宿舎の使用を開始した後一箇月以内に一回、及び当該巡視の後一箇月以内ごとに一回、の意であること。なお、本条の施行の日（平成六年十二月一日）において現に寄宿舎として使用されている寄宿舎については、当該施行の日後一箇月以内ごとに一回、巡視を行う必要があるものであること。

ロ　「寄宿舎を巡視する」とは、寄宿舎の建物の内部だけでなく、寄宿舎の敷地内全体を巡視することが必要であること。

ハ　本条により寄宿舎管理者から連絡を受けた使用者は、建設業附属寄宿舎規程に基づく必要な措置を講ずべきことは、当然であること。

ニ　寄宿舎管理者が巡視の結果使用者に連絡することが必要な事項は、建設業附属寄宿舎規程に照らし修繕し、又は改善すべき箇所であるが、それ以外の事項で修繕し、又は改善すべき箇所を認めたときにも、これを使用者に連絡し、所要の措置が講じられるようにすることが望ましいものであること。

ホ　寄宿舎管理者が巡視を行つた場合には、その日時、巡視箇所、巡視結果、使用者への連絡内容等について、記録しておくことが望ましいものであること。
（平六・九・二八　基発五九五号）

※寄宿舎規則の電子媒体による届出については六八八頁参照

（寄宿舎の設備及び安全衛生）
第九十六条　使用者は、事業の附属寄宿舎について、換気、採光、照明、保温、防湿、清潔、避難、定員の収容、就寝に必要な措置その他労働者の健康、風紀及び生命の保持に必要な措置を講じなければならない。

② 使用者が前項の規定によつて講ずべき措置の基準は、厚生労働省令で定める。

（福利施設の整備）
寄第五条　使用者は、なるべく教養、娯楽、面会のための室等寄宿舎に寄宿する労働者のための適当な福利施設を設けなければならない。

（本章の適用範囲）
寄第六条　この章の規定は、労働者を六箇月以上の期間寄宿させる寄宿舎（法別表第一第六号に掲げる事業等で事業の完了の時期が予定されるものにおいて、当該事業が完了するまでの期間労働者を寄宿させる仮設の寄宿舎を除く。）について適用する。

（寄宿舎の設置場所）
寄第七条　寄宿舎を設置する場合には、次の各号の一に該当する場所を避けなければならない。
一　爆発性の物（火薬類を含む。）、発火性の物、酸化性の物、引火性の物、可燃性のガス又は多量の易燃性の物を取り扱い、又は貯蔵する場所の附近
二　窯炉を使用する作業場の附近
三　ガス、蒸気又は粉じんを発散して衛生上有害な作業場の附近
四　騒音又は振動の著しい場所
五　雪崩又は土砂崩壊のおそれのある場所
六　湿潤な場所又は出水時浸水のおそれのある場所
七　伝染病患者を収容する建物及び病原体によつて汚染のおそれ著しいものを取り扱う場所の附近

（男女別棟の原則）
寄第八条　男性と女性とを同一のむねの建物に収容してはならない。ただし、完全な区画を設け、かつ、出入口を別にした場合には、この限りでない。

（寝室の位置）
寄第九条　寝室は地下又は建物の三階以上に設けてはならない。

② 建物が、次の各号のいずれにも該当する場合は、前項の規定にかかわらず、寝室を建物の三階以上に設けることができる。

一　特定主要構造部（建築基準法（昭和二十五年法律第二百一号）第二条第九号の二イに規定する特定主要構造部をいう。以下この号及び次条において同じ。）が、建築基準法施行令（昭和二十五年政令第三百三十八号）第百十条各号に掲げる技術的基準のいずれかに適合するもので、特定主要構造部に係る同法第二十七条第一項に規定する国土交通大臣が定めた構造方法を用いるもの又は国土交通大臣の認定を受けたものであること。

二　建築基準法施行令第百十条の二各号に掲げる外壁の開口部に、建築基準法第二十七条第一項に規定する防火設備を設けたものであること。

（防火壁）

寄第十条　建物の一むねの建築延べ面積が千平方メートルを超える場合においては、防火上有効な構造の防火壁によつて区画し、且つ、各区画の延べ面積を千平方メートル以内としなければならない。但し、建物の特定主要構造部が耐火構造（建築基準法第二条第七号に規定する耐火構造をいう。以下同じ。）であり又は同条第五号に規定する主要構造部が同条第九号に規定する不燃材料で造られている場合においては、この限りでない。

（避難用階段）

寄第十一条　常時十五人未満の労働者が二階以上の寝室に寄宿する建物には、各階に適当に配置され容易に屋外の安全な場所に通ずる階段を一箇所以上設けなければならない。但し、適当な勾配を有する避難斜面等適当な避難設備がある場合においては、この限りでない。

② 常時十五人以上の労働者が前項の寝室に寄宿する場合においては、同項の階段は、二箇所以上設けなければならない。

（避難用通路の標示等）

寄第十二条　避難の用に供する階段及びこれに通ずる通路であつて常時には使用しないものについては、避難用である旨の適当な標示をするとともに、容易に避難できるようにしておかなければならない。

（出入口の戸）

寄第十三条　寄宿舎の廊下から屋外に通ずる出入口の戸は外開戸又は引戸としなければならない。寄宿舎は、何時でも容易に外部に避難のできるようにしておかなければならない。

（非常用設備）

寄第十三条の二　使用者は、火災その他非常の場合に居住者にこれを速やかに知らせるために、ベル、拡声器その他の必要な設備を設けなければならない。

（消火設備）

寄第十四条　寄宿舎には、適当且つ十分な消火設備を設けなければならない。

（掃除用具）

寄第十五条　寄宿舎には、その清潔を保つ為必要な掃除用具を備えなければならない。

（階段の構造）

寄第十七条　階段の構造は、次の各号によらなければならない。

一　踏面二十一センチメートル以上、蹴上二十二センチメートル以下とすること。

二　勾配を平面に対し四十度以内とすること。

三　高さ四メートルを超える場合には、高さ四メートル以内毎に踊場を設けること。

四　踊場は、長さ一・二メートル以上とすること。
五　蹴込板又は裏板を附けること。
六　回り段を設けないこと。
七　階段の両側又は片側に側壁又はこれに代るものがない場合においては、高さ七十五センチメートル以上八十五センチメートル以下の手すりを設けること。
八　幅は、内法七十五センチメートル以上とすること。
九　各段より高さ一・七メートル以内に障碍物がないこと。

②　建物の外壁に付せられた屋外階段については、第五号及び第八号の規定はこれを適用しない。

③　第一項の規定は、第十一条に規定する階段については、同条第一項の場合においては一箇所の階段に、同条第二項の場合においては二箇所の階段に適用し、その他の階段で常時には使用しないものについては、適用しない。

（廊下）

寄第十八条　廊下は、片廊下とし、その幅は一・二メートル以上としなければならない。

②　次の各号による場合においては、前項の規定にかかわらず、廊下を中廊下とすることができる。
一　廊下の幅は、一・六メートル以上であること。
二　耐火構造の建物であること。
三　廊下の照度は、十ルクス以上であること。
四　廊下に面する居室の壁に適当な換気のための設備があること。

（寝室）

寄第十九条　寝室は、次の各号によらなければならない。
一　一室の居住面積は、床の間及び押入を除き一人について二・五平方メートル以上とし、一室の居住人員は、十六人以下とすること。
二　木造の床の高さは、四十五センチメートル以上とし、寝台を設けない場合には、畳敷とすること。
三　天井の高さは二・一メートル以上とし、且つ天井は小屋組を露出しない構造とすること。
四　各室には、寝具等を収納するための適当な設備を設け、このうち寄宿舎に寄宿する労働者の私有の身廻品を収納するための設備は、個人別のものとすること。
五　外窓には、少くとも雨戸及び障子又は硝子戸及び窓掛を設けること。
六　寝室と廊下との間は戸、障子、壁等で区画し、廊下の外部には雨戸又は硝子戸を設けること。
七　室面積の七分の一以上の有効採光面積を有する窓を設け、居住面積四平方メートルにつき十燭光以上の灯火を設けること。
八　防蚊のために適当な措置を講ずること。
九　防寒の為適当な採暖の設備を設けること。

②　寝室に寝台を設けてある場合においては、前項の規定にかかわらず、寝台及びこれに用いる寝具を収納するための設備は、設けることを要しない。

（寝具等）

寄第二十条　寄宿舎に寄宿する労働者には、各人専用の寝具を備え、且つ、ふとんのえり部及びまくらをおおうための白布並びに敷布を備え、常にこれらを清潔に保持しなければならない。

②　寄宿舎に寄宿する労働者は、前項の寝具、白布及び敷布を不潔にしないように努めるとともに、前項の清潔の保持について使用者に協力するものとする。

（寝室の交替利用の禁止）

寄第二十一条　就眠時間を異にする二組以

上の労働者を同一の寝室に寄宿させてはならない。但し、交替の際、睡眠を妨げないよう適当な方法を講じた場合には、この限りでない。

（昼間睡眠のための設備）

寄第二十二条　寄宿舎に寄宿する労働者が昼間睡眠を必要とする場合においては、暗幕その他の適当な設備を設けなければならない。

（氏名及び定員の掲示）

寄第二十三条　寝室に居住する者の氏名及び定員をその入口に掲示しなければならない。

（食堂の設置）

寄第二十四条　常時三十人以上の労働者を寄宿させる寄宿舎には、食堂を設けなければならない。但し、寄宿舎に近接した位置に労働安全衛生規則（昭和四十七年労働省令第三十二号）第六百二十九条の規定による事業場の食堂がある場合においては、この限りでない。

（食堂又は炊事場の清潔の保持）

寄第二十五条　食堂又は炊事場を設ける場合においては、次の各号による外、常に清潔を保持するため、必要な措置を講じなければならない。

一　照明及び換気が十分であること。

二　食器及び炊事用器具をしばしば消毒するとともに、これらを清潔に保管する設備を設けること。

三　はえその他のこん虫、ねずみ等の害を防ぐための措置を講ずること。

四　食堂には、食卓を設け、且つ、ざ食をする場合以外の場合においては、いすを設けること。

五　食堂には、寒冷時に、適当な採暖の設備を設けること。

六　炊事場の床は、洗浄及び排水に便利な構造とすること。

七　炊事従業員には、炊事専用の清潔な作業衣を着用させること。

八　炊事従業員の専用の便所を設けること。

（飲料水、汚水及び汚物）

寄第二十五条の二　飲用水及び炊事用水は、地方公共団体の水道から供給されるものでなければならない。但し、地方公共団体等の行う水質検査を受け、これに合格した水と同質の水を用いる場合においては、この限りでない。

②　汚水及び汚物は、寝室、食堂及び炊事場から隔離された一定の場所において露出しないようにしなければならない。

（栄養士の配置）

寄第二十六条　一回三百食以上の給食を行う場合には、栄養士をおかなければならない。

（浴場）

寄第二十七条　他に利用し得る浴場のない場合には、適当な浴場を設けなければならない。

②　前項の規定により浴場を設ける場合においては、脱衣場及び浴室を男女別とし、且つ、浴室には清浄な水又は上り湯の設備を設けること、浴湯を適当な温度及び量に保つこと等清潔を保持するため、必要な措置を講じなければならない。

③　男性と女性のいずれか一方が著しく少数であり、かつ、男女により入浴の時間を異にする場合においては、前項の規定にかかわらず、脱衣場及び浴室は、男女別としないことができる。

（便所）

寄第二十八条　便所は、次の各号による外、常に清潔を保持するため、必要な措置を講じなければならない。

一　寝室、食堂及び炊事場から適当な距離に設けること。

二　男女別にすること。

三　便房の数は、寄宿舎に寄宿する労働

者の数が百人以下の場合には、十五人又はその端数毎に一個とし、百人を超える場合には、百人を超える二十人又はその端数毎に一個を増し、五百人を超える場合には、五百人を超える二十五人又はその端数毎に一個を増すこと。

四　便池は、汚物が土中に浸透しない構造とすること。

五　流出する水によつて手を洗う設備を設けること。

②　下水道法（昭和三十三年法律第七十九号）第二条第七号に規定する処理区域内においては、便所は、水洗便所（汚水管が下水道法第二条第三号に規定する公共下水道で同条第五号に規定する終末処理場を有するものに連結されたものに限る。）以外の便所としてはならない。

③　便所から排出する汚物を下水道法第二条第五号に規定する終末処理場を有する公共下水道以外に放流しようとする場合においては、衛生上支障がない構造のし尿浄化そうを設けなければならない。

（洗面所等）

寄第二十九条　寄宿舎に寄宿する労働者の数に応じ、適当且つ充分な洗面所、洗濯場及び物干場を設けなければならない。

②　伝染性眼疾患にかかつている者が用いる洗面器は他の者が用いるものと区別しなければならない。

（共同手拭の禁止）

寄第三十条　便所及び洗面所には、共同の手拭を備えてはならない。

（労働者の健康検査）

寄第三十一条　寄宿舎に寄宿する労働者については、毎年二回以上次の各号の検査を行わなければならない。

一　体重測定による発育及び栄養状態の検査

二　トラホームその他の伝染性眼疾患及びひかいせんその他の伝染性皮膚疾患の有無の検査

②　労働安全衛生法（昭和四十七年法律第五十七号）第六十六条第一項の規定による健康診断を受けた者については、その受けた回数に応じて前項の規定による検査の回数を減ずることができる。

（疾病者との同室の禁止）

寄第三十二条　寄宿舎に寄宿する労働者であつて伝染性の疾病その他の疾病にかかつている者と他の者を同室させることが不適当であると認められる場合においては、その者と他の者を同室させてはならない。

（休養室）

寄第三十三条　常時五十人以上の労働者を寄宿舎に寄宿させる場合には寝台その他のが床しうる設備を有する休養室を設けなければならない。

（衛生相談）

寄第三十四条　常時五十人以上の労働者を寄宿舎に寄宿させる場合においては、衛生に関し経験のある者を、それらの労働者の衛生に関する相談に応ずるための担当者として定めておかなければならない。

（伝染病の後の消毒）

寄第三十五条　伝染性の疾病にかかつた者の使用した寝具その他のもの及び寝室は、感染症の予防及び感染症の患者に対する医療に関する法律施行規則（平成十年厚生省令第九十九号）第十四条又は第十六条の規定による消毒を行つた後でなければ他の者に使用させてはならない。

（本章の修正適用）

寄第三十六条　法別表第一第六号及び第七号に掲げる事業の寄宿舎又は常時十人に満たない労働者を六箇月を超える期間寄宿させる寄宿舎について様式第三号により所轄労働基準監督署長の許可を受けた

場合には、第八条、第十七条、第十八条、第十九条、第二十一条、第二十五条、第二十六条、第二十七条又は第二十八条の規定はこれを修正して適用する。

② 前項の許可を受けた事項について適用される基準は、第三章に規定する基準を下つてはならない。

（本章の適用範囲）

寄第三十七条　この章の規定は、労働者を六箇月に満たない期間寄宿させる寄宿舎又は法別表第一第六号に掲げる事業等で事業の完了の時期が予定されるものにおいて、当該事業が完了するまでの期間労働者を寄宿させる仮設の寄宿舎について、適用する。

（寄宿舎の設置場所）

寄第三十八条　寄宿舎を設置する場合には、次の各号の一に該当する場所を避けなければならない。

一　騒音又は振動の著しい場所

二　雪崩又は土砂崩壊のおそれのある場所

三　湿潤な場所又は出水時浸水のおそれのある場所

（寄宿舎の建築及び設備）

寄第三十九条　寄宿舎の建築及び設備に関しては、次の各号によらなければならない。

一　寝室の居住面積は、一人について二・五平方メートル以上とし、一室の居住人員は五十人以下とすること。

二　寝室には、採光のため十分な面積を有する窓等を設けること。

三　寝室の外窓には、雨戸又は硝子戸等を設けること。

四　寝室には、防寒の為適当な採暖の設備を設けること。

五　出入口は、避難を要する場合を考慮して二箇所以上に設けること。

六　労働者の身廻品を整頓して置くための押入若しくは棚を設け又はこれに代わる設備をなすこと。

七　他に利用することのできる浴場のない場合には、入浴のための設備を設けること。

八　飲用及び洗浄のため清浄な水を十分に備えること。

九　衛生上の共同の利益のため、汚水及び汚物を処理するための適当な設備を設けること。

（設置場所）

建寄第六条　使用者は、寄宿舎を設置する場合には、次の各号のいずれかに該当する場所を避けなければならない。

一　爆発性の物（火薬類を含む。）、発火性の物、酸化性の物、引火性の物、可燃性のガス又は多量の易燃性の物を取り扱い、又は貯蔵する場所の附近

二　ガス、蒸気又は粉じんを発散して衛生上有害な場所の附近

三　騒音又は振動の著しい場所

四　なだれ又は土砂崩壊のおそれのある場所

五　湿潤な場所又は出水時浸水のおそれのある場所

（敷地の衛生）

建寄第七条　使用者は、寄宿舎の敷地には、雨水及び汚水を排出し、又は処理するための適当な下水管、下水溝、ためますその他これらに類する施設を設けなければならない。

建寄第七条の二　使用者は、寄宿舎から出る汚物をためておく場合については、これを一定の場所において露出しないようにしなければならない。

（避難階段等）

建寄第八条　使用者は、常時十五人未満の者が二階以上の寝室に居住する建物にあつては一箇所以上、常時十五人以上の者が二階以上の寝室に居住する建物にあつ

ては二箇所以上の避難階段を設けなければならない。

2　前項の避難階段については、すべり台、避難はしご、避難用タラップその他の避難器具に代えることができる。ただし、常時十五人以上の者が二階以上の寝室に居住する建物にあつては、一箇所は避難階段としなければならない。

3　前二項の避難階段又は避難器具は、各階に適当に配置され、かつ、容易に屋外の安全な場所に通ずるものでなければならない。

建寄第九条　使用者は、避難階段又は避難器具及びこれらに通ずる通路については、避難用である旨の表示をするとともに、常時容易に避難することができるようにしておかなければならない。

2　前項の通路については、その通ずる避難階段又は避難器具が設置されている方向を表示しなければならない。

3　前二項の表示は、常時容易に識別できるものでなければならない。

（出入口）

建寄第十条　使用者は、避難を要する場合を考慮して適当に配置された二以上の出入口を設けなければならない。

2　使用者は、出入口の戸については、外開戸又は引戸とし、いつでも容易に外部に避難することができるようにしておかなければならない。

（警報設備）

建寄第十一条　使用者は、火災その他非常の場合に、寄宿舎に寄宿する者にこれを速やかに知らせるために、警鐘、非常ベル、サイレンその他の警報設備を設けなければならない。

2　使用者は、前項の警報設備については、常時有効に作動するようにしておかなければならない。

3　使用者は、寄宿舎に寄宿する者に対し、第一項の警報設備について、その設置場所及び使用方法を周知させなければならない。

（消火設備）

建寄第十二条　使用者は、消火器その他の消火設備を設け、有効に消火することができるようにしておかなければならない。

2　前条第三項の規定は、前項の消火設備について準用する。

（避難等の訓練）

建寄第十二条の二　使用者は、火災その他非常の場合に備えるため、寄宿舎に寄宿する者に対し、寄宿舎の使用を開始した後遅滞なく一回、及びその後六箇月以内ごとに一回、避難及び消火の訓練を行わなければならない。

（掃除用具）

建寄第十二条の三　使用者は、寄宿舎には、その清潔を保つため、必要な掃除用具を備えなければならない。

（階段の構造）

建寄第十三条　使用者は、常時使用する階段の構造については、次の各号に定めるところによらなければならない。

一　踏面二十一センチメートル以上、けあげ二十二センチメートル以下とすること。

二　階段の両側には、高さ七十五センチメートル以上八十五センチメートル以下の手すりを設けること。ただし、側壁又はこれに代わるものがある側については、この限りでない。

三　幅は、七十五センチメートル以上とすること。ただし、屋外階段については、六十センチメートル以上とすることができる。

四　各段から高さ一・八メートル以内に障害物がないこと。

五　屋内の階段については、蹴《け》込板又は

裏板を付けること。

（廊下の幅）

建寄第十四条　使用者は、廊下の幅については、両側に寝室がある場合にあつては一・六メートル以上、その他の場合にあつては一・二メートル以上としなければならない。

（常夜燈）

建寄第十五条　使用者は、階段及び廊下に常夜燈を設けなければならない。

（寝室）

建寄第十六条　使用者は、寝室については、次の各号に定めるところによらなければならない。

一　各室の居住人員は、それぞれ六人以下とすること。

二　各室の床面積は、それぞれ、押入れ又はこれに代わる設備の面積を除き、一人について三・二平方メートル以上とすること。

三　木造の床の高さは、四十五センチメートル以上とすること。ただし、床下をコンクリート、たたきその他これらに類する材料でおおう等防湿上有効な措置を講じた場合には、この限りでない。

四　床は、畳敷きとすること。ただし、寝台を設けた場合には、この限りでない。

五　天井を設け、その高さは二・一メートル以上とすること。

六　二段以上の寝台を設ける場合には、各段の寝台と寝台との上下の間隔及び最上段の寝台と天井との間隔は、八十五センチメートル以上とすること。

七　各室には、寝具を収納するための押入れ若しくは棚を設け、又はこれらに代わる設備を設けること。ただし、寝台を設けた場合には、この限りでない。

八　各室には、十分な容積を有し、かつ、施錠可能な身の回り品を収納するための設備を個人別に設けること。

九　各室には、床面積の七分の一以上の面積に相当する有効採光面積を有する窓を設けること。

十　各室には、床面積十平方メートル以内ごとに、白熱電球にあつては六十ワット以上、蛍光ランプにあつては二十ワット以上の消費電力の照明設備を設けること。

十一　換気が十分であること。

十二　外窓には、雨戸又はガラス戸等を設け、かつ、窓掛けを設けること。

十三　寝室と廊下との間は、壁、戸等で区画すること。

十四　蚊を防ぐための措置を講ずること。

十五　防寒のための採暖の設備を設けること。

十六　防暑のための冷房等の設備を設けること。

2　使用者は、寄宿労働者が昼間睡眠を必要とする場合には、寝室に暗幕その他の遮光のための設備を設けなければならない。

3　使用者は、寝室の入口に、当該寝室に居住する者の氏名及び定員を掲示しなければならない。

（食堂及び炊事場）

建寄第十七条　使用者は、食堂又は炊事場を設ける場合には、次の各号に定めるところによるほか、常に清潔を保持するため必要な措置を講じなければならない。

一　床は、土のままとせず、板張り、コンクリート等清掃に便利な構造とすること。

二　食堂には、同時に食事をする者の数に応じ、食卓を設け、かつ、座食することができる場合を除き、いすを設けること。

三　照明及び換気が十分であること。

四　食堂には、防寒のための採暖の設備を設けること。

五　食堂には、防暑のための冷房等の設備を設けること。
六　はえ、ごきぶりその他のこん虫、ねずみ等の害を防ぐための措置を講ずること。
七　食器及び炊事用器具を保管する設備を設け、これらを清潔に保持すること。
八　廃物及び汚水を処理するための設備を設けること。
九　炊事従業員には、炊事専用の清潔な作業衣を着用させること。

（飲用水等）
建寄第十八条　使用者は、飲用及び洗浄のため清浄な水を十分に備えなければならない。
2　使用者は、前項の水については、水道法（昭和三十二年法律第百七十七号）第三条第五項に規定する水道事業者の水道から供給されるものとしなければならない。ただし、同法第四条の規定に基づく水質基準に適合していることを確認した水と同質の水を用いる場合においては、この限りではない。

（浴場）
建寄第十九条　使用者は、次の各号に定めるところにより、浴場を設けなければならない。ただし、他に利用しうる浴場がある場合には、この限りでない。
一　寄宿舎に寄宿する者の数が十人以内ごとに一人以上の者が同時に入浴することができる規模の浴室を設けること。
二　浴室には、清浄な水又は上がり湯を備えること、浴湯を適当な温度及び量に保つこと等清潔保持及び保温のため必要な措置を講ずること。
三　脱衣場及び浴室は、男女別とすること。ただし、男性と女性のいずれか一方が著しく少数であり、かつ、男女により入浴の時間を異にする場合はこの限りでない。
四　照明及び換気が十分であること。

（便所）
建寄第二十条　使用者は、便所については、次の各号に定めるところによるほか、常に清潔を保持するため必要な措置を講じなければならない。
一　寝室、食堂及び炊事場から適当な距離に設けること。
二　大便所の便房の数は、寄宿舎に寄宿する者の数が十五人以内ごとに一個以上とすること。
三　便池は、汚物が土中に浸透しない構造とすること。
四　照明及び換気が十分であること。
五　流出する水によつて手を洗う設備を設けること。

（くつ、雨具等の収納設備）
建寄第二十一条　使用者は、寄宿舎に寄宿する者の数に応じ、くつ、雨具等を収納する設備を屋内に設けなければならない。

（洗面所、洗たく場及び物干し場）
建寄第二十二条　使用者は、寄宿舎に寄宿する者の数に応じ、洗面所、洗たく場及び物干し場を設けなければならない。

（休養室）
建寄第二十三条　使用者は、常時五十人以上の者が寄宿する寄宿舎には、休養のための室を設けなければならない。

（福利施設）
建寄第二十三条の二　使用者は、なるべく教養、娯楽、面会のための室等寄宿労働者のための適当な福利施設を設けなければならない。

（適用除外）
建寄第二十四条　寄宿舎であつて、六箇月に満たない期間内に、解体するもの又は寄宿舎として使用しなくなるものについては、第十六条第一項第五号及び第十九条第一号の規定は、適用しない。

2　常時十人に満たない者が寄宿する寄宿舎については、第十条第一項の規定は、適用しない。

▼参照条文　〔厚生労働省令―寄六～三九、建寄六～二四〕、〔設置届―九六の二〕、〔計画の届出―安衛八八〕、〔使用停止変更命令―九六の三〕、〔罰則―一一九〕

解釈例規

❶事業附属寄宿舎規程関係

【教養娯楽面会の室】　規程第五条にいう教養、娯楽、面会の室は、それぞれ一室設けられることが教養、娯楽、面会の本来の目的からいえば理想的であるが、それぞれ一室が設けられていなくても本条違反とはならないこと。

（昭二七・九・二〇　基発六七五号）

【附近】　規程第七条の「附近」とは、社会通念上危険性又は有害性の及び得る地域をいうこと。

（昭三三・三・三〇　基発五〇八号、昭三三・二・一三　基発九〇号）

【建物又は場所】　規程第七条第七号の「建物」又は「場所」とは、普通病院の検査室の如きものは含まず、伝染病院の隔離病舎、塵芥処理場等をいうこと。

（昭三三・三・三〇　基発五〇八号、昭三三・二・一三　基発九〇号）

【完全な区画】　規程第八条の「完全な区画」とは壁、板しきり等をいうこと。

（昭三三・三・三〇　基発五〇八号、昭三三・二・一三　基発九〇号）

【耐火構造】　規程第九条及び第十八条にいう「耐火構造」とは、鉄筋コンクリート造、れんが造等の構造で建築基準法に基づく政令で定める耐火性能を有するものをいい、建築基準法第二条第八号に規定する鉄鋼モルタル塗、しっくい塗等の防火構造のものを含まないものであること。なお「耐火構造」及び「防火構造」の詳細については、建築基準法施行令第百七条及び第百八条に定められているから、これによること。

（昭二七・九・二〇　基発六七五号）

【特定主要構造部】

改正省令〈編注　令六省令五九号〉による改正前の規程第九条第二項において、事業附属寄宿舎の建物のうち三階以上に寝室を設けるものについては、以下のいずれかにも該当するものでなければならないとされていた。

イ　主要構造部が、建築基準法施行令（昭和二十五年政令第三三八号）第百十条各号に掲げる技術的基準のいずれかに適合するもので、建築基準法第二十七条第一項に規定する主要構造部に係る国土交通大臣が定めた構造方法を用いるもの又は国土交通大臣の認定を受けたものであること。

ロ　建築基準法施行令第百十条の二各号に掲げる外壁の開口部に、建築基準法第二十七条第一項に規定する防火設備を設けたものであること。

また、改正省令による改正前の規程第十条において、建物の一むねの建築延べ面積が千平方メートルを超える場合には、防火上有効な構造の防火壁により区画し、かつ、各区画の延べ面積を千平方メートル以内としなければならないが、建物の主要構造部が耐火構造であるか不燃材料で造られている場合にはその限りではないとされていた。

今般、改正法により、建築基準法第二条第九号の二に規定する耐火建築物について、主要構造部のうち、「防火上及び避難上支障がないものとして政令で定める部分」以外の部分については「特定主要構造部」と定義され、特定主要構造部についてのみ耐火構造であることが求められ、「防火上及び避難上支障がないものとして政令で定める部分」については耐火構造であることが求められないこととなった。

本改正に伴い、規程第九条第二項第一号及び第十条においても、主要構造部全体については耐火構造を求めず、建築基準法第二条第九号の二イに規定する特定主要構造部についてのみ耐火構造を求めるものとしたものである。

（令六・三・二九　基発〇三二九第三号）

【防火壁】　規程第十条の「防火壁」は上下式鉄扉、耐火構造の隔壁等をいうこと。

（昭二三・三・三〇　基発五〇八号、昭三三・二・一三　基発九〇号）

【規程第十条の趣旨】　本条は、従来建築延べ面積が六百六十平方メートルを超えないことを原則とし、これを超える場合には、六百六十平方メートル未満毎に防火壁を設けなければならないことになつていたのであるが、延べ面積が千平方メートルを超える場合には、延べ面積千平方メートル以内毎に防火壁を設けることとし、建築基準法第二十六条に規定する基準と同一にしたものであること。（昭三〇・二・二五　基発一〇四号）

【主要構造部】　規程第十条ただし書中の「主要構造部」とは壁、柱、床、はり、屋根及び階段をいい、建築基準法第二条第五号に定められているものと同一であること。

（昭三〇・二・二五　基発一〇四号）

【不燃材料】　規程第十条ただし書中の「不燃材料」とは、コンクリート、れんが、瓦、石綿スレート、鉄鋼、アルミニウム、ガラス、モルタル、しつくいその他これらに類する不燃性の材料をいい、建築基準法第二条第九号に定められているものと同一であること。（昭三〇・二・二五　基発一〇四号）

【階段】　規程第十一条の「階段」は常用なると非常用なるとを問わないが、避難の目的上むしろ常用使用せられるものであることが望ましいこと。尚、本条の規定は避難の目的で設けられたものであるから、階段は棟内各室からもつとも手近な場所に配置され、且つ外部の安全な場所に通ずる出口に容易に行くことのできるものでなければならないこと。

（昭二三・三・三〇　基発五〇八号、昭三三・二・一三　基発九〇号）

【避難斜面】　「避難斜面」とは、すべり台の意であり、「適当な勾配を有する避難斜面」とは、すべり台として有効であり、且つ、危険でない勾配を有するすべり台をいうものであること。

（昭三〇・二・二五　基発一〇四号）

【適当な避難設備】　「適当な避難設備」とは、非常の際、労働者が容易に避難できる設備をいい、その利用により労働者の生命に危険を伴うようなものは、適当な避難設備ではないこと。なお適当であるか否かの判断は、その設備を利用する者、設置場所、建物の配置状況、土地の状況等を勘案して客観的に判断すべきものであること。

（昭三〇・二・二五　基発一〇四号）

【規程第十一条の解釈】

問　規程第十一条第二項において、常時十五人以上の労働者が二階以上の寝室に寄宿する建物には、各階に適当に配置され容易に屋外の安全な場所に通ずる階段を二箇所以上設けなければならないことになつておりますが、同条第一項但し書きにいう避難設備がある場合には適当な階段を一箇所設けることでよろしいか。

答　適当な勾配を有する避難斜面等適当な避難設備がある場合には、各階に適当に配置され容易に屋外の安全な場所に通ずる階段を一箇所設けることとしてさしつかえない。（昭四〇・一二・一五　基収五五四六号）

【他の施設と共用する階段】

問　このたび、当局管内○○○○ホテルから事業附属寄宿舎規程（以下単に規程という。）第十一条第二項に規定する階段に、他の施設と共有する階段が該当するかどうか下記のとおり照会があり、当局としては、同条同項に定める階段に該当するものと思料しますが、規程第十一条第二項において、「十五人以上」とは、各階それぞれ十五人以上の労働者が寄宿していることを意味するのかどうか、規程第十一条第二項の階段は、いずれも専用の階段でなくてはならないか、また家族寮との区画の面で、いささか疑義がありますのでお伺いいたします。

記

一、状況

　当ホテルでは別図〈編注　次頁図〉のとおり一棟を区画して一方を家族寮、一方を事業附属寄宿舎（以下単に寄宿舎という。）として使用しており、寄宿舎には、二階に八人、三階に十人、四階に十人、合計二十八人の女性を収容している。

　通常はA、Bそれぞれ別個の階段を専用としているが、寄宿舎で屋外に避難を要する事態が発生したときは、二階以上については寄宿舎側から家族寮に入ることができるようになつており、家族寮にあるB階段をA階段とともに非常階段として利用できる構造となつている。

　なお、これらの階段はともに規程に定める構造要件を具備しており、また、家族寮と寄宿舎との境界は風紀保持の観点から寄宿舎側からのみ開けることができる構造の戸となつている。

二、当局の見解

(1)　規程第十一条第二項において「十五人以上」とは、二階以上の寝室に寄宿する労働者の数の合計が十五人以上であることを意味するものと解する。

(2)　家族寮にあるB階段は、規程に定める構造要件を具備しており、かつ、緊急避難用として自由に使用できるものであるので、規程第十一条第二項に定める階段と解する。

答　一、記の二の(1)について

　貴見のとおり。

二、記の二の(2)について

　貴見のとおり。

　なお、寄宿舎と家族寮との境界の戸は、常時容易に開閉しうる状態に保持すること。

（昭四五・一・三〇　四四基収五九九四号）

【出入口の戸】　規程第十三条については積雪地においては本条立法の趣旨に鑑み、引戸とするように指導すること。

（昭三三・三・三〇　基発五〇八号、昭三三・二・一三　基発九〇号）

【規程第十七条の趣旨】

㈠　第一項について

(1)　第一号は、従来踏面が「二十センチメートル以上」であつたのを「二十一センチメートル以上」に改め、建築基準法施行令第二十三条に規定する基準と同一にしたものであること。なお、本規程改正前に造られた既設の寄宿舎については、附則第二項の規定により、本号の踏面は、従前の「二十センチメートル以上」が適用されることとされているので特に留意すること。

(2)　第三号は階段に踊場を設けなければならない場合の階段の高さを「三・六五メートル」から「四メートル」に改め、建築基準法施行令第二十四条に規定する基準と同一にしたものであること。

(3)(イ)　第七号は、手すりの高さは、従来「八十二センチメートル以上」であつたのを「七十五センチメートル以上八十五センチメートル以下」に改め、手すりとしての実効性を保たしめたものであること。

　なお、本規程改正前に造られた既設の寄宿舎については附則第二項の規定により、本号の手すりの高さは、従前の「八十二センチメートル以上」が適用されることとされているので特に留

○○○○ホテル従業員宿舎（鉄筋コンクリート４階建）略図

１階平面図

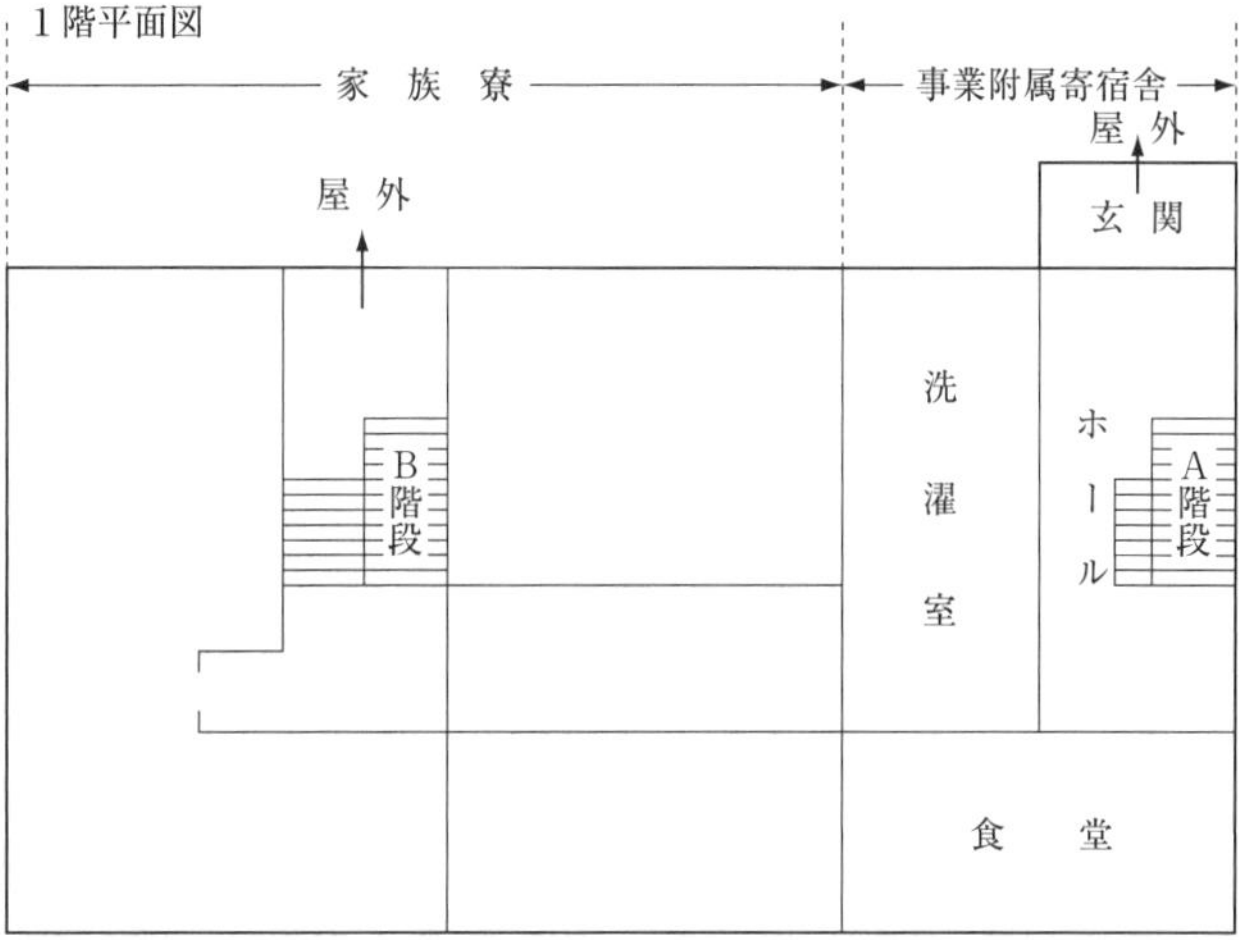

２～４階平面図

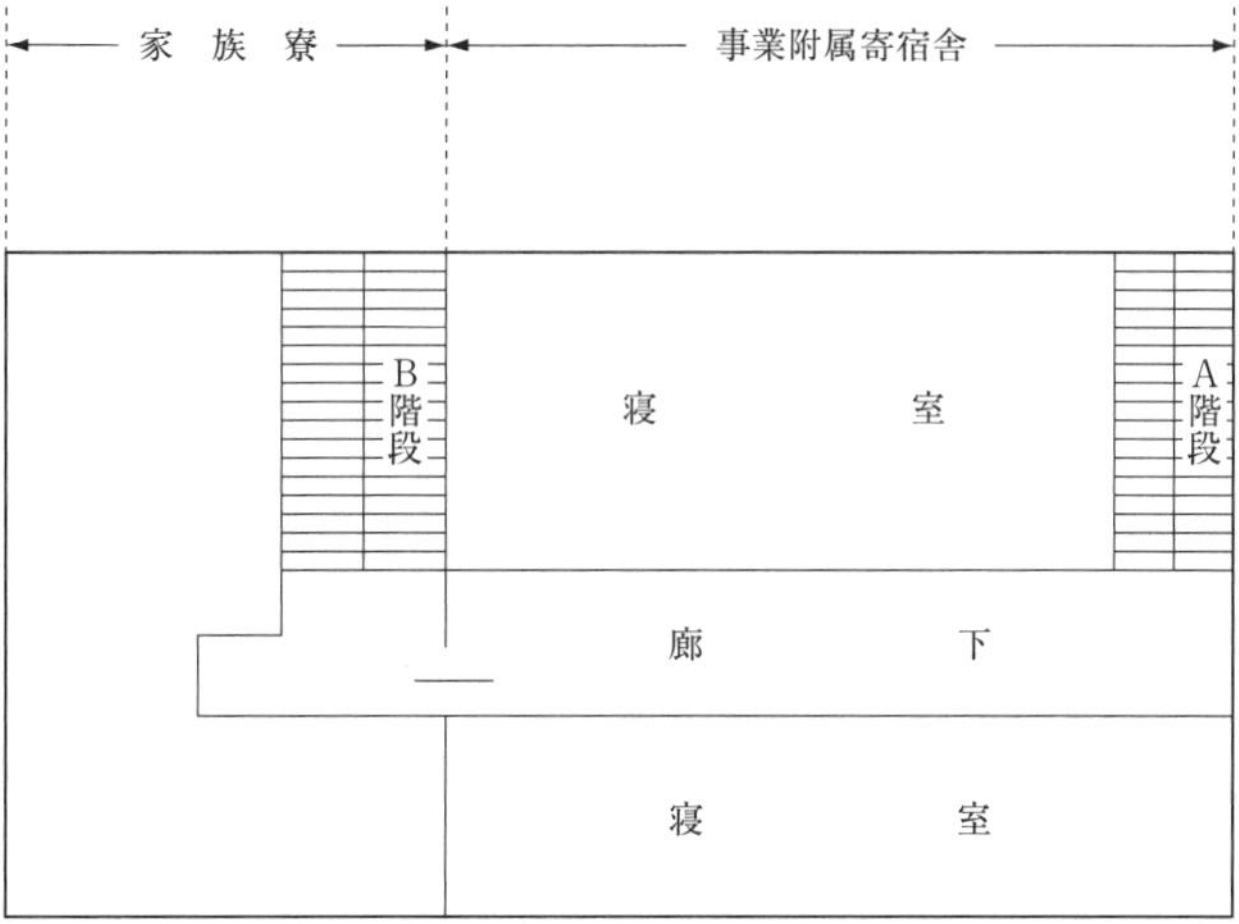

意すること。

(ロ)　第七号の手すりは、階段の両側に壁又はこれに代るものがない場合には両側に、階段の片側に壁又はこれに代るものがない場合にはその片側に設けることを要するが、壁又はこれに代るものがある側には設けることを要しないものであること。

なお、建築基準法によれば手すりは階段及びその踊場に設けることを要するようになつており、本号の規定と表現が一致していないが、本条第一項の柱書きの書き方からみて、本条の階段には踊場も含むものであることは明かであり、踊場についても当然本号の適用があり、手すりを設けることを要するものであること。

(4)　第八号は階段の幅を「一・二五メートル以上」から「七十五センチメートル以上」に改め、建築基準法施行令第二十三条に規定する基準と同一にしたものであること。

(二)　第三項について

第三項は、第十一条の規定により設けられたいわゆる避難用の階段のうち、二階以上の寝室に居住する労働者が常時十五人未満の場合においては一箇所、常時十五人以上の場合においては二箇所の階段について、それらが常時使用されると否とにかかわらず本条第一項の規定を適用することとし、労働者が十五人未満の場合における一箇所、労働者が十五人以上の場合における二箇所の階段以外に設けられた第十一条に規定するいわゆる避難用の階段であつて、かつ、常時には使用しないものについては、屋外階段及び屋内階段を問わず本条第一項の規定は、適用しないこととしたものであること。

（昭三〇・二・二五　基発一〇四号）

【規程第十八条の趣旨】　規程第十八条第二項第一号は、中廊下の幅を「一・八メートル以上」から「一・六メートル以上」に改め、建築基準法施行令第百十九条の規定によるものと同一にしたものであること。

（昭三〇・二・二五　基発一〇四号）

【適当な換気のための設備】　規程第十八条第二項第四号の「適当な換気のための設備」とは、換気の用に供することのできる仕切、障子、硝子窓等も含まれるが、ドアの如く単に出入口にすぎないものは含まれないこと。

（昭三〇・二・二五　基発一〇四号）

【両側廊下】

問　事業附属寄宿舎規程第十八条に「廊下は片廊下とし云々」とあるも左の図の如く両側廊下にしても差し支えないか。なお、本寄宿舎は中廊下のものを両側廊下に改造しようとするものである。

答　A、Bの廊下については差し支えないが、C、Dが廊下であれば幅一・二メート

図

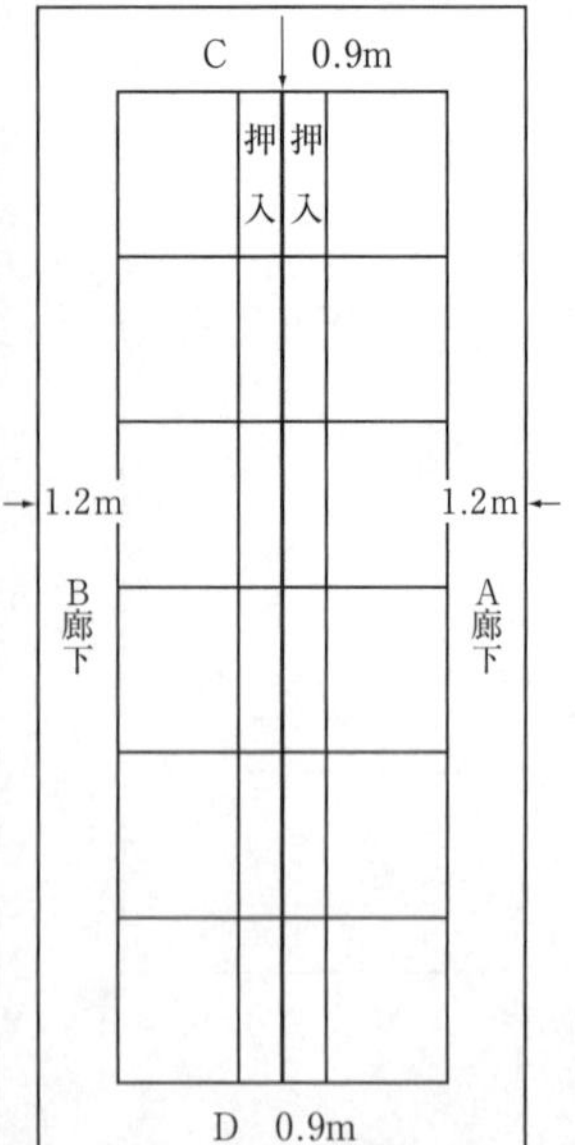

ル以上であることを要する。故に実情に応じてC、Dを通らずにA及びBより直接外部へ通ずる出入口を設けること。

（昭二三・一一・二五　基収三九三五号）

【中廊下】

問 事業場において事業拡張に伴い、労働者の増員を図ると共に寄宿舎の増設を計画中であるが、建築基準法、敷地等との関係にて中廊下として棟数を減じたい意向であるが、この場合事業附属寄宿舎規程第十一条及び第十二条の設備をしても第十八条に違反するものとして設計変更を要するか。

答 規程第十八条第二項各号に該当しない限り見解の通り。

（昭二四・三・一〇　基収七四五号、昭三三・二・一三　基発九〇号）

【二段寝台】

問 某事業場より左記内容により寄宿舎を新設したいがこれにつき違法であるかどうかを照会して来たが、いささか疑義があるので御教示願いたい。

記

図面〈編注　次頁図〉のような間取り（二・七メートル×六・〇メートル）に寝台を二段にして八人の女性工員を収容しようとするもので、

一、間取面積は十六・二平方メートルであるが、二段目の寝台面積を併せた延面積は二十四・八四平方メートルとなる。

二、天井の高さは床より二・五二メートルであるが一段の寝台より二段の寝台まで、二段の寝台より天井までは各〇・九メートルである。

右のような次第であるが、この場合

一、事業附属寄宿舎規程第十九条第一号は寄宿舎が多人数の団体生活を行う関係から、個人の落ちついた私生活を確保し、狭い部屋に多人数を収容することは保健衛生上好しくないので一定の制限を加えている趣旨から居住面積は二段目の寝台面積を併せた延面積にあらず間取面積と解されること。

二、同条第三号の天井の高さは床よりの高さと解される。しかし、天井が低いと圧迫感をうけ落ちついた私生活の確保が困難であることより制限を加えている趣旨から多少の疑義を生ずる。

答 一、見解のとおり。

一、見解前段のとおり。

（昭三三・二・一　基収三四四号）

【身廻品】　規程第十九条第一項第四号にいう「身廻品」とは、労働者が自己の身につける物品の意であり、衣服はもとより帽子、履き物、ハンドバック、装飾品等が含まれるが、ミシン、タンス、書籍等は含まれないこと。又労働者の私有の身廻品を収納するための設備を「個人別のものとする」とは、労働者の私有の身廻品を他の労働者のものと区別して収納できるようになつているものであること。

（昭三〇・二・二五　基発一〇四号）

【有効採光面積】　規程第十九条第一項第七号の「有効採光面積」とは採光のために有効に使用され得る窓の面積を意味し、無双窓の如き構造のものにあつては外光の射入し得る面積のみを考えること。

（昭二三・三・三〇　基発五〇八号、昭三三・二・一三　基発九〇号）

【寝具等】　規程第二十条の「寝具等」は使用者が寄宿労働者のために備えねばならぬが、労働者が任意に持込むことを禁止する趣旨ではないこと。

（昭二三・三・三〇　基発五〇八号、昭三三・二・一三　基発九〇号）

【寄宿舎における寝具等の損料の徴収】

問 事業附属寄宿舎規程第二十条に関し、某局においては次のような解釈をとつているが、左記二点につき疑義があるので、何分の回答を願いたい。

「事業附属寄宿舎規程第二十条は、その規程の趣旨に鑑み事業主の責任において寄

宿舎平面図

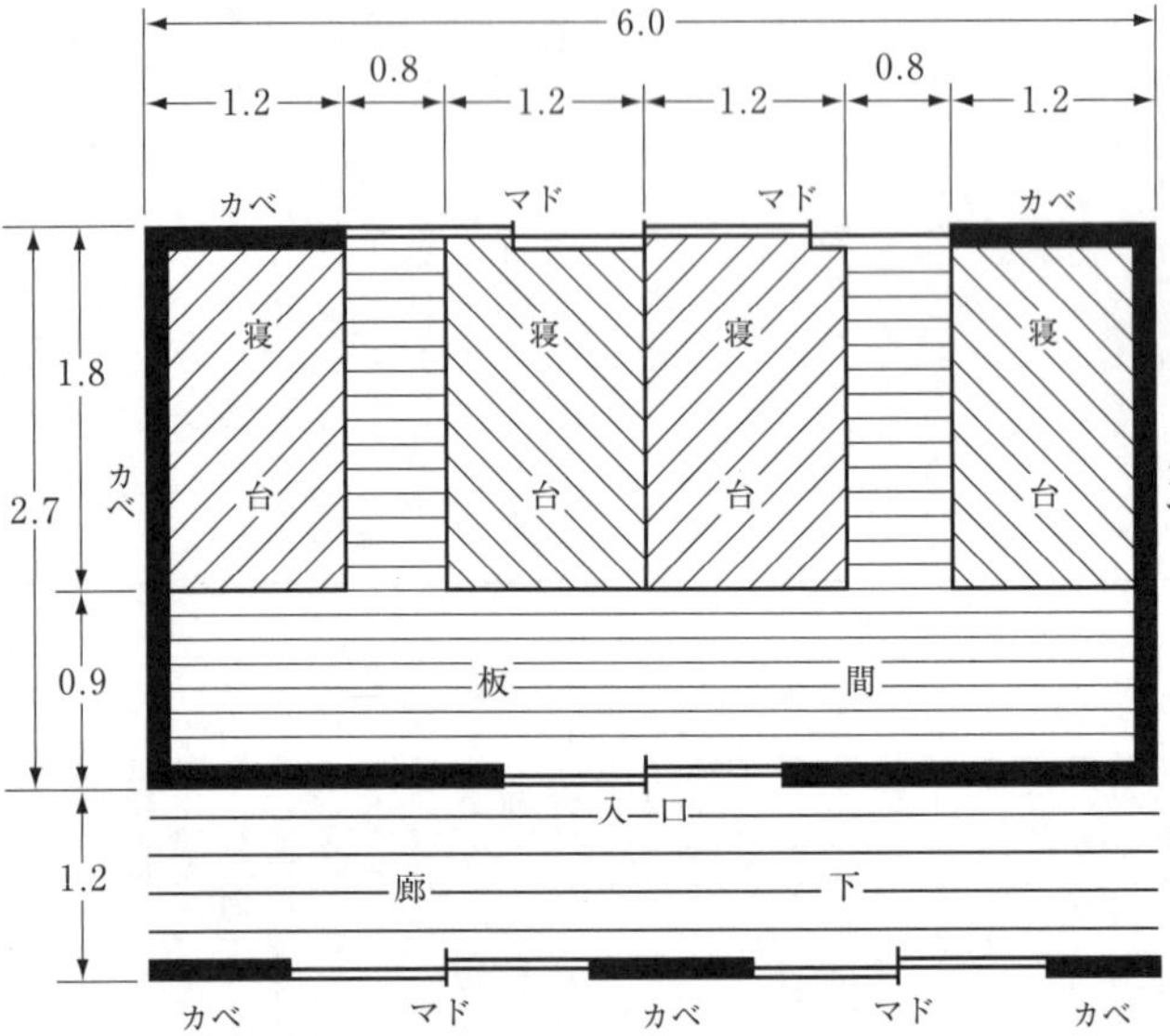

床面積＝16.2m²
延面積＝24.84m²　　S＝m

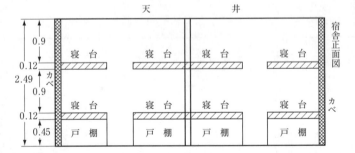

宿舎正面図

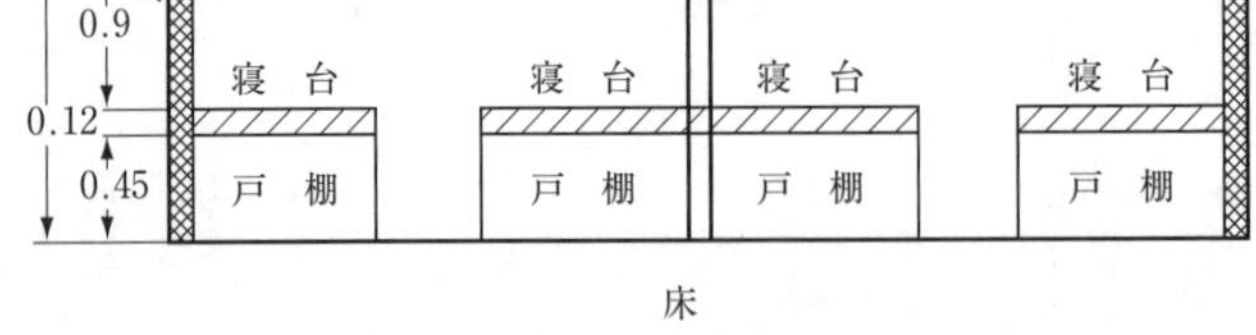

宿労働者各人別に寝具等の備付を義務づけているものと解されるが使用料等妥当な範囲における損料を徴収することは差支えない。然しながら寄宿条件として一率に寝具等の売買契約を締結させる等寄宿労働者に対し寝具等の購入又は持参を直接間接に強制する場合は『備え付け』るという義務を果したものとは解されない。」

記

(1)「使用料等妥当な範囲における損料を徴収することは差支えない」の見解は基準法上の解釈に疑義があると考えるので見解を示されたい。

(2) 右のうち「妥当な範囲における」の妥当についての解釈を具体的に示されたい。

答(1) 事業附属寄宿舎規程第二十条第一項は、使用者の責任において寝具等を備えるべきことを義務づけているが、使用者が備えた寝具等を寄宿労働者に使用させる場合に、これらを無料で、使用させることまで使用者に義務づけているものとは解されないので、寝具等の損料を寄宿労働者から徴収することは差し支えない。

(2) 右の損料とはその地方において社会的に妥当な額に決定されるべきものである。

（昭三〇・七・二七　基収三七九九号）

【清潔保持についての協力】　規程第二十条第二項の「清潔の保持について使用者に協力する」とは、使用者が第一項の規定により寝具、白布及び敷布について日光曝干、洗濯、補修等を行うに際して、指示された日時又は場所にこれらのものを提出する等使用者の清潔の保持のための行為を行いやすくする趣旨のものであること。

（昭三〇・二・二五　基発一〇四号）

【睡眠を妨げない適当な方法】　規程第二十一条の「適当な方法」とは寝室専用に使用し、かつ、就寝中と掲示をする等の方法をいうものであるが、本文が原則であることを強調し指導すること。

（昭三三・三・三〇　基発五〇八号、昭三三・二・一三　基発九〇号）

【寄宿舎に近接した位置】　規定第二十四条の「寄宿舎に近接した位置」とは、寄宿舎に近い位置にあることをいうものであり、寄宿舎に近接した位置か否かについては、土地の状況、事業場と寄宿舎の建物の配置状況等を勘案して客観的に判断すべきものであること。

（昭三〇・二・二五　基発一〇四号）

【規程第二十五条第五号の趣旨】　「寒冷時に」は、食事をとる際における寒さについていうものであり、その判断は、具体的にその時の自然的、地理的条件等を勘案してなすべきものであること。

「採暖の設備」は、火鉢等持ち運びのできるものであつてもよく、固定の設備を必要としないものであること。

（昭三〇・一・二五　基発一〇四号）

【水質検査】　第二十五条の二第一項の「水質検査」は、水質基準に関する省令（昭和五十三年厚生省令第五十六号）の別表に定める検査方法を標準として行うこと。

また、水質検査の機関は公共団体の外、試験所、研究所等であって権威あるものであればよいこと。

（昭三三・三・三〇　基発五〇八号、昭三三・二・一三　基発九〇号、昭六三・三・一四　基発一五〇号）

【規程第二十五条の二第二項の趣旨】　規程第二十五条の二第二項は、汚水及び汚物が流出し去る場合以外の場合を前提とする規定であつて、一定の場所でためておく場合には、露出しないよう、おおう等の措置が必要であるが、消毒して無害にする等衛生上の処理までは必要としないものであること。

（昭三〇・二・二五　基発一〇四号）

【汚水・汚物】　規程第二十五条の二第二項の「汚水」とは、洗濯水、炊事場、浴場等から出る廃水等であり、「汚物」とは、ふん尿、ごみ、残飯等が含まれるものであること。

（昭三〇・二・二五　基発一〇四号）

【規程第二十七条の趣旨】

㈠　第二項について

(1)　浴室に清浄な水又は上り湯の設備を設けること、浴湯を適当な温度及び量に保つことは、清潔保持の例示であるが、その他入浴人員、事業の種類及び規模等によりそれに応じた清潔保持の方法が種々考えられ、具体的事例について個々に判断すべきものであること。

(2)　「清浄な水又は上り湯の設備」は、清浄な水の設備又は上り湯の設備の二者択一でよく、設備は固定のものを要しないものであること。

(3)　「適当な温度」は、季節、天候等に応じ入浴の効果が達成できる程度の温度であること。なお、公衆浴場法（昭和二十三年法律第百三十九号）に基づく東京都条例（公衆浴場の設置場所の配置及び衛生措置等の基準に関する条例（昭和三十九年都条例第百八十四号））では摂氏四十二度以上と規定されているから摂氏四十二度前後を一応の標準とすること。

(4)　「適当な量」とは浴そうに応じた通常の入浴姿勢で肩までつかれる程度の量であればよいこと。

㈡　第三項について

(1)　本項は、男性と女性のいずれか一方が著しく少数であること及び入浴時間を男女により区別していることの要件をみたす限り、風紀の観点から男女別にすることを規定する第二項の例外を認めることにしたものであること。

(2)　「いずれか一方が著しく少数」とは、男女いずれか一方が他方より極端に少数であるという趣旨であつて比例的に少数であるという趣旨ではないこと。

（昭三〇・二・二五　基発一〇四号、昭六三・三・一四　基発一五〇号）

【規程第二十八条の趣旨】　規程第二十八条第一項各号は、必ずしも清潔保持に関する規定ではなく、一般の清潔保持に関しては、寄宿労働者数の多寡、男性寄宿舎であるか、女性寄宿舎であるか等によりそれに応じた種々の方法が考えられ、具体的事例について個々に判断すべきものであること。

（昭三〇・二・二五　基発一〇四号）

【便所と便房】　規程第二十八条の「便所」とは、大小便をするための便房、便池等を含む場所的概念であり、第三号の「便房」とは、便器のある場所をいうものであること。

（昭三〇・二・二五　基発一〇四号）

【男女別】　規程第二十八条第一項第二号の「男女別にする」とは、用便の部屋が男女により間仕切り等によつて区分されていることであり、便所に附属する手洗の設備は、用便の部屋の外にある限り、男女別にすることを要しないものであること。

（昭三〇・二・二五　基発一〇四号）

【便房の数】　規程第二十八条第一項第三号の便房の数の計算は大小便合算数であり、その端数計算は、次の方式によるてい増方式であること。

1人から100人まで$W = \frac{m}{15}$

101人から500人まで$W' = \frac{100}{15} + \frac{m-100}{20}$

501人以上$W'' = \frac{100}{15} + \frac{500-100}{25} + \frac{m-500}{25}$

mは寄宿労働者数

W, W′, W″は便房の数

$\frac{100}{15} = 7$として計算するとともに常に小数点以下切上げること。

（昭三〇・二・二五　基発一〇四号）

【流出する水によつて手を洗う設備】　規程第二十八条第一項第五号の設備は、流れ出る水によつて手を洗うことのできるものであればよく、溜水に手を入れひしやくにより溜水で手を洗うものはこれに含まれないものであること。
（昭三〇・二・二五　基発一〇四号）

【規程第三十一条の検査】　規程第三十一条の検査は労働安全衛生規則第四十三条第二号の自覚症状及び他覚症状の有無の検査に含まれるものであること。
（昭三〇・二・二五　基発一〇四号）

【その他の伝染性眼疾患及びその他の伝染性皮膚疾患】　規程第三十一条第一項第二号中の「その他の伝染性眼疾患」には、流行性結膜炎、「その他の伝染性皮膚疾患」には、たむし、しらくも等の白せん菌による皮膚病等があること。
（昭三〇・二・二五　基発一〇四号）

【検査の回数】　規程第三十一条第二項は、第一項の検査をした回数は、労働安全衛生法第六十六条の健康診断を受けた回数に応じて減ぜられることを規定したものであるが、本項の検査をうけたことにより、その回数だけ労働安全衛生法第六十六条の健康診断の回数が減ぜられるものではないこと。
（昭三〇・二・二五　基発一〇四号）

【規程第三十二条の趣旨】　本条は「健康診断の結果」による場合のみの規定ではないこと。
（昭三〇・二・二五　基発一〇四号）

【規程第三十三条の趣旨】　寄宿舎に近接した場所にある病室、診療室、休養室等を明示的又は黙示的に本条の休養室として指定しておけば本条の違反とはならないものであること。
（昭三〇・二・二五　基発一〇四号）

【衛生に関し経験のある者】　規程第三十四条の「衛生に関し経験のある者」とは看護婦、保健婦、助産婦、衛生管理者、旧陸海軍の衛生下士官等をいうものであること。
（昭三〇・二・二五　基発一〇四号）

【衛生に関する相談】　規程第三十四条の「それらの者の衛生に関する相談」とは、寄宿舎に寄宿する労働者がその衛生に関する相談をすることであり、例えば労働者の身体の異常、栄養、居住衛生等に関する相談をいい、労働衛生に関する相談は含まれないものであること。
（昭三〇・二・二五　基発一〇四号）

【担当者】　規程第三十四条の「担当者」は寄宿舎に常駐することを要せず、又当該事業場外の者を指定しておいても差支えないものであること。
（昭三〇・二・二五　基発一〇四号）

【伝染性の疾病】　規程第三十五条の「伝染性の疾病」とは所謂伝染病の外、伝染性皮膚疾患又は伝染性眼疾患等集団生活において伝染のおそれの多い疾患をいうこと。
（昭三三・三・三〇　基発五〇八号、平一一・三・三一　基発一六八号）

【修正適用許可の基準】　規程第三十六条の許可については事業の種類、規模、寄宿期間、寄宿労働者の性別、年齢別等を考慮することとし、おおむね次の基準によつて適宜許可すること。

(1)　規程第八条については二階以上の建物であつて各階を夫々男性用又は女性用とするか、あるいは平家建であつても出入口まで区画があるが如き場合には許可すること。

(2)　規程第十七条各号の基準に近いものについては、階段を使用する労働者数等をも勘案して修正適用して差支えないこと。

(3)　規程第十八条関係　(イ)「廊下の幅」については〇・九メートルまでは修正適用して差支えないこと。(ロ)山小屋その他一階建の仮設寄宿舎でやむを得ぬ事情あるものについては第二項各号に該当しない中廊下であつても許可すること。

(4)　規程第十九条関係　(イ)別に定めるものの外、規程第三十九条の基準までは通常許可して差支えないこと。(ロ)　山小屋その他辺鄙な場所に設けられる寄宿舎においては、第七号は十ルクスにみたなくともランプその他これに準ずる燈火施設があれば差支えないこと。(ハ)　第八号の除外は認めないこと。

（昭二三・三・三〇　基発五〇八号、昭三三・二・一三　基発九〇号）

【様式第三号の記入方法】　様式第三号中「特例を必要とする具体的事由」欄に、修正基準を併せ具体的に記入せしめること。

（昭二三・三・三〇　基発五〇八号、昭三三・二・一三　基発九〇号）

【修正適用の運用方針】

問　事業附属寄宿舎規程様式第三号によれば特例を必要とする期間を記入しなければならないが、これは同規程第三十六条の「これを修正して適用する」とはやむを得ない特例にして法別表第一第六号及び第七号の事業附属寄宿舎又は常時十人に満たない労働者を六カ月を超える期間寄宿させる寄宿舎も可及的に第二章に定めるところに従い適用すべき意味であるか。

答　見解の通りであるが、その具体的運用方針については、昭和二十三年三月三十日附基発第五〇八号通牒の通り。

（昭二三・六・二　基収一八九七号、平一一・三・三一　基発一六八号）

【第二種寄宿舎の意義】　規程第三十七条にいう「六カ月に満たない期間」とは寄宿舎建造物の使用期間をいい、労働者が交替することにより六カ月以上使用する寄宿舎は、第一種寄宿舎に該当すること。

（昭二三・三・三〇　基発五〇八号、昭三三・二・一三　基発九〇号）

【国有林野事業の寄宿舎に対する事業附属寄宿舎規程の適用について】　国有林野事業の寄宿舎に対する事業附属寄宿舎規程の適用について今後下記の基準により取り扱うこととしたので、その適用に遺憾なきを期せられたい。

記

1　国有林野事業寄宿舎区分表に示される事業附属寄宿舎のうち次のものは事業附属寄宿舎規程第二章の適用を受けるものとする。ただし、当該寄宿舎の使用期間が六カ月をこえないものは、この限りでない。

(1)　製品事業所の事務所に勤務する者を収容する寄宿舎

(2)　機関手、制動手等林道（軌道を含む。）における運材関係者を収容する寄宿舎（当該林道における運材のため使用期間が一年ないし五年の臨時的林道の場合を除く。）

(3)　貯木場関係者を収容する寄宿舎

(4)　工場関係者を収容する寄宿舎

(5)　林道事業所の事務所に勤務する者を収容する寄宿舎

(6)　林道の保線関係者を収容する寄宿舎（当該林道の使用期間が一年ないし五年の臨時的林道の場合を除く。）

(7)　造林事業所の事務所に勤務する者を収容する寄宿舎

(8)　苗畑関係者を収容する寄宿舎

(9)　官庁造林事業所の事務所に勤務する者を収容する寄宿舎

(10)　治山事業所の事務所に勤務する者を収容する寄宿舎（林野庁経営合理化要綱に示すA種公共治山事業に限る。）

2　国有林野事業寄宿舎区分表に示される事業附属寄宿舎のうち、上記1以外のものは、事業附属寄宿舎規程第三章の適用を受けるものとする。

3　規程第三十六条の許可については、国有林野事業の寄宿舎の特殊性により、次の基準によることとする。

(1)　規程第八条関係

寄宿舎に収容する女性が炊事婦のみである場合には、当該女性専用の居室を区画し、内部より施錠しうる装置が設けられておれば許可すること。

なお、夫婦を寄宿舎に収容する場合

においても夫婦専用の居室を区画し、内部より施錠しうる装置が設けられておれば許可してさしつかえない。

（2）規程第十七条関係

女性及び年少者を二階以上に収容しない場合には、次の基準により許可すること。

イ　勾配は設置場所の条件及び階上居住の労働者数を勘案して五十三度以内までは許可すること。この場合においては、踏面の広さも勾配の関係からやむを得ない範囲まで許可すること。

ロ　回り段は既設のものに限り、九十度以内の回り箇所が一箇の場合は許可すること。

（3）規程第十八条関係

イ　「廊下の巾」については、寄宿舎の設置場所の条件等により止むを得ない場合の条件等により止むを得ない場合には〇・九メートルまでは許可してさしつかえないこと。

ロ　既設の寄宿舎については、第二項各号に該当しない中廊下であつても許可してさしつかえないこと。

（4）規程第十九条関係

山間部に設置され電燈線のない寄宿舎については、第七号は十ルクスにみたなくともランプその他これに準ずる燈火施設が設けられてあれば許可してさしつかえないこと。

（5）規程第二十八条関係

山間部その他辺鄙な場所に設けられた寄宿舎においては、第四号は便所が別棟にて設けられ、汚物によつて飲用水及び炊事用水等が汚染のおそれのない場合に限つて浸透しない構造でなくとも許可してさしつかえないこと。

（昭三五・九・三　基収五八五一号の一、平九・九・二五　基発六四八号）

【入浴のための設備】　規程第三十九条第七号中「入浴のための設備」とは、単に浴そうがあれば足り、その他には特別の制限はないものであること。

（昭三〇・二・二五　基発一〇四号）

❷建設業附属寄宿舎規程関係

【建設業附属寄宿舎規程の一部を改正する省令の施行について】　建設業附属寄宿舎規程の一部を改正する省令（平成六年労働省令第三十八号）は、平成六年八月三十一日公布され、これにより改正される建設業附属寄宿舎規程は、一部の経過措置を除き、平成六年十二月一日から施行されることとなった。

今回の改正の趣旨及び内容等については、下記のとおりであるので、了知の上、その取扱いに遺憾なきを期されたい。

記

第一　改正の趣旨

（1）建設業附属寄宿舎規程は、昭和四十二年の制定以来二十七年が経過したが、その間、我が国社会経済は大きな発展を遂げ、建設業附属寄宿舎（以下「寄宿舎」という。）を取り巻く状況も大きく変化してきたところである。

この結果、現行の建設業附属寄宿舎規程の規程内容には、現状にそぐわないものが少なからずみられ、これを引き上げるべきではないかとの指摘も各方面からなされてきた。

さらに、最近の寄宿舎における火災災害の発生状況等にかんがみ、寄宿舎の安全衛生に関する措置基準については、これを早急に充実させる必要が認められた。

（2）このような状況を踏まえ、寄宿舎に入居する労働者については、就労する建設工事の工程等により頻繁に入れ替わりがあること、出稼労働者や高齢者が少なくないこと等の建設業における寄宿舎の特性に意を払いつつ検討を重ねた結果、今般、建設業附属寄宿舎規程について、住環境の整備、安全衛生の確保を中心とした改正を行うこととしたものである。

(3)　なお、今回の改正に併せて、別途「望ましい建設業附属寄宿舎に関するガイドライン」を策定することとしており、これらに基づき、寄宿舎の一層の改善が進められることは、建設業に従事する労働者の福祉の向上はもとより、ひいては建設業における労働力の確保につながり、建設業の健全な発展に資することとなるものと考える。

（平六・九・二八　基発五九五号）

【適用の範囲】

(1)　この省令は、従来の事業附属寄宿舎規程（昭和二十二年労働省令第七号）の適用を受ける寄宿舎のうち、労働基準法（以下「法」という。）別表第一第三号の事業であつて事業の完了の時期が予定されるいわゆる有期事業の附属寄宿舎について、特別に定めたものである。したがつて、法別表第一第三号の事業のうち有期事業の附属寄宿舎（以下「寄宿舎」という。）については、仮設のものであるか否かを問わず、今後すべてこの省令の定めるところによることとなること。

(2)　第一条の「事業の完了の時期が予定されるもの」には、支店、営業所等の継続的事業は含まれないこと。

一定の寄宿舎を基地として、数個の有期事業を同時又は順次に行なつている場合における寄宿舎も、それぞれの事業が一の有期事業と解せられるので、当該有期事業の寄宿舎としてこの省令の適用を受けるものであること。

なお、この場合には、寄宿舎規則の届出は、それぞれの事業の開始の都度、第二条に定めるところに従つて事業場の所在地を管轄する労働基準監督署長（以下「所轄労働基準監督署長」という。）又は寄宿舎の所在地を管轄する労働基準監督署長にしなければならないが、事業主が同一であるときには、寄宿舎規則を変更しない限り再度届け出なくてもさしつかえないこととすること。

（昭四二・一〇・九　基発九七一号、　安発四二号、平一一・三・三一　基発一六八号）

【寄宿舎規則の届出】

(1)　第二条第一項関係

イ　第一項ただし書は、使用者の便を考慮して定めたものであること。

ロ　寄宿舎の所在地を管轄する労働基準監督署長と所轄労働基準監督署長とが異なる場合には、寄宿舎規則は寄宿舎の所在地を管轄する労働基準監督署長において保管することとすること。

したがつて、所轄労働基準監督署長が寄宿舎規則の届出を受けた場合には、所要の審査及び指導を行なうとともに、当該寄宿舎規則を寄宿舎の所在地を管轄する労働基準監督署長に送付すること。

(2)　第二条第二項関係

本項は、元請事業主の設置する建物に、下請事業の労働者を寄宿させる場合等他人の所有に係る建物を寄宿舎として使用する場合に、その貸借関係を明確にするとともに、この省令に定める基準に適合するよう寄宿舎を管理する実質的権限を有する者を明らかにしようとするものであること。

なお、元請事業主の所有に係る建物を下請事業主に貸与する場合には、元請事業主は、この省令に定める基準に適合している建物を貸与することが基本的にのぞましいので、この点極力指導すること。

イ　第一号の「貸借契約の当事者」とは、建物を借りた事業主とその相手方であり、相手方は通常当該建物の所有者であるが、所有者から貸与を受けた者等である場合もあること。

ロ　第二号の「修繕、改築又は増築の権限を有する者」は、必ずしも一人（法人を含む。）であるとは限らずたとえば、通常の修繕は建物を借りた事業主が行ない、改築等は所有者が行なう場合には、その旨を明らかにしておかなければならないこと。また、建物を借りた事業主が権限を有する場合であっても、その権限を行なうには所有者等の承認を要するときは、その旨も明らかにしておかなければならないこと。

ハ　本項の書面の添付は、寄宿舎規則の変更の届出に際しても添付する必要があること。

なお、本項各号に掲げる事項について変更があつた場合には、すみやかにその旨を報告するよう指導すること。

ニ　寄宿舎として使用する建物については、当事者間で契約書等書面をもつて貸与条件を明らかにしておくことが望ましく、当該契約書等に本項各号に掲げる事項が記載されている限り契約書等の写しをもつて本項の添付書面にかえることができること。

（昭四二・一〇・九　基発九七一号、安発四三号）

【設置場所】

(1)　第六条第一号の「爆発性の物（火薬類を含む。）」「発火性の物」「酸化性の物」「引火性の物」及び「可燃性のガス」とは労働安全衛生令別表第一に掲げるそれぞれの物及びこれらに類する爆発、火災の危険性を有する物というものであること。

なお「火薬類」とは、火薬類取締法「昭和二十五年法律第百四十九号）第二条第一項に規定するものであること。

「易燃性の物」とは、綿、木綿のぼろ、わら、木毛、紙等着火後の燃焼速度が早いものをいうものであること。

(2)　第二号の「衛生上有害な場所の附近」とは、事業場等から発散した亜硫酸ガス、吹付塗装による飛沫、土石、鉱物の粉じん等の有害なガス、蒸気、粉じんが、滞留し、又はしばしば流れてくるようなところをいうものであること。

(3)　第五号の「出水時浸水のおそれのある場所」とは河川敷、山間部の川原、海岸に近い低地等のごとき場所であつて洪水、高潮、異常な降雨等の場合には、常に被害をうけるようなところをいうこと。

(4)　なお、本条は寄宿舎の建物を設置する際はもとより、設置している間も適用されることはいうまでもないこと。

（昭四二・一〇・九　基発九七一号、安発四三号）

【規程第七条（敷地の衛生）の趣旨】　第七条は、寄宿舎の敷地が雨水及び汚水の滞留で不潔になるのを防止するため、排出施設又は処理施設を設けるべき旨規定したものであること。

（昭四二・一〇・九　基発九七一号、安発四三号）

【ためます】　「ためます」とは、次図〈編注　次頁上段〉に示すような排水を集めておくためのますをいうものであること。

（昭四二・一〇・九　基発九七一号、安発四三号）

【敷地の衛生】

(1)　趣旨

第七条には、雨水及び汚水を排水、処理するための施設についての規定が設けられているが、今回、寄宿舎の敷地の衛生を確保する観点から、使用者は、寄宿舎から出る汚物をためておく場合については、これを一定の場所において露出しないようにしなければならないこととしたものであること。

(2)　内容

イ　第七条の二は、寄宿舎から出る汚物を寄宿舎の敷地外に運び出すまでの間、その敷地内にためておく場合についての規定であること。

ロ　「汚物」とは、ごみ、残飯、ふん尿等をいうものであること。なお、回収等のために集積されている空き瓶、空き缶等については、その状況により、必ずしも「汚物」に含めなくとも差し支えないものであること。

ハ　「露出しないように」とは、すき間なく覆いをすること、蓋のある容器に入れておくこと等をいうものであり、

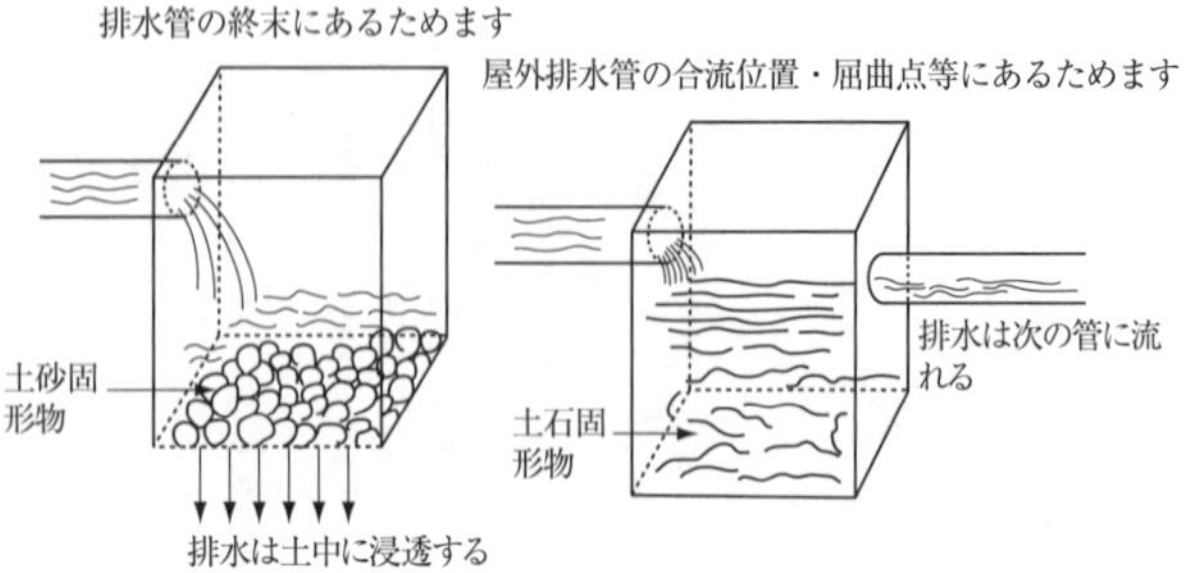

例えば、ごみ、残飯等を蓋のあるポリバケツに入れておくことをいうものであること。（平六・九・二八　基発五九五号）

【避難階段等①】

(1) 第八条第二項の「その他の避難器具」には、すべり棒、避難橋、救助袋等が含まれるものであること。

本条の「者」には、労働者のみでなく、その他の居住者（家族等）も含むものであること（以下第十一条、第十六条第三項、第十七条第二号、第十九条第一号、第二十条第二号、第二十一条から第二十三条まで及び第二十四条第二項において同じである。）

(2) 第三項の避難階段等は、火災等の際における避難の目的で設けるものであるから、その目的を達する構造を備えるとともに、労働者が屋外の安全な場所に容易にいくことができるよう各室から適当な距離であつて安全な場所に配置されなければならないこと。

（昭四二・一〇・九　基発九七一号、安発四二号）

【避難階段等②】

(1) 趣旨

イ　改正前の建設業附属寄宿舎規程（以下「旧規程」という。）第八条第一項においては、常時十五人以上の者が二階以上の寝室に居住する寄宿舎については、二以上の避難階段を設けるべきこととしながら、これに代えて避難はしご等の避難器具を設けた場合にはこの限りでないこととしていたが、火災等の場合において寄宿舎に寄宿する者が迅速かつ円滑に避難することができるよう、今回、このうち少なくとも一箇所については、必ず避難階段としなければならないこととしたものであること。

ロ　また、同様の観点から、

(イ) 避難階段又は避難器具及びこれらに通ずる通路については、常時使用しないものであるか否かにかかわらず、避難用である旨の表示をするとともに、常時容易に避難することができるようにしておかなければならないこととしたものであること。

(ロ) 避難階段又は避難器具に通ずる通路については、その通ずる避難階段又は避難器具が設置されている方向を表示しなければならないこととしたものであること。

(ハ) (イ)及び(ロ)の表示は、常時容易に識別できるものでなければならないこととしたものであること。

(2) 内容

イ「避難階段」については、改正後の

第八条第三項の要件を満たす限り、必ずしも屋外に設置されていることを要するものではなく、例えば、階段が寄宿舎の出入口に近接して設けられており、当該階段を降りて、何らの支障なく速やかに当該出入口から屋外の安全な場所に避難できるものである場合には、「避難階段」を一箇所設置しているものと認められるものであること。

　なお、昭和五十七年十月五日付け基収第九四号の別表については、「内階段」は上記のように出入口に近接していない場合を示すものであること。

ロ　第九条第二項の通路に係る「その通ずる避難階段又は避難器具が設置されている方向」の表示は、例えば、次図のようなものがあり、また、この場合には同条第一項の「避難用である旨」の表示と合わせて示されているものと認められるものであること。

避難階段⇩

ハ　「常時容易に識別できる」とは、他の表示と紛らわしいものであってはならず、また、カーテン等により表示が見えにくい状態となっていないことが必要である。さらに、当該表示は、昼間のみならず、夜間においても容易に認識できることが必要であるが、その具体的な方法としては、常夜燈により照明された箇所に表示を行うことのほか、電光による表示、蓄光塗料による表示等があること。

ニ　改正後の第八条の規定の適用については、平成六年十二月一日前に設置されている寄宿舎については、なお従前の例によるものであること。

　なお、この場合であっても、寄宿舎における安全な避難経路の確保の観点から、できるかぎり避難階段が設けられることが望ましいものであること。

（平六・九・二八　基発五九五号）

【出入口及び避難階段等】

問　二階建ての建設業附属寄宿舎（二階の寝室には、十四人が居住していた。）において、寄宿舎内には一階から二階へ通ずる階段はなく、直接寄宿舎外から二階へ通ずる階段に一つ設置されている場合、当該寄宿舎は建設業附属寄宿舎規程第八条又は十条に違反すると解してよろしいか。

答　建設業附属寄宿舎規程（以下「建寄程」という。）第十条は、火災等で居住者が避難する必要が生じた場合を考慮して、寄宿舎の内部と外部との間の出入りのために、すべての居住者が利用し得る直接戸外に接する出入口を二以上設置することを義務づけているものと解される。

　本件のように寄宿舎内部に一階から二階へ通ずる階段が設置されていない場合においては、一階に出入口が設けられていても二階居住者に対しては意味をもたないが、地上から寄宿舎の二階部分へ通ずる階段が設置されていて、当該寄宿舎二階の居住者が二階部分と寄宿舎の地上の間で直接出入りすることができるようになっていれば、建寄程第十条に規定する出入口が設置されているものと解することができる。

　本件の場合、当該寄宿舎の二階には出入口と認め得るものは一つしか設置されていなかったこととなるから、建寄程第十条違反が成立することとなる。

　なお、二階建ての建設業附属寄宿舎について、建寄程第八条及び第十条違反の有無を、避難階段等及び出入口の設置状況ごとに、寄宿する者の人数別に図示すると別表〈編注　七三三頁〉のとおりである。

（昭五七・一〇・五　基収九四号）

【容易に避難できるよう】　第九条の「容易に避難できるよう」とは、避難階段等及び避難階段等に通じる通路に避難の際に障害となるような物を置かないこと、戸を容易に開くことができるようにしておくこと等の措置を講じなければならない趣旨であること。

（昭四二・一〇・九　基発九七一号、安発四二号）

【出入口】　第十条第一項の「出入口」とは、直接戸外に接する建物の出入口をいい、次図の如き場合は、出入口は一である。

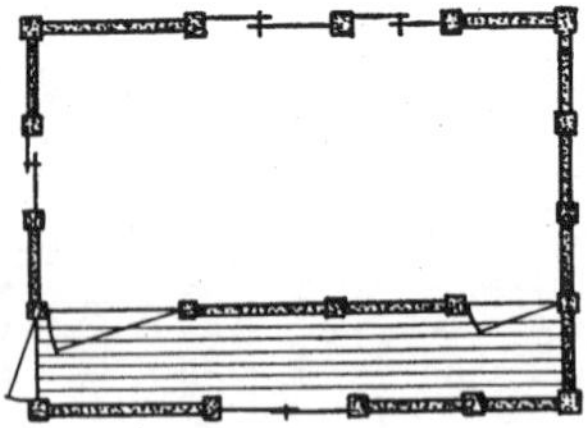

（昭四二・一〇・九　基発九七一号、安発四二号）

【規程第十条第一項の趣旨】　第十条第一項の規定は、避難階（通常一階のことであるが、敷地に高低差があつて、直接二階からでも地上に通じる出入口がある場合は、当該二階も避難階である。）ごとに二以上の出入口を設けなければならない趣旨であること。

（昭四二・一〇・九　基発九七一号、安発四二号）

【警報設備①】　第十一条の「その他の警報設備」には、電気火災警報器、自動火災報知設備、拡声装置等が含まれるものであること。

（昭四二・一〇・九　基発九七一号、安発四二号）

【警報設備②】

(1) 趣旨

旧規程第十一条においては、警報設備を設け、有効に知らせることができるようにしておかなければならない旨規定されていたが、今回、後段の部分について、その趣旨を明確に規定するとともに、火災等の場合に適切にこれを使用することができるよう、寄宿舎に寄宿する者に対し、その設置場所及び使用方法を周知させなければならないこととしたものであること。

(2) 内容

イ　警報設備の設置場所及び使用方法については、万一の場合に備えるため、寄宿舎に寄宿する者に対し、その入居の都度速やかに周知させることが必要であること。

この場合、警報設備の設置箇所を示した図面やその使用方法を記載した文書を掲示することのみにとどまることなく、できるかぎり寄宿舎に寄宿する者に対してこれらを具体的に説明すべきであること。

ロ　「使用方法」には、その操作の方法のみならず、警報信号の内容が含まれるものであること。

ハ　「寄宿舎に寄宿する者」の範囲は、昭和四十二年十月九日付け基発第九七一号、安発第四二号（以下「九七一号通達」という。）の第八条関係で示されているところと同様であり、労働者のみでなく、家族等その他の居住者も含むものであること。

（平六・九・二八　基発五九五号）

【規程第十二条（消火設備）の趣旨】

(1) 第十二条は、初期消火の目的にそい得るよう寄宿舎の規模に応じて、必要な数、適切な能力を有する消火設備を設けなければならない趣旨であること。

(2) 「その他の消火設備」には、簡易消火用具（水バケツ、水槽及び乾燥砂）、屋内消火栓設備等が含まれること。

（昭四二・一〇・九　基発九七一号、安発四二号）

【消火設備】

(1) 趣旨

第十二条第一項においては、消火設備を設けなければならない旨規定されているが、今回、火災等の場合に適切にこれを使用することができるよう、寄宿舎に寄宿する者に対し、その設置場所及び使用方法を周知させなければならないこと

別　表

階段等の設置状況	寄宿する者の人数	違反の有無	
		建寄程第８条	建寄程第10条
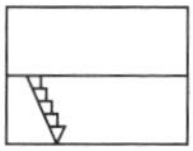 （内階段１ヵ所）	２階15人以上	有	無
	２階15人未満、１棟10人以上	有	無
	２階15人未満、１棟10人未満	有	適用なし
 （外階段１ヵ所）	２階15人以上	有	有
	２階15人未満、１棟10人以上	無	有
	２階15人未満、１棟10人未満	無	適用なし
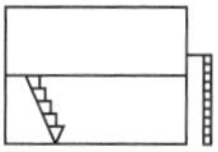 （内階段１ヵ所 避難はしご等１ヵ所）	２階15人以上	有	無
	２階15人未満、１棟10人以上	無	無
	２階15人未満、１棟10人未満	無	適用なし
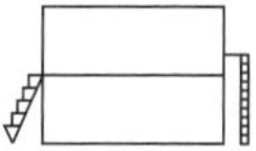 （外階段１ヵ所 避難はしご等１ヵ所）	２階15人以上	無	有
	２階15人未満、１棟10人以上	無	有
	２階15人未満、１棟10人未満	無	適用なし
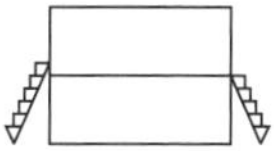 （外階段２ヵ所）	２階15人以上	無	無
	２階15人未満、１棟10人以上	無	無
	２階15人未満、１棟10人未満	無	適用なし
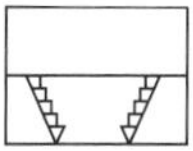 （内階段２ヵ所）	２階15人以上	有	無
	２階15人未満、１棟10人以上	有	無
	２階15人未満、１棟10人未満	有	適用なし
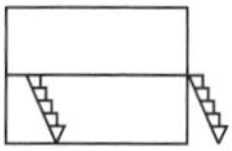 （内階段１ヵ所 外階段１ヵ所）	２階15人以上	有	無
	２階15人未満、１棟10人以上	無	無
	２階15人未満、１棟10人未満	無	適用なし

（注）　１棟の出入口は２ヵ所設置されているものとする。

としたものであること。

(2)　内容

イ　消火設備の設置場所及び使用方法については、万一の場合に備えるため、寄宿舎に寄宿する者に対し、その入居の都度速やかに周知させることが必要であること。

ロ　「寄宿舎に寄宿する者」の範囲は、九七一号通達の第八条関係で示されているところと同様であること。

（平六・九・二八　基発五九五号）

【避難等の訓練】

(1)　趣旨

寄宿舎においては、建設工事現場における作業の工程等に伴い労働者の入れ替わりがあり、入居して日の浅い者も少なくないことを考慮し、火災等の場合にこれらの者が適切に対応できるようにするため、寄宿舎に寄宿する者に対し、寄宿舎の使用を開始した後遅滞なく一回、及びその後六箇月以内ごとに一回、避難及び消火の訓練を行わなければならないこととしたものであること。

(2)　内容

イ　「寄宿舎の使用を開始した」とは、当該建設物が初めて寄宿舎として使用された場合をいうものであり、いわゆる基地的寄宿舎において、寄宿労働者が、ある事業が完了した後引き続き他の事業において就労するといった状態である場合には、当該他の事業が開始されたことは「寄宿舎の使用を開始した」ことには当たらないものであること。

ロ　本条の避難等の訓練は、新たに寄宿舎に寄宿する者が入居の都度実施することを要するものではないが、一定数以上の者が新たに入居した場合には、前回の避難等の訓練の実施後六箇月を経過していない場合であっても、できるだけ避難等の訓練を行うことが望ましいものであること。

ハ　本条の避難等の訓練を実施した場合には、その日時、内容、参加人員等について記録しておくことが望ましいものであること。

ニ　改正後の第十二条の二の規定の適用については、平成六年十二月一日において現に使用している寄宿舎については、「寄宿舎の使用を開始した後」とあるのは「この省令の施行後」とすることとされており、当該寄宿舎については、平成六年十二月一日以降速やかに避難等の訓練を行う必要があるものであること。ただし、平成六年十二月一日以前六箇月の間に同様の避難等の訓練を実施している場合には、当該避難等の訓練の実施後六箇月の間は、本規定に基づく避難等の訓練を実施しなくとも、法違反として取り扱わなくて差し支えないこと。

（平六・九・二八　基発五九五号）

【掃除用具】

(1)　趣旨

寄宿舎の清潔を保つため、寄宿舎に必要な掃除用具を備えなければならないこととしたものであること。

(2)　内容

「必要な掃除用具」には、電気掃除機、ほうき、ぞうきん等が含まれるものであるが、必要な用具の種類、数量については、当該寄宿舎の広さ、入居人員等に応じ判断されるべきものであること。

（平六・九・二八　基発五九五号）

【規程第十三条（階段の構造）の趣旨】

(1)　第十三条は、常時使用する階段の構造について定めたものであるが、第八条の避難階段を常時使用する場合には、当該階段の構造は、当然本条の基準に適合するものでなければならないこと。

(2)　第一号の「踏面」及び「けあげ」の寸法は、次図に示すところによること。

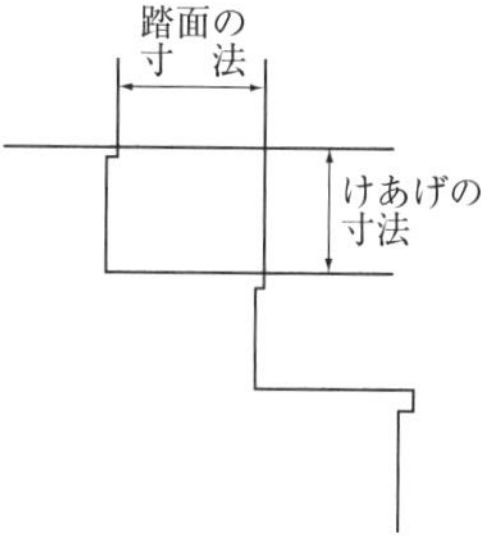

(3)　第二号でいう「手すり」の高さは、次図に示すところによること。

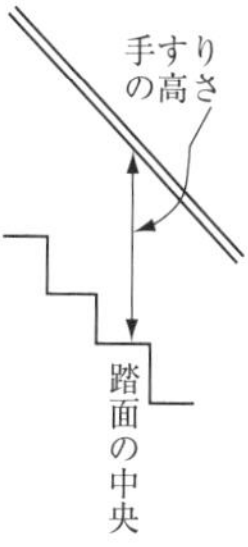

(4)　第三号の「幅」は、うちのり幅であり、たとえば、次図の通りである。

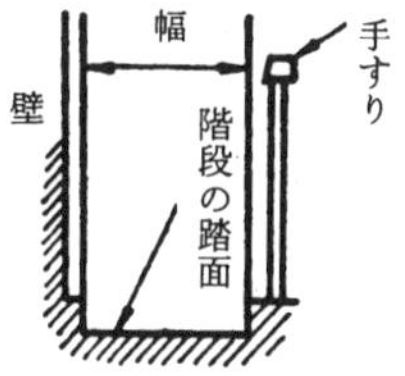

（昭四二・一〇・九　基発九七一号、安発四三号）

【階段の構造】

(1)　趣旨

常時使用する階段の構造の基準について、成年男性の平均身長の伸び等を考慮し、労働者の安全を一層確保する観点から、各段から障害物がない高さについて、旧規程の一・七メートルから、一・八メートルに引き上げることとしたこと、及び寄宿舎内の清潔等を確保する観点から、屋内の階段について、蹴込板又は裏板を付けるべきこととしたこと。

(2)　内容

イ　「蹴込板」及び「裏板」とは、次図に示すものをいうものであること。

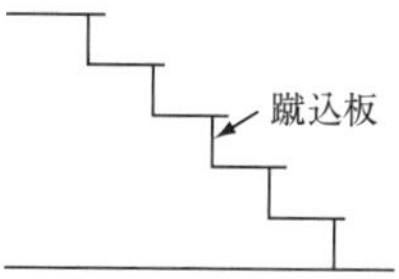

（蹴込板）

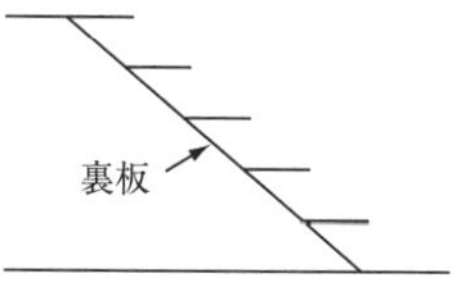

（裏板）

ロ　上記(1)の各段から障害物がない高さに係る規定の適用については、平成六年十二月一日前に設置されている寄宿舎については、なお従前の例によるものであること。

（平六・九・二八　基発五九五号）

【規程第十四条（廊下の幅）の趣旨】

(1)　「廊下の幅」は、階段の幅と同じく、うちのり幅をいうこと。

(2)　中廊下であつても、寝室が片側にしかない場合には、当該廊下は、一・二メートル以上の幅を有すればよいものであること。

（昭四二・一〇・九　基発九七一号、安発四二号）

【規程第十五条（常夜燈）の趣旨】　第十五条は、労働者が夜間、階段及び廊下を安全に通行することができるように設けた規定であり、照度については、この目的に支障がない程度のものであればよいものであること。

（昭四二・一〇・九　基発九七一号、安発四二号）

【規程第十六条（寝室）の趣旨】

(1)　第十六条第一項関係

イ、第二号の「これに代わる設備」とは、吊り押入れ又は棚（これらのうち、おおむね、床からの高さが八十五センチメートル以上であつて奥行が六十センチメートル以下であるものを除く。）、寝室の一部をカーテン等で仕切り寝具等を収納する設備等をいうものであること。

ロ、第三号の「床の高さ」とは、床下の地面から床の上面（畳敷きの場合は畳の上面、板張りの場合は板の上面）までの高さをいうものであること。

「たたき」とは、床下の地面を槌等でたたきしめて仕上げる際に用いる粘土と石灰との混合物をいうものであること。

ハ、第四号の「畳敷き」には、構造上、おおむね三十センチメートルをこえない幅の板張りの部分があつてもさしつかえないこと。

ニ、第五号の天井の「高さ」は、次図の例によること。

天井が水平の場合

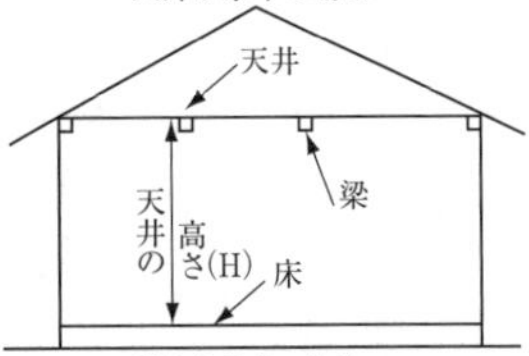

$H \geqq 2.1$メートル

天井が傾斜している場合

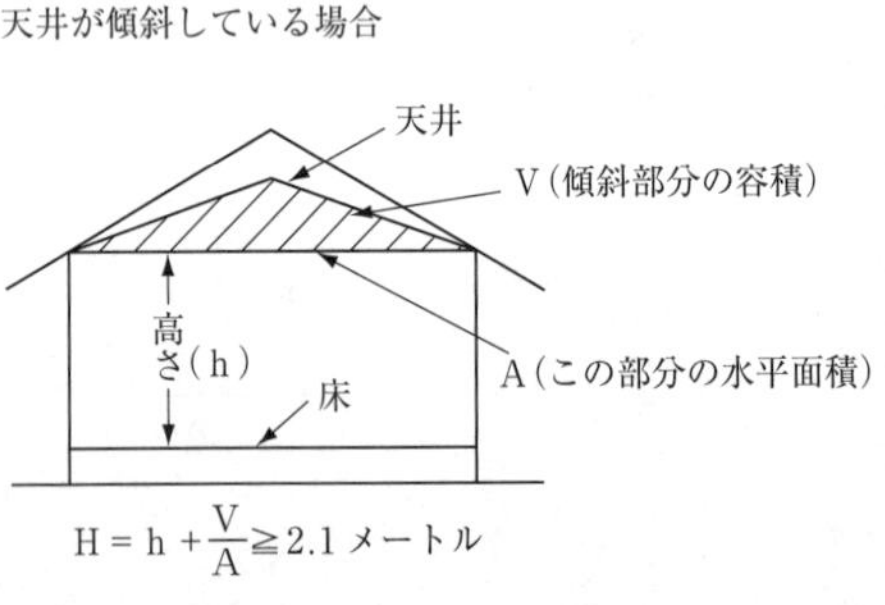

$$H = h + \frac{V}{A} \geqq 2.1 \text{メートル}$$

ホ、第六号の「寝台と寝台との上下の間隔」（H_1）及び「寝台と天井との間隔」（H_2）は次図〈編注　次頁上段〉によること。

ヘ、第七号の押入れ等の設備は、室外であつても利用に不便でない場所に設けてある場合にはさしつかえないこと。

「これらに代わる設備」とは、戸棚、ロッカー等をいうものであること。

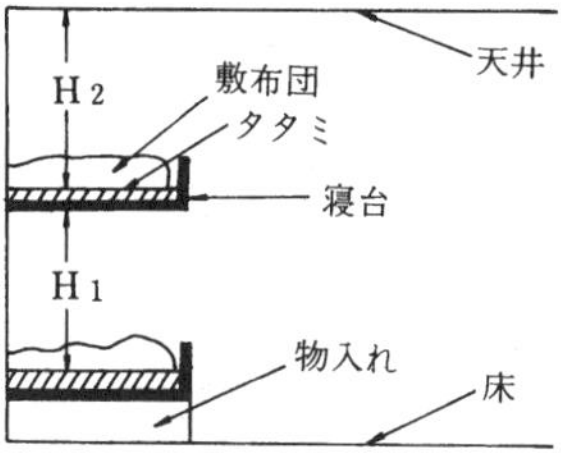

$H_1 \geqq 85$センチメートル
$H_2 \geqq 85$センチメートル

ト、第十号の照明設備は、分割したものであつても、それらの消費電力の合計が同号に規定する値以上であればよいものであること。

チ、第十四号の「蚊を防ぐための措置」とは、窓等開口部にサラン網、金網等を設けること又はかやを備え付けること等をいうものであること。

リ、第十五号の「採暖の設備」とは、ストーブ、湯たんぽ等をいうものであること。

(2) 第二項の「その他の遮光のための設備」には、ブラインド、鎧窓等が含まれるものであること。

（昭四二・一〇・九　基発九七一号、　安発四二号）

【寝室】

(1) 趣旨

寄宿舎に入居する労働者が十分な睡眠、休養を確保できるよう、寝室の居住環境を整える等の観点から、寝室の基準について、

イ　各室の居住人員を、それぞれ旧規程の十六人以下から六人以下とするとともに、中央部に通路を設けた場合に三十人以下とすることができる旨の例外規定を削除したこと。

ロ　各室の床面積は、それぞれ、押入れ又はこれに代わる設備の面積を除き、旧規程の一人について二・五平方メートル（畳約一・五畳相当）以上から、一人について三・二平方メートル（畳約二畳相当）以上としたこと。

ハ　各室に設けるべき身の回り品の収納設備の要件として、

(イ) 十分な容積を有すること
(ロ) 施錠可能であること
(ハ) 個人別に設けること

を定めたこと。

なお、寝具の収納設備の設置に係る部分については、実質的な変更はないものであること。

ニ　一定の消費電力の照明設備を設けるべき単位となる床面積の広さについて、旧規程の十五平方メートルから、十平方メートルとするとともに、石油ランプ等の電源を用いない照明を認める旨の例外規定を削除したこと。

ホ　換気が十分であることを基準に追加したこと。

ヘ　寝室と廊下との間は、壁、戸等で区画することを基準に追加したこと。

ト　防暑のための冷房等の設備を設けることを基準に追加したこと。

(2) 内容

イ　身の回り品の収納設備について、「十分な容積」とは、通常、労働者が建設工事現場等で労働し、寄宿舎において生活を行つていくために必要となる衣服、日用品等が収納できる程度の容積をいうものであるが、寄宿生活の実態等に応じて判断されるべきものであること。

ロ　寝室の換気については、空気調和設備、換気扇等による強制的な換気装置のほか、外気に向かつて開放された窓により十分な自然換気を確保できる場合には、これによることも差し支えないものであること。

ハ　寝室と廊下との間の区画における、「壁、戸等」の「等」には、ふすま、障子が含まれるが、カーテン、ブラインド等可撓性のあるものやついたて等仕切り面に大きな隙間を生じるものは

含まれないものであること。

ニ　夏季以外の時期や夏季でも山間部等気温が高温にならない地域等「防暑」の必要がない寄宿舎については、「防暑のための冷房等の設備」を設ける必要がないものであること。

ホ　「防暑のための冷房等の設備」の「等」には、扇風機、ウィンドファン等が含まれるものであること。

ヘ　上記(1)のイ、ロ、ハ及びヘに係る規定の適用については、平成六年十二月一日前に設置されている寄宿舎については、当該寄宿舎に寄宿する労働者が平成六年十二月一日に現に従事している事業のすべてが完了するまでの間は、なお従前の例によることとしたこと。

（平六・九・二八　基発五九五号）

【規程第十七条（食堂及び炊事場）の趣旨】

(1)　第一号の「等」には、各種タイルが含まれるものであること。

(2)　第四号の「防寒のための採暖の設備」とは、第十六条第一項第十五号の設備と同様のものをいうものであること。

(3)　第六号の「措置」とは、倉庫、食糧保存庫、密閉容器等を設けること、又は、こん虫、ねずみ等を駆除するための殺虫剤、殺そ剤等を用いること等をいうものであること。

(4)　第八号の「廃物を処理するための設備」とは、ふた付のポリバケツ等をいい、「汚水を処理するための設備」とは、第七条の下水管、下水溝等に汚水を導くための設備をいうものであること。

（昭四二・一〇・九　基発九七一号、　安発四三号）

【食堂及び炊事場】

(1)　趣旨

食堂又は炊事場を設ける場合の基準として、次の事項を追加したものであること。

イ　照明及び換気が十分であること。

ロ　食堂には、防暑のための冷房等の設備を設けること。

ハ　炊事従業員には、炊事専用の清潔な作業衣を着用させること。

(2)　内容

イ　「照明が十分であること」とは、調理、食事等が円滑に行え、また、食堂、炊事場における安全衛生の確保が可能である程度の明るさが必要であり、具体的には、おおむね百五十ルクス程度以上の明るさは必要であること。

ロ　食堂及び炊事場の換気については、空気調和設備、換気扇等による強制的な換気装置のほか、外気に向かつて開放された窓により十分な自然換気を確保できる場合には、これによることも差し支えないものであること。

ハ　夏季以外の時期や夏季でも山間部等気温が高温にならない地域の寄宿舎については、「防暑」の必要がないことから、「防暑のための冷房等の設備」を設ける必要がないものであること。

ニ　「防暑のための冷房等の設備」の「等」には、扇風機、ウィンドファン等が含まれるものであること。

ホ　「炊事従業員」とは、寄宿舎の炊事場で炊事業務を行う者すべてを含むものであり、炊事のみを業務とする者のほか、他に業務を有しつつ炊事の業務も担当する者を含むものであること。また、炊事業務を他の業者に行わせる場合には当該業者の炊事業務に従事する者も含むものであること。

（平六・九・二八　基発五九五号）

【飲用水等】

(1)　趣旨

寄宿舎で使用する飲用及び洗浄のための清浄な水について、衛生の確保の観点からその要件をより明確にし、原則として、水道法（昭和三十二年法律第百七十七号）第三条第五項に規定する水道事業者の水道から供給されるものとし、これが確保できない場合には、同法第四条の規定に基づく水質基準に適合していることを確認した上でこれと同質の水を使用すべきこととしたものであること。

(2) 内容

イ 「水道法第三条第五項に規定する水道事業者の水道」には、地方公共団体の水道のほか、厚生大臣の認可を受けた民間の水道事業者の水道（簡易水道を含む。）があること。

ロ 「水道法第四条の規定に基づく水質基準に適合していること」の検査を行う機関としては、地方公共団体の機関（保健所、衛生研究所等）、厚生大臣が指定した検査機関があるが、病院、大学の附属研究所等で一定の検査能力を有すると認められるものであれば差し支えないものであること。

なお、「水道法第四条の規定に基づく水質基準」に関しては、「水質基準に関する省令（平成四年厚生省令第六十九号）」において具体的に定められているものであること。

（平六・九・二八　基発五九五号）

【規程第十九条（浴場）の趣旨】

(1) 炊事場又は屋外に単にドラム缶等の容器を利用した浴槽を置いた施設は、浴場とはみられないものであること。

(2) ただし書の「他に利用しうる浴場」とは、寄宿舎の附近にある公衆浴場等をいうものであること。

(3) 第一号は、浴室の規模について規定したものであり、浴槽のみをいうものではないこと。

(4) 第二号の「適当な温度」とは、季節、天候等に応じ入浴の効果が達成できる程度の温度であること。なお、公衆浴場法（昭和二十三年七月十二日法律第百三十九号）に基づく東京都条例（公衆浴場の設置場所の配置及び衛生措置等の基準に関する条例（昭和三十九年八月一日都条例第百八十四号））において摂氏四十二度以上となつているので参考にされたいこと。「適当な量」とは、浴槽に応じた通常の入浴姿勢で、肩までつかれる程度の量をいうものであること。

（昭四三・一〇・九　基発九七一号、　安発四三号）

【浴場】

(1) 趣旨

浴場の基準として、次の事項を追加したものであること。

イ 脱衣場及び浴室は、男性と女性のいずれか一方が著しく少数であり、かつ、男女により入浴の時間を異にする場合を除き、男女別とすることとしたこと。

ロ 照明及び換気が十分であること。

(2) 内容

イ 「男性と女性のいずれか一方が著しく少数」とは、男女いずれか一方が他方より極端に少数であるという趣旨であり、相対的に少数であるという趣旨ではないこと。ただし、男女いずれもが少数であり、浴場の規模に照らし、入浴の時間を男女で異にしても寄宿労働者全員が入浴する時間が著しく長時間にわたらないことが確保される場合には、法違反と取り扱わなくて差し支えないものであること。

ロ 「照明が十分であること」とは、労働者が浴場内で転倒するおそれがなく、また、入浴に不便を来さない程度の明るさが必要であること。

具体的には、おおむね七十ルクス程度以上の明るさは必要であること。

ハ 浴場の換気については、換気扇等による強制的な換気装置のほか、外気に向かつて開放された窓により十分な自然換気を確保できる場合には、これによることも差し支えないものであること。

ニ 上記(1)のイに係る規定の適用については、平成六年十二月一日前に設置されている寄宿舎については、なお従前の例によるものであること。

（平六・九・二八　基発五九五号、平九・九・二五　基発六四八号）

【適当な距離】　規程第二十条第一号の「適当な距離」とは、便所の臭気が、寝室、食堂及び炊事場において感じられない程度で、かつ、利用するのに便利な距離をいうものであること。

（昭四二・一〇・九　基発九七一号、安発四二号）

【便房】　第二十条第二号の「便房」とは、便器のある区画された場所をいうものであること。

（昭四二・一〇・九　基発九七一号、安発四二号）

【汚物が土中に浸透しない構造】　第二十条第三号の「汚物が土中に浸透しない構造」とは、陶製のかめ、コンクリート槽等を設けた構造をいい、素掘程度のものを禁止するものであること。

（昭四二・一〇・九　基発九七一号、安発四二号）

【設備】　第二十条第四号の「設備」とは水道によるもの、流水式手洗器等をいい、洗面器、手水ちょうず鉢等を禁止するものであること。

（昭四二・一〇・九　基発九七一号、安発四二号）

【便所】

(1)　趣旨

便所の基準として、照明及び換気が十分であるものとしなければならないとすることを追加したものであること。

(2)　内容

イ　「照明が十分であること」とは、用便に不便を来さない程度の明るさが必要であること。

具体的には、おおむね五十ルクス程度以上の明るさは必要であること。

ロ　便所の換気については、換気扇等による強制的な換気装置のほか、外気に向かって開放された窓により十分な自然換気を確保できる場合には、これによることも差し支えないものであること。

（平六・九・二八　基発五九五号）

【規程第二十一条（くつ、雨具等の収納設備）の趣旨】　従来、建設業の寄宿舎においては、くつ、雨具等の収納設備がないため、特に雨天の場合には、雨ぐつ、雨具等の置場がなく、寝室に持ち込む事例がしばしばみられたので、寄宿する者のくつ、雨具等を十分収納しうる設備を寄宿舎の屋内に設けなければならないこととしたものであること。

なお、「屋内」とは、寄宿舎に接続する廊下等も含まれること。

（昭四二・一〇・九　基発九七一号、安発四二号）

【洗面所、洗たく場及び物干し場】

(1)　第二十二条中「洗面所、洗たく場」については、洗面、洗たくに支障がない限り、浴場等のごときその他の施設と共用する場合であってもさしつかえなく、必ずしも専用のものであることを要しないこと。

(2)　「物干し場」とは、もっぱら、洗たく物、布団、作業衣等を干すための施設をいい、寝室や廊下にロープを張ったもの等は含まれないものであること。

（昭四二・一〇・九　基発九七一号、安発四二号）

【休養室】　規程第二十三条の「休養のための室」とは、寝台その他のが床しうる設備を備えた室をいう趣旨であり、休養の目的が十分に達成できるものであれば、寝室以外の他の部屋との共用を妨げないこと。

（昭四二・一〇・九　基発九七一号、安発四二号）

【規程第二十四条（適用除外）の趣旨】

(1)　寄宿舎であって、六箇月に満たない期間内に、解体するもの又は寄宿舎として使用しなくなったものについては、その使用期間が短期間であることを考慮して、天井、浴室の大きさ、くつ、雨具等の収納設備、洗面所、洗たく場及び物干し場並びに休養室に関する規定の適用を除外したものであり、常時十人未満の者が寄宿する寄宿舎については、人数が少数であることを考慮して、出入口の規定の適用を除外したものであること。

(2)　「寄宿舎であつて、六箇月に満たない期間内に解体するもの」とは、寄宿舎として使用した日から六箇月に満たない期間内に、とりこわす寄宿舎であり、たとえば、いわゆるプレハブの建物のごときものをいうこと。

なお、当初六箇月未満で解体する予定であつたものが、工事の遅延等の関係で六箇月を超えるに至つた場合は、もはや適用の除外は受けないものであるので留意すること。

「寄宿舎であつて、六箇月に満たない期間内に……寄宿舎として使用しなくなるもの」とは、寄宿舎として使用した日から六箇月に満たない期間内に、倉庫として使用するもの、ダムの底に放置するもの等をいい、寄宿舎は存続するが、寄宿する労働者が従事する事業が変更するもの及び事業主が変更しても依然他の事業場の寄宿舎として使用するものは、これに該当しないことはいうまでもないこと。

（昭四二・一〇・九　基発九七二号、安発四二号）

【適用除外】

(1)　趣旨

第二十一条のくつ、雨具等の収納設備及び第二十二条の洗面所、洗たく場及び物干し場については、寄宿舎での生活に基本的に必要となるものであり、寄宿舎の設置期間の長短にかかわらず設置すべきものであること、また、第二十三条の休養室の設置については、常時五十名以上の者が寄宿する寄宿舎について設置義務が生じるものであり、設置期間が短い寄宿舎についても設けることが可能であると考えられることから、寄宿舎であつて、六箇月に満たない期間内に、解体するもの又は寄宿舎として使用しなくなるものについて、第二十一条から第二十三条までの規定の適用除外を行わないこととしたものであること。

(2)　内容

上記(1)に係る規定の適用については、平成六年十二月一日前に設置されている寄宿舎については、なお従前の例によるものであること。

（平六・九・二八　基発五九五号）

【事業附属寄宿舎規程の規定の準用の廃止】

(1)　趣旨

旧規程においては、第五条において、事業附属寄宿舎規程（昭和二十二年労働省令第七号）第一条の二第二項及び第三条から第五条までの規定を準用することとしていたが、今回、これらの準用を廃止し、それぞれ、第二条第三項（寄宿舎規則届の際の寄宿労働者の同意の証明）、第二条の二（寄宿舎規則の明示）、第五条（私生活の自由の尊重）、第五条の二（寄宿舎の設置等の届出）及び第二十三条（福利施設）として明記することとしたものであること。

(2)　内容

本改正は、単に法令の規定のしかたを変更したものであり、これらの規定の内容、取扱い等について変更はないものであること。

（平六・九・二八　基発五九五号）

【設置等の届出様式】

(1)　趣旨

旧規程においては、上記十五に示したとおり、労働基準法第九十六条の二に基づく寄宿舎の設置等の届出については、事業附属寄宿舎規程第三条の二の規定を準用することとしていたが、今回これを廃止し、建設業附属寄宿舎規程第五条の二として規定したことに伴い、届出を行う際の様式についても、新たに別記様式として定めたものであること。また、これに併せ、警報設備に係る事項を記入すべき項目として追加し、労働基準監督機関における一層的確な審査に資することとしたものであること。

(2)　内容

様式の警報設備に係る欄には、警報設

備の設置箇所及び設置数を記入するものであること。（平六・九・二八　基発五九五号）

【望ましい建設業附属寄宿舎に関するガイドラインについて】　出稼ぎ労働者をはじめ、建設業に従事する労働者の福祉の向上を図るためには、これらの者の多くが居住する建設業附属寄宿舎の住環境の整備が不可欠である。このことは、「出稼ぎ労働者対策要綱」（平成三年十一月策定）においても示されているところであり、また、平成五年六月に取りまとめられた「建設業における出稼・下請労働者の労働災害防止対策検討結果報告書」においても特にこの指摘がなされているところである。

一方、最近、建設業附属寄宿舎の火災災害が増加傾向にあり、建設業附属寄宿舎における火災対策の強化が必要とされている状況にある。

これらに的確に対処するため、建設業附属寄宿舎における火災災害の防止と住環境の整備を主眼として、本年八月三十一日に「建設業附属寄宿舎規程の一部を改正する省令」（平成六年労働省令第三十八号）が公布され、建設業附属寄宿舎規程の内容の充実が図られたところである。

また、この規程は労働基準法に基づき寄宿舎の設置等に係る最低基準を定めたものであるが、上記のような目的を達成するためには、使用者が建設業附属寄宿舎を一層快適なものとするよう自主的にその整備に取り組むことが重要である。

このため、今般、使用者が建設業附属寄宿舎について住環境の整備及び快適な寄宿舎生活の維持、促進を図る際に参考となる指針として、別添1のとおり「望ましい建設業附属寄宿舎に関するガイドライン」（以下「ガイドライン」という。）を策定したところである。

このガイドラインの趣旨、内容等については別添2のとおりであるので、関係事業者に対し、建設業附属寄宿舎規程の遵守のための指導等に併せ、ガイドラインの周知徹底を図り、建設業附属寄宿舎に寄宿する労働者の福祉の向上が図られるよう、啓発指導に努められたい。

（別添1）

望ましい建設業附属寄宿舎に関するガイドライン

このガイドラインは、使用者が建設業附属寄宿舎（以下「寄宿舎」という。）の住環境の整備及び快適な寄宿舎生活の維持、促進を図り、もつて寄宿舎に寄宿する労働者（以下「寄宿労働者」という。）の福祉の向上を図ることを目的とする。

一　使用者の責務

使用者は、寄宿舎について、労働基準法及び建設業附属寄宿舎規程に定めるところによるほか、このガイドラインに適合したものとなるよう努めるものとする。

二　寄宿労働者の意見の聴取

(1)　使用者は、寄宿労働者から寄宿舎に関する意見要望を聴くための機会を設けるよう努めるものとすること。

(2)　使用者は、(1)により寄宿労働者から意見要望があつた場合には、必要な措置を講ずるよう努めるものとする。

三　寄宿労働者の協力

寄宿労働者は、使用者が実施する寄宿舎に関する措置に協力するように努めるものとする。

四　出入口

使用者は、通常使用する寄宿舎の出入口には、水洗設備等寄宿労働者の足部に付着した泥、土等を除去するための設備を設けるよう努めるものとする。

五　階段の構造

使用者は、寄宿舎の階段の両側に側壁又はこれに代わるものがある場合であつても、少なくともその片側については手すりを設けるよう努めるものとする。

六　寝室

(1)　使用者は、寝室については、次の各号に定めるところによるよう努めるものとする。

①　各室の居住人員は、それぞれ二人以下とすること。

② 各室の床面積は、押入れ等の面積を除き、一人について四・八平方メートル以上とすること。

(2) 使用者は、寄宿舎の周囲の状況に応じて、窓はサッシ窓にする等防音の措置を講ずるよう努めるものとする。

(3) 使用者は、睡眠時間を異にする寄宿労働者を同一の寝室に寄宿させないよう努めるものとする。

七　浴場

使用者は、浴場を設ける場合には、次の各号に定めるところによるよう努めるものとする。

(1) シャワー設備を設けること。

(2) 浴湯の温度調節については、浴場内において行うことができる構造とすること。

(3) 体重計を備え付けること。

八　便所

使用者は、便所については、次の各号に定めるところによるよう努めるものとする。

(1) 大便所の便房及び小便所は、寄宿労働者の数に応じ、適当な数を設けること。ただし、大便所の便房は、二個を下回らないこと。

(2) 女性の寄宿労働者の数に応じ、適当な数の女性用便所を設けること。

(3) できる限り水洗便所とすること。

九　渡り廊下

使用者は、食堂、浴室又は便所を寝室と別棟に設ける場合には、それぞれの棟の間に屋根のある渡り廊下を設けるよう努めるものとする。

十　洗たく機

使用者は、洗たく場には、寄宿労働者の数に応じて、適当な数の洗たく機を設置するよう努めるものとする。

十一　物干し場

使用者は、寄宿舎の物干し場には、屋根を設けるよう努めるものとする。

十二　福利施設

(1) 使用者は、寄宿労働者の教養、娯楽、面会、談話、休憩等のための適当な福利施設を設けるよう努めるものとする。

(2) 使用者は、(1)の福利施設については、次の各号に定めるところによるよう努めるものとする。

① 喫茶のための設備を設けること。

② テレビを設置すること。

③ 新聞、雑誌等を備え付けること。

十三　自動火災報知器

使用者は、寄宿舎に自動火災報知器を設置するよう努めるものとする。

十四　食堂

使用者は、寄宿舎には、食堂を設けるよう努めるものとする。

十五　温かい食事

使用者は、寄宿労働者に温かい食事を提供するよう努めるものとする。

十六　湯の提供

使用者は、寄宿労働者に湯を提供するよう努めるものとする。

十七　冷蔵庫及び電子レンジ

使用者は、寄宿労働者が自由に使用できる冷蔵庫及び電子レンジ等を設置するよう努めるものとする。

十八　栄養の確保

使用者は、寄宿労働者に給食を行うときは、栄養の確保に必要な措置を講ずるよう努めるものとする。

十九　健康の確保

使用者は、健康に関する相談の機会を設ける等寄宿労働者の健康の確保について必要な配慮を行うよう努めるものとする。

二十　疾病にかかつた場合等の援助

使用者は、寄宿労働者が負傷し、又は疾病にかかつた場合には、必要な援助を行うよう努めるものとする。

二十一　共用電話

使用者は、寄宿舎には、寄宿労働者が自由に使用しうる共用の電話を設置するよう努めるものとする。

二十二　日用品の購入

使用者は、日用品の購入について寄宿労働者が不便を来さないよう、必要な援助を行うよう努めるものとする。

（別添２）

「望ましい建設業附属寄宿舎に関するガイドライン」の解説

一　ガイドラインの趣旨について

このガイドラインは、使用者が建設業附属寄宿舎（以下「寄宿舎」という。）の住環境の整備及び快適な寄宿舎生活の維持、促進を図ることによつて、寄宿舎に寄宿する労働者（以下「寄宿労働者」という。）の福祉の向上を図ることを目的とする趣旨で策定されたものである旨を述べたものである。

二　使用者の責務について

使用者は、寄宿舎について、寄宿舎生活をより快適なものとするため、単に労働基準法及び建設業附属寄宿舎規程（以下「建寄程」という。）に定める基準を遵守するだけでなく、できるだけガイドラインに定める基準に適合したものとなるよう努めるべきことを示したものである。

三　寄宿労働者の意見の聴取について

建寄程第三条の二においては、寄宿舎管理者が一箇月以内ごとに一回寄宿舎を巡視し、建寄程に照らし寄宿舎を修繕し、又は改善すべき箇所を認めた時には使用者にその旨連絡することとされているが、より快適な寄宿舎の形成のためには、現に寄宿舎において生活する労働者からの意見を聴くことが有効である。

このようなことから、使用者が寄宿労働者の寄宿生活を通じて得た意見要望を聴くための機会を設け、寄宿労働者から意見要望があつた場合は、必要な措置を講じるよう努めるべきことを示したものである。

四　寄宿労働者の協力について

使用者が、労働基準法、建寄程、さらにはこのガイドラインに基づき、種々の措置を実施する場合、その実効を確保するためには寄宿労働者の積極的な協力が重要であることから、寄宿労働者は使用者の行う措置に協力するよう努めるべきことを示したものである。

五　出入口について

屋外の現場等から泥や土が寄宿労働者の足部に付着したまま寄宿舎に持ち込まれると、寄宿舎の清潔が確保されなくなるおそれがある。このため、寄宿舎の出入口においてこれらを除去する設備を設けるよう努めるべきことを示したものである。

六　階段の構造について

建寄程第十三条第二号においては、階段の両側には高さ七十五センチメートル以下の手すりを設けることとされているが、側壁又はこれに代わるものがある側についてはこの限りでないこととされており、両側に手すりが設けられない場合もあり得るところである。しかし、階段の昇降時の安全の確保上、手すりは大きな役割を果たすものであり、特に、火災等緊急時において避難がより円滑に行われるようにする観点から、階段の少なくとも片側には手すりを設けるよう努めるべきことを示したものである。

七　寝室について

寄宿舎における寝室は、睡眠をとる場であるのみならず、生活時間の多くを過ごす場であり、その住環境は寄宿舎生活の質を左右する大きな要素である。

このような観点から、寝室について講じるよう努めるべき事項を示したものである。

(1)　各室の居住人員と一人当たり床面積について

建寄程第十六条第一項第一号及び第二号において、各室の居住人員及び一人当たりの床面積はそれぞれ六人以下及び三・二平方メートル以上とされているが、ガイドラインにおいては居住性の一層の向上等のため、それぞれ二人以下及び四・八平方メートル（畳約三畳相当）以上とするよう努めるべきことを示したものである。

(2)　防音の措置について

建寄程第六条において、寄宿舎の設置は騒音の著しい場所を避けなければならないこととされているが、これに至らなくとも、寄宿舎の中には工事現場に隣接したものや交通の頻繁な道路に面したものの等比較的騒音の大きい場所に設置されているものも少なくない。このような場合について、周囲の状況に応じて窓をサッシ窓とする等防音の措置を講じ、寝室の快適性と寄宿労働者の睡眠の確保を図るよう努めるべきことを示したものである。

(3) 就眠時間帯を異にする労働者に対する配慮について

都市部における道路関連工事や交替制によるずい道建設工事など夜間に行われる工事が少なくないが、これらに従事する労働者は夜間以外の時間帯に睡眠をとることが必要とされることとなる。このような場合において、就眠時間帯を異にする労働者を同一寝室に居住させることは、それぞれの労働者において十分な睡眠が確保できないこととなるおそれがあるので、そのような状況を避けるよう努めるべきことを示したものである。

八　浴場について

寄宿労働者にとって、入浴は清潔を確保するとともに一日の作業の疲れを癒す上で重要なものであり、寄宿舎の生活において欠かすことのできないものである。

このような観点から、浴場について講じるよう努めるべき事項を示したものである。

(1) シャワー設備の設置について

入浴時の利便のほか、身体の汚れや汗を随時流し落とすことができるよう、シャワー設備を設置するよう努めるべきことを示したものである。

(2) 浴湯の温度調節装置の構造について

入浴の効果を確保し、また、冬季において外気に曝されることにより風邪をひく等体調をくずすこととならないよう、浴湯の温度調節を浴場内で行うことができるような構造のものとするよう努めるべきことを示したものである。

(3) 体重計の備付けについて

寄宿労働者が自らの健康管理を行う際の一助とするため、浴場に体重計を備え付けるよう努めるべきことを示したものである。

九　便所について

建寄程第二十条において、便所の設置に関する要件が規定されているが、ガイドラインでは、さらに不便のない寄宿舎生活を確保する等の観点から、便所について講じるよう努めるべき事項を示したものである。

(1) 便所の数については、建寄程第二十条第二号において、大便所の便房の数は寄宿舎に寄宿する者十五人以内ごとに一個以上とすべき旨規定されている。ただ、寄宿舎においては、労働者の一日の生活の時間帯が同一になりがちであることから、ガイドラインにおいては、大便所の便房及び小便所は寄宿労働者の数に応じ適当な数を設けるよう努めるべきこと、また、この場合、大便所の便房が一個である場合には不便が生じやすいことから、これを少なくとも二個以上とするよう努めるべきことを示したものである。

(2) 女性用便所の設置について

建設業における女性の就労者数が増加しつつある状況にかんがみ、女性の寄宿労働者の数に応じ、適当な数の女性用便所を設けるよう努めるべきことを示したものである。

(3) 水洗化について

建築基準法第三十一条により、下水道法第二条第八号に規定する処理区域内においては、便所は、水洗便所以外の便所としてはならないとされているが、同区域外であっても、便所は、その衛生を確保する観点から、できる限り水洗便所とするよう努めるべきことを示したものである。

十　渡り廊下について

寄宿舎の中には、食堂、浴室、便所などが寝室と別の棟に設けられ、各棟の間の行き来に際しては、その都度、履物を履き換え、雨天には傘をささなければならないといった状況がみられる。このような不便を避け、快適な寄宿舎生活を確保するため、これらの各棟間には屋根のある渡り廊下を設けるよう努めるべきことを示したものである。

十一　洗たく機について

寄宿舎においては、集団生活を行うため、寄宿労働者が洗たくを行う時間帯が同一となりがちである。

このため、洗たくに関して不便を生じることのないよう、寄宿労働者の数に応じて、適当な数の洗たく機を洗たく場に設置するよう努めるべきことを示したものである。

十二　物干し場について（第十一項関係）

寄宿舎に物干し場があつても、これに屋根がない場合はあまり利用されず、寝室等に洗たく物を干すこととなりがちであるが、このような状況は、衣類や寝室の衛生の確保、快適な寄宿舎生活の確保等の観点から好ましいものではない。このため、物干し場には、屋根を設けるよう努めるべきことを示したものである。

十三　福利施設について

建寄程第二十三条においては、なるべく教養、娯楽、面会のための適当な福利施設を設けることとされているが、寄宿労働者が休日や勤務終了後の余暇をくつろいで過ごすことができるようにするためには、さらに談話や休憩等のための設備があることが望ましいものである。これらは、それぞれ別個に設けられる必要はないものであるが、できるだけこのような福利施設を設けるよう努めるべきこと、また、その趣旨に沿った利用がなされるための望ましい措置として、喫茶のための設備を設けること、テレビを設置すること及び新聞、雑誌等を備え付けることを示したものである。

十四　自動火災報知器について

床面積が五百平方メートル以上の寄宿舎については、消防法により自動火災報知器の設置が義務づけられているが、火災発生時における自動火災報知器の有用性にかんがみ、寄宿舎においては、その規模にかかわらず、これを設置するよう努めるべきことを示したものである。

十五　食堂について

食事は寄宿舎生活の質を左右する重要な要素の一つであることから、これを寝室で行うことのないよう、できるだけ食堂を設けるよう努めるべきことを示したものである。

十六　温かい食事について

食事を豊かなものとするとともに、また、冬季において冷たい食事をとるということのないよう、寄宿労働者に温かい食事を提供するよう努めるべきことを示したものである。

十七　湯の提供について

食事の際はもとより、それ以外の余暇における喫茶や、あるいは洗面等の際に、寄宿労働者が自由に湯を使えることができるような配慮について示したものである。

十八　冷蔵庫及び電子レンジ

食事やそれ以外の飲食を行う際の利便のため、寄宿労働者が自由に使用できる冷蔵庫や電子レンジ等を設置するよう努めるべきことを示したものである。

十九　栄養の確保について

寄宿舎において給食が行われる場合には、寄宿労働者の栄養の確保はその給食によることとなることから、このような場合における栄養の確保について必要な措置を講ずるよう努めるべきことを示したものである。

二十　健康の確保について

寄宿労働者については、

①　居住地を離れて就労し、家族と離れて生活を送るものであること。

②　高齢者が少なくないこと。

③　寄宿舎は、山間部等医療機関から離れた場所に設置されているものが多いこと等の状況があり、その健康の確保について、特に配慮されることが必要である。このような観点から、寄宿労働者の健康に関する相談の機会を設ける等必要な配慮を行うよう努めるべきことを示したものである。

二十一　疾病にかかつた場合等の援助につい

て
　前項と同様の理由から、寄宿労働者が万一疾病にかかつた場合には、医師の手配、医療機関の紹介等、必要な援助を行うよう努めるべきことを示したものである。
二十二　共用電話について
　寄宿労働者が家族へ連絡する場合等の利便のため、自由に使用できる共用の電話を設けるよう努めるべきことを示したものである。
二十三　日用品の購入について
　山間部等に設置される寄宿舎においては、寄宿労働者は日用品の購入について不便を来すことがあることから、この点について必要な援助を行うよう努めるべきことを示したものである。

（平六・九・二八　基発五九六号）

（監督上の行政措置）

第九十六条の二　使用者は、常時十人以上の労働者を就業させる事業、厚生労働省令で定める危険な事業又は衛生上有害な事業の附属寄宿舎を設置し、移転し、又は変更しようとする場合においては、前条の規定に基づいて発する厚生労働省令で定める危害防止等に関する基準に従い定めた計画を、工事着手十四日前までに、行政官庁に届け出なければならない。

②　行政官庁は、労働者の安全及び衛生に必要であると認める場合においては、工事の着手を差し止め、又は計画の変更を命ずることができる。

（危険又は衛生上有害な事業）

則第五十条の二　法第九十六条の二第一項の厚生労働省令で定める危険な事業又は衛生上有害な事業は、次に掲げる事業とする。

一　使用する原動機の定格出力の合計が二・二キロワット以上である法別表第一第一号から第三号までに掲げる事業
二　次に掲げる業務に使用する原動機の定格出力の合計が・・五キロワット以上である事業
　イ　プレス機械又はシヤーによる加工の業務
　ロ　金属の切削又は乾燥研まの業務
　ハ　木材の切削加工の業務
　ニ　製綿、打綿、麻のりゆう解、起毛又は反毛の業務
三　主として次に掲げる業務を行なう事業
　イ　別表第四に掲げる業務
　ロ　労働安全衛生法施行令（昭和四十七年政令第三百十八号）第六条第三号に規定する機械集材装置又は運材索道の取扱いの業務
四　その他厚生労働大臣の指定するもの

則別表第四（則第五十条の二関係）

一　発電、送電、変電、配電又は蓄電の業務
二　金属の溶融、精錬又は熱処理の業務
三　金属の溶接又は溶断の業務
四　ガラス製造の業務
五　石炭、亜炭、アスファルト、ピッチ、木材若しくは樹脂の乾留又はタールの

蒸留若しくは精製の業務

六　乾燥設備を使用する業務

七　油脂、ろう若しくはパラフィンを製造し、若しくは精製し、又はこれらを取り扱う業務

八　塗料の噴霧塗装又は焼付けの業務

九　圧縮ガス若しくは液化ガスを製造し、又はこれらを取り扱う業務

十　火薬、爆薬又は火工品を製造し、又は取り扱う業務

十一　危険物を製造し、若しくは取り扱い、又は引火点が六十五度以上の物を引火点以上の温度で製造し、若しくは取り扱う業務

十二　労働安全衛生規則第十三条第一項第二号に掲げる業務（同号ヌに掲げる業務を除く。）

（寄宿舎の設置等の届出）

寄第三条の二　法第九十六条の二第一項の規定による届出をしようとする者は、様式第一号による届書に次の書類を添えて、所轄労働基準監督署長に提出しなければならない。

一　周囲の状況及び四隣との関係を示す図面

二　建築物の各階の平面図及び断面図

2　寄宿舎の一部を設置し、移転し、又は変更しようとするときは、前項の規定による届出は、その部分についてのみ行なえば足りるものとする。

（寄宿舎の設置等の届出）

建寄第五条の二　法第九十六条の二第一項の規定による届出をしようとする者は、別記様式による届書に次の書類を添えて、所轄労働基準監督署長に提出しなければならない。

一　周囲の状況及び四隣との関係を示す図面

二　建築物の各階の平面図及び断面図

2　寄宿舎の一部を設置し、移転し、又は変更しようとするときは、前項の規定による届出は、その部分についてのみ行えば足りるものとする。

▼参照条文　〔危険有害事業―則五〇の二〕、〔行政官庁に届出―寄三の二、建寄五の二〕、〔工事着手差止め命令等―安衛八八〕、〔罰則―一一九・一二〇〕

第九十六条の三　労働者を就業させる事業の附属寄宿舎が、安全及び衛生に関し定められた基準に反する場合においては、行政官庁は、使用者に対して、その全部又は一部の使用の停止、変更その他必要な事項を命ずることができる。

②　前項の場合において行政官庁は、使用者に命じた事項について必要な事項を労働者に命ずることができる。

▼参照条文　〔監督官の即時権限―一〇三〕、〔一般の使用停止命令等―安衛九八・九九〕、〔罰則―一一九・一二〇〕

第十一章　監督機関

（監督機関の職員等）

第九十七条　労働基準主管局（厚生労働省の内部部局として置かれる局で労働条件及び労働者の保護に関する事務を所掌するものをいう。以下同じ。）、都道府県労働局及び労働基準監督署に労働基準監督官を置くほか、厚生労働省令で定める必要な職員を置くことができる。

② 労働基準主管局の局長（以下「労働基準主管局長」という。）、都道府県労働局長及び労働基準監督署長は、労働基準監督官をもつてこれに充てる。

③ 労働基準監督官の資格及び任免に関する事項は、政令で定める。

④ 厚生労働省に、政令で定めるところにより、労働基準監督官分限審議会を置くことができる。

⑤ 労働基準監督官を罷免するには、労働基準監督官分限審議会の同意を必要とする。

⑥ 前二項に定めるもののほか、労働基準監督官分限審議会の組織及び運営に関し必要な事項は、政令で定める。

（労働基準監督官の任用）

機関令第一条　労働基準監督官は、国家公務員法（昭和二十二年法律第百二十号）の定めるところにより行われる労働基準監督官を採用するための試験に合格した者のうちから任用しなければならない。ただし、一般職の職員の給与に関する法律（昭和二十五年法律第九十五号）第六条第一項第一号イに規定する行政職俸給表(一)に定める職務の級が四級以上である者又は同表の適用を受け、かつ、厚生労働大臣が定める条件に該当する者を任用する場合は、この限りでない。

（労働基準監督官分限審議会の設置等）

機関令第二条　労働基準監督官分限審議会は、労働基準法（昭和二十二年法律第四十九号）第九十七条第五項の規定による同意を必要とする事案が生じた場合に、置かれるものとする。

② 労働基準監督官分限審議会は、九人の委員で組織し、労働基準法第九十七条第五項の規定によりその権限に属する事項を処理するものとする。

③ 労働基準監督官分限審議会の委員は、第一項の事案が生じた場合に、厚生労働大臣が任命する。

④ 労働基準監督官分限審議会の委員は、労働政策審議会の労働者を代表する委員、使用者を代表する委員及び公益を代表する委員のうちから各別に互選された者について各一人並びに学識経験者（厚生労働大臣があらかじめ作成した労働基準監督官分限審議会委員候補者名簿に記載されているものに限る。）のうちから六人を任命する。

⑤ 労働基準監督官分限審議会の委員は、第一項の事案に係る処理が終了したときは、解任されるものとする。

⑥ 労働基準監督官分限審議会の委員は、非常勤とする。

（労働基準監督官分限審議会の会長）

機関令第三条　労働基準監督官分限審議会

に会長を置く。会長は、労働政策審議会の公益を代表する委員のうちから任命された委員がこれに当たる。
② 会長は、会務を総理する。
③ 会長に事故がある場合には、厚生労働大臣の指定する委員が会長の職務を代理する。

（労働基準監督官分限審議会の議事）
機関令第四条　労働基準監督官分限審議会は、会長が委員に対し適当な方法で通知をして招集し、その議事は、出席委員の過半数で決する。可否同数である場合には、会長の決するところによる。
② 労働基準監督官分限審議会は、委員の三分の二以上又は労働政策審議会の委員のうちから任命された委員一人以上及び学識経験者のうちから任命された委員二人以上が出席しなければ、議事を開き、議決をすることができない。
③ 労働基準監督官分限審議会の会長は、厚生労働大臣の求めがあつた場合には、五日以内に、労働基準監督官分限審議会を招集しなければならない。

（意見の陳述）
機関令第五条　関係行政機関の職員は、労働基準監督官分限審議会の会長の許可を受けて、会議に出席し、意見を述べることができる。

（労働基準監督官分限審議会の庶務）
機関令第六条　労働基準監督官分限審議会の庶務は、厚生労働省労働基準局総務課において処理する。

（雑則）
機関令第七条　この政令に定めるもののほか、労働基準監督官分限審議会の運営に関し必要な事項は、会長が労働基準監督官分限審議会に諮つて定める。

▼**参照条文**　〔厚労設一七・二一・二三〕、〔組織令二・七〕、〔監督官の任用資格―機関令二〕

第九十八条　削除

（労働基準主管局長等の権限）

第九十九条　労働基準主管局長は、厚生労働大臣の指揮監督を受けて、都道府県労働局長を指揮監督し、労働基準に関する法令の制定改廃、労働基準監督官の任免教養、監督方法についての規程の制定及び調整、監督年報の作成並びに労働政策審議会及び労働基準監督官分限審議会に関する事項（労働政策審議会に関する事項については、労働条件及び労働者の保護に関するものに限る。）その他この法律の施行に関する事項をつかさどり、所属の職員を指揮監督する。

② 都道府県労働局長は、労働基準主管局長の指揮監督を受けて、管内の労働基準監督署長を指揮監督し、監督方法の調整に関する事項その他この法律の施行に関する事項をつかさどり、所属の職員を指揮監督する。

③ 労働基準監督署長は、都道府県労働局長の指揮監督を受けて、この法律に基く臨検、尋問、許可、認定、審査、仲裁その他この法律の実施に関する事項をつかさどり、所属の職員を指揮監督する。

④ 労働基準主管局長及び都道府県労働局長は、下級官庁の権限を自ら行い、又は所属の労働基準監督官をして行わせることができる。

▼参照条文　〔厚労設二・三〕

（女性主管局長の権限）

第百条　厚生労働省の女性主管局長（厚生労働省の内部部局として置かれる局で女性労働者の特性に係る労働問題に関する事務を所掌するものの局長をいう。以下同じ。）は、厚生労働大臣の指揮監督を受けて、この法律中女性に特殊の規定の制定、改廃及び解釈に関する事項をつかさどり、その施行に関する事項については、労働基準主管局長及びその下級の官庁の長に勧告を行うとともに、労働基準主管局長が、その下級の官庁に対して行う指揮監督について援助を与える。

② 女性主管局長は、自ら又はその指定する所属官吏をして、女性に関し労働基準主管局若しくはその下級の官庁又はその所属官吏の行つた監督その他に関する文書を閲覧し、又は閲覧せし

めることができる。

③　第百一条及び第百五条の規定は、女性主管局長又はその指定する所属官吏が、この法律中女性に特殊の規定の施行に関して行う調査の場合に、これを準用する。

（雇用環境・均等局調査員）

女則第四条　法第百条第三項に規定する女性主管局長及びその指定する所属の職員を雇用環境・均等局調査員という。

2　雇用環境・均等局調査員の携帯すべき証票は、別記様式による。

▼**参照条文**　〔女性の特性に係る―六四の二～六八〕、〔指定する所属官吏―女則四〕、〔三項の罰則―一二〇〕

（労働基準監督官の権限）

第百一条　労働基準監督官は、事業場、寄宿舎その他の附属建設物に臨検し、帳簿及び書類の提出を求め、又は使用者若しくは労働者に対して尋問を行うことができる。

②　前項の場合において、労働基準監督官は、その身分を証明する証票を携帯しなければならない。

（証票の携帯）

則第五十二条　法第百一条第二項の規定によつて、労働基準監督官の携帯すべき証票は、様式第十八号に定めるところによる。

▼**参照条文**　〔身分を証明する証票―則五二〕、〔同種の規定―安衛九一、測定三九、じん肺四二、最賃三二、家労三〇、賃確一三〕、〔罰則―一二〇〕

第百二条　労働基準監督官は、この法律違反の罪について、刑事訴訟法に規定する司法警察官の職務を行う。

▼**参照条文**　〔司法警察官の職務―刑訴一九〇〕、〔同種の規定―安衛九二、測定四〇、じん肺四三、最賃三三、家労三一、賃確一二〕

第百三条　労働者を就業させる事業の附属寄宿舎が、安全及び衛生に関して定められた基準に反し、且つ労働者に急迫した危険がある場合においては、労働基準監督官は、第九十六条の三の規定による行政官庁の権限を即時に行うことができる。

▼参照条文　〔安全及び衛生基準―寄六～三九、建寄六～二四〕

（監督機関に対する申告）

第百四条　事業場に、この法律又はこの法律に基いて発する命令に違反する事実がある場合においては、労働者は、その事実を行政官庁又は労働基準監督官に申告することができる。

② 使用者は、前項の申告をしたことを理由として、労働者に対して解雇その他不利益な取扱をしてはならない。

▼参照条文　〔類似の規定―安衛九七〕、〔告訴―刑訴二三〇〕、〔告発―刑訴二三九〕、〔二項の罰則―一一九〕

（報告等）

第百四条の二　行政官庁は、この法律を施行するため必要があると認めるときは、厚生労働省令で定めるところにより、使用者又は労働者に対し、必要な事項を報告させ、又は出頭を命ずることができる。

② 労働基準監督官は、この法律を施行するため必要があると認めるときは、使用者又は労働者に対し、必要な事項を報告させ、又は出頭を命ずることができる。

（報告事項）

則第五十七条　使用者は、次の各号のいずれかに該当する場合においては、遅滞なく、第一号については様式第二十三号の二により、第二号については労働安全衛生規則様式第二十二号により、第三号については同令様式第二十三号により、それぞれの事実を所轄労働基準監督署長に報告しなければならない。

※〈編注〉本条第一項各号列記以外の部分は、

令六省令第四五号により次のとおり改正され、令和七年一月一日から施行される。

則第五十七条　使用者は、次の各号のいずれかに該当する場合においては、遅滞なく、第一号については様式第二十三号の二により、第二号については労働安全衛生規則様式第二十二号により、第三号については同令第九十七条第一項に規定する方法により、それぞれの事実を所轄労働基準監督署長に報告しなければならない。

一　事業を開始した場合

二　事業の附属寄宿舎において火災若しくは爆発又は倒壊の事故が発生した場合

三　労働者が事業の附属寄宿舎内で負傷し、窒息し、又は急性中毒にかかり、死亡し又は休業した場合

②　前項第三号に掲げる場合において、休業の日数が四日に満たないときは、使用者は、同項の規定にかかわらず、労働安全衛生規則様式第二十四号により、一月から三月まで、四月から六月まで、七月から九月まで及び十月から十二月までの期間における当該事実を毎年各各の期間における最後の月の翌月末日までに、所轄労働基準監督署長に報告しなければならない。

※〈編注〉本条第二項は、令六省令第四五号により次のとおり改正され、令和七年一月一日から施行される。

②　前項第三号に掲げる場合において、休業の日数が四日に満たないときは、使用者は、同項の規定にかかわらず、労働安全衛生規則第九十七条第二項に規定する方法により、一月から三月まで、四月から六月まで、七月から九月まで及び十月から十二月までの期間における当該事実を毎年各各の期間における最後の月の翌月末日までに、所轄労働基準監督署長に報告しなければならない。

③　法第十八条第二項の規定により届け出た協定に基づき労働者の預金の受入れをする使用者は、毎年、三月三十一日以前一年間における預金の管理の状況を、四月三十日までに、様式第二十四号により、所轄労働基準監督署長に報告しなければならない。

則第五十八条　行政官庁は、法第百四条の二第一項の規定により、使用者又は労働者に対し、必要な事項を報告させ、又は出頭を命ずるときは、次の事項を通知するものとする。

一　報告をさせ、又は出頭を命ずる理由

二　出頭を命ずる場合には、聴取しようとする事項

（申請書等の提出部数）

則第五十九条　法及びこれに基く命令に定める許可、認可、認定又は指定の申請書は、各々二通これを提出しなければならない。

（様式）

則第五十九条の二　法及びこれに基く命令に定める許可、認可、認定若しくは指定の申請、届出、報告、労働者名簿又は賃金台帳に用いるべき様式（様式第二十四号を除く。）は、必要な事項の最少限度を記載すべきことを定めるものであつて、横書、縦書その他異なる様式を用いることを妨げるものではない。

②　使用者は、法及びこれに基づく命令に定める許可、認可、認定若しくは指定の申請、届出又は報告に用いるべき様式その他必要な書類に氏名を記載し、行政官庁に提出しなければならない。

③　法及びこれに基づく命令の規定により、使用者が行政官庁に対して行う許可、認可、認定若しくは指定の申請、届出又は報告（以下この項及び次条において「届出等」という。）について、当該使用者が、情報通信技術を活用した行政の推進等に関する法律（平成十四年法律第百五十一号。次条において「情報通信技術活用法」という。）第六条第一項の規定により、

同項に規定する電子情報処理組織を使用して当該届出等を行う場合には、前項の規定による氏名の記載については、厚生労働省の所管する法令に係る情報通信技術を活用した行政の推進等に関する法律施行規則（平成十五年厚生労働省令第四十号）第六条第一項各号に掲げる措置のほか、当該使用者の氏名を電磁的記録に記録することをもつて代えることができる。

則第五十九条の三　届出等について、社会保険労務士又は社会保険労務士法人（以下この条において「社会保険労務士等」という。）が、情報通信技術活用法第六条第一項の規定により、同項に規定する電子情報処理組織を使用して社会保険労務士法（昭和四十三年法律第八十九号）第二条第一項第一号の二の規定に基づき当該届出等を使用者に代わつて行う場合には、当該社会保険労務士等が当該使用者の職務を代行する契約を締結していることにつき証明することができる電磁的記録を当該届出等と併せて送信しなければならない。

※〈編注〉本条は、令六省令第四五号により次のとおり改正され、令和七年一月一日から施行される。

則第五十九条の三　届出等について、社会保険労務士又は社会保険労務士法人（以下この条において「社会保険労務士等」という。）が、第五十七条第一項（同項第三号に該当する場合に限る。）若しくは第二項又は情報通信技術活用法第六条第一項の規定により、同項に規定する電子情報処理組織を使用して社会保険労務士法（昭和四十三年法律第八十九号）第二条第一項第一号の二の規定に基づき当該届出等を使用者に代わつて行う場合には、当該社会保険労務士等が当該使用者の職務を代行する契約を締結していることにつき証明することができる電磁的記録を当該届出等と併せて送信しなければならない。

▼**参照条文**　〔監督官の権限―一〇一～一〇三〕、〔行政官庁―九七〕、〔その他の報告―則五七・五八〕、〔同種の規定―安衛一〇〇、測定四二、じん肺四四、家労一八〕、〔罰則―一二〇〕

解釈例規

【報告の義務】

(1)　趣旨

改正前の法第百十条は、行政官庁からの個別の要求によらない一般的な報告義務を労働省令によつて使用者等に課す規定としては文言が不明確であつたため、行政官庁及び労働基準監督官が使用者等に必要な報告をさせ、又は出頭を命ずる根拠を法第百四条の二として明確に規定したものであること。

(2)　改正の内容

イ　法第百十条を削除するとともに、法第百四条の二を新設して行政官庁及び労働基準監督官の使用者又は労働者に対する、報告をさせ、又は出頭を命ずる権限を定めたものであること。

これに併せて、則第五十八条により行政官庁が個別に使用者等に対して報告又は出頭を命ずる場合に理由又は聴取しようとする事項を通知しなければならないこととしたこと。なお、これは、則第五十七条により使用者に報告義務が課された事項について報告を求める場合についてまで、理由等を通知しなければならないとしたものではないこと。

ロ　則第五十七条において、適用事業報告、事業の附属寄宿舎労働者死傷病報告等に加えて預金管理状況報告を規定したこと。

ハ　預金管理状況報告について、使用者の利便性を考慮し、今回、様式第二十四号中、預金の保全の状況欄を改正したこと（別添参照〈編注　略〉）。

（平六・一・四　基発一号）

【申請書類の取扱い】

問　申請書類は労働基準法施行規則第五十九条によつて、二通提出することになつているが、この二通の取扱いについて一定の方針があれば至急御指示願いたい。

答　施行規則第五十九条によつて各種申請書の提出を二通要求しているのは、その内一通は当該労働基準監督署に保管し、他の一通は直ちに「許可する」、「認定する」、「許可しない」、「認定しない」等を記入し、署長印押捺の上申請者に交付することができるように定められたものであるから、その趣旨に従い取扱いについて遺憾のないよう期せられたい。（昭二三・一一・二五　基発三一五号）

【電子申請による報告】

〈編注　じん肺法施行規則等の一部を改正する省令（令六省令四五号）の公布について〉

第2　改正省令の概要

(1)　以下の報告について、事業者からの報告を原則電子申請によるものとすること。それに伴い、以下の報告の様式を廃止することとしたこと。（じん肺則第三十七条第一項、安衛則第二条第二項、第四条第三項、第七条第三項、第十三条第二項、第五十二条第一項及び第二項、第五十二条の二十一、第九十七条第一項及び第二項、有機則第三十条の三並びに労基則第五十七条第一項及び第二項関係）

ア　じん肺健康管理実施状況報告（じん肺則第三十七条、様式第八号）

イ　総括安全衛生管理者・安全管理者・衛生管理者・産業医選任報告（安衛則第二条、第四条、第七条、第十三条、様式第三号）

ウ　定期健康診断結果報告書（安衛則第五十二条第一項、様式第六号）

エ　有害な業務に係る歯科健康診断結果報告書（安衛則第五十二条第二項、様式第六号の二）

オ　心理的な負担の程度を把握するための検査結果等報告書（安衛則第五十二条の二十一、様式第六号の三）

カ　労働者死傷病報告（安衛則第九十七条、様式第二十三号、様式第二十四号）

キ　有機溶剤等健康診断結果報告書（有機則第三十条の三、様式第三号の二）

ク　事業の附属寄宿舎内での災害報告（労基則第五十七条、安衛則様式第二十三号、様式第二十四号）

(2)　休業四日未満の労働者死傷病報告及び事業の附属寄宿舎内での災害報告については、休業四日以上の労働者死傷病報告及び事業の附属寄宿舎内での災害報告と同じ報告事項とすること。（安衛則第九十七条第二項及び労基則第五十七条第二項関係）

(3)　その他所要の改正を行ったものであること。

第3　細部事項

(1)　電子申請の原則義務化（じん肺則第三十七条第一項、安衛則第二条第二項、第四条第三項、第七条第三項、第十三条第二項、第五十二条第一項及び第二項、第五十二条の二十一、第九十七条第一項及び第二項、有機則第三十条の三並びに労基則第五十七条第一項及び第二項関係）

ア　電子申請の方法として、e-Gov電子申請（https://shinsei.e-gov.go.jp/）から電子申請を行う、又は、今後労働安全衛生法関係の届出・申請等帳票印刷に係る入力支援サービス（https://www.chohyo-shien.mhlw.go.jp/）から電子申請が可能となる予定であるため、これらを用いて電子申請を行うこととする。

イ　原則電子申請が義務化された各報告の報告事項の詳細については、追って示す留意事項を参考に報告を行うこととする。

ウ　申請者が電子申請を行う端末等を所有していないなど、電子申請を行う環境が整っていない場合も考えられることから、当分の間、経過措置として書面による報告を行うことができることとする。

(2) 労働者死傷病報告等の報告事項の見直し（安衛則第九十七条第一項及び第二項、労基則第五十七条第一項及び第二項関係）

休業四日未満の労働者死傷病報告及び事業の附属寄宿舎内での災害報告の報告事項の見直し等に伴い、施行日以降において、経過措置により、休業四日以上及び休業四日未満の労働者死傷病報告及び事業の附属寄宿舎内での災害報告の報告事項について書面で報告を行う場合には、追って示す参考様式を参考とすること。

（令六・三・六　基発〇三〇六第一五号）

【事業の継承廃止等の場合の報告】

問 左の事実があつた場合、使用者の報告義務如何。

記

(一) 事業を継承しようとするとき
(二) 事業を廃止したとき
(三) 休業三カ月（季節事業にあつては一カ年）に及ぶとき又は休業後事業を開始したとき
(四) 事業の名称、事業場所の地名番号、使用者の住所氏名に変更があつたとき。

答 (一) 昭和二十六年四月二日付基収第一二二七号（上記通牒の趣旨。(1)許認可、認定の申請、届出又は報告の諸手続については、労働関係の実態に変更がない限り、その効力は新会社に引継がれ、改めて手続をすることを要しない。(2)適用事業報告については、新会社発足に当つて、適宜の様式をもつて事業場の名称変更に関する報告を提出すれば足りる。）による。

(二)、(三) 報告の必要はない。

(四)(イ) 事業の名称又は事業主に非ざる使用者の変更にとどまる場合、報告の必要はない。

(ロ) 事業の所在地の変更が、地理的変更を伴う場合は(一)により報告を要するも、形式的な変更の場合には、その必要はない。

（昭二三・三・一　基収八四三号、昭二三・二・二三　基発九〇号）

【押印等の見直し】

令和二年七月十七日に閣議決定された「規制改革実施計画」において、法令等又は慣行により、国民や事業者等に対して書面の作成・提出等、押印又は対面を求めている手続については、原則として全て、恒久的な制度的対応として、年内に、規制改革推進会議が提示する基準に照らして順次、必要な検討を行い、法令、告示、通達等の改正やオンライン化を行うこととされたところである。

これを踏まえ、労働政策審議会で議論された結果、労働基準法施行規則等の一部を改正する省令（令和二年厚生労働省令第二〇三号。別添1参照〈略〉。）が本日公布されたところであり、令和三年四月一日より施行される予定である。

改正後の労働基準法施行規則等の内容等は下記のとおりであるので、円滑な施行に万全を期すため、所要の準備及び施行に遺漏なきを期されたい。

記

第1　改正の趣旨

従来、労働基準法（昭和二十二年法律第四九号。以下「労基法」という。）及びこれに基づく命令の規定並びに最低賃金法（昭和三十四年法律第一三七号。以下「最賃法」という。）の規定に基づく許可、認可、認定若しくは指定の申請、届出又は報告（以下「届出等」という。）を行う際には、届出等の様式等に押印又は署名を求めてきたところであるが、これらの届出等の様式等について押印又は署名（以下「押印等」という。）を求めないこととし、また、併せて労働者の過半数を代表する者（以下「過半数代表者」という。）の適正な選出及び電子申請の利便性の向上に向けた恒久的な制度的対応の一環として、労使協定・決議の届出様式に協定当事者の適格性を確認するチェックボックスを設け、また、電子申請時に、電子署名及び電子証明書の添付等のほか、利用者の氏名を電磁的記録に記録することをもって代えることができることとするなど、所要の改正を行うものであること。

第2　改正の内容

1　概要

①　労働基準法施行規則（昭和二十二年厚生省令第二三号。以下「労基則」という。）、事業附属寄宿舎規程（昭和二十二年労働省令第七号。以下「寄宿程」という。）、年少者労働基準規則（昭和二十九年労働省令第一三号。以下「年少則」という。）、最低賃金法施行規則（昭和三十四年労働省令第一六号。以下「最賃則」という。）及び建設業附属寄宿舎規程（昭和四十二年労働省令第二七号。以下「建寄程」という。）（以下「労基則等」という。）に規定する届出等の様式（以下「様式」という。）において使用者が押印する欄、及び使用者又は過半数代表者による押印等を義務づける規定を改め、その氏名を記載することで足りることとしたこと。

②　上記①に併せて、様式のうち、過半数労働組合の名称又は過半数代表者の氏名を記載するものについて、チェックボックスを設けることにより、協定当事者の適格性を確認することとしたこと。

③　令和三年四月一日以降に行われる届出等については、労基則等における改正後の様式（別添2参照〈略〉）を用いる必要があるが、改正前の様式についても、同日以降においても当分の間、これを取り繕って使用することができる経過措置を設けることとしたこと。

④　電子申請により、労基則等に規定する届出等並びに賃金の支払の確保等に関する法律施行規則（昭和五十一年労働省令第二六号。以下「賃確則」という。）第九条第二項に規定する認定の申請及び第十四条第二項に規定する確認の申請（以下「申請等」という。）を行う際には、厚生労働省の所管する法令に係る情報通信技術を活用した行政の推進等に関する法律施行規則（平成十五年厚生労働省令第四〇号。以下「主務省令」という。）第六条第一項各号に掲げる措置として、例えば電子署名を行い、電子証明書を併せて送信する措置のほか、申請等を行う者の氏名を電磁的記録に記録することをもって代えることができることとしたこと。

2　対象となる申請等

(1)　使用者の記名のみで届出等を行うことが可能となるもの

ア　労基法関係

改正前の労基則第五十九条の二第二項に基づき、労基法及びこれに基づく命令の規定により届出等を行う場合においては、以下の様式のほか、使用者の押印等を必要とする書類についても、氏名を記載することで足りること。

(ア)　労基則

①様式第一号（貯蓄金管理に関する協定届）

②様式第二号（解雇制限・解雇予告除外認定申請書）

③様式第三号（解雇予告除外認定申請書）

④様式第三号の二（一箇月単位の変形労働時間制に関する協定届）

⑤様式第三号の三（清算期間が一箇月を超えるフレックスタイム制に関する協定届）

⑥様式第四号（一年単位の変形労働時間制に関する協定届）

⑦様式第五号（一週間単位の非定型的変形労働時間制に関する協定届）
⑧様式第六号（非常災害等の理由による労働時間延長・休日労働許可申請書・届）
⑨様式第九号（時間外労働・休日労働に関する協定届）
⑩様式第九号の二（時間外労働・休日労働に関する協定届（限度時間を超えて時間外労働・休日労働を行わせる場合（特別条項）））
⑪様式第九号の三（時間外労働・休日労働に関する協定届（新技術・新商品の研究開発業務に従事する労働者に時間外労働・休日労働を行わせる場合））
⑫様式第九号の四（時間外労働・休日労働に関する協定届（適用猶予事業・業務に従事する労働者に時間外労働・休日労働を行わせる場合））
⑬様式第九号の五（時間外労働・休日労働に関する協定届（事業場外労働に関する協定の内容を付記して届け出る場合））
⑭様式第九号の六（時間外労働・休日労働に関する労使委員会の決議届）
⑮様式第九号の七（時間外労働・休日労働に関する労働時間等設定改善委員会の決議届）
⑯様式第十号（断続的な宿直又は日直勤務許可申請書）
⑰様式第十一号（集団入坑の場合の時間計算特例許可申請書）
⑱様式第十二号（事業場外労働に関する協定届）
⑲様式第十三号（専門業務型裁量労働制に関する協定届）
⑳様式第十三号の二（企画業務型裁量労働制に関する決議届）
㉑様式第十三号の四（企画業務型裁量労働制に関する報告）
㉒様式第十三号の五（休憩自由利用除外許可申請書）
㉓様式第十四号（監視・断続的労働に従事する者に対する適用除外許可申請書）
㉔様式第十四号の二（高度プロフェッショナル制度に関する決議届）
㉕様式第十四号の三（高度プロフェッショナル制度に関する報告）
㉖様式第十四号の四（職業訓練に関する特例許可申請書）
㉗様式第十五号（業務傷病に関する重大過失認定申請書）
㉘様式第二十三号の二（適用事業報告）
㉙様式第二十四号（預金管理状況報告）

(イ)　寄宿程
①様式第一号（寄宿舎設置・移転・変更届）
②様式第三号（事業附属寄宿舎規程第三十六条による適用特例許可申請書）
③様式第四号（事業附属寄宿舎規程第二章適用除外許可申請書）

(ウ)　年少則
①様式第一号（使用許可申請書）
②様式第三号（交替制による深夜業時間延長許可申請書）
③様式第四号（帰郷旅費支給除外認定申請書）

(エ)　建寄程
別記様式（寄宿舎設置・移転・変更届）

イ　最賃法関係
最賃則
①様式第一号（精神又は身体の

障害により著しく労働能力の低い者の最低賃金の減額の特例許可申請書）

②様式第二号（試の使用期間中の者の最低賃金の減額の特例許可申請書）

③様式第三号（基礎的な技能及び知識を習得させるための職業訓練を受ける者の最低賃金の減額の特例許可申請書）

④様式第四号（軽易な業務に従事する者の最低賃金の減額の特例許可申請書）

⑤様式第五号（断続的労働に従事する者の最低賃金の減額の特例許可申請書）

(2) 過半数代表者の記名のみを求めることとするもの

ア　労基則

労基則第四十九条第二項の就業規則の意見書

イ　寄宿程

寄宿程第一条の二第二項の寄宿舎規則に係る同意書

ウ　建寄程

建寄程第二条第三項の寄宿舎規則に係る同意書

(3) 協定当事者の適格性に係るチェックボックスを新設するもの

労基則

①様式第一号（貯蓄金管理に関する協定届）

②様式第三号の二（一箇月単位の変形労働時間制に関する協定届）

③様式第三号の三（清算期間が一箇月を超えるフレックスタイム制に関する協定届）

④様式第四号（一年単位の変形労働時間制に関する協定届）

⑤様式第五号（一週間単位の非定型的変形労働時間制に関する協定届）

⑥様式第九号（時間外労働・休日労働に関する協定届）

⑦様式第九号の二（時間外労働・休日労働に関する協定届（限度時間を超えて時間外労働・休日労働を行わせる場合（特別条項）））

⑧様式第九号の三（時間外労働・休日労働に関する協定届（新技術・新商品の研究開発業務に従事する労働者に時間外労働・休日労働を行わせる場合））

⑨様式第九号の四（時間外労働・休日労働に関する協定届（適用猶予事業・業務に従事する労働者に時間外労働・休日労働を行わせる場合））

⑩様式第九号の五（時間外労働・休日労働に関する協定届（事業場外労働に関する協定の内容を付記して届け出る場合））

⑪様式第九号の六（時間外労働・休日労働に関する労使委員会の決議届）

⑫様式第九号の七（時間外労働・休日労働に関する労働時間等設定改善委員会の決議届）

⑬様式第十二号（事業場外労働に関する協定届）

⑭様式第十三号（専門業務型裁量労働制に関する協定届）

⑮様式第十三号の二（企画業務型裁量労働制に関する決議届）

⑯様式第十四号の二（高度プロフェッショナル制度に関する決議届）

(4) 主務省令第六条第一項各号に掲げる措置に代えて、申請等を行う者の氏名を電磁的記録に記録することのみで申請等を行うことが可能となるもの

労基法及びこれに基づく命令の規定並びに最賃法の規定に基づく全ての届出等、賃確則第九条第二項に規定する認定の申請並びに第十四条第二項に規定する確認の申請

（令二・一二・二二　基発一二二二第四号）

【協定当事者の適格性のチェックに係る対応】

局長通達〈編注　令二・一二・二二基発一二二二第四号〉記の第２の２⑶の協定当事者の適格性に係るチェックボックス（以下「適格性チェックボックス」という。）を新設する様式については、令和三年四月一日以降、当該適格性チェックボックスにチェックがなされていることが形式上の要件となるので、受理に当たって以下の点に留意すること。

なお、協定当事者が労働者の過半数で組織する労働組合である場合は、労働者の過半数を代表する者が管理監督者ではなく、かつ適正に選出されたかを確認するチェックボックスにチェックがなされていなくても、形式上の要件に適合するものであること。

ア　令和三年三月三十一日までの間

適格性チェックボックスは形式上の要件とはならないため、新様式で届出が行われた場合、当該適格性チェックボックスのチェックの有無にかかわらず、当然に受理するものであること。

イ　令和三年四月一日以降

適格性チェックボックスの記載の補正等を行っていない旧様式による届出（以下「チェックボックス不備の旧様式による届出」という。）については、形式上の要件に適合していないため、届出を行った使用者等に対し、新様式により改めて届出を行うか、チェックボックス不備の旧様式による届出に、必要事項にチェックした別添２〈略〉を添付した上で改めて届出を行うよう指導すること。

また、チェックボックス不備の旧様式による届出が郵送で届いた場合には、別添２〈略〉を添付して返戻する等により改めて届出を行うよう指導すること。

（令二・一二・二二　基監発一二二二第一号、基賃発一二二二第一号）

【労使協定・決議に係る労使間の手続における記名押印又は署名の取扱い】

今般の改正〈編注　令二省令二〇三号〉は、行政手続における申請等について、押印又は署名を不要とするものであるところ、労使協定・決議に係る労使間の手続は、労使慣行や労使合意により行われるものであり、その手続に直接影響を及ぼすものではない。このため、例えば、従前から、労使協定を締結する際、記名押印又は署名により労使双方の合意があることが明らかになるような手続を取っているものについても見直しが必要であるか問われた場合、当該記名押印又は署名の手続を不要とすることが望ましいなどの教示を行わず、労使双方の合意によるべきである旨を適切に教示すること。

（令二・一二・二二　基監発一二二二第一号、基賃発一二二二第一号）

【協定当事者の適切な選出等に係る確認】

記名のみでの申請等を行うことが可能となることにより、適切な労使合意がないまま届出が行われる等の懸念が示されていることから、令和三年四月一日以降、必要に応じ、労使協定の締結状況、協定当事者の適格性等について使用者等から聴取するなど必要な確認を行うこと。

また、監督指導時においても、必要に応じ、同様の確認を行うこと。

（令二・一二・二二　基監発一二二二第一号、基賃発一二二二第一号）

【電子申請における取扱い】

使用者等は、令和三年四月一日以降、e-Govにおいて新様式により電子申請を行うことが可能となる。

申請・届出等処理支援システムにおいて新様式による申請等を審査した結果、形式上の要件に適合しないものについては、使用者等に対して形式上の要件に適合していない旨の補正指示書を発出すること。

（令二・一二・二二　基監発一二二二第一号、基賃発一二二二第一号）

（労働基準監督官の義務）

第百五条　労働基準監督官は、職務上知り得た秘密を漏してはならない。労働基準監督官を退官した後においても同様である。

▼参照条文　〔国家公務員の秘密を守る義務―国公一〇〇〕、〔罰則―一二〇〕

第十二章　雑則

（国の援助義務）

第百五条の二　厚生労働大臣又は都道府県労働局長は、この法律の目的を達成するために、労働者及び使用者に対して資料の提供その他必要な援助をしなければならない。

（法令等の周知義務）

第百六条　使用者は、この法律及びこれに基づく命令の要旨、就業規則、第十八条第二項、第二十四条第一項ただし書、第三十二条の二第一項、第三十二条の三第一項、第三十二条の四第一項、第三十二条の五第一項、第三十四条第二項ただし書、第三十六条第一項、第三十七条第三項、第三十八条の二第二項、第三十八条の三第一項並びに第三十九条第四項、第六項及び第九項ただし書に規定する協定並びに第三十八条の四第一項及び同条第五項（第四十一条の二第三項において準用する場合を含む。）並びに第四十一条の二第一項に規定する決議を、常時各作業場の見やすい場所へ掲示し、又は備え付けること、書面を交付することその他の厚生労働省令で定める方法によつて、労働者に周知させなければならない。

② 使用者は、この法律及びこの法律に基いて発する命令のうち、寄宿舎に関する規定及び寄宿舎規則を、寄宿舎の見易い場所に掲示し、又は備え付ける等の方法によつて、寄宿舎に寄宿する労働者に周知させなければならない。

（法令等の周知方法）

則第五十二条の二　法第百六条第一項の厚生労働省令で定める方法は、次に掲げる方法とする。

一　常時各作業場の見やすい場所へ掲示し、又は備え付けること。

二　書面を労働者に交付すること。

三　使用者の使用に係る電子計算機に備えられたファイル又は第二十四条の二の四第三項第三号に規定する電磁的記録媒体をもつて調製するファイルに記録し、かつ、各作業場に労働者が当該記録の内容を常時確認できる機器を設置すること。

▼参照条文　〔就業規則―八九〕、〔労働契約の内容の理解の促進―労契四〕、〔労働契約の成立―労契六・七〕、〔就業規則による労働契約の内容の変更―労契九・一〇〕、〔法令等の周知方法―則五二の二〕、〔寄宿舎規則―九五〕、〔罰則―一二〇〕、〔船員について―船員一一三〕

解釈例規

【周知の対象】　使用者が労働者に周知しなければならないものとして、法に基づく労使協定及び法第三十八条の四第一項の委員会の決議並びに時短促進法第七条に基づく労働時間短縮推進委員会の決議が加えられたものであること。ただし、法第三十八条の四第一項の委員会の決議についての周知については、平成十二年四月一日から施行されるものであること。

（平一一・一・二九　基発四五号）

【周知方法①】

(1)　周知は、以下のいずれかの方法により行わねばならないものであること。

イ　常時各作業場の見やすい場所へ掲示し、又は備え付けること。

ロ　書面を労働者に交付すること。

「書面」には、印刷物及び複写した書面も含まれるものであること。

ハ　磁気テープ、磁気ディスクその他これらに準ずる物に記録し、かつ、各作業場に労働者が当該記録の内容を常時確認できる機器を設置すること。

この方法によって周知を行う場合には、法令等の内容を磁気テープ、磁気ディスクその他これらに準ずる物に記録し、当該記録の内容を電子的データとして取り出し常時確認できるよう、各作業場にパーソナルコンピューター等の機器を設置し、かつ、労働者に当該機器の操作の権限を与えるとともに、その操作の方法を労働者に周知させることにより、労働者が必要なときに容易に当該記録を確認できるようにすることとすること。

(2)　使用者は、就業規則の変更等周知させるべき事項の内容に変更があった場合にも、当該変更後の内容を労働者に周知させなければならないものであること。

（平一一・一・二九　基発四五号）

【周知方法②】

問　就業規則等の周知方法について、労働者の請求があった場合に見せる方法でも、当該事業場に備え付けているものと解してよいか。

答　従来どおり、就業規則等を労働者が必要なときに容易に確認できる状態にあることが「周知させる」ための要件である。

（平一一・三・三一　基発一六九号）

【労使委員会の決議の周知】　決議については、法第百六条第一項に基づき、使用者は対象労働者に限らず労働者に周知しなければならないこと。

周知の方法については、平成一一年一月二九日付け基発第四五号記の第十二の三のとおりであること。

（平一三・一・一　基発一号）

【議事録の周知方法】〈編注　令五省令一六五号による改正箇所〉

(1)　解釈

ア　「使用者（事業者）の使用に係る電子計算機に備えられたファイル」について

事業場において保有するサーバ（いわゆるオンプレミスのサーバ）等だけでなく、クラウドサービスの利用も含まれること。

イ　「電磁的記録媒体」について

従前の規定において例示されていた、磁気テープ、磁気ディスク及び光ディスクは引き続き使用可能であること。その上で、フラッシュメモリや今後新たに開発される記録媒体等も含まれること。

(2) 留意事項

改正省令による改正前の規定においても、会議の議事録の内容等を記録する媒体については、「その他これらに準ずる物」又は「その他の記録媒体」にクラウドサービスや規定上例示されていない記録媒体等が含まれないとは解してこなかったところであるが、今般の改正はそれらが利用可能であることを規定上も明確にするための改正であり、改正前後で制度運用に特段の変更は生じないこと。

（令五・三・二七　基発〇三二七第一号）

【事業場及び作業場の意義】

問　第百七条及び第百八条に各事業場とあるが定義は如何。又は第百六条に作業場とあるがその区別如何。

答　事業場とは、事業に属する人的物的施設の存する場所的な範囲をいう。作業場は、事業場内において密接な関連の下に作業の行われている個々の現場をいい、主として建物別等によつて判定すべきものである。

（昭二三・四・五　基発五三五号）

【就業規則の周知】

問　厚生労働省が公開しているモデル労働条件通知書に、「就業規則を確認できる場所や方法」の欄が追加されたが、これは労基則の改正〈編注　令五省令三九〉に基づくものか。

答　労基則の改正に基づくものではない。就業規則について、法令上は、労基法百六条に基づき、労基則五十二条の二に定める方法によって労働者に周知させなければならないとされている。

この就業規則の周知について、令和四年十二月二十七日付け労働政策審議会労働条件分科会報告「今後の労働契約法制及び労働時間法制の在り方について（報告）」を踏まえ、今般、施行通達において、就業規則を備え付けている場所等を労働者に示すこと等により就業規則を労働者が必要なときに容易に確認できる状態にする必要があることを明らかにしたところ。モデル労働条件通知書への欄の追加は、当該通達改正に対応するものである。

（令五・一〇・一二　事務連絡）

（労働者名簿）

第百七条　使用者は、各事業場ごとに労働者名簿を、各労働者（日日雇い入れられる者を除く。）について調製し、労働者の氏名、生年月日、履歴その他厚生労働省令で定める事項を記入しなければならない。

② 前項の規定により記入すべき事項に変更があつた場合においては、遅滞なく訂正しなければならない。

（労働者名簿の記入事項）

則第五十三条　法第百七条第一項の労働者名簿（様式第十九号）に記入しなければならない事項は、同条同項に規定するもののほか、次に掲げるものとする。

一　性別
二　住所
三　従事する業務の種類
四　雇入の年月日
五　退職の年月日及びその事由（退職の事由が解雇の場合にあつては、その理由を含む。）
六　死亡の年月日及びその原因

②　常時三十人未満の労働者を使用する事業においては、前項第三号に掲げる事項を記入することを要しない。

（労働者名簿及び賃金台帳の合併調製）

則第五十五条の二　使用者は、年次有給休暇管理簿、第五十三条による労働者名簿又は第五十五条による賃金台帳をあわせて調製することができる。

（様式）

則第五十九条の二　法及びこれに基く命令に定める許可、認可、認定若しくは指定の申請、届出、報告、労働者名簿又は賃金台帳に用いるべき様式（様式第二十四号を除く。）は、必要な事項の最少限度を記載すべきことを定めるものであつて、横書、縦書その他異なる様式を用いることを妨げるものではない。

〈第二項及び第三項　略〉

▼**参照条文**　〔厚生労働省令で定める事項―則五三〕、〔労働者名簿の調製・様式―則五三の二・五九の二〕、〔罰則―一二〇〕

解釈例規

【労働者名簿の記入事項の簡素化】　労働者名簿については、法第百七条第一項において、労働者の氏名、生年月日、履歴その他命令で定める事項を記入しなければならないこととされ、これを受けて則第五十三条第一項では性別、本籍、住所等を定めているところであるが、同項で定める事項のうち、本籍については記入を要しないものとしたものであること。また、これに伴い、様式第十九号についても所要の改正を行つたものであること。

（平九・二・一四　基発九三号）

【製陶業における焼成工】

問　○○地区の製陶業においては、従来から釜焼と称して焼成工（焼成助手を含む）が数事業場を順次焼成期間（一カ月間に一回又は二回、釜の大小、焼成量等により異なるが概ね一回焼成が四、五日間、最長七日間程度）中巡回就労しており、その労働の態様は一人の焼成工がA工場に焼成の時だけ就労し、A工場の焼成が終了すればB工場に就労し、同様に焼成が終了すればC工場に就労するというように概ね二乃至三工場を受持つて廻つている。労働契約の形態は釜を焼く期間のみ臨時に雇用するのではなく、焼成の期間が月々概ね一定しているので、通年雇用の形式で同一の焼成工を定期的に雇用することが予め定まつている状態である。焼成に従事しないときは、ある者は自家農業に、ある者はA、B、C工場のうちいずれかの工場において焼成以外の他の業務に従事するのが通例である。この場合常用労働者として労働者名簿及び常用の賃金台帳を調製させるべきか、又は日雇労働者と解して取扱うべきか。

答　設問の焼成工は日日雇い入れられる労働者ではない。従つて様式第十九号の労働者名簿及び様式第二十号の賃金台帳を備え付けなければならない。

（昭二四・一〇・三　基収三一〇五号）

【年齢証明書の取扱い及び労働者名簿の記載等】

イ　労働基準法第五十七条に定める年少者の年齢証明書については、戸籍謄（抄）本又は年少者の姓名及び生年月日を記載して本籍地を管轄する地方自治体の長が証明したもののほか、昭和四十三年十月四日付け基発第六三六号、婦発第三二六号通達により、使用者が住民基本台帳法（昭和四十二年法律第八十一号）による住民票の写しを備えている場合には労働基準法第五十七条違反としては取り扱わなくても差し支えないものとしているところであるが、今後は、これらに代えて、住民基本台帳法第七条第一号（氏名）及び第二号（出生の年月日）の事項についての証明がなされている「住民票記載事項の証明書」を備えれば足りること。

ロ　戸籍謄（抄）本及び住民票の写しは、画一的に提出又は提示を求めないようにし、それが必要となつた時点（例えば、冠婚葬祭等に際して慶弔金等が支給されるような場合で、その事実の確認を要するとき等）で、その具体的必要性に応じ、本人に対し、その使用目的を十分に説明の上提示を求め、確認後速やかに本人に返却するよう指導すること。

ハ　就業規則等において、一般的に、採用時、慶弔金等の支給時等に戸籍謄（抄）本、住民票の写し等の提出を求める旨を規定している事例があるが、上記イないしハまでの趣旨に則り、これらについても、可能な限り「住民票記載事項の証明書」により処理することとするよう、その変更について指導すること。

（昭五〇・二・一七　基発八三号、婦発四〇号、平九・二・二二　基発一〇五号）

【派遣労働者の労働者名簿と賃金台帳】

(イ)　労働者名簿、賃金台帳及び労働者派遣法第三十七条の派遣元管理台帳については、法令上記載しなければならない事項が具備されていれば、必ずしも別個に作成しなければならないものでなく、労働者名簿等を合わせて一つの台帳を作成することとしても差し支えないこと。

(ロ)　派遣元の使用者は、労働者派遣法第四十二条に基づき派遣先から通知された事項により、賃金台帳に必要事項を記載するものであること。

（昭六一・六・六　基発三三三号）

【磁気ディスク等による労働者名簿、賃金台帳の調製について】

問　当局管内の事業場より、電子機器を用いて磁気ディスク、磁気テープ、光ディスク等により労働者名簿、賃金台帳の調製を行いたい旨の申出があったところであるが、労働基準法第百七条及び第百八条の適用について疑義があるので、左記のとおり取り扱ってよろしいかお伺いする。

記

次の1及び2のいずれをも満たす場合には、労働基準法第百七条及び第百八条の要件を満たすものとして取り扱う。

1　電子機器を用いて磁気ディスク、磁気テープ、光ディスク等により調製された労働者名簿、賃金台帳に法定必要記載事項を具備し、かつ、各事業場ごとにそれぞれ労働者名簿、賃金台帳を画面に表示し、及び印字するための装置を備えつける等の措置を講ずること。

2　労働基準監督官の臨検時等労働者名簿、賃金台帳の閲覧、提出等が必要とされる場合に、直ちに必要事項が明らかにされ、かつ、写しを提出し得るシステムとなっていること。

答　貴見のとおり取り扱われたい。

（平七・三・一〇　基収九四号）

（賃金台帳）

第百八条　使用者は、各事業場ごとに賃金台帳を調製し、賃金計算の基礎となる事項及び賃金の額その他厚生労働省令で定める事項を賃金支払の都度遅滞なく記入しなければならない。

（賃金台帳の記入事項）

則第五十四条　使用者は、法第百八条の規定によつて、次に掲げる事項を労働者各人別に賃金台帳に記入しなければならない。

一　氏名
二　性別
三　賃金計算期間
四　労働日数
五　労働時間数
六　法第三十三条若しくは法第三十六条第一項の規定によつて労働時間を延長し、若しくは休日に労働させた場合又は午後十時から午前五時（厚生労働大臣が必要であると認める場合には、その定める地域又は期間については午後十一時から午前六時）までの間に労働させた場合には、その延長時間数、休日労働時間数及び深夜労働時間数
七　基本給、手当その他賃金の種類毎にその額
八　法第二十四条第一項の規定によつて賃金の一部を控除した場合には、その額

② 前項第六号の労働時間数は当該事業場の就業規則において法の規定に異なる所定労働時間又は休日の定をした場合には、その就業規則に基いて算定する労働時間数を以てこれに代えることができる。

③ 第一項第七号の賃金の種類中に通貨以外のもので支払われる賃金がある場合には、その評価総額を記入しなければならない。

④ 日々雇い入れられる者（一箇月を超えて引続き使用される者を除く。）については、第一項第三号は記入するを要しない。

⑤ 法第四十一条各号のいずれかに該当する労働者及び法第四十一条の二第一項の規定により労働させる労働者については第一項第五号及び第六号は、これを記入することを要しない。

（賃金台帳の様式）

則第五十五条　法第百八条の規定による賃金台帳は、常時使用される労働者（一箇月を超えて引続き使用される日々雇い入れられる者を含む。）については様式第二十号日々雇い入れられる者（一箇月を超えて引続き使用される者を除く。）については様式第二十一号によつて、これを調製しなければならない。

（労働者名簿及び賃金台帳の合併調製）

則第五十五条の二　使用者は、年次有給休暇管理簿、第五十三条による労働者名簿又は第五十五条による賃金台帳をあわせて調製することができる。

（様式）

則第五十九条の二　法及びこれに基く命令に定める許可、認可、認定若しくは指定の申請、届出、報告、労働者名簿又は賃金台帳に用いるべき様式（様式第二十四号を除く。）は、必要な事項の最少限度を記載すべきことを定めるものであつて、横書、縦書その他異なる様式を用いることを妨げるものではない。

〈第二項及び第三項　略〉

▼参照条文　〔賃金の支払—二四〕、〔厚生労働省令で定める事項—則五四〕、〔賃金台帳の調製・様式—則五五・五五の二・五九の二〕、〔罰則—一二〇〕

解釈例規

【法第四十一条該当者の深夜割増賃金】

問　法第四十一条に該当する労働者が深夜業をなした時は深夜に対する割増賃金を支払う必要があると思うが、施行規則第五十四条第五項の規定と相違するが如何。

答　規則第五十四条第一項第六号の「深夜労働時間数」は賃金台帳に記入するように指導されたい。（昭二三・二・三　基発一六一号）

【賃金台帳の記入方法】

問　(一)　年次有給休暇の期間は、通常の労働時間労働したものとみなし、その日数、時間については、労働日数欄、労働時間数欄に記入するか。

(二)　宿日直勤務の時間は断続的業務であるから、労働時間数欄、労働日数欄、休日労働時間数欄には記入せず、手当欄に日直又は宿直手当として記入するよう指導して差支えないか。

答　(一)　見解の通り、年次有給休暇の日数及び時間を実際に労働に従事した日数及び労働時間数とみなして夫々該当欄に記入するが、その日数及び時間を夫々該当欄に別掲し括弧をもつて囲んで記入するよう指導されたい。

(二)　宿日直勤務については手当欄に宿直又は日直手当として記入、各々その回数を括弧をもつて囲んで金額欄に附記するように指導されたい。

（昭二三・一一・二　基収三八一五号）

【休業手当等の賃金台帳の記入方法】

問　法第二十六条に基づく休業手当、法第三十九条に基づく年次有給休暇手当を支払つた場合、賃金台帳のどの欄に記入すべきか。

答　手当欄に「休業手当」、「年次有給休暇手当」等として記入する。

（昭二三・一二・二六　基発五七三号）

【賃金の追給の場合の賃金台帳の記入法】

問　労働組合が本年四月に賃金の増額を要求し八月に賃金増額の協定が成立し、要求を提出した四月に遡つて支給することを約定した場合、四、五、六、七各月の賃金支払日に支給した旧賃金との差額を八月において一括支払つた場合においてもその追加額は当然各月毎に分割し、賃金台帳に夫々計上して平均賃金計算の基礎とするを適当と考えるが如何。

答　本事案の如く八月の追加額が協約によつて過去四、五、六、七月の四カ月間の賃金として支払われた場合には、平均賃金の計算においては、追加額は各月に支払われたものとして行うべきである。

賃金台帳の記載に当たつては、過去四カ月分の賃金台帳なることを明記して、八月分の台帳の賃金の種類による該当欄に記入すること。（昭二三・一一・五　基発二三三号）

【組合専従者の賃金台帳】

問　組合専従者が使用者よりその組合事務専従期間中は在籍のまま労働提供の義務を免除され、組合事務に専従することを認められている場合であつても、労働基準法上労働関係は存続するものと思われるが、当該専従組合員の給料は改正労働組合法により、所属組合がその支払いをなすこととなつたので従来まで法第百八条の規定に基いて会社側において備え付けていた賃金台帳は組合側に備付け義務が生ずるものではないかと思われるが如何。

なお、従前通り会社側において備え付けるものとすれば、組合より支払われている給料を会社側において記入させるべきか。

答　組合専従者が当該組合に使用され賃金を支払われる労働者であるならば、組合専従者の賃金台帳は当該組合に備え付けなければならない。（昭二四・一二・九　基収三〇四七号）

【分割された賃金台帳】

問　賃金台帳の記載に当つて、左記の如く必要記載事項を分割して、各々別紙に記載する場合は違法と解して差支えないか。

記

常時使用される労働者に対する賃金台帳は様式第二十号に定められた必要記載事項を網羅しておれば、数名分を一枚の様式に連記式に、記載して差支えないものと解されるが、これに反して数名分を連記する場合に同一人の必要記載事項を数種の台帳に分割して記載する場合、

例えば

㈠　様式第二十号の必要記載事項を数種の台帳に分割して記載する場合。

（氏名、生年月日、従事する職業、基本賃金及び諸手当は（A）台帳に、早出、残業時間数及び割増賃金は(B)台帳に、控除金は（C）台帳に記載）

㈡　様式第二十号の必要記載事項中の一項目を数種の台帳に分割して記載する場合。

（（A）台帳には休日労働日数及び早出残業時間数を、（B）台帳には所定労働日数及び所定労働時間数内における実際に労働に従事した日数及び時間数を記載し、

（A）（B）両台帳を総合計算しなければ様式第二十号所定の当該賃金計算期間内における総労働日数及び総労働時間数が算出できない場合）

答　設問のように必要記載事項を分割して別紙に記載し、数冊の賃金台帳とする場合には、同一労働者に対する賃金台帳記載事項について、総合的に監督し得る（例えば所定時間外割増賃金のない労働者については、早出残業時間数がないことが直ちに判明する如き）ものであれば差支えないが、当該事業の各労働者については一貫番号を付し（A）（B）（C）各台帳の記載順を番号順にするよう指導されたい。

（昭二五・一・一三　基収四〇八三号）

【マイクロフィルム化した賃金台帳について】

問　当局管内K社において、事務処理の効率化のため、賃金台帳をマイクロフィルム化して使用したい旨申出があつたが、マイクロフィルム化した賃金台帳の調製、備付けが、労働基準法第百八条の規定に違反するものと解すべきか否かについて疑義があるので、左記のとおり処理してよろしいかお伺いする。

記

一　マイクロフィルム化した賃金台帳に法定必要記載事項を具備し、かつ、各事業場ごとにそれぞれリーダープリンターを備え付ける等の措置を講ずること。

二　労働基準監督官の臨検時等賃金台帳の閲覧、提出等が必要とされる場合に、直ちに必要事項が明らかにされ、かつ、写しを提出し得るシステムとなつていること。

三　以上による限り、労働基準法第百八条の要件を満たすものとして取り扱う。

答　貴見のとおり処理されたい。

（昭五〇・一〇・三　基収六五三号）

【磁気ディスク等による労働者名簿、賃金台帳の調製について】

問　当局管内の事業場より、電子機器を用いて磁気ディスク、磁気テープ、光ディスク等により労働者名簿、賃金台帳の調製を行いたい旨の申出があったところであるが、労働基準法第百七条及び第百八条の適用について疑義があるので、左記のとおり取り扱ってよろしいかお伺いする。

記

次の1及び2のいずれをも満たす場合には、労働基準法第百七条及び第百八条の要件を満たすものとして取り扱う。

1　電子機器を用いて磁気ディスク、磁気テープ、光ディスク等により調製された労働者名簿、賃金台帳に法定必要記載事項を具備し、かつ、各事業場ごとにそれぞれ労働者名簿、賃金台帳を画面に表示し、及び印字するための装置を備えつける等の措置を講ずること。

2　労働基準監督官の臨検時等労働者名簿、賃金台帳の閲覧、提出等が必要とされる場合に、直ちに必要事項が明らかに

され、かつ、写しを提出し得るシステムとなっていること。

答 貴見のとおり取り扱われたい。

（平七・三・一〇 基収九四号）

【賃金台帳の様式】

問 賃金計算事務の合理化を図るため電子計算機を使用することとした。このため賃金計算は、本店にて一括計算する関係から賃金台帳は本店のみ備え付け、各支店に月別賃金支払計算書を備え付けることとしたい。

なお、各個人には個人別明細（月別賃金支払計算書を各人別に切り離す）を渡し、所得税の年末調整終了後は、本店に備え付けておいた賃金台帳を各支店に配布備え付けさせることとしたい。以上の方法をとることが認められるかどうか。

答 照会のごとき取扱いは、各支店に備え付ける月別賃金支払計算書（給料明細書）が賃金台帳としての法定必要記載事項を具備するものである限り、さしつかえない。

（昭三九・六・八 三七基収二七八四号）

【派遣労働者の労働者名簿と賃金台帳】

(イ) 労働者名簿、賃金台帳及び労働者派遣法第三十七条の派遣元管理台帳については、法令上記載しなければならない事項が具備されていれば、必ずしも別個に作成しなければならないものではなく、労働者名簿等を合わせて一つの台帳を作成することとしても差し支えないこと。

(ロ) 派遣元の使用者は、労働者派遣法第四十二条に基づき派遣先から通知された事項により、賃金台帳に必要事項を記載するものであること。

（昭六一・六・六 基発三三三号）

（記録の保存）

第百九条 使用者は、労働者名簿、賃金台帳及び雇入れ、解雇、災害補償、賃金その他労働関係に関する重要な書類を五年間保存しなければならない。

〈編注〉

本条の規定の適用については、当分の間、同条中「五年間」とあるのは、「三年間」とする（第百四十三条第一項参照）。

（記録保存期間の起算日）

則第五十六条 法第百九条の規定による記録を保存すべき期間の計算についての起算日は次のとおりとする。

一 労働者名簿については、労働者の死亡、退職又は解雇の日

二 賃金台帳については、最後の記入をした日

三 雇入れ又は退職に関する書類については、労働者の退職又は死亡の日

四 災害補償に関する書類については、災害補償を終わつた日

五 賃金その他労働関係に関する重要な書類については、その完結の日

② 前項の規定にかかわらず、賃金台帳又は賃金その他労働関係に関する重要な書

類を保存すべき期間の計算については、当該記録に係る賃金の支払期日が同項第二号又は第五号に掲げる日より遅い場合には、当該支払期日を起算日とする。

③　前項の規定は、第二十四条の二の二第三項第四号イ、第二十四条の二の二の二、第二十四条の二の三第三項第四号イ及び第二十四条の二の三の二に規定する労働者の労働時間の状況に関する労働者ごとの記録、第二十四条の二の四第二項（第三十四条の二の三において準用する場合を含む。）に規定する議事録、年次有給休暇管理簿並びに第三十四条の二第十五項第四号イからへまでに掲げる事項に関する対象労働者ごとの記録について準用する。

▼参照条文　〔当分の間の保存期間―一四三〕、〔三年の起算日―則五六〕、〔同種の規定―安衛一〇三、測定四三、じん肺一七〕、〔罰則―一二〇〕

〈参考法令〉

民間事業者等が行う書面の保存等における情報通信の技術の利用に関する法律

（平一六・一二・一　法律第一四九号）

（改正　令三・五・一九　法律第三六号）

（電磁的記録による保存）

第三条　民間事業者等は、保存のうち当該保存に関する他の法令の規定により書面により行わなければならないとされているもの（主務省令で定めるものに限る。）については、当該法令の規定にかかわらず、主務省令で定めるところにより、書面の保存に代えて当該書面に係る電磁的記録の保存を行うことができる。

2　前項の規定により行われた保存については、当該保存を書面により行わなければならないとした保存に関する法令の規定に規定する書面により行われたものとみなして、当該保存に関する法令の規定を適用する。

厚生労働省の所管する法令の規定に基づく民間事業者等が行う書面の保存等における情報通信の技術の利用に関する省令

（平一七・三・二五　厚生労働省令第四四号）

（改正　令六・三・二九　厚生労働省令第六五号）

（電磁的記録による保存）

第四条　民間事業者等が、法第三条第一項の規定に基づき、別表〈編注　略〉第一の一及び二の表の上欄に掲げる法令のこれらの表の下欄に掲げる書面の保存に代えて当該書面に係る電磁的記録の保存を行う場合並びに別表第一の四の表の上欄に掲げる法令の同表の下欄に掲げる電磁的記録による保存を行う場合は、次に掲げる方法のいずれかにより行わなければならない。

一　作成された電磁的記録を民間事業者等の使用に係る電子計算機に備えられたファイル又は電磁的記録媒体（電磁的記録に係る記録媒体をいう。以下同じ。）をもって調製するファイルにより保存する方法

二　書面に記載されている事項をスキャナ（これに準ずる画像読取装置を含む。）により読み取ってできた電磁的記録を民間事業者等の使用に係る電子計算機に備えられたファイル又は電磁的記録媒体をもって調製するファイルにより保存する方法

2　民間事業者等が、法第三条第一項の規定に基づき、別表第一の三の表の上欄に掲げる法令の同表の下欄に掲げる書面の保存に代えて当該書面に係る電磁的記録の保存を行う場合は、前項第二号に掲げる方法により行わなければならない。

3　民間事業者等が、第一項各号の規定に基づき別表第一の一の表に係る電磁的記録の保存を行う場合は、必要に応じ電磁的記録に記録された事項を出力することにより、直ちに明瞭かつ整然とした形式で使用に係る電子計算機その他の機器に表示し、及び書面を作成できるようにしなければならない。

4　民間事業者等が、第一項各号又は第二

項の規定に基づき別表第一の二若しくは四又は三の表に係る電磁的記録の保存を行う場合は、次に掲げる措置を講じなければならない。

一　必要に応じ電磁的記録に記録された事項を出力することにより、直ちに明瞭かつ整然とした形式で使用に係る電子計算機その他の機器に表示し、及び書面を作成できるようにすること。

二　電磁的記録に記録された事項について、保存すべき期間中における当該事項の改変又は消去の事実の有無及びその内容を確認することができる措置を講じ、かつ、当該電磁的記録の作成に係る責任の所在を明らかにしていること。

三　電磁的記録に記録された事項について、保存すべき期間中において復元可能な状態で保存することができる措置を講じていること。

5　別表第一の一の表の上欄に掲げる法令の同表の下欄に掲げる書面の保存につき、同一内容の書面を二以上の事務所等（書面又は電磁的記録の保存が義務付けられている場所をいう。以下同じ。）に保存をしなければならないとされている民間事業者等が、第一項の規定に基づき、当該二以上の事務所等のうち、一の事務所等に当該書面に係る電磁的記録の保存を行うとともに、当該電磁的記録に記録されている事項を他の事務所等に備え付けた電子計算機の映像面に表示し、及び書面を作成することができる措置を講じた場合は、当該他の事務所等に当該書面の保存が行われたものとみなす。

解釈例規

【労働者名簿等の記録の保存期間の延長等】

1　趣旨

労働者名簿や賃金台帳等の記録については、旧労基法〈編注　令和二年法律第一三号による改正前の労働基準法〉第一〇九条等において、紛争解決や監督上の必要から、その証拠を保存する意味で、三年間の保存義務が設けられていたところ、改正法及び改正省令において、当該趣旨を踏まえ、賃金請求権の消滅時効期間に合わせて記録の保存期間の延長を行うとともに、労働基準法第一〇九条に規定する記録等の保存期間の起算日の明確化を行ったものであること。

2　記録の保存期間の延長

労働基準法第一〇九条に規定する記録の保存期間について、賃金請求権の消滅時効期間に合わせて五年とすること。

また、労働基準法施行規則及び労働時間等の設定の改善に関する特別措置法施行規則において、労働基準法第一〇九条を参考に保存期間を定めている各種記録等についても、保存期間を五年とすること。

3　記録の保存期間の起算日の明確化

改正法により、賃金請求権の消滅時効と記録の保存期間が同一となることを踏まえ、賃金請求権の消滅時効期間が満了するまでは、タイムカード等の必要な記録の保存がなされるよう、新労基法第一〇九条に定める賃金台帳及び賃金その他労働関係に関する重要な書類の保存期間の起算日について、当該記録に基づく賃金の支払期日が新労基則第五六条第一項第二号又は第五号に掲げる起算日より遅い場合には、当該支払期日を起算日とすること。

また、労働基準法施行規則及び労働時間等の設定の改善に関する特別措置法施行規則において、労働基準法第一〇九条を参考に保存期間を定めている各種記録のうち、賃金請求権の行使に関係し得るものについても、同様の取扱いとすること。

4　経過措置

上記2で延長することとした各種記録の保存期間については、新労基法の賃金請求権の消滅時効期間に合わせて当分の間三年とすること。

（令二・四・一　基発〇四〇一第二七号）

【磁気ディスク等による労働者名簿等の保存について】

労働者名簿及び賃金台帳については、その調製について定めた労働基準法第百七条及び第百八条の解釈に関して、平成七年三月十日付け基収第九四号通達によって、一定の条件を満たす場合には、磁気ディスク等によって調製することが認められているところであり、第百九条による保存についても、同通達の条件を満たす場合には保存義務を満たすものであること。

（平八・六・二七　基発四一一号、平一七・三・三一　基発〇三三一〇一四）

【労働者名簿、賃金台帳等の保存】　労働基準法（昭和二十二年法律第四十九号）第百七条の「労働者名簿」及び第百八条の「賃金台帳」については、法令上書面であることが求められていないため、民間事業者等が行う書面の保存等における情報通信の技術の利用に関する法律（平成十六年法律第百四十九号）〈編注　e－文書法〉の対象となっていないものであり、これらの取扱いについては、既に平成七年三月十日付け基収第九四号通達及び平成八年六月二十七日付け基発第四一一号通達によって示しているところであるので、特段の変更はないものであること。また、労働基準法第十八条第三項の「貯蓄金の管理に関する規程」、労働時間の短縮の促進に関する臨時措置法（平成四年法律第九十号）第七条第二号の「議事録」、労働基準法施行規則（昭和二十二年厚生省令第二十三号）第二十四条の二の二第三項第二号の「記録」、第二十四条の二の四第二項の「議事録」についても、法令上書面であることが求められていないため、e－文書法の対象となっていないものであるが、これらの取扱いについては、上記通達に準じること。

（平一七・三・三一　基発〇三三一〇一四号）

【電磁的記録による保存の方法】

1　電磁的記録による保存の方法については、次に掲げる方法のいずれかにより行わなければならないものとされているものであること。

①　作成された電磁的記録を民間事業者等の使用に係る電子計算機に備えられたファイル又は磁気ディスク（これに準ずる方法により一定の事項を確実に記録しておくことができる物を含む。以下同じ。）をもって調製するファイルにより保存する方法（主務省令第四条第一項第一号）

②　書面に記載されている事項をスキャナ（これに準ずる画像読取装置を含む。）により読み取ってできた電磁的記録を民間事業者等の使用に係る電子計算機に備えられたファイル又は磁気ディスクをもって調製するファイルにより保存する方法（主務省令第四条第一項第二号）

2　民間事業者等が、1の方法により電磁的記録の保存を行う場合は、必要に応じ電磁的記録された事項を出力することにより、直ちに明瞭かつ整然とした形式で使用に係る電子計算機その他の機器に表示及び書面を作成できるようにしなければならないものであり、労働基準局所管法令の規定に基づく書類については、労働基準監督官等の臨検時等、保存文書の閲覧、提出等が必要とされる場合に、直ちに必要事項が明らかにされ、かつ、写しを提出し得るシステムとなっていることが必要であること。

（平一七・三・三一　基発〇三三一〇一四号）

第百十条　削除

（無料証明）

第百十一条　労働者及び労働者になろうとする者は、その戸籍に関して戸籍事務を掌る者又はその代理者に対して、無料で証明を請求することができる。使用者が、労働者及び労働者になろうとする者の戸籍に関して証明を請求する場合においても同様である。

▼参照条文　〔戸籍事務を掌るもの—戸一〕、〔その代理者—戸三〕、〔戸籍証明—五七Ⅰ〕、〔船員について—船員一一九〕

（国及び公共団体についての適用）

第百十二条　この法律及びこの法律に基いて発する命令は、国、都道府県、市町村その他これに準ずべきものについても適用あるものとする。

▼参照条文　〔国家公務員への適用排除—国公附一六・改正附（昭和二三・法二二二号）三〕、〔地方公務員への適用排除—地公五八3～5〕、〔船員について—一一六、船員一二〇〕

解釈例規

【国家公務員及び地方公務員に対する労働基準法の適用関係】

国家公務員及び地方公務員に対する労働基準法の適用については、次〈編注　七七七頁以降〉のとおりであること。

【独立行政法人に対する労働基準関係法令の適用について】

1　独立行政法人制度の趣旨

独立行政法人制度は、中央省庁等改革の一環として導入されたものであり、独立行政法人は、国民生活及び社会経済の安定等の公共上の見地から確実に実施されることが必要な事務及び事業であって、国が自ら主体となって直接に実施する必要のないもののうち、民間の主体にゆだねた場合には必ずしも実施されないおそれがあるもの又は一の主体に独占して行わせることが必要であるものを効率的かつ効果的に行わせることを目的として、独立行政法人通則法（平成十一年法律第百三号）及び各独立行政法人の名称、目的、業務の範囲等に関する事項を定める法律の定めるところにより設立される法人である。

2　独立行政法人に対する労働基準関係法令の適用

独立行政法人は、その職員の身分が国家公務員とされる特定独立行政法人とそれ以外の独立行政法人に区別される（独立行政法人通則法第二条第二項）。それぞれに対する労働基準関係法令の適用は以下のとおりである。

なお、特定独立行政法人の職員に関する労働関係については、国営企業及び特定独立行政法人の労働関係に関する法律（昭和二十三年法律第二百五十七号。以下「国労法」という。）において定められている。

(1)　特定独立行政法人関係

特定独立行政法人の職員については、国労法第二十七条第一項の規定により、国家公務員法（昭和二十二年法律第百二十号）附則第十六条の規定の適用が除外されているため、労働基準法（昭和二十二年法律第四十九号）、最低賃金法（昭和三十四年法律第百三十七号）、じん肺法（昭和三十五年法律第三十号）、労働安全衛生法（昭和四十七年法律第五十七号）等が適用される。

また、特定独立行政法人の職員については、国家公務員災害補償法（昭和二十六年法律第百九十一号）が適用されるため、独立行政法人通則法第五十九条第一項の規定により、労働者災害補償保険法（昭和二十二年法律第五十号）の適用は除外される。このため、賃金の支払の確保等に関する法律（昭和五十一年法律第三十四号）については、同法第七条において労働者災害補償保険の適用事業の事業主について適用するとされている未払賃金の立替払事業は、特定独立行政法人の職員については適用されず、同法中未払賃金の立替払事業に関する規定以外については、国及び地方公共団体以外の事業主に適用するとしている同法第三条の規定により、国及び地方公共団体と法人格を異にする特定独立行政法人についても適用される。

さらに、労働時間の短縮の促進に関する臨時措置法（平成四年法律第九十号）は、同法第三十二条において国家公務員に対する適用を除外しているため、特定独立行政法人の職員については適用されない。

(2)　特定独立行政法人以外の独立行政法人関係

特定独立行政法人以外の独立行政法人の職員については、労働基準法、最低賃金法、じん肺法、労働安全衛生法、労働者災害補償保険法、賃金の支払の確保等に関する法律及び労働時間の短縮の促進に関する臨時措置法を含め労働基準関係法令は全面的に適用される。

（平一三・二・三　基発三三号）

【公務員等に係る法の適用関係】

(1)　国家公務員等関係

法第十四条第二項及び第三項並びに法第二十二条第二項の規定は、国家公務員法（昭和二十二年法律第百二十号）の規定が優先される国家公務員現業の職員及び特定独立行政法人の職員に対しては適用されないものであること。

なお、法第二十二条の規定については、任期を一日とする日々雇用の非常勤職員の任期の満了による退職の場合は、そもそも解雇ではないため適用されないもの

一　国家公務員関係

職員の種類	適用の有無	職権の行使	根拠条文	備考
一　一般職に属する職員 イ　行政執行法人（行労法第二条第一号）の職員以外の職員	①　適用なし。 ②　国公法の精神に抵触せず、かつ、同法に基づく法律又は人事院規則で定められた事項に矛盾しない範囲内において準用される。ただし、労働基準監督機関の職権に関する規定は準用されない。	――	国公法附則第六条 国公法第一次改正法附則第三条	（国公法附則第六条） （略）労働基準法（中略）並びにこれらの法律に基づく命令は、職員には適用しない。
ロ　行政執行法人の職員	①　第一四条第二項及び第三項並びに第二二条第二項の規定を除き全面的に適用あり。 ②　行労法第三七条及び独立行政法人通則法第五九条で適用を排除しない国公法の規定及びこれに関連する人事院規則の規定は労基法に優先する。	労働基準監督機関	行労法第三七条第一項第一号及び第二号	（行労法第三七条第一項） 次に掲げる法律の規定は、職員については、適用しない。 一　国家公務員法（中略）附則第六条の規定 二　国家公務員法の一部を改正する法律〔国公法第一次改正法〕（中略）附則第三条の規定 （特労法第二条） この法律において、次の各号に掲げる用語の意義は、当該各号に定めるところによる。 一　行政執行法人　独立行政法人通則法（平成

				十一年法律第百三号）第二条第四項に規定する行政執行法人をいう。 二　職員　行政執行法人に勤務する一般職に属する国家公務員をいう。
二　特別職に属する職員 イ　裁判所職員（裁判官及び裁判官の秘書官を除く。）	①　適用なし。 ②　一のイの②に同じ。	―	裁判所職員臨時措置法第一号	（裁判所職員臨時措置法第一号） 裁判官及び裁判官の秘書官以外の裁判所職員（中略）については、（中略）次に掲げる法律の規定を準用する。（中略） 一　国家公務員法（以下略）
ロ　国会職員	①　適用なし。 ②　国会職員法で定めた事項等に矛盾しない範囲内において準用される。 ただし、労働基準監督機関の職権に関する事項は適用されない。	―	国会職員法第四五条第一項 同法同条第二項	（国会職員法第四五条第一項） （略）労働基準法（中略）並びにこれらに基づく命令は、国会職員については、これを適用しない。
ハ　防衛省の職員	適用なし。	―	防衛省設置法第三九条 自衛隊法第一〇八条	（防衛省設置法第三九条） （略）防衛省に置かれる職員（中略）の任免、分限、懲戒、服務その他人事管理に関する事項（中略）は、自衛隊法（これに基づく命

二　右記以外の職員	労基法上の労働者である限り全面的に適用あり。	労働基準監督機関	（国公法附則第六条及び国公法第一次改正法附則第三条参照）	令を含む。）の定めるところによる。 （自衛隊法第一〇八条） （略）労働基準法（中略）並びにこれらに基く命令の規定は、隊員については、適用しない。

二　地方公務員関係

職員の種類	適用の有無	職権の行使	根拠条文	備考
一　一般職に属する職員 イ　労基法別表第一第一号から第一〇号まで及び第一三号から第一五号までに掲げる事業に従事する職員	法第二条（労働条件の決定）、第一四条第二項及び第三項（有期労働契約の締結、更新及び雇止め）、第二四条第一項（通貨・直接・全額払いの原則）、第三二条の三から第三二条の五まで（フレックスタイム制、一年単位の変形労働時間制、一週間単位の非定型的変形労働時間制）、第三八条の二第二項及び第三項（事業場外みなし労働時間制）、第三八条の三（専	労働基準監督機関	地公法第五八条第三項から第五項	（地公法第五八条第三項） 労働基準法第二条、第一四条第二項及び第三項、第二四条第一項、第三二条の三から第三二条の五まで、第三八条の二第二項及び第三項、第三八条の三、第三八条の四、第三九条第六項から第八項まで、第四十一条の二、第七五条から第九三条まで並びに第一〇二条の規定（中略）並びにこれらの規定に基づく命令の規定は、職員に関して適用しない。ただし、労働基準法

門業務型裁量労働制）、第三八条の四（企画業務型裁量労働制）、第三九条第六項から第八項まで（計画年休、使用者による時季指定）、第四十一条の二（高度プロフェッショナル制度）、第七五条から第九三条まで（災害補償及び就業規則）並びにこれらの規定に基づく命令の規定を除き適用あり。

　また、第三二条の二第一項（一箇月単位の変形労働時間制）、第三四条第二項ただし書（一斉休憩の適用除外）、第三七条第三項（代替休暇）及び第三九条第四項（時間単位年休）の適用の特例あり。

第一〇二条の規定（中略）並びにこれらの規定に基づく命令の規定は、地方公共団体の行う労働基準法別表第一第一号から第一〇号まで及び第一三号から第一五号までに掲げる事業に従事する職員に、同法第七五条から第八八条まで（中略）の規定は、地方公務員災害補償法（中略）第二条第一項に規定する者以外の職員に関しては適用する。

（地公法第五八条第四項）

　職員に関しては、労働基準法第三二条の二第一項中「使用者は、当該事業場に、労働者の過半数で組織する労働組合がある場合においてはその労働組合、労働者の過半数で組織する労働組合がない場合においては労働者の過半数を代表する者との書面による協定により、又は」とあるのは「使用者は、」と、同法第三四条第二項ただし書中「当該事業場に、労働者の過半数で組織する労働組合がある場合においてはその労働組合、労働者の過半数で組織する労働組合がない場合においては労働者の過半数を代表する者との書面による協定があるときは」とあるのは「条例に特別の定めがある場合は」と、同法第三七条第三項中「使用者が、当該事業場に、労働者の過半数で組織する労働組合があるときはその労働組合、労働者の過半数で組織する労働組合がないときは労働者の過半数を代表する者との書面による協定により」とあるのは「使用者が」と、同法第三九条第四項中「当該事業場に、労働者の過半数で組織する労働組合があるときはその労働組合、労働者の過半数で組織する労働組合がないときは労働者の過半数を代表する者との書面による協定により、次に掲げる事項を定めた場合において、第一号に掲げる労働者の範囲に属する労働者が有給休暇を時間を単位として請求したときは、前三項の規定による有給休暇の日数のうち第二号に掲げる日数については、これらの規定にかかわらず、当該

				協定で定めるところにより」とあるのは「前三項の規定にかかわらず、特に必要があると認められるときは、」とする。
ロ　労基法別表第一第一一号及び第一二号に掲げる事業並びに官公署の事業（同表に掲げる事業を除く。）に従事する職員	法第二条（労働条件の決定）、第一四条第二項及び第三項（有期労働契約の締結、更新及び雇止め）、第二四条第一項（通貨・直接・全額払いの原則）、第三二条の三から第三二条の五まで（フレックスタイム制、一年単位の変形労働時間制、一週間単位の非定型的変形労働時間制）、第三八条の二第二項及び第三項（事業場外みなし労働時間制）、第三八条の三（専門業務型裁量労働制）、第三八条の四（企画業務型裁量労働制）、第三九条第六項から第八項まで（計画年休、使用者による時季指定）、第四十一条の二（高度プロフェッショナル制度）、第七五条から第九三条まで（災害補償及び就業規則）並びに第一〇二条（監督官	人事委員会又はその委任を受けた人事委員会の委員（人事委員会を置かない地方公共団体においては、地方公共団体の長）	地公法第五八条第三項から第五項	（地公法第五八条第五項） 労働基準法（中略）の規定並びにこれらの規定に基づく命令の規定中第三項の規定により職員に関して適用されるものを適用する場合における職員の勤務条件に関する労働基準監督機関の職権は、地方公共団体の行う労働基準法別表第一第一号から第一〇号まで及び第一三号から第一五号までに掲げる事業に従事する職員の場合を除き、人事委員会又はその委任を受けた人事委員会の委員（人事委員会を置かない地方公共団体においては、地方公共団体の長）が行うものとする。
			教職給与特例法第五条	（教職給与特例法第五条） 教育職員については、地方公務員法第五十八条第三項本文中「第二条、」とあるのは「第三十二条の四第一項中「当該事業場に、労

の司法警察権）並びにこれらの規定に基づく命令の規定を除き適用あり。

　また、第三二条の二第一項（一箇月単位の変形労働時間制）、第三四条第二項ただし書（一斉休憩の適用除外）、第三七条第三項（代替休暇）及び第三九条第四項（時間単位年休）の適用の特例あり。

　なお、義務教育諸学校等の教育職員については、第三七条が適用除外されるほか、第三三条第三項の適用の特例あり。

働者の過半数で組織する労働組合がある場合においてはその労働組合、労働者の過半数で組織する労働組合がない場合においては労働者の過半数を代表する者との書面による協定により、次に掲げる事項を定めたときは」とあるのは「次に掲げる事項について条例に特別の定めがある場合は」と、「その協定」とあるのは「その条例」と、「当該協定」とあるのは「当該条例」と、同項第五号中「厚生労働省令」とあるのは「文部科学省令」と、同条第二項中「前項の協定で同項第四号の区分をし」とあるのは「前項第四号の区分並びに」と、「を定めたときは」とあるのは「について条例に特別の定めがある場合は」と、「当該事業場に、労働者の過半数で組織する労働組合がある場合においてはその労働組合、労働者の過半数で組織する労働組合がない場合においては労働者の過半数を代表する者の同意を得て、厚生労働省令」とあるのは「文部科学省令」と、同条第三項中「厚生労働大臣は、労働政策審議会」とあるのは「文部科学大臣は、審議会等（国家行政組織法（昭和二十三年法律第百二十号）第八条に規定する機関をいう。）で政令で定めるもの」と、「厚生労働省令」とあるのは「文部科学省令」と、「協定」とあるのは「条例」と、同法第三十三条第三項中「官公署の事業（別表第一に掲げる事業を除く。）」とあるのは「別表第一第十二号に掲げる事業」と、「労働させることができる」とあるのは「労働させることができる。この場合において、公務員の健康及び福祉を害しないように考慮しなければならない」と読み替えて同法第三十二条の四第一項から第三項まで及び第三十三条第三項の規定を適用するものとし、同法第二条、」と、「から第三十二条の五まで」とあるのは「、第三十二条の三の二、第三十二条の四の二、第三十二条の五、第三十七条」（中略）と読み替えて同条第三項及び第四項の規定を適用するものとする。

ハ　地方公営企業（地公労法第三条第一号の企業）及び特定地方独立行政法人（地公労法第三条第二号）の職員	第一四条第二項及び第三項（有期労働契約の締結、更新及び雇止め）並びに第七五条から第八八条まで（災害補償）の規定を除き全面的に適用あり。 ただし、地公企法第三九条第三項により、条例により、地公企法（第三九条を含む。）の一部の適用を排除し、そのため企業職員について、地公法第五八条の適用がなされる場合には、イによって労基法が適用される。	労働基準監督機関	地公企法第三九条（本条は地公労等法第一七条の規定によって簡易水道事業の職員に準用される。）及び地方独立行政法人法第五三条

（地公労法第三条）

一　地方公営企業　次に掲げる事業（これに附帯する事業を含む。）を行う地方公共団体が経営する企業をいう。

イ　鉄道事業

ロ　軌道事業

ハ　自動車運送事業

ニ　電気事業

ホ　ガス事業

ヘ　水道事業

ト　工業用水道事業

チ　（略）

二　特定地方独立行政法人　地方独立行政法人法（平成十五年法律第百十八号）第二条第二項に規定する特定地方独立行政法人をいう。

三　地方公営企業等　地方公営企業及び特定地方独立行政法人をいう。

四　職員　地方公営企業又は特定地方独立行政法人に勤務する一般職に属する地方公務員をいう。

（地公企法第三六条）

企業職員の労働関係については、地方公営企業等の労働関係に関する法律（中略）の定めるところによる。

（地公企法第三九条）

企業職員については、地方公務員法（中略）第五八条（同条第三項中労働基準法第一四条第二項及び第三項に係る部分並びに同法第七五条から第八八条まで及び船員法第八九条から第九六条までに係る部分（地方公務員災害補償法第二条第一項に規定する者に適用される場合に限る）を除く。）（中略）の規定は、適用しない。


（地公企法第二条第三項）

前二項に定める場合のほか、地方公共団体は、政令で定める基準に従い、条例（中略）で定めるところにより、その経営する企業に、この法律の規定の全部又は一部を適用することができる。


（地方独立行政法人法第五三条）

次に掲げる法律の規定は、特定地方独立行政法人の職員には適用しない。
一　地方公務員法（中略）第五八条（同条第三項中労働基準法第一四条第二

				項及び第三項並びに同法第七五条から第八八条まで及び船員法第八九条から第九六条までに係る部分（地方公務員災害補償法第二条第一項に規定する者に適用される場合に限る。）を除く。）並びに第五八条の二の規定
二　地公法第五七条に規定する地方公営企業等の職員以外の単純労務者	第一四条第二項及び第三項（有期労働契約の締結、更新及び雇止め）並びに法第七五条から第八八条まで（災害補償）の規定を除き全面的に適用あり。	労働基準監督機関	地公労法附則第五項	（地公労法附則第五項） 地方公務員法第五七条に規定する単純な労務に雇用される一般職に属する地方公務員であつて、第三条第四号の職員以外のものに係る労働関係その他身分取扱については、その労働関係その他身分取扱に関し特別の法律が制定施行されるまでの間は、この法律（第一七条を除く。）及び地方公営企業法第三七条から第三九条までの規定を準用する。（以下略）
二　特別職に属する職員	労基法上の労働者に該当する場合、全面的に適用あり。	労働基準監督機関	地公法第四条第二項	（地公法第四条第二項） この法律の規定は、法律に特別の定がある場合を除く外、特別職に属する地方公務員には適用しない。 （参考）

				地公企法上の管理者（同法第七条及び第八条参照）は、地公法第三条第三項第一号の三により特別職とされる。

（昭三三・二・二五　基発三六四号、昭六三・三・一四　基発一五〇号、平一一・三・三一　基発一六八号、平一三・二・二三　基発九三号、平一七・三・二　基発〇三〇二〇〇五号、平二三・五・一八　基発〇五一八第一号、平二五・六・一三　基発〇六一三第一号、平三一・四・一　基発〇四〇一第四三号）

であること。

(2)　地方公務員等関係

法第十四条第二項及び第三項の規定は、改正法による改正後の地方公務員法（昭和二十五年法律第二百六十一号）及び地方公営企業法（昭和二十七年法律第二百九十二号）により、一般職に属する地方公務員及び企業職員に対しては適用されないものであること。

（平一五・一〇・二二　基発一〇二二〇〇一号、平二三・五・一八　基発〇五一八第一号）

（命令の制定）

第百十三条　この法律に基いて発する命令は、その草案について、公聴会で労働者を代表する者、使用者を代表する者及び公益を代表する者の意見を聴いて、これを制定する。

（付加金の支払）

第百十四条　裁判所は、第二十条、第二十六条若しくは第三十七条の規定に違反した使用者又は第三十九条第九項の規定による賃金を支払わなかつた使用者に対して、労働者の請求により、これらの規定により使用者が支払わなければならない金額についての未払金のほか、これと同一額の付加金の支払を命ずることができる。ただし、この請求は、違反のあつた時から五年以内にしなければならない。

〈編注〉

本条の規定の適用については、当分の間、同条ただし書中に「五年」とあるのは、「三年」とする（第百四十三条第二項参照）。

▼参照条文　〔当分の間の請求期間―一四三〕、〔船員について―一一六、船員一三〇〕

解釈例規

【付加金の請求を行うことができる期間の延長】

1　趣旨

付加金は、割増賃金等の支払義務違反に対する一種の制裁として未払金の支払を確保することや私人による訴訟のもつ抑止力を強化する観点から設けられた制度であり、その請求を行うことができる期間は、旧労基法〈編注　令和二年法律第一三号による改正前の労働基準法〉第一一四条において、賃金等請求権の消滅時効期間に合わせて二年と定められていたところ、改正法において、付加金の請求期間について、賃金請求権の消滅時効期間に合わせて請求を行うことができる期間の見直しを行ったものであること。

2　付加金の請求を行うことができる期間の延長

付加金の請求を行うことができる期間は、賃金請求権の消滅時効期間に合わせて五年とすること。

3　経過措置

付加金の請求を行うことができる期間は、新労基法の賃金請求権の消滅時効期間に合わせて当分の間三年とすること。

また、新労基法第一一四条及び第一四三条第二項の規定は、改正法の施行日〈編注　令和二年四月一日〉以後に新労基法第一一四条に規定する違反がある場合における付加金の支払に係る請求について適用すること。

（令二・四・一　基発〇四〇一第二七号）

（時効）

第百十五条　この法律の規定による賃金の請求権はこれを行使することができる時から五年間、この法律の規定による災害補償その他の請求権（賃金の請求権を除く。）はこれを行使することができる時から二年間行わない場合においては、時効によつて消滅する。

〈編注〉

本条の規定の適用については、当分の間、同条中「賃金の請求権はこれを行使することができる時から五年間」とあるのは、「退職手当の請求権はこれを行使することができる時から五年間、この法律の規定による賃金（退職手当を除く。）の請求権はこれを行使することができる時から三年間」とする（第百四十三条第三項参照）。

▼参照条文　〔当分の間の時効期間―一四三〕、〔その他の請求権―一五3・二二・二三・二六・三九・六四〕、〔消滅時効―民一四四～一五七・一六一・一六六1・一七四の二〕、〔船員について―船員一一七〕

解釈例規

【賃金請求権の消滅時効期間の延長等】

1　趣旨

改正法による改正前の労働基準法（以下「旧労基法」という。）第百十五条では、労働者保護や取引安全等の観点から、賃金（退職手当を除く。）、災害補償その他の請求権について二年間（退職手当については五年間）の消滅時効期間を定めていたところ、民法の一部を改正する法律（平成二十九年法律第四十四号。以下「民法一部改正法」という。）により、労働基準法第百十五条が設けられる際にその根拠となった使用人の給料等に関する短期消滅時効（一年間）が廃止されるとともに、一般債権に係る消滅時効については、①債権者が権利を行使することができることを知った時（主観的起算点）から五年間行使しないとき、又は②権利を行使することができる時（客観的起算点）から十年間行使しないときに時効によって消滅するとされたことを踏まえ、賃金請求権の消滅時効期間の見直し等を行ったものであること。

2　賃金請求権の消滅時効期間の延長

賃金請求権の消滅時効期間について、民法一部改正法による使用人の給料を含めた短期消滅時効廃止後の契約上の債権の消滅時効期間とのバランスも踏まえ、五年とすること。

なお、賃金請求権以外の請求権及び退職金の請求権については、現行の消滅時効期間（賃金請求権以外の請求権については二年、退職金の請求権については五年）を維持することとすること。

3　消滅時効の起算点の明確化

賃金等請求権の消滅時効の起算点は、現行の労働基準法の解釈・運用を踏襲するため、客観的起算点である賃金支払日を維持し、これを労働基準法上明記すること。

4　経過措置（法第百四十三条第三項及び改正法附則第二条第二項関係）

賃金請求権について、直ちに長期間の消滅時効期間を定めることは、労使の関係を不安定化するおそれがあり、紛争の早期解決・未然防止という賃金請求権の消滅時効が果たす役割への影響等も踏まえて慎重に検討する必要があるため、当分の間、旧労基法第百九条に規定する記録の保存期間に合わせて三年とすること。なお、退職手当の請求権の消滅時効期間については、現行の消滅時効期間（五年）を維持することとすること。

また、賃金請求権の消滅時効期間の延長を行う新労基法第百十五条及び第百四十三条第三項の規定については、賃金債権は大量かつ定期的に発生するものであり、その斉一的処理の要請も強いことから、改正法の施行期日〈編注　令和二年四月一日〉以後に支払期日が到来する労働基準法の規定による賃金（退職手当を除く。）の請求権について適用することとすること。

（令二・四・一　基発〇四〇一第二七号）

【請求権の消滅と罰則の関係】

問　法第二十六条の休業手当及び災害補償等は労働者の請求を待たず、使用者において当然支払うべきものと解せられるが、第百十五条の請求権の消滅時効の規定及び第八十五条第五項の時効中断の規定等の関係よりすればこれ等の規定は労働者の請求を前提とするものとも解せられるが、これが違反の時期については何れの見解に従い取扱うべきか。即ち労働者の請求あるに拘らず使用者において支払わざる場合初めて違反とすべきか、あるいは請求の有無を問わず単に使用者が支払をしないという事実を以て違反とすべきか。なお時効により請求権が消滅した場合であっても勿論違反に対する罰則規定の適用は当然あるものと解するが如何。

答　設例の場合は、労働者の請求の有無を問わず、単に使用者が支払をしない事実を以て違反となるものである。なお、時効によつて請求権が消滅した場合においても、刑法の一般原則によつて罰則規定の適用はある。

（昭二三・三・一七　基発四六四号）

【退職手当の時効】

イ　法第百十五条の改正は退職手当の保護を図るためその消滅時効期間を二年から五年に延長したものであること。

ロ　昭和六十三年四月一日前に生じた退職手当の請求権の消滅時効は従前どおり二年であること。（昭六三・一・一　基発一号）

【有給休暇の繰越】

問　有給休暇をその年度内に全部をとらなかつた場合、残りの休暇日数は権利抛棄とみて差支えないか、又は次年度に繰越してとり得るものであるか。

答　法第百十五条の規定により二年の消滅時効が認められる。

（昭二二・一二・一五　基発五〇一号）

【年次有給休暇の就業規則による繰越制限】

問　就業規則で「年次有給休暇は翌年度に繰越してはならない」と定めても無効か。

答　できるだけ年度内に年次有給休暇を取らせる趣旨の規定を設けることは差支えないが、かかる事項を就業規則に規定しても、年度経過後における年次有給休暇の権利は消滅しない。（昭二三・五・五　基発六八六号）

【年次有給休暇の時効の中断】

問　年次有給休暇の権利は法第百十五条の規定に基き二年間有効とされているがこの権利は民法第百四十七条の規定により請求によつて時効中断の効力を生じ得るか。又その効力ありとすれば中断された請求権の時効は民法第百五十七条の規定の通りその中断の事由の終了したときから新に進行すると解釈してよいか、即ち更に二年間延長すると考えてよいか。

答　見解の通りであるが、裁判上の請求でなければ時効中断の効力はないから照会後段に該当するような場合は法律上極めて稀有である。

（昭二三・四・二八　基収一四九七号、昭二三・五・五　基発六八六号）

【年休取得簿の記載と時効の中断】

問　法第百十五条の規定によつて年次有給休暇の請求権は二年間行使しない場合時効によつて消滅するが、民法第百四十七条では労働者の請求（裁判上の請求に限らない）に対し使用者が承認した場合には時効が中断されることとなつている。

しかし実際上の取扱としては、労働者の年次有給休暇の取得日数は勤怠簿及び年次有給休暇取得簿に記載されているがこの場合には、労働者の請求してきた分を残部の一部であると認めたこととなり、時効が中断されることになるか。

答　いかなる程度の事実を以て民法にいう債務の「承認」があつたことになるかは、具体的に判断しなければならないが、設問の如く勤怠簿、年次有給休暇の取得簿に年次有給休暇の取得日数を記載している程度のことは承認したことにはならないと解される。なお、年次有給休暇については積極的に労働者に与えるようにせられたい。

（昭二四・九・二一　基収三〇〇〇号）

【退職時の証明の時効】

問　退職時の証明については、法第百十五条により、請求権の時効は二年と解するが如何。

答　貴見のとおり。

（平一一・三・三一　基発一六九号）

（経過措置）

第百十五条の二　この法律の規定に基づき命令を制定し、又は改廃するときは、その命令で、その制定又は改廃に伴い合理的に必要と判断される範囲内において、所要の経過措置（罰則に関する経過措置を含む。）を定めることができる。

（適用除外）

第百十六条　第一条から第十一条まで、次項、第百十七条から第百十九条まで及び第百二十一条の規定を除き、この法律は、船員法（昭和二十二年法律第百号）第一条第一項に規定する船員については、適用しない。

②　この法律は、同居の親族のみを使用する事業及び家事使用人については、適用しない。

▼**参照条文**　〔船員―船員一・六〕、〔親族―民七二五～七三〇〕、〔同居の親族のみを使用する場合の労働契約への適用除外―労契二二2〕、〔適用除外―労契二二、国公附一六・改正附（昭二三・法二二二号）三、地公五八、地公企三九、行労三七、地労一七・附5〕

解釈例規

❶船員法に規定する船員

【法の適用をうける船舶の範囲】　船員法の適用をうけず労働基準法の適用をうける船舶については、船員法第一条第二項第一号乃至第三号に掲げられているが、同条同項第二号中「港のみを航行する船舶」については、本年七月十五日法律第百七十五号港域法（現行「港則法」（昭和二十三年法律第百七十四号）及び同日附政令第百六十四号（港域の特例に関する政令」（現行「船員法第一条第二項第二号の港の区域の特例に関する政令」）に基く七月十六日附運輸省告示第百九十二号によって「港」の区域が定められたのに伴って、その範囲が決定され、七月十六日附海員基第一〇七号に海運総局船員局長（現海上技術安全局長）より各海運局長（現地方運輸局長）宛別紙写のような通牒が発せられているから、地方海運局（現地方運輸局）とも連絡の上監督上遺憾なきを期せられたい。

別　紙（写）

海員基第一〇七号

海運総局船員局長

各海運局長殿

船員法第一条第二項第二号に規定する「港のみを航行する船舶」について

船員法第一条第二項第二号に規定する「港のみを航行する船舶」は爾今左記により運用せられたい。

記

㈠　港の区域は昭和二十三年七月十六日附海員第一〇六号によること。（通牒略）

(二) 個々の船舶が「港のみを航行する船舶」に該当するや否やは、当該船舶の航行の実態に従い決定することとし、その具体的認定は左の標準によること。

(1) 同一の港の区域内のみを航行する船舶には船員法を適用しない。

(2) その主たる任務が同一の港の区域内にあつて、例外的に港の区域外に航行する船舶には原則として船員法を適用しない。

(3) その主たる任務上一の港内区域と港外もしくは他の港の区域とを航行する船舶には船員法を適用する。

(三) 前項の基準に従い、所轄の船舶について、「港のみを航行する船舶」なりや否やの認定を了したる上、その結果を関係当事者に明らかならしめる措置を講ずると共に地方労働基準監督署その他の関係官署との連絡を密にし、監督上の遺憾なきを期すること。

なお認定の結果は取纏め船員局宛報告すること。

備考　本通達第二項第二号にいう原則に対する例外は、ある企業体に所属する船舶の殆ど凡てが、同項第三号により船員法の適用を受ける場合において、その他の船舶に対し労務管理の必要上特に便宜的に船員法を適用する場合等極めて厳格に解すべきである。この場合においても同項第一号に該当する船舶には船員法を適用する余地のないことはいうまでもない。

（昭二三・八・二三　基発一二八一号）

❷同居の親族及び家事使用人

【同居の親族のうちの労働者の範囲】　同居の親族は、事業主と居住及び生計を一にするものであり、原則として労働基準法上の労働者には該当しないが、同居の親族であつても、常時同居の親族以外の労働者を使用する事業において一般事務又は現場作業等に従事し、かつ、次の(一)及び(二)の条件を満たすものについては、一般に私生活面での相互協力関係とは別に独立した労働関係が成立しているとみられるので、労働基準法上の労働者として取扱うものとする。

(一) 業務を行うにつき、事業主の指揮命令に従っていることが明確であること。

(二) 就労の実態が当該事業場における他の労働者と同様であり、賃金もこれに応じて支払われていること。特に、①始業及び終業の時刻、休憩時間、休日、休暇等及び②賃金の決定、計算及び支払の方法、賃金の締切り及び支払の時期等について、就業規則その他これに準ずるものに定めるところにより、その管理が他の労働者と同様になされていること。

（昭五四・四・二　基発一五三号）

【同居の内縁の妻】

問　法第百十六条第二項「同居の親族」には「同居の内縁の妻」を含めてよろしいか。

答　内縁の妻は民法第七百二十五条の親族ではないから、同居の親族には含まれないが、同居の内縁の妻が法第九条の労働者と認められる場合は殆どないと考えられる。

（昭二四・二・五　基収四〇九号、昭六三・三・一四　基発一五〇号、平一一・三・三一　基発一六八号）

【法第百十六条第二項の「家事使用人」】

一　家事使用人であるか否かを決定するに当たっては、従事する作業の種類、性質の如何等を勘案して具体的に当該労働者の実態により決定すべきものであり、家事一般に従事している者がこれに該当する。

二　法人に雇われ、その役職員の家庭において、その家族の指揮命令の下で家事一般に従事している者も家事使用人である。

三　個人家庭における家事を事業として請け負う者に雇われて、その指揮命令の下に当該家事を行う者は家事使用人に該当しない。

（昭六三・三・一四　基発一五〇号、平一一・三・三一　基発一六八号）

第十三章　罰則

第百十七条　第五条の規定に違反した者は、これを一年以上十年以下の懲役又は二十万円以上三百万円以下の罰金に処する。

※〈編注〉本条は、令四法律第六八号により次のとおり改正され、令四法律第六七号施行日（公布の日から起算して三年を超えない範囲内において政令で定める日。令五政令第三一八号により令和七年六月一日）から施行される。

第百十七条　第五条の規定に違反した者は、一年以上十年以下の拘禁刑又は二十万円以上三百万円以下の罰金に処する。

第百十八条　第六条、第五十六条、第六十三条又は第六十四条の二の規定に違反した者は、これを一年以下の懲役又は五十万円以下の罰金に処する。

※〈編注〉本条第一項は、令四法律第六八号により次のとおり改正され、令四法律第六七号施行日（公布の日から起算して三年を超えない範囲内において政令で定める日。令五政令第三一八号により令和七年六月一日）から施行される。

第百十八条　第六条、第五十六条、第六十三条又は第六十四条の二の規定に違反した者は、一年以下の拘禁刑又は五十万円以下の罰金に処する。

② 第七十条の規定に基づいて発する厚生労働省令（第六十三条又は第六十四条の二の規定に係る部分に限る。）に違反した者についても前項の例による。

第百十九条　次の各号のいずれかに該当する者は、六箇月以下の懲役又は三十万円以下の罰金に処する。

※〈編注〉本条各号列記以外の部分は、令四法律第六八号により次のとおり改正され、令四法律第六七号施行日（公布の日から起算して三年を超えない範囲内において政令で定める日。令五政令第三一八号により令和七年六月一日）から施行される。

第百十九条　次の各号のいずれかに該当する者は、六月以下の拘禁刑又は三十万円以下の罰金に処する。

一　第三条、第四条、第七条、第十六条、第十七条、第十八条第一項、第十九条、第二十条、第二十二条第四項、第三十二条、第三十四条、第三十五条、第三十六条第六項、第三十七条、第三十九条（第七項を除く。）、第六十一条、第六十二条、第六十四条の三から第六十七条まで、第七十二条、第七十五条から第七十七条まで、第七十九条、第八十条、第九十四条第二項、第九十六条又は第百四条第二項の規定に違反した者

二　第三十三条第二項、第九十六条の二第二項又は第九十六条の三第一項の規定による命令に違反した者

三　第四十条の規定に基づいて発する厚生労働省令に違反し

た者
四　第七十条の規定に基づいて発する厚生労働省令（第六十二条又は第六十四条の三の規定に係る部分に限る。）に違反した者

第百二十条　次の各号のいずれかに該当する者は、三十万円以下の罰金に処する。
一　第十四条、第十五条第一項若しくは第三項、第十八条第七項、第二十二条第一項から第三項まで、第二十三条から第二十七条まで、第三十二条の二第二項（第三十二条の三第四項、第三十二条の四第四項及び第三十二条の五第三項において準用する場合を含む。）、第三十二条の五第二項、第三十三条第一項ただし書、第三十八条の二第三項（第三十八条の三第二項において準用する場合を含む。）、第三十九条第七項、第五十七条から第五十九条まで、第六十四条、第六十八条、第八十九条、第九十条第一項、第九十一条、第九十五条第一項若しくは第二項、第九十六条の二第一項、第百五条（第百条第三項において準用する場合を含む。）又は第百六条から第百九条までの規定に違反した者
二　第七十条の規定に基づいて発する厚生労働省令（第十四条の規定に係る部分に限る。）に違反した者
三　第九十二条第二項又は第九十六条の三第二項の規定による命令に違反した者
四　第百一条（第百条第三項において準用する場合を含む。）の規定による労働基準監督官又は女性主管局長若しくはその指定する所属官吏の臨検を拒み、妨げ、若しくは忌避し、その尋問に対して陳述をせず、若しくは虚偽の陳述をし、帳簿書類の提出をせず、又は虚偽の記載をした帳簿書類の提出をした者
五　第百四条の二の規定による報告をせず、若しくは虚偽の報告をし、又は出頭しなかった者

第百二十一条　この法律の違反行為をした者が、当該事業の労働者に関する事項について、事業主のために行為した代理人、使用人その他の従業者である場合においては、事業主に対しても各本条の罰金刑を科する。ただし、事業主（事業主が法人である場合においてはその代表者、事業主が営業に関し成年者と同一の行為能力を有しない未成年者又は成年被後見人である場合においてはその法定代理人（法定代理人が法人であるときは、その代表者）を事業主とする。次項において同じ。）が違反の防止に必要な措置をした場合においては、この限りでない。

②　事業主が違反の計画を知りその防止に必要な措置を講じなかつた場合、違反行為を知り、その是正に必要な措置を講じなかつた場合又は違反を教唆した場合においては、事業主も行為者として罰する。

解釈例規

【従業者の範囲】　両罰の原因たる違反行為の範囲は、法第十条の使用者の範囲より狭く、従業員以外の者の違反行為については、事業主に責任はないこと。

（昭二二・九・一三　発基一七号）

【従業者の具体的範囲】

問㈠　昭和二十二年九月十三日附発基第一七号通牒中法第百二十一条関係の「両罰の原因たる違反行為の範囲は法第十条の使用者の範囲より狭い」を具体的に説明されたい。

㈡　従業者以外の者の違反としてはどんな例があるか。

㈢　課長、部長等謀議の上違反行為をなした場合関係者全部が違反となるのか。裁決は上席者がした場合も同じか。

㈣　代理人の例を示されたい。

㈤　代理人、使用人以外の従業者とは家族たる従業者の如きものか。

答㈠、㈡　当該事業の従業者でない者で労働者に関する特定事項（例えば労働契約の締結）について委任された者が、事業主の関与しない法違反の行為（例えば法第十四条違反の労働契約の締結）をする場合の如きである。

㈢　見解の通り。

㈣　支配人の如きである。

㈤　見解の如く家族たる従業者が該当する場合もあり得るが、最も典型的な例は代表権なき取締役の如きである。

（昭二三・三・一七　基発四六一号、昭三三・二・一三　基発九〇号）

【違反行為者】

問　法第百二十一条における違反行為者たる資格には従業者たる身分が必要であり、法第十条の使用者よりもその範囲は限定されるが、その従業者は法第十条の使用者の資格を有する者に限るとみなして差支えないか。

答　見解の通り。

（昭二三・一一・九　基収二九六八号）

【在日米軍間接雇用労務者に対する違反行為者】

問　特別調達庁は、地方庁に在日米軍関係間接雇用労務者の管理（労務者の雇用、在日米軍への提供、給与の決定、支払等）を委任しているが、日本政府機関（特別調達庁、都道府県、同渉外労務管理事務所等）が労働基準法にいう「使用者」であると認定された場合、労働基準法に違反する事実に対する責任は、委任をうけた都道府県知事がこれを負うべきか、それとも委任した特別調達庁長官がこれを負うべきであるか。

答　労働基準法にいう使用者とは、当該事項について権限を与えられているものをいうのであつて、固有の権限であると、委任による権限であるとを問わない。

（昭二四・六・一八　基発一九二六号）

【事務代理の懈怠と罰則の適用について】

法令の規定により事業主等に申請等が義務づけられている場合において、事務代理の委任を受けた社会保険労務士がその懈怠により当該申請等を行わなかつた場合には、当該社会保険労務士は、労働基準法第十条にいう「使用者」及び各法令の両罰規定にいう「代理人、使用人その他の従業者」に該当するものであるので、当該社会保険労務士を当該申請等の義務違反の行為者として各法令の罰則規定及び両罰規定に基づきその責任を問い得るものであること。

また、この場合、事業主等に対しては、事業主等が社会保険労務士に必要な情報を与える等申請等をし得る条件を整備していれば、通常は、必要な注意義務を尽くしているものとして免責されるものと考えられるが、そのように必要な注意義務を尽くしたものと認められない場合には、当該両罰規定に基づき事業主等の責任をも問い得るものであること。

（昭六二・三・二六　基発一六九号）

附則（昭和二十二年法律第四十九号）（抄）

第百二十二条　この法律施行の期日は、勅令で、これを定める。

第百二十三条　工場法、工業労働者最低年齢法、労働者災害扶助法、商店法、黄燐燐寸製造禁止法及び昭和十四年法律第八十七号は、これを廃止する。

第百二十七条　第十八条第二項、第四十九条、第五十七条、第六十条乃至第六十三条、第八十九条、第九十五条及び第百六条乃至第百八条の規定は、この法律施行の日から六箇月間は、これを適用しない。

②　旧法によつて禁止又は制限された事項で前項の規定に係るものについては、同項の期間中は、なお従前の規定による。

第百二十八条　この法律施行の際、満十二才以上の児童を使用する使用者が、引き続きその者を使用する場合においては、この法律施行の日から六箇月間は、その者については第五十六条の規定は、これを適用しない。

②　この法律施行の際、満十六才以上の男子を使用する使用者が、引き続きその者を使用する場合においては、この法律施行の日から一年間は、その者については第六十四条の規定は、これを適用しない。

第百二十九条　この法律施行前、労働者が業務上負傷し、疾病にかかり、又は死亡した場合における災害補償については、なお旧法の扶助に関する規定による。

第百三十条　この法律施行前（第百二十七条第二項の場合においては、同条第一項の期間を含む。）になした行為に関する罰則の適用については、なお旧法による。

第百三十一条　命令で定める規模以下の事業又は命令で定める業種の事業に係る第三十二条第一項（第六十条第二項の規定により読み替えて適用する場合を除く。）の規定の適用については、平成九年三月三十一日までの間は、第三十二条第一項中「四十時間」とあるのは、「四十時間を超え四十四時間以下の範囲内において命令で定める時間」とする。

②　前項の規定により読み替えて適用する第三十二条第一項の命令は、労働者の福祉、労働時間の動向その他の事情を考慮して定めるものとする。

③　第一項の規定により読み替えて適用する第三十二条第一項の命令を制定し、又は改正する場合においては、当該命令で、一定の規模以下の事業又は一定の業種の事業については、一定の期間に限り、当該命令の制定前又は改正前の例による旨の経過措置（罰則に関する経過措置を含む。）を定めることができる。

④　労働大臣は、第一項の規定により読み替えて適用する第三十二条第一項の命令の制定又は改正の立案をしようとするときは、あらかじめ、中央労働基準審議会の意見を聴かなければならない。

第百三十二条　前条第一項の規定が適用される間における同項に規定する事業に係る第三十二条の四第一項の規定の適用については、同項各号列記以外の部分中「次に掲げる事項を定めたときは、第三十二条の規定にかかわらず、その協定で」とあるのは「次に掲げる事項及び」と、「労働時間が四十時間」とあるのは「労働時間を四十時間（命令で定める規模以下の事業にあつては、四十時間を超え四十二時間以下の範囲内において命令で定める時間）以内とし、当該時間を超えて労働させたときはその超えた時間（第三十七条第一項の規定の適用を受ける時間を除く。）の労働について同条の規定の例により割増賃金を支払う定めをしたときは、第三十二条の規定にかかわらず、当該期間を平均し一週間当たりの労働時間が同条第一項の労働時間」と、「労働させることができる」とあるのは「労働させることができる。この場合において、使用者は、当該期間を平均し一週間当たり四十時間（前段の命令で定める規模以下の事業にあつては、前段の命令で定める時間）を超えて労働させたときは、その超えた時間（第三十七条第一項の規定の適用を受ける時間を除く。）の労働について、第三十七条の規定の例により割増賃金を支払わなければならない」と、同項第二号中「四十時間」とあるのは「第三十二条第一項の労働時間」とする。

② 前条第一項の規定が適用される間における同項に規定する事業に係る第三十二条の五第一項の規定の適用については、同項中「協定がある」とあるのは「協定により、一週間の労働時間を四十時間（命令で定める規模以下の事業にあつては、四十時間を超え四十二時間以下の範囲内において命令で定める時間）以内とし、当該時間を超えて労働させたときはその超えた時間（第三十七条第一項の規定の適用を受ける時間を除く。）の労働について同条の規定の例により割増賃金を支払う定めをした」と、「一日について」とあるのは「一週間について同条第一項の労働時間を超えない範囲内において、一日について」と、「労働させることができる」とあるのは「労働させることができる。この場合において、使用者は、一週間について四十時間（前段の命令で定める規模以下の事業にあつては、前段の命令で定める時間）を超えて労働させたときは、その超えた時間（第三十七条第一項の規定の適用を受ける時間を除く。）の労働について、第三十七条の規定の例により割増賃金を支払わなければならない」とする。

③ 前条第四項の規定は、前二項

の規定により読み替えて適用する第三十二条の四第一項及び第三十二条の五第一項（第二項の規定により読み替えた部分に限る。）の命令について準用する。

第百三十三条　厚生労働大臣は、第三十六条第二項の基準を定めるに当たつては、満十八歳以上の女性のうち雇用の分野における男女の均等な機会及び待遇の確保等のための労働省関係法律の整備に関する法律（平成九年法律第九十二号）第四条の規定による改正前の第六十四条の二第四項に規定する命令で定める者に該当しない者について平成十一年四月一日以後同条第一項及び第二項の規定が適用されなくなつたことにかんがみ、当該者のうち子の養育又は家族の介護を行う労働者（厚生労働省令で定める者に限る。以下この条において「特定労働者」という。）の職業生活の著しい変化がその家庭生活に及ぼす影響を考慮して、厚生労働省令で定める期間、特定労働者（その者に係る時間外労働を短いものとすることを使用者に申し出た者に限る。）に係る第三十六条第一項の協定で定める労働時間の延長の限度についての基準は、当該特定労働者以外の者に係る同項の協定で定める労働時間の延長の限度についての基準とは別に、これより短いものとして定めるものとする。この場合において、一年についての労働時間の延長の限度についての基準は、百五十時間を超えないものとしなければならない。

第百三十四条　常時三百人以下の労働者を使用する事業に係る第三十九条の規定の適用については、昭和六十六年三月三十一日までの間は同条第一項中「十労働日」とあるのは「六労働日」と、同年四月一日から昭和六十九年三月三十一日までの間は同項中「十労働日」とあるのは「八労働日」とする。

第百三十五条　六箇月経過日から起算した継続勤務年数が四年から八年までのいずれかの年数に達する日の翌日が平成十一年四月一日から平成十二年三月三十一日までの間にある労働者に関する第三十九条の規定の適用については、同日までの間は、次の表の上欄に掲げる当該六箇月経過日から起算した継続勤務年数の区分に応じ、同条第二項の表中次の表の中欄に掲げる字句は、同表の下欄に掲げる字句とする。

四年	六労働日	五労働日

五年	八労働日	六労働日
六年	十労働日	七労働日
七年	十労働日	八労働日
八年	十労働日	九労働日

② 六箇月経過日から起算した継続勤務年数が五年から七年までのいずれかの年数に達する日の翌日が平成十二年四月一日から平成十三年三月三十一日までの間にある労働者に関する第三十九条の規定の適用については、平成十二年四月一日から平成十三年三月三十一日までの間は、次の表の上欄に掲げる当該六箇月経過日から起算した継続勤務年数の区分に応じ、同条第二項の表中次の表の中欄に掲げる字句は、同表の下欄に掲げる字句とする。

五年	八労働日	七労働日
六年	十労働日	八労働日
七年	十労働日	九労働日

③ 前二項の規定は、第七十二条に規定する未成年者については、適用しない。

第百三十六条　使用者は、第三十九条第一項から第四項までの規定による有給休暇を取得した労働者に対して、賃金の減額その他不利益な取扱いをしないようにしなければならない。

第百三十七条　期間の定めのある労働契約（一定の事業の完了に必要な期間を定めるものを除き、その期間が一年を超えるものに限る。）を締結した労働者（第十四条第一項各号に規定する労働者を除く。）は、労働基準法の一部を改正する法律（平成十五年法律第百四号）附則第三条に規定する措置が講じられるまでの間、民法第六百二十八条の規定にかかわらず、当該労働契約の期間の初日から一年を経過した日以後においては、その使用者に申し出ることにより、いつでも退職することができる。

第百三十八条　削除

〈編注〉
本条は、平三〇法律第七一号により削除され、令和五年四月一日から施行された。

第百三十九条　工作物の建設の事業（災害時における復旧及び復興の事業に限る。）その他これに関連する事業として厚生労働省令で定める事業に関する第三十六条の規定の適用については、当分の間、同条第五項中「時間（第二項第四号に関して協定した時間を含め百時間未満の範囲内に限る。）」とあるのは「時間」と、「同号」とあるのは「第二項第四号」とし、同条第六項（第二号及び第三号に係る部分に限る。）の規定は適用しない。

② 前項の規定にかかわらず、工作物の建設の事業その他これに関連する事業として厚生労働省令で定める事業については、令和六年三月三十一日（同日及びその翌日を含む期間を定めている第三十六条第一項の協定に関しては、当該協定に定める期間の初日から起算して一年を経過する日）までの間、同条第二項第四号中「一箇月及び」とあるのは、「一日を超え三箇月以内の範囲で前項の協定をする使用者及び労働組合若しくは労働者の過半数を代表する者が定める期間並びに」とし、同条第三項から第五項まで及び第六項（第二号及び第三号に係る部分に限る。）の規定は適用しない。

則附則第六十九条　法第百三十九条第一項及び第二項の厚生労働省令で定める事業は、次に掲げるものとする。

一　法別表第一第三号に掲げる事業

二　事業場の所属する企業の主たる事業が法別表第一第三号に掲げる事業である事業場における事業

三　工作物の建設の事業に関連する警備の事業（当該事業において労働者に交通誘導警備の業務を行わせる場合に限る。）

（第二項省略）

解釈例規

〈編注〉本条に関するQ&Aが、次の厚生労働省HPに掲載されている。

・建設業の時間外労働の上限規制に関するQ&A

・建設業の時間外労働の上限規制に関するQ&A

（令和五年十二月二十五日追補分）

（令和六年三月二十五日追補分）

〔https://www.mhlw.go.jp/stf/seisakunitsuite/bunya/koyou_roudou/roudoukijun/gyosyu/topics/01.html〕

【工作物の建設等の事業】工作物の建設その他これに関連する事業として厚生労働省令で定める事業（以下「工作物の建設等の事業」という。）については、平成三十六年〈編注　令和六年。以下、本問において同じ〉三月三十一日までの間、法第三十六条第三項から第五項まで及び第六項（第二号及び第三号に係る部分に限る。）の規定は適用しないこととし、同年四月一日以降、当分の間、災害時における復旧及び復興の事業に限り、法第三十六条第六項（第二号及び第三号に係る部分に限る。）の規定は適用しないこととしたものであること。

ア　猶予対象となる事業の範囲（則第六十九条第一項関係）

法第百三十九条により時間外労働の上限規制の適用が猶予される工作物の建設等の事業の範囲は、則第六十九条第一項各号に掲げる事業をいうものであること。

則第六十九条第一項第二号に規定する事業とは、建設業に属する事業の本店、支店等であって、労働基準法別表第一第三号に該当しないものをいうものであること。

また、則第六十九条第一項第三号に規定する事業については、当該事業において交通誘導警備の業務を行う労働者に限るものであること。

イ　平成三十六年三月三十一日までの法第三十六条の適用

平成三十六年三月三十一日（同日及びその翌日を含む期間を定めている時間外・休日労働協定に関しては、当該協定に定める期間の初日から起算して一年を経過する日）までの間、時間外・休日労働協定においては、①一日、②一日を超え三箇月以内の範囲で労使当事者が定める期間、③一年についての延長時間を協定するものであり、限度時間（法第三十六条第三項及び第四項）、時間外・休日労働協定に特別条項を設ける場合の要件（法第三十六条第五項）、一箇月について労働時間を延長して労働させ、及び休日において労働させた時間の上限（法第三十六条第六項第二号及び第三号）についての規定は適用されないものであること。

また、則第十七条第一項第三号から第七号までの規定は適用されないものであること。

ウ　平成三十六年四月一日以降の法第三十六条の適用（法第百三十九条第一項関係）

平成三十六年四月一日以降は、災害時における復旧及び復興の事業を除き、工作物の建設等の事業に対して法第三十六条の規定が全面的に適用されるものであること。

災害時における復旧及び復興の事業については、平成三十六年四月一日以降も、当分の間、一箇月について労働時間を延長して労働させ、及び休日において労働させた時間の上限（法第三十六条第六項第二号及び第三号）についての規定は適用されず、特別条項において定める一箇月の時間外・休日労働時間数は、労使当事者間において、事業場の実情に応じた時間数を協定するものであること。

（平三〇・九・七　基発〇九〇七第一号）

第百四十条　一般乗用旅客自動車運送事業（道路運送法（昭和二十六年法律第百八十三号）第三条第一号ハに規定する一般乗用旅客自動車運送事業をいう。）の業務、貨物自動車運送事業（貨物自動車運送事業法（平成元年法律第八十三号）第二条第一項に規定する貨物自動車運送事業をいう。）の業務その他の自動車の運転の業務として厚生労働省令で定める業務に関する第三十六条の規定の適用については、当分の間、同条第五項中「時間（第二項第四号に関して協定した時間を含め百時間未満の範囲内に限る。）並びに一年について労働時間を延長して労働させることができる時間（同号に関して協定した時間を含め七百二十時間を超えない範囲内に限る。）を定めることができる。この場合において、第一項の協定に、併せて第二項第二号の対象期間において労働時間を延長して労働させる時間が一箇月について四十五時間（第三十二条の四第一項第二号の対象期間として三箇月を超える期間を定めて同条の規定により労働させる場合にあつては、一箇月について四十二時間）を超えることができる月数（一年について六箇月以内に限る。）を定めなければならない」とあるのは、「時間並びに一年について労働時間を延長して労働させることができる時間（第二項第四号に関して協定した時間を含め九百六十時間を超えない範囲内に限る。）を定めることができる」とし、同条第六項（第二号及び第三号に係る部分に限る。）の規定は適用しない。

② 前項の規定にかかわらず、同項に規定する業務については、令和六年三月三十一日（同日及びその翌日を含む期間を定めている第三十六条第一項の協定に関しては、当該協定に定める期間の初日から起算して一年を経過する日）までの間、同条第二項第四号中「一箇月及び」とあるのは、「一日を超え三箇月以内の範囲で前項の協定をする使用者及び労働組合若しくは労働者の過半数を代表する者が定める期間並びに」とし、同条第三項から第五項まで及び第六項（第二号及び第三号に係る部分に限る。）の規定は適用しない。

則附則第六十九条　（第一項省略）

② 法第百四十条第一項の厚生労働省令で定める業務は、一般乗用旅客自動車運送事業の業務、貨物自動車運送事業（貨物自動車運送事業法（平成元年法律第八十三号）第二条第一項に規定する貨物自動車運送事業をいう。）の業務、一般乗合旅客自動車運送事業（道路運送法第三条第一号イに規定する一般乗合旅客自動車運送事業をいう。）の業務、一般貸切旅客自動車運送事業（同号ロに規定する一般貸切旅客自動車運送事業をいう。）の業務その他四輪以上の自動車の運転の業務とする。

解釈例規

【自動車の運転の業務】自動車の運転の業務については、平成三十六年〈編注　令和六年。以下、本問において同じ〉三月三十一日までの間、法第三十六条第三項から第五項まで及び第六項（第二号及び第三号に係る部分に限る。）の規定は適用しないこととし、同年四月一日以降、当分の間、時間外労働の上限規制として一年について九百六十時間以内の規制を適用することとしたものであること。

ア　猶予対象となる業務の範囲（則第六十九条第二項関係）

法第百四十条により時間外労働の上限規制の適用が猶予される自動車の運転の業務の範囲は、則第六十九条第二項に規定する業務をいうものであり、自動者運転者の労働時間等の改善のための基準（平成元年労働省告示第七号）の対象となる自動車運転者の業務と同義であること。

イ　平成三十六年三月三十一日までの法第三十六条の適用（法第百四十条第二

項及び則第七十一条関係）

　平成三十六年三月三十一日（同日及びその翌日を含む期間を定めている時間外・休日労働協定に関しては、当該協定に定める期間の初日から起算して一年を経過する日）までの間、時間外・休日労働協定においては、①一日、②一日を超え三箇月以内の範囲で労使当事者が定める期間、③一年についての延長時間を協定するものであり、限度時間（法第三十六条第三項及び第四項）、時間外・休日労働協定に特別条項を設ける場合の要件（法第三十六条第五項）、一箇月について労働時間を延長して労働させ、及び休日において労働させた時間の上限（法第三十六条第六項第二号及び第三号）についての規定は適用されないものであること。

　また、則第十七条第一項第三号から第七号までの規定は適用されないものであること。

ウ　平成三十六年四月一日以降の法第三十六条の適用（法第百四十条第一項関係）

　平成三十六年四月一日以降は、当分の間、一箇月について労働時間を延長して労働させ、及び休日において労働させた時間の上限（法第三十六条第六項第二号及び第三号）についての規定は適用されず、特別条項において定める時間外・休日労働時間数は、労使当事者間において、一箇月については事業場の実情に応じた時間数を、一年については九百六十時間を超えない範囲内の時間数をそれぞれ協定するものであること。（平三〇・九・七　基発〇九〇七第一号）

第百四十一条　医業に従事する医師（医療提供体制の確保に必要な者として厚生労働省令で定める者に限る。）に関する第三十六条の規定の適用については、当分の間、同条第二項第四号中「における一日、一箇月及び一年のそれぞれの期間について」とあるのは「における」とし、同条第三項中「限度時間」とあるのは「限度時間並びに労働者の健康及び福祉を勘案して厚生労働省令で定める時間」とし、同条第五項及び第六項（第二号及び第三号に係る部分に限る。）の規定は適用しない。

②　前項の場合において、第三十六条第一項の協定に、同条第二項各号に掲げるもののほか、当該事業場における通常予見することのできない業務量の大幅な増加等に伴い臨時的に前項の規定により読み替えて適用する同条第三項の厚生労働省令で定める時間を超えて労働させる必要がある場合において、同条第二項第四号に関して協定した時間を超えて労働させることができる時間（同号に関して協定した時間を含め、同条第五項に定める時間及び月数並びに労働者の健康及び福祉を勘案して厚生労働省令で定める時間を超えない範囲内に限る。）その他厚生労働省令で定める事項を定めることができる。

③　使用者は、第一項の場合において、第三十六条第一項の協定で定めるところによつて労働時

間を延長して労働させ、又は休日において労働させる場合であつても、同条第六項に定める要件並びに労働者の健康及び福祉を勘案して厚生労働省令で定める時間を超えて労働させてはならない。

④　前三項の規定にかかわらず、医業に従事する医師については、令和六年三月三十一日（同日及びその翌日を含む期間を定めている第三十六条第一項の協定に関しては、当該協定に定める期間の初日から起算して一年を経過する日）までの間、同条第二項第四号中「一箇月及び」とあるのは、「一日を超え三箇月以内の範囲で前項の協定をする使用者及び労働組合若しくは労働者の過半数を代表する者が定める期間並びに」とし、同条第三項から第五項まで及び第六項（第二号及び第三号に係る部分に限る。）の規定は適用しない。

⑤　第三項の規定に違反した者は、六箇月以下の懲役又は三十万円以下の罰金に処する。

※〈編注〉本条第五項は、令四法律第六八号により次のとおり改正され、令四法律第六七号施行日（公布の日から起算して三年を超えない範囲内において政令で定める日。令五政令第三一八号により令和七年六月一日）から施行される。

⑤　第三項の規定に違反した者は、六月以下の拘禁刑又は三十万円以下の罰金に処する。

則附則第六十九条の二　法第百四十一条第一項の厚生労働省令で定める者は、病院（医療法（昭和二十三年法律第二百五号）第一条の五第一項に規定する病院をいう。次条第二項第二号において同じ。）若しくは診療所（同法第一条の五第二項に規定する診療所をいう。次条第二項第二号において同じ。）において勤務する医師（医療を受ける者に対する診療を直接の目的とする業務を行わない者を除く。）又は介護老人保健施設（介護保険法（平成九年法律第百二十三号）第八条第二十八項に規定する介護老人保健施設をいう。次条第二項第二号において同じ。）若しくは介護医療院（同法第八条第二十九項に規定する介護医療院をいう。次条第二項第二号において同じ。）において勤務する医師（以下「特定医師」という。）をいう。

則附則第六十九条の三　法第百四十一条第一項（医療法第百二十八条の規定により適用する場合を含む。第五項において同じ。）の規定により法第三十六条の規定を読み替えて適用する場合における第十七条の規定の適用については、次の表の上欄に掲げる規定中同表の中欄に掲げる字句は、それぞれ同表の下欄に掲げる字句とする。ただし、医療法第百二十八条の規定により読み替えられた場合にあつては、同表第一項ただし書きの項中「法第百四十一条第二項」とあるのは「医療法（昭和二十三年法律第二百五号）第百二十八条の規定により読み替えて適用する法第百四十一条第二項」と、同表第一項第三号の項中「法第百四十一条第三項」とあるのは「医療法第百二十八条の規定により読み替えて適用する法第百四十一条第三項」とする。

第一項ただし書き	同条第五項	法第百四十一条第二項

第一項第二号	法第三十六条第二項第四号	第六十九条の三第二項第一号
第一項第三号	法第三十六条第六項第二号及び第三号	法第百四十一条第三項
第一項第四号	法第三十六条第三項の限度時間	法第百四十一条第一項（医療法（昭和二十三年法律第二百五号）第百二十八条の規定により読み替えて適用する場合を含む。）の規定により読み替えて適用する法第三十六条第三項の厚生労働省令で定める時間

②　法第百四十一条第一項の場合において、法第三十六条第一項の協定に、同条第二項第五号の厚生労働省令で定める事項として、前項の規定により読み替えて適用する第十七条第一項各号に掲げる事項のほか、次に掲げる事項を定めるものとする。

一　対象期間における一日、一箇月及び一年のそれぞれの期間について労働時間を延長して労働させることができる時間又は労働させることができる休日の日数

二　医療法第十条の規定により病院若しくは診療所の開設者が当該病院若しくは当該診療所を管理させることとした者又は介護保険法第九十五条若しくは同法第百九条の規定により介護老人保健施設若しくは介護医療院の開設者が当該介護老人保健施設若しくは当該介護医療院を管理させることとした者（以下この項において「管理者」という。）に、一箇月について労働時間を延長して労働させ、及び休日において労働させる時間が百時間以上となることが見込まれる特定医師に対して厚生労働大臣が定める要件に該当する面接指導を行わせること。

三　管理者に、前号の規定による面接指導（面接指導の対象となる特定医師の希望により、当該管理者の指定した医師以外の医師が行つた面接指導であつて、当該管理者がその結果を証明する書面の提出を受けたものを含む。）の結果に基づき、当該面接指導を受けた特定医師の健康を保持するために必要な措置について、当該面接指導が行われた後（当該管理者の指定した医師以外の医師が当該面接指導を行つた場合にあつては、当該管理者がその結果を証明する書面の提出を受けた後）、遅滞なく、当該面接指導を行つた医師の意見を聴かせること。

四　管理者に、第二号の規定による面接指導を行つた医師の意見を勘案し、その必要があると認めるときは、当該面接指導を受けた特定医師の実情を考慮して、遅滞なく、労働時間の短縮、宿直の回数の減少その他の適切な措置を講じさせること。

五　管理者に、医療法第百八条第六項の規定により、一箇月について労働時間を延長して労働させ、及び休日において労働させる時間が特に長時間である特定医師に対して労働時間の短縮のために必要な措置を講じさせること。

③　前項第三号の書面は、当該特定医師の受けた面接指導について、次に掲げる事項を記載したものでなければならない。

一　実施年月日

二　当該面接指導を受けた特定医師の氏名

三　当該面接指導を行つた医師の氏名

四　当該面接指導を受けた特定医師の睡眠の状況

五　当該面接指導を受けた特定医師の疲

労の蓄積の状況

六　前二号に掲げるもののほか、当該面接指導を受けた特定医師の心身の状況

④　第二項第二号から第五号までの事項は、次の各号に掲げる区分に応じ、当該各号に定める場合には、法第三十六条第一項の協定に定めないことができる。

一　第二項第二号から第四号までに掲げる事項　一箇月について労働時間を延長して労働させ、及び休日において労働させる時間が百時間以上となることが見込まれない場合

二　第二項第五号に掲げる事項　一箇月について労働時間を延長して労働させ、及び休日において労働させる時間が特に長時間となることが見込まれない場合

⑤　法第百四十一条第一項の規定により読み替えて適用する法第三十六条第三項の厚生労働省令で定める時間は、一箇月について四十五時間及び一年について三百六十時間（法第三十二条の四第一項第二号の対象期間として三箇月を超える期間を定めて同条の規定により労働させる場合にあつては、一箇月について四十二時間及び一年について三百二十時間）とする。

則附則第六十九条の四　法第百四十一条第二項の厚生労働省令で定める時間は、労働時間を延長して労働させ、及び休日において労働させることができる時間について、一箇月について百時間未満及び一年について九百六十時間とする。ただし、法第三十六条第一項の協定に前条第二項第二号から第四号までに規定する事項を定めた場合にあつては、一年について九百六十時間とする。

則附則第六十九条の五　法第百四十一条第三項の厚生労働省令で定める時間は、労働時間を延長して労働させ、及び休日において労働させる時間について、一箇月について百時間未満及び一年について九百六十時間とする。ただし、第六十九条の三第二項第二号に規定する面接指導が行われ、かつ、同項第四号に規定する措置が講じられた特定医師については一年について九百六十時間とする。

□省　令

○厚生労働省令第六号（令四・一・一九）

医療法第百二十八条の規定により読み替えて適用する労働基準法第百四十一条第二項の厚生労働省令で定める時間等を定める省令

第一条　医療法（昭和二十三年法律第二百五号）第百二十八条の規定により読み替えて適用する労働基準法（昭和二十二年法律第四十九号。以下「法」という。）第百四十一条第二項の厚生労働省令で定める時間は、労働基準法施行規則（昭和二十二年厚生省令第二十三号。以下「規則」という。）第六十九条の四の規定にかかわらず、次の各号に掲げる規則第六十九条の二に規定する医師（以下「特定医師」という。）の区分に応じ、当該各号に定める時間とする。

一　医療法第百十三条第一項の規定に基づき特定地域医療提供機関として指定されている病院（同法第一条の五第一項に規定する病院をいう。以下この条において同じ。）又は診療所（同法第一条の五第二項に規定する診療所をいう。以下この条において同じ。）（第三条第一項において「特定地域医療提供機関」という。）において当該指定に係る業務に従事する特定医師、同法第百十九条第一項の規定に基づき技能向上集中研修機関として指定されている病院又は診療所（第三条第一項及び附則第二項において「技能向上集中研修機関」という。）において当該指定に係る業務に従事する特定医師又は同法第百二十条第一項の規定に基づき特定高度技能研修機関として指定されている病院又は診療所（第三条第一項及び附則第二項において「特定高度技能研

修機関」という。）において当該指定に係る業務に従事する特定医師　労働時間を延長して労働させ、及び休日において労働させることができる時間について、一箇月について百時間未満及び一年について一千八百六十時間。ただし、法第三十六条第一項の協定に第三条第一項第二号から第四号までに規定する事項を定めた場合にあっては、一年について一千八百六十時間とする。

二　医療法第百十八条第一項の規定に基づき連携型特定地域医療提供機関として指定されている病院又は診療所（第三条第一項において「連携型特定地域医療提供機関」という。）から他の病院又は診療所に派遣される特定医師（同法第百十八条第一項に規定する派遣に係るものに限る。）　労働時間を延長して労働させ、及び休日において労働させることができる時間について、一箇月について百時間未満及び一年について九百六十時間。ただし、法第三十六条第一項の協定に、第三条第一項第二号から第四号までに規定する事項を定めた場合にあっては、一年について九百六十時間とする。

第二条　医療法第百二十八条の規定により読み替えて適用する法第百四十一条第三項の厚生労働省令で定める時間は、規則第六十九条の五の規定にかかわらず、労働時間を延長して労働させ、及び休日において労働させる時間について、一箇月について百時間未満及び一年について一千八百六十時間とする。ただし、次条第一項第二号に規定する面接指導が行われ、かつ、同項第四号に規定する措置が講じられた特定医師については一年について一千八百六十時間とする。

第三条　特定地域医療提供機関、連携型特定地域医療提供機関、技能向上集中研修機関及び特定高度技能研修機関において法第三十六条第一項の協定をする場合には、規則第六十九条の三第二項の規定にかかわらず、法第三十六条第二項第五号の厚生労働省令で定める事項として、規則第六十九条の三第一項の規定により読み替えて適用する規則第十七条第一項各号に掲げる事項のほか、次に掲げる事項を定めるものとする。

一　対象期間における一日、一箇月及び一年のそれぞれの期間について労働時間を延長して労働させることができる時間又は労働させることができる休日の日数

二　規則第六十九条の三第二項第二号に規定する管理者（以下この項において「管理者」という。）に、一箇月について労働時間を延長して労働させ、及び休日において労働させる時間が百時間以上となることが見込まれる特定医師に対して同号に規定する面接指導を行わせること。

三　管理者に、前号の規定による面接指導（面接指導の対象となる特定医師の希望により、当該管理者の指定した医師以外の医師が行った面接指導であって、当該管理者がその結果を証明する書面の提出を受けたものを含む。）の結果に基づき、当該面接指導を受けた特定医師の健康を保持するために必要な措置について、当該面接指導が行われた後（当該管理者の指定した医師以外の医師が当該面接指導を行った場合にあっては、当該管理者がその結果を証明する書面の提出を受けた後）、遅滞なく、当該面接指導を行った医師の意見を聴かせること。

四　管理者に、第二号の規定による面接指導を行った医師の意見を勘案し、その必要があると認めるときは、当該面接指導を受けた特定医師の実情を考慮して、遅滞なく、労働時間の短縮、宿直の回数の減少その他の適切な措置を講じさせること。

五　管理者に、医療法第百八条第六項の規定により、一箇月について労働時間を延長して労働させ、及び休日におい

て労働させる時間が特に長時間である特定医師に対して労働時間の短縮のために必要な措置を講じさせること。

六　管理者に、医療法第百二十三条第一項及び第二項の規定により、休息時間を確保させること。

2　前項第三号の書面は、当該特定医師の受けた面接指導について、次に掲げる事項を記載したものでなければならない。

一　実施年月日

二　当該面接指導を受けた特定医師の氏名

三　当該面接指導を行った医師の氏名

四　当該面接指導を受けた特定医師の睡眠の状況

五　当該面接指導を受けた特定医師の疲労の蓄積の状況

六　前二号に掲げるもののほか、当該面接指導を受けた特定医師の心身の状況

3　第一項第二号から第五号までの事項は、次の各号に掲げる区分に応じ、当該各号に定める場合には、法第三十六条第一項の協定に定めないことができる。

一　第一項第二号から第四号までに掲げる事項　一箇月について労働時間を延長して労働させ、及び休日において労働させる時間が百時間以上となることが見込まれない場合

二　第一項第五号に掲げる事項　一箇月について労働時間を延長して労働させ、及び休日において労働させる時間が特に長時間となることが見込まれない場合

附　則

1　この省令は、令和六年四月一日から施行する。

2　〈略〉

□告　示

○厚生労働省告示第六号（令四・一・一九）

労働基準法施行規則第六十九条の三第二項第二号の規定に基づき厚生労働大臣が定める要件

一　労働基準法施行規則（昭和二十二年厚生省令第二十三号）第六十九条の三第二項第二号に規定する管理者（以下「管理者」という。）が、事前に次に掲げる事項を確認した上で、一箇月について労働時間を延長して労働させ、及び休日において労働させる時間（以下「時間外・休日労働時間」という。）が百時間に達するまでの間に行われるものであること。ただし、労働基準法（昭和二十二年法律第四十九号）第百四十一条第一項に規定する医業に従事する医師のうち、医療法（昭和二十三年法律第二百五号）第百二十二条第一項に規定する特定労務管理対象機関において勤務する医師（医療法第百二十八条の規定により読み替えて適用する労働基準法第百四十一条第二項の厚生労働省令で定める時間等を定める省令（令和四年厚生労働省令第六号）第一条第一号及び第二号に掲げる者に限る。）以外の医師については、疲労の蓄積が認められない場合は、時間外・休日労働時間が百時間に達するまでの間又は百時間以上となった後に遅滞なく行われるものであること。

イ　時間外・休日労働時間が百時間以上となることが見込まれる者（以下「面接指導対象医師」という。）の勤務の状況

ロ　当該面接指導対象医師の睡眠の状況

ハ　当該面接指導対象医師の疲労の蓄積の状況

ニ　ロ及びハに掲げるもののほか、当該面接指導対象医師の心身の状況

ホ　面接指導を受ける意思の有無

二　医療法第百八条第一項に規定する面接指導実施医師（以下「面接指導実施医師」という。）により行われるものであること。

三　当該面接指導を行う面接指導実施医師が、管理者から、面接指導対象医師の労働時間に関する情報その他の面接指導を適切に行うために必要な情報として次に掲げるものの提供を受けていること。ただし、イに掲げる情報については当該面接指導対象医師の時間外・休日労働時間が百時間以上となることが見込まれることの確認を行っ

た後速やかに、ロに掲げる情報については当該面接指導実施医師から当該情報の提供を求められた後速やかに、それぞれ提供されなければならない。

イ　当該面接指導対象医師の氏名及び当該面接指導対象医師に係る第一号イからホまでに掲げる事項に関する情報

ロ　イに掲げるもののほか、当該面接指導対象医師の業務に関する情報であって当該面接指導実施医師が当該面接指導対象医師の面接指導を適切に行うために必要と認めるもの

四　当該面接指導実施医師が次に掲げる事項について確認を行うものであること。

イ　当該面接指導対象医師の勤務の状況

ロ　当該面接指導対象医師の睡眠の状況

ハ　当該面接指導対象医師の疲労の蓄積の状況

ニ　ロ及びハに掲げるもののほか、当該面接指導対象医師の心身の状況

〈編注〉令和六年四月一日から適用

○厚生労働省告示第八号（令四・一・一九）

医療法第百十条第一項ただし書の規定に基づき厚生労働大臣の定める基準

医療法（昭和二十三年法律第二百五号）第百十条第一項ただし書の規定に基づき厚生労働大臣の定める基準は、宿日直勤務で断続的な業務について、労働基準法施行規則（昭和二十二年厚生省令第二十三号）第二十三条の許可を受けたものであることとする。

〈編注〉令和六年四月一日から適用

解釈例規

〈編注〉本条に関するQ&Aが、次の厚生労働省HPに掲載されている。

- 医師の時間外労働の上限規制に関するQ&A
- 医師の時間外労働の上限規制に関するQ&A

（令和五年九月二十九日追補分）

（令和六年二月二十六日再追補分）

〔https://www.mhlw.go.jp/stf/seisakunitsuite/bunya/koyou_roudou/roudoukijun/gyosyu/topics/01.html〕

【医業に従事する医師】医業に従事する医師については、時間外労働の上限規制を適用するに当たって、医師法（昭和二十三年法律第二百一号）第十九条第一項に基づく応召義務等の特殊性を踏まえた対応が必要であることから、平成三十六年〈編注　令和六年。以下、本問において同じ〉四月一日から時間外労働の上限規制を適用することとし、具体的な規制の在り方等については、現在、医療界の参加の下で有識者による検討を行っているものであること。

ア　猶予対象となる医師の範囲（法第百四十一条第一項関係）

法第百四十一条第一項に規定する医師の範囲については、有識者による検討結果等を踏まえながら、今後厚生労働省令で定めることとしているものであること。

イ　平成三十六年三月三十一日までの法第三十六条の適用（法第百四十一条第四項及び則第七十一条関係）

平成三十六年三月三十一日（同日及びその翌日を含む期間を定めている時間外・休日労働協定に関しては、当該協定に定める期間の初日から起算して一年を経過する日）までの間、時間外・休日労働協定においては、①一日、②一日を超え三箇月以内の範囲で労使当事者が定める期間、③一年についての延長時間を協定するものであり、限度時間（法第三十六条第三項及び第四項）、時間外・休日労働協定に特別条項を設ける場合の要件（法第三十六条第五項）、一箇月について労働時間を延長して労働させ、及び休日において労働させた時間の上限（法第三十六条第六項第二号及び第三号）についての規定は適用されないものであること。

また、則第十七条第一項第三号から第七号までの規定は適用されないものであること。

ウ　平成三十六年四月一日以降の法第三十六条の適用（法第百四十一条第一項から第三項まで関係）

平成三十六年四月一日以降は、当分の間、労働時間を延長して労働させることができる時間を協定するに当たっては、法第三十六条第二項第二号の対象期間における時間数を協定するものであり、一日、一箇月及び一年の区分は設けないものであること。また、法第三十六条第二項第三号に基づき協定する時間外労働の原則的上限については、別途厚生労働省令で定めることとしたものであること。

また、時間外・休日労働協定に特別条項を設ける場合の協定事項や時間外・休日労働時間数の上限については、法第三十六条第五項によらず、別途厚生労働省令で定めることとしたものであること。

さらに、時間外・休日労働協定で定めるところにより労働させる場合の実労働時間数の上限については、法第三十六条第六項によらず、別途厚生労働省令で定めることとしたものであること。　（平三〇・九・七　基発〇九〇七第一号）

【特定医師】労働基準法第一四一条第一項の厚生労働省令で定める者は、病院若しくは診療所において勤務する医師（医療を受ける者に対する診療を直接の目的とする業務を行わない者を除く。）又は介護老人保健施設若しくは介護医療院において勤務する医師（以下「特定医師」という。）をいうものとしたこと。

（令四・一・一九　基発〇一一九第九号）

【特定医師に関する法第三六条第一項の協定】

法第一四一条第一項の場合において、法第三六条第一項の協定に、厚生労働省令で定める事項として、則第六九条の三第一項の規定により読み替えて適用する則第一七条第一項各号に掲げる事項のほか、次に掲げる事項を定めるものとしたこと。

(1)　対象期間における一日、一箇月及び一年のそれぞれの期間について労働時間を延長して労働させることができる時間又は労働させることができる休日の日数

(2)　病院若しくは診療所の開設者が当該病院若しくは当該診療所を管理させることとした者又は介護老人保健施設若しくは介護医療院の開設者が当該介護老人保健施設若しくは当該介護医療院を管理させることとした者（以下「管理者」という。）に、一箇月について労働時間を延長して労働させ、及び休日において労働させる時間が一〇〇時間以上となることが見込まれる特定医師に対して厚生労働大臣が定める要件に該当する面接指導を行わせること

(3)　管理者に、第1の2の(2)の規定による面接指導（面接指導の対象となる特定医師の希望により、当該管理者の指定した医師以外の医師が行った面接指導であって、当該管理者がその結果を証明する書面の提出を受けたものを含む。）の結果に基づき、当該面接指導を受けた特定医師の健康を保持するために必要な措置について、当該面接指導が行われた後（当該管理者の指定した医師以外の医師が当該面接指導を行った場合にあっては、当該管理者がその結果を証明する書面の提出を受けた後）、遅滞なく、当該面接指導を行った医師の意見を聴かせること

(4)　管理者に、第1の2の(2)の規定による面接指導を行った医師の意見を勘案し、その必要があると認めるときは、当該面接指導を受けた特定医師の実情を考慮して、遅滞なく、労働時間の短縮、宿直の回数の減少その他の適切な措置を講じさせること

(5)　管理者に、医療法第一〇八条第六項の規定により、一箇月について労働時間を延長して労働させ、及び休日において労

働させる時間が特に長時間である特定医師に対して労働時間の短縮のために必要な措置を講じさせること

（令四・一・一九　基発〇一一九第九号）

【特定医師に関する限度時間】法第一四一条第一項（医療法第一二八条の規定により適用する場合を含む。）の規定により読み替えて適用する法第三六条第三項の厚生労働省令で定める時間は、一箇月について四五時間及び一年について三六〇時間（法第三二条の四第一項第二号の対象期間として三箇月を超える期間を定めて同条の規定により労働させる場合にあっては、一箇月について四二時間及び一年について三二〇時間）としたこと。

（令四・一・一九　基発〇一一九第九号）

【時間外・休日労働の上限時間】（労基則）

〈編注　労基則第六九条の四及び五関係〉

(1)　法第一四一条第二項の厚生労働省令で定める時間は、労働時間を延長して労働させ、及び休日において労働させることができる時間について、一箇月について一〇〇時間未満及び一年について九六〇時間としたこと。ただし、法第三六条第一項の協定に第1の2の(2)から(4)までに規定する事項を定めた場合にあっては、一年について九六〇時間としたこと。

(2)　法第一四一条第三項の厚生労働省令で定める時間は、労働時間を延長して労働させ、及び休日において労働させる時間について、一箇月について一〇〇時間未満及び一年について九六〇時間としたこと。ただし、第1の2の(2)の面接指導が行われ、かつ、第1の2の(4)の措置が講じられた特定医師については一年について九六〇時間としたこと。

（令四・一・一九　基発〇一一九第九号）

【時間外・休日労働の上限時間】（時則）

〈編注　時則（令四・一・一九省令六）第一条及び第二条関係〉

(1)　医療法第一二八条の規定により読み替えて適用する法第一四一条第二項の厚生労働省令で定める時間は、次のア又はイに掲げる特定医師（以下「ＢＣ水準適用医師」という。）の区分に応じ、それぞれア又はイに定める時間としたこと。

ア　医療法第一一三条第一項の規定に基づき特定地域医療提供機関として指定されている病院又は診療所（以下「特定地域医療提供機関」という。）、同法第一一九条第一項の規定に基づき技能向上集中研修機関として指定されている病院又は診療所（以下「技能向上集中研修機関」という。）又は同法第一二〇条第一項の規定に基づき特定高度技能研修機関として指定されている病院又は診療所（以下「特定高度技能研修機関」という。）において当該指定に係る業務に従事するＢＣ水準適用医師

労働時間を延長して労働させ、及び休日において労働させることができる時間について、一箇月について一〇〇時間未満及び一年について一、八六〇時間。ただし、法第三六条第一項の協定に第2の2の(2)から(4)までに規定する事項を定めた場合にあっては、一年について一、八六〇時間。

イ　医療法第一一八条第一項の規定に基づき連携型特定地域医療提供機関として指定されている病院又は診療所（以下「連携型特定地域医療提供機関」という。）から他の病院又は診療所に派遣されるＢＣ水準適用医師（同項に規定する派遣に係るものに限る。）

労働時間を延長して労働させ、及び休日において労働させることができる時間について、一箇月について一〇〇時間未満及び一年について九六〇時間。ただし、法第三六条第一項の協定に第2の2の(2)から(4)までに規定する事項を定めた場合にあっては、一年について九六〇時間。

(2)　医療法第一二八条の規定により読み替

えて適用する法第一四一条第三項の厚生労働省令で定める時間は、労働時間を延長して労働させ、及び休日において労働させる時間について、一箇月について一〇〇時間未満及び一年について一、八六〇時間としたこと。ただし、第2の2の(2)の面接指導が行われ、かつ、第2の2の(4)の措置が講じられたBC水準適用医師については一年について一、八六〇時間としたこと。

（令四・一・一九　基発〇一一九第九号）

【特定地域医療提供機関、連携型特定地域医療提供機関、技能向上集中研修機関及び特定高度技能研修機関における法第三六条第一項の協定】

〈編注　時則（令四・一・一九省令六）第三条関係〉

特定地域医療提供機関、連携型特定地域医療提供機関、技能向上集中研修機関及び特定高度技能研修機関（以下「特定労務管理対象機関」という。）において法第三六条第一項の協定をする場合には、法第三六条第二項第五号の厚生労働省令で定める事項として、則第六九条の三第一項の規定により読み替えて適用する則第一七条第一項各号に掲げる事項のほか、次に掲げる事項を定めるものとしたこと。

(1)　対象期間における一日、一箇月及び一年のそれぞれの期間について労働時間を延長して労働させることができる時間又は労働させることができる休日の日数

(2)　管理者に、一箇月について労働時間を延長して労働させ、及び休日において労働させる時間が一〇〇時間以上となることが見込まれるBC水準適用医師に対して厚生労働大臣が定める要件に該当する面接指導を行わせること

(3)　管理者に、第2の2の(2)の規定による面接指導（面接指導の対象となるBC水準適用医師の希望により、当該管理者の指定した医師以外の医師が行った面接指導であって、当該管理者がその結果を証明する書面の提出を受けたものを含む。）の結果に基づき、当該面接指導を受けたBC水準適用医師の健康を保持するために必要な措置について、当該面接指導が行われた後（当該管理者の指定した医師以外の医師が当該面接指導を行った場合にあっては、当該管理者がその結果を証明する書面の提出を受けた後）、遅滞なく、当該面接指導を行った医師の意見を聴かせること

(4)　管理者に、第2の2の(2)の規定による面接指導を行った医師の意見を勘案し、その必要があると認めるときは、当該面接指導を受けたBC水準適用医師の実情を考慮して、遅滞なく、労働時間の短縮、宿直の回数の減少その他の適切な措置を講じさせること

(5)　管理者に、医療法第一〇八条第六項の規定により、一箇月について労働時間を延長して労働させ、及び休日において労働させる時間が特に長時間であるBC水準適用医師に対して労働時間の短縮のために必要な措置を講じさせること

(6)　管理者に、医療法第一二三条第一項及び第二項の規定により、休息時間を確保させること

（令四・一・一九　基発〇一一九第九号）

【労働基準法施行規則第六十九条の三第二項第二号の規定に基づき厚生労働大臣が定める要件】

1　第1の2の(2)、第2の2の(2)の面接指導の要件

(1)　管理者が、事前に次に掲げる事項を確認した上で、一箇月について労働時間を延長して労働させ、及び休日において労働させる時間（以下「時間外・休日労働時間」という。）が一〇〇時間に達するまでの間に行われるものであることとしたこと。ただし、特定医師のうち、特定労務管理対象機関において勤務するBC水準適用医師以外の医師については、疲労の蓄積が認められない場合は、時間外・休日労働時間が一〇〇時間に達するまでの間又は一

○○時間以上となった後に遅滞なく行われるものであることとしたこと。

ア　時間外・休日労働時間が一〇〇時間以上となることが見込まれる者（以下「面接指導対象医師」という。）の勤務の状況

イ　当該面接指導対象医師の睡眠の状況

ウ　当該面接指導対象医師の疲労の蓄積の状況

エ　イ及びウに掲げるもののほか、当該面接指導対象医師の心身の状況

オ　面接指導を受ける意思の有無

(2)　医療法第一〇八条第一項に規定する面接指導実施医師（以下「面接指導実施医師」という。）により行われるものであることとしたこと。

(3)　当該面接指導を行う面接指導実施医師が、管理者から、面接指導対象医師の労働時間に関する情報その他の面接指導を適切に行うために必要な情報として次に掲げるものの提供を受けていることとしたこと。ただし、アに掲げる情報については、当該面接指導対象医師の時間外・休日労働時間が一〇〇時間以上となることが見込まれることの確認を行った後速やかに、イに掲げる情報については、当該面接指導実施医師から当該情報の提供を求められた後速やかに、それぞれ提供されなければならないものとしたこと。

ア　当該面接指導対象医師の氏名及び当該面接指導対象医師に係る第3の1の(1)のアからオまでに掲げる事項に関する情報

イ　アに掲げるもののほか、当該面接指導対象医師の業務に関する情報であって、当該面接指導実施医師が当該面接指導対象医師の面接指導を適切に行うために必要と認めるもの

(4)　当該面接指導実施医師が次に掲げる事項について確認を行うものとしたこと。

ア　当該面接指導対象医師の勤務の状況

イ　当該面接指導対象医師の睡眠の状況

ウ　当該面接指導対象医師の疲労の蓄積の状況

エ　イ及びウに掲げるもののほか、当該面接指導対象医師の心身の状況

（令四・一・一九　基発〇一一九第九号）

第百四十二条　鹿児島県及び沖縄県における砂糖を製造する事業に関する第三十六条の規定の適用については、令和六年三月三十一日（同日及びその翌日を含む期間を定めている同条第一項の協定に関しては、当該協定に定める期間の初日から起算して一年を経過する日）までの間、同条第五項中「時間（第二項第四号に関して協定した時間を含め百時間未満の範囲内に限る。）」とあるのは「時間」と、「同号」とあるのは「第二項第四号」とし、同条第六項（第二号及び第三号に係る部分に限る。）の規定は適用しない。

解釈例規

【鹿児島県及び沖縄県における砂糖を製造する事業】鹿児島県及び沖縄県における砂糖を製造する事業については、平成三十六年〈編注　令和六年。以下、本問において同じ〉三月三十一日（同日及びその翌日を含む期間を定めている時間外・休日労働協定に関しては、当該協定に定める期間の初日から起算して一年を経過する日）までの間、

時間外・休日労働協定に特別条項を設ける場合の一箇月についての上限（法第三十六条第五項）、一箇月について労働時間を延長して労働させ、及び休日において労働させた時間の上限（法第三十六条第六項第二号及び第三号）についての規定は適用されないものであること。

　また、則第十七条第一項第三号から第七号までの規定は適用されないものであること。

　平成三十六年四月一日以降は、法第三十六条の規定が全面的に適用されるものであること。（平三〇・九・七　基発〇九〇七第一号）

第百四十三条　第百九条の規定の適用については、当分の間、同条中「五年間」とあるのは、「三年間」とする。

②　第百十四条の規定の適用については、当分の間、同条ただし書中「五年」とあるのは、「三年」とする。

③　第百十五条の規定の適用については、当分の間、同条中「賃金の請求権はこれを行使することができる時から五年間」とあるのは、「退職手当の請求権はこれを行使することができる時から五年間、この法律の規定による賃金（退職手当を除く。）の請求権はこれを行使することができる時から三年間」とする。

附則（昭三三・五・二　法律第一三三号）（抄）

（施行期日）

第一条　この法律は、公布の日から起算して六月をこえない範囲内で、政令で定める日から施行する。〈昭和三三・六政令第一九八号により、昭和三三年七月一日から施行〉ただし、次条第一項の規定は、公布の日から施行する。

（経過措置）

第三条〈一項略〉

②　この法律の施行前に附則第五条第一項の規定による改正前の労働基準法第七十条の規定に基く命令の規定によりした技能者養成指導員の免許は、この法律の施行の日から二年間は、職業訓練指導員免許とみなす。

第四条〈一項略〉

②　この法律の施行前に次条第一項の規定による改正前の労働基準法第七十一条第一項の認可を受けて行われた技能者養成を修了した者は、第二十六条の規定の適用については、認定職業訓練を修了した者とみなす。

附則（昭三四・四・一五　法律第一三七号）（抄）

（施行期日）

第一条　この法律の施行期日は、公布の日から起算して九十日をこえない範囲内において、各規定につき、政令で定める。〈昭和三四・五政令第一六三号により、昭和三四年五月五日から施行〉

附則（昭三七・九・一五　法律第一六一号）（抄）

1　この法律は、昭和三十七年十月一日から施行する。

附則（昭四〇・六・一一　法律第一三〇号）（抄）

（施行期日）

第一条　この法律は、昭和四十年八月一日から施行する。ただし、第二条及び附則第十三条の規定は昭和四十年十一月一日から、第三条並びに附則第十四条から附則第四十三条まで及び附則第四十五条の規定は昭和四十一年二月一日から施行する。〈労働基準法第八七条の改正規定は、昭和四〇年八月一日から、第七九条及び第八四条の改正規定は、昭和四一年二月一日から施行〉

（労働基準法の一部改正に伴う経過措置）

第十条　事業が数次の請負によつて行なわれる場合における災害補償であつて、昭和四十年七月三十一日以前に生じた事故に係るものについては、前条の規定による改正前の労働基準法第八十七条の規定の例による。

（労働基準法の一部改正に伴う経過措置）

第二十条　昭和四十一年二月一日前に生じた事由に係る労働基準法第七十五条から第七十七条まで、第七十九条及び第八十条の規定による災害補償については、前条の規定による同法第七十九条及び第八十四条第一項の規定の改正にかかわらず、なお従前の例による。

第二十一条　附則第八条第一項の規定によりなお効力を有することとされる第一条の規定による改正前の労働者災害補償保険法第十七条から第十九条の二までの規定により保険給付の全部又は一部が支給されない場合において使用者が行なうべき災害補償については、なお附則第十九条の規定による改正前の労働基準法第八十四条第一項の規定の例による。

附則（昭四二・八・一　法律第一〇八号）（抄）

（施行期日）

1　この法律は、公布の日から施行する。

附則（昭四三・六・一五　法律第九九号）（抄）

（施行期日）

1　この法律は、公布の日から施行する。〈後略〉

附則（昭四四・七・一八　法律第六四号）（抄）

（施行期日）

第一条　この法律（以下「新法」という。）は、昭和四十四年十月一日から施行する。〈後略〉

附則（昭四七・六・八　法律第五七号）（抄）

（施行期日）

第一条　この法律は、公布の日から起算して六月をこえない範囲内において政令で定める日から施行する。〈後略〉

〈昭四七・六・三〇政令第二五四号により、昭和四七年一〇月一日から施行〉

（処分等の効力の引き継ぎ）

第三条　この法律の施行前にこの法律による改正前の労働基準法又は労働災害防止団体等に関す

る法律（昭和三十九年法律第百十八号）（これらに基づく命令を含む。）の規定によりされた処分、手続その他の行為は、この法律（これに基づく命令を含む。）の相当規定によりされた処分、手続その他の行為とみなす。

附則（昭五一・五・二七　法律第三四号）（抄）

（施行期日）

第一条　この法律は、公布の日から起算して一年を超えない範囲内において、各規定につき、政令で定める日から施行する。

附則（昭五八・一二・二　法律第七八号）

1　この法律（第一条を除く。）は、昭和五十九年七月一日から施行する。

2　この法律の施行の日の前日において法律の規定により置かれている機関等で、この法律の施行の日以後は国家行政組織法又はこの法律による改正後の関係法律の規定に基づく政令（以下「関係政令」という。）の規定により置かれることとなるものに関し必要となる経過措置その他この法律の施行に伴う関係政令の制定又は改廃に関し必要となる経過措置は、政令で定めることができる。

附則（昭五九・一二・二五　法律第八七号）（抄）

第一条　この法律は、昭和六十年四月一日から施行する。〈後略〉

附則（昭六〇・六・一　法律第四五号）（抄）

（施行期日）

第一条　この法律は、昭和六十一年四月一日から施行する。ただし、次の各号に掲げる規定は、当該各号に定める日から施行する。

一　第二条中労働基準法第百条の二及び第百二十条第四号の改正規定並びに次条第一項、附則第三条及び附則第十七条（労働省設置法（昭和二十四年法律第百六十二号）第四条第三十号の次に一号を加える改正規定並びに同法第四条第三十二号及び第三十四号並びに第九条第一項の改正規定に限る。）の規定　公布の日

二　〈略〉

（労働基準法の一部改正に伴う経過措置）

第二条　この法律（前条各号に掲げる規定については、当該各規定。次条及び附則第十九条において同じ。）の施行前に第二条の規定による改正前の労働基準法（これに基づく命令を含む。）の規定によりされた処分、手続その他の行為は、同条の規定による改正後の労働基準法（これに基づく命令を含む。）の相当規定によりされた処分、手続その他の行為とみなす。

附則（昭六〇・六・八　法律第五六号）（抄）

（施行期日）

第一条　この法律は、昭和六十年十月一日から施行する。〈後略〉

附則（昭六〇・七・五　法律第八九号）（抄）

（施行期日）

第一条　この法律は、労働者派遣事業の適正な運営の確保及び派遣労働者の就業条件の整備等に関する法律（昭和六十年法律第八十八号）の施行の日から施行する。〈後略〉

附則（昭六二・九・二六　法律第九九号）（抄）

（施行期日）

第一条　この法律は、昭和六十三年四月一日から施行する。

（時効に関する経過措置）

第四条　この法律の施行前に生じた退職手当の請求権の消滅時効については、なお従前の例による。

（政令への委任）

第六条　附則第二条から前条までに定めるもののほか、この法律の施行に伴い必要な経過措置（罰則に関する経過措置を含む。）は、政令で定める。

附則（平三・五・一五　法律第七六号）（抄）

（施行期日）

第一条　この法律は、平成四年四月一日から施行する。

附則（平四・七・二　法律第九〇号）（抄）

（施行期日）

第一条　この法律は、公布の日から起算して三月を超えない範囲内において政令で定める日から施行する。

附則（平五・七・一　法律第七九号）（抄）

（施行期日）

第一条　この法律は、平成六年四月一日から施行する。ただし、第二条の規定（労働時間の短縮の促進に関する臨時措置法第七条の改正規定を除く。）及び附則第十四条の規定は、公布の日から施行する。

附則（平一〇・九・三〇　法律第一一二号）（抄）

（施行期日）

第一条　この法律は、平成十一年四月一日から施行する。ただし、第百五条の二の次に一条を加える改正規定並びに附則第八条の規定及び附則第十五条の規定（地方公務員法（昭和二十五年法律第二百六十一号）第五十八条第三項の改正規定中「及び第百二条」を「、第百二条及び第百五条の三」に改める部分に限る。）は平成十年十月一日から、第三十八条の二の次に二条を加える改正規定（第三十八条の四に係る部分に限る。）、第五十六条第一項の改正規定、同条第二項の改正規定（「満十二才」を「満十三歳」に改める部分に限る。）、第六十条第三項の改正規定（同項第二号の改正規定を除く。）

及び第百六条第一項の改正規定（第三十八条の四第一項及び第五項に規定する決議に係る部分に限る。）並びに附則第六条の規定、附則第十一条第一項の規定及び附則第十五条の規定（同法第五十八条第三項の改正規定中「第三十九条第五項」を「第三十八条の四、第三十九条第五項」に改める部分に限る。）は平成十二年四月一日から施行する。

（退職時の証明に関する経過措置）

第二条　この法律による改正後の労働基準法（以下「新法」という。）第二十二条第一項の規定は、この法律の施行の日以後に退職した労働者について適用し、この法律の施行の日前に退職した労働者については、なお従前の例による。

（休憩に関する経過措置）

第四条〈第一項　略〉

②　この法律の施行前に旧法第三十四条第二項ただし書の規定による許可を受けた場合（前項の規定により同項の許可を受けた場合を含む。）における休憩時間については、なお従前の例による。

（政令への委任）

第十条　附則第二条から前条までに定めるもののほか、この法律の施行に伴い必要な経過措置（罰則に関する経過措置を含む。）は、政令で定める。

附則（平一一・七・一六　法律第八七号）（抄）

（施行期日）

第一条　この法律は、平成十二年四月一日から施行する。〈後略〉

附則（平一一・七・一六　法律第一〇二号）（抄）

（施行期日）

第一条　この法律は、内閣法の一部を改正する法律（平成十一年法律第八十八号）の施行の日から施行する。〈後略〉

附則（平一一・七・一六　法律第一〇四号）（抄）

（施行期日）

第一条　この法律は、内閣法の一部を改正する法律（平成十一年法律第八十八号）の施行の日から施行する。〈後略〉

附則（平一一・一二・八　法律第一五一号）（抄）

（施行期日）

第一条　この法律は、平成十二年四月一日から施行する。〈後略〉

附則（平一一・一二・二二　法律第一六〇号）（抄）

（施行期日）

第一条　この法律〈中略〉は、平成十三年一月六日から施行する。〈後略〉

附則（平一三・四・二五　法律第三五号）（抄）

（施行期日）

第一条　この法律は、平成十三年十月一日から施行する。〈後略〉

（政令への委任）

第五条　この附則に定めるもののほか、この法律の施行に関して必要な経過措置は、政令で定める。

附則（平一三・七・一一　法律第一一二号）（抄）

（施行期日）

第一条　この法律は、平成十三年十月一日から施行する。

附則（平一三・一一・一六　法律第一一八号）

（施行期日）

第一条　この法律は、公布の日から施行する。〈後略〉

附則（平一四・七・三一　法律第九八号）

（施行期日）

第一条　この法律は、公社法の施行の日〈編注　平成一五・四・一〉から施行する。〈後略〉

附則（平一四・七・三一　法律第一〇〇号）

（施行期日）

第一条　この法律は、民間事業者による信書の送達に関する法律（平成十四年法律第九十九号）の施行の日〈編注　平成一五・四・一〉から施行する。

附則（平一四・八・二　法律第一〇三号）

（施行期日）

第一条　この法律は、平成十四年十月一日から施行する。〈後略〉

附則（平一五・七・四　法律第一〇四号）

（施行期日）

第一条　この法律は、公布の日から起算して六月を超えない範囲内において政令で定める日〈編注　平成一六・一・一〉から施行する。

附則（平一六・六・二　法律第七六号）

（施行期日）

第一条　この法律は、破産法（平成十六年法律第七十五号。次条第八項並びに附則第三条第八項、第五条第八項、第十六項及び第二十一項、第八条第三項並びに第十三条において「新破産法」という。）の施行の日から施行する。〈後略〉

附則（平一六・一二・一　法律第一四七号）

（施行期日）

第一条　この法律は、公布の日から起算して六月を超えない範囲内において政令で定める日〈編注　平成一七政令三六号により、平成一七・四・一〉から施行する。〈後略〉

附則（平一七・一〇・二一　法律第一〇二号）

（施行期日）

第一条　この法律は、郵政民営化法の施行の日〈編注　平成一九・一〇・一〉から施行する。

附則（平一八・六・二一　法律第八二号）

（施行期日）

第一条　この法律は、平成十九年四月一日から施行する。

附則（平一九・三・五　法律第二八号）（抄）

（施行期日）

第一条　この法律は、公布の日か

ら起算して三月を超えない範囲内において政令で定める日〈編注・平成三〇政令一〇号により、平成三〇・三・一〉から施行する。

附則（平三〇・三・三一　法律第八九号）（抄）

（施行期日）

第一条　この法律は、平成二十二年四月一日から施行する。

附則（平二四・六・二七　法律第四二号）（抄）

（施行期日）

第一条　この法律は、平成二十五年四月一日から施行する。

附則（平二七・五・二九　法律第三一号）（抄）

（施行期日）

第一条　この法律は、平成三十年四月一日から施行する。ただし、次の各号に掲げる規定は、それぞれ当該各号に定める日から施行する。

一　〈略〉

二　〈前略〉附則〈中略〉第四十四条〈中略〉の規定　平成二十八年四月一日

三　〈略〉

附則（平二九・六・二　法律第四五号）（抄）

（施行期日）

この法律は、民法改正法の施行の日〈編注　令和二・四・一〉から施行する。〈後略〉

〈参考〉

民法の一部を改正する法律の施行に伴う関係法律の整備等に関する法律（平成二九・六・二　法律第四五号）（抄）

（労働基準法の一部改正に伴う経過措置）

第百六十五条　施行日前に前条の規定による改正前の労働基準法第八十五条第五項に規定する時効の中断の事由が生じた場合におけるその事由の効力については、なお従前の例による。

附則（平成三〇・七・六　法律第七一号）（抄）

（施行期日）

第一条　この法律は、平成三十一年四月一日から施行する。ただし、次の各号に掲げる規定は、当該各号に定める日から施行する。

一、二　〈略〉

三　第一条中労働基準法第百三十八条の改正規定　平成三十五年〈編注　令和五年〉四月一日

（時間外及び休日の労働に係る協定に関する経過措置）

第二条　第一条の規定による改正後の労働基準法（以下「新労基法」という。）第三十六条の規定（新労基法第百三十九条第二項、第百四十条第二項、第百四十一条第四項及び第百四十二条の規定により読み替えて適用する場合を含む。）は、平成三十一年四月一日以後の期間のみを定めている協定について適用し、同年三月三十一日を含む期間を定めている協定については、当該協定に定める期間の初日から起算して一年を経過する日までの間については、なお従前の例による。

（中小事業主に関する経過措置）

第三条　中小事業主（その資本金の額又は出資の総額が三億円（小売業又はサービス業を主たる事業とする事業主については五千万円、卸売業を主たる事業とする事業主については一億円）以下である事業主及びその常時使用する労働者の数が三百人（小売業を主たる事業とする事業主については五十人、卸売業又はサービス業を主たる事業とする事業主については百人）以下である事業主をいう。第四項及び附則第十一条において同じ。）の事業に係る協定（新労基法第百三十九条第二項に規定する事業、第百四十条第二項に規定する業務、第百四十一条第四項に規定する者及び第百四十二条に規定する事業に係るものを除く。）についての前条の規定の適用については、「平成三十一年四月一日」とあるのは、「令和二年四月一日」とする。

2　前項の規定により読み替えられた前条の規定によりなお従前の例によることとされた協定をする使用者及び労働組合又は労働者の過半数を代表する者は、当該協定をするに当たり、新労基法第三十六条第一項から第五項までの規定により当該協定に定める労働時間を延長して労働させ、又は休日において労働させることができる時間数を勘案して協定をするように努めなければならない。

3　政府は、前項に規定する者に対し、同項の協定に関して、必要な情報の提供、助言その他の支援を行うものとする。

4　行政官庁は、当分の間、中小事業主に対し新労基法第三十六条第九項の助言及び指導を行うに当たっては、中小企業における労働時間の動向、人材の確保の状況、取引の実態その他の事情を踏まえて行うよう配慮するものとする。

（年次有給休暇に関する経過措置）

第四条　この法律の施行の際四月一日以外の日が基準日（継続勤務した期間を労働基準法第三十九条第二項に規定する六箇月経過日から一年ごとに区分した各期間（最後に一年未満の期間を生じたときは、当該期間をいう。以下この条において同じ。）の初日をいい、同法第三十九条第一項から第三項までの規定による有給休暇を当該有給休暇に係る当該各期間の初日より前の日から与えることとした場合はその日をいう。以下この条において同じ。）である労働者に係る有給休暇については、この法律の施行の日後の最初の基準日の前日までの間は、新労基法第三十九条第七項の規定にかかわらず、なお従前の例による。

（検討）

第十二条　政府は、この法律の施行後五年を経過した場合において、新労基法第三十六条の規定について、その施行の状況、労働時間の動向その他の事情を勘案しつつ検討を加え、必要があると認めるときは、その結果に基づいて所要の措置を講ずるものとする。

２　政府は、新労基法第百三十九条に規定する事業及び新労基法第百四十条に規定する業務に係る新労基法第三十六条の規定の特例の廃止について、この法律の施行後の労働時間の動向その他の事情を勘案しつつ引き続き検討するものとする。

３　政府は、前二項に定める事項のほか、この法律の施行後五年を目途として、この法律による改正後のそれぞれの法律（以下この項において「改正後の各法律」という。）の規定について、労働者と使用者の協議の促進等を通じて、仕事と生活の調和、労働条件の改善、雇用形態又は就業形態の異なる労働者の間の均衡のとれた待遇の確保その他の労働者の職業生活の充実を図る観点から、改正後の各法律の施行の状況等を勘案しつつ検討を加え、必要があると認めるときは、その結果に基づいて所要の措置を講ずるものとする。

附則（令二・三・三　法律第一三号）（抄）

（施行期日）

第一条　この法律は、民法の一部を改正する法律（平成二十九年法律第四十四号）の施行の日〈編注　令和二・四・一〉から施行する。

（付加金の支払及び時効に関する経過措置）

第二条　この法律による改正後の労働基準法（以下この条において「新法」という。）第百十四条及び第百四十三条第二項の規定は、この法律の施行の日（以下この条において「施行日」という。）以後に新法第百十四条に規定する違反がある場合における付加金の支払に係る請求について適用し、施行日前にこの法律による改正前の労働基準法第百十四条に規定する違反があった場合における付加金の支払に係る請求については、なお従前の例による。

２　新法第百十五条及び第百四十三条第三項の規定は、施行日以後に支払期日が到来する労働基準法の規定による賃金（退職手当を除く。以下この項において同じ。）の請求権の時効について適用し、施行日前に支払期日が到来した同法の規定による賃金の請求権の時効については、なお従前の例による。

（検討）

第三条　政府は、この法律の施行後五年を経過した場合において、この法律による改正後の規定について、その施行の状況を勘案しつつ検討を加え、必要があると認めるときは、その結果に基づいて必要な措置を講ずるものとする。

附則（令四・六・一七　法律第六八号）（抄）

（施行期日）

1　この法律は、刑法等一部改正法〈編注　令和四・六・一七　法律第六七号〉施行日から施行する。ただし、次の各号に掲げる規定は、当該各号に定める日から施行する。

一　第五百九条の規定　公布の日〈編注　令和四年六月一七日〉

〈参考〉

刑法等の一部を改正する法律（令和四・六・一七　法律第六七号）（抄）

附則（抄）

（施行期日）

1　この法律は、公布の日から起算して三年を超えない範囲内において政令で定める日から施行する。〈後略〉

刑法等の一部を改正する法律の施行期日を定める政令（令和五・一一・一〇　政令第三一八号）

刑法等の一部を改正する法律の施行期日は、令和七年六月一日とする。

別表第一（第三十三条、第四十条、第四十一条、第五十六条、第六十一条関係）

一　物の製造、改造、加工、修理、洗浄、選別、包装、装飾、仕上げ、販売のためにする仕立て、破壊若しくは解体又は材料の変造の事業（電気、ガス又は各種動力の発生、変更若しくは伝導の事業及び水道の事業を含む。）

二　鉱業、石切り業その他土石又は鉱物採取の事業

三　土木、建築その他工作物の建設、改造、保存、修理、変更、破壊、解体又はその準備の事業

四　道路、鉄道、軌道、索道、船舶又は航空機による旅客又は貨物の運送の事業

五　ドック、船舶、岸壁、波止場、停車場又は倉庫における貨物の取扱いの事業

六　土地の耕作若しくは開墾又は植物の栽植、栽培、採取若しくは伐採の事業その他農林の事業

七　動物の飼育又は水産動植物の採捕若しくは養殖の事業その他の畜産、養蚕又は水産の事業

八　物品の販売、配給、保管若しくは賃貸又は理容の事業

九　金融、保険、媒介、周旋、集金、案内又は広告の事業

十　映画の製作又は映写、演劇その他興行の事業

十一　郵便、信書便又は電気通信の事業

十二　教育、研究又は調査の事業

十三　病者又は虚弱者の治療、看護その他保健衛生の事業

十四　旅館、料理店、飲食店、接客業又は娯楽場の事業

十五　焼却、清掃又はと畜場の

事業

解釈例規

❶一般的な適用

（第一号）

【サルベージ】

問　遭難船舶の引上事業（サルベージ）は法別表第一の第何号に該当するか。

答　遭難船舶の引上事業（サルベージ）で、港湾施設等工作物の修理等を請け負うこともあるが、その主たる業務としては遭難船舶等物の引上、解体を行うものについては、事業としては法別表第一第一号に該当するものと解せられる。

（昭三三・四・一七　基収一〇七七号、平一一・三・三一　基発一六八号）

【清酒製造業】　清酒製造の事業に従事する労働者に対する労働基準法の適用については、当面、左記のように取り扱うこと。

記

一、清酒製造業における直接醸造の作業を行う醸造部門と壜詰作業等を行う醸造以外の部門とは、これら各部門において、作業に従事する労働者を別にしており、また、その労働の態様も全く異にするのが通常であるから、原則として右両部門をそれぞれ別個の事業として法の適用を定めること。

二、醸造部門はその作業工程において微生物を培養管理するものであり、杜氏その他のいわゆる蔵人の労働は気温湿度等の自然的条件に左右されるのが常態であり、法適用に当たつてはその対象となる事業の実態は畜産、養蚕等の事業の場合と同様の態様と認められるから法別表第一第七号該当の事業として取り扱うこと。

三、醸造以外の部門は一般に壜詰、包装等の作業を主たる業務として常時行うものであるから、法別表第一第一号の事業として取り扱うこと。

四、精米部門を担当する労働者が杜氏の指揮監督の下において作業を行うものである場合は、醸造部門に含めて法を適用することとし、精米部門を担当する労働者が杜氏の指揮監督を受けることなく別個独立の作業部門において作業を行うと認められた場合は法別表第一第一号該当の事業として取り扱うこと。

（昭二八・五・四　基発三六一号、昭二九・一一・九　基収五六二三号、平一一・三・三一　基発一六八号）

【歯科技工所】

問　歯科技工所に勤務する左記歯科技工士

に労働基準法を適用するに当たり同法別表第一の第一号及び第十三号のうち、何れを適用すべきか。

記

一　健康保険法上は、同法第十三条(カ)号の事業として適用を受けている。

(カ)号　疾病の治療、助産、その他医療の事業

二　歯科技工業務の実態

歯科技工士（開設者）が技工の業務を行うについては、歯科技工法第十八条に示すとおり技工（補綴物、充填物、矯正装置）等の補綴を行うには歯科医師が署名又は捺印した指示書により行うものである。また、指示書とは模型に対して設計、作成の方法、使用材料、発行年月日、発行した歯科医師の住所等を記入した書類をもつて技工を行うものである。

指示書なしで歯科技工の業務を行うと、壱万円以下の罰金に処せられる。したがつて歯科技工士は歯科医師から注文を受ける時は、単に口頭によらず必ず指示書という文書を受けるようにしなければならない。

ただし病院又は診療所内であつて、かつ患者の治療を担当する歯科医師の直接の指示に基づいて歯科技工の業務を行う場合であればこのような文書を受ける必要はなく、口頭による指示でもよいことにされている。

次に、この指示書については、処方せんや診療録と同様に保存義務が定められ、病院、診療所又は歯科技工所の管理者は、その病院、診療所又は歯科技工所で行われた歯科技工にかかる指示書をその歯科技工士が終了した日から起算して二年間保存しなければならないこととされている。

これに違反した時は歯科技工所等の管理者は、八千円以下の罰金に処せられる。

答　歯科技工所は、法別表第一第一号に該当する。

（昭三四・四・二七　基収八三三号、平一一・三・三一　基発一六八号）

【公立学校の学校給食の事業】　公立学校の学校給食の事業に対する労働基準法別表第一の適用については、今後は、一の教育委員会の管轄下の給食場を一括して一の事業場とし、同表第一号の事業として取り扱うこととする。

なお、労働者名簿及び賃金台帳は、個々の学校ごとに備え付けさせること。

おつて、本件については、自治省とも協議ずみであるから、念のため申し添える。

（昭四八・三・二　基発一〇〇号、平一一・三・三一　基発一六八号）

（第三号）

【都道府県土木出張所】　都道府県土木出張所、土木事務所、現業所、建設事務所等であつて、その実態が地方費支弁の道路、河川、港湾等の維持管理、その他工作物の建設、改造に伴う許認可、承認等の机上事務を行うのみならず、自ら現場を監督しこれら工事を施工するものについては、原則として労働基準法別表第一第三号に該当する。

おつて、本件については地方自治庁とも打合せ済であるから念のため。

（昭二七・六・二　基収二五七三号、平一一・三・三一　基発一六八号）

（第四号）

【私鉄事業】

一　各私鉄の業務機関については、次に掲げる単位ごとに一の事業として取り扱い、次のとおり労働基準法別表第一各号を適用すること。

(1)　本社部門（(2)～(8)に掲げる現業機関及び附属機関を除く。）　本社　四号

(2)　運輸部門　駅（ただし、二以上の駅について労務管理が一括してなされている場合は、これらを一の事業とする。）　四号

(3)　電気部門　　乗務区　四号
　　　　　　　　電力区、変電区又は通信区　四号
(4)　工務部門　　保線区　四号
(5)　車輛部門　　検車区　四号
　　　　　　　　工　場　一号
(6)　自動車部門　営業所　四号
　　　　　　　　工　場　一号
(7)　工事部門　　工事事務所　三号
(8)　その他の機関
　百貨店、病院、遊園地等については、実態に応じ取り扱うこととする。
(注)「(6)自動車部門」の「営業所」については、その管下にある出張所、支所その他これらに類する実態を有するものを含め一の事業とすることとする。
　なお、この取扱いは、原則的なものについて示したものであり、具体的な適用にあたつては、各企業別に関係労働基準局間において意見を調整のうえ定めることとする。
二　許可及び認定の申請、届出又は報告並びに労働者名簿及び賃金台帳の備付けについての取扱いは、日本国有鉄道の承継法人の業務機関に対する取扱いに準ずること。
(昭四三・三・一九　四一基収五八五九号、昭六三・三・一四　基発一五〇号、平一一・三・三一　基発一六八号)


(第六号)

【農林水産業における加工】　農林、水産の事業にあつては、一定の加工設備を有する場所における加工は、第一号とすること。

(昭二三・九・一三　発基一七号)


(第七号)

【蚕種製造業】

問　蚕種の製造は、法別表第一何号の事業に該当するか。

答　蚕種製造業は、法別表第一第七号「養蚕の事業」に該当する。

(昭二三・一・一九　基発六二号、六三号、平一一・三・三一　基発一六八号)

【蚕糸試験場、畜産試験場、農事試験場】
問　蚕糸試験場、畜産試験場、農事試験場等は、数十人の労働者を使用し又は数町歩の耕作をするものがあり、その状態においては、一般農耕者養蚕家をはるかに超え、従つて農林、養蚕、畜産の事業として取扱わねば事業経営上困難な場合においても、法別表第一第十二号の研究調査の事業と認むべきものか。
答　蚕糸試験場、畜産試験場、農事試験場等は研究調査を目的とするものであるが、昭和二十三年三月三十一日基発第五一一号通牒により主たる事業内容が養蚕、畜産、農林の事業と考えられる場合には、夫々の事業を法別表第一第六号もしくは第七号の事業として取扱つて差し支えない。
(昭二三・六・一六　基収一九三三号、平一一・三・三一　基発一六八号)

(第八号)

【新聞社】

問　新聞社の事業は法別表第一の何号に該当するか。

答　新聞社は一般に法別表第一第八号の事業であるが、本社等において併せて印刷をも行う場合には、その中の印刷部門のみを主たる事業と別個に取扱い、同表第一号に該当するものである。

(昭二三・三・一七　基発四六一号、昭二三・六・一二　基収一八九五号、昭六三・三・一四　基発一五〇号、平一一・三・三一　基発一六八号)


(第十一号)

【放送事業】　放送事業は、法別表第一第十一号の電気通信の事業である。

(昭二三・一一・二六　基発一七二三号、昭二三・一二・二七　基収三八七七号、平一一・三・三一　基発一六八号)


(第十三号)

【都道府県保健所】

問　都道府県保健所は、保健所法により設置されたる地方公共団体の長の保健衛生行政に関する職権の一部を委任された行政機関であり、その業務は衛生思想の普及向上に関し人口動態の統計、住宅、水道、清掃等、環境衛生或いは公共医療事業の向上等管内の保健衛生行政機関として、保健所法、性病予防法、優生保護法、結核予防法等に基づき、医務、薬務、食品、衛生、環境衛生等に関する各種取締行政、統計報告及び医師、薬剤師、保健婦、看護婦等に対する講習、訓練生の各医療機関への斡旋、各種予防対策の実施の指導、監督、衛生統計資料の調整等衛生に関する各般の指導等を主としている。

又公衆衛生の向上及び増進のため必要と認めるときは結核、性病等、厚生大臣の指定をする疾病の診療を行うことができるが、これは保健所法第四条に規定されたる保健所の業務の第二次的なもの、即ち従たる業務であり、第五条規定の試験、検査の施行及び医師、薬剤師等に対する各種試験調査に関する施設の提供等も公衆衛生の向上増進を図るためのものに過ぎない。従つて都道府県知事の衛生行政に関する職権の一部を委任された保健所の労働実態は、指導、監督、取締及びこれに伴う勧告、通知、統計その他各種届出出願物件の調査、検査等、主として机上事務に終始するものであり必要に基づき行う結核、その他の疾病の治療等は保健所の事務の僅少な部分を占めるに過ぎないので保健所は法別表第一第十三号に該当せず官公署の事業（法別表第一に掲げる事業を除く。）と考えるが如何。

答 都道府県保健所は地方における公衆衛生の向上及び増進を図るため、設置せられたものであり、保健所法第二条により、保健衛生の事業を行い、又同法第四条により、必要があれば病者又は虚弱者の治療をも行うものであるから、労働基準法別表第一第十三号に該当する。

追つて本件については地方自治庁とも打合せ済であるから念のため。

（昭二七・六・二　基収二五七三号、昭六三・三・一四　基発一五〇号、平一一・三・三一　基発一六八号）

【盲学校等の寄宿舎】

問 学校教育法による盲学校、聾学校及び養護学校の事業は、労働基準法別表第一第一二号の「教育の事業」に該当するが、これらの学校に設置されている寄宿舎の事業は、次の理由により、同表第十三号の「保健衛生の事業」に該当すると解してさしつかえないか。

1　寄宿舎の業務は、盲者、聾者、精神薄弱者、肢体不自由者等である幼児、児童又は生徒を収容し、起居その他の日常生活の世話、生活指導、教育指導等を行なうことを主たる内容としている。

2　寄宿舎の管理運営は、学校からある程度独立して行なわれており、舎監が学校長の監督を受けて寄宿舎の管理に当つている。（学校教育法施行規則第七十三条の四第四項）

なお、寄宿舎の業務内容の特殊性及びそれに伴う労働態様の特殊性に基づき、寄宿舎の職員（舎監、寮母、用務員等）の労働時間、休憩時間、休日等については、学校の他の職員とは異なる取扱いがなされている実態である。

答 貴見のとおり。

（昭三八・九・四　基収六七〇号、平一一・三・三一　基発一六八号）

【児童相談所、女性相談所付設の一時保護施設】

問 東京都人事委員会によれば、児童相談所、女性相談所はいずれも官公署の事業（法別表第一に掲げる事業を除く。）として適用されているが、児童相談所、女性相談所の保護課（保護係）を、児童福祉法又は売春防止法に基づく一時保護施設として、法別表第一第十三号適用事業としたい方針を示してきているが、当局としては、一時保護施設としての労働の実態等から児童福祉法に基づく児童養護施設等に準じ、相談所から、分離した適用事業とすることにより、法の適切な運用が期待出来るものと思料されるので、法別表第一第十三号適用と解してよろしいか。

答　質問の一時保護施設が児童相談所又は女性相談所の他の部門にくらべ、労働の態様が著しく異なり、従事労働者、労務管理等が明確に区別されている限り、貴見により取り扱つてさしつかえないこと。

なお、官公署の事業（法別表第一に掲げる事業を除く。）でない場合には、同法第三十三条第三項の適用はないので留意されたいこと。

（昭四五・一・三〇　基収一一六号、昭六三・三・一四　基発一五〇号、平九・九・二五　基発六四八号、平一一・三・三一　基発一六八号）

【赤十字血液センター】

一　赤十字血液センターは、労働基準法別表第一第十三号の事業とすること。

二　赤十字血液センターの出張所であつて、血液製剤の配給のみを行う施設は労働基準法別表第一第八号、採血業務又はこれと血液製剤の配給を行う施設は同法別表第一第十三号とすること。

（昭四五・一〇・二八　基発七七六号、平一一・三・三一　基発一六八号）

【社会福祉施設】

1　社会福祉施設に対する法別表第一の適用については、原則として、次によること。

(1)　生活保護法による保護施設

救護施設　十三号
更生施設　十三号
医療保護施設　十三号
授産施設
　別表第一に掲げる事業のいずれにも該当しない
宿所提供施設
　別表第一に掲げる事業のいずれにも該当しない

(2)　児童福祉法による児童福祉施設

助産施設　十三号
乳児院　十三号
母子寮　十三号
保育所　十三号
児童厚生施設　十二号
児童養護施設　十三号
精神薄弱児施設　十三号
精薄児通園施設　十三号
盲ろうあ児施設　十三号
肢体不自由児施設　十三号
重症心身障害児施設　十三号
情緒障害児短期治療施設　十三号
児童自立支援施設　十三号

(3)　母子及び寡婦福祉法による母子福祉施設

母子福祉センター
　別表第一に掲げる事業のいずれにも該当しない
母子休養ホーム
　別表第一に掲げる事業のいずれにも該当しない

(4)　精神薄弱者福祉法による精神薄弱者援護施設

精神薄弱者更生施設　十三号
精神薄弱者授産施設　十三号

(5)　老人福祉法による老人福祉施設

老人福祉センター　十三号
軽費老人ホーム　十三号
特別養護老人ホーム　十三号
養護老人ホーム　十三号

(6)　身体障害者福祉法による身体障害者更生援護施設

身体障害者更生施設　十三号
身体障害者療護施設　十三号
身体障害者福祉ホーム
　別表第一に掲げる事業のいずれにも該当しない
身体障害者授産施設　十三号
補装具製作施設　一号
点字図書館　十二号
点字出版施設　一号

(7)　売春防止法による婦人保護施設　十三号

(8)　以上(1)から(7)までに掲げた以外の社

会福祉施設については、その実態によりそれぞれ以上(1)から(7)までに掲げるものに準ずるものとする。

2　労働の実態等よりして、前記1によることが著しく不適当と認められるものについては、当該施設における労働の態様により判断すること。

（昭三六・三・一三　基発一八五号、昭六三・三・一四　基発一五〇号、平一〇・三・二六　基発一三三号、平一一・三・三一　基発一六八号）

（第十四号）

【列車食堂】　列車食堂等における供食のサービスの提供等を行う事業については、食堂車従業員と乗務車内販売従事員及び非乗務従業員とを合わせ、営業所を単位として、法別表第一第十四号の事業として取り扱うこと。

（昭二八・三・一三　基収一〇〇六号、昭六三・三・一四　基発一五〇号、平一一・三・三一　基発一六八号）

【ボーリング場等の事業】　次に掲げる事業は、一般に法別表第一第十四号の事業に該当するものであること。

一　ボーリング場
二　ゴルフ場
三　結婚式場
四　企業、健康保険組合等が所有するクラブ、保養所等
五　風俗営業等の規制及び業務の適正化等に関する法律第二条第四項第一号の個室付浴場

（昭六三・三・一四　基発一五〇号、平一一・三・三一　基発一六八号）

（別表第一第一号から第十五号のいずれにも該当しない事業）

【家畜保健衛生所】

問　都道府県家畜保健衛生所は法別表第一第十三号に該当すると考えるが如何。

答　家畜保健衛生所は、法別表第一に掲げる事業のいずれにも該当しない。なお、法第三十三条第三項の官公署の事業（法別表第一に掲げる事業を除く。）に該当する。

（昭二七・九・二五　基収四四〇八号、昭三三・二・一三　基発九〇号、昭六三・三・一四　基発一五〇号、平一一・三・三一　基発一六八号）

【石油コンビナート等災害防止法に基づく災害防止事業】

問　一　事業の概要

石油コンビナート等災害防止法により一定基準以上の石油の貯蔵・取扱い又は高圧ガスを処理する特定事業者は特定防災施設等、自衛防災組織又は共同防災組織の設置が義務付けられておりますが、当局管内の青森（構成五社）八戸（構成十三社）両地区に共同防災組織が設置されており、その業務の一部を石油防災株式会社が請負うものであります。

共同防災組織として、防災資材機及び防災要員の配置が必要とされており、防災資材機としては大型化学消防車一台、大型高所放水車一台、泡原液搬送車一台、可搬式放水砲一台、耐熱服一着、空気呼吸器一個、泡消火薬剤十一・二kl、オイルフェンス五百四十m、オイルフェンス展張船一隻が設備され、防災要員として機関員、添乗員、防災要員代行者が配置されることになりますが、機関員は、大型化学消防車・大型高所放水車・泡原液搬送車各一名とし、常に出勤できる体制が要求されております。添乗員は七名、防災要員代行者はいわゆるカケツケで構成事業場の勤務員が兼務することになっております。

石油防災株式会社では上記機関員の業務を請負うものですが、地区毎に十名の労働者を配置し、常時四名の労働者（車両運転者三名連絡係一名）を勤務させるために勤務態様を検討している段階において照会に及んだものであります。

なお、作業内容は一日三回（一回三十分程度）防災資材機の点検整備を行うほか、一週二回（一回一時間程度）の消火訓練を実施するもので、他は一定の詰所において待機しており、構成事業場から

詰所まで警報装置が接続されているので、巡回・見張り等の作業は無いものであります。

二　照会の内容及び当局としての見解

(1)　労働基準法別表第一何号に該当するか。

　法別表第一に掲げる事業のいずれにも該当しない。

(2)　労働基準法第四十一条第三号の許可を受けることができるか。

　防災組織の防災要員である機関員については、石油コンビナート等災害防止法の趣旨にかんがみ、原則として労働基準法第四十一条第三号の許可をすべきでない。

答　照会(1)及び(2)について、いずれも貴見のとおり。

（昭五四・一・八　五三基収九二四号、昭六三・三・一四　基発一五〇号、平一一・三・三一　基発一六八号）

❷個別企業、団体等への適用

【日本郵政公社の承継会社】

一　承継会社の業務機関については次に掲げる単位毎に一の事業として取り扱い、それぞれの業務内容によって次のとおり法別表第一各号の適用を定めるものとする。

(一)　日本郵政株式会社関係

ア　本社
　別表第一に掲げる事業のいずれにも該当しない事業

イ　人事・経理集約センター
　別表第一に掲げる事業のいずれにも該当しない事業

ウ　災害補償事務センター
　別表第一に掲げる事業のいずれにも該当しない事業

エ　ファシリティセンター
　別表第一に掲げる事業のいずれにも該当しない事業

オ　健康管理事務センター
　別表第一に掲げる事業のいずれにも該当しない事業

カ　健康管理施設　第十三号

キ　逓信病院　第十三号

ク　宿泊施設　第十四号

ケ　サポートセンター
　別表第一に掲げる事業のいずれにも該当しない事業

コ　郵政資料館　第十二号

(二)　郵便事業株式会社関係

ア　本社　第十一号

イ　支社　第十一号

ウ　監査室
　別表第一に掲げる事業のいずれにも該当しない事業

エ　国際郵便決済センター　第十一号

オ　郵便輸送センター　第十一号

カ　法人営業推進本部　第十一号

キ　物流センター
　別表第一に掲げる事業のいずれにも該当しない事業

ク　お客様サービス相談センター
　別表第一に掲げる事業のいずれにも該当しない事業

ケ　支店　第十一号

(三)　郵便局株式会社関係

ア　本社　第十一号

イ　支社　第十一号

ウ　監査室
　別表第一に掲げる事業のいずれにも該当しない事業

エ　研修センター　第十二号

オ　郵便局　第十一号

(四)　株式会社ゆうちょ銀行関係

ア　本社　第九号

イ　営業所　第九号

ウ　地域センター　第九号

エ　貯金事務センター　第九号

オ　貯金事務計算センター　第九号

(五)　株式会社かんぽ生命保険関係

ア　本社　第九号
イ　直営店　第九号
ウ　サービスセンター　第九号
エ　情報管理センター　第九号
　右に掲げた以外の部門で独立の事業としての態様を備えるものについては、右に準じて取り扱うこと。

二　労働者名簿及び賃金台帳については必要記載事項を具備している限り、「人事記録」、同附属書類、「基準給与簿」を補正し、使用して差し支えない。
（昭二八・四・六　基収一三七八号、昭三一・一二・二五　基発八八四号、昭三七・七・一四　基収六四七〇号、昭六三・三・一四　基発一五〇号、平一一・三・三一　基発一六八号、平一三・一二・二六　基発七七二号、平一六・九・二九　基発〇九二九〇〇一号、平一九・一〇・一　基発一〇〇一〇一四号）

【造幣局】　造幣局の業務機関については、次に掲げる単位毎に一の事業として取り扱い、それぞれの業務内容によつて、次のとおり法別表第一各号の適用を定めるものとする。
㈠　大阪本局（診療所を除く。）　第一号
㈡　東京支局（診療所を除く。）　第一号
㈢　広島支局（診療所を除く。）　第一号
㈣　本支局の診療所　第十三号
右に掲げた以外の部門で独立の事業としての態様を備えるものについては、右に準じて取り扱う。
（昭二八・六・三　基収二二五号、平一一・三・三一　基発一六八号）

【日本道路公団】　日本道路公団については、次に掲げる単位ごとに一の事業として取り扱うこと。
㈠　本社
　別表第一に掲げる事業のいずれにも該当しない
㈡　建設局
　別表第一に掲げる事業のいずれにも該当しない
㈢　管理局
　別表第一に掲げる事業のいずれにも該当しない
㈣　管理事務所　第四号
㈤　工事事務所　第三号
㈥　調査事務所　第三号
㈦　試験所　第十二号
㈧　総合研修所　第十二号
右に掲げた以外の部門で独立の事業としての態様を備えるものについては右に準じて取り扱うこと。
（昭三一・八・一五　基発五五五号、昭六三・三・一四　基発一五〇号、平一一・三・三一　基発一六八号）

【日本国有鉄道の承継法人及び日本国有鉄道清算事業団】
一　日本国有鉄道の承継法人及び日本国有鉄道清算事業団の業務機関については、次に掲げる単位ごとに一の事業として取り扱い、次のとおり労働基準法別表第一各号を適用すること。
(1)　旅客鉄道株式会社関係
イ　本社等
本社　第四号
研修センター　第十二号
鉄道病院　第十三号
保健管理所　第十三号
東京事務所　第四号
大阪事務所　第四号
営業支店　第四号
営業事務所　第四号
ロ　地方機関
地域本社　第四号
支社　第四号
支店　第四号
営業本部　第四号
運行本部　第四号
運行部　第四号
管理部　第四号
自動車部　第四号
工事事務所　第三号
ハ　現業機関

駅（操車場、信号機、桟橋及びCTCセンターを含む。ただし、二以上の駅について労務管理が一括してなされている場合は、これらを一の事業とする。）	第四号
車掌区（所）	第四号
運転区（所）	第四号
総合車両所	第四号
電車区	第四号
気動車区	第四号
客車区	第四号
船員区	第四号
船舶管理所	第四号
工場	第一号
車両所（主として車両の保全上の検査、改良等を行うもの）	第一号
車両所（主として乗務員の運用、車両の運用上の検査、整備等を行うもの）	第四号
保線区（所）	第四号
営林区	第四号
構造物検査センター	第四号
レールセンター	第一号
船舶施設区	第四号
建築区	第三号
工事区	第三号
機械区（所）	第四号
信号区	第四号
通信区	第四号
信号通信区	第四号
情報区	第四号
電気区（所）	第四号
電力区	第四号
発電所	第一号
給電区	第一号
変電区	第一号
資材センター	第四号
乗車券管理センター	第一号
管財区 別表第一に掲げる事業のいずれにも該当しない	
自動車営業所	第四号
鉄道健診センター	第十三号
設備所	第四号
鉄道部	第四号
(2) 日本貨物鉄道株式会社関係	
本社	第四号
支社	第四号
支店	第四号
営業所	第四号
駅（ただし、二以上の駅について労務管理が一括してなされている場合は、これらを一の事業とする。）	第四号
機関区	機関区
貨車区	第四号
車両所	第一号
施設区	第四号
電気区	第四号
(3) 新幹線鉄道保有機構関係	
新幹線鉄道保有機構 別表第一に掲げる事業のいずれにも該当しない	
(4) 鉄道通信株式会社関係	
本社	第十一号
支店	第十一号
サービスセンター	第十一号
(5) 鉄道情報システム株式会社関係	
本社 別表第一に掲げる事業のいずれにも該当しない	
営業所 別表第一に掲げる事業のいずれにも該当しない	
(6) 財団法人鉄道総合技術研究所関係	
本所	第十二号
宮崎実験センター	第十二号
(7) 日本国有鉄道清算事業団関係	
本社 別表第一に掲げる事業のいずれにも該当しない	

中央教育訓練所　第十二号
資産管理部
　別表第一に掲げる事業のいずれにも該当しない
工事所　第三号
作業所　第一号
雇用対策部
　別表第一に掲げる事業のいずれにも該当しない
雇用対策支部
　別表第一に掲げる事業のいずれにも該当しない
雇用対策支所
　別表第一に掲げる事業のいずれにも該当しない

　なお、具体的な適用にあたつては、以上に掲げた機関のうち複数のものが同一場所にあつて共通の管理が行われている等、これらを一括して取り扱うのが適当と考えられる場合には、実態に応じ、一の事業として取り扱うこと。また、以上に掲げた機関以外の部門であつても独立の事業としての態様を備えるものについては、以上に準じて取り扱うこと。

二　日本国有鉄道の承継法人及び日本国有鉄道清算事業団の業務機関に係る許可又は認定の申請、届出、報告その他の事務については、昭和二十二年九月十三日付け発基第一七号、昭和二十三年三月三十一日付け基発第五一一号、昭和三十三年二月十三日付け基発第九〇号通達（許認可等の手続）の（一）によることとすること。ただし、駅については、労働者名簿及び賃金台帳は、各駅に備え付けること。

（昭六二・三・二三　基発一五八号、昭六三・三・一四　基発一五〇号、平二・六・一八　基発三九六号、平一一・三・三一　基発一六八号）

【日本たばこ産業株式会社】

一　日本たばこ産業株式会社の業務機関については、次に掲げる単位ごとに一の事業として取り扱い、次のとおり労働基準法別表第一各号を適用する。

(1) 本　社
　別表第一に掲げる事業のいずれにも該当しない
(2) 本社（墨田）　第十二号
(3) 支　店　第八号
(4) 原料本部
　別表第一に掲げる事業のいずれにも該当しない
(5) 塩業センター（塩業事務所を含む。）
(6) 地区コーポレートセンター　第八号
（健康管理センターを含む。）
　別表第一に掲げる事業のいずれにも該当しない
(7) たばこ工場　第一号
(8) 機械事業所
　別表第一に掲げる事業のいずれにも該当しない
(9) 印刷工場　第一号
(10) 原料工場　第一号
(11) シートたばこ工場　第一号
(12) 緩和刻工場　第一号
(13) 明石製作所　第一号
(14) 製薬工場　第一号
(15) 研究所
(16) 葉たばこ技術センター　第十二号
(17) 病　院　第十三号
(18) 営業所　第八号
(19) 原料事務所
　別表第一に掲げる事業のいずれにも該当しない
(20) 食品事業部の支店　第八号
(21) アグリセンター　第八号

　上に掲げた以外の部門で独立の事業としての態様を備えるものについては、上に準じて取り扱うこと。

　なお、支店、原料本部、塩業センター、地区コーポレートセンター、営業所、原料事務所、食品事業部の支店及びアグリセンターについては、同一の場所に併設されている場合があるが、その場合についても、それぞれ別の事業として取り扱うこと。

また、研究所についても、複数の研究所が同一の場所に併設される場合があるが、その場合についても、それぞれ別の事業として取り扱うこと。

二　日本たばこ産業株式会社の業務機関に係る許可若しくは認定の申請、届出、報告その他の事務については、昭和二十二年九月十三日付け発基第一七号、昭和二十三年三月三十一日付け基発第五一一号、昭和三十三年二月十三日付け基発第九〇号通達（許認可等の手続）の㈠によることとすること。

（平八・七・一一　基発四六一号、平一一・三・三一　基発一六八号）

【国際電信電話株式会社】

一　国際電信電話株式会社の業務機関については、次にあげる単位毎に一の事業として取り扱い、それぞれの業務内容によって、次のとおり法別表第一各号の適用を定めるものとする。

（本社関係）

㈠　本　社（研究所、国際電気通信学園を除く。）　第十一号

㈡　研究所　第十二号

㈢　国際電気通信学園　第十二号

（支社関係）

㈣　支　社　第十一号

㈤　国際電報局　第十一号

㈥　営業所（国際通信事務所関係の営業所も含む。）　第十一号

㈦　テレコム　第十一号

㈧　国際電話局　第十一号

㈨　国際通信施設局　第十一号

㈩　国際通信センター　第十一号

(十一)　送信所　第十一号

(十二)　受信所　第十一号

(十三)　衛星通信所　第十一号

(十四)　国際中継所　第十一号

（国際通信事務所関係）

(十五)　国際通信事務所　第十一号

(十六)　海底線中継所　第十一号

右に掲げた以外の部門で独立の事業としての態様を備えるものについては右に準じて取り扱う。

二　許可及び認定の申請、届出又は報告については前記各事業毎に所轄労働基準監督署長に対し行うべきものであるが、営業所については、その事業場の作業場が広範囲に散在するので、次の取扱いによるものとする。

(1)　適用事業報告その他の各作業場に共通する申請、届出又は報告については当該営業所よりこれに属する作業場を管轄するそれぞれの労働基準監督署長（営業所の管轄区域が二以上の都道府県に跨る場合は他の都道府県に所在するものも含む。）に、当該労働基準監督署管轄区域内の作業場に関する部分について行うこと。

(2)　その他の申請、届出又は報告については、当該事由の存する作業場の所轄労働基準監督署長に対し行えば足りること。

(3)　労働者名簿及び賃金台帳は一括営業所において備え付けることを妨げないが、その写（法定記載事項のみでよい）を各作業場毎に備え付けること。

三　関係労働基準監督署間の取扱いにつき調整を要する事例を生じた場合には所轄都道府県労働基準局長が、関係都道府県労働基準局間に同様の事例が存する場合には労働省労働基準局長が調整する。

（昭二八・四・二〇　基収三四一号、昭六三・三・一四　基発一五〇号、平一一・三・三一　基発一六八号）

【電力会社】

一　電力会社の業務機関については、次に掲げる単位ごとに一の事業として取り扱い、次のとおり法別表第一各号を適用すること。

(1) 本　店（(2)より(5)までを除き、中央給電指令所及び中央通信所を含む。）
別表第一に掲げる事業のいずれにも該当しない
(2) 学園、研修センター又は訓練センター　第十二号
(3) 病　院　第十三号
(4) 研究所　第十二号
(5) 資材センター　第　五　号
(6) 支店、支社、電力所（現業機関でないものに限り、給電指令所を含む。）
別表第一に掲げる事業のいずれにも該当しない
(7) 支社、営業所（現業機関に限り、サービスステーション、営業店、出張所その他の機関を含む。）　第　一　号
(8) 電力所、工務所（制御所、水力発電所、変電所、保線所その他の現業機関を含む。）　第　一　号
(9) 火力発電所　第　一　号
(10) 原子力発電所　第　一　号
(11) 建設所（工区その他の現業機関を含む。）　第　三　号
(12) 東京支社
別表第一に掲げる事業のいずれにも該当しない

二　前記一に掲げた以外の部門で独立の事業としての態様を備えるものについては、前記一に準じて取り扱うこと。

三　許可及び認定の申請、届出又は報告は、前記各事業ごとに所轄労働基準監督署長に対し行うべきものであるが、支店、営業所等については、その事業の作業場が広範囲に散在するから次の如き取扱いをすること。

(1) 適用事業報告その他各作業場に共通する申請、届出又は報告については支店等からこれに属する作業場を管轄するそれぞれの労働基準監督署長に当該労働基準監督署管轄区域内の作業場に関する部分につき行うこと。

(2) 特定の作業場のみに関する許可及び認定の申請、届出又は報告については、当該事由の存する作業場の所轄労働基準監督署長に対し行えば足りること。

四　労働者名簿及び賃金台帳は前記一に掲げる事業ごとに一括して備え付けても差支えないが、労働者五人以下の作業場を除く作業場には、その写（法定記載事項のみでよい。）を備え付けること。

五　安全管理者及び衛生管理者については、原則として前記一に掲げる事業ごとに選任すること。

六　関係労働基準監督署間において取扱いを異にするため調整を要する事例を生じた場合には所轄都道府県労働基準局長が、関係都道府県労働基準局間に同様の事例が存する場合には労働省労働基準局長が調整すること。

（昭三一・一・一九　基収四八三三号、昭三一・六・七　基収一五八六号、昭五三・九・二六　基発五二九号、昭六三・三・一四　基発一五〇号、平一一・三・三一　基発一六八号）

【日本通運】

問　日本通運株式会社は、法別表第一第四号に該当するか、或は第五号に該当するものであるか。

答　日本通運株式会社の事業は、通常第五号に該当するが、その中第四号の業務に従事する部門が事業としての独立性をもつ場合にはその部門は第四号に該当する。

（昭二三・五・一四　基発七六九号、昭三三・七・一五　基収二四四三号、平一一・三・三一　基発一六八号）

【財団法人電気通信共済会】

一　財団法人電気通信共済会の業務機関については次に掲げる単位ごとに一の事業として取り扱い、次のとおり法別表第一各号を適用すること。
(一) 本　部
別表第一に掲げる事業のいずれにも該当しない
(二) 支　部
別表第一に掲げる事業のいずれにも

該当しない
(三) 営業所
別表第一に掲げる事業のいずれにも該当しない
　右に掲げた以外の部門で独立の事業としての態様を備えるものについては右に準じて取り扱う。
二　許可及び認定の申請、届出又は報告については前記各事業場ごとにそれぞれ所轄労働基準監督署長に提出すべきものであるが、営業所についてはその事業場の作業場が広範囲に散在するので、次のとおり取り扱うこととする。
(一) 適用事業報告その他の作業場に共通する申請、届出又は報告については、当該作業場を管掌する営業所より各作業場を管轄するそれぞれの労働基準監督署長に当該労働基準監督署管轄区域内の作業場に関するものを一括して提出させること。
(二) その他作業場の個々について許可及び認定の申請、届出又は報告の必要がある場合は、当該事由の存する作業場の所轄労働基準監督署長に当該営業所より提出させること。
(三) 労働者名簿、賃金台帳は各営業所毎に備えつけること。
(昭三三・八・二九　基収五七八五号、昭六三・三・一四　基発一五〇号、平一一・三・三一　基発一六八号)

【綜合警備保障株式会社】

問 綜合警備保障株式会社に対する労働基準法の適用事業場としての取扱い如何。

答 綜合警備保障株式会社に対する労働基準法の適用に関し照会があつたが、その事業の状況は、下記第一のとおりであり、これに対し、昭和二十二年九月十三日発基第一七号、昭和二十三年三月三十一日基発第五一一号、昭和三十三年二月十三日基発第九〇号通達（許認可等の手続）の（一）にかかわらず下記第二のとおり取り扱うこととしたので、了知のうえ遺憾なきを期せられたい。
　なお、これと実態を同じくする他の同種の事業についてもこれに準じて取り扱われたい。

記

第一　事業の状況
　綜合警備保障株式会社は、全国的に支社及び営業所を置き、主たる業務は、事務所、工場、倉庫、商店等の各種財産の警備の請負とその保障である。
　上記の警備業務は、警備先の事業場において行なわなければならないものであるため、警備先の事業の態様に応じて一〜四十人程度の労働者を駐在せしめ、これに従事せしめているが、このような警備先は全国で二百箇所以上に及んでいる。
　警備先の現場には事務能力は全くなく、警備業務の遂行は、支社又は営業所の直接の指揮統轄のもとに、常駐警備員による常駐警備、支社に直属する機動隊（将来は営業所にも置かれる予定）による巡回警備並びに予備隊による人員補充及び非常警備、支社又は営業所に直属する巡察隊による警備状況の監督指導等によつて総合的に行なわれているものである。
　常駐警備先には、常駐警備員が二名以上の場合においては、警備隊長が置かれるが、警備業務は上記のとおり支社又は営業所の直接の指揮統轄のもとに遂行されるものであり、警備隊長は、配下人員数の如何にかかわらず人事、給与に関する権限を有せず、警備現場における常駐警備業務のみに関する隊員の指揮監督及び警備先との連絡の業務に従事しているものである。
　上記のごとき組織の状況及び事務能力の点から、常駐警備先の現場は、一の事業という程度の独立性を有せず単なる作業場にすぎないと思料されるものである。

第二　労働基準法上の取扱いについて

一　本社、支所及び営業所をそれぞれ一の事業として、労働基準法別表第一に掲げる事業のいずれにも該当しない事業として取り扱うこととする。

二　許可及び認定の申請、届出又は報告については次によることとする。

　上記事業ごとに、それぞれ、これに属する警備先の作業場にかかる事項を含めすべて当該事業場の所在地を管轄する労働基準監督署の署長に対して行なうこととする。

　なお、事業場の所在地を管轄する労働基準監督署の管轄区域外にある作業場にかかる許可書及び認定書、届出書又は報告書については、その写を、当該事業所より、当該作業場の所在地を管轄する労働基準監督署の署長に対し、当該労働基準監督署の管轄区域内の作業場に関するものを一括して提出させることとする。

（昭四二・八・二九　基収三二三号、昭六三・三・一四　基発一五〇号、平一一・三・三一　基発一六八号）

別表第二　身体障害等級及び災害補償表（第七十七条関係）

等級	災害補償
第一級	一三四〇日分
第二級	一一九〇日分
第三級	一〇五〇日分
第四級	九二〇日分
第五級	七九〇日分
第六級	六七〇日分
第七級	五六〇日分
第八級	四五〇日分
第九級	三五〇日分
第一〇級	二七〇日分
第一一級	二〇〇日分
第一二級	一四〇日分
第一三級	九〇日分
第一四級	五〇日分

則別表第二　身体障害等級表（第四十条関係）

等級	身体障害
第一級（労働基準法第十二条の平均賃金の一三四〇日分）	一　両眼が失明したもの 二　咀嚼及び言語の機能を廃したもの 三　神経系統の機能又は精神に著しい障害を残し常に介護を要するもの 四　胸腹部臓器の機能に著しい障害を残し常に介護を要するもの 五　削除 六　両上肢を肘関節以上で失つたもの 七　両上肢の用を全廃したもの 八　両下肢を膝関節以上で失つたもの 九　両下肢の用を全廃したもの
第二級（労働基準法第十二条の平均賃金の一一九〇日分）	一　一眼が失明し他眼の視力が〇・〇二以下になつたもの 二　両眼の視力が〇・〇二以下になつたもの 二の二　神経系統の機能又は精神に著しい障害を残し随時介護を要するもの 二の三　胸腹部臓器の機能に著しい障害を残し随時

	介護を要するもの 三　両上肢を腕関節以上で失つたもの 四　両下肢を足関節以上で失つたもの
第三級（労働基準法第十二条の平均賃金の一〇五〇日分）	一　一眼が失明し他眼の視力が〇・〇六以下になつたもの 二　咀嚼又は言語の機能を癈したもの 三　神経系統の機能又は精神に著しい障害を残し終身労務に服することができないもの 四　胸腹部臓器の機能に著しい障害を残し終身労務に服することができないもの 五　十指を失つたもの
第四級（労働基準法第十二条の平均賃金の九二〇日分）	一　両眼の視力が〇・〇六以下になつたもの 二　咀嚼及び言語の機能に著しい障害を残すもの 三　両耳を全く聾《ろう》したもの 四　一上肢を肘関節以上で失つたもの 五　一下肢を膝関節以上で失つたもの 六　十指の用を癈したもの 七　両足をリスフラン関節以上で失つたもの
第五級（労働基準法第十二条の平均賃金の七九〇日分）	一　一眼が失明し他眼の視力が〇・一以下になつたもの 一の二　神経系統の機能又は精神に著しい障害を残し特に軽易な労務の外服することができないもの 一の三　胸腹部臓器の機能に著しい障害を残し特に軽易な労務の外服することができないもの 二　一上肢を腕関節以上で失つたもの 三　一下肢を足関節以上で失つたもの 四　一上肢の用を全癈したもの 五　一下肢の用を全癈したもの 六　十趾を失つたもの
第六級（労働基準法第十二条の平均賃金の六七〇日分）	一　両眼の視力が〇・一以下になつたもの 二　咀嚼又は言語の機能に著しい障害を残すもの 三　両耳の聴力が耳に接しなければ大声を解することができない程度になつたもの 三の二　一耳を全く聾《ろう》し他耳の聴力が四十センチメートル以上の距離では尋常の話声を解することができない程度になつたもの 四　脊柱に著しい畸形又は運動障害を残すもの 五　一上肢の三大関節中の二関節の用を癈したもの 六　一下肢の三大関節中の二関節の用を癈したもの 七　一手の五指又は拇指を併せ四指を失つたもの
第七級（労働基準法第十二条の平均賃金の五六〇日分）	一　一眼が失明し他眼の視力が〇・六以下になつたもの 二　両耳の聴力が四十センチメートル以上の距離では尋常の話声を解することができない程度になつたもの 二の二　一耳を全く聾《ろう》し他耳の聴力が一メートル以上の距離では尋常の話声を解することができない程度になつたもの 三　神経系統の機能又は精神に障害を残し軽易な労務の外服することができないもの 四　削除 五　胸腹部臓器の機能に障害を残し軽易な労務の外服することができないも

	の 六　一手の拇指を併せ三指又は拇指以外の四指を失つたもの 七　一手の五指又は拇指を併せ四指の用を廃したもの 八　一足をリスフラン関節以上で失つたもの 九　一上肢に仮関節を残し著しい障害を残すもの 一〇　一下肢に仮関節を残し著しい障害を残すもの 一一　十趾の用を廃したもの 一二　外貌に著しい醜状を残すもの 一三　両側の睾丸を失つたもの
第八級（労働基準法第十二条の平均賃金の四五〇日分）	一　一眼が失明し又は一眼の視力が〇・〇二以下になつたもの 二　脊柱に運動障害を残すもの 三　一手の拇指を併せ二指又は拇指以外の三指を失つたもの 四　一手の拇指を併せ三指又は拇指以外の四指の用を廃したもの 五　一下肢を五センチメートル以上短縮したもの 六　一上肢の三大関節中の一関節の用を廃したもの 七　一下肢の三大関節中の一関節の用を廃したもの 八　一上肢に仮関節を残すもの 九　一下肢に仮関節を残すもの 一〇　一足の五趾を失つたもの
第九級（労働基準法第十二条の平均賃金の三五〇日分）	一　両眼の視力が〇・六以下になつたもの 二　一眼の視力が〇・〇六以下になつたもの 三　両眼に半盲症、視野狭窄又は視野変状を残すもの 四　両眼の眼瞼に著しい欠損を残すもの 五　鼻を欠損しその機能に著しい障害を残すもの 六　咀嚼及び言語の機能に障害を残すもの 六の二　両耳の聴力が一メートル以上の距離では尋常の話声を解することができない程度になつたもの 六の三　一耳の聴力が耳に接しなければ大声を解することができない程度になり他耳の聴力が一メートル以上の距離では尋常の話声を解することが困難である程度になつたもの 七　一耳を全く聾したもの 七の二　神経系統の機能又は精神に障害を残し服することができる労務が相当な程度に制限されるもの 七の三　胸腹部臓器の機能に障害を残し服することができる労務が相当な程度に制限されるもの 八　一手の拇指又は拇指以外の二指を失つたもの 九　一手の拇指を併せ二指又は拇指以外の三指の用を廃したもの 一〇　一足の第一趾を併せ二趾以上を失つたもの 一一　一足の五趾の用を廃したもの 一一の二　外貌に相当程度の醜状を残すもの 一二　生殖器に著しい障害を残すもの
第十級（労働基準法第十二条の平均賃金の	一　一眼の視力が〇・一以下になつたもの 一の二　正面視で複視を残すもの 二　咀嚼又は言語の機能に

二七〇日分）	障害を残すもの 三　十四歯以上に対し歯科補綴を加えたもの 三の二　両耳の聴力が一メートル以上の距離では尋常の話声を解することが困難である程度になつたもの 四　一耳の聴力が耳に接しなければ大声を解することができない程度になつたもの 五　削除 六　一手の拇指又は拇指以外の二指の用を廢したもの 七　一下肢を三センチメートル以上短縮したもの 八　一足の第一趾又は他の四趾を失つたもの 九　一上肢の三大関節中の一関節の機能に著しい障害を残すもの 一〇　一下肢の三大関節中の一関節の機能に著しい障害を残すもの
第十一級（労働基準法第十二条の平均賃金の二〇〇日分）	一　両眼の眼球に著しい調節機能障害又は運動障害を残すもの 二　両眼の眼瞼に著しい運動障害を残すもの 三　一眼の眼瞼に著しい欠損を残すもの 三の二　十歯以上に対し歯科補てつを加えたもの 三の三　両耳の聴力が一メートル以上の距離では小声を解することができない程度になつたもの 四　一耳の聴力が四十センチメートル以上の距離では尋常の話声を解することができない程度になつたもの 五　脊柱に畸形を残すもの 六　一手の示指、中指又は環指を失つたもの 七　削除 八　一足の第一趾を併せ二趾以上の用を廢したもの 九　胸腹部臓器の機能に障害を残し労務の遂行に相当な程度の支障があるもの
第十二級（労働基準法第十二条の平均賃金の一四〇日分）	一　一眼の眼球に著しい調節機能障害又は運動障害を残すもの 二　一眼の眼瞼に著しい運動障害を残すもの 三　七歯以上に対し歯科補綴を加えたもの 四　一耳の耳殻の大部分を欠損したもの 五　鎖骨、胸骨、肋骨、肩胛骨又は骨盤骨に著しい畸形を残すもの 六　一上肢の三大関節中の一関節の機能に障害を残すもの 七　一下肢の三大関節中の一関節の機能に障害を残すもの 八　長管骨に畸形を残すもの 八の二　一手の小指を失つたもの 九　一手の示指、中指又は環指の用を廢したもの 一〇　一足の第二趾を失つたもの、第二趾を併せ二趾を失つたもの又は第三趾以下の三趾を失つたもの 一一　一足の第一趾又は他の四趾の用を廢したもの 一二　局部に頑固な神経症状を残すもの 一三　削除 一四　外貌に醜状を残すもの
第十三級（労働基準法第十二条の平均賃金の九〇日	一　一眼の視力が〇・六以下になつたもの 二　一眼に半盲症、視野狭窄又は視野変状を残すもの 二の二　正面視以外で複視

分）	を残すもの 三　両眼の眼瞼の一部に欠損を残し又は睫毛禿を残すもの 三の二　五歯以上に対し歯科補てつを加えたもの 三の三　胸腹部臓器の機能に障害を残すもの 四　一手の小指の用を廃したもの 五　一手の拇指の指骨の一部を失つたもの 六　削除 七　削除 八　一下肢を一センチメートル以上短縮したもの 九　一足の第三趾以下の一趾又は二趾を失つたもの 一〇　一足の第二趾の用を廃したもの、第二趾を併せ二趾の用を廃したもの又は第三趾以下の三趾の用を廃したもの
第十四級 （労働基準法第十二条の平均賃金の五〇日分）	一　一眼の眼瞼の一部に欠損を残し又は睫毛禿を残すもの 二　三歯以上に対し歯科補綴を加えたもの 二の二　一耳の聴力が一メートル以上の距離では小声を解することができない程度になつたもの 三　上肢の露出面に手掌面大の醜痕を残すもの 四　下肢の露出面に手掌面大の醜痕を残すもの 五　削除 六　一手の拇指以外の指骨の一部を失つたもの 七　一手の拇指以外の指の末関節を屈伸することができなくなつたもの 八　一足の第三趾以下の一趾又は二趾の用を廃したもの 九　局部に神経症状を残すもの

備考

一　視力の測定は万国式試視力表による。屈折異常のあるものについては矯正視力について測定する。

二　指を失つたものとは拇指は指関節、その他の指は第一指関節以上を失つたものをいう。

三　指の用を廃したものとは、指の末節の半分以上を失い又は掌指関節若しくは第一指関節（拇指にあつては指関節）に著しい運動障害を残すものをいう。

四　趾を失つたものとはその全部を失つたものをいう。

五　趾の用を廃したものとは第一趾は末節の半分以上、その他の趾は末関節以上を失つたもの又は蹠趾関節若しくは第一趾関節（第一趾にあつては趾関節）に著しい運動障害を残すものをいう。

別表第三

分割補償表（第八十二条関係）

種別	等級	災害補償
障害補償	第一級	二四〇日分
	第二級	二一三日分
	第三級	一八八日分
	第四級	一六四日分
	第五級	一四二日分
	第六級	一二〇日分
	第七級	一〇〇日分
	第八級	八〇日分
	第九級	六三日分
	第一〇級	四八日分
	第一一級	三六日分
	第一二級	二五日分
	第一三級	一六日分
	第一四級	九日分
遺族補償		一八〇日分

参考資料

Ⅰ　労働契約法関係

1　労働契約法

（平成一九年一二月五日　法律第一二八号）
（改正　平成二四年八月一〇日　法律第五六号）
（改正　平成三〇年七月六日　法律第七一号）

第一章　総則

（目的）
第一条　この法律は、労働者及び使用者の自主的な交渉の下で、労働契約が合意により成立し、又は変更されるという合意の原則その他労働契約に関する基本的事項を定めることにより、合理的な労働条件の決定又は変更が円滑に行われるようにすることを通じて、労働者の保護を図りつつ、個別の労働関係の安定に資することを目的とする。

（定義）
第二条　この法律において「労働者」とは、使用者に使用されて労働し、賃金を支払われる者をいう。
2　この法律において「使用者」とは、その使用する労働者に対して賃金を支払う者をいう。

（労働契約の原則）
第三条　労働契約は、労働者及び使用者が対等の立場における合意に基づいて締結し、又は変更すべきものとする。
2　労働契約は、労働者及び使用者が、就業の実態に応じて、均衡を考慮しつつ締結し、又は変更すべきものとする。
3　労働契約は、労働者及び使用者が仕事と生活の調和にも配慮しつつ締結し、又は変更すべきものとする。
4　労働者及び使用者は、労働契約を遵守するとともに、信義に従い誠実に、権利を行使し、及び義務を履行しなければならない。
5　労働者及び使用者は、労働契約に基づく権利の行使に当たっては、それを濫用することがあってはならない。

（労働契約の内容の理解の促進）
第四条　使用者は、労働者に提示する労働条件及び労働契約の内容について、労働者の理解を深めるようにするものとする。
2　労働者及び使用者は、労働契約の内容（期間の定めのある労働契約に関する事項を含む。）について、できる限り書面により確認するものとする。

（労働者の安全への配慮）
第五条　使用者は、労働契約に伴い、労働者がその生命、身体等の安全を確保しつつ労働することができるよう、必要な配慮をするものとする。

第二章　労働契約の成立及び変更

（労働契約の成立）
第六条　労働契約は、労働者が使用者に使用されて労働し、使用者がこれに対して賃金を支払うことについて、労働者及び使用者が合意することによって成立する。

第七条　労働者及び使用者が労働契約を締結する場合において、使用者が合理的な労働条件が定められている就業規則を労働者に周知させていた場合には、労働契約の内容は、その就業規則で定める労働条件によるものとする。ただし、労働契約において、労働者及び使用者が就業規則の内容と異なる労働条件を合意していた部分については、第十二条に該当する場合を除き、この限りでない。

（労働契約の内容の変更）
第八条　労働者及び使用者は、その合意により、労働契約の内容である労働条件を変更することができる。

（就業規則による労働契約の内容の変更）
第九条　使用者は、労働者と合意することなく、就業規則を変更することにより、労働者の不利益に労働契約の内容である労働条件を変更することはできない。ただし、次条の場合は、この限りでない。

第十条 使用者が就業規則の変更により労働条件を変更する場合において、変更後の就業規則を労働者に周知させ、かつ、就業規則の変更が、労働者の受ける不利益の程度、労働条件の変更の必要性、変更後の就業規則の内容の相当性、労働組合等との交渉の状況その他の就業規則の変更に係る事情に照らして合理的なものであるときは、労働契約の内容である労働条件は、当該変更後の就業規則に定めるところによるものとする。ただし、労働契約において、労働者及び使用者が就業規則の変更によっては変更されない労働条件として合意していた部分については、第十二条に該当する場合を除き、この限りでない。

（就業規則の変更に係る手続）

第十一条 就業規則の変更の手続に関しては、労働基準法（昭和二十二年法律第四十九号）第八十九条及び第九十条の定めるところによる。

（就業規則違反の労働契約）

第十二条 就業規則で定める基準に達しない労働条件を定める労働契約は、その部分については、無効とする。この場合において、無効となった部分は、就業規則で定める基準による。

（法令及び労働協約と就業規則との関係）

第十三条 就業規則が法令又は労働協約に反する場合には、当該反する部分については、第七条、第十条及び前条の規定は、当該法令又は労働協約の適用を受ける労働者との間の労働契約については、適用しない。

第三章　労働契約の継続及び終了

（出向）

第十四条 使用者が労働者に出向を命ずることができる場合において、当該出向の命令が、その必要性、対象労働者の選定に係る事情その他の事情に照らして、その権利を濫用したものと認められる場合には、当該命令は、無効とする。

（懲戒）

第十五条 使用者が労働者を懲戒することができる場合において、当該懲戒が、当該懲戒に係る労働者の行為の性質及び態様その他の事情に照らして、客観的に合理的な理由を欠き、社会通念上相当であると認められない場合は、その権利を濫用したものとして、当該懲戒は、無効とする。

（解雇）

第十六条 解雇は、客観的に合理的な理由を欠き、社会通念上相当であると認められない場合は、その権利を濫用したものとして、無効とする。

第四章　期間の定めのある労働契約

（契約期間中の解雇等）

第十七条 使用者は、期間の定めのある労働契約（以下この章において「有期労働契約」という。）について、やむを得ない事由がある場合でなければ、その契約期間が満了するまでの間において、労働者を解雇することができない。

2　使用者は、有期労働契約について、その有期労働契約により労働者を使用する目的に照らして、必要以上に短い期間を定めることにより、その有期労働契約を反復して更新することのないよう配慮しなければならない。

（有期労働契約の期間の定めのない労働契約への転換）

第十八条 同一の使用者との間で締結された二以上の有期労働契約（契約期間の始期の到来前のものを除く。以下この条において同じ。）の契約期間を通算した期間（次項において「通算契約期間」という。）が五年を超える労働者が、当該使用者に対し、現に締結している有期労働契約の契約期間が満了する日までの間に、当該満了する日の翌日から労務が提供される期間の定めのない労働契約の締結の申込みをしたときは、使用者は当該申込みを承諾したものとみなす。この場合において、当該申込みに係る期間の定めのない労働契約の内容である労働条件は、現に締結している有期労働契約の内容である労働条件（契約期間を除く。）と同一の労働条件（当該労働条件（契約期間を除く。）について別段の定めがある部分を除く。）とする。

2　当該使用者との間で締結された一の有期労働契約の契約期間が満了した日と当該使用者との間で締結されたその次の有期労働契約の契約期間の初日との間にこれらの契約期間のいずれにも含まれない期間（これらの契約期間が連続すると認められるものとして厚生労働省令で定める基準に該当する場合の当該いずれにも含まれない期間を除く。以下この項において「空白期間」という。）があり、当該空白期間が六月（当該空白期間の直前に満了した一の有期労働契約の契約期間（当該一の有期労働契約を含む二以上の有期労働契約の契約期間の間に空白期間がないときは、当該二以上の有期労働契約の契約期間を通算した期間。以下この項において同じ。）が一年に満たない場合にあっては、当該一の有期労働契約の契約期間に二分の一を乗じて得た期間を基礎として厚生労働省令で定める期間）以上であるときは、当該空白期間前に満了した有期労働契約の契約期間は、通算契約期間に算入しない。

（有期労働契約の更新等）

第十九条　有期労働契約であって次の各号のいずれかに該当するものの契約期間が満了する日までの間に労働者が当該有期労働契約の更新の申込みをした場合又は当該契約期間の満了後遅滞なく有期労働契約の締結の申込みをした場合であって、使用者が当該申込みを拒絶することが、客観的に合理的な理由を欠き、社会通念上相当であると認められないときは、使用者は、従前の有期労働契約の内容である労働条件と同一の労働条件で当該申込みを承諾したものとみなす。

一　当該有期労働契約が過去に反復して更新されたことがあるものであって、その契約期間の満了時に当該有期労働契約を更新しないことにより当該有期労働契約を終了させることが、期間の定めのない労働契約を締結している労働者に解雇の意思表示をすることにより当該期間の定めのない労働契約を終了させることと社会通念上同視できると認められること。

二　当該労働者において当該有期労働契約の契約期間の満了時に当該有期労働契約が更新されるものと期待することについて合理的な理由があるものであると認められること。

第五章　雑則

（船員に関する特例）

第二十条　第十二条及び前章の規定は、船員法（昭和二十二年法律第百号）の適用を受ける船員（次項において「船員」という。）に関しては、適用しない。

2　船員に関しては、第七条中「第十二条」とあるのは「船員法（昭和二十二年法律第百号）第百条」と、第十条中「第十二条」とあるのは「船員法第百条」と、第十一条中「労働基準法（昭和二十二年法律第四十九号）第八十九条及び第九十条」とあるのは「船員法第九十七条及び第九十八条」と、第十三条中「前条」とあるのは「船員法第百条」とする。

（適用除外）

第二十一条　この法律は、国家公務員及び地方公務員については、適用しない。

2　この法律は、使用者が同居の親族のみを使用する場合の労働契約については、適用しない。

2 労働契約法第十八条第一項の通算契約期間に関する基準を定める省令

（平成二四年一〇月二六日厚生労働省令第一四八号）

（法第十八条第二項の厚生労働省令で定める基準）

第一条 労働契約法（以下「法」という。）第十八条第二項の厚生労働省令で定める基準は、次の各号に掲げる無契約期間（一の有期労働契約の契約期間が満了した日とその次の有期労働契約の契約期間の初日との間にこれらの契約期間のいずれにも含まれない期間がある場合の当該期間をいう。以下この条において同じ。）に応じ、それぞれ当該各号に定めるものであることとする。

一 最初の雇入れの日後最初に到来する無契約期間（以下この項において「第一無契約期間」という。） 第一無契約期間の期間が、第一無契約期間の前にある有期労働契約の契約期間（二以上の有期労働契約がある場合は、その全ての契約期間を通算した期間）に二分の一を乗じて得た期間（六月を超えるときは六月とし、一月に満たない端数を生じたときはこれを一月として計算した期間とする。）未満であること。

二 第一無契約期間の次に到来する無契約期間（以下この項において「第二無契約期間」という。） 次に掲げる場合に応じ、それぞれ次に定めるものであること。

イ 第一無契約期間が前号に定めるものである場合 第二無契約期間の期間が、第二無契約期間の前にある全ての有期労働契約の契約期間を通算した期間に二分の一を乗じて得た期間（六月を超えるときは六月とし、一月に満たない端数を生じたときはこれを一月として計算した期間とする。）未満であること。

ロ イに掲げる場合以外の場合 第二無契約期間の期間が、第一無契約期間と第二無契約期間の間にある有期労働契約の契約期間（二以上の有期労働契約がある場合は、その全ての契約期間を通算した期間）に二分の一を乗じて得た期間（六月を超えるときは六月とし、一月に満たない端数を生じたときはこれを一月として計算した期間とする。）未満であること。

三 第二無契約期間の次に到来する無契約期間（以下この項において「第三無契約期間」という。） 次に掲げる場合に応じ、それぞれ次に定めるものであること。

イ 第二無契約期間が前号イに定めるものである場合 第三無契約期間の期間が、第三無契約期間の前にある全ての有期労働契約の契約期間を通算した期間（六月を超えるときは六月とし、一月に満たない端数を生じたときはこれを一月として計算した期間とする。）未満であること。

ロ 第二無契約期間が前号ロに定めるものである場合 第三無契約期間の期間が、第一無契約期間と第三無契約期間の間にある全ての有期労働契約の契約期間を通算した期間に二分の一を乗じて得た期間（六月を超えるときは六月とし、一月に満たない端数を生じたときはこれを一月として計算した期間とする。）未満であること。

ハ イ又はロに掲げる場合以外の場合 第三無契約期間の期間が、第二無契約期間と第三無契約期間の間にある有期労働契約の契約期間（二以上の有期労働契約がある場合は、その全ての契約期間を通算した期間）に二分の一を乗じて得た期間（六月を超えるときは六月とし、一月に満たない端数を生じたときはこれを一月として計算した期間とする。）未満であること。

四　第三無契約期間後に到来する無契約期間　当該無契約期間が、前三号の例により計算して得た期間未満であること。

2　前項の規定により通算の対象となるそれぞれの有期労働契約の契約期間に一月に満たない端数がある場合は、これらの端数の合算については、三十日をもって一月とする。

（法第十八条第二項の厚生労働省令で定める期間）

第二条　法第十八条第二項の厚生労働省令で定める期間は、同項の当該一の有期労働契約の契約期間に二分の一を乗じて得た期間（一月に満たない端数を生じたときは、これを一月として計算した期間とする。）とする。

3　労働契約法の施行について

（平二四・八・一〇　基発〇八一〇第二号、平二四・一〇・二六　基発一〇二六第一号、平二五・三・二八　基発〇三二八第六号、平二六・一一・二八　基発一一二八第二号、平二七・三・一八　基発〇三一八第二号、平三〇・一二・二八　基発一二二八第一七号）

労働契約法の一部を改正する法律（平成二四年法律第五六号。以下「改正法」という。）については、本日公布され、一部は本日から施行される。

今般の改正は、有期労働契約の反復更新の下で生じる雇止めに対する不安を解消し、また、期間の定めがあることによる不合理な労働条件を是正することにより、有期労働契約で働く労働者が安心して働き続けることができる社会を実現するため、有期労働契約の適正な利用のためのルールとして改正法による改正後の労働契約法（平成一九年法律第一二八号。以下「法」という。）第一八条から第二〇条までの規定を追加するものである。

ついては、法の趣旨及び内容は、下記のとおりであるので、それらについて周知に遺漏なきを期されたい。

なお、本通達の施行に伴い、平成二〇年一月二三日付け基発第〇一二三〇〇四号「労働契約法の施行について」は、廃止する。

記

目次〈編注　略〉

第1　法制定の趣旨等

1　背景及び趣旨

労働関係を取り巻く状況をみると、就業形態が多様化し、労働者の労働条件が個別に決定され、又は変更される場合が増加するとともに、個別労働関係紛争が増加している。しかしながら、我が国においては、最低労働基準については労働基準法（昭和二二年法律第四九号）に規定されているが、個別労働関係紛争を解決するための労働契約に関する民事的なルールについては、民法（明治二九年法律第八九号）及び個別の法律において部分的に規定されているのみであり、体系的な成文法は存在していなかった。

このため、個別労働関係紛争が生じた場合には、それぞれの事案の判例が蓄積されて形成された判例法理を当てはめて判断することが一般的となっていたが、このような判例法理による解決は、必ずしも予測可能性が高いとは言えず、また、判例法理は労働者及び使用者の多くにとって十分には知られていないものであった。

一方、個別労働関係紛争の解決のための手段としては、裁判制度に加え、平成一三年一〇月から個別労働関係紛争解決制度が、平成一八年四月から労働審判制度が施行されるなど、手続面における整備が進んできたところである。

このような中、個別の労働関係の安定に資するため、労働契約に関する民事的なルールの必要性が一層高まり、今般、労働契約の基本的な理念及び労働契約に共通する原則や、判例法理に沿った労働契約の内容の決定及び変更に関する民事的なルール等を一つの体系としてまとめるべく、労働契約法が制定された。

労働契約法（以下「法」という。）の制定により、労働契約における権利義務関係を確定させる法的根拠が示され、労働契約に関する民事的なルールが明らかになり、労働者及び使用者にとって予測可能性が高まるとともに、労働者及び使用者が法によって示された民事的なルールに沿った合理的な行動をとることが促されることを通じて、個別労働関係紛争が防止され、労働者の保護を図りつつ、個別の労働関係の安定に資することが期待されるものであること。

2　労働基準法及び個別労働関係紛争の解決の促進に関する法律との関係

労働基準法は、罰則をもって担保する労働条件の基準（最低労働基準）を設定しているものであるが、法は、これを前提として、労働条件が定められる労働契約について、合意の原則その他基本的事項を定め、労働契約に関する民事的なルールを明らかにしているものであり、その締結当事者である労働者及び使用者の合理的な行動による円滑な労働条件の決定又は変更を促すものであること。

また、労働基準法については労働基準監督官による監督指導及び罰則により最低労働基準の履行が確保されるものであるが、法については労働基準監督官による監督指導及び罰則による履行確保は行われず、法の趣旨及び内容の周知により、また、法に規定する事項に関する個別労働関係紛争について、個別労働関係紛争の迅速かつ適正な解決を図ることを目的とする個別労働関係紛争の解決の促進に関する法律（平成一三年法律第一一二号）による総合労働相談コーナーにおける相談、都道府県労働局長による助言及び指導、紛争調整委員会によるあっせん等が行われ、その防止及び早期解決が図られることにより、法の趣旨及び内容に沿った合理的な労働条件の決定又は変更が確保されることを期するものであること。

第2　総則（法第一章関係）

1　目的（法第一条関係）

(1)　趣旨

法第一条は、法の目的を明らかにしたものであること。

(2)　内容

ア　法第一条は、労働契約が合意により成立し、又は変更されるという合意の原則その他労働契約に関する基本的事項として民事的効力を明らかにする規定等を定めることにより、労働者及び使用者による合理的な労働条件の決定又は変更が円滑に行われるようにすることを通じて、労働者の保護を図りつつ、個別の労働者及び使用者の間において個別労働関係紛争が生じることのない円滑な関係の維持を図っていくこと、すなわち「労働者の保護を図りつつ、個別の労働関係の安定に資すること」が法の目的であることを規定したものであること。

イ　法第一条の「労働者及び使用者の自主的な交渉の下で、労働契約が合意により成立し、又は変更されるという合意の原則」には、法第三条第一項の労使対等の原則、法第六条の労働契約の成立についての合意の原則及び法第八条の労働契約の変更についての合意の原則が含まれるものであること。

ウ　法第一条の「その他労働契約に関する基本的事項」には、法第三条第一項以外の法第一章の労働契約の原則等を定める規定、法第六条及び第八条以外の法第二章の就業規則と労働契約との法的関係等を定める規定、法第三章の出向、懲戒及び解雇に関する権利濫用禁止規定及び法第四章の期間の定めのある労働契約に関する規定が含まれるものであること。

エ　イ及びウのような規定を法に定めることにより、法第一条の「合理的な労働条件の決定又は変更が円滑に行われる」ことが促されることによって、個別労働関係紛争が防止されることとなり、これにより「労働者の保護を図りつつ、個別の労働関係の安定に資する」こととなるものであること。

2　定義（法第二条関係）

(1)　趣旨

法第二条は、法の対象である「労働契約」の締結当事者としての「労働者」及び「使用者」について、その定義を明らかにしたものであることと。

(2)　労働者（法第二条第一項関係）

ア　法第二条第一項の「労働者」とは、「使用者」と相対する労働契約の締結当事者であり、「使用者に使用されて労働し、賃金を支払われる者」のすべてが含まれるものであること。

イ　法第二条第一項の「労働者」に該当するか否かは、同項に「使用者に使用されて」と規定されているとおり、労務提供の形態や報酬の労務対償性及びこれらに関連する諸要素を勘案して総合的に判断し、使用従属関係が認められるか否かにより判断されるものであり、これが認められる場合には、「労働者」に該当するものであること。これは、労働基準法第九条の「労働者」の判断と同様の考え方であること。

ウ　民法第六二三条の「雇用」の労働に従事する者は、法第二条第一項の「労働者」に該当するものであること。

また、民法第六三二条の「請負」、同法第六四三条の「委任」又は非典型契約で労務を提供する者であっても、契約形式にとらわれず実態として使用従属関係が認められる場合には、法第二条第一項の「労働者」に該当するものであること。

エ　法第二条第一項の「賃金」とは、賃金、給料、手当、賞与その他名称の如何を問わず、労働の対償として使用者が労働者に支払うすべてのものをいうものであること。これは、労働基準法第一一条の「賃金」と同義であること。

(3)　使用者（法第二条第二項関係）

法第二条第二項の「使用者」とは、「労働者」と相対する労働契約の締結当事者であり、「その使用する労働者に対して賃金を支払う者」をいうものであること。したがって、個人企業の場合はその企業主個人を、会社その他の法人組織の場合はその法人そのものをいうものであること。これは、労働基準法第一〇条の「事業主」に相当するものであり、同条の「使用者」より狭い概念であること。

3　労働契約の原則（法第三条関係）

(1)　趣旨

法第三条は、労働契約の基本的な理念及び労働契約に共通する原則を明らかにしたものであること。

(2)　労使対等の原則（法第三条第一項関係）

当事者の合意により契約が成立し、又は変更されることは、契約の一般原則であるが、個別の労働者及び使用者の間には、現実の力関係の不平等が存在している。

このため、法第三条第一項において、労働契約を締結し、又は変更するに当たっては、労働契約の締結当事者である労働者及び使用者の対等の立場における合意によるべきという「労使対等の原則」を規定し、労働契約の基本原則を確認したものであること。これは、労働条件の決定について労働者と使用者が対等の立場に立つべきことを規定した労働基準法第二条第一項と同様の趣旨であること。

(3) 均衡考慮の原則（法第三条第二項関係）

法第三条第二項は、労働契約の締結又は変更に当たり、均衡を考慮することが重要であることから、労働契約の締結当事者である労働者及び使用者が、労働契約を締結し、又は変更する場合には、就業の実態に応じて、均衡を考慮すべきものとするという「均衡考慮の原則」を規定したものであること。

(4) 仕事と生活の調和への配慮の原則（法第三条第三項関係）

法第三条第三項は、近年、仕事と生活の調和が重要となっていることから、この重要性が改めて認識されるよう、労働契約の締結当事者である労働者及び使用者が、労働契約を締結し、又は変更する場合には、仕事と生活の調和に配慮すべきものとするという「仕事と生活の調和への配慮の原則」を規定したものであること。

(5) 信義誠実の原則（法第三条第四項関係）

当事者が契約を遵守すべきことは、契約の一般原則であり、「権利の行使及び義務の履行は、信義に従い誠実に行わなければならない」旨を規定した民法第一条第二項は労働契約についても適用されるものであって、労働契約が遵守されることは、個別労働関係紛争を防止するために重要である。

このため、法第三条第四項において、労働者及び使用者は、労働契約を遵守するとともに、信義に従い誠実に、権利を行使し、及び義務を履行しなければならないことを規定し、「信義誠実の原則」を労働契約に関して確認したものであること。これは、労働条件を定める労働協約、就業規則及び労働契約の遵守義務を規定した労働基準法第二条第二項と同様の趣旨であること。

(6) 権利濫用の禁止の原則（法第三条第五項関係）

当事者が契約に基づく権利を濫用してはならないことは、契約の一般原則であり、「権利の濫用は、これを許さない」旨を規定した民法第一条第三項は労働契約についても適用されるものであるが、個別労働関係紛争の中には、権利濫用に該当すると考えられるものもみられるところである。

このため、法第三条第五項において、労働者及び使用者は、労働契約に基づく権利の行使に当たっては、それを濫用することがあってはならないことを規定し、「権利濫用の禁止の原則」を労働契約に関して確認したものであること。

なお、法第三章において、出向、懲戒及び解雇に関する権利濫用を禁止する旨を規定しているが、同章で規定していない場面においても、法第三条第五項の「権利濫用の禁止の原則」が適用されるものであること。

4 労働契約の内容の理解の促進（法第四条関係）

(1) 趣旨

労働契約は、労働契約の締結当事者である労働者及び使用者の合意のみにより成立する契約（諾成契約）

であるが、契約内容について労働者が十分理解しないまま労働契約を締結又は変更し、後にその契約内容について労働者と使用者との間において認識の齟齬が生じ、これが原因となって個別労働関係紛争が生じているところである。労働契約の内容である労働条件については、労働基準法第一五条第一項により締結時における明示が義務付けられているが、個別労働関係紛争を防止するためには、同項により義務付けられている場面以外においても、労働契約の締結当事者である労働者及び使用者が契約内容について自覚することにより、契約内容があいまいなまま労働契約関係が継続することのないようにすることが重要である。

このため、法第四条において、労働契約の内容の理解の促進について規定したものであること。

(2) 労働者の理解の促進(法第四条第一項関係)

ア 法第四条第一項は、労働条件を提示するのは一般的に使用者であることから、使用者は労働者に提示する労働条件及び労働契約の内容について労働者の理解を深めるようにすることを規定したものであること。

イ 法第四条第一項は、労働契約の締結前において使用者が提示した労働条件について説明等をする場面や、労働契約が締結又は変更されて継続している間の各場面が広く含まれるものであること。これは、労働基準法第一五条第一項により労働条件の明示が義務付けられている労働契約の締結時より広いものであること。

ウ 法第四条第一項の「労働者に提示する労働条件」とは、労働契約の締結前又は変更前において、使用者が労働契約を締結又は変更しようとする者に提示する労働条件をいうものであること。

エ 法第四条第一項の「労働契約の内容」は、有効に締結又は変更された労働契約の内容をいうものであること。

オ 法第四条第一項の「労働者の理解を深めるようにする」については、一律に定まるものではないが、例えば、労働契約締結時又は労働契約締結後において就業環境や労働条件が大きく変わる場面において、使用者がそれを説明し又は労働者の求めに応じて誠実に回答すること、労働条件等の変更が行われずとも、労働者が就業規則に記載されている労働条件について説明を求めた場合に使用者がその内容を説明すること等が考えられるものであること。

(3) 書面確認(法第四条第二項関係)

ア 法第四条第二項は、労働者及び使用者は、労働契約の内容について、できる限り書面で確認することについて規定したものであること。

イ 法第四条第二項は、労働契約が締結又は変更されて継続している間の各場面が広く含まれるものであること。これは、労働基準法第一五条第一項により労働条件の明示が義務付けられている労働契約の締結時より広いものであること。

ウ 法第四条第二項の「労働契約の内容」については、(2)エと同様であること。

エ 法第四条第二項の「(期間の定めのある労働契約に関する事項を含む。)」は、期間の定めのある労働契約が締結される際に、期間満了時において、更新の有無や更新の判断基準等があいまいであるために個別労働関係紛争が生じていることが少なくないことから、期間の定めのある労働契約について、その内容をできる限り書面により確認することが重要であることを明らかにしたものであること。

「期間の定めのある労働契約に関する事項」には、労働基準法施行規則（昭和二二年厚生省令第二三号）第五条において、労働契約の締結の際に使用者が書面により明示しなければならないこととされている更新の基準が含まれるものであること。ただし、労働者が次のいずれかの方法によることを希望した場合には、当該方法とすることができること。

①　ファクシミリを利用してする送信の方法

②　電子メールその他のその受信をする者を特定して情報を伝達するために用いられる電気通信（電気通信事業法（昭和五九年法律第八六号）第二条第一号に規定する電気通信をいう。）の送信の方法（当該労働者が当該電子メール等の記録を出力することにより書面を作成することができるものに限る。）

なお、法第四条第一項等法の他の規定における「労働契約の内容」についても、期間の定めのある労働契約に関する事項は含まれるものであること。

オ　法第四条第二項の「できる限り書面により確認する」については、一律に定まるものではないが、例えば、労働契約締結時又は労働契約締結後において就業環境や労働条件が大きく変わる場面において、労働者及び使用者が話し合った上で、使用者が労働契約の内容を記載した書面を交付すること等が考えられるものであること。

5　労働者の安全への配慮（法第五条関係）

(1)　趣旨

ア　通常の場合、労働者は、使用者の指定した場所に配置され、使用者の供給する設備、器具等を用いて労働に従事するものであることから、判例において、労働契約の内容として具体的に定めずとも、労働契約に伴い信義則上当然に、使用者は、労働者を危険から保護するよう配慮すべき安全配慮義務を負っているものとされているが、これは、民法等の規定からは明らかになっていないところである。

このため、法第五条において、使用者は当然に安全配慮義務を負うことを規定したものであること。

イ　これについては、次の裁判例が参考となること（別添〈略。以下同〉）。

○　陸上自衛隊事件（最高裁昭和五〇年二月二五日第三小法廷判決。最高裁判所民事判例集二九巻二号一四三頁）

○　川義事件（最高裁昭和五九年四月一〇日第三小法廷判決。最高裁判所民事判例集三八巻六号五五七頁）

(2)　内容

ア　法第五条は、使用者は、労働契約に基づいてその本来の債務として賃金支払義務を負うほか、労働契約に特段の根拠規定がなくとも、労働契約上の付随的義務として当然に安全配慮義務を負うことを規定したものであること。

イ　法第五条の「労働契約に伴い」は、労働契約に特段の根拠規定がなくとも、労働契約上の付随的義務として当然に、使用者は安全配慮義務を負うことを明らかにしたものであること。

ウ　法第五条の「生命、身体等の安全」には、心身の健康も含まれるものであること。

エ　法第五条の「必要な配慮」とは、一律に定まるものではなく、使用者に特定の措置を求めるものではないが、労働者の職種、労務内容、労務提供場所等の具体的な状況に応じて、必要な配慮をすることが求められるものであること。

なお、労働安全衛生法（昭和四七年法律第五七号）をはじめとする労働安全衛生関係法令においては、事業主の講ずべき具体的な措置が規定されているところであり、これらは当然に遵守されなければならないものであること。

第3　労働契約の成立及び変更（法第二章関係）

1　総論

労働契約は、その締結当事者である労働者及び使用者の合意により成立し、又は変更されるものである。

一方、我が国においては、個別に締結される労働契約では詳細な労働条件は定められず、就業規則によって統一的に労働条件を設定することが広く行われている。また、労働契約関係は、一定程度長期にわたる継続的な契約関係であるのが通常であり、社会経済情勢の変化を始めとする契約当事者を取り巻く事情の変化に応じて、当初取り決めた労働契約の内容を統一的に変更する必要が生じる場合があることから、就業規則の変更により労働契約の内容である労働条件を変更することが広く行われてきたところである。

この就業規則の法的性質については、秋北バス事件最高裁判決（昭和四三年一二月二五日最高裁大法廷判決。最高裁判所民事判例集二二巻一三号三四五九頁）において、「合理的な労働条件を定めているものであるかぎり、経営主体と労働者との間の労働条件は、その就業規則によるという事実たる慣習が成立しているものとして、その法的規範性が認められるに至っている」と判示され、また、就業規則によって労働条件を不利益に変更する効力については、「新たな就業規則の作成又は変更によって、既得の権利を奪い、労働者に不利益な労働条件を一方的に課することは、原則として、許されないと解すべき」であるが、「当該規則条項が合理的なものである限り、個々の労働者においてこれに同意しないことを理由として、その適用を拒否することは許されない」と判示され、その後の累次の最高裁判決においても同様の考え方がとられ、判例法理として確立しているものである。

しかしながら、就業規則に労働契約における権利義務関係を確定させる法的効果を認める法的根拠が成文法上は存在せず、また、判例法理は、労働者及び使用者の多くにとって十分には知られておらず、どのような場合に就業規則による労働条件の変更が有効に認められるのかについての予測可能性は必ずしも高くない状況にあった。

このような状況の中で、個別労働関係紛争が多く発生していることにかんがみれば、労働契約の内容の決定及び変更の枠組みを明らかにし、実態として多く行われている就業規則の変更による労働条件の変更に当たっては、変更後の就業規則を労働者に周知させること及び就業規則の変更が合理的なものであることが必要であること等を判例法理に沿って明らかにすることにより、使用者は安易に一方的に就業規則を変更することにより労働者の不利益に労働契約の内容である労働条件を変更することはできないこと等が明らかとなり、その結果、使用者が就業規則において合理的な労働条件を定めることが促され、これにより、就業規則において不合理な労働条件が定められ、又は不合理な労働条件の変更が行われたこと等を契機とした個別労働関係紛争の防止につながることが期待されるものである。

　このため、法第二章において、労働契約が合意により成立し、又は変更されるという「合意の原則」を定めた上で、我が国における労務管理実務において定着している就業規則について、労働契約との法的関係等を規定することにより、労働契約の内容の決定及び変更に関するルールを明らかにしたものであること。

　これらの内容は、判例法理に沿って規定したものであり、判例法理を変更するものではないこと。

2　労働契約の成立（法第六条・第七条関係）

(1)　法第六条

ア　趣旨

　当事者の合意により契約が成立することは、契約の一般原則であり、労働契約についても当てはまるものであって、法第六条は、この労働契約の成立についての基本原則である「合意の原則」を確認したものであること。

イ　内容

(ア)　法第六条は、労働契約の成立は労働者及び使用者の合意によることを規定するとともに、「労働者が使用者に使用されて労働」すること及び「使用者がこれに対して賃金を支払う」ことが合意の要素であることを規定したものであること。

(イ)　法第六条に「労働者が使用者に使用されて労働し」と規定されているとおり、労働契約は、使用従属関係が認められる労働者と使用者との間において締結される契約を把握する契約類型であり、労働者側からみた場合には、一定の対価（賃金）と一定の労働条件のもとに、自己の労働力の処分を使用者に委ねることを約する契約であること。

(ウ)　民法第六二三条の「雇用」は、労働契約に該当するものであること。

　また、民法第六三二条の「請負」、同法第六四三条の「委任」又は非典型契約であっても、契約形式にとらわれず実態として使用従属関係が認められ、当該契約で労務を提供する者が法第二条第一項の「労働者」に該当する場合には、当該契約は労働契約に該当するものであること。

(エ)　法第六条の「賃金」については、第2の2(2)エと同様であること。

(オ)　法第六条に「合意することによって成立する」と規定されているとおり、労働契約は、労働契約の締結当事者である労働者及び使用者の合意のみにより成立するものであること。したがって、労働契約の成立の要件としては、契約内容について書面を交付することまでは求められないものであること。

　また、法第六条の労働契約の成立の要件としては、労働条件を詳細に定めていなかった場合であっても、労働契約そのものは成立し得るものであること。

(2)　法第七条

ア　趣旨

(ア)　我が国においては、個別に締結される労働契約では詳細な労働条件は定められず、就業規則によって統一的に労働条件を設定することが広く行われているが、就業規則で定める労働条件と個別の労働者の労働契約の内容である労働条件との法的関係については法令上必ずしも明らかでない。

このため、法第七条において、労働契約の成立場面における就業規則と労働契約との法的関係について規定したものであること。

(イ) これについては、次の裁判例が参考となること（別添）。

○ 労働契約と就業規則との関係について、秋北バス事件最高裁判決

○ 秋北バス事件最高裁判決を踏襲した電電公社帯広局事件最高裁判決（最高裁昭和六一年三月一三日第一小法廷判決）及び日立製作所武蔵工場事件最高裁判決（最高裁平成三年一一月二八日第一小法廷判決）

○ 就業規則が拘束力を生ずるために周知が必要であるとしたものとして、フジ興産事件最高裁判決（最高裁平成一五年一〇月一〇日第二小法廷判決）

イ 内容

(ア) 法第七条は、労働契約において労働条件を詳細に定めずに労働者が就職した場合において、「合理的な労働条件が定められている就業規則」であること及び「就業規則を労働者に周知させていた」ことという要件を満たしている場合には、就業規則で定める労働条件が労働契約の内容を補充し、「労働契約の内容は、その就業規則で定める労働条件による」という法的効果が生じることを規定したものであること。

これは、労働契約の成立についての合意はあるものの、労働条件は詳細に定めていない場合であっても、就業規則で定める労働条件によって労働契約の内容を補充することにより、労働契約の内容を確定するものであること。

(イ) 法第七条本文に「労働者及び使用者が労働契約を締結する場合において」と規定されているとおり、法第七条は労働契約の成立場面について適用されるものであり、既に労働者と使用者との間で労働契約が締結されているが就業規則は存在しない事業場において新たに就業規則を制定した場合については適用されないものであること。また、就業規則が存在する事業場で使用者が就業規則の変更を行った場合については、法第一〇条の問題となるものであること。

(ウ) 法第七条本文の「合理的な労働条件」は、個々の労働条件について判断されるものであり、就業規則において合理的な労働条件を定めた部分については同条の法的効果が生じ、合理的でない労働条件を定めた部分については同条本文の法的効果が生じないこととなるものであること。

就業規則に定められている事項であっても、例えば、就業規則の制定趣旨や根本精神を宣言した規定、労使協議の手続に関する規定等労働条件でないものについては、法第七条本文によっても労働契約の内容とはならないものであること。

(エ) 法第七条の「就業規則」とは、

労働者が就業上遵守すべき規律及び労働条件に関する具体的細目について定めた規則類の総称をいい、労働基準法第八九条の「就業規則」と同様であるが、法第七条の「就業規則」には、常時一〇人以上の労働者を使用する使用者以外の使用者が作成する労働基準法第八九条では作成が義務付けられていない就業規則も含まれるものであること。

(オ) 法第七条の「周知」とは、例えば、

① 常時各作業場の見やすい場所へ掲示し、又は備え付けること

② 書面を労働者に交付すること

③ 磁気テープ、磁気ディスクその他これらに準ずる物に記録し、かつ、各作業場に労働者が当該記録の内容を常時確認できる機器を設置すること

等の方法により、労働者が知ろうと思えばいつでも就業規則の存在や内容を知り得るようにしておくことをいうものであること。このように周知させていた場合には、労働者が実際に就業規則の存在や内容を知っているか否かにかかわらず、法第七条の「周知させていた」に該当するものであること。

なお、労働基準法第一〇六条の「周知」は、労働基準法施行規則第五二条の二により、①から③までのいずれかの方法によるべきこととされているが、法第七条の「周知」は、これらの三方法に限定されるものではなく、実質的に判断されるものであること。

(カ) 法第七条本文の「労働者に周知させていた」は、その事業場の労働者及び新たに労働契約を締結する労働者に対してあらかじめ周知させていなければならないものであり、新たに労働契約を締結する労働者については、労働契約の締結と同時である場合も含まれるものであること。

(キ) 法第七条は、就業規則により労働契約の内容を補充することを規定したものであることから、同条本文の規定による法的効果が生じるのは、労働契約において詳細に定められていない部分についてであり、「就業規則の内容と異なる労働条件」を合意していた部分については、同条ただし書により、法第一二条に該当する場合（合意の内容が就業規則で定める基準に達しない場合）を除き、その合意が優先するものであること。

3 労働契約の内容の変更（法第八条関係）

(1) 趣旨

当事者の合意により契約が変更されることは、契約の一般原則であり、労働契約についても当てはまるものであって、法第八条は、この労働契約の変更についての基本原則である「合意の原則」を確認したものであること。

(2) 内容

ア 法第八条は、「労働者及び使用者」が「合意」するという要件を満たした場合に、「労働契約の内容である労働条件」が「変更」されるという法的効果が生じることを規定したものであること。

イ 法第八条に「合意により」と規定されているとおり、労働契約の内容である労働条件は、労働契約

の締結当事者である労働者及び使用者の合意のみにより変更されるものであること。したがって、労働契約の変更の要件としては、変更内容について書面を交付することまでは求められないものであること。

ウ　法第八条の「労働契約の内容である労働条件」には、労働者及び使用者の合意により労働契約の内容となっていた労働条件のほか、法第七条本文により就業規則で定める労働条件によるものとされた労働契約の内容である労働条件、法第一〇条本文により就業規則の変更により変更された労働契約の内容である労働条件及び法第一二条により就業規則で定める基準によることとされた労働条件が含まれるものであり、労働契約の内容である労働条件はすべて含まれるものであること。

4　就業規則の変更による労働契約の内容の変更（法第九条・第一〇条関係）

(1)　趣旨

ア　労働契約関係は一定の期間にわたり継続するという特徴を有しており、その継続する期間においては、労働契約の内容が変更される場合が少なくない。

この労働契約の内容である労働条件の変更については、法第八条の「合意の原則」によることが契約の一般原則であるが、我が国においては、就業規則によって労働条件を統一的に設定し、労働条件の変更も就業規則の変更によることが広く行われており、その際、就業規則の変更により自由に労働条件を変更することができるとの使用者の誤解や、就業規則の変更による労働条件の変更に関する個別労働関係紛争もみられるところである。

このため、法第九条において、法第八条の「合意の原則」を就業規則の変更による労働条件の変更の場面に当てはめ、使用者は就業規則の変更によって一方的に労働契約の内容である労働条件を労働者の不利益に変更することはできないことを確認的に規定した上で、法第一〇条において、就業規則の変更によって労働契約の内容である労働条件が変更後の就業規則に定めるところによるものとされる場合を明らかにしたものであること。

これらの規定により、就業規則の変更によって生じる法的効果を明らかにし法的安定性を高めるとともに、使用者の合理的な行動を促すことを通じ、労働条件の変更に関する個別労働関係紛争の防止に資するようにすることとしたものであること。

イ　これについては、次の裁判例が参考となること（別添）。

○　労働契約と就業規則との関係について、秋北バス事件最高裁判決

○　どのような場合に就業規則の変更が「合理的なものである」と判断されるのかを明らかにしたものとして、大曲市農業協同組合事件最高裁判決（最高裁昭和六三年二月一六日第三小法廷判決）

○　就業規則の変更が「合理的なものである」か否かを判断するに当たって考慮すべき七つの要素を明らかにしたものとして、第四銀行事件最高裁判決（最高裁平成九年二月二八日第二小法廷判決）

○　一部の労働者のみに大きな不利益が生じる就業規則の変更に

よる労働条件の変更事案について、就業規則の変更の合理性を否定したものとして、みちのく銀行事件最高裁判決（最高裁平成一二年九月七日第一小法廷判決）

○　就業規則が拘束力を生ずるために周知が必要であるとしたものとして、フジ興産事件最高裁判決

ウ　法第九条及び第一〇条は、イの確立した最高裁判所の判例法理に沿って規定したものであり、判例法理に変更を加えるものではないこと。

(2)　法第九条の内容

ア　法第九条本文は、法第八条の労働契約の変更についての「合意の原則」に従い、使用者が労働者と合意することなく就業規則の変更により労働契約の内容である労働条件を労働者の不利益に変更することはできないという原則を確認的に規定したものであること。

　法第九条ただし書は、法第一〇条の場合は、法第九条本文に規定する原則の例外であることを規定したものであること。

イ　法第九条の「就業規則」については、2(2)イ(エ)と同様であること。

ウ　法第九条の「労働者の不利益」については、個々の労働者の不利益をいうものであること。

(3)　法第一〇条の内容

ア　法第一〇条は、「就業規則の変更」という方法によって「労働条件を変更する場合」において、使用者が「変更後の就業規則を労働者に周知させ」たこと及び「就業規則の変更」が「合理的なものである」ことという要件を満たした場合に、労働契約の変更についての「合意の原則」の例外として、「労働契約の内容である労働条件は、当該変更後の就業規則に定めるところによる」という法的効果が生じることを規定したものであること。

イ　法第一〇条は、就業規則の変更による労働条件の変更が労働者の不利益となる場合に適用されるものであること。

　なお、就業規則に定められている事項であっても、労働条件でないものについては、法第一〇条は適用されないものであること。

ウ　法第一〇条の「就業規則の変更」には、就業規則の中に現に存在する条項を改廃することのほか、条項を新設することも含まれるものであること。

エ　法第一〇条の「就業規則」及び「周知」については、2(2)イ(エ)及び(オ)と同様であること。

オ　法第一〇条本文の合理性判断の考慮要素

(ア)　法第一〇条本文の「労働者の受ける不利益の程度、労働条件の変更の必要性、変更後の就業規則の内容の相当性、労働組合等との交渉の状況」は、就業規則の変更が合理的なものであるか否かを判断するに当たっての考慮要素として例示したものであり、個別具体的な事案に応じて、これらの考慮要素に該当する事実を含め就業規則の変更に係る諸事情が総合的に考慮され、合理性判断が行われることとなるものであること。

(イ)　法第一〇条本文の「労働者の受ける不利益の程度」については、実際に紛争となる事例は、就業規則の変更により個々の労働者に不利益が生じたことに起因するものであり、個々の労働者の不利益の程度をいうもので

あること。

また、法第一〇条本文の「変更後の就業規則の内容の相当性」については、就業規則の変更の内容全体の相当性をいうものであり、変更後の就業規則の内容面に係る制度変更一般の状況が広く含まれるものであること。

(ウ) 法第一〇条本文の「労働条件の変更の必要性」は、使用者にとっての就業規則による労働条件の変更の必要性をいうものであること。

(エ) 法第一〇条本文の「労働組合等との交渉の状況」は、労働組合等事業場の労働者の意思を代表するものとの交渉の経緯、結果等をいうものであること。

「労働組合等」には、労働者の過半数で組織する労働組合その他の多数労働組合や事業場の過半数を代表する労働者のほか、少数労働組合や、労働者で構成されその意思を代表する親睦団体等労働者の意思を代表するものが広く含まれるものであること。

(オ) 法第一〇条本文の「その他の就業規則の変更に係る事情」は、「労働者の受ける不利益の程度、労働条件の変更の必要性、変更後の就業規則の内容の相当性、労働組合等との交渉の状況」を含め就業規則の変更に係る諸事情が総合的に考慮されることをいうものであること。

(カ) 法第一〇条本文の合理性判断の考慮要素と判例法理との関係については、次のとおりであり、同条本文は、判例法理に沿ったものであること。

○ 就業規則の変更の合理性判断に関する裁判例として、(1)イに掲げた第四銀行事件最高裁判決においては、

① 就業規則の変更によって労働者が被る不利益の程度

② 使用者側の変更の必要性の内容・程度

③ 変更後の就業規則の内容自体の相当性

④ 代償措置その他関連する他の労働条件の改善状況

⑤ 労働組合等との交渉の経緯

⑥ 他の労働組合又は他の従業員の対応

⑦ 同種事項に関する我が国社会における一般的状況

という七つの考慮要素が列挙されているが、これらの中には内容的に互いに関連し合うものもあるため、法第一〇条本文では、関連するものについては統合して列挙しているものであること。

具体的には、第四銀行事件最高裁判決において示された「①就業規則の変更によって労働者が被る不利益の程度」「②使用者側の変更の必要性の内容・程度」「③変更後の就業規則の内容自体の相当性」「⑤労働組合等との交渉の経緯」について、法第一〇条本文ではそれぞれ「労働者の受ける不利益の程度」「労働条件の変更の必要性」「変更後の就業規則の内容の相当性」「労働組合等との交渉の状況」として規定したものであること。

このうち、法第一〇条の「変更後の就業規則の内容の相当性」には、就業規則の内容面に係る制度変更一般の状況が

広く含まれるものであり、第四銀行事件最高裁判決で列挙されている考慮要素である「③変更後の就業規則の内容自体の相当性」のみならず、「④代償措置その他関連する他の労働条件の改善状況」「⑦同種事項に関する我が国社会における一般的状況」も含まれるものであること。また、これらの考慮要素に含まれない事項についても、「その他の就業規則の変更に係る事情」という文言で包括的に表現されているものであること。

また、法第一〇条の「労働組合等との交渉の状況」の労働組合等には、労働者の過半数で組織する労働組合その他の多数労働組合や事業場の過半数を代表する労働者のほか、少数労働組合や、労働者で構成されその意思を代表する親睦団体等労働者の意思を代表するものが広く含まれるものであり、第四銀行事件最高裁判決で列挙されている「⑤労働組合等との交渉の経緯」「⑥他の労働組合又は他の従業員の対応」はこれに該当するものであること。

したがって、法第一〇条の規定は判例法理に沿った内容であり、判例法理に変更を加えるものではないこと。

○ (1)イに掲げた大曲市農業協同組合事件最高裁判決においては、「特に、賃金、退職金など労働者にとって重要な権利、労働条件に関し実質的な不利益を及ぼす就業規則の作成又は変更については、当該条項が、そのような不利益を労働者に法的に受忍させることを許容できるだけの高度の必要性に基づいた合理的な内容のものである場合において、その効力を生ずるものというべきである。」と判示されており、法第一〇条の規定は、この判例法理についても変更を加えるものではないこと。

○ (1)イに掲げたみちのく銀行事件最高裁判決においては、2(2)ア(イ)に掲げた秋北バス事件最高裁判決、大曲市農業協同組合事件最高裁判決及び第四銀行事件最高裁判決の判旨を引用した上で、「本件における賃金体系の変更は、短期的にみれば、特定の層の行員にのみ賃金コスト抑制の負担を負わせているものといわざるを得ず、その負担の程度も前示のように大幅な不利益を生じさせるものであり、それらの者は中堅層の労働条件の改善などといった利益を受けないまま退職の時期を迎えることとなるのである。就業規則の変更によってこのような制度の改正を行う場合には、一方的に不利益を受ける労働者について不利益性を緩和するなどの経過措置を設けることによる適切な救済を併せ図るべきであり、それがないままに右労働者に大きな不利益のみを受忍させることには、相当性がないものというほかはない。」と判示され、また、「本件では、行員の約七三％を組織する労組が本件第一次変更及び本件第二次変更に同意している。しかし、Xらの被る前示の不利益性の程度や内容を勘案すると、賃金面における変更の合理性を判断する際に労組の同意を大きな考慮要素と評価することは相当ではないというべきである。」と判示されており、法第一〇条の規定は、この判例法理についても変更を加えるものではないこと。

カ　就業規則の変更が法第一〇条本文の「合理的」なものであるという評価を基礎付ける事実についての主張立証責任は、従来どおり、使用者側が負うものであること。

キ　法第一〇条本文の「当該変更後の就業規則に定めるところによるものとする」という法的効果が生じるのは、同条本文の要件を満たした時点であり、通常は、就業規則の変更が合理的なものであることを前提に、使用者が変更後の就業規則を労働者に周知させたことが客観的に認められる時点であること。

ク　法第一〇条ただし書の「就業規則の変更によっては変更されない労働条件」として合意していた部分については、同条ただし書により、法第一二条に該当する場合(合意の内容が就業規則で定める基準に達しない場合)を除き、その合意が優先するものであること。

ケ　なお、法第七条ただし書の「就業規則の内容と異なる労働条件を合意していた部分」については、将来的な労働条件について

①　就業規則の変更により変更することを許容するもの

②　就業規則の変更ではなく個別の合意により変更することとするもの

のいずれもがあり得るものであり、①の場合には法第一〇条本文が適用され、②の場合には同条ただし書が適用されるものであること。

5　就業規則の変更に係る手続（法第一一条関係）

(1)　趣旨

就業規則に関する規定は、法第二章のほか、労働基準法第九章においても定められており、使用者は、就業規則に関して、法の規定の趣旨及び内容を理解するとともに、労働基準法の規定について遵守しなければならないものである。

特に、労働基準法第八九条及び第九〇条に規定する就業規則に関する手続は、法第一〇条本文の法的効果を生じさせるための要件ではないものの、就業規則の内容の合理性に資するものである。

このため、法第一一条において、就業規則の変更の手続は、労働基準法第八九条及び第九〇条の定めるところによることを規定し、それらの手続が重要であることを明らかにしたものであること。

(2)　内容

ア　法第一〇条は、就業規則の変更により労働契約の内容である労働条件を変更することができる場合について規定しているが、法第一一条は、労働基準法において、就業規則の変更の際に必要となる手続が規定されていることを規定したものであること。

イ　就業規則の変更の手続については、

①　労働基準法第八九条により、常時一〇人以上の労働者を使用する使用者は、変更後の就業規則を所轄の労働基準監督署長に届け出なければならないこと

②　労働基準法第九〇条により、就業規則の変更について過半数

労働組合等の意見を聴かなければならず、①の届出の際に、その意見を記した書面を添付しなければならないこと

とされているものであること。

ウ　労働基準法第八九条及び第九〇条の手続が履行されていることは、法第一〇条本文の法的効果を生じさせるための要件ではないものの、同条本文の合理性判断に際しては、就業規則の変更に係る諸事情が総合的に考慮されることから、使用者による労働基準法第八九条及び第九〇条の遵守の状況は、合理性判断に際して考慮され得るものであること。

6　就業規則違反の労働契約（法第一二条関係）

(1)　趣旨

就業規則は、労働条件を統一的に設定するものであり、法第七条本文、第一〇条本文及び第一二条においては、一定の場合に、労働契約の内容は、就業規則で定めるところとなることを規定しているところである。

一方、就業規則の内容と異なる労働条件を合意していた場合及び就業規則の変更によっては変更されない労働条件を合意していた場合には、それぞれ、法第七条ただし書及び第一〇条ただし書によりその合意が優先されることとなるものであるが、就業規則を下回る個別の合意を認めた場合には、就業規則の内容に合理性を求めている法第七条本文及び第一〇条本文の規定の意義が失われ、個別労働関係紛争をも惹起しかねないものである。

このため、個別労働関係紛争の防止にも資するよう、法第一二条において、就業規則を下回る労働契約の効力について規定したものであること。

(2)　内容

ア　法第一二条は、就業規則を下回る労働契約は、その部分については就業規則で定める基準まで引き上げられることを規定したものであること。

イ　法第一二条の「就業規則」については、2(2)イ(エ)と同様であること。

ウ　法第一二条の「就業規則で定める基準に達しない労働条件を定める労働契約」とは、例えば、就業規則に定められた賃金より低い賃金等就業規則に定められた基準を下回る労働条件を内容とする労働契約をいうものであること。

エ　法第一二条は、就業規則で定める基準以上の労働条件を定める労働契約は、これを有効とする趣旨であること。

オ　法第一二条の「その部分については、無効とする」とは、就業規則で定める基準に達しない部分のみを無効とする趣旨であり、労働契約中のその他の部分は有効であること。

カ　法第一二条の「無効となった部分は、就業規則で定める基準による」とは、労働契約の無効となった部分については、就業規則の規定に従い、労働者と使用者との間の権利義務関係が定まるものであること。

キ　なお、労働基準法第九三条については、法附則第二条による改正により、「労働契約と就業規則との関係については、労働契約法第一二条の定めるところによる」旨を規定したところであり、これは、改正前と同内容であること。

7　法令及び労働協約と就業規則との関係（法第一三条関係）

(1)　趣旨

就業規則が法令に反してはならな

いこと及び労働組合と使用者との間の合意により締結された労働協約は使用者が作成する就業規則よりも優位に立つことは、法理上当然であり、就業規則は法令又は労働協約に反してはならないものである。

一方、法第七条、第一〇条及び第一二条においては、一定の場合に就業規則で定める労働条件が労働契約の内容となることを規定しているが、就業規則が法令又は労働協約に反している場合においても当該就業規則で定める労働条件が労働契約の内容となることは適当ではない。

このため、法第一三条において、法令又は労働協約に反する就業規則の効力について規定したものであること。

(2) 内容

ア 法第一三条は、就業規則で定める労働条件が法令又は労働協約に反している場合には、その労働条件は労働契約の内容とはならないことを規定したものであること。

なお、法第一三条は、労働基準法第九二条第一項と同趣旨の規定であり、就業規則と法令又は労働協約との関係を変更するものではないこと。

イ 法第一三条の「就業規則」については、2(2)イ(エ)と同様であること。

ウ 法第一三条の「法令」とは、強行法規としての性質を有する法律、政令及び省令をいうものであること。なお、罰則を伴う法令であるか否かは問わないものであり、労働基準法以外の法令も含むものであること。

エ 法第一三条の「労働協約」とは、労働組合法（昭和二四年法律第一七四号）第一四条にいう「労働組合と使用者又はその団体との間の労働条件その他に関する」合意で、「書面に作成し、両当事者が署名し、又は記名押印したもの」をいうものであること。

また、法第一三条の「労働協約に反する場合」とは、就業規則の内容が労働協約において定められた労働条件その他労働者の待遇に関する基準（規範的部分）に反する場合をいうものであること。

オ 法第一三条の「労働協約の適用を受ける労働者との間の労働契約については」とは、事業場の一部の労働者のみが労働組合に加入しており、労働協約の適用が事業場の一部の労働者に限られている場合には、労働協約の適用を受ける労働者（労働組合法第一七条及び第一八条により労働協約が拡張適用される労働者を含む。）に関してのみ、法第一三条が適用されることをいうものであること。

第4 労働契約の継続及び終了（法第三章関係）

1 出向（法第一四条関係）

(1) 趣旨

出向は大企業を中心に広く行われているが、出向の権利濫用が争われた裁判例もみられ、また、出向は労務の提供先が変わることから労働者への影響も大きいと考えられることから、権利濫用に該当する出向命令による紛争を防止する必要がある。

このため、法第一四条において、権利濫用に該当する出向命令の効力について規定したものであること。

(2) 内容

ア 法第一四条は、使用者が労働者に出向を命ずることができる場合であっても、その出向の命令が権利を濫用したものと認められる場合には無効となることを明らかにするとともに、権利濫用であるか否かを判断するに当たっては、出向を命ずる必要性、対象労働者の選定に係る事情その他の事情が考慮されることを規定したものであること。

イ　法第一四条の「出向」とは、いわゆる在籍型出向をいうものであり、使用者（出向元）と出向を命じられた労働者との間の労働契約関係が終了することなく、出向を命じられた労働者が出向先に使用されて労働に従事することをいうものであること。

ウ　法第一四条の「使用者が労働者に出向を命ずることができる場合において」とは、労働契約を締結することにより直ちに使用者が出向を命ずることができるものではなく、どのような場合に使用者が出向を命ずることができるのかについては、個別具体的な事案に応じて判断されるものであること。

2　懲戒（法第一五条関係）

(1)　趣旨

懲戒は、使用者が企業秩序を維持し、企業の円滑な運営を図るために行われるものであるが、懲戒の権利濫用が争われた裁判例もみられ、また、懲戒は労働者に労働契約上の不利益を生じさせるものであることから、権利濫用に該当する懲戒による紛争を防止する必要がある。

このため、法第一五条において、権利濫用に該当するものとして無効となる懲戒の効力について規定したものであること。

(2)　内容

ア　法第一五条は、使用者が労働者を懲戒することができる場合であっても、その懲戒が「客観的に合理的な理由を欠き、社会通念上相当であると認められない場合」には権利濫用に該当するものとして無効となることを明らかにするとともに、権利濫用であるか否かを判断するに当たっては、労働者の行為の性質及び態様その他の事情が考慮されることを規定したものであること。

イ　法第一五条の「懲戒」とは、労働基準法第八九条第九号の「制裁」と同義であり、同条により、当該事業場に懲戒の定めがある場合には、その種類及び程度について就業規則に記載することが義務付けられているものであること。

3　解雇（法第一六条関係）

(1)　趣旨

ア　解雇は、労働者に与える影響が大きく、解雇に関する紛争も増大していることから、解雇に関するルールをあらかじめ明らかにすることにより、解雇に際して発生する紛争を防止し、その解決を図る必要がある。

このため、法第一六条において、権利濫用に該当する解雇の効力について規定したものであること。

イ　これについては、次の裁判例が参考となること（別添）。

○　解雇は、客観的に合理的な理由を欠き社会通念上相当として是認することができない場合には、権利の濫用として無効になると判示した日本食塩製造事件最高裁判決（最高裁昭和五〇年四月二五日第二小法廷判決）

(2)　内容

ア　法第一六条は、最高裁判所判決で確立しているいわゆる解雇権濫用法理を規定し、解雇が「客観的に合理的な理由を欠き、社会通念上相当であると認められない場合」には、権利濫用に該当するものとして無効となることを明らかにしたものであること。

なお、法第一六条は、法附則第二条による改正前の労働基準法第一八条の二と同内容であること。

イ　法附則第二条による改正前の労働基準法第一八条の二については、「解雇権濫用の評価の前提となる事実のうち、圧倒的に多くのものについて使用者側に主張立証責任を負わせている現在の裁判実務を何ら変更することなく最高裁判所判決で確立した解雇権濫用法理を法律上明定したもの」であり、「最高裁判所で確立した解雇権濫用法理とこれに基づく民事裁判実務の通例に則して作成されたものであることを踏まえ、解雇権濫用の評価の前提となる事実のうち圧倒的に多くのものについて使用者側に主張立証責任を負わせている現在の裁判上の実務を変更するものではない」ことが立法者の意思であることが明らかにされており、これについては法第一六条においても同様であること。

第５　期間の定めのある労働契約（法第四章関係）

１　総論

期間の定めのある労働契約（以下「有期労働契約」という。）については、使用者のみならず労働者のニーズもあることから、有期労働契約が良好な雇用形態となるようにすることが重要であるが、その実態をみると、契約の終了場面において紛争がみられるところである。有期労働契約により労働する労働者（以下「有期契約労働者」という。）への影響が大きいことから、有期労働契約の終了場面における紛争を防止する必要がある。

このため、法第一七条において、契約期間中の解雇及び契約期間についての配慮について規定することにより、有期労働契約の終了場面に関するルールを明らかにしたものであること。

２　契約期間中の解雇（法第一七条第一項関係）

(1)　趣旨

有期契約労働者の実態をみると、契約期間中の雇用保障を期待している者が多くみられるところである。この契約期間中の雇用保障に関しては、民法第六二八条において、「当事者が雇用の期間を定めた場合であっても、やむを得ない事由があるときは、各当事者は、直ちに契約の解除をすることができる」ことが規定されているが、「やむを得ない事由があるとき」に該当しない場合の取扱いについては、同条の規定からは明らかでない。

このため、法第一七条第一項において、「やむを得ない事由があるとき」に該当しない場合は解雇することができないことを明らかにしたものであること。

(2)　内容

ア　法第一七条第一項は、使用者は、やむを得ない事由がある場合でなければ、契約期間中は有期契約労働者を解雇することができないことを規定したものであること。

イ　法第一七条第一項の「やむを得ない事由」があるか否かは、個別具体的な事案に応じて判断されるものであるが、契約期間は労働者及び使用者が合意により決定したものであり、遵守されるべきものであることから、「やむを得ない事由」があると認められる場合は、解雇権濫用法理における「客観的に合理的な理由を欠き、社会通念上相当であると認められない場合」以外の場合よりも狭いと解されるものであること。

ウ　契約期間中であっても一定の事由により解雇することができる旨を労働者及び使用者が合意していた場合であっても、当該事由に該当することをもって法第一七条第一項の「やむを得ない事由」があると認められるものではなく、実際に行われた解雇について「やむを得ない事由」があるか否かが個別具体的な事案に応じて判断されるものであること。

エ　法第一七条第一項は、「解雇することができない」旨を規定したものであることから、使用者が有期労働契約の契約期間中に労働者を解雇しようとする場合の根拠規定になるものではなく、使用者が当該解雇をしようとする場合には、従来どおり、民法第六二八条が根拠規定となるものであり、「やむを得ない事由」があるという評価を基礎付ける事実についての主張立証責任は、使用者側が負うものであること。

3　契約期間についての配慮（法第一七条第二項関係）

(1)　趣旨

有期労働契約については、短期間の契約が反復更新された後に雇止めされることによる紛争がみられるところであるが、短期間の有期労働契約を反復更新するのではなく、当初からその有期契約労働者を使用しようとする期間を契約期間とする等により全体として契約期間が長期化することは、雇止めに関する紛争の端緒となる契約更新の回数そのものを減少させ、紛争の防止に資するものである。

このため、法第一七条第二項において、その有期労働契約により労働者を使用する目的に応じて適切に契約期間を設定するよう、使用者は配慮しなければならないことを規定したものであること。

(2)　内容

ア　使用者が有期労働契約により労働者を使用する目的は、臨時的・一時的な業務の増加に対応するもの、一定期間を要する事業の完成のためのもの等様々であるが、法第一七条第二項は、当該目的に照らして必要以上に短い契約期間を設定し、その契約を反復して更新しないよう使用者は配慮しなければならないことを明らかにしたものであること。

例えば、ある労働者について、使用者が一定の期間にわたり使用しようとする場合には、その一定の期間において、より短期の有期労働契約を反復更新するのではなく、その一定の期間を契約期間とする有期労働契約を締結するよう配慮しなければならないものであること。

イ　法第一七条第二項の「その労働契約により労働者を使用する目的に照らして、必要以上に短い期間」に該当するか否かは、個別具体的な事案に応じて判断されるものであり、同項は、契約期間を特定の長さ以上の期間とすることまでを求めているものではないこと。

4　有期労働契約の期間の定めのない労働契約への転換（法第一八条関係）

(1)　趣旨

有期労働契約（期間の定めのある労働契約をいう。以下同じ。）については、契約期間の満了時に当該有期労働契約が更新されずに終了する場合がある一方で、労働契約が反復更新され、長期間にわたり雇用が継続する場合も少なくない。こうした中で、有期契約労働者（有期労働契約を締結している労働者をいう。以下同じ。）については、雇止め（使用者が有期労働契約の更新を拒否することをいう。以下同じ。）の不安があることによって、年次有給休暇の取得など労働者としての正当な権利行使が抑制されるなどの問題が指摘されている。

こうした有期労働契約の現状を踏まえ、法第一八条において、有期労働契約が五年を超えて反復更新された場合は、有期契約労働者の申込みにより期間の定めのない労働契約（以下「無期労働契約」という。）に転換させる仕組み（以下「無期転換ルール」という。）を設けることにより、有期労働契約の濫用的な利用を抑制し労働者の雇用の安定を図ることとしたものであること。

(2) 内容

ア 法第一八条第一項は、同一の使用者との間で締結された二以上の有期労働契約の契約期間を通算した期間（以下「通算契約期間」という。）が五年を超える有期契約労働者が、使用者に対し、現に締結している有期労働契約の契約期間が満了する日までの間に、無期労働契約の締結の申込みをしたときは、使用者が当該申込みを承諾したものとみなされ、現に締結している有期労働契約の契約期間が満了する日の翌日から労務が提供される無期労働契約が成立することを規定したものであること。

イ 法第一八条第一項の「同一の使用者」は、労働契約を締結する法律上の主体が同一であることをいうものであり、したがって、事業場単位ではなく、労働契約締結の法律上の主体が法人であれば法人単位で、個人事業主であれば当該個人事業主単位で判断されるものであること。

ただし、使用者が、就業実態が変わらないにもかかわらず、法第一八条第一項に基づき有期契約労働者が無期労働契約への転換を申し込むことができる権利（以下「無期転換申込権」という。）の発生を免れる意図をもって、派遣形態や請負形態を偽装して、労働契約の当事者を形式的に他の使用者に切り替えた場合は、法を潜脱するものとして、同項の通算契約期間の計算上「同一の使用者」との労働契約が継続していると解されるものであること。

なお、派遣労働者の場合は、労働契約の締結の主体である派遣元事業主との有期労働契約について法第一八条第一項の通算契約期間が計算されるものであること。

ウ 無期転換申込権は、「二以上の有期労働契約」の通算契約期間が五年を超える場合、すなわち更新が一回以上行われ、かつ、通算契約期間が五年を超えている場合に生じるものであること。したがって、労働基準法第一四条第一項の規定により一定の事業の完了に必要な期間を定めるものとして締結が認められている契約期間が五年を超える有期労働契約が締結されている場合、一度も更新がないときは、法第一八条第一項の要件を満たすことにはならないこと。

エ 無期転換申込権は、当該契約期間中に通算契約期間が五年を超えることとなる有期労働契約の契約期間の初日から当該有期労働契約の契約期間が満了する日までの間に行使することができるものであること。

なお、無期転換申込権が生じている有期労働契約の契約期間が満了する日までの間に無期転換申込権を行使しなかった場合であっても、再度有期労働契約が更新された場合は、新たに無期転換申込権が発生し、有期契約労働者は、更新後の有期労働契約の契約期間が満了する日までの間に、無期転換申込権を行使することが可能であること。

オ　無期転換申込権が発生する有期労働契約の締結以前に、無期転換申込権を行使しないことを更新の条件とする等有期契約労働者にあらかじめ無期転換申込権を放棄させることを認めることは、雇止めによって雇用を失うことを恐れる労働者に対して、使用者が無期転換申込権の放棄を強要する状況を招きかねず、法第一八条の趣旨を没却するものであり、こうした有期契約労働者の意思表示は、公序良俗に反し、無効と解されるものであること。

カ　法第一八条第一項の規定による無期労働契約への転換は期間の定めのみを変更するものであるが、同項の「別段の定め」をすることにより、期間の定め以外の労働条件を変更することは可能であること。この「別段の定め」は、労働協約、就業規則及び個々の労働契約（無期労働契約への転換に当たり従前の有期労働契約から労働条件を変更することについての有期契約労働者と使用者との間の個別の合意）をいうものであること。

この場合、無期労働契約への転換に当たり、職務の内容などが変更されないにもかかわらず、無期転換後における労働条件を従前よりも低下させることは、無期転換を円滑に進める観点から望ましいものではないこと。

なお、就業規則により別段の定めをする場合においては、法第一八条の規定が、法第七条から第一〇条までに定められている就業規則法理を変更することになるものではないこと。

キ　有期契約労働者が無期転換申込権を行使することにより、現に締結している有期労働契約の契約期間が満了する日の翌日から労務が提供される無期労働契約がその行使の時点で成立していることから、現に締結している有期労働契約の契約期間が満了する日をもって当該有期契約労働者との契約関係を終了させようとする使用者は、無期転換申込権の行使により成立した無期労働契約を解約（解雇）する必要があり、当該解雇が法第一六条に規定する「客観的に合理的な理由を欠き社会通念上相当であると認められない場合」には、権利濫用に該当するものとして無効となること。

また、現に締結している有期労働契約の契約期間が満了する日前に使用者が当該有期契約労働者との契約関係を終了させようとする場合は、これに加えて、当該有期労働契約の契約期間中の解雇であり法第一七条第一項の適用があること。

なお、解雇については当然に労働基準法第二〇条の解雇予告等の規定の適用があるものであること。

ク　有期労働契約の更新時に、所定労働日や始業終業時刻等の労働条件の定期的変更が行われていた場合に、無期労働契約への転換後も従前と同様に定期的にこれらの労働条件の変更を行うことができる旨の別段の定めをすることは差し支えないと解されること。

また、無期労働契約に転換した後における解雇については、個々の事情により判断されるものであるが、一般的には、勤務地や職務が限定されている等労働条件や雇用管理がいわゆる正社員と大きく異なるような労働者については、こうした限定等の事情がない、いわゆる正社員と当然には同列に扱われることにならないと解されること。

ケ　法第一八条第二項は、同条第一項の通算契約期間の計算に当たり、有期労働契約が不存在の期間（以下「無契約期間」という。）が一定以上続いた場合には、当該通算契約期間の計算がリセットされること（いわゆる「クーリング」）について規定したものであること。

法及び「労働契約法第十八条第一項の通算契約期間に関する基準を定める省令」（平成二四年厚生労働省令第一四八号。以下「基準省令」という。）の規定により、同一の有期契約労働者と使用者との間で、一か月以上の無契約期間を置いて有期労働契約が再度締結された場合であって、当該無契約期間の長さが次の①、②のいずれかに該当するときは、当該無契約期間は法第一八条第二項の空白期間に該当し、当該空白期間前に終了している全ての有期労働契約の契約期間は、同条第一項の通算契約期間に算入されない（クーリングされる）こととなること。

なお、無契約期間の長さが一か月に満たない場合は、法第一八条第二項の空白期間に該当することはなく、クーリングされないこと（基準省令第二条。シ参照）。

① 六か月以上である場合

② その直前の有期労働契約の契約期間（複数の有期労働契約が間を置かずに連続している場合又は基準省令第一条第一項で定める基準に該当し連続するものと認められる場合にあっては、それらの有期労働契約の契約期間の合計）が一年未満の場合にあっては、その期間に二分の一を乗じて得た期間（一か月未満の端数は一か月に切り上げて計算する。）以上である場合

コ　基準省令第一条第一項は、法第一八条第二項の「契約期間が連続すると認められるものとして厚生労働省令で定める基準」を規定したものであること。具体的には、次の①から③までのとおりであること。

なお、ケ①のとおり、六か月以上の空白期間がある場合には当該空白期間前に終了している全ての有期労働契約の契約期間は通算契約期間に算入されない。このため、通算契約期間の算定に当たり、基準省令第一条第一項で定める基準に照らし連続すると認められるかどうかの確認が必要となるのは、労働者が無期転換の申込みをしようとする日から遡って直近の六か月以上の空白期間後の有期労働契約についてであること。

① 最初の雇入れの日後最初に到来する無契約期間から順次、無契約期間とその前にある有期労働契約の契約期間の長さを比較し、当該契約期間に二分の一を乗じて得た期間よりも無契約期間の方が短い場合には、無契約期間の前後の有期労働契約が「連続すると認められるもの」となり、前後の有期労働契約の契約期間を通算すること。

② ①において、無契約期間の前にある有期労働契約が他の有期労働契約と間を置かずに連続している場合、又は基準省令第一条第一項で定める基準に該当し連続すると認められるものである場合については、これら連続している又は連続すると認めら

れる全ての有期労働契約の契約期間を通算した期間と、無契約期間の長さとを比較すること。

③　基準省令第一条第一項各号の「二分の一を乗じて得た期間」の計算において、一か月に満たない端数を生じた場合は、一か月単位に切り上げて計算した期間とすること。また、「二分の一を乗じて得た期間」が六か月を超える場合は、無契約期間が六か月未満のときに前後の有期労働契約が連続するものとして取り扱うこと。

すなわち、次の表の左欄に掲げる有期労働契約の契約期間（②に該当する場合は通算後の期間）の区分に応じ、無契約期間がそれぞれ同表の右欄に掲げる長さのものであるときは、当該無契約期間の前後の有期労働契約が連続すると認められるものとなること。

有期労働契約の契約期間（②に該当する場合は通算した期間）	無契約期間
２か月以下	１か月未満
２か月超～４か月以下	２か月未満
４か月超～６か月以下	３か月未満
６か月超～８か月以下	４か月未満
８か月超～10か月以下	５か月未満
10か月超～	６か月未満

①から③までの説明を図示すると、別紙〔編注：八八二頁〕のとおりであること。

サ　基準省令第一条第二項は、同条第一項で定める基準に該当し無契約期間の前後の有期労働契約を通算する際に、一か月に満たない端数がある場合には、三〇日をもって一か月とすることを規定したものであること。

また、一か月の計算は、暦に従い、契約期間の初日から起算し、翌月の応当日の前日をもって一か月とすること。具体例を示すと次のとおりであること。

前の契約　平成二五年四月五日～同年七月一五日（三か月＋一一日）

次の契約　平成二五年八月三日～同年一〇月一日（一か月＋二九日）の場合

（三か月＋一一日）＋（一か月＋二九日）

＝四か月＋四〇日

＝五か月＋一〇日　として、コ③の表に当てはめ、無契約期間が三か月未満であるときは前後の有期労働契約が連続すると認められる。

なお、法第一八条第一項の通算契約期間の計算においても、これと同様に計算すべきものと解されること。

シ　基準省令第二条は、法第一八条第二項の「二分の一を乗じて得た期間を基礎として厚生労働省令で定める期間」を規定したものであること。

具体的には、コ③と同様、一か月に満たない端数を生じた場合は、一か月単位に切り上げて計算した期間とすること。すなわち、次の表の左欄に掲げる有期労働契約の契約期間の区分に応じ、空白期間がそれぞれ同表の右欄に掲げる長さのものであるときは、当該空白期間前に満了した有期労働契約の契約期間は、通算契約期間に算入しない（クーリングされる）こととなること。

有期労働契約の契約期間	空白期間
２か月以下	１か月以上
２か月超～４か月以下	２か月以上
４か月超～６か月以下	３か月以上
６か月超～８か月以下	４か月以上
８か月超～10か月以下	５か月以上
10か月超～１年未満	６か月以上

ス　研究開発法人、大学等の研究者等についての無期転換ルールの適用に当たっては、「研究開発システムの改革の推進等による研究開発能力の強化及び研究開発等の効率的推進等に関する法律及び大学の教員等の任期に関する法律の一部を改正する法律」（平成二五年法律第九九号）により、法第一八条について、無期転換申込権が発生する通算契約期間を一〇年とする特例が設けられているものであること（平成二六年四月一日施行）。

当該特例の詳細については、平成二五年一二月一三日付け基発一二一三第四号「研究開発システムの改革の推進等による研究開発能力の強化及び研究開発等の効率的推進等に関する法律及び大学の教員等の任期に関する法律の一部を改正する法律の施行について」が発出されているものであること。

セ　専門的知識等を有する有期雇用労働者及び定年後引き続いて雇用される有期雇用労働者についての無期転換ルールの適用に当たっては、「専門的知識等を有する有期雇用労働者等に関する特別措置法」（平成二六年法律第一三七号）により、法第一八条に関する特例が設けられているものであること（一部を除き平成二七年四月一日施行）。

当該特例の詳細については、平成二七年三月一八日付け基発〇三一八第一号「専門的知識等を有する有期雇用労働者等に関する特別措置法の施行について」が発出されているものであること。

5　有期労働契約の更新等（法第一九条（平成二五年四月一日前は法第一八条。以下同じ。）関係）

⑴　趣旨

有期労働契約は契約期間の満了によって終了するものであるが、契約が反復更新された後に雇止めされることによる紛争がみられるところであり、有期労働契約の更新等に関するルールをあらかじめ明らかにすることにより、雇止めに際して発生する紛争を防止し、その解決を図る必要がある。

このため、法第一九条において、最高裁判所判決で確立している雇止めに関する判例法理（いわゆる雇止め法理）を規定し、一定の場合に雇止めを認めず、有期労働契約が締結又は更新されたものとみなすこととしたものであること。

(2) 内容

ア　法第一九条は、有期労働契約が反復して更新されたことにより、雇止めをすることが解雇と社会通念上同視できると認められる場合（同条第一号）、又は労働者が有期労働契約の契約期間の満了時にその有期労働契約が更新されるものと期待することについて合理的な理由が認められる場合（同条第二号）に、使用者が雇止めをすることが、客観的に合理的な理由を欠き、社会通念上相当であると認められないときは、雇止めは認められず、したがって、使用者は、従前の有期労働契約と同一の労働条件で労働者による有期労働契約の更新又は締結の申込みを承諾したものとみなされ、有期労働契約が同一の労働条件（契約期間を含む。）で成立することとしたものであること。

イ　法第一九条は、次に掲げる最高裁判所判決で確立している雇止めに関する判例法理（いわゆる雇止め法理）の内容や適用範囲を変更することなく規定したものであること。

法第一九条第一号は、有期労働契約が期間の満了毎に当然更新を重ねてあたかも期間の定めのない契約と実質的に異ならない状態で存在していた場合には、解雇に関する法理を類推すべきであると判示した東芝柳町工場事件最高裁判決（最高裁昭和四九年七月二二日第一小法廷判決）の要件を規定したものであること。

また、法第一九条第二号は、有期労働契約の期間満了後も雇用関係が継続されるものと期待することに合理性が認められる場合には、解雇に関する法理が類推されるものと解せられると判示した日立メディコ事件最高裁判決（最高裁昭和六一年一二月四日第一小法廷判決）の要件を規定したものであること。

ウ　法第一九条第一号又は第二号の要件に該当するか否かは、これまでの裁判例と同様、当該雇用の臨時性・常用性、更新の回数、雇用の通算期間、契約期間管理の状況、雇用継続の期待をもたせる使用者の言動の有無などを総合考慮して、個々の事案ごとに判断されるものであること。

なお、法第一九条第二号の「満了時に」は、雇止めに関する裁判例における判断と同様、「満了時」における合理的期待の有無は、最初の有期労働契約の締結時から雇止めされた有期労働契約の満了時までの間におけるあらゆる事情が総合的に勘案されることを明らかにするために規定したものであること。したがって、いったん、労働者が雇用継続への合理的な期待を抱いていたにもかかわらず、当該有期労働契約の契約期間の満了前に使用者が更新年数や更新回数の上限などを一方的に宣言したとしても、そのことのみをもって直ちに同号の該当性が否定されることにはならないと解されるものであること。

エ　法第一九条の「更新の申込み」及び「締結の申込み」は、要式行為ではなく、使用者による雇止めの意思表示に対して、労働者による何らかの反対の意思表示が使用者に伝わるものでもよいこと。

また、雇止めの効力について紛争となった場合における法第一九条の「更新の申込み」又は「締結の申込み」をしたことの主張・立証については、労働者が雇止めに異議があることが、例えば、訴訟の提起、紛争調整機関への申立て、団体交渉等によって使用者に直接又は間接に伝えられたことを概括的に主張立証すればよいと解されるものであること。

オ　法第一九条の「遅滞なく」は、有期労働契約の契約期間の満了後であっても、正当な又は合理的な理由による申込みの遅滞は許容される意味であること。

6　期間の定めがあることによる不合理な労働条件の禁止（法第二〇条関係）

(1)　趣旨

有期契約労働者については、期間の定めのない労働契約を締結している労働者（以下「無期契約労働者」という。）と比較して、雇止めの不安があることによって合理的な労働条件の決定が行われにくいことや、処遇に対する不満が多く指摘されていることを踏まえ、有期労働契約の労働条件を設定する際のルールを法律上明確化する必要がある。

このため、有期契約労働者の労働条件と無期契約労働者の労働条件が相違する場合において、期間の定めがあることによる不合理な労働条件を禁止するものとしたものであること。

(2)　内容

ア　法第二〇条は、有期契約労働者の労働条件が期間の定めがあることにより無期契約労働者の労働条件と相違する場合、その相違は、職務の内容（労働者の業務の内容及び当該業務に伴う責任の程度をいう。以下同じ。）、当該職務の内容及び配置の変更の範囲その他の事情を考慮して、有期契約労働者にとって不合理と認められるものであってはならないことを明らかにしたものであること。

したがって、有期契約労働者と無期契約労働者との間で労働条件の相違があれば直ちに不合理とされるものではなく、法第二〇条に列挙されている要素を考慮して「期間の定めがあること」を理由とした不合理な労働条件の相違と認められる場合を禁止するものであること。

イ　法第二〇条の「労働条件」には、賃金や労働時間等の狭義の労働条件のみならず、労働契約の内容となっている災害補償、服務規律、教育訓練、付随義務、福利厚生等労働者に対する一切の待遇を包含するものであること。

ウ　法第二〇条の「同一の使用者」は、労働契約を締結する法律上の主体が同一であることをいうものであり、したがって、事業場単位ではなく、労働契約締結の法律上の主体が法人であれば法人単位で、個人事業主であれば当該個人事業主単位で判断されるものであること。

エ　法第二〇条の「労働者の業務の内容及び当該業務に伴う責任の程度」は、労働者が従事している業務の内容及び当該業務に伴う責任の程度を、「当該職務の内容及び配置の変更の範囲」は、今後の見込みも含め、転勤、昇進といった人事異動や本人の役割の変化等（配置の変更を伴わない職務の内容の変更を含む。）の有無や範囲を指すものであること。「その他の事情」は、合理的な労使の慣行などの諸事情が想定されるものであること。

例えば、定年後に有期労働契約で継続雇用された労働者の労働条件が定年前の他の無期契約労働者の労働条件と相違することについては、定年の前後で職務の内容、当該職務の内容及び配置の変更の範囲等が変更されることが一般的であることを考慮すれば、特段の事情がない限り不合理と認められないと解されるものであること。

オ　法第二〇条の不合理性の判断は、有期契約労働者と無期契約労働者との間の労働条件の相違について、職務の内容、当該職務の内容及び配置の変更の範囲その他の事情を考慮して、個々の労働条件ごとに判断されるものであること。とりわけ、通勤手当、食堂の利用、安全管理などについて労働条件を相違させることは、職務の内容、当該職務の内容及び配置の変更の範囲その他の事情を考慮して特段の理由がない限り合理的とは認められないと解されるものであること。

カ　法第二〇条は、民事的効力のある規定であること。法第二〇条により不合理とされた労働条件の定めは無効となり、故意・過失による権利侵害、すなわち不法行為として損害賠償が認められ得ると解されるものであること。また、法第二〇条により、無効とされた労働条件については、基本的には、無期契約労働者と同じ労働条件が認められると解されるものであること。

キ　法第二〇条に基づき民事訴訟が提起された場合の裁判上の主張立証については、有期契約労働者が労働条件が期間の定めを理由とする不合理なものであることを基礎づける事実を主張立証し、他方で使用者が当該労働条件が期間の定めを理由とする合理的なものであることを基礎づける事実の主張立証を行うという形でなされ、同条の司法上の判断は、有期契約労働者及び使用者双方が主張立証を尽くした結果が総体としてなされるものであり、立証の負担が有期契約労働者側に一方的に負わされることにはならないと解されるものであること。

第6　雑則（法第五章関係）

1　船員に関する特例（法第二一条（平成二五年四月一日前は法第一九条。以下同じ。）関係）

(1)　法第二一条第一項は、法第一二条については、船員法（昭和二二年法律第一〇〇号）第一〇〇条に同趣旨の規定が定められていることから、船員に関しては適用しないこととしたものであること。

また、船員法における雇入契約は、有期契約が原則となっているが、雇入契約の解除事由については、船員法第四〇条及び第四一条に具体的な規定が定められていることなどから、法第四章については、船員に関しては適用しないこととしたものであること。

(2)　法第二一条第二項は、船員に関して法を適用するに当たって必要となる読替えを規定したものであること。

2　適用除外（法第二二条（平成二五年四月一日前は法第二〇条。以下同じ。）関係）

(1)　国家公務員及び地方公務員（法第二二条第一項関係）

法は労働者と使用者との間において成立する労働契約についての基本的規範を定めるものであるが、国家公務員及び地方公務員は、任命権者との間に労働契約がないことから、法が適用されないことを確認的に規定したものであること。

(2)　同居の親族のみを使用する場合の労働契約（法第二二条第二項関係）

ア　法第二二条第二項は、親族については、民法において、夫婦の財産、親子の財産等に関する様々な規定が定められており、中でも同居の親族についてはその結びつき（特に経済的関係）が強く、一般の労働者及び使用者と同様の取扱いをすることは適当でないことから、同居の親族のみを使用する場合の労働契約については、法を適用しないこととしたものであること。

イ　法第二二条第二項の「同居」とは、世帯を同じくして常時生活を共にしていることをいうものであること。

ウ　法第二二条第二項の「親族」とは、民法第七二五条にいう六親等内の血族、配偶者及び三親等内の姻族をいい、その要件については、民法の定めるところによるものであること。

第7　附則

1　施行期日（附則第一条関係）

法の趣旨及び内容の周知に必要な期間を勘案して、「公布の日から起算して三月を超えない範囲内において政令で定める日」を施行期日としたものであり、労働契約法の施行期日を定める政令（平成二〇年政令第一〇号）により、法の施行期日は、平成二〇年三月一日とされたものであること。

2　労働基準法その他関係法律の一部改正（附則第二条—第六条関係）

法の制定に伴い、労働基準法第一八条の二を削除すること、労働基準法第九三条を改正し労働契約と就業規則との関係については労働契約法第一二条の定めるところによる旨を規定すること等の労働基準法その他の関係法律の規定の整理を行ったものであること。

第8　改正法附則

1　改正法の施行期日（改正法附則第一項関係）

法第一九条（有期労働契約の更新等）は、改正法の公布日から施行されるものであること。また、法第一八条（有期労働契約の期間の定めのない労働契約への転換）及び第二〇条（期間の定めがあることによる不合理な労働条件の禁止）の施行期日は、これらの規定の趣旨及び内容の周知に必要な期間を勘案して、「労働契約法の一部を改正する法律の一部の施行期日を定める政令」（平成二四年政令第二六七号）により、平成二五年四月一日とされたものであること。

2　経過措置（改正法附則第二項関係）

法第一八条（有期労働契約の期間の定めのない労働契約への転換）の規定は、同条の施行の日（平成二五年四月一日）以後の日を契約期間の初日とする期間の定めのある労働契約について適用し、当該施行の日前の日が初日である有期労働契約の契約期間は、同条第一項の通算契約期間には算入しないものとされたものであること。

3　検討規定（改正法附則第三項関係）

法第一八条に基づく無期転換申込権が多くの労働者に生じる時期である同条の施行の日（平成二五年四月一日）以後五年を経過する時期から三年を経過した時期として、同条の施行後八年を経過した場合に、施行状況を勘案しつつ検討を加え、必要があると認めるときは、その結果に基づいて必要な措置を講ずるものとされたものであること。検討の対象は、法第一八条、すなわち無期転換ルール全体であること。

（別紙）

労働契約法第十八条第一項の通算契約期間に関する基準を定める省令第１条第１項について

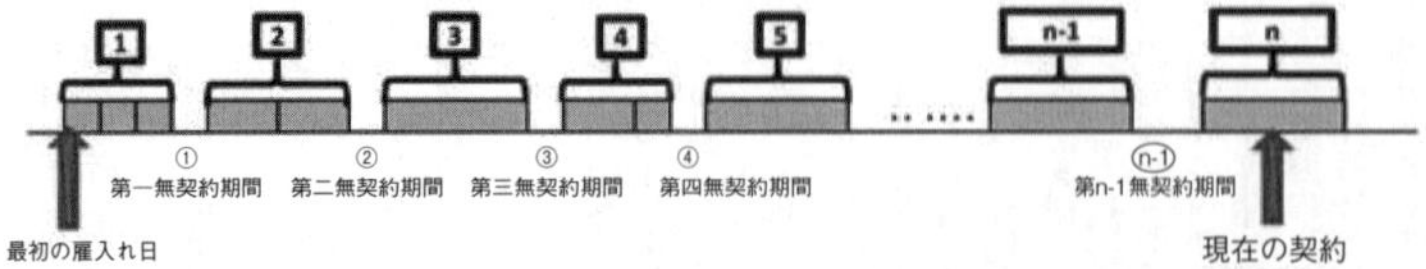

号		無契約期間の位置	次の基準を満たすときは、左欄の無契約期間の前後の有期労働契約が連続すると認められる。
一		①（最初の雇入れの日後最初に到来する無契約期間）	①の期間が、[1]に２分の１を乗じて得た期間（★）未満であるときは、[1]と[2]が連続すると認められる。
二		②	次に掲げる場合に応じ、それぞれ次に定めるものであるときは、[2]と[3]が連続すると認められる。
	イ	[1]と[2]が連続すると認められる場合	②の期間が、（[1]＋[2]）に２分の１を乗じて得た期間（★）未満であること。
	ロ	イに掲げる場合以外の場合	②の期間が、[2]に２分の１を乗じて得た期間（★）未満であること。
三		③	次に掲げる場合に応じ、それぞれ次に定めるものであるときは、[3]と[4]が連続すると認められる。
	イ	[3]以前の全ての有期労働契約が連続すると認められる場合	③の期間が、（[1]＋[2]＋[3]）に２分の１を乗じて得た期間（★）未満であること。
	ロ	[2]と[3]が連続すると認められる場合	③の期間が、（[2]＋[3]）に２分の１を乗じて得た期間（★）未満であること。
	ハ	イ又はロに掲げる場合以外の場合	③の期間が、[3]に２分の１を乗じて得た期間（★）未満であること。
四		④以降の無契約期間	当該無契約期間が、前三号の例により計算して得た期間未満であること。

※　★印は「６か月を超えるときは６か月とし、１か月に満たない端数を生じたときは、これを１か月として計算した期間とする。」の略。

4　いわゆる「シフト制」により就業する労働者の適切な雇用管理を行うための留意事項について

（令四・一・七　基発〇一〇七第四号　職発〇一〇七第三号　雇均発〇一〇七第七号）

　人手不足や労働者のニーズの多様化、季節的な需要の繁閑への対処等を背景として、パートタイム労働者やアルバイトを中心に、いわゆるシフト制（あらかじめ具体的な労働日、労働時間を決めず、シフト表等により柔軟に労働日、労働時間が決まる勤務形態）が、多くの事業場において取り入れられている。

　こうした形態は、その時々の事情に応じて柔軟に労働日・労働時間を設定できる点で契約当事者双方にメリットがあり得る一方、使用者の都合により、労働日がほとんど設定されなかったり、労働者の希望を超える労働日数が設定されたりすることにより、労働紛争の発生も懸念されるところである。

　このため、今般、シフト制に関する適切な雇用管理を促すことを目的として、使用者が現行の労働関係法令等に照らして留意すべき事項について一覧性をもってとりまとめた「いわゆる『シフト制』により就業する労働者の適切な雇用管理を行うための留意事項」（以下「留意事項」という。）を別添1のとおり作成したので、この周知等に遺漏なきを期されたい。

　また、別添2〈略〉により、別添3〈略〉の関係団体に対し、留意事項の周知の協力を依頼することとしていることを申し添える。

（別添1）

いわゆる「シフト制」により就業する労働者の適切な雇用管理を行うための留意事項

〔令四・一・七　厚生労働省〕

1　趣旨

　人手不足や労働者のニーズの多様化、季節的な需要の繁閑への対処等を背景として、パートタイム労働者やアルバイトを中心に、労働日や労働時間を一定期間ごとに調整し、特定するような働き方が取り入れられています。典型的なケースでは、労働契約の締結時点では労働日や労働時間を確定的に定めず、一定期間ごとに作成される勤務割や勤務シフトなどにおいて初めて具体的な労働日や労働時間が確定するような形態が取られています。

　このような形態には、その時々の事情に応じて柔軟に労働日・労働時間を設定できるという点で契約当事者双方にメリットがあり得る一方、使用者の都合により、労働日がほとんど設定されなかったり、労働者の希望を超える労働日数が設定されたりすることにより、労働紛争が発生することもあります。

　労働紛争を未然に防止し、上記のような形態を契約当事者双方にとってメリットのあるものとするため、使用者が現行の労働関係法令等に照らして留意すべき事項を、一覧性をもってとりまとめましたので、使用者においては当該事項を踏まえて、適切な雇用管理を行うことが望まれます。

　なお、本留意事項においては、労働契約の締結時点では労働日や労働時間を確定的に定めず、一定期間（一週間、一か月など。以下同様。）ごとに作成される勤務割や勤務シフトなどにおいて初めて具体的な労働日や労働時間が確定するような形態※を「シフト制」、シフト制を内容とする労働契約を「シフト制労働契約」、シフト制労働契約に基づき就労する労働者を「シフト制労働者」とそれぞれ称することとします。

※　本留意事項においては、近年、パートタイム労働者やアルバイトで広がっている、あらかじめ具体的な労働日、労働時間を決めず、シフト表等により

柔軟に労働日、労働時間が決まる勤務形態を想定しており、従前から見られた、いわゆる交替勤務（年や月などの一定期間における労働日数や労働時間数が決まっており、その上で、就業規則等に定められた勤務時間のパターンを組み合わせて勤務する形態）を除きます。

2　シフト制労働契約に関する留意事項

(1)　労働契約とは

労働契約法第六条において、「労働契約は、労働者が使用者に使用されて労働し、使用者がこれに対して賃金を支払うことについて、労働者及び使用者が合意することによって成立する。」と規定されています。

労働契約の基本的な考え方としては、「労働者及び使用者が対等の立場における合意に基づいて締結し、又は変更すべきもの」とされています（労働契約法第三条第一項）。

また、「労働者及び使用者は、労働契約を遵守するとともに、信義に従い誠実に、権利を行使し、及び義務を履行しなければなら」ず（労働契約法第三条第四項）、さらに、「労働契約に基づく権利の行使に当たっては、それを濫用することがあってはならない」とされています（同条第五項）。

(2)　労働契約の締結

ア　労働契約の締結時に明示すべき労働条件

労働条件をあいまいにしたまま労働契約を締結したために、労働者が不本意な労働条件で働かされ、使用者及び労働者間のトラブルとなるといった事態を未然に防止する観点から、労働基準法においては、使用者は、労働契約の締結に際し、労働者に対して「始業及び終業の時刻」や「休日」に関する事項などを書面により（※）明示しなければならないこととされています（労働基準法第十五条第一項、労働基準法施行規則第五条第一項第二号等、第三項、第四項柱書本文）。

※　労働者の希望に応じて、電子メールの送信等電子的な方法により明示することも可能です（労働基準法施行規則第五条第四項柱書但書各号）。

この点、シフト制労働契約についても、労働契約の締結時に労働基準法所定の事項を明示しなければなりませんが、その中でも特に問題となりやすい「始業及び終業の時刻」や「休日」に関する事項については、以下の点に留意する必要があります。

(ア)　「始業及び終業の時刻」に関する事項

労働契約の締結時点において、すでに始業及び終業時刻が確定している日については、その日の始業及び終業時刻を明示しなければなりませんので、労働条件通知書等には、単に「シフトによる」とか記載するのでは足りず、労働日ごとの始業及び終業時刻を明記するか、原則的な始業及び終業時刻を記載した上で労働契約の締結と同時に定める一定期間分のシフト表等をあわせて労働者に交付するなどの対応が必要です。

(イ)　「休日」に関する事項

労働契約の締結時に休日が定まっている場合は、これを明示しなければなりません。また、具体的な曜日等が確定していない場合は、休日の設定にかかる基本的な考え方などを明示しなければなりません。

労働基準法では、使用者は、労働者に対して、毎週少なくとも一回又は四週間を通じて四日以上の休日を与えなければならないこととされています（労働基準法第三十五条）ので、最低でもこうした内容を満たすような考え方を明示する必要があります。なお、四週間を通じて四日以上の休日とする場合には、四週間の起算日を就業規則等において明らかにしておくことが必要です（労働基準法施行規則第十二条の二第二項）。

イ　就業規則に規定すべき事項

常時十人以上の労働者を使用する使用者は、「始業及び終業の時刻」や「休日」に関する事項などについて、就業規則を作成し、労働基準監督署に届け出なければなりません（労働基準法第八十九条第一号等）。

同一事業場において、労働者の勤務態様、職種等によって始業及び終業の時刻や休日が異なる場合には、勤務態様、職種等の別ごとに始業及び終業の時刻等を規定しなければなりません。シフト制労働者に関して、就業規則上「個別の労働契約による」、「シフトによる」との記載のみにとどめた場合、就業規則の作成義務を果たしたことになりませんが、基本となる始業及び終業の時刻や休日を定めた上で、「具体的には個別の労働契約で定める」、「具体的にはシフトによる」旨を定めることは差し支えありません。

※　シフト制労働者に対して、一か月単位の変形労働時間制（労働基準法第三十二条の二）を導入しようとする場合には、就業規則において、変形労働時間制導入時の具体的な労働日や各日の始業及び終業時刻（月ごとにシフトを作成する必要がある場合には、全ての始業及び終業時刻のパターンとその組み合わせの考え方、シフト表の作成手続及びその周知方法等）を定めておかなければなりません（昭和六十三年三月十四日基発一五〇号参照）。

ウ　労働契約に定めることが考えられる事項

(ア)　シフト作成・変更の手続

使用者及び労働者双方の立場から労働条件の予見可能性を高め、労働紛争を防止するという観点から、シフト制労働者の場合であっても、使用者が一方的にシフトを決めることは望ましくなく、使用者と労働者で話し合ってシフトの決定に関するルールを定めておくことが考えられます。

a.　シフトの作成に関するルール

具体的な労働日、労働時間などをシフトにより定めることとする場合には、これらが労働条件の重要な要素となっていることに鑑み、シフト作成に関するルールとして、例えば、以下の事項について、あらかじめ使用者と労働者で話し合って定めておくことが考えられます。

• シフト表などの作成に当たり、事前に労働者の意見を聴取すること

• 確定したシフト表などを労働者に通知する期限や方法

b.　シフトの変更に関するルール

基本的に、一旦シフトを確定させた後に当該シフト上の労働日や労働時間等を変更することは、労働条件の変更に該当します。

労働契約法第八条では、「労働者及び使用者は、その合意により、労働契約の内容である労働条件を変更することができる。」とされていることを踏まえ、確定した労働日、労働時間

等の変更は、使用者及び労働者双方が合意した上で行うようにしてください。こうした変更が円滑にできるようにするために、シフトの変更に関するルールとして、例えば、以下の事項について、あらかじめ使用者と労働者で話し合って、合意しておくことが考えられます。

- シフトの期間開始前に、確定したシフト表などにおける労働日、労働時間等の変更を使用者又は労働者が申し出る場合の期限や手続
- シフトの期間開始後に、使用者又は労働者の都合で、確定したシフト表などにおける労働日、労働時間等を変更する場合の期限や手続

なお、これらのルールについては、就業規則に定める等して、一律に設けることも考えられます。

(イ) 労働日、労働時間などの設定に関する基本的な考え方

労働者の労働契約の内容に関する理解を深めるためには、シフトにより具体的な労働日、労働時間や始業及び終業時刻を定めることとしている場合であっても、その基本的な考え方を労働契約においてあらかじめ取り決めておくことが望まれます。例えば、労働者の希望に応じて以下の事項について、あらかじめ使用者と労働者で話し合って合意しておくことが考えられます。

- 一定の期間において、労働する可能性がある最大の日数、時間数、時間帯（例：「毎週月、水、金曜日から勤務する日をシフトで指定する」など）
- 一定の期間において、目安となる労働日数、労働時間数（例：「一か月○日程度勤務」、「一週間当たり平均○時間勤務」など）

これらに併せる等して、一定の期間において最低限労働する日数、時間数などについて定めることも考えられます。（例：「一か月○日以上勤務」、「少なくとも毎週月曜日はシフトに入る」など）

エ 労働契約の確認

労働契約法では、「使用者は、労働者に提示する労働条件及び労働契約の内容について、労働者の理解を深めるようにするものとする。」（労働契約法第四条第一項）、「労働者及び使用者は、労働契約の内容…について、できる限り書面により確認するものとする。」（同条第二項）とされていることから、労働契約の内容の理解の促進のため、前記2(2)ウの内容を使用者と労働者で合意した場合には、前記2(2)アの書面により明示すべき労働条件に加えて、これらの合意内容についても、当事者間でできる限り書面により確認しておくことが望まれます。

(3) 労働者の安全と健康の確保

労働安全衛生関係法令は、職場における労働者の安全と健康を確保するため、事業場の規模に応じた安全衛生管理体制の確立や労働者に対する安全衛生教育の実施、作業場所や使用する機械設備、化学物質等による危険や健康障害を防止するための措置、健康診断等の労働者の健康を確保するための措置等を事業者に義務付けています。

これらの措置は、シフト制労働者であることをもって適用対象外となるものではありません。

特に、健康診断やストレスチェックについては、定期にこれを実施することにより、労働者の心身の健康状態を把握し、その結果を踏まえた対策を実施することが重要であるため、業務量の変動により、勤務日数や労働時間数

が一時的に減少したシフト制労働者についても、実施対象に含めることが望まれます。

(4) 労働者を実際に労働させるに当たっての労働時間等の扱い

ア 労働時間

シフト制労働者の場合であっても、一日八時間以内、一週四十時間以内の法定労働時間を遵守する必要があります（労働基準法第三十二条）。法定労働時間を超えて労働させる場合や労働基準法第三十五条の法定休日（週一日又は四週四日の休日）に労働させる場合には、事前に労働者の過半数で組織する労働組合等と書面による協定を締結し、労働基準監督署に届け出る必要があります（労働基準法第三十六条）。また、変形労働時間制を導入して一日又は週の法定労働時間を超えて労働させる場合は、あらかじめ書面による労使協定を締結するなどの手続が必要です（労働基準法第三十二条の二、第三十二条の五）。

イ 休憩

シフト制労働者の場合であっても、労働時間が六時間を超える場合は少なくとも四十五分、八時間を超える場合は少なくとも一時間の休憩時間を労働時間の途中に与えなければなりません（労働基準法第三十四条第一項）。

休憩時間とは、労働者が権利として労働から離れることを保障されている時間をいいます。そのため、労働者が現実に作業をしていないとしても、使用者からいつ就労の要求があるかもしれない状態で待機している、いわゆる「手待時間」は、休憩時間には該当しません。また、例えば来客対応などで労働者が実際に労働した場合には、その時間も休憩時間として取り扱うことはできません。よって、「休憩時間」とされた時間中に手待時間や来客対応などの時間が含まれる場合は、これらの時間を除いて少なくとも四十五分（労働時間が六時間を超える場合）又は一時間（労働時間が八時間を超える場合）の休憩時間を与えることが必要になります。なお、労働基準法上、休憩時間は必ずしも連続して与える必要はありません。

ウ 年次有給休暇

シフト制労働者の場合であっても、雇入れの日から起算して六か月間継続勤務し、全労働日の八割以上出勤したときは、労働基準法所定の日数の年次有給休暇を付与しなければなりません（労働基準法第三十九条第一項、第二項）。たとえ雇用契約の契約期間が六か月未満であっても、契約が更新されて六か月以上に及んでいる場合には、六か月間継続勤務の要件を満たすこととなります。また、所定労働日数が少ない労働者についても、労働日数に応じた日数分の年次有給休暇を与えなければなりません（労働基準法第三十九条第三項）。

シフト制労働者の場合であっても、年次有給休暇については、原則として労働者の請求する時季に与えなければなりません（労働基準法第三十九条第五項）。労働者が年次有給休暇を取得した日については、労働者の就労義務が消滅する一方で、使用者は、通常通り勤務した場合と同等の賃金など、一定の賃金を支払わなければなりません（労働基準法第三十九条第九項）。

シフト制労働者の場合であっても、法定の年次有給休暇の付与日数が十日以上である場合には、そのうち五日（既に取得した日数があれば、五日から既に取得した日数を控除した日数）について、法所定の基準日から一年以内に時季を定めて取得させなければなりません（労働基準法第三十九条第七項）。

エ　休業

労働基準法においては、使用者は、使用者の責に帰すべき事由により労働者を休業させた場合、当該休業期間中、当該労働者に対し、平均賃金の六割以上の休業手当を支払わなければならないこととされています（労働基準法第二十六条）。

これは、労働者が使用者の責に帰すべき事由によって就業できなかった場合に使用者に休業手当の支払を義務付けることにより、労働者の生活を保護しようとするものです。

「使用者の責に帰すべき事由」は、使用者の故意や過失に限定されず、使用者側に起因する経営、管理上の障害なども含まれます。ただし、不可抗力による場合はこれに当たりません。

一般的には、

①　その原因が事業の外部より発生した事故であること

②　事業主が通常の経営者としての最大の注意を尽くしてもなお避けることができない事故であること

という要素をいずれも満たす場合は、不可抗力による場合に該当することとなりますが、②の要素を満たすためには、使用者として休業を回避するための具体的努力を最大限尽くしていると言える必要があります。

具体的な努力を尽くしたと言えるか否かは、例えば、

・　自宅勤務などの方法により労働者を業務に従事させることが可能な場合において、これを十分に検討しているか

・　労働者に他に就かせることができる業務があるにもかかわらず休業させていないか

といった事情から判断されることとなります。

シフト制労働者の場合であっても、使用者の責に帰すべき事由により労働者を休業させた場合には、休業手当の支払が必要になります。

(5)　その他

ア　労働契約の終了

(ア)　解雇

シフト制労働者が期間の定めのある労働契約（以下「有期労働契約」といいます。）の労働者である場合は、労働契約法第十七条第一項により、「やむを得ない事由がある場合でなければ、その契約期間が満了するまでの間において、…解雇することができ」ません。

また、シフト制労働者が期間の定めのない労働契約の労働者である場合、労働契約法第十六条により、解雇が「客観的に合理的な理由を欠き、社会通念上相当であると認められない場合」には無効となります。

なお、やむを得ず労働者を解雇しようとする場合、シフト制労働者であっても、少なくとも三十日前にその予告を行うことや、予告を行わない場合には平均賃金の三十日分以上の解雇予告手当を支払うことが必要です（労働基準法第二十条第一項）。

(イ)　雇止め

有期労働契約における雇止め（労働者からの有期労働契約の更新等の申込みを使用者が拒絶すること）については、シフト制労働者の場合であっても、過去に反復更新された有期労働契約で、その雇止めが期間の定めのない労働契約における解雇と社会通念上同視できると認められる場合や、有期労働契約の契約期間の満了時に、

労働者がその有期労働契約が更新されるものと期待することに合理的な理由があると認められる場合において、使用者が雇止めをすることが「客観的に合理的な理由を欠き、社会通念上相当と認められないとき」には、労働契約法第十九条により、従前と同一の労働条件で有期労働契約が更新されます。

なお、有期労働契約が三回以上更新されているか、雇入れの日から一年を超えて継続勤務している有期契約労働者について、有期労働契約を更新しない場合には、シフト制労働者であっても、少なくとも契約の満了する日の三十日前までに、その旨の予告を行うことが必要です（有期労働契約の締結、更新及び雇止めに関する基準第一条）。

イ　期間の定めのない労働契約への転換

シフト制労働者であっても、有期労働契約が繰り返し更新されて契約期間が通算五年を超えた場合において、労働者が使用者に対して期間の定めのない労働契約の締結の申込みをしたときは、両者間に期間の定めのない労働契約が成立することになります（労働契約法第十八条）。

使用者においては、シフト制労働者が期間の定めのない労働契約の締結の申込みをしたことを理由に、当該労働者のシフトの頻度を一方的に減らすことのないようにしてください。

ウ　不合理な待遇差の禁止

シフト制労働者がパートタイム労働者又は有期労働契約の労働者である場合、労働条件を設定する際、パートタイム・有期雇用労働法第八条（不合理な待遇の禁止）にも留意する必要があります。

例えば、通勤手当の支給やシフト減に伴う手当の支払に当たっては、不合理な待遇差に該当しないように留意してください。

なお、不合理な待遇差を生じさせないために、比較対象となる通常の労働者の待遇を労使で合意することなく引き下げることは望ましい対応とはいえないことにも留意してください。

3　労働者の募集等

労働者の募集等に当たっては、労働者となろうとする者等に対して、業務内容・賃金・労働時間等の労働条件を明示することが必要です（職業安定法第五条の三第一項及び第二項）。求人票等を記載する時点においても、前記2の(2)、(4)の趣旨を踏まえた記載とすることが望まれます。

なお、募集時の労働条件を、労働契約締結までに変更する場合は、変更内容の明示が必要です（職業安定法第五条の三第三項）。

労働条件は可能な限り具体的かつ詳細に明示するよう配慮が必要です。労働条件の明示に当たっては、職業安定法に基づく指針等を遵守することが必要です。

4　その他

(1)　シフト制に関するご相談

シフトに関するトラブルを未然に防止したい場合や、仮にトラブル（例：「シフトが以前より少なくなった」、「シフトを一方的に減らされた」など）が生じた場合、その解決方法の一つとして、個別労働紛争解決制度があります。

まずは、お近くの都道府県労働局、各労働基準監督署内などに設置されている総合労働相談コーナーにご相談ください。

(2)　社会保険、労働保険の加入等

ア　労災保険

労災保険は、労働者の保護を図るための制度であり、労働者を使用する事業は適用事業[1]となります（労働者災害補償保険法第三条）。

シフト制労働者の場合であっても、労災保険給付の対象となります。

1 個人経営の農林水産業の事業で、その使用する労働者数が五人未満である事業の一部については、暫定的に任意適用事業となっています。

イ 雇用保険

次の(ア)及び(イ)のいずれにも該当するときは、雇用保険の被保険者となります。

(ア) 一週間の所定労働時間が二十時間以上であること。

一週間の所定労働時間については、2(2)ウ(イ)に記載の基本的な考え方が労働契約書等に定められている場合は、それに沿って判断します。一方で、そうした定めがなくシフトが直前にならないと判明しない場合や、労働契約書等の内容と実際の勤務時間に乖離がある場合は、実際の勤務時間に基づき平均の労働時間を算定します。

なお、シフトの減少により臨時的・一時的に二十時間を下回った場合でも、直ちに被保険者でなくなることはありませんが、恒常的に二十時間を下回る見込みとなった場合は、その時点で被保険者でなくなります。

(イ) 三十一日以上引き続き雇用されることが見込まれる者であること。

具体的には、次のいずれかに該当する場合をいいます。

- 期間の定めがなく雇用される場合
- 雇用期間が三十一日以上である場合
- 雇用期間が三十一日未満であるが、雇用契約書その他の書面で更新される場合があることが明示されている場合
- 雇用期間が三十一日未満であり、更新の明示はないが、同様の雇用契約により雇用された労働者が更新等により三十一日以上雇用された実績がある場合

なお、当初の雇入時には三十一日以上雇用されることが見込まれない場合であってもその後、三十一日以上雇用される見込みとなった場合は、その時点から雇用保険の被保険者となります。

事業主は、雇入や労働時間の増加により労働者が雇用保険の被保険者となった場合は、被保険者となった日の属する月の翌月十日までに、「雇用保険被保険者資格取得届」を事業所の所在地を管轄する公共職業安定所（ハローワーク）に提出してください。また、離職や労働時間の減少により労働者が雇用保険の被保険者でなくなった場合は、当該事実が生じた日の翌日から十日以内に、「雇用保険被保険者資格喪失届」を事業所の所在地を管轄する公共職業安定所（ハローワーク）に提出してください。

雇用保険の被保険者が離職した場合に、次の要件を満たすことにより、再就職に向けた求職活動を支援するための給付である基本手当を受給することができます。

- 離職の日以前二年間に十二か月以上被保険者期間（※）があること
- 労働の意思及び能力を有するにもかかわらず、職業に就くことができない状態であること

※ 倒産・解雇等による離職の場合（特定受給資格者に該当）、期間の定めのある労働契約が更新されなかったことその他やむを得ない理由による離職の場合

（特定理由離職者に該当）は、離職の日以前一年間に六か月以上被保険者期間があること

シフト制労働者が次に該当する理由により離職した場合、「特定理由離職者」又は「特定受給資格者」と認められ、給付制限を受けないほか、基本手当の所定給付日数が手厚くなる[2]場合があります。

・具体的な就労日数が労働条件として明示されている一方で、シフトを減らされた場合
・契約更新時に従前の労働条件からシフトを減らした労働条件を提示されたため、更新を希望せずに離職した場合

また、シフト制労働者が次に該当する理由により離職した場合、「特定理由離職者」と認められ、給付制限を受けません。

・新型コロナウイルス感染症の影響により、シフトが減少し、概ね一か月以上の期間、労働時間が二十時間を下回った、又は下回ることが明らかになったことにより離職した場合

2　受給資格に係る離職理由、年齢、被保険者であった期間（加入期間）に基づき基本手当の所定給付日数が決定されます。被保険者であった期間（加入期間）が短い場合など、通常の離職者と所定給付日数が変わらないこともあります。

ウ　健康保険・厚生年金保険

次のいずれかに該当するときは、厚生年金保険・健康保険の被保険者となります。所定労働時間については、雇用保険と同様の取扱いとなります。

(ア)　一週間の所定労働時間及び一か月の所定労働日数が、同じ事業所で同様の業務に従事している正社員の四分の三以上である者（パートタイム労働者・アルバイト等）

(イ)　正社員の四分の三未満であっても、
①　週の所定労働時間が二十時間以上
②　勤務期間が一年以上見込まれること
③　月額賃金が八・八万円以上
④　学生以外
⑤　従業員五百一人以上の企業又は五百人以下で労使合意をしている企業に勤務していること
の五つの要件を満たす者

（注1）②について、期間の定めなく使用される場合及び使用期間が一年以上である場合は、継続して一年以上使用されることが見込まれることとして取り扱うこととしています。

また、使用期間が一年未満である場合であっても、次のいずれかに該当するときは、継続して一年以上使用されることが見込まれることとして取り扱うこととしています。

・就業規則、雇用契約書等その他書面においてその契約が更新される旨又は更新される場合がある旨が明示されていること
・同一の事業所において同様の雇用契約に基づき使用されている者が更新等により一年以上使用された実績があること

なお、令和四年十月一日以降は②の要件が撤廃され、二か月を超えて使用される見込みがある場合に適用されます。

（注2）③について、報酬が、日給、時間給、出来高給又は請負給の場合は、被保険者の資格を取得した

月前一か月間に同一の事業所において、同様の業務に従事し、かつ、同様の報酬を受ける者が受けた報酬の額を平均した額を報酬月額とすることを原則としています。

（注３）⑤について、令和四年十月一日以降は百一人以上、令和六年十月一日以降は五十一人以上となります。

事業主は、雇入や労働時間の増加により労働者が健康保険・厚生年金保険の被保険者となった場合は、当該事実があった日から五日以内に「健康保険・厚生年金保険被保険者資格取得届」を事業所の所在地を管轄する年金事務所（又は健康保険組合）に提出してください。

また、離職や労働時間の減少により労働者が健康保険・厚生年金保険の被保険者でなくなった場合は、当該事実があった日から五日以内に「健康保険・厚生年金保険被保険者資格喪失届」を事業所の所在地を管轄する年金事務所（又は健康保険組合）に提出してください。詳しい届出の方法や必要な書類などは、年金事務所へお問い合わせ下さい。

Ⅱ　労働者派遣法関係

1　労働者派遣事業の適正な運営の確保及び派遣労働者の保護等に関する法律第三章第四節（労働基準法等の適用に関する特例等）の施行について

（昭六一・六・六　基発三三三号、昭六三・三・一四　基発一五〇号、平一一・三・三一　基発一六八号、平二〇・七・一　基発〇七〇一〇〇一号）

一　労働者派遣

(1)　労働者派遣の定義

労働者派遣とは、「自己の雇用する労働者を、当該雇用関係の下に、かつ、他人の指揮命令を受けて、当該他人のために労働に従事させることをいい、当該他人に対し当該労働者を当該他人に雇用させることを約してするものを含まない」ものである（労働者派遣事業の適正な運営の確保及び派遣労働者の保護等に関する法律（以下「労働者派遣法」という。）第二条第一号）。この場合の「雇用関係」とは、労働基準法第九条の使用する関係（以下「労働契約関係」という。）と同義である。

したがって、労働者派遣における派遣元、派遣先及び派遣労働者の三者間の関係は、①派遣元と派遣労働者との間に労働契約関係があり、②派遣元と派遣先との間に労働者派遣契約が締結され、この契約に基づき派遣元が派遣先に労働者を派遣し、③派遣先は、派遣元から委ねられた指揮命令権により派遣労働者を指揮命令するものというものである。

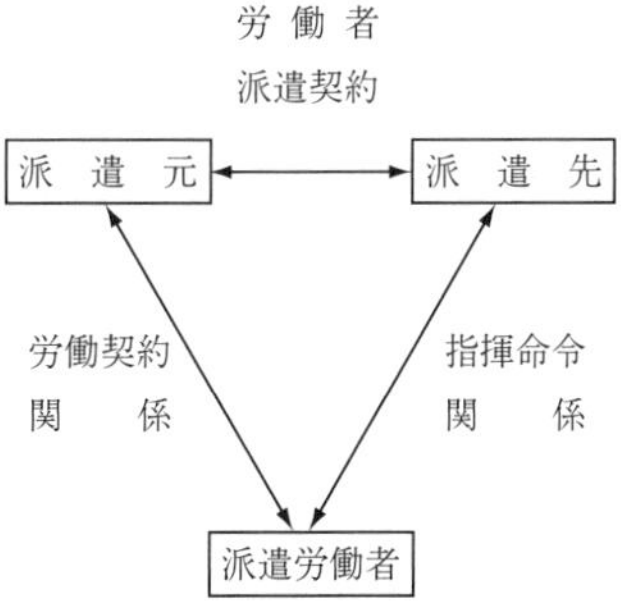

なお、請負、出向、派遣店員及び労働者供給との関係等については、別添「労働者派遣と請負、出向、派遣店員及び労働者供給との関係等」によるものであること。

(2)　中間搾取との関係

イ　労働基準法第六条は「業として他人の就業に介入して利益を得る」ことを禁止しているが、この場合の「他人の就業に介入」するとは、「労働関係の当事者、即ち使用者と労働者の中間に、第三者が介在して、その労働関係の開始存続において、媒介又は周旋をなす等その労働関係について、何等かの因果関係を有する関与をなしていることである」（昭和二三年三月二日付け基発第三八一号）。

労働者派遣については、派遣元と労働者との間の労働契約関係及び派遣先と労働者との間の指揮命令関係を合わせたものが全体として当該労働者の労働関係となるものであり、したがって派遣元による労働者の派遣は、労働関係の外にある第三者が他人の労働関係に介入するものではなく、労働基準法第六条の中間搾取に該当しない。

ロ　労働者供給については、供給先と労働者との間に実質的な労働関係があるので、供給元による労働者の供給は、供給先と労働者との労働関係の外にある第三者である供給元が「他人の労働関係に介入する」こととなる。なお、供給元と労働者との間に労働契約関係がある場合については、労働者派遣と同様、供給元は「他人の労働関係に介入」するものではない。

二 労働基準法等の特例の基本的考え方

労働基準法、労働安全衛生法、じん肺法及び作業環境測定法（以下「労働基準法等」という。）は、労働者と労働契約関係にある事業に適用されるので、派遣労働者に関しては、派遣労働者と労働契約関係にある派遣元事業主が責任を負い、これと労働契約関係にない派遣先事業主は責任を負わないことになる。しかし、派遣労働者に関しては、これと労働契約関係にない派遣先事業主が業務遂行上の指揮命令を行うという特殊な労働関係にあるので、労働者派遣事業の制度化に合わせて、派遣労働者の法定労働条件を確保する観点から労働基準法等の適用について必要な特例措置を設けたものである。

労働者派遣法においては、派遣労働者に関する労働基準法等の適用について、基本的には派遣労働者と労働契約関係にある派遣元事業主が責任を負うものであるという原則を維持しつつ、労働者派遣の実態から派遣元事業主に責任を問いえない事項、派遣労働者の保護の実効を期する上から派遣先事業主に責任を負わせることが適切な事項について特例規定により派遣先事業主に責任を負わせることとした。特例規定が存しない労働基準法等の規定については、原則どおり、派遣元事業主が責任を負うこととなる。

また、派遣先事業主に責任を負わせることとした事項のうち一定の事項に関しては、派遣先において労働基準法等に抵触した場合であって派遣元事業主にも責任がある場合についての罰則の特例措置を設ける等併せて所要の特例措置を設けることとした。

これらの特例措置によって、派遣労働者については、それぞれの事項ごとに法定労働条件の確保について権限を有する者が労働基準法上の使用者責任を負うこととなり、その保護が図られることになる。

三 労働基準法等の特例の適用範囲

(1) 適用範囲

労働者派遣法第三章第四節労働基準法等の適用に関する特例等（以下「特例等」という。）は次のいずれにも該当する労働者派遣について適用される。

イ 派遣元が労働基準法の適用事業の事業主であり、かつ、派遣される労働者が労働基準法第九条に規定する労働者であること。

ロ 派遣先が事業又は事務所の事業主であること。

「事業又は事務所」には、業として継続的に行われるものであれば、労働基準法の適用事業のほか、第百十六条第二項により同法を適用しないこととされている同居の親族のみを使用している事業を含むものである。したがって、同居の親族以外の労働者を使用すれば同法の適用事業となる事業が、派遣労働者の派遣を受けた場合は、当該労働者に関しては同法の適用事業となるものである。

なお、派遣先が、国又は地方公共団体である場合においても、当該国又は地方公共団体に労働者派遣されている労働者に関しては、特例等の適用があり、したがって、当該国又は地方公共団体に対して特例等による労働基準法等の適用があること。

ハ 特例等は、労働者派遣という就業形態に着目して、労働基準法等に関する特例を定めるものであり、業として行われる労働者派遣だけでなく、業として行われるのではない労働者派遣についても適用されるものである。

また、労働者派遣法に基づき労働者派遣事業の実施につき許可を受け又は届出をした派遣元事業主が行う労働者派遣に限られず、さらに、同法に定める労働者派遣の適用対象業務に関する労働者派遣に限られないものである。

(2) 派遣中の労働者

労働者派遣法第四四条第一項の「派遣中の労働者」は、(1)に該当する労働者派遣により派遣されている労働者であり、特例等による労働基準法等は、当該労働者の派遣就業、当該労働者を派遣就業のために派遣している派遣元の事業、当該労働者が派遣就業のために派遣されている派遣先の事業に関して、適用されるものである。

労働者派遣法第二条第二号の派遣労働者は、「事業主が雇用する労働者であって、労働者派遣の対象となるもの」であり、現に派遣されていない労働者も含まれるなど、派遣中の労働者とは範囲を異にするものである。

四　労働基準法の適用に関する特例

(1)　労働者派遣法第四四条の概要

イ　労働者派遣法第四四条第一項関係

(イ)　派遣中の労働者の派遣就業に関しては、労働者派遣法第四四条第一項に掲げられた労働基準法第三条等の規定の適用については、派遣中の労働者は労働契約関係にある派遣元の事業に加えて、労働契約関係にない派遣先の事業とも労働契約関係にあるものとみなされること。

(ロ)　労働者派遣法第四四条第一項は、派遣先の事業もまた派遣中の労働者を使用する「事業」とみなすと規定しているが、これは、同項の特例が適用される場合の派遣先の事業における労働基準法の責任主体に、派遣先の事業主のほか、労働基準法第一〇条の使用者に該当する者、すなわち、派遣先の事業の経営担当者及び派遣先の事業の労働者（同事業の労働者とみなされる派遣中の労働者を含む。）に関する事項について事業主のために行為するすべての者を含ませる趣旨のものであること。

(ハ)　労働者派遣法第四四条第一項に掲げられた労働基準法第三条等の規定については、派遣元の使用者と派遣先の使用者の双方がこれらの規定に基づく義務を負うが、この義務はそれぞれが派遣中の労働者について権限を有する事項について別個に負うものであり、同一の行為について両者が連帯して負うものではないこと。

ロ　労働者派遣法第四四条第二項関係

(イ)　派遣中の労働者の派遣就業に関しては、労働者派遣法第四四条第二項に掲げられた労働基準法第七条等の規定の適用については、派遣中の労働者は労働契約関係にある派遣元の事業とは労働契約関係にはないものとみなされ、労働契約関係にはない派遣先の事業と労働契約関係にあるものとみなされること。

(ロ)　派遣先の事業のみを派遣中の労働者を使用する「事業」とみなすと規定している趣旨はイ(ロ)と同じであること。

(ハ)　(イ)及び(ロ)から、労働者派遣法第四四条第二項に掲げられた労働基準法第七条等の規定については、派遣先の使用者のみが、これらの規定に基づく義務を負い、派遣元の使用者はこれらの規定に基づく義務を負わないこと。

(ニ)　労働者派遣法第四四条第二項後段の読替え規定により、派遣中の労働者の派遣就業に関しては、労働基準法第三二条による変形労働時間についての就業規則その他の定め及び同法第三六条第一項による時間外・休日労働協定の締結・届出は、派遣元の使用者が行うこととされていること。

派遣元の使用者が労働基準法第三二条第二項の定めをすれば、派遣先の使用者はその定めに従って派遣中の労働者を労働させることができ、また、派遣元の使用者が同法第三六条第一項の協定を締結し、届け出れば、派遣先の使用者は当該協定の範囲内で法定労働時間を超えて、又は法定休日に労働させることができること。

ハ　労働者派遣法第四四条第三項及び第四項関係

(イ)　派遣元の使用者は、派遣先の使用者が労働者派遣契約に定める派遣就業の条件に従って、派遣した労働者を労働させたならば、労働者派遣法第四四条第三項に掲げられた労働基準法第三二条等の規定に抵触することとなる場合には、当該労働者派遣をしてはならないものであること。

(ロ)　派遣元の使用者が(イ)に反して労働者派遣をした場合であって、現実に派遣先の使用者が労働基準法第三二条等の規定に抵触した場合には、派遣元の使用者は当該規定に違反したものとみなして罰則の規定を適用するものである。この場合において、労働基準法第三二条等の規定に抵触すると、派遣先の使用者に故意がなく法違反の責任を問えない場合であっても、客観的に同法に抵触する事実があれば、これに該当するものであること。

ニ　労働者派遣法第四四条第五項及び第六項

(イ)　労働基準法の適用に関する特例については、労働基準法第一〇〇条等の規定は、所要の読替えをして適用するものであること。

(ロ)　労働基準法の適用に関する特例を適用する場合における技術的読替えその他必要な事項は、労働者派遣事業の適正な運営の確保及び派遣労働者の就業条件の整備等に関する法律施行令（以下「労働者派遣法施行令」という。）第四条及び労働者派遣事業の適正な運営の確保及び派遣労働者の就業条件の整備等に関する法律施行規則（以下「労働者派遣法施行規則」という。）第三九条に規定されていること。

〈編注・以下略—労働基準法の解釈例規に包含されている〉

（別　添）

労働者派遣と請負、出向、派遣店員及び労働者供給との関係等

一　請負との関係

請負とは、仕事の完成を目的とする契約関係であり、請負人が請負った仕事を自己の雇用する労働者に行わせる場合についても、請負人が自らの責任において当該労働者を指揮命令するのであって、本来労働者派遣には該当しないものである。

しかしながら、請負という形式で行われている場合であっても、実質的には注文主が請負人の雇用する労働者を指揮命令している場合は、労働者派遣に該当する場合もあり、労働者派遣ではなく、請負により事業を行っていると判断されるためには、

第一に、その雇用する労働者の労働力を当該事業主（請負人）が自ら直接利用すること、すなわち、当該労働者の作業の遂行について、当該事業主（請負人）が直接指揮監督のすべてを行うとともに、

第二に、当該業務を自己の業務として相手方（注文主）から独立して処理すること、すなわち、当該業務が当該事業主（請負人）の業務として、その有する能力に基づき自己の責任の下に処理されることが必要であるが、具体的には、昭和六一年労働省告示第三七号により示された次の基準に基づき判断を行うこと。

労働者派遣事業と請負により行われる事業との区分に関する基準

請負契約の形成に基づき、その雇用する労働者を業として業務に従事させる事業主であっても、次のⅠ及びⅡのいずれをも満たす場合を除き、労働者派遣事業を行う者に該当する。

Ⅰ　労働力を自ら直接利用すること。

当該労働者の労働力を当該事業主が自ら直接利用するとは次の1、2及び3のいずれをも満たす場合である。

1　業務の遂行に関する指示、管理を自ら行うこと。

業務の遂行に関する指示、管理を自ら行うとは次の①及び②のいずれをも満たす場合である。

①　当該労働者に対する業務の遂行方法に関する指示、管理を当該事業主が行うものであること。

当該要件の判断は、当該労働者に対する仕事の割りふり、順序、緩急の調整等につき、当該事業主が自ら行うものであるか否かを総合的に勘案して行う。

②　当該労働者の業務の遂行に関する評価等に係る指示、管理を当該事業主が行うものであること。

当該要件の判断は、当該労働者の業務の遂行に関する技術的な指導、勤惰点検、出来高査定等につき、当該事業主が自ら行うものであるか否かを総合的に勘案して行う。

2　労働時間の管理を自ら行うこと。

労働時間の管理を自ら行うとは次の①及び②のいずれをも満たす場合である。

①　当該労働者の出退勤、休憩時間等の管理（単なる時間の把握は除く。）及び休暇、休日等の管理は、当該事業主が行うものであること。

②　当該労働者に対する時間外・休日労働の命令は、当該事業主が行うものであること。

3　企業秩序の維持確保等のための指揮監督を自ら行うこと。

企業秩序の維持確保等のための指揮監督を自ら行うとは次の①及び②のいずれをも満たす場合である。

①　当該業務に従事する労働者に係る服務規律については、当該事業主が決定し、管理するものであること。

当該要件の判断は、当該労働者に係る事業所への入退場に関する規律、服装、職場秩序の保持、風紀維持のための規律等の決定、管理につき、当該事業主が自ら行うものであるか否かを総合的に勘案して行う。

②　当該業務に従事する労働者の配置等の決定及び変更は、当該事業主が行うものであること。

当該要件の判断は、当該労働者に係る勤務場所、直接指揮命令する者等の決定及び変更につき、当該事業主が自ら行うものであるか否かを総合的に勘案して行う。

Ⅱ　当該業務を自己の業務として相手方から独立して処理すること。

当該事業主が当該業務を自己の業務として相手方から独立して処理するとは次の①、②及び③のいずれをも満たす場合である。

①　当該業務を処理するために必要な資金については、当該事業主がすべて自己の責任で調達し支弁するものであること。

当該要件の判断に当たり、資金についての調達、支弁の方法は特に問わない。

②　当該業務の処理について、当該事業主が民法、商法、その他の法律に規定された事業主として負うべきすべての責任を負うものであること。

③　当該業務の処理について当該事業主が次のイ又はロのいずれかに該当する場合であって、単に肉体的な労働力を提供するものではないこと。

イ　当該事業主が自己の責任と負担で準備し、調達する機械、設備若しくは器材（業務上必要な簡易な工具を除く。）又は材料若しくは資材により、当該業務を処理すること。

当該要件は、機械、設備、資材等の所有関係、購入経路等の如何を問うものではないが、機械等が相手方から借り入れ又は購入されたものについては、別個の双務契約による正当なものであることが必要である。

ロ　当該事業主が行う企画又は当該事業主が有する専門的技術若しくは専門的経験に基づいて、当該業務を処理すること。

当該要件は、業務を処理する個々の労働者が有する技術、技能等に関するものではない。

（注）上記基準のすべてに該当する場合であっても、それが法の規定に違反することを免れるため故意に偽装されたものであって、その事業の真の目的が労働者派遣にあるときは、労働者派遣であることを免れることができない。

二　出向との関係

出向とは、出向元と何らかの労働関係を保ちながら、出向先との間において新たな労働契約関係に基づき相当期間継続的に勤務する形態であり、出向元との関係から在籍型出向と移籍型出向とに分類される。

(1)　在籍型出向

在籍型出向は、出向先と出向労働者との間に出向元から委ねられた指揮命令関係ではなく、労働契約関係及びこれに基づく指揮命令関係がある形態であり、労働者派遣には該当しない。

出向先と出向労働者との間に労働契約関係が存するか否かは、出向・派遣という名称によることなく出向先と労働者との間の労働関係の実態により、出向先が出向労働者に対する指揮命令権を有していることに加え、出向先が賃金の全部又は一部の支払いをすること、出向先の就業規則の適用があること、出向先が独自に出向労働者の労働条件を変更することがあること、出向先において社会・労働保険へ加入していること等総合的に勘案して判断すること。

なお、在籍型出向の出向労働者については、出向元及び出向先の双方とそれぞれ労働契約関係があるので、出向元及び出向先に対しては、それぞれ労働契約関係が存する限度で労働基準法等の適用がある。すなわち、出向元、出向先及び出向労働者三者間の取決めによって定められた権限と責任に応じて出向元の使用者又は出向先の使用者が出向労働者について労働基準法等における使用者として責任を負うものである。この点については、昭和五九年一〇月一八日付け労働基準法研究会報告「派遣、出向等複雑な労働関係に対する労働基準法等の適用について」中「3　いわゆる出向型に対する労働基準法等の適用関係」を参照のこと。

(2)　移籍型出向

移籍型出向は、出向先との間にのみ労働契約関係がある形態であり、出向元と出向労働者との労働契約関係は終了しており、労働者派遣には該当しない。

なお、移籍型出向の出向労働者については、出向先とのみ労働契約関係があるので、出向先についてのみ労働基準法等の適用がある。

三　派遣店員との関係

デパート、スーパーマーケット等におけるいわゆる派遣店員については、種々の形態があるが、派遣元（メーカー、卸売店等）との労働契約関係に基づき、派遣元の業務命令を受けて、派遣元の商品の販売促進等派遣元の業務に従事する者であって、派遣先（デパート、スーパーマーケット等）の指揮命令を受けないものの派遣は、労働者派遣に該当しないものであるが、派遣先が当該派遣店員を現実に指揮命令して、派遣先の業務に従事させる場合は労働者派遣に該当することとなる。

この場合の派遣店員が、派遣先の指揮命令を受けているか否かは、一請負との関係「労働者派遣事業と請負により行われる事業との区別に関する基準」中「I　労働力を自ら直接利用すること」に準じて判断すること。

なお、派遣店員のうち、派遣先の指揮

命令を受けない者については、派遣元についてのみ労働基準法等の適用があるが、派遣先の指揮命令を受けるものについては労働者派遣法第三章第四節労働基準法等の適用に関する特例等の適用があり、同節に定めるところにより、派遣元及び派遣先に対して、労働基準法等の適用があることとなる。

四　労働者供給との関係

イ　労働者供給とは、「供給契約に基づいて労働者を他人の指揮命令を受けて労働に従事させることをいい、労働者派遣法第二条第一号に規定する労働者派遣に該当するものを含まないもの」である（職業安定法第四条第七項）。

したがって、供給元と労働者との間に労働契約関係がない場合には供給先と労働者との間の労働契約関係の有無を問わず供給契約に基づいて労働者を供給先の指揮命令を受けて労働に従事させるものが労働者供給に該当するものであること。

ロ　供給元と労働者との間に労働契約関係がある場合であっても、供給先に労働者を雇用させることを約しているものは労働者派遣に該当せず、労働者供給に該当するものであること。

この場合における「供給先に労働者を雇用させることを約しているもの」の判断については、供給元、供給先間において労働者を供給先に契約書等において雇用させる旨の意思の合致が客観的に認められる場合はその旨判断するが、それ以外の場合は、次のような基準に従い判断されるものであること。

①　労働者の派遣が労働者派遣法に定める枠組みに従って行われる場合は、原則として、派遣先（供給先）に労働者を雇用させることを約して行われるものとは判断しないこと。

②　派遣元が企業としての人的物的な実体（独立性）を有しない個人又はグループであり、派遣元自体も当該派遣元の労働者とともに派遣先の組織に組み込まれてその一部と化している場合、派遣元は企業としての人的物的な実体を有するが、当該労働者の派遣の実態は、派遣先の労働者募集、賃金支払の代行となっている場合その他これに準ずるような場合については、例外的に派遣先（供給先）に労働者を雇用させることを約して行われるものと判断することがあること。

2　労働者派遣法第三章第四節（労働基準法等の特例等）の規定に基づく派遣元・派遣先の使用者の責任区分

事項		労基法(条)	区分	備考
総則	均等待遇	三	元及び先	
	男女同一賃金の原則	四	元	
	強制労働の禁止	五	元及び先	
	中間搾取の排除	六	（何人も）	
	公民権行使の保障	七	先	
労働契約		第二章	元	
	この法律違反の契約	十三		
	契約期間	十四		
	労働条件の明示	十五		
	賠償予定の禁止	十六		
	前借金相殺の禁止	十七		
	強制貯金	十八		
	解雇制限	十九		
	解雇の予告	二十・二十一		
	退職時の証明	二十二		
	金品の返還	二十三		
賃金		第三章	元	
	賃金の支払	二十四		
	非常時払	二十五		
	休業手当	二十六		
	出来高払制の保障給	二十七		
労働時間、休憩、休日及び休暇		第四章	先	
	労働時間	三十二～三十二の五		変形労働時間制、フレックスタイム制の定め、協定等は元が行う（派遣法四十四②）。ただし、三十二の四の二は元。一週間単位の非定型的変形労働時間制は派遣労働者には適用されない。
	災害時による臨時の必要がある場合の時間外労働等	三十三	先	
	休憩（一斉休憩適用除外の許可を含む。）	三十四	先	
	休日	三十五	先	
	時間外及び休日の労働	三十六	先	三六協定の締結・届出は元が行う（派遣法四十四②）
	時間外、休日及び深夜の割増賃金	三十七	元	
	事業場外労働	三十八の二	元	
	裁量労働	三十八の三	元	ただし、三十八の四による裁量労働制は派遣労働者には適用されない。

年少者	年次有給休暇	三十九	元
	労働時間及び休憩の特例	四十	先
	適用の除外（監視断続業務の許可を含む）	四十一	先
	最低年齢	五十六	元
	年少者の証明書	五十七	元
	労働時間及び休日	六十	先
	深夜業	六十一	先
	危険有害業務の就業制限	六十二	先
	坑内労働の禁止	六十三	先
	帰郷旅費	六十四	元
妊産婦等	坑内業務の就業制限	六十四の二	先
	妊産婦等に係る危険有害業務の就業制限	六十四の三	先
	産前産後（休業）	六十五	元
	同右（時間外・休日労働、深夜業）	六十六	先
	育児時間	六十七	先
	生理日の就業が著しく困難な女性に対する措置	六十八	先
技能者の養成		第七章	
	徒弟の弊害排除	六十九	元及び先
	職業訓練に関する特例	七十～七十三	元
災害補償		第八章	元

	療養補償	七十五	
	休業補償	七十六	
	障害補償	七十七	
	休業補償及び障害補償の例外	七十八	
	遺族補償	七十九	
	葬祭料	八十	
	打切補償	八十一	
	分割補償	八十二	
	補償を受ける権利	八十三	
	他の法律との関係	八十四	
	審査及び仲裁	八十五	
		八十六	
	請負事業に関する例外	八十七	
就業規則		第九章	元
	作成及び届出の義務	八十九	
	作成の手続	九十	
	制裁規定の制限	九十一	
	法令及び労働協約との関係	九十二	
	労働契約との関係	九十三	
寄宿舎		第十章	元
	寄宿舎生活の自治	九十四	
	寄宿舎生活の秩序	九十五	
	寄宿舎の設備及び安全衛生	九十六	
	監督上の行政措置	九十六の二・九十六の三	

監督機関	監督組織	第十一章 九十九①③④ 一〇〇①③		「この法律」の読替え（派遣法四四⑤）
	労働基準監督官の権限	一〇一	元及び先	「使用者」の読替え（派遣法四四⑤）
		一〇二		「この法律違反の罪」の読替え（派遣法四四⑤）
	監督機関に対する申告	一〇四	元及び先	「この法律又はこの法律に基いて発する命令」、「使用者」の読替え（派遣法四四⑤）
雑則	報告の義務	一〇四の二	元及び先	「使用者」、「この法律」の読替え（派遣法四四⑤）
	国の援助義務	第十二章 一〇五の二	元及び先	「使用者」の読替え（派遣法四四⑤）
	法令等の周知義務	一〇六	元及び先	「使用者」等の読替え（派遣法四四⑤）
	労働者名簿	一〇七	元	
	賃金台帳	一〇八	元	
	記録の保存	一〇九	元及び先	「使用者」の読替え（派遣法四四⑤）
	国及び公共団体についての適用	一一二		「この法律及びこの法律に基いて発する命令」の読替え（派遣法四四⑤）
罰則	罰則	第十三章 一一七〜一二〇	元及び先	
	両罰規定	一二一	元及び先	

Ⅲ　労働時間等設定改善法関係

1　労働時間等見直しガイドライン（労働時間等設定改善指針）

（平二〇・三・二四　厚生労働省告示第一〇八号）
（改正　平二一・五・二九　厚生労働省告示第三一三号）
（改正　平二二・三・一九　厚生労働省告示第八九号）
（改正　平二二・一二・九　厚生労働省告示第四〇九号）
（改正　平二九・七・七　厚生労働省告示第二四七号）
（改正　平二九・九・二七　厚生労働省告示第三〇六号）
（改正　平三〇・一〇・三〇　厚生労働省告示第三七五号）

〈編注〉平二〇・三・二四　厚生労働省告示第一〇八号により、労働時間等設定改善指針（平一八・三・三一　厚生労働省告示第一九七号）を全部改正

我が国は、経済的地位においては世界有数の水準に達したが、その経済的地位にふさわしい豊かでゆとりある労働者生活の実現については、多くの課題を抱えてきた。

このような中で、労使の真摯な取組により労働時間の短縮は着実に進み、近年は、過去に労働時間短縮の目標として掲げられてきた年間総実労働時間一、八〇〇時間を下回る、おおむね一、七〇〇時間台前半で推移している。

しかしながら、その内実を見ると、全労働者平均の労働時間が短縮した原因は、主に、労働時間が短い者の割合が増加した結果であり、いわゆる正社員等については、依然二、〇〇〇時間前後で推移しており、依然として労働時間は短縮していない。一方、労働時間が長い者と短い者の割合が共に増加し、いわゆる「労働時間分布の長短二極化」が進展している。また、年次有給休暇の取得率は五割を下回った状態である。さらに、長い労働時間等の業務に起因した脳・心臓疾患に係る労災認定件数は高水準で推移している。そして、急速な少子高齢化、労働者の意識や抱える事情の多様化等が進んでいる。

このような情勢の中、今後とも労働時間の短縮が重要であることは言うまでもないが、全労働者を平均しての年間総実労働時間一、八〇〇時間という目標を用いることは時宜に合わなくなってきた。むしろ、経済社会を持続可能なものとしていくためには、その担い手である労働者が、心身の健康を保持できることはもとより、職業生活の各段階において、家庭生活、自発的な職業能力開発、地域活動等に必要とされる時間と労働時間を柔軟に組み合わせ、心身共に充実した状態で意欲と能力を十分に発揮できる環境を整備していくことが必要となっている。

このような考え方は、仕事と生活の調和（ワーク・ライフ・バランス）の推進という観点から、平成一九年一二月に策定された「仕事と生活の調和（ワーク・ライフ・バランス）憲章」（平成二二年六月二九日仕事と生活の調和推進官民トップ会議改定。以下「憲章」という。）及び「仕事と生活の調和推進のための行動指針」（平成二二年六月二九日仕事と生活の調和推進官民トップ会議改定。以下「行動指針」という。）においても盛り込まれているところである。

憲章においては、国民的な取組の大きな方向性を示すものとして、仕事と生活の調和の緊要性についての共通認識を整理した上で、仕事と生活の調和が実現した社会とは、「国民一人ひとりがやりがいや充実感を感じながら働き、仕事上の責任を果たすとともに、家庭や地域生活などにおいても、子育て期、中高年期といった人生の各段階に応じて多様な生き方が選択・実現できる社会」であり、具体的には、「①就労による経済的自立が可能な社会」、「②健康で豊かな生活のための時間が確保できる社会」及び「③多様な働き方・生き方が選択できる社会」を目指すべきであるとし、その実現に向けた関係者の役割を明示している。

また、行動指針においては、事業主や労働者及び国民の効果的な取組並びに国や地方公共団体の施策の方針を示している。

さらに、憲章及び行動指針においては、事業主及びその団体（以下「事業主等」という。）並びに労働者の役割について、個々の企業の実情に合った効果的な進め方を互いに話し合い、生産性の向上に努めつつ、職場の意識や職場風土の改革をはじめとする働き方の改革に自主的に取り組み、民間主導による仕事と生活の調和に向けた気運を醸成することが重要であることを示しているところである。

また、働き方改革を推進するための関係法律の整備に関する法律（平成三〇年法律第七一号）が平成三〇年七月六日に公布され、労働者がそれぞれの事情に応じた多様な働き方を選択できる社会を実現する働き方改革を推進するため、時間外労働の限度時間の設定等の措置を講ずることとされている。加えて、特に過労死等の防止については、過労死等防止対策推進法（平成二六年法律第一〇〇号）第四条第三項において、事業主は、国及び地方公共団体が実施する過労死等の防止のための対策に協力するよう努めることとされており、同法第七条第一項の規定により定められた「過労死等の防止のための対策に関する大綱」（平成三〇年七月二四日閣議決定）において、労働時間等に関する数値目標等が定められているところである。

これらの趣旨を踏まえ、この指針においては、労働時間等の設定の改善に関する特別措置法（平成四年法律第九〇号。以下「法」という。）第四条第一項の規定に基づき、事業主等が、労働時間等の設定の改善について適切に対処するために必要な事項について定めるものである。

1　労働時間等の設定の改善に関する基本的考え方

(1)　労働時間等の設定の改善を図る趣旨

労働時間等の設定の改善を含めた仕事と生活の調和の実現に向けた取組は、少子化の流れを変え、人口減少下でも多様な人材が仕事に就けるようにし、我が国の社会を持続可能で確かなものとするために必要な取組であるとともに、企業の活力や競争力の源泉である有能な人材の確保・育成・定着の可能性を高めるものでもある。

したがって、労働時間、休日数、年次有給休暇を与える時季その他の労働時間等に関する事項について労働者の健康と生活に配慮するとともに多様な働き方に対応したものへ改善することが重要である。このことは、労働者にとって好ましいのみならず企業活動の担い手である労働者が心身共に充実した状態で意欲と能力を十分に発揮できるようにし、企業経営の効率化と活性化、国民経済の健全な発展にも資するものであり、企業にとっては、「コスト」としてではなく、「明日への投資」として積極的にとらえていく必要がある。

(2)　労働時間の短縮の推進

労働者が健康で充実した生活を送るための基盤の一つとして、生活時間の十分な確保が重要であり、事業主が労働時間等の設定の改善を図るに当たっては、労働時間の短縮が欠かせない。このため、事業主は、今後とも、週四〇時間労働制の導入、年次有給休暇の取得促進及び時間外・休日労働の削減に努めることが重要である。

(3)　多様な事情への配慮と自主的な取組の推進

事業主が労働時間等の設定の改善を図るに当たっては、個々の労使の話合いが十分に行われる体制の整備が重要である。そして、労働者の健康と生活に係る多様な事情を踏まえつつ、個々の労使による自主的な取組を進めていくことが基本となる。

(4)　経営者に求められる役割

経営者においては、1(1)の労働時間等の設定の改善を図る趣旨についての理解を深め、労使による自主的な取組を基本とした上で、自ら主導して職場風土改革のための意識改革、柔軟な働き方の実現等に取り組み、労働時間等の設定の改善に努めることが重要である。

その際には、例えば、経営者の姿勢を明確にするとともに、企業内の推進体制を確立するためにも、役員等が指揮し、労働時間等の設定の改善に取り組むことなどが考えられる。

(5) 他の法令、計画等との連携

この指針は、労働時間等の設定に係る他の法令、計画、指針等と矛盾するものではなく、それらを前提に、事業主等が留意すべき事項について定めるものである。したがって、事業主が労働時間等の設定の改善を図るに当たっては、憲章及び行動指針を踏まえて取り組むとともに、次世代育成支援対策推進法（平成一五年法律第一二〇号）第七条第一項に規定する行動計画策定指針、「少子化社会対策大綱」（平成二七年三月二〇日閣議決定）等を踏まえた少子化対策等にも取り組むことが必要である。

なお、行動指針においては、仕事と生活の調和した社会の実現に向けた企業、働く者、国民、国及び地方自治体の取組を推進するための社会全体の目標として別表のとおり定められているところである。しかし、特に年次有給休暇の取得率については、目標に比べて顕著な改善が見られない状況にある。事業主が労働時間等の設定の改善を図るに当たっては、このような社会全体の目標の内容も踏まえ、各企業の実情に応じて仕事と生活の調和の実現に向けて計画的に取り組むことが必要である。

2 事業主等が講ずべき労働時間等の設定の改善のための措置

事業主等は、労働時間等の設定の改善を図るに当たり、1の基本的考え方を踏まえつつ、労働者と十分に話し合うとともに、経営者の主導の下、次に掲げる措置その他の労働者の健康と生活に配慮した措置を講ずるよう努めなければならない。

(1) 事業主が講ずべき一般的な措置

イ 実施体制の整備

(イ) 実態の把握

事業主が労働時間等の設定の改善を図るためには、まず、自己の雇用する労働者の労働時間等の実態について適正に把握していることが前提となる。したがって、事業主は、その雇用する労働者の始業・終業時刻、年次有給休暇の取得、時間当たりの業務負担の度合い等労働時間等の実態を適正に把握すること。

(ロ) 労使間の話合いの機会の整備

労働時間等の設定の改善は、それぞれの労働者の抱える事情や企業経営の実態を踏まえ、企業内における労使の自主的な話合いに基づいて行われるべきものである。また、それぞれの企業の実情に通じた労使自身の主体的な関与がなければ、適切な労働時間等の設定の改善はなしえない。したがって、労働時間等の設定の改善に関して、企業内において労使間の十分な話合いが行われることが必要である。

こうした趣旨に基づき、法において企業内の労働時間等の設定の改善に係る実施体制の整備について事業主の努力義務が定められていることを踏まえ、事業主は、労働時間等設定改善委員会及び労働時間等設定改善企業委員会（以下「設定改善委員会等」という。）をはじめとする労使間の話合いの機会を整備すること。

また、このような労使間の話合いの機会を設けるに当たっては、次に掲げる事項に留意すること。

① 設定改善委員会等の構成員に

ついて、労働者の抱える多様な事情が反映されるよう、性別、年齢、家族構成等並びに育児・介護、自発的な職業能力開発等の経験及び知見に配慮することが望ましいこと。

② 設定改善委員会等の決議は、一定の要件を満たすことを条件に、労働基準法（昭和二二年法律第四九号）上の労働時間等に関する規定に係る特例が認められているので、必要に応じてその活用を図ること。

(ハ) 個別の要望・苦情の処理

労働時間等の設定の改善を図るためには、事業主が、労働者各人からの労働時間等に係る個別の要望・苦情に誠意をもって耳を傾け、善後策を講じることが必要である。このため、事業主は、このような要望・苦情に応じるための担当者の配置や処理制度の導入を図ること。

(ニ) 業務の見直し等

労働時間等の設定の改善を図るに当たっては、業務内容や業務体制の見直し、生産性の向上等により、より効率的に業務を処理できるようにすることが必要である。このため、事業主は、必要に応じて、業務計画の策定等による業務の見直しや要員確保等を図ること。

(ホ) 労働時間等の設定の改善に係る措置に関する計画

労働時間等の設定の改善をより確実にするには、計画的な取組が望ましい。このため、事業主は、具体的な措置の内容、導入・実施の予定等に係る計画を作成し、これに基づいて、労働時間等の設定の改善を推進すること。この場合、労働時間等の設定の改善に係る措置についての具体的な目標を、それぞれの事情を踏まえつつ、自主的に設定することが望ましい。なお、計画の策定に当たっては、労使間の話合いの機会の重要性に鑑み、設定改善委員会等をはじめとする労使間の話合いの機会において労働者の意見を聴くなど、労働者の意向を踏まえたものとするようにすること。また、策定された計画については、随時、その効果を検証し、必要に応じて見直しを行うこと。

ロ 労働者の抱える多様な事情及び業務の態様に対応した労働時間等の設定

業務の閑散期においても繁忙期と同様の労働時間等の設定を行うことは、事業主にとっても、労働者にとっても得るものが少ない。このため、時季や日に応じて業務量に変動がある事業場については、変形労働時間制、フレックスタイム制を活用すること。特に、年間を通しての業務の繁閑が見通せる業務については、一年単位の変形労働時間制を活用して、労働時間の効率的な配分を行うこと。また、フレックスタイム制の活用に当たっては、労働者各人が抱える多様な事情を踏まえ、生活時間の確保にも十分な配慮をすること。

また、業務の進め方について労働者の創造性や主体性が必要な業務については、労働時間等の設定についても、労働者の裁量にゆだねることが業務の効率的な遂行につながり、労働者の生活時間の確保にも資する場合がある。このため、事業主は、そのような業務に携わる労働者については、専門業務型裁量労働制、企画業務型裁量労働制の活用も検討すること。裁量労働制を活用する場合には、労働者が抱える多様な事情に配慮するとともに、自己の雇用する労働者の労働実態を適切に把握し、必要に応じて、年次有給休暇の取得奨励や労働者の健康に十分配慮した措置を講ずること。

ハ　年次有給休暇を取得しやすい環境の整備

(イ)　年次有給休暇の重要性

労働者が心身の疲労を回復させ、健康で充実した生活を送るためには、原則として労働者がその取得時季を自由に設定できる年次有給休暇の取得が必要不可欠である。また、育児・介護等に必要な時間の確保にも資すると考えられる。特に、労働者が仕事を重視した生活設計をすることにより、労働が長時間に及ぶ場合においては、年次有給休暇の取得が健康の保持のために重要である。

しかしながら、年次有給休暇については、周囲に迷惑がかかること、後で多忙になること、職場の雰囲気が取得しづらいこと等を理由に、多くの労働者がその取得にためらいを感じている。逆に、その取得にためらいを感じない労働者がその理由として掲げているのは、職場の雰囲気が取得しやすいこと等となっている。

年次有給休暇の取得は、企業の活力や競争力の源泉である人材がその能力を十分に発揮するための大きな要素であって、生産性の向上にも資するものであり、企業にとっても大きな意味を持つものである。さらに、その取得率が向上すれば、経済・雇用面への効果も期待できる。

(ロ)　年次有給休暇に対する意識の改革に向けた措置

(イ)を踏まえ、事業主は、年次有給休暇の完全取得を目指して、経営者の主導の下、取得の呼びかけ等による取得しやすい雰囲気づくりや、労使の年次有給休暇に対する意識の改革を図ること。

①　年次有給休暇管理簿の作成・周知

年次有給休暇の取得促進を図るに当たっては、労働者のみならず、当該労働者の業務の遂行を指揮命令する職務上の地位にある者も当該労働者の年次有給休暇の取得状況を把握することが重要である。労働基準法施行規則（昭和二二年厚生省令第二三号）第二四条の七の規定により、年次有給休暇管理簿の作成が義務付けられているところ、使用者は年次有給休暇管理簿を作成するのみならず、年次有給休暇管理簿の確認を行い、年次有給休暇の取得状況を労働者及び当該労働者の業務の遂行を指揮命令する職務上の地位にある者に周知すること。

また、労働者の業務の遂行を指揮命令する職務上の地位にある者が、取得が進んでいない労働者に対して、業務の負担軽減を図る等労務管理上の工夫を行い、年次有給休暇の取得につなげるなど、年次有給休暇の取得促進に年次有給休暇管理簿を活用すること。

②　計画的な年次有給休暇の取得

計画的な年次有給休暇の取得は、年次有給休暇取得の確実性が高まり、労働者にとっては予定どおりの活動を行いやすく、事業主にとっては計画的な業務運営を可能にする等効用が高い。したがって、年次有給休暇の取得促進を図るためには、特に、計画的な年次有給休暇取得の一層の推進を図ることが重要である。

計画的な年次有給休暇の取得には、労使間で一年間の仕事の繁閑や段取り及び当面達成すべき目標としての取得率の目安を話し合うことが必要であり、労使双方にとって合理的な仕事の進め方を理解し合うためにも有益な手段であると考えられる。

事業主は、業務量を正確に把握した上で、労働者ごとの基準日や年度当初等に聴取した希望を踏まえた個人別年次有給休暇取得計画表の作成、年次有給休暇の完全取得に向けた取得率の目標設定の検討及び業務体制の整備を行うとともに、取得状況を把握すること。あわせて、労働基準法第三九条第六項の規定に基づく年次有給休暇の計画的付与制度の活用を図り、その際、連続した休暇の取得促進に配慮するとともに、当該制度の導入に向けた課題及び解決策について検討すること。

また、設定改善委員会等をはじめとする労使間の話合いの機会において年次有給休暇の取得状況を確認する制度を導入するとともに、取得率向上に向けた具体的な方策を検討すること。

なお、同条第七項において、使用者は、原則として年次有給休暇の日数のうち五日（同条第五項又は第六項の規定により労働者の請求等に従って年次有給休暇を与えた場合にあっては、当該与えた有給休暇の日数分を除く。）については、時季を指定して与えることとされており、計画的な年次有給休暇の取得に係る取組は当該義務を果たすことにもつながるものであることから、十分に取り組むことが必要である。

③　年次有給休暇の連続取得

プラスワン休暇（週休日等に年次有給休暇を組み合わせた連続休暇をいう。）や週休日等と年次有給休暇とを組み合わせた一週間から二週間程度の連続した長期休暇の取得促進を図ること。その際、当該事業場の全労働者が長期休暇を取得できるような制度の導入に向けて検討するとともに、取得時期については、休暇中の渋滞、混雑の緩和、労働者の経済的負担の軽減などの観点から分散化を図り、より寛げる休暇となるよう配慮すること。

④　年次有給休暇の時間単位付与制度等

労働基準法第三九条第四項の規定に基づく年次有給休暇の時間単位付与制度（以下「時間単位付与制度」という。）の活用や、半日単位での年次有給休暇の利用について、連続休暇取得及び一日単位の取得の阻害とならない範囲で、労働者の希望によるものであることを前提としつつ、検討すること。

⑤　年次有給休暇の早期付与

仕事と生活の調和や、労働者が転職により不利にならないようにする観点から、労働基準法第三九条第一項及び第三項に規定する雇入れ後初めて年次有給休暇を与えるまでの継続勤務期間を短縮すること、同条第二項及び第三項に規定する年次有給休暇の最大付与日数に達するまでの継続勤務期間を短縮すること等について、事業場の実情を踏まえ検討すること。

⑥　子どもの学校休業日等に合わせた年次有給休暇の取得促進

地域の実情に応じ、労働者が子どもの学校休業日や地域のイベント等に合わせて年次有給休暇を取得できるよう配慮すること。

二　時間外・休日労働の削減

時間外・休日労働は、通常予見することのできない業務量の大幅な増加等に伴い臨時的に行うものである。事業主は、その雇用する労働者の健康で充実した生活のため、労働時間に関する意識の改革、「ノー残業デー」又は「ノー残業ウィーク」の導入・拡充等により、今後とも時間外・休日労働の削減を図ること。特に、休日労働を避けること。また、時間外・休日労働を行わせた場合には、代休の付与等により総実労働時間の短縮を図ること。労働者が私生活を重視した生活設計をし、時間外・休日労働を望まない場合は、時間外・休日労働の削減について一層の配慮をすること。

また、時間外労働についての上限は、労働基準法第三六条第三項の規定に基づき原則として月四五時間及び年三六〇時間であり、臨時的な特別の事情があって労使が合意する場合でも、上限は年七二〇時間であり、その範囲内において①複数月の平均では休日労働を含んで八〇時間以内、②単月では、休日労働を含んで一〇〇時間未満、③同項の限度時間（以下「限度時間」という。）を超えることができる月数は、一年について六か月以内に限られ、これらに違反する場合は同法の規定による罰則の適用があることに留意すること。なお、労働基準法第三十六条第一項の協定で定める労働時間の延長及び休日の労働について留意すべき事項等に関する指針（平成三〇年厚生労働省告示三二三号）に基づき、時間外・休日労働について、次に掲げる事項に留意すること。

(イ)　時間外・休日労働協定において限度時間を超えて労働させることができる場合を定めるに当たっては、当該事業場における通常予見することのできない業務量の大幅な増加等に伴い臨時的に限度時間を超えて労働させる必要がある場合をできる限り具体的に定めなければならず、「業務の都合上必要な場合」、「業務上やむを得ない場合」など恒常的な長時間労働を招くおそれがあるものを定めることは認められないこと。

(ロ)　時間外・休日労働協定については、原則として限度時間を超えないものとされていることに十分留意し、業務の見直し等により、一箇月について労働時間を延長して労働させ、及び休日において労働させることができる時間等を限度時間にできる限り近づけるように努めなければならないこと。

(ハ)　時間外・休日労働協定において限度時間を超えて労働時間を延長して労働させることができる時間に係る割増賃金の率を定めるに当たっては、法定割増賃金率を超える率とするように努めなければならないこと。

(ニ)　時間外・休日労働協定において休日の労働を定めるに当たっては労働させることができる休日の日数をできる限り少なくし、及び休日に労働させる時間をできる限り短くするように努めなければならないこと。

ホ　労働時間の管理の適正化

近年、業務の困難度の高さとあいまって、時間的に過密な業務の運用により、労働者に疲労の蓄積や作業の誤りが生じ、健康障害や重大な事故につながることが懸念されている。また、時間的に過密な業務の運用は、生産性の向上を阻害しかねない。このため、事業主は、時間的に過密とならない業務の運用を図ること。

ヘ　多様な正社員、ワークシェアリング、テレワーク等の活用

事業主は、多様な働き方の選択肢を拡大するため、労働時間等が限定された多様な正社員として勤務する制度やワークシェアリングの導入に努めること。

多様な正社員としての働き方は、育児・介護等の事情により長時間労働が困難な者について、就業機会の付与とその継続、能力の発揮を可能とする働き方である。

その活用に当たっては、人事労務管理、経営状況等の事情も踏まえ、当該制度の導入の可否、制度の内容及び処遇については、各企業や事業場において労使で十分に話し合うことが必要である。

また、テレワークは、職住近接の実現による通勤負担の軽減に加え、多様な働き方の選択肢を拡大するものであり、働く意欲を有する者が仕事と生活を両立させつつ、能力を発揮できるようにするためにも、その活用を図ること。

その際には、厚生労働省労働基準局長及び雇用環境・均等局長が定めた「情報通信技術を利用した事業場外勤務の適切な導入及び実施のためのガイドライン」に基づき、適切な労務管理の下でのテレワークの実現を図ること。また、テレワークの制度を適切に導入するに当たっては、労使で認識に齟齬が生じないように、あらかじめ導入の目的、対象となる業務及び労働者の範囲、テレワークの方法等について、労使で十分に協議することが望ましいこと。さらに、実際にテレワークを行うか否かは本人の意思によることとすべきであること。

ト　終業及び始業の時刻に関する措置

(イ)　深夜業の回数の制限

深夜業（交替制勤務による夜勤を含む。以下同じ。）は、通常の労働時間と異なる特別な労働であり、労働者の健康の保持や仕事と生活の調和を図るためには、これを抑制することが望ましいことから、深夜業の回数を制限することを検討すること。

(ロ)　勤務間インターバル

勤務間インターバル（前日の終業時刻と翌日の始業時刻の間に一定時間の休息を確保することをいう。以下同じ。）は、労働者の生活時間や睡眠時間を確保し、労働者の健康の保持や仕事と生活の調和を図るために有効であることから、その導入に努めること。なお、当該一定時間を設定するに際しては、労働者の通勤時間、交替制勤務等の勤務形態や勤務実態等を十分に考慮し、仕事と生活の両立が可能な実効性ある休息が確保されるよう配慮すること。

(ハ)　朝型の働き方

一定の時刻以降に働くことを禁止し、やむを得ない場合は始業前の朝の時間帯に業務を処理する等のいわゆる朝型の働き方は、勤務間インターバルと同様の効果をもたらすと考えられることから、その導入を検討すること。

なお、やむを得ず時間外労働を行った場合は、割増賃金を適切に支払わなければならないことに留意するとともに、時間外労働をできる限り短くするよう努めること。

チ　国の支援の活用

事業主が以上の取組を進めるに当

たっては、事業主の労働時間等の設定の改善を促進するため国が行う支援制度を積極的に活用すること。

また、労働時間等の設定の改善に係る措置に関する計画については、同業他社と歩調をそろえてこのような計画を作成し、実施することが効果的と考えられる。このため、同一の業種に属する複数の事業主が共同して労働時間等設定改善実施計画を作成する場合には、法により国の支援が行われるので、そうした支援制度を積極的に活用すること。

(2) 特に配慮を必要とする労働者について事業主が講ずべき措置

労働者各人の健康と生活に配慮するには、その前提として、事業主が、2(1)イ(イ)に記した労働時間等の実態を把握することに加え、個人情報の保護に関する法律（平成一五年法律第五七号）等を遵守しつつ、労働者各人について配慮すべき事情を、必要に応じて、把握することが望ましい。なお、このような労働者各人の事情を理由として、その労働者に対して不利益な取扱いをしないこと。

イ　特に健康の保持に努める必要があると認められる労働者

事業主は、特に健康の保持に努める必要があると認められる労働者についても、労働安全衛生法（昭和四七年法律第五七号）に基づいて、健康診断の結果を踏まえた医師等の意見又は面接指導の結果を踏まえた医師の意見を勘案し、必要があると認めるときは、労働時間の短縮、深夜業の回数の減少その他の労働時間等に係る措置も適切に講じること。また、病気休暇から復帰する労働者については、短時間勤務から始め、徐々に通常の勤務時間に戻すこと等円滑な職場復帰を支援するような労働時間等の設定を行うこと。

そして、労働者の健康を守る予防策として、厚生労働大臣が定めた「労働者の心の健康の保持増進のための指針」を踏まえたメンタルヘルスケアの実施とあわせ、疲労を蓄積させない又は疲労を軽減させるような労働時間等の設定を行うこと。特に、時間外・休日労働の削減に努めること。時間外・休日労働が多い労働者については、代休やまとまった休暇の付与等を行い、疲労の回復を図らせること。恒常的に時間外・休日労働が多い部署については、業務の見直しを行う他、配置転換を行う等により、労働者各人ごとの労働時間の削減を行うこと。

ロ　子の養育又は家族の介護を行う労働者

事業主は、育児休業、介護休業等育児又は家族介護を行う労働者の福祉に関する法律（平成三年法律第七六号）等を遵守し、育児休業、介護休業、子の看護休暇、介護休暇、所定外労働の免除、時間外労働の制限、深夜業の制限、所定労働時間の短縮措置等により労働時間等の設定の改善を行うとともに、その内容を労働者に積極的に周知する等制度を利用しやすい環境の整備を図ること。

特に、育児等を行う男性は、増加しているものの依然低水準にとどまり、また、出産後の女性が就業継続を希望しながら離職を余儀なくされる場合が見られる現状を踏まえ、男女が共に職業生活と家庭生活の両立を実現できるよう、一層の配慮をすること。

その際には、行動計画策定指針七の1に掲げられた事項にも留意し、子どもの出生時における父親の休暇制度の整備や男性の育児休業の取得促進等男性が育児等に参加しやすい環境づくり、より利用しやすい育児休業制度の実施（法定の期間、回数等を上回る措置を実施すること、休業期間中の経済的援助を行うこと等）等にも努めること。

さらに、時間単位付与制度の活用も含めた年次有給休暇の取得促進、時間外・休日労働の削減等により、子の養育又は家族の介護に必要な時間の確保を図ること。

これらの子の養育又は家族の介護を行う労働者に配慮した労働時間等の設定の改善に当たっては、各企業において労働者の職業生活と家庭生活との両立が図られるようにするための雇用環境の整備に関する取組の状況や課題を把握し、各企業の実情に応じ、必要な対策を実施していくことが重要であるが、その際、厚生労働省雇用環境・均等局長が定めた「両立指標に関する指針」を活用することも効果的である。

ハ　妊娠中及び出産後の女性労働者

事業主は、労働基準法を遵守し、産前産後の女性労働者に休業を取得させるとともに、妊娠中及び産後一年を経過しない女性が請求した場合においては、時間外労働、休日労働、深夜業等をさせないこと。

また、雇用の分野における男女の均等な機会及び待遇の確保等に関する法律（昭和四七年法律第一一三号）等を遵守し、その雇用する女性労働者が、母子保健法（昭和四〇年法律第一四一号）の規定による保健指導又は健康診査を受けるために必要な時間を確保することができるようにするとともに、当該保健指導又は健康診査に基づく指導事項を守ることができるようにするために勤務時間の短縮、休業等の措置を講じること。

ニ　公民権の行使又は公の職務の執行をする労働者

事業主は、労働基準法第七条において、労働者が公民としての権利を行使し、又は公の職務を執行するために必要な時間を請求した場合においては、拒んではならないこととされていることを踏まえ、公民としての権利を行使し、又は公の職務を執行する労働者のための休暇制度等を設けることについて検討すること。

なお、労働者が裁判員の職務を行う場合については、裁判員の参加する刑事裁判に関する法律（平成一六年法律第六三号）第一〇〇条において、労働者が当該職務を行うために休暇を取得したこと等を理由として、解雇その他不利益な取扱いをしてはならないこととされていることに留意すること。

ホ　単身赴任者

単身赴任者については、心身の健康保持、家族の絆の維持、子の健全な育成等のため、休日は家族の元に戻って、共に過ごすことが極めて重要である。このため、事業主は、休日の前日の終業時刻の繰り上げ及び休日の翌日の始業時刻の繰り下げ等を行うこと。また、休日前後の年次有給休暇について、時間単位付与制度の活用や労働者の希望を前提とした半日単位の付与を検討すること。

さらに、家族の誕生日、記念日等家族にとって特別な日については、休暇を付与すること。

ヘ　自発的な職業能力開発を図る労働者

企業による労働者の職業能力開発は今後とも重要であるが、サービス経済化、知識社会化が進むとともに、労働者の職業生活が長期化する中で、大学、大学院等への通学等労働者が主体的に行う職業能力開発を支援することの重要性も増してきている。このため、事業主は、有給教育訓練休暇、長期教育訓練休暇その他の特別な休暇の付与、始業・終業時刻の変更、勤務時間の短縮、時間外労働の制限等労働者が自発的な職業能力開発を図ることができるような労働時間等の設定を行うこと。

ト　地域活動等を行う労働者

災害を受けた地域の復興支援等におけるボランティア活動や地域活動等の役割の重要性に鑑み、事業主は、地域活動、ボランティア活動等へ参加する労働者に対して、その参加を可能とするよう、特別な休暇の付与、時間単位付与制度の活用、労働者の希望を前提とした年次有給休暇の半日単位の付与等について検討するとともに、休暇等に係る制度を設けた場合にはその周知を図ること。

チ　その他特に配慮を必要とする労働者

事業主は、労働者の意見を聞きつつ、その他特に配慮を必要とする労働者がいる場合、その者に係る労働時間等の設定に配慮すること。

(3)　事業主の団体が行うべき援助

同一業種、同一地域にある企業の間では、労働時間等の設定についてお互いに影響を及ぼし合うものと見込まれる。ついては、事業主による労働時間等の設定の改善を促進するためには、仕事と生活の調和の実現に向けた気運の醸成を図るとともに、業種ごと、地域ごとの取組を進めていくことが効果的である。このような取組を進めるに当たっては、業界及び地域の実情に通じた事業主の団体の関与が欠かせない。このため、事業主の団体は、傘下の事業主に対して、仕事と生活の調和に関する啓発資料の作成・配布等を通じた気運の醸成や普及啓発を図るとともに、労働時間等の設定の改善に関する、専門家による指導・助言、情報の提供その他の援助を行うなど、労働者団体とも連携しつつ、民間主導の取組を積極的に行うこと。

なお、事業主の団体がこのような援助を行うに当たっては、一定の条件を満たす場合、事業主団体に対して国が行う支援制度を利用できるので、積極的に活用すること。

(4)　事業主が他の事業主との取引上配慮すべき事項

個々の事業主が労働時間等の設定の改善に関する措置を講じても、親企業からの発注等取引上の都合により、その措置の円滑な実施が阻害されることとなりかねない。特に中小企業等においては時間外・休日労働の削減に取り組むに当たっては、個々の事業主の努力では限界があることから、長時間労働につながる取引慣行の見直しが必要である。このため、事業主は、他の事業主との取引を行うに当たっては、例えば、次のような事項について配慮をすること。

イ　週末発注・週初納入、終業後発注・翌朝納入等の短納期発注を抑制し、納期の適正化を図ること。

ロ　発注内容の頻繁な変更を抑制すること。

ハ　発注の平準化、発注内容の明確化その他の発注方法の改善を図ること。

備考1　別表に掲げる数値目標の趣旨は、次のとおりとされている。

「仕事と生活の調和した社会の実現に向けた企業、働く者、国民、国及び地方公共団体の取組を推進するための社会全体の目標として、政策によって一定の影響を及ぼすことができる項目について数値目標を設定する。この数値目標は、社会全体として達成することを目指す目標であり、個々の個人や企業に課されるものではない。二〇二〇年の目標値は、取組が進んだ場合に達成される水準（①個人の希望が実現した場合を想定して推計した水準、又は、②施策の推進によって現状値や過去の傾向を押し上げた場合を想定して推計した水準等）を設定する。」

（行動指針〈抄〉）

備考2　別表に掲げる指標（現状値）の算定方法等は、次のとおりとされている。

①　就業率

（総務省「労働力調査」（平成二一年平均））

②　時間当たり労働生産性の伸び率

時間当たり労働生産性＝実質GDP／（就業者数×労働時間）として、二〇〇〇～二〇〇九年度の平均伸び率を算出（内閣府「国民経済計算」（連鎖方式）、総務省「労働力調査」（年度平均）及び厚生労働省「毎月勤労統計調査」（五人以上事業所））

③フリーターの数

一五歳から三四歳までで、男性は卒業者、女性は卒業で未婚の者のうち、①雇用者のうち「パート・アルバイト」の者、②完全失業者のうち探している仕事の形態が「パート・アルバイト」の者、③非労働力人口のうち希望する仕事の形態が「パート・アルバイト」で家事も通学も就業内定もしていない「その他」の者の合計（総務省「労働力調査（詳細集計）」（平成二一年平均））

④　労働時間等の課題について労使が話合いの機会を設けている割合

企業規模三〇人以上の農林漁業を除く全業種から無作為に抽出した企業における、「労働時間等設定改善委員会をはじめとする労使間の話合いの機会」を「設けている」と回答した企業の割合（厚生労働省「平成二一年労働時間等の設定の改善の促進を通じた仕事と生活の調和に関する意識調査」）

（注）　労働時間等設定改善委員会での話合い以外にも、例えば、プロジェクトチームの組織化、労働組合との定期協議の実施、労使懇談会の開催等が含まれる。

⑤　週労働時間六〇時間以上の雇用者の割合

非農林業雇用者（休業者を除く。）総数に占める週間就業時間（年平均結果）が六〇時間以上の者の割合（総務省「労働力調査」（平成二〇年平均））

⑥　年次有給休暇取得率

常用労働者数が三〇人以上の民営企業における、全取得日数／全付与日数（繰越日数を含まない。）（厚生労働省「就労条件総合調査」（平成二〇年））

⑦　メンタルヘルスケアに関する措置を受けられる職場の割合

一〇人以上規模事業所における「心の健康対策（メンタルヘルスケア）に取り組んでいる」と回答した事業所割合（厚生労働省「労働者健康状況調査」（平成一九年））

（注）「心の健康対策（メンタルヘルスケア）」の取組内容としては、「職場環境の評価及び改善」、「労働者からの相談対応の体制整備」、「労働者への教育研修、情報提供」、「管理監督者に対する教育研修、情報提供」、「メンタルヘルスケアの実務を行う担当者の選任」なども含まれる。

⑧　在宅型テレワーカーの数

テレワーカー（※）のうち、自宅を含めてテレワークを行っている人の数（国土交通省「テレワーク人口実態調査」（平成二〇年度））

別表
行動指針の数値目標

数値目標設定指標			現状（直近の値）	2020年
①	就業率	20～64歳	74.6%	80%
		15歳以上	56.9%	57%
		20～34歳	73.6%	77%
		25～44歳女性	66.0%	73%
		60～64歳	57.0%	63%
②	時間当たり労働生産性の伸び率（実質、年平均）		1.7%（2000～2009年度の10年間平均）	実質GDP成長率に関する目標（2%を上回る水準）より高い水準（※）
③	フリーターの数		約178万人（2003年にピークの217万人）	124万人（ピーク時比で約半減）
④	労働時間等の課題について労使が話合いの機会を設けている割合		52.1%	全ての企業で実施
⑤	週労働時間60時間以上の雇用者の割合		10.0%	5割減
⑥	年次有給休暇取得率		47.4%	70%
⑦	メンタルヘルスケアに関する措置を受けられる職場の割合		33.6%	100%
⑧	在宅型テレワーカーの数		330万人	700万人（2015年）
⑨	短時間勤務を選択できる事業所の割合（短時間正社員制度等）		（参考）8.6%以下	29%
⑩	自己啓発を行っている労働者の割合	正社員	42.1%	70%
		非正社員	20.0%	50%
⑪	第1子出産前後の女性の継続就業率		38.0%	55%
⑫	保育等の子育てサービスを提供している割合	保育サービス（3歳未満児）	24%（平成21年度末見込み）	44%（2017年度）
		放課後児童クラブ（小学1年～3年）	20.8%	40%（2017年度）
⑬	男性の育児休業取得率		1.23%	13%
⑭	6歳未満の子どもをもつ夫の育児・家事関連時間（1日当たり）		60分	2時間30分

数値目標の設定に当たっては、以下の数値目標との整合性を取っている。

・①～③、⑤～⑦及び⑩～⑬：「新成長戦略」（平成22年6月18日、閣議決定）
・①、③、⑤～⑦、⑩、⑪及び⑬：「2020年までの目標」（平成22年6月3日、雇用戦略対話）
・⑧：「新たな情報通信技術戦略工程表」（平成22年6月22日、高度情報通信ネットワーク社会推進戦略本部）
・⑫：「子ども・子育てビジョン」（平成22年1月29日閣議決定）

※ 「新成長戦略」（平成22年6月18日、閣議決定）において、「2020年度までの平均で、名目3%、実質2%を上回る成長を目指す。」、「2%を上回る実質成長率を実現するためには、それを上回る労働生産性の伸びが必要である。」とあることを踏まえたもの。

※テレワーカーとは、以下のA．B．C．D．の四つの条件をすべて満たす人。
A．ふだん収入を伴う仕事を行っている
B．仕事で電子メールなどのIT（ネットワーク）を使用している
C．ITを利用する仕事場所が複数ある、又は一ヶ所だけの場合は自分の所属する部署のある場所以外である
D．自分の所属する部署以外で仕事を行う時間が、一週間あたり八時間以上である

⑨　短時間勤務を選択できる事業所の割合（短時間正社員制度等）

「短時間正社員」の定義：フルタイム正社員より一週間の所定労働時間が短い正社員をいい、①フルタイム正社員が育児・介護に加え、地域活動、自己啓発その他何らかの理由により短時間・短日勤務を一定期間行う場合と、②正社員の所定労働時間を恒常的に短くする場合の双方を含む。

「短時間勤務を選択できる事業所の割合」としては、短時間正社員制度を就業規則に明文化している場合に加え、そのような働き方が選択できる状態になっている場合も含まれるように調査を実施する予定。

（参考）

人事院「平成一七年民間企業の勤務条件制度等調査の結果について」によれば、一〇〇人以上の企業における育児・介護以外の事由を認める短時間勤務制がある企業数割合は八・六％以下→自己啓発（一・九％）、地域活動（一・六％）、高齢者の退職準備（一・七％）、その他の事由（二・三％）（以上複数回答）、事由を問わず認める（一・一％）

⑩　自己啓発を行っている労働者の割合

常用労働者三〇人以上を雇用する事業所より無作為に抽出した事業所に雇用される常用労働者から、無作為に抽出した常用労働者のうち「自己啓発を行った」と回答した者の割合（厚生労働省「能力開発基本調査」（平成二一年度））

（注）　能力開発基本調査における用語の定義

正社員：常用労働者のうち、雇用期間の定めのない者であって、パートタイム労働者などを除いた、いわゆる正社員をいう。

非正社員：常用労働者のうち、上記正社員以外の人をいう（「嘱託」、「契約社員」、「パートタイム労働者」又はそれに近い名称で呼ばれている人など）。なお、派遣労働者及び請負労働者は含まない。

自己啓発：労働者が職業生活を継続するために行う、職業に関する能力を自発的に開発し、向上させるための活動をいう（職業に関係ない趣味、娯楽、スポーツ健康増進等のためのものは含まない。）。

⑪　第一子出産前後の女性の継続就業率

二〇〇〇年から二〇〇四年の間に第一子を出産した女性について、第一子妊娠前に就業していた者に占める第一子一歳時にも就業していた者の割合（国立社会保障・人口問題研究所「出生動向基本調査」（平成一七年））

⑫　保育等の子育てサービスを提供している割合―保育サービス（三歳未満児）―

保育所利用児童数／三歳未満人口（新待機児童ゼロ作戦目標数値より平成二一年度末利用児童数を推計、国立社会保障・人口問題研究所「日本の将来人口推計」（平成一八年一二月推計）（出産中位・死亡中位））

保育等の子育てサービスを提供している割合―放課後児童クラブ（小学一年～小学三年）―

放課後児童クラブ登録児童数／小学校一～三年生の就学児童数（文部科学省「学校基本調査」（平成二一年）、厚生労働省雇用均等・児童家庭局育成環

境課調査（平成二一年））

（注）　保育等の子育てサービスを提供している割合は、他の目標の進捗状況によって目標の達成が左右される。

⑬　男性の育児休業取得率

　五人以上規模事業所における二〇〇七年四月一日から二〇〇八年三月三一日までの一年間の配偶者が出産した者に占める育児休業取得者（二〇〇八年一〇月一日までに育児休業を開始した者）の割合（厚生労働省「雇用均等基本調査」（平成二〇年度））

⑭　六歳未満の子どもをもつ夫の育児・家事関連時間

　六歳未満の子どもをもつ夫の一日当たりの「家事」、「介護・看護」、「育児」及び「買い物」の合計の時間（総務省「社会生活基本調査」（平成一八年））

2　労働時間等の設定の改善に関する特別措置法の施行について

（平一八・四・一　基発〇四〇一〇〇六号）

（改正　平二三・四・一　基発〇四〇一第四三号）

　労働安全衛生法等の一部を改正する法律（平成一七年法律第一〇八号）については、平成一七年一一月二日に公布され、同日付け基発第一一〇二〇〇二号「労働安全衛生法等の一部を改正する法律について」により貴職あて通達したところである。本法律第四条の規定により労働時間の短縮の促進に関する臨時措置法（平成四年法律第九〇号。以下「時短促進法」という。）が、労働時間等の設定の改善に関する特別措置法（以下「法」という。）に改正され、本日から施行されたとともに、労働安全衛生法等の一部を改正する法律の施行に伴う関係政令の整備及び経過措置に関する政令（平成一八年政令第二号）及び労働時間の短縮の促進に関する臨時措置法施行規則等の一部を改正する省令（平成一八年厚生労働省令第九号）が制定され、同日から施行されたところである。法の施行については下記によることとするので、了知の上、この円滑かつ的確な実施について遺漏なきを期されたい。

　なお、平成四年九月一日付け基発第四九四号「労働時間の短縮の促進に関する臨時措置法の施行について」は、本日をもって廃止する。

記

1　法改正の趣旨

　年間総実労働時間は平成一六年度には一、八三四時間となり、時短促進法が掲げた一、八〇〇時間という所期の目標をおおむね達成できたこと。

　しかし、その内実をみると、全労働者平均の労働時間が短縮した原因は、主に、労働時間が短い者の割合が増加した結果であり、いわゆる正社員等については、依然として労働時間は短縮していないこと。一方、労働時間が長い者と短い者の割合が共に増加し、いわゆる「労働時間分布の長短二極化」が進展しており、全労働者を平均しての年間総実労働時間一、八〇〇時間という目標を用いることは時宜に合わなくなってきたこと。そして、長い労働時間等の業務に起因した脳・心臓疾患に係る労災認定件数は高水準で推移していること。急速な少子高齢化、労働者の意識や抱える事情の多様化等が進んでいること。

　このため、全労働者を平均しての一律の目標を掲げる時短促進法を改正し、労働時間の短縮を含め、労働時間等に関する事項を労働者の健康と生活に配慮するとともに多様な働き方に対応したものへと改善するための自主的取組を促進することを目的とする法としたものであること。

2　関係者の責務

(1)　事業主の一般的な責務

　法は、主に事業主の労働時間等の設定の改善（以下「労働時間等設定改善」という。）に向けての自主的取組を促し、労働時間等設定改善を促進しようとするものであることから、事業主の責務を定めたものであること。

具体的には、事業場の労働時間等設定改善を図るため、例えば、フレックスタイム制や変形労働時間制の活用による業務の繁閑に応じた労働者の始業及び終業の時刻の設定、健康及び福祉を確保するために必要な終業から始業までの時間の設定、年次有給休暇を取得しやすい環境の整備等の措置を講じるよう努めなければならないこととしたものであること。

(2)　特に配慮を必要とする労働者に対する事業主の責務

労働者の健康や生活上の事情により特に配慮を要する労働者に対して、その事情を考慮した労働時間等の設定を行う等の事業主の責務を定めたものであること。

具体的には、特に健康の保持に努める必要があると認められる労働者に対して、休暇の付与その他の必要な措置を講じるように努めるほか、子の養育又は家族の介護を行う労働者、単身赴任者、自ら職業に関する教育訓練を受ける労働者その他の特に配慮を必要とする事情を有する労働者に対して、その事情を考慮した労働時間等の設定を行う等、労働時間等設定改善に努めなければならないこととしたものであること。

(3)　事業主の団体の責務

事業主団体を構成している事業主にあっては、構成員である事業主が同一歩調で労働時間等設定改善を進めることが効果的であるので、そのような取組が促進されるよう事業主団体の責務を定めたものであること。

具体的には、事業主団体の構成員である事業主が労働時間等設定改善を進めやすくするため、方策の検討・実施等に関する事業主間の意見交換の場を設けることのほか、啓発資料の作成・配布、各種情報の提供等の援助を行うよう努めなければならないこととしたものであること。

(4)　事業主の取引上の配慮に関する責務

個々の事業主が労働時間等設定改善に取り組もうとしても、週末発注週明け納入等の短納期発注や発注内容の頻繁な変更等取引先との関係により、長時間労働を余儀なくされている状況がみられるところであることから、このような状況を改善するため、事業主がこうした取引条件を付すことにより他の事業主の労働時間等設定改善の取組を阻害することがないよう、納期の適正化、発注事務の円滑化、発注内容の明確化等について配慮することを責務としたものであること。

(5)　国及び地方公共団体の責務

労働時間等設定改善は、労使のみならず国及び地方公共団体が一体として取り組むべき課題であるので、国及び地方公共団体の責務を定めたものであること。

具体的には、国の責務としては、労働時間等設定改善について広く国民の理解を促進するよう広報活動等を行うこと、労働時間等設定改善の円滑な実施を図るため、労働時間等設定改善指針を定めることをはじめとして法に規定する施策を実施すること等があり、また、地方公共団体の責務としては、国の施策と協力して、労働時間等設定改善について地域における住民の理解の促進及び機運の醸成を図るための広報活動や国に対する必要な情報提供等を行うこと等があること。

3　労働時間等設定改善指針

(1)　労働時間等設定改善指針の策定

労働時間等設定改善は、行政及び労使が一体となって取り組むべき課題であるが、そのためには、事業主及びその団体の自主的取組が重要であるところ、事業主及びその団体が適切に対処するために留意すべき事項等を国が示すことが適当であることから、そうした事項等を内容とする労働時間等設定改善指針を厚生労働大臣が定めることとしたものであること。

労働時間等設定改善指針は、労使の自主的取組を進める上で参考となる事項を掲げたものであって、強制にわたるものではなく、そのすべての内容を実施する必要はないことに留意すること。

なお、労働時間等設定改善指針の内容については、本日から適用されたものであること。

(2) 労働時間等設定改善に関する事項についての要請

労働時間等設定改善については、労働時間等設定改善指針の内容を踏まえた適切な労働時間等設定改善の促進が十分に確保されるよう、関係団体に対する要請を規定したものであること。

具体的には、本省において、関係労使の全国レベルの団体に対して、指針に記載された事項が労使の間で十分具体化されるよう、労使が取り組むべき課題等について要請を行うことを予定していること。

(3) 労働時間等設定改善指針を解釈する際の留意点

イ　労使間の話合いの整備

労働時間等設定改善指針2(1)イ(ロ)において、このような労使間の話合いの機会を設けるに当たっては、設定改善委員会等（労働時間等設定改善委員会及び労働時間等設定改善企業委員会をいう。以下同じ。）の構成員について、「労働者の抱える多様な事情が反映されるよう、性別、年齢、家族構成等並びに育児・介護、自発的な職業能力開発等の経験及び知見に配慮することが望ましいこと。」とされているところ、これは、事業主に対して次のことを期待していること。

① 事業主は、事業主を代表する者について、労働者の多様な事情を理解した者を選ぶこと。

② 労働者を代表する者についても、労働者の多様な事情を理解した者が選ばれることが望ましい旨、事業主は労働者等に助言すること。特に、当該労使間の話合いの機会として設定改善委員会等を活用するに当たっては、その旨を、設定改善委員会等の委員の半数を推薦する労働組合又は労働者の過半数を代表する者にも助言すること。この際、労働者を代表する者を選ぶことについての労働者の自主性を阻害しないこと。また、不当労働行為となる労働組合に対する支配又は介入になってはならないこと。

ロ　時間外・休日労働の削減

労働時間等設定改善指針2(1)ニにおいて「また、所定外労働を行わせた場合には、代休の付与等により総実労働時間の短縮を図ること。」とされているところ、「代休の付与」とは、法定時間外労働については割増賃金を支払った上で代償措置として休日を与えるという趣旨であること。

4 労働時間等設定改善実施体制の整備

(1) 趣旨

労働時間等設定改善を推進するためには、企業内において労働時間等をめぐる様々な問題について労使が日常的に話し合うとともに、話合いの成果を適切に実施するための体制を整備することが必要であることから、労働時間等設定改善のための施策等に関し労使協議を行う委員会の設置等企業内の労働時間等設定改善実施体制の整備を事業主の努力義務としたものであること。

そして、企業内の労働時間等設定改善に向けての話合いの成果をその企業の労働時間の諸制度に活かしていくことが重要であることから、一定の要件に適合する労働時間等設定改善委員会は、労使協定に代えて、その委員の五分の四以上の多数による議決により、変形労働時間制や時間外及び休日の労働等について決議を行い、実施することができることとしたものであること。また、当該労働時間等設定改善委員会については、厳格な要件を課しており適正な運営が担保されていることから、その決議について労働基準監督署長への届出を免除（ただし、時間外及び休日の労働に係る決議を除く。）したものであること。

さらに、労働時間等設定改善企業委員会においては、その委員の五分の四以上の多数による議決により、代替休暇、年次有給休暇の時間単位取得及び計画的付与制度について決議を行い、当該企業の全部の事業場で実施することができることとしたものであること。

(2) 労働時間等設定改善実施体制の具体的内容

労働時間等設定改善実施体制は、事業場の実情に応じた形で整備されるべきものであるが、具体的には、委員会の設置、既存の衛生委員会の活用、推進者の選任、プロジェクトチームの組織化、労働組合との定期協議の実施、労使懇談会の開催等があること。

このような実施体制の整備にあたっては、労使双方の代表につき、労働者の多様な事情を理解した者が選ばれることが望ましいこと。

労働時間等設定改善実施体制の整備が事業主の努力義務とされたことに伴い、その整備が図られるようあらゆる機会を通じて周知を図ること。

(3) 設定改善委員会等の決議に係る労働基準法の適用の特例

イ 設定改善委員会の要件

設定改善委員会等の要件は次のとおりであり、これらの要件の一つでも欠く場合には設定改善委員会等の決議について4(3)ハ(イ)及び(ロ)の特例の適用はないものであること。

(イ) 委員の半数が、当該事業場に労働者の過半数で組織する労働組合（以下「過半数組合」という。）がある場合にはその労働組合、ない場合には労働者の過半数を代表する者（以下「過半数代表者」という。）の推薦に基づき指名されていること。

過半数代表者は、労働時間等の設定の改善に関する特別措置法施行規則（以下「省令」という。）第一条により、下記のいずれにも該当する者であること。

① 労働基準法第四一条第二号に規定する監督又は管理の地位にある者でないこと。

② 法第七条第一号若しくは第七条の二第一号に規定する推薦又は同条各号列記以外の部分に規定する協定をする者を選出することを明らかにして実施される投票、挙手等の方法による手続により選出された者であること。

なお、使用者は、過半数代表者が推薦等に関する事務を円滑に遂行することができるよう必要な配慮を行わなければならないこと。

(ロ) 省令第二条及び第四条により、設定改善委員会等の議事について、開催の都度議事録が作成され、三年間保存されていること。

なお、設定改善委員会等の決議それ自体についても、もとより書面により保存すべきものであるが、これについては労働基準法一〇九条に規定する「労働関係に関する重要な書類」に該当するものであり、同条により三年間保存しなければならないものであること。

(ハ) 省令第三条及び第四条により、委員の任期、設定改善委員会等の招集、定足数、議事等を内容とする委員会の運営規程が定められていること。

ロ 委員の五分の四以上の多数の意味について

決議は委員の五分の四以上の多数によらなければならないものであるが、ここでいう「委員の五分の四以上の多数」とは、会議への出席の如何を問わず、当該設定改善委員会等の委員の全員の五分の四以上の多数を意味するものであること。

また、決議は書面にされることが必要であるが、ここでいう書面とは、4(3)イ(ロ)の議事録の一部で足りるものではなく、独立した書面となっていることが必要であること。

ハ 特例の内容

(イ) 4(3)イのすべての要件に適合する労働時間等設定改善委員会は、労働基準法に定める労使協定に代えて委員の五分の四以上の多数による決議により、

・一カ月単位の変形労働時間制（労働基準法第三二条の二第一項）
・フレックスタイム制（同法第三二条の三）
・一年単位の変形労働時間制（同法第三二条の四第一項）
・一週間単位の非定型的変形労働時間制（同法第三二条の五第一項）
・一斉休憩の原則の例外（同法第三四条第二項ただし書）
・時間外及び休日の労働（同法第三六条第一項）
・事業場外労働に関するみなし労働時間制（同法第三八条の二第二項）
・専門業務型裁量労働制（同法第三八条の三第一項）
・年次有給休暇の計画的付与（同法第三九条第六項）

を行うことができること。

(ロ) 4(3)ハ(イ)の中で労働基準法上行政官庁への届出を要するもののうち、一カ月単位の変形労働時間制、一年単位の変形労働時間制、一週間単位の非定型的変形労働時間制、事業場外労働に関するみなし労働時間制及び専門業務型裁量労働制に係る決議については、労働基準監督署長への届出を要しないものであること。

(ハ) 4(3)ハ(イ)の決議のうち、時間外及び休日の労働に係るものについては、労働基準法施行規則様式（以下「規則様式」という。）第九号により労働基準監督署長への届出が必要であること。また、時間外及び休日の労働に関し決議がなされ、事業場外労働に関するみなし労働時間制に関し協定がなされている場合には、両者を規則様式第九号により届け出ることはできず、それぞれ規則様式第九号及び規則様式第一二号による届出が必要であること。

ニ 決議

時間外及び休日の労働に係る決議については、時間外及び休日の労働に係る協定と同様、「労働基準法第三十六条第一項の協定で定める労働時間の延長及び休日の労働について留意すべき事項等に関する指針」に適合したものとなることが必要であり、当該決議についても、同指針に基づき、時間外及び休日の労働に係る協定と同様の指導を行うこと。

5 労働時間等設定改善実施計画の承認

(1) 趣旨

我が国では、厳しい企業間競争の下

で各企業の横並び意識が強いこと等により個々の企業が単独では労働時間等設定改善を進めることが困難であるという事情があることから、労働時間等設定改善を進めるためには業種の実情に応じた業界一体の自主的取組を促進するための仕組を整備することが有効であること。このため、同一の業種に属する二以上の事業主が共同して労働時間等設定改善をするための実施計画を作成し、それを的確に実施することができるような環境整備のために承認制度を設けることとしたものであること。

(2) 実施計画の承認申請

実施計画の承認を受けようとする同一の業種に属する二以上の事業主は、厚生労働大臣（13により権限の委任が行われる場合にあっては都道府県労働局長。以下同じ。）及び事業所管大臣（法第八条第一項に規定する当該業種に属する事業を所管する大臣をいい、13により権限の委任が行われる場合にあっては都道府県知事又は地方支分部局の長。以下同じ。）のそれぞれを宛名とする「労働時間等設定改善実施計画承認申請書」（様式第一号）を作成し、提出すること。ただし、宛名が空欄である場合又は宛名が誤っている場合であっても、都道府県労働局長（13により権限が委任された場合に限る。以下同じ。）は、申請事業主に説明し、同意を得た上で適切な補正又は修正を行い、申請書を受理すること。

実施計画の策定主体を「同一の業種に属する二以上の事業主」とした趣旨は、同業他社との横並び意識が労働時間等設定改善の阻害要因となっているという現実を踏まえ、これらの意識が「同一の業種」に属する事業主相互の間に生じやすいことから、これを克服して労働時間等設定改善を推進していこうとするものであること。したがって、「同一の業種」の判断にあたっては、日本標準産業分類の分類にとらわれず、例えば、工業団地、商店街、下請協力会その他の実態として競争関係や横並び意識の生じている事業主の集まりをできるだけ広く弾力的にとらえて差し支えないこと。なお、判断が困難な場合については、都道府県労働局長は事業所管大臣と協議すべきものであるが、具体的対応については、厚生労働本省に照会を行うこと。

イ 申請書の提出先

申請書の提出は、厚生労働大臣又は事業所管大臣のいずれか一方に行えば足りるものであり、都道府県労働局長が提出を受けた場合には速やかに事業所管大臣へ申請書を送付すること。なお、厚生労働大臣を宛名とする申請書であっても、都道府県労働局を経由して提出して差し支えないこと。また、事業の所管について疑義がある場合は都道府県労働局長は厚生労働本省に照会を行うこと。

ロ 申請書の提出部数

正本は宛名とされている申請先別に各一部を提出させること。併せて、それぞれの写しを各一部提出させること。

ハ 申請書の記載事項の確認

記載事項が漏れなく記載されているかどうか、確認すること。

なお、記載内容の確認に当たっては、以下の事項に留意すること。

(イ) 申請事業主

申請事業主すべてが名を連ねるのが原則であるが、代表者が記名押印し、申請事業主の名簿を添付するものとすることも差し支えないこと。

(ロ) 労働時間等設定改善促進措置の実施により達成しようとする目標

以下に掲げる目標その他の目標を一つ以上掲げていること。

a　労働時間の短縮
　この場合には、さらに、総実労働時間の短縮、所定労働時間の短縮、所定外労働時間の削減、完全週休二日制の採用等休日の増加、年次有給休暇付与日数・取得日数の増加等細目の目標を一つ以上付していること。
b　健康上特に配慮を要する労働者について、労働者の健康回復のために必要な時間の確保
c　育児のための生活時間の確保
d　介護のための生活時間の確保
e　単身赴任者が家族と接する時間の確保
f　自発的な職業能力開発を図るための時間の確保
g　地域活動等を行うための時間の確保

(ハ)　労働時間等設定改善促進措置を実施する事業場
　事業場の名称及び所在地を具体的に記載すべきものであるが、建設業等すべての事業場を具体的に特定するのが困難な業種においては、できる限り具体的に記載した上で事業場の所在の範囲を記載すれば足りるものであること。

(ニ)　労働時間等設定改善促進措置の内容、措置の実施時期
　以下のaからgまでの各項目中に掲げられた内容その他の内容の一つ以上を定めていること。この場合には、その実施時期も定めていること。
a　労働時間の短縮を目標に掲げる場合
　営業時間の設定、営業日数の短縮、営業時間の短縮、休日又は営業日の設定、変形労働時間制の採用、交替制の設定、ノー残業デーの設定、年次有給休暇の計画的付与制度の採用、取引先に対する発注方法等に関する要請
b　健康上特に配慮を要する労働者について、労働者の健康回復のために必要な時間の確保を目標に掲げる場合
　病気休暇から復帰する労働者についての短時間勤務の導入、所定外労働が多い労働者についての代休やまとまった休暇の付与
c　育児のための生活時間の確保を目標に掲げる場合
　育児休業制度の充実、子の看護のための休暇制度の充実、時間外労働の制限制度の充実、勤務時間短縮等の措置の充実、子どもの出生時における父親の休暇取得制度の整備
d　介護のための生活時間の確保を目標に掲げる場合
　介護休業制度の充実、時間外労働の制限制度の充実、勤務時間短縮等の措置の充実
e　単身赴任者が家族と接する時間の確保を目標に掲げる場合
　休日の前日の終業時刻の繰り上げ、休日の翌日の始業時刻の繰り下げ、休日前後の年次有給休暇の半日単位の付与、家族の誕生日についての休暇の付与
f　自発的な職業能力開発を図るための時間の確保を目標に掲げる場合
　有給教育訓練休暇の付与、長期教育訓練休暇の付与、始業・終業時刻の変更、時間外労働の制限制度の充実
g　地域活動等を行うための時間の確保を目標に掲げる場合
　特別な休暇の付与、年次有給休暇の半日単位の付与

二　申請書の添付書類
　関係労働組合又は関係労働者の代

表者（全事業場を通じて一名で足りる）の意見書（必ずしも添付する必要はない。）

(3) 実施計画の承認

実施計画の承認については、以下の手続により進めること。

イ　承認要件の確認

申請された労働時間等設定改善実施計画に掲げられた目標が5(2)ハ(ロ)aである場合には、次の(イ)、(ハ)、(ニ)及び(ホ)の基準により、また、その他の目標である場合には、次の(ロ)、(ハ)、(ニ)及び(ホ)の基準により、承認要件の確認を行うこと。

(イ) 目標が5(2)ハ(ロ)aである場合

労働時間の短縮の目標が、労働時間等設定改善実施計画に係る事業場の労働者の労働時間等に関する実情に照らして適切なものであること。

a　目標が、法令等の基準を上回るものであること。

b　目標の水準が、現状から相当程度以上の労働時間の短縮を図るものであること。

「相当程度以上」とは、

① 総実労働時間については、概ね五％以上短縮するものであること、

② 所定労働時間については、概ね週一時間以上短縮するものであること、

③ 所定外労働時間については、概ね一〇％以上短縮するものであること。

ただし、現状が当該業種に係る業界全体の実情から見て低すぎるときはそれ以上の努力が必要であること。なお、①から③はそれぞれ単独に判断すれば足りるものであり、必ずしもこれらのすべての記載を必要とするものではないこと。

c　相当の期間内に達成が見込まれること。

d　複数の細目の目標を定める場合には、その目標間相互が整合的なものであること。

e　細目の目標として総実労働時間の短縮を掲げていないときは、少なくとも総実労働時間を増加させるおそれのないことが必要であること。

(ロ) 目標が5(2)ハ(ロ)a以外のものである場合

その目標が、労働時間等設定改善実施計画に係る事業場の労働者の労働時間等に関する実情に照らして適切なものであること。

a　目標が、5(2)ハ(ロ)bからgまでに掲げたもののいずれかであること。それ以外の場合、労働者の生活と健康に資すると認められるものであること。

b　以下の例のような具体的な目標を掲げることは必要でないが、掲げている方が望ましいこと。

例えば、

① 健康上特に配慮を要する労働者について、所定労働時間を週五時間短縮する

② 育児を行う労働者について、総実労働時間を週一〇時間短縮する

c　相当の期間内に効果が出ると見込まれること。

d　他の目標として総実労働時間の短縮を掲げていないときは、総実労働時間を増加させるおそれが少ないことが必要であること。

(ハ) 労働時間等設定改善促進措置の内容及び実施時期が、目標を確実に達成するために必要かつ適切なものであること

a　当該措置が、達成しようとす

る目標と密接に関連したものであって、かつ、目標達成のために効果的であること。
例えば、
①　所定内労働時間の削減を目標に掲げた場合であって、当該削減時間数に相当する営業時間の短縮を掲げているもの。
例）一日の営業時間を○○時間とする
しかしながら、営業方法、営業形態、取引関係等に関する措置であって達成しようとする目標と密接な関連性を有すると認められないもの（原則として、モデルチェンジの長期化、過剰包装の抑制はこれに該当する。）については、この要件に適合しないものであること。
②　育児のための生活時間の確保を目標に掲げた場合であって、勤務時間短縮等の措置の充実を掲げているもの。
例）小学校就学の始期に達するまでの子を養育する従業員は、申し出ることにより、所定労働時間を午前九時から午後四時まで（うち休憩時間は、午前一二時から午後一時までの一時間とする。）の六時間とすることができるものとする（一歳に満たない子を育てる女性従業員は更に別途三〇分ずつ二回の育児時間を請求することができるものとする。）

b　当該措置が、事業場の実態からみて実現可能であること。
例えば、
①　休業日数を相当程度増加させる場合、採算性等の観点から経営が成り立たない場合は、この要件に適合しないものであること。
②　通常、休前日が繁忙を極め、人手不足になりがちなところ、単身赴任者について休前日の終業時刻を繰り上げる場合、代替要員の確保を行わないときは、この要件に適合しないものであること。

c　計画の策定主体である事業主が、当該計画の実施によって、下請事業主等の労働時間等に大きな影響を与える場合には、当該下請事業主等の労働時間等への配慮に関する適切な事項を含むこと。

d　目標が5⑵ハ(ロ)a以外のものである場合には、年次有給休暇の付与日数、育児休業等法令で下限が定められている措置については、法令等の基準を上回るものであること。

㈡　一般消費者及び関連事業主の利益を不当に害するおそれがあるものでないこと
a　申請に係る事業主の供給する商品やサービスの市場占有率の程度
b　当該商品やサービスの必需性、非代替性の度合い
c　閉店輪番制等の採用等、商品やサービスの安定した供給を担保するための代替措置の有無
を総合的に勘案して、判断するものとすること。
例えば、統一的な休業日の設定について
①　当該商品やサービスの必需性の度合いが高くないか、又は代替品の利用が可能であればこの要件に適合するものであること。
②　当該商品やサービスを供給する事業主の所在の状況から

みて、申請に係る事業主のグループに属さない事業主による当該商品等の供給により消費者の利益が損なわなければこの要件に適合するものであること。

③　②に該当しない場合であっても、閉店輪番制等によって消費者の利益が損なわれなければこの要件に適合するものであること。

④　また、休業日の設定日の如何によって需要者のニーズが大きく左右される場合には、この点も考慮すること。

⑤　なお、当該地域における当該業界の日曜休日が一般化している実情にある場合において日曜休日を設定するようなときは、概ねこの要件には適合するものであること。

(ホ)　労働時間等設定改善実施計画の実施に参加し、又はその実施から脱退することを不当に制限しないこと

例えば、過度の違約金を課すことによって実施計画への参加の強制、脱退の制限をするものは「不当に制限」するに該当するが、単に参加することや脱退しないことを説得するにとどまるような場合には「不当に制限」するものに該当しないこと。

なお、以上5(3)イ(イ)から(ホ)までの承認要件の判断は、申請事業主の数に影響されるものではないが、申請事業主の当該業種におけるシェアが極めて小さい等他の事業主が実施計画に参加しなければ実効性を上げることが期待できないような場合には、他の事業主に実施計画への参加を呼びかけるよう申請事業主に助言を行うこと。

また、これらの承認要件は、厚生労働大臣及び事業所管大臣がそれぞれ確認するものであり、都道府県労働局長は、承認要件に適合するかどうかの判断を事業所管大臣に通知するとともに、事業所管大臣の判断を確認すること。承認は、両者が承認要件に適合する旨の判断をした場合に限り行うものであるが、都道府県労働局長は、実際に事業所管大臣の判断と異なった場合には、調整を行うよう努めること。

さらに、労働時間等設定改善促進措置に、中小企業者を当事者とする取引関係に関する記述が含まれる場合には、都道府県労働局長は、経済産業局長に協議を行うこと。

ロ　承認要件に適合しない場合の取扱い

実施計画に記載された事項が承認要件に適合しない場合には、その事項、要件及び理由を明らかにして申請事業主にその旨伝えるとともに、必要に応じ承認要件に適合することとなるよう助言指導を行うこと。申請事業主が助言指導に応じず、承認要件に適合するに到らないことが明らかとなった場合には、承認を行わない旨を理由を添えて様式第三号により申請事業主に通知すること。

ハ　公正取引委員会との調整

承認に当たって、必要があると認めるときは、公正取引委員会に申請書の写しを送付し意見調整を行うこと。

(イ)　「必要があると認めるとき」の判断基準

「必要があると認めるとき」とは、独占禁止法上の問題が生ずる可能性がある場合をいうこと。

ただし、申請事業主から要請があった場合は「必要があると認め

るとき」に該当するものとして扱うこと。

なお、この点に関し疑義がある場合には公正取引委員会に事実上の相談を行うこと。ただし、承認に係る運用が定着するまでの間は、承認要件に適合すると判断した案件すべてについて、公正取引委員会に事実上の相談を行うものとすること。

(ロ) 公正取引委員会に対して述べる意見の具体的内容

労働時間等設定改善促進措置に係る競争の状況に関する事項について必要な意見を述べること。

具体的には、承認要件について確認した事項に即して、

a　労働時間等設定改善の目標が適切であり、その目標実現のために実施計画の措置が必要かつ有効なものであること、

b　措置の実施が需要者の利益を不当に害するものでないこと、

c　当該計画の実施への参加又は脱退を不当に制限するものでないこと

等について意見を述べること。

(ハ) 公正取引委員会から意見がある場合の対応

公正取引委員会から、実施計画に対し異論がない旨の回答があった場合には、実施計画の承認の手続を進めること。

公正取引委員会から、労働時間等設定改善促進措置が独占禁止法上の問題があると思料される旨の意見の陳述があった場合には、公正取引委員会と意見の調整を行いつつ、必要に応じ当該意見を踏まえて、独占禁止法上の問題を解消するよう申請事業主に対し助言指導を行うこと。その結果、申請事業主がその助言指導に応じ、実施計画が独占禁止法上の問題が解消された場合に限り承認を行うことができること。それ以外の場合については、5(3)ロに準じ、申請事業主に対し承認しない旨の通知を行うこと。また、公正取引委員会より問題がある旨の意見を受理した場合にあっては、対応について厚生労働本省に相談すること。

(ニ) 公正取引委員会から意見がない場合の対応

公正取引委員会は、「必要があると認めるとき」に意見を述べるものであるので、厚生労働大臣及び事業所管大臣が意見を述べた後相当期間経過後にも公正取引委員会からの意見の陳述がない場合には、十分に時間的な余裕を置いた後に事実上の確認を行った上で意見がないものとして取り扱って差し支えないこと。

(ホ) ここでいう公正取引委員会は、実施計画に記載された事業場のすべてが一の地方事務所の管轄地域内にある場合には、当該区域を管轄する地方事務所長を指すものとすること。

ニ　審議会の意見聴取

都道府県労働局長は、5(3)ハの手続が終了し、実施計画を承認して差し支えないと判断するに到った段階で地方労働審議会の意見聴取を行うこと。

ホ　労働者の意見聴取

労働者の意見聴取は、実施計画の申請書への関係労働組合又は関係労働者の代表者の意見書の添付によるものとするが、添付されていない場合にあっては、実施計画の申請があった旨を公示し関係労働組合又は関係労働者の代表者の意見書の提出を求めることにより行うものとすること。当該公示に基づき意見書の提出があった場合には、その写しを事

業所管大臣に送付すること。

へ　承認の通知

　5(3)イからホのすべての手続きが終了し承認することが適当と判断されるに到ったときは、「労働時間等設定改善実施計画承認通知書」（様式第二号）を申請事業主に交付すること。また、当該承認通知書の写しを公正取引委員会に送付すること。その際、当該承認通知書に係る実施計画のうち、申請書の写しを公正取引委員会に送付しなかったものについては、当該申請書の写しを添付すること。

6　労働時間等設定改善実施計画の変更の承認

　実施計画の変更の承認を受けようとする同一の業種に属する二以上の事業主は、「労働時間等設定改善実施計画変更承認申請書」（様式第四号）を作成し、厚生労働大臣及び事業所管大臣あて提出すること。

　承認申請の手続き（5(2)イ及びロ参照）及び承認要件等（5(3)イ、ロ及びハ参照）は、変更の承認の場合について準用すること。変更の承認をした場合には、変更承認通知書（様式第五号）により申請事業主に対し通知すること。

(1)　変更の承認が必要な場合

イ　実施計画に参加する事業主に変更がある場合

ロ　労働時間等設定改善促進措置の実施により達成しようとする目標を変更する場合

ハ　労働時間等設定改善促進措置を実施する事業場を変更する場合

ニ　労働時間等設定改善促進措置の内容、実施時期を変更する場合

　なお、例えば、申請事業主に関する事項（事業場の名称、所在地、代表者、常用労働者数）の変更の場合は、「労働時間等設定改善実施計画変更届出書」（様式第四号）の届出で足りること。この届出については、変更事由の発生が頻繁である等により変更の生じた都度行うことが困難な場合には、一年以内の範囲内の変更事由の発生を一括して届け出ることができるものであること。

(2)　変更承認申請書の添付書類

　変更後の内容を記載した「労働時間等設定改善実施計画承認申請書」

7　労働時間等設定改善実施計画の変更の指示、取消

　実施時期を相当期間以上過ぎていて労働時間等設定改善促進措置が実施されていない場合等労働時間等設定改善促進措置の実施に遅滞があると認められる場合には、承認事業主に対し、当該措置の実施が円滑に行われるよう指導するほか、必要に応じ、実施計画の変更を指示すること。変更の指示は、文書により行うこと。変更の指示により自動的に実施計画が変更されるものではなく、この指示に承認事業主が応じる場合には法第九条第一項の手続（6参照）をとること。したがって、変更の指示は強制にわたるものであってはならないこと。

　また、措置の実施に著しい支障が生じて当該措置を実施する見込みがなくなった場合、実施計画が承認基準に適合しないものとなった場合（公正取引委員会から独占禁止法の規定に違反する事実があると思料する旨の通知があった場合を含む。）には、承認を取り消すこと。承認を取り消す場合については取消通知書（様式第六号）により承認事業主に通知するものとすること。

8　労働時間等設定改善実施計画の承認後の公正取引委員会との関係

(1)　公正取引委員会より、独占禁止法に違反する事実があると思料する旨の通知があった場合、厚生労働大臣及び事業所管大臣は、労働時間等の動向及び経済的事情の変化に即して意見を述べることができること。したがって、公正取引委員会から通知があった場合に

は、都道府県労働局長は、承認事業主の事業場の労働時間等の動向及び経済的事情の変化（需要の変化及び今後の動向、市場占有率の変化）等に関して承認事業主から報告を徴収し、これに基づき意見を述べるものとするが、具体的な対応については厚生労働本省と協議の上行うこと。

(2)　この場合、都道府県労働局長は、承認事業主に対し必要に応じ承認要件に適合するよう助言指導を行うこと。承認要件に適合しないことが明らかとなった場合には、承認を取り消し、その旨を承認事業主及び公正取引委員会に通知すること。

9　承認事業主への援助

法第一一条第一項に基づく援助については、都道府県労働局において実施することとしており、当該援助の内容については別途指示することとしていること。

10　取引先事業主等への協力要請

実施計画の円滑な実施のために、必要があると認めるときは、承認事業主の取引先事業主に対し法第一一条第二項に基づく協力の要請を行うこと。

具体的には、実施計画の円滑な実施を阻害している取引上の問題（例えば、短納期発注、発注方法の頻繁な変更等）があると認められる場合であって、特に必要があると認められる場合に、協力の要請を行うものとすること。特に、労働時間等設定改善促進措置に取引関係に関する措置が含まれている場合（例えば、親企業に納期の適正化を要請すること）であって、取引先事業主の協力が得られないために当該措置の実施の効果があがっていない場合又は当該措置の実施が阻まれているような場合には、適切な協力の要請を行うよう留意すること。要請の内容は、承認計画の内容の理解に主眼を置き、強制にわたることのないよう留意すること。

なお、承認事業主と取引先事業主が同一の業種に属さない場合には、要請を行う前に取引先の事業を所管する大臣に協議すること。

11　報告の徴収

(1)　実施計画の承認後に公正取引委員会から問題がある旨の意見を受理した場合又は実施計画が適正に実施されていない疑いが生じた場合等には、承認事業主に対し実施計画の実施状況について報告を求めること。

(2)　承認事業主は、実施計画の実施が完了した場合には「承認実施計画実施結果報告書」（様式第七号）を承認者あて提出すること。

12　事業所管大臣との調整等

5から11まで（5(3)ニ及びホ並びに9を除く。）の対応については、事業所管大臣と密接な連携を取り、十分な調整を行った上で共同で行うものであり、したがって両者が当該対応を取ることについて合意した場合のみ行うものであること。両者の意見が異なり、調整が困難な場合には、厚生労働本省に相談を行うこと。また、5(3)イ(ニ)については、事業所管大臣が中心となって判断を行うこと。

厚生労働大臣及び事業所管大臣から申請者及び公正取引委員会に対する通知等については、原則としてそれぞれ別々の文書で行うものとするが、その場合、日付けを同日付けとするとともに、極力、通知等の発出も同一時点とするように努めること。

なお、5から11までの事務手続等については、都道府県知事からの要請がある場合等必要に応じて都道府県労働局長がとりまとめを行うこと。また、公正取引委員会からの意見の陳述等は、事業所管大臣あてのものも都道府県労働局長あてのものとともに都道府県労働局長に対して送付されるので、これらを受理した場合には、速やかに事業所管大臣に回付すること。

13　権限の委任

5から11（9を除く。）までの厚生労

働大臣及び事業所管大臣の権限は下記により委任するものであること。

(1) 厚生労働大臣の権限は、労働時間等設定改善実施計画に記載される事業場のすべてが一都道府県内にある場合には、都道府県労働局長に委任するものであること。

なお、都道府県労働局長は権限が委任されない場合であっても、必要に応じて厚生労働大臣が指定する都道府県労働局長に事務処理を委任することがあり得るものであること。

(2) 事業所管大臣の権限は、労働時間等設定改善実施計画に記載される事業場のすべてが一都道府県内にある場合(次のイからホに係る事業の場合を除く。)には、都道府県知事に委任するものであること。

イ 内閣総理大臣の所管に属する事業(当該事業に係る内閣総理大臣の権限が法令に基づき金融庁長官に委任されているもの(中小企業等協同組合法第九条の八第一項及び第二項の事業であって信用協同組合が行うもの並びに同法第九条の九第一項第一号の事業であって協同組合連合会が行うもの並びに貸金業の規制等に関する法律第二条第一項に規定する貸金業を除く。)に限る。)

ロ 総務大臣の所管に属する事業

ハ 財務大臣の所管に属する事業

ニ 経済産業大臣の所管に属する事業

ホ 国土交通大臣の所管に属する事業(次に掲げるものに限る。)

・廃油処理事業
・倉庫業その他の保管事業
・貨物利用運送事業
・石油パイプライン事業
・観光事業(旅行業(本邦外の企画旅行(参加する旅行者の募集をすることにより実施するものに限る。)を実施しないものに限る。)、旅行業者代理業及び通訳案内に関する事業(その事業場の所在地の属する都道府県の知事の登録を受けた地域限定通訳案内士のみにより行われるものに限る。)を除く。)
・鉄道、軌道及び索道による運送事業
・鉄道、軌道及び索道の用に供する車両、信号保安装置その他の陸運機器の製造に関する事業
・道路運送事業その他の道路運送に関する事業
・自動車ターミナル事業
・自動車の整備事業
・軽車両及び自動車用代燃装置の製造に関する事業
・自動車販売事業
・水上運送事業
・港湾運送事業
・造船に関する事業
・航空に関する事業(航空機及びその装備品の生産(修理については、航空機製造事業者の行うものに限る。)に関するものを除く。)

(3) 事業所管大臣のうち、次の表の事業の欄に掲げる者の権限は、労働時間等設定改善実施計画に記載される事業場のすべてが同表の区域の欄に定める区域内にある場合(13(2)により都道府県知事に委任される場合を除く。)には、同表の機関の欄に定める地方支分部局の長に委任するものであること。

事業		区域	機関
内閣総理大臣の所管に属する事業	財務局の所掌事務（金融庁設置法第四条各号に掲げる事務で法令に基づき財務局に属させられたものに限る。）に係るもの	一の財務局（九州財務局にあっては、福岡財務支局の管轄区域を除く。）の管轄区域	財務局長
		福岡財務支局の管轄区域	福岡財務支局長
総務大臣の所管に属する事業	総合通信局の所掌事務（当該所掌事務に相当する沖縄総合通信事務を含む。）に係るもの	一の総合通信局（沖縄総合通信事務所を含む。）の管轄区域	総合通信局長（沖縄総合通信事務所の管轄区域にあっては、沖縄総合通信事務所長）
財務大臣の所管に属する事項	財務局の所掌事務（金融庁設置法第四条各号に掲げる事務で法令に基づき財務局に属させられたものを除く。）に係るもの	一の財務局（九州財務局にあっては、福岡財務支局の管轄区域を除く。）の管轄区域	財務局長
		福岡財務支局の管轄区域	福岡財務支局長
	税関（沖縄地区税関を含む。以下この項において同じ。）の所掌事務に係るもの	一の税関の管轄区域	税関長（沖縄地区税関の管轄区域にあっては、沖縄地区税関長）
	国税局（沖縄国税事務所を含む。以下この項において同じ。）の所掌事務に係るもの	一の国税局の管轄区域	国税局長（沖縄国税事務所の管轄区域にあっては、沖縄国税事務所長）
農林水産大臣の所管に属する事業	地方農政局の所掌事務に係るもの	一の地方農政局の管轄区域	地方農政局長
経済産業大臣の所管に属する事業	経済産業局の所掌事務に係るもの	一の経済産業局の管轄区域	経済産業局長
国土交通大臣の所管に属する事業	地方運輸局（運輸監理部を含む。）の所掌事務に係るもの	一の地方運輸局の管轄区域（近畿運輸局にあっては、当該事業が国土交通省設置法第四条第一五号、第一八号、第八六号、第八七号、第九二号、第九三号及び第一二八号に掲げる事務並びに同条第八六号に掲げる事務に係る同条第一九号及び第二二号に掲げる事務（以下「海事に関する事務」という。）に係るものである場合には、神戸運輸監理部の管轄区域を除く。）	地方運輸局長
		神戸運輸監理部の管轄区域（当該事業が海事に関する事務に係るものである場合に限る。）	神戸運輸監理部長

〈届出様式等　略〉

3　労働時間等設定改善指針の改正について

（平二〇・四・一　基発〇四〇一〇〇三号）

労働時間等の設定の改善に関する特別措置法（平成四年法律第九〇号）及び同法第四条第一項に基づく労働時間等設定改善指針（平成一八年厚生労働省告示第一九七号。以下「指針」という。）については、平成一八年四月一日付け基発第〇四〇一〇〇六号「労働時間等の設定の改善に関する特別措置法の施行について」により貴職あて通達したところであるが、平成二〇年三月二四日に労働時間等設定改善指針の全部を改正する告示（平成二〇年厚生労働省告示第一〇八号。別紙1〈略〉）が公示され、本日から適用されることとされたところである（以下、改正後の指針について、「改正指針」という。）。

ついては、下記の事項について十分留意の上、改正後の労働時間等設定改善指針の円滑かつ的確な実施について遺漏なきを期されたい。

記

1　改正の趣旨

仕事と生活の調和については、平成一九年一二月にワーク・ライフ・バランス推進官民トップ会議において、「仕事と生活の調和（ワーク・ライフ・バランス）憲章」（以下「憲章」という。別紙2〈略〉）及び「仕事と生活の調和推進のための行動指針」（以下「行動指針」という。別紙3〈略〉）が策定されたところである。

憲章においては、仕事と生活の調和の緊要性についての共通認識を整理した上で、仕事と生活の調和が実現した社会の姿を示し、関係者（企業と働く者、国民、国及び地方公共団体）それぞれが果たすべき役割を明示しており、行動指針においては、憲章で示した目指すべき社会を実現するため、社会全体の目標としての数値目標等を設定している。

これらを踏まえ、労働時間等の設定の改善に関する取組を一層推進するため、今般策定された憲章及び行動指針の趣旨を盛り込むべく指針を改正するものである。

2　改正の内容

(1)　憲章及び行動指針の基本的な内容・考え方の追加（改正指針前文関係）

憲章及び行動指針が今般策定されたことを明記するとともに、それらの基本的な内容・考え方について以下の通り追加したものであること。

ア　憲章においては、国民的な取組の大きな方向性を示すものとして、仕事と生活の調和の緊要性についての共通認識を整理した上で、仕事と生活の調和が実現した社会とは、「国民一人ひとりがやりがいや充実感を感じながら働き、仕事上の責任を果たすとともに、家庭や地域生活などにおいても、子育て期、中高年期といった人生の各段階に応じて多様な生き方が選択・実現できる社会」であり、具体的には、「①就労による経済的自立が可能な社会」、「②健康で豊かな生活のための時間が確保できる社会」及び「③多様な働き方・生き方が選択できる社会」を目指すべきであるとし、その実現に向けた関係者の役割を明示していること。

イ　行動指針においては、事業主や労働者及び国民の効果的な取組並びに国や地方公共団体の施策の方針を示していること。

ウ　さらに、憲章及び行動指針においては、事業主及びその団体並びに労働者の役割について、個々の企業の実情に合った効果的な進め方をお互いに話し合い、生産性の向上に努めつつ、職場の意識や職場風土の改革をはじめとする働き方の改革に自主的に取り組み、民間主導による仕事と生活の調和に向けた気運を醸成することが重要であることを示していること。

(2) 仕事と生活の調和の実現に向けた取組の必要性及び意義の追加(改正指針1(1)関係)

憲章において、仕事と生活の調和の実現に向けた取組は次のような必要性及び意義があるとされていることを踏まえ、その旨を追加したものであること。

ア 少子化の流れを変え、人口減少下でも多様な人材が仕事に就けるようにし、我が国の社会を持続可能で確かなものとするために必要な取組であること。

イ 企業の活力や競争力の源泉である有能な人材の確保・育成・定着の可能性を高めるものでもあること。

ウ 企業にとっては、「コスト」としてではなく、「明日への投資」として積極的にとらえていく必要があること。

(3) 経営者に求められる役割の追加(改正指針1(4)関係)

行動指針において、企業、働く者の取組として「経営トップがリーダーシップを発揮し、職場風土改革のための意識改革、柔軟な働き方の実現等に取り組む。」とされていることを踏まえ、その旨を追加したものであること。

また、経営者の姿勢を明確にし、企業内の推進体制を確立するための例として、役員等が指揮して労働時間等の設定の改善に取り組むことを示しているものであること。

(4) 各企業における計画的な取組の必要性の追加(改正指針1(5)関係)

行動指針において、仕事と生活の調和した社会の実現に向けた企業、働く者、国民、国及び地方自治体の取組を推進するための社会全体の目標が定められていることを踏まえ、その内容を別表に示した上で、事業主が労働時間等の設定の改善を図るに当たっては、このような社会全体の目標の内容も踏まえ、各企業の実情に応じて仕事と生活の調和の実現に向けて計画的に取り組むことが必要である旨を追加したものであること。

(5) 事業主が講ずべき措置の内容の充実(改正指針2関係)

ア 改正指針2(1)イ(ニ)関係(業務の見直し等)

行動指針において、企業、働く者の取組として「労使で長時間労働の抑制、年次有給休暇の取得促進など、労働時間等の設定改善のための業務の見直しや要員確保に取り組む」ことされていることを踏まえ、これまで「要員計画の策定」としていたところ、これを「要員確保等」としたものであること。

なお、「要員確保等」の「等」には、例えば、より効果的に業務を処理できるようにするために組織の再編を行うことが含まれるものであること。

イ 改正指針2(1)イ(ホ)関係(労働時間等の設定の改善に係る措置に関する計画)

行動指針において、「労働時間等の課題について労使が話し合いの機会を設けている割合」の目標が設定されたことを踏まえ、労働時間等の設定の改善に係る措置に関する計画の策定に当たっては、労使間の話合いの機会の重要性にかんがみ、労働時間等設定改善委員会をはじめとする労使間の話合いの機会において労働者の意見を聴くなど、労働者の意向を踏まえることの必要性を追加したものであること。

ウ 改正指針2(1)ロ関係(労働者の抱える多様な事情及び業務の態様に対応した労働時間等の設定)

行動指針において、「短時間勤務を選択できる事業所の割合」の目標が設定されたことを踏まえ、労働者の抱える多様な事情に対応した労働時間等の設定のため、いわゆる短時間正社員のような柔軟な働き方の活用を図ることの必要性を追加したものであること。

エ　改正指針2⑴ハ関係（年次有給休暇を取得しやすい環境の整備）

　行動指針において、「年次有給休暇取得率」の目標が設定されたことを踏まえ、以下の通り年次有給休暇の取得の現状及び意義を追加したものであること。

①　年次有給休暇について、周囲に迷惑がかかること、後で多忙になること、職場の雰囲気が取得しづらいこと等を理由に、多くの労働者がその取得にためらいを感じていること。

②　年次有給休暇の取得は、企業の活力や競争力の源泉である人材がその能力を十分に発揮するための大きな要素であって、生産性の向上にも資するものであり、企業にとっても大きな意味をもつものであること。

オ　改正指針2⑴ハ関係（所定外労働の削減）

　行動指針において、「週六〇時間以上の雇用者の割合」の目標が設定されたことを踏まえ、以下の通り長時間労働の現状及びその抑制の必要性について追加したものであること。

①　週六〇時間以上の長時間労働者の割合が高水準となっており、特に三〇代男性で高くなっていること。

②　長時間労働により、健康を損なう者が出るとともに、肉体的、精神的な疲労によって労働者の生産性にも影響を及ぼすおそれがあり、また、男性の家事・育児時間が長時間労働等により短くなっていることから、このような長時間労働が恒常的なものにならないようにする等その抑制を図る必要があること。

カ　改正指針2⑴ヘ関係（ワークシェアリング、在宅勤務、テレワーク等の活用）

　行動指針において、「テレワーカー比率」の目標が設定されたことを踏まえ、テレワークの活用を図る必要があること及び活用に当たっては、平成一六年三月五日付け基発第〇三〇五〇〇三号「情報通信機器を活用した在宅勤務の適切な導入及び実施のためのガイドライン」に基づき適切な就業環境の下での在宅勤務の実現を図る必要があることを追加したものであること。

キ　改正指針2⑵イ関係（特に健康の保持に努める必要があると認められる労働者）

　行動指針において、「メンタルヘルスケアに取り組んでいる事業所割合」の目標が設定されていることを踏まえ、労働者の健康を守る予防策として、厚生労働大臣が定めた「労働者の心の健康の保持増進のための指針」を踏まえたメンタルヘルスケアの実施とあわせ、労働時間等の設定の改善に取り組む必要があることを追加したものであること。

ク　改正指針2⑵ロ関係（子の養育又は家族の介護を行う労働者）

　行動指針において、「第一子出産前後の助成の継続就業率」、「男女の育児休業取得率」及び「六歳未満児の子どもを持つ男性の育児・家事関連時間」の目標が設定されたことを踏まえ、以下の通り男女が共に職業生活と家庭生活の両立を実現できるよう配慮する必要性を追加したものであること。

①　男性の育児等への参加が進んでおらず、また、出産後の女性が就

業継続を希望しながら離職を余儀なくされる場合が見られる現状を踏まえ、男女が共に職業生活と家庭生活の両立を実現できるよう、一層の配慮をする必要があること。

② その際には、男性の育児休業の取得促進等男性が育児等に参加しやすい環境づくりにも努める必要があること。

ケ 改正指針２⑵ホ関係（自発的な職業能力開発を図る労働者）

行動指針において、「自己啓発を行っている労働者の割合」の目標が設定されたこと、職業能力開発のための取組及び短時間勤務の活用の重要性について示されていること並びに職業能力開発促進法（昭和四四年法律第六四号）第一〇条の四第一項第二号の規定を踏まえ、自発的な職業能力開発を図る労働者に配慮した労働時間等の設定の方法として、勤務時間の短縮の措置を追加したものであること。

コ 改正指針２⑶関係（事業主の団体が行うべき援助）

行動指針において、企業、働く者の取組として「労使団体等は連携して、民間主導の仕事と生活の調和に向けた気運の醸成などを行う。」こととされていることを踏まえ、事業主団体による気運の情勢の必要性について追加したものであること。

３ 指針の周知・徹底

指針については、今般の改正を機に、「労働時間等見直しガイドライン」と通称をつけ、さらなる周知啓発を行うこととしているので、この通称の活用も含め、改めてあらゆる機会を通じて周知啓発を図られたい。

特に経営者に対し労働時間等見直しガイドラインを周知することが肝要であるので、都道府県労働局においては労働局長をはじめとする幹部が、また、労働基準監督署においては労働基準監督署長自らが、事業主団体との会合、地域を代表する事業主への訪問等の機会を活用し、積極的に周知啓発を図ること。

４ 労働時間等設定改善指針の一部を改正する件について

（平三〇・一〇・三〇 雇均発一〇三〇第一号）

労働時間等の設定の改善に関する特別措置法（平成四年法律第九〇号。以下「法」という。）第四条第一項の規定に基づく労働時間等設定改善指針（平成二〇年厚生労働省告示第一〇八号。以下「指針」という。）については、働き方改革を推進するための関係法律の整備に関する法律（平成三〇年法律第七一号。以下「働き方改革関連法」という。）や「今後の労働時間法制等の在り方について（建議）」（平成二七年二月一三日労働政策審議会建議。以下「建議」という。）等を踏まえ、本日、労働時間等設定改善指針の一部を改正する件（平成三〇年厚生労働省告示第三七五号。以下「改正告示」という。）が公示され、平成三一年四月一日から適用されることとされた。

ついては、下記の事項に十分留意の上、改正告示による改正後の指針（以下「改正指針」という。）の円滑かつ的確な実施について遺憾なきを期されたい。

記

１ 改正の趣旨

第一九六回国会において働き方改革関連法が成立し、労働者がそれぞれの事情に応じた多様な働き方を選択できる社会を実現する働き方改革を総合的に推進するため、勤務間インターバルを導入する努力義務や時間外労働の上限規制、年次有給休暇に係る時季指定義務の創設等、労働時間等に関する見直しがなされ、これらの改正規定の大半は平成三一年四月一日より施行される。こうした改正等を踏まえ、労働時間等の設定の改善に関する取組を一層推進するため、指針を改正するものである。

2　改正の主な内容

(1)　前文

指針制定の背景として、働き方改革関連法及び過労死等防止対策推進法（平成二六年法律第一〇〇号）の制定並びに「過労死等の防止のための対策に関する大綱」（平成三〇年七月二四日閣議決定）の策定を追加する。

(2)　労使間の話合いの機会の整備（改正指針2(1)イロ）

①　働き方改革関連法による法の改正を踏まえ、労使間の話合いの機会として、労働時間等設定改善企業委員会を追加するとともに、労働安全衛生法（昭和四七年法律第五七号）第一八条第一項の規定により設置された衛生委員会に関する規定を削除する。

②　労働時間等設定改善委員会及び労働時間等設定改善企業委員会の決議は、労働基準法（昭和二二年法律第四九号）上の労働時間等に関する規定に係る特例が認められているので、必要に応じてその活用を図ることを新たに規定する。

(3)　年次有給休暇を取得しやすい環境の整備（改正指針2(1)ハ）

①　年次有給休暇の取得促進を図るに当たっては、個々の労働者の年次有給休暇の取得状況を把握することが重要であることから、働き方改革を推進するための関係法律の整備に関する法律の施行に伴う厚生労働省関係省令の整備等に関する省令（平成三〇年厚生労働省令第一一二号）による改正後の労働基準法施行規則（昭和二二年厚生省令第二三号）第二四条の七の規定に基づき年次有給休暇管理簿を作成するのみならず、取得状況を労働者本人及びその上司に周知して業務負担の軽減等により年次有給休暇の取得につなげるなど、取得促進に活用することを新たに規定する。

②　計画的な年次有給休暇の取得に係る取組は、働き方改革関連法による改正後の労働基準法第三九条第七項の規定による使用者の義務を果たすことにもつながることを新たに規定する。

(4)　時間外・休日労働の削減（改正指針2(1)ニ）

時間外・休日労働の削減に取り組むに当たっては、働き方改革関連法により時間外労働の上限及び当該上限を超えて労働させた場合の罰則が定められたことや、労働基準法第三十六条第一項の協定で定める労働時間の延長及び休日の労働について留意すべき事項等に関する指針（平成三〇年厚生労働省告示第三二三号）に規定する事項に留意することを新たに規定する。

(5)　多様な正社員、ワークシェアリング、テレワーク等の活用(改正指針2(1)ヘ)

①　多様な働き方の選択肢を拡大するための措置として、労働時間等が限定された多様な正社員として勤務する制度の導入を加えることとし、その活用に当たっては、当該制度の導入の可否、制度の内容及び処遇について、労使で十分に話し合うことが必要であることを新たに規定する。

②　テレワークの制度の導入に当たっては、「情報通信技術を利用した事業場外勤務の適切な導入及び実施のためのガイドライン」に基づき、あらかじめ導入の目的、対象となる業務及び労働者の範囲、テレワークの方法等について、労使で十分に協議することが望ましいこと等を新たに規定する。

(6)　終業及び始業の時刻に関する措置（改正指針2(1)ト）

①　労働者の健康の保持や仕事と生活の調和を図るため、深夜業の回数を

制限することを検討することを新たに規定する。

② 勤務間インターバルについて、労働者の生活時間や睡眠時間を確保し、労働者の健康の保持や仕事と生活の調和を図るために有効であることから、その導入に努めることを新たに規定する。

併せて、勤務間インターバルの時間を設定するに当たって、労働者の通勤時間、交替制勤務等の勤務形態や勤務実態等を十分に考慮し、仕事と生活の両立が可能な実効性ある休息が確保されるよう配慮することを新たに規定する。

③ いわゆる朝型の働き方の導入を検討することを新たに規定する。

(7) 地域活動等を行う労働者（改正指針2(2)ト）

ボランティア活動や地域活動等へ参加するための休暇等に係る制度を設けた場合には、その周知を図ることを新たに規定する。

(8) 事業主が他の事業主との取引上配慮すべき事項（改正指針2(4)）

中小企業等において時間外・休日労働の削減に取り組むに当たっては、長時間労働につながる取引慣行の見直しが必要であることを新たに規定する。

3 改正指針の周知

改正指針の周知について、今後送付するパンフレット等を活用し、あらゆる機会を通じた周知を行い、その徹底を図ること。

なお、当面の周知に当たっては、今後発出される「平成三〇年度における『働き方改革を推進するための関係法律の整備に関する法律』等の周知について」に基づいて行うこと。

4 労働局各部の連携について

改正指針の周知に当たっては、平成二八年四月一日付け基発〇四〇一第六四号、雇児発〇四〇一第二七号「都道府県労働局における雇用環境・均等部（室）と労働基準部との連携について」及び平成二八年四月一日付職発〇四〇一第六六号、雇児発〇四〇一第二八号「都道府県労働局における雇用環境・均等部（室）と職業安定部等との連携について」に基づき、労働局内での連携に努めること。

Ⅳ　パート・有期労働対策関係

1　事業主が講ずべき短時間労働者及び有期雇用労働者の雇用管理の改善等に関する措置等についての指針

（平一九・一〇・一　厚生労働省告示第三二六号）
（改正　平三〇・一二・二八　厚生労働省告示第四二九号）

第一　趣旨

この指針は、短時間労働者及び有期雇用労働者の雇用管理の改善等に関する法律（平成五年法律第七十六号。以下「短時間・有期雇用労働者法」という。）第六条、第七条及び第十条から第十四条までに定める措置その他の短時間・有期雇用労働者法第三条第一項の事業主が講ずべき適正な労働条件の確保、教育訓練の実施、福利厚生の充実その他の雇用管理の改善及び通常の労働者への転換の推進（以下「雇用管理の改善等」という。）に関する措置等に関し、その適切かつ有効な実施を図るために必要な事項を定めたものである。

第二　事業主が講ずべき短時間・有期雇用労働者の雇用管理の改善等に関する措置等を講ずるに当たっての基本的考え方

事業主は、短時間・有期雇用労働者の雇用管理の改善等に関する措置等を講ずるに当たって、次の事項を踏まえるべきである。

一　労働基準法（昭和二十二年法律第四十九号）、最低賃金法（昭和三十四年法律第百三十七号）、労働安全衛生法（昭和四十七年法律第五十七号）、労働契約法（平成十九年法律第百二十八号）、雇用の分野における男女の均等な機会及び待遇の確保等に関する法律（昭和四十七年法律第百十三号）、育児休業、介護休業等育児又は家族介護を行う労働者の福祉に関する法律（平成三年法律第七十六号）、労働者災害補償保険法（昭和二十二年法律第五十号）、雇用保険法（昭和四十九年法律第百十六号）等の労働者に関する法令は短時間・有期雇用労働者についても適用があることを認識しこれを遵守しなければならないこと。

二　短時間・有期雇用労働者法第六条から第十四条までの規定に従い、短時間・有期雇用労働者の雇用管理の改善等に関する措置等を講ずるとともに、多様な就業実態を踏まえ、その職務の内容、職務の成果、意欲、能力及び経験その他の就業の実態に関する事項に応じた待遇に係る措置を講ずるように努めるものとすること。

三　短時間・有期雇用労働者の雇用管理の改善等に関する措置等を講ずるに際して、その雇用する通常の労働者その他の労働者の労働条件を合理的な理由なく一方的に不利益に変更することは法的に許されないことに留意すること。

第三　事業主が講ずべき短時間・有期雇用労働者の雇用管理の改善等に関する措置等

事業主は、第二の基本的考え方に基づき、特に、次の事項について適切な措置を講ずるべきである。

一　労働時間

㈠　事業主は、短時間・有期雇用労働者の労働時間及び労働日を定め、又は変更するに当たっては、当該短時間・有期雇用労働者の事情を十分考慮するように努めるものとする。

㈡　事業主は、短時間・有期雇用労働者について、できるだけ所定労働時間を超えて、又は所定労働日以外の日に労働させないように努めるものとする。

二　待遇の相違の内容及び理由の説明

㈠　比較の対象となる通常の労働者

事業主は、職務の内容、職務の内容及び配置の変更の範囲等が、短時間・有期雇用労働者の職務の内容、職務の内容及び配置の変更の範囲等に最も近いと事業主が判断する通常の労働者との間の待遇の相違の内容及び理由について説明するものとする。

(二) 待遇の相違の内容

事業主は、待遇の相違の内容として、次のイ及びロに掲げる事項を説明するものとする。

イ 通常の労働者と短時間・有期雇用労働者との間の待遇に関する基準の相違の有無

ロ 次の(イ)又は(ロ)に掲げる事項

(イ) 通常の労働者及び短時間・有期雇用労働者の待遇の個別具体的な内容

(ロ) 通常の労働者及び短時間・有期雇用労働者の待遇に関する基準

(三) 待遇の相違の理由

事業主は、通常の労働者及び短時間・有期雇用労働者の職務の内容、職務の内容及び配置の変更の範囲その他の事情のうち、待遇の性質及び待遇を行う目的に照らして適切と認められるものに基づき、待遇の相違の理由を説明するものとする。

(四) 説明の方法

事業主は、短時間・有期雇用労働者がその内容を理解することができるよう、資料を活用し、口頭により説明することを基本とするものとする。ただし、説明すべき事項を全て記載した短時間・有期雇用労働者が容易に理解できる内容の資料を用いる場合には、当該資料を交付する等の方法でも差し支えない。

三 労使の話合いの促進

(一) 事業主は、短時間・有期雇用労働者を雇い入れた後、当該短時間・有期雇用労働者から求めがあったときは、短時間・有期雇用労働者法第十四条第二項に定める事項以外の、当該短時間・有期雇用労働者の待遇に係る事項についても、説明するように努めるものとする。

(二) 事業主は、短時間・有期雇用労働者の就業の実態、通常の労働者との均衡等を考慮して雇用管理の改善等に関する措置等を講ずるに当たっては、当該事業主における関係労使の十分な話合いの機会を提供する等短時間・有期雇用労働者の意見を聴く機会を設けるための適当な方法を工夫するように努めるものとする。

(三) 事業主は、短時間・有期雇用労働者法第二十二条に定める事項以外の、短時間・有期雇用労働者の就業の実態、通常の労働者との均衡等を考慮した待遇に係る事項についても、短時間・有期雇用労働者から苦情の申出を受けたときは、当該事業所における苦情処理の仕組みを活用する等その自主的な解決を図るように努めるものとする。

四 不利益取扱いの禁止

(一) 事業主は、短時間・有期雇用労働者が、短時間・有期雇用労働者法第七条第一項（同条第二項において準用する場合を含む。）に定める過半数代表者であること若しくは過半数代表者になろうとしたこと又は過半数代表者として正当な行為をしたことを理由として不利益な取扱いをしないようにするものとする。

(二) 事業主は、短時間・有期雇用労働者が、事業主による不利益な取扱いをおそれて、短時間・有期雇用労働者法第十四条第二項に定める説明を求めないことがないようにするものとする。

(三) 事業主は、短時間・有期雇用労働者が、親族の葬儀等のために勤務しなかったことを理由として解雇等が行われることがないようにするものとする。

五 短時間・有期雇用管理者の氏名の周知

事業主は、短時間・有期雇用管理者を選任したときは、当該短時間・有期雇用管理者の氏名を事業所の見やすい場所に掲示する等により、その雇用する短時間・有期雇用労働者に周知させるよう努めるものとする。

2 短時間労働者及び有期雇用労働者の雇用管理の改善等に関する法律の施行について

（平三一・一・三〇 基発〇一三〇第一号、職発〇一三〇第六号、雇均発〇一三〇第一号、開発〇一三〇第一号）

働き方改革を推進するための関係法律の整備に関する法律（平成三〇年法律第七一号。以下「整備法」という。）については、平成三〇年七月六日に公布され、同日付け基発〇七〇六第一号、職発〇七〇六第二号、雇均発〇七〇六第一号により、労働基準局長、職業安定局長及び雇用環境・均等局長より貴職あてその趣旨及び内容を通達したところである。

また、整備法の一部の施行に関して、「働き方改革を推進するための関係法律の整備に関する法律の一部の施行に伴う厚生労働省関係省令の整備及び経過措置に関する省令」（平成三〇年厚生労働省令第一五三号。以下「整備省令」という。）、「事業主が講ずべき短時間労働者の雇用管理の改善等に関する措置等についての指針の一部を改正する件」（平成三〇年厚生労働省告示第四二九号。以下「改正告示」という。）及び「短時間・有期雇用労働者及び派遣労働者に対する不合理な待遇の禁止等に関する指針」（平成三〇年厚生労働省告示第四三〇号。以下「ガイドライン」という。）が、平成三〇年一二月二八日に公布され、同日付け職発一二二八第四号、雇均発一二二八第一号により、職業安定局長及び雇用環境・均等局長より貴職あてその趣旨及び内容を通達したところである。

整備法による改正後の「短時間労働者及び有期雇用労働者の雇用管理の改善等に関する法律」（平成五年法律第七六号。以下「法」という。）、整備省令による改正後の「短時間労働者及び有期雇用労働者の雇用管理の改善等に関する法律施行規則」（平成五年労働省令第三四号。以下「則」という。）、改正告示による改正後の「事業主が講ずべき短時間労働者及び有期雇用労働者の雇用管理の改善等に関する措置等についての指針」（平成一九年厚生労働省告示第三二六号。以下「短時間・有期雇用労働指針」という。）及びガイドラインの主たる内容及び取扱いは下記のとおりであるので、その円滑な施行に遺漏なきを期されたい。

記

第1 総則（法第一章）

法第一章は、法の目的、短時間・有期雇用労働者の定義、事業主等の責務、国及び地方公共団体の責務等、法第二章の短時間・有期雇用労働者対策基本方針や法第三章及び第四章に規定する具体的措置に共通する基本的考え方を明らかにしたものであること。

1 目的（法第一条関係）

(1) 法第一条は、法の目的が、我が国における少子高齢化の進展、就業構造の変化等の社会経済情勢の変化に伴い、短時間・有期雇用労働者の果たす役割の重要性が増大していることに鑑み、短時間・有期雇用労働者について、その適正な労働条件の確保、雇用管理の改善、通常の労働者への転換の推進、職業能力の開発及び向上等に関する措置等を講ずることにより、通常の労働者との均衡のとれた待遇の確保等を図ることを通じて短時間・有期雇用労働者がその有する能力を有効に発揮することができるようにし、もってその福祉の増進を図り、あわせて経済及び社会の発展に寄与することにあることを明らかにしたものであること。

(2) どのような雇用形態を選択しても

納得が得られる待遇が受けられ、多様な働き方を自由に選択できるようにする観点から、行政指導、紛争の解決等も含めて一体的に対応するため、いわゆる非正規雇用労働者のうち、直接雇用である短時間労働者と有期雇用労働者を法の対象としたものであること。

(3) 「職業能力の開発及び向上等」の「等」には職業紹介の充実等（法第二一条）が含まれるものであること。

(4) 「措置等を講ずる」の「等」には、事業主等に対する援助（法第一九条）、紛争の解決（法第四章）及び雇用管理の改善等の研究等（法第二八条）が含まれるものであること。

(5) 「待遇の確保等」の「等」には、

・短時間・有期雇用労働者であることに起因して、待遇に係る透明性・納得性が欠如していることを解消すること（適正な労働条件の確保に関する措置及び事業主の説明責任により達成される）、

・通常の労働者として就業することを希望する者について、その就業の可能性を全ての短時間・有期雇用労働者に与えること（通常の労働者への転換の推進に関する措置により達成される）、等が含まれるものであること。

(6) 「あわせて経済及び社会の発展に寄与する」とは、少子高齢化、労働力人口減少社会に入った我が国においては、短時間・有期雇用労働者について、通常の労働者と均衡のとれた待遇の確保や通常の労働者への転換の推進等を図ることは、短時間・有期雇用労働者の福祉の増進を図ることとなるだけでなく、短時間・有期雇用労働者の意欲、能力の向上やその有効な発揮等による労働生産性の向上等を通じて、経済及び社会の発展に寄与することともなることを明らかにしたものであること。

2 定義（法第二条関係）

(1) 法第二条は、法の対象となる短時間労働者及び有期雇用労働者の定義を定めたものであること。

(2) 短時間労働者であるか否かの判定は、(3)から(7)までを踏まえ行うものであること。その際、パートタイマー、アルバイト、契約社員など名称の如何は問わないものであること。したがって、名称が「パートタイマー」であっても、当該事業主に雇用される通常の労働者と同一の所定労働時間である場合には、法の対象となる短時間労働者には該当しないものであること。ただし、このような者であっても、有期雇用労働者に該当する場合には、法の対象となるものであること。

なお、派遣労働者については、派遣先において法が適用されることはないものの、法とは別途、労働者派遣事業の適正な運営の確保及び派遣労働者の保護等に関する法律（昭和六〇年法律第八八号。以下「労働者派遣法」という。）により、就業に関する条件の整備を図っているものであること。

(3) 法第二条の「通常の労働者」とは、社会通念に従い、比較の時点で当該事業主において「通常」と判断される労働者をいうこと。当該「通常」の概念については、就業形態が多様化している中で、いわゆる「正規型」の労働者が事業所や特定の業務には存在しない場合も出てきており、ケースに応じて個別に判断をすべきものである。具体的には、「通常の労働者」とは、いわゆる正規型の労働者及び事業主と期間の定めのない労働契約を締結しているフルタイム労働者（以下「無期雇用フルタイム労働者」という。）をいうものであ

ること。

　また、法が業務の種類ごとに短時間労働者を定義していることから、「通常」の判断についても業務の種類ごとに行うものであること（「業務の種類」については後出(6)を参照。）。

　この場合において、いわゆる正規型の労働者とは、労働契約の期間の定めがないことを前提として、社会通念に従い、当該労働者の雇用形態、賃金体系等（例えば、長期雇用を前提とした待遇を受けるものであるか、賃金の主たる部分の支給形態、賞与、退職金、定期的な昇給又は昇格の有無）を総合的に勘案して判断するものであること。また、無期雇用フルタイム労働者は、その業務に従事する無期雇用労働者（事業主と期間の定めのない労働契約を締結している労働者をいう。以下同じ。）のうち、一週間の所定労働時間が最長の労働者のことをいうこと。このため、いわゆる正規型の労働者の全部又は一部が、無期雇用フルタイム労働者にも該当する場合があること。

(4)　「所定労働時間が短い」とは、わずかでも短ければ該当するものであり、例えば通常の労働者の所定労働時間と比べて一割以上短くなければならないといった基準があるものではないこと。

(5)　短時間労働者であるか否かの判定は、具体的には以下に従い行うこと。

イ　同一の事業主における業務の種類が一つの場合

　当該事業主における一週間の所定労働時間が最長である通常の労働者と比較し、一週間の所定労働時間が短い通常の労働者以外の者が短時間労働者となること（法第二条第一項括弧書以外の部分。図の1－(1)から1－(3)まで）。

ロ　同一の事業主における業務の種類が二以上あり、同種の業務に従事する通常の労働者がいる場合

　原則として、同種の業務に従事する一週間の所定労働時間が最長の通常の労働者と比較して一週間の所定労働時間が短い通常の労働者以外の者が短時間労働者となること（法第二条第一項括弧書。図の2－(1)）。

ハ　同一の事業主における業務の種類が二以上あり、同種の業務に従事する通常の労働者がいない場合

　当該事業主における一週間の所定労働時間が最長である通常の労働者と比較し、一週間の所定労働時間が短い通常の労働者以外の者が短時間労働者となること（法第二条第一項括弧書以外の部分。図2－(2)のC業務）。

ニ　同一の事業主における業務の種類が二以上あり、同種の業務に従事する通常の労働者がいる場合であって、同種の業務に従事する通常の労働者以外の者が当該業務に従事する通常の労働者に比べて著しく多い場合（当該業務に従事する通常の労働者の一週間の所定労働時間が他の業務に従事する通常の労働者の一週間の所定労働時間のいずれよりも長い場合を除く。）

　当該事業主における一週間の所定労働時間が最長の通常の労働者と比較して一週間の所定労働時間が短い当該業務に従事する者が短時間労働者となること（法第二条第一項括弧書中厚生労働省令で定める場合（則第一条）。図の2－(3)のB業務）。

　これは、たまたま同種の業務に従事する通常の労働者がごく少数いるために、そのような事情がな

ければ一般には短時間労働者に該当するような者までもが短時間労働者とならないことを避ける趣旨であるから、適用に当たって同種の業務に従事する通常の労働者と、当該事業主における一週間の所定労働時間が最長の通常の労働者の数を比較する際には、同種の業務において少数の通常の労働者を配置する必然性等から、事業主に短時間労働者としての法の適用を逃れる意図がないかどうかを考慮すべきものであること。

(6) 上記(5)は、労働者の管理については、その従事する業務によって異なっていることが通常と考えられることから、短時間労働者であるか否かを判断しようとする者が従事する業務と同種の業務に従事する通常の労働者がいる場合は、その労働者と比較して判断することとしたものであること。

なお、同種の業務の範囲を判断するに当たっては、『厚生労働省編職業分類』の細分類の区分等を参考にし、個々の実態に即して判断すること。

(7) 短時間労働者の定義に係る用語の意義はそれぞれ次のとおりであること。

イ 「一週間の所定労働時間」を用いるのは、短時間労働者の定義が、雇用保険法（昭和四九年法律第一一六号）等労働関係法令の用例を見ると一週間を単位としていることにならったものであること。

この場合の一週間とは、就業規則その他に別段の定めがない限り原則として日曜日から土曜日までの暦週をいうこと。

ただし、変形労働時間制が適用されている場合や所定労働時間が一月、数箇月又は一年単位で定められている場合などには、次の式によって当該期間における一週間の所定労働時間として算出すること。

（当該期間における総労働時間）÷（当該期間の暦日数）／7）

なお、日雇労働者のように一週間の所定労働時間が算出できないような者は、短時間労働者としては法の対象とならないが、有期雇用労働者として法の対象となる。ただし、日雇契約の形式をとっていても、明示又は黙示に同一人を引き続き使用し少なくとも一週間以上にわたる定形化した就業パターンが確立し、上記の方法により一週間の所定労働時間を算出することができる場合には、短時間労働者として法の対象となること。

ロ 「事業主」を単位として比較することとしているのは、法第八条に統合された整備法による改正前の労働契約法（平成一九年法律第一二八号）第二〇条において、事業主を単位として、期間の定めのある労働契約を締結している労働者と期間の定めのない労働契約を締結している労働者との間の不合理と認められる労働条件の相違を禁止していたこと、及び同一の事業所には待遇を比較すべき通常の労働者が存在しない場合があるなど、事業所を単位とすると、十分に労働者の保護を図ることができない場合が生じていると考えられることによるものであること。

(8) 「有期雇用労働者」とは、事業主と期間の定めのある労働契約を締結している労働者をいうものであること（法第二条第二項）。

(9) 「短時間・有期雇用労働者」とは、短時間労働者及び有期雇用労働者をいうものであること（法第二条第三項）。

3　基本的理念（法第二条の二関係）

短時間・有期雇用労働者としての就業は、労働者の多様な事情を踏まえた柔軟な就業のあり方として重要な意義を有しているが、短時間・有期雇用労働者の職務の内容が意欲や能力に見合ったものでない場合、待遇に対する納得感や、意欲及び能力の有効な発揮が阻害されるほか、短時間・有期雇用労働者としての就業を実質的に選択することができないこととなりかねない。

そこで、本条は、短時間・有期雇用労働者としての就業が、柔軟な就業のあり方という特長を保ちつつ、労働者の意欲及び能力が有効に発揮できるものとなるべきであるとの考え方のもと、短時間・有期雇用労働者及び短時間・有期雇用労働者になろうとする者が、生活との調和を保ちつつその意欲や能力に応じて就業することができる機会が確保されるべきことを基本的理念として明らかにしたものであること。あわせて、短時間・有期雇用労働者が充実した職業生活を送れるようにすることが、社会の活力を維持し発展させていくための基礎となるとともに、短時間・有期雇用労働者の福祉の増進を図る上でも不可欠であることに鑑み、その職業生活の充実が図られるような社会を目指すべきであることから、その旨についても基本的理念として明らかにしたものであること。

本条の基本的理念は、次条の事業主等の責務やこれらを踏まえた法第三章第一節の各種措置等とあいまって、短時間・有期雇用労働者という就業のあり方を選択しても納得が得られる待遇が受けられ、多様な働き方を自由に選択できる社会の実現を図るものであること。

4　事業主等の責務（法第三条関係）

(1)　事業主の責務（法第三条第一項関係）

イ　基本的考え方

労働者の待遇をどのように設定するかについては、基本的には契約自由の原則にのっとり、個々の契約関係において当事者の合意により決すべきものであるが、現状では、短時間・有期雇用労働者の待遇は必ずしもその働きや貢献に見合ったものとなっていないほか、他の雇用形態への移動が困難であるといった状況も見られる。このような中では、短時間・有期雇用労働者の待遇の決定を当事者間の合意のみに委ねていたのでは短時間・有期雇用労働者は「低廉な労働力」という位置付けから脱することができないと考えられるところ、それでは、少子高齢化、労働力人口減少社会において期待されている短時間・有期雇用労働者の意欲や能力の有効な発揮がもたらされるような公正な就業環境を実現することは難しい。

そこで、法は、第一条に定める法の目的である「通常の労働者との均衡のとれた待遇の確保等を図ることを通じて短時間・有期雇用労働者がその有する能力を有効に発揮することができる」ことを実現するために、短時間・有期雇用労働者の適正な労働条件の確保、教育訓練の実施、福利厚生の充実その他の雇用管理の改善及び通常の労働者への転換の推進（以下「雇用管理の改善等」という。）について、事業主が適切に措置を講じていく必要があることを明らかにするため、法第三条において、短時間・有期雇用労働者について、その就業の実態等を考慮して雇用管理の改善等に関する措置等を講ずることにより、通常の労働者との均衡のとれた待遇の確保等を図り、当該短時間・有期雇用労働者がその有する能力を有効に発揮することができるように努めるものとすることを事業主の責務としたものであること。

法第三章以下の事業主の講ずべき措置等に関する規定は、この法第三条の事業主の責務の内容として、法の目的を達成するために特に重要なものを明確化したものであること。また、法第一五条に基づき定める短時間・有期雇用労働指針及びガイドラインについては、当該責務に関し、その適切かつ有効な実施を図るために必要なものを具体的に記述したものであること。

ロ　短時間・有期雇用労働者の就業の実態等

法第三条において考慮することとされている「その就業の実態等」の具体的な内容としては、短時間・有期雇用労働者の「職務の内容」、「職務の内容及び配置の変更の範囲（有無を含む。）」、経験、能力、成果、意欲等をいうものであること。

ハ　雇用管理の改善等に関する措置等

「雇用管理の改善等に関する措置等」とは、法第三章第一節に規定する「雇用管理の改善等に関する措置」と、法第二二条に規定する苦情の自主的解決に努める措置をいうものであること。

ニ　通常の労働者との均衡のとれた待遇の確保等

法は、短時間・有期雇用労働者について、就業の実態等を考慮して雇用管理の改善等に関する措置等を講ずることにより、通常の労働者との均衡のとれた待遇を確保することを目指しているが、これは、一般に短時間・有期雇用労働者の待遇が通常の労働者と比較して働きや貢献に見合ったものとなっておらず低くなりがちであるという状況を前提として、通常の労働者との均衡（バランス）をとることを目指した雇用管理の改善を進めていくという考え方であること。

通常の労働者と短時間・有期雇用労働者の「均衡のとれた待遇」は、就業の実態に応じたものとなるが、その就業の実態が同じ場合には、「均等な待遇」を意味する。

他方、通常の労働者と短時間・有期雇用労働者との間で、就業の実態が異なる場合、その「均衡のとれた待遇」とはどのようなものであるかについては、一義的に決まりにくい上、待遇と言ってもその種類（賃金、教育訓練、福利厚生施設等）や性質・目的（職務の内容との関連性等）は一様ではない。

そのような中で、事業主が雇用管理の改善等に関する措置等を講ずることにより通常の労働者との均衡のとれた待遇の確保等を図っていくため、法第三章第一節においては、講ずべき措置を定めたものであること。

具体的には、法第八条において、全ての短時間・有期雇用労働者の全ての待遇（労働時間及び労働契約の期間を除く。）を対象に、その待遇のそれぞれについて、当該待遇に対応する通常の労働者の待遇との間で、「職務の内容」、「職務の内容及び配置の変更の範囲（有無を含む。）」及び「その他の事情」のうち、待遇のそれぞれの性質及び当該待遇を行う目的に照らして適切と認められるものを考慮して、不合理と認められる相違を設けてはならないとするいわゆる均衡待遇規定を設けている。また、法第九条において、通常の労働者と職務の内容並びに職務の内容及び配置の変更の範囲が同一である短時間・有期雇用労働者について、その全ての待遇（労働時間及び労働契約の期間を除く。）を対象に、短時間・有期雇用労働者であることを理由として差別的取扱いをしてはならないとするいわゆる均等待遇規定を設けている。その上で、法第一〇条から第一二条までにおいては、短時間・有期雇用労働者の就業の実態を踏まえつつ、賃金、教育訓練及び福利厚生施設の三つについて、それぞれ講ずべき措置を明らかにしているものであること。法第一一条第一項は、職務の内容が通常の労働者と同一であるという就業の実態や、職務との関連性が高い待遇であるといった事情を踏まえて具体的な措置の内容を明らかにしたものであり、法第一二条は、全ての通常の労働者との関係で普遍的に講ずべき措置の内容について明らかにしたものであること。他方、法第一〇条及び第一一条第二項については、就業の実態が多様な短時間・有期雇用労働者全体にかかる措置として、具体的に勘案すべき就業の実態の内容（職務の内容、職務の成果、意欲、能力、経験等）を明記したものであること。これらの勘案すべき就業の実態の内容を明記しているのは、これらの要素が通常の労働者の待遇の決定に当たって考慮される傾向にあるのとは対照的に、短時間・有期雇用労働者について十分に考慮されている現状にあるとは言い難く、短時間・有期雇用労働者についても、これらに基づく待遇の決定を進めていくことが公正であると考えられることによること。

「通常の労働者との均衡のとれた待遇の確保等」の「等」としては、

・短時間・有期雇用労働者であることに起因して、待遇に係る透明性・納得性が欠如していることを解消すること（適正な労働条件の確保に関する措置及び事業主の説明責任により達成される）、

・通常の労働者として就業することを希望する者について、その就業の可能性を全ての短時間・有期雇用労働者に与えること（通常の労働者への転換の推進に関する措置により達成される）、等が含まれるものであること。

(2) 均衡のとれた待遇の確保の図り方について

イ 基本的考え方

短時間・有期雇用労働者についての、通常の労働者との均衡のとれた待遇の確保に当たっては、短時間・有期雇用労働者の就業の実態等を考慮して措置を講じていくこととなるが、「就業の実態」を表す要素のうちから「職務の内容」及び「職務の内容及び配置の変更の範囲（有無を含む。）」の二つを、法第八条において通常の労働者との待遇の相違の不合理性を判断する際の考慮要素として例示するとともに、法第九条等において適用要件としている。これは、現在の我が国の雇用システムにおいては、一般に、通常の労働者の賃金をはじめとする待遇の多くがこれらの要素に基づいて決定される

ことが合理的であると考えられている一方で、短時間・有期雇用労働者については、これらが通常の労働者と全く同じ、又は一部同じであっても、所定労働時間が短い労働者であるということ、あるいは期間の定めがある労働契約を締結している労働者であるということのみを理由として待遇が低く抑えられている場合があることから、通常の労働者との均衡のとれた待遇の確保を図る際に、短時間・有期雇用労働者の就業の実態をとらえるメルクマールとして、これらの要素を特に取り上げるものであること。

なお、法第八条においては、短時間・有期雇用労働者と通常の労働者の待遇の相違の不合理性を判断する際の考慮要素として、「職務の内容」、「職務の内容及び配置の変更の範囲（有無を含む。）」のほかに、「その他の事情」を規定しているが、「その他の事情」については、職務の内容並びに職務の内容及び配置の変更の範囲に関連する事情に限定されるものではなく、考慮すべきその他の事情があるときに考慮すべきものであること（第3の3(5)参照）。

ロ　「職務の内容」について

(イ)　定義

「職務の内容」とは、「業務の内容及び当該業務に伴う責任の程度」をいい、労働者の就業の実態を表す要素のうちの最も重要なものであること。

「業務」とは、職業上継続して行う仕事であること。

「責任の程度」とは、業務に伴って行使するものとして付与されている権限の範囲・程度等をいうこと。具体的には、授権されている権限の範囲（単独で契約締結可能な金額の範囲、管理する部下の数、決裁権限の範囲等）、業務の成果について求められる役割、トラブル発生時や臨時・緊急時に求められる対応の程度、ノルマ等の成果への期待の程度等を指す。責任は、外形的にはとらえにくい概念であるが、実際に判断する際には、責任の違いを表象的に表す業務を特定して比較することが有効であること。

また、責任の程度を比較する際には、所定外労働も考慮すべき要素の一つであるが、これについては、例えば、通常の労働者には所定外労働を命ずる可能性があり、短時間・有期雇用労働者にはない、といった形式的な判断ではなく、実態として業務に伴う所定外労働が必要となっているかどうか等を見て、判断することとなること。例えば、トラブル発生時、臨時・緊急時の対応として、また、納期までに製品を完成させるなど成果を達成するために所定外労働が求められるのかどうかを実態として判断すること。なお、ワークライフバランスの観点からは、基本的に所定外労働のない働き方が望ましく、働き方の見直しにより通常の労働者も含めてそのような働き方が広まれば、待遇の決定要因として所定外労働の実態が考慮されること自体が少なくなっていくものと考えられるものであること。

(ロ)　職務の内容が同一であることの判断手順

「職務の内容」については、法第八条において考慮され得るとともに、法第九条等の適用に当たって、通常の労働者と短時間労働者との間で比較して同一性を検証しなければならないため、その判断のための手順が必要となる。職務の内容の同一性については、具体的には以下の手順で比較していくこととなるが、「職務の内容が同一である」とは、個々の作業まで完全に一致していることを求めるものではなく、それぞれの労働者の職務の内容が「実質的に同一」であることを意味するものであること。

　したがって、具体的には、「業務の内容」が「実質的に同一」であるかどうかを判断し、次いで「責任の程度」が「著しく異なって」いないかを判断するものであること。

　まず、第一に、業務の内容が「実質的に同一」であることの判断に先立って、「業務の種類」が同一であるかどうかをチェックする。これは、『厚生労働省編職業分類』の細分類を目安として比較し、この時点で異なっていれば、「職務内容が同一でない」と判断することとなること。

　他方、業務の種類が同一であると判断された場合には、次に、比較対象となる通常の労働者及び短時間・有期雇用労働者の職務を業務分担表、職務記述書等により個々の業務に分割し、その中から「中核的業務」と言えるものをそれぞれ抽出すること。

　「中核的業務」とは、ある労働者に与えられた職務に伴う個々の業務のうち、当該職務を代表する中核的なものを指し、以下の基準に従って総合的に判断すること。

① 与えられた職務に本質的又は不可欠な要素である業務
② その成果が事業に対して大きな影響を与える業務
③ 労働者本人の職務全体に占める時間的割合・頻度が大きい業務

　通常の労働者と短時間・有期雇用労働者について、抽出した「中核的業務」を比較し、同じであれば、業務の内容は「実質的に同一」と判断し、明らかに異なっていれば、業務の内容は「異なる」と判断することとなること。なお、抽出した「中核的業務」が一見すると異なっている場合には、当該業務に必要とされる知識や技能の水準等も含めて比較した上で、「実質的に同一」と言えるかどうかを判断するものであること。

　ここまで比較した上で業務の内容が「実質的に同一である」と判断された場合には、最後に、両者の職務に伴う責任の程度が「著しく異なって」いないかどうかをチェックすること。そのチェックに当たっては、「責任の程度」の内容に当たる以下のような事項について比較を行うこと。

① 授権されている権限の範囲（単独で契約締結可能な金額の範囲、管理する部下の数、決裁権限の範囲等）
② 業務の成果について求められる役割
③ トラブル発生時や臨時・緊急時に求められる対応の程度
④ ノルマ等の成果への期待の程度
⑤ 上記の事項の補助的指標と

して所定外労働の有無及び頻度

この比較においては、例えば管理する部下の数が一人でも違えば、責任の程度が異なる、といった判断をするのではなく、責任の程度の差異が「著しい」といえるものであるかどうかを見るものであること。

なお、いずれも役職名等外見的なものだけで判断せず、実態を見て比較することが必要である。

以上の判断手順を経て、「業務の内容」及び「責任の程度」の双方について、通常の労働者と短時間・有期雇用労働者とが同一であると判断された場合が、「職務の内容が同一である」こととなること。

ハ　「職務の内容及び配置が通常の労働者の職務の内容及び配置の変更の範囲と同一の範囲内で変更されることが見込まれる」ことについて

(イ)　定義

①　「職務の内容及び配置の変更の範囲」

現在の我が国の雇用システムにおいては、長期的な人材育成を前提として待遇に係る制度が構築されていることが多く、このような人材活用の仕組み、運用等に応じて待遇の違いが生じることも合理的であると考えられている。法は、このような実態を前提として、人材活用の仕組み、運用等を、均衡待遇を推進する上での考慮要素又は適用要件の一つとして位置付けている。人材活用の仕組み、運用等については、ある労働者が、ある事業主に雇用されている間にどのような職務経験を積むこととなっているかを見るものであり、転勤、昇進を含むいわゆる人事異動や本人の役割の変化等（以下「人事異動等」という。）の有無や範囲を総合判断するものであるが、これを法律上の考慮要素又は適用要件としては「職務の内容及び配置の変更の範囲」と規定したものであること。

「職務の内容の変更」と「配置の変更」は、現実にそれらが生じる際には重複が生じ得るものであること。つまり、「職務の内容の変更」とは、配置の変更によるものであるか、そうでなく業務命令によるものであるかを問わず、職務の内容が変更される場合を指すこと。他方、「配置の変更」とは、人事異動等によるポスト間の移動を指し、結果として職務の内容の変更を伴う場合もあれば、伴わない場合もあるものであること。

それらの変更の「範囲」とは、変更により経験する職務の内容又は配置の広がりを指すものであること。

②　同一の範囲

職務の内容及び配置の変更が「同一の範囲」であるとの判断に当たっては、一つ一つの職務の内容及び配置の変更の態様が同様であることを求めるものではなく、それらの変更が及び得ると予定されている範囲を画した上で、その同一性を判断するものであること。

例えば、ある事業所において、一部の部門に限っての人事異動等の可能性がある者と、全部門にわたっての人事異動等の可能性がある者とでは、「配置の変更の範囲」が異なることとなり、職務の内容及び配置の変更の範囲（人材活用の仕組み、運用等）が同一であるとは言えないこと。

ただし、この同一性の判断は、「範囲」が完全に一致することまでを求めるものではなく、「実質的に同一」と考えられるかどうかという観点から判断すること。

③「変更されることが見込まれる」

職務の内容及び配置の変更の範囲（人材活用の仕組み、運用等）の同一性を判断することについては、将来にわたる可能性についても見るものであるため、変更が「見込まれる」と規定したものであること。ただし、この見込みについては、事業主の主観によるものではなく、文書や慣行によって確立されているものなど客観的な事情によって判断されるものであること。また、例えば、通常の労働者の集団は定期的に転勤等があることが予定されているが、ある職務に従事している特定の短時間・有期雇用労働者についてはこれまで転勤等がなかったという場合にも、そのような形式的な判断だけでなく、例えば、同じ職務に従事している他の短時間・有期雇用労働者の集団には転勤等があるといった「可能性」についての実態を考慮して具体的な見込みがあるかどうかで判断するものであること。

なお、育児又は家族介護などの家族的責任を有する労働者については、その事情を配慮した結果として、その労働者の人事異動等の有無や範囲が他と異なることがあるが、「職務の内容及び配置の変更の範囲」を比較するに当たって、そのような事情を考慮すること。考慮の仕方としては、例えば、通常の労働者や短時間・有期雇用労働者のうち、人事異動等があり得る人材活用の仕組み、運用等である者が、育児又は家族介護に関する一定の事由（短時間・有期雇用労働者についても通常の労働者と同じ範囲）で配慮がなされ、その配慮によって異なる取扱いを受けた場合、「職務の内容及び配置の変更の範囲」を比較するに際しては、その取扱いについては除いて比較することが考えられること。

(ロ)「職務の内容及び配置が通常の労働者の職務の内容及び配置の変更の範囲と同一の範囲内で変更されることが見込まれる」ことの判断手順

「職務の内容及び配置が通常の労働者の職務の内容及び配置の変更の範囲と同一の範囲内で変更されることが見込まれる」ことについては、法第九条の適用に当たって、通常の労働者と短時間・有期雇用労働者との間で比較して同一性を検証しなければならないため、その判断のための手順が必要となる。法第九条に関しては、この検証は、(2)ロ(ロ)において示した手順により、職務の内容が同一であると判断された通常の労働者と短時間・有期雇用労働者について行うものであること。

まず、通常の労働者と短時間・有期雇用労働者について、配置の変更に関して、転勤の有無が同じかどうかを比較すること。この時点で異なっていれば、「職務の内容及び配置が通常の労働者の職務の内容及び配置の変更の範囲と同一の範囲内で変更されることが見込まれない」と判断することとなること。

次に、転勤が双方ともあると判断された場合には、全国転勤の可能性があるのか、エリア限定なのかといった転勤により移動が予定されている範囲を比較すること。この時点で異なっていれば、「職務の内容及び配置が通常の労働者の職務の内容及び配置の変更の範囲と同一の範囲内で変更されることが見込まれない」と判断することとなること。

転勤が双方ともない場合、及び双方ともあってその範囲が「実質的に」同一であると判断された場合には、事業所内における職務の内容の変更の態様について比較すること。まずは、職務の内容の変更（事業所内における配置の変更の有無を問わない。）の有無を比較し、この時点で異なっていれば、「職務の内容及び配置が通常の労働者の職務の内容及び配置の変更の範囲と同一の範囲内で変更されることが見込まれない」と判断することとなること。同じであれば、職務の内容の変更により経験する可能性のある範囲も比較し、異同を判断するものであること。

また、法第八条における「職務の内容及び配置の変更の範囲」の異同についても、上記の観点から判断されるものであること。

(3)　事業主の団体の責務（法第三条第二項関係）

短時間・有期雇用労働者の労働条件等については、事業主間の横並び意識が強い場合が多く、事業主の団体を構成している事業にあっては、事業主の団体の援助を得ながら構成員である複数の事業主が同一歩調で短時間・有期雇用労働者の雇用管理の改善等を進めることが効果的である。そこで、事業主の団体の責務として、その構成員である事業主の雇用する短時間・有期雇用労働者の雇用管理の改善等に関し必要な助言、協力その他の援助を行うように努めることを明らかにしたものであること。

(4)　なお、これら事業主及び事業主の団体の責務を前提に、国は必要な指導援助を行うこととされ（法第四条）、短時間・有期雇用労働者を雇用する事業主、事業主の団体その他の関係者に対して、短時間・有期雇用労働者の雇用管理の改善等に関する事項についての相談及び助言その他の必要な援助を行うことができることとされている（法第一九条）こと。

5　国及び地方公共団体の責務（法第四条関係）

(1)　国の責務（法第四条第一項関係）

国は、短時間・有期雇用労働者の雇用管理の改善等について、事業主その他の関係者の自主的な努力を尊重しつつその実情に応じて必要な指導、援助等を行うとともに、短時間・有期雇用労働者の能力の有効な発揮を妨げている諸要因の解消を図るために必要な広報その他の啓発活動を行うほか、その職業能力の開発及び向上等を図る等、短時間・有期雇用労働者の雇用管理の改善等の促進その他その福祉の増進を図るために必要な施策を総合的かつ効果的に推進するように努めるものとされていること。

具体的内容は、短時間・有期雇用労働指針及びガイドラインの策定、事業主に対する報告徴収、助言、指導、勧告及び公表、調停の実施を含む紛争の解決の援助、啓発活動の実施、事業主等に対する援助の実施、職業訓練の実施、職業紹介の充実等であること。

(2) 地方公共団体の責務（法第四条第二項関係）

地方公共団体は、国の施策と相まって短時間・有期雇用労働者の福祉の増進を図るために必要な施策を推進するように努めるものとされていること。

具体的内容は、広報啓発活動、職業能力開発校等における職業訓練の実施、労政事務所等における講習等の開催等であること。

第2 短時間・有期雇用労働者対策基本方針（法第二章第五条関係）

法第二章は、短時間・有期雇用労働者の福祉の増進を図るため、短時間・有期雇用労働者の雇用管理の改善等の促進、職業能力の開発及び向上等に関する施策の基本となるべき方針である短時間・有期雇用労働者対策基本方針について規定したものであること。

1 趣旨

短時間・有期雇用労働者の福祉の増進を図るための施策は、法に基づくもののほか、他の関係法律に基づく施策等多岐にわたっており、これらの諸施策を円滑かつ効率的に実施していくためには、短時間・有期雇用労働者の職業生活の動向を的確に見通した上で短時間・有期雇用労働者対策の総合的かつ計画的な展開の方向を、労使をはじめ国民全体に示し、これに沿って対策を講ずることが必要である。そのため、厚生労働大臣は、短時間・有期雇用労働者対策基本方針を定め、これを公表するものとしたものであること。

2 内容

短時間・有期雇用労働者対策基本方針に定める事項は、次のとおりであること。

(1) 短時間・有期雇用労働者の職業生活の動向に関する事項

(2) 短時間・有期雇用労働者の雇用管理の改善等を促進し、並びにその職業能力の開発及び向上を図るために講じようとする施策の基本となるべき事項

(3) その他短時間・有期雇用労働者の福祉の増進を図るために講じようとする施策の基本となるべき事項

3 短時間・有期雇用労働者対策基本方針は、短時間・有期雇用労働者の労働条件、意識及び就業の実態等を考慮して定められなければならないこととされていること。

4 短時間・有期雇用労働者対策基本方針の策定、変更に当たっては、労働政策審議会の意見を聴かなければならないものとされているが、短時間・有期雇用労働者対策基本方針の内容が他の審議会の所掌に係る事項を含む場合には、その審議会の意見を聴くことを排除するものではないこと（第3の11(1)において同じ。）。

第3 短時間・有期雇用労働者の雇用管理の改善等に関する措置等（法第三章）

法第三章は、短時間・有期雇用労働者の雇用管理の改善等に関する措置等とし

て、第一節に事業主等が講ずべきものの具体的内容として雇用管理の改善等に関する措置を、第二節に事業主等に対する国の援助等を規定したものであること。

1　労働条件に関する文書の交付等（法第六条関係）

⑴　労働条件の明示については、労働基準法（昭和二二年法律第四九号）第一五条において、賃金、労働時間その他の労働条件について労働契約の締結に際し明示することが使用者に義務付けられているが、短時間・有期雇用労働者に対する労働条件は、通常の労働者とは別に、かつ、個々の事情に応じて多様に設定されることが多いことから、雇入れ後に疑義が生じやすくなっている。そのため、法第六条第一項においては、労働基準法第一五条第一項に規定する厚生労働省令で定める事項以外のもののうち、特に短時間・有期雇用労働者にとって重要な事項であるものを厚生労働省令で特定事項として定め、事業主が文書の交付等により明示しなければならないものとし、それ以外の事項は同条第二項において文書の交付等の努力義務を課したものであること。

なお、法第六条第一項の文書の交付等の義務に違反した者に対して、都道府県労働局長による助言、指導、勧告を行っても履行されない場合には、公表の対象となるとともに、法第三一条に基づき、一〇万円以下の過料に処するものとされていること。

⑵　「特定事項」とは、昇給の有無、退職手当の有無、賞与の有無及び短時間・有期雇用労働者の雇用管理の改善等に関する事項に係る相談窓口であること（則第二条第一項）。

なお、事業主は、短時間・有期雇用労働者に対して明示しなければならない労働条件を事実と異なるものとしてはならないとされていること（則第二条第二項）。

⑶　「昇給」とは、一つの契約期間の中での賃金の増額を指すものであること。したがって、有期労働契約の契約更新時の賃金改定は、「昇給」に当たらないものであること。

「退職手当」とは、労使間において、労働契約等によってあらかじめ支給条件が明確になっており、退職により支給されるものであればよく、その支給形態が退職一時金であるか、退職年金であるかを問わないものであること。

「賞与」とは、定期又は臨時に支給されるものであって、その支給額があらかじめ確定されていないものをいうものであること。

「短時間・有期雇用労働者の雇用管理の改善等に関する事項に係る相談窓口」（以下「相談窓口」という。）とは、事業主が労働者からの苦情を含めた相談を受け付ける窓口をいうものであること。

「昇給」等については、これらの要件に該当するものであれば、その名称は問わないものであること。

⑷　昇給及び賞与が業績等に基づき実施されない又は支給されない可能性がある場合や、退職手当が勤続年数等に基づき支給されない可能性がある場合には、制度としては「有」と明示しつつ、あわせて、昇給及び賞与が業績等に基づき実施されない又は支給されない可能性がある旨や、退職手当が勤続年数等に基づき支給されない可能性がある旨について明示されるべきものであること。

⑸　「昇給」に係る文書の交付等に当たって、「賃金改定（増額）：有」等「昇給」の有無が明らかである表示をしている場合には法第六条第一項の義務の履行といえるが、「賃金改

定・有」と表示し、「賃金改定」が「昇給」のみであるか明らかでない場合等「昇給」の有無が明らかでない表示にとどまる場合には、同項の義務の履行とはいえないこと。

(6) 「相談窓口」は法第一六条に基づき相談のための体制として整備することとされているものであること。

(7) 「相談窓口」の明示の具体例としては、担当者の氏名、担当者の役職又は担当部署等が考えられること。

(8) 「文書の交付等」の「等」とは、ファクシミリを利用してする送信、電子メールその他のその受信をする者を特定して情報を伝達するために用いられる電気通信（電気通信事業法（昭和五九年法律第八六号）第二条第一号に規定する電気通信をいう。以下「電子メール等」という。）の送信のいずれかの方法によることを当該短時間・有期雇用労働者が希望した場合における当該方法が含まれるものであること。ただし、労働条件の明示の趣旨を鑑みると、事業主が短時間・有期雇用労働者に対し確実に労働条件を明示するとともに、その明示された事項を当該短時間・有期雇用労働者がいつでも確認することができるよう、当該短時間・有期雇用労働者が保管することのできる方法により明示する必要があることから、電子メール等の送信の方法による場合には、短時間・有期雇用労働者が当該電子メール等の記録を出力することにより書面を作成することができる場合に限られるものであること（則第二条第三項）。

この場合において「出力することにより書面を作成することができる」とは、当該電子メール等の本文又は当該電子メール等に添付されたファイルについて、紙による出力が可能であることを指すが、これは事業主が送信した労働条件の明示に係る事項の全文が出力されることが必要であること。また、労働条件の明示を巡る紛争の未然防止及び書類管理の徹底の観点から、労働条件通知書に記入し、電子メール等に添付し送信する等、可能な限り紛争を防止しつつ、書類の管理がしやすい方法とすることが望ましいこと。

なお、これらの方法による場合を短時間・有期雇用労働者が希望した場合に限定したのは、これらの方法が文書の交付に比べて簡便な側面がある一方で、誤送信等のリスクも高く、労働条件が不明確なことによる紛争を未然に防止するという労働条件の明示の趣旨に反する可能性があることによる。この「希望した場合」とは、短時間・有期雇用労働者が事業主に対し、口頭で希望する旨を伝達した場合を含むと解されるが、事業主から電子メール等の送信等による方法もあることを提示して、短時間・有期雇用労働者がそれを選択した場合も含まれるものであること。ただし、選択を強制することになってはならないものであること。また、紛争の未然防止の観点からは、労使双方において、短時間・有期雇用労働者が希望したか否かについて個別に、かつ、明示的に確認することが望ましいこと。

(9) 「電子メール」とは、特定電子メールの送信の適正化等に関する法律（平成一四年法律第二六号）第二条第一号の電子メールと同様であり、特定の者に対し通信文その他の情報をその使用する通信端末機器（入出力装置を含む。）の影像面に表示させるようにすることにより伝達するための電気通信（有線、無線その他の電磁的方式により、符号、音響又は影像を送り、伝え、又は受けることをいう（電気通信事業法第二条第一号）。）であって、①その全部若しくは一部においてＳＭＴＰ（シンプル・メール・トランスファー・プロトコル）が用いられる通信方式を用いるもの、又は②携帯して使用する通信端末機器に、電話番号を送受信のために用いて通信文その他の情報を伝達する通信方式を用いるものをいうと解されること。

①にはパソコン・携帯電話端末によるＥメールのほか、Ｙａｈｏｏ！メールやＧｍａｉｌといったウェブメールサービスを利用したものが含まれ、②にはＲＣＳ（リッチ・コミュニケーション・サービス。＋メッセージ（プラス・メッセージ）等、携帯電話同士で文字メッセージ等を送信できるサービスをいう。）や、ＳＭＳ（ショート・メッセージ・サービス。携帯電話同士で短い文字メッセージを電話番号宛てに送信できるサービスをいう。）が含まれること。

「その受信をする者を特定して情報を伝達するために用いられる電気通信」とは、具体的には、ＬＩＮＥやＦａｃｅｂｏｏｋ等のＳＮＳ（ソーシャル・ネットワーク・サービス）メッセージ機能等を利用した電気通信がこれに該当すること。

なお、上記②の例えばＲＣＳやＳＭＳについては、ＰＤＦ等の添付ファイルを送付することができないことや、送信できる文字メッセージ数に制限等があること、また、原則である書面作成が念頭に置かれていないサービスであることから、労働条件明示の手段としては例外的なものであり、原則として上記①の方法やＳＮＳメッセージ機能等による送信の方法とすることが望ましいこと。短時間・有期雇用労働者が開設しているブログ、ホームページ等への書き込みや、ＳＮＳの短時間・有期雇用労働者のマイページにコメントを書き込む行為等、特定の個人がその入力する情報を電気通信を利用して第三者に閲覧させることに付随して、第三者が特定個人に対し情報を伝達することができる機能が提供されるものについては、「その受信する者を特定して情報を伝達するために用いられる電気通信」には含まれないことに留意する必要があること。

上記のサービスによっては、情報の保存期間が一定期間に限られている場合があることから、短時間・有期雇用労働者が内容を確認しようと考えた際に情報の閲覧ができない可能性があるため、事業主が短時間・有期雇用労働者に対して、短時間・有期雇用労働者自身で出力による書面の作成等により情報を保存するように伝えることが望ましいこと。

⑽　ファクシミリを利用してする送信の方法により行われた明示は、短時間・有期雇用労働者が使用するファクシミリ装置により受信した時に、電子メール等の送信の方法により行われた明示は、短時間・有期雇用労働者が使用する通信端末機器等により受信した時に、それぞれ当該短時間・有期雇用労働者に到達したものとみなされるものであること（則第二条第四項）。この場合の「通信端末機器」には、パソコンのほか、携帯電話等も含まれるが、基本的に、ＰＯＰサーバーや携帯電話会社のメールセンター等、事業主と短時間・有期雇用労働者の間で行われる電気通信の途中に介在する場所に到達しただけではこの要件を満たさないものであること。ただし、Ｙａｈｏｏ！メールやＧｍａｉｌといったウェブメールサービス、ＳＮＳメッセージ機能等を利用した電気通信な

ど、必ずしも通信端末機器に到達しない方法による場合には、受信履歴等から電子メール等の送信が行われたことを受信者が通常であれば認識しうる状態となった時に到達したものとみなされるものであること。なお、ファクシミリ装置及び電子メール等に係る通信端末機器は、短時間・有期雇用労働者が所有しているものに加え、短時間・有期雇用労働者以外の者が所有しているものも、短時間・有期雇用労働者がその利用を希望している場合には含まれるものであること。

なお、事業主はファクシミリを利用してする送信の方法又は電子メール等の送信の方法により明示を行う場合には、短時間・有期雇用労働者との間で明示がなされたかどうか争いが起こることを避けるため、後日、短時間・有期雇用労働者に受信したかどうかを確認すること、短時間・有期雇用労働者が電子メール等を受信した後に電子メール等を返信させること等によりその到達状況を確認しておくことが望ましいものであること。

(11) 法第六条第二項は、特定事項を明示するときは、労働条件に関する事項のうち特定事項及び労働基準法第一五条第一項に規定する厚生労働省令で定める事項以外の事項についても文書の交付等により明示するよう努めるものとしたものであること。

(12) 法第六条第二項により明示するよう努めるべき事項のうち、主要なものとしては、以下のような事項が挙げられるものであること。

イ　昇給（特定事項を除く。）

ロ　退職手当（特定事項を除く。）、臨時に支払われる賃金、賞与（特定事項を除く。）、一か月を超える期間の出勤成績によって支給される精勤手当、一か月を超える一定期間の継続勤務に対して支給される勤続手当及び一か月を超える期間にわたる事由によって算定される奨励加給又は能率手当

ハ　所定労働日以外の日の労働の有無

ニ　所定労働時間を超えて、又は所定労働日以外の日に労働させる程度

ホ　安全及び衛生

ヘ　教育訓練

ト　休職

(13) 労働基準法第一五条第一項に基づく明示については、「労働契約の締結に際し」て履行することが求められている一方、法第六条に基づく明示については、「短時間・有期雇用労働者を雇い入れたとき」が履行時点であるが、法第六条に基づく明示については、労働基準法第一五条第一項に基づく明示の履行に併せて行うことによっても、履行したものとなること。また、法第六条に基づく明示事項が、労働基準法第一五条第一項に基づく明示により、又は就業規則を交付することにより明らかにされている場合には、当該措置で足りるものであること。

(14) 有期雇用労働者であって、その更新をするときについては、労働契約の更新をもって「雇い入れ」ることとなるため、その都度法第六条の明示が必要となるものであること。

2　就業規則の作成の手続（法第七条関係）

(1) 短時間・有期雇用労働者を含め常時一〇人以上の労働者を使用する使用者は、労働基準法第八九条の定めるところにより、就業規則を作成する義務があるが、その作成又は変更に当たっては、同法第九〇条において、使用者は事業場の労働者の過半数で組織する労働組合等の意見を聴

かなければならないこととされている。短時間労働者又は有期雇用労働者に適用される就業規則についてもこの手続がとられなければならないことはもちろんであるが、短時間労働者又は有期雇用労働者に適用される就業規則の作成又は変更に当たっては、これに加えて、就業規則の適用を受ける短時間労働者又は有期雇用労働者の意見が反映されることが望ましい。

　そのため、事業主は、短時間労働者に係る事項について就業規則を作成し、又は変更しようとするときは、当該事業所において雇用する短時間労働者の過半数を代表すると認められるものの意見を聴くように努めるものとし、また、有期雇用労働者に係る事項について就業規則を作成し、又は変更しようとするときも同様に、当該事業所において雇用する有期雇用労働者の過半数を代表すると認められるものの意見を聴くように努めるものとしたものであること。

(2)「短時間労働者の過半数を代表すると認められるもの」は、事業所の短時間労働者の過半数で組織する労働組合がある場合はその労働組合、短時間労働者の過半数で組織する労働組合がない場合は短時間労働者の過半数を代表する者が考えられること。

　この場合の過半数代表者の適格性としては、次のいずれにも該当するものとするものであること。

イ　労働基準法第四一条第二号に規定する監督又は管理の地位にある者でないこと。

ロ　就業規則の作成又は変更に係る意見を事業主から聴取される者を選出することを明らかにして実施される投票、挙手等の方法による手続により選出された者であって、使用者の意向に基づき選出されたものではないこと。

(3)(2)ロの選出方法については、①その者が短時間労働者の過半数を代表することの適否について判断する機会が当該事業所の短時間労働者に与えられており、すなわち、使用者の指名などその意向に沿って選出するようなものであってはならず、かつ、②当該事業所の過半数の短時間労働者がその者を支持していると認められる民主的な手続がとられていること、すなわち、短時間労働者の投票、挙手等の方法により選出されること等が考えられること。

　なお、法は意見の聴取を要請するものであって、就業規則を労働基準監督署に届け出る際に意見書の添付を義務付けるものではないこと。

(4)(2)及び(3)については、有期雇用労働者についても同様であること。

3　不合理な待遇の禁止（法第八条関係）

(1)有期雇用労働者については、平成二五年の労働契約法の改正により、無期雇用労働者と比較して、雇止めの不安があることによって合理的な労働条件の決定が行われにくいことや、待遇に対する不満が多く指摘されていることを踏まえ、整備法による改正前の労働契約法第二〇条において、無期雇用労働者との間の労働条件の相違は、不合理と認められるものであってはならないこととされた。

　また、短時間労働者については、短時間労働者の働き方が一層多様化してきている中で、依然として、その待遇が必ずしも働きや貢献に見合ったものとなっていない場合もあること、上記の労働契約法の改正により、いわゆる均衡待遇規定が設けられたこと等を踏まえ、整備法による改正前の労働契約法第二〇条の規定にならい、平成二六年の改正により、整備法による改正前の短時間労働者の雇用管理の改善等に関する法律（平成五年法律第七六号）第八条において、短時間労働者と通常の労働者との間の待遇の相違は、不合理と認められるものであってはならないこととされた。

　こうして、いわゆる均衡待遇規定が整備されてきたが、待遇の相違が不合理と認められるか否かの解釈の幅が大きく、労使の当事者にとって予見可能性が高いとは言えない状況にあったことから、法第八条において、待遇差が不合理と認められるか否かの判断は、個々の待遇ごとに、当該待遇の性質及び当該待遇を行う目的に照らして適切と認められる考慮要素で判断されるべき旨を明確化したものであること。

　また、有期雇用労働者を法の対象とすることとしたことに伴い、労働契約法第二〇条を削除することとしたものであること。

(2)　法第八条は、事業主が、その雇用する短時間・有期雇用労働者の基本給、賞与その他の待遇のそれぞれについて、当該待遇に対応する通常の労働者の待遇との間において、当該短時間・有期雇用労働者及び通常の労働者の職務の内容、当該職務の内容及び配置の変更の範囲その他の事情のうち、当該待遇の性質及び当該待遇を行う目的に照らして適切と認められるものを考慮して、不合理と認められる相違を設けることを禁止したものであること。

　したがって、短時間・有期雇用労働者と通常の労働者との間で待遇の相違があれば直ちに不合理とされるものではなく、当該待遇の相違が法第八条に列挙されている要素のうち、当該待遇の性質及び当該待遇を行う目的に照らして適切と認められる事情を考慮して、不合理と認められるかどうかが判断されるものであること。

　また、法第八条の不合理性の判断の対象となるのは、待遇の「相違」であり、この待遇の相違は、「短時間・有期雇用労働者であることに関連して生じた待遇の相違」であるが、法は短時間・有期雇用労働者について通常の労働者との均衡のとれた待遇の確保等を図ろうとするものであり、法第八条の不合理性の判断の対象となる待遇の相違は、「短時間・有期雇用労働者であることに関連して生じた」待遇の相違であることが自明であることから、その旨が条文上は明記されていないことに留意すること。

(3)　法第八条は、事業主が、短時間・有期雇用労働者と同一の事業所に雇用される通常の労働者や職務の内容が同一の通常の労働者との間だけでなく、その雇用する全ての通常の労働者との間で、不合理と認められる待遇の相違を設けることを禁止したものであること。

(4)　短時間・有期雇用労働者と通常の労働者との「職務の内容」及び「職務の内容及び配置の変更の範囲」の異同の判断は、第1の4(2)ロ及びハに従い行うものであること。

(5)　「その他の事情」については、職務の内容並びに職務の内容及び配置の変更の範囲に関連する事情に限定されるものではないこと。

　具体例としては、職務の成果、能力、経験、合理的な労使の慣行、事業主と労働組合との間の交渉といった労使交渉の経緯などの諸事情が「その他の事情」として想定されるものであり、考慮すべきその他の事情があるときに考慮すべきものであること。

また、ガイドラインにおいて「有期雇用労働者が定年に達した後に継続雇用された者であることは、通常の労働者と当該有期雇用労働者との間の待遇の相違が不合理と認められるか否かを判断するに当たり、短時間・有期雇用労働法第八条のその他の事情として考慮される事情に当たりうる。定年に達した後に有期雇用労働者として継続雇用する場合の待遇について、様々な事情が総合的に考慮されて、通常の労働者と当該有期雇用労働者との間の待遇の相違が不合理と認められるか否かが判断されるものと考えられる。したがって、当該有期雇用労働者が定年に達した後に継続雇用された者であることのみをもって、直ちに通常の労働者と当該有期雇用労働者との間の待遇の相違が不合理ではないと認められるものではない」とされていることに留意すること。

さらに、法第一四条第二項に基づく待遇の相違の内容及びその理由に関する説明については労使交渉の前提となりうるものであり、事業主が十分な説明をせず、その後の労使交渉においても十分な話し合いがなされず、労使間で紛争となる場合があると考えられる。「その他の事情」に労使交渉の経緯が含まれると解されることを考えると、このように待遇の相違の内容等について十分な説明をしなかったと認められる場合には、その事実も「その他の事情」に含まれ、不合理性を基礎付ける事情として考慮されうると考えられるものであること。

(6) 「待遇」には、基本的に、全ての賃金、教育訓練、福利厚生施設、休憩、休日、休暇、安全衛生、災害補償、解雇等の全ての待遇が含まれること。

一方、短時間・有期雇用労働者を定義付けるものである労働時間及び労働契約の期間については、ここにいう「待遇」に含まれないこと。

なお、事業主ではなく、労使が運営する共済会等が実施しているものは、対象とならないものであること。

(7) 法第八条は、(1)のとおり、整備法による改正前の労働契約法第二〇条を統合しつつ、その明確化を図った規定であること。法第八条については、私法上の効力を有する規定であり、短時間・有期雇用労働者に係る労働契約のうち、同条に違反する待遇の相違を設ける部分は無効となり、故意・過失による権利侵害、すなわち不法行為として損害賠償が認められ得ると解されるものであること。また、短時間・有期雇用労働者と通常の労働者との待遇の相違が法第八条に違反する場合であっても、同条の効力により、当該短時間・有期雇用労働者の待遇が比較の対象である通常の労働者の待遇と同一のものとなるものではないと解されるものであること。ただし、個々の事案に応じて、就業規則の合理的な解釈により、通常の労働者の待遇と同一の待遇が認められる場合もあり得ると考えられるものであること。

(8) 法第八条に基づき民事訴訟が提起された場合の裁判上の主張立証については、待遇の相違が不合理であるとの評価を基礎付ける事実については短時間・有期雇用労働者が、当該相違が不合理であるとの評価を妨げる事実については事業主が主張立証責任を負うものと解され、同条の司法上の判断は、短時間・有期雇用労働者及び事業主双方が主張立証を尽くした結果が総体としてなされるものであり、立証の負担が短時間・有期雇用労働者側に一方的に負わされることにはならないと解されるものであること。

(9)　ガイドラインは、法第八条及び第九条等に定める事項に関し、雇用形態又は就業形態に関わらない公正な待遇を確保し、我が国が目指す同一労働同一賃金の実現に向けて定めるものであること。我が国が目指す同一労働同一賃金は、同一の事業主に雇用される通常の労働者と短時間・有期雇用労働者との間の不合理と認められる待遇の相違及び差別的取扱いの解消等を目指すものであること。

　また、ガイドラインは、通常の労働者と短時間・有期雇用労働者との間に待遇の相違が存在する場合に、いかなる待遇の相違が不合理と認められるものであり、いかなる待遇の相違が不合理と認められるものでないのか等の原則となる考え方及び具体例を示したものであること。事業主が、この原則となる考え方等に反した場合、当該待遇の相違が不合理と認められる等の可能性があること。なお、ガイドラインに原則となる考え方が示されていない退職手当、住宅手当、家族手当等の待遇や、具体例に該当しない場合についても、不合理と認められる待遇の相違の解消等が求められること。このため、各事業主において、労使により、個別具体の事情に応じて待遇の体系について議論していくことが望まれること。

　なお、ガイドライン第3の1(注)1において、通常の労働者と短時間・有期雇用労働者との間に賃金の決定基準・ルールの相違がある場合の考え方を記載しており、この考え方は基本給に限られたものではないが、賃金の決定基準・ルールが異なるのは、基本的に、基本給に関する場合が多いと考えられることから、ガイドライン第3の1において規定しているものであること。

(10)　短時間・有期雇用労働者である派遣労働者については、法及び労働者派遣法の両方が適用されるものであること。このため、基本的に、法において、派遣元事業主に雇用される通常の労働者との間の待遇の相違が問題になるとともに、労働者派遣法において、派遣先に雇用される通常の労働者との間の待遇の相違（協定対象派遣労働者（労働者派遣法第三〇条の五に規定する協定対象派遣労働者をいう。以下同じ。）にあっては、労働者派遣法第三〇条の四第一項の協定が同項に定められた要件を満たすものであること及び当該協定に沿った運用がなされていることの有無をいう。以下同じ。）が問題になるものであること。

　このことから、短時間・有期雇用労働者である派遣労働者の待遇については、職務の内容に密接に関連する待遇を除き、短時間・有期雇用労働者である派遣労働者と派遣元事業主に雇用される通常の労働者及び派遣先に雇用される通常の労働者との間の待遇の相違が問題になると考えられるものであること。一般に、ガイドライン第3の3(7)及び第4の3(7)の通勤手当及び出張旅費、ガイドライン第3の3(8)及び第4の3(8)の食事手当、ガイドライン第3の3(9)及び第4の3(9)の単身赴任手当、ガイドライン第3の4及び第4の4並びに第5の2の福利厚生（ガイドライン第3の4(1)及び第4の4(1)並びに第5の2(1)の福利厚生施設を除く。）については、職務の内容に密接に関連するものに当たらないと考えられるものであること。

　他方で、職務の内容に密接に関連する待遇については、派遣労働者が派遣先の指揮命令の下において派遣先の業務に従事するという労働者派遣の性質から、特段の事情がない限り、派遣元事業主に雇用される通常の労働者との待遇の相違は、実質的に問題にならないと考えられるものであること。職務の内容に密接に関連する待遇に当たるか否かは、個々の待遇の実態に応じて判断されるものであるが、例えば、ガイドライン第3の1及び第4の1の基本給、ガイドライン第3の2及び第4の2の賞与、ガイドライン第3の3(1)及び第4の3(1)の役職手当、ガイドライン第3の3(2)及び第4の3(2)の特殊作業手当、ガイドライン第3の3(4)及び第4の3(4)の精皆勤手当、ガイドライン第3の3(5)及び第4の3(5)の時間外労働手当、ガイドライン第3の3(6)及び第4の3(6)の深夜労働手当及び休日労働手当、ガイドライン第3の5(1)、第4の5(1)及び第5の3(1)の教育訓練、ガイドライン第3の5(2)、第4の5(2)及び第5の3(2)の安全管理に関する措置及び給付については、一般に、職務の内容に密接に関連するものと考えられるものであること。

なお、これらの点については、協定対象派遣労働者であるか否かによって異なるものではないと考えられるものであること。

ただし、職務の内容に密接に関連する待遇であっても、派遣先に雇用される通常の労働者との均等・均衡とは異なる観点から、短時間・有期雇用労働者ではない派遣労働者に対して、短時間・有期雇用労働者である派遣労働者よりも高い水準の待遇としている場合には、短時間・有期雇用労働者ではない派遣労働者と短時間・有期雇用労働者である派遣労働者との間の待遇の相違について、法において問題となることがあると考えられるものであること。

また、職務の内容に密接に関連する待遇以外の待遇であっても、短時間・有期雇用労働者である派遣労働者と短時間・有期雇用労働者でない派遣労働者が異なる派遣先に派遣されている場合において、待遇を比較すべき派遣先に雇用される通常の労働者が異なることにより待遇に相違がある場合には、当該待遇の相違は、法において問題になるものではないと考えられるものであること。

4 通常の労働者と同視すべき短時間・有期雇用労働者に対する差別的取扱いの禁止（法第九条関係）

(1) 短時間・有期雇用労働者の職務の内容や職務の内容及び配置の変更の範囲（人材活用の仕組み、運用等）といった就業の実態が通常の労働者と同様であるにもかかわらず賃金などの取扱いが異なるなど、短時間・有期雇用労働者の待遇は就業の実態に見合った公正なものとなっていない場合がある。就業の実態が通常の労働者と同じ短時間・有期雇用労働者については、全ての待遇について通常の労働者と同じ取扱いがなされるべきであり、法第九条において、そのような場合の差別的取扱いの禁止を規定したものであること。

(2) 法第九条は、職務の内容が通常の労働者と同一の短時間・有期雇用労働者であって、当該事業所における慣行その他の事情からみて、当該事業主との雇用関係が終了するまでの全期間において、その職務の内容及び配置が当該通常の労働者の職務の内容及び配置の変更の範囲と同一の範囲で変更されることが見込まれるもの（以下「通常の労働者と同視すべき短時間・有期雇用労働者」という。）については、短時間・有期雇用労働者であることを理由として、基本給、賞与その他の待遇のそれぞれについて、差別的取扱いをしてはならないものとしたものであること。

(3) 法第九条の判断に当たっては、具体的には、以下のイ及びロの事項について、(4)から(9)までにより行うこととなること。

イ 職務の内容が通常の労働者と同一であること。

ロ 職務の内容及び配置の変更の範囲（人材活用の仕組み、運用等）が、当該事業主との雇用関係が終了するまでの全期間において、通常の労働者と同一であること。

(4) (3)イの「職務の内容が通常の労働者と同一であること」とは、その業務の内容や当該業務に伴う責任の程度が同一であるかを判断することとなる。その判断に当たっては、第1の4(2)ロに従い行うものであること。

(5) (3)ロの「職務の内容及び配置の変更の範囲（人材活用の仕組み、運用等）」が、当該事業主との雇用関係が終了するまでの全期間において、通常の労働者と同一であること」とは、当該事業所における慣行その他の事情からみて、当該事業主との雇用関係が終了するまでの全期間において、その職務の内容及び配置が当該通常の労働者の職務の内容及び配置の変更の範囲と同一の範囲で変更されることが見込まれるものであることであり、職務の内容や配置が将来にわたって通常の労働者と同じように変化するかについて判断することとなるものであること。これは、我が国における雇用管理が長期的な人材育成を前提になされていることが多い現状に鑑み、差別的取扱いの禁止の規定の適用に当たっては、ある一時点において短時間・有期雇用労働者と通常の労働者が従事する職務が同じかどうかだけでなく、長期的な人材活用の仕組み、運用等についてもその同一性を判断する必要があるためであること。

具体的には、第1の4(2)ハで示したとおり同一であるかどうかを判断するものであること。

(6) 「当該事業所における慣行」とは、当該事業所において繰り返し行われることによって定着している人事異動等の態様を指すものであり、「その他の事情」とは、例えば人事規程等により明文化されたものや当該企業において、当該事業所以外に複数事業所がある場合の他の事業所における慣行等が含まれるものであること。

なお、ここでいう「その他の事情」とは、職務の内容及び配置の変更の範囲（人材活用の仕組み、運用等）を判断するに当たって、当該事業所における「慣行」と同じと考えられるべきものを指すものであり、短時間・有期雇用労働者と通常の労働者の待遇の相違の不合理性を判断する考慮要素としての法第八条の「その他の事情」とは異なるものであること。

(7) 「当該事業主との雇用関係が終了するまでの全期間」とは、当該短時間・有期雇用労働者が通常の労働者と職務の内容が同一となり、かつ、職務の内容及び配置の変更の範囲（人材活用の仕組み、運用等）が通常の労働者と同一となってから雇用関係が終了するまでの間であること。すなわち、事業主に雇い入れられた後、上記要件を満たすまでの間に通常の労働者と職務の内容が異なり、また、職務の内容及び配置の変更の範囲（人材活用の仕組み、運用等）が通常の労働者と異なっていた期間があっても、その期間まで「全期間」に含めるものではなく、同一となった時点から将来に向かって判断するものであること。

(8)「見込まれる」とは、将来の見込みも含めて判断されるものであること。したがって、有期雇用労働者の場合にあっては、労働契約が更新されることが未定の段階であっても、更新をした場合にはどのような扱いがされるかということを含めて判断されるものであること。

(9)法第九条の要件を満たした場合については、事業主は短時間・有期雇用労働者であることを理由として、全ての賃金、教育訓練、福利厚生施設、休憩、休日、休暇、安全衛生、災害補償、解雇等の全ての待遇（労働時間及び労働契約の期間を除く。）について差別的取扱いをしてはならないものであること。

この場合、待遇の取扱いが同じであっても、個々の労働者について査定や業績評価等を行うに当たり、意欲、能力、経験、成果等を勘案することにより個々の労働者の賃金水準が異なることは、通常の労働者間であっても生じうることであって問題とはならないが、当然、当該査定や業績評価は客観的かつ公正に行われるべきであること。また、労働時間が短いことに比例した取扱いの差異として、査定や業績評価が同じである場合であっても賃金が時間比例分少ないといった合理的な差異は許容されることは、言うまでもないこと。

なお、経営上の理由により解雇等の対象者の選定をする際は、通常の労働者と同視すべき短時間・有期雇用労働者については、労働時間が短いことのみをもって通常の労働者より先に短時間労働者の解雇等をすることや、労働契約に期間の定めのあることのみをもって通常の労働者よりも先に有期雇用労働者の解雇等をすることは、解雇等の対象者の選定基準において差別的取扱いがなされていることとなり、法第九条違反となるものであること。

5　賃金（法第一〇条関係）

(1)法第一〇条については、法第九条の対象となる短時間・有期雇用労働者以外の全ての短時間・有期雇用労働者が対象となるものである。これは、短時間・有期雇用労働者が勤続年数を重ねてもほとんど賃金に反映されないことや昇給が最低賃金の改定に応じて決定されるなど、働きや貢献とは関係のない要素で賃金が決定されることが多いことから、職務の内容、成果等に応じて短時間・有期雇用労働者の賃金を決定するよう努めることとしたものであること。

ただし、通勤手当、家族手当、住宅手当、別居手当、子女教育手当その他名称の如何を問わず支払われる賃金（いずれも職務の内容に密接に関連して支払われるものを除く。）については、本条の対象外となるものであること（則第三条）。

なお、手当について職務の内容に密接に関連して支払われるものに該当するかを判断するに当たっては、名称のみならず、支払い方法、支払いの基準等の実態を見て判断する必要があるものであること。

例えば、通勤手当について、現実に通勤に要する交通費等の費用の有無や金額如何にかかわらず、一律の金額が支払われている場合など、名称は「通勤手当」であるが、実態として基本給などの一部として支払われているものや、家族手当について、名称は「家族手当」であるが、家族の有無にかかわらず、一律に支払われているものについては、職務の内容に密接に関連して支払われるものに該当する可能性があること。

(2)短時間・有期雇用労働者の「職務

の内容、職務の成果、意欲、能力又は経験その他の就業の実態に関する事項を勘案し」とは、短時間・有期雇用労働者の働きや貢献に見合った賃金決定がなされるよう、働きや貢献を評価する要素である職務の内容、職務の成果、意欲、能力、経験を勘案要素の例示として挙げているものであること。勘案要素のうち、どの要素によることとするかは各企業の判断に委ねられるものであるが、その勘案については、法第一四条第二項による説明を求められることを念頭に、どの要素によることとしたのか、また、その要素をどのように勘案しているのかについて客観的かつ具体的な説明ができるものとされるべきであること。

「職務の内容、職務の成果、意欲、能力又は経験その他の就業の実態に関する事項」を勘案した措置の例としては、職務の内容、職務の成果、意欲、能力又は経験その他の就業の実態に関する事項を踏まえた①賃金水準の見直し、②昇給・昇格制度や成績等の考課制度の整備、③職務手当、役職手当、成果手当の支給等が考えられること。例えば、職務の内容を勘案する場合、責任の重さや業務の困難度で賃金等級に差を設けることなどが考えられるが、本条の趣旨は、この措置の結果として短時間・有期雇用労働者の集団の中で賃金の差を生じさせることにあるのではなく、職務の内容、職務の成果等を適切に賃金に反映させることにより、結果として通常の労働者の待遇との均衡を図っていくことにある点に留意すべきであること。

なお、「その他の就業の実態に関する事項」としては、例えば、勤続年数が考えられること。

(3) 「通常の労働者との均衡を考慮しつつ」とは、短時間・有期雇用労働者と職務の内容が同一である通常の労働者だけでなく、職務の内容が異なる通常の労働者との均衡も考慮することを指しているものであること。具体的には、通常の労働者の賃金決定に当たっての勘案要素を踏まえ、例えば職務の内容が同一の通常の労働者の賃金が経験に応じて上昇する決定方法となっているならば、短時間・有期雇用労働者についても経験を考慮して賃金決定を行うこととする等、「職務の内容、職務の成果、意欲、能力又は経験その他の就業の実態に関する事項」に応じた待遇に係る措置等を講ずることになること。

(4) 法第一〇条の措置を講ずる時期については、通常の労働者の定期昇給や賃金表の改定に合わせて実施すること等が考えられるが、例えば、期間の定めのある労働契約を締結している場合においては、当該契約を改定する際又は更新する際に、あわせて賃金の決定方法について均衡を考慮したものとなるよう見直すことも考えられるものであること。

6 教育訓練（法第一一条関係）

(1) 法第一一条第一項は、職務の内容が通常の労働者と同じ短時間・有期雇用労働者について、事業主が通常の労働者に対して職務の遂行に必要な能力を身に付けさせるための教育訓練を実施している場合には、既にそのような能力を有している場合を除き、当該短時間・有期雇用労働者に対しても実施されなければならないものであることを定めたものであること。

これは、短時間・有期雇用労働者の職務の内容が通常の労働者と同じである場合は、短時間・有期雇用労働者に対しても職務の遂行に必要な能力を身に付けさせるための教育訓練を実施することは当然であることから、そのような場合の事業主の教育訓練の実施義務を定めたものである。

(2)「既に当該職務に必要な能力を有している場合」とは、短時間・有期雇用労働者が以前同業他社に勤務し、当該教育訓練と同様の内容の教育訓練を受講している場合など職務の遂行に必要な知識や技術を身に付けている場合を指すものであること。

なお、本条の規定は、他の法律において、教育訓練等を受講することが義務付けられている場合についてまで、その義務を免除する趣旨ではないこと。

また、教育訓練を実施する場合には、短時間・有期雇用労働者の勤務時間帯など短時間・有期雇用労働者側の事情も考慮して実施する必要があること。

(3) 法第一一条第二項は、当然の措置を求めている第一項の規定に加えて、事業主は、職務の遂行に必要な能力を身に付けさせるための教育訓練以外の教育訓練及び職務の内容が通常の労働者と異なる短時間・有期雇用労働者に対する職務の遂行に必要な能力を身に付けさせるための教育訓練についても、通常の労働者との均衡を考慮しつつ、職務の内容、職務の成果、意欲、能力及び経験その他の就業の実態に関する事項に応じて、短時間・有期雇用労働者に対して実施するよう努める必要があることを定めたものであること。

これは、労働力人口が減少する中で、我が国の経済の活力を維持するためには、短時間・有期雇用労働者がその有する能力を有効に発揮することが重要であるところ、短時間・有期雇用労働者がキャリアアップするための企業内での教育訓練の機会が乏しく、通常の労働者との待遇の格差の原因となっている現状を改善するため、短時間・有期雇用労働者に対しても積極的な教育訓練の実施を求める趣旨であること。したがって、この教育訓練は、事業主が中長期的な視点から行うキャリアアップのための教育訓練などを指すものであるが、幹部候補生の養成のために実施するような、長期の研修や海外留学等の実施までを求める趣旨ではないこと。なお、企業内における中長期的な人材育成システムからは外れがちである短時間・有期雇用労働者についても、その職務の内容、職務の成果等に応じた教育訓練を行い、活用を図っていくことは、言うまでもなく企業においてもメリットがあるものであること。

なお、「通常の労働者との均衡を考慮しつつ」とは、法第一〇条の場合と同様、短時間・有期雇用労働者と職務の内容が同一である通常の労働者及び職務の内容が異なる通常の労働者の双方との均衡を考慮することになること。

(4) 教育訓練の実施に当たって、通常の労働者との均衡を考慮した結果、実施内容やカリキュラム等が異なることもあり得るものであること。

7 福利厚生施設(法第一二条関係)

(1) 事業主が実施する福利厚生の内容は多様であるが、職務の遂行に関連の深い福利厚生施設の利用については、通常の労働者と短時間・有期雇用労働者との間で差を設けるべきではない。このため、法第一二条は、事業主が、健康を保って働くための施設や業務を円滑に遂行するための施設である給食施設、休憩室及び更衣室(以下「三施設」という。)について通常の労働者に対して利用の機会を与える場合に、短時間・有期雇用労働者に対しても利用の機会を与えなければならないことを明らかにしたものであること。

法第一二条における「通常の労働者」には、基本的に事業所における全ての通常の労働者が含まれることから、短時間・有期雇用労働者と職務の内容が同一の通常の労働者のみならず、職務の内容が異なる通常の労働者との関係も考慮すること。

ただし、短時間・有期雇用労働者の従事する業務には更衣室が必要でなく、当該業務に従事している通常の労働者も同様の実態にある場合には、他の業務に従事している通常の労働者が更衣室を利用しているからといって当該短時間・有期雇用労働者に更衣室の利用の機会を与える必要はないことが通常であること。

(2) 「利用の機会を与えなければならない」とは、施設の定員の関係等でその雇用する労働者全員が施設を利用できないような場合に、増築等により結果として労働者全員が利用できるようにすることまでは求めないが、通常の労働者と同じ利用規程を適用したり、利用時間帯に幅を設けたりすること等により、全ての短時間・有期雇用労働者に対して、通常の労働者と同様に利用する権利が確保される措置を求めるものであること。すなわち、施設の定員の関係等で利用が制限されている場合においても、定員を理由としてその利用を通常の労働者に限定することは本条に違反することとなるものであること。

ただし、短時間・有期雇用労働者が雇用される事業所には給食施設がなく、当該事業所に雇用される通常の労働者にも給食施設の利用の機会が付与されていない場合には、給食施設がある他の事業所に雇用される通常の労働者にはその利用の機会が付与されているからといって、当該短時間・有期雇用労働者に給食施設の利用の機会を与える必要はないことが通常であること。

(3) 本条の対象となる三施設の運営を、事業主ではなく、労使が運営する共済会等が実施している場合には、本条により事業主が講じなければならない措置の対象外となるものであること。ただし、共済会で運営している場合でも、会員からの出資がなく、運営について事業主の負担で運営されている場合には本条の対象となるものであること。

8 高年齢者雇用確保措置の適用との関係

高年齢者の継続雇用制度の導入等が行われる事業主において、当該制度の対象となる高年齢者が短時間・有期雇用労働者である場合に法第九条の適用関係が問題となり得る。

継続雇用制度が講じられた事業主においては、再雇用等により定年年齢を境として、短時間・有期雇用労働者となった場合、職務の内容が比較対象となる通常の労働者と同一であったとしても、職務の内容及び配置の変更の範囲（人材活用の仕組み、運用等）が異なっている等の実態があれば、法第九条の要件に該当しないものであるが、法第八条の対象となることに留意が必要であること。

また、定年の引上げ等により、六〇歳を超えた定年の定めを行っている事業主においては、短時間・有期雇用労働者とならない高年齢者については法の適用はないが、短時間・有期雇用労働者となる場合、職務の内容が比較対象となる通常の労働者と同一であり、特段職務の内容及び配置の変更の範囲（人材活用の仕組み、運用等）も異ならないのであれば、法第八条の対象となるだけでなく、法第九条の要件に該当すること。

なお、法第一〇条から第一二条までに規定する措置については、それぞれの規定の適用要件に応じて講ずべきものであること。

9　通常の労働者への転換（法第一三条関係）

(1)　短時間・有期雇用労働者の中には、通常の労働者として働くことを希望していても、その雇用の機会がないためにやむを得ず短時間・有期雇用労働者として働いている者もいるほか、現状では一度短時間・有期雇用労働者になると通常の労働者としての就業に移ることが困難な状況にある。そのような状況は、労働者個人の働く意欲の維持、キャリア形成の観点から問題であるだけでなく、社会の活力・公正の観点からみても問題であるため、法第一三条は、通常の労働者への転換を推進する措置を事業主に義務付けたものであること。

本条の「通常の労働者への転換」については、短時間・有期雇用労働者の中には、他の事業所における通常の労働者への転換を希望しない者も少なくないと考えられることから、短時間・有期雇用労働者が雇用される事業所において通常の労働者として雇い入れられることをいうものとされていること（法第三条第一項）。したがって、(2)以下で解説する措置は、当該事業所における通常の労働者への転換を推進する措置であることが求められること。ただし、短時間・有期雇用労働者の通常の労働者としてのキャリア形成を支援する等の観点から、他の事業所における通常の労働者への転換を推進する措置を併せて実施することは望ましいと考えられること。

(2)　本条の措置としては、短時間・有期雇用労働者から通常の労働者への転換を直接図ることが可能となる措置が望ましいことは言うまでもないが、例えば、短時間労働者から有期雇用フルタイム労働者など、通常の労働者以外のフルタイム労働者への転換制度を設け、さらに有期雇用労働者には通常の労働者への転換制度が設けられているような、複数の措置の組み合わせにより通常の労働者への転換の道が確保されている場合も本条の義務の履行と考えられること。

なお、本条は、多様な雇用形態間の移動の障壁を除去する政策をとるものであることから、当該事業所においていわゆる正規型の労働者と正規型以外の無期雇用フルタイム労働者が通常の労働者として存在する場合に、事業主が講ずる措置が正規型以外の無期雇用フルタイム労働者への転換を推進するものにとどまる場合は、雇用形態間の障壁が残ることになることから、本条の義務の履行とはいえないこと。他方、勤務地、職務内容又は勤務時間が限定され、ライフスタイル等に応じた働き方が可能ないわゆる「多様な正社員」については、一般的に、時間や配置転換等の制約が比較的大きい短時間・有期雇用労働者であっても就業しやすい形態であることから、多様な正社員への転換を推進する措置が講じられている場合には、本条の義務の履行と考えられること。

(3)　具体的には以下に例示された措置のいずれかを講ずることが求められるものであること。

イ　通常の労働者の募集を行う場合において、当該募集に係る事業所に掲示すること等により、その者が従事すべき業務の内容、賃金、労働時間その他の当該募集に関する事項を当該事業所において雇用する短時間・有期雇用労働者に周知すること。

ロ　通常の労働者の配置を新たに行う場合において、当該配置の希望を申し出る機会を当該配置に係る事業所において雇用する短時間・有期雇用労働者に対して与えること。

ハ　一定の資格を有する短時間・有期雇用労働者を対象とした通常の労働者への転換のための試験制度を設けること。

ニ　イからハまでに掲げるもののほか、通常の労働者として必要な能力を取得するための教育訓練を受ける機会を確保するための必要な援助を行う等、通常の労働者への転換を推進するための措置を講ずること。

(4)　(3)イは、事業主は、通常の労働者を募集しようとするときに、企業外からの募集と併せて、その雇用する短時間・有期雇用労働者に対しても募集情報を周知することにより、通常の労働者への応募の機会を付与するものとしたものであること。最終的に採用するかどうかは、公正な採用選考である限り事業主の判断に委ねられるが、周知したのみで、応募を受け付けないなど実際に応募の機会を付与しない場合は、本条を満たしたものとはいえないこと。「その他の当該募集に係る事項」とは、求人者が求人の申込みに当たり明示することとされている労働契約期間や就業の場所等の事項を指すものであること。例えば、事業主は公共職業安定所に求人票を出す場合、併せてその募集案内を社内掲示板に掲示することにより、当該事業所で雇用する短時間・有期雇用労働者にも応募の機会を与えることなどが考えられること。また、周知の方法としては、事業所内の短時間・有期雇用労働者が通常目にすることができる場所に設置されている掲示板への掲示のほか、回覧による方法や電子メールによる一斉送信等が考えられるが、募集期間終了までに希望者が見ることのできる状態にあることが必要であること。また、募集する求人の業務内容が専門的資格を必要とするものであって当該事業所に有資格者である短時間・有期雇用労働者が存在しないことが明らかである場合については、募集に係る事項を周知しなくても、本条違反とはならないものであること（そのような事情がなければ周知することとされていることが前提である。）。なお、他の企業で実績を有する者等をヘッドハンティングする場合など、個人的資質に着目して特定の個人を通常の労働者として採用するものは、(3)イの「通常の労働者の募集を行う場合」には該当しないものであること。

(5)　(3)ロは、企業外に通常の労働者に係る募集を出す前に、企業内の短時間・有期雇用労働者に配置の希望を申し出る機会を与えるものであり、いわゆる優先的な応募機会の付与をいうものであること。また、社内から通常の労働者のポストへの応募を積極的に受け付ける「社内公募」制度のようなものも(3)ロに該当するものであること。なお、この優先的な応募機会の付与は、優先的な採用まで義務付けるものではないことは言うまでもないこと。

(6)　(3)イ及びロについては、通常の労働者の募集の必要がないときにまで募集を行うことを求めるものではないが、(10)にあるとおり、そのような措置を講ずる予定であるとしてあらかじめ周知することが求められるものであること。

(7)　(3)ハは、その雇用する短時間・有期雇用労働者を通常の労働者へ登用するための制度として、一定の資格を有する短時間・有期雇用労働者を対象とした通常の労働者への転換のための試験制度を事業所内に設けることとしたものであること。「一定の資格」としては、例えば勤続年数やその職務に必要な資格等があり得るものであること。ただし、当該「一定の資格」として著しく長い勤続期間を要することとするなど、当該事業所の雇用管理の実態から見ても制限的なものと考えられ、対象者がほとんど存在しないようなものは、(3)ハの措置を行ったとは言えないものであること。

(8) (3)ニは、通常の労働者への転換を推進するための措置としては、(3)イからハまでに掲げる措置以外のものでも差し支えない旨を明らかにしたものであり、一例として、通常の労働者として必要な能力を取得するための教育訓練を受ける機会を確保するための必要な援助を行うことを挙げたものであること。この「必要な援助」としては、自ら教育訓練プログラムを提供することのほか、他で提供される教育訓練プログラムの費用の経済的な援助や当該訓練に参加するための時間的な配慮を行うこと等も考えられるものであること。

(9) 本条の措置は、制度として行うことを求めているものであり、合理的な理由なく事業主の恣意により通常の労働者の募集情報を周知するときとしないときがあるような場合や、転換制度を規程にするなど客観的な制度とはせずに事業主の気に入った人物を通常の労働者に転換するような場合には、本条の義務の履行とはいえないこと。

(10) 本条の趣旨を踏まえると、当該事業所において講じられている通常の労働者への転換を推進するための措置が短時間・有期雇用労働者に対して周知されていることが求められ、(3)イやロの措置のように、一定の機会が到来したときに初めて措置を講ずることとなるものについても、そのような措置を講ずる予定であるとしてあらかじめ周知することが求められるものであること。

(11) 本条においては、通常の労働者への転換を推進するための措置を講ずることが求められているのであって、その結果として短時間・有期雇用労働者を通常の労働者に転換することまで求められるものではないが、長期間にわたって通常の労働者に転換された実績がない場合については、転換を推進するための措置を講じたとはいえない可能性があり、周知のみで応募はしにくい環境になっているなど、措置が形骸化していないか検証すべきものであること。

10 事業主が講ずる雇用管理の改善等の措置の内容等の説明（法第一四条関係）

(1) 短時間・有期雇用労働者は、通常の労働者に比べ労働時間や職務の内容が多様であり、その労働条件が不明確になりやすいことなどから、通常の労働者の待遇との違いを生じさせている理由がわからず、不満を抱く場合も少なくない状況にある。また、そもそも事業主が短時間・有期雇用労働者についてどのような雇用管理の改善等の措置を講じているのかについて、短時間・有期雇用労働者が認識していない場合も多いと考えられ、こうしたことが、短時間・有期雇用労働者の不安や不満につながっていると考えられる。短時間・有期雇用労働者がその有する能力を十分に発揮するためには、このような状況を改善し、その納得性を高めることが有効である。さらには、短時間・有期雇用労働者が通常の労働者との間の待遇の相違について納得できない場合に、まずは労使間での対話を行い、不合理な待遇差の是正につなげていくとともに、事業主しか持っていない情報のために、労働者が訴えを起こすことができないといったことがないようにすることが重要である。このため、法第六条の文書の交付等による労働条件の明示と併せて、事業主に対し、短時間・有期雇用労働者の雇入れ時に当該事業主が講ずる雇用管理の改善等の措置の内容について説明しなければならないこととするとともに、短時間・有期雇用労働者から求めがあったときは、通常の労働者との間の待遇の相違の内容及び理由並びに待遇の決定に当たって考慮した事項について説明しなければならないこととしたものであること。

(2) 法第一四条第一項は、事業主は、短時間・有期雇用労働者を雇い入れたときは、速やかに、法第八条から第一三条までの規定により措置を講ずべきこととされている事項（労働基準法第一五条第一項に規定する厚生労働省令で定める事項及び特定事項を除く。）に関し講ずることとしている措置の内容について、当該短時間・有期雇用労働者に説明しなければならないことを定めたものであること。

労働基準法第一五条第一項に規定する厚生労働省令で定める事項及び法第六条第一項の特定事項については、労働基準法又は法により、別途、文書等の交付等による明示が義務付けられていることから、本項による説明義務の対象とはしていないこと。

なお、本項により事業主に説明義務が課されている事項には、法第一〇条及び第一一条第二項の規定により努力義務が課されているものも当然に含むものであること。

(3) 法第一四条第一項による説明については、事業主が短時間・有期雇用労働者を雇い入れたときに、個々の短時間・有期雇用労働者ごとに説明を行うほか、雇入れ時の説明会等において複数の短時間・有期雇用労働者に同時に説明を行う等の方法によっても、差し支えないこと。

また、本項による説明は、短時間・有期雇用労働者が、事業主が講ずる雇用管理の改善等の措置の内容を理解することができるよう、資料を活用し、口頭により行うことが基本であること。ただし、説明すべき事項を全て記載した短時間・有期雇用労働者が容易に理解できる内容の資料を用いる場合には、当該資料を交付する等の方法でも差し支えないこと。

資料を活用し、口頭により行う場合において、活用する資料としては、就業規則、賃金規程、通常の労働者の待遇の内容のみを記載した資料が考えられること。また、事業主が講ずる雇用管理の改善等の措置を短時間・有期雇用労働者が的確に理解することができるようにするという観点から、説明に活用した資料を短時間・有期雇用労働者に交付することが可能な場合には、当該資料を交付することは望ましい措置といえること。

説明すべき事項を全て記載した短時間・有期雇用労働者が容易に理解できる内容の資料を用いる場合において、当該資料には、待遇の内容の説明に関しては、就業規則の条項を記載し、その詳細は、別途就業規則を閲覧させるという方法も考えられること。ただし、事業主は、就業規則を閲覧する者からの質問に、誠実に対応する必要があること。

有期雇用労働者については、労働契約の更新をもって「雇い入れ」ることとなるため、その都度本項による説明が必要となるものであること。

(4) 本条第一項の説明内容としては、法に基づき事業主が実施している各種制度等について説明することが考えられること。法第八条については、雇い入れる短時間・有期雇用労働者の待遇について、通常の労働者の待遇との間で不合理な相違を設けていない旨を説明すること。法第九条については、雇い入れる短時間・有期雇用労働者が通常の労働者と同視すべき短時間・有期雇用労働者の要件に該当する場合、通常の労働者との差別的な取扱いをしない旨を説明すること。法第一〇条については、職務の内容、職務の成果等のうちどの要素を勘案した賃金制度となっているかを説明すること。法第一一条については、短時間・有期雇用労働者に対してどのような教育訓練が実施されるかを説明すること。法第一二条については、短時間・有期雇用労働者がどのような福利厚生施設を利用できるかを説明すること。法第一三条については、どのような通常の労働者への転換推進措置を実施しているかを説明すること。

なお、本項による説明は、同項による説明義務に係る各条項の規定により求められている措置の範囲内で足りるものであること。このため、法第一一条及び第一二条に関し、通常の労働者についても実施していない又は利用させていない場合には講ずべき措置がないことから、本項により説明する内容は「ない」旨を説明しなくとも同項に違反するものではないこと。

(5) 法第一四条第二項は、事業主は、雇い入れた後、その雇用する短時間・有期雇用労働者から求めがあったときは、当該短時間・有期雇用労働者と通常の労働者との間の待遇の相違の内容及び理由並びに法第六条から第一三条までの規定により措置を講ずべきこととされている事項に関する決定をするに当たって考慮した事項について、当該短時間・有期雇用労働者に説明しなければならないことを定めたものであること。

なお、本項により事業主に説明義務が課されている事項には、法第六条第二項、第七条、第一〇条及び第一一条第二項の規定により努力義務が課されているものも当然に含むものであること。

(6) 法第一四条第二項の説明内容のうち、待遇の相違の内容及び理由に関する説明をする際に比較の対象となる通常の労働者は、職務の内容、職務の内容及び配置の変更の範囲等が、短時間・有期雇用労働者の職務の内容、職務の内容及び配置の変更の範囲等に最も近いと事業主が判断する通常の労働者であること（短時間・有期雇用労働指針第3の2(1)）。

「職務の内容、職務の内容及び配置の変更の範囲等に最も近い」通常の労働者を選定するに当たっては、

・「職務の内容」並びに「職務の内容及び配置の変更の範囲」が同一である通常の労働者
・「職務の内容」は同一であるが、「職務の内容及び配置の変更の範囲」は同一でない通常の労働者
・「職務の内容」のうち、「業務の内容」又は「責任の程度」が同一である通常の労働者
・「職務の内容及び配置の変更の範囲」が同一である通常の労働者
・「職務の内容」、「職務の内容及び

配置の変更の範囲」のいずれも同一でない通常の労働者
の順に「近い」と判断することを基本とするものであること。その上で、同じ区分に複数の労働者が該当する場合には、事業主が更に絞り込むことが考えられるが、その場合には、
・基本給の決定等において重要な要素（職能給であれば能力・経験、成果給であれば成果など）における実態
・説明を求めた短時間・有期雇用労働者と同一の事業所に雇用されるかどうか
等の観点から判断することが考えられること。いずれの観点から絞り込むかは事業主の判断であるが、その選択した観点において、短時間・有期雇用労働者と最も近いと考える者を選定するものであること。

また、「通常の労働者」に関しては、例えば、
・一人の通常の労働者
・複数人の通常の労働者又は雇用管理区分
・過去一年以内に雇用していた一人又は複数人の通常の労働者
・通常の労働者の標準的なモデル（新入社員、勤続三年目の一般職など）
を比較対象として選定することが考えられること。

また、事業主は、待遇の相違の内容及び理由の説明に当たり、比較対象として選定した通常の労働者及びその選定の理由についても、説明を求めた短時間・有期雇用労働者に説明する必要があること。

なお、個人情報の保護の観点から、事業主は、説明を受けた短時間・有期雇用労働者において、比較対象となった通常の労働者が特定できることにならないように配慮する必要があること。

(7) 待遇の相違の内容の説明については、通常の労働者と短時間・有期雇用労働者との間の待遇に関する基準の相違の有無を説明するほか、通常の労働者及び短時間・有期雇用労働者の待遇の個別具体的な内容又は待遇に関する基準を説明すること（短時間・有期雇用労働指針第3の2(2)）。

「待遇の個別具体的な内容」は、比較の対象となる通常の労働者の選び方に応じ、
・比較対象として選定した通常の労働者が一人である場合には、例えば、賃金であれば、その金額
・比較対象として選定した通常の労働者が複数人である場合には、例えば、賃金などの数量的な待遇については平均額又は上限・下限、教育訓練などの数量的でない待遇については標準的な内容又は最も高い水準・最も低い水準の内容を説明すること。

「待遇に関する基準」を説明する場合、例えば賃金であれば、賃金規程や等級表等の支給基準の説明をすること。ただし、説明を求めた短時間・有期雇用労働者が、比較の対象となる通常の労働者の待遇の水準を把握できるものである必要があること。すなわち、「賃金は、各人の能力、経験等を考慮して総合的に決定する」等の説明では十分ではないこと。

待遇の相違の理由の説明については通常の労働者及び短時間労働者の職務の内容、職務の内容及び配置の変更の範囲その他の事情のうち、待遇の性質及び待遇を行う目的に照らして適切と認められるものに基づき説明する必要があること（短時間・有期雇用労働指針第3の2(3)）。具体的には、

・通常の労働者と短時間・有期雇用労働者との間で待遇に関する基準が同一である場合には、同一の基準のもとで違いが生じている理由（成果、能力、経験の違いなど）

・通常の労働者と短時間・有期雇用労働者との間で待遇に関する基準が異なる場合には、待遇の性質・目的を踏まえ、待遇に関する基準に違いを設けている理由（職務の内容、職務の内容及び配置の変更の範囲の違い、労使交渉の経緯など）、及びそれぞれの基準を通常の労働者及び短時間・有期雇用労働者にどのように適用しているかを説明すること。

また、待遇の相違の理由として複数の要因がある場合には、それぞれの要因について説明する必要があること。

(8) 法第一四条第二項の説明内容のうち、通常の労働者との待遇の相違の内容及び理由以外の事項に関しては、法各条の観点から、事業主が実施している各種制度等がなぜそのような制度であるのか、又は事業主が実施している各種制度等について説明を求めた短時間・有期雇用労働者にどのような理由で適用され若しくは適用されていないかを説明すること。法第一〇条については、職務の内容、職務の成果等のうちどの要素を勘案しているか、なぜその要素を勘案しているか、また、当該説明を求めた短時間・有期雇用労働者について当該要素をどのように勘案しているかを説明すること。

なお、本項による説明は、同項による説明義務に係る各条項の規定により求められている措置の範囲内で足りるものであるが、法第一一条及び第一二条に関し、通常の労働者についても実施していない又は利用させていない場合には、講ずべき措置がないためであることを説明する必要があること。

(9) 法第一四条第二項に基づく説明は、短時間・有期雇用労働者がその内容を理解することができるよう、資料を活用し、口頭により行うことが基本であること。ただし、説明すべき事項を全て記載した短時間・有期雇用労働者が容易に理解できる内容の資料を用いる場合には、当該資料を交付する等の方法でも差し支えないこと（短時間・有期雇用労働指針第3の2(4)）。

資料を活用し、口頭により行う場合においては、活用する資料としては、就業規則、賃金規程、通常の労働者の待遇の内容のみを記載した資料が考えられること。なお、説明の際に、活用した資料を併せて交付することは、事業主が講ずる雇用管理の改善等の措置を短時間・有期雇用労働者が的確に理解することができるようにするという観点から、望ましい措置といえること。

説明すべき事項を全て記載した短時間・有期雇用労働者が容易に理解できる内容の資料を用いる場合において、当該資料には、待遇の相違の内容の説明に関しては、就業規則の条項を記載し、その詳細は、別途就業規則を閲覧させるという方法も考えられること。ただし、事業主は、就業規則を閲覧する者からの質問に、誠実に対応する必要があること。

(10) 本条の規定による説明により短時間・有期雇用労働者が納得することについては、本条の義務の履行とは関係がないものであること。

(11) 法第一四条第三項は、事業主は、短時間・有期雇用労働者が同条第二項の求めをしたことを理由として、当該短時間・有期雇用労働者に対して解雇その他不利益な取扱いをしてはならないことを定めたものであること。

さらに、法第一六条に基づく相談のための体制の整備を適切に実施すること等により、短時間・有期雇用労働者が不利益な取扱いを受けることへの危惧を持つことなく説明を求めることができるような職場環境としていくことが望まれること。

なお、説明を求めた短時間・有期雇用労働者に対して事業主が法第一四条第二項により求められる範囲の説明を行ったにもかかわらず、繰り返し説明を求めてくるような場合に、職務に戻るよう命じ、それに従わない場合に当該不就労部分について就業規則に従い賃金カットを行うようなこと等まで、不利益な取扱いとして禁止する趣旨ではないこと。

(12)「理由として」とは、短時間・有期雇用労働者が待遇の相違の内容及び理由並びに法第六条から第一三条までの措置に関する決定をするに当たって考慮した事項の説明を求めたことについて、事業主が当該短時間・有期雇用労働者に対して不利益な取扱いを行うことと因果関係があることをいうものであること。

「不利益な取扱い」とは、解雇、配置転換、降格、減給、昇給停止、出勤停止、労働契約の更新拒否等がこれに当たるものであること。なお、配置転換等が不利益な取扱いに該当するかについては、給与その他の労働条件、職務内容、職制上の地位、通勤事情、当人の将来に及ぼす影響等諸般の事情について、旧勤務と新勤務とを総合的に比較考慮の上、判断すべきものであること。

11 指針（法第一五条関係）

(1) 法第一五条第一項は、法第六条から第一四条までに定める措置その他の法第三条第一項の事業主が講ずべき雇用管理の改善等に関する措置に関し、その適切かつ有効な実施を図るために必要な指針を定めることとしているものであること。

指針の策定については法第五条第三項から第五項までの規定が、指針の変更については法第五条第四項及び第五項の規定が準用されること。したがって、指針は短時間・有期雇用労働者の労働条件、意識及び就業の実態等を考慮して定めなければならず、指針の策定及び変更に当たっては、あらかじめ、労働政策審議会の意見を聴かなければならないこと。

法第一五条第一項に基づき、短時間・有期雇用労働指針及びガイドラインが定められていること（ガイドラインについては第3の3(9)を参照）。

(2) 短時間・有期雇用労働指針第1は、短時間・有期雇用労働指針と法の関係を明らかにしようとするものであり、短時間・有期雇用労働指針が法第三条第一項の事業主が講ずべき雇用管理の改善等に関する措置等（法第八条及び第九条に定める措置を除く。）に関し、その適切かつ有効な実施を図るために法第六条から第一四条までに定めるもののほかに必要な事項を定めたものであることを明らかにしたものであること。

(3) 短時間・有期雇用労働指針第2は、事業主が講ずべき短時間・有期雇用労働者の雇用管理の改善等に関する措置等を講ずるに当たっての基本的考え方を明らかにしたものであること。

イ　短時間・有期雇用労働指針第2の1は、短時間・有期雇用労働者にも労働基準法、最低賃金法（昭和三四年法律第一三七号）、労働安全衛生法（昭和四七年法律第五

七号）、労働契約法、雇用の分野における男女の均等な機会及び待遇の確保等に関する法律（昭和四七年法律第一一三号。以下「男女雇用機会均等法」という。）、育児休業、介護休業等育児又は家族介護を行う労働者の福祉に関する法律（平成三年法律第七六号。以下「育児・介護休業法」という。）、労働者災害補償保険法（昭和二二年法律第五〇号）、雇用保険法等の労働に関する法令が適用され、事業主がこれを遵守しなければならないものであることを確認的に明記したものであること。

ロ　短時間・有期雇用労働指針第2の2は、事業主は法の規定に従い、短時間・有期雇用労働者の雇用管理の改善等に関する措置等を講ずる必要があることを確認的に明記するとともに、事業主は、短時間・有期雇用労働者の多様な就業実態を踏まえ、その職務の内容、職務の成果、意欲、能力及び経験その他の就業の実態に関する事項に応じ、待遇に係る措置を講ずるよう努めるものとしたものであること。

本規定は、全ての短時間・有期雇用労働者に及ぶ基本的考え方を述べたものであり、事業主は、法、短時間・有期雇用労働指針及びガイドラインにおいて具体的に規定されていない場合においても、この考え方に基づき措置を講ずべきであること。

ハ　短時間・有期雇用労働指針第2の3は、法に基づく短時間・有期雇用労働者の雇用管理の改善等に関する措置等を講ずるに際して、その雇用する通常の労働者その他の労働者の労働条件を合理的な理由なく一方的に不利益に変更することは法的に許されないものであることを確認的に明記したものであること。「その他の労働者」には、短時間・有期雇用労働者をはじめ、当該事業主に雇用される全ての労働者が含まれるものであること。

(4)　(3)イにおける労働に関する法令の主な内容は、以下のとおりであること。

イ　労働条件の明示

労働基準法第一五条第一項の規定に基づき、事業主は、短時間・有期雇用労働者に係る労働契約の締結に際し、当該短時間・有期雇用労働者に対して、同項に規定する厚生労働省令で定めるところにより、次に掲げる労働条件に関する事項を明示する義務があること。これらのほか、定めを置いた場合には、明示しなければならない事項があること。

(イ)　労働契約の期間

(ロ)　期間の定めのある労働契約を更新する場合の基準

(ハ)　就業の場所及び従事すべき業務

(ニ)　始業及び終業の時刻、所定労働時間を超える労働の有無、休憩時間、休日、休暇並びに労働者を二組以上に分けて就業させる場合における就業時転換

(ホ)　賃金（退職手当、臨時に支払われる賃金、賞与、一か月を超える期間の出勤成績によって支給される精勤手当、一か月を超える一定期間の継続勤務に対して支給される勤続手当及び一か月を超える期間にわたる事由によって算定される奨励加給又は能率手当を除く。以下この(ホ)において同じ。）の決定、計算及び支払の方法並びに賃金の締切り及び支払の時期、昇給に関す

る事項

(ヘ) 退職（解雇の事由を含む。）

ロ　就業規則の整備

短時間・有期雇用労働者を含め常時一〇人以上の労働者を使用する事業主は、労働基準法第八九条の定めるところにより、短時間・有期雇用労働者に適用される就業規則を作成する義務があること。

ハ　年次有給休暇

事業主は、短時間・有期雇用労働者に対しても、労働基準法第三九条の定めるところにより、別表に定める日数の年次有給休暇を付与する義務があること。

なお、年次有給休暇の付与に係る「継続勤務」の要件に該当するか否かについては、勤務の実態に即して判断すべきものであるので、期間の定めのある労働契約を反復して短時間・有期雇用労働者を使用する場合、各々の労働契約期間の終期と始期の間に短時日の間隔を置いているとしても、必ずしも当然に継続勤務が中断されるものではないことに留意すること。

また、整備法による改正後の労働基準法では、第三九条第七項に使用者による時季指定義務が新たに規定されたところであるが、当該義務の対象となる「有給休暇の日数が十労働日以上である労働者」は、基準日に付与される年次有給休暇の日数が一〇労働日以上である労働者を規定したものであり、同条第三項の比例付与の対象となる労働者であって、今年度の基準日に付与される年次有給休暇の日数が一〇労働日未満であるものについては、仮に、前年度繰越分の年次有給休休暇も合算すれば一〇労働日以上となったとしても、「有給休暇の日数が十労働日以上である労働者」には含まれないこと。

ニ　期間の定めのある労働契約

使用者は、有期雇用労働者については、労働基準法第一四条第二項の規定に基づき定められた有期労働契約の締結、更新及び雇止めに関する基準（平成一五年厚生労働省告示第三五七号）の定めるところにより、次に掲げる措置を講ずる必要があること。

(イ) 雇止めの予告

使用者は、有期労働契約（当該契約を三回以上更新し、又は雇入れの日から起算して一年を超えて継続勤務している有期雇用労働者に係るものに限り、あらかじめ当該契約を更新しない旨明示されているものを除く。(ロ)の②において同じ。）を更新しないこととしようとする場合には、少なくとも当該契約の期間の満了する日の三〇日前までに、その予告をしなければならない。

(ロ) 雇止めの理由の明示

①　(イ)の場合において、使用者は、有期雇用労働者が更新しないこととする理由について証明書を請求したときは、遅滞なくこれを交付しなければならない。

②　有期労働契約が更新されなかった場合において、使用者は、有期雇用労働者が更新しなかった理由について証明書を請求したときは、遅滞なくこれを交付しなければならない。

(ハ) 契約期間についての配慮

使用者は、有期労働契約（当該契約を一回以上更新し、かつ、雇入れの日から起算して一年を超えて継続勤務している有期雇用労働者に係るものに限る。）を更新しようとする場合においては、当該契約の実態及び当該有期雇用労働者の希望に応じて、契約期間をできる限り長くするよう努めなければならない。

ホ　解雇の予告

(イ)　事業主は、短時間・有期雇用労働者を解雇しようとする場合においては、労働基準法の定めるところにより、少なくとも三〇日前にその予告をする義務があること。三〇日前に予告をしない事業主は、三〇日分以上の平均賃金を支払う義務があること。

(ロ)　(イ)の予告の日数は、一日について平均賃金を支払った場合においては、その日数を短縮することができること。

ヘ　退職時等の証明

事業主は、短時間・有期雇用労働者が、①退職の場合において、使用期間、業務の種類、その事業における地位、賃金又は退職の事由（退職の事由が解雇の場合にあっては、その理由を含む。）について証明書を請求した場合、②解雇の予告がされた日から退職の日までの間において、当該解雇の理由について証明書を請求した場合においては、労働基準法第二二条の定めるところにより、遅滞なくこれを交付する義務があること。

ト　健康診断

事業主は、健康診断については、短時間・有期雇用労働者に対し、労働安全衛生法第六六条に基づき、次に掲げる健康診断を実施する必要があること。

(イ)　常時使用する短時間・有期雇用労働者に対し、雇入れの際に行う健康診断及び一年以内ごとに一回、定期に行う健康診断

(ロ)　深夜業を含む業務等に常時従事する短時間・有期雇用労働者に対し、当該業務への配置替えの際に行う健康診断及び六か月以内ごとに一回、定期に行う健康診断

(ハ)　一定の有害な業務に常時従事する短時間・有期雇用労働者に対し、雇入れ又は当該業務に配置替えの際及びその後定期に行う特別の項目についての健康診断

(ニ)　その他必要な健康診断

この場合において、事業主が同法の一般健康診断を行うべき「常時使用する短時間・有期雇用労働者」とは、次の①及び②のいずれの要件も満たす者であること。

①　無期雇用労働者（有期雇用労働者であって、当該契約の契約期間が一年（労働安全衛生規則（昭和四七年労働省令第三二号）第四五条において引用する同規則第一三条第一項第三号に掲げる業務に従事する有期雇用労働者にあっては六か月。以下この①において同じ。）以上である者並びに契約更新により一年以上使用されることが予定されている者及び一年以上引き続き使用されている者を含む。）であること。

②　その者の一週間の労働時間数が当該事業場において同種の業務に従事する通常の労働者の一週間の所定労働時間数の四分の三以上であること。なお、一週間の労働時間数が

当該事業場において同種の業務に従事する通常の労働者の一週間の所定労働時間数の四分の三未満である短時間労働者であっても上記の①の要件に該当し、一週間の労働時間数が、当該事業場において同種の業務に従事する通常の労働者の一週間の所定労働時間数のおおむね二分の一以上である者に対しても一般健康診断を実施することが望ましいこと。

①の括弧書中の「引き続き使用」の意義については、上記ハのなお書の趣旨に留意すること。

チ　有期労働契約の期間の定めのない労働契約への転換

同一の使用者との間で締結された二以上の有期労働契約が、更新等により通算五年を超えることとなった場合には、有期雇用労働者は、期間の定めのない労働契約（無期労働契約）への転換を申込みできること。

リ　妊娠中及び出産後における措置

事業主は、妊娠中及び出産後一年以内の短時間・有期雇用労働者に対し、労働基準法及び男女雇用機会均等法の定めるところにより、次に掲げる措置を講ずる必要があること。

(イ) 産前及び産後の休業の措置

(ロ) 健康診査等を受けるために必要な時間の確保及び健康診査等に基づく医師等の指導事項を守ることができるようにするために必要な措置

(ハ) その他必要な措置

なお、(ハ)の措置としては、労働基準法第六四条の三に定める危険有害業務の就業制限、同法第六五条第三項に定める軽易業務転換、同法第六六条に定める時間外労働、休日労働及び深夜業の禁止並びに変形労働時間制の適用制限、同法第六七条に基づく育児時間等があること。

ヌ　育児休業及び介護休業に関する制度等

事業主は、短時間・有期雇用労働者について、育児・介護休業法の定めるところにより、次に掲げる措置を講ずる必要があること。

(イ) 育児休業又は介護休業に関する制度

(ロ) 子の看護休暇に関する制度

(ハ) 介護休暇に関する制度

(ニ) 所定外労働の制限に関する制度

(ホ) 時間外労働の制限又は深夜業の制限に関する制度

(ヘ) ①育児のための所定労働時間の短縮措置、②育児休業に関する制度に準ずる措置若しくは③始業時刻変更等の措置又は介護のための所定労働時間の短縮等

なお、次の点に留意すること。

① 育児・介護休業法第六条第一項及び第二項並びに第一二条第二項の規定により、雇用期間が一年に満たない労働者であって労使協定で育児休業及び介護休業をすることができないものとして定められたものについては、(イ)の措置の対象とはならないこと。

また、育児・介護休業法第一六条の三第二項及び第一六条の六第二項の規定により、雇用期間が六か月に満たない労働者であって労使協定で子の看護休暇及び介護休暇を取得することができないものとして定められたものについては、(ロ)及び(ハ)の措置の対象とはならないこと。

② 育児・介護休業法第五条第

一項及び第一一条第一項の期間を定めて雇用される者について、「子の養育又は家族の介護を行い、又は行うこととなる労働者の職業生活と家庭生活との両立が図られるようにするために事業主が講ずべき措置に関する指針」（平成二一年厚生労働省告示第五〇九号。以下「育介指針」という。）第2の1において、労働契約の形式上期間を定めて雇用されている者であっても、当該契約が期間の定めのない契約と実質的に異ならない状態となっている場合には、実質的に期間の定めのない契約に基づき雇用される労働者であるとして育児休業及び介護休業の対象となるものであるが、その判断に当たっては、育介指針第2の1(1)の事項に留意することとされていること。

③　育児・介護休業法第五条第一項の規定により、期間を定めて雇用される者のうち育児休業をすることができるものは、育児休業申出時点で当該事業主に引き続き雇用された期間が一年以上であり、かつ、その養育する子が一歳六か月に達する日までに、その労働契約の期間が満了することが明らかでない労働者とされているところであるが、期間を定めて雇用される者が育児・介護休業法第五条第一項各号に定める要件を満たす労働者か否かの判断に当たっては、育介指針第2の1(2)の事項に留意することとされていること。

④　育児・介護休業法第一一条第一項の規定により、期間を定めて雇用される者のうち介護休業をすることができるものは、介護休業申出時点で当該事業主に引き続き雇用された期間が一年以上であり、かつ、介護休業開始予定日から起算して九三日を経過する日から六か月を経過する日までに、その労働契約の期間が満了することが明らかでない労働者とされているところであるが、期間を定めて雇用される者が育児・介護休業法第一一条第一項各号に定める要件を満たす労働者か否かの判断に当たっては、育介指針第2の1(2)の事項に留意することとされていること。

⑤　育児・介護休業法第二三条及び育児休業、介護休業等育児又は家族介護を行う労働者の福祉に関する法律施行規則（平成三年労働省令第二五号）第七二条の規定並びに平成二八年八月二日付け職発〇八〇二第一号、雇児発〇八〇二第三号「育児休業、介護休業等育児又は家族介護を行う労働者の福祉に関する法律の施行について」の記の第9の4及び7において、所定労働時間が一日六時間以下の労働者については、(ヘ)の措置を講ずる必要は基本的にはないものとされていること。

ル　雇用保険の適用

事業主は、一定の要件を満たす短時間・有期雇用労働者は雇用保険の被保険者となるが、雇用保険の被保険者に該当する者であるにもかかわらず適用手続をとっていない短時間・有期雇用労働者については、雇用保険法に基づき必要な手続をとらねばならないものであること。

ヲ　高年齢者の短時間労働の促進

少子高齢化社会において、経済社会の活力を維持し発展させていくためには、高年齢者の高い就業意欲を活かし、その能力を有効に発揮させていくことが必要であり、今後特に高年齢者の雇用対策は重要となる。これらの者については、健康、体力等の状況によって個人差が大きくなり、就業ニーズも多様化し、短時間労働を希望する者も増大するので、これに対応して、事業主は、高年齢者等の雇用の安定等に関する法律の趣旨にしたがい、短時間労働を希望する高年齢者に対して適切な雇用機会を提供するよう努める必要があること。

(5)　短時間・有期雇用労働指針第3は、短時間・有期雇用労働指針第2の基本的考え方に立って、次の点について適切な措置を講ずべきとしたものであること。

イ　労働時間（短時間・有期雇用労働指針第3の1関係）

短時間労働者の多くは、家庭生活との両立等のため、短時間かつ自己の都合に合う一定の就業時間帯を前提として勤務している者であり、事業主は、このような短時間労働者の事情を十分考慮して労働時間・労働日を設定するように努め、できるだけ所定労働時間外又は所定労働日外に労働させないように努めるものとしたものであること。

ロ　待遇の相違の内容及び理由の説明（短時間・有期雇用労働指針第3の2関係）

法第一四条第二項に規定する措置に関し、その具体的な内容や方法について、短時間・有期雇用労働指針において規定を設けたものであること。その内容は、第3の10(6)から(9)までのとおりであること。

ハ　労使の話合いの促進（短時間・有期雇用労働指針第3の3関係）

企業内における労使の自主的な取組を促進する観点から、労使の話合いの促進のための措置の実施に係る規定を設けたものであること。

(イ)　待遇についての説明（短時間・有期雇用労働指針第3の3(1)関係）

事業主は、法第一四条第二項に定めるもののほか、短時間・有期雇用労働者を雇い入れた後、当該短時間・有期雇用労働者から本人の待遇について説明を求められたときには、当該短時間・有期雇用労働者の待遇に係るその他の事項についても、誠意をもって説明するように努めるものとしたものであること。例えば、同条第二項の説明を再度求められた場合などが考えられること。

また、法第一四条第三項の不利益取扱いの禁止は、同条第二項の説明を求めた場合を対象とするものであるが、その他の場合についても、短時間・有期雇用労働者が待遇についての説明を求めたことを理由として、当該短時間・有期雇用労働者に対して不利益な取扱いをしてはならないことは当然のことであること。

(ロ)　意見を聴く機会を設けるための適当な方法の工夫（短時間・有期雇用労働指針第3の3(2)関係）

事業主は、短時間・有期雇用労働者の就業の実態、通常の労働者との均衡等を考慮して雇用管理の改善等に関する措置等を講ずるに当たっては、当該事業所における関係労使の十分な話合いの機会を提供する等短時間・有期雇用労働者の意見を聴く機会を設けるための適当な方法を工夫するように努めるものとしたものであること。

「関係労使」とは、集団的労使関係に限定されるものではないこと。

また、「意見を聴く機会を設けるための適当な方法」は事業主の事情に応じ、各事業主において工夫されるべきものであるが、例として、職場での労使協議、職場懇談会、意見聴取、アンケート等が挙げられること。

(ハ) 苦情の自主的な解決（短時間・有期雇用労働指針第3の3(3)関係）

事業主は、法第二二条に定めるもののほか、短時間・有期雇用労働者の就業の実態、通常の労働者との均衡等を考慮した待遇に係るその他の事項についても、短時間・有期雇用労働者から苦情の申出を受けたときは、当該事業所における苦情処理の仕組みを活用する等その自主的な解決を図るように努めるものとしたものであること。

「苦情処理の仕組みを活用する等」とは、事業所内の苦情処理制度や法第一六条に基づく相談のための体制の活用のほか、短時間・有期雇用管理者が選任されている事業所においては、これを活用すること等が考えられること。

このような苦情処理の仕組み等について、特定事項として文書の交付等により明示することとされている相談窓口以外のものについても、短時間・有期雇用労働者に対し、周知を図ることが望まれること。

ニ 不利益取扱いの禁止（短時間・有期雇用労働指針第3の4関係）

(イ) 短時間・有期雇用労働指針第3の4(1)は、事業主は、短時間・有期雇用労働者が法第七条第一項（同条第二項において準用する場合を含む。）に定める過半数代表者であること若しくは過半数代表者になろうとしていたこと又は過半数代表者として正当な行為をしたことを理由として不利益な取扱いをしてはならないことを明記したものであること。

「理由として」とは、短時間・有期雇用労働者が「過半数代表者であること若しくは過半数代表者になろうとしていたこと又は過半数代表者として正当な行為をしたこと」について、事業主が当該短時間・有期雇用労働者に対して不利益な取扱いを行うことと因果関係があることをいうものであること。

「不利益な取扱い」とは、解雇、配置転換、降格、減給、昇給停止、出勤停止、労働契約の更新拒否等がこれに当たるものであること。なお、配置転換等が不利益な取扱いに該当するかについては、給与その他の労働条件、職務内容、職制上の地位、通勤事情、当人の将来に及ぼす影響等諸般の事情について、旧勤務と新勤務とを総合的に比較考慮の上、判断すべきものであること。

(ロ)　短時間・有期雇用労働指針第3の4(2)は、法第一四条第二項の説明を求めることにより、事業主から不利益な取扱いを受けることをおそれて、短時間・有期雇用労働者が本項に基づき説明を求めないことがないようにすることを明記したものであること。

具体的には、説明を求めることにより、不利益な取扱いを受けると想起されかねないような言動及び行動をすべきでないこと。

また、法第一六条に基づく相談対応のための体制の整備を適切に実施すること等により、短時間労働者が不利益な取扱いを受けることへの危惧を持つことなく説明を求めることができるような職場環境としていくことが望まれること。

(ハ)　短時間・有期雇用労働指針第3の4(3)は、事業主は、短時間・有期雇用労働者が親族の葬儀等のために勤務しなかったことを理由として解雇等が行われることは適当でないことを明記したものであること。

「親族の葬儀等」とは、親族の死に際して行われる葬儀等の行事をいい、「親族」及び「葬儀等」の範囲や「勤務しなかった」日数等については、社会通念上勤務しないことが許容される範囲のものが該当するものと考えられること。

「理由として」とは、短時間・有期雇用労働者が「親族の葬儀等のために勤務しなかったこと」について、事業主が当該短時間・有期雇用労働者に対して解雇等を行うことと因果関係があることをいうものであること。

また、「解雇等」には、労働契約の更新拒否等が含まれるとともに、「親族の葬儀等のために勤務しなかったこと」を理由として直接的に解雇等を行う場合のみならず、出勤率、欠勤日数等を解雇等の判断基準として採用している場合に、当該勤務しなかった日を当該出勤率、欠勤日数等の算定に当たって計算に含めて、解雇等を行うことも含まれるものであること。

ホ　短時間・有期雇用管理者の氏名の周知（短時間・有期雇用労働指針第3の5関係）

事業主は、短時間・有期雇用管理者を選任したときは、その氏名を事業所の見やすい場所に掲示する等により、その雇用する短時間・有期雇用労働者に周知させるよう努めるものとしたものであること。

なお、短時間・有期雇用管理者の氏名の周知の方法としては、短時間・有期雇用管理者の氏名及び短時間・有期雇用管理者である旨を事業所の見やすい場所に掲示することのほか、例えば、これらの事項を書面に記載し短時間・有期雇用労働者に交付することでも差し支えないものであること。

また、短時間・有期雇用管理者を法第一六条に基づく相談体制とし、法第六条第一項の特定事項である相談窓口として文書の交付等により明示する場合においては、同項による文書の交付等による明示の際に、相談窓口となる者が短時間・有期雇用管理者であることを併せて明示することでも差し支えないものであること。

12　相談のための体制の整備（法第一六条関係）

(1)　短時間・有期雇用労働者は、就業の実態が多様であり、通常の労働者と待遇が異なる理由が分かりにくく、これが不満につながりやすい。このため、法においては、雇入れ時に雇用管理の改善等の措置の内容について説明しなければならないこととするとともに、短時間・有期雇用労働者から求めがあったときには、通常の労働者との待遇の相違の内容及び理由並びに待遇の決定に当たって考慮した事項を説明しなければならないこととしているところである（第3の10参照）。しかしながら、その待遇に係る疑義等について相談する体制が各事業所において十分に整っていなければ、短時間・有期雇用労働者に対する説明を契機とする不合理な待遇の相違の是正や、説明による納得性の向上の実効性は確保されない。このため、事業主は、雇用管理の改善等に関する事項に関し、その雇用する短時間・有期雇用労働者からの相談に応じ、適切に対応するために必要な体制を整備しなければならないこととしたものであること。

(2)　「必要な体制」の整備とは、短時間・有期雇用労働者からの苦情を含めた相談に応じる窓口等の体制を整備することをいうこと。苦情を含めた相談に応じることができる窓口等であれば、その名称を問うものではなく、また、窓口等は組織であるか、個人であるかを問わないこと。例えば、雇用する労働者の中から相談担当者を決め、相談に対応させること、短時間・有期雇用管理者を選任している事業所において、短時間・有期雇用管理者を相談担当者として定め、短時間・有期雇用労働者からの相談に対応させること、事業主自身が相談担当者となり、相談に対応すること、外部専門機関に委託し、相談対応を行うこと等が考えられること。

なお、本条においては、相談に応じる窓口等を設置すること自体が義務の対象となっていること。しかしながら、上記の相談に応じる窓口等においては、相談に対し、その内容や状況に応じ適切に対応することが求められること。

(3)　相談窓口は、法第六条第一項の特定事項であり、雇入れ時の文書等による明示事項となされていること（則第二条第一項）。また、雇入れ時の文書等による明示のほか、事業所内の短時間・有期雇用労働者が通常目にすることができる場所に設置されている掲示板への掲示等により、短時間・有期雇用労働者に周知することが望まれること。

13　短時間・有期雇用管理者（法第一七条関係）

(1)　短時間・有期雇用労働者については、通常の労働者と異なる雇用管理が行われていることに加えて、個々の短時間・有期雇用労働者の間でも個別多様に労働条件が設定されることが多く、多くの短時間・有期雇用労働者を雇用する事業主は自らが全ての短時間・有期雇用労働者についてきめ細かな管理を行うことは困難な面が多い。そこで、事業所における短時間・有期雇用労働者の雇用管理の改善等を図るための体制を整備するために、事業主は、短時間・有期雇用労働者を常時厚生労働省令で定める数（則第六条により一〇人と定められている。）以上雇用する事業所ごとに、短時間・有期雇用管理者を選任するように努めるものとしたものであること。

(2)　則第七条においては、短時間・有

期雇用管理者は、短時間・有期雇用労働指針及びガイドラインに定める事項その他の短時間・有期雇用労働者の雇用管理の改善等に関する事項を管理させるために必要な知識及び経験を有していると認められる者のうちから事業主が選任することとされていること。この「必要な知識及び経験を有していると認められる者」とは、短時間・有期雇用管理者の職務を遂行するに足る能力を有する者をいい、事業所の人事労務管理について権限を有する者が望ましいものであること。

(3) 短時間・有期雇用管理者が担当すべき業務としては次のものが含まれること。

イ　法に定める事項は言うまでもなく、短時間・有期雇用労働指針及びガイドラインに定める事項その他の短時間・有期雇用労働者の雇用管理の改善等に関する事項について、事業主の指示に従い必要な措置を検討し、実施するとともに、必要に応じ、関係行政機関との連絡を行うこと。

ロ　短時間・有期雇用労働者の労働条件、就業環境に係る事項等に関し、短時間・有期雇用労働者の相談に応ずること。

14 報告の徴収並びに助言、指導及び勧告等（法第一八条関係）

(1) 報告の徴収並びに助言、指導及び勧告（法第一八条第一項関係）

イ　法第一八条第一項は、本法の目的を達成するため、厚生労働大臣又は都道府県労働局長は、短時間・有期雇用労働者の雇用管理の改善等を図るために必要があると認めるときは、事業主に対し、報告を求め、又は助言、指導若しくは勧告を行うことができることとしたものであること。

ロ　本項の厚生労働大臣等の権限は、労働者からの申立て、第三者からの情報、職権等その端緒を問わず、必要に応じて行使し得るものであること。

ハ　「短時間・有期雇用労働者の雇用管理の改善等を図るため必要があると認めるとき」とは、法、短時間・有期雇用労働指針及びガイドラインによって事業主が講ずべき措置について、事業主の実施状況を確認するときや、その措置が十分に講じられていないと考えられる場合において、その措置を講ずることが雇用管理の改善等を図るため必要であると認められるとき等をいうものであること。

なお、法第八条については、職務の内容、職務の内容及び配置の変更の範囲その他の事情の違いではなく、短時間・有期雇用労働者であることを理由とする不支給など、同条に違反することが明確な場合を除き、法第一八条第一項に基づく助言、指導及び勧告の対象としないものであること。

ニ　報告の徴収並びに助言、指導及び勧告は、おおむね(イ)から(ニ)までのとおり実施するものであること。

(イ) 報告の徴収

報告の徴収は、法第一八条第一項の助言、指導、勧告のために行う事実の調査として、文書の提出の要請、出頭を求めての事情聴取、事業所への現地実情調査等を行うことのほか、法の施行に関し必要な事項につき事業主から報告を求めることをいうものであること。

(ロ) 助言

法、短時間・有期雇用労働指針及びガイドラインの規定に違反する状況を解消するために、事業主に対して口頭又は文書により行うものであること。

(ハ) 指導

助言の対象となった事案のうち是正のためには強い要請が必要であると認められるものについて、事業主に対して文書の手交又は郵送の方法により行うものであること。

(ニ) 勧告

指導の対象となった事案のうち是正のためには更に強い要請が特に必要であると認められるものについて、事業主に対して文書の手交又は郵送の方法により行うものであること。

また、勧告を行う場合であって、事業主が当該勧告に係る必要な是正措置を講じるまでに一定の期間を要すると認められるときは、必要に応じて、当該事業主に対し、当該勧告において是正措置の実施に至るまでのスケジュール等を明記した措置計画の作成を求めるものであること。

なお、(ハ)の「是正のためには強い要請が必要であると認められるもの」とは、具体的には助言を行っても事業主に是正措置を講ずる意向が確認できないものを、また(ニ)の「是正のためには更に強い要請が特に必要であると認められるもの」とは、指導を行っても事業主に是正措置を講ずる意向が確認できないものをいうこと。

(2) 公表（法第一八条第二項関係）

短時間・有期雇用労働者について、通常の労働者との均衡のとれた待遇の確保等を図り、当該短時間・有期雇用労働者がその有する能力を有効に発揮することができるようにするための措置を推進するためには、通常の労働者と同視すべき短時間・有期雇用労働者に対する差別的取扱いを禁止する等、事業主に一定の措置を義務付けるとともに、法違反の速やかな是正を求める行政指導の効果を高め、法の実効性を確保することが必要である。

このような観点から、厚生労働大臣は、法第六条第一項、第九条、第一一条第一項、第一二条から第一四条まで及び第一六条の規定に違反している事業主に対し自ら勧告をした場合において、その勧告を受けた者がこれに従わなかったときは、その旨を公表することができることとしたものであること。

(3) 権限の委任（法第一八条第三項関係）

イ 法第一八条第三項及び則第八条の規定に基づき、厚生労働大臣の権限の一部を都道府県労働局長に委任することができるものとされているが、委任することができる事案から除かれる「厚生労働大臣が全国的に重要であると認めた事案に係るもの」とは、おおむね以下のいずれかに該当する事案をいうものであること。

(イ) 広範囲な都道府県にまたがり、事案の処理に当たり各方面との調整が必要であると考えられる事案

(ロ) 事案の性質上広範な社会的影響力を持つと考えられる事案

(ハ) 都道府県労働局長が勧告を行っても是正の意向がみられず、悪質かつ重大な事案

なお、(ロ)については、企業の規模、事案に係る短時間・有期雇用労働者の数等を考慮すること。また、(ハ)における「悪質」とは、度重なる説得に応じない等遵法意識の見られない場合を、「重大」と

は、事業主の措置により不利益を被る短時間・有期雇用労働者が多数いる場合や社会的影響が大きい場合をいうこと。

ロ　法第一八条第二項の規定に基づく厚生労働大臣による公表については、則第八条において、都道府県労働局長に権限の委任がなされていないものであること。

15　事業主等に対する援助（法第一九条関係）

(1)　短時間・有期雇用労働者の雇用管理の改善等の促進その他その福祉の増進を図るためには、事業主に対する短時間・有期雇用労働者の雇用管理の改善等に関する措置等の義務付け等の制度とあいまって、短時間・有期雇用労働者の雇用管理の改善等の措置等を図る事業主等に対し、国が必要な援助を行うことが有効であると考えられる。

　このため、国は、短時間・有期雇用労働者の雇用管理の改善等の促進その他その福祉の増進を図るため、短時間・有期雇用労働者を雇用する事業主、事業主の団体その他の関係者に対して、短時間・有期雇用労働者の雇用管理の改善等に関する事項についての相談及び助言その他の必要な援助を行うことができることとしたものであること。

(2)「その他の関係者」とは、事業主団体のほか、短時間・有期雇用労働者の雇用管理の改善等の支援を行っている団体を広く指すものであること。

(3)「その他の必要な援助」としては、短時間・有期雇用労働者の雇用管理の改善等に関する措置等についての好事例等の情報提供や助成金の支給などが考えられること。

16　職業訓練の実施等（法第二〇条関係）

(1)　短時間・有期雇用労働者の中には、主要な仕事、高度な技術・技能が必要な仕事、責任のある仕事をしたいと希望する者がいるにもかかわらず、企業の対応は、教育訓練の実施率が低い等短時間・有期雇用労働者の能力をより有効に活用するための環境整備が十分になされているとはいえない。また、短時間・有期雇用労働者になろうとする者の中には、職業生活を一定期間中断していたこと等により、職業能力の減退、かつて習得した知識、技能の陳腐化等、就業しようとする職業に必要な能力に欠けるために希望する職業に従事できない者もいるところである。

　このようなことから、国、都道府県及び独立行政法人高齢・障害・求職者雇用支援機構は、短時間・有期雇用労働者及び短時間・有期雇用労働者になろうとする者がその職業能力の開発及び向上を図ることを促進するため、職業能力の開発及び向上に関する啓発活動を行うように努めるとともに、職業訓練の実施について特別の配慮をすることとしたものであること。

(2)「特別の配慮」とは、職業能力開発促進センター、都道府県立職業能力開発校における短時間・有期雇用労働者及び短時間・有期雇用労働者になろうとする者等に対する普通職業訓練（短期課程）等の推進をいうものであること。

17　職業紹介の充実等（法第二一条関係）

　短時間・有期雇用労働者になろうとする者については、職業生活を一定期間中断していた者が多く、職業に関する知識、自らの適性・能力等についての客観的な理解、就労に対する心構えが不十分であることや、労働市場に関する知識・情報が不足している場合があることなどからきめ細かな配慮が必要とされる者が多いことに鑑み、特に、その適性、能力、経験及び技能の程度等にふさわしい職業を選択し、並びに職業に適応することを容易にするため、国は、雇用情報の提供、職業指導及び職業紹介の充実等必要な措置を講ずるように努めることとしたものであること。

第4　紛争の解決（法第四章）

法第四章は、紛争を解決するための仕組みとして第一節において苦情の自主的解決、都道府県労働局長による紛争の解決の援助について、第二節において調停制度について定めたものであること。

1　苦情の自主的解決（法第二二条関係）

(1)　企業の雇用管理に関する労働者の苦情や労使間の紛争は、本来労使間で自主的に解決することが望ましいことから、事業主は、法第六条第一項、第八条、第九条、第一一条第一項及び第一二条から第一四条までに定める事項に関し、短時間・有期雇用労働者から苦情の申出を受けたときは、労使により構成される苦情処理機関に苦情の処理を委ねる等その自主的な解決を図るよう努めなければならないこととしたものであること。

なお、この他の事項に関する苦情についても自主的解決が望ましいことについては、第3の11(5)ハ(ハ)のとおりであること。

(2)　「苦情処理機関」とは、事業主を代表する者及び当該事業所の労働者を代表する者を構成員とする当該事業所の労働者の苦情を処理するための機関等をいうものであること。これは、労働者の苦情については、まずはこのような苦情処理機関における処理に委ねることが最も適切な苦情の解決方法の一つであることから、これを例示したものであること。

(3)　「苦情の処理を委ねる等」の「等」には、法第一六条に基づく相談のための体制の活用や短時間・有期雇用管理者が選任されている事業所においてはこれを活用する等労働者の苦情を解決するために有効であると考えられる措置が含まれるものであること。

(4)　苦情処理機関等事業所内における苦情の自主的解決のための仕組みについては、短時間・有期雇用労働者に対し、周知を図るべきものであること。

(5)　法では、短時間・有期雇用労働者と事業主との間の個別紛争の解決を図るため、本条のほか、法第二四条第一項において都道府県労働局長による紛争解決の援助を定め、また、法第二五条第一項においては紛争調整委員会（以下「委員会」という。）による調停を定めているが、これらはそれぞれ紛争の解決のための独立した手段であり、本条による自主的解決の努力は、都道府県労働局長の紛争解決の援助や委員会による調停の開始の要件とされているものではないこと。しかしながら、企業の雇用管理に関する労働者の苦情や労使間の紛争は、本来労使で自主的に解決することが望ましいことに鑑み、まず本条に基づき企業内において自主的解決の努力を行うことが求められるものであること。

2　紛争の解決の促進に関する特例（法第二三条関係）

(1)　法第六条第一項、第八条、第九条、第一一条第一項及び第一二条から第一四条までに定める事項に係る事業主の一定の措置についての短時間・有期雇用労働者と事業主との間の紛争（以下「短時間・有期雇用労働者の均衡待遇等に係る紛争」という。）については、個別労働関係紛争の解決の促進に関する法律（平成一三年法律第一一二号。以下「個別労働関係紛争解決促進法」という。）第四条、第五条及び第一二条から第一九条までの規定は適用せず、法第二四条から第二七条までの規定によるものとしたものであること。

(2) これは、個別労働関係紛争解決促進法に係る紛争は、解雇等労使間の個別の事情に関わるものが多いことから、あっせん委員が労使の間に入って、その話し合いを促進するあっせんの手法が効果的であるのに対し、短時間・有期雇用労働者の均衡待遇等に係る紛争は、当該事業所における賃金制度等に由来するものであり、継続的な勤務関係にある中で、不合理な待遇の相違、差別的取扱い等かどうかの認定を行った上で必要な制度の見直し案等の調停案を示し、受諾の勧告を行うことが有効であるという、両者の紛争の性格が異なるためであること。

(3) 「紛争」とは、短時間・有期雇用労働者の雇用管理の改善等に関する措置に係る事業主の一定の措置に関して労働者と事業主との間で主張が一致せず、対立している状態をいうものであること。

3 紛争の解決の援助（法第二四条関係）

(1) 紛争の解決の援助（法第二四条第一項）

短時間・有期雇用労働者の均衡待遇等に係る紛争の迅速かつ円満な解決を図るため、都道府県労働局長は、当該紛争の当事者の双方又は一方からその解決について援助を求められた場合には、当該紛争の当事者に対して、必要な助言、指導又は勧告をすることができることとしたものであること。

イ 「紛争の当事者」とは、現に紛争の状態にある短時間・有期雇用労働者及び事業主をいうものであること。したがって、労働組合等の第三者は関係当事者にはなり得ないものであること。

ロ 「助言、指導又は勧告」は、紛争の解決を図るため、当該紛争の当事者に対して具体的な解決策を提示し、これを自発的に受け入れることを促す手段として定められたものであり、紛争の当事者にこれに従うことを強制するものではないこと。

(2) 紛争の解決の援助を求めたことを理由とする解雇その他不利益な取扱いの禁止（法第二四条第二項）

イ 法第二四条第一項の紛争の解決の援助により、紛争の当事者間に生じた個別具体的な紛争を円滑に解決することの重要性に鑑みれば、事業主に比べ弱い立場にある短時間・有期雇用労働者を事業主の不利益取扱いから保護する必要があることから、短時間・有期雇用労働者が紛争の解決の援助を求めたことを理由とする解雇その他不利益な取扱いを禁止することとしたものであること。

ロ 「理由として」及び「不利益な取扱い」の意義については、それぞれ第3の10(12)と同じであること。

4 調停の委任（法第二五条関係）

(1) 調停の委任（法第二五条第一項）

イ 紛争の当事者（以下「関係当事者」という。）間の紛争について、当事者間の自主的な解決、都道府県労働局長による紛争解決の援助に加え、公正、中立な第三者機関の調停による解決を図るため、短時間・有期雇用労働者の均衡待遇等に係る紛争について、関係当事者の双方又は一方から調停の申請があった場合において当該紛争の解決のために必要があると認めるときは、都道府県労働局長は、委員会に調停を行わせるものとすることとしたものであること。

ロ 「関係当事者」とは、現に紛争の状態にある短時間・有期雇用労働者及び事業主をいうものであること。したがって、労働組合等の第三者は関係当事者にはなり得ないものであること。

ハ 「調停」とは、紛争の当事者の間に第三者が関与し、当事者の互譲によって紛争の現実的な解決を図ることを基本とするものであり、行為が法律に抵触するか否か等を判定するものではなく、むしろ行為の結果生じた損害の回復等について現実的な解決策を提示して、当事者の歩み寄りにより当該紛争を解決しようとするものであること。

ニ 次の要件に該当する事案については、「当該紛争の解決のために必要があると認め」られないものとして、原則として、調停に付すことは適当であるとは認められないものであること。

(イ) 申請が、当該紛争に係る事業主の措置が行われた日（継続する措置の場合にあってはその終了した日）から一年を経過した紛争に係るものであるとき

(ロ) 申請に係る紛争が既に司法的救済又は他の行政的救済に係属しているとき（関係当事者双方に、当該手続よりも調停を優先する意向がある場合を除く。）

(ハ) 集団的な労使紛争に関係したものであるとき

ホ 都道府県労働局長が「紛争の解決のために必要がある」か否かを判断するに当たっては、ニに該当しない場合は、法第二二条による自主的解決の努力の状況も考慮の上、原則として調停を行う必要があると判断されるものであること。

(2) 調停の申請をしたことを理由とする解雇その他不利益な取扱いの禁止（法第二五条第二項）

イ 法第二五条第一項の調停により、関係当事者間に生じた個別具体的な紛争を円滑に解決することの重要性に鑑みれば、事業主に比べ弱い立場にある短時間・有期雇用労働者を事業主の不利益取扱いから保護する必要があることから、短時間・有期雇用労働者が調停の申請をしたことを理由とする解雇その他不利益な取扱いを禁止することとしたものであること。

ロ 「理由として」及び「不利益な取扱い」の意義については、それぞれ第3の10⑿と同じであること。

5 調停（法第二六条関係）

(1) 調停の手続については、法第二六条において準用する男女雇用機会均等法第一九条、第二〇条第一項及び第二一条から第二六条までの規定並びに則第九条の規定において準用する雇用の分野における男女の均等な機会及び待遇の確保等に関する法律施行規則（昭和六一年労働省令第二号。以下「男女雇用機会均等法施行規則」という。）第三条から第一二条までの規定に基づき行われるものであること。

法第二二条の苦情の自主的解決の努力は委員会の調停を開始する要件ではないが、企業の雇用管理に関する労働者の苦情や労使間の紛争は、本来労使で自主的に解決することが望ましいことに鑑み、調停を申し立てる前に苦情の自主的解決の努力を行うことが望まれるものであること。

(2) 委員会の会長は、調停委員のうちから、法第二五条第一項の規定によ

り委任を受けて同項に規定する紛争についての調停を行うための会議（以下「均衡待遇調停会議」という。）を主任となって主宰する調停委員（以下「主任調停委員」という。）を指名するものであること。また、主任調停委員に事故があるときは、あらかじめその指名する調停委員が、その職務を代理するものとなるものであること（則第九条において準用する男女雇用機会均等法施行規則第三条第一項及び第二項）。

(3) 均衡待遇調停会議は、主任調停委員が招集するものであること。また、均衡待遇調停会議は、調停委員二人以上が出席しなければ、開くことができないものであること。さらに、均衡待遇調停会議は、公開しないものであること（則第九条において準用する男女雇用機会均等法施行規則第四条第一項から第三項まで）。

(4) 均衡待遇調停会議の庶務は、当該都道府県労働局雇用環境・均等部（室）において処理するものであること（則第九条において準用する男女雇用機会均等法施行規則第五条）。

(5) 法第二五条第一項の調停の申請をしようとする者は、調停申請書を当該調停に係る紛争の関係当事者である労働者に係る事業所の所在地を管轄する都道府県労働局長に提出しなければならないものであること（則第九条において準用する男女雇用機会均等法施行規則第六条及び別記様式）。

(6) 都道府県労働局長は、委員会に調停を行わせることとしたときは、遅滞なく、その旨を会長及び主任調停委員に通知するものであること。また、都道府県労働局長は、委員会に調停を行わせることとしたときは関係当事者の双方に対して、調停を行わせないこととしたときは調停を申請した関係当事者に対して、遅滞なく、その旨を書面によって通知するものであること（則第九条において準用する男女雇用機会均等法施行規則第七条第一項及び第二項）。

(7) 調停は、三人の調停委員が行うこととされており、調停委員は、委員会のうちから、会長があらかじめ指名するものとされていること（法第二六条において準用する男女雇用機会均等法第一九条第一項及び第二項）。

(8) 委員会は、調停のために必要があると認めるときは、関係当事者又は関係当事者と同一の事業所に雇用される労働者その他の参考人（以下「関係当事者等」という。）の出頭を求め、その意見を聴くことができるものとされていること（法第二六条において準用する男女雇用機会均等法第二〇条第一項）。ただし、この「出頭」は強制的な権限に基づくものではなく、相手の同意によるものであること。これらの出頭については、必ず関係当事者等（法人である場合には、委員会が指定する者）により行われることが必要であること。

「その他の参考人」とは、関係当事者である短時間・有期雇用労働者が雇用されている事業所に過去に雇用されていた者、同一の事業所で就業する派遣労働者、関係当事者である短時間・有期雇用労働者と異なる事業所に雇用されている労働者、などを指すものであること。委員会に「関係当事者と同一の事業所に雇用される労働者その他の参考人」の出頭を求めることができるとしたのは、委員会が通常の労働者との比較が問題となる短時間・有期雇用労働者の均衡待遇等に係る紛争を扱うため、比較対象となる通常の労働者の就業の実態について明らかにすることが必要であり、また、調停案の内容によっては同一の事業主に雇用される他の短時間・有期雇用労働者等に対しても影響を及ぼし得ることから、これらの者を参考人として意見聴取することが必要な場合があるためであること。

(9)　委員会から出頭を求められた関係当事者等は、主任調停委員の許可を得て、補佐人を伴って出頭することができるものであり、補佐人は、主任調停委員の許可を得て陳述を行うことができるものであること（則第九条において準用する男女雇用機会均等法施行規則第八条第一項及び第二項）。「補佐人」は、関係当事者等が陳述を行うことを補佐することができるものであること。なお、補佐人の陳述は、あくまでも関係当事者等の主張や説明を補足するためのものであり、補佐人が自ら主張を行ったり、関係当事者等に代わって意思表示を行ったりすることはできないこと。

(10)　委員会から出頭を求められた関係当事者等は、主任調停委員の許可を得て当該事件について意見を述べることができるほか、他人に代理させることができるものであること（則第九条において準用する男女雇用機会均等法施行規則第八条第三項）。他人に代理させることについて主任調停委員の許可を得ようとする者は、代理人の氏名、住所及び職業を記載した書面に、代理権授与の事実を証明する書面を添付して主任調停委員に提出しなければならないものであること（則第九条において準用する男女雇用機会均等法施行規則第八条第四項）。

(11)　委員会は、当該事件の事実の調査のために必要があると認めるときは、関係当事者等に対し、当該事件に関係のある文書又は物件の提出を求めることができるものであること（則第九条において準用する男女雇用機会均等法施行規則第九条）。

(12)　委員会は、必要があると認めるときは、調停の手続の一部を特定の調停委員に行わせることができるものであること。「調停の手続の一部」とは、現地調査や、提出された文書等の分析・調査、関係当事者等からの事情聴取等が該当するものであること。この場合において、則第九条において準用する男女雇用機会均等法施行規則第四条第一項及び第二項の規定は適用せず、則第九条において準用する男女雇用機会均等法施行規則第八条の規定の適用については、同条中「主任調停委員」とあるのは、「特定の調停委員」とするものであること。また、委員会は、必要があると認めるときは、当該事件の事実の調査を都道府県労働局雇用環境・均等部（室）の職員に委嘱することができるものであること（則第九条において準用する男女雇用機会均等法施行規則第一〇条第一項及び第二項）。

(13)　委員会は、関係当事者からの申立てに基づき必要があると認めるときは、当該委員会が置かれる都道府県労働局の管轄区域内の主要な労働者団体又は事業主団体が指名する関係労働者を代表する者又は関係事業主を代表する者から意見を聴くものとすることとされていること（法第二六条において準用する男女雇用機会均等法第二一条）。「主要な労働者団体又は事業主団体が指名する関係労働者を代表する者又は関係事業主を代表する者」については、主要な労働者団体又は事業主団体に対して、期限を付して関係労働者を代表する者又は関係事業主を代表する者の氏名を求めるものとするものであること（則第九条において準用する男女雇用機会均等法施行規則第一一条第一項）。関係労働者を代表する者又は関係事業主を代表する者の指名は、事案ごとに行うものであること。指名を求めるに際しては、管轄区域内の全ての主要な労働者団体及び事業主団体から指名を求めなければならないものではなく、調停のため必要と認められる範囲で、主要な労働者団体又は事業主団体のうちの一部の団体の指名を求めることで足りるものであること。則第九条において準用する男女雇用機会均等法施行規則第一一条第一項により委員会の求めがあった場合には、当該労働者団体又は事業主団体は、当該事件につき意見を述べる者の氏名及び住所を委員会に通知するものとするものであること（則第九条において準用する男女雇用機会均等法施行規則第一一条第二項）。

⒁　委員会は、調停案を作成し、関係当事者に対しその受諾を勧告することができるものであること（法第二六条において準用する男女雇用機会均等法第二二条）。調停案の作成は、調停委員の全員一致をもって行うものとするものであること（則第九条において準用する男女雇用機会均等法施行規則第一二条第一項）。また、「受諾を勧告する」とは、両関係当事者に調停案の内容を示し、その受諾を勧めるものであり、その受諾を義務付けるものではないこと。委員会は、調停案の受諾を勧告する場合には、関係当事者の双方に対し、受諾すべき期限を定めて行うものとするものであること（則第九条において準用する男女雇用機会均等法施行規則第一二条第二項）。

関係当事者は、調停案を受諾したときは、その旨を記載し、記名押印した書面を委員会に提出しなければならないものであること（則第九条において準用する男女雇用機会均等法施行規則第一二条第三項）。しかしながら、この「書面」は、関係当事者が調停案を受諾した事実を委員会に対して示すものであって、それのみをもって関係当事者間において民事的効力をもつものではないこと。

⒂　委員会は、調停に係る紛争について調停による解決の見込みがないと認めるときは、調停を打ち切ることができ、その場合、その旨を関係当事者に通知しなければならないものとされていること（法第二六条において準用する男女雇用機会均等法第二三条）。「調停による解決の見込みがないと認めるとき」とは、調停により紛争を解決することが期待し難いと認められる場合や調停により紛争を解決することが適当でないと認められる場合がこれに当たるものであり、具体的には、調停開始後長期の時間的経過を見ている場合、当事者の一方が調停に非協力的で再三にわたる要請にもかかわらず出頭しない場合のほか、調停が当該紛争の解決のためでなく労使紛争を有利に導くために利用される場合等が原則としてこれに含まれるものであること。

6　時効の完成猶予（法第二六条において準用する男女雇用機会均等法第二四条関係）

本条は、調停が打ち切られた場合に、当該調停の申請をした者が打切りの通知を受けた日から三〇日以内に調停の目的となった請求について訴えを提起したときは、調停の申請の時に遡り、時効の完成猶予が生じることを明らかにしたものであること。

「調停の申請の時」とは、申請書が現実に都道府県労働局長に提出された日であって、申請書に記載された申請年月日ではないこと。

また、調停の過程において申請人が調停を求める事項の内容を変更又は追加した場合にあっては、当該変更又は追加した時が「申請の時」に該当するものと解されること。

「通知を受けた日から三〇日以内」とは、民法（明治二九年法律第八九号）の原則に従い、文書の到達した日の当日は期間の計算に当たり算入されないため、書面による調停打切りの通知が到達した日の翌日から起算して三〇日以内であること。

「調停の目的となった請求」とは、当該調停手続において調停の対象とされた具体的な請求（地位確認、損害賠償請求等）を指すこと。本条が適用されるためには、これらと訴えに係る請求とが同一性のあるものでなければならないこと。

7　訴訟手続の中止（法第二六条において準用する男女雇用機会均等法第二五条関係）

本条は、当事者が調停による紛争解決が適当であると考えた場合であって、調停の対象となる紛争のうち民事上の紛争であるものについて訴訟が係属しているとき、当事者が和解交渉に専念する環境を確保することができるよう、受訴裁判所は、訴訟手続を中止することができることとするものであること。

具体的には、法第二五条第一項に規定する紛争のうち民事上の紛争であるものについて関係当事者間に訴訟が係属する場合において、次のいずれかに掲げる事由があり、かつ、関係当事者の共同の申立てがあるときは、受訴裁判所は、四月以内の期間を定めて訴訟手続を中止する旨を決定することができるものであること。

(1)　当該紛争について、関係当事者間において調停が実施されていること。

(2)　(1)の場合のほか、関係当事者間に調停によって当該紛争の解決を図る旨の合意があること。

なお、受訴裁判所は、いつでも訴訟手続を中止する旨の決定を取り消すことができるものであること。また、関係当事者の申立てを却下する決定及び訴訟手続を中止する旨の決定を取り消す決定に対しては不服を申し立てることができないものであること。

8　資料提供の要求等（法第二六条において準用する男女雇用機会均等法第二六条関係）

委員会は、当該委員会に継続している事件の解決のために必要があると認めるときは、関係行政庁に対し、資料の提供その他必要な協力を求めることができるものであること。「関係行政庁」とは、例えば、国の機関の地方支分部局や都道府県等の地方自治体が考えられるものであること。「その他必要な協力」とは、情報の提供や便宜の供与等をいうものであること。

第5　雑則（法第五章）

1　雇用管理の改善等の研究等（法第二八条関係）

短時間・有期雇用労働者の職域の拡大に伴い、基幹的、恒常的な職務や専門的、技術的な職務に従事する短時間・有期雇用労働者も存在するなど、短時間・有期雇用労働者の就業の実態は多様化・複雑化している。

このため、厚生労働大臣は、短時間・有期雇用労働者がその能力を有効に発揮できるようにするため、雇用管理の改善等に関する事項について、調査、研究及び資料の整備に努めるものとしたものであること。

具体的には、短時間・有期雇用労働者の雇用管理の改善等に関する好事例を収集・分析することや、短時間・有期雇用労働者の雇用管理の改善等に資する評価制度の導入等を支援すること等が考えられること。

2　過料（法第三〇条及び第三一条関係）

(1)　法第一八条第一項の助言、指導及び勧告を適切に行うためには、その前提として、同項の報告の徴収を適切に行う必要がある。このため、法第三〇条は、法第一八条第一項の規定による報告をせず、又は虚偽の報告をした者に対して、二〇万円以下の過料に処することとしたものであること。

(2)　法第三一条は、法第六条第一項の規定による義務の履行を確保するため、同項の規定に違反した事業主に対して一〇万円以下の過料に処することとしたものであること。

(3)　過料については、非訟事件手続法（平成二三年法律第五一号）第五編の過料事件の規定により、管轄の地方裁判所において過料の裁判の手続を行うものとなること。都道府県労働局長は、法第三〇条又は第三一条の要件に該当する事実がある場合には、管轄の地方裁判所に対し、当該事実に係る事業主について、法第三〇条又は第三一条に基づき過料に処すべき旨の通知を行うこととなること。

第6　附則

1　施行期日

整備法附則第一条第二号の規定により、施行期日は平成三二（二〇二〇）年四月一日とされたこと。

中小事業主（その資本金の額又は出資の総額が三億円（小売業又はサービス業を主たる事業とする事業主については五〇〇〇万円、卸売業を主たる事業とする事業主については一億円）以下である事業主及びその常時使用する労働者の数が三〇〇人（小売業を主たる事業とする事業主については五〇人、卸売業又はサービス業を主たる事業とする事業主については一〇〇人）以下である事業主をいう。以下同じ。）については、平成三三（二〇二一）年三月三一日までの間、法第二条第一項、第三条、第三章第一節（第一五条及び第一八条第三項を除く。）及び第四章（第二六条及び第二七条を除く。）の規定は、適用しないものとしたこと。

この場合において、整備法による改正前の短時間労働者の雇用管理の改善等に関する法律第二条第一項、第三条、第三章第一節（第一五条及び第一八条第三項を除く。）及び第四章（第二六条及び第二七条を除く。）の規定並びに整備法による改正前の労働契約法第二〇条の規定は、なおその効力を有するものとしたこと。

2　紛争の解決の促進に関する経過措置について（整備法附則第一一条第二項及び第三項関係）

今般、法第八条の規定に関する紛争その他の整備法により法の調停の対象となる紛争であって、中小事業主以外の事業主が当事者であるものについては、平成三二（二〇二〇）年四月一日より前に個別労働関係紛争解決促進法第五条第一項のあっせんの手続に付されている可能性がある。このため、当該紛争のうち、平成三二（二〇二〇）年四月一日より前にされた申請に係る紛争であって、同日において現に個別労働関係紛争解決促進法上のあっせんの手続に係属しているものについては、そのまま個別労働関係紛争解決促進法上の手続として処理することとしたものであること。

同様に、整備法により法の調停の対象となる紛争であって、中小事業主が当事者であるもののうち、平成三三（二〇二一）年四月一日より前にされた申請に係る紛争であって、同日において現に個別労働関係紛争解決促進法上のあっせんの手続に係属しているものについては、そのまま個別労働関係紛争解決促進法上の手続として処理することとしたものであること。

第7　適用時期及び関係通達の改廃等

1　この通達は、平成三二（二〇二〇）年四月一日から適用すること。ただし、中小事業主については、平成三三（二〇二一）年三月三一日までの間、この通達のうち、法第二条第一項、第三条、第三章第一節（第一五条及び第一八条第三項を除く。）及び第四章（第二六条及び第二七条を除く。）の規定に関する部分は、適用しないものとすること。

2　平成二六年七月二四日付け基発〇七二四第五号、職発〇七二四第一号、能発〇七二四第一号、雇児発〇七二四第一号「短時間労働者の雇用管理の改善等に関する法律の一部を改正する法律の施行について」（以下「旧通達」という。）は、平成三二（二〇二〇）年四月一日をもって廃止すること。ただし、中小事業主については、平成三三（二〇二一）年三月三一日までの間、旧通達のうち、整備法による改正前の短時間労働者の雇用管理の改善等に関する法律第二条、第三条、第三章第一節（第一五条及び第一八条第三項を除く。）及び第四章（第二六条及び第二七条を除く。）の規定に関する部分は、なおその効力を有するものとすること。また、都道府県労働局における業務の進め方については追って通知すること。

別表

<table>
<tr><th rowspan="2">短時間労働者の週所定労働時間</th><th rowspan="2">短時間労働者の週所定労働日数</th><th rowspan="2">短時間労働者の一年間の所定労働日数（週以外の期間によって労働日数が定められている場合）</th><th colspan="7">雇入れの日から起算した継続勤務期間の区分に応ずる年次有給休暇の日数</th></tr>
<tr><th>六箇月</th><th>一年六箇月</th><th>二年六箇月</th><th>三年六箇月</th><th>四年六箇月</th><th>五年六箇月</th><th>六年六箇月以上</th></tr>
<tr><td colspan="3">三十時間以上</td><td rowspan="2">十日</td><td rowspan="2">十一日</td><td rowspan="2">十二日</td><td rowspan="2">十四日</td><td rowspan="2">十六日</td><td rowspan="2">十八日</td><td rowspan="2">二十日</td></tr>
<tr><td rowspan="5">三十時間未満</td><td>五日以上</td><td>二百十七日以上</td></tr>
<tr><td>四日</td><td>百六十九日から二百十六日まで</td><td>七日</td><td>八日</td><td>九日</td><td>十日</td><td>十二日</td><td>十三日</td><td>十五日</td></tr>
<tr><td>三日</td><td>百二十一日から百六十八日まで</td><td>五日</td><td>六日</td><td>六日</td><td>八日</td><td>九日</td><td>十日</td><td>十一日</td></tr>
<tr><td>二日</td><td>七十三日から百二十日まで</td><td>三日</td><td>四日</td><td>四日</td><td>五日</td><td>六日</td><td>六日</td><td>七日</td></tr>
<tr><td>一日</td><td>四十八日から七十二日まで</td><td>一日</td><td>二日</td><td>二日</td><td>二日</td><td>三日</td><td>三日</td><td>三日</td></tr>
</table>

図

業務の種類が１つの場合

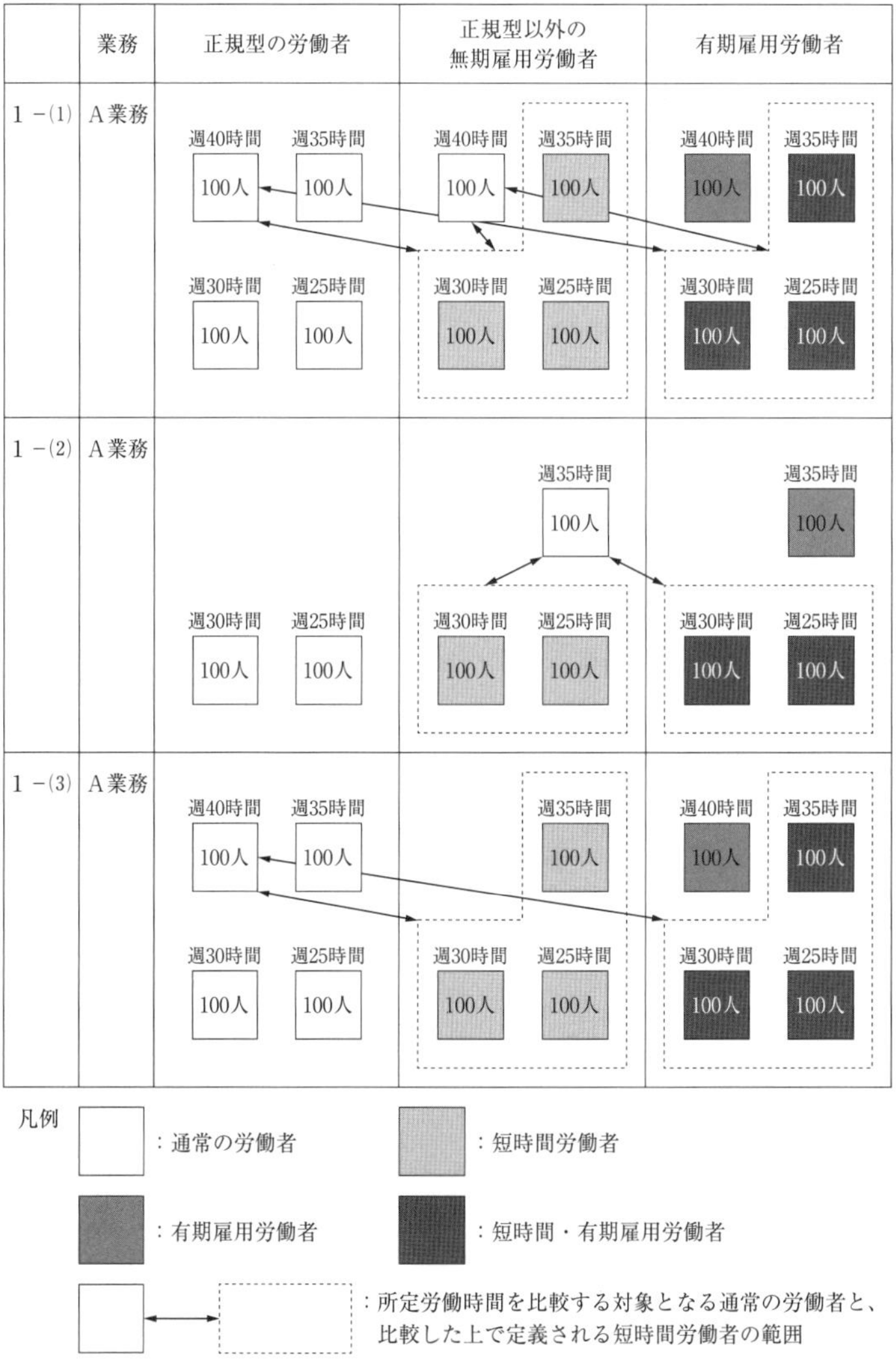

業務の種類が２以上あり、同種の業務に従事する通常の労働者がいる場合

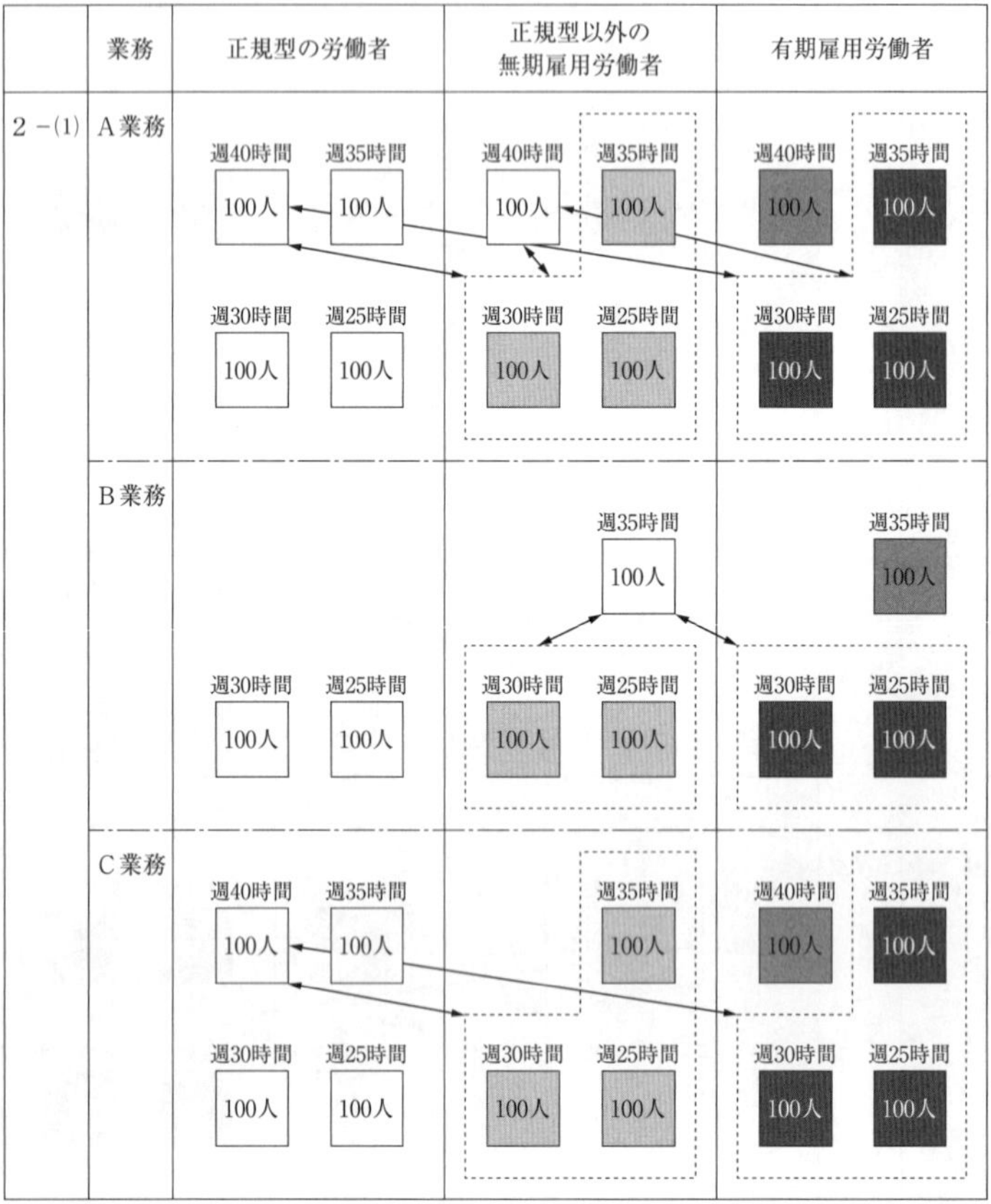

業務の種類が２以上あり、同種の業務に従事する通常の労働者がいない場合

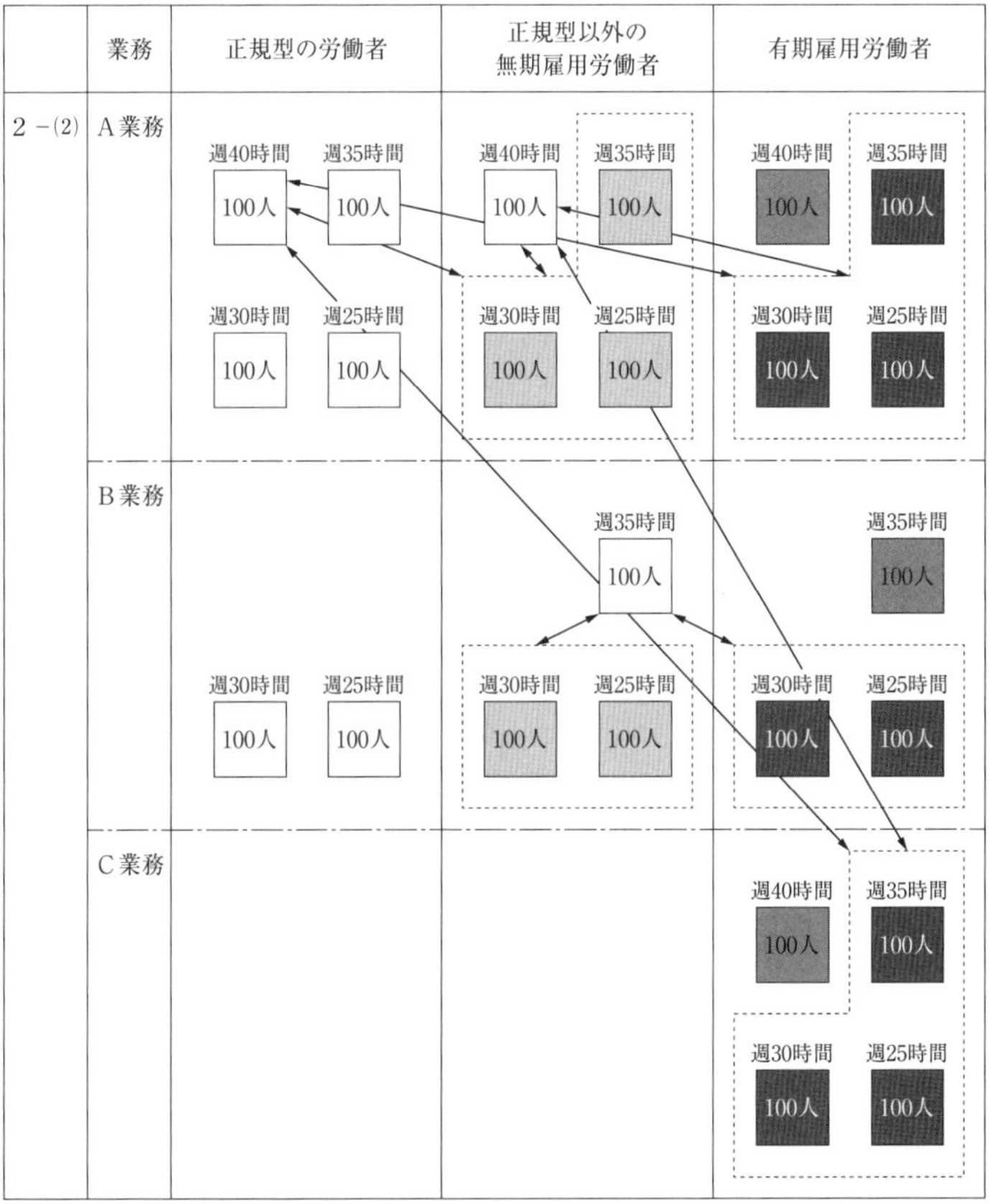

※仮に、Ｂ業務とＣ業務が同一事業所、Ａ業務が他の事業所である場合についても、同一の事業所に存在する「通常の労働者」との比較を優先せず、当該事業主において所定労働時間が最長の「通常の労働者」と比較することとなる。

業務の種類が２以上あり、同種の業務に通常の労働者がいるが、
通常の労働者以外の者の数が著しく多い場合

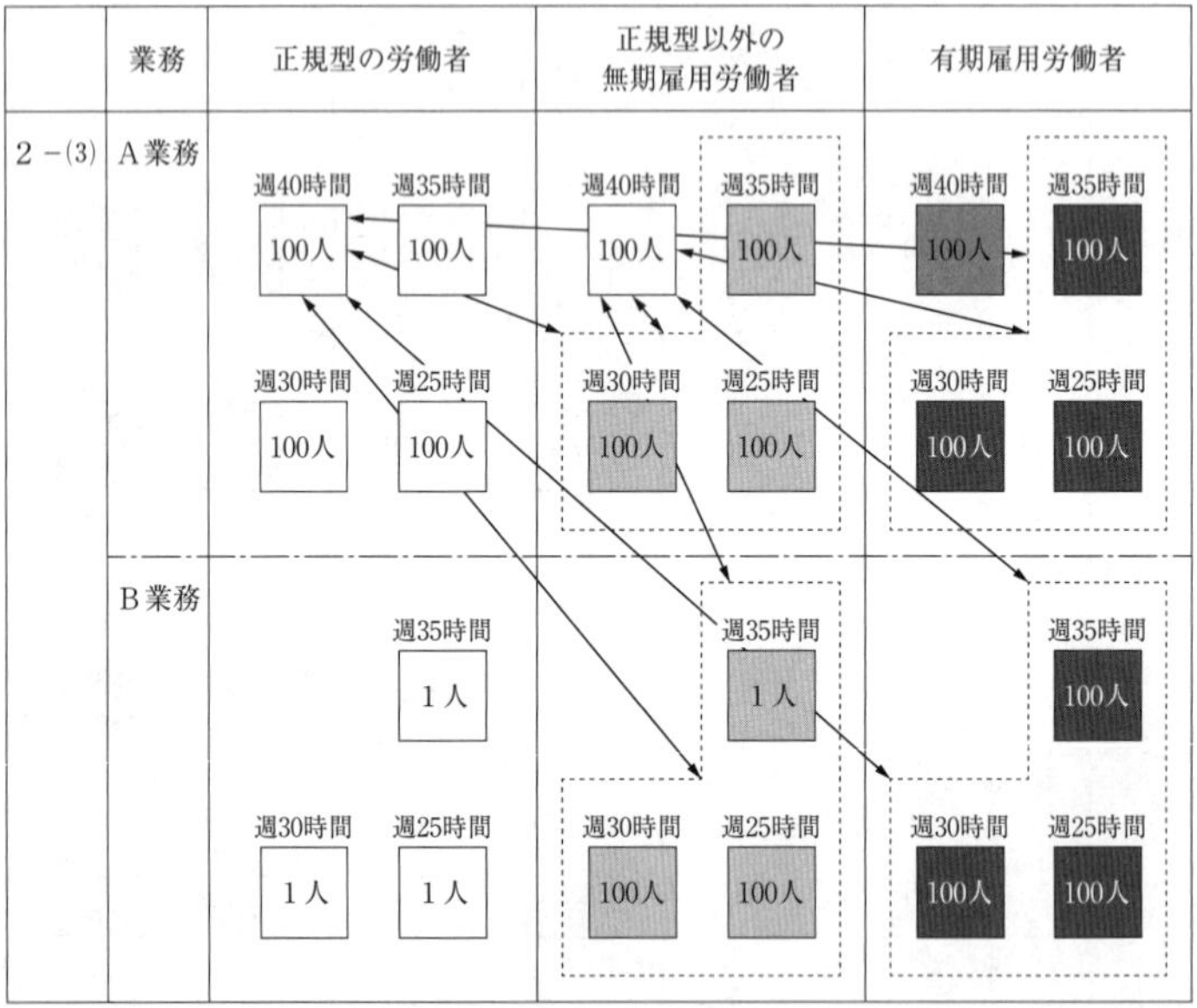

労働基準法解釈総覧【改訂17版】

平成５年６月15日　発行
令和６年10月28日　第17版　発行

編　者　厚生労働省労働基準局

発行人　藤澤　直明

発行所　労働調査会
〒170-0004 東京都豊島区北大塚2-4-5
TEL　03-3915-6401
FAX　03-3918-8618
https://www.chosakai.co.jp/

ISBN978-4-86788-052-4 C2032

発翰日付順例規索引

年月日	通達番号・掲載頁
30	基収5389号（94条）……702
11.14	基収4918号（32条の2）……345
20	基発998号（33条）……383
27	基収5115号（39条）……529
	〔昭和37年〕
7. 4	基収5743号（18条）……207
18	基収4499号（62条）……634
24	基収6470号（別表第1）……834
9. 6	基発917号（91条）……697
	〔昭和38年〕
4.12	基発420号（62条）……642
10.25	基発1282号（12条）……165
11. 4	基収6227号（21条）……263
	〔昭和39年〕
1.24	38基収9243号（90条）……694
4.20	基発519号（12条）……147
6. 8	37基収2784号（108条）……771
12	36基収2316号（12条）……120
10. 6	基収6051号（34条）……386
20	基収5123号（62条）……635
	（64条の3）……654
11. 5	基収6749号（62条）……642
25	基発1305号（12条）……151
	基収7238号（62条）……637
	〔昭和40年〕
5.20	基収445号（9条）……86
8.14	基発983号（24条）……295
10.13	基収5923号（9条）……99
12.15	基収5546号（96条）……717
	〔昭和41年〕
2. 2	39基収8818号（23条）……272
4. 2	基収1262号（37条）……446
28	婦発175号·文初中299号（56条）……616
7.14	基発739号（35条）……395
9.19	基発997号（36条）……418
10.27	基発1155号（20条）……254
12.24	基発1359号（18条）……212
	〔昭和42年〕
8.11	基収3932号（39条）……534
29	基収3213号（別表第1）……840
9. 8	安発23号（62条）……642,643
	（64条の3）……658
10. 9	基発971号·安発42号（95条）……706
	（96条）……728,729,730,731,732 735,736,737,738,739 740,741
12.27	基収5675号（32条）……311
	（32条の2）……341
	（36条）……419,420
	〔昭和43年〕
3.19	41基収5859号（別表第1）……829
4. 9	基収797号（41条）……570
7.24	基発472号（36条）……422
8.15	42基収3650号（9条）……93
10. 9	基収4194号（10条）……109
	〔昭和44年〕
4. 7	基収343号（9条）……102
	（41条）……579
11.24	基発776号（71条）……678
	（89条）……691
26	基発789号（40条）……552
	〔昭和45年〕
1.22	基収4464号（12条）……126
30	基収116号（別表第1）……831
	44基収5994号（96条）……718
5.14	基発374号（12条）……121
	基発375号（12条）……143
10.28	基発776号（別表第1）……831

年月日	通達番号・掲載頁
〔昭和46年〕	
1.18	45基収6206号（36条）…………………… 409
3.18	基発223号（36条）………………………… 422
〔昭和47年〕	
9.18	基発602号（32条）………………………… 318
〔昭和48年〕	
2. 9	47基収663号･47基収663号の2
	（60条）……………………………………… 624
3. 2	基発100号（別表第1）…………………… 828
6	基発110号（39条）………………………… 526
〔昭和49年〕	
1.11	基収5554号（39条）……………………… 537
4. 1	婦収125号（68条）………………………… 664
7.26	基発387号（41条）………………………… 575
	基監発27号（41条）……………………… 576
〔昭和50年〕	
2.17	基発83号･婦発40号（57条）………… 621
	（107条）…………………………………… 767
3.24	労働省労働基準局監督課長、
	賃金福祉部企画課長連名内翰
	（12条）……………………………………… 127
5. 1	婦収114号（62条）………………………… 631
9.23	基発556号（12条）………………………… 152
10. 3	基収652号（108条）……………………… 770
〔昭和51年〕	
2.14	基発193号（12条）………………………… 149
9.28	基発690号（15条）………………………… 187
〔昭和52年〕	
1. 7	基発4号（18条）…………………………… 207
2.28	基発104号の2（41条）………………… 555

年月日	通達番号・掲載頁
	基発105号（41条）………………………… 556
〔昭和53年〕	
2. 2	基発57号（12条）……………148,149,152
9.26	基発529号（別表第1）…………………… 838
11.20	基発642号（36条）………………… 412,415
〔昭和54年〕	
1. 8	53基収924号（別表第1）……………… 833
4. 2	基発153号（116条）……………………… 794
〔昭和55年〕	
12.10	基発683号（11条）………………………… 116
〔昭和57年〕	
2.19	基発121号（9条）……………………………95
4. 1	基発218号（12条）………………………… 147
5.14	基収93号（12条）………………………… 144
6.30	基発446号（35条）………………………… 393
10. 5	基収94号（96条）………………………… 731
〔昭和61年〕	
3.20	基発151号・婦発69号（1条）…………56
	（62条）…………… 631,635,637,639,642
	643
	（64条の2）………………………………… 649
	（64条の3）……… 652,653,654,655,658
	（65条）……………………………………… 661
	（66条）……………………………………… 662
	（68条）……………………………………… 663
6. 6	基発333号（6条）……………………………62
	（9条）…………………………………………75
	（10条）……………………………………… 103
	（15条）……………………………………… 188
	（18条）……………………………………… 212
	（19条）……………………………………… 247
	（24条）……………………………………… 288
	（26条）……………………………………… 298
	（33条）……………………………………… 381

年月日	通達番号・掲載頁
6.21	基発0621002号・雇児発0621001号
	(64条の2)……646
10. 2	基発1002004号(9条)……87
11	基発1011001号・雇児発1011001号
	(64条の2)……648
	〔平成 19 年〕
3.29	基監発0329001号・雇児発0329001号
	(64条の2)……649
4. 2	基監発0402001号(38条の3)……484
5.17	基発0517002号(9条)……87,88
9.27	基発0927004号(9条)……80
30	基発0930001号(24条)……283
10. 1	基発1001014号(別表第1)……834
	基発1001018号(40条)……552
	〔平成 20 年〕
1.23	基発0123005号(14条)……173,174
7.28	基発0728002号(38条の2)……471
9. 9	基発0909001号(41条)……558
10. 3	基監発1003001号(41条)……561
	〔平成 21 年〕
5.29	基発0529001号(37条)……435,456 459
	(39条)……527,534,536,537
10. 5	基発1005第1号(36条)……429
	(37条)……435,436,460
	(39条)……536
	事務連絡(39条)……534
	〔平成 22 年〕
4.12	基監発0412第1号(12条)……153
5.18	基発0518第1号(18条)……208
	(24条)……291
	(32条の2)……344
	(32条の3)……349
	(32条の4)……370
	(32条の5)……376
	(34条)……390
	(36条)……406
	(37条)……460
	(38条の2)……472
	(38条の3)……485
	(38条の4)……512,515
	(39条)……531,537,538,545
	(90条)……694
	(112条)……788,789
7.15	基発0715第7号(12条)……124
12.24	基発1224第6号(24条)……283
	〔平成 23 年〕
3.15	基監発0315第1号(26条)……300
6.29	基発0629第3号(38条の3)……478
	〔平成 24 年〕
3.30	基発0330第30号(9条)……87
	基監発0330第2号(12条)……150
4.10	基発0410第3号・雇児発0410第10号
	(64条の3)……658
9.28	基発0928第2号(24条)……288
10.26	基発1026第2号(15条)……179
	基発1026第6号・雇児発1026第2号
	(64条の3)……658
12.11	基発1211第5号・雇児発1211第2号
	(62条)……642
	(64条の3)……658
20	基発1220第4号・雇児発1220第2号
	(4条)……58,59
	〔平成 25 年〕
2.22	基監発0222第1号(12条)……153
	基監発0222第2号(12条)……150
3.28	基発0328第6号(14条)……173
	(15条)……179
4. 4	基発0404第1号(89条)……688
6.13	基発0613第1号(112条)……788
7.10	基発0710第3号(39条)……530

年月日	通達番号・掲載頁

〔平成27年〕

年月日	通達番号・掲載頁
3.26	基発0326第7号（9条）……91
31	基監発0331第2号（40条）……553
6. 9	基発0609第4号（19条）……250

〔平成29年〕

年月日	通達番号・掲載頁
1.20	基発0120第3号（32条）……321,323
7.31	基発0731第27号（37条）……436
12.20	基監発1220第1号（15条）……188

〔平成30年〕

年月日	通達番号・掲載頁
9. 7	基発0907第1号（15条）……180
	（18条）……209
	（24条）……292
	（32条の2）……344
	（32条の3）……348,349,350,351,353
	（32条の3の2）……355
	（32条の4）……370
	（32条の5）……376
	（34条）……390
	（36条）……404,406,412,414,422
	423,424,425,426,428
	（37条）……460
	（38条の2）……472
	（38条の3）……486
	（38条の4）……512
	（39条）……539,541,543,544,547
	（90条）……695
18	基発0918第3号（33条）……380
12.28	基発1228第15号（15条）……186,187
	（18条）……209
	（24条）……292
	（32条の2）……344
	（32条の3）……350,351,352
	（32条の4）……370
	（32条の5）……376
	（34条）……390
	（36条）……407,414,415,422,423
	424,425,428,429
	（37条）……436,460
	（38条の2）……472
	（38条の3）……486
	（38条の4）……512
	（39条）……541,542,543,544,548
	（90条）……695

〔平成31・令和元年〕

年月日	通達番号・掲載頁
3.25	基発0325第1号（41条の2）……598
	599,600,601
4. 1	基発0401第43号（32条の3）……348,350
	354
	（36条）……406,407,412,413,415
	417,418,419,420,422
	429
	（37条）……435,456
	（38条）……462
	（38条の2）……473
	（39条）……545
	（112条）……788
6. 7	基発0607第1号（33条）……380
	基監発0607第1号（33条）……381
7. 1	基発0701第8号（41条）……573
	基発0701第9号（32条）……316
	基監発0701第1号（32条）……318
	（41条）……573
12	基発0712第2号・雇均発0712第2号
	（41条の2）……601,602,603,604,605
	606,607,608,609,610
	611,612

〔令和2年〕

年月日	通達番号・掲載頁
2.14	基発0214第12号（7条）……64
3.26	基発0326第13号（62条）……644
4. 1	基発0401第27号（109条）……774
	（114条）……790
	（115条）……791
6.18	事務連絡（24条）……290
9. 1	基発0901第3号（38条）……464,465,466
	467
10.13	事務連絡（11条）……112
12.22	基発1222第4号（104条の2）……760
	基監発1222第1号・基賃発1222第1号

年月日	通達番号・掲載頁
	（104条の2）……………………… 761

〔令和3年〕

年月日	通達番号・掲載頁
2.18	基発0218第2号（41条）……………… 574
3.26	基発0326第12号・雇均発0326第3号
	（9条）………………………………73
3.31	基監発0331第2号（34条）…………… 389
9.15	基発0915第2号（36条）……………… 428

〔令和4年〕

年月日	通達番号・掲載頁
1. 7	基発0107第4号・職発0107第3号・
	雇均発0107第7号（15条）…………… 180
	（20条）……………………………… 255
	（32条）……………………………… 311
	（32条の2）………………………… 339
	（32条の5）………………………… 375
	（34条）……………………………… 386
	（36条）……………………………… 405
	（39条）……………………………… 528
	（89条）……………………………… 692
1.19	基発0119第9号（附則141条）……… 813
	814,815,816
11.28	基発第1128第3号（24条）……… 286,287
	基発第1128第4号（24条）…………… 280
12.23	基発1223第3号（32条）……………… 337

〔令和5年〕

年月日	通達番号・掲載頁
2.24	基発0224第8号（32条の4）………… 368
	基監発0224第1号（32条の4）……… 369
3. 1	基発0301第2号（36条）………… 416,417
	（89条）……………………………… 688
3.29	基発0329第11号（22条）…………… 266
8. 2	基発0802第7号（18条）……………… 209
	（24条）……………………………… 292
	（32条の2）………………………… 344
	（32条の3）………………………… 350
	（32条の4）………………………… 370
	（32条の5）………………………… 376
	（34条）……………………………… 390
	（36条）……………………………… 407
	（37条）……………………………… 460
	（38条の2）………………………… 472
	（38条の3）…………… 482,483,485,486
	（38条の4）……… 505,507,510,511,512
	513,514,515,516
	（41条の2）………………………… 601
	基政発0802第1号・基監発0802第1号
	（38条の3）………………………… 484
	（38条の4）………………………… 509
10.12	基発1012第2号（15条）…… 181,182,184
	事務連絡（15条）……… 179,181,183,185
	189
	（106条）…………………………… 765
12.22	基監発1222第1号（12条）………… 153
12.22	基監発1222第2号（12条）………… 150
12.27	基発1227第1号（38条の4）……… 511
	（106条）…………………………… 765

〔令和6年〕

年月日	通達番号・掲載頁
1.15	基監発0115第2号（32条）………… 318
2.16	基発0216第8号（32条の2）……… 342
	（32条の5）………………………… 377
	（38条の2）………………………… 474
	（38条の3）………………………… 487
	（38条の4）………………………… 505
3.28	基発0328第15号（104条の2）……… 757
29	基発0329第31号（96条）…………… 717
4. 5	基発0405第6号（37条）……………… 451